प्रयोजनमूलक हिन्दी की नयी भूमिका

प्रयोजनमूलक हिन्दी की नयी भूमिका

डॉ. कैलाश नाथ पाण्डेय

पूर्व अध्यक्ष

हिन्दी-विभाग, स्नातकोत्तर महाविद्यालय

मलिकपुरा, गाजीपुर-२३३००१ (उ.प्र.)

लोकभारती प्रकाशन

लोकभारती प्रकाशन
पहली मंजिल, दरबारी बिल्डिंग, महात्मा गाँधी मार्ग
प्रयागराज-211 001
वेबसाइट : www.lokbhartiprakashan.com
ईमेल : info@lokbhartiprakashan.com

शाखाएँ : 1-बी, नेताजी सुभाष मार्ग, दरियागंज
नयी दिल्ली-110 002
अशोक राजपथ, साइंस कॉलेज के सामने
पटना-800 006
36-ए, शेक्सपियर सरणी
कोलकाता-700 017

प्रथम संस्करण : 2006
चतुर्थ संस्करण : 2023

मूल्य : ₹ 995

आस्था पेपर कन्वर्टर
प्रयागराज द्वारा मुद्रित

PRAYOJANMULAK HINDI
KI NAI BHUMIKA
by Kailash Nath Pandey

ISBN : 978-81-8031-123-9

आमुख

प्रबुद्धजन जानते हैं, भाषा गए वक्त की आवाज होती है। परम्परा और आधुनिकता के बीच वह पुल का काम करती है। वह संगति-विसंगति के साथ व्यक्ति के जीवन में घटित-उद्घाटित होने वाले प्रति संसार का बिम्ब होती है। वह राह होती है तो गति भी होती है। हिन्दी ने भाषा के उक्त तमाम गुणों को बखूबी जिया है। विरोधों के घटाटोप अधंकार में अपने अस्तित्व को बचाए रखने के लिए इसने काफी कशमकश, लश्करकशी और जद्दोजहद किया। वस्तुत: ऊहा और आत्मग्रस्तता से बड़ी हद तक मुक्त हिन्दी न कभी थकी है, न निराश हुई है, इसे न समकालीन बेहद डरावनी और नंगी चुनौतियाँ खंडित और क्षरित कर पाईं और न विरोध का ''विक्षिप्त तथा रक्त से सना एवं हिंसा से भरा हुआ अतीत'' ही डगमगा और विचलित कर पाया। परिणामत: विरोध की जड़ धूर्त्तता से तीखी मुठभेड़ लेती और पोर-पोर बनबना देने वाले दंश को झेलती हिन्दी इस समय हर प्रदेश की मुक्त रूप में पुरलुफ्त सैर कर रही है। साफ शब्दों में, हिन्दी बोलने वाले इस समय देश में हर जगह फैले हुए हैं। आज यह विशाल भौगोलिक क्षेत्र की दुलरुई और प्रिय भाषा बन चुकी है। यह उपलब्धि इसे, इसके औघड़ अन्दाज और विलक्षण रचनात्मक संलग्नता की अकूत ताकत के कारण मिली हुई है।

सौभाग्य से, भारतीय संविधान द्वारा खड़ी बोली हिन्दी को जब से राजभाषा स्वीकार किया गया है, इसका उत्तरदायित्व पूर्व की तुलना में बहुत बढ़ा है। इसके पारम्परिक रफ्तारे-कदीम, स्वरूप और अर्थ में तब्दीली आई है। अब हिन्दी महज़ उपदेश की, स्नान-पर्व और तीर्थों की, देशाटनी सम्पर्क की, पूजा-पाठ और घंटा-घड़ियाल की, सूक्तियों एवं कहावतों-मुहावरों की निखालिस भाषा नहीं रह गई है, अब यह सौन्दर्यमूलक साधिका-मात्र नहीं है, अब यह सूर, तुलसी, कबीर, केशव की साहित्यिक अभिव्यक्ति की भाषा नहीं है, अब यह कविता, कहानी, उपन्यास, नाटक, निबंध आदि साहित्यिक रूपों या समीक्षापरक विधाओं की शृंखला में ही आबद्ध नहीं है, अब यह फ़कत प्रेमालाप में अंधे प्रेमी-प्रेमिका द्वारा लिखी गई पाती ''कबूतर जा-जा-जा'' की निठल्ली भाषा नहीं रह गई है, बल्कि इसका व्यवहार और प्रयोग नई शक्ल-शबीह में हमारे सामने आया है।

आज यह तमाम तरह की वैश्विक चुनौतियों को झेल, उन्हें ताल ठोंक रफ्तारे-वक्त बाजार की भाषा बन गई है। आज के बाजार पर इसका पूरी तरह से नियंत्रण हो गया है। एक शब्द में, आज के बाजार को यह हाँक रही है, बिना इसकी इमदाद के, भारत में कोई मुकम्मल और साबूत बाजार खड़ा नहीं हो सकता, क्योंकि यह प्रिंट और इलेक्ट्रॉनिक मीडिया अर्थात् पत्र-पत्रिकाओं, दूरदर्शन, रेडियो, कम्प्यूटर, इन्टरनेट, ई-मेल आदि सभी की लोकप्रिय भाषा बन गई है। रउवा सभी जानते हैं, विज्ञापन बाजार की माँग रक्ताभ सिंदूर होता है, मुखपत्र और घोषणा-पत्र होता है। बाजारू वस्तुओं की—विभिन्न माध्यमों से—वही मुनादी करता है, यह हिन्दी उस विज्ञापन की भी सबसे जिन्दा-जीवन्त ताकतवर भाषा बन गई है। कुल मिलाकर, अब यह भाषा-विज्ञान तथा व्याकरण आदि माध्यमों को लाँघकर कल-

कारखाने की भाषा बन गई है, कामकाज की भाषा हो चुकी है, रोजी-रोजगार, जीविका-मआश की भाषा हो गई है। अब इसका चेहरा और चरित्र प्रयोजनपरक या प्रयोजनमूलक हो गया है।

साफ शब्दों में, अब यह सूचना प्रौद्योगिकी, विधि, विज्ञान, चिकित्सा, कृषि-विज्ञान, शेयर बाजार, बैंक, बीमा, पत्रकारिता, नाट्य-लेखन, अभियांत्रिकी, भू-विज्ञान, मौसम-विज्ञान, शिल्प-उद्योग, खगोलशास्त्र, पर्यटन, पर्यावरण—इन सबकी भाषिक पैरहन बन गई है। अब यह ''पब्लिक स्कूल कल्चर'' या हीन भावना से ग्रस्त लोगों की भाषा नहीं रह गई है, बल्कि प्रयोगमूलक और व्यावहारिक क्षेत्रों में आज इसका एकाधिकार हो गया है। अब यह अनुवादजीवी भाषा मात्र नहीं रह गई है, बल्कि प्रयोजनमूलक हिन्दी के रूप में इसका उस कोने-अँतरे में भी प्रवेश हो गया है, जो अब तक इसके लिए निषिद्ध था, यथा—काष्ठ कला, शिल्प कला, भवन निर्माण, संपादन कला, गोष्ठी-संगोष्ठी, फीचर, लेखन, समाचार कला, संयोजन कला, शब्दावली निर्माण, जिल्दसाजी कला तथा वित्तीय निगमों आदि की भी यह 'व्यावहारिक भाषा' बन गई है। ले-देकर यह कि अब यह कॉलेजों, विश्वविद्यालयों, सरकारी-अर्द्धसरकारी कार्यालयों, चिट्ठी-पत्री, लेटरपैड, स्टॉक-रजिस्टर, लिफाफे, मुहरें, नामपट्ट, स्टेशनरी के साथ-साथ कार्यालय ज्ञापन, परिपत्र, आदेश, राजपत्र, अधिसूचना, अनुस्मारक, प्रेस-विज्ञप्ति, निविदा, अपील, नीलाम, केबलग्राम, मंजूरीपत्र तथा पावती आदि में भी सुभीता और बहुत आसानी से प्रयोग की जा रही है। आज बाजार और औद्योगिकता के दबाव के कारण इसने गाँव के हाट-बाजार, गली-चौराहे, कचहरी और सब्जी मंडियों में भी अपने आगमन की आहट और सूचना दे दी है।

बहरहाल, प्रयोजनमूलक हिन्दी से संबंधित ढेरों पुस्तकों का मैंने घनघोर अध्ययन किया है। इस दौर में मैंने पाया कि हिन्दी की इस नयी भाषिक संरचना पर हिन्दी में प्रामाणिक—पुख्ता कार्य नहीं हो पाया है। बाजार में ढेर सारी गढ़ी-अनगढ़ी पुस्तकें हैं, किन्तु दुर्भाग्य से वे अधूरी और आंशिक हैं। पाठकों को वे भरपेट बौद्धिक खुराक नहीं दे पातीं, अत: इस दृष्टि से आप मेरे ऊपर एतबार कीजिए कि प्रयोजनमूलक हिन्दी से संबंधित यह हिन्दी का पहला सम्पूर्ण तथा श्रेष्ठतम ग्रंथ आपके हाथ में है। दरअसल, मैंने जब लिखना शुरू किया, तब बहुत समस्याएँ पाँव पसार कर मेरे सामने खड़ी हो गईं। मैं कुछ पल के लिए ठिठका, विषय नया, लगभग अनपढ़ा, इससे मेरा कभी कोई संवाद नहीं, पत्रकारिता, सूचना, मीडिया, इन्टरनेट, ई-मेल, कम्प्यूटर आदि विषय मेरे लिए नए पाहुन की तरह लगे, सो इन अपरिचित विषयों पर लिखना हँसी-चिकारी और ठिठोली का खेल नहीं था, किन्तु पवन तनय की कृपा से मेरे कुछ शुभ-चिन्तकों ने मेरी मदद की।

इस क्रम में सुप्रसिद्ध चिन्तक, आलोचक-समीक्षक तथा जानी-मानी ''समकालीन-सोच' पत्रिका के संपादक आदरास्पद डॉ० पी० एन० सिंह, सुप्रसिद्ध कवि तथा समीक्षक डॉ० रामप्रकाश कुशवाहा, स्नातकोत्तर महाविद्यालय—गाजीपुर के वनस्पति विभागाध्यक्ष—प्रो० आर०के० गुप्त, स्वामी सहजानंद स्नातकोत्तर महाविद्यालय के हिन्दी विभागाध्यक्ष डॉ० हितेन्द्र मिश्र तथा वाणिज्य जैसे शुष्क और कठिन-जटिल विषय को एकदम सरस-सजीव तथा ललित शैली में पढ़ाने वाले स्नातकोत्तर महाविद्यालय मलिकपुरा, गाजीपुर के वाणिज्य विभागाध्यक्ष, प्रियबन्धु डॉ० बालगोविन्द सिंह तथा पुस्तकालयाध्यक्ष श्री अनिल कुमार कपूर ने पुस्तक लिखने में मेरी प्रभूत मदद की है।

अंत में मेरे दो विद्वान् शुभचिन्तक—गांधी स्मारक स्नातकोत्तर महाविद्यालय—समोधपुर, जौनपुर के हिन्दी विभागाध्यक्ष तथा अधिष्ठाता, कला संकाय, पूर्वांचल विश्वविद्यालय जौनपुर—डॉ० कैलाश नाथ सिंह और सतीशचन्द्र स्नातकोत्तर महाविद्यालय—बलिया के हिन्दी विभागाध्यक्ष डॉ० आद्या प्रसाद द्विवेदी—मेरे लेखन के प्रेरणास्रोत हैं, अतः इन्हें मेरा नमन, साधुवाद और धन्यवाद! प्रतिभाशाली, आयुष्मान् प्रियंकर त्रिपाठी ने इस पुस्तक के ढेरों सर्फो को अपनी सुन्दर लेखनी से अलंकृत किया, अतः इन्हें मेरा आशीर्वाद। अंत में, पवन तनय जैसे ज्ञानी से बल, बुद्धि एवं विद्या की कामना करते तथा समग्र क्लेशों, विकारों से मुक्ति चाहते और सभी पाठकों के भले के लिए उनसे आग्रह करते, यह पुस्तक-भूलों के लिए क्षमा चाहते—आपको सौंप रहा हूँ,—

''प्रातः स्मरामि हनुमन्त अनन्तवीर्यम्।
श्री रामचन्द्र चरणाम्बुज चञ्चरीकम्॥
लंकापुरी दहन नन्दित देव वृन्दम्।
सर्वार्थसिद्धि सदनं प्रथित प्रभावम्॥''

—कैलाश नाथ पाण्डेय

मकर संक्रांति
2006

मलिकपूरा, गाजीपुर
दूरभाष 0548—2224275

भूमिका

डॉ० कैलाश नाथ पाण्डेय एक अर्से से मेरे आत्मीय लोगों में हैं। इनकी कई-एक कृतियों को पढ़ा हूँ और इनके मौन श्रम से अभिभूत रहता हूँ। डॉ० पाण्डेय सही माने में मनस्वी हैं, मूक साधक हैं। धुर देहात में अवस्थित स्नातकोत्तर महाविद्यालय मलिकपुरा (गाजीपुर) में हिन्दी के प्राध्यापक हैं और शहर के एक छोर पर चुपचाप बस गए हैं। इनके दैनंदिन जीवन के साथ कोई कोलाहल नहीं जुड़ा है, जो बहुधा हर मनस्वी कृतिकार के साथ होता है। कम लोग होंगे, जिन्हें अपनी पुस्तकों का इतना भरोसा हो।

डॉ० पाण्डेय हिन्दी साहित्य के केवल अध्यापक ही नहीं हैं, आप भाषा और राजभाषा के रूप में हिन्दी के वर्तमान एवं भविष्य को लेकर गहरी चिन्ता और अध्ययन चिन्तन करने वाले विरल निष्ठावान लोगों में हैं। वर्तमान पुस्तक के अलावा इनकी अन्य दो कृतियाँ—''**उर्दू : दूसरी राजभाषा**'' (अनिल प्रकाशन, अलोपीबाग, इलाहाबाद-2003) और ''**हिन्दी : कुछ नयी चुनौतियाँ**'' (लोकभारती प्रकाशन, इलाहाबाद-2004) इसके ज्वलन्त उदाहरण हैं। बहुत दूर तक इनकी इस चिन्ता का मैं भी सहभोक्ता हूँ, लेकिन इस संदर्भ में मेरी कतिपय मुखर—असहमतियाँ भी हैं, शायद इस कारण कि मेरा आरम्भिक निर्माण हिन्दीतर मनीषा के परिवेश में हुआ है। केवल हिन्दी क्षेत्र में बसने-पलने वाले लोग इस प्रश्न की जटिलता से सामान्यतया अपरिचित लगते हैं। फिर भी, मैं यह महसूस करता हूँ कि अगर राजभाषा और सामान्य जीवन में प्रयोजनमूलक या व्यावहारिक भाषा के रूप में हिन्दी को प्रभावी ढंग से प्रतिष्ठित होना है तो डॉ० पाण्डेय जैसे लोगों की सक्रिय निष्ठा के बलबूते ही संभव है।

वर्तमान पुस्तक ''**प्रयोजनमूलक हिन्दी की नयी भूमिका**'' को, दरअसल, पूर्व की उल्लिखित दोनों पुस्तकों के क्रम में ही पढ़ा-समझा जाना उचित होगा। पूर्व की दोनों ही पुस्तकें हिन्दी-उर्दू विवाद और राजभाषा के रूप में हिन्दी से जुड़े विभिन्न पक्षों को लेकर लिखी गई थीं और विपुल मूल दस्तावेजी सामग्री का उपयोग किया गया था। मतभेद के बावजूद पुस्तकों के स्रोतों की प्रामाणिकता असंदिग्ध थी। कमी इतनी भर थी कि स्वर थोड़ा 'पालेमिकल' और 'रेटॉरिकल' था, जिसके फलस्वरूप रेखापार की चिन्ताओं की अपेक्षित सहानुभूति को समझने की चेष्टा नहीं थी। वर्तमान पुस्तक के ''आमुख'' में भी लेखक ''विरोध की जड़ धूर्त्तता'' का उल्लेख करने से अपने को नहीं रोक सका है। इसका कारण अपने पक्ष के प्रति अतिशय लगाव या आत्यंतिक आश्वस्ति है। इसके बावजूद कुल मिलाकर, इस पुस्तक में लेखक हिन्दी के भविष्य के प्रति आश्वस्त है, जिसका प्रमाण न केवल राजभाषा के रूप में हिन्दी की स्वीकृति बल्कि अन्तर्राष्ट्रीय बाजार में हिन्दी का असरदार प्रवेश है। बक़ौल डॉ० पाण्डेय,—

> ''बाजार की भाषा बनकर इसने बाजार का नक्शा और चरित्र तो बदल ही दिया है, राष्ट्र की सरहदों को भी लाँघ लिया है। हिन्दी के लिए चीन अब हिमालय पार नहीं रहा, पाकिस्तानी बाजार में भी इसने अपने होने का परचम लहरा दिया है। समुद्र पार

जाकर अब यह श्रीलंका और यूरोप के देशों में भी इन्टरनेट, ई-मेल और कम्प्यूटर के माध्यम से अपनी उपस्थिति दर्ज करा चुकी है। आज के बाजार के 'ग्लोब' में हिन्दी पूरी तरह 'फिट' हो चुकी है।''

डॉ० पाण्डेय का यह विश्वास निराधार नहीं है। देखते-देखते अंग्रेजी की पत्र-पत्रिकाएँ और दूरदर्शन के 'चैनल्स' हिन्दी को अपनाने के लिए विवश हुए हैं। व्यवसाय की दुनियाँ में 40-50 करोड़ वाले हिन्दी क्षेत्र को देर तक उपेक्षित या दरकिनार नहीं रखा जा सकता था।

1883 में हिन्दी नवजागरण के एक महापुरुष और हिन्दी भाषा के प्रबल पक्षकार भारतेन्दु हरिश्चन्द्र के लिए भी खड़ी बोली हिन्दी अभी पश्चिम से आयी एक ''परदेशी भाषा'' थी, जिसे उन्होंने काव्य रचना के योग्य नहीं माना था, लेकिन हिन्दू-मुस्लिम मेल की व्यावहारिक विवशताओं से जन्मी खड़ी बोली हिन्दी का दिल्ली, आगरा, मथुरा इत्यादि की मंडियों के माध्यम से अपना विस्तार हुआ और वह एक विराट क्षेत्र की भाषा बन गई। ब्रज, अवधी, मैथिल जैसी अनेकानेक प्राचीन और साहित्यिक दृष्टि से समृद्ध जनभाषाओं की सीमाओं को अतिक्रांत करती अंततः यह लगभग समूचे उत्तर मध्य-भारत की 'लिंगुआफ्रांका' बन गई। डॉ० सुनीति कुमार चटर्जी जैसे भाषा शास्त्री को इस भाषायी परिघटना का कोई सैद्धान्तिक आधार नहीं सूझता और डॉ० रामविलास शर्मा इसे हिन्दी की अपनी आंतरिक ऊर्जा की अभिव्यक्ति मानकर अभिभूत हैं। हिन्दी का विकास और विस्तार राजभाषा के रूप में नहीं, बल्कि व्यावहारिक जनभाषा के रूप में ही हुआ है। मूलतः यह सत्ता की भाषा नहीं, बल्कि प्रतिवाद की भाषा है। यह सत्तापरक विवशता की देन नहीं, बल्कि व्यवहारपरक विवशता की उपज है। यही इसकी अपराजेयता की कुंजी है। डॉ० पाण्डेय का ध्यान भी हिन्दी की प्रयोजनमूलकता पर केन्द्रित है, क्योंकि प्रयोजन के नए-नए क्षेत्रों तक इसकी पहुँच आवश्यक है। सिद्धान्तः राजभाषा के रूप में और व्यवहारतः बाजार-व्यवहार की भाषा के रूप में इसे स्पष्ट स्वीकृति मिल चुकी है। अब प्रश्न ज्ञान और व्यवहार के विभिन्न क्षेत्रों में प्रयोग हेतु मानकीकृत शब्दावली का है। डॉ० पाण्डेय की यह पुस्तक इस दिशा में एक गंभीर प्रयास है।

पुस्तक के शीर्षक का '**नयी**' विशेषण विशेष रूप से ध्यान खींचता है। एक दौर था, जब हिन्दी उत्तर भारत की प्रमुख मंडियों की भाषा थी। धीरे-धीरे यह साहित्य की भाषा बनी, लेकिन इस मंडी की भाषा और साहित्य की भाषा के बीच का सेतु बहुत कमजोर था। मंडी की भाषा के रूप में इसमें जमीनी अनगढ़ता थी और पारम्परिक संस्कृतनिष्ठ साहित्यकारों के चलते साहित्य की भाषा के रूप में यह तत्समता से बोझिल और अबूझ थी। कोई इसका संस्कृतकरण करता था, तो कोई फारसीकरण। ये दोनों ही रूप आधुनिक ज्ञान-विज्ञान और बाजार की विविध विशेषीकृत आवश्यकताओं की दृष्टि से अपर्याप्त थे, लेकिन राजभाषा के रूप में स्वीकृति के पश्चात् इसका दायित्व व्यापक बना। अब यह आधुनिक प्रशासन, ज्ञान-विज्ञान, तकनीक और बाजार के संभार से बच नहीं सकती थी। अब इसे टेलीप्रिंटर, कम्प्यूटर, टेलेक्स, शेयर बाजार इत्यादि की भाषा से भी रूबरू होना था। डॉ० पाण्डेय इसकी अद्यतन उपलब्धियों के प्रति भी जागरूक हैं,—''इसने बाजार तथा आधुनिकता के दबाव के कारण गाँव के हाट-बाजार, गली-चौराहे, कल-कारखाने, कचहरी तथा सब्जी मंडियों में भी अपने आगमन की सूचना साइनबोर्डों पर छपे विज्ञापनों तथा अन्यान्य तरीकों से दी है'', अर्थात् ज्ञान एवं व्यवहार के नए-नए खुलते क्षितिजों से जन्मी अपेक्षाओं के संदर्भ में भी हिन्दी ने अपनी अर्थवत्ता का एहसास कराया है। कम-से कम पाण्डेय जी तो आश्वस्त हैं ही।

लेकिन सबसे बड़ी परेशानी मानकीकरण की है, राष्ट्रीय-अन्तर्राष्ट्रीय स्तरों पर—स्वीकृत पारिभाषिक तकनीक एवं अवधारणापरक शब्दावली के विकास की है। इसी अखिल भारतीयता को ध्यान में रखते हुए महात्मा गांधी ने ''हिन्दुस्तानी'' के विकास एवं प्रचलन पर बल दिया था, जिससे न उर्दूवादी सहमत हुए और न हिन्दीवादी ही। आचार्य रघुवीर और राहुल सांकृत्यायन के बीच मुखर मतभेद भी संस्कृतनिष्ठता और सार्वजनीनता को लेकर था। राहुल अलग हो गए और डॉ० रघुवीर का मानकीकरण अकारथ साबित हुआ। मेरी समझ है कि अगर हिन्दी को देश के अन्दर अन्तर-'राष्ट्रीय' भाषा के रूप में विकसित होना है तो राहुल सांकृत्यायन के तर्क को एक हद तक स्वीकार करना होगा। वैसे अब हम समाधान की दृष्टि से बेहतर स्थिति में हैं। अब न अंग्रेजी से नफरत है और न उर्दू और हिन्दी में अपनी-अपनी तत्समता का आग्रह है। आधुनिक ज्ञान-विज्ञान, तकनीक और बाजार का स्वरूप खुले रूप में अन्तर्राष्ट्रीय है। नित नयी अवधारणाओं और तकनीकी शब्दावलियों की बौछार है। ज्ञान अपनी शब्दावली के साथ आता है और अभी आज भी ज्ञान-सृजन का केन्द्र पश्चिम बना हुआ है। हिन्दीवादी चेतना का भी राष्ट्रीयकरण और वैश्वीकरण हुआ है। राजभाषा और अंततः ''राष्ट्रभाषा'' के रूप में प्रभावी एवं विश्वसनीय ढंग से प्रतिष्ठित होने के लिए यह आवश्यक था। हिन्दी के विकास की गति, इसके उदार होते क्षितिज, इसकी कमोवेश अखिल भारतीय ग्राह्यता और लोकप्रियता इस बात का प्रमाण है कि देर-सबेर हिन्दी अपने गंतव्य तक पहुँचेगी। डॉ० पाण्डेय की यह पुस्तक भी यह आशा बँधाती है।

बहरहाल, अभी भी कुछ बातें हैं, जो मुझे निराश-सी करती हैं, जिनका यहाँ रेखांकन प्रासंगिक है। **एक,** अभी भी अकादमिक स्तर पर हिन्दी के भविष्य की चिन्ता प्रमुखतः हिन्दी क्षेत्र के हिन्दी अध्यापकों तक सीमित है। अन्य अनुशासनों के लोग उदासीन हैं और बहुत सारे लोग तो मुखर विरोधी भी हैं अर्थात् हिन्दी, हिन्दी-क्षेत्र की सार्वजनिक चिन्ता का विषय नहीं है। **दो,** हिन्दी के ये अध्यापक ''हिन्दी या उर्दू'' और ''हिन्दी या अंग्रेजी'' जैसी दो ध्रुवीय चिन्ताओं से मुक्त नहीं हैं। हिन्दी-उर्दू विवाद तो मात्र हिन्दी-क्षेत्र की चीज है लेकिन गैर-हिन्दी राज्यों में अंग्रेजी प्रतिद्वन्द्वी या शत्रु के रूप में नहीं समझी जातीं। गैर-हिन्दी बुद्धिजीवियों में एक छद्म धारणा व्याप्त है कि हिन्दी-क्षेत्र (जिसे अब 'पिछड़ा', 'चरवाहा', 'बीमार' क्षेत्र के रूप में अभिहित किया जाने लगा है) या तो अंग्रेजी सीख नहीं सकता या अंग्रेजी को विदेशी भाषा के रूप में बदनाम कर हिन्दी को सब पर थोपना चाहता है। हिन्दी क्षेत्र ने त्रिभाषा 'फॉर्मूला' को दरकिनार किया, जिसका यही गैर-हिन्दी पाठ था। **तीन,** प्रकृति-विज्ञान, जीव-विज्ञान, कृषि-विज्ञान, यहाँ तक कि समाज-विज्ञान और अर्थशास्त्र जैसे क्षेत्रों के ज्ञान को भी हम अपनी शब्दावली में आत्मसात् नहीं कर पाए हैं। इन क्षेत्रों में हिन्दी में कोई मौलिक अवदान भी सामने नहीं है। राहुल, रामविलास शर्मा, गोविन्द चन्द पाण्डेय जैसे कुछ लोग जरूर हैं, जिन्हें उँगलियों पर गिना जा सकता है। गुजराती साहित्यकार उमाशंकर जोशी का कहना था कि हिन्दी के लोगों ने ऐसा कोई बड़ा मौलिक कार्य नहीं किया है, कि हिन्दी सीखने-जानने की विवशता हो। इस संदर्भ में अंग्रेजी अभी भी अपरिहार्य है। **चौथा** और **अन्तिम** बिन्दु यह कि हम हिन्दी क्षेत्र के लोग अपने संख्या बल और संवैधानिक प्रावधान की बात करते हैं और हिन्दीतर भाषाओं को समझने की ललक हममें नहीं है। ''त्रिभाषा फॉर्मूला'' ने हिन्दी के हित में किसी हिन्दीतर भाषा को सीखने की विवशता पैदा की थी, जिसे हमने दरकिनार कर दिया। परिणामस्वरूप हमारी बौद्धिक क्षति हुई और हिन्दी का विस्तार थमा। आज हमारे समक्ष शिक्षकों की एक ऐसी पीढ़ी है, जो किसी हिन्दीतर

अनुशासन में कोई मौलिक या मानक ग्रंथ अथवा पाठ्य-पुस्तक पढ़ने की स्थिति में नहीं है। 14 सितम्बर, 2004 को बलिया यात्रा के दौरान डॉ० नामवर सिंह ने कहा था कि, ''दुर्भाग्यवश, हम हिन्दी भाषी एक भाषाभाषी होते गए हैं। पुरानी हिन्दी मनीषा अंग्रेजी, संस्कृत, उर्दू-फारसी जानती थी, आज हम केवल हिन्दी जानते हैं।'' अपने ''बासी भात में खुदा का साझा'' (1982) वाले फेज को अतिक्रमित कर अब नामवर जी हिन्दी क्षेत्र के लिए हिन्दी-उर्दू के साथ-साथ अंग्रेजी और एक हिन्दीतर भारतीय भाषा को सीखने के पक्ष में है। यह उपागम ''त्रिभाषा फॉर्मूला'' के अधिक निकट है। हिन्दी की केन्द्रीयता कायम रखते हुए आज हमें बहुभाषी होना है। संभव है, डॉ० पाण्डेय का ''हार्डकोर'' (कट्टर) हिन्दीवादी मन इस उपागम को अस्वीकार कर दे, लेकिन अपने हिन्दी लेखन में उर्दू तत्सम शब्दों का सायास प्रयोग संकेत देता है कि उनकी भी कोई मूलभूत आपत्ति नहीं होगी।

वर्तमान पुस्तक 'प्रयोजनमूलक हिन्दी की नयी भूमिका' क्षेत्र-विशेष में एक विराट प्रयास है। इनकी एक अन्य सुप्रसिद्ध और चर्चित कृति ''**भाषा-विज्ञान का रसायन**'' (पृष्ठ 840)—प्रकाशक—ग़ाज़ीपुर साहित्य संसद, नवकापुरा, लंका, गाजीपुर (उ० प्र०) की तरह इस पुस्तक का भी विराट आकार (लगभग छः सौ पृष्ठ) यह स्पष्ट करता है कि इसकी तैयारी में कितना अध्ययन, चिन्तन-मनन इन्होंने किया होगा। आज प्रयोजनमूलक हिन्दी देश के लगभग सभी विश्वविद्यालयों के पाठ्यक्रम में सम्मिलित है। यह हिन्दी की लोकप्रियता का पुष्ट प्रमाण है। इस लोकप्रियता को बनाए रखने के लिए उचित एवं मानक संदर्भ ग्रन्थों की भी आवश्यकता होगी। यह पुस्तक ऐसे ही संदर्भ ग्रंथ के रूप में लिखी गई है। मुझे विश्वास है कि यह न केवल विश्वविद्यालयीय परीक्षार्थियों के लिए, बल्कि उन लोगों के लिए भी—उपयोगी सिद्ध होगी, जो हिन्दी के विकास को लेकर चिन्तित हैं। इस विराट और महत् प्रयास के लिए मैं डॉ० कैलाश नाथ पाण्डेय को साधुवाद और शुभकामना देता हूँ।

बसंत पंचमी
2006

डॉ० पी० एन० सिंह
गौतम बुद्ध कॉलोनी
माल गोदाम रोड
ग़ाज़ीपुर (उ० प्र०)

विषयानुक्रमणिका

अध्याय–1

प्रयोजनमूलक हिन्दी : संकल्पना और अनुप्रयोग

अध्याय–2

हिन्दी की भाषिक संरचना और उसका मानक रूप

(4) हिन्दी भाषा की संरचना

(1) भाषिक संरचना अथवा संघटना का अर्थ और आशय, भाषा संरचना और घटकों का अन्त:संबंध, (2) भाषा-संरचना के स्तर—(अ) स्वन (ध्वनि स्तर, (ब) वाक्य स्तर, (स) पद स्तर, (द) शब्द स्तर (3) स्वनिम संबंधी समस्याएँ—(क) ऑ, म्ह, न्ह, ल्ह, ङ की स्वनिमिक स्थिति—(ख) **महाप्राण,** (2) व्यंजन, (3) नासिक्य या अनुनासिक, (4) अनुस्वार, (5) अनुनासिकता, (6) 'अ'लोप की समस्या, (7) सुरलहर, (8) संधि, (9) संहिता तथा (10) अक्षर।

(2) व्याकरणिक संरचना

(अ) प्रातिपदिक और प्रत्यय या परसर्ग, (ब) व्युत्पादक और रूप साधक तथा व्याकरणिक प्रत्यय, (स) शब्द भेद—संज्ञा, विशेषण, क्रिया-विशेषण का सामान्य परिचय—(1) संज्ञा, इतिहास, स्वरान्त संज्ञाएँ, व्यंजनान्त संज्ञाएँ, संज्ञा के भेद, (2) विशेषण-परिचय, हिन्दी में विदेशी विशेषण, विशेषण के भेद या प्रकार-रचना की दृष्टि से, अर्थ की दृष्टि से, (3) क्रिया-परिचय तथा स्वरूप, (4) क्रिया विशेषण—परिचय तथा स्वरूप।

(3) व्याकरणिक कोटियाँ

(1) लिंग, (2) वचन, (3) पुरुष, (4) कारक, (5) काल, (6) वाच्य, (7) धातु परिचय, धातुओं की संख्या तथा उनका वर्गीकरण, डॉ० चटर्जी का वर्गीकरण, अनुकरणात्मक धातु, (8) सहायक क्रिया, हिन्दी क्रिया रूपों की रचना में सहायक क्रियाओं का महत्त्व, (9) संयुक्त क्रिया—परिभाषा, संयुक्त क्रियाओं का वर्गीकरण (Classification of Compound Verbs)—(1) अर्थ की दृष्टि से, (2) रचना की दृष्टि से, संयुक्त क्रियाओं का विकास और प्रयोग, संयुक्त क्रिया का महत्त्व, (10) वृत्ति—परिभाषा, भेद—(क) द्रुत वृत्ति, (ख) मध्यम वृत्ति, (ग) विलंबित वृत्ति।

वाक्य—(अ) वाक्य की परिभाषा, वाक्य के भेद या प्रकार, (1) आकृति के आधार पर, (अ) अयोगात्मक वाक्य, (ब) श्लिष्ट योगात्मक वाक्य, (स) अश्लिष्ट योगात्मक वाक्य, (द) प्रश्लिष्ट योगात्मक वाक्य (2) संरचना के आधार पर—(क) साधारण अथवा सरल वाक्य, (ख) संयुक्त वाक्य, (ग) मिश्र वाक्य (3) शैली के आधार पर—(अ) शिथिल वाक्य, (ब) समीकृत वाक्य, (स) अवर्त्तक वाक्य, (4) क्रिया के आधार पर—(अ) क्रिया पद युक्त वाक्य, (ब) क्रिया पद हीन वाक्य (5) अर्थ के आधार पर।

(क) वाक्य रचना

वाक्य की आधारभूत आवश्यकताएँ—(1) आकांक्षा, (2) योग्यता, (3) सन्निधि, (4) पदक्रम, (5) अन्वय या अन्विति।

(ख) पदबंध या पद संहिति : स्वरूप और भेद

(1) पदबंध का स्वरूप या पदबंध क्या है? (2) पदबंध के प्रकार या भेद—(क) संज्ञा पदबंध, (ख) सर्वनाम पदबंध, (ग) क्रिया-विशेषण पदबंध, (घ) विशेषण पदबंध।

में अनुवाद, (8) विज्ञान और प्रौद्योगिकी क्षेत्र में अनुवाद, (9) साहित्य के क्षेत्र में अनुवाद, (10) अन्तर्राष्ट्रीय संबंध के क्षेत्र में अनुवाद, **(7) अनुवाद : विज्ञान या कला, (8) अनुवाद और भाषा-विज्ञान का अन्तःसंबंध, (9) हिन्दी प्रयोजनीयता में अनुवाद की भूमिका अथवा प्रयोजनमूलक हिन्दी और अनुवाद, (10) अनुवाद के प्रकार—(क)** डॉ० जी० गोपीनाथन का वर्गीकरण, **(ख)** डॉ० भोलानाथ तिवारी का वर्गीकरण, **वर्गीकरण का आधार—(अ) गद्य-पद्य के आधार पर**—(1) गद्यानुवाद, (2) पद्यानुवाद, (3) मुक्त छंदानुवाद **(ब) साहित्यिक विधा के आधार पर**—(1) काव्यानुवाद, (2) नाटकानुवाद, (3) कथानुवाद **(स) विषय के आधार पर**—(1) पत्रकारिता अनुवाद, (2) वैज्ञानिक साहित्य का अनुवाद, (3) तकनीकी अनुवाद, (4) कार्यालयीय अनुवाद, (5) वाणिज्यिक अनुवाद, (6) ललित साहित्य का अनुवाद, (7) गणित साहित्य का अनुवाद, (8) धार्मिक साहित्य का अनुवाद, (9) विधि साहित्य का अनुवाद, (10) ऐतिहासिक साहित्य का अनुवाद **(द) अनुवाद प्रकृति के आधार पर**—(1) मूलनिष्ठ अनुवाद, (2) मूल मुक्त अनुवाद, (3) सारानुवाद, (4) व्याख्यानुवाद, (5) छायानुवाद, (6) शब्दानुवाद, (7) भावानुवाद, (8) वार्तानुवाद, (9) रूपान्तरण अनुवाद तथा (10) आदर्श अनुवाद **(11) अच्छे अनुवाद और अनुवादक के गुण या विशेषताएँ**—(1) लक्ष्य भाषा और स्रोत भाषा की जानकारी उत्तम अनुवाद और अनुवादक के लिए सुखद, (2) मूल रचना की वस्तु की जानकारी श्रेष्ठ अनुवादक और अनुवाद के लिए बुनियादी शर्त, (3) मूल पाठ तथा अनूदित पाठ में समानता अपरिहार्य, (4) कथ्य और कथन प्रणाली अर्थात् शैली समतुल्यता का बोध, (5) विशिष्ट मेधा और मनोयोग का होना आवश्यक, (6) अनुवाद विधा का ज्ञान अनुवाद और अनुवादक के लिए हितकर, (7) व्याकरणिक बोध अनिवार्य शर्त है, (8) अनुवाद में प्रामाणिकता और मौलिकता का चटख रंग काबिले गौर **(12) कम्प्यूटर और अनुवाद, (13) उपभोक्तावादी संस्कृति और अनुवाद की उपयोगिता, (14) अनुवाद का पुनरीक्षण और मूल्यांकन, (15) समतुल्यता का सिद्धान्त, (16) अनुवाद चिन्तन की पाश्चात्य परम्परा, (17) अनुवाद चिन्तन की भारतीय परम्परा, (18) अनुवाद संबंधी समस्याएँ, (19) अनुवाद संबंधी समस्याओं के समाधान, (20 अनुवाद की आवश्यकता, महत्त्व या अनुवाद का उद्देश्य।**

(ख) अनुवाद व्यवहार

भाषा की प्रयोजनपरकता एवं अनुवाद

(1) कार्यालयीय हिन्दी, अभिलेखों या कार्यालयीय सामग्री अथवा सूचना प्रधान साहित्य के अनुवाद की समस्याएँ, (2) वैचारिक या सर्जनात्मक साहित्य के अनुवाद की समस्याएँ, (3) वित्त, वाणिज्य एवं बीमा क्षेत्रों में अनुवाद की समस्याएँ, (4) वैज्ञानिक, तकनीकी एवं प्रौद्योगिकी साहित्य के अनुवाद की समस्याएँ, (5) सामाजिक, सांस्कृतिक एवं मानविकी विषयों के अनुवाद की समस्याएँ, (6) विधि साहित्य एवं अधिनियमों-विधेयकों के अनुवाद की समस्याएँ, (7) विज्ञापन में अनुवाद की समस्याएँ, (8) पत्रों में अनुवाद की समस्याएँ, (9) विविध जनसंचार माध्यमों से सम्बद्ध सामग्री के अनुवाद की समस्याएँ—**(क)** शब्द (मुद्रण), संचार माध्यम, **(ख)** श्रव्य संचार माध्यम, **(ग)** दृश्य (इलेक्ट्रॉनिक) संचार माध्यम तथा **(घ)** फिल्म के भाषिक अंश का अनुवाद।

अध्याय-5
पारिभाषिक शब्दावली
(Technical Terminology)

(12) वित्त, वाणिज्य तथा तकनीकी एवं प्रौद्योगिकी क्षेत्रों में हिन्दी अनुप्रयोग या उसका कार्यान्वयन

(क) बैंकिंग की अवधारणा, बैंकिंग क्षेत्र में हिन्दी की आवश्यकता एवं अनुप्रयोग,
(ख) बीमा की अवधारणा, बीमा क्षेत्रों में हिन्दी की आवश्यकता एवं अनुप्रयोग,
(ग) बाजार की अवधारणा के क्षेत्र में हिन्दी की आवश्यकता एवं अनुप्रयोग,
(घ) विधि या विधिक क्षेत्रों में हिन्दी प्रयोग की स्थिति,
(ङ) रक्षा-सेना क्षेत्र में हिन्दी प्रयोग की स्थिति,
(च) रेलवे में हिन्दी प्रयोग की स्थिति,
(छ) कम्प्यूटर में हिन्दी

अध्याय-6

संचार माध्यम की हिन्दी और उसके लक्षण

पृष्ठ 300-364

(अ) जनसंचार माध्यम और विज्ञापन क्षेत्रों में हिन्दी

(1) जनसंचार माध्यम : संकल्पना, स्वरूप और अवधारणा तथा परिभाषा, (2) सामाजिक विकास और जनसंचार की भूमिका, (3) जनसंचार माध्यमों में हिन्दी का प्रयोग, उपयोगिता तथा चुनौतियाँ, (4) जनसंचार माध्यमों का विकास, (5) जनसंचार के प्रकार या परम्परागत या मौखिक या अशाब्दिक—(क) अन्तर्वैयक्तिक जनसंचार, देहभाषा, संकेत, बातचीत, गोष्ठी, जनसभा आदि, (ख) तकनीकी माध्यम आधारित जनसंचार—लिखित संचार या शाब्दिक संचार, भाषा, नाट्य, यातायात का विकास, सड़क, रेल, टेलीफोन, डाकतार आदि, (6) जनसंचार का परिचय तथा वर्तमान संचार व्यवस्था—(क) मुद्रित या मुद्रण या शब्द संचार माध्यम (Print Media) यथा—समाचार पत्र, पत्रिकाएँ और पुस्तकें, (ख) विद्युतीय माध्यम या श्रव्य या दृश्य संचार माध्यम (Electronic Media) यथा—रेडियो, वीडियो, कैसेट, टेप रेकार्डर, दूरदर्शन, फिल्म (चलचित्र) फिल्म तथा दूरदर्शन की भाषा में अंतर, कम्प्यूटर तथा इन्टरनेट।

(ब) जनसंचार माध्यमों में भाषा का प्रयोग

(7) मुद्रित माध्यमों की भाषिक संरचना—(क) समाचारों की भाषा और भाषा का आधुनिकीकरण, समाचार लेखन, उद्घोषणा लेखन, (ख) संपादकीय की भाषा, (ग) शीर्षकों की भाषा, (घ) लेखों की भाषा, (8) विद्युतीय माध्यमों की भाषिक संरचना—(क) समाचारों की भाषा, समाचार वाचन, (ख) धारावाहिकों की भाषा, (ग) चर्चा-परिचर्चा तथा प्रश्नोत्तरी की भाषा, (ङ) सीधे प्रसारण की भाषा, (9) विज्ञापन : संकल्पना, स्वरूप, विकास, परिभाषा, उपादेयता एवं महत्व, (10) उपभोक्तावाद तथा विज्ञापन और उसकी भाषा, (11) विज्ञापन लेखन और विज्ञापन ले आउट, (12) विज्ञापनों के प्रकार और उनकी भाषा।

(क) मुद्रित माध्यमों में विज्ञापन

(1) मुद्रित माध्यम—(अ) समाचार पत्र—(क) दैनिक, (ख) साप्ताहिक, **(आ) सावधि पत्रिकाएँ**—(क) पाक्षिक, (ख) मासिक, (ग) त्रैमासिक, (घ) वार्षिक, (**अनियतकालीन**—(क) स्मारिका, (ख) विशिष्ट अंक, (ग) पोस्टर्स, (घ) ब्रांचर्स,

अध्याय-7

हिन्दी पत्रकारिता : सिद्धान्त और प्रयोग

आयाम—(क) राजनीति, समाजनीति, साहित्य और संस्कृति से पत्रकारिता का संबंध, (ख) आदर्श भित्तिक पत्रकारिता और व्यावसायिक पत्रकारिता का प्रामाणिक अन्तर्विरोध **(7) इलेक्ट्रॉनिक** (विद्युतीय) **मीडिया की पत्रकारिता**—(क) रेडियो पत्रकारिता, (ख) वीडियो पत्रकारिता, (ग) दूरदर्शन पत्रकारिता, (घ) इन्टरनेट पत्रकारिता, **(8) प्रिंट पत्रकारिता और मुद्रण कला : प्रूफ पठन या प्रूफ रीडिंग की तकनीकी जानकारी**—(क) मुद्रण कला : स्वरूप तथा अर्थ, (ख) मुद्रण कला का संक्षिप्त इतिहास : विश्व तथा भारत के आइने में, (क) प्रूफ रीडिंग या प्रूफ पठन का अर्थ और आशय, (ख) प्रूफ रीडिंग के विभिन्न रूप या भेद, (ग) प्रूफ संशोधन, (ङ) प्रूफ रीडर के गुण एवं कर्त्तव्य, (च) प्रूफ संशोधन के चिह्न या प्रूफ संशोधन—संकेत (Proof Marks), (छ) लेआउट (Lay Out) तथा पृष्ठ सज्जा, **(9) पत्रकारिता का प्रबंधन : प्रशासनिक व्यवस्था, बिक्री वितरण तथा विज्ञापन, (10) स्वतंत्र पत्रकारिता तथा प्रतिबंधित पत्रकारिता अथवा प्रेस स्वातंत्र्य तथा कानूनी प्रतिबंध, (11) प्रजातांत्रिक व्यवस्था में चतुर्थ स्तम्भ के रूप में पत्रकारिता, (12) पत्रकारिता से संबंधित लेखन**—(क) **फीचर लेखन (Feature Writing)**—(1) पृष्ठभूमि, अवधारणा, स्वरूप, परिभाषा तथा क्षेत्र, (2) हिन्दी में फीचर लेखन साहित्य का विकास, (3) फीचर लेखन के मुख्य तत्त्व, (4) फीचर के प्रकार, (5) फीचर लेखन की शैली, (6) फीचर लेखन की विधि, (7) फीचर और समाचार, (8) फीचर और लेख, (9) फीचर का वर्गीकरण या भेद, (10) फीचर की मुख्य विशेषताएँ, **(11) रिपोर्ताज, (12) साक्षात्कार, (13) खोजी समाचार, (14) अनुवर्तन (Follow up) की प्रविधि, (15) पत्रकार वार्ता, (ख) संपादकीय लेखन, (13) समाचार पत्रकारिता के मूल तत्त्व : समाचार लेखन तथा संकलन के मुख्य आयाम या समाचार लेखन कला के अन्तवर्ती तत्त्व अथवा घटक**—(क) समाचार लेखन, (ख) समाचार की परिभाषा, (ग) समाचार के मूल तत्त्व (Ingredients of News), (घ) समाचारों के प्रकार, **(14) समाचार संपादन कला के सामान्य सिद्धान्त या आधारभूत तत्त्व**—(अ) शीर्षकीकरण, शीर्षकीकरण का उद्देश्य, शीर्षकीकरण के समय ध्यान देने योग्य बातें, (ब) पृष्ठ-विन्यास या पृष्ठ सज्जा (Make up), पृष्ठ-विन्यास के तत्त्व, (स) आमुख या अग्रांश या इन्ट्रो या इन्ट्रोडक्शन या लीड या मुखड़ा और समाचार की प्रस्तुति प्रक्रिया, (द) संपादक के नाम के पत्र का स्वरूप, (य) अग्रलेख, **(15) समाचार पत्रों के विभिन्न स्तम्भों की योजना**—(1) साहित्य एवं दर्शन, (2) विज्ञान स्तम्भ, (3) आर्थिक जगत स्तम्भ, (4) कृषि स्तम्भ, (5) चिकित्सा-स्वास्थ्य संबंधी स्तम्भ, (6) बाल-जगत, (7) कला, संस्कृति एवं पुरातत्त्व, (8) चलचित्र जगत, (9) खेल-स्तम्भ, (10) त्यौहार और धार्मिक उत्सव, (11) आकाशवाणी और दूरदर्शन, (12) परराष्ट्रवार्ता स्तम्भ **(16) समाचार संकलन के विभिन्न स्रोत**—(1) प्रत्याशित स्रोत, (2) पूर्वानुमानित स्रोत, (3) अप्रत्याशित स्रोत **(17) संवाददाता का महत्त्व, अर्हता या योग्यता, श्रेणी एवं कार्यपद्धति**—(1) महत्त्व, (2) अर्हता या योग्यता, (3) श्रेणी, (4) कार्य पद्धति **(18) दृश्य—सामग्री की व्यवस्था**—कार्टून, ग्रैफिक्स की व्यवस्था, रेखाचित्र तथा फोटो पत्रकारिता **(19) भारतीय संविधान में प्रदत्त मौलिक अधिकार एवं मानवाधिकार**—(क) मौलिक अधिकार का अर्थ, (ख) संविधान द्वारा प्रदत्त मौलिक अधिकार—(1) समानता का अधिकार, (2) शोषण के विरुद्ध अधिकार, (3) धार्मिक स्वतंत्रता का अधिकार, (4) स्वतंत्रता का अधिकार, (5) संस्कृति और शिक्षा का अधिकार, (6) संवैधानिक उपचारों का अधिकार, **(ग) भारत में**

अध्याय-8
सूचना-विज्ञान
(Information-Science)

अध्याय-9
कार्यालयीय हिन्दी
(Official Hindi)
शासकीय/राजकीय या सरकारी पत्र-व्यवहार
(Official Letter Writting)

विभिन्न प्रकार—(1) सामाजिक पत्र, (2) व्यापारिक या व्यावसायिक पत्र, (3) सरकारी पत्र : स्वरूप और सिद्धान्त।

4. **सरकारी पत्राचार : कुछ ध्यानाकर्षक तथ्य**—(क) सरकारी पत्र की रूपरेखा, (ख) सरकारी पत्र प्रारम्भ करने की विधियाँ, (ग) सरकारी पत्र की भाषा शैली, (घ) सरकारी पत्र के अंग या अवयव, (ङ) सरकारी पत्र की विशेषताएँ या गुण।

5. **सरकारी/शासकीय या कार्यालयीय पत्र-व्यवहार के विविध रूप**—

(1) कार्यालयीय पत्र या सामान्य शासकीय या सरकारी पत्र (Ordinary Official Letter)

(2) अर्द्धसरकारी पत्र (Demi Official Letter)

(3) ज्ञापन या ज्ञाप (Memorandum)

(4) कार्यालय ज्ञापन या कार्यालय स्मृति पत्र (Office Memorandum), ज्ञापन और कार्यालय ज्ञापन में अंतर

(5) परिपत्र (Circular Letter)

(6) आदेश (Government Order)

(7) कार्यालय आदेश (Office Order)—अर्थ और आशय, ध्यान देने लायक कुछ महत्वपूर्ण तथ्य

(8) राजस्व (Gazette)

(9) संकल्प या प्रस्ताव (Resolution) संकल्प का प्रयोजन, संकल्प का प्रारूप, संकल्प के प्रारूपण की विधि

(10) सूचना (Notice)

(11) अधिसूचना (Notification) अधिसूचना का प्रयोजन, अधिसूचना का प्रारूप, अधिसूचना के प्रारूपण की विधि

(12) पृष्ठांकन या परांकन (Endorsement)—पृष्ठांकन का अर्थ और स्वरूप, पृष्ठांकन का उद्देश्य

(13) अनुस्मारक या अनुस्मरण पत्र (Reminder)

(14) प्रेस विज्ञप्ति, प्रेस नोट, प्रेस संचार, प्रेस कम्यूनिक और प्रेस पत्राचार (Press Note & Press Communique)—परिभाषा, प्रयोजन, प्रेस विज्ञप्ति की अवधारणा, प्रेस विज्ञप्ति का क्षेत्र, भाषा शैली, प्रेस विज्ञप्ति का वैध पक्ष, प्रेस विज्ञप्ति जारी करने वाले सक्षम अधिकारी की भूमिका, प्रेस विज्ञप्ति की विषय वस्तु, प्रेस विज्ञप्ति, प्रेस नोट तथा प्रेस विज्ञप्ति में अन्तर।

(15) विज्ञापन (रिक्तियों के विज्ञापन)—(Advertisement for Vacancies)

(16) तुरन्त पत्र, त्वरित पत्र, द्रुतगति पत्र या द्रुतगामी पत्र (Express Letter)

(17) मितव्यय पत्र, बचत पत्र या कूट पत्र (Saving Gram Letter)

(18) तार (Telegram)—(क) प्रकार, (ख) देवनागरी तार के कुछ महत्वपूर्ण नियम, (ग) टेलीफोन पर तार की स्वीकृति

अध्याय-10

व्यावसायिक हिन्दी और उसके अभिलक्षण वाणिज्यिक या व्यावसायिक या व्यापारिक पत्र : स्वरूप और प्रारूप

(Commercial and Business Correspondence)

Bank), (11) सेवा योजन या नौकरी संबंधी पत्र (Letters Regarding Employment) तथा (12) मिश्रित या विविध पत्र (Miscellaneous Letters)।

अध्याय–11
लेखा कर्म एवं बहीखाता या पुस्तपालन
(Accountancy and Book-Keeping)

अध्याय–12
राजभाषा हिन्दी के कुछ अन्य प्रमुख प्रकार्य (Function)
अथवा
कार्यालयीय कार्यपद्धति के विविध आयाम

(ब) विस्तारण या पल्लवन (Expansion)

(स) टिप्पणी (Note) और टिप्पण (Nothing)

(द) आलेखन या प्रालेखन या मसौदा या मसविदा या प्रारूप या प्रारूपण (Drafting)

अध्याय-1
प्रयोजनमूलक हिन्दी : संकल्पना और अनुप्रयोग

(1) प्रयोजनमूलक हिन्दी : नामकरण पर जद्दोजहद

'प्रयोजनमूलक हिन्दी' पद युग्म में विशेषण-विशेष्य सम्बन्ध है। यहाँ 'प्रयोजन' विशेषण है, तो 'हिन्दी' विशेष्य है। प्रयोजनमूलक शब्द बहुब्रीहि समास होने के कारण एक वृत्ति है। अत: इसका विग्रह संभव है, जो इस प्रकार है—''प्रयोजन है मूल जिसका''। अब यहाँ पर सवाल का एक कल्ला फूटता है कि—हर भाषा का कोई-न-कोई प्रयोजन तो होता ही है, आखिर हिन्दी को प्रयोजनमूलक कहने का तात्पर्य क्या है? हिन्दी तो होती ही है—'प्रयोजनवती'। अस्तु, अलग से प्रयोजन का उल्लेख क्यों? व्यक्ति हो या भाषा—इन सबके अपने दायरे में निश्चित प्रयोजन होते हैं—

''प्रयोजनमनुदि्दश्य न मन्दोऽपि प्रवर्त्तते।
एवमेव प्रवृत्तिश्चेच्चैतन्येनास्य किंभवेत्॥''[1]

वस्तुत: यहाँ एक गंभीर मर्म और रहस्य है। संस्कृत व्याकरण शास्त्र का एक सिद्धान्त है—''**सिद्धे सत्यारंभो नियमाय भवति**'' अर्थात् जो स्वत: सिद्ध है, उसका उल्लेख नियमन के लिए होता है। नियमन का अर्थ है—'परिसीमन'। यहाँ हिन्दी का प्रयोजन स्वत: सिद्ध है, फिर भी उस प्रयोजन का उल्लेख यह इंगित करता है कि हिन्दी का यह प्रयोजन उसके क्षेत्र और रक़बा को परिसीमित करता है। हिंदी के दो रूप होते हैं—(1) सर्जनात्मक या साहित्यिक तथा (2) व्यावहारिक या प्रयोजनमूलक। व्यावहारिक हिन्दी को विशिष्ट प्रयोजन के लिए अपनाया जाता है। यहाँ वही परिघटना होती है, जो विज्ञान एवं तकनीक के क्षेत्र में होती है. विज्ञान शुद्ध अनुभवात्मक ज्ञान पर केन्द्रित होता है, तो तकनीक उस ज्ञान के उपयोग पक्ष पर केन्द्रित होती है। उपयोग विविध हो सकते हैं, यथा—कृषि, उद्योग तथा चिकित्सा आदि के क्षेत्रों में। उसी प्रकार साहित्यिक हिन्दी शुद्ध आनंद या चमत्कार की अनुभूति पर टिकी होती है, जबकि व्यावहारिक या प्रयोजनमूलक हिन्दी व्यवहार के विभिन्न क्षेत्रों—पर्यटन, चिकित्सा तथा कानून आदि क्षेत्रों में—क्रियाशील होती है। इन विशिष्ट क्षेत्रों के प्रयोजनों की सिद्धि के लिए अपनाई जाने के कारण हिन्दी को 'प्रयोजनमूलक' शब्द से अभिहित करते हैं। इस हिन्दी की अलग-अलग प्रयोजनों के लिए अपनी ही पारिभाषिक शब्दावलियाँ होती हैं, यथा—सट्टाबाजार में लिवाली, बिकवाली जैसे शब्द साहित्यिक हिन्दी में अलभ्य ही होते हैं, जबकि प्रयोजनमूलक हिन्दी के लिए वित्तीय घाटा, संस्थागत, खुदरा, मुद्रास्फीति, संवेदी सूचकांक, सामरिक नीति तथा तनाव-शैथिल्य आदि शब्द सुलभ और स्वाभाविक होते हैं।

नामकरण पर जद्दोजहद—हिन्दी की कोखजाया 'प्रयोजनमूलक हिन्दी' को हिन्दी तथा अंग्रेजी में—'व्यावहारिक हिन्दी', 'प्रयोजनी हिन्दी', 'कामकाजी हिन्दी', 'प्रयोजनपरक

---

1. **श्लोक वार्तिक—कुमारिल भट्ट, सम्बन्धाक्षेप, परिहार—55**

हिन्दी', 'प्रयोगपरक हिन्दी', 'प्रायोगिक हिन्दी', 'Functional Hindi' (फंक्शनल हिन्दी) तथा 'Applied Hindi' (अप्लॉयड हिन्दी) आदि विविध विशेषणों से नवाजा जाता है। समय-समय पर गढ़े गए उक्त सभी नाम संभवत: एक-दूसरे की विकल्पात्मक तलाश की ही उपज हैं, पर दुर्भाग्य से इन सभी नामों को लेकर विद्वानों में एकराय नामकरण के संदर्भ में आम सहमति का निश्चित पड़ाव दूर-दूर तक दिखाई नहीं देता। स्वत: 'प्रयोजनमूलक' और उसके विकल्प तथा पर्याय के रूप में रचे गए ये सभी नाम कई तरह की जिज्ञासा और कौतूहल तो पैदा करते ही हैं, दही के थक्के की तरह परत-दर-परत विवादों की जमीन पर भी कुंडली मारकर बैठे हुए हैं। कुल मिलाकर यह कि इनमें से कोई भी नाम चुनौती-विहीन न होकर कौतुक सम्पृक्त हैं। अत: ऐसी कशाकश की स्थिति में इन नामों के औचित्य पर आज गहरा बौद्धिक-विमर्श और मंथन बहुत मौजू बन गया है।

बहरहाल, अब यहाँ पर नामकरण से संबंधित कई अहम सवाल दरपेश हैं, जिनमें दो मुख्य हैं। अव्वल तो यह कि 'प्रयोजनमूलक हिन्दी' की तर्ज पर क्या कभी आपने 'प्रयोजनमूलक उर्दू', 'प्रयोजनमूलक अंग्रेजी', 'प्रयोजनमूलक चीनी', 'प्रयोजनमूलक बंगला' या 'प्रयोजनमूलक मराठी' नाम सुना है? और दूसरा यह कि हिन्दी का कुछ हिस्सा यदि 'प्रयोजनमूलक' या 'प्रयोजन सिद्ध' है, तो क्या इसका कोई भाषाई खंड या कुछ टुकड़ा निष्प्रयोजन, निष्क्रिय-निठल्ला या बाँझ-बंजर तथा ऊसर भी है? लब्बोलुबाब यह कि नामकरण के सिलसिले में स्थिति बड़ी हाच-पाच, विद्रूप और गड्डमड्ड है। अत: हमारे लिए यह बहुत जरूरी है कि विद्वानों की सम्मतियों और टिप्पणियों के आइने में नामकरण संबंधी उक्त सवालों की अनिश्चित धुंध और कुहासे को साफ किया जाय। अत: सबसे पहले अब हम हिन्दी की इस नितांत ताजा-टटकी और कई संदर्भों में बेहद नयी भाषिक-संरचना के 'प्रयोजनमूलक' और 'व्यावहारिक' नामों पर विचार करेंगे। दरअसल, हिन्दी के इस स्वरूप के नामकरण पर विद्वानों में मत-वैभिन्य, शिविरवादिता और खेमेबाजी है। कुछ लोग 'प्रयोजनमूलक हिन्दी' नाम के पक्षधर हैं तो कुछ लोग इसे नकारते हुए इसकी काट और विकल्प के रूप में 'व्यावहारिक हिन्दी' नाम सुझाते हैं, जिन्हें निम्नवत् क्रमश: इस प्रकार देखा जा सकता है—

(क) व्यावहारिक हिन्दी नाम के पक्षधर—हिन्दी में कई ऐसे विद्वान हैं, जो हिन्दी की इस नवीन भाषिक-संरचना को व्यावहारिक हिन्दी नाम से सुशोभित करते हैं। सुप्रसिद्ध भाषा-चिन्तक और वयोवृद्ध ललित निबंधकार **स्व० डॉ० विद्या निवास मिश्र** इन्हीं में से एक हैं। 'प्रयोजनमूलक' की तुलना में इसका 'व्यावहारिक' नाम आप ज्यादा उचित समझते हैं, अत: कहते हैं—"केन्द्रीय हिन्दी संस्थान ने प्रयोजनमूलक हिन्दी का प्रश्न तो ठीक उठाया है, शब्द कुछ भ्रामक चाहे हो। वस्तुत: फंक्शनल के पर्याय के रूप में इसका मौजू नहीं हैं, 'फंक्शनल' के 'व्यावहारिक' अधिक समीप होता।"[1] हिन्दी के एक और कलमकार **डॉ० रमा प्रसाद नायक** भी व्यावहारिक हिन्दी नाम के ही पक्ष में अपनी संस्तुति देते हैं। वे स्पष्ट कहते हैं कि 'प्रयोजनमूलक' शब्द पर उन्हें आपत्ति है। 'प्रयोजनमूलक' विशेषण से ऐसा लगता है, जैसे कोई ऐसी हिन्दी भी है, जिसे 'निष्प्रयोजनपरक' कहा जा सकता है। संभवत:

---

1. **प्रयोजनमूलक हिन्दी—सं० डॉ० रवीन्द्र नाथ श्रीवास्तव, पृष्ठ 107, केन्द्रीय हिन्दी संस्थान—आगरा, मूल्य 24 रु० सन् 1987**

इस संदर्भ में 'व्यावहारिक'' शब्द का प्रयोग अधिक उपयुक्त हो।[1] इधर, हिन्दी की एक अन्य विदुषी **डॉ० श्रीमती टी० दासवानी**[2] भी कहती हैं कि 'प्रयोजनमूलक हिन्दी' की प्रयोजन सिद्धि पर स्वयं स्पष्ट नहीं हैं। प्रयोजन से वस्तुत: तात्पर्य क्या है? भाषा-प्रयोजन के अतिरिक्त होती ही क्या है? अगर प्रयोजन से मतलब किसी व्यवसाय-सिद्धि में प्रयुक्त होने वाली भाषा से है, तब बात कुछ समझ में आती है।''

(ख) प्रयोजनमूलक हिन्दी नाम के पक्षधर—हिन्दी विद्वानों का एक समूह ऐसा भी है, जो 'व्यावहारिक हिन्दी' नाम को खारिज कर उसकी जगह 'प्रयोजनमूलक हिन्दी' शब्द का इस्तेमाल करता है। डॉ० नगेन्द्र, डॉ० व्रजेश्वर वर्मा, डॉ० दंगल झाल्टे, डॉ० विनोद गोदरे, डॉ० बालेन्दु शेखर तिवारी प्रभृति विद्वान् इन्हीं में से हैं। एक ओर जहाँ **डॉ० नगेन्द्र और डॉ० व्रजेश्वर वर्मा**[3] डॉ० रमा प्रसन्न नायक के व्यावहारिक हिन्दी नामकरण के पक्ष में दिए गए तर्कों को खंडित और चटकाते हुए कहते हैं कि वस्तुत: प्रयोजनमूलक हिन्दी के विपरीत अगर कोई हिन्दी है तो वह निष्प्रयोजनमूलक नहीं वरन् आनंदमूलक हिन्दी है। आनंद व्यक्ति सापेक्ष है और प्रयोजन समाज सापेक्ष। आनन्द स्वकेन्द्रित होता है और प्रयोजन समाज की ओर इशारा करता है। हम आनंदमूलक हिन्दी के विरोधी नहीं हैं, वहीं दूसरी ओर हिन्दी के एक अन्य विद्वान् **डॉ० दंगल झाल्टे**[4] कहते हैं कि प्रयोजनमूलक हिन्दी की अपनी विशिष्ट प्रयोजनपरक तकनीकी शब्दावली तथा पदावली होती है जो सरकारी कार्यालय, मानविकी, तन्त्रज्ञान, विज्ञान, अन्तरिक्ष विज्ञान तथा कम्प्यूटर आदि सभी ज्ञान एवं विधा शाखाओं को सार्थक अभिव्यक्ति प्रदान करती है। अत: स्पष्ट है कि व्यावहारिक हिन्दी की अपेक्षा प्रयोजनमूलक हिन्दी अधिक प्रयोजनीय, तर्क-संगत, वैज्ञानिक तथा सार्थक मानी जा सकती है, इसीलिए उसकी व्याप्ति, अर्थवत्ता, तथा मूल्यवत्ता स्वयं सिद्ध है। **डॉ० विनोद गोदरे**[5] के प्रयोजनमूलक नाम के पक्ष में अपने कुछ अलग तर्क हैं। व्यावहारिक हिन्दी नामकरण के साथ एक भ्रम यह भी जुड़ जाता है कि व्यावहारिक हिन्दी का अर्थ ऐसी हिन्दी से है—जिसमें व्याकरण एवं सामाजिक आचरण के बजाय व्यावहारिक उपयोग पर अधिक बल दिया जाता है। व्यावहारिक हिन्दी से तात्पर्य है—दैनिक जीवन में कार्य साधन के लिए प्रयुक्त की जाने वाली हिन्दी। ऐसी भाषा जिसकी संरचना में व्याकरण की अनिवार्यता के बजाय व्यावहारिक उपयोगिता अधिक हो। इसके विपरीत प्रयोजनमूलक भाषा में प्रशासन, सम्पर्क तथा संप्रेषण आवश्यक होता है और उसमें उच्चरित वाक्य प्रयोग से लेकर लिखित वाक्य तक व्याकरण सम्मत शुद्धता एवं सामाजिक भद्रता का आग्रह होता है। अत: व्यावहारिक हिन्दी की तुलना में प्रयोजनमूलक हिन्दी संबोधन अधिक संदर्भ संगत, अर्थ-गर्भित, लक्ष्यभेदी, स्पष्ट तथा सरल है। **डॉ० बालेन्दु शेखर तिवारी**[6] कहते हैं कि

---

1. प्रयोजनमूलक हिन्दी—सं० डॉ० रवीन्द्र नाथ श्रीवास्तव, पृष्ठ 25
2. प्रयोजनमूलक हिन्दी—सं० डॉ० रवीन्द्र नाथ श्रीवास्तव, पृष्ठ 72
3. प्रयोजनमूलक हिन्दी—सं० डॉ० रवीन्द्र नाथ श्रीवास्तव, पृष्ठ 76
4. प्रयोजनमूलक हिन्दी : सिद्धान्त और प्रयोग—डॉ० दंगल झाल्टे, पृ० 39, वाणी प्रकाशन—दिल्ली, मू० 250, 2002
5. प्रयोजनमूलक हिन्दी—डॉ० विनोद गोदरे, पृष्ठ 12, वाणी प्रकाशन, दिल्ली, मू० 40 रूपए, सन् 2001
6. प्रयोजनमूलक हिन्दी—सं० डॉ० बालेन्दु शेखर तिवारी, पृष्ठ 2-3, संजय बुक सेन्टर, गोलघर, वाराणसी, मू० 150 रु० सन् 1999

'प्रयोजनमूलक भाषा' शब्द का प्रचलन अंग्रेजी के 'Functional Language' के पर्याय के रूप में स्वीकृत है अर्थात् यह ऐसी भाषा है, जो विशिष्ट प्रयोजनों के लिए प्रयुक्त होती है। प्रशासन, विधि, वाणिज्य, उद्योग, विज्ञान, संचार, अर्थशास्त्र, राजनीति, शोध, शिक्षा आदि सभी क्षेत्रों में चिन्तन और अभिव्यक्ति का माध्यम बनकर यह भाषा अपनी सार्थकता सिद्ध करती है।

इसी तरह, 'प्रयोजनमूलक हिन्दी' तथा 'व्यावहारिक हिन्दी' के लिए प्रयुक्त होने वाले अंग्रेजी शब्दों—'Functional' तथा 'Applied' पर भी खासा विवाद है। विद्वानों को उक्त दोनों अंग्रेजी शब्दों के हिन्दी अनुवाद में काफी फॉक-फर्क दिखाई देता है। इन विद्वानों का विचार है कि प्रयोजनमूलक हिन्दी के लिए Functional की तुलना में 'Applied' शब्द ज्यादा सटीक, उपयुक्त और सार्थक है। 'प्रयोजनमूलक हिन्दी' संकल्पना के अन्तर्गत 'प्रयोजनमूलक' शब्द अंग्रेजी के फंक्शनल (Functional) के पर्यायी के रूप में प्रयुक्त किया जा रहा है। कोश ग्रन्थों के अनुसार Functional से तात्पर्य है—कार्यात्मक, क्रियाशील अथवा वृत्तिमूलक। अत: स्पष्ट है कि Functional शब्द से 'प्रयोजनमूलक' या 'व्यावहारिक' संकल्पना स्पष्ट नहीं हो पाती है। इसके विपरीत व्यावहारिक, प्रयुक्त, अनुप्रयुक्त अथवा प्रायोगिक—प्रकारान्तर से प्रयोजनमूलक संकल्पना को अंग्रेजी शब्द अप्लाइड (Applied) सर्वाधिक सटीक और स्पष्ट करता है। अत: प्रयोजनमूलक हिन्दी संकल्पना को अंग्रेजी के Functional Hindi की बजाय Applied Hindi के पर्याय के रूप में ग्रहण किया जाना सर्वथा उचित और अत्यधिक उपयोगी होगा।[1]

(2) प्रयोजनमूलक हिन्दी का तात्पर्य-बोध, स्वरूप और परिभाषा

हिन्दी के 'प्रयोजनमूलक' तथा 'व्यावहारिक' नामों को लेकर हिन्दी के बौद्धिकों में काफी अन्तर्विरोध और धड़ेबन्दी है। एक शिविर 'प्रयोजनमूलक' नाम का समर्थक है तो दूसरा काफी वैचारिक उत्तेजना पैदा करता 'व्यावहारिक' नाम को पुष्ट-संपुष्ट करता है। हिन्दी का नया पनप चुका यह रूप तमाम तरह के वैचारिक गत्यारोधों को झेलता, नई पहचान और व्यवहार के लिए लाम लेता दो विरोधी छोरों के बीच आज भी डोल रहा है, फिर भी यदि तटस्थ देखा जाय तो विद्वानों का बहुमत 'प्रयोजनमूलक' नाम के साथ है। हिन्दी का नया मुहावरा गढ़ने वाला यह नाम 'प्रयोजन + मूलक' दो शब्दों से मिलकर बना है। यहाँ 'प्रयोजन' विशेषण है, तो 'मूलक' उपसर्ग। 'प्रयोजन' का अर्थ होता है—उद्देश्य तो 'मूलक' का 'निर्भर' या 'आधारित'। इस प्रकार प्रयोजनमूलक भाषा का आशय हुआ—''किसी निश्चित लक्ष्य को ध्यान में रखकर प्रयुक्त की गई भाषा।'' साफ शब्दों में, ''विशेष प्रयोजन के प्रति आग्रहवश ही प्रयोजनमूलक हिन्दी की प्रयुक्ति का प्रसार हुआ है।''[2] वस्तुत: प्रयोजनमूलक भाषा, भाषा का वह तथ्यपरक अर्जित सविशेष रूप है, जिसका प्रयोग किसी प्रयोजन विशेष अथवा कार्य-विशेष के संदर्भ में होता है।[3]

---

1. प्रयोजनमूलक हिन्दी : सिद्धान्त और प्रयोग—डॉ० दंगल झाल्टे, पृष्ठ 40
2. प्रयोजनमूलक हिन्दी : पाठ्य चर्चा की प्रासंगिकता—डॉ० कामेश्वर शरण सहाय, पृष्ठ 17
3. प्रयोजनमूलक हिन्दी : विनोद गोदरे, पृष्ठ 13

स्वरूप और परिभाषा

(1) डॉ० रघुवीर सहाय के अनुसार ''प्रयोजनमूलक हिन्दी की परिकल्पना यह मानकर चलती है कि वह एक ऐसी शब्दावली होगी जो ज्ञान के संप्रेषण में काम आएगी और इसीलिए बाकी शब्दावली से भिन्न होगी या उस पर आश्रित नहीं होगी।''[1]

(2) प्रो० न० वी० राजगोपालन का विचार है कि ''प्रयोजनमूलक भाषा, भाषा का वह रूप है, जिसका प्रयोग किसी प्रयोग विशेष अथवा कार्य विशेष के संदर्भ में होता है।''[2]

(3) डॉ० शिवेन्द्र वर्मा का कहना है कि ''प्रयोजनमूलक हिन्दी से तात्पर्य विषयबद्ध एवं परिस्थितिबद्ध हिन्दी भाषा रूप से है।''[3]

(4) बक़ौल **डॉ० दंगल झाल्टे**—''प्रयोजनमूलक हिन्दी से तात्पर्य है, हिन्दी का वह प्रयुक्तिपरक विशिष्ट रूप जो विषयगत, भूमिकागत तथा संदर्भगत प्रयोजन के लिए विशिष्ट भाषिक संरचना द्वारा प्रयुक्त किया जाता है और जो सरकारी प्रशासन तथा विज्ञान एवं प्रौद्योगिकी के अनेकविध क्षेत्रों को अभिव्यक्ति प्रदान करने में सक्षम सिद्ध होता है।''[4]

(5) डॉ० बालेन्दु शेखर तिवारी कहते हैं कि ''प्रयोजनमूलक भाषा से तात्पर्य ऐसी व्यावहारिक भाषा से है, जिसका उपयोग एकाधिक विशेष प्रयोजनों के लिए हो। जीवन की आवश्यकताओं की पूर्ति के लिए प्रयुक्त भाषा ही प्रयोजनमूलक भाषा है। यह भाषा व्यापकतर जीवनोपयोगी उपकरणों से बनती है और इसकी व्यावहारिक कुशलता में संदेह नहीं किया जा सकता।''[5]

(6) एक अन्य विद्वान् के विचार से ''वस्तुत: सामाजिक एवं सांस्कृतिक स्तर-भेद के साथ भाषा के शैली रूप का निर्धारण उस भाषा की प्रयोजनसिद्धि है।''[6]

(7) एक परिभाषा यह भी है, जिसके अनुसार, ''प्रयोजनमूलक हिन्दी का तात्पर्य हिन्दी के उन विविध रूपों से है, जो सेवा-माध्यम (Service-Tool) के रूप में सामने आते हैं।''[7]

(8) डॉ० श्याम सनेही लाल शर्मा कहते हैं कि भाषा के सामान्य रूप का प्रयोग सामान्य जीवन में दैनिक कार्यों के संदर्भ में होता है और जिसका अभ्यास, ज्ञान तथा अर्जन सामान्य जीवन के परिवेश से ही किया जा सकता है, किन्तु भाषा का प्रयोगपरक रूप विशेष कार्यों के संपादन में देखने को मिलता है और इसका अभ्यास, ज्ञान तथा अर्जन विशेष प्रयत्न से

---

1. प्रयोजनमूलक हिन्दी—डॉ० रघुवीर सहाय, पृष्ठ 17
2. प्रयोजनमूलक हिन्दी और शिक्षण सामग्री की समस्याएँ—डॉ० न० वी० राजगोपालन, पृष्ठ 129
3. प्रयोजनमूलक हिन्दी और शिक्षण सामग्री की समस्याएँ—डॉ० शिवेन्द्र वर्मा का लेख, पृष्ठ 47
4. प्रयोजनमूलक हिन्दी : सिद्धान्त और प्रयोग—डॉ० दंगल झाल्टे, पृष्ठ 41
5. प्रयोजनमूलक हिन्दी—डॉ० बालेन्दु शेखर तिवारी, पृष्ठ 1
6. प्रयोजनमूलक हिन्दी और शिक्षण सामग्री की समस्याएँ, पृष्ठ 47
7. प्रयोजनमूलक हिन्दी और शिक्षण सामग्री की समस्याएँ—श्री मोटूरि सत्यनारायण के विचार, पृष्ठ 21

किया जा सकता है। भाषा का यह प्रयोगपरक रूप ही 'प्रयोजनमूलक भाषा' (Functional Language) कहलाता है।''[1]

(3) प्रयोजनमूलक हिन्दी का प्रयुक्ति क्षेत्र, व्याप्ति अथवा प्रयुक्ति के संदर्भ में प्रयोजनमूलक हिन्दी

भाषा जुम्मां-जुम्मां कह चुकने का अमूर्त्त माध्यम ही नहीं है, बल्कि खुद को अपने समाज और परंपरा से जोड़े रखने का प्रेम बंधन भी है। वह भटकाव और गुमनामी के अंधेरे में आस्था की अक्षत् मशाल बन 'गाइड' की तरह आगे-आगे चल राह दिखाती है। इस तरह व्यक्ति द्वारा विभिन्न रूपों में बरती जाने वाली भाषा भाव का अलंकरण तथा अभिव्यक्ति का प्रमुख उपकरण होती है। यह उस खाँड़ की रोटी की तरह होती है, जिसे जिधर से खाइये, मीठी लगती है। मनुष्य इसे विभिन्न शक्लों-शबीह में जीता है। चाहे यह सामान्य भाषा के रूप में हो, या साहित्यिक-सर्जनात्मक, गुप्त—कूट भाषा के रूप में हो या राजभाषा-राष्ट्रभाषा के रूप में हो—हर तरह से यह अभिव्यक्ति प्रकाशन का सर्वाधिक सशक्त और मुफीद औजार है। कुल मिलाकर साँस लेने के बाद व्यक्ति के लिए प्रथम जरूरत यही बनती है।

अब यहाँ पर एक महत्त्वपूर्ण सवाल खड़ा होता है कि हिन्दी के उक्त चेहरों में 'प्रयोजनमूलक हिन्दी' का व्यवहार क्षेत्र क्या है, किन-किन इलाकों में इसका प्रयोग आज बे-रोक-टोक हो रहा है? जिन क्षेत्रों में आज यह व्यवहृत हो रही है, क्या वे इलाके हिन्दी के अन्य रूपों के लिए निषिद्ध या 'प्राहिबिटेटेड' हैं? इसका सरल-सहज और बिना ना-नुकुर के निरापद उत्तर है—'हाँ'। सवाल है—'क्यों'? वस्तुत: जिस भाषा में किसी निश्चित मकसद, उद्देश्य अथवा प्रयोजन का घोल या रसायन लगा दिया जाता है—वह भाषा 'प्रयोजनमूलक भाषा' हो जाती है। इसे और साफ कीजिए तो प्रयोजन विशेष के लिए प्रयुक्त भाषा 'प्रयोजनमूलक भाषा' होगी। इस भाषा में सरल सामान्य भाषा की ग्राम गंधी छुअन नहीं होती, इसमें केवल गाँव का चेहरा प्रतिबिंबित नहीं होता, इसमें सरल-सहज शब्दों की आवाजाही और अवस्थिति नहीं होती, बल्कि इसमें संपूर्ण देश और उसकी 'मशीनरी' चित्रित होती है, क्योंकि इसके पास एक विशेष तल्ख केन्द्रीय शब्दावली होती है, इसके पास विशिष्ट शब्दावली का एक तंत्र और समाजशास्त्र होता है, जिसके बल पर यह उदारीकृत वैश्विक व्यवस्था की भाषा बनती है, अपने निश्चित शब्दों और मुहावरों के बल पर प्रिंटिंग टेक्नोलॉजी, विपणन, पत्रकारिता, सत्ता-प्रतिष्ठान, उद्योग, शासन, न्याय पालिका, शोध की जड़ प्रविधि को तोड़ उसे गतिशील और जीवन्त बनाती हुई, संसद से निकलकर गाँव-जवार में फैले विकास खण्डों के कार्यालयों तक पहुँचती है।

हिन्दी का प्रयोजनमूलक रूप सामाजिक विकास के जितने भी महत्त्वपूर्ण कारक हो सकते हैं, उनके साथ खड़ा है। कुल मिलाकर प्रयोजनमूलक हिन्दी आज इस देश में बहुत बड़े फलक और धरातल पर प्रयुक्त हो रही है। केन्द्र और राज्य सरकारों के बीच संवादों का पुल स्थापित करने में आज इसकी महती भूमिका है। आज इसने एक ओर कम्प्यूटर, इलेक्ट्रॉनिक टेलीप्रिंटर, टेलेक्स, तार, दूरदर्शन, रेडियो, डाक, अखबार, फिल्म और विज्ञापन

---

1. **राजभाषा भारती (त्रैमासिक पत्रिका) में डॉ० श्याम सनेही लाल शर्मा का लेख, पृष्ठ 9, गृह मंत्रालय, दिल्ली-1993**

आदि जन-संचार के सभी माध्यमों को अपने लपेटे और घेरे में ले लिया है तो दूसरी ओर शेयर बाजार, रेल, हवाई जहाज, बीमा-उद्योग, बैंक आदि औद्योगिक उपक्रमों, रक्षा, सेना, इन्जीनियरिंग आदि प्रौद्योगिक संस्थानों, तकनीकी और वैज्ञानिक क्षेत्रों, आयुर्विज्ञान कृषि, चिकित्सा शिक्षा—ए० एम० आई० ई० के साथ, विभिन्न संस्थानों में हिन्दी माध्यम से प्रशिक्षण दिलाने, कॉलेजों, विश्वविद्यालयों, सरकारी-अर्द्धसरकारी कार्यालयों में—चिट्ठी-पत्री, लेटर पैड, स्टॉक-रजिस्टर, लिफाफे, मुहरें, नामपट्ट, स्टेशनरी के साथ-साथ—कार्यालय ज्ञापन, परिपत्र, आदेश, राजपत्र, अधिसूचना, अनुस्मारक, प्रेस-विज्ञप्ति, निविदा, अपील, नीलाम, केबल ग्राम, मंजूरी-पत्र, पावती आदि में—यह बहुत सुभीता और आसानी से प्रयुक्त की जा रही है। इतना ही नहीं, इस देश के संपूर्ण तीर्थस्थलों, पर्यटन-स्थलों में तो इसके शिष्ट रूप का प्रयोग हो ही रहा है, इसने आज बाजार तथा आधुनिकता के दबाव के कारण गाँव के हाट-बाजार, गली-चौराहे, कल-कारखाने, कचहरी तथा सब्जी मंडियों में भी अपने आगमन की सूचना-साइन बोर्डों पर छपे विज्ञापनों तथा अन्यान्य तरीकों से दे दी है।

(4) प्रयोजनमूलक हिन्दी के विविध प्रकार, भेद, रूप और सामान्य अभिलक्षण

अपनी विशिष्ट आँच और ऊष्मा के साथ लोक भाषा के रूप में हिन्दी अनन्त काल से भारतीय पहचान बनी हुई है। यह सदियों से हिन्दुस्तानी तहजीबो-तमद्दुन और देश के एक छोर से दूसरे छोर के विभिन्न वर्गों, सम्प्रदायों-समाजों की भावनाओं की मुकद्दस लहरों का मजहर भी है। हिन्दी वह तसव्वुर है, जिसमें हिन्दुस्तानी रूह का नजारा किया जा सकता है। इसने इस देश के महजबों को बाँटा नहीं, मिलाया है, इसलिए यह फस्ल नहीं वस्ल है। आज तो यह अपने 'प्रयोजनमूलक' रूप में व्यापक सरोकारों वाली भाषा बन गयी है। 'प्रयोजनमूलक' रूप में इसने देश के विकास की परंपरा में नया पृष्ठ जोड़ा है। इस तरह बहुविध अभिलक्षणों से सम्पृक्त प्रयोजनमूलक हिन्दी को विद्वानों ने विभिन्न रूपों में देखा है। अपने बहुत बड़े भूगोल में विभिन्न रूप-रंगों में व्यवहृत हो रही प्रयोजनमूलक हिन्दी को विद्वानों ने स्थूल रूप में दो से लेकर नौ भेदों में इस प्रकार बाँटा है—

(1) डॉ० व्रजेश्वर वर्मा का वर्गीकरण[1] — डॉ० वर्मा ने प्रयोजनमूलक हिन्दी के मुख्य दो भेद किए हैं तथा अनेक उपभेद, यथा—

(i) Core Hindi, (ii) Advanced Hindi

(i) Core Hindi के चार उपभेद हैं—

(क) Official Hindi for Office Administration (कार्यालयी हिन्दी कार्यालय प्रशासन के लिए प्रयुक्त)

(ख) Commercial Hindi for Commercial Administration (व्यावसायिक हिन्दी वाणिज्य गतिविधियों के लिए)

(ग) Technical Hindi for Technical Vocations including legal profession (तकनीकी तथा विधि व्यवसाय में प्रयुक्त)

---

1. **प्रयोजनमूलक हिन्दी (सं० डॉ० रवीन्द्र नाथ श्रीवास्तव) में डॉ० व्रजेश्वर वर्मा का लेख, पृष्ठ 67, आगरा**

(घ) Socialised Hindi for carriers in Public relations (समाजी हिन्दी)

(ii) Advanced Hindi को भी उन्होंने चार उपभेदों में बाँटा है।

(2) डॉ० भोलानाथ तिवारी का वर्गीकरण[1]—डॉ० तिवारी ने प्रयोजनमूलक हिन्दी के मुख्य रूप से सात भेद बताया है। आपने इनके भेदों, उपभेदों का संकेत करते हुए इनका वर्गीकरण इस प्रकार किया है—

(1) बोलचालीय हिन्दी,

(2) व्यापारी हिन्दी—यथा, मंडियों की भाषा, दलालों की भाषा, सट्टाबाजार की भाषा,

(3) कार्यालयी हिन्दी—विभिन्न कार्यालयों में भाषा के स्तर पर कई तरह के अंतर होते हैं,

(4) शास्त्रीय हिन्दी—यथा, संगीतशास्त्र काव्यशास्त्र, योगशास्त्र, दर्शनशास्त्र, राजनीतिशास्त्र,

(5) वैज्ञानिक तथा तकनीकी हिन्दी—यथा, इन्जीनियरिंग, बढ़ई गिरी, प्रेस, फैक्टरी, लुहारी, मिल आदि,

(6) समाजी हिन्दी—यथा, सामाजिक कार्यकर्त्ताओं द्वारा व्यवहृत होने वाली हिन्दी,

(7) साहित्यिक हिन्दी—यथा, कविता, कला और साहित्य की विभिन्न विधाओं की भाषा,

(8) प्रशासनिक हिन्दी—यथा, प्रशासनिक कार्यों के लिए प्रयुक्त भाषा तथा

(9) जनसंचार माध्यम—यथा, पत्रकारिता, आकाशवाणी तथा दूरदर्शन आदि की भाषा।

(3) डॉ० मोटूरि सत्यनारायण का वर्गीकरण[2]—दक्षिण भारत के हिन्दी विद्वान् डॉ० सत्यनारायण ने प्रयोजनमूलक हिन्दी के कुल छः भेद माने हैं—

(1) सामान्य सम्प्रेषण माध्यम (Simple Communicative Media),

(2) सामाजिक (Socialise),

(3) व्यावसायिक-वाणिज्यिक (Commercialise),

(4) कार्यालयी (Officialise),

(5) तकनीकी (Technicalise) तथा

(6) सामान्य साहित्य (General Literature)।

(5) प्रयोजनमूलक हिन्दी : संकल्पना एवं अवधारणा तथा विविध आयाम

सुप्रसिद्ध कवि और आलोचक आदरणीय **श्री अशोक वाजपेयी** कहते हैं कि संसार में शायद ही किसी भाषा ने पिछली सदी में इतिवृत्तात्मकता की सीढ़ी से चढ़ना शुरू कर इतनी कम अवधि में तथाकथित उत्तर आधुनिक झरोखों तक अपनी पहुँच बनायी होगी, जितनी हिन्दी ने, पर दुर्भाग्य से इसी हिन्दी की जड़-जमीन से पनपी 'प्रयोजनमूलक' या

1. **अनुवाद—विज्ञान—डॉ० भोलानाथ तिवारी, पृष्ठ 22**
2. **प्रयोजनमूलक हिन्दी (सं० डॉ० रवीन्द्रनाथ श्रीवास्तव), पृष्ठ 27**

'व्यावहारिक' नामधारी हिन्दी सत्तर के दशक से अपने नामकरण, संकल्पना, अवधारणा और विविध आयामों को लेकर अपनी कोई निश्चित शक्ल अख्तियार न कर पाने के कारण आज भी सहमति-असहमति के बीच हिचकोले खा रही है। इसकी संकल्पना और अवधारणा को लेकर हिन्दी विद्वानों में समय-समय पर व्यापक बहस हो रही है और यह बहस आज भी सतत् जारी है। काफी अन्तर्विरोध और धड़े बन्दियाँ हैं।

कई लोग सवाल करते हैं कि क्या भारतीय संविधान में 'प्रयोजनमूलक' हिन्दी नाम की संकल्पना की गई है? यदि 'नहीं' तो क्या यह हिन्दी को कई नए टुकड़ों, डबरों या खण्डों में बाँटने की गुपचुप जुंबिश नहीं है? पहले से ही विवादित हिन्दी में क्या नए छेद और नई दरारें पड़कर उसे चटकाएँगी नहीं? क्या एक सम्पूर्ण भाषा को देश के वृहत्तर भूगोल में फैले इसके बरतने वाले सामान्य जन से अलग करने का कोई षड्यंत्र नहीं है? भाषा के संदर्भ में शब्दों के प्रयोग और शैली की विशिष्टताओं को लेकर उसके स्वरूप को विभिन्न वर्गों में बाँटना द्रविड़ प्राणायाम नहीं है? अगर पड़ताल की जाय तो हम देखेंगे कि भारत में हिन्दी की स्वीकार्यता में स्वत: वृद्धि हुई है तथा इसका प्रयोग विभिन्न अनुशासनों में विभिन्न प्रयोजनों के लिए अभीष्ट भी होता जा रहा है। अत: हिन्दी के 'प्रयोजनमूलक' या 'व्यावहारिक' रूप को नकारने वाले विद्वानों का कहना है कि मोटे तौर पर भाषा के स्वरूप को अगर देखा जाय तो साहित्य की भाषा, पत्राचार की भाषा, विज्ञापन की भाषा, विधि-विधान की भाषा, प्रशासन की भाषा और दैनिक बोलचाल की भाषा में शब्दों के चयन शैली का ही अंतर होता है, किन्तु इस आधार पर प्रयोजनमूलक हिन्दी के रूप में हिन्दी के एक और स्वरूप और संकल्पना की अवधारणा विचित्र प्रतीत होती है। यदि हम हिन्दी के प्रयोजनमूलक स्वरूप की अवधारणा को स्वीकार करते हैं तो हमें हिन्दी का अप्रयोजनमूलक स्वरूप भी निर्धारित करना होगा। भाषा का होना ही उसके प्रयोजन को सिद्ध करता है। यदि भाषा है तो भावों-विचारों की अभिव्यक्ति उसका पहला प्रयोजन है। अभिव्यक्ति की विधाएँ एकाधिक हो सकती हैं, किन्तु इस आधार पर भाषा को प्रयोजनमूलक या अप्रयोजनमूलक नहीं कहा जा सकता।

प्रयोजनमूलक हिन्दी की संकल्पना और अवधारणा को सिरे से नकारने वालों का अगला तर्क है कि वस्तुत: किसी भी भाषा का प्रयोक्ता अभिव्यक्ति के उद्देश्य, विधा एवं शैली के अनुरूप शब्दावली एवं वाक्यविन्यास का चयन कर ही लेता है। सरलता, संक्षिप्तता, स्पष्टता जैसे गुण जहाँ प्रभावशाली अभिव्यक्ति के लिए आवश्यक हैं, वहीं प्रयोक्ता का व्यक्तित्व तथा विषय संबंधी उसकी मानसिक स्पष्टता की झलक उसकी भाषा में अवश्यमेव परिलक्षित होती है। यहाँ पर इस तथ्य का उल्लेख करना आवश्यक है कि चूँकि हर व्यक्ति का व्यक्तित्व बहुआयामी होता है, इसलिए भाषा में विविधता एवं बहुआयामिता का पाया जाना नितांत स्वाभाविक है। इसके अतिरिक्त भाषा के सहज प्रवाह की तुलना सतत् और अविच्छिन्न प्रवाहमान गंगा जी के जल से की जा सकती है, जिसमें अनेक छोटी-बड़ी नदियाँ मिलती जरूर हैं, किन्तु गंगा जी अंतत: गंगा जी ही बनी रहती हैं। हिन्दी में भी संस्कृत के तत्सम, तद्भव शब्द, अरबी-फारसी तथा अंग्रेजी के साथ-साथ अन्य भारतीय भाषाओं के शब्द उसे निरंतर समृद्ध करते रहते हैं, जिसमें हिन्दी की अस्मिता निरंतर सुदृढ़ होती है, जिससे वह जनसाधारण के लिए और सहज-सुग्राह्य हो जाती है, अत: ऐसी स्थिति में हिन्दीके प्रयोजनमूलक स्वरूप की संकल्पना और अवधारणा बेमानी, मिराकी और नए भ्रम का सृजन ही माना जाएगा।

दूसरी तरफ कुछ ऐसे लोग भी हैं, जो प्रयोजनमूलक हिन्दी की संकल्पना और अवधारणा को नितांत सार्थक मानते हैं। कवि, आलोचक-समीक्षक **डॉ० जितेन्द्र नाथ पाठक** उन्हीं में हैं। आपके अनुसार आधुनिक भारत, विशेषत: स्वतंत्र भारत में हिन्दी का व्यवहार जब लोक जीवन के विविध क्षेत्रों में होने लगा तो जिस हिन्दी का विकास हुआ, उसके लिए कहीं 'प्रयोजनमूलक हिन्दी' तो कहीं 'व्यावहारिक हिन्दी' शब्द का प्रयोग हुआ। पराधीन भारत में जहाँ आवेदन-पत्रों और कामकाज की भाषा अंग्रेजी या उर्दू हुआ करती थी, वहाँ अब उच्च स्तर पर जिस हिन्दी का व्यवहार होता है या हो रहा है, उसके लिए 'प्रयोजनमूलक हिन्दी' शब्द रूढ़ हो चुका है। केन्द्र से लेकर जिला स्तर तक विधान, प्रशासन, न्याय, प्रविधि, अर्थतंत्र, व्यापार, सेना आदि-आदि जीवन के नाना क्षेत्रों में जिस बहुविध हिन्दी का विकास हुआ है, उसका फलक बहुत व्यापक है। अर्से तक इस प्रकार की व्यावहारिक हिन्दी के लिए कोई स्पष्ट अवधारणा विकसित नहीं हो पायी थी। सन् 1973 ई० के आसपास कुछ विद्वानों ने पारस्परिक विचार-विमर्श के द्वारा इस संकल्पना और अवधारणा को 'प्रयोजनमूलक हिन्दी' नाम दिया, जिसका स्पष्ट अर्थ है—"जागतिक प्रयोजनों के लिए प्रयुक्त होने वाली भाषा।" स्वभावत: विद्वानों ने इसके विस्तार के विश्लेषण-क्रम में इसके अनेक आयामों को परिभाषित, वर्गीकृत और उसके विभिन्न स्वरूपों को उदाहृत प्रमाणित करने की चेष्टा की और इस तरह प्रयोजनमूलक हिन्दी की संकल्पना और अवधारणा का एक शास्त्र ही विकसित हो गया। इसके विविध आयामों के संदर्भ में हम आगे इतना और कह सकते हैं कि किसी भी समाज के विकास के स्तर के अनुरूप प्रयोजनमूलक भाषा के आयाम कम या अधिक हो सकते हैं, क्योंकि भाषा के आयाम विकास-सापेक्ष होते हैं, इसलिए प्रयोजनमूलक भाषा के आयामों की समृद्धि भी तदनुरूप होती है, जैसे—भूटान अभी एक अविकसित राष्ट्र है, जहाँ सट्टाबाजार जैसी परिघटना अकल्पनीय है, फलत: वहाँ की प्रयोजनमूलक भाषा में वह आयाम शून्य होगा।

(6) प्रयोजनमूलक हिन्दी की उपयोगिता एवं महत्व

विश्व की हर भाषा अपने विभिन्न संदर्भों के दायरे में अर्थपूर्ण होती है। बदलते समय के साथ वह जीवन का मुहावरा बनती है। वह एक ही साथ टूटते मानवीय रिश्तों, नष्ट होते मानवीय जीवन मूल्यों की साक्षी तो होती ही है, समय के राजनैतिक, सामाजिक और सांस्कृतिक जन आन्दोलनों के इतिहास को भी अपने भीतर फेटकर रखती है। वह इस धरती पर नैतिक अतिक्रमणों और शोरगुल, आतंक और अशांति तथा विद्वेष और उन्माद के विरुद्ध पुख्ता हथियार बनती है। वह मनुष्य के अन्त:करण की अन्तर्कथा है, अभिव्यक्ति की संघर्षकथा है, समय, सच्चाई, संवेदना, मर्म और अंधेरों के पार जाते मनुष्य की मुकम्मल दस्तावेज है तथा अपनी व्याप्ति में निरंतरता का विन्यास है, तो मनुष्य की क्रूरता का नाटकीय तुमुल और अग्रहस्तक्षेप की प्रामाणिक 'फ्लापी' भी है।

अत: ऐसी स्थिति में हिन्दी और उसकी वंश-बरखा 'प्रयोजनमूलक हिन्दी' के महत्व के विषय में सवाल क्या दागना, जो इस देश में एक ही साथ राष्ट्रभाषा, राजभाषा, मातृभाषा तथा संपर्क भाषा आदि ढेरों—संकल्पनाओं को साकार करती जी रही है, जो शासन की प्रकृति के अनुकूल राजभाषा, कार्यालयीय या कामकाजी भाषा के नितांत योग्य है, जो इस देश के बहुसंख्यकों की भाषा है, जो जन-जन की भाषा है, जो अनेक प्रांतों की मुख्य भाषा है, जो पढ़ने-लिखने तथा समझने की दृष्टि से बेहद सरल है, जो इस देश की सभ्यता, संस्कृति की

वाहिका है, जिसमें इस देश के कोने-अँतरे तक के विविध भाषा-भाषियों, विभिन्न धर्मावलंबियों ने अपने उत्कृष्ट साहित्य सृजन का आधार बनाया तथा जिसमें वैज्ञानिक, तकनीकी तथा मीडिया (Media) आदि से संबंधित सभी विषयों को अभिव्यक्त करने की अपूर्व क्षमता है।

जाहिर है, प्रयोजनमूलक हिन्दी का महत्व तथा उसकी उपयोगिता असंदिग्ध है। दरअसल, राजभाषा स्वीकार किए जाने के बाद हिन्दी के पठन-पाठन में लगे लोगों के सामने यह समस्या आई कि वे हिन्दी को व्यावहारिक सर्वग्राही बनाने की दिशा में यदि यत्न नहीं करेंगे तो कार्यालयीय उपयोगिता की दृष्टि से हिन्दी भाषा को समृद्ध नहीं कर पाएँगे। फलतः प्रयोजनमूलक हिन्दी के विकास के लिए अलग से प्रयत्न शुरू हुए। यद्यपि पहले भी इस दिशा में यदा-कदा प्रयास शुरू हुए, परन्तु 1960 ई० से इस प्रयास में विशेष रूप से गति आई। हिन्दी की प्रयोजनमूलकता की स्वीकृति आज के युग की महती आवश्यकता है, जिसने हिन्दी के अध्ययन के लिए एक नई दिशा प्रदान की है। फैक्टरियों, मिलों, बैंकों, उद्योग प्रतिष्ठानों, न्यायालयों तथा सरकारी, अर्द्ध सरकारी एवं निजी कार्यालयों आदि में काम करने वाले स्त्री-पुरुषों को हिन्दी में कार्य करने के लिए प्रोत्साहन और अवसर प्रदान किए जा रहे हैं। हिन्दी के ललित एवं ज्ञानात्मक पक्ष के अध्ययन में भी प्रयोजन निहित है, वह पढ़े-लिखे विद्वानों की ज्ञान-पिपासा को शान्त करता है। प्रयोजनमूलक हिन्दी सरल, सुबोध तथा जनसाधारण के उपयोग की भाषा है। प्रयोजनमूलकता हमें इस भाषा की शक्ति संपन्नता से परिचय कराती है, स्वभाषा के माध्यम से अपने देशवासियों से सीधे जुड़ने की प्रक्रिया तराशती है एवं कार्य-सम्पन्नता के साथ-साथ निजभाषा के गौरव का महत्त्व प्रतिपादित करती है। इस लोकतांत्रिक युग में हमें किसान, मजदूर तथा कार्यालयों में काम करने वाले लिपिकों को ही नहीं अपितु अधिकारियों के लिए भी प्रयोजनमूलक हिन्दी परमावश्यक है अन्यथा वे अपने अधीन लिपिकों से तादात्म्य नहीं बिठा पाएँगे। उन्हें भी अंग्रेजी का मोह छोड़कर प्रयोजनमूलक हिन्दी की ओर आना पड़ेगा।[1]

(7) प्रयोजनमूलक हिन्दी की विशेषताएँ या गुण

भारतीय संविधान में राजभाषा स्वीकृत होने के बाद हिन्दी के व्यवहारपरक पक्ष की ओर विद्वानों का ध्यान गया। विद्वानों का विचार था कि जब तक प्रयोग और कामकाज के स्तर पर हिन्दी का व्यवहार नहीं होगा, तब तक इसकी प्रगति अधूरी ही मानी जाएगी। बहरहाल, इस कल्पना ने 'प्रयोजनमूलक हिन्दी' के रूप में मूर्त्त रूप अख्तियार किया, आप जानते हैं, हिन्दी सदा ही संघर्ष की भाषा रही है। इसने अपना जीवत्व सदैव अपने जन से प्राप्त किया, अपने समाज से, राज से नहीं। यह कितना ही विस्मयकारी और चकित कर देने वाला तथ्य है कि इस देश की बहुलतावादी संस्कृति, परंपरा और विलक्षणता का अपूर्व समंजन अपने भीतर करने वाली हिन्दी को यहाँ की राजकाज की भाषा बनने का अधिकार नहीं मिला। अंग्रेजी, फारसी और कभी-कभार उर्दू ने निरंतर इसे दबाया-दबोचा। हाँ, साहित्यिक हिन्दी में यहाँ के कवियों ने अपनी स्मृतियों और अहसास के रंगतों तथा रोमानीपन को बेखौफ व्यक्त किया।

यह 'प्रयोजनमूलक हिन्दी' उसी हिन्दी का ठोस विस्तार और नए रूप में परिवर्द्धन है। यह उसी हिन्दी का अनिवार्य अंग है। कुल मिलाकर यह समृद्ध उत्कर्ष और स्वायत्त

---

1. **प्रयोजनमूलक हिन्दी—डॉ० विजयपाल सिंह, भूमिका भाग**

उपलब्धि है। प्रयोगपरकता इसकी मुख्य विशेषता है। बताते हैं, इस धरती पर बहुत सी ऐसी भाषाएँ थीं, जिनका प्रयोग साहित्य और बोलचाल के स्तर पर होता था, किन्तु उन्हें प्रशासन, राजकाज और नित-नूतन प्रगति की अभिव्यक्त का माध्यम बनने का अवसर प्राप्त नहीं हुआ, जाहिर है, भाषाओं की बिरादरी से वे समूल नष्ट हो गयीं। लेकिन प्रयोजन विशेष के निमित्त गढ़ी-रची गई भाषा अपनी लम्बी उम्र को इसलिए जी पाती है, क्योंकि वह ज्ञान-विज्ञान, नित-नए अन्वेषण के तलाश की भाषा बन समाज में जिन्दा और जीवन्त बनी रहती है।

प्रयोजनमूलक भाषा का प्रयोग हम घर के भीतर दैनिक बोलचाल की भाषा के रूप में नहीं करते। वस्तुत: विशिष्ट अवसरों पर और विशिष्ट प्रयोजन के लिए ही इस भाषा का प्रयोग किया जाता है। साहित्यिक भाषा और प्रयोजनमूलक भाषा में बहुत फाँक और फ़र्क होता है। बक़ौल **डॉ० बालेन्दु शेखर तिवारी**[1] रचनात्मक भाषा में अनुभव और कल्पना का समन्वय होता है, जबकि प्रयोजनमूलक भाषा में विशिष्ट ज्ञान और अनुभव के साथ प्रयुक्ति के समन्वय की अपेक्षा की जाती है। रचनात्मक भाषा में कला और शैली के शास्त्र का अनुकरण किया जाता है, जबकि प्रयोजनमूलक भाषा का अपना अलग ही विधान होता है। यह भाषा सामान्य बोलचाल की जनभाषा से भी भिन्न होती है। जनभाषा की कोई पारिभाषिक शब्दावली नहीं होती और उसमें भाषा के मानक रूप के प्रति सावधानता भी नहीं होती। इसके विपरीत प्रयोजनमूलक भाषा प्रत्येक विशेष प्रयोजन के लिए अनुकूल पारिभाषिक शब्दावली का निर्माण स्वीकार करती है तथा भाषा की मानक संरचना के प्रति सजग रहती है। इस भाषा में भावुकता और कलाकारिता के लिए कोई स्थान नहीं होता। **डॉ० दंगल झाल्टे**[2] कहते हैं कि अपनी शब्द-ग्रहण करने की अद्‌भुत शक्ति के कारण प्रयोजनमूलक हिन्दी ने अनेक भारतीय तथा पश्चिमी भाषाओं के शब्द-भण्डार को आवश्यकतानुसार ग्रहण कर अपनी शब्द-संपदा को वृद्धिगत किया है। प्रयोजनमूलक हिन्दी में तकनीकी एवं पारिभाषिक शब्दावली का प्रयोग अनिवार्य रूप से विद्यमान रहता है, जो उसकी भाषिक विशिष्टता को रेखांकित करता है। प्रयोजनमूलक हिन्दी की भाषा सटीक, सुस्पष्ट, गंभीर, वाच्यार्थ प्रधान, सरल तथा एकार्थक होती है और इसमें कहावतें, मुहावरें, अलंकार तथा उक्तियों आदि का बिल्कुल प्रयोग नहीं किया जाता है।

(8) प्रयोजनामूलक हिन्दी और 'प्रयुक्तियाँ'

'प्रयुक्ति' के लिए अंग्रेजी में Register शब्द का इस्तेमाल किया जाता है। सामान्य और सहज-सरल रूप में लगभग हर भाषा का स्वरूप एक-सा बना रहता है, किन्तु वही भाषा जब व्यवहार और कामकाज के स्तर पर जीना शुरू करती है, तो उसके रूप और चरित्र में बदलाव आ जाता है। विषय, संदर्भ और भूमिका संबंधी विभिन्न तरह के प्रयोगों के कारण उस भाषा में कई भेद मिलना शुरू हो जाते हैं, इन अनेक भेदों को ही भाषा-चिन्तक 'प्रयुक्ति' नाम देते हैं। **डॉ० कैलाश चन्द्र भाटिया**[3] के विचार से विषय और प्रयोग के अनुकूल भाषा-रूपों को ही 'प्रयुक्ति' रजिस्टर की संज्ञा दी गई है। कामकाजी भाषा के जितने विविध क्षेत्र होंगे, 'प्रयुक्ति' के भी उतने ही विविध रूप होंगे। विषयगत तथा प्रयोगगत विविधता ही 'प्रयुक्ति' कहलाती

---

1. **प्रयोजनमूलक हिन्दी—सं० डॉ० बालेन्दु शेखर तिवारी, पृष्ठ 3**
2. **प्रयोजनमूलक हिन्दी : सिद्धान्त और प्रयोग—डॉ० दंगल झाल्टे, पृष्ठ 43**
3. **हिन्दी भाषा का प्रयोजनमूलक स्वरूप—डॉ० कैलाश चन्द्र भाटिया, पृष्ठ 101, साहित्य भवन, इलाहाबाद, मूल्य 100 रु०, सन् 2000**

है। 'प्रयुक्ति' का मुख्य आधार किसी कार्य क्षेत्र में प्रयुक्त की जाने वाली शब्दावली है। प्रयुक्ति भाषा का वह रूप है जिसके द्वारा किसी विषय के बारे में उसकी विशिष्टताओं को स्पष्ट किया जाता है। बैंक की भाषा न्यायालय में प्रयुक्त विधि भाषा से भिन्न होगी, पर अर्थशास्त्र व 'आर्थिक कार्य विभाग' की प्रयुक्ति अधिक व्यापक होगी, जिसमें बैंकों में प्रयोग में आने वाली शब्दावली/अभिव्यक्तियाँ भी सम्मिलित होंगी। किसी विशेष क्षेत्र में प्रयुक्त होने के कारण वही अभिव्यक्ति उस क्षेत्र की प्रयुक्ति बन जाती है। मानक भाषा होते हुए भी उस क्षेत्र की विशिष्ट भाषा का वह रूप ले लेती है। विशिष्ट भाषा के रूप में विकसित होने की प्रक्रिया 'विशिष्टीकरण' कहलाती है। 'पेट्रोलियम' के क्षेत्र में काम आने वाली शब्दावली 'विशिष्ट' कहलाएगी और यही उस क्षेत्र की प्रयुक्ति होगी। यही विशिष्ट शब्दावली अनुवाद के क्षेत्र में विशेष सहायक सिद्ध होती है। 'भाषा-प्रकृति' भी कामकाजी हिन्दी में प्रयोग के स्तर पर दो प्रकार का स्वरूप ले लेती है, (1) भाषा प्रयुक्ति शैली तथा (2) भाषा प्रयुक्ति।

वस्तुत: जिस भाषा में प्रयुक्ति की प्रक्रिया अनवरत चलती-बदलती रहती है, वही भाषा जिन्दा-जीवंत और वैज्ञानिक होती है। इस दृष्टि से यदि हम विचार करते हैं तो **डॉ० बालेन्दु शेखर तिवारी**[1] के अनुसार भाषा-प्रयुक्ति के जिस कामकाजी चरित्र के संदर्भ में हिन्दी का प्रयोजनमूलक रूप सामने आया है, उसने एक ओर भाषा के साथ प्रशासन, विज्ञान, समाज और विकास के सम्बन्धों को नया आकाश दिया है, तो दूसरी ओर हिन्दी भाषी लोगों ने नए वर्गभेद, निर्धारित किए हैं। सांस्कृतिक, आर्थिक, शैक्षिक और सामाजिक कारणों से हिन्दी भाषी महज स्तरित और विभक्त हैं। समूचे भारत में हिन्दी भाषा का ही प्रचलन है, लेकिन सभी लोग एक जैसी हिन्दी नहीं बोलते। दिल्ली में रिक्शा चलाने वालों की हिन्दी और कलकत्ते में बोझ ढोने वाले कुलियों की हिन्दी एक जैसी नहीं है। कुल मिलाकर सामाजिक प्रयुक्ति के धरातल पर कोई भी भाषा हमेशा एक जैसी नहीं रहती। विषय अभिव्यक्ति और सामाजिक परिस्थिति के अनुरूप भाषा के अनेक चेहरे हमारे सामने हैं। न्यायालय में जैसी हिन्दी चलती है, ठीक वैसी ही हिन्दी विज्ञापनों के लिए उपयोगी नहीं होती। साहित्यकार जिस हिन्दी का उपयोग करते हैं, ठीक वही हिन्दी कार्यालयों अथवा बाजारों में नहीं चलती। अलग-अलग स्थितियों और स्थलों पर भाषा की अलग-अलग प्रयुक्तियाँ हैं। कोई भी भाषा समाज में जितने अधिक क्षेत्रों में प्रयुक्त होगी, उसकी प्रयुक्तियाँ भी उतनी ही अधिक होती हैं। विषय और संदर्भ के अनुसार विकसित इन सामाजिक प्रयुक्तियों के कारण भाषा में न केवल उपयोग का अंतराल होता है, अपितु पारिभाषिक शब्दावली एवं भाषिक संरचना में भी अन्तर नजर आता है। समाज में भाषा चाहे मौखिक रूप में अभिव्यक्त हो अथवा लिखित रूप में, दैनिक व्यवहार के अपरिहार्य सामाजिक साधन के रूप में भाषा की प्रयुक्तियों का संसार बहुआयामी है।

सच तो यह है कि हिन्दी की प्रयुक्तियों का क्षेत्र बहुत विस्तृत और विविध रंगी है। व्यापार, कार्यालय, सूचना, प्रशासन, संचार, विज्ञान, घर, घाट, लेखन, बाजार और चिन्तन के स्तर पर प्रयुक्तियों के स्वरूप में काफी अंतर है। मंदिर, डाक, शेयर बाजार, विधानमंडल, सरकारी पत्राचारों, दूतावासों, तीर्थस्थलों, रेलवे, बस अड्डों और विज्ञापनों आदि के क्षेत्रों में हिन्दी की अलग-अलग किसिम की प्रयुक्तियाँ हैं और यही प्रयुक्तियाँ हिन्दी की सबसे बड़ी ताकत हैं। इन प्रयुक्तियों के रूप में हिन्दी भाषा की सत्ता का विस्तार हुआ है। **डॉ० कैलाश चन्द्र भाटिया** ने विधि, प्रशासन, व्यावसायिक-वाणिज्य, जनसंचार के माध्यम यथा—

1. **प्रयोजनमूलक हिन्दी—डॉ० बालेन्दु शेखर तिवारी, पृष्ठ 2 तथा 3**

पत्रकारिता, विज्ञान, रेडियो, दूरदर्शन, फिल्म, पोस्टर आदि को प्रयुक्तियों का विविध क्षेत्र माना है तो **डॉ० दंगल झाल्टे** ने हिन्दी भाषा की प्रयोजनमूलक प्रयुक्तियों के विभिन्न रूपों को अधोलिखित रूप में निर्धारित किया है, यथा—साहित्यिक प्रयुक्ति, वाणिज्यिक प्रयुक्ति, कार्यालयी प्रयुक्ति, राजभाषा प्रयुक्ति, विज्ञापन भाषा प्रयुक्ति, विधि एवं कानूनी भाषा प्रयुक्ति तथा वैज्ञानिक एवं तकनीकी भाषा प्रयुक्ति।

(9) प्रयोजनमूलक हिन्दी : समस्याएँ और समाधान

माँ, मातृभूमि और भाषा से व्यक्ति का अत्यन्त कोमल, सहज और मानवीय रिश्ता होता है। इसमें भी भाषा जैसी संवेदनशील वस्तु अपने वक्त की मुकम्मल पुष्टि करती है। साफ शब्दों में, भाषा में हम अपने वक्त को आसानी से पहचान सकते हैं। भाषा में व्यक्ति अपने जीवन के जटिल ताने-बाने को दर्ज करता है, साथ ही जिन्दगी के मनोरम क्षणों को सुन्दर शिल्प में रचता और आकार देता है। कुल मिलाकर भाषा समय और समाज के तिक्त-मीठे अनुभवों को अपने भीतर तो टाँकती ही हैं, वैचारिक संघर्षों और जद्दोजहद को भी अपने भीतर मंजूषा की तरह सुरक्षित रखती है। इस तरह हम देखते हैं कि भाषा विविधधर्मी भूमिका में जीती है। कहीं वह 'सत्ता की पोर्नोग्राफी' बनती है तो कहीं वृद्धिशील 'कामनवेल्थ' की तरह उसमें कुछ-न-कुछ हमेशा जुड़ता रहता है।

जहाँ तक हिन्दी का सवाल है, वह साहित्य-समर्थ भाषा है, राजभाषा और संपर्क भाषा के रूप में वह हर जगह सहज स्वीकृत है। बोलने-बरतने वालों की संख्या के हिसाब से संसार की सबसे बड़ी भाषाओं में इसकी गणना होती है। यही हिन्दी आज के बहुभाषिक लोकतंत्र की भाषा है, विराट देश अपनी भावनाओं को इसमें आकार देता है। इसके सामने आज अंग्रेजी, उर्दू, फारसी की परंपरा और भूमंडलीकरण के नाम पर आया ताजा-टटका बाजार सवाल और संकट की तरह चुनौती दे रहे हैं। जाहिर है, सृष्टि की दीगर वस्तुओं की तरह इसकी भी अपनी कुछ दुर्बलताएँ और अन्तर्विरोध होंगे और हैं भी। फिर, आप सभी जानते हैं, "प्रयोजनमूलक हिन्दी" तो इस हिन्दी का नवजात शिशु है, नया-भाषिक संस्कार है, इसमें नया और सुदृढ़ आकार पाने की छटपटाहट है। अतः जब यह रूप अभी संघर्ष के दौर में है, तब जाहिर है कि इसमें भी कमजोरियों और लचरता की तलछट और गाद अवश्य होगी। इनमें कुछ कमियाँ असली तो कुछ नकली हो सकती हैं।

वस्तुतः यह हिन्दी का कृष्ण पक्ष ही था कि आधिकारिक स्तर पर वह अपने ही देश के प्रशासन की जुबान नहीं बन पाई। अतः उसी की संतान 'प्रयोजनमूलक हिन्दी' की नई बन रही शक्लो-सबीह में कुछ-न-कुछ खामियाँ तो होंगी ही। विद्वानों का विचार है कि ये कमियाँ मुख्य रूप से अनुवाद, पारिभाषिक शब्दावली और भाषिक संरचना तथा प्रयुक्ति के स्तर की हैं। ये कमियाँ या दुर्बलताएँ ही प्रयोजनमूलक हिन्दी की समस्याएँ हैं। दरअसल, प्रशासभ के क्षेत्र में संवैधानिक अनिवार्यता के तहत देश के विभिन्न कार्यालयों में जब हिन्दी प्रयोग की बात उठी तब धीरे-धीरे कुछ समस्याएँ भी उठीं। इनमें से पहली समस्या अनुवाद की थी। अनुवाद के द्वारा अंग्रेजी की जगह आई नई हिन्दी अंग्रेजी से भी कठिन लगने लगी। **डॉ० अवधेश प्रसाद सिंह**[1] कहते हैं कि अनूदित हिन्दी में अंग्रेजी के शब्दों के लिए नए-नए

---

1. **भाषा (द्वैमासिक पत्रिका) में डॉ० अवधेश प्रसाद सिंह का लेख, पृष्ठ 87, जुलाई-अगस्त सन् 2000, केन्द्रीय हिन्दी निदेशालय-दिल्ली**

गढ़े हुए हिन्दी शब्दों का प्रयोग किया जाने लगा, जिसमें अर्थ पर कम, शब्दों पर अधिक बल दिया जाता है, परिमाणतः वह हिन्दी लोगों के गले नहीं उतर रही है।

दरअसल, हिन्दी के इस रूप के लिए भले ही एक सीमा तक हिन्दी अधिकारियों और अनुवादियों को दोषी मान लिया जाय, पर इसके लिए परिस्थितियाँ भी कम जिम्मेदार नहीं हैं। हिन्दी अनुवादकों से बहुत बढ़-चढ़कर अपेक्षाएँ की गईं। हिन्दी अधिकारी या अनुवादक के पद पर काम करने वाले लोग अधिकांशतः वही थे, जो हिन्दी में एम० ए० पास करके आए थे। उन्हें साहित्य और भाषा का ज्ञान तो था, वे अंग्रेजी भी जानते थे, पर वे प्रशासन, विज्ञान, प्रौद्योगिकी, वाणिज्य, उद्योग, व्यवसाय, कानून, समाजशास्त्र आदि तमाम विषयों का भी पर्याप्त ज्ञान रखें, यह अपेक्षा करना ज्यादती है। उनसे यह उम्मीद की गई कि वे सारे विषयों से संबंधित सामग्री का सटीक अनुवाद कर देंगे। यह नहीं सोचा गया कि अनुवाद के लिए केवल भाषा का ज्ञान ही नहीं, संबंधित विषय का ज्ञान भी आवश्यक होता है। कानून का जानकार व्यक्ति ही कानूनी शब्दावली के मर्म को अच्छी तरह समझ सकता है और अनुवाद करते समय उसके साथ न्याय कर सकता है। परिणाम यह हुआ कि अधिकांश मामलों में अंग्रेजी शब्द की जगह हिन्दी में अंग्रेजी के शब्द बिठा दिए गए।

प्रयोजनमूलक हिन्दी की अगली समस्या विदेशी शब्दों—खासकर विज्ञान और प्रौद्योगिकी से संबंधित है। बताते हैं, विज्ञान की तकनीक अपने देश के सापेक्ष पश्चिमी देशों में ज्यादा उन्नत और विकसित थी, सो उस हुनर और कला को जब अपने देश में लाया गया तो इन भाषाओं के शब्दों को हिन्दी में रूपान्तरित करने की समस्या उठी। फल यह हुआ कि भौतिकी, रसायन, अंतरिक्ष, सूचना प्रौद्योगिकी, दूरसंचार आदि क्षेत्रों से जो विदेशी शब्द हिन्दी में गढ़े गए वे हिन्दी के प्रयोगकर्त्ताओं के लिए विज्ञान की कठिन तकनीक से भी कठिन हो गए। सच तो यह है कि अरबी, फारसी, अंग्रेजी, फ्रेंच और लैटिन आदि भाषाओं के शब्दों का हिन्दी अनुवाद करते समय कोई निश्चित मानक और मानदण्ड का ध्यान ही नहीं रखा गया, जिसकी जैसी इच्छा, विदेशी शब्दों का हिन्दी में अनुवाद करता गया। फल यह हुआ कि हिन्दी मनमानेपन का शिकार हुई, इसकी भाषिक संरचना अस्त-व्यस्त और तहस-नहस हुई। आज भी अरबी-फारसी से हिन्दी में आए शब्दों में से कुछ के नीचे नुक्ता या बिन्दी लगाई जाती है तो कुछ के नीचे जरूरत पड़ने पर भी नहीं लगाई जाती। अंग्रेजी और फ्रेंच शब्दों की वर्तनी एक, दो नहीं, बल्कि तीन-तीन तरह से लिखी जाती है। खुद जो हिन्दी के अपने शब्द हैं उनमें भी कहीं अनुस्वार और चन्द्र बिन्दु लगाया जाता हैतो कहीं छोड़ दिया जाता है। कुल मिलाकर हमारे कहने की मंशा यह कि हमारी प्रयोजनमूलक या कार्यालयीय हिन्दी अनुवादपरक, अनुभव-प्रधान या अनुवादजीवी हो गई।

अगली समस्या इसकी परिभाषिक शब्दावली को लेकर है। चूँकि विज्ञान, प्रौद्योगिकी, अर्थशास्त्र, इतिहास, भूगोल, जैसे विषयों और आधुनिक युग के समस्या प्रधान क्षेत्रों, जैसे—रोजगार, व्यवसाय, श्रम, मानव संसाधन, प्रबंधन, संप्रेषण और अन्य पेशेवर क्षेत्रों से संबंधित विषयों पर हिन्दी में पर्याप्त और प्रामाणिक सामग्री का अभाव आज भी बना हुआ है, अतः उन अनुशासनों के लिए तरह-तरह की संकल्पनात्मक शब्दावली का निर्माण भी व्यापक पैमाने पर नहीं हो पाया है। परिणामतः जब इस दिशा में काम किए जाते हैं तो शब्दों की किल्लत पड़ने लगती है। जो नए शब्द गढ़े जाते हैं, वे कई बार भावाभिव्यंजक नहीं होते, अतः तरह-तरह

की आलोचना के शिकार होते हैं।[1] अतः ऐसी स्थिति में जब **डॉ० रामविलास शर्मा** यह कहते हैं कि "सामाजिक-सांस्कृतिक जातीयता की दृष्टि से हिन्दी बोलने वालों की संख्या दुनिया में सबसे ज्यादा है। विशाल हिन्दी भाषी जन समूह का गठन, उसकी जातीय भाषा का विकास, उसका सांस्कृतिक अभ्युत्थान और उसके साहित्य की प्रगति सारे भारत की प्रगति की महत्त्वपूर्ण कड़ी है। अपनी विशेषताओं के फलस्वरूप हिन्दी सारे देश की प्रगति एवं सांस्कृतिक विकास की कड़ी के रूप में काम करने में सक्षम रही है" तब हमें चाहिए कि आज के प्रगतिगामी समाज में जहाँ औद्योगिक क्रांति और तकनीकी प्रगति दस्तक दे रहे हैं, हिन्दी भाषा को रोजी-रोटी का माध्यम बनाया जाय। उसे रोजगारोन्मुख, प्रयोजनमूलक और व्यवहारोन्मुख बनाया जाय।

विज्ञान, इन्जीनियरिंग, चिकित्सा, सूचना प्रौद्योगिकी, कृषि, फिल्म, विज्ञापन, बैंक-बीमा, विधि संबंधी शब्दावली को सरल-सहज और बोधगम्य बनाया जाय। अच्छा होता—उक्त विषयों से संबंधित शब्दावली को प्रयोजनमूलक बनाने के लिए अनुवाद व्यूरो का निर्माण होता। अनुवाद व्यूरो से बने शब्दों को छान-निथार कर उन्हें प्रयोग की खराद पर चढ़ाया जाता, तब कहीं शब्दों के प्रयोग की सार्थकता सिद्ध होती। ये शब्द हिन्दी भाषा के व्यावसायिक, व्यावहारिक, कामकाजी, प्रशासनिक क्षेत्रों में प्रयोग के लिए अमोघ शक्ति का काम करते। जहाँ तक नए पारिभाषिक शब्दों के सीखने और प्रचलन का प्रश्न है, यह सिर्फ थोड़े समय का मामला है। कोई शब्द कठिन या सरल नहीं होता, वह सिर्फ प्रचलित और अप्रचलित होता है। एक मनोवैज्ञानिक सर्वेक्षण के अनुसार दो वर्ष का बच्चा प्रति दो घंटे में एक नया शब्द सीखता है और जब वह स्कूल जाने लायक होता है, तब तक वह 13000 शब्दों को सीख चुका होता है। एक स्नातक को लगभग 60,000 शब्दों की जानकारी होती है तथा उससे अधिक शिक्षित व्यक्ति के पास लगभग 1,20,000 शब्दों की संपदा होती है। यह सारी प्रक्रिया इतनी अनायास होती है कि व्यक्ति को इसकी खबर तक नहीं होती। ऐसी स्थिति में हिन्दी के शब्दों के लिए किसी का मुहताज हुआ जाय, यह बात समझ में नहीं आती। अतः और ज्यादा देर हो, इससे पहले हिन्दी से जुड़े लोगों, संस्थाओं तथा सरकार को इस दिशा में कुछ ठोस और निर्णायक कदम उठाने होंगे। हिन्दी को प्रयोजनपरक बनाने के लिए उसे मानक रूप देने, शुद्ध और स्वीकृत रूप वाले शब्दों का कोश तैयार करने, व्याकरणगत रूपों में अपेक्षित सुधार का स्थिर रूप देने जैसे कार्य प्राथमिकता के आधार पर किए जायँ। हिन्दी की लिंग-व्यवस्था को सरल बनाने पर जोर दिया जाय। ऐसा न हो कि हिन्दी के इतिहास लेखन की तरह कोई गार्साद तासी और जॉर्ज ग्रियर्सन पहले आएँ और शिवसिंह सेंगर, मिश्र बन्धु और रामचन्द्र शुक्ल बाद में पैदा हों। हिन्दी के मानक कोश के लिए हिन्दी भाषियों को अमेरिका पर निर्भर रहना पड़े, इससे बदतर स्थिति और क्या होगी?[2]

कुल मिलाकर अनुवादी और पारिभाषिक शब्दावली से संबंधित शब्द बोधगम्य हों, जटिल न हों, बोलचाल की भाषा में खप जाने लायक हों, अनगढ़ और भदेस न हों, संप्रेषणीय हों, अभिव्यक्ति वंचित न हों, व्यक्त भावों की संवेदना और संस्कार को सहज शिल्प के साथ प्रस्तुत कर सकते हों, अपने कलेवर में क्लिष्टता-कठिनता की धारणा को तोड़ने वाले हों और

---

1. **भाषा—पृष्ठ 88, वर्ष 93, अंक 6, भारत सरकार**
2. **भाषा—पृष्ठ 88**

यदि थोड़े अपच-उबाऊँ भी हों तो हमें उन्हें माँज-रगड़ कर प्रयोजनमूलक हिन्दी में सार्थक भूमिका में जीने के लिए सुन्दर-सलोना बनाना होगा, क्योंकि **डॉ० विद्या निवास मिश्र** के शब्दों में ''हिन्दी अपने आरंभ से ही प्रतिष्ठान के विरोध की भाषा रही है। न कभी प्रतिष्ठान ने उसको अपनाया, न कभी उसे सोचने का कोई कारण या आधार मिला कि वह प्रतिष्ठान के साथ संयुक्त है, या हो सकती है।'' अत: ऐसी स्थिति में उसे नित-नयी विविध चुनौतियों की प्रयोजनपरक भाषा बनाना होगा।

(10) प्रयोजनमूलक हिन्दी : सीमाएँ एवं संभावनाएँ

प्रकृति की हर वस्तु परिवर्तनधर्मी है। भाषा भी परिवर्तन की प्रक्रिया से अपने को अनछुई नहीं रख सकी है। इस नियम का अनुपालन करते हुए समय की गरज और जरूरत के अनुसार हिन्दी ने भी अपना चेहरा और चरित्र बदला है। हिन्दी अब कविता, नाटक, कहानी, उपन्यास, निबंधादि जैसे साहित्यिक तथा समीक्षापरक पारंपरिक स्वरूप को छोड़कर 'कामकाज की भी भाषा' बनी है। यह अब सूर, तुलसी, कबीर, रसखान की साहित्यिक अभिव्यक्ति या व्याकरण तथा भाषा-विज्ञान का माध्यम मात्र नहीं रह गयी है, यह अब सूक्तियों, कहावतों, मुहावरों की भाषा ही नहीं रह गयी है, बल्कि व्यावहारिक धरातल पर यह जमीनी रूप में रोजी-रोटी की भाषा बनी है। यह स्वीकार करने में किसी को एतराज नहीं होना चाहिए कि यह अपने पुराने संस्कारों को छोड़ आज पत्रकारिता, कानून, विज्ञान, प्रौद्योगिकी, चिकित्सा, मीडिया, सूचना तकनीक की भाषा बन लोगों को कामकाज और रोजगार मुहैया करा रही है।

इसने कार्यालयों के समस्त कार्यों को संभाल लिया है। समाचार पत्र-पत्रिकाओं अर्थात् प्रिन्ट मीडिया तथा इलेक्ट्रॉनिक मीडिया यथा—रेडियो, दूरदर्शन, फ़िल्म, वीडियो, कम्प्यूटर और इन्टरनेट की भाषा बन करोड़ों लोगों के जीविकोपार्जन की भाषा बन गयी है। दृश्य-श्रव्य माध्यमों के साथ-साथ आज यह विज्ञापन की भाषा है, पर्यटन की भाषा है, पर्यावरण की भाषा है, कला और शिल्प के अभिव्यक्ति की भाषा है, पत्र-पत्रिकाओं, रेडियो-दूरदर्शन पर होने वाली प्रतियोगिताओं की भाषा है, भवन-निर्माण कला, संपादन कला, गोष्ठी-संगोष्ठी, फीचर लेखन, रेडियो लेखन, बैंक, बीमा, शेयर बाजार, रिपोर्ट लेखन, नाट्य लेखन, वित्तीय निगमों, कृषि विज्ञान, वाणिज्य, भूविज्ञान, मौसम विज्ञान, खगोल शास्त्र, न्यायशास्त्र, समाजशास्त्र, कंपनियों की रिपोर्ट पैकिंग, प्रतिवेदन, पत्र सूचनाएँ, प्रशिक्षणमूलक क्षेत्रों की जानकारी उपलब्ध कराने वाली तथा वैज्ञानिक एवं तकनीकी साहित्य के अभिव्यक्ति की भाषा है। कुल मिलाकर यह रोजी-रोटी कमा सकने की भाषा है। आज यह सही अर्थों में 'रोजगार का औजार' बन उभरी है। बस, थोड़ी सी जरूरत है—लोगों को, इसके व्यावहारिक एवं प्रयोजनमूलक क्षेत्रों के विषय में बताने की। सरकारी तंत्र को चाहिए कि इसे मन से स्वीकार करें, क्योंकि यह इस देश की मिट्टी, संस्कृति और गंध की भाषा है। यही हमारी सोच, दर्शन, चिन्तन-मनन तथा आहार का जरिया है। यही राष्ट्र की संरक्षिका और अस्मिता है।

अध्याय-2

हिन्दी की भाषिक संरचना और उसका मानक रूप

(1) भाषा की संकल्पना

(1) मौखिक भाषा—मनुष्य भाषिक प्राणी है, यद्यपि हर जीव अपने अंतर की अभिव्यक्ति प्रकाशन के लिए किसी-न-किसी संकेत प्रणाली को अपनाता है, परन्तु भाषिक प्रणाली ईश्वर की ओर से मनुष्य को दी गई अमूल्य संपदा और धरोहर है। मनुष्य जाति के सांस्कृतिक विकास में इस भाषा का आधारभूत योगदान रहा है, परन्तु सांस्कृतिक विकास के अनुरूप भाषिक विकास के भी विभिन्न चरण देखे गए हैं। प्रस्थानिक स्वरूप मौखिक ही होता है, यही भाषा का मौलिक स्वरूप भी होता है। ''भाष्यते इति भाषा'' अर्थात् जो बोली जाय, वह भाषा है। वस्तुत: जिह्वा एवं मुख के विभिन्न उच्चारण स्थानों के समवेत् प्रयास से उत्पन्न ध्वन्यात्मकता स्वभावत: भाषा कहलाती है, परन्तु यह मौखिक स्वरूप किसी भाषिक समूह को एक सीमित दायरे में ही रखता है, क्योंकि श्रोता और वक्ता के संबंध देश और काल में अत्यन्त सीमित होते हैं, अत: मौखिक भाषा सांस्कृतिक विकास में एक सीमा के बाद अवरोध बनती है। वस्तुत: लिपि के आविष्कार के साथ ध्वन्यात्मक प्रतीकों के स्थान पर वर्णात्मक लिखित स्वरूपों की प्रणाली से भाषा का अग्रिम विकास होता है। भाषा के इस लिखित स्वरूप में देश और काल की सीमा टूटती है। देश की सीमा अब नष्टप्राय है, क्योंकि विश्व के किसी कोने से लिखित भाषा विश्व के किसी भी स्थान पर क्षिप्र गति से संप्रेषित हो सकती है। काल की सीमा तो पहले ही टूट चुकी है। ताम्रपत्रों, भोजपत्रों, शिलालेखों, स्तंभलेखों आदि के माध्यम से अतीत की सांस्कृतिक पृष्ठभूमि उजागर होती है। मानव जाति के इतिहास में लिखित भाषा का वही स्थान है, जो स्थान अग्नि के आविष्कार, पहिए के आविष्कार, भाप के इंजन के आविष्कार तथा कम्प्यूटर—इन्टरनेट के आविष्कार का होता है, अत: लिखित भाषा भाषिक क्रांति का सूचक है।

इधर, मौखिक भाषा, भाषा का प्रारंभिक एवं नैसर्गिक स्वरूप होती है। यह मातृभाषा के रूप में ही स्थिर रहती है, क्योंकि लिपि के अभाव में ध्वन्यात्मक सम्प्रेषण एक सीमित दायरे में ही संभव है। भारत में जितनी बोलियाँ हैं, लिपि के विकास के पूर्व उनका मौखिक स्वरूप ही विद्यमान था। कालान्तर में इनका लिखित रूप संभव हो सका। आप सभी को ज्ञात है, वैदिक परंपरा को श्रुति परंपरा भी कहते हैं। यह परंपरा मौखिक परंपरा के चरित्र को प्रकाशित करती है। समग्र वैदिक साहित्य हजारों वर्षों तक अलिखित रहा, केवल गुरु-शिष्य परंपरा में उच्चरित और श्रुत होकर ही आज तक वह अक्षुण्ण है। अत: यह कहा जा सकता है कि मौखिक भाषा लिपि के विकास की पूर्ववर्तिनी भाषा है। लिपि से जुड़कर मौखिक भाषा, लिखित भाषा का रूप धारण करती है। यह भाषा के विकास का स्वाभाविक तर्क है। आज भी वन एवं पर्वतीय क्षेत्रों में सभ्यता की तपिश-ताप से कोसों दूर पड़ी हुई जन-जातियाँ भाषा के मौखिक स्वरूप को ही जानती हैं, क्योंकि उन्हें कोई लिपि प्राप्त नहीं है। लिपि के साथ वस्तुत: मौखिक भाषा का सभ्यता से सीधा संपर्क होता है। अत: यह कहा जा सकता है कि

मौखिक भाषा मानव जाति की उषःकालीन भाषा है। अपने समग्र वैभव में वह अत्यन्त मनोरम, कमनीय एवं अनाघ्रात पुष्प की तरह टटकेपन से लबरेज़ तरोताजा होती है। वह बेहद मासूम, निष्पाप एवं टूसे की तरह सुचिक्कण तथा मसृण होती है। उसे बहुत-कुछ माँ की गोद में सोए हुए अबोध बालक की तरह माँ की लोरियों के रूप में दाय में प्राप्त होता है। कुल मिलाकर वह खेतों-खलिहानों, चारागाहों एवं आखेटों की भाषा होती है। एक शब्द में, वह मानव जाति के प्रारंभ का कलरव है।

(2) लिखित भाषा—भाषा के विकास में लिपि का महत्त्वपूर्ण योगदान होता है, क्योंकि बोली और सुनी गयी मौखिक भाषा इसके माध्यम से लिखित रूप पाती है। मौखिक भाषा जहाँ देश-काल में परिसीमित होती है, वहीं लिखित भाषा देश-काल का अतिक्रमण कर जाती है। जिन जातियों में लिपि नहीं है, उनकी मौखिक भाषा कालान्तर में लुप्त हो जाती है। कहते हैं, कभी विश्व में लाखों भाषाएँ मौखिक परंपरा में विद्यमान थीं, लिपि से कुछ ही जुड़ पायीं, शेष का उच्छेद हो गया। आज के युग में लिखित भाषाओं में ही परस्पर आदान-प्रदान होता है, प्रतियोगिता होती है, माध्यम भाषा बनने की जद्दोजहद और कशमकश होती है, अपने क्षेत्र के विस्तार अर्थात् बाजार पर अधिकार का संघर्ष होता है। एक वाक्य में कहा जा सकता है कि भाषिक साम्राज्य के स्थापन का प्रयास लिखित भाषाओं के भीतर ही होता है। वैश्वीकरण के इस युग में विश्व-बाजार में कुछ ही लिखित भाषाएँ जमी हुई हैं, उनमें से सर्वाधिक वर्चस्व अंग्रेजी भाषा का है। भारत में लिखित भाषा के रूप में हिन्दी राजनैतिक कारणों से तथा अब बाजार के कारणों से भी अंग्रेजी से दबी-दबी रहती है। इस प्रकार लिखित भाषा के स्वरूप पर कोई विमर्श वस्तुतः भाषिक विकास के पड़ावों एवं अन्य भाषाओं के साथ अन्तःसम्बन्धों का विवेचन है। लिखित भाषा हिन्दी के विमर्श में आज अत्यन्त महत्त्वपूर्ण बिन्दु सूचना प्रौद्योगिकी के क्षेत्र से आ रहा है। कम्प्यूटर के क्षेत्र में देवनागरी लिपि के साथ हिन्दी भाषा की प्रतियोगिता अंग्रेजी भाषा के साथ हो रही है, जिसमें अंग्रेजी का वर्चस्व जग जाहिर है, फिर भी इस रस्साकशी में देवनागरी लिपि वाले कम्प्यूटरों और मोबाइलों के साथ-साथ देवनागरी लिपि वाले साफ्टवेयरों का बाजार में प्रवेश हुआ है। इन सभी का निहितार्थ यह है कि वैश्विक बाजार में भारतीय बाजार एक महत्त्वपूर्ण परिघटना है, जिसमें लिखित हिन्दी भाषा किसी भी लिखित भाषा की तरह वहीं तक अपना स्थान बना सकेगी, जहाँ तक प्रौद्योगिकी के क्षेत्र में उसे संबल मिलेगा। अब तो राजनीति का रोना भी बेमानी है, क्योंकि रोना और हँसना—दोनों ही बाजार में होना है। लिखित भाषा का उत्थान और पतन—बाजार में कैसे होता है, इसका कारण यह है कि लिखित भाषा एक माल या उपभोग की वस्तु जैसी हो गयी है। उपभोक्ता अगर इससे जुड़ते हैं, तो इसका विकास होता है, कटते हैं तो ह्रास और क्षरण होता है। आज की लिखित भाषा के जीवन का यही रहस्य है।

अंत में कुल मिलाकर यह कि **मौखिक भाषाएँ** अपने **लिखित रूपों** से प्रायः भिन्न होती हैं, बोलने में सर्वदा ही वाक्य छोटे-छोटे रहते हैं, पर लिखित रूप के वाक्य अधिकतर बड़े हो जाते हैं। कादंबरी के वाक्य कहीं-कहीं पृष्ठ पार कर जाते हैं, पर बोलचाल की संस्कृत कभी भी ऐसी न रही होगी। इस प्रकार मौखिक रूप स्वाभाविक है और लिखित रूप कृत्रिम।[1] वस्तुतः लिखित शब्द लिपिगत होता है अर्थात् शब्द को एक विशेष आकार मिलता

---

1. **भाषा-विज्ञान कोश—डॉ० भोलानाथ तिवारी, पृष्ठ 462, ज्ञान मंडल लिमिटेड—वाराणसी, मू० 25 रु०, प्रथम संस्करण सं० 2020**

है। दूसरे शब्दों में वह चित्रबद्ध होता है और उसका उद्देश्य अपने में निहित ध्वनि को व्यक्त करना होता है। मौखिक शब्द की सबसे बड़ी विशेषता यह है कि वह मात्र ध्वनि रूप होता है अर्थात् विशेष भाव को प्रकट करने के क्रम में वह विशेष प्रकार की ध्वनियों को उपस्थित करता है। दूसरे शब्दों में इसका भावबोध ऐहिक होता है। इसलिए वह सीधे भाव बोध करता चलता है।[1]

(3) सामान्य भाषा, असामान्य भाषा—किसी भाषिक समुदाय के भीतर यदि बोलियों की अनेकता हो, साथ ही परिनिष्ठित भाषा की एकता हो-तो एक द्वैध की स्थिति बनी रहती है। विविध बोलियों के संस्कार परिनिष्ठित भाषा के प्रयोग में यदा-कदा दखल देते रहते हैं, जबकि परिनिष्ठित भाषा सामान्य तत्त्वों का संग्रहण करके ही अपना स्वरूप पाती है। इस प्रकार विभिन्न बोलियों की अन्त:क्रिया से विकसित परिनिष्ठित भाषा का सामान्य स्वरूप बनता है, साथ ही उस परिनिष्ठित भाषा के प्रयोग में स्थानीय विशिष्टताओं के साथ उस भाषा का असमान्य स्वरूप भी उभरता है। यह तथ्य पदों के चयन के साथ-साथ वाक्यों के गठन में भी दृष्टिगोचर होता है, जैसे—कोयला खदानों के मजदूर परिनिष्ठित भाषा को ठीक ढंग से हृदयंगम नहीं कर पाते हैं, परन्तु विवशता में परिनिष्ठित भाषा को अपनी बोली के संस्कार से जोड़कर असामान्य रूप में प्रस्तुत करते हैं, यथा—मजदूर मालिक से कहता है—"हमारा माँ बीमार है, हम अपने मुलुक जाने माँगता है" यह भाषा न तो बोली है और न तो परिनिष्ठित मानकीकृत भाषा, अपितु दोनों की अन्त:क्रिया से उपजी एक असामान्य भाषा है, जिसमें अर्थ का सम्प्रेषण तो होता है, परन्तु मानकों की अवहेलना होती है। पदों के चयन में कभी-कभी विभिन्न भाषी क्षेत्रों के शब्द अपनी स्वीकृति के लिए घुसपैठ करते हैं। जब तक उन्हें मान्यता नहीं मिलती, तब तक वे भाषा में असामान्य स्थितियों में बने रहते हैं, जैसे—मराठी के शब्द—'बिंदास', 'छकास', 'घासलेट', 'आजू-बाजू' इत्यादि सामान्य हिन्दी में विज्ञापनों के माध्यम से शामिल किए गए हैं, परन्तु स्वीकृत नहीं हैं। इन प्रयोगों से भाषा असामान्य रूप में रहती है। स्वीकृति मिलने में जितना भी समय लगे, पर मिल जाने पर सामान्य भाषा में इनकी स्थिति मान्य हो जाती है। दूसरा उदाहरण लें—अयोध्या के मंदिर आन्दोलन में 'कारसेवक' या 'कारसेवा' शब्दों का चलन पंजाबी भाषा से उधार लेकर हुआ, किन्तु अब ये सामान्य हिन्दी में स्वीकृत हो चुके हैं, जबकि उस समय असामान्य हिन्दी में ही ये व्यवहृत होते थे।

इसी प्रकार वाक्य-विन्यास के क्षेत्र में भी शाक्त भक्तों के सामान्य हिन्दी भाषा क्षेत्र में 'जय माता दी' जैसे प्रयोग अथवा 'टेम्पो हाई है'—राजनीतिक सरगर्मी के अवसर के प्रयोग भाषा को असामान्य स्थिति में रखते हैं, क्योंकि अभी ये प्रयोग मानकीकृत न होने के कारण सामान्य हिन्दी के लिए पात्र नहीं हैं, लेकिन एक ही भाषी क्षेत्र में एक ही समूह द्वारा ये दोनों ही रूप (सामान्य-असामान्य) साथ-साथ चलते हैं। स्वाभाविकता यह है कि असामान्य भाषा क्रमश: सामान्य होती है। वस्तुत: असामान्य का अर्थ है—'विशिष्ट'। विशिष्टताएँ आत्म-निर्भर होती हैं, परन्तु अपने विकास के लिए सामान्य की अपेक्षा रखती हैं। इस प्रकार इन दोनों—सामान्य और असामान्य—में अन्योन्याश्रित संबंध होता है। कोई ऐसी सामान्य भाषा नहीं होती, जिसकी पृष्ठभूमि में असामान्य भाषा न हो और कोई असामान्य भाषा ऐसी नहीं होती, जिसका लक्ष्य सामान्य भाषा न हो।

---

1. **प्रयोजनमूलक हिन्दी—डॉ० विनोद गोदरे, पृष्ठ 197**

(4) औपचारिक भाषा, अनौपचारिक भाषा—किसी भी भाषा के विकास में एक महत्त्वपूर्ण चरण वह होता है, जहाँ भाषा के विभिन्न तत्त्वों—उच्चारण, शब्द-भण्डार एवं व्याकरण-में स्थानीयता के प्रवेश के कारण विविधता आती है, एतदर्थ अराजकता जैसी स्थिति पैदा होजाती है। यह चरण बोली से परिनिष्ठित भाषा में संक्रमण की अवधि में होता है। इस समस्या के समाधान के लिए मानकीकरण एक उपाय है। उच्चारण में यथेष्ट मानक तो नहीं हो पाते, क्योंकि स्थानीय बोलियों का प्रभाव सर्वथा मिट पाना असंभव होता है, परन्तु शब्द-भण्डार एवं व्याकरण के क्षेत्र में मानक स्थापित किए जा सकते हैं।

मानकीकृत भाषा ही औपचारिक भाषा बनती है तथा मानक से असंपृक्त, ढीली-ढाली, स्थानीय आग्रह वाली भाषा का स्वरूप पाती है। अनौपचारिक भाषा सीमित क्षेत्र में सिमटी होती है। यदि इसे 'सड़क की भाषा' कहे तो इसका चरित्र बेहतर उपस्थित होगा। दूसरी तरफ, औपचारिक भाषा राजकाज, प्रशासन, शिक्षा, धर्मानुशासन के क्षेत्र की भाषा होती है, जहाँ अराजकता पर मानकों की लगाम होती है। संक्षेप में कहें, तो कह सकते हैं कि औपचारिक भाषा शासक अथवा अभिजन के नजदीक की भाषा होती है तथा अनौपचारिक भाषा जन साधारण की भाषा होती है। इन दोनों में सापेक्ष संबंध होता है अर्थात् अभिजन यदि सड़क की भाषा बोलने लगें तो वह अपने आभिजात्य का तिरस्कार ही करता है, जैसे—"उनको बोलो कि यहाँ आएँ।" यहाँ पर अनौपचारिक भाषा का चरित्र और चेहरा स्पष्ट है, परन्तु यदि यह कहा जाय कि—"उनसे कहो कि वे यहाँ आएँ" तो यह औपचारिक भाषा का स्वरूप होगा। प्राय: औपचारिकता का निर्वाह लिखित भाषा में होता है, जिसमें अनुशासन का निर्वाह बाध्यकारी होता है, परन्तु मौखिक भाषा में अनुशासन के शिथिल होने के कारण मानकों की उपेक्षा होती है और स्थानीयता अपना असर दिखाती है, जैसे दिल्ली और हरियाणा के क्षेत्र में—"उसने गलती करी" प्रयोग अपनी अनौपचारिकता इंगित करता है, अथवा "मेरे को यह नहीं चाहिए" वाक्य में भी व्याकरण का अनुशासन शिथिल है। यह भाषा की अनौपचारिकता का द्योतक और संकेतक है, किन्तु "मुझे यह नहीं चाहिए" वाक्य भाषा की औपचारिकता का संकेतक है, क्योंकि यहाँ व्याकरण के अनुशासन की रक्षा, सम्मान और निर्वाह हुआ है। संक्षेप में, औपचारिक भाषा शिष्ट जन का भाषिक आचरण है तथा अनौपचारिक भाषा प्राकृतजन का स्वाभाविक व्यवहार है।

(2) भाषा के विविध रूप या प्रयोजनमूलक हिन्दी : प्रयुक्ति के विभिन्न माध्यम

(1) सामान्य हिन्दी तथा साहित्यिक हिन्दी—हिन्दी का वह रूप, जो लोक-व्यवहार का माध्यम है अर्थात् जिससे आर्थिक, राजनैतिक तथा सामाजिक जगत का व्यवहार चलता है, वह सामान्य हिन्दी का रूप है। किसी भी सामान्य भाषा का गुण होता है—सम्प्रेषण सामान्य हिन्दी में भी सम्प्रेषण का मानकीकृत रूप मिलता है, लेकिन साहित्यिक हिन्दी किसी साहित्यिक भाषा की तरह सामान्यजन की भाषा से भिन्न विशिष्ट जन की भाषा होती है। यह विशिष्टता सम्प्रेषण की विशिष्टता में होती है। साहित्यिक सम्प्रेषण में आनंद अथवा चमत्कार पैदा करने वाले तत्त्वों का योग होता है। वर्णों, पदों एवं वाक्यों में विशिष्टता होती है, यथा—शौर्य के वर्णन में सामान्य हिन्दी के लिए किसी वर्ण-योजना की विवशता नहीं होती, परन्तु सुप्रसिद्ध कवि चन्दवरदायी के लिए—

''खट खट खट खट तेगा बोले,
रण माँ छपकि-छपकि तलवार।''

का प्रयोग विशिष्ट वर्ण-योजना के कारण स्पृहणीय है। यह उनकी साहित्यिक भाषा है, क्योंकि यहाँ वीर रस के अनुरूप ओजगुण के पोषक परुष वर्णों की योजना है। स्पर्श वर्णों में क, ख, च, छ, ट, ठ, प, फ के साथ तालव्य, दन्त एवं मूर्धन्य षकार ओजगुण के पोषक होते हैं, जबकि यही वर्ण शृंगार रस के वर्णन में वांछनीय माधुर्य गुण के अनुरूप नहीं होते, बल्कि विघातक होते हैं।

सामान्य हिन्दी अर्थ-संप्रेषण के लिए किसी वर्ण-योजना से नहीं बँधती, वर्णों की सांस्कृतिक अथवा मनोवैज्ञानिक प्रकृति का विचार तो साहित्यिक हिन्दी में ही हो सकता है। पदों के प्रयोग में भी सामान्य हिन्दी में ही एक ही अर्थ के विविध वाचकों में से कोई भी ग्राह्य हो सकता है, परन्तु साहित्यिक हिन्दी में एक ही अर्थ के पर्यायों में किसी एक ही का चुनाव न केवल वांछनीय, अपितु बाध्यकारी हो सकता है, जैसे—

''रे नृप बालक कालबस बोलत तोहिं न सँभार।
धनुही सम तिपुरारि धनु बिदित सकल संसार॥'' (मानस, बालकाण्ड-271)

यहाँ पर गोस्वामी जी ने लक्ष्मण को 'राजकुमार' कहने की बजाय 'नृप बालक' कहना पसंद किया है, क्योंकि क्रोधाविष्ट परशुराम के मुँह से सर्वाधिक उपयुक्त पद वही बनता है। अगर गोस्वामी जी यहाँ महज 'राजकुमार' कहते तो वह सामान्य हिन्दी होती, उसमें अर्थ की वह व्यंजना नहीं होती, जो ''नृप बालक'' पद से होती है। सच तो यह है कि सामान्य हिन्दी की पद-योजना में मानकीकृत पदों के व्याकरण-सम्मत प्रयोग का ही निर्वाह किया जाता है। यहाँ सौन्दर्य कोई शर्त नहीं होती, परन्तु साहित्यिक हिन्दी में सौन्दर्य के लिए कभी-कभी व्याकरण की भी अवहेलना की जा सकती है, यथा—जयशंकर प्रसाद के 'कमली' प्रयोग में 'कमलिनी' की उपेक्षा की गई है।

इसी तरह से वाक्यों में संज्ञा, सर्वनाम, विशेषण अथवा क्रियापदों के उचित-विन्यास के द्वारा प्रसंगानुकूल वाक्य की संरचना की जाती है, परन्तु साहित्यिक हिन्दी में व्याकरण के औचित्य का ही निर्वाह नहीं किया जाता, बल्कि सौन्दर्य की सृष्टि का भी विचार होता है और कभी-कभी तो सौन्दर्य वर्णन के आगे व्याकरण के अनुशासन की तिलांजलि भी दी जा सकती है। वाक्य-संरचना वस्तुतः सौन्दर्य-संरचना होती है। पदों का पारस्परिक अन्वय वाक्य के गठन के औचित्य की दृष्टि से नहीं, अपितु सौन्दर्य सृष्टि के लिए समर्पित होता है, यथा हरिऔध की निम्न पंक्तियाँ—

''दिवस का अवसान समीप था,
गगन था कुछ लोहित हो चला।
तरु शिखा पर थी जब राजती,
कमलिनी-कुल-वल्लभ प्रभा॥''

इसमें सान्ध्य के वर्णन में सामान्य हिन्दी कुछ इस प्रकार होती—''दिन समाप्त होने वाला था और आकाश लाल हो चला था। पेड़ की चोटी पर सूर्य की किरणें अभी पड़ रही थीं।'' लेकिन साहित्यिक हिन्दी में 'दिन' की जगह 'दिवस', 'समाप्ति' की जगह 'अवसान', 'आकाश की जगह 'गगन', 'लाल' की जगह 'लोहित', 'पेड़ की चोटी' की जगह 'तरुशिखा',

'सूर्य' की जगह 'कमलिनी कुल वल्लभ' तथा 'किरण' की जगह' प्रभा' पदों के प्रयोग का गठन करके साहित्यिक वाक्य की संरचना हुई है, जो सामान्य बेला के वर्णन में सौन्दर्य की सृष्टि का कारण है। यहीं पर साहित्यिक हिन्दी किसी भी साहित्यिक भाषा की तरह अपना आभिजात्य प्रमाणित करती है। वस्तुतः आभिजात्य उस निखार या परिष्कार को कहते हैं, जो अर्जित होता है, न कि प्राप्त। सामान्य हिन्दी की भाषा में जो कुछ भी निखार होगा, वह मानकीकरण से प्राप्त होता है, प्रयोक्ता की कल्पना से उद्भुत नहीं। अतः साहित्यिक हिन्दी एक अलग बिरादरी बनाती है। इसमें सभी सौन्दर्य की ही तलाश वाले होते हैं। सम्प्रेषण तो सामान्य हिन्दी में भी होता है और यहाँ भी, परन्तु साहित्यिक हिन्दी के सम्प्रेषण की विधा बहुत-कुछ Sugar Coated Medicine जैसी होती है अथवा आयुर्वेद के शोधी हर्रे की तरह होती है, जिसमें स्वाद की प्राकृतिक तिक्तता को दूर करके माधुर्य का समावेश कराया जाता है। यह सप्रयास होता है, इसीलिए साहित्यिक हिन्दी कमाई हुई हिन्दी होती है, जबकि सामान्य हिन्दी बहुत-कुछ विरासत में मिली हुई होती है।

(2) संपर्क भाषा हिन्दी—अंग्रेजी में इसे 'Link Language' कहते हैं। 'संपर्क भाषा' उस भाषा को कहते हैं, जो किसी क्षेत्र, प्रदेश या देश के ऐसे लोगों के बीच आपसी विचार-विनिमय के माध्यम का काम करे, जो एक-दूसरे की भाषा नहीं समझते। ऐसी भाषा की जरूरत भारत या सोवियत संघ जैसे देशों में तो बहुत ही अधिक है, जो बहुभाषी हैं और सभी के लिए संभव नहीं है कि वह सभी या कई भाषाओं में महारत हासिल करके सभी भाषाओं के भाषियों से बातचीत कर सकेंगे।[1]

इस देश के बहुलांश की भाषा होने के कारण हिन्दी संपर्क भाषा का काम करती है। वस्तुतः धार्मिक, व्यापारिक, राजनीतिक, पारंपरिक, जनसंख्या में अधिक अनुपात तथा लचरता-सरलता आदि गुणों के कारण हिन्दी को यह गौरव उपलब्ध हुआ है। मुसलमानों के तुर्की तथा अफगानिस्तान से आकर हिन्दी प्रदेशों में बसने, पुनः कर्नाटक और आन्ध्र प्रदेश में इस हिन्दी के पहुँचने, हिन्दी-भाषी काशी, मथुरा, वृन्दावन जैसे सुप्रसिद्ध तीर्थ स्थानों पर देश के विभिन्न कोनों से तीर्थ यात्रियों के आने, दक्षिण तथा पश्चिमी भारत के व्यापारियों के हिन्दी प्रदेशों यथा—आगरा, दिल्ली, आदि में आकर कारोबार करने तथा अपनी ओजपूर्ण पौरुष युक्त भाषा होने, अन्य भाषाओं की तुलना में इसके व्याकराणिक रूपों के कम होने, ध्वनियों की सुनिश्चिता और संतुलित होने, संज्ञा तथा क्रिया के रूपों की स्पष्टता, संक्षिप्तता तथा लाघवता आदि के कारण हिन्दी इस देश की संपर्क भाषा बनी है। **डॉ० राम विलास शर्मा**[2] बताते हैं कि अठारहवीं सदी के अंत में यह हिन्दी दक्षिण भारत में संपर्क भाषा थी। इसका प्रमाण यह है कि अंग्रेजी सेना के अफसरों को इसकी शिक्षा दी जाती थी, जिससे कि वे सिपाहियों की बात समझ सकें। 1808 ई० में ब्रिटिश हुकूमत ने दक्खिन में बोली जाने वाली हिन्दी सिखाने के लिए एक पुस्तक प्रकाशित की थी—"An introduction to the study of the Hindostany Language as spoken in the carnatic. Compiled for the use of the company of Gentlemen Cadets on the Madras establishment at New-town Cuddalore. Government Press-1808. पुरानी हिन्दी के भारत में अंग्रेजी राज की जड़

1. **संपर्क भाषा हिन्दी—डॉ० भोलानाथ तिवारी, पृष्ठ 41, प्रभात प्रकाशन दिल्ली-1987, मू० 32 रुपए।**
2. **भारतेन्दु युग और हिन्दी भाषा की विकास परंपरा—डॉ० राम विलास शर्मा, पृष्ठ 262**

जमने के समय दक्षिण की संपर्क भाषा हिन्दी के कुछ नमूने ये हैं—''धोबी को कपड़े देओ', 'यक हवेली किराये को लेओ', 'केते दिन तुम वहाँ रहेंगे', 'केती घड़ी दिन चढ़ा है' आदि।

कुल मिलाकर भारत जैसे विशाल देश में, जहाँ अनेक भाषाएँ बड़े-बड़े प्रदेशों में बोली जाती हैं, संपर्क भाषा का इन विभिन्न भाषाओं से प्रभावित होकर नए-नए रूप धारण करना बिल्कुल स्वाभाविक है। ये विभिन्न रूप सिद्ध करते हैं कि अपने सामाजिक जीवन की आवश्यकताएँ पूरी करने के लिए जनता ने हिन्दी को अपने-अपने प्रदेशों में अपने-अपने ढंग से अपनाया है। यह सरकारी हिन्दी नहीं है, परिनिष्ठत हिन्दी नहीं है, किन्तु राजनीतिज्ञों को स्वार्थ-नीति की चिन्ता न करके जो हिन्दी राष्ट्रभाषा बनी है, वह यह हिन्दी है—अनेकरूपा, अपरिनिष्ठित और जीवंत।

(3) माध्यम भाषा—भाषा संस्कृति का अत्यन्त महत्त्वपूर्ण तत्त्व ही नहीं है, अपितु अन्य तत्त्वों के संप्रेषण का माध्यम होने के कारण संस्कृति का आधारभूत तत्त्व है। यह स्वरूप से उपकरणात्मक होती है। कोई जाति जब अन्य संस्कृति के तत्त्वों को पाना चाहती है या उसके संपर्क में आती है, तो उसे उस संस्कृति की भाषा को उपकरण अर्थात् माध्यम के रूप में अपनाना पड़ता है। संक्षेप में, माध्यम भाषा विभिन्न संस्कृतियों के बीच सेतु या पुल का स्थान लेती है। उदाहरणार्थ, भारतीय संस्कृति के ज्ञान के लिए अंग्रेजी अथवा फारसी भाषा-भाषियों को संस्कृत भाषा का ज्ञान अपरिहार्य लगा। यही कारण था कि भारतवर्ष में औपनिवेशिक स्वार्थ के चलते ही सही अंग्रेजों को संस्कृत भाषा सीखनी पड़ी। दूसरी तरफ भारतीयों को भी अंग्रेजी के माध्यम से औपनिवेशिक सत्ता के सांस्कृतिक आधार का ज्ञान मिला था। यह एक रोचक तथ्य है कि भारतीय स्वतंत्रता संघर्ष के जो भी पुरोधा थे, उनमें से अधिकांश ने अंग्रेजी भाषा के ज्ञान से ही स्वतंत्रता का मर्म समझा। मुग़ल काल में भारतीय जनमानस पर प्रभावी नियंत्रण की कामना से अकबर, दाराशिकोह, जहाँगीर, औरंगजेब और उसकी पुत्री जेबुन्निशा, शेरशाह सूरी से लेकर तुर्क बादशाहों तक ने संस्कृत और बाद में हिन्दी सीखी थी। अरबों ने संस्कृत के माध्यम से यहाँ की ज्योतिष, अंकगणित आदि का ज्ञान पाया था।

संक्षेप में माध्यम भाषा का मर्म यह है कि वह दो भाषा-भाषी समूहों के बीच सांस्कृतिक मूल्यों के आदान-प्रदान का माध्यम होती है। यह विश्वजनीन परिघटना है। आज वैश्वीकरण के युग में अंग्रेजी माध्यम के वर्चस्व का रहस्य यही है। भाषा-विज्ञान की दृष्टि से विभिन्न वर्नाक्युलर (Vernacular) के एकीकरण के लिए एक परिनिष्ठित भाषा 'माध्यम भाषा' का स्थान लेती है, जो अपनी प्रकृति से—'लिंगुआ फ्रैंका' (Lingua Franca) की उपाधि धारण करती है। आज हिन्दी भाषा एक सशक्त माध्यम भाषा के रूप में विकसित होकर अपनी नयी पहचान बना रही है। अभी इसकी इस यात्रा के अनेक पड़ाव आने हैं। वैश्वीकरण के इस युग में यह बाजार की आवश्यकता की वस्तु है, क्योंकि बाजार में जो कार्य बिचौलियों के द्वारा होता है, भाषिक क्षेत्र में वही कार्य माध्यम भाषा के रूप में होता है।

(4) मातृभाषा—यह भाषा अपने नाम से ही अपने अर्थ को स्पष्ट करती है। मातृभाषा को बच्चा अपनी माँ से सीखता या पाता है। परिवार समाज की प्राथमिक पाठशाला कहलाता है। बच्चा जन्म लेते ही जो भापा सीखता है, उसे मातृभाषा इसलिए कहते हैं, क्योंकि माँ की कोमल क्रोड़ में रहते वह माँ से इसे निर्व्याज उपहार के रूप में प्राप्त करता है। वस्तुतः 'मातृ' शब्द यहाँ उपलक्षण है। पिता, भाई, बहन या घर के अन्य बड़े लोग बच्चे को भाषा का

संस्कार देते हैं। मातृभाषा अत्यन्त सहज एवं सुगम होती है। इसे समझाने के लिए अलग से व्याकरण अपेक्षित नहीं होता और न किसी शब्दकोश की ही गरज होती है। यह तो उस पेय की तरह है, जिसका स्वाद तो पता होता है, लेकिन उसकी निर्मिति की प्रक्रिया एवं नियम आदि का अन्वेषण यदि करना चाहें तो बाद में होता है। यहाँ समग्र वाक्य का अर्थ पहले ज्ञात होता है और अलग-अलग पदों का और पदों के वर्णों का ज्ञान बाद में, जैसे—बच्चा जब माँ से मात्र 'पा' का उच्चारण करके कुछ कहता है तो माँ उसका अर्थ समझती है कि पानी या दूध चाहिए। यहाँ प्राचीन मीमाँसा शास्त्र का एक सिद्धान्त', 'अन्विताभिदानवाद' क्रियाशील होता है, जिसका अर्थ है—वाक्य के अन्वित पदार्थों का बोध पहले होता है तथा अलग-अलग पदों का अर्थ बाद में। इस प्रकार मातृभाषा बहुत कुछ नैसर्गिक, सुबोध एवं भावनात्मक होती है। मातृभाषा बच्चे के अवचेतन में बस जाती है, क्योंकि बच्चे के मन रूपी स्लेट पर वह इबारत या लिखावट होती है, जो आसानी से मिटती नहीं। आवेग के क्षणों में वह स्वतः स्फूर्त होकर प्रस्तुत होती है। अरे बाप! या अरे माई! जैसे उद्‌गार मातृभाषा की गहरी जड़ों को इंगित करते हैं। यही कारण है कि इसका संबंध मनुष्य की भावना से भी होता है। यहाँ बहुत-कुछ वैसा ही घटित होता है, जैसा मातृभूमि के संदर्भ में। मातृभूमि अर्थात् जन्मस्थान का संबंध अस्तित्व की बुनियाद से है, अतः वहाँ भी भावना में जड़ें गहरी उतरती हैं।

संक्षेप में सामाजिक प्राणी मनुष्य के अस्तित्व की पहली शर्त है—मातृभाषा, क्योंकि एक अदद भाषा के बिना सामाजिक व्यवहार अकल्पनीय है। चूँकि परिवार सामाजिक अस्तित्व की बुनियाद है, इसलिए वहाँ सीखी हुई भाषा नींव की भाषा या मातृभाषा कहलाती है। यह भाषा एक जटिल प्रक्रिया में अन्य सांस्कृतिक रूप से सहोदर भाषाओं के साथ मिलकर समृद्ध एवं मानकीकृत होकर परिनिष्ठित रूप ले सकती है, जिसे 'तकनीकी' रूप में भाषा कहते हैं और वह माध्यम भाषा के रूप में हो सकती है, किन्तु मातृभाषा मानकीकृत होकर माध्यम भाषा का रूप ले ही—यह कोई जरूरी नहीं है। मातृभाषा का स्थान गाँव जैसा है। गाँव से शहर बनते हैं, लेकिन हर गाँव शहर हो—यह जरूरी नहीं, किन्तु हर शहर की बुनियाद गाँव होता है। उदाहरण के लिए—भोजपुरी मातृभाषा है। यह अन्य सहोदर बोलियों के साथ मिलकर हिन्दी का रूप ले चुकी है, जिसे माध्यम के रूप में अपनाया जाता है। यद्यपि कुछ लोग हिन्दी (परिनिष्ठित हिन्दी) को ही मातृभाषा घोषित कर सकते हैं, परन्तु अधिकांश मामलों में मातृभाषा हिन्दी वस्तुतः भोजपुरी, अवधी आदि बोलियों के रूप में ही अस्तित्व रखती है। इसीलिए इन्हें हिन्दी की बोलियाँ या उपभाषाएँ भी कहते हैं। कुल मिलाकर हिन्दी और भोजपुरी आदि में निकट का संबंध है, तादात्म्य नहीं।

(5) सर्जनात्मक भाषा—वाग्व्यापार के दो रूप होते हैं, (1) लोक व्यवहार की भाषा तथा (2) कवि कर्म की भाषा। प्रथम का लक्ष्य केवल अर्थ-सम्प्रेषण होता है तो द्वितीय का लक्ष्य आनंद की अनुभूति के माध्यम से अर्थ-सम्प्रेषण कराना होता है। आनंद तत्त्व इन दोनों रूपों का व्यावर्त्तक हेतु (dividing factor) होता है। सच तो यह है कि लोक व्यवहार साझे की दुनिया होती है। सभी को अर्थावगति हो सके, इसलिए एक मानकीकृत भाषिक-संरचना अपेक्षित होती है। यह सामान्य वाग्व्यवहार की भाषा होती है। साहित्यकार की अपनी नितांत निजी संवेदनशील दुनिया होती है। उसके अपने ही लक्ष्यीभूत श्रोता अथवा दृष्टा होते हैं। यहाँ प्रकृति अथवा ब्रह्मा की सृष्टि का नियम नहीं चलता, क्योंकि यहाँ तो रात में भी कमल खिल सकते हैं, तभी तो कहते हैं—"जहाँ न पहुँचे रवि, वहाँ पहुँचे कवि।" वस्तुतः यह

भाषा ''नियतिकृत नियमरहिता'' होती है। सामान्यजन की भाषा एकार्थी ही सकती है। यहाँ वाच्य अर्थ ही एकमात्र अर्थ हो सकता है।

इसके बरक्स कवि कर्म की भाषा में अर्थों के विविध स्तर होते हैं। वक्ता एवं श्रोता के वैशिष्ट्य से अर्थों के स्तर बदलते रहते हैं, अत: यह विशिष्ट जनों की भाषा होती है, सामान्य जन की नहीं। साहित्य जितना ही समृद्ध होता है, उतना ही वह संस्कृति और समाज संवेदनशील होता है। अत: बहुस्तरीय समाजों में भाषिक-भेद स्वाभाविक होते हैं। समाज जितना ही विकसित और जटिल होता है, उसके भाषिक और आर्थिक स्तरों में यह तथ्य उद्घाटित होता है। जब समाज सरल और एकात्मक होता है, अविभक्त होने के कारण सम्पृष्य अर्थ का शब्द भी एक ही होता है, मानकीकरण का प्रश्न ही नहीं खड़ा होता। अत: वाग्व्यापार के विविध रूपों का संबंध सामाजिक एवं सांस्कृतिक अंत:संरचना की सरलता एवं जटिलता से होता है। इसीलिए इस विषय का विचार भाषा-विज्ञान में तो होता ही है, सांस्कृतिक विवेचन में भी होता है।

सर्जनात्मक भाषा का इतिहास अत्यन्त प्राचीन है। आदिम संस्कृति में भी विविध अवसरों पर काव्यात्मक अभिव्यक्तियों के दर्शन होते हैं। इन अभिव्यक्तियों में बहुस्तरीयता भले ही न हो, लेकिन सर्जनात्मक गुण भरपूर होते हैं। आज के आदिवासी लोकगीतों अथवा वेदों की प्राचीन ऋचाओं में सर्जनात्मक भाषा प्रभूत मात्रा में मिलती है। इनके समाज बहुस्तरीय अथवा जटिल नहीं होते, फिर भी वाग्व्यापार के पूर्वोक्त दोनों रूप मिलते हैं। अत: वाग्व्यापार के द्वितीय रूप—सर्जनात्मक भाषा के विकास को देखना आवश्यक है। इसमें ऋजुता से जटिलता तक की यात्रा सांस्कृतिक विकास के विभिन्न सोपानों पर देखी जा सकती है। संस्कृत में लौकिक संस्कृत भाषा के आदि कवि वाल्मीकि की भाषा और माघ, भारवि, श्री हर्ष अथवा वाणभट्ट की भाषा में अंतर स्पष्ट है। वाल्मीकि की भाषा में ऋजुता श्रेष्ठ काव्य का प्रत्यक्ष कारण है, जिसे प्रसादगुण कहते हैं। वह इनके काव्य की संपत्ति है, परन्तु भारवि, माघ, श्री हर्ष या वाणभट्ट की भाषा में कलावादिता, कृत्रिमता और विभिन्न उपकरणों से चमत्कार (कमाल) पैदा करने का प्रयास यहाँ अनिवार्य है। यह बहुत-कुछ युग धर्म की विवशता है। हर युग अपने प्रतिमानों के 'फ्रेम' या खराद पर ही कसा जाता है। सर्जनात्मकता के प्रतिमान वाल्मीकि युग में वही नहीं रहे होंगे, जो भारवि, माघ अथवा श्री हर्ष के थे। आधुनिक युग में सामाजिक एवं सांस्कृतिक विकास के स्तर पर सर्जनात्मकता के प्रतिमान अत्यन्त जटिल और नूतन हैं, जो किसी के लिए अजीबोगरीब तो किसी के लिए स्पृहणीय हो सकते हैं।

(6) राष्ट्रभाषा हिन्दी—राष्ट्रभाषा के लिए कुछ लोग अंग्रेजी शब्द 'National Language' का प्रयोग करते हैं, किन्तु यह तो मात्र अनुवाद है, वहीं कुछ लोग 'Lingua Franca' (लिंग्वा फ्रैंका) शब्द का अर्थ 'राष्ट्रभाषा' करते हैं। 'Lingua Franca' का अर्थ Oxford Dictionary में इस प्रकार किया गया है—"Mixture of Italian with French, Greek, Arabic and Spanish used in the Levant, any language serving as medium between different nations whose own languages are not the same system providing national understanding." सुप्रसिद्ध भाषा-वैज्ञानिक **डॉ० रवीन्द्र नाथ श्रीवास्तव** लिखते हैं कि—बहुभाषाभाषी देश की सम्प्रेषण व्यवस्था अनिवार्यत: संपर्क भाषा अर्थात् वृहत्तर आयाम पर लिंगुआ फ्रैंका को जन्म देती है। राष्ट्रीय संदर्भ में कभी इसका

रूप राजभाषा को जन्म देता है तो कभी राष्ट्रभाषा को।" **डॉ० कैलाश चन्द्र भाटिया** के अनुसार, राष्ट्रभाषा का शाब्दिक अर्थ बिल्कुल स्पष्ट है—'राष्ट्र की भाषा' अर्थात् वह भाषा जिसका सम्पूर्ण राष्ट्र में प्रयोग होता हो। जब कोई बोली आदर्श भाषा बनकर, 'मानक भाषा' का रूप ले लेती है और बाद में उन्नति कर अपने क्षेत्र में व्यापकता स्थापित कर लेती है तो वह और भी महत्त्वपूर्ण बन जाती है। फलत: पूरे राष्ट्र में अन्य भाषा-भाषी भी इस भाषा का प्रयोग करने लगते हैं तो वही भाषा 'राष्ट्रभाषा' का पद प्राप्त कर लेती है। **डॉ० हरदेव बाहरी** राष्ट्रभाषा का खाका इस प्रकार खींचते हैं—"Any language widely used as a means of communication among speakers of two or more languages which contribute to its vocabulary and ideas."

बहरहाल, राष्ट्रभाषा की उक्त शर्तों को हिन्दी पूरा करती है, फिर भी वह भारत की राष्ट्रभाषा नहीं है। संविधान में हिन्दी के लिए कहीं भी 'राष्ट्रभाषा' शब्द का इस्तेमाल नहीं किया गया है। इसे या तो संघ की भाषा (Language of the Union) या संघ की राजभाषा (Official Language of the Union) कहा गया है। यह कितनी विडम्बना और अचरज की बात है कि जो हिन्दी आज विश्व के 150 विश्वविद्यालयों में पढ़ाई जा रही है, जिस हिन्दी में 1909 से ही मारीशस में 'हिन्दुस्तान' तथा फिजी में 'फिजी समाचार' नामक साप्ताहिक छप रहे हैं, जिसको पढ़ाने के लिए अमेरिका में 114 केन्द्र तथा सोवियत रूस में 10 हिन्दी शोध संस्थान चल रहे हैं, लंदन की सबसे प्राचीन संस्था "School of Oriental and African Studies" में भी जिस हिन्दी को पढ़ने की व्यवस्था की गई हो, जिसे फ्रांस में एक स्वतंत्र विषय के रूप में पढ़ाया जा रहा है, जो ट्रिंनीनाड, गुयाना, चीन, पाकिस्तान, नेपाल और बांग्लादेश में भी लोकप्रिय भाषा बन गयी हो, जिस हिन्दी को 14वीं सदी के अहमदनगर, बीजापुर, गोलकुण्डा, बीदर, आदिलशाही, कुतुबशाही, बरीदशाही आदि दक्षिण के राज्यों ने अपनी राजभाषा बनाया हो, जिस हिन्दी की लिपि देवनागरी के टाइप अक्षर 1667 में ही यूरोप में हो चुके थे, जिसमें करीब 6000 पुस्तकें प्रतिवर्ष छपती हैं, जिस हिन्दी के लिए महात्मा गांधी ने कहा था कि, राष्ट्रभाषा बनने की क्षमता केवल हिन्दी में ही है—"I have attended all the congress sessions...I have spoken to hundreds of delegates and thousands of visitors and I have perhapes covered a large area and seen a much larger number of people, literate and illiterate than any public man Hindi can possibly become a national medium for exchange of ideas or for the conduct of aational proceeding." तथा जिसे बोलने वाले लोग संपूर्ण भारत में फैले हुए हैं—"The Hindi speaking man speakes Hindi whereever he goes and no one is suprised at this...Hindi has already establised as national language of India." वही हिन्दी आज इस देश की राष्ट्रभाषा नहीं बन पाई है।

इस देश की पतिष्णु राजनीति ने हिन्दी को राष्ट्रभाषा बनने से रोका। अहिन्दी भाषी क्षेत्रों खासकर दक्षिण ने पुरजोर विरोध किया। तमाम आरोप लगे। कहा—हिन्दी अभी पिछड़ी हुई भाषा है, उसे अहिन्दी भाषी स्वीकार करने के लिए तैयार नहीं है, उसमें वैज्ञानिक एवं प्राविधिक साहित्य का अभाव है, यदि हिन्दी को राष्ट्रभाषा मान लिया गया तो शासकीय प्रतियोगिताओं में हिन्दी भाषियों को लाभ होगा और अहिन्दी भाषियों की क्षति। इसे राष्ट्रभाषा बना देने से भारतीय भाषाओं का विकास रुक जाएगा, हिन्दी कठिन है, इसे लोग समझ नहीं

पाते, प्रादेशिकता की भावना बढ़ेगी। कुल मिलाकर हिन्दी में संसदीय, कानूनी, न्यायिक, तकनीकी, वाणिज्यिक-व्यावसायिक शब्दावली का अभाव है, सो राष्ट्रभाषा के रूप में हिन्दी सक्षम-समर्थ सिद्ध नहीं होगी। यहाँ हमें सफाई नहीं देनी है कि हिन्दी से सरल, सहज, बोधगम्य और सर्वव्यापक भाषा इस देश में दूसरी कोई नहीं है। हमारी हिन्दी क्षेत्रीयता, प्रान्तीयता, तथा साम्प्रदायिकता से परे हटकर एक लम्बी, प्राचीन और यशस्वी परंपरा के साथ एकताधर्मी तत्त्व के रूप में देश के हर प्रान्त में सम्मान और दुलार के साथ जी रही है।

(7) राजभाषा हिन्दी—प्रशासन की भाषा राष्ट्रभाषा कहलाती है, अस्तु सरकारी कार्यालयों में जिस भाषा का प्रयोग होता है तथा राज्य सरकारें जिस भाषा में अपने पत्र आदि केन्द्र सरकार को तथा केन्द्रीय प्रशासन अपने संदेश राज्य सरकारों को संप्रेषित करता है, वह राजभाषा कही जाती है। हमारे देश की केन्द्रीय सरकार हिन्दी के साथ-साथ अंग्रेजी भाषा का प्रयोग करती है। हिन्दी के साथ-साथ अंग्रेजी भी सहराज भाषा के रूप में संविधान द्वारा स्वीकृत है। अंग्रेजी भाषा में राजभाषा को Lingua Franca (लिंग्वा फ्रैंका) कहते हैं। केन्द्र की राजभाषा को 'संघभाषा' भी कहा जाता है। सरकारी आदेश, आज्ञाएँ, विज्ञापन, पत्र-व्यवहार वगैरह इसी भाषा में मुद्रित और प्रसारित होते हैं। प्रदेशों के शासनात्मक एकता की स्थापना इसी भाषा द्वारा होती है। प्रशासन तथा न्याय की भाषा होने के कारण सरकारी दृष्टि से राजभाषा का बहुत अधिक महत्त्व है। इस भाषा का प्रयोग मुख्यत: चार क्षेत्रों—शासन, विधान, न्यायपालिका और विधान पालिका में होता है। प्रशासन की भाषा होने के कारण कुछ लोग इसे 'कचहरी की भाषा' (Court Language) भी कहते हैं।

इस देश में समय-समय पर कई राजभाषाओं द्वारा शासन स्थापित किया गया है। प्राचीन और मध्यकालीन भारत में संस्कृत ने राजभाषा का कार्य किया। मौर्यों के शासन का संचालन राजभाषा पालि ने किया। मुसलमानों के शासन काल में फारसी राजभाषा बनी और अंग्रेजों के शासनकाल में इस स्थान को अंग्रेजी भाषा ने ग्रहण किया। अब स्वतंत्र भारत में राजभाषा का सिंहासन हिन्दी को सौंपा गया है। 14 सितम्बर, 1949 ई० को संविधान सभा ने सर्वसम्मति से हिन्दी को भारत की राजभाषा का दर्जा दिया, इसीलिए 14 सितम्बर को प्रत्येक साल सम्पूर्ण देश में 'हिन्दी दिवस' मनाया जाता है। वस्तुत: यह 'दिवस' स्वभाषा-चेतना एवं सभी भारतीय भाषाओं के बीच सद्‌भावना दिवस' के रूप में मनाया जाता है। इतना ही नहीं, इस दिन भारत सरकार के कार्यालयों तथा प्रादेशिक कार्यालयों में भी विभिन्न तरह की संगोष्ठियाँ, प्रतियोगिताएँ, पुरस्कारों एवं सम्मेलनों का आयोजन किया जाता है।

राजभाषा हिन्दी के प्रगामी प्रयोग के लिए केन्द्र सरकार के राजभाषा विभाग के अन्तर्गत् आठ क्षेत्रीय कार्यान्वयन कार्यालयों—कोलकाता, गाजियाबाद, गुवाहाटी, मुम्बई, भोपाल, दिल्ली, कोचीन और बेंगलूर—की स्थापना की गयी है। केन्द्रीय सरकार के मंत्रालयों—विभागों में राजभाषा के प्रयोग को सुनिश्चित करने के लिए 43 हिन्दी सलाहकार समितियाँ स्वीकृत हैं। हिन्दी अब प्रशासन की भाषा बन रही है। अनुच्छेद 351 के अनुसार हिन्दी के बढ़ाव-विकास के लिए राजभाषा विभाग विभिन्न नियमों, अधिनियमों, संकल्पों और आदेशों का कड़ाई के साथ पालन कर रहा है। यही कारण है कि हिन्दी ज्ञान-विज्ञान, व्यापार-वाणिज्य, विज्ञान, संचार माध्यम तथा सामाजिक नियंत्रण की भाषा हो रही है। कुल मिलाकर भारत के जन कल्याणकारी गणतंत्र में सम्पर्क और राजभाषा के रूप में हिन्दी का भविष्य सुखद और प्रीतिकर है।

(8) **राष्ट्रभाषा एवं राजभाषा में अंतर**—राजभाषा तथा राष्ट्रभाषा को जहाँ अनेक लोग समानधर्मा समझते हैं, वहीं कुछ लोग दोनों में भेद भी मानते हैं। भेदक प्रान्तीय भाषाओं को ही राजभाषा कहते हैं। कुछ विद्वानों के अनुसार राष्ट्रभाषा जब अन्य भाषा क्षेत्रों में सार्वजनिक कार्यों के लिए प्रयुक्त होती है अथवा इसका अन्तर प्रान्तीय प्रयोग होता है तो उसे 'अन्तरभाषा' तथा संपर्क भाषा' भी कहते हैं। मनुस्मृति में राष्ट्र की कल्पना करते हुए कहा गया है, कि जब मनुष्य को अपनी जीवन रक्षा एवं प्रगति के लिए राजनीतिक एकता की आवश्यकता हुई, तो राष्ट्र का जन्म हुआ—

''य राजके हि लोकेऽस्मिन् सर्वतो विद्यते भयात्।
रक्षार्थमस्य सर्वस्य राजानमसृजत्प्रभुः।''

जाहिर है, राजनीतिक प्रभुसत्ता से सम्पृक्त, प्रादेशिक अखण्डता वाला समाज ही राष्ट्र के नाम से जाना जाता है, और इसके दायरे में भावात्मक एकता स्थापित करने वाली भाषा राष्ट्रभाषा नाम से जानी जाती है, अतः ऐसी स्थिति में राष्ट्रभाषा और राजभाषा में बुनियादी फासला तय करना बहुत आसान नहीं है। कुल मिलाकर राष्ट्रभाषा और राजभाषा में आपाततः कोई अंतर दिखाई नहीं देता, क्योंकि किसी देश की राष्ट्रभाषा ही उस देश की राजभाषा हो सकती है और राजभाषा उसी देश की राष्ट्रभाषा की पैरहन बन सकती है फिर भी विद्वानों ने अपनी विशिष्ट दृष्टि तथा मेधा से दोनों में अंतर माना है। **आचार्य नंददुलारे वाजपेयी**[1] राष्ट्रभाषा तथा राजभाषा में अंतर करते हमें बताते हैं कि राजभाषा उसे कहते हैं जो केन्द्रीय और प्रादेशिक सरकारों द्वारा पत्र-व्यवहार, राजकार्य और अन्य सरकारी लिखा-पढ़ी के कार्य में लाई जाय। राष्ट्रभाषा की कल्पना इससे भिन्न है। उसका पद और भी बड़ा है। उसी भाषा का गौरव सबसे अधिक हो सकता है और वही राष्ट्रभाषा कहला सकती है, जिसको सब जनता समझती हो और जिसका अस्तित्व सामाजिक और सांस्कृतिक दृष्टि से महत्त्वपरक हो।

(1) दोनों में अगला अंतर यह होता है कि किसी भाषा को राष्ट्रभाषा की हैसियत वहाँ की जनता देती है और राजभाषा की हैसियत उस देश का संविधान, विधायिका, मीडिया और प्रशासन देता है। उदाहरण के लिए हिन्दी शताब्दियों से भारत की राष्ट्रभाषा रही है, किन्तु राजभाषा वह भारतीय संविधान लागू होने के बाद से हुई। इस प्रकार हम देखते हैं कि राष्ट्रभाषा की कोई सरहद और सीमा नहीं होती और इसके ठीक बरक्स राजभाषा के अपने कुछ निश्चित दायरे हैं, जिनके अनुशासन में उसे रहना होता है।

(2) अब अगला अंतर। यदि आप अन्यथा न लेते हुए इसे महज कोरी भावुकता न मानें तो कहा जा सकता है कि राष्ट्रभाषा का कोई निश्चित व्याकरण नहीं होता। संस्कृति, परंपरा, सामाजिकता और धरोहर की गठरी ढोती यह भाषा अनपढ़-अल्हड़, बुजुर्ग की जिह्वा से अनगढ़ शब्दों के माध्यम से दिन-रात सहज रूप से छेड़छाड़ करती रहती है, जबकि राजभाषा समाज के बौद्धिकों की भाषा होती है।

(3) अगली बात यह कि राष्ट्रभाषा लोक संवेदना की भाषा होती है। मानव मन की रागात्मकता, सौन्दर्यबोध, संत्रास तथा तल्खी, संगीत का लय-संधान, जीवन से सम्पृक्ति जितनी सहज-स्वाभाविक रूप में राष्ट्रभाषा में आकार पा सकते हैं, नियमों की शृंखला में बद्ध राजभाषा में नहीं। अतः इस आधार पर हम कह सकते हैं कि राष्ट्रभाषा का सम्बन्ध जहाँ हृदय पक्ष से हैं, वहीं राजभाषा बुद्धि पक्ष से अनुस्यूत होती है।

---

1. **राष्ट्रभाषा की कुछ समस्याएँ—नन्द दुलारे बाजपेयी, पृष्ठ 52, सन् 1961**

(4) भाषा का सहज रूप वर्णनात्मकता का होता है, आदेशात्मक नहीं। व्याकरण तो मात्र उस भाषा के मानक रूपों को बनाए रखने के लिए नियमों का वर्णन करता है। भाषा के नियम किसी व्यक्ति को उस भाषा की समर्थता, क्षमता और सामर्थ्य का भान करवाते हैं। कुल मिलाकर नियमबद्ध भाषा, भाषा अधिगम में संकट और जटिलता पैदा करती है। राजभाषा की यही स्थिति होती है। लेकिन राष्ट्रभाषा का अपना विलक्षण और विशिष्ट विचारों का संसार होता है। यह किसी देश की संस्कृति और लोक-व्यवहार के लेखा-जोखा और दस्तावेज को अपने भीतर सुरक्षित रखती है।

(5) राष्ट्रभाषा साहित्यिक अभिव्यक्ति की, आन्दोलन की, संघर्ष और संस्थाओं की भाषा होती है, जबकि राजभाषा राजकीय अथवा राज्यानुमोदित संस्थाओं के व्यवहार की भाषा होती है।

(6) राष्ट्रभाषा में जहाँ हम किसी देश के इतिहास के वैचारिक संघर्षों की जड़ों को तलाश सकते हैं, राजभाषा में अपने भीतर इस तरह के माहौल तैयार करने की क्षमता नहीं होती, क्योंकि यह बाजारकेन्द्रित भाषा होती है तथा

(7) राष्ट्रभाषा विकसनशील होती है, क्योंकि वह साहित्यिक और लौकिक अभिव्यक्ति की भूख और गरज़ की भाषा होती है, जबकि राजभाषा अधिकांशत: स्थिर और प्रतिमानितसम्मत या मानक भाषा होती है।

(9) मानक हिन्दी—केन्द्रीय शब्दावली आयोग ने अंग्रेजी शब्द 'Standard' का हिन्दी अनुवाद 'मानक' निश्चित किया है। जब कोई विभाषा शिष्ट सामाजिक वर्ग की भाषा के पद पर प्रतिष्ठित हो जाती है, तब वह मानक भाषा कहलाती है। साफ शब्दों में, किसी भी भाषा की अनेक बोलियों में से कोई बोली जब विविध कारणों से प्रमुखता ग्रहण करती है एवं परिस्थितिवश अपनी सीमाओं को विस्तृत करती हुई पहले विभाषा का और फिर 'परिनिष्ठित' एवं 'साहित्यिक भाषा' का रूप ग्रहण करती हुई 'मानक भाषा' का पद ग्रहण करती है, तब उसके आसपास की अन्य बोली युक्त शैलियाँ अपनी छोटी-छोटी विशेषताएँ खो देती हैं। वह मानक शैली अपने आदर्श एवं शिष्ट तथा सभ्य जगत की भाषा मान ली जाती है। **डॉ० भगवान देव पाण्डेय**[1] कहते हैं कि जिस भाषा का एक परिनिष्ठित स्वरूप होता है तथा जो शिक्षित वर्ग के द्वारा सामान्य रूप से प्रयुक्त होती है, वही भाषा मानकीकृत होती है। **डॉ० फादर कामिल बुल्के**[2] ने अपने अंग्रेजी कोश में 'स्टैण्डर्ड' शब्द का अर्थ मानक ही लिया है। संक्षिप्त 'हिन्दी शब्द सागर' में प्रसिद्ध कोशकार **श्री रामचन्द्र वर्मा**[3] लिखते हैं कि मानक शब्द संस्कृत के 'मानक' से बना है। ''किसी वस्तु का वह रूप या माप जिसके अनुसार उस वर्ग की और चीजों के गुण-दोषों का माप होता है—मानदण्ड'' कहा जाता है। **डॉ० कैलाशचन्द्र भाटिया**[4] का कहना है कि विभिन्न स्तरों को पार कर 'गवाँरू बोली' अथवा 'अपभाषा ही साहित्यिक एवं मानक' भाषा का रूप ग्रहण कर लेती है।

---

1. **हिन्दी भाषा का मानकीकरण : समस्या और समाधान—डॉ० भगवान देव पाण्डेय, पृष्ठ 20**
2. **अंग्रेजी-हिन्दी कोश—कामिल बुल्के, पृष्ठ 670**
3. **संक्षिप्त हिन्दी शब्द-सागर—श्री रामचन्द्र वर्मा, पृष्ठ 103**
4. **भाषा-भूगोल—डॉ० कैलाश चन्द्र भाटिया, पृष्ठ 23**

डॉ० भोलानाथ तिवारी[1] के अनुसार मानक भाषा, किसी भाषा के उस रूप को कहते हैं जो उस भाषा के पूरे क्षेत्र में शुद्ध माना जाता है तथा जिसे उस प्रदेश का शिक्षित और शिष्ट समाज अपनी भाषा का आदर्श रूप मानता है और प्राय: सभी औपचारिक परिस्थितियों में, लेखन में, प्रशासन और शिक्षा के माध्यम के रूप में यथासाध्य उसी का प्रयोग करने का यत्न करता है।

मानक भाषा की उक्त परिभाषाओं—विशेषताओं के आधार पर हम यह बहुत आसानी से कह सकते हैं कि हिन्दी के मानकत्व में किसी भी स्तर पर शंका की गुंजाइश नहीं है। राजनैतिक, सामाजिक, सांस्कृतिक तथा आर्थिक स्थितियों ने समय-समय पर हिन्दी के मानक रूप धारण करने में सहयोग दिया। क्षेत्रीय बोलियों ने भी सहयोग किया। हिन्दी का नामकरण 12वीं-13वीं शताब्दी के आसपास मुसलमानों द्वारा किया गया—"Some times the origin of Hindi is traced to the twelfth or thirteenth century when early Muslims writers used the word Hindi or Hindvi not for particular language but as an adjective for Hindi and for all the languages of Northern India." यह समस्त उत्तर भारत की मातृभाषा रही है—"Hindi as it is some times called High Hindi, is the literary language of Upper India." अमीर खुसरो ने तो स्पष्ट रूप से मुनादी की थी—

> **''तुर्क-ई-हिन्दुस्तानिम मनदर हिन्दवी गोएम जवाब।**
> **शक्कर-इ-मिस्त्री न दरम कज़ अरब गोएम सुखन॥''**

अर्थात् मैं हिन्दुस्तानी तुर्क हूँ एवं हिन्दवी में उत्तर देता हूँ। मेरे पास मिस्र की शक्कर नहीं है, जिससे मैं अरबी में बात कर सकूँ।

मानक हिन्दी बनने की विकास-प्रक्रिया में इसे मुंशी इंशाअल्ला खाँ, अयोध्या सिंह उपाध्याय, लल्लू लाल, सदल मिश्र, गिलक्राइस्ट आदि का प्रचुर सहयोग मिला। इसे इन विद्वानों द्वारा कभी 'ठेठ' तो कभी 'खड़ी', कभी 'शुद्ध' तो कभी 'परिनिष्ठित' आदि विशेषणों से सम्मानित किया गया। आज इसके पास हरियाणवी, कन्नौजी, व्रजभाषा, अवधी, बघेली, छत्तीसगढ़ी, भोजपुरी, मगही, मैथिली, कुमाऊँनी, गढ़वाली, जयपुरी, मेवाती, मारवाड़ी तथा मालवी आदि बोलियों की प्रचुर सांस्कृतिक और व्याकरणिक संपदा प्राप्त है। मानक हिन्दी की उक्त बोलियाँ एक-दूसरे को महज़ उच्चरित रूप में ही प्रभावित करती हैं, लिखित स्तर पर नहीं। इन बोलियों के ढेरों शब्द मानक हिन्दी की शोभा हैं। 11 स्वरों तथा 33 व्यंजनों से युक्त 46 ध्वनियों वाली मानक हिन्दी के पास युगों-युगों की विपुल ज्ञान राशि है। राष्ट्रीय स्तर पर रेडियो, दूरदर्शन, फिल्म, समाचार, प्रसारण, लेखन-पठन तथा पत्र-पत्रिकाओं का माध्यम यही मानक हिन्दी है।

(10) संचार भाषा—संचार भाषा का यथेष्ट नाम जन-संचार भाषा दिया जा सकता है, क्योंकि भाषा माध्यम होती है, किन्तु यहाँ यह भी ध्यान रखें कि हर भाषा जन-संचार माध्यम नहीं होती। यहाँ पर जन शब्द भी अर्थवान हैं। अंग्रेजी के Mass अथवा Masses के लिए हिन्दी में 'जन' शब्द हैं, जो समूहार्थक है, लाखों-करोड़ों जनता का सूचक है। इस तरह ''वह भाषा जिसके माध्यम से व्यापक जनता से संपर्क स्थापित किया जाता है, उसे संक्षेप में

---

1. **हिन्दी भाषा—डॉ० भोलानाथ तिवारी, पृष्ठ 40**

संचार भाषा कहते हैं।'' ऐतिहासिक दृष्टि से यह एक व्यावसायिक संदर्भ भी रखती है। यदि व्यावसायिक संदर्भ हटा दें, तो व्यापक जनता से भाषिक संपर्क पहले भी होता रहा है, यथा हिन्दू धर्म अथवा बौद्ध धर्म के प्रचार-प्रसार में लगे संन्यासी या भिक्षु तीर्थस्थलों में जाकर व्यापक जनता को अपना उपदेश देते थे। यायावर जीवन वृत्ति वाले ये लोग वही कार्य करते थे, जो आज संचार माध्यम करते हैं। किन्तु चूँकि आज की तकनीक में तीव्रता अधिक है, इसलिए संचार कम समय में अधिक क्षेत्रों में होता है। यहाँ आधुनिक अर्थों में ही भाषा विज्ञान में विचार किया जाता है। संचार भाषा के विभिन्न क्षेत्र हैं—राजनीतिक-अर्थ एवं विशुद्ध सांस्कृतिक क्षेत्र। इन क्षेत्रों में संचार भाषाके अपने विशिष्ट रूप हैं, शब्दावलियाँ पृथक हैं, किन्तु बाह्य भिन्नता के बावजूद आन्तरिक संगठन समान हैं। बहरहाल, राजनीतिक एवं सांस्कृतिक दृष्टियों से संचार भाषा पर अब हम विचार करेंगे।

(क) राजनीतिक संचार भाषा—आधुनिक युग में पश्चिम में क्रान्तिकारी परिस्थितियाँ रही हों अथवा भारत जैसे उपनिवेशों में स्वतन्त्रता आन्दोलन रहा हो, जनप्रतिनिधियों एवं नेताओं को व्यापक जनता से संपर्क साधने, उन्हें संगठित करने एवं विशेष दिशा में क्रियाशील करने के लिए 'पत्र' जैसे माध्यमों की आवश्यकता पड़ी। रूस में लेनिन ने 'इस्क्रा' जैसे पत्र के माध्यम से तथा भारत में महात्मा गांधी ने 'हरिजन' जैसे पत्र के माध्यम से बृहत्तर जनान्दोलन संगठित किया। इन पत्रों की भाषा में संप्रेषणीयता की दृष्टि से जनोचित स्वाभाविकता सरलता होती है। उनमें प्रचलित मुहावरों, रूपों एवं अर्थ तत्त्वों का प्रयोग होता है, क्योंकि जनता के मन-मिजाज में प्रवेश करने का वही एक रास्ता होता है, फिर भी जनता को प्रशिक्षित करने तथा संस्कारित करने के लिए नेता उन्हें कुछ नए अर्थ तत्त्वों के व्यंजक शब्दों का प्रयोग भी सिखाते हैं, यथा भारत में अंग्रेजी पढ़े-लिखे अभिजन की स्वतंत्रता गणतंत्र, संविधान, कानून का राज तथा अधिकार जैसे आधुनिक अर्थ के व्यंजक शब्दों का परिचय था, जिन्हें जनता तक ले जाना आवश्यक था। जनता में इन अर्थों का संस्कार पहले से नहीं था, अतः जनसंचार की दोहरी भूमिका सामने उभरकर आयी, पहली जनता की भाव प्रकृति का संग्रह करना, दूसरी उन्हें नए अर्थ तत्त्वों से समृद्ध करके विशिष्ट दिशा में निर्देशित करना। यह भूमिका समाजशास्त्रीय दृष्टि से सामाजिक नियन्त्रण (Social control) कहलाती है।

आजादी मिलने के बाद जनता को विभिन्न दलों के लोग अपनी-अपनी राजनीति समझाने के लिए, सत्ता के पक्ष में रखने अथवा विपक्ष में रखने के लिए उपकरण के रूप में अपनाते हैं। यही कारण है कि आर्थिक एवं राजनीतिक हित-बोध से प्रेरित होकर उद्योग-समूह अथवा राजनीतिक दल अपना कोई-न-कोई माध्यम (Media) विकसित करते हैं। पहले प्रेस (Print Media) की प्रधान भूमिका थी, धीरे-धीरे रेडियो, टेलीविजन के व्यापक प्रसार-प्रचार एवं उदारीकरण के फलस्वरूप संचार के और प्रभावी रूप उपलब्ध हैं। अब तो चुनाव के दिनों में आकाशवाणी से मान्यता प्राप्त सभी राजनीतिक दलों को जन-संपर्क का अवसर प्राप्त है। उनकी भाषा उनके जनाधार के अनुरूप होती है, यथा—वामपंथी दलों की संचार भाषा में आर्थिक गतिविधियाँ, गरीबी, शोषण एवं सामाजिक अन्याय जैसे मुद्दों को केन्द्रित करके भाषा गठित की जाती है। दूसरी तरफ दक्षिण पंथी, विशेष रूप से संघ परिवार (भारतीय जनता पार्टी) की भाषा में सांस्कृतिक, मुख्य रूप से—हिन्दू संस्कृति के तत्त्वों, धर्म, अतीत गौरव एवं राष्ट्रवादी मुद्दे अर्थ तत्त्व के केन्द्र में होते हैं। उनकी भाषा तदनुरूप गठित होती है। पिछड़ी जातियों, अल्पसंख्यकों अथवा दलितों के बीच व्यवहृत संचार भाषा में सामाजिक न्याय, सुरक्षा, पहचान

एवं आत्म-निर्णय तथा आरक्षण जैसे मुद्दे केन्द्रीय होते हैं। जब कोई दल विपक्ष से सत्ता की तरफ संक्रमण करता है तब संचार की भाषा में तद्नुरूप परिवर्तन होता है।

संचार भाषा वस्तुतः सामाजिक सम्बन्धों के तल में प्रवाहित होने वाली धाराओं को सतह पर लाती है। इससे कभी-कभी विषम स्थितियाँ भी उत्पन्न होती हैं, जिससे सामाजिक सौमनस्य खंडित होता है, यथा—आरक्षणवाद या हिन्दुत्व, अल्पसंख्यकवाद या पृथकतवाद को सम्बोधित एवं पुष्ट करने वाले जन-संचार की भाषा भड़काऊ तथा अमर्यादित होती है—जिन्हें सत्ता के केन्द्र से किसी सीमा तक नियन्त्रित किया जा सकता है, परन्तु आज जनसंचार माध्यमों के उत्तरोत्तर वैश्विक होते जाने के कारण स्थानीय सरकारों के हाथ में नियन्त्रण सीमित रह गया है, यथा—अयोध्या में तथाकथित बाबरी मस्जिद ध्वंस के दौरान सरकार के अथक प्रयास के बावजूद वैश्विक जनसंचार माध्यमों के कारण वह परिघटना विश्व स्तर पर दर्शनीय हुई। खाड़ी युद्ध का भी यही हश्र रहा। कश्मीर समस्या को हवा देने में अन्तर्राष्ट्रीय संचार माध्यमों का प्रभूत योगदान रहा। इस दृष्टि से संचार, भाषासत्ता पक्ष की अथवा विपक्ष की या राष्ट्रीय सीमा के पार वाली हो, इससे सामाजिक सम्बन्धों में बहुत अन्तर पड़ता है। भाषा के गठन का मानकीकरण राष्ट्रीय संचार भाषा के क्षेत्र में एक सीमा तक देखा जाता है, यथा धार्मिक समुदायों में संघर्ष की परिघटना के द्योतन के लिए समुदायों का नामोल्लेख न करना, कानूनी रूप से व्यक्ति के अभियुक्त होने मात्र से उसे अपराधी मानकर नाम के पहले 'कथित' या 'तथाकथित' रूप से विशेषण लगाना, असंसदीय भाषा के प्रयोग से बचना, कतिपय अनुशासन के बिन्दु हैं। भविष्य में अनुशासन के ये बिन्दु अन्तर्राष्ट्रीय आयाम भी रख सकते हैं, परन्तु शीतयुद्ध की परिसमाप्ति के बाद फिर अमेरिका एवं यूरोप के वर्चस्व के निहित स्वार्थों के कारण अन्तर्राष्ट्रीय जनसंचार की भाषा—अंग्रेजी, फ्रेंच, जर्मन आदि में—विस्तारवादी तेवर मिलते हैं। इस विषय में स्थानीय अर्थात् राष्ट्रीय संचार माध्यमों की स्वतंत्रता पर दबाव पड़ता है।

(ख) सांस्कृतिक संचार भाषा—अठारहवीं-उन्नीसवीं शताब्दी यूरोप में राष्ट्रवादी चेतना के लिए विख्यात है। राज्य का सांस्कृतिक आधार पर राष्ट्र के रूप में संगठित होना इसकी फलश्रुति थी। धीरे-धीरे राष्ट्र राज्य की अवधारणा उपनिवेशों में भी पहुँची और तब सांस्कृतिक चेतना के उभार के साथ स्वतंत्रता आन्दोलन का सूत्रपात हुआ। भारत में राष्ट्र की चेतना स्वतंत्रता आन्दोलन का अभिन्न अंग है। राष्ट्र की अवधारणा भिन्न-भिन्न हो सकती है, परन्तु उसके सांस्कृतिक आधार पर कोई विमति नहीं है। लाखों-करोड़ों जनों में सांस्कृतिक चेतना के प्रसार के माध्यम से राष्ट्रीयता का संस्कार देना संचार भाषा का महनीय दायित्व था। इस दृष्टि से **तिलक** हों या **गांधी, अरविन्द** हों या **जवाहर लाल नेहरू**—सभी भारतीयता की एक अदद व्याख्या के साथ स्वतंत्रता के संदर्भ को छूते हैं। नेहरू **की कृति** "Discovery of India" (भारत की खोज) जेल में लिखी गई। यह कृति एक राजनेता की सांस्कृतिक चेतना का प्रसव है। भारत की विविधता में एकता, सहिष्णुता, प्राचीनता एवं विश्व गुरू होने तक का स्वाभिमान ऐसी पूँजी थी, जिसको जुटाकर यह सिद्ध करना था, कि एक राष्ट्र के रूप में भारतवासी अंग्रेजों से कहीं अधिक श्रेष्ठ हैं, फिर उनकी गुलामी कत्तई बर्दाश्त नहीं की जानी चाहिए।

यह सांस्कृतिक चेतना कभी-कभी विघटनकारी प्रवृत्तियों को भी जन्मती है, यथा—रामस्वामी नायकर पेरियार के भाषण एवं लेख द्रविड़ अस्मिता को पृथकतावाद की परिणति

तक ले जाते हैं। आज यह द्रविड़वाद श्रीलंका का नासूर बन चुका है। कुछ वर्ष पहले खालिस्तानी नेताओं ने जो कुछ लिखा एवं कहा, वह विघटनकारी हद तक पहुंचने वाला था। परन्तु सांस्कृतिक साझेदारियों के प्रचार-प्रसार के परिणामस्वरूप अखण्ड भारतीय चेतना के रूप में सिक्ख राष्ट्रवाद परिभाषित हुआ और पृथकतावाद पर काबू पाया जा सका। भारत का विभाजन मुस्लिम लीग के सांस्कृतिक भाषणों एवं लेखों का दुखद परिणाम था। आज कश्मीर और असम आदि की समस्या के पीछे भी स्थानीय संचार माध्यमों—चाहे वे मुद्रित हों या टेप, कैसेट के रूप में हों—अपना घातक प्रभाव रखते हैं। अतः सब कुछ निर्भर करता है, उस नेतृत्व पर जो संचार माध्यमों पर नियन्त्रण रखता है। संचार भाषा को राज्य की तरफ से कभी-कभी 'सेन्सर' के माध्यम से अनुशासित किया जाता है, परन्तु समाज एवं भाषिक समूह के भीतर यदि समुचित तालमेल का अभाव है, तो समस्याएँ बनी रहती हैं। इस दृष्टि से भारत जैसे, बहुधर्मी, बहुसांस्कृतिक एवं बहुभाषी देश में सांस्कृतिक संचार भाषा को एक व्यापक नीतिगत आधार की अपेक्षा है अन्यथा अभिव्यक्ति की स्वतंत्रता के अधिकार के पीछे राष्ट्रीय एकीकरण एवं विघटन दोनों साथ-साथ चल सकते हैं। यहाँ राजनैतिक नेतृत्व की भाषा नीति बहुत महत्त्वपूर्ण विषय है। पिछले वर्षों में हिन्दी को राष्ट्रभाषा बनाने के लिए अनेक प्रयास हुए, परन्तु दुर्भाग्य से वह राजभाषा भी ठीक से नहीं बन सकी। त्रिभाषा फॉर्मूला ले-देकर एक समाधान था, वह भी दुर्दशा को प्राप्त हुआ। परिणाम साफ हैं, अलग-अलग क्षेत्रों में सांस्कृतिक गतिविधियों की अपनी-अपनी भाषाएँ हैं। विशिष्टताओं को अद्वैत सूत्र में बाँध सकने वाली, विविध पुष्पों को एक सूत्र और मनका में पिरो सकने वाली भाषा अभी दुर्लभ है। कभी संस्कृत भाषा सांस्कृतिक भाषा के अखण्ड साम्राज्य पर सुशोभित थी, परन्तु उसके वे दिन अब नहीं रहे। आज संघ परिवार के भगीरथ प्रयास से उसे पुनर्जीवित करने के लक्षण आ गये हैं, क्योंकि राष्ट्रीय एकता भी सम्भव होगीं, जब विभिन्न संस्कृतियों को एक सांस्कृतिक परिवार में बाँध सकने वाली भाषा उपलब्ध हो।

संचार भाषा आज सूचना तकनीक के युग में पहले की अपेक्षा अधिक संवेदनशील विषय है। यह सामाजिक नियन्त्रण का अभिकरण तो है, सामाजिक चित्त को मनोनुकूल दिशा में रूपायित करने का उपकरण भी है। अमेरिका एवं यूरोप में भी Cultural Industries (सांस्कृतिक उद्योग) के नाम से संचार भाषा में भी विपुल साहित्य सृजित हो रहे हैं, जो सामाजिक जन को सँवारते हैं, अतः कोई राष्ट्र संचार भाषा जैसे नितांत अहम् विषय को उपेक्षित नहीं कर सकता।

(3) भाषा के मानकीकरण और आधुनिकीकरण की संकल्पना

मानक हिन्दी भाषा खड़ी बोली हिन्दी का सर्वाधिक विकसित अद्यतन रूप है। यह दीर्घकालीन ऐतिहासिक विकास और प्रयोग की प्रक्रिया में परिष्कृत हिन्दी भाषा का वह आदर्श रूप है, जिसे विस्तृत भौगोलिक क्षेत्र की सम्पर्क भाषा, शिक्षा तथा ज्ञान, साहित्य, कला एवं संस्कृति, विज्ञान एवं व्यवसाय, प्रशासन एवं कार्यालय की भाषा होने के साथ-साथ भारत की राष्ट्रभाषा एवं कई प्रदेशों की राजभाषा होने का गौरव प्राप्त है। उसकी भाषा वैज्ञानिक एवं व्याकरणिक विशेषताओं को निम्नलिखित रूपों में देखा जा सकता है।

1. पद रचना के स्तर पर मानकीकरण—मानक हिन्दी की रूप रचनात्मक विशेषताओं के अन्तर्गत् विविध ध्वनियों से निर्मित शब्दों एवं पदों के वे विकारी-अविकारी

रूप आते हैं, जिनमें लिंग, वचन, कारक और वाक्य आदि के कारण परिवर्तन उपस्थित हो जाते हैं। कुछ उल्लेखनीय विशेषताएँ इस प्रकार हैं—

(1) हिन्दी में व्याकरणिक स्तर पर सभी शब्द विकारी (परिवर्तनीय) और अविकारी (अपरिवर्तनीय) दो वर्ग में विभक्त हैं। विकारी शब्दों में संज्ञा, सर्वनाम, विशेषण तथा क्रिया आते हैं, जो रूप, लिंग, कारक और वाच्य आदि के कारण बदलते रहते हैं। अविकारी शब्दों में क्रिया-विशेषण, योजक, समुच्चय बोधक और विस्मयादि बोधक शब्द आते हैं, जो कि हर स्थिति में एक रूप रहते हैं—जैसे तथा, एवं, और, धीरे, बिना आदि।

(2) मानक हिन्दी में संज्ञा शब्दों के चार रूप होते हैं। जैसे—अकारान्त-छात्रा, छात्राएँ, छात्राओं, छात्राओ आदि तथा इकारान्त—लड़की, लड़कियाँ, लड़कियों और लड़कियो आदि। ये रूप एकवचन, बहुवचन में मूल तथा संबोधन आदि के लिए बनते हैं।

(3) मानक हिन्दी में दो लिंग (पुलिंग और स्त्रीलिंग) तथा दो वचन (एकवचन और बहुवचन) है।

(4) मानक हिन्दी में कारकों के विभक्ति-चिन्ह (ने, को, से आदि) संज्ञा या सर्वनाम पदों के बाद परसर्ग रूप में प्रयुक्त होते हैं, जबकि अंग्रेजी के टू फार्म, इन, आन आदि पहले आते हैं।

(5) खड़ी बोली से प्राप्त कर्त्ता—कारक में 'ने' विभक्ति-चिन्ह का प्रयोग मानक हिन्दी की मौलिक विशेषता है।

(6) मानक हिन्दी के सभी आठ कारकों में मूल और विभक्ति चिन्हयुक्त मात्र दो रूप ही बनते हैं।

(7) मानक हिन्दी में क्रिया के सामान्य रूप अन्त में 'ना' प्रत्यय जोड़ने से बन जाते हैं, जैसे—चलना, खाना, पाना, देना, उठना, भागना, पढ़ना, सोना आदि।

(8) हिन्दी में सर्वनाम के अन्तर्गत् शब्दों के कई रूप प्रचलित हैं, जिनमें मेरे को, हमारे को, मेरे से, तेरे से, तेरे को जैसे अमानक रूप भी हैं। इनमें मानक रूप मुझे-मुझको, हमें-हमको, तुम्हें-तुमको तथा मुझसे-तुझसे आदि ही हैं।

(9) अंग्रेजी में विशेषण तथा क्रिया पदों के रूप लिंग, वचन आदि के अनुसार नहीं बदलते हैं, जबकि मानक हिन्दी में संज्ञा पदों के लिंग—वचन के अनुसार उनमें परिवर्तन हो जाता है, जैसे—अच्छा लड़का, अच्छी लड़की, अच्छे लोग आदि।

(10) हिन्दी में प्रचलित करा, करिए, करिएगा, कीजिएगा जैसे रूप मानक नहीं हैं। मानक रूप किया, करो, कीजिए, है, हैं, 'होऊँ' आदि ही हैं।

(11) मानक हिन्दी की क्रिया-संरचना में भूत, वर्तमान और भविष्यत् तीन काल, निश्चयार्थ, आज्ञार्थ और संभावनार्थ—तीन अभिप्रेत, सामान्य, पूर्ण और अपूर्ण—तीन कालावस्था तथा कर्तृ, कर्म और भाव—तीन वाच्य होते हैं।

2. वाक्य रचना के स्तर पर मानकीकरण—वाक्य रचना के अन्तर्गत् मानक हिन्दी की पद-क्रम, अन्वय और लोप की विविध स्थितियाँ आती हैं, जिनमें से प्रमुख इस प्रकार हैं—

(अ) पद-क्रम—(1) मानक हिन्दी में व्याकरणिक पद-क्रम—कर्ता—कर्म+क्रिया (जैसे—'राम ने रावण को मारा') की व्यवस्था मिलती है। कभी-कभी विशेष प्रयोजन से यह क्रम बदल भी सकता है, जैसे—'आ चुके तुम।'

(2) मानक हिन्दी में विशेषण पदों को विशेष्य या संज्ञा पदों से पहले, क्रिया विशेषण क्रिया से पहले तथा कई विशेषण होने पर संख्यावाची सबसे पहले प्रयुक्त होता है। अपवाद प्रयोगों में वाक्य के अन्त में भी विशेषण प्रयुक्त होते हैं। जैसे—'मानो या मत मानो, आदमी है वह बहुत बुरा।'

(3) पूर्णकालिक क्रिया पदों का प्रयोग मुख्य क्रिया पदों से पहले होता है, जैसे—'वह छिपकर रोने लगा।'

(4) विस्मयादि बोधक, संबोधन पदों तथा 'केवल' आदि का प्रयोग वाक्य के आरम्भ में ही किया जाता है। संबोधन में अपवाद सम्भव है।

(5) समुच्चय बोधक अव्यय और आदि दो पदों के मध्य में तथा कई पद होने पर अन्तिम दो के मध्य में प्रयुक्त होंते हैं।

(6) निषेधात्मक अव्यय क्रिया से पहले प्रयुक्त होते हैं।

(7) आग्रह पर बल देने के लिए 'न' 'क' प्रयोग सदैव वाक्यांत में किया जाता है, जैसे—'तुम आओगे न।'

(ब) अन्वय—वाक्य में व्याकरणिक स्तर पर एक या अनुरूप प्रयोग मानक हिन्दी की अन्वय संबंधी विशेषता के अन्तर्गत् आते हैं। इसी के कारण 'कलकत्ता जा रहे हैं' परिवर्तित होकर 'कलकत्ते जा रहे हैं' तथा 'आगरा से लाना है', 'आगरे से लाने हैं' हो जाता है। मानक हिन्दी में अन्वय सम्बन्धी कुछ विशेषताएँ इस प्रकार हैं—

(1) जिन वाक्यों में कर्ता के साथ कारक-चिन्ह नहीं होते उनमें क्रिया कर्ता के अनुसार बदलती है। परन्तु जिन वाक्यों में कर्ता के साथ ने, को, से आदि कारक चिन्ह लगे होते हैं, उनमें क्रिया, कर्ता के अनुसार नहीं बदलती। जैसे—सीता गाना गा रही है और सीता ने गाना गाया।

(2) मानक हिन्दी के आदर सूचक वाक्यों में एकवचन कर्ता के साथ बहुवचन क्रिया का प्रयोग होता है, जैसे—गुरू जी जा रहे हैं।

(3) एक ही लिंग के बहुसंख्यक प्रयोग वाले वाक्यों में क्रिया उसी लिंग के बहुवचन में तथा अलग-अलग लिंग के बहुसंख्यक प्रयोग में क्रिया पुल्लिंग बहुवचन प्रयुक्त होती है, जैसे—पति-पत्नी जा रहे हैं।

(4) मानक हिन्दी में कर्ता के साथ कारक-चिन्ह होने पर क्रिया में परिवर्तन कर्म के अनुसार होता है, जैसे—श्याम ने लकड़ी तोड़ी, सीता ने पत्थर तोड़ा।

(5) मानक हिन्दी में कर्ता और कर्म दोनों के साथ कारक-चिन्ह होने पर क्रिया का प्रयोग सदैव ही पुल्लिंग एकवचन में किया जाता है, जैसे—छात्रों ने छात्राओं से प्रश्न पूछा।

(6) विशेषण पद विशेष्य के लिंग, वचन के अनुसार बदलते हैं, जैसे—काली लड़की, काला लड़का, काले लड़के आदि।

(7) क्योंकि मानक हिन्दी में जड़-निर्जीव वस्तुओं का भी स्त्रीलिंग या पुल्लिंग के रूप में कल्पित लिंग-निर्धारण हो जाता है, इसलिए ऐसे विशेष्य और विशेषण का अन्वय उनके लिंग-निर्धारण के अनुसार ही होता है।

(स) लोप—मानक हिन्दी में वाक्य की संक्षिप्त तथा व्याकरणिक पुनरावृत्ति से बचने के लिए कर्ता, क्रिया तथा वाक्यांश का लोपमानक प्रयोग है। ऐसा प्रायः प्रश्नोत्तर एवं संयुक्त वाक्यों की संरचना में होता है।

इस प्रकार मानक हिन्दी में ऐसी संरचनात्मक विशेषताएँ उपस्थित हैं, जो पूर्ण निजता एवं मौलिकता के साथ उसे विशिष्ट भाषा-वैज्ञानिक पहचान और व्याकरणिक व्यक्तित्व प्रदान करती हैं। निरन्तर परिष्कार और विकास की सम्भावनाएँ समेटे हुए मानक हिन्दी भाषा बिना अनुकृति बने ही स्वायत्ता, पूर्णता और वैज्ञानिकता की दिशा में अग्रसर है।

3. वर्तनी के स्तर पर मानकीकरण—संविधान के निर्देशों के अनुसार हिन्दी का यह दायित्व भारत का संघ प्रशासन वहन कर रहा है। इसके अधीन भारत सरकार ने हिन्दी प्रचार-प्रसार की विविध उपयोगी योजनाओं को हाथ में लेने के साथ-साथ पारिभाषिक शब्दावली निर्माण, देवनागरी लिपि के मानकीकरण एवं हिन्दी वर्तनी के मानकीकरण की योजनाओं पर कार्य किया तथा मानकीकृत हिन्दी वर्णमाला, परिवर्धित देवनागरी एवं मानक हिन्दी वर्तनी से संबंधित चार्ट एवं पुस्तिकाएँ आदि प्रकाशित कर वितरित किया। इस सिलसिले में उल्लेखनीय कार्य इस प्रकार है—

(1) उत्तर प्रदेश शासन ने 1953 एवं 1957 में देवनागरी वर्णों में जो सुधार सुझाये उन्हें भारत सरकार ने देश के विशेषज्ञों के सम्मुख विचारार्थ प्रस्तुत किया तथा उनकी राय को दृष्टि में रखकर 8-9 अगस्त, 1959 को सम्पन्न भारत के शिक्षा मंत्रियों के सम्मेलन में मानक देवनागरी लिपि को अन्तिम रूप देकर उसे केन्द्रीय हिन्दी निदेशालय द्वारा प्रसारित करवाया। इस प्रक्रिया में एक ही वर्ण के जो एकाधिक रूप प्रचलित थे उनमें से एक ही रूप को स्वीकार किया गया। संयुक्त वर्ण निर्माण की विधि में जो विविधता थी उसे समाप्त कर एक ही वैज्ञानिक विधि की स्वीकृति दी गयी है। इसी प्रकार वर्ण जिन रेखाओं के योग से बनता है, उनको क्रमिक रूप से तथा अनुपातिक लम्बाई एवं चौड़ाई से जोड़ने की विधि निर्धारित कर वर्ण की बनावट में सुडौलता, सुस्पष्टता एवं सुन्दरता लाने का प्रयास किया गया। अनुस्वार चिन्ह आदि विशेषक चिन्हों को निर्धारित कर उनके स्थानगत प्रयोग की विधि स्पष्ट कर दी गयी।

(2) अहिन्दी भाषियों के हिन्दी लिपि-लेखन अभ्यास के लिए केन्द्रीय हिन्दी संस्थान आगरा द्वारा पाँच लाइनों एवं चार खानों में निर्मित हिन्दी लिपि भाग 1, 2 और 3 तथा Hindi Script : Workbook (लेखक : डॉ॰ विजयराघव रेड्डी) अभ्यास पुस्तकों की विधि को मानक स्वीकार कर केन्द्रीय हिन्दी निदेशालय, भारत सरकार, नई दिल्ली ने "देवनागरी लिपि अभ्यास पुस्तिका" तैयार कर उसको प्रसारित किया।

(3) 15 अक्टूबर, 1959 को सम्पन्न केन्द्र की मंत्रिमंडलीय बैठक के निर्णय के अनुसार भारत सरकार ने हिन्दी में अन्य भारतीय भाषाओं के मानक लिप्यंतरण की आवश्यकता को दृष्टि में रखकर देवनागरी में अन्य भारतीय भाषाओं की जिन विशिष्ट ध्वनियों के लिए लिपि चिन्ह नहीं है, उनके लिए नये लिपि चिन्हों के निर्धारण के लिए 1960 में भाषाविदों की एक समिति गठित की थी, जिसने जून 1965 में अपना प्रतिवेदन प्रस्तुत किया। इस प्रतिवेदन की सिफारिशों को देश के विविध विश्वविद्यालयों के भाषा विभागों एवं अन्य शैक्षिक संस्थाओं एवं विद्वानों के पास भेजकर उनकी राय माँगी गयी। इस प्रतिवेदन की सिफारिशों को संस्थाओं/विद्वानों से प्राप्त रायों को दृष्टि में रखकर भारत सरकार ने 23 मार्च, 1966 को अंतिम रूप देकर अनुमोदित कर 'परिवर्धित देवनागरी वर्णमाला' के नाम से प्रसारित किया।

(4) हिन्दी वर्तनी में प्रचलित विविध रूपों को दूर कर उसमें एकरूपता स्थापित करने के उद्देश्य से शिक्षा मंत्रालय भारत सरकार ने 1961 में आठ सदस्यीय एक हिन्दी वर्तनी

समिति का गठन किया इस समिति ने 19 अप्रैल, 1961 को सम्पन्न अपनी अन्तिम और चौथी बैठक में सभी पहलुओं पर गंभीर विचार-विमर्श के बाद हिन्दी वर्तनी के सम्बन्ध में एक नियमावली निर्धारित की। इस नियमावली को अन्य विद्वानों एवं संस्थाओं के पास प्रेषित कर उनके सुझावों के आधार पर समिति ने अपनी सिफारिशें सरकार के पास अप्रैल 1962 में प्रेषित की। शिक्षा मंत्रालय ने इस विषय पर विभिन्न भाषाविदों से हिन्दी वर्तनी समिति की सिफारिशों पर गम्भीरता से विचार-विमर्श के बाद अपनी संस्तुतियाँ 1967 में ''हिन्दी वर्तनी का मानकीकरण'' नामक पुस्तिका के रूप में प्रकाशित की।

(5) किसी भाषा के मानकीकरण में लिपि एवं वर्तनी के अतिरिक्त उसकी संरचना में भी एकरूपता एवं मानकीकरण की आवश्यकता होती है। इस उद्देश्य की पूर्ति के लिए भारत सरकार ने 1954 में पाँच सदस्यीय एक समिति का गठन किया। इस समिति ने आधुनिक संदर्भ में हिन्दी की भूमिका को दृष्टि में रखकर हिन्दी व्याकरण की रूपरेखा तैयार की। समिति के सदस्य **डॉ० आर्येन्द्र शर्मा** ने इस रूपरेखा के आधार पर अंग्रेजी में एक व्याकरण ग्रन्थ प्रस्तुत किया जिसे शिक्षा मंत्रालय भारत सरकार ने 1958 में "A basic grammar of modern Hindi" के नाम से प्रकाशित कर प्रसारित किया।

(6) तृतीय विश्व हिन्दी सम्मेलन के अवसर पर 1983 में केन्द्रीय हिन्दी निदेशालय, भारत सरकार ने देश के लगभग 50 भाषाविदों से परामर्श कर 'देवनागरी लिपि तथा हिन्दी वर्तनी का मानकीकरण' नाम से एक 30 पृष्ठीय पुस्तिका प्रकाशित कर प्रसारित की है, जिसमें मानकीकरण से सम्बद्ध कुछ नये बिन्दु जोड़ दिये गये।

मात्र सरकार के प्रयासों से हिन्दी या किसी भाषा के मानकीकरण की समस्या का समाधान नहीं मिल सकता। हिन्दी भाषा के प्रयोक्ता जब मानकीकृत रूप को प्रयोग में लाएँगे तभी भाषा में एकरूपता आ पायेगी तथा हिन्दी भाषा शक्ति एवं एकता की भाषा बन पाएगी।

भारत जैसे विशाल भू-भाग के 7 राज्यों एवं संघ की राजभाषा के रूप में स्वीकृत हिन्दी जैसी भाषा जो आधुनिकीकरण की प्रक्रिया से गुजर रही है, उस भाषा के मानकीकरण में कई बातों पर ध्यान देने की आवश्यकता होती है। **डॉ० गोपाल शर्मा** ने इस सम्बन्ध में जो निम्नलिखित प्रश्न उठाए हैं, उनके समाधान ढूँढ़ने पर ही मानकीकरण की समस्या बहुत हद तक परिष्कृत की जा सकती है—

(क) एक सामान्य शिक्षित व्यक्ति की व्यावहारिक आवश्यकताओं को पूरा करने वाले भाषा का अपेक्षाकृत स्थिर रूप क्या हो?

(ख) हिन्दी की बोली के प्रभाव को किस सीमा तक विस्तृत प्रयोग की हिन्दी में आत्मसात् किया जाए?

(ग) अन्य भाषाभाषियों के लिए हिन्दी के रूप, पदावली और मुहावरों में हटाव की स्वीकृति की सीमा (सह्य सीमा Tolerance Zone) क्या मानी जाए?

(घ) विभिन्न क्षेत्रों की प्रयुक्तियों के रूप में लिखी या बोली जाने वाली आज की हिन्दी में शब्दावली, पद और वाक्य-विन्यास की दृष्टि से क्या सुधार लाया जाए ताकि वह सरल होते हुए भी विशिष्ट क्षेत्रों की जरूरतों को सही-सही पूरा कर सके?

(ङ) सरलता का मापदण्ड किसे माना जाए—1. हिन्दुस्तानीपन? 2. फैली हुई विशिष्ट वाक्य रचना? 3. पारिभाषिक शब्दावली में सुधार? 4. अंग्रेजी शब्दों का बड़े पैमाने पर स्वीकरण?

सुझाव

(क) (1) संस्कृत के तत्सम शब्दों की वर्तनी व्याकरणिक सम्मत हो, अस्तु उनके स्थानापन्न शब्दों का प्रयोग करना उचित नहीं है—

प्रयोज्य	निषिद्ध
तीव्र बाह्य अगार	तीव्र बाह आगार
तत्व ज्योतिष अधीन	तत्व ज्यौतिष आधीन्
छत्रच्छाया ईर्ष्या	छत्रछाया इर्षा
एकत्र चिह्न उच्छ्वास	एकत्रित चिन्ह उछ्वास
कलश, औषध, उज्ज्वल	कलस, औषधि उज्वल
मनोमोहन, महत्वमहारथ	मनमोहन, महत्व महारथी
मिष्ठान्न, मूर्च्छा, व्यंग्य	मिष्ठान, मूर्छा व्यंग्य
शशि कुमार सत्व दुर्गन्ध	शशी कुमार सत्व दुर्गन्धि

(2) रेफ के कारण विकल्प से होने वाले द्वित्व की प्रवृत्ति का निरोध किया जाय जैसे—आर्य्य (आर्य) शर्म्मा (शर्मा) कर्म्म (कर्म)।

(3) अंत्य हल चिन्हों तथा मध्यस्थ विसर्ग चिन्हों का अंकन किया जाय जैसे जगत्, भगवान्, परिषद्, वाक्, संसद्, सम्राट्। उपर्युक्त शब्दों में हल् का प्रयोग न करने पर संधि के नियम अर्थहीन हो जायेंगे जैसे—वाग्जाल, वाक्पति, संसत्सदस्य। इसी तरह दु:ख, नि:शंक, नि:श्वास, प्रात:स्मरणीय।

(4) पंचमाक्षरों के स्थान पर अनुस्वार की प्रथा जारी रखी जाय।

(5) द्विअर्थी या अर्थभेद वाले दो रूपों को चलाया जा सकता है, जैसे—सूर, (सूरदास, सूर्य) शूर (वीर) भंडार (स्टोर) भांडार (पैन्ट्री)।

(6) क़, ख़, ग़, ज़, ऱ, फ़ का सामान्यीकरण क ख ग ज र फ हो चुका है फिर भी यदि इन्हें अपनाया जाय तो उचित होगा।

(7) द्विरूपी अरबी फारसी शब्दों को संयुक्त व्यञ्जन के स्थान पर सरल रूप में लिखा जाय जैसे—सरदी, दफ्तर, अरबी। इसी तरह कुछ उर्दू के शब्दों में लोग इ के स्थान पर य रखते हैं, यह गलत है, गुंजाइश (गुंजायश) फरमाइश (फरमायश)। कुछ उर्दू शब्दों में एकरूपता उत्पन्न करने की आवश्यकता है।

उचित प्रयोग	निषिद्ध प्रयोग
परेशान, साहब	परीशान, साहिब
प्याला, प्याज, ज्यादा	पियाला, पियाज, जियादा
दुकान रोशनी	दूकान, रौशनी

(8) अंग्रेजी की न तथा म ध्वनि के लिए अनुस्वार का प्रयोग उचित है।

(9) अंग्रेजी के ह्रस्व ए, ओ, इ, ए आदि ध्वनियों के उच्चारण के लिए चिन्ह आवश्यक हैं, अन्यथा टेस्ट (Test) और टेस्ट (Taste) में अन्तर करना कठिन होगा।

(10) रपट अन्त्य या रूपों को बनाये रखने के पक्ष में है यद्यपि कि एतधा ई रूप भी चलाये जा सकते हैं।

(11) कुछ द्विरूपी शब्दों में उ या इ रखने की संस्तुति की गई है जैसे—गुसाई (गोसाई), गुहार (गोहार), मुटापा (मोटापा), छुटाई (छोटाई), दुबारा (दोबारा)।

(12) निम्नांकित शब्द जो कोष्ठक से बाहर हैं उचित हैं—घबराना (घबड़ाना), पिंजरा (पिजड़ा), मच्छर (मच्छड़), दीवार (दीवाल), राल (लार) भोली (भोरी), फुटकर (फुटकल), दाढ़ी (डाढ़ी), ढूढ़ना (ढूढ़ना), फूरती (फूर्ती), सरदी (सर्दी), गरमी (गर्मी), चरचा (चर्चा), सचाई (सच्चाई), उचाट (उच्चाट)।

(ख) शब्दावली के मानकीकरण के सम्बन्ध में संस्तुतियाँ—समिति ने शब्दावली के मानकीकरण से सम्बन्धित पाँच शब्द समूहों के संदर्भ के प्रयोग में अपने विचार प्रस्तुत किए। 1. बोलचाल के शब्द, 2. साहित्यिक शब्द, 3. अखिल भारतीय स्तर के शब्द, 4. राजभाषा की शब्दावली, 4. अन्तर्राष्ट्रीय भाषा की शब्दावली। उपर्युक्त पाँच समूहों के सम्बन्ध में विचार करते हुए समिति ने निम्न सुझाव दिये—

(1) समिति का सुझाव था कि **लोक भाषा शब्दावली में पुनरुक्ति दोष का प्राधान्य होता है।** इस पुनरुक्ति से बचने के लिए, लेखक गण पर्यायवाची शब्दों का प्रयोग करते हैं, लेकिन, एक ही शब्द के एकार्थी अनेक पर्याय, भाषा के स्वास्थ्य के लिए उचित नहीं होते, अस्तु उचित यही है, कि उन पर्यायवाची शब्दों को पूर्ण के स्थान पर अपूर्ण पर्याय बना दिया जाय। इससे भाषा में समृद्धि आएगी।

(2) प्रादेशिक भाषाओं से शब्द ग्रहण—हिन्दी भाषा की आत्मा को आहत न करते हुए, ऐसे शब्द जो इस भाषा में नहीं हैं, अन्य प्रान्तीय भाषाओं से ग्रहण किया जाय, क्योंकि संविधान की धारा 351 के अन्तर्गत् हिन्दी को अन्य प्रान्तीय भाषाओं से रूप शैली और प्रयोग ग्रहण कर विकसित होना है।

(3) किसी विशिष्ट अर्थ के लिए एक शब्द का प्रयोग—प्रशासन के क्षेत्र में, हर प्रदेश में किसी एक पद के लिए एक ही शब्द का प्रयोग करना उचित है जैसे डाइरेक्टर के लिए कहीं निदेशक तो कहीं निर्देशक या संचालक शब्द का प्रयोग करना अनुचित है। विधिन्याय या आर्थिक क्षेत्र में पर्यायवाची शब्द भ्रम उत्पन्न करते हैं।

(4) अमानकीकृत शब्दावली को निष्कासित किया जाय—हमारे शब्द कोशों में जिनका प्रयोग नहीं होता जैसे वायु के 49 पर्याय, सूर्य के लिए उतने ही शब्द हैं—इसी प्रकार एक सम्बन्ध के लिए जैसे—भौजी, भौजाई, भाभी, भ्रातृजाया भौजी आदि शब्दों में से एक का निर्धारण उचित है।

(ग) व्याकरण के मानकीकरण के सम्बन्ध में सुझाव—(1) पश्चिमी तथा पूर्वी प्रयोगों से अलग मानकीकृत प्रयोग की प्रवृत्ति डाली जाय जैसे 'मैंने वहाँ जाना है'' पश्चिमी प्रयोग है तो 'हमको वहाँ जाना है' पूर्वी प्रयोग है या हमको उसको रुपये देने हैं। इन प्रयोगों से अलग उचित तथा स्पष्ट वाक्य प्रयोग होना चाहिए।

(2) लिंग द्विरूपी विधान में द्विरूपी शब्द प्रयोग (विशेषत: स्त्रीलिंग में) बन्द होना चाहिए जैसे—'रोटियां', 'रोटियें' नहीं, 'लड़कियाँ' 'लड़किएँ' नहीं।

(3) 'आठ बीघे खेत सींचा' इस वाक्य में समूहगत अर्थ है, अस्तु वाक्य यही है। इसी तरह 'आठ बीघे खेत जोता' में गणना का अर्थ है अस्तु दोनों रूप मान्य हैं। इसी प्रकार संबोधन के लिए अनुस्वार विहीन 'भाईयों', 'बहनों' आदि शब्दों का प्रयोग उचित है।

(4) संदिग्ध लिंग वाले शब्दों को पुल्लिंग या स्त्रीलिंग माना जाये—जैसे, कैसे, कुदाल, पिस्तौल, प्याज, आलू, दही आदि।

(5) पद वाची शब्दों को लिंग भेद से ऊपर रखा जाय : जैसे—मंत्री, राष्ट्रपति, शिक्षक आदि।

(6) क्रिया प्रयोग में नियम के अनुसार स्त्रीलिंग या पुल्लिंग क्रियाओं का प्रयोग हो।

(7) हिन्दी की प्रकृति के अनुसार अप्रत्यक्ष कथन के लिए मात्र 'कि' का प्रयोग कर बात सीधे-सीधे कही जाय। जैसे उसने कहा कि मैं जाऊँगा।

कुल मिलाकर जहाँ तक किसी भाषा के मानकीकरण का प्रश्न है तो मतभेद तो बने रहेंगे। विश्व की सभी भाषाओं के संदर्भ में ऐसा होता आया है, काल और प्रयोग हर समस्या का निदान बन जाता है।

ध्वनि के स्तर पर मानकीकरण

(1) मानक हिन्दी की ध्वनियाँ स्वर एवं व्यंजन दो वर्गों में विभक्त होते हुए भी आक्षरिक अर्थात् 'अ' स्वर युक्त होने से स्वराधारित ही हैं, जैसे—क = क् + अ, ख = ख् + अ आदि।

(2) देवनागरी में प्रत्येक व्यंजन यद्यपि 'अ' स्वरयुक्त माना जाता है, परन्तु व्यवहार में कहता चलता, लिखता तथा आप आदि में 'ह' 'ल' 'ख्' तथा 'य' उच्चारण 'अ' स्वररहित मिलता है।

(3) अ + इ तथा अ + उ के योग से बने संधि-स्वर जैसे ए-ऐ, ओ-औ आदि मानक हिन्दी में मूल स्वर मान लिए गए हैं।

(4) मानक हिन्दी में अनुतान बलाघात आदि से बिना शब्द परिवर्तन के बलाघात से ही अर्थ-परिवर्तन हो जाते हैं जैसे 'देख लेंगे' (आश्वासनपरक) 'देख लेंगे' (चुनौतीपरक) तथा 'जाएँगे नहीं' (प्रश्नवाचक) 'जाएँगे नहीं' (जाने के लिए आदेशात्मक) तथा 'जाएँगे नहीं' (सूचनात्मक)।

(5) मानक हिन्दी में हिन्दी परिवार की कई बोलियों में प्रचलित उकार एवं ओकार प्रधान शब्द रूप के स्थान पर खड़ी बोली की प्रकृति के अनुरूप सिर्फ 'आ' स्वर प्रधान शब्द रूप ही स्वीकार किए जाते हैं—जैसे बड़ा, घोड़ा, आया, गया, चला आदि।

(6) मानक हिन्दी में स और श का उच्चारण तो शुद्ध रूप में होता हैं किन्तु 'श' और 'ष' व्यंजन लिखित रूप में पृथक होते हुए भी उच्चारण में 'श' है।

(7) मानक हिन्दी में 'ऋ' स्वर लेखन में तो है किन्तु उच्चारण में 'रि' हो गया है।

(8) मानक हिन्दी में अंग्रेजी और अरबी फारसी मूल के कुछ शब्दों को उनके उच्चारण के अनुरूप लिखित स्वरूप प्रदान करने के लिए 'ऑ' (डॉक्टर, ऑफिस आदि) तथा नुक्तों का प्रयोग (कायदा, कुरान, जरा, गौर आदि शब्दों में) किया जाता है।

(9) मानक हिन्दी में 'ङ', 'ञ', 'ण', 'म', 'न' आदि अनुनासिक व्यंजनों का मूल्यांकन अनुस्वार (ं) के माध्यम से किया जाने लगा है।

(10) 'ड' और 'ढ़' व्यंजन वर्णमाला में न होकर भी अनेक हिन्दी शब्दों की रचना करते हैं, जैसे—सड़क, लड़ाई, चढ़ा, गढ़ा आदि।

(11) मानक हिन्दी में संस्कृत के तत्सम, हिन्दी के तद्भव तथा अरबी-फारसी अंग्रेजी आदि अनेक भाषाओं के शब्दों का आत्मसातीकरण मिलता है, किन्तु उनका लिंग-विधान हिन्दी के अपने लिंग-विधान की परम्परा और उसकी प्रकृति के अनुसार ही लक्षित होता है। हिन्दी में व्यंजनान्त शब्द प्रायः पुल्लिंग और इकारान्तया अकारान्त शब्द स्त्रीलिंग माने जाते हैं।

(12) मानक हिन्दी में मूल और यौगिक—दोनों शब्दों का मानक प्रयोग मिलता है।

(13) मानक हिन्दी में द्वित्व और संयुक्त दोनों प्रकार के व्यंजनों का प्रयोग मूल ध्वनि के रूप में होता है, जैसे—उद्दाम (द्द) उत्तर (त्त) तथा चिह्न, ब्रह्म, सिद्ध, विद्या और उद्यम आदि।

लिपि के स्तर पर मानकीकरण

देवनागरी लिपि भारतीय लिपि—उद्यान में उगी हुई एक विशिष्ट पौध है। जड़ से लेकर फुनगी तक उसकी सुरक्षा, मानकीकरण तथा इसमें उत्पन्न दोषों की खरोचों को दूर करने के लिए समय-समय पर विशेषज्ञों एवं सुधारकों की समितियाँ तथा टोलियाँ गठित की गईं। लिपि-सुधार तथा मानकीकरण के लिए अनेक बहस-मुबाहसे हुए। समय-समय पर विभिन्न समतियों ने अपनी प्रज्ञा की छेनी से तराश कर देवनागरी को सक्षम, सुघर, मानक एवं वैज्ञानिक बनाने का प्रयास किया। उक्त समितियाँ सरकारी-गैर सरकारी दोनों तरह की थीं। देवनागरी लिपि को मानक रूप देने के लिए सर्वाधिक प्रयास अहिन्दी भाषियों ने किया।

देवनागरी लिपि के सुधार तथा उसे मानक रूप देने के प्रयास का प्रथम दीप कुछ विद्वानों के नेतृत्व में मुम्बई के श्री महादेव गोविन्द रानाडे ने जलाया। बाद में 'महाराष्ट साहित्य-परिषद पुणे' ने लिपि-सुधार समिति' का गठन किया। श्री लोकमान्य तिलक ने अपने पत्र 'हिन्दी केसरी' में 1926 ई० तक 'टाइपों' की छटाई करते-करते 190 'टाइपों' का एक 'फ़ांट' तैयार किया। बाद में 1935 में 'हिन्दी साहित्य सम्मेलन' की ओर से महात्मा गांधी के सभापतित्व में 'नागरी लिपि सुधार समिति' बनाई गयी। 'राष्ट्रभाषा-परिषद् वर्धा' तथा 'लोक-नागरी' के माध्यम से आचार्य विनोवा भावे, सावरकर बन्धु तथा काका कालेलकर ने देवनागरी के मानकीकरण में सहयोग दिया। इन लोगों के कुछ मूल्यवान सुझाव इस प्रकार हैं—(1) लिखने में शिरोरेखा लगाना आवश्यक नहीं है, किन्तु छपाई में शिरोरेखा बनी रहे, (2) प्रत्येक वर्ण-ध्वनियों को उच्चारण-क्रम के अनुसार ही लिखा जाय, यथा—(क) जब तक कोई संतोषजनक हल सामने न आए, तब तक 'इ' की मात्रा शब्द के बाईं ओर प्रयुक्त की जाय, जैसे—किया/कीया, (ख) अनुस्वार और अनुनासिक चिन्ह क्रमशः (०) और '(.) हों तथा वे भी वर्ण के ठीक ऊपर लगाए जाएँ, जैसे—हंस, अंश, कांपना, (ग) ए, ऐ, औ की मात्राएँ वर्ण के ठीक ऊपर न लगाकर वर्ण के दाहिनी ओर थोड़ा हटाकर लगाई जायँ, जैसे—मेल-मले, कैद-कदै और-आरै, (घ) 'रव' के स्थान पर गुजराती 'ख' लिखा जाय, (उ) अ, झ, ण के स्थान पर मराठी अ, झ और ण का प्रयोग हो, तथा (4) अंकों का स्वरूप उस प्रकार हो—१, २, ३, ४, ५, ६, ७, ८, ९, ०।

सन् 1941 ई० में हिन्दी साहित्य-सम्मेलन, प्रयाग ने इस दिशा में 'एक लिपि सुधार' समिति का गठन किया। इसी तरह देवनागरी के मानकीकरण के संदर्भ में नागरी प्रचारिणी सभा काशी ने विद्वानों से सुझाव माँगा। श्री निवास तथा डॉ० गोरख प्रसाद ने कुछ उपयोगी सुझाव दिए। डॉ० श्याम सुन्दर दास का मत था कि ङ, ञ् के स्थान पर अनुस्वार का प्रयोग करना चाहिए, यथा—अङ्क तथा मञ्च की जगह अंक तथा मंच। डॉ० पन्नालाल ने भी कुछ सुझाव दिया। सन् 1947 में उत्तर प्रदेश सरकार ने आचार्य नरेन्द्र देव की अध्यक्षता में लिपि के मानकीकरण और सुधार के लिए एक ठोस समिति बनाई, इसके सदस्यों में मंगलदेव शास्त्री तथा डॉ० धीरेन्द्र वर्मा भी थे। इनके कुछ प्रमुख सुझाव इस प्रकार थे—(1) अ की बारहखड़ी भ्रामक है, (2) मात्राएँ यथा स्थान बनी रहें, किन्तु थोड़ा दाहिनी ओर हटाकर प्रयोग किया जाय, यथा—कीस, (3) शिरोरेखा लगाई जाय, (4) अनुस्वार तथा पंचमाक्षर की जगह शून्य (०) का प्रयोग हो, (4) अंग्रेजी भाषा के सभी विराम चिन्ह ले लिए जायँ।

कालान्तर में उत्तर प्रदेश सरकार ने सन् 1953 में लखनऊ में प्रथम लिपि-सुधार और मानकीकरण—(Standardization) के लिए एक सम्मेलन किया। इस सम्मेलन में 'रव' के स्थान पर गुजराती 'ख' तथा ि की जगह छोटा सा चिन्ही का प्रयोग निश्चित किया गया, किन्तु कालान्तर में काफी विरोध के बाद इनका पूर्व रूप पुनः प्राप्त हो गया। पुनः 1961 ई० में इस दिशा में एक सम्मेलन हुआ। इस सम्मेलन की सिफारिशों को भारत सरकार ने स्वीकार कर जनवरी 1967 में शिक्षा मंत्रालय के केन्द्रीय हिन्दी निदेशालय के माध्यम से "समस्त भारतीय भाषाओं के लिए सामान्य राष्ट्रीय लिपि : परिवर्धित देवनागरी" नाम से एक पुस्तिका प्रकाशित कराया। कालान्तर में केन्द्रीय शिक्षा मंत्रालय की 'वर्तनी समिति' ने 1976 में देवनागरी के मानक स्वरूप को स्थिर करने के लिए कुछ सुझाव दिया, यथा—(1) ट, ठ, ड, ढ (ट वर्ग) तथा इ, ङ, ह के आधे वर्ण हलंत से बनाए जायँ, (2) श्र, त्र तथा संस्कृत के प्रचलित संयुक्ताक्षरों का प्रयोग जारी रहे, (3) र के संयुक्त रूप जैसे 'प्र', 'राष्ट्र', 'धर्म' का प्रयोग जारी रहे, (4) अंकों के अन्तर्राष्ट्रीय अंग्रेजी रूपों का प्रयोग जारी रहे, (5) टाइपराइटर में : ; . , -( ) ? + ÷ × ! चिन्हों का समावेश हो।

इसी तरह 28 फरवरी, 1979 को बंगलौर में तथा 24 मार्च, 1981 को महाराष्ट्र में देवनागरी लिपि के मानकीकरण तथा उसे निर्विवाद रूप से अखिल देशीय बनाने के लिए गोष्ठियाँ हुईं।

(4) हिन्दी भाषा की संरचना

(1) भाषिक-संरचना अथवा संघटना का अर्थ और आशय—अंग्रेजी में भाषा के लिए 'लैंग्वेज' (Language) शब्द का इस्तेमाल किया जाता है, जिसका रिश्ता लैटिन शब्द 'लिंग्वा' (Lingua-जिह्वा) तथा फ्रांसीसी शब्द 'लांग' (Langu-Language) से है, किन्तु हिन्दी—'भाषा' या 'भाषण' इत्यादि शब्दों की व्युत्पत्ति संस्कृत 'भाषा' धातु से मानी जाती है। धातु पाठ में धातु वृत्तिकार ने भाषा के लिए 'भाषा व्यक्तयां वाचि' कहा है, अर्थात् भाषा का अर्थ है—'व्यक्त वाक्'। 'वाक्' को सामान्य और बोलचाल की शब्दावली में 'वाणी' कहा जाता है। 'वाक्' और 'वाणी' ही भाषा के द्योतक पुराने शब्द हैं। यद्यपि 'वाक्' का दूसरा अर्थ 'जिह्वा' भी होता है। बहरहाल, विश्व की समस्त भाषाएँ इसी वाक् अर्थात् वाणी के माध्यम से प्रयुक्त होती हैं। 'वाणी' का अर्थ होता है— मुख से उच्चारण प्रक्रिया द्वारा व्यक्त शब्दावली—"Speech is thus a universally exerted activity, having at first utilitarian aims. In describing this activity we shall discover that it consists in the application of universally produced science, namely science, which we call language." अत: 'भाषा' और 'वाक्' एक ही वस्तु के दो पहलू हैं।[1]

भाषाओं की रचना और विकास संबंधी अध्ययन ही भाषिक-संरचना का मूल-विषय कहा जा सकता है। जिन तत्त्वों की संयोजना, सहयोग-सहकार से भाषा का निर्माण या भाषा-बनती है, उन्हें हम 'भाषा की संरचना' कह सकते हैं। कुछ विद्वानों ने 'भाषा-संरचन' या 'भाषा-संरचना' की जगह 'भाषा-संघटन' या 'भाषा-संघटना' शब्दों का प्रयोग किया है। **डॉ० बाबू राम सक्सेना**[2] उन्हीं में हैं। वे लिखते हैं कि, "भाषा एक संघटना है, अर्थात् ऐसी सुव्यवस्थित योजना है, जिसमें प्रत्येक अवयव के बाद आने वाले औरों की संख्या एवं प्रकार की मर्यादा सुनिश्चित है। हम जब संस्कृत भाषा के संघटन का विचार करते हैं तो यह निश्चित रूप से कह सकते हैं कि किसी भी संस्कृत शब्द के आदि में ण् या ङ् नहीं आ सकता या जब हम हिन्दी द्वारा संघटन की बात सोचते हैं कि तो भली भाँति जानते हैं कि अकर्मक क्रिया के पहले सामान्य भूतकाल के द्योतन में कर्त्ता के बाद "ने" नहीं आएगा ××× संघटन होने के कारण भाषा के अवयवों का वैज्ञानिक विश्लेषण किया जा सकता है और संघटन होने के कारण भाषा में संप्रेषणीयता आती हैं।"

पर, यदि सूक्ष्म विचार किया जाय तो हमें स्पष्ट हो जाएगा कि 'भाषा की संरचना' अथवा 'संघटना' में अर्थ-संबंधी कोई भी अंतर नहीं है। दोनों का अर्थ एक ही है अर्थात् भाषा-निर्माण में या भाषा के सर्जने-जन्मने में आवश्यक घटकों या तत्त्वों का मंजुल सहयोग। 'भाषा-संरचन' और 'भाषा-संघटन' शब्दों में अर्थ की अभिन्नता और उनकी व्युत्पत्तियों पर गहरा और पाण्डित्यपूर्ण प्रकाश डालते हुए प्रसिद्ध भाषा शास्त्री **डॉ० रत्न चन्द्र शर्मा**[3] लिखते हैं कि सम् पूर्वक (प्रतियत्ने) से भावार्थ में ल्युट् प्रत्यय जोड़ने पर 'संरचन' शब्द बनता है और सम् पूर्वक घट् (संघाते, भाषार्थे) से भावार्थ में ल्युट् प्रत्यय जोड़ने पर 'संघटन' शब्द बनता है। 'संरचना' और 'संघटन' से स्त्रीलिंग में 'आ' प्रत्यय जोड़ने पर क्रमश: 'संरचन' और संघटना' शब्द बनते हैं। इस प्रकार व्युत्पत्ति की दृष्टि से 'संरचन' अथवा 'संरचना' का अर्थ है—निर्माण संबंधी प्रति यत्न और 'भाषा' संरचना का अर्थ है—'भाषा-निर्माण संबंधी प्रतियत्न'। 'संघटन' अथवा 'संघटना' का अर्थ है—'घटकों के आधार पर निर्माण करना' और 'भाषा-संघटना' का अर्थ है—'घटकों के आधार पर भाषा की योजना'। "पद संघटना रीति" कहकर **आचार्य वामन** (800 ई०) ने पदों की योजना अथवा व्यवस्था को ही रीति माना है। इस प्रकार 'संरचना' और 'संघटना' शब्द लगभग समानार्थक हैं। अत: हम उक्त आधार पर कह सकते हैं कि "भाषा यादृच्छिक वाचिक प्रतीकों की वह संघटना है, जिसके माध्यम से एक मानव समुदाय परस्पर व्यवहार करता है" अथवा "भाषा यादृच्छिक ध्वनि प्रतीकों की वह सार्थक संरचना है, जिसके माध्यम से किसी समाज अथवा वर्ग-विशेष के मानव परस्पर भावों एवं विचारों को अभिव्यक्त करते हैं।

भाषा संरचना और घटकों का अंत: संबंध—"घट् + णिच् + ण्वुल" से बने 'घटक' शब्द के कई अर्थ होते हैं, यथा, वह वस्तु जिसके मेल से कोई पदार्थ बना हो, अवयव-भूत,

---

1. **Language—Otto Jespersen, P. 26**
2. **सामान्य भाषा-विज्ञान—डॉ० बाबूराम सक्सेना, पृष्ठ 141**
3. **भाषा-विज्ञान और मानक हिन्दी—डॉ० रत्नचन्द्र शर्मा, पृष्ठ 141**

उपादान, वस्तु, वे अंग, दल या हिस्से, जिनके मेल से कोई यौगिक वस्तु या संयुक्त दल बना हो। जाहिर है, जब कई तत्त्व या वस्तुएँ मिलकर भाषा का स्वरूप और चरित्र गढ़ती हैं, तब उन्हें 'भाषा का घटक' कहते हैं। ध्वनि, वाक्य, शब्द और अर्थ आदि ऐसे तत्त्व या घटक हैं, जिनका भाषा में किसी-न-किसी पड़ाव पर अन्त:संबंध हैं। भाषा का सुन्दर ठाट रचने में ये तत्त्व या घटक सहायक होते हैं। उदाहरण के लिए ध्वनि, भाषा का भौतिक आधार है। ध्वनि से ही भाषा की शुरुआत होती है। ध्वनि के अभाव में भाषा का रूप निर्मित नहीं हो सकता। साफ शब्दों में ध्वनि और भाषा का घनिष्ठ संबंध होता है। हम जानते हैं, भाषा वाक्यों का समूह है, वाक्य शब्दों के समूह हैं—(A sentence is a group of words)। शब्द, ध्वनियों या ध्वनि-संकेतों (Sound Symbol) से जन्मते हैं। ध्वनि-संकेतों अथवा वर्णों के परिवर्तन का सीधा असर भाषा पर भी पड़ता है। ध्वनि-परिवर्तन के साथ भाषा भी अपना कलेवर बदल देती है। ध्वनि-परिवर्तन के अनेक भेद हैं, यथा—वर्ण लोप (Elision), वर्णागम (Insertion) तथा वर्ण-विपयर्य (Metathesis) आदि। कतिपय उदाहरणों से इन्हें इस प्रकार समझा जा सकता है, जैसे—आदि स्वर लोप—अहाता से हाता, अभ्यंतर से भीतर, आदि स्वर आगम (Prothesis) जैसे—स्नान से अस्नान, स्त्री से ईस्त्री।

ठीक इसी तरह, भाषा-संरचना में वाक्य भी महत्त्वपूर्ण घटक है। वाक्य भाषा की सबसे छोटी इकाई है, फिर भी भाषा में उसकी स्वाभाविक सत्ता होती है। वाक्य रचना की दृष्टि से संस्कृत सर्वथा स्वतंत्र भाषा है। वाक्य में कोई भी पद कहीं भी रख दिया जाय, अर्थ का स्वास्थ्य खराब नहीं होता। पालि, प्राकृत तथा कुछ समय तक अपभ्रंश भी उस स्वभाव की थी, किन्तु हिन्दी भाषा का स्वभाव उक्त भाषाओं से भिन्न है। यहाँ पदक्रम का अति महत्त्व है। यदि यहाँ पर पदक्रम का ध्यान न रखा जाय तो अर्थ विकारग्रस्त तो हो ही जाएगा, भाषा का चेहरा भी दगीला हो जाएगा। इधर, शब्दों का भी अंत:संबंध भाषा में है। हम जानते हैं, ध्वनियों के मेल से ही शब्द जन्मते हैं। ध्वनियों में हुआ परिवर्तन शब्दों को भी परिवर्तित कर देता है। अत: ध्वनिपरिवर्तन से जिस प्रकार भाषा का कलेवर बदल जाता है, ठीक उसी प्रकार शब्दों के परिवर्तन से भी भाषा पर असर पड़ता है, भाषा परिवर्तित हो जाती है। उदाहरणार्थ—प्रारंभ में मातृ-पितृ और भातृ शब्द परिवर्तित होकर माता, पिता और भ्राता (प्रथमा, एकवचन) के रूप में व्यवहृत होने लगे। कालान्तर में उक्त शब्दों में पुन: बदलाव हुआ और उन्होंने अपना स्वरूप बदलकर—माँ, पिओ (बाप) और माई कर लिया। परिवर्तन ने तो कुछ शब्दों का स्वरूप इतना अधिक बदल दिया है कि उनके उत्स तक पहुँचना सरल नहीं है, यथा—बन्द्योपाध्याय से बनर्जी, चटोपाध्याय से चटर्जी, उपाध्याय से झा, भातृजया से भौजी, मातृष्वसा से मौसी आदि। अत: स्पष्ट है, शब्दों का परिवर्तन भाषा को अपने परिवर्तन की गिरफ्त में ले लेता है।

भाषिक-संरचना का अर्थ से गहरा रिश्ता है। अर्थ के अभाव में शब्द और भाषा—दोनों महत्त्वहीन हैं। इन दोनों की कोई कल्पना नहीं हो सकती। संसार की शायद कोई भी ऐसी भाषा नहीं होगी, जिसमें अर्थ-परिवर्तन न होते रहते हों। यह अर्थ-परिवर्तन ही भाषा-परिवर्तन की दिशा, भाषा की नई संरचना और नए बन रहे स्वरूप में महत्त्वपूर्ण कारक सिद्ध होता है। कोई भी राष्ट्र किसी भी काल में, जिस अर्थ में प्रयुक्त होता रहा है, वही बाद में दूसरे अर्थ में प्रयुक्त होने लगता है। अर्थ-परिवर्तन कहीं मूल अर्थ को विस्तृत कर देता है, तो कहीं मूल अर्थ को संकुचित कर देता है। जाहिर है, ऐसी स्थिति में अर्थ भी एक महत्त्वपूर्ण

घटक के रूप में भाषा की संरचना और नई सकल गढ़ने में अन्य घटकों की तरह महत्त्वपूर्ण भूमिका निभाता है।

(2) भाषा-संरचना के स्तर

(अ) स्वन (ध्वनि) स्तर—स्वन का दूसरा नाम ध्वनि है। यह ध्वनि ही किसी भी भाषा की मूल जमीन होती है। किसी भी भाषा की प्रारंभिक संरचनात्मक स्तर की बुनियाद होती है। हम सभी जानते हैं, भाषा वाक्यों का समूह होती है। ठीक इसी तरह, वाक्य शब्दों का समूह होता है और शब्द-ध्वनियों का समूह होता है। इस प्रकार भाषा-संरचना के स्तर पर सार्थक ध्वनि-समूह शब्दों का आकार ग्रहण करते हैं और शब्द रूप वाक्यों में तब्दील होकर भाषा की आकृति ओढ़ते हैं। इस प्रकार भाषा की संयोजना, उसके निर्माण या संरचना के स्तर पर ध्वनि महत्त्वपूर्ण भूमिका में जीती है। कुछ लोग मोटे तौर पर ध्वनि का अर्थ फ़कत स्वर और व्यंजन ही मानते हैं, किन्तु हमें यहाँ ध्यान रखना चाहिए कि भाषा को मुकम्मल रूप धारण करवाने या उसकी संरचनात्मक निर्मित में केवल स्वर और व्यंजन ही काम नहीं करते, बल्कि इनके साथ-साथ मात्रा, सुर और बलाघात भी सहायक होते हैं।

(ब) वाक्य स्तर—विद्वानों ने अभिव्यक्ति के तीन स्तर स्वीकार किए हैं—वाक्य, (रूपग्राम) और स्वनिम (ध्वनिग्राम)। इस प्रकार भाषिक-संरचनात्मक स्तर पर भाषा के चार मुख्य अंग या तत्त्व—ध्वनि एवं ध्वनिग्राम या स्वनिम, रूप या पद रूप अथवा रूप ग्राम, वाक्य तथा अर्थ—स्वीकार किए जाते हैं। महर्षि पंतजलि ने महाभाष्य में ''आख्यातं साव्ययकारकविशेषणं वाक्यम्'' कहकर क्रिया, अव्यय, कारक और विशेषण के समूह को वाक्य माना है। यह वाक्य ही संरचनात्मक स्तर पर भाषा का महत्त्वपूर्ण तत्त्व सिद्ध होता है। भाषा का मुख्य कार्य विचारों का प्रकाशन होता है और यह कार्य वाक्यों द्वारा ही संभव हो पाता है। इसलिए भाषा-संरचना के स्तर पर वाक्य को बहुत महत्त्वपूर्ण माना जाता है। यह वाक्य आकांक्षा, योग्यता और आसत्ति नामक तीन गुणों से संपृक्त हो किसी भी भाषा को ठोस संरचनात्मक स्तर और हैसियत प्रदान करता है।

(स) पद स्तर—पद उस ध्वनि समूह को कहते हैं जिसका वाक्य में भाषा की परंपरा के अनुसार संबंध तत्त्व, अर्थ तत्त्व अथवा उन दोनों के अर्थ का बोध कराने के लिए प्रयोग होता है। पद-रचना में विभिन्न व्याकरणिक कोटियाँ यथा—लिंग, वचन, काल, पुरुष, कारक, वाच्य आदि संबंध तत्त्व के रूप में काम करती हैं। पदों की रचना में लिंग का महत्त्वपूर्ण योगदान होता है। वचन भी पदों की रचना में प्रभावी योगदान करते हैं। वचन से शब्दों या पदों की संख्या—भेद का ज्ञान होता है। पदों के विविध रूपों की रचना वचन के ही आधार पर होती है। पदों के निर्माण में पुरुष भी सक्रिय भूमिका निभाता है। इधर, कारकों या विभक्ति चिन्हों का योग पद-रचना में सबसे अधिक माना जाता है। जिस प्रकार संज्ञा और सर्वनाम की पद-रचना में कारकों की बहुत अधिक भूमिका होती है, ठीक उसी तरह क्रिया पद के रचाव में काल भी काफी सहयोग करता है। क्रिया पद में कारक की प्रधानता को इंगित करने वाला व्याकरणिक साधन वाच्य है। कुल मिलाकर यह कि जिस प्रकार पद-निर्माण में उक्त व्याकरणिक कोटियाँ सहायक होती हैं, ठीक उसी तरह भाषा-संरचना के स्तर पर वाक्य भी सहायक होता है।

(द) शब्द स्तर—सार्थकता की दृष्टि से शब्द भाषा की लघुतम इकाई माना जाता है। विद्वान् बताते हैं कि वाक्य में प्रयुक्त हो सकने की क्षमता प्राप्त कर लेने पर शब्द ही पद का

रूप ओढ़ लेता है। इतना ही नहीं, वाक्य में प्रयुक्त होकर वही शब्द भाव बोध और अर्थ बोध की ताकत से लैस हो जाता है। आचार्य पाणिनि ने इसके लिए बहुत पहले ही ''सुप्तिडन्त पदम्'' कहा है। महर्षि पंतजलि कहते हैं कि ''अर्थ गत्यर्थ: शब्द प्रयोग:'' अर्थात् शब्द का प्रयोग अर्थ को व्यक्त करने के लिए किया जाता है। कहते हैं, सार्थक ध्वनि-समूह जब 'रूप' बनता है, तो उसे 'शब्द' की संज्ञा से भी सुशोभित किया जाता है। यह 'रूप' भाषा की अर्थपूर्ण लघुतम इकाई होता है। अत: जिस प्रकार स्वन, वाक्य और पद आदि भाषा की संरचनात्मकता में सहायक सिद्ध होता है, शब्द भी इस संदर्भ में उसी भूमिका में जीता है।

(3) स्वनिम सम्बन्धी समस्यायें

(क) ऑ की स्वनिमिक स्थिति—संस्कृत वैयाकरणों के मत से इसका उच्चारण स्थान कंठ, आभ्यन्तर प्रयत्न, विवृत्त तथा बाह्य प्रयत्न, उदात्त, अनुदात्त और स्वरित हैं। यह दीर्घ 'आ' उदात्त, अनुदात्त और स्वरित के अनुनासिक तथा अननुनासिक होने से छ: प्रकार का होता है। आधुनिक भाषा शास्त्रियों के मत से यह विवृत्त पश्च स्वर है। उनके मत से इसके उच्चारण में ह्रस्व अ की अपेक्षा दूना समय या दो मात्राओं जितना काल ही नहीं लगता, बल्कि उससे इसके उच्चारण स्थान में भी कुछ भेद है। **बाबू श्याम सुन्दर दास** और **डॉ० धीरेन्द्र वर्मा** दोनों के ही मत से यह प्रधान स्वर आ से बहुत मिलता-जुलता है। ह्रस्व अ के उच्चारण में जीभ बीच में रहती है और दीर्घ आ के उच्चारण में पीछे। डॉ० धीरेन्द्र वर्मा के शब्दों में जीभ के नीचे रहने पर भी उसका पिछला भाग कुछ अन्दर की तरफ ऊपर उठ जाता है। होंठ बिलकुल गोल नहीं किए जाते, पर ह्रस्व अ की अपेक्षा कुछ खुल अवश्य जाते हैं। इस ध्वनि का उच्चारण आदमी, काला, स्थान, बादाम आदि में देखा जा सकता है।[1]

म्ह की स्वनिमिक स्थिति—कुछ विद्वान 'म्ह', 'न्ह' तथा 'ल्ह' ध्वनियों को हिन्दी की व्यंजनात्मक ध्वनियों में गिनते हैं, किन्तु **डॉ० रत्नचन्द्र शर्मा**[2] कहते हैं कि वस्तुत: ये ध्वनियाँ स्वतंत्र ध्वनियाँ न होकर संयुक्त व्यंजन ध्वनियाँ हैं और यदि 'क्ष', 'त्र', 'ज्ञ' ध्वनियों को, जिन्हें प्राचीन आचार्यों ने स्वतंत्र स्वनिमों के रूप में स्वीकार किया है, स्वतंत्र व्यंजन नहीं माना जाता है, तो इन्हें भी कैसे माना जा सकता है? इधर, **डॉ० धीरेन्द्र वर्मा** के अनुसार 'म्ह' महाप्राण, घोष, ओष्ठ्य, अनुनासिक व्यंजन है। **डॉ० बाबू राम सक्सेना**[3] इसे संयुक्त व्यंजन मानते हैं, किन्तु डॉ० वर्मा मूल महाप्राण व्यंजन मानते हैं। **डॉ० राजेन्द्र द्विवेदी**[4] का विचार है कि इसकी पुष्टि छंदशास्त्र से होती है। इसका उच्चारण संयुक्ताक्षर की भाँति नहीं होता और पूर्ववर्ती लघुवर्ण दीर्घ नहीं हो जाता। इसका प्रयोग तद्भव शब्दों में ही होता है।

न्ह की स्वनिमिक स्थिति—डॉ वर्मा के अनुसार यह महाप्राण, घोष, वर्त्स्य अनुनासिक व्यंजन है। **डॉ० सक्सेना** इसे संयुक्त व्यंजन नहीं मानते, बल्कि मूल महाप्राण व्यंजन मानते हैं। छंदशास्त्र में भी इसका उच्चारण संयुक्ताक्षर जैसा नहीं माना जाता और तदनुसार इसके पहले का वर्ण दीर्घ नहीं होता। इसका प्रयोग तद्भव शब्दों में ही होता है, जैसे—जिन्होंने, कन्हैया आदि।

---

1. **भाषाशास्त्र का पारिभाषिक शब्दकोश—डॉ० राजेन्द्र द्विवेदी से साभार, आत्मा राम एण्ड संस, दिल्ली, मू० 10 रु० 1963 ई०**
2. **भाषा विज्ञान और मानक हिन्दी—डॉ० रत्नचन्द्र शर्मा, पृष्ठ 181, सूर्य प्रकाशन-दिल्ली**
3. **सामान्य भाषा विज्ञान—डॉ० बाबू राम सक्सेना, पृष्ठ 14**
4. **भाषाशास्त्र का पारिभाषिक शब्दकोश—डॉ० राजेन्द्र द्विवेदी, पृष्ठ 215**

ल्ह की स्वनिमिक स्थिति—यह ल् का महाप्राण रूप है। एक विद्वान् **डॉ० कादरी** के अनुसार यह भी न्ह, म्ह की भाँति मूल महाप्राण स्वर है। **डॉ० वर्मा** का कहना है कि हिन्दी की बोलियों में इसका प्रयोग बराबर मिलता है, यथा—ब्रज-काल्हि, हिन्दी-कल।

ङ की स्वनिमिक स्थिति—संस्कृत वैयाकरणों के मत से इसका उच्चारण स्थान कंठ, आभ्यन्तर प्रयत्न, स्पृष्ट तथा बाह्य प्रयत्न, अल्पप्राण, संवार, नाद और घोष हैं। **डॉ० वर्मा** के अनुसार ङ का उच्चारण जीभ के पिछले भाग को कोमल तालु से छुआकर होता है। कोमल तालु कौआ के साथ नीचे झुक जाता है और वायु नासिका विवर में पहुँचकर अनुनासिक ध्वनि (गूँज) पैदा करती है। सभी अनुनासिक व्यंजनों में उसी प्रकार गूँज पैदा होती है। **बाबू श्यामसुन्दर दास**[1] के अनुसार यह घोष, अल्पप्राण, कंठ्य अनुनासिक स्पर्श ध्वनि है। हिन्दी में आज इसका प्रयोग केवल अनुस्वार के परसवर्ण में परिणत होने में ही दिखाई देता है, यथा—पाणिनि के सूत्र "अनुस्वारस्य ययि परसवर्णः", किन्तु अब यहाँ भी यह अप्रचलित हो चला है। लोग अनुस्वार मात्र से काम चलाने लगे हैं। स्वर सहित या शब्दों के आदि या अन्त में किसी भी स्थान पर अब इसका प्रयोग नहीं होता, यथा—अङ्क (अंक), गङ्गा (गंगा)।[2]

(ख) (1) महाप्राण—प्राण का अर्थ है—वायु। ध्वनियों के उच्चारण में वायु का प्रयोग होता है। कहीं अल्प तो कहीं ज्यादा। जब अल्प वायु का प्रयोग हो तो वहाँ 'अल्प प्राण' होता है, किन्तु जब अल्प प्राण की तुलना में ध्वनियों के उच्चारण में वायु का बहुल मात्रा में प्रयोग हो तो वहाँ 'महाप्राण' होता है। "वर्गाणां द्वितीय चतुर्थे, शलश्च, महाप्राणः" अर्थात् प्रत्येक वर्ग के द्वितीय और चतुर्थ वर्ग—खघ, छझ, ठढ, थध, फभ तथा श, ष, स, ह महाप्राण हैं।

महाभाष्य में अल्पप्राणता—महाप्रणता को भी बाह्य प्रयत्न माना गया है—"सन्ति ह्यास्ट बाह्याः...के पुनस्ते? विवार, संवारौ, श्वासनादौ, घोषवद, घोषवत्ता, अल्पप्राणता महाप्राणेतेति तुलास्यप्रयन सवर्णम्" (1.1.9) पाश्चात्य विद्वान् **जोन्स** केवल स्पर्श वर्णों में ही अल्पप्राणता-महाप्राणता मानते हैं और इसे सोष्मता-अनूष्यता कहते हैं। उनकी दृष्टि में एक ही ध्वनि तत्त्व (Phoneme) के दो रूप हैं—सोष्मरूप (Aspirated) है—'ख' तथा अनूष्म रूप (Unaspirated) है—'क'—"Southern English when followed by a stressed vowel as in pardon, payment, it is pronounced with considerable force and a noticeable puff of breath or aspiration of the p and before the begining of the vowel. The pronounciation might be shown this ph d : du ph eminent...They are members of the same phoneme...When we pronounce a voiceless plossive l, g, p by itself it it is generally followed by a short breathed sound which may be represented by h thus p. h." अंग्रेजी में जिन वर्णों के साथ H (एच) जोड़ दिया जाता है, वे महाप्राण की श्रेणी में आ जाते हैं, यथा—k+h (ख), g+h (घ), j+h (झ) आदि।

(2) व्यंजन—स्वर तथा व्यंजन-ध्वनियों के दो भाग हैं। जिस ध्वनि के उच्चारण के लिए स्वर वर्ण की सहायता लेनी पड़ती है उसे 'व्यंजन' कहते हैं। महर्षि पतंजलि ने

---

1. **भाषा रहस्य—डॉ० श्याम सुन्दर दास, पृष्ठ 55**
2. **भाषाशास्त्र का पारिभाषिक शब्दकोश—डॉ० राजेन्द्र द्विवेदी, पृष्ठ 36 से साभार**

महाभाष्य में स्वर तथा व्यंजन के लिए कहा है, "स्वयं राजन्ते इतिस्वराः अन्वग् भवति व्यंजनमिति" अर्थात् स्वर स्वयं शोभा पाते हैं, जबकि व्यंजन स्वर का अनुकरण करता है। सभी व्यंजन अक्षर के ही अंग होते हैं—"अनुस्वारो व्यंजनं चाक्षराङ्गाम।" व्यंजन के लिए विद्वानों ने कहा है कि, "The consonants are termed" Vyanjana." The word is derived from Vi-any to manifest and means that which is manifested."

पतंजलि व्यंजन का अर्थ इस प्रकार समझाते हैं—"अज्जेरञ्जनम् च प्रकाशनम्। "अङ्क्तेक्षिणी" इक्युच्यते यत्रत सितं चासितं चैतत प्रकाश्यति तथाऽञ्जेर्व्यञ्जनम्। व्यंजनं च प्रकाशनम्। यत्रत स्नेहेन मधुरेण च डक्रीकृतानामिन्द्रियाणाम् स्वस्मिन्नात्मनि व्यवस्थापनं स रागस्त द्वाञ्जनम्। अन्वर्थं खल्वपिनिर्वचनम् "व्यञ्जतेऽनेनेति व्यञ्जनम्" इति।" इस परिभाषा के आधार पर हम इस निष्कर्ष पर पहुँचते हैं कि स्वर बिना किसी सहायता के उच्चरित होकर अक्षर बना रह सकता है, किन्तु व्यंजन के उच्चारण के लिए स्वर के बैसाखी की आवश्यकता पड़ती है। स्वर के अभाव में व्यंजन 'शब्द' भी नहीं बना रह सकता।

बहरहाल, यह परिभाषा तो प्राचीनों की थी, किन्तु आज के भाषा-वैज्ञानिक उक्त पुरानी-बासी परिभाषाओं को नकारते हुए उसमें अपना कुछ सतर्क संशोधन प्रस्तुत करते हैं। इनका कहना है कि व्यंजनों का भी सामान्यतः स्वतंत्र उच्चारण संभव है, जैसे—स्, श, ल आदि अथवा कभी-कभी कात्स्र्यन, धार्ष्टय, ताक्ष्र्य आदि ध्वनि-समूहों में स्वरों की अपेक्षा नहीं होती। यही कारण है कि स्वर तथा व्यंजन को वे इस रूप में व्याख्यायित करते हैं। वस्तुतः स्वर वह ध्वनि है जिसके उत्पादन में मुख-विवर खुला रहता है, जिससे श्वास वायु बिना रुकावट के बाहर निकल जाती है तथा व्यंजन वह ध्वनि है, जिसके उत्पादन में श्वास वायु के निःसरण में किसी-न-किसी प्रकार का गतिरोध पैदा किया जाता है, यथा—"A sound produced with a vibration of the vocal cords by the unobstructed passage of air through the oral cavity.[1] A sound produced by an unobstructed or blocking or some other restriction of the free passage of the air, exhaled from the lungs thorogh the oral cavity."[2] पाश्चात्य भाषाशास्त्री **डोनियल जोन्स** कहते हैं कि व्यंजन ध्वनियों के उच्चारण में निःश्वास कहीं-न-कहीं बाधित होती है...there being no obstruction and no narrowing such as cause audible friction—All other sounds (in normal speech) are called consonants."[3] कुल मिलाकर **डोनियल जोन्स** स्वर और व्यंजन के बीच मुख्य अंतरआपेक्षिक दूरतर श्रव्यता का मानते हैं। वे कहते हैं कि व्यंजनों में भी घोषवान, घोषहीन से अधिक महत्त्वपूर्ण होते हैं। घोषहीन व्यंजन घोषवानों की तुलना में महत्त्वहीन हैं। घोषवानों में भी अनुनासिक (न, म आदि) व्यंजन तथा ल शेष से महत्त्वपूर्ण हैं—"Some sounds are more sonorous than other, that is to say they carry better or can be heared at a greater distance when pronounced with the same length, stress and voice-pitch. Thus the sound a pronounced in the normal manner can be heard at a much greater distance than the sound P of the found F pronounced in the normal manner xxx. The voiceless

1. **Dictionary of Linguistics_P. 229**
2. **Dictionary of Linguistics_P. 229**
3. **An out line of English Phonetics—D. Jones, P. 103**

consonants have very little prominence in comparison with the voiced sounds."[1]

(3) नासिक्य या अनुनासिक—प्रयत्न के आधार पर किया गया व्यंजन ध्वनियों का यह एक भेद है। उसे अंग्रेजी में Nassals कहते हैं। हिन्दी में इसे नासिका के अतिरिक्त अनुनासिक भी कहते हैं। जिन व्यंजनों के उच्चारण में निर्गत वायु को मुख विवर के साथ-साथ नासिका-विवर से भी गुजरना पड़ता है, उन्हें नासिका या अनुनासिक व्यंजन कहते हैं। ङ्, ञ्, ण्, न तथा म् इसी कोटि में आते हैं। **डॉ० भोलानाथ तिवारी**[2] कहते हैं कि संस्कृत व्याकरणों में नासिकों की गणना स्पर्शों में हुई है, किन्तु वस्तुतः इनमें हवा का निकलना अवरुद्ध नहीं होता। हाँ, हवा न रुकने के कारण इन्हें अवरुद्ध, सप्रवाह या अव्याहत (continuant या durative) अवश्य कहा जा सकता है। अनुनासिक के लिए अन्यत्र कहा गया है—"Anunasika literally means a companied by a nose sound, pronounced through the nose and like anusvara etc. appears to be a learned scholarly word created by grammarians or phoneticians. The term 'anunasika is used in the sense of (i) the nasal mutes and anusvara as also in that of (ii) the nationalization of vowels or semivowels." पाणिनि शिक्षा में अनुनासिक के लिए कहा गया है,

''यथा सौराष्ट्रिका नारी तक्रं इत्यभिभाषते।
एवं ङ्गाः प्रयोक्तव्याः खेअरा इव खेदया॥''

उच्चारण स्थान के विषय में कहा गया है—

''नासिक्ये नासिका स्थानं तथानुस्वार उच्यते।
यमा वर्गोत्तमाश्चापि यथोक्तं चैव ते मताः॥''

(4) अनुस्वार—अनु = पीछे, स्वर अर्थात् जिस ध्वनि की स्थिति सदा स्वर के पीछे रहती है, उसे अनुस्वार कहते हैं। यह विशुद्ध नासिका ध्वनि है। इसके लिए कुछ संस्कृत वैयाकरणों ने 'अव', 'लव', 'मु', 'विष्णुचक्र' तथा 'बिन्दु' आदि नामों का भी प्रयोग किया है। अनुस्वार की प्रकृति के सम्बन्ध में विवाद है। ऋग्वेद प्रातिशाख्य इसे स्वर भी मानता है और व्यंजन भी, यथा—''अनुस्वारो व्यंजनं वा स्वरो वा।'' **वैदिकाभरणकार** इसे व्यंजन मानते हैं। **चतुराध्यायिका** में इसे स्वर माना गया है, किन्तु हिन्दी आदि भाषाओं में अनुस्वार का आधुनिक प्रयोग व्यंजन रूप में होता है। यह पंचम अनुनासिकों के स्थान पर प्रयुक्त होता है, यथा—गंगा, चंचल, पंडा, बंद, पंप आदि। इसका स्वतंत्र या शब्दारंभ में प्रयोग नहीं हो सकता। संस्कृत में इसका प्रयोग—क वर्ग, च वर्ग, ट वर्ग, त वर्ग, प वर्ग आदि के साथ न होकर केवल संघर्षी या 'ह' आदि के साथ होता था, यथा—अंश, संहार। शब्दान्त में म् के लिए भी यह आता था, यथा—राम।

(5) अनुनासिकता—यह ध्वनि-परिवर्तन का एक रूप माना जा सकता है। सामान्य ध्वनियों को अनुनासिक कर देने की प्रवृत्ति या यह भी कह सकते हैं कि किसी ध्वनि का

---

1. **An out line of English Phonetics—D. Jones, Chapter 6, P. 110**
2. **भाषा-विज्ञान कोश—डॉ० भोलानाथ तिवारी, पृष्ठ 17, ज्ञानमंडल लि० वाराणसी, 1987**

अनुनासिक होना या नाक की सहायता से से उच्चरित होना ही अनुनासिकता है। कुछ लोग इस प्रकार की ध्वनियों को खण्डेतर ध्वनि के भीतर रखना उचित समझते हैं।

(6) अ-लोप की समस्या—भट्टोजिदीक्षित आदि संस्कृत विद्वानों के अनुसार इसका उच्चारण स्थानकंठ, आभ्यान्तर प्रयत्न, विवृत्त तथा बाह्य प्रयत्न उदात्त, अनुदात्त और स्वरित हैं। **श्याम सुन्दर दास** इसे ह्रस्व, अर्द्ध विवृत्त, मिश्र स्वर मानते हैं। **धीरेन्द्र वर्मा** इसे अर्द्ध विवृत्त मध्य स्वर मानते हैं। हिन्दी में 'अ' स्वर यद्यपि नैसर्गिक रूप से प्रत्येक व्यंजन में चिपका होता है, यथा—'जलज' शब्द में 'ज् + अ + ल् + अ + ज + अ। किन्तु हिन्दी के मानकीकृत रूप में अनेक व्यंजनों में लिखित रूप में रहने के बावजूद इसका उच्चारण नहीं होता। 'अ' का यह लोप 'मध्य' तथा अंत में ही प्राय: दिखाई देता है, यथा—''आप क्या खाएँगे'' में 'आप' के 'प' में 'अ' रहने के बाद भी इसका उच्चारण 'प' के ही रूप में होता है। दरअसल, शब्द के शब्दांश के अंत में आने वाले 'अ' और उसके आरंभ या मध्य में आने वाले 'अ' के उच्चारण में कुछ अंतर रहता है। उदाहरण के लिए—'अगर', 'कमल', 'पुष्प' में 'अगर' में 'अ' और 'ग' में और 'अमल' में 'अ', 'कमल' में 'क' और 'अ' का उच्चारण होता है, किन्तु 'र' और 'ल' में 'अ' का उच्चारण नहीं होता, बल्कि ये हलन्त 'र' और 'ल' से उच्चरित होते हैं। परन्तु **कामता प्रसाद गुरु**[1] ने इस नियम के अपवाद भी बताए हैं। **डॉ० धीरेन्द्र वर्मा** के मत से उपर्युक्त 'अगर' और 'कमल' में 'ग' और 'म' के 'अ' बन्द 'अ' हैं और 'अ' और 'क' के खुले 'अ'।

(7) सुरलहर—इसे अंग्रेजी में Intonation कहते हैं। शब्द या वाक्य में सुरों के आरोह-अवरोह का क्रम ही सुर-लहर है। यहाँ एक बात विशेष ध्यान देने की है। प्राय: यह समझा जाता है कि जब हम बोलते हैं तो अथ से इति तक सुरलहर रहती है। इसी धारणा के आधार पर भाषा-विज्ञान के विद्वान् भी रेखाओं आदि के द्वारा पूरे शब्द या वाक्य के सुर-लहर का निर्देश करते हैं। व्यावहारिक दृष्टि से ठीक होने पर भी वैज्ञानिक दृष्टि से यह ठीक नहीं है। वस्तुत: सुरलहर केवल घोषध्वनियों में संभव है, किन्तु बोलने में अघोषध्वनियों का भी प्रयोग करते हैं। उसका आशय यह है कि शब्द या वाक्य में जहाँ जहाँ-अघोष ध्वनि होगी, वहाँ-वहाँ 'सुर-लहर' न होगी, किन्तु ऐसे स्थल अधिक नहीं होते। औसतन भाषा में अघोष ध्वनियाँ लगभग 21 प्रतिशत तथा घोष ध्वनियाँ लगभग 79 प्रतिशत होती हैं।

सुर-लहर के मोटे रूप से दो भेद किए जा सकते हैं—(1) शब्द सुर-लहर तथा (2) वाक्य सुर-लहर। तान भाषाओं में शब्द सुर-लहर और वाक्य सुर-लहर दोनों ही सार्थक होती है, किन्तु अतान या अन्य भाषाओं में केवल वाक्य सुर-लहर। कभी-कभी हिन्दी आदि अतान भाषाओं में (non-torrelanguage) में भी एक शब्द विशिष्ट सुर-लहरों में भी अलग-अलग अर्थ देता है। उदाहरणार्थ—'राम' को यदि विभिन्न सुरलहरों में कहें तो (1) सामान्य, (2) राम, यहाँ आओ, (3) क्या राम, तथा (4) अरे राम! आदि अर्थ होंगे। सुर-लहर का अंकन सुर-अंकन के आधार पर ही होता है। विभिन्न सुरों को एक साथ रखने से सुरलहर इस प्रकार हो जाएगी, जैसे—[ )...( ]। तान ग्राम (toneme) तथा तान ग्राम विज्ञान (tonetics), रूपग्राम (morpheme) तथा रूपग्राम विज्ञान (morphenics); ध्वनि ग्राम (phoneme) तथा

---

1. **हिन्दी-व्याकरण—कामता प्रसाद गुरु, पृष्ठ 103, नागरी प्रचारिणी सभा, काशी**

ध्वनि ग्राम विज्ञान (phonemics) या लिपि ग्राम (grapheme) और लिपि ग्राम विज्ञान (graphemics) की तरह ही तान ग्राम तथा तान ग्राम विज्ञान भी हैं। तान ग्राम विज्ञान में भाषाओं के 'सुर' का विशेषतः अर्थ भेदक तान या सुरलहर के विवरण आदि की दृष्टि से अध्ययन किया जाता है।[1]

(8) संधि—दो अक्षरों के पास-पास आकर मिलने से जो ध्वनि-परिवर्तन होता है, उसे संधि कहते हैं—'धा' (रखना, धारण करना) धातु से 'सम' (एक स्थान पर) उपसर्ग लगाने से 'संधि' शब्द बनता है और इसका अर्थ होता है—योग, जोड़, मिलाना या मेल आदि। साफ शब्दों में, व्याकरण में दो पास-पास की ध्वनियों का मिलना ही संधि है। ऋग्वेद में इसका प्रयोग 'जोड़', 'योग' या 'मिलने' के अर्थ में मिलता है। दक्षिण भारतीय हिन्दी-संस्कृत के विद्वान् **प्रो० ना० नागप्पा**[2] कहते हैं कि, "When two words, one word and one suffix or one prefix and one word, are joined togather there will be sound change in pronounciation. This sound change makes the pronounciation easier. Such a sound, change is known as Sandhi. Sandhi means coming together.

संधि के लिए ऋग्वेद प्रातिशाख्य में तथा अन्यत्र भी सन्धान शब्द का प्रयोग मिलता है, किन्तु हिन्दी में आज इसका साधारण अर्थ है—मेल। संधि के विषय में नियम है—

''संहितैकपदे नित्या नित्या धातूपर्सगयोः।
नित्या समासे वाक्ये तु सा विवक्षामपेक्षते॥''

अर्थात् एक पद के भिन्न-भिन्न अवयवों में धातु और उपसर्ग में तथा समास में सन्धि अवश्य करना चाहिए, वाक्य के अलग-अलग शब्दों के बीच में संधि करना न करना वक्ता की इच्छा पर निर्भर है। अंग्रेजी के एक विद्वान् संधि के स्वरूप, उसके प्रथम प्रयोग आदि पर चर्चा करते हुए लिखते हैं कि—"Sandhi is also a good old word going back to R. V. in the sense of joint but it is found from the old Pratisakhyas down words in the sense of the 'modifications' caused be the juxtaposition of letters, In R. P. Sandhi is used in the sense of mere juxtaposition of letters also. The Yajuavalkya Siksa (याज्ञवल्क्य शिक्षा) however distinctly says that Sandhi has four varieties—elision, augment, change and the retention of the original form" सन्धिश्चतुर्विधी भवति लोपागम विकारा : प्रकृतभावश्चेति।'' संधियाँ लोप, आगम, विकार, प्रकृतिभाव का या मिश्र कार्य करती हैं। सामान्यतः संस्कृत तथा हिन्दी आदि में संधियाँ तीन प्रकार की होती हैं—(1) अच् संधि या स्वर संधि, (2) हलॅ संधि या व्यंजन संधि तथा (3) विसर्ग संधि या विसर्जनीय संधि।

हर भाषा में ध्वनियों के उच्चारण स्थान तथा प्रयत्न आदि के आधार पर संधि के नियम अलग-अलग होते हैं। संधि वस्तुतः सहज रूप में बोलने में दो ध्वनियों के मिलने से उद्‌भूत ध्वनि-परिवर्तन है और यह हर भाषा में अलग-अलग होता है। संस्कृत की संधियों के नियम

---

1. **भाषा-विज्ञान कोश—डॉ० भोलानाथ तिवारी, पृष्ठ 19**
2. **अभिनव हिन्दी-व्याकरण—प्रो० ना० नागप्पा, पृष्ठ 89**

हिन्दी पर लागू कर दिए जाते हैं, किन्तु वैज्ञानिक दृष्टि से यह सर्वथा अनुचित है। संस्कृत की बहुत कम संधियाँ हिन्दी पर वास्तविक रूप में लागू होती हैं। आजकल भाषा-विज्ञान में 'मार्फोफ्रोनीमिक्स' के अन्तर्गत् जिन परिवर्तनों का विचार होता है, वे भी एक प्रकार से संधि हैं।[1]

(9) संहिता—कुछ आचार्य संहिता को संधि का पर्याय मानते कहते हैं कि, "पर: सन्निकर्ष: संहिता" अर्थात् वर्णों का अत्यन्त सान्निध्य संहिता नाम से जाना जाता है। **डॉ० राजेन्द्र द्विवेदी**[2] का विचार है कि वर्णों की इस अतिशय सन्निधि में ही संधि होती है और वर्ण-विकार तथा वर्णागम होते हैं। इधर, **डॉ० कैलाश चन्द्र भाटिया**[3] इसे परिभाषित करते हुए कहते हैं कि उच्चारण में केवल स्वर तथा व्यंजन के उच्चारण, उनकी दीर्घता, उनके संयोग और बलाघात का ध्यान ही नहीं रखना पड़ता, वरन् पदीय सीमाओं को जानना भी आवश्यक है। सीमा-संकेत ही 'संगम' (संहिता) कहलाता है। शब्द/वाक्य के उच्चारण प्रवाह में किन अक्षरों के मध्य हल्का सा विराम है, उसे जानना ही संगम है। संगम (संहिता) की स्थिति से बलाघात में अंतर भी आ जाता है, जैसे—

जलसा = उत्सव, जल + सा = जल की तरह

मनका = माला का मनका, मन + का = मनका (भाव)

सिरका = एक तरह का तरल पदार्थ, सिर + का = सिर से संबद्ध

इसी प्रकार व्यंजन और स्वर तथा स्वर और व्यंजन के मध्य भी विराम की स्थिति लाकर 'संगम' हो सकता है। इधर, भाषा-चिन्तक स्व० **डॉ० भोलानाथ तिवारी**[4] का विचार है कि संधि की तरह संहिता का भी सम्बन्ध" सम् = ध" से है और अर्थ भी प्राय: वही है, जो संधि का है। संहिता शब्द भी ऋग्वेद से ही मिलने लगता है और पाणिनि में तथा उनके बाद तक मिलता है। आगे चलकर इस अर्थ में 'संहिता' शब्द लुप्त हो गया और इसीलिए आज 'संधि' शब्द ही प्राय: प्रचलित है।

युधिष्ठिर मीमांसक[5] कहते हैं कि संहित शब्द का व्यवहार पदपाठ के लिए भी होता है। ये संहिताएँ दो प्रकार की होती हैं, एक मूल रूप और दूसरी व्याख्या रूप—"वैदस्यापौरुषेयत्वेन स्वत: प्रामाण्ये सिद्धे तच्छाखानामपि तद्धेतुत्वात् प्रमाण्यमिति बादरायणादिभि: प्रतिपादितम्।" दूसरी प्रकार की संहिताओं का शाखा शब्द से व्यवहार होता है। अनेक विद्वान् संहिताओं के उपर्युक्त दो विभाग नहीं मानते। उनके मत से सब संहिताएँ समान हैं। इधर, महाभाष्यकार के मतानुसार चारों वेदों की 1131 संहिताएँ हैं।

(10) अक्षर—ऋक् प्रातिशाख्य के अनुसार, "सव्यंजन: सानुस्वार: शुद्धो वापि स्वरोऽक्षरम्" अर्थात् व्यंजन सहित या अनुस्वार सहित या शुद्ध वर्ण को अक्षर कहते हैं। आचार्य पतंजलि महाभाष्य में अक्षर की व्युत्पत्ति 'क्षर' (नक्षरतीति) धातु से मानते हैं, जिसका अर्थ 'नष्ट होना', 'क्षीण होना', 'चल होना' आदि है। इस रूप में 'अक्षर' शब्द 'अनश्वर' या

---

1. भाषा-विज्ञान कोश—डॉ० भोलानाथ तिवारी, पृष्ठ 17
2. भाषा शास्त्र का पारिभाषिक शब्द कोश—डॉ० राजेन्द्र द्विवेदी, पृष्ठ 108
3. हिन्दी भाषा—डॉ० कैलाश चन्द्र भाटिया, पृष्ठ 172ए साहित्य भवन, प्रा० लि० इलाहाबाद, मू० 100 रु० सन् 1998
4. भाषा-विज्ञान कोश—डॉ० भोलानाथ तिवारी, पृष्ठ 55
5. संस्कत व्याकरण शास्त्र का इतिहास—युधिष्ठिर मीमांसक, पृष्ठ 98

'अटल' आदि का समानार्थी है। संस्कृत साहित्य में अक्षर के लिए 'प्रणव' और 'ब्रह्म' आदि शब्दों का भी प्रयोग मिलता है। बाद में अक्षर शब्द का प्रयोग 'भाषा' और 'वाक्' के लिए होता था, किन्तु कालान्तर में जब यह पता चला कि शब्द को और अधिक टुकड़ों में नहीं बाँटा जा सकता, तब उस समय अक्षर का प्रयोग 'शब्द' के लिए होने लगा। ऋग्वेदके प्रथम मण्डल में 'अक्षर' शब्द का प्रयोग इसी अर्थ में मिलता है—''ऋचो अक्षरे परमेव्योमन्।'' उसके भी बाद जब भाषा शास्त्रियों ने 'शब्द' के भी टुकड़े किए तो 'सिलेबल्' (Syllable) का पता चला और तब इसका प्रयोग 'सिलेबल्' के लिए होने लगा। **डॉ० धीरेन्द्र वर्मा** ने अंग्रेजी सिलेबल् के लिए 'अक्षर' के साथ 'शब्दांश' शब्द का भी प्रयोग किया है। **बाबू श्याम सुन्दर दास** स्वर को आक्षरिक (सिलेबिक = Syllabic) तो कहते ही हैं, उसके साथ उच्चरित होने वाले पूरे ध्वनि समूह को 'अक्षर' कहते हैं, बल्कि यह भी जानिए कि ऋग्वेद, ऐतरेय आरण्यक, ऋक्, वाजसनेयी तथा अथर्व आदि कई प्रतिशाख्यों, बहुत से शिक्षा ग्रंथों, मनुस्मृति तथा गीता आदि में 'अक्षर' का उक्त अर्थ में ही प्रयोग हुआ है।

प्राच्य-प्रतीच्य भाषाविदों ने अक्षर को अपने-अपने ढंग से परिभाषित करने का प्रयास किया है, लेकिन इसे एकदम उसके आकार-प्रकार में निश्चित रूप से बाँध देना काफी कठिन है। इसकी परिभाषा का सामान्य सहमति का पड़ाव अब तक नहीं मिल सका है। पश्चिम के पाइक, ग्रे, कैण्टनर, येस्पर्सन, आर्म फील्ड, पी० पासी, हेफ्नर, वेस्ट आदि भाषा-चिन्तकों में किसी ने इसे ''स्वाभाविक लघुतम ध्वनि इकाई' या 'गह्वर' (valley) से युक्त या रहित मुखर (sonorous) शीर्ष ''बताया तो किसी ने इसे'' फेफड़े के एक स्पंद से उच्चरित ध्वनि इकाई, जिसके उच्चारण में एक हृत्स्पंद (chest pulse) तथा जिसमें केवल एक शीर्ष (peak) ध्वनि हो, तो किसी ने संयुक्त ध्वनियों के छोटे-से-छोटे समूह को अक्षर बताया। विद्वानों नेस्थूल रूप से अक्षर के दो भेद किए हैं, (1) बद्धाक्षर (close check या closed syllable) तथा (2) मुक्ताक्षर (free या open syllable)। जब अक्षर की अंतिम ध्वनि व्यंजन हो, तब वह बद्धाक्षर कहलाता है, जैसे—आप्, एक, सीख। इसके विपरीत जब अक्षर की अंतिम ध्वनि स्वर हो तो उसे मुक्ताक्षर कहा जाता है, जैसे—जो, या, कि, खा, ले। कुल मिलाकर अक्षर एक गत्यात्मक इकाई (motor unit) है। यह मूलतः एक गति है, जो फेफड़ों से निकलने वाली वायु से सम्बद्ध है।

(2) व्याकरणिक संरचना

(अ) प्रातिपदिक और प्रत्यय या परसर्ग

(अ) प्रातिपदिक

इसके लिए अंग्रेजी में stem, noun base या महज़ base शब्दों का प्रयोग किया जाता है। इधर, हिन्दी में इसका शाब्दिक अर्थ है—''जो प्रतिपद (= रूप) में हों।'' संस्कृत में इसके लिए आचार्य पाणिनि ने ''प्रतिपदं गृह्णाति तत् प्रातिपदिकम्।'' कहा है। वस्तुतः यह शब्द बहुत पुराना है। ब्राह्मण ग्रंथों में इसका उल्लेख मिलता है। पाणिनि एक स्थल पर इसे परिभाषित करते कहते हैं कि—''अर्थवद् धातुर प्रत्ययः प्रातिपदिकम्'' अर्थात् धातु और प्रत्ययान्त को छोड़कर अर्थ से युक्त शब्द रूप को प्रातिपदिक कहते हैं। दूसरे शब्दों में प्रातिपदिक संज्ञा उस अर्थवान शब्द रूप की होती है, जो न धातु हो, न प्रत्यय हो, न प्रत्ययान्त। 'अर्थवत्' कहने से निरर्थकों की प्रातिपदिक संज्ञा नहीं होती है, अन्यथा उनकी भी प्रातिपदिक संज्ञा होने लगती। पाणिनि के अनुसार प्रातिपदिक के अन्तर्गत् संज्ञा, सर्वनाम,

विशेषण के अतिरिक्त कृदंत, जैसे—गति < गम् + क्तिन्, तद्धितान्त = रघु + अण् = राघव तथा समास भी आते हैं। वार्तिककार के अनुसार प्रातिपदिक के अन्तर्गत् गुणवचन, सर्वनाम, अव्यय, कृदंत, तद्धितांत, समास, जाति, संख्या और संज्ञा—ये नौ आते हैं।

प्रो० राजनारायण त्रिपाठी[1] कहते हैं कि शब्दों के संदर्भ में दो पक्ष प्रचलित हैं, (1) व्युत्पन्न तथा (2) अव्युत्पन्न। व्युत्पन्न में धातु से प्रत्यय लगा होता है। उसमें प्रकृति और प्रत्यय का विभाग होता है। अव्युत्पन्न में इस प्रकार के प्रकृति-प्रत्यय का विभाग नहीं होता है। यथा—'राम' शब्द अर्थवान् है, अत: उसकी प्रातिपादिक संज्ञा हुई। यह न धातु है, न प्रत्यय है और न प्रत्ययान्त ही, क्योंकि अव्युत्पत्ति पक्ष में 'राम' शब्द भी प्रत्ययान्त नहीं है। आचार्य पाणिनि के सूत्र 'कृत्तद्धित समासाश्च' के अनुसार 'कृत' प्रत्यय से अन्त होने वाले तद्धित प्रत्यय से अंत होने वाले शब्द-रूप और समास भी प्रातिपादिक होते हैं। पूर्व सूत्र से कृत प्रत्ययान्त और तद्धित युक्त की प्रत्ययान्त होनेसे प्रातिपादिक संज्ञा प्राप्त नहीं थी, इसलिए इस सूत्र से विधान किया गया है।

(ब) प्रत्यय या परसर्ग—इसे अंग्रेजी में Suffix या Postposition कहते हैं। प्रति+इ+अच् धातु से बने प्रत्यय का एक नाम 'परसर्ग' भी है। कई प्रातिशाख्यों में इसका प्रयोग 'पश्चग' या 'पीछे' जाने वाला अर्थ में मिलता है। तैत्तिरीय प्रातिशाख्य में इसके लिए ''प्रत्येति पश्चादागच्छति इति प्रत्यय: पर:'' कहा गया है। प्रत्यय शब्द का प्रयोग उपसर्ग, मध्य सर्ग (infix), आगम, विभक्ति आदि अर्थों में भी हुआ है। निरुक्त में प्रत्यय के लिए अन्त:करण तथा उपबंध शब्दों का भी प्रयोग मिलता है। वहाँ प्रत्यय को 'विचार' या 'मत' भी कहा गया है। जैनेन्द्र तथा मुक्तबोध व्याकरणों में प्रत्यय के लिए 'त्य' शब्द का प्रयोग हुआ है।

डॉ० छैल बिहारी मिश्र[2] के अनुसार, ''व्याकरण में वह अक्षर या अक्षर समूह जो किसी धातु या मूल शब्द के अंत में, उसके अर्थ में कोई विशेषता उत्पन्न करनेके अर्थ में लगाया जाता है, उसे प्रत्यय कहते हैं।'' इधर, **वृहत् हिन्दी कोश**[3] का कहना है कि, ''वह उपसर्ग जैसा शब्द, जो किसी धातु या मूल शब्द के अंत में कोई संज्ञापद, क्रियापद; अव्यय या विशेषण बनाने के लिए लगाया जाता है, प्रत्यय कहलाता है।'' बहरहाल, कुल मिलाकर यह कि शब्द के बाद में जोड़े जाने वाले सर्ग को सामान्य भाषा में प्रत्यय कहते हैं—"Pratyaya is derived from prakti- to go to words or against and means that which follows and is used in the Pratisakhyas and their commentaries in the sense of "subsequent word or sound." In V. P. the word is used both in the sense of following and in the sense of suffix." But in the commentary it is used in the sense of subsequent also—

''पूर्व रूपस्य मात्रार्थं समान करणं परम्।
प्रत्ययेन भवेत् कार्यमेतत् संयुक्तमिष्यते॥''

---

1. **प्रो० राजनारायण त्रिपाठी, म० श० गांधी स्मारक महाविद्यालय—गरुआमकसूदपुर (गाजीपुर) में संस्कृत के विद्वान् विभागाध्यक्ष हैं।**
2. **अभिनव हिन्दी अंग्रेजी हिन्दी कोश—डॉ० छैल बिहारी मिश्र, पृष्ठ 283, आलोक भारती, 588 बी० एवेन्यू रोड, बंगलूर, मू० 130 रु० सन् 1991**
3. **वृहत् हिन्दी कोश—सं० कालिका प्रसाद, पृष्ठ 712, ज्ञानमंडल लिमिटेड, लंका, वाराणसी, मू० 160 रु० सन् 1989**

हिन्दी में प्रत्ययों का वर्गीकरण काफी मशक्कत और झमेले का विषय बन गया है। संभवत: इसीलिए कुछ भाषाविद् इस पर उदासीन भी हैं। **डॉ० सत्यनारायण तिवारी**[1] के अनुसार संस्कृत में दो प्रकार के प्रत्यय होते हैं—कृत् और तद्धित, किन्तु **डॉ० विन्दु माधव मिश्र**[2] प्रत्यय के चार प्रकार—सुप्, तिङ्, कृत् तथा तद्धित—मानते हैं। साफ शब्दों में, अपनी संख्या और वर्गीकरण को लेकर प्रत्यय हिन्दी में खासा-विवाद के विषय बन गए हैं। वस्तुत: हिन्दी प्रत्ययों की परंपरा मूल भारोपीय भाषा को छूती है। प्रकृति के नियम के अनुसार समय-समय पर प्रत्ययों की संख्या घटती-बढ़ती रही है। शुरुआती दौर में ढेरों प्रत्यय मूल रूप में स्वतंत्र शब्द की हैसियत रखते थे और समस्त पदों के बाद वाले भाग में सैकड़ों साल तक प्रयुक्त होते-होते अपनी स्वतंत्रता गवाँ चुके थे। कालान्तर में परिणाम यह हुआ कि वे महज़ संकेत चिन्ह या प्रतीक मात्र रह गए। पाश्चात्य भाषा-चिन्तक **स्टीफेन उलमैन**[3] ने तो यहाँ तक बताया है कि इन घिसे हुए रूपों का प्रयोग पुन: शब्दों के अंत में होने लगा—"Many of suffixes were originally independent words. Having appeared as second terms in countless compounds they gradually lost their independence and sank to the level of grammatical elements ready to enter any fresh combination."

(ब) व्युत्पादक और रूप साधक तथा व्याकरणिक प्रत्यय

हिन्दी में प्रत्यय दो प्रकार के होते हैं—व्युत्पादक और व्याकरणिक। व्युत्पादक प्रत्यय वे हैं, जिनकी सहायता से नए शब्द बनते हैं। ये दो प्रकार के होते हैं—पूर्व व्युत्पादक प्रत्यय और परव्युत्पादक प्रत्यय।

पूर्व व्युत्पादक प्रत्यय वे हैं, जो किसी शब्द के पहले लगकर नया शब्द बनाएँ, जैसे—कुमति = कु+मति में 'कु' पूर्व व्युत्पादक प्रत्यय है। परव्युत्पादक प्रत्यय वे प्रत्यय हैं, जो किसी शब्द के बाद में लगकर नया शब्द बनाएँ, जैसे—नाविक = नावइक में 'इक' पर व्युत्पादक प्रत्यय है। इधर, व्याकरणिक प्रत्यय वे हैं, जिनकी सहायता से किसी शब्द का वाक्य के दूसरे शब्दों से संबंध स्थापित किया जाता है अथवा जो बल या सीमा निर्धारण आदि के लिए प्रयुक्त होते हैं। इन व्याकरणिक प्रत्ययों को भी उपवर्गों में रखा जा सकता है। वे हैं, जो शब्द से मिलकर ही आते हैं, जैसे बालकों में 'ओं'। दूसरे वे हैं, जो स्वतंत्र हैं और प्राय: अलग आते हैं। यों कभी-कभी उनका शब्द के साथ में भी प्रयोग हो जाता है। इस दूसरे उपवर्ग को पुन: दो भागों में विभाजित किया जा सकता है। प्रथम वर्ग में परसर्ग आते हैं तो द्वितीय में निपात। परसर्ग और निपात दोनों अपने कार्य में एक-दूसरे से भिन्न हैं। परसर्गों के रहने या न रहने से वाक्य-रचना पर प्रभाव पड़ता है, जबकि इसके विपरीत निपात के रखने या न रखने से वाक्य की रचना पर कोई प्रभाव नहीं पड़ता।[4]

---

1. हिन्दी भाषा और लिपिका ऐतिहासिक विकास—डॉ० सत्यनारायण त्रिपाठी, पृष्ठ 138, विश्वविद्यालय प्रकाशन, चौक, वाराणसी, मू० 5 रु० सन् 1981
2. हिन्दी भाषा का परिचय—डॉ० विन्दु माधव मिश्र, पृष्ठ 62
3. Words and their use—Stephen Ulman, P. 68
4. हिन्दी भाषा की आर्थी संरचना—सं० डॉ० भोलानाथ तिवारी, पृष्ठ 171 (में डॉ० शशि प्रभा का लेख से साभार)

(स) शब्द भेद—संज्ञा, विशेषण, क्रिया-विशेषण का परिचय

संज्ञा—किसी वस्तु, व्यक्ति अर्थात् प्राणी, भाव तथा कार्य इत्यादि का नाम बताने वाले शब्द संज्ञा नाम से अभिहित किए जाते हैं—A noun is word used as the name of person, place or thing. जैसे—

वाराणसी धार्मिक नगरी है।	**प्रयाग** सांस्कृतिक नगरी है।	**लखनऊ** ऐतिहासिक शहर है।
गाजीपुर सैनिकों की धरती है।	**हवा** तेज चल रही है।	सभी लोग सबका **भला** सोचें।
पिंकी सुन्दर खाना बनाती है।	अधिक **सोने से स्वास्थ्य** खराब होता है।	**सुकुल गुवाहाटी** में नौकरी करता है।

उक्त वाक्यों में वाराणसी, प्रयाग, लखनऊ, गाजीपुर, हवा, भला, पिंकी, खाना, सोने से, सुकुल तथा गुवाहाटी शब्द नगर, स्थान, वस्तु, व्यक्ति, प्राणी, भाव तथा कार्य के नाम हैं। अत: ये सभी संज्ञा नाम से जाने जाते हैं।

इतिहास—संस्कृत में स्वरान्त और व्यंजनान्त—दोनों प्रकार के संज्ञा शब्द विद्यमान थे, परन्तु मध्यकाल के अंत में व्यंजनान्त प्रातिपादिक समाप्त हो गए थे और केवल स्वरान्त संज्ञा शब्दों का प्रयोग होने लग गया था, परन्तु हिन्दी तक पहुँचते-पहुँचते स्थिति में फिर परिवर्तन हुआ और आधुनिक आर्य भाषाओं में पदान्त ह्रस्व स्वरों के लोप की प्रवृत्ति चल पड़ी। यही कारण है कि आजकल हिन्दी में स्वरान्त और व्यंजनान्त—दोनों प्रकार के संज्ञा शब्द मिल रहे हैं, जैसे—

स्वरान्त संज्ञाएँ—बालक, लड़का, लड़के, मुक्ति, रीति, लड़की, रानी, साधु, गुरु, आलू, भालू, चौबे, दूबे, पाण्डेय आदि।

व्यंजनान्त संज्ञाएँ—नाक्, कान्, चमक, राख, सेठ, खाद्, साँप, काम्, नाम्, नाव, राह्, छाँह आदि।

संज्ञा के भेद—रूप-रचना की दृष्टि से संज्ञा के दो भेद—(1) गणनीय संज्ञा तथा (2) अगणनीय संज्ञा—माने जाते हैं। कुछ लोग स्थूल रूप से संज्ञा के तीन भेद ही स्वीकार करते हैं—(1) व्यक्तिवाचक संज्ञा, (2) जातिवाचक संज्ञा, (3) भाववाचक संज्ञा, किन्तु कुछ लोग अंग्रेजी व्याकरण के आधार पर संज्ञा के पाँच भेद मानते हैं, यथा—(1) व्यक्तिवाचक संज्ञा (Proper Noun), (2) जातिवाचक संज्ञा (Common Noun), (3) समूहवाचक संज्ञा (Collective Noun), (4) द्रव्यवाचक या पदार्थवाचक संज्ञा (Material Noun) तथा (5) भावचाचक संज्ञा (Abstract Noun)।

विशेषण—विशेषण शब्द संस्कृत का है। संस्कृत में विशेषण भेदक को कहते हैं—''विशेषणं-विशेष्येण बहुलम् = ''भेदकं भेद्येन बहुलं समस्यते इति।'' पूज्य श्री **निगमानंद जी परमहंस**[1] लिखते हैं कि विशेषण दूसरों से भिन्न करता है, अलग करता है, इसलिए विशेषण कहलाता है। वैसे तो 'लक्षण' भी दूसरों से भिन्न करता है,परन्तु लक्षण सभी सजातीय.और विजातीय पदार्थों से अलग करता है तथा विशेषण केवल सजातीयों से ही पृथक

---

1. **हिन्दी का मौलिक व्याकरण—निगमानंद परमहंस, पृष्ठ 69, सं० डॉ० चन्द्रकान्ता, विभू प्रकाशन, साहिबाबाद, मू० 30 रु०, सन् 1980**

करता है। इधर, एक अन्य विद्वान् विशेषण का खाका खींचते हुए कहते हैं कि, "An adjective qualifies a noun. It limits the aved of the meaning of a noun." कुल मिलाकर संज्ञा की विशेषता बताने वाला शब्द विशेषण है। विशेषण संज्ञा की व्युत्पत्ति को मर्यादित करता है।

हिन्दी में विदेशी विशेषण—हिन्दी भाषा में विदेशी विशेषणों ने अपनी-अपनी सीमा में काफी कुछ दखल दिया है। उदाहरण के लिए अंग्रेजी भाषा के कुछ विशेषण शब्द हिन्दी में लोकप्रिय होकर प्रचलित हो गए हैं, जिनका बोलचाल में ही नहीं, बल्कि लिखित साहित्य में भी प्रचलन हो गया है, किन्तु हिन्दी में अंग्रेजी से उतने विशेषण स्वीकार नहीं किए गए, जितने फारसी से। **डॉ० मोहन लाल तिवारी**[1] के शब्दों में संज्ञा के समान अनेक फारसी विशेषण शब्दों का भी हिन्दी में आदान हुआ है। साथ ही फारसी विशेषण शब्दों के लिंग, वचन का हिन्दी के लिंग, वचन पर प्रभाव पड़ा है। हिन्दी के कुछ विशेषणों में लिंग संबंधी परिवर्तन वैसे ही नहीं होता, जैसे फारसी में, यथा—सुन्दर लड़का, सुन्दर लड़के, सुन्दर लड़की, सुन्दर लड़कियाँ और फारसी में जने पीर (श्रेष्ठ स्त्री), मर्दे पीर (श्रेष्ठ पुरुष)। इसी प्रकार जनाने पीर (श्रेष्ठ स्त्रियाँ), मर्दाने पीर (श्रेष्ठ पुरुष)।[2]

विशेषण के भेद या प्रकार—संज्ञा शब्दों का विशेषण शब्दों के साथ निकट का रिश्ता है, क्योंकि संज्ञा शब्द विशेषण शब्दों के विशेष्य बनते हैं। बहरहाल, विशेषण के भेद निम्न प्रकार हैं—

1. रचना की दृष्टि से—(क) विकारी तथा (ख) अविकारी।

2. अर्थ की दृष्टि से—(क) गुणवाचक विशेषण (Adjective of Quality), (ख) संख्यावाचक विशेषण (Numeral of Adjective), (ग) परिमाणवाचक विशेषण (Adjective of Quality तथा (घ) सार्वजनिक या निर्देश विशेषण (Pronominal Adjective)।

क्रिया—किसी कार्य-व्यापार, घटना या वस्तु के अस्तित्व का ज्ञान-भान या बोध कराने वाले शब्द ही क्रिया कहलाते हैं। क्रिया वाक्य का महत्त्वपूर्ण अंग है। बिना क्रिया की सहायता के वाक्य का निर्माण नहीं हो सकता। यद्यपि यह विवाद का विषय है कि वाक्य-रचना क्या बिना क्रिया की सहायता से नहीं हो सकती? इस पर दो राय हैं। कुछ लोग कहते हैं कि वाक्य, क्रिया के बिना भी रचा जा सकता है। पश्चिम के विचारक और दार्शनिक **अरस्तू**[3] की यही धारणा है—"A sentence may dispense even with the verb." इधर, भारतीय **आचार्य जगदीश**[4] भी इसी मान्यता के पोषक हैं। वे स्पष्ट कहते हैं—क्रिया रहितं न वाक्यमस्तीति प्राचांस्तवादो निर्युक्तिकत्वाद श्रेद्धेय:।'' लेकिन कुछ लोग इस मान्यता का खण्डन करते हैं और कहते हैं कि वाक्य-निर्माण में क्रिया का सबसे प्रमुख हाथ होता है। पश्चिम के भाषाविद् **येस्पर्सन**[5] और भारतीय वैयाकरणों में **पुण्यराज** यही

---

1. **हिन्दी भाषा पर फारसी का प्रभाव—डॉ० मोहन लाल तिवारी, पृष्ठ 57**
2. **Persion Influence on Hindi—Dr. Hardeo Bahari, P. 170**
3. **Poetics—Aristole, P. 71**
4. **शब्द शक्ति प्रकाशिका—आचार्य जगदीश, पृष्ठ 13**
5. **Philosophy of Grammar—Jespersen, P. 86**

मानते हैं कि वाक्य का महत्त्वपूर्ण घटक क्रिया ही है—"अख्यात् शब्दोंवाक्यस्मिन् पक्षे क्रियावाक्यार्थः।"

क्रिया का दूसरा नाम आख्यात भी है—Akhya-ta, literally means that which has been described fully then it came to mean that which describes fully, the finite verb." यह आख्यात शब्द, वाक्य बनाने में अकेले पर्याप्त है—

"आख्यात शब्दः संघातो जाति संघातवर्तिनी।
एकोऽनवयतः शब्दः क्रमः॥"

भर्तृहरि क्रिया, काल, पुरुष आदि का ग्रहण आख्यातार्थ के रूप में करते हैं—"प्रवृर्त्तिन्मादि क्रिया आख्यात पद निबंधना।" **डॉ० राम सुरेश त्रिपाठी**[1] के विचार से क्रिया आख्यात गम्य है। आख्यात अर्थ में क्रिया ही प्रधान मानी जाती है। **महाभाष्यकार** ने "क्रिया प्रधानमाख्यातं भवति" कहा है। **न्यासकार** ने भी क्रिया और साधन—दोनों को आख्यात का वाच्य मानते हुए क्रिया को ही उसका प्रधान अर्थ माना है—"आख्यातस्य यद्यपि क्रिया साधन ञ चोभयं वाच्यं, तथापि क्रियैव प्रधानमर्थः।" इधर, कुछ आचार्य मानते हैं कि क्रिया उत्पन्न होती है, अभिव्यक्त नहीं होती। कुछ लोग मानते हैं कि क्रिया अनित्य होती है तो कुछ आचार्य कहते हैं कि जिस व्यापार के अनन्तर फल की निष्पत्ति होती है, वही क्रिया है। भर्तृहरि क्रिया का शास्त्रीय लक्षण देते हुए कहते हैं—

"यावत सिद्धम सिद्धंवा साध्यतोनाभिधीयते।
आश्रित क्रम रूपत्वात् तत (सा) क्रियेत्यभिधीयते॥"

हिन्दी व्याकरण के अन्य अंगों की भाँति क्रिया का मूल उत्स भी संस्कृत ही है। साफ शब्दों में हिन्दी क्रियाएँ संस्कृत से ही विकसित हुई हैं। हाँ, विकास के इन पड़ावों और मोड़ों पर इनमें विभिन्न तरह के बदलाव होते रहे। संस्कृत से लेकर आज तक की हिन्दी को छानिए तो पता चलेगा कि प्रारंभ में क्रियाओं के रूप बहुत जंजाली और जटिल थे तो प्राकृत, पालि और अपभ्रंश के दुर्गम दर्रों को पारकर आधुनिक हिन्दी को छूती क्रियाओं के रूप क्रमशः सरल होते गए और उनमें गणों, पदों, वचनों, पुरुषों, कालों, कृदन्ती रूपों, लकारों आदि के भारी भरकम पंख सिमट-सिकुड़ गए या झड़ गए। कुल मिलाकर संस्कृत में क्रिया का रूप बेहद टेढ़ा, जटिल और संश्लिष्ट था, लेकिन भाषाओं के मध्यकाल में क्रिया-रूपों की जटिलता-सघनता कम होती दिखाई देती है, प्राकृत काल तक आते-आते क्रिया के रूप पालि की तुलना में काफी निझा-निचुड़ गए, अपभ्रंश तक आते-आते संस्कृत के क्रिया रूपों की जटिलता प्रायः समाप्त हो चली थी और अंत में हिन्दी तक आते-आते क्रिया का रूप गठन प्रायः वियोगात्मक दिखाई देने लगता है। आज यदि लकार संबंधी कुछ कठिनाइयाँ हिन्दी-क्रियाओं में नहीं होती, तो कहा जा सकता है कि हिन्दी क्रिया सापेक्ष अन्य काल के सहज और एकरूपा हो चुकी है।[2]

---

1. **संस्कृत व्याकरण—दर्शन—डॉ० राम सुरेश त्रिपाठी, पृष्ठ 298**
2. **विस्तृत अध्ययन के लिए इस कृति के लेखक की केन्द्रीय हिन्दी निदेशालय, दिल्ली की वित्तीय मदद से आठ सौ चालीस पृष्ठ की हालिया प्रकाशित पुस्तक "भाषा-विज्ञान का रसायन" को देखा जा सकता है।**

क्रिया विशेषण—क्रिया की विशेषता बताने वाला क्रिया-विशेषण नाम से जाना जाता है—"An Adverb modifies a verb or an adjective in a sentence." महाभाष्य में क्रिया-विशेषक या क्रिया-विशेषण की चर्चा हुई है। भर्तृहरि महोदय ने भी अव्यय के एक भेद को क्रिया-प्रधान "किंचिद्व्ययं क्रिया प्रधानम्" कहा है। उन्होंने कर्म प्रवचनीय की स्थिति की संभावना इसी रूप में स्वीकार की है। अव्यय नाम वस्तुत: आकृति-मूलक है, अत: विद्वानों का विचार है कि इसके सामने क्रिया-विशेषण नाम अधिक व्यापक और ग्राह्य नहीं कहा जा सकता। आचार्य पतंजलि तथा पश्चिम के येस्पर्सन (Yespersen) ने सप्रयोग यह सिद्ध कर दिया है कि क्रिया-विशेषण को सामान्य से एकदम विभक्त करके नहीं देखा जा सकता। विशेषण या गुण की भावना उन दोनों में ही समान रूप में उपलब्ध होती है। पाणिनि क्रिया, वचन या क्रिया-विशेषण की पृथक गणना नहीं करते हैं।[1] क्रिया--विशेषण की परिभाषा के संबंध में विद्वानों में मतैक्य नहीं है। वैयाकरणों का एक वर्ग यह मानता है कि क्रिया की विशेषता बताने वाले को ही क्रिया-विशेषण माना जाना चाहिए, किन्तु अन्य वैयाकरण यथा **पंडित कामता प्रसाद गुरु,** विशेषण और क्रिया-विशेषण की विशेषता बताने वाले शब्दों को भी क्रिया-विशेषण की संज्ञा देते हैं, किन्तु इधर **किशोरी दास वाजपेयी** विशेषण की विशेषता बताने वाले को 'क्रिया-विशेषण' नहीं मानते। उनकी मान्यता है कि विशेषण की विशेषता बतलाने वाले को प्रविशेषण कहना चाहिए।[2] वैयाकरणों ने अर्थ की दृष्टि से क्रिया-विशेषण के पाँच भेद किए हैं, यथा—(1) कालवाचक क्रिया-विशेषण, (2) स्थानवाचक क्रिया-विशेषण, (3) रीतिवाचक क्रिया-विशेषण, (4) दिशावाचक क्रिया-विशेषण तथा (5) परिमाणवाचक क्रिया-विशेषण।

(3) व्याकरणिक कोटियाँ

लिंग—लिंग का आशय उस चिह्न विशेष से है, जिससे किसी वस्तु के स्त्रीत्व अथवा पुरुषत्व को रेखांकित किया जा सके। इसके दो भेद होते हैं—प्राकृतिक या लौकिक तथा व्याकरणिक। प्राकृतिक लिंग से सामान्य प्राणियों का बोध होता है, यथा स्त्री-पुरुष, माता-पिता, लड़की-लड़का, बहन-भाई, भैंस-भैंसा आदि। व्याकरणिक लिंग प्राकृतिक लिंग से भिन्न होता है। व्याकरणिक लिंग के उदाहरण हैं, जीभ-दाँत, नाक-कान, छाती-पेट, जंघा-पैर। उक्त शब्द स्त्रीवाचक अथवा पुरुष-वाचक न होकर अंग-वाचक है, जहाँ व्याकरणिक लिंग विद्यमान हैं। 'जीभ' स्त्रीलिंग है, तो 'दाँत' पुल्लिंग, 'नाक' स्त्रीलिंग है तो 'कान' पुल्लिंग, 'छाती' स्त्रीलिंग है तो 'पेट' पुल्लिंग और 'जंघा' स्त्रीलिंग हैतो 'पैर' पुल्लिंग।

विश्व की सभी भाषाओं में लिंग विभाजन समान रूप से नहीं मिलता। कुछ ऐसी भी भाषायें हैं, जहाँ लिंग विभाजन है ही नहीं। उसका कारण यह है कि प्रत्येक भाषा में लिंग-निर्धारण की अलग-अलग प्रवृत्ति है। किसी भाषा में स्त्री-पुरुष के आधार पर, किसी में दीर्घ और लघु के आधार पर, किसी में सजीव-निर्जीव के आधार पर, किसी में सुन्दर अथवा असुन्दर के आधार पर, अथवा किसी में श्रेष्ठ अथवा हीनता के आधार पर लिंग-निर्णय होता है। संस्कृत में तीन लिंग होते हैं—पुल्लिंग, स्त्रीलिंग तथा नपुंसक लिंग। यहाँ लिंग विभाजन

---

1. **व्याकरण की दार्शनिक भूमिका—डॉ० सत्यकाम वर्मा, पृष्ठ 191**
2. **हिन्दी शब्दानुशासन—आचार्य किशोरी दास बाजपेयी, पृष्ठ 220**

का आधार पुरुष-स्त्री अथवा सुन्दर-असुन्दर नहीं है, बल्कि शब्द की व्युत्पत्ति अर्थात् प्रकृति-प्रत्यय संयोग पर निर्भर करता है। 'पत्नी', 'कलत्र' तथा 'दारा' तीनों शब्दों का अर्थ एक ही है, फिर भी 'पत्नी' शब्द स्त्रीलिंग है, 'कलत्र' शब्द नपुंसकलिंग है तथा 'दारा' शब्द पुल्लिंग है। 'जर्मन', 'ग्रीक', 'मराठी' तथा गुजराती में तीन लिंग उपलब्ध हैं। फ्रेंच में केवल दो लिंग—पुल्लिंग तथा स्त्रीलिंग होते हैं। यहाँ एक ही शब्द पुल्लिंग तथा स्त्रीलिंग दोनों बन सकता है। मुण्डा और फारसी में स्त्रीलिंग तथा पुल्लिंग का भेद नहीं है। हित्ती परिवार में पुल्लिंग तथा नपुंसलिंग तो हैं लेकिन स्त्रीलिंग ही यहाँ गायब है। अंग्रेजी में जहाँ व्याकरणिक लिंगों की संख्या चार हैं—पुल्लिंग (masculin gender), स्त्रीलिंग (femenine gender), सामान्य लिंग (common gender) तथा नपुंसक लिंग (neutral gender)—वहीं काकेशी परिवार की एक भाषा में छः लिंग हैं तथा बान्टू परिवार की भाषाओं में लिंग भेद की संख्या बीस तक पहुँच गयी है। इन सब के अतिरिक्त हिन्दी में केवल दो ही व्याकरणिक लिंग हैं, पुल्लिंग तथा स्त्रीलिंग। पुरुषत्व का भाव व्यक्त करने वाले निर्जीव या सजीव शब्द पुल्लिंग कहलाते हैं, यथा—चाचा, गाँव, बैल, समुद्र, पहाड़, देश आदि। इसके विपरीत स्त्रीत्व का भाव व्यक्त करने वाले निर्जीव-सजीव शब्द स्त्रीलिंग के भीतर आते हैं, यथा चाची, गली, गाय, नदी, पहाड़ी, शहर आदि। वस्तुतः हिन्दी की रचना में लिंग का खास महत्त्व है। अन्य भाषाओं में इसका प्रभाव संज्ञा, सर्वनाम, विशेषण तक ही सीमित रहता है, लेकिन हिन्दी में तो क्रिया भी लिंग के प्रभाव से बच नहीं पाई है, यथा मोहन पढ़ता है। मुन्नी पढ़ती है।

वचन—पद रचना में वचन का विशिष्ट महत्त्व है। गणना के विचार से सृष्टि की सम्पूर्ण वस्तुओं को एक या अनेक भागों में विभाजित किया गया है। किसी भी वस्तु के एक या अनेक का बोध वचन से ही होता है। संस्कृत, अरबी, ग्रीक, लैटिन, लिथुआनी, तोखारी आदि प्राचीन भाषाओं में तीन वचनों की सत्ता है, किन्तु पालि, प्राकृत, हिन्दी, पंजाबी तथा गुजराती आदि परवर्ती आर्यभाषाओं में दो ही वचन—एकवचन तथा बहुवचन मिलते हैं। यहाँ द्विवचन का लोप हो गया है। अंग्रेजी में भी दो ही वचन—एकवचन तथा द्विवचन मिलते हैं। कुछ अफ्रीकी भाषाओं में त्रिवचन के रूप भी देखे जाते हैं। हिन्दी में एकवचन से बहुवचन बनाने के लिए 'ए', 'ए', 'आ', 'यों' आदि मात्राओं का प्रयोग करते हैं। यथा—घोड़ा से घोड़े, सड़क से सड़कें, गाय से गायों, बकरी से बकरियाँ, लड़की से लड़कियों आदि। कभी-कभी आदर या विशिष्टार्थ में एकवचन की जगह बहुवचन का प्रयोग करते हैं, यथा—"हनुमान भगवान राम के अनन्य सेवक हैं," गौतमबुद्ध पालि में उपदेश दिया करते थे। "गुरु जी विद्यालय में जा रहे हैं," आदि।

पुरुष—पुरुष के सम्बन्ध में सर्वप्रथम चर्चा यास्क ने की है—(Purasan the grammatical sense of Person appears first to have been used by Yask, यथा 'तत्र परोक्षकृताः सर्वाभिर्नामविभक्तिभिर्युज्यते प्रथम पुरुषैश्चाख्यातास्म अथाध्यत्मिकक्य उत्तम पुरुष अहमिति चैतेन सर्वनामा।' भाषातत्व वेत्ताओं और वैयाकरणों ने पुरुष या Person का विभाजन प्रायः वक्ता, श्रोता एवं उभय व्यतिरिक्त के आधार पर किया है। पश्चिम के भाषा चिन्तक **येस्पर्सन** (Yesperson) भी इस प्रक्रिया में शामिल हैं। इधर भर्तृहरि चेतना का सम्बन्ध 'पुरुष' से जोड़ते हैं। वे तो साफ कहते हैं कि भाषा और वाक् के व्यापार में, क्योंकि वक्ता और श्रोता दो ही माध्यम होते हैं एक 'स्व' और दूसरा 'पर' इसलिए व्याकरण और भाषाशास्त्र की दृष्टि

से चेतना इन्हीं दो विभागों में विभक्ति रह सकती है।[1] इन दोनों विभागों के ही प्रतिनिधि हैं—उत्तम पुरुष और मध्यम पुरुष—

प्रत्यक्ता परभावश्चाप्युपाधी कर्तृकर्मणोः।
तयोः श्रुतिविशेषेण वाचकौ मध्यमेन्तयौ॥ (वा० 3.10.1)

स्टाइन्थाल तथा दूसरे कुछ विद्वानों ने क्रिया की पहचान 'काल संकेत' को न बताकर 'पुरुष संकेत' को माना है। उनकी दृष्टि में उत्तम मध्यम और प्रथम पुरुष का संकेतन प्रत्येक भाषा में संभव है, पर **डॉ० सत्यकाम वर्मा** इसे व्यावहारिक नहीं मानते।[2] वे लिखते हैं इसमें विशेष बातें दो हैं। एक तो यह कि मध्यम पुरुष और उत्तम पुरुष को आत्म और पद भेद से सचेतन और प्रथम पुरुष को अचेतन व्यक्तित्व के रूप में स्वीकार किया गया है। यह बात बहुत आपत्तिजनक लग सकती है। पर, सत्य यह है कि यह बात वक्तव्य में भाग लेने वाले व्यक्तियों की दृष्टि से कही गयी है—"तयो श्रुति विशेषण वाचकौ मध्यमौत्तमौ" (1 वा० 3.10.1) वक्तव्य की श्रुति के सम्बन्ध में दो ही व्यक्तित्व सचेतन होकर भाग लेते हैं, किन्तु जिस अनुपस्थित व्यक्ति के लिए हम प्रथम पुरुष का प्रयोग करते हैं, वह यहाँ अनुपस्थित होने के कारण उस श्रुति की दृष्टि से चेतनहीन या अचेतन ही रहता है—

सदसद्वापि चैतन्य मेताभ्यामवगम्यते
चैतन्य भागे प्रथमः पुरुषो न तु वर्त्तते (वा० 3.10.3)

इसीलिए प्रथम पुरुष का प्रयोग चेतना के विभाजन पर आधारित नहीं होता।[3]

पद रचना में पुरुष का भी महत्व होता है। क्रिया का सम्पादन करने वाला पुरुष कहलाता है। पुरुष के तीन प्रकार होते हैं—

1. उत्तम पुरुष (First person),
2. मध्यम पुरुष (Second Person) तथा
3. प्रथम पुरुष (अन्य पुरुष) (Third Person)

वक्ता अथवा कहने वाले को 'उत्तम पुरुष', जिसे कहा जाय वह 'मध्यम पुरुष' तथा जिसके सम्बन्ध में कहा जाय वह 'प्रथम' अथवा 'अन्य पुरुष' होता है। मैं, हम—उत्तम पुरुष, तू, हम, आप—मध्यम पुरुष तथा यह, वह, आलोक, पहाड़, सागर—प्रथम पुरुष के भीतर आते हैं। विश्व की अनेक भाषाओं के आधार पर ही क्रिया के रूप में बदलाव किया जाता है, लेकिन चीनी भाषा इससे अप्रभावित बताई जाती है।

संस्कृत में जहाँ एक ही व्यक्ति के लिए भिन्न-भिन्न पुरुष सर्वनाम आते हैं, वहाँ भी पूर्व नियम के अनुसार सबकी प्राप्ति में प्रबलतम उत्तम पुरुष, फिर मध्यम पुरुष और परिशेष में ही प्रथम पुरुष होता है, जैसे—"सोऽहमाजन्म शुद्धानाम्" में "स अहं रघूणाम् अन्वयं वक्ष्ये क्रिया में सः के अनुकूल प्रथम पुरुष नहीं, अहम् के अनुकूल उत्तम पुरुष है। इसी भाँति "समस्ता हि वयं देवास्तस्य देहे वसामहे"[4] में देवा के अनुसार प्रथम पुरुष नहीं, वयं के

1. **संस्कृत व्याकरण दर्शन—डॉ० रामसुरेश त्रिपाठी, पृष्ठ 280**
2. **व्याकरण की दार्शनिक भूमिका—डॉ० सत्यकाम वर्मा, पृष्ठ 191**
3. **व्याकरण की दार्शनिक भूमिका—डॉ० सत्यकाम वर्मा, पृष्ठ 205**
4. **अनुशासन 147-153**

अनुसार उत्तम पुरुष हुआ है। संस्कृत ने जिस प्रकार उत्तम पुरुष में एकवचन की जगह बहुवचन के प्रयोग की अनुमति दी, उसी प्रकार अंग्रेजी ने मध्यम पुरुष में एकवचन की जगह बहुवचन की अनुमति दे दी है। बल्कि आधुनिक अंग्रेजी ने thou को निष्कासित ही कर दिया है। सम्बोध्यमान एक हो अनेक, अब केवल 'य' (you) ही चलता है। 'दाउ' (Thou) कोई नहीं बोलता लिखता, वह अतीत की वस्तु हो चुका है। इधर, प्रथम पुरुष के क्षेत्र में भी खड़ी बोली ने यही रवैया अख्तियार किया है। जो खड़ी बोली बिहार में 'मैं' की जगह 'हम' के प्रयोग से चिढ़ती है उसकी क्रान्ति तो और भी विचित्र है किन्तु खड़ी बोली उर्दू के प्रभाव से, प्रथम पुरुष में एकवचन 'यह' 'वह' का ही प्रयोग अपना रही है—'ये', 'वे' का प्रयोग क्रमशः मिटता जा रहा है।[1]

कारक—पद रचना में सबसे अधिक सहयोग कारक या विभक्ति चिन्हों से प्राप्त होता है। 'कृ' धातु से निष्पन्न 'कारक' का लक्षण स्पष्ट करते हुए बताया गया है 'क्रियान्वयित्वं कारकत्वम्' अर्थात् क्रिया के साथ अन्वय की योग्यता कारकत्व है तथा जिसमें कारकत्व हो वह 'कारक' होता है। **नागेश** ने केवल क्रिया के साथ अन्वय की योग्यता को महत्व न देकर उसके निष्पादन को कारक माना है—'क्रिया निष्पादकत्वं कारकत्वम्'।[2] अर्थात् क्रिया को निष्पन्न करने की क्षमता जिसमें हो, वह कारक है। क्रिया से साक्षात् अन्वय केवल कर्त्ता और कर्मका होता है, अन्य कारक परंपरया अन्वित होते हैं।[3] भिन्न-भिन्न भाषाओं में कारकों की संख्या भिन्न-भिन्न होती है। कारकों की संख्या दो से लेकर तेईस तक पाई जाती है।

अंग्रजी में केवल दो, जर्मनी और लैटिन भाषाओं में पाँच, पुरानी स्लाविक भाषाओं में छः लिथुआनी तथा संस्कृत में सात, हिन्दी में आठ तथा जार्जी में तेईस कारक होते हैं। हिन्दी के आठ कारक इस प्रकार हैं—कर्त्ता, कर्म, करण सम्प्रदान, अपादान, सम्बन्ध, अधिकरण तथा सम्बोधन। 'षष्टीशेषे'[4] कह कर संस्कृत में सम्बन्ध को कारक नहीं माना गया, क्योंकि क्रिया की निष्पत्ति में उसका योग नहीं रहता है। सूक्ष्मता से चिन्तन करने पर केवल कर्ता और कर्म को ही निर्द्वन्द्व रूप से कारक माना जा सकता है। वह इसलिए कि शेष कारकों का सम्बन्ध क्रिया से प्रकारान्तर से होता है अर्थात् दूसरे कारक, कर्ता और कर्म के माध्यम से ही क्रिया की निष्पत्ति में सहायक होते हैं।[5]

विभक्तियाँ कारकों की सूचक चिन्ह होती हैं। इन विभिक्तियों से ही कारक एक दूसरे से विभक्त होते हैं। विभक्ति और कारक के सम्बन्ध में चर्चा करते हुए **अनन्तनारायण** बताते हैं—Where or not it was the intention of Panini his commentators appears to have committed a terminologican confusion. The Karaka terms are also used to mean the Vibhakti which express the Karaka.[6]

हिन्दी में प्रयुक्त होने वाले कारक चिह्नों को इस प्रकार देखा जा सकता है—

---

1. भाषा विज्ञान की भारतीय परंपरा और पाणिनि डॉ० रामदेव त्रिपाठी, पृष्ठ 562
2. परमलघुमंजूषा, पृष्ठ 91
3. व्याकरणिक कोटियों का विश्लेषणात्मक अध्ययन—डॉ० दीप्ति शर्मा, पृष्ठ 41
4. अष्टाध्यायी, 2-3-50
5. Problems of Meaning in Indian Philosophy R. C. Pandey, P. 143
6. The KarakaTheory and Case of Grammer—H. S. Anantha Naryana, P. 6

कारक	(चिह्न) एकवचन	(चिह्न) बहुवचन
1. कर्ता	शून्य, ने	शून्य, ने
2. कर्म	शून्य, को	शून्य, को
3. करण	से	से
4. सम्प्रदान	को, के, लिए	को, के, लिए
5. अपादान	से	से
6. सम्बन्ध	का, की, के, रा, री, रे, ना, नी, ने	का, की, के, रा, री, रे, ना, नी, ने
7. अधिकरण	में, पर	में, पर
8. सम्बोधन	हे, हो, अरे, ओह, अबे, अजी	हे, हो, अरे, ओह, अबे, अजी

किसी प्रसंग में प्रयुक्त धातु के द्वारा वाच्य व्यापार का आश्रय 'कर्ता' होता है 'प्रकृत' धातु वाच्य 'व्यापाराश्रयत्वं कर्तृत्वम्'[1] कर्ता को जो सर्वाधिक ईप्सित हो, वह 'कर्म' कहलाता है—'कर्तुरीप्सिततमं कर्म'[2] जिसके व्यापार के बाद क्रिया के फल की निष्पत्ति प्राप्ति हो, उसे 'करण' समझना चाहिए—

क्रियायाः परिनिष्पत्तिर्यद्व्यापारादनन्तरम्।
विवक्ष्यते यदा यत्र करणं तत्तदा स्मृतम्॥[3]

सम्यक्-प्रदान ही 'सम्प्रदान' का शाब्दिक अर्थ होता है। किन्तु कारक के सन्दर्भ में 'सम्प्रदान' का आशय है—कर्म के द्वारा जो अभिप्रेत हो, वह 'सम्प्रदान' होता है—'कर्मणायमभिप्रैति स सम्प्रदानम्'।[4] 'अपादान' का अर्थ 'अलग होना' होता है। प्रश्न है, जो अलग होता है या जो अलग करता है इन दोनों में किसे अपादान माना जाय? इस सम्बन्ध में **डॉ० दीप्ति शर्मा** कहती हैं—जब अलग होने या करने वाले को कर्ता मान लिया गया तब स्वभावतः जहाँ से अलग हुआ जाता है, उसे ही अपादान मानना उचित होगा।[5] **पाणिनि** के अनुसार विश्लेष क्रिया में जो ध्रुव अथवा स्थिर हो, वह 'अपादान' समझा जाता है—'ध्रुवमपायेऽपादानम्'। क्रिया का आधार ही 'अधिकरण' कहलाता है, 'आधारोऽधिकरणम्'[6] **भर्तृहरि** के अनुसार, गौण रूप से जो क्रिया के व्यापार और फल दोनों का आश्रय हो, वह अधिकरण होता है।

कर्तृकर्मव्यवहितामसाक्षाद्धारयत् क्रियाम्।
उपकुर्वत् क्रिया सिद्धौशास्त्रेऽधिकरणं स्मृतम्।[7]

काल—काल का सम्बन्ध क्रिया से है, क्योंकि क्रिया अथवा कार्य किसी-न-किसी समय में घटित होता है और इसलिए क्रिया के स्वरूप को देखकर काल का ज्ञान तुरन्त हो

---

1. **परमलघुमंजूषा, कारक-विचार-नागेश, पृष्ठ 91**
2. **अष्टाध्यायी पाणिनि 1,4, 49 पृष्ठ 25**
3. **वाक्यपदीय—भर्तृहरि**
4. **कौण्डभट्ट द्वारा उद्धृत वृत्तिकार का मत, पृष्ठ 188**
5. **व्याकरणिक कोटियों का विश्लेषणात्मक अध्ययन, पृष्ठ 132**
6. **अष्टाध्यायी, 1-4-25**
7. **वाक्यपदीय—कौण्डभट्ट द्वारा वैयाकरण भूषण सार में उद्धृत, पृष्ठ 177**

जाता है।[1] संज्ञा तथा सर्वनाम की पद रचना में जो महत्व कारकों का होता है, वही स्थान क्रिया पद के रचाव में काल का भी समझा जाता है। कुछ विद्वानों का विचार है, कि विश्व की अधिकांश भाषाओं की क्रियाओं को कालों के आधार पर स्पष्ट किया जाता है। किन्तु सभी भाषाओं में यह वर्गीकरण समान रूप से दृष्टिगत नहीं होता है। संस्कृत में भूत काल के ही (1) अनद्यतन (2) परोक्ष और (3) सामान्य नामक तीन भेद मिलते हैं।[2] संस्कृत में वर्तमान के समीपवर्ती भूत तथा भविष्यत में भी वर्तमान की ही तरह प्रत्यय होते हैं। यहाँ भूतकाल में वर्तमान का प्रयोग खूब मिलता है, "ततो यदृच्छया समुत्थिते भर्तरि सा झटिति शिशु जग्राह। तं च परमधर्मालोक्य विस्मयाविष्टो नृपति राह। तत्र गृहान्तरे गृह प्रवेशात् पूर्वमेक: कश्चिद् ब्रह्म राक्षस: प्रविष्ट:। स च रात्रौ तत्र ये वसन्ति तान् भक्षयति। ततो मान्त्रिकान् समाहूय तदुच्चाटनाय राजा ययते स्म। स चागच्छनेव मान्त्रिकानेव भक्षयति।"[3] सच तो यह है कि संस्कृत की काल व्यवस्था से हिन्दी तथा अंग्रेजी की काल व्यवस्था बहुत मिलती है। हिन्दी ने वर्तमान कालिक कृदन्त विशेषण 'ता' और भूत कालिक कृदन्त विशेषण 'आ' जोड़कर सब धातुओं से तीनों कालों में बहुत से क्रिया रूप बनाये हैं। ठीक इसी भाँति अंग्रेजी ने वर्तमान कालिक "ing" प्रत्यय तथा भूतकालिक l, d या n आदि जोड़कर अपना क्रिया रूप समृद्ध किया है। इन्हें क्रमश: Present Participle तथा Past Participle कहते हैं। संस्कृत में वर्तमान काल में शतृ और शानच् तथा भूतकाल में क्तक्तवतु का विधान है। वस्तुत: अंग्रेजी के दोनों Participle तथा हिन्दी के दोनों कृदन्तीय विशेषण इन्हीं संस्कृत के प्रत्ययों के अपभ्रष्ट और विस्तृत रूप मात्र हैं। हिन्दी में वर्तमान या भूतकाल का 'पढ़', 'पढ़ता', 'पठ' धातु का मौलिक रूप नहीं, सतृप्रत्ययान्त विशेषण रूप है, इसीलिए 'पढ़ता' पुरुष भेद से नहीं परिवर्तित होता। अंग्रेजी में भविष्यत् के लिए कोई स्वतंत्र रूप नहीं है, भूत के लिए स्वतंत्र रूप जैसे—write यह वर्तमान हुआ और wrote तथा written यह भूत। संस्कृत में भी सामान्य भविष्यत् का रूप वर्तमान के रूप में बीच में 'स्य' जोड़कर बनाया जाता है जैसे—याति-स्याति, तपति-तप्स्यति आदि। हिन्दी में भी धातु का अपना रूप वर्तमान में है, पढ़ता आदि भूत में भी है पढ़ा आदि पर सामान्य भविष्यत् का अपना कोई रूप नहीं। विधि के रूपों में एकवचन में 'गा' तथा बहुवचन में 'गे' लगाकर सामान्य भविष्यत् बनाया जाता है—पढ़ेगा, पढ़ूँगा, पढ़ेंगे, पढ़ोगे आदि।[4] काल के मुख्य तीन प्रकार होते हैं—

1. वर्तमान (Present Indicative Tense)
2. भूत या अतीत काल (Past Indicative Tense)
3. भविष्य काल (Future Indicative Tense)

A verb in Present tense denotes an action as talking place present अर्थात् जो कार्य हो रहा है या होता है, उसका सूचक वर्तमान काल होता है। यथा—सुकुल पढ़ रहा है। या वह गाता है A verb in the Past Tense denotes in having taken place in the past अर्थात् हो चुकने वाला कार्य भूतकाल के भीतर आता है, यथा—राम, सीता तथा लक्ष्मण जंगल गये। श्याम विद्यालय से लौट आया। A verb in future denotes an action

---

1. **भाषा शास्त्र तथा हिन्दी भाषा की रूपरेखा—डॉ० देवेन्दु कुमार शास्त्री, पृष्ठ 127**
2. **संस्कृत भाषा-विज्ञान—डॉ० राजकिशोर सिंह, पृष्ठ 178**
3. **हिरण्यक की आत्मकथा और सिंह शशक कथा—पंचतंत्र से गृहीत**
4. **भाषा-विज्ञान की भारतीय परंपरा और पाणिनि—डॉ० रामदेव त्रिपाठी, पृष्ठ 524**

due to take place in future अर्थात् आगे होने वाले कार्य का बोधक भविष्य काल होता है। यथा—सागर विश्वविद्यालय का दीक्षान्त समारोह कल होगा। मैं बनारस जाऊँगा।

वाच्य—क्रिया पद में किस प्रकार की प्रधानता है, इसकी सूचना देने वाले व्याकरणिक साधन को 'वाच्य' कहते हैं। संस्कृत की तरह हिन्दी में तीन 'वाच्य' होते हैं। यथा—

1. कर्तृवाच्य (Active Voice)
2. कर्मवाच्य (Passive Voice) तथा
3. भाववाच्य (Impersonal Voice)।

जब किसी वाक्य में कर्त्ता पर अधिक बल दिया जाय तो वह 'कर्तृवाच्य', यदि कर्म पर अधिक बल दिया जाय तो वह 'कर्मवाच्य' और जब क्रिया के भाव पर अधिक बल दिया जाय तो वह 'भाववाच्य' समझा जाता है। वाक्य में कभी कर्त्ता प्रधान होता है कभी कर्म और धातु जब अकर्मक रही है, तब कर्त्ता की प्रधानता नहीं रहने पर क्रिया स्वयं ही प्रधान बन बैठती है। 'बालका: मातु अंके चमसेन दुग्धं पिबंति' यहाँ सकर्मक धातु 'पा' का कर्त्ता है—बालक, कर्म है—दुग्ध और यह वाक्य कर्तृवाच्य का है, क्योंकि इसमें क्रिया कर्त्ता के अनुसार बहुवचन है। इसमें जब कर्त्ता की जगह कर्म की प्रधानता होगी, तब कर्त्ता अनुक्त होने से तृतीया विभक्ति धारण करेगा। ''बालकै: मातु: अङ्क चमसेन दुग्धं पीयते'' को ही कर्मवाच्य कहते हैं, अर्थात् जिसमें कर्त्ता वाच्य या उक्त अर्थात् प्रधान हो, वह कर्मवाच्य होता है।[1]

धातु (Root)—अंग्रेजी में धातु को Root कहते हैं। अंग्रेजी के एक विद्वान लिखते हैं—"Dhatu (from dhato lay, prt) Originally meant Lay-er, Constituent Par "In grammar it means" elements or essential ingredients of words and is first found in the Gopath Brahmana. In the Nirukta it is correctly derived from the root dha." धातु के विषय में संस्कृत के वैयाकरणों ने कहा है—

लिङ्ग धातुं विभक्ति च सन्नयेत् तत्र तत्र च।
यद् यद् स्याच्छान्दसं् यन्त्रे तत्रत् कुर्यातु लौकिम्॥

इधर कालिदास ने भी रघुवंश में 'धातु' शब्द का प्रयोग 'तकनीकी संदर्भ' (Technical Sense) में इस प्रकार किया है—

रामादेशादनुगता सेना तस्मार्थ सिद्धये।
पश्चादध्ययनार्थस्य धातोरधि रिवाभवत्॥

प्रो० ना० नागप्पा धातु का स्वरूप स्थिर करते हुए कहते हैं कि, "Root is the basic to which prefixes, suffixes or modification are added to form a verb."[2] अर्थात् क्रिया का मूल रूप धातु कहलाता है। आप इसे इस तरह भी समझिए कि जिस मूल शब्द में विकार होने से क्रिया बनती है, उसे 'धातु' कहते हैं, जैसे—पढ़ता पढ़ा, पढ़े, पढ़ो, पढ़ना, पढ़िए, पढ़िएगा आदि क्रिया रूपों का मूल या असली रूप 'पढ़' है, अत: यही धातु है। इस 'पढ़' धातु में ही ता, आ, ए, ई, ओ आदि जुड़कर ये रूप बने हैं। विविध क्रिया-रूपों का मूलांश धातु कहा जाता है। वैयाकरणों के अनुसार धातुएँ हमेशा किसी-न-किसी कार्य-व्यापार

---

1. भाषा-विज्ञान की भारतीय परंपरा और पाणिनि—डॉ० रामदेव त्रिपाठी, पृष्ठ 525
2. अभिनव हिन्दी व्याकरण-ना० नागप्पा, पृष्ठ 201

को सूचित करती रहती हैं, अतः इन्हें 'सार्थक ध्वनि' की संज्ञा से भी नवाजा गया है। **डॉ० बाल मुकुन्द** के अनुसार,[1] व्याकरण विज्ञान में धातु को प्रकृति की संज्ञा दी जाती है। धातुएँ वे मूल तत्व हैं, जिसमें से सभी शब्द-रूप उत्पन्न हुए माने जाते हैं। ये तत्व या ध्वनि रूप भाषा-वैज्ञानिक दृष्टि से उन सभी क्रिया रूपों के उद्गम को सूचित करते हैं, जिससे हम भली-भाँति परिचित हैं। इन धातुओं की महत्ता वैयाकरणों और व्युत्पत्तिवादियों—दोनों ने समान रूप से स्वीकार किया है। इसका मुख्य कारण यह है कि धातुएँ केवल भाषा-वैज्ञानिक विश्लेषण की अन्तिम परिणाम ही नहीं हैं, बल्कि सभी शब्दों के यथार्थ आधार हैं। **प्रो० सेज** कहते हैं कि धातु का शब्दों से वही संबंध है, जो जीवन की प्राणिमात्र से।[2] इधर, **पी० सी० चक्रवर्ती** कहते हैं कि जिसको भारतीय वैयाकरणों ने धातु की संज्ञा दी है, शब्दों का इतिहास वास्तव में इस प्रकार की भाषा के मूल रूप से प्रारम्भ होता है।[3] भारत में अन्य भाषा-परिवारों की तरह संस्कृत के पास धातु का विशाल अक्षत् कोष है। वैदिक संस्कृत में धातु के विविध रूप हैं। विद्वानों का कहना है कि ग्रीक और वैदिक संस्कृत दो ही ऐसी भाषाएँ हैं, जिनके धातु रूपों में तीन वचन, तीन पुरुष तथा पाँच भाव प्राप्त होते हैं। वैदिक संस्कृत की भाँति लौकिक संस्कृत की भी प्रायः सभी धातुएँ एकाक्षरी हैं।[4]

धातुओं की संख्या तथा उनका वर्गीकरण

धातुओं की संख्या के सवाल पर भाषाविद् एक राय नहीं है। संस्कृत वैयाकरणों में संस्कृत भाषा की धातुओं की संख्या लगभग दो हजार मानी है, किन्तु इनका यह भी कहना है कि इनमें से लगभग आधे का प्रयोग नहीं होता। शेष धातुओं में काफी संख्या में द्वित्व रूप, शुद्ध धातु रूप और नाम धातु हैं। इन सब धातुओं का बहिष्कार कर देने पर आठ सौ के आसपास धातुएँ शेष रह जाती हैं, इनकी रचना संस्कृत के तिडन्त प्रक्रियाओं पर ही आधारित नहीं है, अपितु इनकी रचना में परम्परागत नामिक प्रातिपादिक भी सहायक हैं।[5] इधर, **भोलानाथ तिवारी** संभवतः संस्कृत को ही आधार बनाकर धातुओं की संख्या 2000 बताते हैं। अंग्रेज विद्वान हार्नले धातुओं की संख्या 582 बताते हैं।[6] अब यहाँ कौतूहल सना बुनियादी सवाल यह है कि हिन्दी में क्रियाओं की तरह धातुओं का अस्तित्व है कि नहीं? **डॉ० माई दयाल जैन** तो कहते हैं कि हिन्दी में संस्कृत धातु जैसी कोई चीज नहीं होती, इसलिए जिस प्रकार संस्कृत में एक धातु के आरंभ में भिन्न-भिन्न उपसर्ग लगाकर अनेक क्रिया शब्द बनाए जा सकते हैं, वह सुभीता हिन्दी को प्राप्त नहीं है।[7] हिन्दी में तो क्रियाएँ सामान्य नियम का अनुसरण करती हैं—"Simplification is in fact the rule in all branches of the Indo-European family of languages and in those we are now discussing the verb follows this general law."[8]

---

1. **हिन्दी क्रिया : स्वरूप और विश्लेषण—डॉ० बाल मुकुन्द**
2. **The science of Language-Prof.Sayce—Voll. II, P. 3**
3. **The Linguist Speculation of Hindus—P. C. Chakravarti, P. 219**
4. **संस्कृत का भाषा शास्त्रीय अध्ययन—डॉ० भोलाशंकर व्यास, पृष्ठ 192**
5. **Sanskrit Language—T. Buro P. 204**
6. **A Comparative Grammar of the Guadian Languages, P. 83, London, 1880**
7. **हिन्दी शब्द रचना—डॉ० माई दयाल जैन, पृष्ठ 269**
8. **A Comparative Grammar of the Modern Aryan Languages in India—John Beams, Vol. III, P. 2**

जो हो, हिन्दी में धातुओं को वर्गीकृत करने का काम कई विद्वानों ने किया है, लेकिन सबसे अधिक प्रामाणिक बँटवारा **डॉ० सुनीति कुमार चटर्जी** का माना जाता है। सभी लोगों ने इसमें किंचित संशोधन के साथ अपनी सहमति व्यक्त की है, तो फिर इसे ही क्यों न देखा जाए—

डॉ० चटर्जी का वर्गीकरण—मूल—(1) तद्‌भव (साधारण, उपसर्गयुक्त), (2) प्रेरणार्थक तद्‌भव, (3) तत्सम, अर्द्धतत्सम, (4) संदिग्ध व्युत्पत्ति वाली करना। 'हाथ' संज्ञा है, इससे यह क्रिया बनी है, अत: नाम धातु है। हिन्दी में नाम धातु प्राय: संज्ञा, सर्वनाम, विशेषण तथा अव्यय शब्दों से मिलकर बनती हैं।

संस्कृत में किसी सुबन्त शब्द (संज्ञा) के पश्चात् जब कोई प्रत्यय जोड़कर धातु बना लिया जाता है, तो उसे नाम धातु की संज्ञा दी जाती है, जैसे—नमस्+क्यच् = नमस्यति (नमस्कार करता है), रथर्यति (रथ+क्यच)= रथ पर चढ़ता है, इत्यादि। यद्यपि नाम धातु के रूप सभी लकारों में चल सकते हैं, परन्तु बहुधा इनका प्रयोग वर्तमान काल में ही देखा जाता है।[1] पालि में नामिक रूपों (संज्ञा आदि) के अनन्तर 'आय' और 'इच' प्रत्यय जोड़कर नाम धातु बनाया जाता है, जैसे—पुत+आय+ति = पुतायति ‹ सं० पुत्रायते। छत्त+ईय+ति= छत्तीयति ‹सं० छत्रायते।[2]

हिन्दी की यौगिक धातुओं का दूसरा वर्ग नाम धातु है। संज्ञा पद तथा क्रिया मूलक विशेषण से क्रिया पद बनाने की प्रक्रिया प्र० भा० आ० और म० भा० आ० के नाम धातु प्रयुक्त होते हैं, अपितु विदेशी संज्ञा तथा विशेषण शब्दों से नाम धातु बनाने की प्रथा देखी जाती है, आ० भा० आ० में नाम धातु की रचना के लिए 'आ' प्रत्यय का व्यवहार होता है, जिसका संबंध प्रा० भा० आ० के प्रेरणार्थक (णिजन्त) 'आय' से है।[3] संज्ञा, सर्वनाम, विशेषण तथा अव्यय शब्दों से मिलकर बने नाम धातु के कुछ उदाहरण इस प्रकार हैं—

संज्ञा	लाज—लजाना		गर्म—गर्माना
	झूठ—झुठलाना		नरम—नरमाना
	जूता—जुतियाना	विशेषण	मोटा—मोटाना
	दुख—दुखाना		चिकना—चिकनाना
	धुआँ—धुँआ		साठ—सठियाना
	बात—बतियाना		
सर्वनाम	अपना—अपनाना	अव्यय	थपथप—थपथपाना
	मैं-मैं—मिमियाना		हिन-हिन—हिनहिनाना

अनुकरणात्मक धातु—किसी वस्तु, पदार्थ की ध्वनि के अनुकरण पर बनी धातु को अनुकरणात्मक धातु कहते हैं, जैसे—

---

1. **A Vedic Grammar for Students—A. Macdonell, P. 430 Oxford University Press**
2. **कच्चायन व्याकरण—डॉ० उदय नारायण तिवारी, पृष्ठ 251**
3. **हिन्दी भाषा का उद्‌गम और विकास—डॉ० उदय नारायण तिवारी, पृष्ठ 474**

थरथर = थरथराना	खटखट = खटखटाना
गड़गड़ = गड़गड़ाना	टिमटिम = टिमटिमाना
भिनभिन = भिनभिनाना	टर्र टर्र = टर्राना
बड़ बड़ = बड़बड़ाना	फड़ फड़ = फड़फड़ाना
सन सन = सनसनाना	हिन हिन = हिनहिनाना

कुछ विद्वान ऐसी धातुओं को 'आवृत धातु' कहते हुए उसको इस प्रकार परिभाषित करते हैं—जिन धातुओं में उन्हीं के किसी अंश की आवृत्ति हो, उन्हें आवृत्त धातुएँ कहते हैं, जैसे—फड़फड़ाना, छटपटाना, जगमगाना, तिलमिलाना आदि।[1] इन सबके बावजूद इस धातु के साथ एक विवाद जुड़ा हुआ है। कुछ विद्वान इस तरह की धातुओं को स्वतंत्र महत्व न देकर इन्हें नाम धातु के भीतर ही रखते हैं। इनका कहना है कि इनका अलग वर्ग मानकर नामधातु में ही माना जाना उचित है।[2]

सहायक क्रिया (Auxilliary Verb)—किशोरी दास बाजपेयी के अनुसार जिस क्रिया की सहायता से संयुक्त काल बनाए जाते हैं, उन्हें सहायक क्रिया कहते हैं।[3] इधर, **डॉ० महेश चन्द्र गर्ग** कहते हैं[4] कि मुख्य क्रिया के सहायक रूप में आकर उसके अर्थ को पूर्णता प्रदान करने वाली क्रिया सहायक क्रिया कहलाती है। इसमें और संयुक्त क्रिया में अन्तर यह है कि संयुक्त क्रिया अपने वाच्चार्थ को छोड़कर मुख्य क्रिया के अर्थ को एक विशेष अर्थच्छाया प्रदान करती है, जबकि सहायक क्रिया अपने वाच्यार्थ का परित्याग न कर मुख्य क्रिया के अर्थ को पूर्ण बनाती है, जैसे—वह **उठ बैठा** में 'उठ बैठा' क्रिया का अर्थ है—'उठकर बैठ गया।' इस प्रकार 'बैठा' सहायक क्रिया अपने अर्थ को सुरक्षित रखकर मुख्य क्रिया 'उठ' के अर्थ को पूर्णता प्रदान कर रही है।

हिन्दी के संयुक्त कालों की रचना में 'होना' सहायक क्रिया का व्यवहार होता है। 'होना' सहायक क्रिया दो रूपों में प्रयुक्त होती है—(1) स्थिति दर्शक सहायक क्रिया के रूप में तथा (2) विकार दर्शक सहायक क्रिया के रूप में। हिन्दी की सहायक क्रियाओं का संबंध संस्कृत के तिङन्त रूपों से है। पूर्वी हिन्दी की कुछ बोलियों में 'बाटै' आदि रूपों का व्यवहार सहायक क्रिया के रूप में होता है, जैसे—ऊ जात बाटै। इसका संबंध सं० वृत्त से माना जाता है, यथा—सं० वर्तते>वट्टति>वट्ठे>बाटै, बाड़ै>बा।[5] अवधी तथा भोजपुरी आदि कुछ बोलियों में 'रहना' सहायक क्रिया का प्रयोग होता है। **टर्नर** इसका संबंध रह से मानते हैं।[6] बंगला में 'आछ्' तथा 'थाक्' दो अन्य सहायक क्रियाओं का प्रयोग होता है, जो मैथिली में 'छ्' और 'थीक्' के रूप में दिखायी देते हैं। कुल मिलाकर सहायक क्रिया मुख्य क्रिया की कार्यविधि, प्रकार और काल को व्यक्त करती है।[7]

---

1. **गवेषणा—पृष्ठ 102, मार्च 1969**
2. **हिन्दी व्याकरण—नव मूल्यांकन—डॉ० ओम प्रकाश, पृष्ठ 262**
3. **हिन्दी शब्दानुशासन—किशोरी दास बाजपेयी, पृष्ठ 91**
4. **परिनिष्ठित हिन्दी का रूप ग्रामिक अध्ययन—डॉ० महेश चन्द्र गर्ग, पृष्ठ 79**
5. **हिन्दी क्रिया : स्वरूप और विश्लेषण—डॉ० बाल मुकुन्द, पृष्ठ 204**
6. **Nepali Dictionary—R. L. Turner, P. 191, 1931**
7. **Dictionary of Linguistics—Mario Pei, P. 23**

हिन्दी में 'हो' धातु का प्रयोग काल संबंधी ज्ञान कराने के लिए सहायक क्रिया के रूप में किया जाता है।[1] हूँ, हो, है, थी, थे आदि 'हो' के ही रूप हैं। 'हो' धातु या क्रिया का तीनों कालों में प्रयुक्त होने वाला रूप इस प्रकार है—

वर्तमान काल			भूतकाल (पुल्लिंग)		
पुरुष	**एकवचन**	**बहुवचन**	**पुरुष**	**एकवचन**	**बहुवचन**
उत्तम	हूँ	हैं	उत्तम पुरुष	था	थे
मध्यम पुरुष	है	हो	मध्यम पुरुष	था	थे
अन्य पुरुष	है	है	अन्य पुरुष	था	थे

भूतकाल (स्त्रीलिंग)		
पुरुष	**एकवचन**	**बहुवचन**
उत्तम पुरुष	थी	थीं
मध्यम पुरुष	थी	थीं
अन्य पुरुष	थी	थीं

भविष्यत् काल (पुल्लिंग)			भविष्यत् काल (स्त्रीलिंग)		
पुरुष	**एकवचन**	**बहुवचन**	**पुरुष**	**एकवचन**	**बहुवचन**
उत्तम पुरुष	हूँगा, होऊँगा	होंगे	उत्तम पुरुष	हूँगी	होंगी
मध्यम पुरुष	होगा	होंगे	मध्यम पुरुष	होगी	होंगी
अन्य पुरुष	होगा	होंगे	अन्य पुरुष	होगी	होंगी

संभावनार्थ (1) (पुल्लिंग)			संभावनार्थ (1) (स्त्रीलिंग)		
पुरुष	**एकवचन**	**बहुवचन**	**पुरुष**	**एकवचन**	**बहुवचन**
उत्तम पुरुष	होता	होते	उत्तम पुरुष	होती	होतीं
मध्यम पुरुष	होता	होते	मध्यम पुरुष	होती	होतीं
अन्य पुरुष	होता	होते	अन्य पुरुष	होती	होतीं

संभावनार्थ (2)		
पुरुष	**एकवचन**	**बहुवचन**
उत्तम पुरुष	हूँ, होऊँ	हों
मध्यम पुरुष	हो	हों
आरार्थ मध्यम पुरुष	(आप) हों	हों
अन्य पुरुष	हो	हों

सामान्य भूतकाल के 'था' आदि रूपों का संबंध सं० 'स्था' से माना जाता है—सं० स्था>प्र० थाइ, ठा>हि० था। **डॉ० नामवर सिंह** 'था' का संबंध भू-अभूत से मानते हैं, जैसे—

1. हिन्दी व्याकरण : नव मूल्यांकन—डॉ० ओम प्रकाश शर्मा, पृष्ठ 272

अभूत>अहूत>हूत>हुतो, तो था (त+ह)।[1] ब्रजभाषा में 'था' के स्थान पर 'हुतो' हो, तो आदि रूपों का व्यवहार होता है।[2] **डॉ० बाबू राम सक्सेना** के अनुसार 'था' वाले रूपों का प्रचुर प्रयोग दक्खिनी हिन्दी में देखने को मिलता है, यथा—"अथे दो जने, रतन यो अथे।"[3] **डॉ० अवधेश्वर अरुण** के अनुसार, 'होंता' की व्यूत्पत्ति 'भू' धातु से बने रूप 'भवन्तः' से सर्वमान्य है। विकास की प्रक्रिया यह है—सं० भवन्तः>प्रा० होन्तो>हि० होता।[4] हूँ, है, हो, हैं का विकास संस्कृत की 'अस' धातु से माना गया है। लेकिन **केलॉग** तथा **बीम्स** आदि विद्वान इसे अस्वीकार करते हैं। **डॉ० धीरेन्द्र वर्मा** इनका विकास अस्मि, अस्ति से मानते हैं, यथा—अस्मि>अम्हि>अहौं>हो>हूँ अस्ति>अत्थ>अहि>अहै>है।

किन्तु **डॉ० भोलानाथ तिवारी** इनका संबंध 'भू' धातु के विभिन्न रूपों से मानते हैं, यथा—

सं० भवामि>प्रा० होमि>अप०>कल्पित होवि, होंव>हि० हौं, हूँ।

सं० भवसि, भवति>प्रा० होसि, होइ>अप० हइ>हि० है।

सं० भवामः>प्रा० होमः>अप० होइ, हइ>हि० है।

सं० भवथ>प्रा० होथ>प्रा० होइ>अप० होइ>हि० हो।

होउंगा, होंगे, होगा, होगें में 'गा' की व्युत्पत्ति साफ तौर पर 'गतः' से हुई है, जिसका विकास निम्न प्रकार है—गतः>गदो>गओ>गो, गअ>गा। 'गे' और 'गी' इसी के वचन एवं लिंगगत रूपान्तर हैं। होऊँ, हों आदि को **डॉ० धीरेन्द्र वर्मा** वर्तमान संभावनार्थ से विकसित मानते हैं, जैसे—सं० चलामि>प्रा० चलामि>अप० चलउं>हि० चलूं+गा।[5]

हिन्दी क्रिया रूपों की रचना में सहायक क्रियाओं का महत्व

सहायक क्रिया का एक अन्य **नामगौण क्रिया** भी हैं। काल आदि की दृष्टि से मुख्य क्रिया की सहायता करने वाली क्रिया ही सहायक या गौण क्रिया कही जाती है। सवाल है, मुख्य क्रिया का स्वरूप क्या है? अर्थात् मुख्य क्रिया किसे कहते है? उत्तर है—कार्य का विधान करने वाली क्रिया—मुख्य क्रिया कहलाती है। सहायक क्रिया इसी मुख्य क्रिया की सहायक होती है और हिन्दी में क्रिया-रूपों की रचना करने के लिए सहायक क्रियाएँ गरज और जरूरत के अनुसार अपनी-अपनी भूमिका में जीती हैं। बिना इनकी सहायता के क्रिया रूपों का ढाँचा लगभग अधूरा ही रहता है। जाना, आना, चुकना, चाहना, होना, बैठना, डालना, लगना, सकना, करना, देना, पड़ना, बनना आदि सहायक क्रियाएँ मुख्य रूप से क्रिया रूपों के निर्माण में सहायक होती हैं।

उक्त कुछ मुख्य सहायक क्रियाओं में 'सकना' क्रिया का प्रयोग ही अमूमन सहायक क्रिया के रूप में होता है, अन्यथा शेष सहायक क्रियाएँ मुख्य क्रियाओं के रूप में भी व्यवहृत होती हैं। भाषाविज्ञानी **डॉ० रत्नचन्द्र शर्मा कहते हैं**[6] कि 'होना' क्रिया सबसे अधिक उल्लेखनीय है, क्योंकि पश्चिमी हिन्दी में, जिसका सबसे अधिक महत्वपूर्ण एवं प्रचलित

1. **हिन्दी के विकास में अपभ्रंश का योग—डॉ० नामवर सिंह, पृष्ठ 136**
2. **हिन्दी क्रिया : स्वरूप और विश्लेषण—डॉ० बाल मुकुन्द, पृष्ठ 137**
3. **दक्खिनी हिन्दी—डॉ० बाबू राम सक्सेना, पृष्ठ 61**
4. **हिन्दी भाषा का स्वरूप विकास—डॉ० अवधेश्वर अरुण, पृष्ठ 132**
5. **हिन्दी भाषा का इतिहास—डॉ० धीरेन्द्र वर्मा, पृष्ठ 97**
6. **भाषा-विज्ञान और मानक हिन्दी—डॉ० रत्नचन्द्र शर्मा, पृष्ठ 210-11**

रूप मानक हिन्दी या खड़ी बोली है, वर्तमान काल की सहायक क्रियाओं के लिए इसी के विभिन्न रूपों का प्रयोग किया जाता है। यह किसी कार्य विशेष का संकेत तो नहीं करती, केवल किसी स्थिति के होने के संकेत करती है, परन्तु हिन्दी की काल-रचना में इससे अधिक सहायता मिलती है, जैसे वर्तमान काल के क्रिया रूपों में है, हैं, हूँ, हौं, हो, होऊँ, होवें, होवे आदि सब इसी के रूप हैं। पूर्वी हिन्दी में 'ह' वाले रूपों के अतिरिक्त 'बाट' वाले रूप भी प्रयुक्त होते हैं, जैसे—बाटैं, बाटै, बाटे, बाटी आदि। सम्भाव्य वर्तमान में 'होता', 'होती', 'होते' आदि का प्रयोग होता है।

पश्चिमी हिन्दी में भूतकाल के लिए 'होना' क्रिया के 'थ', 'ह' और 'हत' वाले रूपों का प्रयोग होता है, जैसे—था, थी, थीं, थे, हो, हीं, हे, हतो, हते, हतीं आदि। पूर्वी हिन्दी में 'रह' वाले रूप भी प्रचलित हैं, जैसे—रहौं, रहैं, रहन, रहेउ, रहिस आदि। भविष्यत् काल में इसके 'ग' वाले रूपों का प्रयोग होता है, जैसे—हूँगा, हूँगी, होंगे, होंगी, होगा, होगी आदि, जैसे—देखेगा, चलेगी, खाऊँगी, जाएँगे आदि। पूर्वी हिन्दी में भविष्यत् काल के लिए 'है' वाले रूप प्रयुक्त होते हैं, जैसे—देखिहै, चलिहै आदि। पश्चिमी हिन्दी में संज्ञार्थक क्रियाएँ 'न', 'ण' और 'ब' के योग से बनती हैं, जैसे—चलना, चलणा, चलिबो, रहना, रहिबो आदि। पूर्वी हिन्दी में ऐसी क्रियाओं को बनाने के लिए केवल 'ब' का ही योग रहता है, जैसे—चलब, रहब, देखब, सुनब आदि।

संयुक्त क्रिया (Compound Verb)

'संयुक्त' शब्द 'संयोग' शब्द से बना है, जिसका अर्थ है—मेल। इस प्रकार संयुक्त क्रिया का अर्थ हुआ—क्रियाओं का मेल। संयुक्त क्रिया-संबंधी कुछ परिभाषाओं को इस प्रकार देखिए—

परिभाषा

1. पंडित रमापति शुक्ल के अनुसार—"कृदन्त, संज्ञा या विशेषण के साथ क्रिया के ऐसे संयोग को संयुक्त क्रिया कहते हैं, जिसमें संयुज्यमान अवयवों के स्वतंत्र अर्थ भासित न हो, किन्तु समस्त संयोग एक समन्वित अर्थ का अभिधान करे।"[1]

2. डॉ० महेश चन्द्र गर्ग के अनुसार, "दो या दोसे अधिक धातुओं के मेल से बनने वाली उन क्रियाओं को संयुक्त क्रिया कहते हैं, जिनमें मुख्य क्रिया से जुड़ने वाली सहायक क्रियाएँ अपना वाच्चर्थ खोकर मुख्य क्रिया के अर्थ में विशेष अर्थच्छटा उत्पन्न कर देती हैं। संयुक्त क्रियाओं में इस प्रकार जो अर्थगत नवीनता, द्योतनता एवं सूक्ष्मता उत्पन्न हो जाती है, वह अभिव्यक्ति सामर्थ्य की दृष्टि से अपूर्व होती है।"[2]

3. डॉ० ओम प्रकाश शर्मा लिखते हैं कि, "किसी विशेष अर्थ को प्रकट करने के लिए जब दो या अधिक क्रियाएँ मिलकर किसी एक पूर्ण क्रिया का निर्माण करती हैं, तो उसे संयुक्त क्रिया कहते हैं।[3]

4. प्रो० ना० नागप्पा के विचार से—"A Compound Verb is bringing together of two or more verbs-used as a single verb in an idiomatic sense, The

---

1. **नागरी पत्रिका—रमापति शुक्ल, पृष्ठ 58, नागरी प्रचारिणी सभा, काशी**
2. **परिनिष्ठित हिन्दी का रूप ग्रामिक अध्ययन—डॉ० महेश चन्द्र गर्ग, पृष्ठ 105**
3. **हिन्दी व्याकरण : नवमूल्यांकन—डॉ० ओमप्रकाश शर्मा, पृष्ठ 263**

meaning of the first part of the compound verb is emphasised or otherwise stressed in the second part in varying degrees there by expressing the force of attitude with which the action denoted by thc first part is executed."[1]

प्राय: भ्रमवश हिन्दी के पाठक दो या दो से अधिक क्रियाओं के योग को संयुक्त क्रिया मान लेते हैं, इस पर कुछ विद्वानों को एतराज है। बहरहाल, संयुक्त क्रिया में पहली क्रिया मुख्य और बाद की क्रिया या क्रियाएँ गौण होती हैं। संयुक्त क्रिया में एक से अधिक क्रियाओं को एक साथ लाकर ऐसा प्रयोग किया जाता है, मानो वे सब क्रियाएँ या क्रिया समूह एक ही मुहावरेदार क्रिया-वाक्यांश हो। संयुक्त क्रिया में प्राय: दो अंश होते हैं—पूर्व अंश और उत्तर अंश। पूर्व अंश व्यापार का द्योतक है, किन्तु उत्तर अंश इस बात का द्योतक है कि पूर्वोक्त व्यापार कैसे सम्पन्न किया जाता है।

संयुक्त क्रियाओं का वर्गीकरण (Classification of Compound Verbs)

(1) **अर्थ की दृष्टि से संयुक्त क्रिया के निम्न भेद होते हैं—**

1. भृशार्थक (Intensives), 2. शक्यता बोधक (Potentials), 3. पूर्णता बोधक (Completives), 4. बारंबार या नित्यता बोधक (Frequentatives), 5. इच्छार्थक (Desiratives), 6. आरंभिकता बोधक (Inceptives), 7. अनुमति बोधक (Permissives), 8. सामर्थ्य बोधक (Acquisitives), 9. प्रगति बोधक (Progressives), 10. गत्यर्थक (Staticals) तथा 11. विशेषण या विशेष पद (Normal)।[2]

(2) **रचना की दृष्टि** से संयुक्त क्रियाओं के निम्न 8 भेद हो सकते हैं[3]—

1. नामिका—आज्ञा लेना, माफ करना, कान भरना इत्यादि।
2. वैशेषणिक—अच्छा होना, एक होना, तीन-तेरह होना इत्यादि।
3. सार्वनामिक—अपनी कहना, सबकी सुनना इत्यादि।
4. ध्वन्यात्मक—धकधक करना, फरफर उड़ना, घरघर करना इत्यादि।
5. दृश्यात्मक—चकमक करना, दकदक करना, जगमग करना इत्यादि।
6. क्रियात्मक—कर डालना, उड़ा देना, खा जाना, आया करना, जाया करना, सोते रहना, पढ़ते जाना, जाने देना इत्यादि।
7. क्रिया विशेषणिक—आगा-पीछा सोचना, भाग-दौड़ करना इत्यादि।
8. अभ्यासात्मक—मरहम पट्टी करना, साफ-सुथरा रहना, मारना-पीटना, सोचना-समझना आदि।

संयुक्त क्रियाओं का विकास और प्रयोग—संयुक्त क्रिया के निर्माण की प्रवृत्ति के बीच प्राचीन भारतीय आर्य भाषाओं में ही पड़ गए थे। **डॉ० बाल मुकुन्द** लिखते हैं कि[4] हिन्दी में संयुक्त क्रियाओं के विकास की प्रवृत्ति **अपभ्रंश** और **पुरानी हिन्दी** में व्यवहृत संयुक्त क्रिया रूपों से ही जोड़ी जाती है—

---

1. **अभिनव हिन्दी व्याकरण—प्रो० ना० नागप्पा, पृष्ठ 263**
2. **The Grammar of Hindi Language—S. H. Kellog, P. 63**
3. **हिन्दी भाषा का स्वरूप विकास—डॉ० अवधेश्वर अरुण, पृष्ठ 143**
4. **हिन्दी क्रिया : स्वरूप और विश्लेषण—डॉ० बाल मुकुन्द, पृष्ठ 121**

1. **क्रियार्थक संज्ञा के योग से बनी हुई** – पयोधर के भरे **भागए चह** (कीर्तिलता-विद्यापति) 2/147)
2. **वर्तमान कालिक कृदन्त के योग से बनी हुई** – पहिउ **रडन्तउ जाइ** (हेमचन्द 4/445)
3. **भूत कालिक कृदन्त के योग से बनी हुई** – जइ भग्गा घर एन्तु (हेमचन्द्र 4/35)
4. **पूर्वकालिक कृदन्त के योग से बनी हुई** – पुनि **उट्ठइ सँभलि** (प्राकृत पैंगलम् 180/5)
5. **अपूर्ण क्रिया द्योतक कृदन्त के योग से बनी हुई—** – सहसि न **पारइ** (कीर्तिलता 3/28)

संयुक्त क्रियाओं के प्रयोग की लस्सी यहीं समाप्त नहीं हुई, बल्कि वह मध्ययुगीन हिन्दी में प्रभूत मात्रा में व्यवहृत होती दिखाई देती है। तुलसी, जायसी, सूर, कबीर आदि मध्ययुगीन तथा उसके पूर्व के कवियों ने संयुक्त क्रियाओं का प्रयोग अपनी रचनाओं में जमकर किया है। इस काल में क्रियार्थक संज्ञा वर्तमान कालिक कृदन्त, भूत कालिक कृदन्त, पूर्व कालिक कृदन्त, अपूर्ण क्रिया द्योतक कृदन्त तथा पूर्ण क्रिया द्योतक कृदन्त के योग से बनी हुई संयुक्त क्रियाओं के विभिन्न रूपों के प्रचुर प्रयोग सरलता से दिखाई देते हैं।

1. **आरंभ बोधक क्रिया** – **लगे कहन हरि कथा रसाला** (मानस)
2. **अनुमति बोधक क्रिया** – खेलन फिरन देव (ठाकुर)
3. **अवकाश बोधक क्रिया** – **चलत न पावत** निगम मग (बिहारी रत्नाकर-बिहारी)
4. **आवश्यकता बोधक क्रिया** – **चाहहिं बेध** कीन्ह कंचुकी (जायसी)
5. **नित्यता बोधक क्रिया** – कबीर कहता **जात** हूँ (कबीर 2/1)
6. **निरंतरता बोधक क्रिया** – पपीहा छन छन **रटत रहात** (भ्रमरगीतसार-सूरदास)
7. **तत्परता बोधक क्रिया** – **चले जात** सिव सती समेता (मानस 1/50)
8. **इच्छा बोधक क्रिया** – **देखा चहौं** जानकी माता (मानस)
9. **अवधारण बोधक क्रिया** – कल युगह मस्यूँ लड़ि पड्या (कबीर)
10. **शक्ति बोधक क्रिया** – **पकरि सकै** नहिं ताही (नंददास ग्रंथावली-सं० ब्रजरत्न दास)
11. **निश्चय बोधक क्रिया** – **कहे देति** यह रावरो, सब गुन बिन गुनमाल (बिहारी)

आधुनिक भारतीय भाषाओं में भी पूर्व की तरह संयुक्त क्रियाओं का प्रयोग खूब हुआ है। कभी-कभी तो इन संयुक्त क्रियाओं में दो या तीन क्रियाओं का प्रयोग एक साथ दिखाई दे जाता है। ख्यातिप्राप्त भाषा वैज्ञानिक **डॉ० बाल मुकुन्द** लिखते हैं कि संयुक्त क्रियाओं के विविध रूपों से आवश्यकता, आरंभ, अनुमति, अवकाश, नित्यता, अपूर्णता, निरंतरता, निश्चय, तत्परता, इच्छा, अभ्यास, अधिक निश्चय, शक्ति पूर्णता आदि भाव सूचित होते हैं। इन्हें इस प्रकार देखा जा सकता है—

1.	**आवश्यक बोधक क्रिया**	–	घंटे भर के बाद मुझे चला **जाना पड़ेगा** (सिन्दूर की होली—लक्ष्मी नारायण मिश्र)
2.	**आरंभ बोधक क्रिया**	–	हाथ जोड़ **कहने लगे** (नासिकेतोपाख्यान, पृष्ठ 2)
3.	**अनुमति बोधक क्रिया**	–	**जाने दीजिए** बच्चा मुझे न चाहिए (चिन्तामणि)
4.	**आवश्यकता बोधक क्रिया**	–	साठे तक पहुँचने की नौबत न **पाएगी** धनिया (गोदान-प्रेमचंद)
5.	**नित्यता बोधक क्रिया**	–	एक शूद्र **मारता आता** है (प्रेमचंद)
6.	**अपूर्णता बोधक क्रिया**	–	जब वह जाएगा तो तुम **पड़े रहोगे**
7.	**निरंतरता बोधक क्रिया**	–	वह निरंतर कार्य करती रहती है
8.	**निश्चय बोधक क्रिया**	–	वह गठरी लेकर **चलता बना** (बाल मुकुन्द)
9.	**तत्परता बोधक क्रिया**	–	सिन्धु की लोल लहरियों से **लिखी जाती** है (स्कन्दगुप्त-जयशंकर प्रसाद)
10.	**इच्छा बोधक क्रिया**	–	देखा जहाँ जानकी माता (मानस)
11.	**अभ्यास बोधक क्रिया**	–	बारह बरस दिल्ली रहे पर भाड़ ही झोंका किए (भारत भारती-मैथिली शरण गुप्त)
12.	**अवधारणा बोधक क्रिया**	–	मोहि देखत **कहि उठी** (सूरदास)
13.	**शक्ति बोधक क्रिया**	–	इसलिए कलि के बीच मैं नहीं चल सकता (प्रेमचंद)
14.	**पूर्णता बोधक क्रिया**	–	नहीं तो अब तक कभी की **आ चुकी होती** (सत्य हरिश्चन्द्र 1/2)
15.	**योग्यता बोधक क्रिया**	–	उससे खाते नहीं बनता (बाल मुकुन्द)
16.	**निश्चय बोधक क्रिया**	–	**कहे देति** यह रावरो सब गुन बिन गुल माल (बिहारी)
17.	**नाम बोधक क्रिया**	–	सरजू तट **खेलत-डोलत** हैं (कवितावली-तुलसीदास)

संयुक्त क्रिया का महत्व

हिन्दी में संयुक्त क्रियाओं के प्राय: दो रूप दिखाई देते हैं—(1) संश्लिष्ट तथा (2) विश्लिष्ट। भाषाविदों का मानना है कि हिन्दी में प्रयुक्त होने वाली संयुक्त क्रियाओं में से अधिकांशतया विश्लिष्ट हैं। अपने इस रूप में ये क्रियाएँ हिन्दी की वाक्य-रचना में सक्षम होती है। **डॉ० देवेन्द्र नाथ शर्मा** संयुक्त क्रिया की महत्ता पर प्रकाश-पात करते हुए लिखते हैं, ''संयुक्त क्रिया में हिन्दी की समृद्धि यहाँ तक बढ़ चुकी है वह संस्कृत को तो इस क्षेत्र में बहुत पीछे छोड़ आयी है, अंग्रेजी आदि आधुनिक सुविकसित भाषाओं को भी चुनौती दे रही

है।"[1] पाश्चात्य भाषाविदों का भी ध्यान हिन्दी की संयुक्त क्रियाओं की उक्त अर्थ-व्यंजकता की ओर गया है, तभी तो वे लिखते हैं—"The attention of a Linguist is involuntarily attracted by the compound verbs, the most original traint of Hindi morphology, syntax and semantics. The compound verbs, being the latest stage in the development of Indo-Aryan verb, strike us not only as a historical fact...that the compound verbs have occupied an exceptionally important in the works of Indian European scholars."[2]

वृत्ति—वृत्ति का आशय उच्चारण की गति से है। ध्वनि के उच्चारण में मात्रा, स्वर और आघात की तरह ही वृत्ति का भी महत्त्व है। वृत्ति के तीन भेद बताए गए हैं—(1) द्रुत, (2) मध्यम और (3) विलंबित। बोलने अथवा स्वयं के अभ्यास के लिए इसके व्यावहारिक पक्ष की चर्चा यजु: शाखीय पाणिनीय शिक्षा श्लोक 22 में इस प्रकार की गई है—

अभ्यासार्थे द्रुतां वृत्तिं प्रयोगार्थे तु मध्यमाम्।
शिष्याणामुप देशार्थे कुर्याद् वृत्तिं बिलम्बिताम्॥

अर्थात् स्वयं अभ्यास के लिए द्रुत, दूसरे से बात करने के लिए मध्यम और अध्यापन के लिए विलंबित वृत्ति ठीक रहती है। अधिक स्पष्ट करने के लिए इन्हें क्रमश: इस प्रकार देखा जा सकता है—

(क) द्रुत वृत्ति—उच्चारण की तीव्र गति 'द्रुत वृत्ति' के भीतर आती है। कभी-कभी कुछ लोग बीच में श्वास लेने की चिन्ता किए बिना इतनी तेजी से बोलते हैं कि उनकी कही हुई बात समझ से कोसों दूर रहती है। तेजी अथवा झटके के साथ बोलने वाले व्यक्ति से यदि पूछा जाय कि आप इस समय क्या कर रहे हैं? यदि वह उत्तर देता है कि मैं इस समय पाठ्य-क्रम की तैयारी कर रहा हूँ, तो पूरी तरह स्पष्ट नहीं हो पाता कि वह आदमी पाठ्य-क्रम की तैयारी कर रहा है अथवा ठेकेदारी का कार्य कर रहा है। अन्ततः पूछने वाले व्यक्ति को यह कहना पड़ता है कि अपनी बात धीरे से पुन: समझाइए। जाहिर है, यह वृत्ति आपसी बातचीत में अनुपयुक्त होती है। दक्षिण भारतीयों में यह वृत्ति अधिकांशतया पाई जाती है।

(ख) मध्यम वृत्ति—जब उच्चारण की गति न तो बहुत तेज होती है और न बहुत ही मद्धिम होती है, बल्कि बीच की होती है, तब वह मध्यम वृत्ति कहलाती है। इसमें व्यक्ति न तो इतनी तेजी से बोलता है कि सुनने वाले समझ ही न पाए और न तो इतनी मन्द गति से बोलता है कि सुनने वाले को बार-बार प्रतीक्षा ही करनी पड़े। पारस्परिक बातचीत के लिए यह वृत्ति अधिक उपयुक्त समझी गई है।

(ग) विलंबित वृत्ति—उच्चारण की मन्द गति विलंबित वृत्ति के भीतर आती है। इसमें अपनी बात को पूरी तसल्ली के साथ अथवा संयमित ढंग से पूरे संतुलन के साथ श्रोता के सामने सोच-समझकर इस प्रकार प्रस्तुत किया जाता है कि श्रोता उसे पूरी तरह हृदयंगम कर सके। इस वृत्ति में कही हुई बात श्रोता के लिए समझ से परे नहीं होतीं। शिक्षकों, उपदेशकों, प्रवचनकर्त्ताओं आदि के लिए यह वृत्ति अत्यन्त उपयुक्त समझी जाती है, वह

---

1. **हिन्दी भाषा का विकास—डॉ० देवेन्द्र नाथ शर्मा, पृष्ठ 171**
2. **On the Problem of Compound Verbs in the Hindi Language—Prof. A. Barannikoff P. 473**

इसलिए कि उन्हें अपनी बात को पूरी तरह समझाने के लिए अपने शिष्यों तथा श्रोताओं के सामने धीरे-धीरे बोलना पड़ता है, ताकि कही हुई बात को वह ठीक तरह से समझ सकें।

वाक्य

वाक्य, भाषा की सबसे छोटी किन्तु सार्थक तथा वास्तविक इकाई होता है। **भर्तृहरि** तो 'भाषा' की सबसे छोटी इकाई 'वाक्य' को ही मानते हैं। उनसे पूर्व यह बात किसी ने इतने बलपूर्वक नहीं कही थी—

"यदन्तः शब्द तत्त्वं तु नादैरंकं प्रकाशितं।
तदाहुरपरेशब्दं तस्य वाक्ये तथेकता॥"

वस्तुतः वाक्य ही अक्षर, ध्रुव, कूटस्थ, अपरिणामी, अक्षय एवं किसी प्रकार के अवयवों से रहित है, पद नहीं। वाक्य ही सार्थक होता है, पद नहीं। कुल मिलाकर वाक्य भाषा की मुख्य इकाई और लघुतमपूर्ण विचार है—"The sentence is the chief unit of speech, it may be defined quite simply as a minimum complete utterance."[1]

वाक्य-भेद या वाक्य के प्रकार—

विभिन्न आधारों पर वाक्य के अनेक भेद बताए गये हैं—

1. आकृति के आधार पर,
2. संरचना के आधार पर,
3. शैली के आधार पर,
4. क्रिया के आधार पर तथा
5. अर्थ के आधार पर तथा

1. आकृति के आधार पर—वाक्यों की आकृति के आधार पर उनके दो भेद माने जाते हैं, अयोगात्मक तथा योगात्मक। आगे चलकर योगात्मक वाक्यों के भी तीन भेद हो जाते हैं, शिलष्ट योगात्मक, अशिलष्ट योगात्मक तथा प्रशिलष्ट योगात्मक। इस प्रकार पद-विन्यास अथवा आकृति के आधार पर वाक्य के चार प्रकार हो जाते हैं—(अ) अयोगात्मक, (ब) शिलष्ट योगात्मक, (स) अशिलष्ट योगात्मक तथा (द) प्रशिलष्ट योगात्मक वाक्य। इन्हें क्रमशः इस प्रकार देखा जा सकता है—

(अ) अयोगात्मक वाक्य (Isolating)—इन वाक्यों में सभी शब्दों की स्वतंत्र सत्ता होती है। यहाँ पदों की रचना प्रकृति-प्रत्यय के योग से नहीं की जाती। प्रत्येक शब्द का अपना निश्चित स्थान होता है और इसी आधार पर इनका व्याकरणिक सम्बन्ध जाना जाता है। चीनी भाषा अयोगात्मक वाक्यों के लिए प्रसिद्ध है। इस भाषा में पदों का स्थान ही व्याकरणिक सम्बन्ध का बोध कराता है। यथा—

न्गो-ता-नी = मैं तुमको मारता हुँ।

नी-तान-न्गो = तुम मुझे मारते हो।

(ब) शिलष्ट योगात्मक वाक्य (Inflecting)—जहाँ पदों की रचना विभक्तियों की सहायता अथवा योग से की जाय, उन्हें शिलष्ट योगात्मक वाक्य कहते हैं। यहाँ विभक्ति

---

1. **Modern Linguistics—Simeon Potter, P. 164**

धातु के साथ इस प्रकार संश्लिष्ट हो जाती है कि दोनों का अस्तित्व अलग-अलग नहीं जान पड़ता है। प्रत्ययों का अस्तित्व एकदम समाप्त हो जाता है। उक्त विभक्तियाँ अन्तर्मुखी होती है। यथा—"जैदुन अम्रन जरब अ" (जैद ने अमर को मारा) लेकिन संस्कृत की विभक्तियाँ बहिर्मुखी होती है। यथा 'राघव: गृहं गच्छति', 'मोहन: मृगं पश्यति' आदि।

(स) अश्लिष्ट योगात्मक वाक्य (Agglutinating)—जिन वाक्यों की रचना प्रत्ययों के योग से होती है, उन्हें अश्लिष्ट योगात्मक वाक्य कहते हैं। प्रत्यय पदों के पूर्व, मध्य और अन्त में प्रयुक्त किये जाते हैं। तुर्की भाषा विशेषत: प्रत्यय प्रधान है। संस्कृत में प्रत्यय शब्द के अन्त में प्रयुक्त किये जाते हैं। अफ्रीका के बांटू परिवार की जुलू भाषा में प्रत्यय प्राय: शब्द से पूर्व में लगते हैं। कृत्रिम भाषा 'एस्पैरेन्तो' में भी प्रत्यय प्रधान भाषा के दर्शन यदा-कदा हो जाते हैं।

(द) प्रश्लिष्ट योगात्मक वाक्य (Incorporating)—जब अनेक शब्दों के योग से एक ऐसा सामासिक पद बन जाय कि उसी से वाक्य का बोध होने लगे, तब वाक्य प्रश्लिष्ट योगात्मक कहलाता है। इन वाक्यों में कर्त्ता, कर्म, क्रिया सभी एक पद में इस प्रकार गुंथे हुए होते हैं कि, पूरा वाक्य एक शब्द प्रतीत होता है। दक्षिणी अमरीका की चेराकी भाषा में इस प्रकार के वाक्य मिल जाते हैं। यथा—

अमोखल = नाव, नातेन = लाओ, निन = हम

इन शब्दों के मेल से बने वाक्य 'नाधोलिनिन' का अर्थ है—"हमारे लिए एक नाव लाओ।"

2. संरचना के आधार पर—वाक्य-रचना के आधार पर वाक्य के तीन भेद होते हैं।

(क) साधारण अथवा सरल वाक्य (Simple sentence)

(ख) संयुक्त वाक्य (Compound sentence) तथा

(ग) मिश्र तथा जटिल वाक्य Complex sentence)।

(क) साधारण अथवा सरल वाक्य—जिस वाक्य में केवल एक कर्त्ता तथा एक क्रिया होती है, उसे साधारण अथवा सरल वाक्य कहते हैं। यथा—रामवृक्ष पढ़ता है। मुरारी खेती करता है।

(ख) संयुक्त वाक्य—कुछ सरल वाक्यों अथवा सरल एवं मिश्र वाक्यों अथवा मिश्र एवं मिश्र वाक्यों को परस्पर जोड़ने से संयुक्त वाक्य बनता है। इसे बिना किसी बाधा के तोड़ कर खण्डों अथवा विभागों में विभक्त कर सकते हैं। यथा 'तुम जाओ और अपने पिताजी से कहना'। इस वाक्य में दो सरल वाक्य हैं—'तुम जाओ'। 'अपने पिताजी से कहना'। इन दोनों वाक्यों को 'और' से जोड़कर संयुक्त वाक्य बनाया गया है। आगे एक मिश्र और सरल वाक्य को जोड़कर बने संयुक्त वाक्य का उदाहरण प्रस्तुत किया जा रहा है—"मैं तुम्हारे पास आऊँगा, क्योंकि तुमसे एक जरूरी काम है, पर तुरन्त लौट भी जाऊँगा।

(ग) मिश्र वाक्य—जिस वाक्य में दो वाक्य खण्ड जुड़े हों तथा एक वाक्य दूसरे पर पूरी तरह निर्भर करता हो, वह मिश्र वाक्य कहलाता है। मिश्र वाक्य संयुक्त वाक्य से पूरी तरह भिन्न होता है, क्योंकि मिश्र वाक्य में प्रथम वाक्यांश के बाद दूसरे की आकांक्षा बनी रहती है, जबकि संयुक्त वाक्य के प्रत्येक अंश में पृथक-पृथक आकांक्षा की पूर्ति हो जाती है। मिश्र वाक्य के कुछ उदाहरण इस प्रकार हैं—उसने कहा कि मैं जाऊँगा। भैंस भींग रही है,

क्योंकि वर्षा हो रही है। अध्यापक मेहनत से पढ़ा रहे हैं, क्योंकि बच्चों की परीक्षा सन्निकट है।

3. शैली के आधार पर—शैली का आशय यहाँ रचना-शैली से है। शैली के आधार पर वाक्य के तीन प्रकार बताये गये हैं।

(अ) शिथिल वाक्य,

(ब) समीकृत वाक्य तथा

(स) आवर्तक वाक्य

(अ) शिथिल वाक्य—जब कोई लेखक अथवा वक्ता बिना अलंकार का सहारा लिए किसी बात को सीधे-सादे ढंग से कहे तो उसे शिथिल वाक्य कहते हैं। यथा—'राम, सीता और लक्ष्मण जंगल में जा रहे थे। राम आगे, सीता बीच में तथा लक्ष्मण सबसे पीछे थे। कुछ दूर आगे जाने पर सीता को प्यास और थकान महसूस हुई। उन्होंने राम से पूछा—आप पर्णकुटी कहाँ बनायेंगे।'

(ब) समीकृत वाक्य—साम्य मूलक अथवा वैषम्यमूलक संगति के द्वारा वक्ता जब अपने भावों को व्यक्त करता है, तब उसे समीकृत वाक्य कहते हैं। समीकृत वाक्य के उदाहरण हैं, 'जैसा देश वैसा भेष'। 'जिसकी लाठी उसकी भैंस' आदि। विषमीकृत वाक्य के उदाहरण हैं, 'एक तो चोरी, दूसरे सीना जोरी'। 'कहाँ राजा भोज कहाँ कंगला तेली' आदि।

(ग) आवर्तक वाक्य—श्रोता अथवा पाठक के मन में जिज्ञासा या उत्सुकता पैदा करने के बाद जो वाक्य वक्ता अथवा लेखक द्वारा प्रयुक्त किये जाते हैं, उन्हें आवर्तक वाक्य कहते हैं।

4. क्रिया के आधार पर—क्रिया पद के आधार पर भी वाक्य दो प्रकार के होते हैं।

(क) क्रियापद युक्त तथा

(ख) क्रियापद हीन।

(अ) क्रियापद युक्त वाक्य—जिन वाक्यों में क्रिया का प्रयोग हुआ रहता है, वे क्रियापद युक्त वाक्य कहलाते हैं। अधिकतर वाक्य क्रियापद युक्त ही होते हैं। यथा—राम ने रावण को मारा। सुकुल विद्यालय जाता है आदि।

(ब) क्रियापद हीन वाक्य—यदि कोई क्रिया वाक्य के अभाव में भी सम्यक् अर्थ की अभिव्यक्ति दे, तो वह क्रियापद हीन वाक्य कहलाता है, यथा—

प्रमोद—अरे कहाँ से?

महेन्द्र—तुम्हारे यहाँ से।

प्रमोद—कहो, क्यों, कैसे?

महेन्द्र—वैसे ही।

'आम के आम गुठलियों के दाम' मुहावरा भी इसके अन्तर्गत् समझा जायेगा।

5. अर्थ के आधार पर—इस आधार पर वाक्य के नौ भेद किये जाते हैं, यथा—

(क) विधि वाक्य—वह पढ़ता है।

(ख) निषेध वाक्य—वह नहीं पढ़ता है।

(ग) आज्ञार्थक वाक्य—अब तुम पढ़ो।

(घ) इच्छार्थक वाक्य—भगवान तुम्हें सकुशल रखें।

(ङ) सम्भावनार्थक वाक्य—शायद आज धूप निकले।

(च) संदेहार्थक वाक्य—मोहन आ रहा होगा।

(छ) प्रश्नार्थक वाक्य—क्या तुम कल जाने वाले हो?

(ज) संकेतार्थक वाक्य—वह मेरा पैसा दे देता तो मैं पुस्तक खरीदता।

(झ) विस्मयादि बोधक वाक्य—अरे! अभी तुम यहीं हो।

(क) वाक्य रचना—

वाक्य की आधारभूत आवश्यकताएँ—अभिहितान्वयवादियों के अनुसार, सार्थक पद समूह वाक्य कहलाता है। लेकिन वाक्यार्थ के ज्ञान के लिए "आकांक्षा, योग्यता और सन्निधि" का समंजन आवश्यक होता है। इनके अभाव में वाक्य सार्थक पद-समूह होने के बावजूद 'इष्ट अर्थ नहीं' दे सकता। **आचार्य विश्वनाथ** ने भी इन पर बल देते हुए बताया है कि किसी भी वाक्य को इनसे युक्त होना आवश्यक है। वस्तुत: आकांक्षा, योग्यता और सन्निधि से ही परस्पर संबंध निर्धारण का कार्य संभव हो पाता है—

"आकांक्षा सन्निधानं च योग्यता चेति चत्रयम्।
संबंधकारणत्वेन क्लप्तं नानन्तरश्रुति:॥"[1]

इनके अलावा दो और तत्त्व हैं, जिनके न रहने पर कोई पद समूह वाक्य नहीं कहला सकता। इनके नाम हैं, पदक्रम तथा अन्वय अथवा अन्विति। इस तरह से सब मिलाकर किसी भी वाक्य के लिए पाँच तत्त्व आवश्यक होते हैं। इन्हें क्रमश: इस प्रकार देखा जा सकता है।

1. आकांक्षा—आकांक्षा का अर्थ होता है—'इच्छा'। किसी वाक्य को सुनकर यदि उसके अर्थ को पूरा समझने के लिए अन्य पदों की इच्छा, ललक या जिज्ञासा बनी रहती है तब उसे 'आकांक्षा' कहा जाता है। वाक्य की सार्थकता तो तभी है, जब उसे सुनकर श्रोता पूरा अर्थ समझ जाय। यदि कोई वाक्य अपने श्रोता को सम्यक् अर्थबोध न करा सके, तो वह लँगड़ा अपूर्ण समझा जायेगा। इस तरह के उदाहरण लगभग प्रत्येक भाषाओं में उपलब्ध होते हैं, जहाँ सम्पूर्ण आशय के लिए अन्य पदों की बैसाखी की आवश्यकता निरंतर बनी रहती है। इसे ही आकांक्षा समझा जाता है—**पदस्य पदान्तर व्यतिरेक प्रयुक्तान्वयाननुभावकत्वम् आकांक्षा।**[2]

उदाहरण के लिये यदि कोई व्यक्ति 'मोहन और विद्याशंकर' कह कर चुप हो जाय, तो श्रोता कहने वाले की ओर एक जिज्ञासा तथा प्रश्न भरी दृष्टि से निहारने लगेगा। श्रोता अर्थ के किसी निश्चित बिन्दु को प्राप्त ही नहीं कर सकता। उसके मन में तमाम आशंकायें जन्म लेना शुरू कर देंगी कि वक्ता, मोहन और विद्याशंकर के विषय में क्या कहना चाहता है? असल में उक्त वाक्य अधूरा है, इसलिये किसी भी पूर्ण अर्थ की अभिव्यक्ति इससे नहीं हो सकती। पूर्ण अर्थ की अभिव्यक्ति के लिये यहाँ किसी अन्य पद की आकांक्षा निरंतर बनी रहती है।

2. योग्यता—योग्यता का मतलब शब्दों के अर्थों की परस्पर संगति से है। वाक्य में आने वाले शब्दों में प्रसंग के अनुसार भावबोधन की क्षमता या योग्यता होनी चाहिये। **शालिकनाथ**

---

1. **तन्त्र वार्तिक, पृष्ठ 445**
2. **तर्कसंग्रह, पृष्ठ 30**

ने इस सम्बन्ध में कहा है कि योग्यता के अनुसार वाक्य में पदों का परस्पर प्रतीति-मूलक सम्बन्ध होना चाहिए, जिसे अनुभव से जाना जा सकता है—"**कि पुररिदं योग्यत्वं नाम? यत् संबंधार्हम् इति कथं ज्ञायते? संबंधित्वेन दृष्टत्वात्**[1] उदाहरण के लिये यदि कोई कहे कि "वह वृक्ष से पढ़ता है," "स्कूटर से स्नान करता है", "मकान भूखा है," तो इन्हें वाक्य स्वीकार नहीं किया जा सकता। हालाँकि उक्त सभी वाक्यों का अन्वय व्याकरण-सम्मत-विधि से हुआ है, लेकिन परेशानी प्रतीति की है। वृक्ष से पढ़ना, स्कूटर से स्नान करना तथा मकान को भूख लगना सम्भव नहीं है। इन वाक्यों का व्यावहारिक भाषा में कोई मूल्य नहीं है।

3. सन्निधि—इसे आसक्ति भी कहा जाता है, जिसका अर्थ समीपता होता है। वाक्य के विभिन्न पदों के शीघ्र अथवा बिना बाधा के उच्चारण को सन्निधि कहा गया है। "पदानामविलंबेनोच्चारणम् सन्निधि"[2] अर्थात् वाक्य में एक पद दूसरे के निकट रहना चाहिये। निकटता न होने पर अर्थ में बाधा उत्पन्न हो सकती है। वाक्य में पदों की यह नजदीकी देश तथा काल दोनों दृष्टियों से अनिवार्य है। उदाहरण के लिये यदि कोई किसी से सुबह सात बजे कहे कि 'आसाम से' और फिर सायं सात बजे कहे कि 'लौटा हूँ, तो उसके मुख से निसृत शब्द वाक्य की परिधि से बाहर ही समझे जाएँगे। वह इसलिए कि एक तो यहाँ अर्थ बोध का अभाव है ही, दूसरे यहाँ शब्दों के बीच निकटता का भी देशकाल की दृष्टि से सर्वथा अभाव है।

4. पदक्रम—प्राय: सभी भाषाओं में वाक्य-रचना के लिए पदों के क्रम पर अल्प-अनल्प ध्यान रखा जाता है, जिससे उच्चरित अथवा लिखित वाक्य अपने निश्चित अर्थ का बोध करा सके। इसे ही पदक्रम कहा जाता है। प्रत्येक भाषा में पदक्रम की योजना उस भाषा के व्याकरण के आधार पर की जाती है। यद्यपि हिन्दी भाषा के प्रत्येक वाक्य का क्रम सर्वथा सुनिश्चित तो नहीं है, फिर भी पदक्रम का ध्यान सामान्यतया रखा जाता है। यदि पदक्रम ठीक नहीं रहा, तो अर्थ का अनर्थ हो जायेगा। हिन्दी की वाक्य-रचना में सबसे पहले सम्बोधन, फिर कर्त्ता, फिर कर्म तथा क्रिया आते हैं किन्तु अंग्रेजी में कर्त्ता के बाद क्रिया को रखा जाता है। यदि कोई कहे कि, "परीक्षा में स्कूल हुई", "गाँव जा था रहा वह", "पश्चिम डूबता है सूर्य में" तो इन्हें वाक्य नहीं माना जायेगा, क्योंकि यहाँ हिन्दी व्याकरण के अनुसार पदों के क्रम का निर्वाह नहीं किया गया है। अत: इन वाक्यों में पदक्रम का ध्यान रखते हुए इस प्रकार कहा या लिखा जा सकता है—"स्कूल में परीक्षा हुई", "वह गाँव जा रहा था" तथा "सूर्य पश्चिम में डूबता है"—तभी वाक्य सार्थक अभिव्यक्ति दे सकते हैं।

5. अन्वय या अन्विति—अंग्रेजी में इसे 'कान्कार्डेन्स (Concordance) कहा जाता है। इसका अर्थ होता है, वैयाकरणिक विचार से सामान्यरूपता। जहाँ व्याकरण सम्मत नियमों का अनुपालन नहीं किया जाता, वहाँ अन्वय की दृष्टि से बाधा उत्पन्न होती है। हिन्दी में क्रिया के लिंग और वचन कर्त्ता के लिंग और वचन से प्रभावित होते हैं। यदि कोई कहे कि "रावण मारी गई", "सूर्य चमक रही है" अथवा परीक्षा हो रहा है" तो उक्त सभी वाक्य अशुद्ध समझे जायेंगे, क्योंकि वहाँ क्रियाओं के लिंग और वचन से कर्त्ताओं के लिंग और वचन की

---

1. **वाक्यार्थमातृकावृत्ति, पृष्ठ 9**
2. **तर्कसंग्रह, पृष्ठ 30**

कोई संगति नहीं बैठ पाई है। अतः व्याकरण के अनुसार इन वाक्यों स्वरूप यदि "रावण मारा गया", "सूर्य चमक रहा है" अथवा "परीक्षा हो रही है" कर लिया जाय, तो उक्त वाक्य अन्विति-संबंधी दोष से सर्वथा मुक्त हो जाएँगे।

(ख) पदबन्ध या पद संहिति : स्वरूप और भेद

पदबंध भाषा-विज्ञान की नितांत नई व्याकरणिक इकाई मानी जाती है। कुछ वर्ष पूर्व तक वाक्य या उपवाक्य और पद के बीच किसी अन्य इकाई का उल्लेख नहीं होता था, किन्तु भाषाओं में वाक्य और पद के बीच 'पदबंध' नामक एक नई सत्ता की ओर सर्वप्रथम इशारा किया—भाषा-विज्ञान के धाकड़—धुरंधर लेखक, गाजीपुर (उ० प्र०) के आरीपुर गाँव में जन्मे स्व० डॉ० भोलानाथ तिवारी ने। 'अनुवाद' त्रैमासिक पत्रिका के संयुक्तांक 17–18 में 'हिन्दी व्याकरण पर पुनर्विचार नामक अपने लेख में डॉ० भोला नाथ तिवारी ने 'पदबंध' को वाक्य और पद के बीच ताकतवर इकाई और सेतु बताया है।

पदबंध का स्वरूप या पदबंध क्या है?—सवाल है, आखिर पदबंध है क्या? सरल भाषा में कह सकते हैं कि "एक साथ बँधे अनेक पद" पदबंध कहे जा सकते हैं। स्वयं **डॉ० भोला नाथ तिवारी** कहते हैं कि,[1] "एक से अधिक पदों का यह वाक्यात्मकेतर अथवा उपवाक्येतर अंश, जो किसी वाक्य में कोई एक व्याकरणिक कार्य करें, पदबंध है।" इसे और अधिक साफ करते हुए वे कहते हैं कि यदि अर्थ की बात छोड़ दें तो भाषा का विश्लेषण परंपरागत रूप से चार इकाइयों के आधार पर होता है—ध्वनि, शब्द, पद तथा वाक्य। वाक्य पद या पदों से बनता है, पद शब्द से तथा शब्द ध्वनि या ध्वनियों से। कभी-कभी वाक्य में उपवाक्य भी होते हैं, इस प्रकार कुछ वाक्यों के विश्लेषण में एक चौथी इकाई उपवाक्य भी विश्लेषण के समय हमारा ध्यान खींचती है। अभी कुछ वर्ष पहले तक वाक्य या उपवाक्य तथा पद के बीच में किसी अन्य इकाई की चर्चा नहीं थी, किन्तु भाषाओं में इन दोनों के बीच पदबंध की भी सत्ता है। इधर, एक अन्य विद्वान **डॉ० ओम प्रकाश शर्मा** कहते हैं[2] कि, वाक्य पदों (या शब्दों) से बनता है और पदों से पदबंध बनते हैं, अर्थात् जब एक से अधिक पद मिल या बँधकर एक व्याकरणिक इकाई, जैसे—संज्ञा, विशेषण, क्रिया-विशेषण आदि का काम करते हैं, तब उस बँधी इकाई को पदबंध कहते हैं, जैसे—वहाँ पानी ही पानी था। उनके घर के चारों ओर पानी ही पानी था।

पहले वाक्य में यदि 'वहाँ' स्थानवाचक क्रिया विशेषण है, तो दूसरे वाक्य में 'उनके घर के चारों ओर' भी स्थान का ज्ञान कराने के कारण स्थानवाचक क्रिया-विशेषण ही है। अतः स्पष्ट है कि 'वहाँ' एक पद है तो 'उसके घर के चारों ओर' अनेक पदों से मिलकर बनी एक व्याकरणिक इकाई है, अतः यह 'पदबंध' है, 'वहाँ' क्रिया-विशेषण पद है तो यह क्रिया विशेषण पदबंध है। व्याकरणविद् **डॉ० महेश चन्द्र गर्ग** कहते हैं कि—"सम्बद्ध पद समूहों को ही पदबंध कहते हैं। एक से अधिक पदों का वह समूह, जो किसी वाक्य में कोई एक व्याकरणिक कार्य करे, पर उपवाक्य से भिन्न हो, पदबंध कहलाता है।"[3] डॉ० गर्ग पदबंध और उपवाक्य में अंतर मानते हैं।

---

1. **भाषा-चिन्तन—डॉ० भोला नाथ तिवारी, पृष्ठ 151-152**
2. **हिन्दी व्याकरण : नव मूल्यांकन—डॉ० ओम प्रकाश शर्मा, पृष्ठ 549**
3. **परिनिष्ठित हिन्दी का रूप ग्रामिक अध्ययन—डॉ० महेश चन्द्र गर्ग, पृष्ठ 50**

कुल मिलाकर यह कि पदबंध एक नई व्याकरणिक संकल्पना है किन्तु आधुनिक भारतीय भाषाओं के व्याकरण को समझने के लिए बहुत उपयोगी है। अब तक पद और वाक्य के बीच उपवाक्य (clause) को छोड़ और किसी भाषिक इकाई की सत्ता नहीं मानी जाती थी, पर अब पदबंध को भी एक भाषिक इकाई के रूप में स्वीकार किया गया है। इसे अंग्रेजी 'फ्रेज' (Phrase) का समानार्थक माना जा सकता है, क्योंकि अंग्रेजी भाषा विज्ञान कोश के अनुसार 'फ्रेज'—"A group of words not containing a subject or predicate" अर्थात् ऐसे शब्दों का समूह, जिसमें उद्देश्य और विधेय न हो। पदबंध में भी यही विशेषता पाई जाती है।[1]

पदबंध के प्रकार या भेद—डॉ० भोला नाथ तिवारी हिन्दी में पाँच पदबंध मानते हैं—(1) संज्ञा का पदबंध, (2) सर्वनाम पदबंध, (3) विशेषण पदबंध, (4) क्रिया पदबंध तथा (5) क्रिया विशेषण पदबंध। लेकिन **डॉ० महेश चन्द्र गर्ग** तथा **डॉ० ओम प्रकाश शर्मा** केवल चार ही पदबंध मानते हैं। इन लोगों का कहना है कि क्रिया विशेषण पदबंध उन्हीं में अन्तर्भुक्त है। कुछ ऐसे भी विद्वान् हैं, जिनकी शक की सूई क्रिया पदबंध के अस्तित्व पर घूमती है। इनके अनुसार क्रिया पदबंध किसी अन्य पदबंध के साथ मिलकर पदबंध नहीं बनाते। पर, **डॉ० हरदेव बाहरी**,[2] **डॉ० भोला नाथ तिवारी**,[3] और **डॉ० न० वी० राजगोपालन**[4] प्रभृति विद्वान इस तथ्य का सख्त खण्डन करते हैं। इधर, डॉ० महेश चन्द्र गर्ग कहते हैं कि, ''क्रिया विशेषणों को क्रिया के साथ संयुक्त करके भी क्रिया पदबंध की स्थिति मानना ठीक नहीं, क्योंकि यद्यपि एक पदबंध में दूसरा पदबंध निहित रह सकता है, पर संज्ञा पदबंध अपने अस्तित्व के लिए केवल विशेषण पदबंध पर ही निर्भर नहीं, उसकी रचना अन्य प्रकार से भी संभव है। दूसरी ओर, यदि क्रिया विशेषण पदबंध के योग से क्रिया पदबंध की स्थिति स्वीकार भी कर ली जाय तो क्रिया विशेषण पदबंध के अतिरिक्त भी तो क्रिया पदबंध की रचना संभव होनी चाहिए। पर, बात ऐसी है नहीं। अतः क्रिया विशेषण पदबंध की स्वतंत्र सत्ता स्वीकार करते हुए भी क्रिया पदबंध की सत्ता स्वीकार न करना ही तर्कसंगत लगता है।''[5] संक्षेप में सभी पदबंधों का परिचय इस प्रकार है—

1. संज्ञा पदबंध—जब अनेक पद मिलकर किसी वाक्य में संज्ञा पद का काम करते हैं, तब उन्हें संज्ञा पदबंध नाम से जाना जाता है। हिन्दी पदबंधों की ओर पहली बार ध्यान दिलाने वाले **डॉ० भोला नाथ तिवारी** इसे तीन तरह का मानते हैं—

(क) संज्ञावत् प्रयुक्त विशेषण पदबंध—

(अ) दिन में चार-चार बार भाँग पीने वाला, भला काम क्या करेगा!

(ब) इतनी तीव्र गति से दौड़ता, गिरेगा नहीं तो क्या होगा!

(स) पाँचवी मंजिल से गिरा, मरेगा नहीं तो क्या जिन्दा रहेगा!

इन सभी उदाहरणों में संज्ञा पदबंध मूलतः विशेषण पदबंध हैं।

(ख) विशेषण पदबंध संज्ञा—

---

1. परिनिष्ठित हिन्दी का रूप ग्रामिक अध्ययन—डॉ० महेश चन्द्र गर्ग, पृष्ठ 51
2. व्यावहारिक हिन्दी व्याकरण—डॉ० हरदेव बाहरी, पृष्ठ 162
3. भाषा-चिन्तन—डॉ० भोला नाथ तिवारी, पृष्ठ 152
4. हिन्दी का भाषा वैज्ञानिक व्याकरण—डॉ० न० वी० राजगोपालन, पृष्ठ 55
5. 'भाषा'—हिन्दी भाषा-विज्ञान अंक—डॉ० महेश चन्द्र गर्ग, पृष्ठ 117

(अ) पूरे वर्ष परिश्रम से पढ़ने वाले छात्र परीक्षा में अवश्य सफल होंगे।

(ब) बाप दादों की अर्जित सम्पत्ति को उड़ाने वाले लड़के पैसे के वास्तविक मूल्य को क्या जाने?

यहाँ यों तो 'छात्र' और 'लड़के' कर्त्ता (संज्ञा) हैं, किन्तु इन वाक्यों में जिन छात्रों के 'अवश्य सफल' होने या जिन लड़कों के 'पैसे के वास्तविक मूल्य को न जानने' की बात कही जा रही है, वे सामान्य छात्र या लड़के नहीं हैं, अपितु 'पूरे वर्ष परिश्रम से पढ़ने वाले' तथा 'बाप दादों की अर्जित सम्पत्ति को उड़ाने वाले' हैं, अत: विशेषण पदबंध संज्ञा से बनने वाले संज्ञा पदबंध ही यहाँ वास्तविक रूप में कर्त्ता (संज्ञा) है।

(ग) अन्य—

(अ) इतनी जल्दी-जल्दी खाते रहना स्वास्थ्य के लिए बहुत बुरा है।

(ब) रोज-रोज आपस में लड़ते रहना कोई अच्छी बात थोड़े है।

संज्ञा पदबंध का प्रयोग परंपरागत सभी कारकों में तथा पूरक रूप में मिलता है।[1]

2. सर्वनाम पदबंध—जब कई पदबंध मिलकर एक सर्वनाम—पद का काम करते हैं, तब वहाँ सर्वनाम पदबंध होता है। यद्यपि सर्वनाम पदबंध का प्रयोग कम होता है। कभी-कभी ये पदबंध सर्वनाम शब्द से पहले और कभी बाद में भी आते हैं, यथा—

(अ) तकदीर का मारा मैं फिर उनके चंगुल में जा फसा।

(ब) सदा ऊँचा सिर करके चलने वाला मैं तुम्हारे लिए दो घण्टे तक उसकी खुशामद करता रहा।[2]

3. क्रिया विशेषण पदबंध—क्रिया की विशेषता बता, उसे विशेषीकृत करने वाले पदबंध क्रिया विशेषण पदबंध कहे जाते हैं। स्थान, दिशा, अवधि, तुलना, रीति आदि की दृष्टि से विशेषण पदबंध कई तरह के होते हैं, यथा—

स्थान—उस घर के कोने में सामान रखा है।

समय—यह कुआँ **मेरे पिताजी ने सौ साल पहले बनवाया था।**

तुलना—मीनू, **गुड़िया से तेज है।**

दिशा—घटाटोप अंधकार को भेदते हुए वह घर की ओर चला गया।

अवधि—अगले महीने मैं सागर जाऊँगा।

अधिक—रिंकू **जरूरत से ज्यादा** बोलती हैं।

4. विशेषण पदबंध—किसी संज्ञा या सर्वनाम की विशेषता बता, उसे विशेषीकृत करने वाले पदबंध विशेषण पदबंध कहे जाते हैं—स्वरूप, आकार, रंग, काल, दशा, गुण, परिणाम, संख्या आदि की दृष्टि से ये कई तरह के होते हैं, जैसे—

रूप—दुधिया रंग में नहायी चाँदनी किसे सुहावनी नहीं लगती।

काल—उस जमाने में रामपुर माँझा से गाजीपुर का भाड़ा 90 पैसे था।

रंग—रक्तिम वर्णी सूर्य की किरणें कमलिनी को जैसे जगा रही हों।

---

1. **भाषा-चिन्तन—डॉ० भोला नाथ तिवारी, पृष्ठ 154**
2. **हिन्दी व्याकरण : नव मूल्यांकन—डॉ० ओम प्रकाश शर्मा, पृष्ठ 58**

परिमाण—एक बित्ता जमीन की लड़ाई में वह **कंगाल हो गया।**

संख्या—तादाद में दो सौ छात्र पी० सी० एस० की परीक्षा में उत्तीर्ण हुए हैं।

स्वरूप—हाथी की तरह मस्त कर देने वाली सुन्दर चाल सबको पसंद होती है।

(ग) उपवाक्य—इसे अंग्रेजी में Clause कहते हैं। **डॉ० भोला नाथ तिवारी**[1] कहते हैं कि कोई वाक्य यदि एक से अधिक वाक्यों से मिलकर बना हो, तो वे वाक्य, बड़े वाक्य के उपवाक्य कहलाते हैं। उदाहरण के लिए 'जब वह आया मैं पढ़ रहा था' में वह आया—एक वाक्य है, जिसमें उद्देश्य और विधेय दोनों हैं। इसी प्रकार, मैं पढ़ रहा था, भी एक वाक्य है और इसमें भी उद्देश्य और विधेय दोनों ही हैं। इन दोनों वाक्यों से मिलकर बड़ा वाक्य बना है। अत: बड़े वाक्य के ये दोनों उपवाक्य हुए। उपवाक्य दो प्रकार के होते हैं—

(1) प्रधान, मुख्य या प्रमुख उपवाक्य (Principle clause या Main Clause)—जो उपवाक्य वाक्य में प्रमुख हो या जो दूसरे के आश्रित न हो उसे "प्रमुख या प्रधान उपवाक्य" कहते हैं। ऊपर के वाक्य में "मैं पढ़ रहा था" प्रधान, प्रमुख या अनाश्रित है, अत: वह प्रमुख या प्रधान उपवाक्य है।

(2) आश्रित उपवाक्य (Dependent Clause या Subordinate Clause)—जो वाक्य में प्रमुख न हो, अपितु प्रधान या प्रमुख उपवाक्य पर आश्रित हो, उसे आश्रित उपवाक्य कहते हैं। उपर्युक्त वाक्य में 'जब वह आया' प्रमुख नहीं है और अर्थ की दृष्टि से प्रमुख उपवाक्य 'मैं पढ़ रहा था' का समय बतला रहा है, अत: यह आश्रित उपवाकय है।

आश्रित उपवाक्य के प्रकार—आश्रित उपवाक्य तीन प्रकार के होते हैं—(1) संज्ञा-उपवाक्य (noun clause) या संज्ञात्मक उपवाक्य (nominal clause), (2) विशेषण-उपवाक्य (adjective clause) या विशेषणात्मक उपवाक्य (adjective clause) और (3) क्रिया-विशेषण उपवाक्य (adverb clause) या विशेषणात्मक उपवाक्य (adverbial clause)।

संज्ञा उपवाक्य उस उपवाक्य को कहते हैं जो वाक्य में संज्ञा का काम कर रहा हो। दूसरे शब्दों में, शब्दों का वह समूह जिसमें एक उद्देश्य तथा एक विधेय हो तथा जो किसी वाक्य में उपवाक्य के रूप में संज्ञा का काम कर रहा हो, संज्ञा-उपवाक्य कहलाता है। "मैं कब आऊँगा, अनिश्चित है" वाक्य में "मैं कब आऊँगा" संज्ञा का काम कर रहा है, यह 'है' क्रिया का कर्त्ता है, अत: संज्ञा उपवाक्य है। **विशेषण उपवाक्य** उस उपवाक्य को कहते हैं, जो वाक्य में किसी संज्ञा की विशेषता बतला रहा हो अर्थात् विशेषण का कार्य कर रहा हो, जैसे—"राम, जो मोहन का बेटा था, परीक्षा में उत्तीर्ण हो गया था।" इसमें "जो मोहन का बेटा था" उपवाक्य राम की विशेषता बतला रहा है, अत: यह विशेषण उपवाक्य है। **क्रिया-विशेषण उपवाक्य,** उस उपवाक्य को कहते हैं, जो वाक्य में क्रिया की विशेषता बतला रहा हों, जैसे—"जब तुम आए, मैं सो रहा था," वाक्य में, 'जब तुम आए' उपवाक्य, 'सो रहा था' क्रिया की काल विषयक विशेषता बतला रहा है। काल के अतिरिक्त स्थान-विषयक—"जहाँ तुम सो रहे थे, मैं गया था," रीति विषयक—"जैसे आप गाते हैं, वह नहीं

---

1. **भाषा-विज्ञान कोश—डॉ० भोला नाथ तिवारी, पृष्ठ 593 से सादर-साभार**

गा सकता,'' परिमाण विषयक—''जैसे-जैसे आमदनी बढ़ती है, खर्च भी बढ़ता है,'' तथा कार्यकारण विषय—''उन्होंने मुझे बेइज्जत किया है, अत: मैं भी नहीं छोड़ूँगा,'' विशेषताएँ भी हो सकती हैं। इसी आधार पर क्रिया-विशेष उपवाक्य के--कालवाचक क्रिया विशेषण उपवाक्य, स्थान वाचक क्रिया विशेषण उपवाक्य, रीतिवाचक क्रिया-विशेषण उपवाक्य, परिमाणवाचक क्रिया-विशेषण उपवाक्य तथा कार्यकारण वाचक क्रिया विशेषण उपवाक्य—ये पाँच भेद किए जाते हैं।

(4) वाक्योपरि संरचना

प्रोक्ति/प्रोक्त : अर्थ और अवधारणा—प्रोक्ति के लिए अंग्रेजी में "Discourse" शब्द का प्रयोग मिलता है। विलहेम वॉन हम्बोल्ट (Wilhem Von Humbolt) ने भाषा को 'सीमित साधनों का असीमित उपयोग' कहा है। हर भाषा में स्वनिमों, रूपिमों तथा बीज-वाक्यों की संख्या सीमित होती है, किन्तु ये सीमित तत्त्व वाक्य या प्रोक्ति में प्रयुक्त होकर जो अर्थ प्रकाशित करते हैं, वे असीम होते हैं। वस्तुत: प्रोक्ति या वाक्य प्रकारान्तर से घटनाओं के प्रतिरूप हैं। उनका कोई-न-कोई वक्ता व श्रेता होता है, उनका कुछ-न-कुछ अर्थ या अभिप्रेत होता है, जिसे वक्ता श्रोता तक पहुँचाना चाहता है। इनका कोई-न-कोई संदर्भ होता है। इन सभी तत्त्वों की प्रकृति असीमता की ओर होती है। घटना, वक्ता, श्रोता, अर्थ तथा संदर्भ की विविधता से यह असीमता और भी ज्यादा बढ़ जाती है।[1]

संभवत: उक्त असीमता और उससे उत्पन्न जटिलता के कारण पश्चिमी भाषा-चिन्तक ब्लूमफील्ड (Leonard Bloomfield) ने यह निष्कर्ष निकाला था कि फिलवक्त हमारे पास वह बौद्धिक दक्षता नहीं है कि हम अर्थ-विवेचन की जटिलताओं और विसंगतियों का कोई समाधान निकाल सकें।[2] अर्थ विवेचन संबंधी उनके इस निष्कर्ष का परिणाम यह रहा कि बहुत लम्बे कालखण्ड तक अर्थ संबंधी अध्ययन ही भाषा-विज्ञान की अध्ययन की परिधि से बाहर रहा। इसका कुपरिणाम यह हुआ कि अर्थ तत्त्व एकदम उपेक्षित हो गया और इसकी तुलना में ध्वनि तत्त्व ही अध्ययन-विश्लेषण का मुख्य विषय बन गया, किन्तु **डॉ० राम विलास शर्मा**[3] कहते हैं कि ध्वनि तंत्र, शब्द तंत्र, विन्यास तंत्र (रूपतंत्र+वाक्यतंत्र)—इनमें से किसी भी स्तर पर भाषा का विवेचन अर्थतत्त्व को ध्यान में रखे बिना संभव नहीं है।

इधर, प्रोक्त का शब्दार्थ है--प्रकर्ष रूप से उक्त = कथित। साफ शब्दों में, प्रोक्त शब्द का अर्थ है—कहा हुआ, पढ़ाया हुआ। पढ़ाना स्वरचित ग्रंथों का भी होता है और पररचित ग्रंथों का भी। प्रोक्त के भीतर वह सारा वाङ्मय आता है, जो पूर्वत: विद्यमान स्व-स्व-विषयक वाङ्मय को ही देशकाल की परिस्थिति के अनुसार ढालकर विशेष रूप में शिष्यों को पढ़ाया जाता है।

बहरहाल, 'तेन प्रोक्तम्' सूत्र से दोनों प्रकार के प्रवचन में प्रत्यय होता है, यथा—''पाणिनिना प्रोक्तं प्राणिनीयम्, अन्येन कृता माथुरेण प्रोक्ता माथुरी वृत्ति:।'' जिन्होंने अपने ग्रंथ को स्वयं नहीं पढ़ाया, उनमें 'कृते ग्रन्थे' सूत्र से प्रत्यय होता है। प्राचीन वाङ्मय में प्रोक्त अर्थ

1. **हिन्दी भाषा की आर्थी संरचना—सं० डॉ० भोला नाथ तिवारी, पृष्ठ 25**
2. **Language—Leonard Bloomfield, P. 140, सन् 1935**
3. **भारत के प्राचीन भाषा-परिवार और हिन्दी—डॉ० रामविलास शर्मा, पृष्ठ 17, राजकमल, दिल्ली**

में संस्कृत तथा प्रतिसंस्कृत शब्द का भी व्यवहार मिलता है। कहीं-कहीं पर सुकृत और सुविहित शब्द का भी प्रयोग देखा जाता है।

(5) आर्थी संरचना : अर्थ और स्वरूप

शब्दों के अन्तर्निहित अर्थ का उद्घाटन ही आर्थी अध्ययन कहा जा सकता है। विश्व के भाषा-विज्ञानियों ने समय-समय पर यह महसूस किया कि भाषिक अध्ययन में अर्थ-परक अध्ययन का केन्द्रीय महत्त्व है और आगे जो शोध होगा, वह सबसे ज्यादा इसी क्षेत्र में होगा,[1] पर, दुर्भाग्य से आर्थी अध्ययन की अपनी कुछ कठिनाइयाँ और दुर्बलताएँ हैं, क्योंकि कुछ विद्वान् मानते हैं कि इस अध्ययन की कठिनाइयाँ पूर्व की तरह ज्यों-की-त्यों हैं। सबसे पहली कठिनाई तो यह है कि जब तक अध्येता का संबद्ध भाषा की भाषिक प्रणाली पर अधिकार नहीं होगा, तब तक अर्थ-विश्लेषण के क्षेत्र में ज्यादा कुछ कर पाना मुश्किल होगा। दूसरे, विभिन्न क्षेत्र एक-दूसरे से इस तरह उलझे या घुले-मिले रहते हैं कि अध्येता को कदम-कदम पर बहुआयामी जटिलताओं का सामना करना पड़ता है और तीसरे, जिन संदर्भगत संकेतों से भाषा विशिष्ट अर्थों को व्यक्त करती है, वे इतने सूक्ष्म होते हैं कि अध्येता की नजर से चूक जाते हैं।[2]

भारत में आर्थी अध्ययन, खासकर हिन्दी भाषा की आर्थी संरचना पर लगभग अस्सी के दशक में गंभीर विचार शुरू हुआ। इस अध्ययन में हिन्दी भाषा के सभी पक्षों—ध्वनि व्यवस्था, हिन्दी भाषा में सामाजिक अर्थ, विशेषणों का अर्थ-परक अध्ययन, पुनरुक्ति, मुहावरे, लोकोक्तियाँ, समास, लिंग, पर्यापता, वचन, अनुकरणात्मक शब्द, अव्यय, उपसर्ग, संज्ञा, विशेषण, पदक्रम, विलोमता, प्रत्यय, क्रिया आदि-पर अर्थ की दृष्टि से विचार किया जाता है। सभी को ज्ञात है, अर्थ शब्दों की आत्मा होते हैं। लिखने या कहने के समय व्यक्ति के मन में सबसे पहले भाव उगता है। यह 'भाव' या 'बात' ही भाषा-विज्ञानियों के अनुसार 'अर्थ' होता है। पुनः उस अर्थ या कथ्य के अनुरूप लेखक या वक्ता 'शब्दों' की तलाश करता है। कालान्तर में उन्हें ही पन्नों पर लिखता या बोलकर व्यक्त करता है। भाषा-विज्ञानी शब्द के मुख्य दो अर्थ करते हैं—(1) संज्ञानात्मक, अर्थात् शब्द कोशीय और व्याकरणिक तथा (2) संवेगात्मक अर्थात् अर्थच्छायाओं की सर्जना करने वाला। अब सवाल उठता है कि उक्त अर्थों में सबसे महत्त्वपूर्ण कौन है? आर्थी संरचना की दृष्टि से अध्ययन कर हम बताते हैं कि विद्वानों ने प्रारंभ में भाषा के संज्ञानात्मक बौद्धिक सैद्धान्तिक पक्ष पर बहुत अधिक बल दिया था। हाँ, कालान्तर में उन्होंने भाषा के समुद्दिष्ट (referential) पक्ष की तुलना में भाव बोधक (expressive) पक्ष को अवश्य प्रमुख माना। इसी तरह भाषा में सामाजिक अर्थ की दृष्टि से विचार करें तो हम पाएँगे कि समाज की संरचना और उसमें प्रयुक्त भाषा की संरचना या बुनावट में हमें काफी निकटता दिखाई देती है। उदाहरण के लिये हम हिन्दी समाज को लें तो पाएँगे कि वैदिक और लौकिक संस्कृत बोलने वाले समाज में स्तर भेद था, किन्तु बराए-नाम था। यह नैकट्य हिन्दी भाषा में आज भी दिखाई देता है।

इसी तरह, सामान्यतः ध्वनियों को निरर्थक माना जाता है, किन्तु यदि हम आर्थी दृष्टि से विचार करते हैं, तो पाते हैं कि ध्वनियाँ स्वयं निरर्थक होकर भी आपस में मिलकर भाषा

---

1. Translation in Thomas A. Engine-E. Nida, P. 1058, Vol. 12
2. **हिन्दी भाषा की आर्थी-संरचना—सं० डॉ० भोला नाथ तिवारी, पृष्ठ 25 में डॉ० कृष्ण दत्त शर्मा का लेख, साहित्य सहचर, दिल्ली, मू० 55 रु०**

की अर्थ पूर्ण इकाई शब्द को जन्म देती है। ऐसी स्थिति में उनकी निरर्थकता के अपने स्थान पर सही होने के बावजूद, भाषा में उनकी सार्थकता से इनकार नहीं किया जा सकता।[1] हिन्दी के अनुकरणात्मक शब्दों पर भी आर्थी दृष्टि से विचार किया गया है, लेकिन पर्याप्त रूप में नहीं, जबकि अनुकरणात्मक शब्दों की संरचना से अर्थ प्रभावित होता है। सच तो यह है कि अनुकरणात्मक शब्दों में अर्थ-परिवर्तन की प्रक्रिया उसी प्रकार घटित होती है, जिस प्रकार अन्य शब्दों में। भाषा-संरचना से जुड़े विभिन्न अवयवों यथा—क्रिया विशेषण, संबंध बोधक, समुच्चय बोधक तथा विस्मय बोधक—आदि के आपसी रिश्ते को स्पष्ट करने के लिए भी विश्लेषण-पद्धति की दृष्टि से आर्थी संरचना बहुत कारगर सिद्ध होती है। यद्यपि कुछ भाषा-वैज्ञानिक भाषा की व्याकरणिक तथा आर्थी संरचनाओं के अध्ययन को विश्लेषण-पद्धति की दृष्टि से पृथक करने के पक्ष में हैं,[2] जबकि **प्रो० फोडर** और **काट्ज**[3] के अनुसार भाषा के ये दोनों प्रकार के अध्ययन एक-दूसरे के पूरक होने चाहिए। ठीक इसी तरह विशेषण भी भाषा का महत्त्वपूर्ण अंग होता है। विशेषणों के अध्ययन में हमें एक परेशानी महसूस होती है कि यदि समान अभिव्यक्ति के लिए भाषा में एक से अधिक विशेषण प्रचलित हों, तो किस विशेषण का प्रयोग किया जाय। अत: इस समस्या के निदान हेतु हमें विशेषण के अर्थपरक अर्थात् आर्थी अध्ययन की आवश्यकता होती है।

(क) शब्द और अर्थ का सम्बन्ध—अर्थ की अभिव्यक्ति का मुख्य जरिया शब्द है। शब्द जिस लिए प्रयुक्त किया जाता है, वही उसका 'अर्थ' होता है। पाश्चात्य विद्वानों ने अर्थ के लिए 'प्रकरण' तथा 'सम्बन्ध' शब्दों का इस्तेमाल किया है, तो इधर भारतीय विचारकों ने 'प्रतीति' को ही अर्थ स्वीकारा है। कुछ पाश्चात्य भाषा-चिन्तकों ने 'अर्थ' के लिए कई नामों का व्यवहार किया है। **गार्डिनर** ने meaning, **ऑग्डन** तथा **रिचर्ड्स** ने thought अथवा reference, **गम्बोज** (Gombocz) ने sense, **सोस्यूर** ने signifie, **स्टर्न** ने Mental Content, **विसबर्गर** (Weisberger) ने concept तथा **रूदे** (Roudet) ने idea कहा है। वस्तुत: अर्थ रहित शब्द निस्तेज होता है। दूसरे शब्दों में अर्थहीन शब्द अपना कोई वजूद-वजन नहीं रखता। अर्थ, शब्द की अन्तरंग बोध शक्ति है। शब्द की आधार भूमि अर्थ है। शब्द में अर्थ कहीं से आयातित नहीं होता, बल्कि उसमें से ही स्फुरित होता है। 'अमरूद' कहने के साथ ही उसकी आकृति तथा स्वाद की भी लगभग अनुभूति होने लगती है। उक्त अर्थ बोध की क्षमता स्वयं उस शब्द में ही निहित है। वैयाकरणों ने शब्द और अर्थ को एक ही आत्मा के दो रूप माने हैं—''एकस्यैवात्मनों शब्दार्थव पृथकस्थितौ।''[4]

कुछ विद्वान् यह सवाल उठाते हैं कि क्या शब्द और अर्थ दो भिन्न वस्तुएँ हैं या अभिन्न या पृथक? पाश्चात्य विद्वानों ने भावना (Intent) एवं रूप (Form) को लेकर पर्याप्त चर्चा की है। भावना के सम्मुख रूप को वे महत्त्वहीन स्वीकार करते हैं। **प्रो० ह्वाटमो** के शब्दों में—"This utterance is a part of the performance of a mechanism devised to define delimit formulate, identify and evaluate an external act or expression

---

1. **हिन्दी भाषा की आर्थी-संरचना—सं० डॉ० भोला नाथ तिवारी, पृष्ठ 13**
2. **As a matter of method however, the samantic and the grammatical investigation must be kept—"Structural Samantics—John Lyons—P. 23**
3. **The structure of Language, Reading in the Philosophy of Language—Ed. J. A. Fodor & J. Katz, P. 494**
4. **वाक्य पदीय, 2-31**

to out consciousness."[1] अर्थात् अभिव्यक्ति के समस्त प्रयत्न व माध्यम हमारी चेतना को अभिव्यक्त करने के लिए होते हैं। **ब्लूमफील्ड**[2] ने भावना के स्थान पर अर्थ (Meaning) को महत्त्व दिया है—"In practice then all linguistics both mentallists and mechanics, define meaning in terms of the speaker's situation and when ever this seems to add anything of hearer's response." वस्तुतः शब्द और अर्थ एक ही आत्मा के दो पार्श्व हैं। दो भिन्न वस्तुएँ नहीं हैं—

''आत्म भेदस्तयोः कश्चिदस्तीत्याहुः पुराणगाः।
बुद्धिभेदाद भिन्नस्य भेदमेके प्रचयते॥''

भर्तृहरि ने 'ज्ञान' और 'ज्ञेय' की भाँति शब्द और अर्थ का संबंध माना है—

''आत्मरूपं यथा ज्ञाने ज्ञेय रूपं च विद्यते।
अर्थरूपं तथा शब्दे स्वरूपं च प्रकाशते॥''

कुल मिलाकर शब्द और अर्थ एक ही वस्तु के दो धर्म हैं।[3] बुद्धि में ग्रहण होते ही दोनों एक हो जाते हैं। अर्थ का संबंध ग्रहण से है। यदि अर्थ रूप में शब्द का ग्रहण नहीं हो सका तो, शब्द को 'सार्थक' भी नहीं कहा जा सकता। केवल सत्ता मात्र से ही 'शब्द' की अर्थ ग्राहिका उपयोगिता सिद्ध नहीं होती—''न सत्तयैव तेऽर्थानाम गृहीताः प्रकाशकाः।'' शब्द विचार या अर्थ का प्रतीक होता है। अर्थ और शब्द एक-दूसरे से अनुस्यूत होते हैं। शब्द और अर्थ में वाणी तथा विचार का-सा रिश्ता होता है। शब्द और अर्थ एकात्म हैं। शब्द अर्थ का जनक है। **वट्रेन्ड रसेल** के अनुसार शब्द और अर्थ का सम्बन्ध दृष्टि और स्पर्श की तरह अभ्यासगत होता है।[4] शब्द तथा अर्थ की पारस्परिक संलग्नता तथा अभिन्नता पर प्रकाश डालते हुए **कालिदास** ने शिव तथा पार्वती के समान एक-दूसरे का पूरक बताया है—

''वागर्थाविव सम्पृक्तौ वागर्थ प्रतिपत्तये।
जगतः पितरौ वन्दे पार्वती परमेश्वरौ॥[5]

तुलसीदास ने भी ऐसा ही भाव—''गिरा अरथ जल बीचि सम, कहियत भिन्न-न-भिन्न'' में व्यक्त किया है। **वाक्य पदीय** के एक श्लोक के अनुसार शब्द प्रकाशक है और अर्थ प्रकाश्य। शब्द कारण है और अर्थ कार्य—

''प्रकाशक प्रकाश्यत्वं कार्यकारणरूपता।
अन्तर्यात्रात्मनस्तस्य शब्द तत्त्वस्य सर्वदा॥[6]

(ख) अर्थ के प्रकार—स्वदेशी-विदेशी भाषाविदों ने अर्थ के कई प्रकार बताएँ हैं। पश्चिमी भाषा-चिन्तक **आई० ए० रिचर्ड्स** (I. A. Richards) ने अर्थ के मुख्य चार भेद माने हैं—(1) अभिधेय अर्थात् "Sense", स्वर अर्थात् "Tone", भावना अर्थात् "Feeling"

---

1. Language NAL—Whatmough, P. 68
2. Language—Bloomfield, P. 144
3. भाषा तत्त्व और वाक्य पदीय—डॉ० सत्यकाम वर्मा, पृष्ठ 235, भारतीय प्रकाशन मंदिर, नई दिल्ली, मू० 15 रु० सन् 1964
4. An Enquiry in to Meaning and Truth—B. Russel, P. 67
5. रघुवंश—1.1
6. वाक्य पदीय 2.32

तथा मंतव्य अर्थात् "Intention"। इनमें से केवल प्रथम का अन्तर्भाव वैज्ञानिक भाषा में है, शेष तीन संवेगात्मक भाषा के अंग हैं। लेखक का पाठक के प्रति दृष्टिकोण 'स्वर' है, अपने कथ्य के प्रति उसका दृष्टिकोण 'भावना' है और उसके मूलभूत प्रयोजन की अभिव्यंजना ही 'मंतव्य' है।[1]

इधर, **डॉ० भोलानाथ तिवारी** भाषा-विज्ञान कोश में प्रमुख अर्थ पाँच मानते हैं, यथा—(1) निश्चयार्थ (indicative mood), (2) संभावनार्थ (contingent mood), (3) संदेहार्थ (presumptive mood), (4) आज्ञार्थ (imperative mood) तथा (5) संकेतार्थ (conditional mood या negative contingent)[2] किन्तु अपने ही द्वारा संपादित एक नितांत महत्त्वपूर्ण पुस्तक ''हिन्दी भाषा की आर्थी संरचना'' में वे लिखते हैं कि किसी भी भाषिक इकाई का अर्थ अनेक प्रकार का हो सकता है, यथा—

(1) संरचनार्थ—यह अर्थ भाषिक इकाई की संरचना पर आधारित होता है, जैसे 'हाथी' का अर्थ 'हाथ वाला', 'पंकज', का 'कीचड़ से जनमा' या 'द्विरेफ' का जिसमें दो र हों। यों इन तीनों शब्दों के हिन्दी में प्रचलित अर्थ 'गज', 'कमल', तथा 'भौरा' हैं। संरचनार्थ केवल यौगिक शब्दों का होता है, मूल या रूढ़ि शब्दों का नहीं।

(2) मुख्यार्थ—भाषा में यही अर्थ प्रमुख होता है, तथा सभी भाषाओं के अधिकांश शब्दों का यही अर्थ लिया जाता है। उदाहरण के लिए ऊपर के शब्दों में 'हाथी' का अर्थ 'गज', 'पंकज' का 'कमल' तथा 'द्विरेफ' का 'भौंरा' यही मुख्यार्थ ही है। ऐसे ही 'गदहा' (गधा) तथा 'सूअर' के अर्थ पशु-विशेष भी यही है। इसी अर्थ को कोशार्थ, अभिधार्थ, वाच्यार्थ या सामान्य अर्थ भी कहते हैं।

(3) लक्ष्यार्थ—यह मुख्य अर्थ से विकसित होता है। ऊपर मुख्यार्थ के उदाहरणों में 'गदहा' का अर्थ 'मूर्ख' तथा 'सूअर' का अर्थ 'गंदा' यही है। हर भाषा के काफी मुहावरों का अर्थ भी इसी श्रेणी का होता है।

(4) व्यंग्यार्थ—प्रसंग विशेष में व्यंजना से यह अर्थ निकलता है। उदाहरण के लिए दिनकर की कविता की एक प्रसिद्ध पंक्ति—'अरी हृदय को थाम महल के लिए झोपड़ी बलि होती है' में महल का व्यंग्यार्थ है—'धनी मानी लोग' तथा 'झोपड़ी का व्यंग्यार्थ है छोटे' अथवा 'गरीब लोग'। व्यंग्यार्थ का प्रयोग प्रायः साहित्य में अधिक होता है।

(5) व्याकरणिक अर्थ—व्याकरणिक अर्थ वह है, जो व्याकरणिक प्रकार्यों (Functions) द्वारा व्यक्त होता है। यह सामान्य अर्थ से भिन्न होता है। हिन्दी में 'ने', 'को' जैसी इकाइयाँ निरर्थक नहीं हैं, किन्तु इनका अर्थ व्याकरणिक है, जिन्हें प्रयोगों द्वारा तो समझाया जा सकता है, प्रति शब्दों द्वारा नहीं।

(6) शैलीय अर्थ—'पिताजी', 'वालिदजान', 'मामाजी, 'मामूजान', 'शुभ स्थान', 'दौलतखाना' के मुख्यार्थ समान हैं, किन्तु इनमें शैलीय भेद हैं। इसे शैलीय अर्थ कहा जा सकता है। हिन्दी-हिन्दुस्तानी-उर्दू के बहुत से वाक्यों में उस तरह के शैलीय अर्थ—बिराजिये, बैठिए, तशरीफ़ रखिए—का ही अंतर होता है, मूलार्थ आदि अन्य अर्थों का नहीं।

---

1. **हिन्दी भाषा की आर्थी संरचना—सं० डॉ० भोलानाथ तिवारी, पृष्ठ 27**
2. **भाषा-विज्ञान कोश—सं० डॉ० भोलानाथ तिवारी, पृष्ठ 35**

(7) सामाजिक अर्थ—बहुत से शब्दों के मूलार्थ समान होते हैं, किन्तु उनमें सामाजिकता का अंतर होता है। उदाहरण के लिए तू-तुम-आप—ये तीनों ही 'मध्यम पुरुष एक वचन' के द्योतक हैं, किन्तु इनमें सामाजिक अंतर इस रूप में है कि समाज में वक्ता किसी एक के लिए 'तू' का प्रयोग करेगा तो दूसरे के लिए 'तुम' का और तीसरे के लिए 'आप' का। इस तरह वक्ता से श्रोता के सामाजिक संबंधों पर इन सर्वनामों का प्रयोग निर्भर करता है।

(8) प्रभावजनित अर्थ—प्रत्येक शब्द का उसमें प्रयुक्त ध्वनियों के आधार पर, श्रोता या पाठक पर, एक खास तरह का आर्थी प्रभाव पड़ता है। उदाहरण के लिए 'पर्वत' और 'भूधर' पर्याय हैं, किन्तु 'भूधर' का प्रभाव भ, ध—दो महाप्राणों तथा दीर्घ स्वर ऊ के कारण भारी-भरकम का पड़ता है। इस तरह 'भूधर' भारी-भरकम पहाड़ का अर्थ देता है, जबकि पर्वत में यह बात नहीं है। ऐसे अर्थ को प्रभावजनित अर्थ कहा जा सकता है।[1]

---

1. **हिन्दी भाषा की आर्थी संरचना—सं० डॉ० भोलानाथ तिवारी, पृष्ठ 11-12 से साभार।**

अध्याय-3
राजभाषा हिन्दी की संवैधानिक स्थिति

पृष्ठभूमि—देश के स्वतंत्र होने के बाद आजाद देश की स्वतंत्र अभिव्यक्ति के लिये सर्वमान्य भाषा की तलाश हुई। प्रधानमंत्री थे—पण्डित जवाहर लाल नेहरू। पण्डित नेहरू का औपनिवेशिक गठन भारतीय भाषाओं को हिकारत की दृष्टि से देखता था। उनके प्रधानमंत्रित्व काल में ही हिन्दी दुर्भाग्य के पृष्ठ फड़फड़ाना शुरू हुए। इस देश की धूल-धूप, माँटी-पानी में सदियों से पली-बढ़ी हिन्दी नें इस दौर में तमाम तरह के ताप-मलूल और दबाव झेला-सहा। संघ की भाषा के लिये विभिन्न भाषाओं के नाम, लिपि, अंकों के प्रयोग और समय आदि को लेकर काफी जद्दोजहद और कशमकश हुई। राजभाषा के सवाल पर संविधान सभा में 12 सितम्बर, 1949 ई० से 14 सितम्बर, 1949 ई० तक चर्चा हुई। आप यह जानिए कि यह चर्चा बहुत आसान नहीं थी, क्योंकि संघ की भाषा के लिये अंग्रेजी, संस्कृत, बंगला, हिन्दुस्तानी तथा हिन्दी आदि भाषाओं ने अपने-अपने दावे प्रस्तुत किए। हालाँकि मैंने कहीं पढ़ा है कि स्वतंत्रता मिलने के पश्चात् बहुसंख्यकों की भाषा के नाम पर हिन्दी को भारत की राजभाषा-राष्ट्रभाषा के रूप में प्रतिष्ठित करने के लिये 26 जनवरी, 1948 ई० को ही संवैधानिक स्वीकृति मिल गई थी। यह संवैधानिक स्थिति भारतीय संविधान के अन्तर्गत भाग-17, राजकीय भाषा विधेयक-4 अध्यायों में रखी गई और यह स्वीकार किया गया कि प्रस्तुत संविधान 26 जनवरी, 1950 ई० से केन्द्र के प्रशासनिक, व्यावहारिक तथा लोकसभा में व्यवहार के रूप में काम में प्रयुक्त होगा। बहरहाल भारत के संविधान को 22 भागों में बाँटा गया है जिसमें कुल 392 अनुच्छेद हैं। संविधान में राजभाषा को पर्याप्त महत्व दिया गया है और भाग-17 पूर्णतया राजभाषा के लिए समर्पित है जिसमें चार अध्याय और 343 से 351 तक ग्यारह अनुच्छेद हैं। अध्याय एक में संघ की भाषा के बारे में उल्लेख है। अध्याय दो का काम 'प्रादेशिक भाषाएँ' हैं। अध्याय तीन में दिया है कि उच्चतम न्यायालय और उच्च न्यायालयों आदि की भाषा क्या हो। अध्याय चार काफी महत्वपूर्ण है। इसमें विशेष निर्देश (Special Directives) हैं। अनुच्छेद 350 व्यथा (Grievance) के निवारण के लिये अभ्यावेदन में प्रयोग की जाने वाली भाषा के बारे में है। 350 (क) प्राथमिक स्तर पर मातृभाषा में शिक्षा की सुविधाओं के बारे में हैं। 350 (ख) के अधीन भाषायी अल्पसंख्यक वर्गों के लिये विशेष अधिकारी की नियुक्ति की व्यवस्था की गई हैं। अनुच्छेद 351 यह निर्देश देता है कि हिन्दी भाषा का विकास किस प्रकार किया जाना चाहिए। भाग 17 के अतिरिक्त राजभाषा के बारे में दो अन्य स्थानों पर भी उल्लेख है—भाग 5 में अनुच्छेद 120, जो संसद में प्रयोग की जाने वाली भाषा के संबंध में है और भाग 6 में अनुच्छेद 210, जिसमें विधानमंडल में प्रयोग की जाने वाली भाषा के बारे में उल्लेख है। इसके अतिरिक्त संविधान की आठवीं अनुसूची में (संविधान में कुल 10 अनुसूचियाँ हैं) प्रमुख आधुनिक भाषाओं की सूची प्रस्तुत की गयी है जिनकी संख्या अब 21 है।[1]

---

1. **नागरी पत्रिका-2004 पृष्ठ 24**

भारतीय संविधान में राजभाषा संबंधी अनुच्छेद

भारतीय संविधान में राजभाषा से संबंधित अनुच्छेदों को हम निम्नवत् इस प्रकार देख सकते हैं—

अध्याय-1—संघ की भाषा (Official Language)

संघ की राजभाषा (Official Language of the Union)

343. Official Language of the Union—(1) The Official language of the Union shall be Hindi in Devanagari script. The form of numerals to be used for the official purposes of the Union shall be the international form of Indian numerals. अर्थात् **संघ की राजभाषा—**(1) संघ की राजभाषा हिन्दी और लिपि देवनागरी होगी। संघ के राजकीय प्रयोजनों के लिये प्रयोग होने वाले अंकों का रूप भारतीय अंकों का अन्तर्राष्ट्रीय रूप होगा।

(2) Notwithstanding anything in clause (1), for a period of fifteen years from the commencement of this Constitution, the English language shall continue to be used for all the official purposes of the Union for which it was being used immediately before such commencement. अर्थात् खण्ड (1) में किसी बात के होते हुए भी, इस संविधान के प्रारंभ से पन्द्रह वर्ष की कालावधि के लिये संघ के उन सब राजकीय प्रयोजनों के लिये अंग्रेजी भाषा प्रयोग की जाती रहेगी जिनके लिए ऐसे प्रारंभ से ठीक पहले वह प्रयोग की जाती थी :

Provided that the President may, during the said period, by order authorise the use of the Hindi language in addition to the English language and of the Devanagari form of numerals in addition to the international form of Indian numerals for any of the official purposes of the Union. अर्थात् परन्तु राष्ट्रपति उक्त कालावधि में, आदेश द्वारा, संघ के राजकीय प्रयोजनों में से किसी के लिए अंग्रेजी भाषा के साथ-साथ हिन्दी भाषा का तथा भारतीय अंकों के अन्तर्राष्ट्रीय रूप के साथ-साथ देवनागरी रूप का प्रयोग प्राधिकृत कर सकेगा।

(3) Notwithstanding anything in this article, Parliament may by law provide for the use, after the said period of fifteen years, of. अर्थात् इस अनुच्छेद में किसी बात के होते हुए भी, संसद विधि द्वारा, उक्त पन्द्रह साल की कालावधि के पश्चात्—

(a) the English language, or अर्थात् अंग्रेजी भाषा का; अथवा

(b) the Devanagari form of numerals, for such purposes as may be specified in law. अर्थात् अंकों के देवनागरी रूप का; ऐसे प्रयोजनों के लिए प्रयोग उपबंधित कर सकेगी जैसे कि विधि में उल्लिखित हो।

344. Commission and Committee of Parliament on official Language—(1) The President shall, at the expiration of five years from the commencement of this Constitution and thereafter at the expiration of ten years from such commencement, by order constitute a

Commission which shall consist of a Chairman and such other members representing the different language specified in the Eighth Schedule as the President may appoint, and the order shall define the procedure to be followed by the Commission. अर्थात् **राजभाषा के लिये आयोग और संसद की समिति** (1) राष्ट्रपति, इस संविधान के प्रारंभ से पाँच वर्ष की समाप्ति पर तथा तत्पश्चात् ऐसे प्रारंभ से दस वर्ष की समाप्ति पर आदेश द्वारा एक आयोग गठित करेगा जो एक अध्यक्ष और अष्ठम अनुसूची में उल्लिखित भिन्न भाषाओं का प्रतिनिधित्व करने वाले ऐसे अन्य सदस्यों से मिलकर बनेगा जैसे कि राष्ट्रपति नियुक्त करे, तथा आयोग द्वारा अनुसरण की जाने वाली प्रक्रिया भी आदेश परिभाषित करेगा।

(2) It shall be the duty of the Commission to make recommendations to the President as to—

(a) the progressive use of the Hindi language for the official purposes of the Union;

(b) restrictions on the use of the English language for all or any of the official purposes of the Union;

(c) the language to be used for all or any of the purposes mentioned in the article 348;

(d) the form of numerals to be used for any one or more specified purposes of the Union;

(e) any other matter referred to the Commission by the President as regards the official language of the Union and the language for communication between the Union and a State or between one State and another and their use. अर्थात् राष्ट्रपति को—

(क) संघ के राजकीय प्रयोजनों के लिए हिन्दी भाषा के उत्तरोत्तर अधिक प्रयोग के,

(ख) संघ के राजकीय प्रयोजनों में से सब या किसी के लिये अंग्रेजी भाषा के प्रयोग पर निर्बन्धनों के,

(ग) अनुच्छेद 348 में वर्णित प्रयोजनों में से सब या किसी के लिये प्रयोग की जाने वाली भाषा के,

(घ) संघ के किसी एक या अधिक उल्लिखित प्रयोजनों के लिए प्रयोग किये जाने वाले अंकों के रूप के,

(ङ) संघ की राजभाषा तथा संघ और किसी राज्य के बीच अथवा एक राज्य और दूसरे राज्य के बीच संचार की भाषा तथा उनके प्रयोग के बारे में राष्ट्रपति द्वारा आयोग से पृच्छा किये हुए किसी अन्य विषय के, बारे में सिफारिश करने का आयोग का कर्त्तव्य होगा।

(3) In making their recommendations under clause (2), the Commission shall have due regard to the industrial, cultural and scientific advancement of India, and the just claims and the interests of persons belonging to the non-Hindi speaking areas in regard to the public services. अर्थात् खण्ड (2) के अधीन

अपनी सिफारिशें करने में आयोग भारत की औद्योगिक, सांस्कृतिक और वैज्ञानिक उन्नति का तथा लोक सेवाओं के बारे में अहिन्दी भाषा क्षेत्रों के लोगों के न्यायपूर्ण दावों और हितों का सम्यक् ध्यान रखेगा।

(4) There shall be constituted a Committee consisting of thirty members, of whom twenty shall be members of the House of the People and ten shall be members of the Council of States to be elected respectively by the members of the House of the People and the members of the Council of States in accordance with the system of proportional representation by means of the single transferable vote. अर्थात् तीस सदस्यों की एक समिति गठित की जायेगी जिनमें से बीस लोकसभा के सदस्य होंगे तथा दस राज्यसभा के सदस्य होंगे जो कि क्रमशः लोकसभा के सदस्यों तथा राज्यसभा के सदस्यों द्वारा अनुपाती प्रतिनिधित्व पद्धति के अनुसार एकल संक्रमणीय मत द्वारा निर्वाचित होंगे।

(5) It shall be the duty of the Committee to examine the recommendations of the Commission constituted under clause (1) and to report to the President their opinion thereon. अर्थात् खण्ड (1) के अधीन गठित आयोग की सिफारिशों की परीक्षा करना तथा उन पर अपनी राय का प्रतिवेदन राष्ट्रपति को करना, समिति का कर्त्तव्य होगा।

(6) Notwithstanding anything in article 343, the President may, after consideration of the report referred to in clause (5), issue directions in accordance with the whole or any part of that report. अर्थात् अनुच्छेद 343 में किसी बात के होते हुए भी, राष्ट्रपति खण्ड (5) में निर्दिष्ट प्रतिवेदन पर विचार करने के पश्चात् उस सारे प्रतिवेदन के या उसके किसी भाग के अनुसार निर्देश निकाल सकेगा।

CHAPTER II
REGIONAL LANGUAGES
अध्याय-2
प्रादेशिक भाषाएँ

345. Official language[(a)] or languages of a State—Subject to the provisions of articles 346 and 347, the Legislature of a State may by

(a) **The following Acts have been passed by the State Legislatures :**

(1) A. P. Official languages Act, 1966 (A. P. Act 9 of 1966) (w.e.f. 29-3-1968)

(2) Assam Official languages Act, 1960 (Assam Act of 33 of 1960) (31-7-1964)

(3) Bihar languages of Laws Act, 1955 (Bihar Act 23 of 1955)

(4) Gujarat Official languages Act, 1960 (Gujarat Act 1 of 1961) (16-2-1961)

(5) Haryana Official languages Act, 1969 (Haryana Act 17 of 1969)

(6) Kerala State Legislature (Continuance of Use of English languages) Act, 1965 (Presi. Act 1 of 1965) (as re-enacted by Presi. Act 1 of 1966 and Kerala Act 8 of 1968)

law adopt any one or more of the languages in use in the State or Hindi as the language or languages to be used for all any of the official purposes at that State. अर्थात् **राज्य की राजभाषा या राजभाषाएँ** अनुच्छेद 346 आँर 347 के उपबन्धों के अधीन रहते हुए, राज्य का विधानमंडल, विधि द्वारा, उस राज्य के राजकीय प्रयोजनों में से सब या किसी के लिए प्रयोग के अर्थ उस राज्य में प्रयुक्त होने वाली भाषाओं में से किसी एक या अनेक को या हिन्दी को अंगीकार कर सकेगा :

Provided that, until the Legislature of the State otherwise provides by law, the English language shall continue to be used for those official purposes with in the State for which it was being used immediately before the commencement of this Constitution. अर्थात् परन्तु जब तक राज्य का विधानमंडल विधि द्वारा इससे अन्यथा उपबंधन करे तब तक राज्य के भीतर उन प्रयोजनों के लिये अंग्रेजी भाषा प्रयोग की जाती रहेगी जिनके लिए इस संविधान के प्रारम्भ से ठीक पहिले वह प्रयोग की जाती थी।

346. Official language for communication between one State and another or between a State and the Union—The language for the time being authorised for use in Union for official purposes shall be the official language for communication between one State and another State and the Union. अर्थात् **एक राज्य और दूसरे के बीच में अथवा राज्य और संघ के बीच में संचार के लिये राजभाषा** संघ में राजकीय प्रयोजनों के लिये प्रयुक्त होने के लिए तत्समय प्राधिकृत भाषा, एक राज्य और दूसरे के बीच में तथा किसी राज्य और संघ के बीच में संचार के लिये राजभाषा होगी :

---

(7) Kerala Official languages (Legislation) Act, 1969 (Kerala Act 8 of 1969)

(8) Maharashtra Official languages Act, 1964 (Maharashtra Act 5 of 1965) (26-1-1965)

(9) Mysore Official languages Act, 1963 (Mysore Act 26 of 1963) (w.e.f. 1-4-1968)

(10) Orissa Official languages Act, 1954 (Orissa Act 14 of 1954 (w.e.f. 16-5-1966)

(11) Pondicherry Official languages Act, 1963 (Pondicherry Act 3 of 1965) (w.e.f. 1-7-1966)

(12) Punjab Official languages Act, 1967 (Punjab Act 25 of 1967) (w.e.f. 1-1-1968)

(13) Rajasthan Official languages Act, 1956 (Rajasthan Act 47 of 1956)

(14) Tamil Nadu State Legislature (Continuance of Use of English languages) Act, 1964 (Madras. Act 38 of 1964) (26-i-1965)

(15) Tamil Nadu Official languages Act, 1956 (Madras Act 39 of 1956) (w.e.f. 1-1-1967)

(16) U. P. Official languages Act, 1951 (U. P. Act 20 of 1951) (w.e.f. 26-1-1968)

(17) W. B. Official languages Act, 1961 (W. B. Act 24 of 1961) (w.e.f. 26-1-1965)

Provided that if two or more States agree that Hindi language should be the official language for communication between such States, that language may be used for such communication. अर्थात् परन्तु यदि दो या अधिक राज्य करार करते हैं कि ऐसे राज्यों के बीच में संचार के लिये राजभाषा हिन्दी भाषा होगी तो ऐसे संचार के लिये वह भाषा प्रयोग की जा सकेगी।

347. Special provision relating to language spoken by a section of the population of a State—On a demand being made in that behalf the President may, if he is satisfied that a substantial proportion of the population of a State desire the use of any language spoken by them to be recognised by that State, direct that such language shall also be officially recognised throughout that State or any part there of for such purpose as he may specify. अर्थात् **किसी राज्य के जनसमुदाय के किसी विभाग द्वारा बोली जाने वाली भाषा के संबंध में विशेष उपबंध** तद्विषयक माँग की जाने पर यदि राष्ट्रपति का समाधान हो जाये कि किसी राज्य के जनसमुदाय का पर्याप्त अनुपात चाहता है कि उसके द्वारा बोली जाने वाली किसी भाषा को राज्य द्वारा मान्यता दी जाये तो वह निर्देश दे सकेगा कि ऐसी भाषा की उस राज्य में सर्वत्र अथवा उसके किसी भाग में ऐसे प्रयोजन के लिए जैसा कि वह उल्लिखित करें राजकीय मान्यता दी जाये।

CHAPTER III
LANGUAGES OF THE SUPREME COURT, HIGH COURTS, ETC.
अध्याय-3
उच्चतम न्यायालय, उच्च न्यायालयों आदि की भाषा

348. Language to be used in the Supreme Court and in the High Courts and for Acts, Bills, etc.—(1) Notwithstanding anything in the foregoing provisions of this Part, until Parliament by law otherwise provides—

(a) all proceedings in the Supreme Court and in every High Court,

(b) the authoritative texts—

(i) of all Bills to be introduced or amendments thereto to be moved in either House of Parliament or in the House or either House of the Legislature of a State,

(ii) of all Acts passed by Parliament or the Legislature of a State and of all Ordinances promulgated by the President or the Governor[a] [***] of a State, and

(iii) of all orders, rules regulations and bye-laws issued under this Constitution or under any law made by Parliament or the Legislature of a State,

shall be in the English language.

(2) Notwithstanding anything in Sub-clause (a) of clause (1), the Governor[a] [**] of a State may, with the previous consent of the President, authorise the use of the Hindi language, or any other language used for any official purposes of the State, in proceedings in the High Court having its principal seat in that State :

Provided that nothing in this clause shall apply to any judgment, decree or order passed or made by such High Court.

(3) Notwithstanding anything in sub-clause (b) of clause (1), where the Legislature of a State has prescribed any language other than the English language for use in Bills introduced in, or Acts passed by, the legislature of the State or in Ordinances promulgated by the Governor[a] [**] of the State or in any order] rule, regulation or bye-law referred to in paragraph (iii) of that sub-clause, a translation of the same in the English language published under the authority of the Governor[a] [**] of the State or in any order, rule, regulation or bye-law referred to in paragraph (iii) of that sub-clause, a translation of the same in the English language published under the authority of the Governor[a] [**] of the Sate in the official Gazette of that State shall be deemed to be the authoritative text thereof in the English language under this article.

349. Special procedure for enactment of certain laws relating to language—During the period of fifteen years from the commencement of this Constitution, no Bill or amendment making provision[a] for the language to be used for any of the purposes mentioned in clause (1) of article 348 shall be introduced or moved in either House of Parliament without the previous sanction of the President, and the President shall not give his sanction to the introduction of any such Bill or the moving of any such amendment except after he has taken in to consideration the recommendations of the Commission constituted under clause (1) of article 344 and the report of the Committee constituted under clause (4) of that article. अर्थात् **उच्चतम न्यायालय और उच्च न्यायालयों में तथा अधिनियमों, विधेयकों आदि में प्रयोग की जाने वाली भाषा**—(1) इस भाग के पूर्ववर्ती उपबंधों में किसी बात के होते हुए भी, जब तक संसद विधि द्वारा अन्यथा उपबंध न करें तब तक—

(क) उच्चतम न्यायालय में तथा प्रत्येक उच्च न्यायालय में सब कार्यवाहियाँ,

(ख) जो—

(i)[1] विधेयक, अथवा उन पर प्रस्तावित किये जाने वाले जो संशोधन, संसद के प्रत्येक सदन में पुरःस्थापित किये जायें उन सब के प्राधिकृत पाठ,

---

1. **संविधान (सप्तम संशोधन) अधिनियम, 1956 की धारा 27 और अनुसूची द्वारा संशोधनों के पश्चात् खण्ड (2) और (3) का वर्तमान स्वरूप इस प्रकार है— "(2) खण्ड (1) उपखंड (क) में किसी बात के होते हुए भी, किसी राज्य का राज्यपाल राष्ट्रपति की पूर्व सम्मति से हिन्दी भाषा का या उस राज्य में राजकीय प्रयोजन के लिए प्रयुक्त होने वाली किसी अन्य भाषा का प्रयोग उस राज्य में मुख्य स्थान रखने वाले उच्च न्यायालय में की कार्यवाहियों के लिए प्राधिकृत कर सकेगा,**

(ii)[1] अधिनियम संसद द्वारा राज्य के विधानमंडल द्वारा पारित किये जायें, तथा जो अध्यादेश राष्ट्रपति या राज्यपाल या राज-प्रमुख द्वारा प्रख्यापित किये जायें, उन सबके प्राधिकृत पाठ, तथा,

(iii) आदेश, नियम, विनियम और उपविधि इस संविधान के अधीन, अथवा, संसद या राज्यों के विधानमंडल द्वारा निर्मित किसी विधि के अधीन, निकाले जायें उन सबके प्राधिकृत पाठ, अंग्रेजी भाषा में होंगे—

(2) खंड (1) के उपबंध (क) में किसी बात के होते हुए भी, राज्य का राज्यपाल या राजप्रमुख राष्ट्रपति की पूर्व सम्मति से हिन्दी भाषा का या उस राज्य में राजकीय प्रयोजन के लिये प्रयोग होने वाली किसी अन्य भाषा का प्रयोग उस राज्य में मुख्य स्थान रखने वाले उच्च न्यायालय में की कार्यवाहियों के लिये प्राधिकृत कर सकेगा—

परन्तु इस खंड की कोई बात वैसे उच्च न्यायालय द्वारा दिये गये निर्णय, आज्ञप्ति अथवा आदेश को लागू न होगी।

(3) खंड (1) के उपखंड (ख) में किसी बात के होते हुए भी, जहाँ किसी राज्य के विधानमंडल ने, उस विधानमंडल में पुरःस्थापित विधेयकों या उसके द्वारा पारित अधिनियमों में अथवा उस राज्यपाल या राजप्रमुख द्वारा प्रख्यापित अध्यादेशों में अथवा उस उपखंड की कंडिका (iii) में निर्दिष्ट किसी आदेश, नियम, विनयम या उपविधि में प्रयोग के लिये अंग्रेजी भाषा से अन्य किसी भाषा के प्रयोग को विहित किया है वहाँ उस राज्य के राजकीय सूचना पत्र में उस राज्य के राज्यपाल या राजप्रमुख के प्राधिकार से प्रकाशित अंग्रेजी भाषा में उसका अनुवाद उस खंड के अभिप्रायों के लिए उसका अंग्रेजी भाषा में प्राधिकृत पाठ समझा जायेगा।

349. भाषा संबंधी विधियों को अधिनियमित करने के लिए विशेष प्रक्रिया—इस संविधान के प्रारम्भ से पन्द्रह वर्षों की कालावधि तक अनुच्छेद 348 के खंड (1) में वर्णित

परन्तु इस खंड की कोई बात वैसे उच्च न्यायालय द्वारा दिये गये निर्णय, आज्ञप्ति अथवा आदेश को लागू न होगी।

''खंड (1) के उपखंड (ख) में किसी बात के होते हुए भी, जहाँ किसी राज्य के विधानमंडल ने, उस विधानमंडल में पुरःस्थापित विधेयकों या उसके द्वारा पारित अधिनियमों में अथवा उस राज्य के राज्यपाल द्वारा प्रख्यापित अध्यादेशों में अथवा उस उपखंड की कंडिका (iii) में निर्दिष्ट किसी आदेश, नियम, विनिमय या उपविधि में प्रयोग के लिये अंग्रेजी भाषा से अन्य किसी भाषा के प्रयोग को विहित किया है वहाँ उस राज्य के राजकीय सूचना पत्र में उस राज्य के राज्यपाल के प्राधिकार से प्रकाशित अंग्रेजी भाषा में उसका अनुवाद उस खंड के अभिप्रायों के लिए उसका अंग्रेजी भाषा में प्राधिकृत पाठ समझा जायेगा।''

1. (a) [350 a. Facilities for instruction in mother-tongue at primary stage. It shall be the endeavour of every State and of every local authority within the State to provide adequate facilities for instruction in the mother-tongue at the primary stage of education to children belonging to linguistic minority groups; and the president may issue such directions to any State as he considers necessary or proper for securing the provision of such facilities.]

प्रयोजनों में से किसी के लिए प्रयोग की जाने वाली भाषा के लिए उपबंध करने वाला कोई विधेयक या संशोधन संसद के किसी सदन में राष्ट्रपति की पूर्व मंजूरी के बिना पुर:स्थापित या प्रस्तावित नहीं किया जायेगा तथा ऐसे किसी विधेयक के पुर:स्थापित अथवा ऐसे किसी संशोधन के प्रस्तावित किये जाने की मंजूरी अनुच्छेद 344 के खंड (1) के अधीन गठित आयोग की सिफारिशों पर, तथा उस अनुच्छेद के खंड (4) के अधीन गठित समिति के प्रतिवेदन पर विचार करने के पश्चात् ही राष्ट्रपति देगा।

CHAPTER IV
SPECIAL DIRECTIVES
अध्याय-4
विशेष निर्देश

350. Language to be used in representations for redress of grievances—Every person shall be entitled to submit a representation for the redress of any grievance to any officer or authority of the Union or a State in any of the languages used in the Union or in the State, as the case may be.(a) अर्थात् **किसी व्यथा के निवारण के लिए अभिवेदन में प्रयोक्तव्य भाषा**

---

[a] Inserted by the Constitution (Seventh Amendment) Act, 1956, S. 21 (1-11-1956)

OBJECTS AND REASONS

"The new article 350 A proposed in this clause is designed to implement one of the State Reorganisation Commission's important recommendations regarding safeguards for linguistic minorities in the States after reorganisation."—Gaz. of Ind., 1956, Pt. ii, S. 2, Ext., P. 218

[a][350 B. special officer for linguistic minorities—(1) There shall be a Special Officer for linguistic minorities to be appointed by the President.

(2) It shall be the duty of the Special Officer to investigate all matters relating to the safeguards provided for linguistic minorities under this Constitution and report to the President upon those matters at such intervals as the President may direct, and the President shall cause all such reports to be laid before each House of Parliament, and sent to the Governments of the State concerned.]

[a] Inserted by the Constitution (Seventh Amendment) Act, 1956, S. 29 and Sch. (1-11-1956)

अर्थात् क. प्राथमिक स्तर पर मातृभाषा में शिक्षा देने के लिए सुविधाएँ—प्रत्येक राज्य और राज्य के अंदर प्रत्येक स्थानीय प्राधिकारी का यह प्रयास होगा कि भाषाजात अल्पसंख्यक वर्गों के बालकों को शिक्षा के प्राथमिक स्तर में मातृभाषा में शिक्षा देने के लिए पर्याप्त सुविधाओं की व्यवस्था की जाये, और राष्ट्रपति किसी राज्य को ऐसे निर्देश दे सकेगा जैसे कि वह ऐसी सुविधाओं का उपबंध सुनिश्चित कराने के लिए आवश्यक या उचित समझता है।

1. संविधान (सप्तम संशोधन) अधिनियम, 1956 की धारा 21 द्वारा अनुच्छेद 350 के पश्चात् निम्नलिखित अनुच्छेद जोड़ दिये गये हैं

उद्देश्य एवं कारण

350 ख. भाषाई अल्पसंख्यकों के लिए विशेष पदाधिकारी

किसी व्यथा के निवारण के लिये संघ या राज्य के पदाधिकारी या प्राधिकारी को, यथास्थिति, संघ में या राज्य में प्रयोग होने वाली किसी भाषा में अभिवेदन देने का, प्रत्येक व्यक्ति को हक होगा।

351. Directive for development of the Hindi language—It shall be the duty of the Union to promote the spread of the Hindi language, to develop it so that it may serve as a medium of expression for all the elements of the composite culture of India and to secure its enrichment by assimilating without interfering with its genus, the forms, style and expression, used in Hindustani and in the other languages of India specified in the Eighth Schedule, and by drawing, wherever necessary or desirable, for its vocabulary, primarily on Sanskrit and secondarily on other languages. अर्थात् **हिन्दी भाषा के विकास के लिये निर्देश**—हिन्दी भाषा की प्रसार-वृद्धि करना, उसका विकास करना ताकि वह भारत की सामाजिक संस्कृति के सब तत्त्वों की अभिव्यक्ति का माध्यम हो सके, तथा उसकी आत्मीयता में हस्तक्षेप किये बिना हिन्दुस्तानी और अष्टम अनुसूची में उल्लिखित अन्य भारतीय भाषाओं के रूप, शैली और पदावलि को आत्मसात् करते हुए तथा जहाँ आवश्यक या वांछनीय हो वहाँ उसके शब्द-भंडार के लिए मुख्यत: संस्कृत से तथा गौणत: अन्य भाषाओं से शब्द ग्रहण करते हुए उसकी समृद्धि सुनिश्चित करना संघ का कर्त्तव्य होगा।

अनुच्छेद 343 : एक सिंहावलोकन—संविधान में टंकित हिन्दी संबंधी इन धाराओं को हिलोर-पछोर कर देखें तो स्पष्ट पता चलता है कि ये सभी धाराएँ हिन्दी-हित-संपोषक हैं। यथा अनुच्छेद 343 का मुख्य स्वर यही है कि संघ की राजभाषा हिन्दी और लिपि देवनागरी होगी तो अनुच्छेद 344 यह साफ संकेत करता है कि संघ के सरकारी कार्यों के लिये हिन्दी भाषा के उत्तरोत्तर एवं अधिक प्रयोग के लिये संघ के सरकारी प्रयोजनों में से सब या किसी के लिये अंग्रेजी भाषा के प्रयोग को कम करने या उस पर रोक लगाने के लिये राष्ट्रपति सिफारिश करें। इसी तरह अनुच्छेद 345 में यह व्यवस्था है कि राज्य का विधानमंडल विधि द्वारा एक या अधिक प्रादेशिक भाषाओं या हिन्दी को सरकारी प्रयोजनों के लिये स्वीकार कर सकेगा तो 346 में यह स्पष्ट आदेश है कि राज्य और संघ के बीच में पत्र-व्यवहार के लिये संघ की राजभाषा का ही प्रयोग होगा। संविधान का अनुच्छेद 351 सर्वाधिक महत्त्वपूर्ण है। इस अनुच्छेद में यह पुख्ता रूप में ध्वनित है कि संघ सरकार का यह कर्त्तव्य है कि वह हिन्दी भाषा के विकास और प्रयास के लिये समुचित प्रयास करेगा ताकि भारत में

---

(1) भाषाई अल्पसंख्यकों के लिए एक विशेष पदाधिकारी होगा, जो राष्ट्रपति द्वारा नियुक्त किया जायेगा।

(2) भाषाई अल्पसंख्यकों के लिए जिन संरक्षणों की इस संविधान के अधीन व्यवस्था की जाये उनसे सम्बद्ध सब विषयों का अनुसंधान करना और ऐसी अंतरावधियों पर उन विषयों के संबंध में, जैसे कि राष्ट्रपति निर्दिष्ट करे, राष्ट्रपति को प्रतिवेदन देना विशेष पदाधिकारी का कर्त्तव्य होगा, और राष्ट्रपति ऐसे सब प्रतिवेदनों को संसद के प्रत्येक सदन के समक्ष रखवायेगा और संबंधित राज्यों की सरकारों को भिजवायेगा।''

राजभाषा हिन्दी के ऐसे स्वरूप का विकास हो, जो समूचे देश में प्रयुक्त हो सकें और जो भारत की मिली-जुली संस्कृति की अभिव्यक्ति की वाहिका बन सकें।

कुल मिलाकर यह कि 4 अध्यायों में विभक्त भारतीय संविधान के राजभाषा संबंधी 343 से 351 तक के अनुच्छेदों में राजभाषा नीति निर्धारित हुई। लेकिन आपका ध्यान आकर्षित करते हुए इस बात का हार्दिक कष्ट हो रहा है कि इन धाराओं में 343 अर्थात् हिन्दी के विकास के लिये बनी पहली ही धारा पर जितना विवाद हुआ, शायद ही किसी अन्य दूसरी धारा को लेकर इतना बवाल हुआ हो। अनुच्छेद 343 की चार विशेषताएँ हैं—(1) संघ की राजभाषा हिन्दी, (2) उसकी लिपि—देवनागरी, (3) राजकाज के कार्यों में भारतीय अंकों के अन्तर्राष्ट्रीय रूप का प्रयोग तथा (4) संविधान के लागू होने से पन्द्रह वर्ष की अवधि तक अंग्रेजी भाषा का उन सभी सरकारी कार्यों में प्रयोग, जैसा स्वतंत्रता पूर्व होता था। इस अंतिम आदेश पर काफी बहस मुबाहसा हुआ। बहस का यह अंधड़ इतना तेज उठा कि कुछ लोग हिन्दी की जगह अंग्रेजी को, कुछ संस्कृत को, कुछ बंगला को तथा कुछ हिन्दुस्तानी को इस देश की राजभाषा बनाना चाहते थे। कुछ उदाहरण देखिए—

अंग्रेज़ी—(1) भाषा प्रस्ताव का मसौदा तैयार करने वालों में से एक **श्री एन० गोपालास्वामी** संघ की भाषा के लिये अंग्रेजी का इस्तेमाल चाहते थे। उन्होंने अंग्रेजी का पक्ष लेते हुये कहा कि, "English is a language on which, I think, we have built and achieved our freedom. अर्थात् मेरे विचार में इस भाषा द्वारा हमने अपनी स्वतंत्रता प्राप्त की है और इस पर अपनी आजादी की इमारत खड़ी की है।''

(2) श्री नजीरुद्दीन अहमद ने अंग्रेजी को 'संसार की भाषा' बताते हुए इसे हिन्दुस्तान की राजभाषा बनाने का आग्रह किया। अपने तर्क के पक्ष में उन्होंने जापान का उदाहरण देते हुए कहा कि, "It adopted the English language as the official language voluntarily. They (Japanese) went to America and other places and learnt English and with the help of English language. With English science, modern thoughts and world activities were open to her. But for the unfortunate entry of Japan in the last war, Japan would have been one of the greatest nations of the world. That is why I submit that English should compulsory, it may be a disagreeable necessity; but still. It is a necessity. अर्थात् उसने (जापान ने) स्वेच्छया अंग्रेजी को राजभाषा बनाया। जापान के लोग अमरीका और अन्य देशों में गये और अंग्रेजी भाषा सीखी। इस भाषा के द्वारा विज्ञान, नवीन चिन्तन और कार्यालयों का पूरा संसार उनके सामने उपस्थित हो गया। यदि दुर्भाग्यवश जापान को पिछले महायुद्ध में न कूदना पड़ता तो जापान आज दुनिया की सबसे बड़ी ताकत होता। इसलिये मेरा अनुरोध है कि अंग्रेजी को अनिवार्य भाषा बनाया जाय। यह अनिवार्यता भले ही अरुचिकर हो, पर यह अपरिहार्य है।''

(3) एंग्लो इन्डियन नेता **फ्रैंक ऐन्थनी** अंग्रेजी के मुखर पक्षधर थे। उनका विचार था कि, "After all, a knowledge of English which our people have acquired over a period of 200 years is one of the greatest assets which India possesses in the international field. I say this without qualification that India's claim, India's acceptance of leadership in the international field is due largely, it not

entirely to the capacity of or representative abroad to hold their own, more than hold their own in speaking English in international forums. अर्थात् हमारे देशवासियों ने पिछले 200 वर्षों में अंग्रेजी भाषा का जो ज्ञान अर्जित किया है, वह अन्तर्राष्ट्रीय **कामों के लिये भारत की महान निधि है। मैं बलपूर्वक यह कहने को तैयार हूँ कि अन्तर्राष्ट्रीय** क्षेत्र में भारत की अग्रणी होने के दावे का आधार एवं अन्य देशों द्वारा इस प्रकार की मान्यता प्राप्त करने का एकमात्र कारण यही है कि विदेशों में रहने वाले हमारे प्रतिनिधि अन्तर्राष्ट्रीय मंचों पर अधिकारपूर्ण अंग्रेजी भाषा के माध्यम से अपने विचार व्यक्त कर सकते हैं।''

(4) **डॉ० श्यामा प्रसाद मुखर्जी** राजभाषा के लिये हिन्दी का प्रयोग चाहते थे, फिर भी राष्ट्रीय जीवन में उन्होंने अंग्रेजी को अतिआवश्यक बताया—"After all, it is on account of that language that we have been able to achieve many things; apart from the role that English has played in unifying India politically, and thus in our attaining political freedom; it opened to us the civilisation of large parts of the world. It opened to us knowledge, specially in the realm of science and technology which it would have been difficult to achieve otherwise. अर्थात् आखिर, इस भाषा के कारण ही हमें अनेक उपलब्धियाँ हुई हैं। इसके अतिरिक्त, देश के राजनीतिक एकीकरण और इसकी स्वतंत्रता प्राप्ति में अंग्रेजी का बहुत बड़ा हाथ है। इसके माध्यम से संसार के अनेक भागों की संस्कृति के द्वार हमारे लिये खुल गये। विज्ञान तथा प्रौद्योगिकी की जो प्राप्ति हमें अंग्रेजी पढ़ने से हुई, वह अंग्रेजी की जानकारी के बिना मुश्किल थी।''

(5) बहुत कुछ इसी तरह का वक्तव्य तत्कालीन प्रधानमंत्री **श्री नेहरू** ने भी दिया—"We must have our language...but English must continue to be a most important language in India...Why? well, English to day is far more important in the world than it was when British came here. It is undoubtedly to day the nearest approach to an international language. अर्थात् हमें अवश्य अपनी भाषा का प्रयोग करना चाहिये।...परन्तु अंग्रेजी भी भारत की एक सर्वाधिक महत्त्वपूर्ण भाषा बनी रहनी चाहिये। क्यों? जब अंग्रेज हिन्दुस्तान में आये, उस समय की अपेक्षा संसार में अंग्रेजी का महत्त्व आज कहीं अधिक है। निःसन्देह, अंग्रेजी एक अन्तर्राष्ट्रीय भाषा के निकटतम है।''

(6) **श्री आर० पी० धुलेकर** ने **श्री एन० गोपालास्वामी** के उक्त तर्कों का विरोध करते हुये कहा कि, "Only those people joined the freedom's fight who forgot the English language, and who had extreme hatred for the English language and who knew that the English language was a poison and that it will kill our country. अर्थात् केवल उन्हीं लोगों ने स्वतंत्रता संग्राम में भाग लिया, जिन्होंने अंग्रेजी को भुला दिया, जिनकी अंग्रेजी के प्रति अनास्था थी और जो यह समझते थे कि अंग्रेजी भाषा एक ऐसी विषैली वस्तु है जो देश का नाश कर देगी।''

(7) अहिन्दी भाषी राज्य उड़ीसा के रहने वाले **श्री लक्ष्मीनारायण साहू** ने अंग्रेजी समर्थकों की तुलना उस शराबी से की, जो यह सोचता है कि नशाबन्दी से उसकी मृत्यु हो

जायेगी, "xxx a drunkard who felt that he would die if there is prohibition and he not allowed to drink."

(8) **अलगू राम शास्त्री** अंग्रेजी के मुखर विरोधी थे। उन्होंने अंग्रेजी को इस देश की राजभाषा बनाने की हिम्मत करने वालों को ललकारा और कहा कि, "xxx not a language which is the language of the people of any part of our country. अर्थात् यह (अंग्रेजी) देश के किसी भी भाग की भाषा नहीं है।"

(9) स्वतंत्रता सेनानी और भाषाविद् **सेठ गोविन्द दास** ने कहा कि, "यह बड़ा दुखद है कि स्वतंत्र भारत की संविधान सभा अंग्रेजी को राष्ट्रभाषा बनाने की कोशिश करें।"[1]

संस्कृत—संविधान सभा के कुछ सदस्य संस्कृत को भारत की राजभाषा बनाने के आग्रही थे। इसके लिये उनके पास कुछ अपने विशिष्ट किस्म के तर्क थे। उनका विचार था कि इस देश की चेतना, परम्परा, संस्कृति और सभ्यता सब कुछ इस देवभाषा में सुरक्षित है। कुछ विचार यहाँ देखे जा सकते हैं—

(1) अहिन्दी भाषी **लक्ष्मी कान्त मैत्र** राजभाषा के लिये हिन्दी की जगह संस्कृत की स्थापना चाहते थे। उन्होंने कहा कि, "Sanskrit had the oldest and most repectable pedigree of all the languages in the world...(and that it could be used) either for very serious subjects as philosophy, science and also for light literature, it is an easy vehicle of expression for all shades of thoughts. अर्थात् संसार की सभी भाषाओं की अपेक्षा संस्कृत की वंशावली प्राचीनतम एवं प्रतिष्ठा प्राप्त है।...चाहे तो हम संस्कृत को गहन दर्शन अथवा विज्ञान के अध्ययन में इस्तेमाल करें और चाहें तो सुगम साहित्य के लिये। सभी प्रकार की अर्थ-छटायें इस भाषा के माध्यम द्वारा आसानी से व्यक्त की जा सकती हैं।"

(2) अहिन्दी भाषी **कुलाधार छालिया** भी संस्कृत को ही इस देश की राष्ट्रभाषा-राजभाषा बनाने के पक्षधर थे। उन्होंने कहा कि, "I personally feel that we should have Sanskrit as our national language. Sanskrit and India are co-extensive...our institutions are inter woven with it and values of our lives have been created out of its philosophy. अर्थात् मेरा व्यक्तिगत मत है कि संस्कृत हमारी राष्ट्रीय भाषा होनी चाहिये। संस्कृत और भारत का विकास एक साथ हुआ है—हमारी संस्थायें इस भाषा के साथ जुड़ी हुई हैं और हमारे जीवन मूल्यों के निर्माण में संस्कृत भाषा के दर्शन ग्रंथों का बहुत बड़ा हाथ है।"

बंगला—कुछ सदस्य बंगला भाषा को इस देश की राजभाषा बनाना चाहते थे। **सतीश चन्द्र सामंत** इनमें से एक थे। उन्होंने बंगला भाषा की अकूत ऊर्जा की ओर इशारा करते हुये संविधान सभा के सदस्यों को इसकी हद और हैसियत बताया और कहा, "Intelligibility to the largest number should not be the criterion and that other considerations were move important. The official language of India should have the capacity to become the international language...Bengali was taught in foreign universities such as Oxford, Warsaw; Ravindralaya has taught in

---

1. **The Framing of India's Constitution, The Indian Institute of Public Administration. B. Shiva Rao, Page 783, New Delhi.**

Harvard in the U.S.A. and Tagore was a name in the international world were factors in favour of the Bengali language." यह सब कहने के उपरान्त अपने भाषण की समाप्ति से पूर्व उन्होंने यह भी कहा कि, "I have put forward before you the case of Bengali and I may say that for my part I am ready to accept the language which will be accepted by the over whelming majority of this House." अर्थात् अधिक संख्या में लोग हिन्दी समझते हैं, इस आधार पर हिन्दी के पक्ष में निर्णय लेना सही नहीं होगा। इससे अधिक महत्त्वपूर्ण मानदण्ड कुछ और हैं। भारत की राजभाषा अन्तर्राष्ट्रीय भाषा बनने के लिये समर्थ होनी चाहिये। बंगाली भाषा आक्सफोर्ड, वार्सा आदि विश्वविद्यालयों में पढ़ाई जाती है, हार्वर्ड (अमरीका) में रवीन्द्रपीठ है और टैगोर का नाम सारी दुनिया जानती है।'' अपने भाषण के अंत में उन्होंने कहा कि, ''मैंने आपके सम्मुख बंगाली की बात रखी है, परन्तु मैं यह भी कहना चाहूँगा कि व्यक्तिगत तौर पर मैं उस निर्णय को मानने के लिये तैयार हूँ जो इस सदन में बहुमत से लिया जायेगा।''[1]

हिन्दुस्तानी—इस देश की राजभाषा के लिये हिन्दुस्तानी के नाम पर सर्वाधिक विवाद हुआ। सदस्य दो खेमों में बँटे हुये थे। कुछ लोग हिन्दी के पक्षधर थे तो कुछ हिन्दुस्तानी के। दोनों के पास अपने-अपने तर्कों की जमीन थी। **सेठ गोविन्द दास** तथा **पुरुषोत्तम दास टण्डन** आदि हिन्दी के पक्षधर थे, तो महात्मा गांधी, जवाहर लाल नेहरू तथा मौलाना आजाद आदि हिन्दुस्तानी को राजभाषा बनाना चाहते थे।

(1) **सेठ गोविन्द दास** तथा उनके समर्थकों का विचार था कि चूँकि हिन्दुस्तानी का काफी झुकाव उर्दू की ओर है, इसलिये भारत के बँटवारे और पाकिस्तान बन जाने के बाद उर्दू का महत्त्व स्वतः कम हो गया है। अतः इस देश के लिए 'हिन्दुस्तानी' अब अप्रासंगिक बन चुकी है। उसकी सार्थकता और नामोनिशान यहाँ के लिये बेमानी बन चुके हैं। हमारे देश में राजकाज और नियम कानून की भाषा वह कत्तई नहीं बन सकती। उक्त सारे तर्कों के आधार पर सेठ गोविन्द दास ने हिन्दुस्तानी की जगह देवनागरी लिपि में लिखित हिन्दी को राष्ट्रभाषा स्वीकार करने का आग्रह किया।[2]

(2) **पण्डित रविशंकर शुक्ल** ने हिन्दुस्तानी का विरोध इसलिये किया कि यह भाषा हिन्दी की एक शैली मात्र है और भाषा के स्वरूप का निश्चय उसके बोलने वाले करते हैं न कि संविधान सभायें—"Ravi Shankar Shukla opposed Hindustani on the ground that it was only a form and style of Hindi and the form of the language is decided by the people out side in course of time and could not be decided in the House."[3]

(3) प्रसिद्ध भाषाशास्त्री **श्री रघुवीर** का विचार था कि, I am neither pleading for Hindi nor for Urdu but I am just putting to you the problem of

1. उक्त सभी उद्धरण हिन्दी तथा अंग्रेजी के प्रसिद्ध विद्वान—भाषाविद् डॉ० कन्हैया लाल गांधी की—"The Problem of official Language in India" तथा 'राजभाषा समस्या : व्यावहारिक समाधान' से साभार उद्धृत किये गये हैं।
2. आत्म निरीक्षण—सेठ गोविन्द दास, तृतीय भाग 121
3. राजभाषा समस्या : व्यावहारिक समाधान—डॉ० कन्हैया लाल गांधी, पृष्ठ 37

nomenclature. If we take the case to an impartial composed of the judges of the High Court, put the word-Hindustani before them and all the evidence pertaining to it, the tribunal can come to only one conclusion and there can be no second than Hindustani is Urdu...when the word Hindustani is capable of being interpreted differently by different people it is always better to use a clear word. अर्थात् मैं न तो हिन्दी का पक्ष ले रहा हूँ और न उर्दू का। मैं आपके सामने **केवल नामकरण की समस्या प्रस्तुत कर रहा हूँ। यदि यह मामला एक निष्पक्ष अधिकरण के सामने** जिसमें उच्च न्यायालय के न्यायाधीश हों, पेश करें और हिन्दुस्तानी शब्द और इससे संबंधित सभी प्रमाण इस अधिकरण के सामने रख दें तो उनका सर्वसम्मत यही निर्णय होगा कि हिन्दुस्तानी उर्दू है। जब भिन्न-भिन्न लोगों के हिन्दुस्तानी शब्द का अभिप्राय अलग-अलग है, तो ऐसी स्थिति में एक निश्चित शब्दावली का प्रयोग करना ही उत्तम होगा।[1]

(4) **महात्मा गांधी** इस देश में हिन्दू-मुसलमान की मिली-जुली संस्कृति के पोषक थे, इसलिये उनका विचार था कि इस देश में एक ऐसी भाषा का प्रयोग हो जो हिन्दू और मुसलमान में सार्थक और सही समन्वय स्थापित कर सके। हिन्दुस्तानी को उन्होंने साझी संस्कृति की प्रतीक भाषा माना और इसे ही राजभाषा बनाने की वकालत की।[2]

(5) **पंडित जवाहर लाल नेहरू** ने भी हिन्दुस्तानी का ही पक्ष लेते हुये प्रकारान्तर से कहा कि, "इसमें जल्दबाजी दिखाने से नुकसान ही होगा। अगर हम किसी अहम किस्म के मसले पर देश के कुछ हिस्सों में या सदन में भी अल्पसंख्यकों पर बहुमत का दबाव डालकर जबरदस्ती कुछ करवाना चाहें, तो हम अपने मकसद में कभी भी कामयाब नहीं होंगे।[3] अत: उन्होंने आग्रह किया कि, "हिन्दुस्तानी को अखिल भाषा के रूप में स्वीकार किया जाय।"[4]

(6) **श्री मोटुरि सत्यनारायण** का विचार था कि, "देश में हिन्दुस्तानी भाषा को पूर्ण अस्तित्व है तथा वही एकमात्र देश की राजभाषा बन सकती है।"[5]

(7) मद्रास के **पोकर साहब बहादुर** भी हिन्दुस्तानी को ही भारत की राजभाषा बनाने के प्रबल पक्षधर थे। उनका तर्क था कि, "चूँकि हिन्दुस्तानी शब्द महात्मा गांधी जी द्वारा समर्थित रहा है, इसलिये गांधी जी की स्मृति को स्थिर रखने के लिये हिन्दुस्तानी को ही राजभाषा के रूप में मान्य करना चाहिये।[6]

हिन्दुस्तानी को राजभाषा न बनाये जाने को लेकर सर्वाधिक नाराज कुछ मुसलमान नेता थे। इन मुसलमान नेताओं का कहना था कि भारत-पाक बँटवारे की प्रतिक्रिया के कारण ही हिन्दुस्तानी की जगह हिन्दी को भारत की राजभाषा बनाया जा रहा है। उन्होंने जोर दिया कि

---

1. **Language and Society in India—Indian Institute of Advanced Study, Shimla, Page 20, 1969**
2. **Thoughts on Linguistic Status—B. R. Ambedkar, Page 14**
3. **आत्म-निरीक्षण—सेठ गोविन्द दास, तृतीय भाग, पृष्ठ 128-29**
4. **हिन्दी : अस्तित्व की तलाश—डॉ० सुधाकर द्विवेदी, पृष्ठ 34**
5. **"The Indian Constitution-Corner Stone of a Nation"—Page 300**
6. **डॉ० कन्हैया लाल गांधी की उक्त दोनों पुस्तकों से।**

इस मसले पर विचार स्थगित किया जाय और उसे संसद के लिये छोड़ दिया जाय। अगर यह संभव नहीं हो तो हिन्दुस्तानी को राष्ट्रभाषा मान लिया जाय।[1]

(8) हिन्दुस्तानी के लिये सबसे सर्वाधिक मुखर आग्रह **मौलाना आजाद** का था—'हिन्दुस्तानी' शब्द का बड़ा व्यापक अर्थ हो गया है। इसने उत्तरी हिन्दुस्तान में बोली जाने वाली सारी भाषाओं के रूपों को आत्मसात् कर लिया है। इसमें हिन्दी, उर्दू और उनके अलावा भी बहुत कुछ शामिल हैं। हमको अंग्रेजी, जो एक अदबी और वसीह जुबान है, को हटाकर उसकी जगह इस देश की एक भाषा को लाना है। यह तभी हो सकता है, जब हम अपनी जुबान को भरपूर और वसीह बना दें। इस जुबान का नाम हिन्दुस्तानी रखकर ही आप इसका दायरा बढ़ा सकते हैं।[2]

(9) कुल मिलाकर हिन्दुस्तानी के समर्थकों का तर्क था कि हिन्दुस्तानी को इस देश की राजभाषा स्वीकार कर लेने से संस्कृतियों का सुखद मिलन होगा, जिससे भारत के प्रत्येक वर्ग की भलाई और सुखद समृद्धि होगी।[3]

(10) वहीं कुछ ऐसे लोग भी थे, जो राजभाषा के लिये 'हिन्दी' और 'हिन्दुस्तानी' के नाम पर अलहदा विचार रखते थे। हुकुम सिंह ने पहले देवनागरी लिपि में हिन्दी का समर्थन किया, किन्तु बाद में उनके नजरिये में फर्क आ गया। उन्होंने कहा कि, "I am one of those who have withdrawn their support from Hindi in Devanagari Script simply because of the fanaticism and intolerance of those who support it. अर्थात् मैं उन लोगों में से हूँ जिन्होंने हिन्दी के समर्थकों के कट्टरपन और अनुदारता के दृष्टिकोण को देखकर इस भाषा को अपना समर्थन देना बंद कर दिया है।"[4]

(11) इसी तरह **डॉ० आर० वी० धुलेकर** ने हिन्दुस्तानी-समर्थकों को समझाया कि वे दो-तीन साल तक चुप रहें। उन्होंने कहा कि, ''अगर आप हिन्दुस्तानी के समर्थन में आ कुछ कहेंगे तो आपकी बात कोई नहीं सुनेगा। लोग आपके विचारों को गलत तरीके से प्रस्तुत करेंगे और आपको गलत समझेंगे।''[5]

बहरहाल, संविधान सभा की 14 जुलाई, 1947 ई० को हुई चौथी बैठक में राजभाषा के लिये 'हिन्दी' और 'हिन्दुस्तानी' के नाम पर जब कोई सहमति नहीं हो पायी तब सदस्यों ने मतदान करने का निर्णय लिया। इस मतदान में 63 मत हिन्दी के पक्ष में और 32 मत हिन्दुस्तानी के पक्ष में पड़े। इस प्रकार हिन्दी बहुमत के आधार पर इस देश की राजभाषा घोषित हुई।[6]

हिन्दी—अंततः काफी कशमकश और जद्दोजहद के बाद हिन्दी को बराहेअदब इस देश की राजभाषा का दर्जा मिला। संविधान सभा में हिन्दी समर्थकों ने धमकाया कि बहुमत के बाद भी यदि हिन्दी के विरुद्ध कोई अप्रिय निर्णय लिया गया तो हम कांग्रेस तथा संविधान

---

1. **डॉ० कन्हैया लाल गांधी की उक्त दोनों पुस्तकों से।**
2. **'हरिजन सेवक'—1947**
3. **India, Constituent Assembly, Debates, New Delhi, Constituent Assembly, 1949, Vol. VII, Page 321**
4. **Language Conflict and National Development—Jyoti Rindra Das Gupta, Page 11**
5. **India, Constituent Assembly, Debates, Vol. Vii, Page 358-383**
6. **India, Constituent Assembly, Debates, Vol. Vii, Page 362-363**

सभा से सदैव के लिये त्याग-पत्र दे देंगे। इस देश की सांस्कृतिक उदारता और बहुलता के तत्त्वों को अपने भीतर परम्परा से सहेजने-समेटने वाली हिन्दी को जिन लोगों ने राजभाषा बनाने के लिये अनथक संघर्ष किया, उनमें से कुछ के वक्तव्य इस प्रकार दिये जा रहे हैं—

(1) **एन० गोपालास्वामी** के प्रस्ताव प्रस्तुत करने के तुरन्त बाद **सेठ गोविन्द दास** ने कहा—I express my gratitude to my friends from South India and from non-Hindi regions for having accepted at least one thing—that is, Hindi in Devanagari Script alone can be the language of the union, whether we call it the National language or the State language. अर्थात् दक्षिण भारत तथा अन्य अहिन्दी भाषी क्षेत्रों से निर्वाचित सदस्यों के प्रति मैं अपना आभार प्रकट करता हूँ कि उन्होंने कम से कम एक बात तो स्वीकार कर ली है कि देवनागरी लिपि में हिन्दी ही संघ की भाषा बन सकती है, चाहे इसे राष्ट्रीय भाषा का नाम दें अथवा राजभाषा का।''[1]

(2) **डॉ० श्यामा प्रसाद मुखर्जी** ने 'बहुसंख्यक जनता की भाषा' के नाम पर हिन्दी का समर्थन किया। उनका विचार था कि, "Not that it (Hindi) is necessarily the best of Indian languages. It is for the main reason that it is the one language which is understood by the largest single majority in this country today. Its 14 crores of people out of 32 today understand a particular language, and it is also capable of progressive development. We say, let us accept that language for the purpose of the whole of India, but do it in such a way that in the interim period it may not result in the deterioration of our official conduct of business or administration and at no time retard true advancement of India and her other great language. अर्थात् ऐसी बात नहीं है कि हिन्दी निर्विवाद रूप से देश की सर्वोत्तम भाषा हो। इसे राजभाषा मानने का सबसे बड़ा कारण यह है कि देश की अधिकतम जनता इसे समझती है। यदि भारत के 32 करोड़ लोगों में से 14 करोड़ किसी एक भाषा को समझते हों और यह भाषा क्रमिक विकास के भी समर्थ हो, तो हमारा कहना है कि इसे समस्त भारत के लिये स्वीकार कर लेना चाहिये, परन्तु यह सब कुछ इस प्रकार होना चाहिये कि इससे राजकार्य अथवा प्रशासनिक कामों के स्तर में कोई अपकर्ष न आये और न ही किसी प्रकार से देश या इसकी भाषाओं की प्रगति में कोई विघ्न पड़े।''

(3) **बी० दास** ने कहा कि, "We know we must have a linguafracca. We accept Hindi. अर्थात् हमें मालूम है कि इस देश में एक जनभाषा होनी चाहिये। हम हिन्दी को स्वीकार करते हैं।''[2]

(4) **लक्ष्मी नारायण साहू** ने हिन्दी का समर्थन करते हुए कहा कि, "Mr. President, I belong to Utkal, yet, I fully agree to the adoption of Hindi as the national language...And with accepting Hindi we will also accept its literature. It is not possible to reject the literature while accepting the language...It can not be possible to evolve Hindi which only contains

1. **हिन्दी : अस्तित्व की तलाश—डॉ० सुधाकर द्विवेदी, पृष्ठ 31**
2. **India, Constituent Assembly, Debates, Page 1454 and 1456**

simple words and is easily understood by all the people of the country. This can never be the case. When we speak English, we take care to speak it rightly and not merely to speak it in any way we may care to. अर्थात् अध्यक्ष महोदय, मैं उत्कल निवासी हूँ, परन्तु मैं हिन्दी को राष्ट्रभाषा बनाने का पूरा समर्थन करता हूँ। हिन्दी भाषा के साथ हमें इसका साहित्य भी ग्रहण करना होगा। यह मुमकिन नहीं है कि कोई भाषा तो अपना ली जाये और उसके साहित्य का परित्याग कर दिया जाये। ऐसी हिन्दी का निर्माण नितान्त असंभव है जिसमें ऐसे सरल शब्द हों, जो देश के सभी जनसाधारण आसानी से समझ लें। यह स्थिति कभी नहीं आ सकती। जब हम अंग्रेजी बोलते हैं तो इस बात का ध्यान रखते हैं कि हम ठीक बोले न कि जैसे हमारी मर्जी आये, वैसे बोलते जाये।''[1]

शंका समाधान—राजभाषा के रूप में जन्मते ही हिन्दी के साथ इसके सूतिकागार में ही विरोध के ढेरों झोल उठ खड़े हुए। इनमें से एक था कि हिन्दी महज एक 'वोट' से संघ की राजभाषा बनी। जबकि सच यह है कि यह आरोप वास्तविकता से अनदेखी की उपज है। दरअसल, अंकों के प्रयोग के सवाल पर ऐसा अवश्य हुआ था, जिसकी चर्चा थोड़ी देर बाद मैं करूँगा। फकत एक वोट से हिन्दी के राजभाषा बनने के मुद्दे का जोरदार विरोध जिन्होंने किया उनमें **डॉ० सुनीति कुमार चटर्जी** और **डॉ० भीमराव अंबेडकर** भी थे। मैंने अपनी 'भाषा-विज्ञान का अनुशीलन' तथा 'उर्दू : दूसरी राजभाषा' आदि कृतियों में कई स्थलों पर उल्लेख किया है कि हिन्दी के प्रति डॉ० चटर्जी के भीतर का भाषा विज्ञानी हमेशा संशय के दोराहे पर खड़ा रहा। हिन्दी को कभी उन्होंने इस देश की महत्त्वपूर्ण भाषा के रूप में नवाजा तो कभी उसे अनिकेत एवं नाशुदनी करने में भी नहीं चूके। **डॉ० चटर्जी** ने हिन्दी की शक्ति और अकूत संभावना को सतत् नकारा। उन्होंने हिन्दी को सदैव विरोध की दृष्टि से टटोला। कुल मिलाकर हिन्दी के प्रति वे निरन्तर उदासीन और असंवेदनशील रहे। हिन्दी के प्रति फटकार का भाव उनकी जेहन में अजस्रम् खदबदाता रहता था, इसीलिये Institute of Advanced Study, Shimla द्वारा आयोजित एक 'सेमिनार' का उद्घाटन करते हुए डॉ० चटर्जी ने राजभाषा हिन्दी के लिये कहा कि, ''हिन्दी को संघ की राजभाषा बनाने का निर्णय संविधान सभा ने पहले ही ले लिया था। निर्णय का आधार कांग्रेसी सदस्यों की बैठक में लिया गया निर्णय था। इस महत्त्वपूर्ण निर्णय के लिये केवल एक वोट का बहुमत था और वह भी डॉ० राजेन्द्र प्रसाद के 'कास्टिंग वोट' के कारण संभव हुआ।''[2] इसी तरह डॉ० अम्बेडकर ने भी कहा कि, काफी लम्बी चर्चा के बाद जब इस प्रश्न पर वोट लिया गया तो 78 वोट पक्ष में आये और इतने ही वोट विपक्ष में आये। इस बराबरी को सुलझाने का कोई उपाय नहीं दिखाई पड़ता था। काफी समय बाद जब फिर से वोट लिया गया तो हिन्दी के पक्ष में 78 वोट आये और 77 उसके विपक्ष में। इस तरह हिन्दी एक वोट से राष्ट्रभाषा का अपना स्थान प्राप्त कर सकी।''[3] कुछ लोगों का विचार है कि सेठ गोविन्द दास भी इस सवाल पर गफलत के शिकार हो गये थे। उन्होंने भी अंकों के प्रश्न को राजभाषा का प्रश्न समझ लिया, सो उन्होंने कहा कि, ''अंत में जब मत लिया गया तो हिन्दी के पक्ष में 78 और हिन्दुस्तानी के पक्ष में 77 मत आये ××× पटियाला के काका भगवत राय हिन्दी के पक्ष में अपना मत देकर...किसी आवश्यक

---

1. **प्रयोजनमूलक हिन्दी—विनोद गोदरे, पृष्ठ 87**
2. **The Problem of Official Language in India—Dr. K. L. Gandhi, Page 37**
3. **India, Constituent Assembly, Debates, Vol. IX, Page 1351, September 1949**

कार्यवश बाहर चले गये थे...जब फिर मत लिया गया तो हिन्दी के पक्ष में एक मत कम हो गया और इस तरह दोनों पक्षों की संख्या बराबर (77–77) हो गयी।''[1]

साफ तो यह है कि भाषा और अंकों के प्रश्न पर संविधान सभा के सदस्यों के बीच तीन बार मतदान हुआ। पहली बार भाषा के सवाल पर हुए मतदान में हिन्दी-पक्षधरों को सफलता मिली। दूसरी बार अंकों के प्रयोग के सवाल पर मतदान हुआ। 26 अगस्त, 1947 ई० को हुए मतदान में महज एक वोट का अंतर था, पर जब तीसरी बार 2–9–1949 ई० को मतदान हुआ तो उसमें बराबर अर्थात् 77–77 मत पड़े। 26 अगस्त, 1949 ई० को अंकों के सवाल पर हुए मतदान को ही दुर्भाग्य से डॉ० चटर्जी तथा अन्य लोगों ने 'राजभाषा' का मतदान समझ लिया। वस्तुत: राजभाषा का मसला तो जुलाई, 1947 ई० में ही सुलझ गया था और उस समय हिन्दी को राजभाषा बनाने के प्रस्ताव को भारी समर्थन प्राप्त हुआ था। एक विद्वान् श्री ग्रेनविल ऑस्टिन ने उक्त विवादों पर प्रकाश डालते हुए कहा कि, ''अम्बेडकर और गोविन्द दास तथ्यों को लेकर कुछ चकरा गये हैं और अंकों के प्रश्न पर एक वोट के बहुमत को हिन्दी की विजय समझ बैठे हैं।''

हिन्दी प्रयोग संबंधी राष्ट्रपति के आदेश 1952 तथा 1955

भारत के संविधान के अनुच्छेद 343 खंड (1) में यह स्पष्ट है कि ''संघ की राजभाषा हिन्दी और लिपि देवनागरी होगी और संघ के राजकीय प्रयोजनों के लिए प्रयोग होने वाले अंकों का रूप भारतीय अंकों का अन्तर्राष्ट्रीय रूप होगा।'' उक्त अनुच्छेद के खंड (2) में आगे यह कहा गया है कि इस संविधान के प्रारम्भ से पन्द्रह वर्ष की कालावधि के लिए संघ में उन सब राजकीय प्रयोजनों के लिए अंग्रेजी भाषा प्रयोग की जाती रहेगी, जिनके लिए इसके ठीक पहले वह प्रयोग की जाती थी। खंड (2) के परंतुक के अधीन ''राष्ट्रपति उक्त कालावधि में, आदेश द्वारा , संघ के राजकीय प्रयोजनों में से किसी के लिए अंग्रेजी भाषा के साथ-साथ हिन्दी भाषा तथा भारतीय अंकों के अन्तर्राष्ट्रीय रूप के साथ-साथ देवनागरी रूप का प्रयोग प्राधिकृत कर सकेगा।'' तदनुसार राष्ट्रपति ने 27 मई, 1952 को एक आदेश जारी किया (क्र० सं० 2, विधि मंत्रालय की दिनांक 27 मई, 1952 की अधिसूचना संख्या एस आर ओ 938 ए), जिसके द्वारा उन्होंने (1) राज्यों के राज्यपालों, (2) उच्चतम न्यायालय के न्यायाधीशों, और (3) उच्च न्यायालयों के न्यायाधीशों की नियुक्तियों के अधिपत्रों में संघ के सरकारी प्रयोजनों के लिए अंग्रेजी भाषा के साथ-साथ हिन्दी भाषा तथा भारतीय अंकों के अन्तर्राष्ट्रीय रूप के साथ-साथ देवनागरी रूप का प्रयोग प्राधिकृत किया।

राष्ट्रपति ने संविधान के अनुच्छेद 343 के खंड (2) के परंतुक के अधीन संविधान (सरकारी प्रयोजनों के लिए हिन्दी भाषा) आदेश 1955 नामक एक अन्य आदेश (गृह मंत्रालय की दिनांक 3 दिसम्बर, 1955 की अधिसूचना संख्या 59/2/54 प ब फ) जारी किया, जिसमें संघ के निम्नलिखित सरकारी प्रयोजनों के लिए अंग्रेजी के अतिरिक्त हिन्दी के प्रयोग को प्राधिकृत किया गया—

1. जनता के साथ पत्र-व्यवहार।
2. प्रशासनिक रिपोर्टों, सरकारी पत्रिकाएँ तथा संसद को प्रस्तुत की जाने वाली रिपोर्ट।
3. सरकारी संकल्प तथा विधायी अधिनियमिति।

---

1. **The Hindustan Times, 17 July, 1947, New Delhi**

4. जिन राज्य सरकारों ने हिन्दी को सरकारी भाषा के रूप में अपना लिया है, उनके साथ पत्र-व्यवहार।
5. संधि पत्र और करार।
6. अन्य देशों की सरकारों तथा उनके दूतों और अन्तर्राष्ट्रीय संगठनों के साथ पत्र-व्यवहार।
7. राजनयिक तथा कांसुली अधिकारियों और अन्तर्राष्ट्रीय संगठनों में भारत के प्रतिनिधियों को जारी किए जाने वाले औपचारिक कागजात।

अंग्रेजी के साथ-साथ हिन्दी के प्रयोग को धीरे-धीरे बढ़ाने के लिए जो सुझाव दिए गए थे, उन पर भारत सरकार की एक अंतर-विभागीय बैठक में चर्चा की गई और भारत सरकार के सभी मंत्रालयों को अपने कुछ कामों में हिन्दी का प्रयोग करने की सलाह दी गई। इस संबंध में तारीख 8 दिसम्बर, 1955 को गृह मंत्रालय ने एक कार्यालय ज्ञापन जारी किया। इसमें भारत सरकार के सभी मंत्रालयों को ये सुझाव दिए गए—

1. जनता से जो पत्रादि हिन्दी में मिले, उनके उत्तर जहाँ तक सम्भव हो, हिन्दी में ही दिए जाएँ, उनकी भाषा सरल होनी चाहिए।
2. प्रशासनिक रिपोर्टों, सरकारी पत्रिकाओं, संसद को प्रस्तुत की जाने वाली रिपोर्टों आदि को, यथा संभव अंग्रेजी और हिन्दी दोनों में प्रकाशित किया जाए।
3. सरकारी संकल्पों, विधायी अधिनियमों आदि को, यथासंभव अंग्रेजी और हिन्दी में जारी किया जाए, किन्तु इन पर यह बात स्पष्ट रूप से लिख देनी चाहिए कि अंग्रेजी पाठ ही प्रामाणिक माना जाएगा।
4. जिन राज्य सरकारों ने हिन्दी को अपनी राजभाषा के रूप में मान लिया है, उनके साथ पत्र-व्यवहार अंग्रेजी में किया जाए, परन्तु यदि सम्भव हो तो भारत सरकार द्वारा भेजे गए सभी पत्रादि के साथ उनका हिन्दी अनुवाद भी भेजा जाए ताकि संविधानिक कठिनाइयों का सामना न करना पड़े।

स्पष्ट है कि हिन्दी के संबंध में मात्र औपचारिकता का निभाव हुआ है। ''यथासंभव'' एवं ''यदि संभव हो'' ऐसे शब्दों के द्वारा राष्ट्रपति के हिन्दी प्रयोग संबंधी आदेशों का पालन करने से साफ-साफ बचा जा सकता था।

राजभाषा आयोग, 1955

भारतीय संविधान के अनुच्छेद 344 के अनुसार संविधान के लागू होने के पाँच साल बाद राष्ट्रपति को एक राजभाषा आयोग नियुक्त करने का अधिकार दिया गया था। इसके अनुसार 7 जून, 1955 को राष्ट्रपति द्वारा एक राजभाषा आयोग का गठन किया गया। बम्बई राज्य के भूतपूर्व मुख्यमंत्री स्वर्गीय श्री बाल गंगाधर खेर इस आयोग के अध्यक्ष थे और विभिन्न राज्यों के इसमें अन्य 20 प्रतिनिधि थे। आयोग की पहली बैठक 15 जुलाई, 1950 को हुई। इसने अनेक सरकारी, गैर-सरकारी व्यक्तियों, प्रतिनिधियों, संस्थाओं आदि से भेंट की। अन्त में आयोग ने अपना एक विस्तृत प्रतिवेदन जुलाई, 1956 में राष्ट्रपति के समक्ष प्रस्तुत किया। इस प्रतिवेदन में राजभाषा के संबंध में आयोग ने जो मुख्य सुझाव दिए, वे इस प्रकार हैं[1]—

---

1. **प्रयोजनमूलक हिन्दी, विनोद गोदरे, पृष्ठ 77-79, वाणी प्रकाशन, दिल्ली**

1. भारत के सम्पूर्ण जनतांत्रिक आधार को ध्यान में रखते हुए अखिल भारतीय स्तर पर सामूहिक माध्यम के रूप में अंग्रेजी को स्वीकार करना सम्भव नहीं तथा भारतीय भाषाओं के माध्यम से ही अनिवार्य प्राथमिक शिक्षा के कार्यक्रम के प्रश्न पर विचार किया जा सकता है। विज्ञान एवं अनुसंधान के क्षेत्रों तथा अन्तर्राष्ट्रीय मामलों में अंग्रेजी भाषा का ज्ञान आवश्यक है, परन्तु शिक्षा, प्रशासन, सार्वजनिक जीवन एवं दैनिक कार्यकलापों में विदेशी भाषा का व्यवहार उचित नहीं है।
2. यद्यपि साहित्यिक दृष्टि से भारत की सभी भाषाएँ समृद्ध हैं, फिर भी अधिक लोगों द्वारा बोली तथा समझी जाने के कारण हिन्दी समस्त भारत के लिए एक सुस्पष्ट भाषा-माध्यम है।
3. पारिभाषिक शब्दावली के निर्माण में स्पष्टता, अर्थ की शुद्धता, सरलता, पांडित्यपूर्ण भाषा का त्याग एवं अधिकाधिक देशज और लोकप्रिय शब्दों के प्रयोग पर ध्यान दिया जाना चाहिए। अन्तर्राष्ट्रीय शब्दावली को भारतीय भाषाओं की प्रकृति के अनुसार थोड़े हेर-फेर के साथ स्वीकार कर लेना चाहिए। पारिभाषिक शब्दावली के निर्माण की गति तीव्र होनी चाहिए।
4. चौदह वर्ष की उम्र तक के प्रत्येक विद्यार्थी को हिन्दी का उचित ज्ञान प्राप्त कराया जाए ताकि प्रत्येक नागरिक सार्वजनिक जीवन की गतिविधियों और सरकार की कार्यवाहियों को समझ सके।
5. सारे देश में माध्यमिक शिक्षा के स्तर पर हिन्दी का शिक्षण अनिवार्य कर दिया जाए। हिन्दी भाषी क्षेत्रों के विद्यार्थियों के लिये दूसरी दक्षिण भारतीय भाषाओं का ज्ञान अनिवार्य किया जाना आयोग को मान्य नहीं है।
6. शिक्षा के माध्यम के रूप में विषय और शिक्षण की सुविधाओं को ध्यान में रखते हुए सभी विश्वविद्यालय आपस में परामर्श करके निर्णय करें कि भिन्न-भिन्न अभ्यास-क्रमों के लिये किस माध्यम को स्वीकार किया जाए, परन्तु फिर भी सभी विश्वविद्यालयों को चाहिए कि हिन्दी-माध्यम से जो विद्यार्थी परीक्षाओं में बैठना चाहें, उनके लिये वे उचित प्रबन्ध करें।
7. प्रशासनिक कर्मचारियों के लिये हिन्दी का निश्चित अवधि में आवश्यक ज्ञान प्राप्त करने के लिए नियम लागू किया जाए और ऐसा न करने वालों को दण्डित किया जाए तथा निर्धारित स्तर से अधिक ज्ञान प्राप्त करने पर कर्मचारियों को पुरस्कार आदि देकर प्रोत्साहित किया जाए।
8. जनता से सीधा सम्पर्क रखने वाले विभागों और संगठनों के आंतरिक कार्य में हिन्दी और जनता से व्यवहार हेतु क्षेत्रीय भाषा काम में लाई जाए। ऐसे विभागों में भर्ती के लिए क्षेत्रीय भाषा के ज्ञान के साथ-साथ हिन्दी की योग्यता का स्तर भी निर्धारित किया जाए और बाद में विभागीय प्रशिक्षण द्वारा हिन्दी की योग्यता बढ़ाई जाए।
9. भारत सरकार के संवैधानिक प्रकाशन अधिक से अधिक हिन्दी भाषा में प्रकाशित किए जाएँ और हिन्दी की प्रगति के लिये सरकार द्वारा भरसक प्रयत्न किए जाएँ।
10. राज्य और संघ सरकार के अधिकारियों के लिए किसी स्तर का हिन्दी का ज्ञान अनिवार्य किया जाए और उसके लिये उन्हें अधिकाधिक पुरस्कार देकर प्रोत्साहित किया जाए।

11. संसद और विधानमंडलों की कार्यवाहियों की सफलता की दृष्टि से हिन्दी और क्षेत्रीय भाषाओं दोनों का व्यवहार होना चाहिए। स्वीकृत सरकारी कानून हिन्दी में ही होने चाहिए, परन्तु जनता की सुविधा के लिए क्षेत्रीय भाषाओं में उनके अनुवाद प्रकाशित किए जाने चाहिए और माध्यम के पूर्ण रूप से बदल जाने पर देश के सम्पूर्ण संवैधानिक ग्रन्थ हिन्दी भाषा में ही उपलब्ध होने चाहिए।
12. देश में न्याय देश की भाषा में किया जाए। इसके लिए यह जरूरी है कि उच्चतम न्यायालय और उच्च न्यायालयों की समस्त कार्यवाही तथा अभिलेखों, निर्णयों और आदेशों के आवश्यकतानुसार क्षेत्रीय भाषा में अनुवाद भी साथ में रखे जाएँ। उच्च न्यायालयों के न्यायाधीशों को अंग्रेजी के साथ-साथ क्षेत्रीय भाषाओं में भी निर्णय देने का अधिकार होना चाहिए।
13. प्रतियोगिता परीक्षाओं का माध्यम सुसंगत होना चाहिए। अखिल भारतीय एवं केन्द्रीय सेवाओं के हेतु कर्मचारियों के लिए हिन्दी की योग्यता रखना आवश्यक किया जाए। अत: परीक्षाओं में हिन्दी का अनिवार्य प्रश्नपत्र रखा जाए, परन्तु अहिन्दीभाषी विद्यार्थियों से इतर भाषाओं से सम्बन्धित विषयों पर वैकल्पिक प्रश्न पूछे जाने के लिए एक प्रश्नपत्र रखा जाए, जिससे समानता बनी रहे।
14. हिन्दी के विकास एवं प्रचार की दृष्टि से सरकार को ठोस कदम उठाने चाहिए। सरकार स्वैच्छिक हिन्दी संस्थानों के कार्यों में सामंजस्य स्थापित करने के लिए भी आवश्यक कदम उठाए तथा उन्हें आर्थिक सहायता प्रदान करें।
15. भारत की सब भाषाओं के लिये यदि एक लिपि रखने का प्रश्न हो तो इसके लिये देवनागरी लिपि ही सर्वथा उपयुक्त होगी। रोमन लिपि को स्वीकार करने से कोई लाभ नहीं होगा। देवनागरी लिपि के सुधार के लिए भी सरकार को आवश्यक कदम उठाने चाहिए।
16. हिन्दी एवं क्षेत्रीय भाषाओं की शब्दावली तथा अभिव्यक्ति के मानकीकरण के लिये सरकार को चाहिए कि वह भारतीय भाषाओं के समाचारपत्रों को इस दृष्टि से सुविधाएँ प्रदान करें और इसके लिए हिन्दी तथा क्षेत्रीय भाषाओं में समाचार देने वाली संस्थाओं के निर्माण करने का प्रयत्न करे।
17. राजभाषा हिन्दी के सफल उन्नयन एवं विकास तथा उसके उचित अधीक्षण का उत्तरदायित्व विशेष रूप से केन्द्रीय सरकार की एक प्रशासकीय इकाई पर डालना चाहिए। संघभाषा हिन्दी तथा क्षेत्रीय भाषाओं के विकास के लिए 'भारतीय भाषाओं की राष्ट्रीय आकदमी' की यदि स्थापना की जाए तो अतिहितकर होगा।
18. भारत के भाषागत एवं सांस्कृतिक ढाँचे में गहरी समानता लाने तथा भारत की विभिन्न भाषाओं के बीच की दूरी को कम करने के लिए बहुभाषिकता के सिद्धान्त को प्रोत्साहित किया जाए तथा इस उद्देश्य की पूर्ति के लिए माध्यमिक एवं विश्वविद्यालय की शिक्षा पद्धति में समुचित व्यवस्था की जाए।

राजभाषा आयोग के उपर्युक्त प्रमुख सुझावों पर दृष्टि डालते हुए यह कहा जा सकता है कि आयोग ने हिन्दी के अधिकाधिक और प्रगामी प्रयोग पर बल दिया था। खेर आयोग ने जो ठोस सुझाव रखे थे, सरकार ने उन्हें औपचारिक मानते हुए राजभाषा हिन्दी के विकास के लिए कोई ठोस कदम नहीं उठाए। आयोग के सुझावों को अमल में लाने के दुष्परिणाम आज

राजभाषा हिन्दी को भोगने पड़ रहे हैं। अगर ठोस कदम उस वक्त उठाए गए होते तो राजभाषा हिन्दी का पक्ष काफी मजबूत होता और हिन्दी की वर्तमान स्थिति देखने की नौबत नहीं आई होती।

संसदीय राजभाषा समिति, 1957

राजभाषा आयोग के प्रतिवेदन पर विचार करने के लिए भारतीय संविधान के अनुच्छेद 344 खण्ड (4) और (5) में दी गई व्यवस्था के अनुसार लोकसभा के 20 और राज्यसभा के 10 सदस्यों की एक संसदीय समिति का गठन किया गया और तत्कालीन केन्द्रीय गृहमंत्री श्री गोविन्दवल्लभ पंत इस समिति के अध्यक्ष चुने गये। इस समिति ने लगातार कई बैठकों के पश्चात् अपना अंतिम निर्णय लिया और 8 फरवरी, 1959 को अपनी रिपोर्ट राष्ट्रपति को प्रस्तुत की। अप्रैल, 1959 में यही रिपोर्ट संसद में चर्चा के लिए प्रस्तुत की गई। समिति के प्रमुख सुझाव इस प्रकार थे—

1. सरकारी पदों और नौकरियों के लिए इस समय जो अंग्रेजी की शिक्षा का स्तर निर्धारित है, संक्रमण की अवस्थाओं में हिन्दी-ज्ञान का स्तर यदि कुछ कम भी हो तो चल सकता है।
2. निर्धारित समय में कर्मचारियों द्वारा निर्धारित हिन्दी का ज्ञान प्राप्त न करने पर उनको दंडित किया जाना असंगत होगा।
3. संघ सरकार के प्रशासन में जहाँ भारतीय पारिभाषिक शब्दावली के विकास की आवश्यकता न हो तो विदेशों से संबंध बनाए रखने के लिए अनिश्चित काल तक अंग्रेजी का प्रयोग नहीं होना चाहिए।
4. 45 वर्ष से ऊपर की आयु वाले सरकारी कर्मचारियों को हिन्दी के प्रशिक्षण से छूट दी जानी चाहिए।
5. संघ सरकार द्वारा ऐसी योजना बनाई जाए, जिससे हिन्दी का राजभाषा के रूप में अधिकाधिक प्रयोग एवं विकास किया जा सके।
6. सरकार एवं मंत्रालयों के प्रकाशनों में रोमन अंकों के साथ-साथ देवनागरी अंकों को प्रयुक्त करने के बारे में संघ सरकार की मूलभूत समान नीति होनी चाहिए।
7. संसद तथा राज्यों के विधाममण्डलों में पारित होने वाले विधेयकों की भाषा अंग्रेजी का स्थान जब तक हिन्दी न ले ले, तब तक संसद में विधि-निर्माण का कार्य अंग्रेजी में होता रहे। कानूनों के हिन्दी में प्राधिकृत अनुवाद दिए जाएँ तथा संभव हो तो विभिन्न राज्यों की राजभाषाओं में भी उनके अनुवाद की व्यवस्था की जाए।
8. राज्यों की विधानसभाओं, अपने राज्यों की राजभाषाओं में विधि निर्माण-कार्य कर सकती है, परन्तु संविधान के 348 अनुच्छेद के अनुसार कानूनों का प्राधिकृत पाठ अंग्रेजी में प्रकाशित करना आवश्यक है। यदि कानून का मूलपाठ अन्य भाषा में है तो साथ में हिन्दी अनुवाद भी प्रस्तुत किया जा सकता है।
9. राष्ट्रपति की पूर्व सहमति से उच्च न्यायालयों में राज्य की राजभाषा अथवा हिन्दी का प्रयोग किया जा सकता है, परन्तु उनके द्वारा किए जाने वाले निर्णयों, अभिलेखों

और आदेशों को अंग्रेजी में ही होना चाहिए तथा दूसरी भाषाओं में दिए जाने वाले निर्णयों, डिग्रियों एवं आदेशों का अंग्रेजी अनुवाद साथ में रहना चाहिए।

10. हिन्दी तथा क्षेत्रीय भाषाओं का ज्ञान न्यायाधीशों के लिए उपयुक्त हो सकता है, परन्तु उनके लिए भाषा संबंधी परीक्षाएँ निर्धारित करना उचित नहीं है।

11. सांविधिक ग्रन्थों के अनुवाद तथा कानूनी पारिभाषिक शब्दावली आदि के निर्माण की उचित योजना बनाने तथा सम्पूर्ण कार्य की व्यवस्था करने के लिए भारत के विभिन्न भाषा-भाषी विधि विशारदों के स्थायी आयोग की उच्चस्तरीय समिति का निर्माण किया जाना चाहिए।

12. अखिल भारतीय तथा उच्चस्तरीय केन्द्रीय सेवाओं की परीक्षाओं के माध्यम के रूप में अंग्रेजी को चलने दिया जाए तथा कुछ समय बाद हिन्दी को वैकल्पिक माध्यम के रूप में स्वीकार किया जाए। तदनन्तर हिन्दी और अंग्रेजी दोनों को वैकल्पिक माध्यम के रूप में चलने दिया जाए।

13. सन् 1965 तक भारत सरकार के राजकाज की प्रधान भाषा अंग्रेजी रहे और इस अवधि में हिन्दी गौण राजभाषा रहे। सन् 1965 के बाद हिन्दी प्रधान राजभाषा रहे तथा अंग्रेजी को सह-राजभाषा का स्थान दिया जाए। संसद अपने अधिनियम द्वारा अंग्रेजी के प्रयोग के लिए जो सीमा एवं क्षेत्र निर्धारित करेगी तब तक आवश्यकतानुसार उनका प्रयोग जारी रहे।

संसदीय राजभाषा समिति के पीछे दिए मुख्य सुझावों से राजर्षि पुरुषोत्तम दास टण्डन और सेठ गोविन्द दास असहमत और असंतुष्ट थे और उन्होंने यह आरोप लगाया कि सरकार ने हिन्दी को राजभाषा के रूप में प्रस्थापित करने के लिए आवश्यक कदम नहीं उठाए हैं।

इन दोनों नेताओं ने समिति द्वारा अंग्रेजी को राजभाषा बनाए रखने का भी घोर विरोध किया। संसदीय समिति ने राजभाषा आयोग के अधिकांश सुझावों को स्वीकार करने की राय राष्ट्रपति को दी। इसके अनुसार राष्ट्रपति ने 27 अप्रैल, 1960 को संघ राजभाषा के संबंध में एक आदेश जारी किया।

संघ राजभाषा के संबंध में राष्ट्रपति का 1960 का आदेश

संसदीय राजभाषा समिति की रिपोर्ट पर भारतीय संविधान के अनुच्छेद 344 के खण्ड (6) द्वारा दी गई शक्तियों का प्रयोग करते हुए तथा राजभाषा आयोग की सिफारिशों पर समिति द्वारा अभिव्यक्त राय को ध्यान में रखकर राष्ट्रपति ने संघ की राजभाषा के सम्बन्ध में 27 अप्रैल, 1960 का एक आदेश जारी किया। इसमें निम्नलिखित प्रमुख निर्देश विहित हैं—

1. निर्धारित सिद्धान्तों के अनुसार हिन्दी तथा अन्य भारतीय भाषाओं में वैज्ञानिक तथा तकनीकी शब्दावली के निर्माण एवं समन्वय का प्रयत्न किया जाए तथा इसके लिए शिक्षा मंत्रालय आवश्यक व्यवस्था करते हुए आयोग का निर्माण करे।

2. सभी प्रशासनिक साहित्य का अनुवाद किया जाए तथा उसमें एकरूपता हो। असांविधिक अनुवाद शिक्षा मंत्रालय द्वारा किया जाए और सांविधिक अनुवाद विधि मंत्रालय करे।

3. शिक्षा मंत्रालय हिन्दी-प्रसार की व्यवस्था करे और इस कार्य में लगी गैर सरकारी संस्थाओं की भी सहायता करे।
4. केन्द्रीय सरकारी विभागों के स्थानीय कार्यालय अपने आन्तरिक कार्यों के लिए हिन्दी का प्रयोग करें और जनता के व्यवहार में प्रादेशिक भाषा का प्रयोग किया जाए। कर्मचारियों की भरती तथा विकेन्द्रीकरण आदि में इस आवश्यकता को ध्यान में रखा जाए।
5. प्रशिक्षण-संस्थाओं में प्रवेश के लिए अंग्रेजी और हिन्दी दोनों ही परीक्षा के माध्यम रहें।
6. अखिल भारतीय सेवाओं और उच्चतर केन्द्रीय सेवाओं में भरती के लिए परीक्षा का माध्यम अभी अंग्रेजी बनी रहे और कुछ समय बाद हिन्दी वैकल्पिक माध्यम के रूप में अपना ली जाए। बाद में किसी प्रकार की नियत कोटा प्रणाली अपनाए बिना परीक्षा के माध्यम के रूप में विभिन्न प्रादेशिक भाषाओं का प्रयोग शुरू करने की व्यवहार्यता की जाए।
7. संसदीय अधिनियम एवं विधेयक अंग्रेजी में बनते रहें किन्तु उनका प्राधिकृत हिन्दी-अनुवाद उपलब्ध कराया जाए। यह विधि मंत्रालय का उत्तरदायित्व है।
8. उच्चतम न्यायालय की भाषा अंततः हिन्दी होनी चाहिए। उच्च न्यायालयों के नियमों, आज्ञाप्तियों और आदेशों के प्रयोजनों के लिए हिन्दी और राज्यों की राजभाषाओं का प्रयोग विकल्पतः किया जा सकेगा। इस संबंध में विधि मंत्रालय को आवश्यक कार्यवाही करनी चाहिए।
9. एक मानक विधि शब्दकोश बनाने, हिन्दी में कानून बनाने और कानूनी शब्दावली के निर्माण के लिए विभिन्न राष्ट्रीय भाषाओं का प्रतिनिधित्व करने वाले कानून के विशेषज्ञों का एक स्थायी आयोग स्थापित किया जाए।
10. तृतीय श्रेणी से नीचे के कर्मचारियों, औद्योगिक संस्थानों के कर्मचारियों और कार्य-प्रभारित कर्मचारियों को छोड़कर उन सभी केन्द्रीय सरकारी कर्मचारियों के लिए हिन्दी का सेवाकाली प्रशिक्षण अनिवार्य बना दिया जाए, जिनकी आयु 1.1.61 को 45 वर्ष से कम हो। गृह मंत्रालय टंककों को, आशुलिपिकों को हिन्दी टंकण तथा आशु-लेखन में प्रशिक्षण देने के लिए भी प्रबन्ध करे। 27 अप्रैल, 1960 को राष्ट्रपति के उपर्युक्त आदेश के पैरा 14 में यह व्यवस्था की गई है कि गृह मंत्रालय एक ऐसी योजना तैयार करने और उसे कार्यान्वित करने के लिये आवश्यक कार्यवाही करे, जो संघ के प्रशासन में हिन्दी का प्रयोग सरल बनाने के प्रारम्भिक उपायों से संबंधित हो, अतएव गृह मंत्रालय ने सम्बन्धित मंत्रालयों से विचार-विमर्श करने के बाद एक कार्यक्रम तैयार किया। मंत्रिमंडल के अनुमोदन के पश्चात् यह कार्यक्रम 27 मार्च, 1961 को गृह मंत्रालय ने एक कार्यालय ज्ञापन के रूप में जारी किया। इस कार्यक्रम में वैज्ञानिक शब्दावली के निर्माण, अहिन्दी-भाषी कर्मचारियों को हिन्दी प्रशिक्षण देना, नियमों और मैनुअलों आदि के अनुवाद का काम, जिसे संघ के सरकारी कामकाज के लिए हिन्दी लागू करने के लिए पूर्व आवश्यक समझा जा सकता है, संघ के सरकारी प्रयोजनों के लिए हिन्दी के प्रगामी प्रयोग में सहायता करने के हेतु कुछ प्रारम्भिक उपायों को पूरा करने के लिए

अन्तिम तारीखें आदि दी गई हैं। इसके अतिरिक्त सभी मंत्रालयों से निम्नलिखित प्रबन्ध करने का अनुरोध किया गया था,

1. सरकारी संकल्प हिन्दी में भी जारी करना,
2. हिन्दी के पत्रों का उत्तर हिन्दी में ही दिया जाना,
3. फार्मों और रजिस्टरों में अंग्रेजी के अतिरिक्त हिन्दी का भी प्रयोग करना,
4. जिन चुने हुए अनुभागों में अधिकतर कर्मचारी हिन्दी का कार्यसाधक ज्ञान रखते हैं, उनमें फाइलों पर टिप्पणी में हिन्दी के प्रयोग की अनुमति देना, तथा
5. भारत के राजपत्र के कुछ भागों को हिन्दी में भी प्रकाशित करना।

निम्नलिखित प्रयोजनों के लिए हिन्दी का प्रयोग करने के हेतु प्रशासनिक आदेश जारी किए गए।

1. सरकारी आयोजनों के लिए निमन्त्रण पत्र आदि हिन्दी में जारी करना,
2. हिन्दी-भाषी क्षेत्रों में स्थित कार्यालयों से सम्बन्धित परिपत्र, आदेश आदि और चतुर्थ श्रेणी कर्मचारियों के साथ पत्र-व्यवहार,
3. भारत सरकार और उन राज्यों के बीच पत्र-व्यवहार के लिए, जिन्होंने हिन्दी को राजभाषा के रूप में स्वीकार कर लिया है,
4. लैटर-हैड, लिफाफे, कार्यालय की मुद्राओं आदि के लिए,
5. हिन्दी-भाषी क्षेत्रों में चतुर्थ श्रेणी के कर्मचारियों को अभियोग-पत्र जारी करना,
6. भारत सरकार के विभिन्न मंत्रालयों और कार्यालयों के तार के पतों का पंजीयन,
7. नए सरकारी संगठनों के नाम रखना,
8. हिन्दी-भाषी क्षेत्रों में स्थित स्थानीय अथवा शाखा कार्यालयों द्वारा केन्द्रीय मंत्रालयों से प्राप्त पत्रों के उत्तर,
9. कर्मचारियों के कल्याण-संबंधी कार्यक्रम के सामान्य आदेश तथा परिपत्र जारी करना,
10. हिन्दी में प्राप्त पत्रों को डायरी करना,
11. जो परिपत्र स्थायी आदेश के रूप में हों तथा प्रशासनिक अनुदेशों के संबंध में हों अथवा जो कार्यविधि साहित्य के रूप में हों, उनका हिन्दी अनुवाद साथ-साथ जारी करना,
12. स्थानीय कार्यालयों और व्यक्तियों को भेजे जाने वाले लिफाफों पर पते लिखना।[1]

पन्द्रह वर्ष की कालावधि और राजभाषा अधिनियम, 1963

यद्यपि संविधान के अनुच्छेद 343 (2) के अनुसार संविधान के लागू होने से पन्द्रह वर्ष की अवधि तक अर्थात् 25 जनवरी, 1965 तक ही सरकारी कामकाज में अंग्रेजी के प्रयोग को जारी रखने की व्यवस्था की गई थी, परन्तु अनुच्छेद 343 (3) के अनुसार संसद को यह अधिकार दिया गया कि वह अधिनियम पारित करके 26 जनवरी, 1965 के बाद भी

1. **प्रयोजनमूलक हिन्दी, विनोद गोदरे, पृष्ठ 87, वाणी प्रकाशन, दिल्ली**

सरकारी कार्य में अंग्रेजी का प्रयोग जारी रख सकती है। इसी व्यवस्था के आधार पर संसद ने राजभाषा अधिनियम, 1963 पारित किया। सच तो यह है कि भारतीय संविधान के 344 अनुच्छेद के अनुसार संविधान लागू होने के पाँच साल बाद राष्ट्रपति को एक राजभाषा आयोग नियुक्त करने का अधिकार दिया गया था। तदनुसार 7 जून, 1955 को राजभाषा आयोग की नियुक्ति की गई। इस आयोग ने जुलाई 1956 ई० में राष्ट्रपति के समक्ष राजभाषा के प्रगामी प्रयोग को लेकर अपना प्रतिवेदन प्रस्तुत किया, परन्तु दुर्भाग्य से इस प्रतिवेदन के प्रकाशित होते ही दक्षिण भारत में हिन्दी के राजभाषा बनाए जाने का तीव्र प्रारंभ हुआ। फलतः इस विरोध को उपशमित करने के लिए भारत सरकार ने शिथिल नीति का पालन किया, जिसके परिणामस्वरूप राजभाषा अधिनियम, 1963 का जन्म हुआ। यह अधिनियम संविधान के अनुच्छेद 343 के खण्ड (3) में विहित उपबंधों के आधार पर बनाया गया है। यह विधेयक लोकसभा में 13 अप्रैल, 1963 को तथा राज्यसभा में 3 मई, 1963 को प्रस्तुत किया गया और क्रमशः 25 अप्रैल तथा 7 मई को पारित हुआ। राष्ट्रपति की स्वीकृति मिलने पर यही राजभाषा अधिनियम 1963 के नाम से लागू हुआ।

THE OFFICIAL LANGUAGES ACT, 1963
(Act No. 19 of 1963)
[10th May, 1963]
राजभाषा अधिनियम 1963 (1963 का अधिनियम संख्यांक 19)
(10 मई, 1963)

An Act to provide for the languages which may be used for the official purposes of the Union, for transaction of business in Parliament, for Central and State Acts and for certain purposes in High Courts. अर्थात् **उन भाषाओं का, जो संघ के राजकीय प्रयोजनों, संसद में कार्य के संव्यवहार, केन्द्रीय और राज्य अधिनियमों और उच्च न्यायालयों में कतिपय प्रयोजनों के लिये प्रयोग में लाई जा सकेंगी, उपबन्ध करने के लिये अधिनियम—**

Be it enacted by Parliament in the fourteenth year of the Republic of India as follows—

1. Short title and commencement—(1) This Act may be called the official Language Act, 1963.

(2) Section 3 shall corne into force on the 26th day of January, 1965 and the remaining provisions of this Act shall come into force on such date[1] as the Central Government may, by notification in the official Gazette, appoint and different dates may be appointed for different provisions of this Act. अर्थात् भारत गणराज्य के चौदहवें वर्ष में संसद द्वारा निम्नलिखित रूप में यह अधिनियमित हो—

1. संक्षिप्त नाम और प्रारम्भ—(1) यह अधिनियम राजभाषा अधिनियम 1963 कहा जा सकेगा।

(2) धारा 3 जनवरी, 1965 के 26वें दिन को प्रवृत्त होगी और इस अधिनियम के शेष उपबन्ध उस तारीख[1] को प्रवृत्त होंगे जिसे केन्द्रीय सरकार, शासकीय राजपत्र में अधिसूचना द्वारा, नियत करे और इस अधिनियम के विभिन्न उपबन्धों के लिये विभिन्न तारीखें नियत की जा सकेंगी।

2. Definitions—In this Act, unless the context otherwise requires—

(a) "appointed day", in relation to Section 3, means the 26th day of January, 1965 and in relation to any other provision of this Act, means the day on which that provision comes into force;

(b) "Hindi" means Hindi in Devanagari Script. अर्थात् **परिभाषाएँ**—इस अधिनियम में जब तक कि सन्दर्भ से अन्यथा अपेक्षित न हो—

(क) ''नियत दिन'' से, धारा 3 के संबंध में, जनवरी, 1965 का 26वाँ दिन अभिप्रेत है और इस अधिनियम के किसी अन्य उपबन्ध के संबंध में वह दिन अभिप्रेत है जिस दिन को वह उपबन्ध प्रवृत्त होता है;

(ख) ''हिन्दी'' से वह हिन्दी अभिप्रेत है जिसकी लिपि देवनागरी है।

[2][**3. Continuance of English Language for official purposes of the Union and for use in Parliament.** (1) Notwithstanding the expiration of the period of fifteen years from the commencement of the Constitution, the English language may, as from the appointed day, continue to be used, in addition to Hindi—

(a) for all the official purposes of the Union for which it was being used immediately before that day, and

(b) for the transaction of business in Parliament :

Provided that the English language shall be used for purposes of communication between the Union and a State which has not adopted Hindi as its official language :

Provided further that where Hindi is used for purposes of communication between one State which has adopted Hindi as its official language and another State which has not adopted Hindi as its official language, such communication in Hindi shall be accompanied by a translation of the same in the English language :

Provided also that nothing in this sub-section shall be construed as preventing a State which has not adopted Hindi as its official language from

---

1. **S. 5 (1) comes into force on the 10th January, 1965 vide notification No. S.O. 94, dated the 4th January, 1965, Gazette of India, Pt. II, Sec. 3 (ii), p. 128, S. 6 comes into force on the 19th May, 1969, vide notification No. S.O. 1945, date the 14th May, 1969, Gazette of India, Pt. II, Sec. 3 (ii) p. 2024, S.O. 841 dated the 26th February, 1970 Gazette of India, Pt. II, Sec. 3 (ii) S. 5 (2) comes into force on the 1st Oct. vide Notification No. S.O. 655 (E) dated the 5th October, 1976, Gazette of India, Pt. II, Sec. 3 (ii), p. 1901.**
2. **Substituted by Act 1 of 1968, Section 2 for Section 3, 1968 के अधिनियम संख्यांक. की धारा 2 द्वारा धारा 3 के स्थान पर प्रतिस्थापित।**

using Hindi for purposes of communication with the Union or with a State which has adopted Hindi as its official language, or by agreement with any other State, and in such a case, it shall not be obligatory to use the English language for purposes of communication with that State. अर्थात् **संघ के राजकीय प्रयोजनों के लिए और संसद में प्रयोग के लिए अंग्रेजी भाषा का बना रहना**—(1) संविधान के प्रारम्भ से पन्द्रह वर्ष की कालावधि की समाप्ति हो जाने पर भी, हिन्दी के अतिरिक्त अंग्रेजी भाषा, नियत दिन से ही—

(क) संघ के उन सब राजकीय प्रयोजनों के लिए जिनके लिए वह उस दिन से ठीक पहले प्रयोग में लाई जाती थी, तथा

(ख) सन्दर्भ में कार्य के संव्यवहार के लिए, प्रयोग में लाई जा सकेगी।

परन्तु संघ और किसी ऐसे राज्य के बीच, जिसने हिन्दी को अपनी राजभाषा के रूप में नहीं अपनाया है, पत्रादि के प्रयोजनों के लिये अंग्रेजी भाषा प्रयोग में लाई जाएगी—

परन्तु यह और कि जहाँ किसी ऐसे राज्य के, जिसने हिन्दी को अपनी राजभाषा के रूप में नहीं अपनाया है, बीच पत्रादि के प्रयोजनों के लिए हिन्दी को प्रयोग में लाया जाता है वहाँ हिन्दी में ऐसे पत्रादि के साथ-साथ उसका अनुवाद अंग्रेजी भाषा में भेजा जायेगा—

परन्तु यह और भी कि इस उपधारा की किसी भी बात का यह अर्थ नहीं लगाया जाएगा कि वह किसी ऐसे राज्य को, जिसने हिन्दी को अपनी राजभाषा के रूप में नहीं अपनाया है संघ के साथ या किसी ऐसे राज्य के साथ, जिसने हिन्दी को अपनी राजभाषा के रूप में अपनाया है, या किसी अन्य राज्य के साथ, उसकी सहमति से, पत्रादि के प्रयोजनों के लिए हिन्दी को प्रयोग में लाने से निवारित करती है, और ऐसे किसी मामले में उस राज्य के साथ पत्रादि के प्रयोजनों के लिए अंग्रेजी भाषा का प्रयोग बाध्यकर न होगा। अर्थात् Notwithstanding anything contained in sub-section (1), where Hindi or the English Language is used for purposes of communication—

(i) between one Ministry or Department or office of the Central Government and another;

(ii) between one Ministry or Department or office of the Central Government and any corporation or company owned or controlled by the Central Government or any office thereof;

(iii) between any corporation or company owned or controlled by the Central Government or any office thereof and another;

A translation of such communication in the English language or, as the case may be, in Hindi shall also be provided till such date as the staff of the concerned Ministry, Department, office or corporation or company aforesaid have acquired a working knowledge of Hindi. अर्थात् **उपधारा (1)** में अन्तर्विष्ट किसी बात के होते हुए भी, जहाँ पत्रादि के प्रयोजनों के लिए हिन्दी या अंग्रेजी भाषा—

(i) केन्द्रीय सरकार के एक मंत्रालय या विभाग या कार्यालय के और दूसरे मंत्रालय या विभाग या कार्यालय के बीच,

(ii) केन्द्रीय सरकार के एक मंत्रालय या विभाग या कार्यालय के और केन्द्रीय सरकार के स्वामित्व में के या नियंत्रण में के किसी निगम या कम्पनी या उसके किसी कार्यालय के बीच;

(iii) केन्द्रीय सरकार के स्वामित्व में के या नियन्त्रण में के किसी निगम या कम्पनियाँ उसके किसी कार्यालय के और किसी अन्य ऐसे निगम या कम्पनी या कार्यालय के बीच;

प्रयोग में लाई जाती है वहाँ तारीख तक, जब तक पूर्वोक्त संबंधित मन्त्रालय, विभाग, कार्यालय या निगम या कम्पनी का कर्मचारीवृन्द हिन्दी का कार्यसाधक ज्ञान प्राप्त नहीं कर लेता ऐसे पत्रादि का अनुवाद, यथास्थिति, अंग्रेजी भाषा या हिन्दी में भी दिया जाएगा।

(3) Notwithstanding anything contained in sub-section (1) both Hindi and the English languages shall be used for—

(i) resolutions, general orders, rules, notifications, administrative or other reports or press communiques issued or made by the Central Government or by a Ministry, Department or office thereof or by a corporation or company owned or controlled by the Central Government or by any office of such corporation or company;

(ii) administrative and other reports and official papers laid before a House or the House of Parliament;

(iii) contracts and agreements executed, and licences, permits, notices and forms of tender issued, by or on behalf of the Central Government or any Ministry, Department or office thereof or by a corporation owned or controlled by the Central Government or by any office of such corporation or company. अर्थात् **उपधारा (1)** में अन्तर्विष्ट किसी बात के होते हुए भी, हिन्दी और अंग्रेजी भाषा दोनों ही—

(i) संकल्पों, साधारण आदेशों, नियमों, अधिसूचनाओं, प्रशासनिक या अन्य प्रतिवेदनों या प्रेस विज्ञप्तियों के लिये, जो केन्द्रीय सरकार द्वारा या उनके किसी मंत्रालय, विभाग या कार्यालय द्वारा या केन्द्रीय सरकार के स्वामित्व में के या नियन्त्रण में के किसी निगम या कम्पनी द्वारा या ऐसे निगम या कम्पनी के किसी कार्यालय द्वारा निकाले जाते हैं या किये जाते हैं,

(ii) संसद के किसी सदन या सदनों के समक्ष रखे गये प्रशासनिक तथा अन्य प्रतिवेदनों और राजकीय कागज-पत्रों के लिए

(iii) केन्द्रीय सरकार या उसके किसी मंत्रालय, विभाग या कार्यालय द्वारा या उसकी ओर से या केन्द्रीय सरकार के स्वामित्व में के या नियंत्रण में के किसी निगम या कम्पनी द्वारा या ऐसे निगम या कम्पनी के किसी कार्यालय द्वारा निष्पादित संविदाओं और करारों के लिए तथा निकाली गई अनुज्ञप्तियों, अनुज्ञापत्रों, सूचनाओं और निविदा-प्रारूपों के लिए, प्रयोग में लाई जाएगी।

(4) Without prejudice to the provisions of sub-section (1) or sub-section (2) or sub-section (3) the Central Government may, by rules made under Section 8, provide for the language or languages to be used for the official purpose of the Union, including the working of any Ministry, Department,

section or office, and in making such rules, due consideration shall be given to the quick and efficient disposal of the official business and the interests of the general public and in particular, the rules so made shall ensure that persons serving in connection with the affairs of the Union and having proficiency either in Hindi or in the English language may function effectively and that they are not placed at a disadvantage on the ground that they do not have proficiency in both the languages. अर्थात् उपधारा (1) या उपधारा (2) या उपधारा (3) के उपबन्धों पर प्रतिकूल प्रभाव डाले बिना यह है कि केन्द्रीय सरकार धारा 8 के अधीन बनाए गए नियमों द्वारा उस भाषा या उन भाषाओं का उपबन्ध कर सकेगी जिसे या जिन्हें संघ के राजकीय प्रयोजन के लिए जिसके अन्तर्गत किसी मंत्रालय, विभाग, अनुभाग या कार्यालय का कार्यकरण है, प्रयोग में लाया जाना है और ऐसे नियम बनाने में राजकीय कार्य के शीघ्रता और दक्षता के साथ निपटारे का तथा जन साधारण के हितों का सम्यक ध्यान रखा जाएगा और इस प्रकार बनाए गए नियम विशिष्टतया यह सुनिश्चित करेंगे कि जो व्यक्ति संघ के कार्यकलाप के संबंध में सेवा कर रहे हैं और जो या तो हिन्दी में या अंग्रेजी भाषा में प्रवीण है वे प्रभावी रूप से अपना काम कर सकें और यह भी कि केवल इस आधार पर कि वे दोनों ही भाषाओं में प्रवीण नहीं है उनका कोई अहित नहीं होता है।

(5) The provisions of clause (a) of sub-section (1), and the provisions of sub-section (2), sub-section (3) and sub-section (4) shall remain in force until resolutions for the discontinuance of the use of the English language for the purposes mentioned therein have been passed by the legislatures of all the States which have not adopted Hindi as their official language and until after considering the resolutions aforesaid, a resolution for such discontinuance has been passed by each House of Parliament.

(5) उपधारा (1) के खण्ड (क) के उपबन्ध और उपधारा (2), उपधारा (3) और उपधारा (4) के उपबन्ध तब तक प्रवृत्त बने रहेंगे जब तक उनमें वर्णित प्रयोजनों के लिये अंग्रेजी भाषा का प्रयोग समाप्त कर देने के लिए सभी राज्यों के विधानमण्डलों द्वारा, जिन्होंने हिन्दी को अपनी राजभाषा के रूप में नहीं अपनाया है, संकल्प पारित नहीं कर दिए जाते हैं और जब तक पूर्वोक्त संकल्पों पर विचार कर लेने के पश्चात् ऐसी समाप्ति के लिए संसद के हर एक सदन द्वारा संकल्प पारित नहीं कर दिया जाता।

4. Committee on official language.—(1) After the expiration of ten years from the date on which Section 3 comes into force, there shall be constituted a Committee on official language, on a resolution to that effect being moved in either House of Parliament with the previous sanction of the President and passed by both Houses.

(2) The Committee shall consist of thirty members, of whom twenty shall be members of the House of the People and ten shall be members of the Council of States, to be elected respectively by the members of the House of the People and the members of the Council of States in accordance with the system of proportional representation by means of the single transferable vote.

(3) It shall be the duty of the Committee to review the progress made in the use of Hindi for the official purpose of the Union and submit a report to the President making recommendations thereon and the President shall cause the report to be laid before each House of Parliament, and sent to all the State Governments.

(4) The President may, after consideration of the report referred to in sub-section (3), and the views, if any, expressed by the State Government thereon, issue directions in accordance with the whole or any part of the report :

[1][Provided that the directions so issued shall not be inconsistent with the provisions of Section 3.]

4. राजभाषा के संबंध में समिति—(1) जिस तारीख को धारा 3 प्रवृत्त होती है उससे दस वर्ष की समाप्ति के पश्चात् राजभाषा के संबंध में एक समिति, इस विषय का संकल्प संसद के किसी भी सदन में राष्ट्रपति की पूर्व मंजूरी से प्रस्तावित और दोनों सदनों द्वारा पारित किए जाने पर, गठित की जायेगी।

(2) इस समिति में तीस सदस्य होंगे जिनमें से 20 लोकसभा के सदस्य होंगे तथा 10 राज्यसभा के सदस्य होंगे, जो क्रमश: लोकसभा के सदस्यों तथा राज्यसभा के सदस्यों द्वारा आनुपातिक प्रतिनिधित्व पद्धति कें अनुसार एकल संक्रमणीय मत द्वारा निर्वाचित होंगे।

(3) इस समिति का कर्त्तव्य होगा कि वह संघ के राजकीय प्रयोजनों के लिए हिन्दी के प्रयोग में की गई प्रगति का पुनर्विलोकन करे और उस पर सिफारिशें करते हुए राष्ट्रपति को प्रतिवेदन करे और राष्ट्रपति उस प्रतिवेदन को संसद के हर एक सदन के समक्ष रखवाएगा और सभी राज्य सरकारों को भिजवाएगा।

(4) राष्ट्रपति उपधारा (3) में निर्दिष्ट प्रतिवेदन पर और उस पर राज्य सरकारों ने यदि कोई मत अभिव्यक्त किए हों तो उन पर विचार करने के पश्चात् उस समस्त प्रतिवेदन के या उसके किसी भाग के अनुसार निर्देश निकाल सकेगा —

[1][परन्तु इस प्रकार निकाले गए निर्देश धारा 3 के उपबन्धों से असंगत नहीं होंगे।]

5. Authorised Hindi translation of Central Acts, etc.—(1) A translation in Hindi published under the authority of the President in the official Gazette and after the appointed day—

(a) of any Central Act or of any Ordinance promulgated by the President, or

(b) of any order, rule, regulation or by-law issued under the constitution or under any Central Act;

Shall be deemed to be the authoritative text thereon in Hindi.

(2) As from the appointed day, the authoritative text in the English language of all Bills to be introduced or amendments thereto be moved in either House of Parliament shall be accompanied by a translation of the same in Hindi authorised in such manner as may be prescribed by rules made under this Act. अर्थात् **केन्द्रीय अधिनियमों आदि का प्राधिकृत हिन्दी अनुवाद**—(1) नियत दिन को और उसके पश्चात् शासकीय राजपत्र में राष्ट्रपति के प्राधिकार से प्रकाशित—

(क) किसी केन्द्रीय अधिनियम का या राष्ट्रपति द्वारा प्रख्यापित किसी अध्यादेश का, अथवा

(ख) संविधान के अधीन या किसी केन्द्रीय अधिनियम के अधीन निकाले गए किसी आदेश, नियम, विनियम या उपविधि का,

हिन्दी में अनुवाद उसका हिन्दी में प्राधिकृत पाठ समझा जाएगा।

(2) नियत दिन से ही उन सब विधेयकों के, जो संसद के किसी भी सदन में पुर: स्थापित किए जाने हों और उन सब संशोधनों के, जो उनके संबंध में, संसद के किसी भी सदन में प्रस्तावित किए जाने हो, अंग्रेजी भाषा के प्राधिकृत पाठ के साथ-साथ उनका हिन्दी में अनुवाद भी होगा जो ऐसी रीति से प्राधिकृत किया जाएगा, जो इस अधिनियम के अधीन बनाए गए नियमों द्वारा विहित की जाए।

6. Authorised Hindi translation of State Acts in certain cases.—Where the legislature of a State has prescribed any language other than Hindi for use in Acts passed by the Legislature of the State or in Ordinances promulgated by the Governor of the State a translation of the same in Hindi, in addition to a translation thereof in the English language as required by clause (3) of Article 348 of the Constitution, may be published on or after the appointed day under the authority of the Governor of the State in the official Gazette of that State and in such a case, the translation in Hindi or any such Act or Ordinance shall be deemed to be the authoritative text thereof in the Hindi language. अर्थात् **कतिपय दशाओं में राज्य अधिनियमों का प्राधिकृत अनुवाद**—जहाँ किसी राज्य के विधानमंडल ने उस राज्य के विधानमंडल द्वारा पारित अधिनियमों में अथवा उस राज्य के राज्यपाल द्वारा प्रख्यापित अध्यादेशों में प्रयोग के लिए हिन्दी से भिन्न कोई भाषा विहित की है वहाँ, संविधान के अनुच्छेद 348 के खण्ड (3) द्वारा अपेक्षित अंग्रेजी भाषा में उसके अनुवाद के अतिरिक्त, उसका हिन्दी में अनुवाद उस राज्य के शासकीय राजपत्र में, उस राज्य के राज्यपाल के प्राधिकार से, नियत दिन को या उसके पश्चात् प्रकाशित किया जा सकेगा और ऐसी दशा में ऐसे किसी अधिनियम या अध्यादेश का हिन्दी में अनुवाद हिन्दी भाषा में उसका प्राधिकृत पाठ समझा जाएगा।

7. Optional use of Hindi or other official language in judgements etc. of High Courts—As from the appointed day or any day thereafter the Governor of a State may, with the previous consent of the President, authorise the use of Hindi or the official language of the State in addition to the English language, for the purposes of any judgement, decree or order is passed or made in any such language (other than the English language), it shall be accompanied by a translation of the same in the English language issued under the authority of the High Court. अर्थात् **उच्च न्यायालयों के निर्णयों, आदि में हिन्दी या अन्य राजभाषा का वैकल्पिक प्रयोग**—नियत दिन से ही या तत्पश्चात् किसी भी दिन से किसी राज्य का राज्यपाल, राष्ट्रपति की पूर्व सम्मति से, अंग्रेजी भाषा के अतिरिक्त हिन्दी या उस राज्य की राजभाषा का

प्रयोग, उस राज्य के उच्च न्यायालय द्वारा पारित या दिए गए किसी निर्णय, डिक्री या आदेश के प्रयोजनों के लिए प्राधिकृत कर एकेगा और जहाँ कोई निर्णय, डिक्री या आदेश (अंग्रेजी भाषा से भिन्न) ऐसी किसी भाषा में पारित किया या दिया जाता है वहाँ उसके साथ-साथ उच्च न्यायालय के प्राधिकार से निकाला गया अंग्रेजी भाषा में उसका अनुवाद भी होगा।

8. Power to make rules—(1) The Central Government may, by notification in the official Gazette, make rules for carrying out the purposes of this Act.

(2) Every rule made under this section shall be laid, as soon as may be after it it made, before each House of Parliament while it is in session for a total period of thirty days which may be comprised in one session or in two successive sessions, and if before the expity of the session in which it is so laid or the session immediately following, both House agree in making any modification in the rule or both Houses agree that the rule should not be made, the rule shall thereafter have effect only in such modified form or be of no effect, as the case may be, so however that any such modification or annulment shall be without prejudice to the validity of any things previously done under that rule. अर्थात् **नियम बनाने की शक्ति**—(1) केन्द्रीय सरकार इस अधिनियम के प्रयोजनों को कार्यान्वित करने के लिए नियम शासकीय राजपत्र में अधिसूचना द्वारा, बना सकेगी।

(2) इस धारा के अधीन बनाया गया हर नियम, बनाये जाने के पश्चात् यथाशक्य शीघ्र संसद के हर एक सदन के समक्ष, उस समय जब वह सत्र में हो, कुल मिलाकर तीस दिन की कालावधि के लिए, जो एक सत्र में या दो क्रमवर्ती सत्रों में समाविष्ट हो सकेगी, रखा जायेगा और यदि उस सत्र के जिसमें वह ऐसे रखा गया हो, ठीक पश्चात्वर्ती सत्र के अवसान के पूर्व दोनों सदन उस नियम में कोई उपान्तर करने के लिए सहमत हो जाएँ या दोनों सदन सहमत हो जाएँ कि वह नियम नहीं बनाया जाना चाहिए तो तत्पश्चात् यथास्थिति, वह नियम ऐसे उपान्तरित रूप में ही प्रभावशाली होगा या उसका कोई भी प्रभाव न होगा, किन्तु इस प्रकार कि ऐसा कोई उपान्तर या बातिलकरण उस नियम के अधीन पहले की गई किसी बात की विधिमान्यता पर प्रतिकूल प्रभाव डाले बिना होगा।

9. Certain provisions not to apply to Jammu and Kashmir—The provisions of Section 6 and Section 7 shall not apply to the State of Jammu and Kashmir. अर्थात् **कतिपय उपबन्धों का जम्मू-कश्मीर को लागू न होना**—धारा 6 और धारा 7 के उपलब्ध जम्मू-कश्मीर राज्य को लागू न होंगे।

द्विभाषिक स्थिति, 1965

इस नये राजभाषा अधिनियम, 1963 के अनुसार संविधान के अनुच्छेद 343 के अनुरूप 26 जनवरी, 1965 से हिन्दी संघ की राजभाषा तो रहेगी ही, पर उस समय से हिन्दी के अतिरिक्त अंग्रेजी भी संघ के उन सभी सरकारी प्रयोजनों के लिए बराबर प्रयुक्त होती रहेगी, जिनके लिए वह उस तिथि के तुरन्त पहले प्रयुक्त की जा रही थी। इस प्रकार 26 जनवरी, 1965 से राजभाषा अधिनियम, 1963 के अनुसार द्विभाषिक अवधि की स्थिति प्रारम्भ हुई,

जिसमें कि संघ के सरकारी प्रयोजनों के लिए हिन्दी और अंग्रेजी दोनों ही भाषाएँ प्रयुक्त की जा सकती थीं। इस अधिनियम के मुख्य उपबन्धों के अनुसार संसद तथा राज्यों की विधानसभाओं की सभी कार्यवाहियों की भाषा क्रमशः हिन्दी तथा प्रादेशिक भाषाएँ होंगी और उनका प्राधिकृत अंग्रेजी अनुवाद देना होगा। इसकी धारा 5, उपधारा 2 के अनुसार सभी विधेयक दोनों भाषाओं में एक साथ प्रस्तुत करने तथा दोनों को प्रामाणिक मानने की व्यवस्था की गई। धारा 4 में यह व्यवस्था रखी गई कि इसके लागू होने के दस वर्ष बाद तीस संसद सदस्यों की एक समिति हिन्दी की प्रगति की जाँच करेगी। इसकी नियुक्ति संसद के द्वारा होगी। समिति के प्रतिवेदन पर राज्य सरकारों की राय ली जाएगी। पुनः वह रिपोर्ट संसद में प्रस्तुत होगी। तदनुसार राष्ट्रपति आदेश जारी करेंगे। 1965 के बाद किसी भी राज्य के राज्यपाल राष्ट्रपति की अनुमति से अंग्रेजी के साथ हिन्दी या राज्य की अन्य किसी भाषा को राजभाषा का स्थान दे सकते हैं।

इस तरह इस अधिनियम की धारा 3 के अनुसार संविधान के प्रारम्भ होने से 15 वर्ष की समाप्ति के बाद हिन्दी के अतिरिक्त अंग्रेजी का सभी राज्यों में सभी प्रयोजनों के लिए प्रयोग जारी रखने की व्यवस्था की गई।[1]

राजभाषा (संशोधन) अधिनियम 1967 तथा राजभाषा संकल्प 1968

समय-समय पर संसद में और बाहर पं० जवाहर लाल नेहरू द्वारा दिए गए आश्वासनों और श्री लाल बहादुर शास्त्री द्वारा राजभाषा विधेयक, 1963 को प्रस्तुत करते समय अहिन्दीभाषियों को दिलाए गए विश्वास को मूर्त रूप प्रदान करने के उद्देश्य से 1967 में संसद ने एक नया राजभाषा संशोधन अधिनियम पारित किया, जिसमें राजभाषा विधेयक, 1965 की धारा 3 के स्थान पर नये उपबंन्ध लागू हुए। यह विधेयक लोकसभा में 17 नवम्बर, 1967 को प्रस्तुत किया गया और 16 दिसम्बर, 1967 को लोकसभा ने उसे पारित कर दिया। 8 जनवरी, 1968 को इसे राष्ट्रपति की अनुमति प्राप्त हुई।

MINISTRY OF HOME AFFAIRS

New Delhi, the 8 January, 1968

No. F. 5/8/65-OL—The following Government Resolution, as adopted by both Houses of Parliament, is hereby published for general information—

RESOLUTION

गृह मंत्रालय

नई दिल्ली-ए दिनांक 8 जनवरी, 1968

सं० एफ० 5/8/65-रा० भा०—संसद के दोनों सदनों द्वारा पारित निम्नलिखित सरकारी संकल्प आम जानकारी के लिए प्रकाशित किया जाता है—

संकल्प

"WHEREAS under Article 343 of the Constitution Hindi shall be the official language of the Union, and Article 351 thereof it is the duty of the

1. भारतीय राष्ट्रभाषा : सीमाएँ तथा समस्याएँ—डॉ० सत्यव्रत, पृष्ठ 175

Union to promote the spread of the Hindi Language and to develop it so that it may serve as a medium of expression for all the elements of the composite culture of India. अर्थात् ''जबकि संविधान के अनुच्छेद 243 के अनुसार संध की राजभाषा हिन्दी रहेगी और उसके अनुच्छेद 351 के अनुसार हिन्दी भाषा की प्रसार वृद्धि करना और उसका विकास करना ताकि वह भारत की सामाजिक संस्कृति के सब तत्त्वों की अभिव्यक्ति का माध्यम हो सके, संघ का कर्त्तव्य है;

This House resolves that a more intensive and comprehensive programme shall be prepared and implemented by the Government of India for accelerating the spread and development of Hindi, and its progressive use for the various official purposes of the Union and an annual assessment report giving details of the measures taken and the progress achieved shall be laid on the Table of both Houses of Parliament and sent to all State Governments. अर्थात् यह सभा संकल्प करती है कि हिन्दी के प्रसार एवं विकास की गति बढ़ाने के हेतु तथा संघ के विभिन्न राजकीय प्रयोजनों के लिए उत्तरोत्तर इसके प्रयोग हेतु भारत सरकार द्वारा एक अधिक गहन एवं व्यापक कार्यक्रम तैयार किया जाएगा और उसे कार्यान्वित किया जाएगा और किए जाने वाले उपायों एवं की जाने वाली प्रगति की विस्तृत वार्षिक मूल्यांकन रिपोर्ट संसद की दोनों सभाओं के पटल पर रखी जायेगी और सब राज्य सरकारों को भेजी जायेगी;

2. WHEREAS the Eighth Schedule to the Constitution specifies 14 major languages of India besides Hindi, and it is necessary in the interest of the educational and cultural advancement of the country that concerted measures should be taken for the full development of these languages. अर्थात् जबकि संविधान की आठवीं अनुसूची में हिन्दी के अतिरिक्त भारत की 14 मुख्य भाषाओं का उल्लेख किया गया है, और देश की शैक्षणिक एवं सांस्कृतिक उन्नति के लिये आवश्यक है कि इन भाषाओं के पूर्ण विकास के हेतु सामूहिक उपाय किए जाने चाहिए;

The House resolves that a programme shall be prepared and implemented by the Government of India, in collaboration with the State Governments for the co-ordinated development of all these languages, alongside Hindi so that they grow rapidly in richness, and become effective means of communicating modern knowledge. अर्थात् यह सभा संकल्प करती है कि हिन्दी के साथ-साथ इन सब भाषाओं के समन्वित विकास के हेतु भारत सरकार द्वारा राज्य सरकारों के सहयोग से एक कार्यक्रम तैयार किया जाएगा और उसे कार्यान्वित किया जाएगा ताकि वे शीघ्र समृद्ध हो और आधुनिक ज्ञान के संचार का प्रभावी माध्यम बनें;

3. WHEREAS it is necessary for promoting the sense of unity and fecilitating communication between people in different parts of the country that effective steps should be taken for implementing fully in all the three-language formula evolved by the Government of India in consultation with the State Governments. अर्थात् जबकि एकता की भावना के संवर्धन तथा देश के विभिन्न

भागों में जनता में संचार की सुविधा के हेतु यह आवश्यक है कि भारत सरकार द्वारा राज्य सरकारों के परामर्श से तैयार किए गए त्रै-भाषा सूत्र को सभी राज्यों में पूर्णत: कार्यान्वित करने के लिए प्रभावी किया जाना चाहिए;

The House resolves that arrangements should be made in accordance with that formula for the study of a modern Indian language, preferably on the Southern languages, and from Hindi and English in the Hindi speaking areas and of Hindi along with the regional languages and English in the non-Hindi speaking areas. अर्थात् यह सभा संकल्प करती है कि हिन्दी-भाषी क्षेत्रों में, हिन्दी तथा अंग्रेजी के अतिरिक्त एक आधुनिक भारतीय भाषा के, दक्षिण भारत की भाषाओं में से किसी एक को तरजीह देते हुए, और अहिन्दी भाषी क्षेत्रों में प्रादेशिक भाषाओं एवं अंग्रेजी के साथ-साथ हिन्दी के अध्ययन के लिए उस सूत्र के अनुसार प्रबन्ध किया जाना चाहिए।

4. AND, WHEREAS is necessary to ensure that the just claims and interest of people belonging to different parts of the country in regard to the public services of the Union are fully safe guarded. अर्थात् और जबकि यह सुनिश्चित करना आवश्यक है कि संघ की लोकसेवाओं के विषय में देश के विभिन्न भागों के लोगों के न्यायोचित दावों और हितों का पूर्ण परित्राण किया जाए—

This House resolves—अर्थात् यह सभा संकल्प करती है—

(a) that compulsory knowledge of either Hindi or English shall be required at the stage of selection of candidates for recruitment to the Union services or posts except in respect of any special services or posts for which a high standard of knowledge of English alone or Hindi alone, or boh as the case may be, is considered essential for the satisfactory performance of the duties of any such service or post; and अर्थात् कि उन विशेष सेवाओं अथवा पदों को छोड़कर जिनके लिए ऐसी किसी सेवा अथवा पद के कर्त्तव्यों के सन्तोषजनक निष्पादन के हेतु केवल अंग्रेजी अथवा केवल हिन्दी अथवा दोनों जैसी कि स्थिति हो, का उच्च स्तर का ज्ञान आवश्यक समझा जाये, संघ सेवाओं अथवा पदों के लिए भर्ती करने के हेतु उम्मीदवारों के चयन के समय हिन्दी अथवा अंग्रेजी में से किसी एक का ज्ञान अनिवार्यत: अपेक्षित होगा; और

(b) that all the languages included in the English Schedule to the Constitution and English shall be permitted as alternative media for the All India and higher Central Services examinations after ascertaining the views of the Union Public Service Commission on the further scheme of the examinations, the procedural aspects and the timing." अर्थात कि परीक्षाओं की भावी योजना, प्रक्रिया संबंधी पहलुओं एवं समय के विषय में संघ लोक सेवा आयोग के विचार जानने के पश्चता् अखिल भारतीय एवं उच्चतर केन्द्रीय सेवाओं संबंधी परीक्षाओं के लिए संविधान

की आठवीं अनुसूची में सम्मिलित सभी भाषाओं तथा अंग्रेजी को वैकल्पिक माध्यम के रूप में रखने की अनुमति होगी।"

R. D. Thapar,
Joint Secretary to the
Government of India
आर० डी० थापर,
संयुक्त सचिव, भारत सरकार

10. Rules

THE OFFICIAL LANGUAGES (USE FOR OFFICIAL PURPOSES OF THE UNION) RULES, 1976

G.S.R. 1052—In exercise of the powers conferred by Section 8, read with sub-section (4) of Section 3 of the Official Languages, Act, 1963 (19 of 1963), the Central Government hereby makes the following rules, namely. अर्थात् सा०का०नि० 1052—राजभाषा अधिनियम, 1963 (1963 का 19) की धारा 3 की उपधारा (4) के साथ पठित धारा 8 द्वारा प्रदत्त शक्तियों का प्रयोग करते हुए, केन्द्रीय सरकार निम्नलिखित नियम बनाती है, अर्थात—

1. Short title, extent and commencement—(1) These rules may be called the Official Languages (Use for Official Purposes of the Union) Rules, 1976 अर्थात् **संक्षिप्त नाम, विस्तार और प्रारम्भ**—(1) इन नियमों का नाम राजभाषा (संघ के शासकीय प्रयोजनों के लिये प्रयोग) नियम, 1976 है।

(2) They shall extend to the whole of India, except the State of Tamil Nadu. अर्थात् इनका विस्तार, तमिलनाडु राज्य के सिवाय सम्पूर्ण भारत पर है।

(3) They shall come into force on the date of their publication in the official Gazette. अर्थात् ये शासकीय राजपत्र में प्रकाशित होने की तारीख को प्रवृत्त होंगे।

2. Definitions—In these rules, unless the context otherwise requires. अर्थात् **परिभाषाएँ**—इन नियमों में जब तक कि सन्दर्भ में अन्यथा अपेक्षित न हो—

(a) "Act" means the Official Languages Act, 1963 (19 of 1963) 1. अर्थात् "अधिनियम" से राजभाषा अधिनियम, 1963 (1963 का 19) अभिप्रेत है;

(b) "Central Government Office" includes. अर्थात् "केन्द्रीय सरकार के कार्यालय" के अन्तर्गत निम्नलिखित है, अर्थात्—

(i) any Ministry, Department or office of the Central Government; (i) अर्थात् केन्द्रीय सरकार का कोई मंत्रालय, विभाग या कार्यालय,

(ii) any office of a Commission, Committee or Tribunal appointed by the Central Government; and (ii) अर्थात् केन्द्रीय सरकार द्वारा नियुक्त किसी आयोग, समिति या अधिकरण का कोई कार्यालय, और

(iii) any office of a corporation or company owned or controlled by the Central Government; (iii) अर्थात् केन्द्रीय सरकार के स्वामित्व में या नियन्त्रण के अधीन किसी निगम या कम्पनी का कोई कार्यालय;

(c) "Employee" means any person employed in a Central Government office; (ग) अर्थात् ''कर्मचारी'' से केन्द्रीय सरकार के कार्यालय में नियोजित कोई व्यक्ति अभिप्रेत है;

(d) "notified office" means an office notified under sub-rule (4) of rule 10. अर्थात् ''अधिसूचित कार्यालय'' से नियम 10 के उपनियम (4) के अधीन अधिसूचित कार्यालय अभिप्रेत है;

(e) "Proficiency in Hindi" means proficiency in Hindi as described in Rule 9. अर्थात् ''हिन्दी में प्रवीणता'' से नियम 9 में वर्णित प्रवीणता अभिप्रेत है;

(f) "Region A" means the States of Bihar, Haryana, Himachal Pradesh, Madhya Pradesh, Rajasthan and Uttar Pradesh and the Union Territory of Delhi. अर्थात् क्षेत्र ''क'' से बिहार, हरियाणा, हिमाचल प्रदेश, मध्य प्रदेश, राजस्थान और उत्तर प्रदेश राज्य तथा दिल्ली संघ राज्य क्षेत्र अभिप्रेत है;

(g) "Region B" means the State of Gujarat, Maharashtra and Punjab and the Union territories of Andaman and Nicobar Islands and Chandigarh; अर्थात् क्षेत्र ''ख'' से गुजरात, महाराष्ट्र और पंजाब राज्य तथा अण्डमान और निकोबार द्वीप समूह तथा चण्डीगढ़ संघ राज्य क्षेत्र अभिप्रेत है;

(h) "Region C" means the States and the Union territories other than those referred to in clause (f) and (g). अर्थात् क्षेत्र ''ग'' से खण्ड (च) और (छ) में निर्दिष्ट राज्यों और संघ राज्य क्षेत्रों से भिन्न राज्य तथा संघ राज्य क्षेत्र अभिप्रेत है;

(i) "Working knowledge of Hindi" means working knowledge of Hindi as described in Rule 10. अर्थात् हिन्दी का कार्यसाधक ज्ञान से नियम 10 में वर्णित कार्यसाधक ज्ञान अभिप्रेत है।

3. Communications to States etc. other than to Central Government offices—(1) Communications from a Central Government office to a State or a Union territory in Region A or to any office (not being a Central Government office) or person in such State or Union territory shall, save in exceptional cases, be in Hindi, and if any communication is issued to any of them in English it shall be accompanied by a Hindi translation thereof. अर्थात् **राज्यों आदि और केन्द्रीय सरकार के कार्यालयों से भिन्न कार्यालयों के साथ पत्रादि**—(1) केन्द्रीय सरकार के कार्यालय से क्षेत्र 'क' में किसी राज्य या संघ राज्य क्षेत्र को या ऐसे राज्य या संघ राज्य क्षेत्र में किसी कार्यालय (जो केन्द्रीय सरकार का कार्यालय न हो) या व्यक्ति को पत्रादि असाधारण दशाओं को छोड़कर हिन्दी में होंगे और यदि उनमें से किसी को कोई पत्रादि अंग्रेजी में भेजे जाते हैं तो उनके साथ उनका हिन्दी अनुवाद भी भेजा जाएगा।

(2) **Communications from a Central Government office.** अर्थात् **केन्द्रीय सरकार के कार्यालय से—**

(a) to a State or Union territory in Region B or to any office (not being a Central Government office) in such State or Union territory shall ordinarily be in Hindi and if any communication is issued to any of them in English, it shall be accompanied by a Hindi translation thereof. अर्थात् क्षेत्र 'ख' में किसी राज्य या संघ राज्य क्षेत्र को या ऐसे राज्य या संघ राज्य क्षेत्र में किसी कार्यालय (जो केन्द्रीय सरकार का कार्यालय न हो) या व्यक्ति को पत्रादि मामूली तौर पर हिन्दी में होंगे और यदि उनमें से किसी को पत्रादि अंग्रेजी में भेजे जाते हैं तो उसके साथ उनका हिन्दी अनुवाद भी भेजा जायेगा—

Provided that if any such State or Union territory desires the communications of any particular class or category or those intended for any of its offices, to be sent, for a period specified by the Government of the State or Union territory concerned, in English, or in Hindi with a translation in the other languages, such communication shall be sent in that manner. अर्थात् परन्तु यदि कोई ऐसा राज्य या संघ राज्य क्षेत्र यह चाहता है कि किसी विशिष्ट वर्ग का प्रवर्ग के पत्रादि या उसके किसी कार्यालय के लिए आशयित पत्रादि सम्बद्ध राज्य या संघ राज्य क्षेत्र की सरकार द्वारा विनिर्दिष्ट अवधि तक अंग्रेजी या हिन्दी में भेजे जाएँ और उसके साथ दूसरी भाषा में उसका अनुवाद भी भेजा जाये तो ऐसे पत्रादि उसी रीति से भेजे जायेंगे।

(b) to any person in a State or Union territory of Region B may be either in Hindi or English. अर्थात् क्षेत्र 'ख' के किसी राज्य या संघ राज्य क्षेत्र में किसी व्यक्ति को पत्रादि हिन्दी या अंग्रेजी में भेजे जा सकते हैं।

(3) Communications from a Central Government office to a State or Union territory in Region C or to any office (not being a Central Government office) or person in such State shall be in English. अर्थात् केन्द्रीय सरकार के कार्यालय से क्षेत्र 'ग' में किसी राज्य या संघ राज्य क्षेत्र को या ऐसे राज्य में किसी कार्यालय (जो केन्द्रीय सरकार का कार्यालय न हो) या व्यक्ति को पत्रादि अंग्रेजी में होंगे।

(4) notwithstanding anything contained in sub-rules (1) and (2), communications form a Central Government office in Region C to a State or Union territory of Region A or Region B or to any office (not being a Central Government office) or person in such State may be either in Hindi or in English. अर्थात् उपनियम (1) और (2) में किसी बात के हुए भी क्षेत्र 'ग' में केन्द्रीय सरकार के कार्यालय से क्षेत्र 'क' या 'ख' में किसी राज्य या संघ राज्य क्षेत्र को या ऐसे राज्य में किसी कार्यालय (जो केन्द्रीय सरकार का कार्यालय न हो) या व्यक्ति को पत्रादि हिन्दी या अंग्रेजी में हो सकते हैं।

4. Communications between Central Government offices.—Communications. अर्थात् **केन्द्रीय सरकार के कार्यालयों के बीच पत्रादि—**

(a) between one Ministry or Department of the Central Government and another may be in Hindi or in English. अर्थात् केन्द्रीय सरकार के किसी एक मंत्रालय या विभाग और किसी दूसरे मंत्रालय या विभाग के बीच पत्रादि हिन्दी या अंग्रेजी में हो सकते हैं;

(b) between one Ministry or Department of the Central Government and attached or subordinate offices situated in Region A, shall be in Hindi and in such proportion as the Central Government may, having regard to the number of persons having a working knowledge of Hindi in such offices, the facilities for sending communications in Hindi and matters incidental thereto, determine from time to time. अर्थात् केन्द्रीय सरकार के एक मंत्रालय या विभाग और क्षेत्र 'क' में स्थित संलग्न या अधीनस्थ कार्यालयों के बीच पत्रादि हिन्दी में होंगे और ऐसे अनुपात में होंगे जो केन्द्रीय सरकार ऐसे कार्यालयों में हिन्दी का कार्यसाधक ज्ञान रखने वाले व्यक्तियों की संख्या हिन्दी में पत्रादि भेजने की सुविधाओं और उससे सम्बन्धित आनुषंगिक बातों को ध्यान में रखते हुए समय-समय पर, अवधारित करे।

(c) between Central Government offices situated in Region A, other than those specified in clause (a) or clause (b), shall be in Hindi. अर्थात् क्षेत्र 'क' में स्थित केन्द्रीय सरकार के ऐसे कार्यालयों के बीच, जो खण्ड (क) या खण्ड (ख) में विनिर्दिष्ट कार्यालय से भिन्न हैं, पत्रादि हिन्दी में होंगे;

(d) by Central Government offices situated in Region A, Region B or Region C may be in Hindi or in English. अर्थात् क्षेत्र 'क' में स्थित केन्द्रीय सरकार के कार्यालयों और क्षेत्र 'ख' या क्षेत्र 'ग' में स्थित केन्द्रीय सरकार के कार्यालयों के बीच पत्रादि हिन्दी या अंग्रेजी में हो सकते हैं;

(e) between Central Government offices situated in Region B or Region C may be in Hindi or English. अर्थात् क्षेत्र 'ख' या क्षेत्र 'ग' में स्थित केन्द्रीय सरकार के कार्यालयों के बीच पत्रादि हिन्दी या अंग्रेजी में हो सकते हैं—

Provided that a translation of such communication in the other language shall. अर्थात् परन्तु जहाँ ऐसे पत्रादि—

(i) where that communication is addressed to an office in Region A or Region B, be provided, if necessary, at the receiving end. अर्थात् क्षेत्र 'क' या क्षेत्र 'ख' के किसी कार्यालय को सम्बोधित है वहाँ, यदि आवश्यक हो तो, उनकी दूसरी भाषा में अनुवाद पत्रादि प्राप्त करने के स्थान पर किया जायेगा;

(ii) where the communication is addressed to an office in Region C, be provided alongwith such communication. अर्थात् क्षेत्र 'ग' में किसी कार्यालय को सम्बोधित है वहाँ उनका दूसरी भाषा में अनुवाद उनके साथ भेजा जाएगा—

Provided further that no such translation in the other language shall be required to be provided, if the communication is addressed to a notified office. अर्थात् परन्तु यह और कि यदि कोई पत्रादि किसी अधिसूचित कार्यालय को सम्बोधित है तो दूसरी भाषा में ऐसा उपलब्ध कराने की अपेक्षा नहीं की जायेगी।

5. Replies to communications received in Hindi— Notwithstanding contained in Rules 3 and 4, communications in Hindi shall be in Hindi. अर्थात् **हिन्दी में प्राप्त पत्रादि के उत्तर**—नियम 3 और नियम 4 में किसी बात के होते हुए भी, हिन्दी में पत्रादि के उत्तर केन्द्रीय सरकार के कार्यालय से हिन्दी में दिए जायेंगे।

6. Use of both Hindi and English—Both Hindi and English shall be used for all documents referred to in sub-section (3) of the Act and it shall be the responsibility of the persons signing such documents to ensure that such documents are made, executed or issued both in Hindi and in English. अर्थात् **हिन्दी और अंग्रेजी दोनों का प्रयोग**—अधिनियम की धारा 3 की उपधारा (3) में निर्दिष्ट सभी दस्तावेजों के लिए हिन्दी और अंग्रेजी दोनों का प्रयोग किया जायेगा और ऐसे दस्तावेजों पर हस्ताक्षर करने वाले व्यक्तियों का यह उत्तरदायित्व होगा कि वे यह सुनिश्चित कर लें कि ऐसी दस्तावेजें हिन्दी और अंग्रेजी दोनों में ही तैयार की जाती है निष्पादित की जाती है और जारी की जाती है।

7. Application, representations etc.—(1) An employee may submit an application, appeal or representation in Hindia or in English.

(2) Any Application, appeal or representation referred to in sub-rule (1) when made or signed in Hindi, shall be replied to in Hindi.

(3) Where an employee desires any order or notice relating to service matters (including disciplinary proceedings) required to be served on him to be in Hindi, or, as the case may be, in English, it shall be given to him in that language without undue delay. 7. आवेदन अन्यावेदन, आदि—(1) कोई कर्मचारी आवेदन, अपील या अभ्यावेदन हिन्दी या अंग्रेजी कर सकता है।

(2) जब उपनियम (1) में निर्दिष्ट कोई आवेदन, अपील या अभ्यावेदन हिन्दी में किया गया हो या उस पर हिन्दी में हस्ताक्षर किये गये हों तब उसका उत्तर हिन्दी में दिया जायेगा।

(3) यदि कोई कर्मचारी यह चाहता है कि सेवा सम्बन्धी विषयों (जिनके अन्तर्गत अनुशासनिक कार्यवाहियाँ भी है।) से संबंधित कोई आदेश या सूचना, जिसका कर्मचारी पर तामील किया जाना अपेक्षित है, यथास्थिति हिन्दी या अंग्रेजी में होनी चाहिए तो वह उसे असम्यक विलम्ब के बिना उसी भाषा में दी जायेगी।

8. Noting in Central Government offices—(1) An employee may record a note or minute on a file in Hindi or in English without being himself required to furnish a translation thereof in the other language.

(2) No Central Government employee possessing a working knowledge of Hindi may ask for an English translation of any document in Hindi except in the case of documents of legal or technical nature.

(3) If any question arises as to whether a particular document is of a legal or technical nature, it shall be decided by the Head of the Department or office.

(4) Notwithstanding anything contained in sub-rule (1), the Central Government may, by order specify the notified officers where Hindi alone shall be used for noting, drafting and for such other official purposes as may be specified in the order by employees who possess proficiency in Hindi. 8. **केन्द्रीय सरकार के कार्यालयों में टिप्पणी का लिखा जाना**—(1) कोई कर्मचारी किसी फाईल पर टिप्पण या मसौदा हिन्दी या अंग्रेजी में लिख सकता है और उससे यह अपेक्षा नहीं की जायेगी कि वह उसका अनुवाद दूसरी भाषा में प्रस्तुत करे।

(2) केन्द्रीय सरकार का कोई भी कर्मचारी, जो हिन्दी का कार्य साधक ज्ञान रखता है, हिन्दी में किसी दस्तावेज के अंग्रेजी अनुवाद की माँग तभी कर सकता है, जब वह दस्तावेज विधिक या तकनीकी प्रकृति का है, अन्यथा नहीं।

(3) यदि यह प्रश्न उठता है कि कोई विशिष्ट दस्तावेज विधिक या तकनीकी प्रकृति का है या नहीं तो विभाग या कार्यालय का प्रधान उसका विनिश्चिय करेगा।

(4) उपनियम (1) में किसी बात के होते हुए भी, केन्द्रीय सरकार, आदेश द्वारा ऐसे अधिसूचित कार्यालयों को विनिर्दिष्ट कर सकती हैं जहाँ ऐसे कर्मचारियों द्वारा, जिन्हें हिन्दी में प्रवीणता प्राप्त है, टिप्पण, प्रारूपण और ऐसे अन्य शासकीय प्रयोजनों के लिए, जो आदेश में विनिर्दिष्ट किये जायें, केवल हिन्दी का प्रयोग किया जायेगा।

9. Proficiency in Hindi—An employee shall be deemed to posses proficiency in Hindi if. अर्थात् **हिन्दी में प्रवीणता—यदि किसी कर्मचारी ने—**

(a) he has passed the Matriculation or any equivalant or higher examination with Hindi as the medium of examination; or अर्थात् मैट्रिक परीक्षा या उसकी समतुल्य या उससे उच्चतर कोई परीक्षा हिन्दी के माध्यम से उत्तीर्ण कर ली है; या

(b) he has taken Hindi as an elective subject in the degree examination or any other examination equivalent to or higher than the degree examination; or अर्थात् स्नातक परीक्षा में अथवा स्नातक परीक्षा की समतुल्य या उससे उच्चतर किसी अन्य परीक्षा में हिन्दी को एक वैकल्पिक विषय के रूप में लिया था, या

(c) he declares himself to possess proficiency in Hindi in the form annexed to these rules. अर्थात् यदि वह इन नियमों से उपाबद्ध प्रारूप में यह घोषणा करता है कि उसे हिन्दी में प्रवीणता प्राप्त है, तो उसके बारे में यह समझा जायेगा कि उसने हिन्दी में प्रवीणता प्राप्त कर ली है।

10. Working knowledge of Hindi—An employee shall be deemed to have acquired a working knowledge of Hindi. अर्थात् **हिन्दी का कार्यसाधक ज्ञान—**

(a) if he has passed. अर्थात् (क) यदि किसी कर्मचारी ने—

(i) the Matriculation or an equivalent or higher examination with Hindi as one of the subjects; or अर्थात् मैट्रिक परीक्षा या उसकी समतुल्य या उससे उच्चतर परीक्षा हिन्दी विषय के साथ उत्तीर्ण कर ली है; या

(ii) the Pragya examination conducted under the Hindi Teaching Scheme of the Central Government or when so specified by that Government in respect of any particular category of posts, and lower examination under that Scheme; or अर्थात् केन्द्रीय सरकार की हिन्दी शिक्षण योजना के अन्तर्गत आयोजित प्राज्ञ परीक्षा या, जब उस सरकार द्वारा किसी विशिष्ट प्रवर्ग के पदों के संबंध में उस योजना के अन्तर्गत कोई निम्नतर परीक्षा विनिर्दिष्ट है, तब वह परीक्षा उत्तीर्ण कर ली है; या

(iii) any other examination specified in that behalf by the Central Government; or अर्थात् केन्द्रीय सरकार द्वारा उस निमित्त विनिर्दिष्ट कोई अन्य परीक्षा उत्तीर्ण कर ली है, या

(b) if he declares himself to have acquired such knowledge in the form annexed to these rules. अर्थात् यदि वह इन नियमों से उपाबद्ध प्रारूप में यह घोषणा करता है कि उसने ऐसा ज्ञान प्राप्त कर लिया है, तो उसके बारे में यह समझा जायेगा कि उसने हिन्दी का कार्यसाधक ज्ञान प्राप्त कर लिया है।

(2) The staff of a Central Government office shall ordinarily be deemed to have acquired a working knowledge of Hindi if eighty per cent of the staff working therein have acquired such knowledge. अर्थात् यदि केन्द्रीय सरकार के किसी कार्यालय में कार्य करने वाले कर्मचारियों में से अस्सी प्रतिशत ने हिन्दी का ऐसा ज्ञान प्राप्त कर लिया है तो उस कार्यालय के कर्मचारियों के बारे में सामान्यतया यह समझा जायेगा कि उन्होंने हिन्दी का कार्यसाधक ज्ञान प्राप्त कर लिया है।

(3) The Central Government or any officer specified in this behalf by the Central Government may determine whether the staff of a Central Government office has acquired a working knowledge of Hindi. अर्थात् केन्द्रीय सरकार या केन्द्रीय सरकार द्वारा इस निमित्त विनिर्दिष्ट कोई अधिकारी यह अवधारित कर सकता है कि केन्द्रीय सरकार के किसी कार्यालय के कर्मचारियों ने हिन्दी का कार्यसाधक ज्ञान प्राप्त कर लिया है या नहीं।

(4) The names of the Central Government offices, the staff there have acquired a working knowledge of Hindi, shall be notified in the official Gazette; अर्थात् केन्द्रीय सरकार के जिन कार्यालयों के कर्मचारियों ने हिन्दी का कार्यसाधक ज्ञान प्राप्त कर लिया है, उन कार्यालयों के नाम, राजपत्र में अधिसूचित किये जायेंगे—

Provided that the Central Government may if it is of opinion that the percentage of the staff working in a notified office and having a working knowledge of Hindi has gone below the percentage specified in sub-rule (2) from any date, it may by notification in the official Gazette declare that the said office shall cease to be a notified office from that date. अर्थात् परन्तु यदि केन्द्रीय सरकार की राय है कि किसी अधिसूचित कार्यालय में काम करने वाले और हिन्दी का कार्यसाधक ज्ञान रखने वाले कर्मचारियों का प्रतिशत किसी तारीख से, उपनियम (2) में विनिर्दिष्ट प्रतिशत से कम हो गया है, तो वह राजपत्र में अधिसूचना द्वारा, घोषित कर सकती है कि उक्त कार्यालय उस तारीख से अधिसूचित कार्यालय नहीं रह जायेगा।

11. Manuals, Codes other procedural literature, articles of Stationary, etc.—(1) All manuals, codes and other procedural literature relating to Central Government offices shall be printed or cyclostyled, as the case may be, and published both in Hindi and English. अर्थात् **मैन्युअल संहिताएँ और प्रक्रिया संबंधी अन्य साहित्य, लेखन सामग्री आदि**—(1) केन्द्रीय सरकार के कार्यालयों में संबंधित सभी मैन्युअल, संहिताएँ और प्रक्रिया संबंधी अन्य साहित्य हिन्दी और अंग्रेजी में द्विभाषिक रूप में, यथास्थिति मुद्रित या साइक्लोस्टाइल किया जायेगा और प्रकाशित किया जायेगा।

(2) The forms and heading of registers used in any Central Government office shall be in Hindi and in English. अर्थात् केन्द्रीय सरकार के किसी कार्यालय में प्रयोग किए जाने वाले रजिस्टरों के प्रारूप और शीर्षक हिन्दी और अंग्रेजी में होंगे।

(3) All name-plates, sign-boards, letter-heads and inscriptions on envelopes and other items of stationary written, printed or inscribed for use in any Central Government office shall be in Hindi and in English. अर्थात् केन्द्रीय सरकार के किसी कार्यालय में प्रयोग के लिए सभी नामपट्ट, सूचनापट्ट, पत्र शीर्ष और लिफाफों पर उत्कीर्ण लेख या लेखन सामग्री की अन्य मदें हिन्दी और अंग्रेजी में लिखी जायेगी, मुद्रित या उत्कीर्ण होगी—

Provided that the Central Government may, if it is considered necessary to do so by general order exempt any Central Government office from all or any of the provisions of this rule. अर्थात् परन्तु यदि केन्द्रीय सरकार ऐसा करना आवश्यक समझती है तो वह साधारण या विशेष आदेश द्वारा, केन्द्रीय सरकार के किसी कार्यालय को इस नियम के सभी या किन्हीं उपबन्धों से छूट दे सकती है।

12. Responsibility for compliance—(1) It shall be the responsibility of the administrative head of each Central Government office. अर्थात् **अनुपालन का उत्तरदायित्व**—(1) केन्द्रीय सरकार के प्रत्येक कार्यालय के प्रशासनिक प्रधान का यह उत्तरदायित्व होगा कि वह—

(i) to ensure that the provisions of the Act and these rules are properly complied with; and अर्थात् यह सुनिश्चित करे कि अधिनियम और इन नियमों के उपबन्धों का समुचित रूप से अनुपालन हो रहा; और

(ii) to devise suitable and effective check points for this purpose. अर्थात् इस प्रयोजन के लिये उपयुक्त और प्रभावकारी जाँच के लिये उपाय करे।

(2) The Central Government may from time to time issue such directions to its employees and officers as may be necessary for the due compliance of the provisions of the Act and these rules. अर्थात् केन्द्रीय सरकार अधिनियम और इन नियमों के उपबन्धों के सम्यक् अनुपालन के लिये अपने कर्मचारियों और कार्यालयों को समय-समय पर आवश्यक निर्देश जारी कर सकती है।

FORM

(*See* Rules 9 and 10)

प्रारूप

(नियम 9 और 10 देखिए)

I hereby declare that I* posses proficiency in Hindi/have acquired a working knowledge of Hindi in view of the following. अर्थात् मैं इसके द्वारा यह घोषणा करता हूँ कि निम्नलिखित के आधार पर* मुझे हिन्दी में प्रवीणता प्राप्त है मैंने हिन्दी का कार्यसाधक ज्ञान प्राप्त कर लिया है—

Signature

Date

*Delete whichever is inapplicable.

हस्ताक्षर

तारीख

*जो लागू न होता हो, उसे कृपया काट दीजिए।

अध्याय-4

अनुवाद : सिद्धान्त और व्यवहार

(क) अनुवाद सिद्धान्त

(1) अनुवाद शब्द की व्युत्पत्ति और अर्थ

अनुवाद शब्द का सम्बन्ध 'वद्' धातु से है, जिसका अर्थ होता है 'बोलना' या 'कहना'। 'वद्' धातु में 'घञ्' प्रत्यय से 'वाद' बनता है, फिर उसमें 'पीछे' 'बाद में', 'अनुवर्तिता' आदि अर्थों में प्रयुक्त 'अनु' उपसर्ग जुड़ने से 'अनुवाद' शब्द निष्पन्न होता है। अनुवाद का मूल अर्थ है—'पुन: कथन' या 'किसी के कहने के बाद कहना'। शब्दार्थ चिन्तामणि कोश में अनुवाद का अर्थ—"प्राप्तस्य पुन: कथने या ज्ञातार्थस्य प्रतिपादने" अर्थात् पहले कहे गए अर्थ को फिर से कहना, आदि दिया गया है।[1] वस्तुत: 'अनुवाद' शब्द 'अनु' और 'वाद' से मिलकर बना है, जिसका अर्थ है—पूर्व कथन के अनुसार कहना। इसकी व्युत्पत्ति 'अनु+वद्+घञ्' से हुई है, जिसका अर्थ है—पुनरुक्ति अथवा उक्ति का पुन: कथन। एक विद्वान् लिखते हैं कि अनुवाद 'अनु+वाद्+घञ्' शब्दों के योग से निष्पन्न होता है। पूर्व शब्द 'अनु' उपसर्ग का अर्थ 'बाद में' अथवा 'अनुवर्तित' है। फलस्वरूप प्रस्तुत प्रसंग में अनुवाद का अर्थ है—'पुनर्कथन'। इस अर्थ की पुष्टि शब्दार्थ चिन्तामणि कोश में प्रतिपादित इस कथन से होती है—'प्राप्रस्य पुन: कथनै' अर्थात् 'प्राप्त कथन का पुनर्कथन'। संस्कृत के प्राचीनतम ग्रंथों में भी प्राय: अनुवाद का प्रयोग 'फिर से कहने' या 'दुहराने' के अर्थ में हुआ है।[2] सम्प्रति हिन्दी या अंग्रेजी भाषा में भी अनुवाद या इसके पर्यायवाची शब्दों के भी अर्थ उक्त अर्थ से भिन्न नहीं हैं। हिन्दी में 'अनुवाद' एक बहुप्रयुक्त शब्द है। हिन्दी में अनुवाद के लिए छाया, टीका, भावानुवाद, तर्जुमा, उल्था आदि शब्द भी प्रयुक्त हुए हैं। किंचित् भेद से ये सभी शब्द 'अनुवाद' के प्रतिपाद्य अर्थ को पुष्ट करते हैं।

कई शब्द कोशों में अनुवाद का अर्थ है—उल्था, भाषान्तर, पुनल्लेख या पुनरुक्ति, पश्चात् कथन, दुहराना, पुन: कथन, कहना, ज्ञात को कहना, समर्थन के लिए प्रयुक्त कथन, मीमांसा में किसी विधि प्राप्त आशय का दूसरे शब्दों में ठहराना, आवृत्ति, सार्थक आवृत्ति—किया गया है। पश्चिम के भाषा शास्त्री **मोनियर विलियम्स** अनुवाद शब्द के उक्त विभिन्न अर्थ की पुष्टि इस प्रकार करते हैं—"Anuvad is saying after or again, repeating by way of explanation, explanatory, repetition or reiteration with corroboration or illustration, explanatory reference to anything already said."[3] कुल मिलाकर अनुवाद का अर्थ है—बाद में दुबारा कहना, व्याख्यात्मक रूप से पुन: कथन-निर्देश अथवा उद्धरण द्वारा व्याख्यात्मक पुन: कथन, पहले कही गयी वस्तु का व्याख्यात्मक निर्देश ही अनुवाद है।

---

1. **अनुवाद—विज्ञान—डॉ० भोलानाथ तिवारी, पृष्ठ 9**
2. **ऋग्वेद—2, 13, 3 ऐतरेय ब्राह्मण 2, 15, वृहदारण्य उपनिषद 5, 2, 3 निरुक्त 1, 16**
3. **Sanskrit English Dictionary—Monier Williams, P. 8**

(2) अनुवाद शब्द का अर्थ—विकास तथा विभिन्न भाषाओं में अनुवाद के लिए प्रयुक्त होने वाले शब्द

अनुवाद शब्द का अर्थ सामान्यतः व्याख्या या विश्लेषण है। इसका अर्थ पूर्व कथित बात का विश्लेषण या उल्लेख या एक भाषा से दूसरी भाषा में रूपान्तरण करना माना जाता है। संस्कृत साहित्य में विशेष रूप से ब्राह्मण ग्रंथों का वह भाग अनुवाद माना जाता है, जिसमें पूर्वोक्त निर्देश या निधि की व्याख्या, चित्रण या टीका निहित होती थी और जो स्वयं कोई विधि या निर्देश नहीं होता था। किसी कथन के पश्चात् किया गया 'वाद' ही 'अनुवाद' था। कभी आचार्य अनुवाद करते थे, कभी कोई दक्ष शिष्य। आधुनिक साहित्य में अनुवाद शब्द के अर्थ का विकास या परिवर्तन हो जाने के कारण प्राचीन अर्थ मान्य नहीं रह गया है। अब एक भाषा में लिखे या कहे हुए विषय को दूसरी भाषा में रूपान्तरित करना अनुवाद कहा जाता है। यह कला सिर्फ लिखित भाषा के समान ही प्राचीन नहीं है, बल्कि मानव भाषा के समान अति प्राचीन काल से इसका अस्तित्व संभव माना जा सकता है, तब से जब किसी चतुर दुभाषिये ने उच्चरित भाषा या संकेत भाषा की सहायता से एक भाषा भाषी के कथ्य को दूसरे भाषा भाषी तक पहुँचाया होगा।[1]

बहरहाल, उपर्युक्त शब्दों में अनुवाद शब्द का सही-सटीक पर्याय कौन शब्द होगा, यह कहना बहुत सरल नहीं है, लेकिन इतना सच है कि अनुवाद के लिए विभिन्न भाषाओं में विभिन्न शब्द इस्तेमाल किए जाते रहे हैं। संस्कृत भाषा में इसके लिए 'छाया', 'भाषा टीका', 'भाष्य', 'वार्तिक', 'व्याख्या' आदि शब्दों का प्रयोग हुआ है। अरबी, फारसी तथा उर्दू में अनुवाद के लिए स्थूल रूप से 'तर्जुमा' शब्द का प्रयोग किया जाता है। इन भाषाओं में 'तर्जुमा' का अर्थ होता है—एक जबान का दूसरी जबान में बयान करना। भारतेन्दु नाटकावली में भारतेन्दु जी 'नाटकों का तर्जुमा' शब्द का प्रयोग अनुवाद अर्थ में ही करते हैं। इधर, बंगला, असमियाँ, गुजराती, उड़िया, पंजाबी तथा तेलुगु में भी इसे अनुवाद ही कहा जाता है।

अंग्रेजी भाषा में अनुवाद के लिए 'ट्रान्सलेशन' (Translation) शब्द व्यवहृत हुआ है। 'ट्रान्स' और 'लेशन' या 'लिशन' शब्द से बने 'ट्रान्सलेशन' का शाब्दिक अर्थ है—''पार (Trans) ले जाने की क्रिया (lation)। इस प्रकार ट्रान्सलेशन का स्पष्ट अर्थ हुआ—स्थानान्तरण, एक जगह से दूसरी जगह ले जाना, पुनर्स्थापन या परिवहन आदि। इस व्युत्पत्तिपरक अर्थ के अलावा इस शब्द का अर्थ—अवतरण, सशरीर मुक्ति, क्रियान्वित करना, शरीर सहित स्वर्गगमन, भाषान्तर, व्यवहार रूप परिवर्तन, छायानुकरण तथा भाषान्तर निरूपण— आदि किया गया है। इधर, **आक्सफोर्ड डिक्शनरी** में 'ट्रान्सलेशन' शब्द के चार अर्थ बताए गए हैं—

1. Transference, removal or conveyance from one person, place or condition to another,
2. Transference of non-material things removal from earth to heaven without death,
3. Transference of a disease from one person or part of the body to another तथा

---

1. **हिन्दी विश्व कोश—डॉ० मोहन लाल तिवारी, पृष्ठ 127, नागरी प्रचारिणी सभा, काशी**

4. The action or process of turning from one language into another, also, the product of this, a version in a different language.[1]

(3) अनुवाद की परिभाषा

प्राचीन भारतीय ग्रंथों में आचार्यों ने अनुवाद को 'अनुवाक्' तथा 'अनुवचन' भी कहा है। ऋग्वेद में इसके लिए 'अनुवदति' अर्थात् 'पीछे से कहता है' या 'दुहराता है' का प्रयोग मिलता है। कुल मिलाकर यह कि विभिन्न ग्रंथों में अनुवाद की विभिन्न परिभाषाएँ दी गई हैं, उनमें से कुछ को इस प्रकार देखा जा सकता है—

1. **ऐतरेय ब्राह्मण** के अनुसार, "यद वाचि प्रोदितायाम् अनुब्रूयाद् अन्यस्यैवैनम् उदितानुवादिनम् कुर्यात।"[2]

2. **पाणिनि** के अनुसार, "सदा प्रतिपत्ता प्रमाणान्तरावगतमप्यर्थ कायान्तरार्थ प्रयोक्ता प्रतिपाद्यते तदानुवादो भवति" अर्थात् किसी और प्रमाण से विदित को ही, दूसरे कार्य के लिए किसी के द्वारा श्रोता से जब कहा जाता है, तब अनुवाद होता है।[3]

3. **काशिका** में अनुवा का अंकन इस प्रकार किया गया है—"प्रमाणान्तरावगतस्यार्थस्य शब्देन संकीर्तन मात्रमनुवादः" अर्थात् अन्य किसी प्रमाण से जानी हुई बात का शब्द के द्वारा कथन ही अनुवाद है।[4]

4. **मनुस्मृति** के टीकाकार कुल्लूक भट्ट कहते हैं—"सामागानश्रुतौ ऋग्यजुषोरनध्याय उक्तस्तस्यायमनुवादः" यहाँ भी अनुवाद का अर्थ पुनः कथन ही है।[5]

5. **जैमिनीय न्यायमाला** में कहा गया है—"ज्ञातस्य कथनमनुवादः" अर्थात् ज्ञात का कथन ही अनुवाद है।[6]

6. सुप्रसिद्ध भाषा विज्ञानी और कोशकार स्व० **डॉ० भोलानाथ तिवारी** 'अनुवाद' को निम्न प्रकार से चित्रित करते हैं—"भाषा ध्वन्यात्मक प्रतीकों की व्यवस्था है और अनुवाद है—इन्हीं प्रतीकों का प्रतिस्थापन अर्थात् एक भाषा के प्रतीकों के स्थान पर दूसरी भाषा के निकटतम (कथनतः और कथ्यतः) समतुल्य और सहज प्रतीकों का प्रयोग। इस प्रकार अनुवाद 'निकटतम समतुल्य और सहज प्रतिप्रतीकन' या 'यथासाध्य समानक प्रतिप्रतीकन प्रक्रिया' है अर्थात् प्रतिप्रतीकन यथासाध्य ऐसा होना चाहिए कि स्रोत भाषा के कथ्य में लक्ष्य भाषा में आने पर न तो विस्तार हो, न संकोच या अन्य किसी प्रकार का परिवर्तन। साथ ही स्रोत भाषा में कथ्य और अभिव्यक्ति का जैसा सामंजस्य हो, लक्ष्य भाषा में अनूदित होने पर भी यथा साध्य दोनों का सामंजस्य वैसा ही हो। संक्षेप में अनुवाद कथनतः और कथ्यतः निकटतम सहज प्रतिप्रतीकन—प्रक्रिया हैं।[7]

---

1. **Oxford Dictionary—Introduction**
2. **ऐतरेय ब्राह्मण 3, 15**
3. **पाणिनीय शिक्षा श्लोक—सं० मनमोहन घोष**
4. **काशिका—श्लोक—78**
5. **मनुस्मृति—मनु**
6. **जैमिनीय न्यायमाला, पृष्ठ 105**
7. **अनुवाद—विज्ञान—डॉ० भोलानाथ तिवारी, पृष्ठ 18**

7. **नाइडा** (Nida) कहते हैं कि, "Translating consists in producing in the receptor language the closest natural equivalent to the message of the source language, first in meaning and secondary in style."[1]

8. **कैटफोर्ड** (Catford) के विचार से एक भाषा में अनुभव संप्रेषण ही अनुवाद है—"The replacement of textual material in one language by equivalent textual material in another language."[2]

9. **फोरेस्टर** (Forester) का कथन है कि एक भाषा से दूसरी भाषा में सन्दर्भों और विचारों का स्थानान्तरण ही अनुवाद है—"Translation is the transference of the content of a text from one language into another, bearing in mind that we cannot always dissociate the content from the form."[3]

10. पश्चिम के ही एक अन्य विद्वान् के विचार से, "अनुवाद एक कस्टम हाउस है, जिससे होकर स्रोत भाषा के प्रयोग का विदेशी माल लक्ष्य भाषा में अन्य स्रोतों की तुलना में अधिक आ जाता है, यदि अनुवादक सतर्कता न बरते—"Translation is a custom house through which passes, if the custom officers are not alert, more smuggled goods of foreign idioms than, through any other linguistic frontier."

(4) अनुवाद : स्वरूप तथा सिद्धान्त

डॉ० विजयपाल सिंह[4] लिखते हैं कि पश्चिम के अनुवाद-विषयक सिद्धान्तों एवं अध्ययनों के तीन चरण स्पष्ट रूप से दिखाई देते हैं। अनुवाद-विषयक प्रारंभिक चिन्तन बाइबिल के अनुवादकों के आधार पर ही विकसित हुआ। पुनर्जागरण के बाद काव्य तथा अन्य साहित्यिक विधाओं के अनुवाद की प्रक्रिया एवं सिद्धान्तों की ओर अनुवादकों का ध्यान गया। तीसरा युग अनुवाद के भाषा-वैज्ञानिक सिद्धान्तों का युग है। भारत मेंरवीन्द्रनाथ टैगोर, श्री अरविन्दो जैसे मनीषियों ने अनुवाद के सैद्धान्तिक पक्षों पर अपने अनुभवों के आधार पर थोड़ा-बहुत विचार किया है। आजादी के बाद भारतीयों ने अनुवाद के सैद्धान्तिक पक्ष पर विशेष रूप से सोचना प्रारम्भ किया। वल्लतोल, बच्चन, धर्मवीर भारती, माचवे आदि साहित्यकारों ने अपनी अनुवादों की भूमिकाओं में तथा अन्यत्र भी अनुवाद-विषयक अपने कुछ विचार प्रस्तुत किए हैं। भारतीय विद्वानों को अनुवाद के सैद्धान्तिक एवं व्यावहारिक पहलुओं पर सोचने के लिए प्रेरित करने में भारतीय अनुवाद परिषद—दिल्ली द्वारा प्रकाशित पुस्तिका 'जिस्टा' का काफी योगदान रहा है। पाश्चात्य जगत में विशेषकर रूस, जर्मनी, फ्रांस आदि में इस विषय पर कार्य हुआ है। डॉ० आनंद प्रकाश खेमाणी तथा वेद प्रकाश द्वारा संपादित 'अनुवाद कला : कुछ विचार', भोलानाथ तिवारी का 'अनुवाद विज्ञान' तथा 'काव्यानुवाद की समस्याएँ' तथा केरल भाषा संस्थान द्वारा सम्पादित 'विवर्तन', डॉ० गोपीनाथन द्वारा संपादित 'अनुवाद और प्रयोग', डॉ० विश्वनाथ अय्यर द्वारा लिखित 'अनुवाद कला' तथा डॉ० राजमल वोरा द्वारा लिखित 'अनुवाद क्या है?' आदि ग्रंथ इस क्षेत्र की महत्त्वपूर्ण उपलब्धियाँ हैं।

---

1. **The Theory and Practice of Translation—Nida, P. 17**
2. **Linguistic Theory of Translation—J. C. Catford P. 20**
3. **The Theory of Translation—Forester, P. 35**
4. **कार्यालयीय हिन्दी—डॉ० विजयपाल सिंह, पृष्ठ 60-61**

बहरहाल, अब आप विदेशी-देशी विद्वानों द्वारा स्थापित अनुवाद संबंधी कुछ प्रमुख सिद्धान्तों को इस प्रकार देखिए—

(क) मैथ्यू आर्नल्ड के अनुवाद-विषयक सिद्धान्त—कवि और अनुवाद-चिन्तक आर्नल्ड के अनुवाद संबंधी कुछ प्रमुख सिद्धान्त इस प्रकार हैं—(1) अनुवाद का मुख्य गुण मूलनिष्ठता है, किन्तु उसे न तो अत्यधिक मूलनिष्ठ होना चाहिए और न अत्यधिक मूलमुक्त, (2) अनुवाद ऐसा होना चाहिए कि उसे सुन या पढ़कर वही प्रभाव पड़े, जो मूल के श्रोताओं या पाठकों पर पड़ता रहा हो—"A translation should affect us in the same way as the original may be supposed to have affected its first hearers." (3) अनुवादक को मूल रचनाकार से तादात्म्य स्थापित कर उसके भाव तथा शैली विषयक मूल विन्दुओं को आत्मसात करके लक्ष्य भाषा में उतारना चाहिए। प्रायः मूल लेखक तथा अनुवादक के बीच चिन्तन, भाव तथा भाषा आदि का अंतर आ खड़ा होता है, जो तादात्म्य नहीं स्थापित होने देता और तभी अनुवादक मूल के साथ न्याय नहीं कर पाता, (4) मूल का कथ्य तथा कथन-शैली दोनों ही अनुवाद में यथासंभव आने चाहिए, (5) अनुवाद मूल से हीन होता है।[1]

(ख) फिट्ज जेराल्ड के अनुवाद विषयक सिद्धान्त—फिट्ज जेराल्ड (Edward Fitzgerald (1809-1883) भी कवि थे। उमर खय्याम की रुबाइयों के मूलनिष्ठ, भावानुवाद तथा छायानुवाद करने के कारण इनकी ख्याति बढ़ी। इनके अनुवाद विषयक सिद्धान्त अधोलिखित हैं—(1) अपनी रुबाइयों के विषय में इन्होंने कॉवेल (Cowell) को लिखा था—"Very unliteral it is, many quatrains are mashed together." इस आधार पर उनका कहना था कि अनुवाद शब्द-प्रति-शब्द नहीं होना चाहिए, (2) अनुवादक को अपनी रुचि के अनुसार अनुवाद में मूल रचना की पुनर्रचना करनी चाहिए, क्योंकि मरे शेर से जीवित कुत्ता कहीं अच्छा होता है—"I am persuaded that xxx translator...must recast the original into his own likeness xxx the live dog is better than the dead lion." उन्होंने इसी बात को अन्यत्र भी दूसरे ढंग से कही है—"Better a live sparrow than a stuffed eagle." (3) काव्यानुवाद में आवश्यकतानुसार एकाधिक छंदों को एक में मिलाया जा सकता है।[2]

(ग) टिटलर के अनुवाद-विषयक सिद्धान्त—टिटलर के अनुवाद-विषयक प्रमुख तीन सिद्धान्त सामने आते हैं—

(1) अनुवाद में मूल विचारों का पूर्ण अन्तरण होना चाहिए,

(2) लेखन की शैली और विधि उसी ढंग की हो, जैसी कि मूल कृति की हो,

(3) अनुवाद में मौलिक रचना की समस्त सहजता होनी चाहिए।[3]

(घ) डॉ० भोलानाथ तिवारी के अनुवाद-विषयक सिद्धान्त—डॉ० तिवारी के अनुवाद-विषयक सिद्धान्त मुख्य रूप से जाने जाते हैं—(1) अनुवाद का मूल उद्देश्य है—स्रोत भाषा की रचना के भाव या विचार लक्ष्य भाषा में यथासंभव अपने मूल रूप में लाना, (2) अनुवाद के लिए स्रोत भाषा में भावों या विचारों को व्यक्त करने के लिए जिस अभिव्यक्ति

---

1. **Homrick Translation in Theory and Practice—Mathew Arnold, P. 89**
2. **Translation—Fitzgerald, P. 18**
3. **'अनुवाद' त्रैमासिक पत्रिका में डॉ० विश्व प्रकाश गुप्त का लेख (सिद्धान्त विशेषांक), पृष्ठ 91, नवम्बर-फरवरी—1966**

का प्रयोग है, उसके ''यथासंभव समान'' या ''अधिक से अधिक समान'' अभिव्यक्ति की खोज लक्ष्य भाषा में होनी चाहिए तथा (3) लक्ष्य भाषा में स्रोत भाषा के यथासंभव समान जिस अभिव्यक्ति की खोज की हो, वह लक्ष्य भाषा में सहज हो अर्थात् उसके सहज प्रवाह या प्रयोग के अनुकूल हो, स्रोत भाषा की छाया से मुक्त हो।[1]

(5) अनुवाद की प्रक्रिया तथा प्रविधि

अनुवाद, भाषा-केन्द्रित प्रक्रिया है। अनुवाद की प्रक्रिया तथा प्रविधि पर प्रकाश डालते हुए एक अंग्रेजी पुस्तक में लिखा गया है—"Translation is just like chewing food that is to be fed to others. If one cannot chew food himself, one has to be given food that has been already chewed. Such food, however, is bound to be poorer in taste and flavour than the original.[2] **डॉ० शर्वेश पाण्डेय**[3] इस संबंध में लिखते है कि अनुवाद मूलतः एक भाषा के कथ्य की दूसरी भाषा में उसी रूप में अभिव्यक्ति की एक पूरी प्रक्रिया है। अनुवाद एक प्रक्रिया है जिसकी अपनी एक खास प्रकृति है। वास्तव में, अनुवाद कैसे होता है, का स्पष्टीकरण अनुवाद की प्रक्रिया है और इसकी तकनीकि को प्रविधि कहते हैं। भाषा व्यवहार की एक विशिष्ट विधा के रूप में अनुवाद प्रक्रिया का स्पष्टीकरण एक ऐसी दृष्टि की अपेक्षा रखता है, जिसमें अनुवाद कार्य संबंधी बाह्य परिस्थितियों और भाषा-संरचना एवं भाषा-प्रयोग संबंधी आंतरिक स्थितियों का संतुलन हो। अनुवाद में सबसे पहले हम मूल पाठ के अर्थ को समझते हैं और उस अर्थ को दूसरी भाषा में अभिव्यक्त करते हैं। अनुवाद-प्रक्रिया के कई स्तर हैं—

1. मूल भाषा की सामग्री को अनुवादक पढ़ता है,
2. अनुवादक उसका भाव मन में ग्रहण करता है,
3. अनुवादक मूल भाषा के भाव को मन में दूसरी भाषा में अनूदित करता है,
4. अनुवादक मन में लिए गए अनुवाद को मौखिक या लिखित रूप में अभिव्यक्त करता है।

डॉ० विनोद गोदरे[4] इस तथ्य को और अधिक साफ करते हुए कहते हैं कि अनुवादक स्रोत भाषा के कथ्य एवं कथन भंगिमा को लक्ष्य भाषा में समतुल्य एवं निकटतम रूप में अभिव्यक्त करने के लिए जिस क्रिया विधि से गुजरता है, उसे अनुवाद की प्रक्रिया कहते हैं। एक सहज और सफल अनुवाद की सामान्य विशेषताएँ हैं—उसकी अर्थगत एकांत एकता अथवा एकार्थता, अर्थगत असंदिग्धता (एक ही अर्थ का निश्चयात्मक संकेतक विशुद्धता), मूल भाषा के कथ्य एवं कथन का लक्ष्य भाषा में अधिकतम निर्वाह एवं स्रोत भाषा की छाया से विमुक्ति तथा सरलता है। शब्द एवं अभिव्यक्तिगत कृत्रिम जटिलता एवं दुरूहता का अभाव एवं व्याकरणिक शुद्धता—इन विशेषताओं से सम्पन्न अनुवादक को सुशिक्षित, अध्ययनशील तथा स्रोत भाषा एवं लक्ष्य भाषा के विभिन्न बोध स्तरों एवं संप्रेषण-कला दोनों से ही अच्छी

---

1. **अनुवाद विज्ञान—डॉ० भोलानाथ तिवारी, पृष्ठ 31**
2. **Translation of Buddhist Texts into Chinese—Foreign, P. 178, सन् 1948**
3. **अनुवाद : एक परिचय—डॉ० शर्वेश पाण्डेय**
4. **प्रयोजनमूलक हिन्दी—डॉ० विनोद गोदरे, पृष्ठ 107-08**

तरह परिचित होना चाहिए, क्योंकि अनुवाद की प्रक्रिया का वही नायक होता है। वस्तुतः अनुवाद एक द्विभाषिक प्रक्रिया है। इधर, **डॉ० दंगल झाल्टे**[1] "अनुवाद की प्रक्रिया और प्रविधि" पर अपनी टिप्पणी साटते कहते हैं कि अनुवाद की विभिन्न परिभाषाओं से स्पष्ट होता है कि अनुवाद में स्रोत भाषा (Source Language), लक्ष्य भाषा (Target Language), तथा अनुवादक (Translator) की अनिवार्य भूमिका होती है। स्रोत भाषा के विचार, भाव तथा कथ्य को यथास्थिति समतुल्यता अथवा निकटतम रूप में लक्ष्य भाषा में अभिव्यक्त करने के लिए अनुवादक को जिस विशिष्ट क्रिया-विधि या प्रविधि से गुजरना पड़ता है, उसे अनुवाद की प्रक्रिया कहा जा सकता है।

सच तो यह है कि अनुवाद कार्य एक लम्बी रेतीली यात्रा है और इस यात्रा के पड़ाव भी हमेशा थकान दूर नहीं करते हैं। स्रोत भाषा और लक्ष्य भाषा के बीच शब्दावली, वाक्य-विन्यास, संस्कार, अर्थ-संपदा और परिवेश की दूरियों को तय करते हुए अनुवादक को यह सुनिश्चित करना है कि अनुवाद पढ़ते समय कोई यह न अनुभव करे कि वह कोई अनुवाद पढ़ रहा है। अनुवाद में मूल भाषा का सौन्दर्य और सुख मिले, यही अनुवाद की सफलता है।[2] कुछ विदेशी विद्वानों की प्रक्रिया तथा प्रविधि के कुछ मानदंड और सिद्धान्त स्थापित किए हैं, यथा—**नाइडा** ने अनुवाद प्रक्रिया के तीन सोपान माने हैं—(क) विश्लेषण, (ख) अन्तरण तथा (ग) पुनर्गठन। **न्यूमार्क** अनुवाद की प्रक्रिया को इन रूपों में तय करते हैं—(क) मूल भाषा पाठ, (ख) बोधन तथा (ग) व्याख्या। **बाथगेट** अनुवाद की प्रक्रिया को थोड़ा विस्तार में प्रस्तुत करते इसके सात सोपान मानते हैं, यथा—(1) मूल भाषा पाठ का समन्वयन, (2) विश्लेषण, (3) बोधन, (4) पारिभाषिक अभिव्यक्ति, (5) पुनर्गठन, (6) पुनरीक्षण और (7) पर्यावलोकन एवं लक्ष्य भाषा पाठ।

डॉ० विजयपाल सिंह[3] अनुवाद की प्रक्रिया और प्रविधि को व्याख्यायित करते हुए इसके पाँच सोपान मानते हैं। वह कहते हैं कि न छोड़ो न जोड़ो के सिद्धान्त पर अनुवादक एक तटस्थ माध्यम का कार्य करे। अच्छा अनुवादक सिरिंज की वह सूई है जो सिरिंज की दवा को ज्यों-का त्यों मरीज के शरीर में पहुँचा देती है। अनुवाद की कला का संबंध संकट के तकनीकी साधनों और भाषा के व्याकरण के साथ है। अनुवाद का मतलब शब्दशः और वाक्यानुसार अनुवाद नहीं, बल्कि विचारों के साथ भावाभि व्यक्ति करना समझा जाना चाहिए। ईमानदारी से अनुवाद करने का कार्य सृजन की तुलना में अधिक जटिल, कोमल और दायित्वपूर्ण हो जाता है, क्योंकि अनूदित कृति दो साहित्यकारों की कृति होती है। अनुवाद को सांस्कृतिक नवजागरण का अग्रदूत या माध्यम भी कहें तो अत्युक्ति न होगी। अनुवाद प्रक्रिया के पाँच सोपान हैं—(1) स्रोत तथा लक्ष्य भाषा का ज्ञान, (2) पाठ या विषय का पूरा परिचय, (3) विश्लेषण, (4) प्रतिस्थापन तथा (5) अनुवाद की सहायता से पाठ का संरचनात्मक पुनर्निर्माण। कुल मिलाकर प्रामाणिक अनुवाद परिश्रम साध्य कला है। ललित साहित्य के अनुवाद में व्यावहारिक भाषा का प्रयोग अनिवार्य प्रतीत होता है। अनुवाद सामग्री का सर्वांगीण विश्लेषण, बहुमुखी चिंतन, भ्रमण और पठन—इन चार बातों का ध्यान किसी भी प्रामाणिक और सुन्दर अनुवाद के लिए बहुत आवश्यक है।

---

1. प्रयोजनमूलक हिन्दी : सिद्धान्त और प्रयोग—डॉ० दंगल झाल्टे, पृष्ठ 111
2. प्रयोजनमूलक हिन्दी—डॉ० बालेन्दु शेखर तिवारी, पृष्ठ 121
3. कार्यालयीय हिन्दी—डॉ० विजय पाल सिंह, पृष्ठ 98

(6) अनुवाद का क्षेत्र, व्याप्ति या सीमाएँ

यूनान, रोम, अरब, स्पेन, जर्मनी, फ्रांस तथा इंग्लैण्ड की तरह भारत में भी अनुवाद की एक सतत् और अविच्छिन परंपरा पाई जाती है। हालाँकि इस पर अनुवाद-चिन्तकों में एकराय नहीं है। **डॉ० भोलानाथ तिवारी**[1] कहते हैं कि प्राचीन भारतीय साहित्य में अनूदित ग्रंथ प्राय: नहीं मिलते। उनका कहना है कि इसका यह अर्थ नहीं कि प्राचीन भारतीय विद्वानों में गुण-ग्राहकता का अभाव था और वे बाहर से कुछ भी लेना नहीं चाहते थे, बल्कि—(1) एक तो उस प्राचीन काल में साहित्य तथा ज्ञान-विज्ञान के जो मुख्य क्षेत्र थे, उन सभी में भारत काफी आगे था, (2) जिन कुछ क्षेत्रों में बाहर से उसे कुछ नवीनता मिलीं, उसने उसे लिया, किन्तु उसने यह ग्रहण अनुवाद के रूप में नहीं किया तथा (3) संभव है, कुछ थोड़े अनुवाद भी ऐसे हुए हों जिन्हें आज के अर्थ में अनुवाद कहा जा सकें, किन्तु कालचक्र ने उन्हें ढोना अनावश्यक समझा। **डॉ० शर्वेश पाण्डेय**[2] का विचार है कि भारत में अनुवाद की विस्तृत परंपरा रही है। प्राचीन भारतीय वाङ्मय का अनुवाद हिन्दी के साथ भारत में आए तमाम विदेशियों ने अपनी भाषाओं में किया। भक्तिकाल में प्राचीन साहित्य का हिन्दी भाषा में प्रचुर मात्रा में अनुवाद हुआ। इस प्रकार अनुवाद की एक दीर्घ परंपरा भारत में पाई जाती है।

बहरहाल, आज अनुवाद का क्षेत्र बड़ा व्यापक और निरंतर महत्त्वपूर्ण होता जा रहा है। अनुवाद आज न तो घटिया किस्म का रोजगार रहा है और न काम चलाऊ ज्ञानी पंडितों के हस्तलाघव का करिश्मा। आज वह विभिन्न अनुशासनों, विविध ज्ञान-शाखाओं के विभिन्न भाषाओं के विस्तार का संसाधन बन गया है।[3] इधर, **डॉ० गोपाल राय**[4] अनुवाद की सीमाओं की चौहद्दी और रकबा तय करते हुए लिखते हैं कि आज की दुनियाँ में अनुवाद का क्षेत्र बहुत व्यापक हो गया है। सारी दुनिया को एक करने में, मानव-मानव को एक-दूसरे के निकट लाने में, मानव जीवन को अधिक सुखी और सम्पन्न बनाने में अनुवाद की महत्त्वपूर्ण भूमिका है। **डॉ० राय** अनुवाद के कुल 6 क्षेत्रों की ओर इशारा करते लिखते हैं कि यदि समस्त भारतीय भाषाओं में उपलब्ध साहित्य का सभी भाषाओं में या कम-से-कम किसी एक भाषा में अनुवाद हो जाए तो भारतीय साहित्य की परिकल्पना साकार हो जाएगी। इस प्रकार अनुवाद का एक क्षेत्र है, किसी देश की विभिन्न भाषाओं में उपलब्ध साहित्य उस देश की अन्य भाषाओं में अनुवाद। ××× अनुवाद का **दूसरा क्षेत्र** है, विश्व की समृद्ध भाषाओं के साहित्यों का अन्य भाषाओं में अनुवाद। अनुवाद के **तीसरे क्षेत्र** में विभिन्न उपयोगी वस्तुओं के साथ उपलब्ध कराये जाने वाले परिचय-पत्र, जो अपने देश में प्राय: अंग्रेजी में होते हैं, समाचार एजेन्सियों से प्राप्त होने वाले समाचार, अखबारों में छपने वाले विज्ञापन और विज्ञप्तियाँ जैसी अनेक चीजें आती हैं। समाज वैज्ञानिक साहित्य का अनुवाद, अनुवाद का **चौथा क्षेत्र** माना जा सकता है। इसके अन्तर्गत इतिहास,भूगोल, अर्थशास्त्र, समाज-विज्ञान, राजनीति विज्ञान, दर्शन क्षेत्र जैसे विषयों के साहित्य का अनुवाद शामिल होगा। प्रकृति वैज्ञानिक साहित्य का अनुवाद, अनुवाद का **पाचवाँ क्षेत्र** है, जिसके अन्तर्गत् गणित, भौतकी, रासायनिकी आदि विषयों के साहित्य का अनुवाद अन्तर्भुक्त है। कविता, नाटक, उपन्यास, कहानी, ललित निबंध आदि काव्य रूपों

---

1. **अनुवाद विज्ञान—डॉ० भोलानाथ तिवारी, पृष्ठ 108**
2. **अनुवाद : एक परिचय—डॉ० शर्वेश पाण्डेय, पृष्ठ 25**
3. **प्रयोजनमूलक हिन्दी—डॉ० विनोद गोदरे, पृष्ठ 138**
4. **अनुवाद : स्वरूप और क्षेत्र—डॉ० गोपाल राय, पृष्ठ 43**

को सम्मिलित रूप, अनुवाद के **छठें क्षेत्र** के अन्तर्गत् रख सकते हैं, यद्यपि विभिन्न विधाओं में भी अनुवाद का क्षेत्र और स्वरूप भिन्न हो जाता है।

डॉ० एन० ई० विश्वनाथ अय्यर[1] ने अनुवाद क्षेत्र की रूपरेखा इस प्रकार निर्धारित की है—

अनुवाद के क्षेत्र की रूप-रेखा

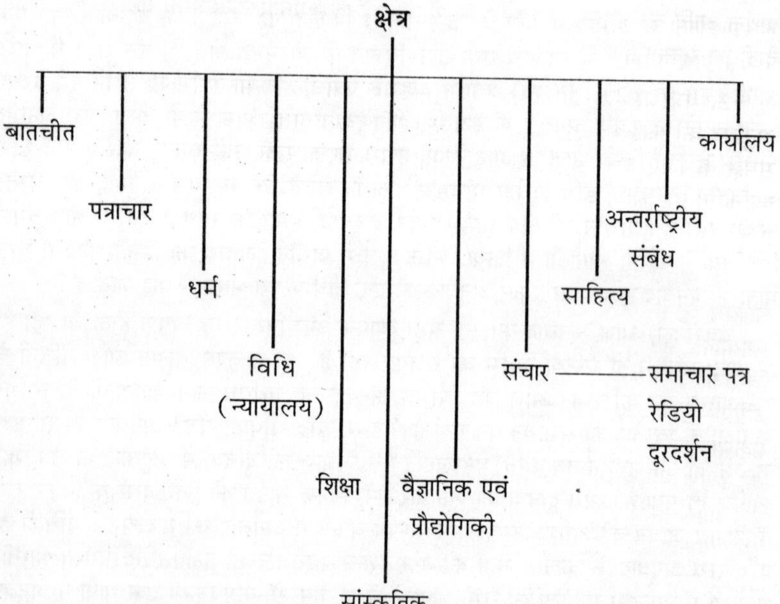

अब हम अनुवाद के कुछ महत्वपूर्ण क्षेत्रों पर इस प्रकार रोशनी डालेंगे—

1. बातचीत के क्षेत्र में अनुवाद—परस्पर संवाद, वार्तालाप या बातचीत अनुवाद का सशक्त और विस्तृत फ़लक माना जा सकता है। जब भी दो व्यक्ति एक साथ किसी पड़ाव, यात्रा, तीर्थाटन-देशाटन में मिलते हैं, तो जाहिर है, दोनों के मन में एक-दूसरे को जानने की जिज्ञासा और गुदगुदी पैदा होती है। यदि ये दोनों व्यक्ति एक भाषा भाषी हैं, तो अनुवाद की यहाँ कोई गुंजाइश नहीं होती, किन्तु जब वे भिन्न भाषा-भाषी होते हैं तो अपरिचय के इस संगिस्तान में एक-दूसरे की भावनाओं को समझने-पढ़ने के लिए हाव-भाव तथा संकेतों के साथ-साथ अनुवाद की आवश्यकता सशक्त उपकरण और औजार के रूप में होती है। कुल मिलाकर किसी असमियाँ व्यापारी को कश्मीरी और किसी कश्मीरी को तमिल व्यापारी की बात समझने के लिए अनुवाद ही सहायता करेगा। बनारस की गली-गली खासकर कचौड़ी गली में विदेशी सैलानियों और हिन्दी भाषी दुकानदारों के बीच एक-दूसरे की बात समझाने के लिए सैलानियों के साथ स्थानीय गाइड या छुटभैये स्तर के अनुवादक यही भूमिका निभाते हैं।

---

1. **अनुवाद कला—डॉ० एन० ई० विश्वनाथ अय्यर, पृष्ठ 17, प्रथम संस्करण**

2. धर्म के क्षेत्र में अनुवाद—धर्म के क्षेत्र में सभी देश किसी विशिष्ट भाषा का व्यवहार करते हैं, जैसे—भारत में संस्कृत हिन्दू धर्म की भाषा रही है। बौद्धों के धर्मग्रंथ पाली भाषा में है। इसाई लैटिन, मुसलमान अरबी का प्रयोग करते हैं। आम लोग इन धर्म भाषाओं के जानकार नहीं हो सकते। बहुत कम लोग इनके जानकार होते हैं। अतः ऐसी धर्म भाषाओं के पंडित सामान्य लोगों में धर्म प्रचार के लिए ग्रंथों का अनुवाद करते हैं। पुजारी आम लोगों की प्रार्थना आदि का अनुवाद धर्म की भाषा में करते हैं। इस प्रकार दोनों तरफ यह अनुवाद प्रक्रिया देखी जा सकती है।[1]

3. पत्राचार के क्षेत्र में अनुवाद—यदि पत्राचार किसी हमभाषी से हो रहा हो तो अनुवाद की कोई जरूरत नहीं होती, किन्तु यदि किसी पराई भाषा में हो तो पत्र के कथ्य की समझ के लिए अनुवाद के अलावा कोई दूसरा रास्ता नज़र नहीं आता, चाहे वह पत्राचार व्यक्तिगत हो, कार्यालयी हो, व्यावसायिक हो, राजनीतिक हो, न्यायालयी हो या अकादमिक हो।

4. न्यायालयी क्षेत्र में अनुवाद—भारत के संविधान में किसी भी विषय की शिक्षा के माध्यम के संबंध में कोई उपबंध नहीं किया गया है। भारत में सर्वोच्च न्यायालय एवं उच्च न्यायालय के निर्णयों, डिक्रियों एवं आदेशों की भाषा अंग्रेजी है। समस्त विधि, संसदीय विधान मंडलीय, राष्ट्रपति एवं राज्यपाल के अध्यादेश (प्रत्यायोजित विधायन) के लिए भी अंग्रेजी भाषा का प्रचलन अधिक है, इसलिए न्यायाधीशों, अधिवक्ताओं, विधिवेत्ताओं, प्रकाशकों तथा प्राध्यापकों को उन्हें अंग्रेजी में ही पढ़कर समझना होता है और जिस विद्यार्थी को विधि अपनाना है, उसे भी विधि का ज्ञान ऐसी स्थिति में अंग्रेजी में ही ग्रहण करना पड़ेगा।[2] अतः इस परिस्थिति में जाहिर है कि न्यायालय में दो स्तरों पर अनुवाद की आवश्यकता पड़ती है, भारत के अनपढ़ या स्थानीय भाषा के माध्यम से साक्षर मुअक्किल को अंग्रेजी का उनकी भाषा में अनुवाद तथा उच्च तथा उच्चतम न्यायालय को अंग्रेजी अनुवाद। इस तरह अनुवाद न्यायालयों में भी अपनी महत् भूमिका के रूप में उपस्थित है।

5. कार्यालयी क्षेत्र में अनुवाद—हमारे देश में अधिकांश कार्यालयों की जुबान अंग्रेजी है, खासकर पुलिस, रेल, नारकोटिक्स, सेना और बड़े-बड़े चिकित्सा संबंधी कार्यालयों की। विकास खण्ड या तहसील स्तर के कार्यालयों में भले ही हिन्दी में आवेदन पत्र ले लिए जाते हों, जिले स्तर पर आते ही अंग्रेजी का दबदबा और रुआब शुरू हो जाता है, अतः यहीं से अनुवाद की भूमिका शुरू हो जाती है।

6. शिक्षा क्षेत्र में अनुवाद—यह क्षेत्र तो बिना अनुवाद के कुछ पग भी आगे नहीं बढ़ सकता। अधिकांश तकनीकी, मानविकी, कानूनी, रक्षा-उत्पादन तथा आपूर्ति, औद्योगिक एवं वित्तीय, सहकारिता, आयकर, खनन, फिल्म, दूरदर्शन, दूरसंचार, कम्प्यूटर, इन्टरनेट, आकाशवाणी, पावर ग्रिड, अर्थशास्त्र, समाज, इतिहास और भूगोल का श्रेष्ठ साहित्य तो अंग्रेजी या अन्य किसी विदेशी भाषा में टेपित-टंकित है, अतः इनका स्थानीय भाषाओं में अनुवाद किए बिना हम कुछ भी लाभान्वित नहीं हो सकते, इसलिए अनुवाद की आवश्यकता यहाँ स्वतः सिद्ध है।

---

1. **अनुवाद : सिद्धान्त और प्रयोग, पृष्ठ 33**
2. **वीणा, पृष्ठ 45, मई 1999, इन्दौर**

7. सांस्कृतिक सम्बन्ध बढ़ाने के क्षेत्र में अनुवाद—विश्व का कोई भी मानव समाज शायद ही अपने को हर दृष्टि से पूर्ण मानता हो। संस्कृति, शिक्षा, तकनीक, प्रौद्योगिकी, ज्ञान-विज्ञान आदि अनेक कोणों पर कहीं-न-कहीं वह अपने में खालीपन अवश्य महसूस करता है। हर समाज के मन में अपने से हटकर दूसरे समाज की आशा, आकांक्षा, मनस्ताप, टूटन, संत्रास, अफसुर्दगी, सौन्दर्य बोध, संवेदनाओं, समस्याओं, संघर्ष-क्षमता, अभिव्यक्ति की स्वतंत्रता, सामाजिक बिखराव, जीवन-पद्धति, सभ्यता तथा साहित्यिक हैसियत आदि को जानने की इच्छा बनी रहती है। यही जिज्ञासा एक समाज को दूसरे समाज के निकट ले आती है। जब एक समाज दूसरे समाज के निकट पहुँचता है तो एक-दूसरे को समझने-परखने की गरज़ और जरूरत के कारण ही जन्मती है, अनुवाद की आवश्यकता, जिसका उद्देश्य होता है, भाषा, संस्कृति और साहित्य की समृद्धि के साथ-साथ एक-दूसरे को जानना और इस प्रकार पारस्परिक अवबोध के सहारे एक-दूसरे के अधिक निकट आना। इस अनुवाद के माध्यम से ही एक समाज दूसरे समाज से अपना तादात्म्य तथा पारस्परिकता तय कर पाता है।

8. विज्ञान और प्रौद्योगिकी की क्षेत्र में अनुवाद—किसी भी तरह का वैज्ञानिक अनुसंधान हो, चाहे सूचना प्रौद्योगिकी हो, चिकित्सा संबंधी अनुसंधान हो या पर्यावरण संबंधी अध्ययन हो—इन सभी की जानकारी हमें अन्तर्राष्ट्रीय स्तर पर अंग्रेजी में या अन्य विदेशी भाषाओं में लिखी पुस्तकों से ही प्राप्त होती है। जाहिर है, इन क्षेत्रों से संबंधित जो अनुसंधित्सु इन विषयों को अपनी मातृभाषाओं में जानना-समझना चाहते हैं, उन्हें बिना अनुवाद के उक्त सामग्री उपलब्ध नहीं हो पाएगी।

9. साहित्य के क्षेत्र में अनुवाद—प्राचीन साहित्य, अभिलेख आदि किसी भी देश की मूल्यवान संपदा माने जाते हैं। हर जिज्ञासु के मन में अपने देश के अतीत को जानने की प्रबल उत्कण्ठा होती है। उदाहरण के लिए संस्कृत, पालि, प्राकृत तथा अपभ्रंश में लिखे गए प्राचीन साहित्य को सभी लोग नहीं समझ सकते। अतः यहाँ जिज्ञासु पाठकों की तत्संबंधी भाषाओं में उक्त साहित्य का अनुवाद मौजू हो जाता है। **डॉ० एन० ई० विश्वनाथ अय्यर** लिखते भी हैं—"एक सीमित क्षेत्र की भाषा में लिखे हुए उत्तम साहित्य ग्रंथ संसार की व्यापक क्षेत्रों की भाषाओं में जब अनूदित होते हैं, तब उनका प्रचार व उनके लेखकों का सम्मान बढ़ता है।[1]

10. अन्तर्राष्ट्रीय संबंध के क्षेत्र में अनुवाद—अन्तर्राष्ट्रीय स्तर पर सह-संबंध स्थापन-हेतु अनुवाद निहायत आवश्यक वस्तु बन जाता है। लगभग हर देश अपने प्रतिनिधि के रूप में राजदूतों की नियुक्ति करते हैं। ये राजदूत अपने देश तथा जिस देश में जाते हैं, उस देश के बीच संवाद के स्तर पर पुल का कार्य करते हैं। बताते हैं, जिस देश में इनकी नियुक्ति होती है, उस देश की मुख्य कामकाजी भाषा का इन्हें बहुत दिनों तक अभ्यास कराया जाता है, फिर भी ये पूर्ण रूप से विदेशी भाषा में पारंगत नहीं हो पाते, अतः यहाँ उनकी भावनाओं के स्पष्टीकरण के लिए अनुवाद बहुत ही आवश्यक हो जाता है। श्री हनुमान जी बहुत सफल दूत सिद्ध हुए, क्योंकि उन्हें श्रीराम की भाषा का तो बोध था ही, रावण की भी भाषा का उन्हें सम्यक् ज्ञान था, इसीलिए श्रीराम की बातों को वे रावण से कह पाये।

---

1. अनुवाद कला—डॉ० एन० ई० विश्वनाथ अय्यर, पृष्ठ 17, सन् 1987

(7) अनुवाद : विज्ञान या कला

अनुवाद-चिन्तकों ने अनुवाद को उसकी संपूर्णता में समय-समय पर देखने का मुहावरा अलग-अलग ढंग से गढ़ने की कोशिश की है। अनुवादविदों के समक्ष एक महत्त्वपूर्ण सवाल बार-बार उठता है कि आखिर, अनुवाद की पहचान किस रूप में बनती है—क्या वह शिल्प है? विज्ञान है? कला है? या वैज्ञानिक कला है? अथवा इन सबसे अलग हटकर वह महज़ व्यवहार है? **डॉ० भोलानाथ तिवारी**[1] कहते हैं कि कुछ लोग अनुवाद को केवल शिल्प मानते हैं तो कुछ लोग केवल कला। अनुवाद को विज्ञान प्रायः लोग बिल्कुल नहीं मानते। मेरे विचार में अनुवाद शिल्प भी है, कला भी है और विज्ञान भी है। दूसरे शब्दों में अंशतः वह शिल्प है, अंशतः कला तथा अंशतः विज्ञान। अंततः वह इसे और अधिक साफ करते फैसला भी दे देते हैं कि जहाँ तक अनुवाद की बात है, अनुवादक में अनुवाद आत्माभिव्यक्ति नहीं करता, जो कवि, मूर्तिकार आदि कलाकार अपनी कृति में करते हैं। इस प्रकार अनुवाद उस रूप में तो कला निश्चित ही नहीं है, जिस रूप में काव्य, चित्र, मूर्ति आदि हैं, किन्तु अनुवादक का व्यक्तित्व अनुवाद में अवश्य ही बड़ा प्रभावी होता है। इसीलिए एक ही मूल सामग्री के दो व्यक्तियों द्वारा किए गए अनुवाद प्रायः भिन्न होते हैं। इस तरह अनुवादक भी एक सीमा तक सर्जक है और काव्य आदि यदि सर्जना (creation) हैं, तो अनुवाद पुनः सर्जना (recreation) है। केवल प्रक्रिया का अंतर है। मूल कलाकार अपने भावों को अपनी कला में उतारता है, जबकि अनुवादक किसी और मूल के आधार पर सृजन करता है।

डॉ० माणिक मृगेश[2] का विचार है कि अनुवाद वस्तुतः फोटो कॉपी के समान है, कि कभी तो असल से भी चमकदार हो जाती है और कभी बहुत धुँधली। अनुवाद के बारे में काफी मतभेद है। एक अन्य अनुवादवेत्ता **डॉ० उमा शुक्ल** इस संबंध में बहुत हाच-पाच, अस्पष्ट और गोझइल निर्णय देते हैं—"अनुवाद यदि कला है, विज्ञान है, शिल्प है तो अनुवादक भी कलाकार है, वैज्ञानिक है और शिल्पकार है। अनुवाद और अनुवादक दोनों ज़िस प्रक्रिया से गुजरते हैं, वह जोखिम की प्रक्रिया है।[3] **डॉ० एन० ई० विश्वनाथ अय्यर** अनुवाद को विज्ञान मानते हैं।[4] इधर, **डॉ० जी० गोपीनाथन**[5] अनुवाद को वैज्ञानिक कला मानते हैं। वे लिखते हैं कि अनुवाद की पृष्ठभूमि का विज्ञान पक्ष एवं प्रयोग की कलाधर्मिता मिलकर अनुवाद को एक वैज्ञानिक कला बना देते हैं।

कुछ विद्वान् अनुवाद को शिल्प (craft) भी मानते हैं। पश्चिमी विद्वान् **ड्राइडन** तो अनुवाद को कला के रूप में देखते हैं—"He was first to recognize and clearly to describe translation as an art.[6] **थियोडर सेवरी**[7] भी अनुवाद को कला मानते हुए

---

1. **अनुवाद-विज्ञान—डॉ० भोलानाथ तिवारी, पृष्ठ 19-29**
2. **राजभाषा विविधा—डॉ० माणिक मृगेश, पृष्ठ 50, वाणी प्रकाशन, दिल्ली, मू० 160 रु० सन् 1996**
3. **अनुवाद का जोखिम—डॉ० उमा शुक्ल, पृष्ठ 50**
4. **अनुवाद कला—डॉ० एन० ई० विश्वनाथ अय्यर, पृष्ठ 37**
5. **अनुवाद सिद्धान्त और प्रयोग—डॉ० जी० गोपीनाथन, पृष्ठ 25**
6. **The Art of Translation—Driden, P. 22, 1968**
7. **The Art of Translation—Theodre Savory, P. 13**

उसके पक्ष में अपना तर्क देते हैं कि सहज सफलता की खोज में अनुवाद को अक्सर पुनर्सृजन करना पड़ता है। अगर वह अनुवाद न लगे तो वहाँ मूल लेखक की हत्या होती है, क्योंकि मक्खी की जगह मक्खी चाहिए, जीवित उड़ान भरती हुई, भिनभिनाती हुई। तात्पर्य यह है कि अनुवाद स्वतंत्र सरल भी है। अनुवाद को कला मानने का आधार यह भी है कि अनुवादक को मूल रचना की आत्मा को लक्ष्य भाषा में प्रतिबिंबित करना पड़ता है। आत्मा का यह प्रतिबिंब किसी यंत्र अथवा मशीन द्वारा संभव नहीं है।

(8) अनुवाद और भाषा-विज्ञान का अन्तः सम्बन्ध

अनुवाद शिल्प, कला और विज्ञान इन तीनों में से क्या है, इस पर बहुत विवाद है। **डॉ० भोलानाथ तिवारी**[1] अनुवाद को शिल्प, कला और विज्ञान तीनों मानते हैं, किन्तु इनमें से भी वह अनुवाद को मुख्य रूप से विज्ञान ही मानते हैं और कहते हैं कि अनुवाद का भाषा-विज्ञान से सीधा संबंध है। अनुवाद को भाषा-विज्ञान का अविभाज्य अंग भी कहा जा सकता है। वस्तुतः अनुवाद के वैज्ञानिक विकास ने भाषा के सर्वांगीण रूप को देखना संभव बनाया है। 1965 में **डब्ल्यू० टोश** ने 'वाक्यविन्याश्रित अनुवाद' नामक एक पुस्तक लिखी थी, जिसमें भाषा के रूपान्तरण और वाक्य-व्यवस्था संबंधी जटिलताओं को समझाया गया है, किन्तु अनुवाद क्षेत्र की नवीनतम उपलब्धि है—मशीन अनुवाद। संगणक (computer) कार्य-पद्धति पर आधारित कुछ ऐसी मशीनें बनने लगी हैं, जो सामग्री 'फीड' करने पर एक भाषा को अपेक्षित भाषा में लिखित रूप में रूपान्तरित कर देती हैं।[2] **पी० एल० गार्विन** तथा **वी० मोनिन** ने इस पर काफी कुछ लिखा है, यद्यपि भाषा-विज्ञानियों ने इसके परिणाम पर शंका उठाई है।[3]

कई भाषा-चिन्तकों ने अनुवाद का संबंध प्रायोगिक भाषा-विज्ञान तथा सम्प्रेषण-विज्ञान से जोड़ा है तो दूसरी ओर वे इसे भाषा-विज्ञान की सर्वथा अलग शाखा भौतिकी का विषय भी घोषित करते हैं।[4] बहरहाल, इतना तो तय है कि भाषा-विज्ञान के विभिन्न भेदों से इसके रिश्तों की संहिता सशक्त और मजबूत होती है। अनुवाद की जमीन कोई-न-कोई भाषा ही होती है, साफ शब्दों में हर अनुवाद भाषा का रूपान्तरण (adoptation) ही होता है। बिना भाषा के अनुवाद की कल्पना असंभव है। कुल मिलाकर भाषा और अनुवाद का रिश्ता बहुत गहरा होता है। इस भाषा के छः अंग—ध्वनि, शब्द, वाक्य, रूप, अर्थ और लिपि होते हैं। भाषा-विज्ञानी इन्हें ही ध्वनि-विज्ञान, शब्द-विज्ञान, वाक्य-विज्ञान, रूप-विज्ञान, अर्थ-विज्ञान और लिपि-विज्ञान नाम की शाखाओं में विशिष्ट अध्ययन के लिए विभक्त करते हैं। उक्त शाखाओं को ही आधार बनाकर कोई अनुवादक अनुवाद कार्य सम्पन्न करता है।

---

1. **अनुवाद विज्ञान—डॉ० भोलानाथ तिवारी, पृष्ठ 19**
2. **On Machine Translation—P. L. Garvin, P. 45, Ed. 1964**
   A—La Machine a traduire—G. Mounin, P. 56, Ed. 1964
   B—An Introduction to Machine Translation—Eelamenay, P. 98, London-1960
   C—Machine Translation of Languages—W. N. Lock, P. 58, New York-1955
3. **Proposals for the Machanical resolution of German Syntax Patterns—V. S. Oswall, P. 36, Ed. 1971**
4. **भाषा-विज्ञान का इतिहास—डॉ० महेश प्रसाद जायसवाल, पृष्ठ 223**

इस प्रसंग में एक बात और भी संकेत्य है। भाषा-विज्ञान के चार रूप हैं—एककालिक, बहुकालिक (ऐतिहासिक), तुलनात्मक तथा प्रायोगिक। इनमें एककालिक में किसी भाषा के किसी एक काल के रूप का विश्लेषण करते हैं। ऐतिहासिक में कई एककालिक विश्लेषणों को शृंखलित करके उसका इतिहास देखते हैं। तुलनात्मक में दो या अधिक भाषाओं की तुलना करते हैं तथा प्रायोगिक में इन अध्ययनों के परिणामों का अन्य क्षेत्रों में प्रयोग करते हैं। इनमें से तुलनात्मक भाषा विज्ञान का अनुवाद से सीधा संबंध है। इसमें दो भाषाओं की तुलना की जाती है, किन्तु तुलना तब तक संभव नहीं, जब तक कि दोनों भाषाओं का 'एक काल' का विश्लेषण हमारे पास न हो। यह 'एक काल' स्रोत भाषा के लिए वह काल होता है, जिस काल की सामग्री का अनुवाद करना होता है तथा लक्ष्य भाषा के लिए वह काल होता है, जिस काल की भाषा में अनुवाद करना होता है। कुल मिलाकर इसका अर्थ यह हुआ कि अनुवाद तुलनात्मक भाषा-विज्ञान से सम्बद्ध होते हुए भी मूलतः एककालिक भाषा-विज्ञान पर ही आधारित है। एककालिक भाषा-विज्ञान ही स्रोत और लक्ष्य भाषा का विश्लेषण कर तुलनात्मक भाषा-विज्ञान या तुलना के लिए सामग्री प्रस्तुत करता है। इस तरह हम देखते हैं कि अनुवाद भाषा-विज्ञान से बहुत अधिक सम्बद्ध है। वहस्वयं प्रायोगिक भाषा-विज्ञान के अन्तर्गत् आता है।[1]

(9) हिन्दी प्रयोजनीयता में अनुवाद की भूमिका अथवा प्रयोजनमूलक हिन्दी और अनुवाद

आज वैज्ञानिक, औद्योगिक, वाणिज्यिक और प्रशासनिक आदि सभी आवश्यकताओं की पूर्ति के लिए भाषा का जो रूप उभर रहा है, वह 'प्रयुक्ति' के रूप में ही विकसित हो रहा है। यहाँ तक कि 'वैज्ञानिक हिन्दी', 'वाणिज्यिक हिन्दी', 'तकनीकी हिन्दी', 'कार्यालयीन हिन्दी' जैसे शब्दों का प्रयोग हो रहा है। इन विषयों से सम्बद्ध विचारणाओं और धारणाओं को व्यक्त करने में सक्षम हिन्दी का रूप प्रयोजन विशेष के लिए प्रयुक्त रूप को सामने ला रहा है। विषय-विशेष से सम्बद्ध शब्दावली की संरचना हो रही है। नवीन शब्दों के साथ-साथ संरचना भी प्रभावित होती ही है। वैज्ञानिक विषयों को तटस्थता से व्यक्त करने के लिए कर्मवाच्य और भाववाच्य संरचनाएँ ही अधिक उपयुक्त हैं। तात्पर्य यह कि वैज्ञानिक, औद्योगिक, वाणिज्य-विषयक, तकनीकी, प्रशासनिक आदि क्षेत्रों/विषयों में प्रयुक्त हिन्दी भाषा के विविध रूप, 'प्रयोजनमूलक हिन्दी' के ही विविध रूप हैं, जिनकी शैली सामान्य भाषा की शैली से भिन्न होती है।[2] प्रयोजनमूलक हिन्दी और अनुवाद के बीच बहुत करीबी रिश्ता है। दोनों के बीच अन्योन्याश्रित संबंध है। साफ शब्दों में, हिन्दी प्रयोजनीयता में अनुवाद की बहुत बड़ी भूमिका होती है, वह इसलिए कि प्रयोजनमूलक के विभिन्न रूपों के अध्ययन में अनुवाद ही बहुत सक्षम-समर्थ सिद्ध होता है। हम जानते हैं कि प्रयोजनमूलक का एक स्वरूप व्यावहारिक हिन्दी का भी है, अतः व्यवहार के स्तर पर हम आज अनुवादाश्रित हो गए हैं। शायद ही जीवन का कोई ऐसा क्षेत्र हो, जिसमें अनुवाद की उपादेयता प्रमाणित न की जा सके। अपरिहार्य तौर पर अनुवाद एक व्यापक और प्रासंगिक स्थिति है। इसलिए यह सर्वथा

---

1. अनुवाद-विज्ञान—डॉ० भोलानाथ तिवारी, पृष्ठ 2921
2. राजभाषा भारती त्रैमासिक पत्रिका में डॉ० श्याम सनेही का लेख, पृष्ठ 9, अक्टूबर-दिसम्बर, 1993, गृह मंत्रालय, दिल्ली

स्वाभाविक ही है कि नए संसाधनों के विकास और व्यापकतर मानवीय संपर्कों के संदर्भ में अनुवाद के महत्त्व, प्रासंगिकता और भविष्य का अनुशीलन किया जाय। संसार भर में प्रयुक्त पाँच हजार से अधिक भाषाओं और बोलियों के बीच वैचारिक, सर्जनात्मक और कार्यात्मक तालमेल स्थापित रखने के लिए अनुवाद ही सर्वाधिक लोकप्रिय एवं उपयोगी माध्यम बन गया है। अब से दो सौ वर्ष पहले अनुवाद और इससे जुड़े लोगों को दोयम दर्जे का स्थान प्राप्त था, लेकिन आज अनुवाद की बहुआयामी उपादेयता ने सारा नक्शा ही बदल दिया है। यह अनुवाद का ही चमत्कार है कि अन्तर्राष्ट्रीय साहित्य का अध्ययन और अध्यापन भारतीय भाषाओं में संभव हुआ है।[1]

विश्व के मानचित्र पर आज ज्ञान-विज्ञान के क्षेत्रों का, नए-नए क्षितिज का विस्तार हुआ है। कृषि, चिकित्सा, व्यापार, उद्योग, अभियांत्रिकी, शिक्षा, प्रशासन, साहित्य, संस्कृति के विविध क्षेत्रों में परिवर्तन हुआ और हो रहा है। इतना ही नहीं, पत्रकारिता, आकाशवाणी, दूरदर्शन, फिल्म, दूरदर्शन आदि तकनीकी संसाधनों ने आज विश्व को 'छोटे ग्राम' के रूप में तब्दील कर दिया है। प्रशासन, विधि, सूचना प्रौद्योगिकी, विज्ञान, कला, संस्कृति, तकनीकी अनुसंधान और व्यापार-व्यवसाय आदि क्षेत्रों में बिना अनुवाद के क्षिप्र गति से प्रगति नहीं हो सकती। इस अनुवाद के माध्यम से ही प्रयोजनमूलक हिन्दी में उक्त सभी क्षेत्रों की पारिभाषिक शब्दावली का आना संभव हुआ है। नए सामाजिक विज्ञानों की पारिभाषिक शब्दावली हो, चाहे विज्ञान, इंजीनियरी खनन या कोई अन्य टेक्निकल (तकनीकी) शब्दावली हो या टेलेक्स, टेलीप्रिंटर, डाकतार से संबंधित शब्दावली हो—इन सभी की सुलभ उपलब्धता अनुवाद के माध्यम से ही प्रयोजनमूलक हिन्दी में हुई है, जिसका उपयोग समय-समय पर केन्द्र सरकार से लेकर प्रदेश सरकार के कार्यालयों, उपक्रमों, निगमों, राष्ट्रीय कृत बैंकों, वित्तीय संस्थानों, वैज्ञानिक प्रयोगशालाओं में कार्यरत अधिकारियों और कर्मचारियों के साथ-साथ शोधरत अन्य लोग भी करते रहते हैं। इस प्रकार प्रयोजनमूलक या व्यावहारिक हिन्दी के लिए अनुवाद की भूमिका असंदिग्ध है।

(10) अनुवाद के प्रकार

डॉ० बालेन्दु शेखर तिवारी[2] लिखते हैं कि अनुवाद को कला और विज्ञान दोनों ही रूपों में स्वीकारने की मानसिकता इसी कारण पल्लवित हुई है कि संसार भर की भाषाओं के पारस्परिक अनुवादक की कोशिश अनुवाद की अनेक शैलियों और प्रविधियों की ओर इशारा करती है। अनुवाद की एक भंगिमा तो यही है कि किसी रचना का साहित्यिक विधा के आधार पर अनुवाद उपस्थित किया जाय। यदि किसी नाटक का नाटक के रूप में ही अनुवाद किया जाय तो ऐसे अनुवादों में अनुवादक की अपनी सृजनात्मक प्रतिभा का वैशिष्ट्य भी अपेक्षित होता है। अनुवाद का एक आधार अनुवाद के गद्यात्मक अथवा पद्यात्मक होने पर भी आश्रित है। अनुवादों को विषय के आधार पर भी वर्गीकृत किया जाता है और कई स्तरों पर अनुवाद की प्रकृति के अनुरूप उसे मूल केन्द्रित और मूलमुक्त—दो वर्गों में भी बाँटा गया है। बहरहाल, अब आप नीचे अनुवाद चिन्तकों की अनुवाद के प्रकार संबंधी कुछ तालिकाओं को देखिए—

---

1. **प्रयोजनमूलक हिन्दी—डॉ० बालेन्दु शेखर तिवारी, पृष्ठ 130**
2. **प्रयोजनमूलक हिन्दी—डॉ० बालेन्दु शेखर तिवारी, पृष्ठ 127**

तालिका-1

डॉ० जी० गोपीनाथन के अनुसार[1]

अनुवाद के भेद

आधार दो हैं

विषय वस्तु		प्रकृति
साहित्यिक	**साहित्येतर**	1. शब्दानुवाद
1. काव्यानुवाद	1. वैज्ञानिक या तकनीकी	2. छायानुवाद
2. नाटकानुवाद	2. वाणिज्यानुवाद	3. मूलमुक्त
3. कथा साहित्यानुवाद	3. मानविकी एवं समाज शास्त्रीय	4. भावानुवाद
अन्य गद्य रूपों का आधार		5. रूपान्तरण
4. जीवनी	4. संचार सूचना माध्यम	6. अनुकरण
5. आत्मकथा	5. प्रशासनिक एवं कानूनी	7. प्रतिध्वनि
6. निबंध		8. मूल रचना से प्रेरित अन्य भाषा की रचना
7. आलोचना		9. सारानुवाद
8. डायरी		10. व्याख्यानुवाद
9. रेखाचित्र		11. दुभाषियों का
10. संस्मरण		

तालिका-2

डॉ० भोलानाथ तिवारी का वर्गीकरण[2]

आधार चार हैं

1. गद्यत्व-पद्यत्व	2. साहित्यिक विधा	3. विषय	4. प्रकृति (मूलनिष्ठ, मूलमुक्त)	5. अन्य
1. गद्यानुवाद	1. काव्यानुवाद	1. सरकारी रिकार्डों का अनुवाद		1. शब्दानुवाद
2. पद्यानुवाद	2. नाटकानुवाद	2. गजेटियरों का अनुवाद		2. भावानुवाद
3. मुक्त छंदानुवाद	3. कथानुवाद	3. पत्रकारिता		3. छायानुवाद
		4. विधि		4. सारानुवाद
		5. वैज्ञानिक		5. व्याख्यानुवाद
		6. गणित		6. आदर्श
		7. ऐतिहासिक		7. रूपान्तरण
		8. धार्मिक साहित्य		8. आशुवार्तानुवाद
		9. ललित साहित्य		

---

1. **अनुवाद : सिद्धान्त और प्रयोग—डॉ० जी० गोपीनाथन, पृष्ठ 24, लोकभारती, इलाहाबाद, पाँचवाँ संस्करण-2004**
2. **अनुवाद विज्ञान—डॉ० भोलानाथ तिवारी—पृष्ठ 21, सन् 1984**

अत: उक्त आधारों पर अनुवाद के जुम्मा-जुम्मा प्रकार इस प्रकार हुए—

(अ) गद्य-पद्य के आधार पर—1. गद्यानुवाद, 2. पद्यानुवाद, 3. मुक्त छंदानुवाद।

(ब) साहित्यिक विधा के आधार पर—1. काव्यानुवाद, 2. नाटकानुवाद, 3. कथानुवाद।

(स) विषय के आधार पर—1. पत्रकारिता, 2. नाटकानुवाद, 3. कथानुवाद, 4. कार्यालयी अनुवाद, 5. वाणिज्यिक अनुवाद, 6.ललित साहित्य का अनुवाद, 7. गणित साहित्य का अनुवाद, 8. धार्मिक साहित्य का अनुवाद, 9. विधि साहित्य का अनुवाद, 10. ऐतिहासिक साहित्य का अनुवाद।

(द) अनुवाद की प्रकृति के आधार पर—1. मूलनिष्ठ अनुवाद, 2. मूलमुक्त अनुवाद, 3. सारानुवाद, 4. व्याख्यानुवाद, 5. छायानुवाद, 6. शब्दानुवाद, 7. भावानुवाद, 8.वार्तानुवाद या आशु अनुवाद, 9. रूपान्तरण अनुवाद, 10. आदर्श अनुवाद।

इनमें से कुछ प्रमुख अनुवाद प्रकारों को अधोलिखित रूप में इस प्रकार देखा जा सकता है—

(अ) गद्य-पद्य के आधार पर

(1) गद्यानुवाद—जहाँ मूल या स्रोत भाषा के गद्य रूप का अनुवाद लक्ष्य भाषा के गद्य रूप में ही किया जाय, साफ शब्दों में, किसी गद्य-रचना का अनुवाद गद्य में ही किया जाय, उस प्रक्रिया को गद्यानुवाद कहा जाता है, लेकिन यह कोई अटल और अंतिम सत्य नहीं होता, क्योंकि ढेर सारी गद्य-रचनाएँ अनुवाद के माध्यम से पद्य रूप में ढाली गयी हैं और तमाम पद्य रचनाओं को अनुवाद ने गद्य की सकल दिया है।

(2) पद्यानुवाद—इसे 'छन्दानुवाद' और 'छन्दबद्ध' अनुवाद भी कहते हैं। इस अनुवाद की मूल जमीन पद्य होती है। साफ शब्दों में, मूल पद्य जहाँ अनुवाद के जरिए पद्य में ही प्रकट हो, वहाँ 'पद्यानुवाद' माना जाता है, किन्तु यहाँ भी गद्यानुवाद की तरह अपवाद की गुंजाइश बनी रहती है, क्योंकि मूल पद्य ने भी अनुवाद की वैसाखी से गद्य का रूप धारण किया है, ऐसा उदाहरण मिलता है।

(3) मुक्त छंदानुवाद—यह अनुवाद मुक्त छंद में होता है। इसमें जो छंद होता है, वह तुक-मात्रा आदि उन बंधनों से मुक्त होता है, जो पद्यानुवाद के लिए आवश्यक है। शेक्सपीयर के कई हिन्दी अनुवाद इसके उदाहरण हैं। सामान्यत: मूल सामग्री मुक्त छंद में होने पर ही मुक्त छंदानुवाद किया जाता है, किन्तु मूल गद्य या पद्य के भी ऐसे अनुवाद हो सकते हैं और होते हैं।[1]

(ब) साहित्यिक विधा के आधार पर

(1) काव्यानुवाद—नामकरण से ही जाहिर है, काव्य-संबंधी रचनाओं का अनुवाद 'काव्यानुवाद' कहलाता है, पर यह काम कठिन ही नहीं, कठिनतर भी माना जाता है। कहते हैं, गद्य का अनुवाद जितना सरल माना जाता है, काव्य का अनुवाद उतना ही श्रम साध्य कर्म

---

1. **अनुवाद विज्ञान—डॉ० भोलानाथ तिवारी—पृष्ठ 22**

होता है। **डॉ० सियाराम तिवारी**[1] लिखते हैं कि वस्तुत: काव्य का अनुवाद करना पुन: एक काव्य-रचना है। जिस प्रकार काव्य का अर्थ काव्य ही है, उसी प्रकार काव्य का अनुवाद भी काव्य ही है। प्रश्न है, क्या अनुवाद मूल काव्य का पूर्ण स्वारस्य रखता है? उत्तर नकारात्मक है। अनुवाद में मूल काव्य का बहुत-सा अंश छूट जाता है और अनुवाद का पाठक उनके आस्वाद से वंचित रह जाता है। अनुवाद में छूट जाने वाले कविता के प्रमुख तत्त्व हैं— अनेकार्थक शब्द, अनुरणात्मक शब्द, पारिभाषिक शब्द, संदर्भयुक्त शब्द, प्रतीकात्मक शब्द, साहचर्य वाले शब्द, गुणबोधक नाम शब्दालंकार, ध्वन्यर्थ व्यंजना, व्याकरण को आधार बनाकर अभीष्ट की व्यंजना इत्यादि। इनमें से एक-दो का उदाहरण, 'श्रीरामचरितमानस' के ही अनुवाद से यहाँ दिखाया जाता रहा है। ध्वन्यर्थ व्यंजना किस प्रकार अनुवाद में छूट जाती है, इसके प्रकरण के लिए 'मानस' की निम्नांकित चौपाई दृष्टव्य है—

कंकन किंकिन नूपुर धुनि सुनि, कहत लखन सन रामु हृदयँ गुनि।
मानहु मदन दुंदभि दीन्ही, मनसा बिस्व विजय कहँ कीन्हीं॥

इन्हीं पंक्तियों का **एटिकन** द्वारा किया गया काव्यानुवाद देखिए—

At the sound of the tinkling of anklet and bangle,
Said Rama to Lakshman, as thoughts began to mingle,
"I hear sounds that seem'tis this the love-god who comes,
With world conquering cymbals and beating of drums."

अनुनासिकता और 'न' की अनेक बार आवृत्ति से मूल चौपाई में नुपूर—ध्वनि की जो व्यंजना की गई है, वह इस अनुवाद में सर्वथा अप्राप्त है। मूल चौपाई में जिस रमणीय दृश्य का मार्मिक अंकन हुआ है, उसकी सूचना मात्र अनुवाद में आ गयी है।

(2) नाटकानुवाद—नाटक का नाटक के रूप में अनुवाद 'नाटकानुवाद' कहा जाता है। साहित्य की अन्य विधाओं के अनुवाद नाटक में होते रहे हैं और नाटकों के भी अनुवाद कविता कविता, कहानी रूप में होते रहने की सूचना मिलती है, पर कहते हैं, नाटक का नाटक रूप में अनुवाद कई कारणों से कठिन माना जाता है। चूँकि नाटक की मूल आत्मा रस है और मूल गुण, चरित्र तथा शोभा अभिनेयता है, सो नाटकानुवाद में भी इन वस्तुओं का समावेश होना चाहिए, अन्यथा नाटकानुवाद बहुत सफल नहीं माना जाएगा। **डॉ० जी० गोपीनाथन**[2] लिखते हैं कि नाटकानुवाद की सबसे बुनियादी समस्या सांस्कृतिक परिवेश के अन्तरण की है। परिवेश के अंतर के कारण कभी-कभी एक भाषा का सफल रंगमंचीय नाटक अनुवाद में उतना सफल नहीं निकल पाता। गहरे में व्यंजित अर्थ, अर्थ के आयाम, हास्य-व्यंग्य आदि सांस्कृतिक परिवेश से अभिन्न रूप से जुड़े रहते हैं। इसी तरह **डॉ० वसंत देव**[3] भी कहते हैं कि नाटक के अनुवाद के संदर्भ में एक समस्या भाषाओं की शब्द-संपदा को लेकर है। हर भाषा की शब्द-संपदा अनेक स्रोतों से समृद्ध होती है। वह उसकी शक्ति भी है और अनुवाद के क्षेत्र में दुर्बलता भी। महाराष्ट्र के मछुओं के जीवन पर लिखे गए नाटक में समुद्री जीवन से संबंधित शब्दावली का प्रयोग स्वाभाविक है, जो हिन्दी में नहीं हो सकता। कुल मिलाकर

---

1. काव्यानुवाद : समस्या और समाधान—डॉ० सियाराम तिवारी, पृष्ठ 111-112
2. अनुवाद : सिद्धान्त और प्रयोग—डॉ० जी० गोपीनाथन, पृष्ठ 28
3. नाट्यानुवाद की समस्याएँ—डॉ० वसंत देव, पृष्ठ 117

नाटक की सफलता भाव एवं रस की व्यंजना पर निर्भर है। नाटकानुवाद की सफलता भी इन्हीं तत्त्वों पर आधारित है।[1]

(3) कथानुवाद—कहानी और उपन्यास आदि का अनुवाद जब कथा साहित्य में ही किया जाता है, तब उसे 'कथानुवाद' माना जाता है। काव्यानुवाद और नाटकानुवाद की तुलना में अनुवाद की इस प्रक्रिया को सरल माना जाता है। फिर भी, कथानुवाद की भी अपनी कुछ दुर्बलताएँ और समस्याएँ हैं। **डॉ० गोपीनाथन**[2] इसकी भाषा-संबंधी समस्या पर प्रकाश डालते हुए कहते हैं कि कथा-साहित्य के अनुवाद में भाषा की जटिल समस्याएँ नाना प्रकार से सामने आती हैं। पात्र नामों के मूल उच्चारण एवं लक्ष्य भाषा में अनुलेखन से लेकर आँचलिक शब्द-प्रयोगों के लिए समान शब्दों के चुनाव तक की समस्याएँ भाषा की समस्याएँ ही हैं। पात्र नामों के अनुलेखन में रूसी, फ्रेंच आदि भाषाओं से भारतीय भाषाओं में अनुवाद करते समय समस्याएँ विशेष रूप से उत्पन्न हो जाती हैं।

(स) विषय के आधार पर

इसके अन्तर्गत् आने वाले अनुवादों को कृपया इस अध्याय के दूसरे खण्ड **अनुवाद व्यवहार** को देखिए।

(द) अनुवाद की प्रकृति के आधार पर

(1) मूलनिष्ठ अनुवाद—मूल का अनुगामी अनुवाद मूलनिष्ठ अनुवाद कहा जाएगा। इस प्रकार के अनुवाद में अनुवादक को कथ्य तथा कथन-पद्धति, साफ शब्दों में विचार तथा अभिव्यक्ति—दोनों का ध्यान रखना पड़ता है। यहाँ कोशिश यह होती है कि अनुवाद उक्त दोनों ही दृष्टियों से मूल के करीब बना रहे।

(2) मूल मुक्त अनुवाद—इसे 'मूलाधारित' या 'मूलाधृत' अनुवाद भी कहा जाता है। नाम से ही स्पष्ट है, मूल मुक्त अर्थात् मूल से मुक्ति। साफ शब्दों में, यहाँ अनुवादक मूल कथ्य के उद्घाटन में मूलनिष्ठ होता है। हाँ, अभिव्यक्ति और कथन-शैली के स्तर पर उसे कुछ स्वतंत्रता अवश्य होती है। दरअसल, मूल की शब्द-संरचना के साथ लक्ष्य भाषा के शब्द-संयोजन का अर्थ, आशय और प्रभाव की दृष्टि से निकटतम होना ही अनुवाद कार्य की सफलता का निकष होता है। ऐसे समय अनुवादक को अर्थ की सभी पर्तों और व्याप्ति के समान्तर लक्ष्य भाषा में भी अर्थ के अन्तर्प्रवाह एवं उसकी व्यापकता की सभी संभावनाओं को उजागर करना होता है पर, इस कठिन कर्म में न तो उसे अपनी भाषा के किसी बेहतर शब्द के इस्तेमाल की छूट होती है और न मूल से हटकर अर्थ के भीतरी सरोकारों को नजरअंदाज करने की उसके पास गुंजाइश ही होती है।[3]

(3) सारानुवाद—वृहदाकार एवं श्रेण्य रचनाओं का जो सार गद्य या पद्य में प्रस्तुत किया जाता है, वह सारानुवाद कहलाता है। इस अनुवाद में मूल भाषा की सामग्री का संक्षिप्त और अतिसंक्षिप्त अनुवाद लक्ष्य भाषा में किया जाता है। लम्बे भाषणों और वाद-विवाद के अनुवाद प्रस्तुत करने में यह विधि सहायक होती है।[4] सारानुवाद का काम परिश्रम साध्य है

---

1. **अनुवाद : सिद्धान्त और प्रयोग—डॉ० जी० गोपीनाथन, पृष्ठ 30**
2. **प्रयोजनमूलक हिन्दी—डॉ० विनोद गोदरे, पृष्ठ 112**
3. **अनुवाद : सिद्धान्त और प्रयोग—डॉ० जी० गोपीनाथन, पृष्ठ 42**
4. **प्रयोजनमूलक हिन्दी—डॉ० बालेन्दु शेखर तिवारी, पृष्ठ 129**

तथा पर्याप्त अभ्यास की अपेक्षा रखता है। अपनी संक्षिप्तता, सरलता, स्पष्टता तथा लक्ष्य भाषा के स्वाभाविक-सहज प्रवाह के कारण व्यावहारिक कार्यों के सामान्य अनुवाद की तुलना में सारानुवाद अधिक उपयोगी होता है।[1]

(4) व्याख्यानुवाद—इस अनुवाद को 'भाष्यानुवाद' और 'टीकानुवाद' भी कहा जाता है। यह अनुवाद मूल पर आधारित होता है, संभवतः इसीलिए कुछ लोग इसका समावेश मूल मुक्त अनुवाद के तहत करते हैं। इस प्रकार के अनुवाद में **डॉ० झाल्टे**[2] के अनुसार अनुवादक मूल विचारों, भावों तथा संकल्पनाओं को अपनी शैली के अनुसार सविस्तार रूपायित करता है। व्याख्यानुवाद में विषय-वस्तु के निरूपण तथा स्पष्टीकरण आदि के लिए यथास्थिति अतिरिक्त उद्धरण, उदाहरण अथवा उक्ति आदि जोड़े जा सकते हैं। महाराष्ट्र के संत ज्ञानेश्वर द्वारा किया गया भगवद् गीता का अनुवाद 'ज्ञानेश्वरी' तथा लोकमान्य तिलक द्वारा किया गया गीता का अनुवाद 'गीता-रहस्य' इसी श्रेणी में आएँगे।

(5) छायानुवाद—डॉ० जी० गोपीनाथन[3] के विचार से मूल की छाया लेकर चलने वाले अनुवाद को आधुनिक युग में छायानुवाद कहते हैं। इधर, **डॉ० भोलानाथ तिवारी**[4] भी इसे परिभाषित करते हुए कहते हैं कि छायानुवाद ऐसे अनुवाद को कहा जाना चाहिए जो शब्दानुवाद की तरह मूल के शब्दों का अनुसरण न करे, न भावानुवाद की तरह मूल के भावों का अनुसरण करे, अपितु दोनों ही दृष्टियों से मूल से (शब्दतः भावतः) मुक्त होकर अर्थात् बिना मूल से विशेष बँधे उसकी छाया लेकर चलें। कुछ लोग इसे 'भावानुवाद' भी कहते हैं। **डॉ० देवेन्द्र कुमार**[5] उन्हीं में से हैं। वे कहते हैं कि मूल का भाव लेकर अनुवाद करना वही बात है, जो मूल की छाया लेकर अनुवाद करना। अभिप्राय मूलार्थ को पूरा लेने से है। **डॉ० राजेन्द्र द्विवेदी**[6] का विचार है कि इस प्रकार के अनुवादमूल की बात कह देते हैं और अनुवाद न लगकर मौलिक कृति भी बन जाते हैं। ये अनुवाद मूल की बात तो कहते हैं, पर बाकी सब परिधान और परिवेश अनुवाद की भाषा की स्थानीय संस्कृति का रहता है। छायानुवाद का एक उदाहरण लीजिए—कालिदास के विश्व प्रसिद्ध नाटक 'अभिज्ञान शाकुन्तलम्' के प्रथम अंक में नारी कहती है—

''ईसीसि च्चुम्बिआई ममरेहि उह सुअमारकेसरसिंहाइ।
ओं दसअंति दअमाण पमदाओ सिरीसकुसुमाई॥

इस प्राकृत श्लोक की संस्कृत छाया है—

''ईषदीषचुम्बितानि भ्रमरैः पश्य सुकुमारतरकेसर शिखानि।
अवतंसयति दयमानाः प्रमदाः शिरीषकुसुमानि॥

संस्कृत भाषा और साहित्य के प्रकाण्ड पण्डित **डॉ० राधावल्लभ त्रिपाठी** ने उक्त श्लोक का हिन्दी पद्यानुवाद इस तरह से किया है—

---

1. प्रयोजनमूलक हिन्दी—डॉ० माधव सोनटक्के, पृष्ठ 275
2. प्रयोजनमूलक हिन्दी—सिद्धान्त और प्रयोग—डॉ० दंगल झाल्टे, पृष्ठ 111
3. अनुवाद सिद्धान्त और प्रयोग—डॉ० जी० गोपीनाथन, पृष्ठ 42
4. अनुवाद विज्ञान—डॉ० भोलानाथ तिवारी, पृष्ठ 30
5. संस्कृत नाटकों के हिन्दी अनुवाद—डॉ० देवेन्द्र कुमार, पृष्ठ 77
6. अनुवाद त्रैमासिक पत्रिका (अनुवाद की विधाएँ)—डॉ० राजेन्द्र कुमार, पृष्ठ 75

हौले-हौले
भौरे आवें
शिरीष के फूलों को
चूम-चूम जायें—
हौले-हौले।
तोड-तोड़कर उन फूलों को
हौले-हौले
कोमल तन में
दया लिए मन में
शृंगार रचाएँ
मदमाती ललनाएँ
हौले-हौले
शिरीष के फूल/जिनकी कोपलों के कोमल मुँह
भौरें/हल्के-हल्के छूते हैं।
उन्हें/देखो ये युवतियाँ
किस भावना से कानों में सजा रही हैं।

(6) शब्दानुवाद—इस प्रकार के अनुवाद में अनुवादक का ध्यान मूल के प्रत्येक शब्द पर केन्द्रित रहता है। कभी-कभी इसमें मूल की शब्दाभिव्यक्ति का क्रम ज्यों-का-त्यों रखा जाता है। इस प्रकार का अनुवाद बोधगम्य नहीं हो सकता। अत: ताज्य है। लक्ष्य भाषा की विशिष्ट रचना प्रणाली खण्डित हो जाने के कारण अनुवाद अर्थ-शून्य हो जाता है। इसमें शब्द का केवल शाब्दिक अर्थ ध्यान में रखकर अनुवाद किया जाता है। परिणामत: अर्थ का अनर्थ संप्रेषित होने का भय रहता है। इस प्रकार के अनुवाद को शब्दानुवाद न कहकर 'शाब्दिक अनुवाद' कहना चाहिए।[1] इस अनुवाद के तीन उपभेद हैं—(क) शब्दक्रमाग्रही, (ख) शब्दाग्रही तथा (ग) सम्यकाग्रही। यद्यपि शब्दानुवाद को हमेशा हेय दृष्टि से देखा जाता है, तो भी आज कानून जैसे कुछ प्राविधिक विषयों के अनुवाद में यह प्रवृत्ति दिखाई पड़ती है। साहित्यिक अनुवाद में शब्दानुवाद की शैली सभी देशों में अपर्याप्त मानी जाती है। विज्ञान, गणित जैसे विषयों के प्राविधिक अनुवाद में शब्दानुवाद के बिना काम नहीं चलता।[2] बहरहाल, प्रामाणिकता शब्दानुवाद का एक विशिष्ट गुण है, जो अनुवादक को अनुवाद प्रकार की अन्य त्रुटियों से बचाती है और उसे मूल का गहन अध्ययन करके उसे आत्मसात कर लेने के लिए प्रेरित करती है।[3]

(7) भावानुवाद—इसे अर्थ के लिए अर्थ (Sense for sense) अनुवाद भी कहा जाता है। इस प्रकार भावानुवाद अनुवाद की व्यावहारिक कठिनाइयों से एक ओर अनुवादक को

---

1. अनुवाद : सिद्धान्त एवं प्रयोग, पृष्ठ 60
2. अनुवाद : सिद्धान्त और प्रयोग—डॉ० गोपीनाथन, पृष्ठ 42
3. अनुवाद त्रैमासिक पत्रिका (अनुवाद की विधियाँ)—डॉ० राजेन्द्र द्विवेदी, पृष्ठ 18 सन् 1966

मुक्ति दिलाता है, वहीं दूसरी ओर इसमें स्रोत भाषा की घनीभूत या हलकी छाया भी लक्ष्य भाषा में नहीं आती और अनुवादक मूल रचना का आस्वादन कराने में सफल हो जाता है, परन्तु इस अनुवाद की भी एक सीमा है। भावानुवाद होने के कारण अनुवाद में मूल रचना की शैली के खण्डित अथवा विकृत हो जाने की पूरी-पूरी संभावना रहती है,[1] किन्तु भावानुवाद का सबसे बड़ा लाभ यह है कि लक्ष्य भाषा में स्रोत भाषा की अभिव्यक्तियों की गंध नहीं आती, अनुवाद मूल का यंत्रवत् अनुसरण नहीं रह जाता और उसमें मौलिक रचना जैसा सहज प्रवाह आ जाता है। शब्दानुवादक प्राय: शुद्ध भाषान्तरकार के रूप में ही हमारे सामने आता है।[2] हाँ, मूल का साक्षात् रसास्वादन इस प्रकार के अनुवाद में नहीं हो पाता।[3] फिर भी कई लोग शब्दानुवाद की तुलना में भावानुवाद को श्रेष्ठ मानते हैं।[4]

(8) वार्तानुवाद अथवा आशु अनुवाद—डॉ० भोलानाथ तिवारी इस तरह के अनुवाद को स्वतंत्र हैसियत नहीं देना चाहते। चूँकि इस तरह के अनुवाद में अनुवादक न तो अपनी ओर से कुछ छोड़ता है और न तो कुछ जोड़ता है, अत: कुछ लोग इसे मूलनिष्ठ अनुवाद की श्रेणी में रखना पसंद करते हैं। **डॉ० विनोद गोदरे**[5] वार्तानुवाद को परिभाषित करते हुए लिखते हैं कि कभी-कभी दो विभिन्न भाषा-भाषियों के बीच कोई व्यक्ति भाषा माध्यम बनता है और उनकी आपसी बातचीत को अपने दो अथवा अधिक भाषाओं के ज्ञान के कारण तुरन्त ही एक दूसरे के सम्मुख ही उनकी वार्ता के सहमति अथवा असहमति के मुद्दों से उन्हीं की भाषा में अनुवाद कर प्रस्तुत कर देता है। अत: इस तरह के अनुवाद के लिए आशु अथवा वार्तानुवाद अभिधान स्वीकार किया गया है। चूँकि यह अनुवाद तुरन्त किया जाता है, अत: अनुवादक को मूल वक्ता, उसकी भाषा, भाषा का तेवर एवं नीति विचारों से पूर्णतया वाकिफ होना होता है अन्यथा अनुवाद की एक हलकी सी गलती दो व्यक्तियों अथवा दो राष्ट्रों इत्यादि के बीच मन-मुटाव, संघर्ष तथा युद्ध तक का कारण हो सकती है।

(9) रूपान्तरण अनुवाद—चूँकि रूपान्तरण हिन्दी में अनुवाद का पर्यायवाची है, इसलिए कुछ लोग इस अनुवाद को अनुवाद की किसी कोटि में नहीं रखना चाहते। कुछ लोग इस पर छायानुवाद का प्रभाव मानते हैं। **डॉ० देवेन्द्र कुमार**[6] रूपान्तरण अनुवाद को परिभाषित करते हुए लिखते हैं कि किसी वस्तु का विचार करते हुए उसकी आत्मा और शरीर या सारतत्त्व और बाह्य रूप को अलग-अलग करके सोचते हैं। नाटक आदि साहित्यिक कृति के प्रसंग में भी हमें आत्मा और शरीर का अलग-अलग विचार करना चाहिए और शरीर के अंतर को ही रूपान्तरण समझना चाहिए। यदि दो कृतियों की आत्मा या अन्तस्त्व एक है, केवल इनके रूप में मामूली अंतर है, तब वह रूपान्तर हुआ। कुल मिलाकर **डॉ० बालेन्दु शेखर तिवारी**[7] का कहा मानें तो अनुवाद के इस प्रभेद में अनुवादक मूल भाषा से लक्ष्य भाषा

---

1. **प्रयोजनमूलक हिन्दी—डॉ० विनोद गोदरे, पृष्ठ 116-117**
2. **अनुवाद विज्ञान—डॉ० भोलानाथ तिवारी, पृष्ठ 26**
3. **अनुवाद त्रैमासिक पत्रिका (अनुवाद की विधाएँ)—डॉ० राजेन्द्र द्विवेदी**
4. **मेघदूत—अनुवाद जगमोहन सिंह, पृष्ठ 12, सन् 1883**
5. **प्रयोजनमूलक हिन्दी—डॉ० विनोद गोदरे, पृष्ठ 117**
6. **संस्कृत नाटकों के हिन्दी अनुवाद—डॉ० देवेन्द्र कुमार, पृष्ठ 78**
7. **प्रयोजनमूलक हिन्दी—डॉ० बालेन्दु शेखर तिवारी, पृष्ठ 127**

में केवल शब्द और भाव का अनुवादन नहीं करता, अपितु अपनी प्रतिभा और सुविधा के अनुसार मूल रचना का पूरी तरह रूपान्तरण कर डालता है।

(10) आदर्श अनुवाद

डॉ० भोलानाथ तिवारी[1] आदर्श अनुवाद का खाका खींचते हुए कहते हैं कि आदर्श अनुवाद वह है जो शब्दानुवाद तथा भावानुवाद दोनों पद्धतियों को यथावसर अपनाते हुए मूल भाव के साथ-साथ यथाशक्ति मूल शैली को भी अपने में उतार लेता है और साथ ही लक्ष्य भाषा की सहज प्रकृति को भी अक्षुण्ण बनाए रखता है। इधर, **डॉ० दंगल झाल्टे**[2] का विचार है कि इसे स्वाभाविक सटीक अनुवाद भी कहा जाता है। इसमें अनुवादक मूल पाठ की मूल सामग्री का अनुवाद अर्थ तथा अभिव्यक्ति सहित लक्ष्य भाषा में निकटतम एवं स्वाभाविक समानकों (closest natural equivalent) द्वारा करता है। संक्षेप में, अनुवाद मूल के अनुसार ही होता है और उसमें अनुवादक अपना व्यक्तित्व तथा व्यक्तिगत चिन्तन आदि नहीं आने देता है। आदर्श अनुवाद मूल भाषा पाठ जैसा ही दृष्टिगत होता है। कुल मिलाकर इस अनुवाद को स्वाभाविक सटीक अनुवाद भी कहा जाता है। आदर्श अनुवाद सिरिंज की वह सुई है जो सिरिंज की दवा को ज्यों-का त्यों मरीज के शरीर में पहुँचा देती है।[3]

(11) अच्छे अनुवाद और अनुवादक के गुण या विशेषताएँ

डॉ० विजयपाल सिंह[4] का मानना है कि अनुवाद एक ऐसा सेतु बंधन का काम है, जिसके बिना विश्व संस्कृति का विकास संभव नहीं है। अनुवाद के द्वारा हम मानव के इस विश्व-कुटुम्ब में सम्पर्क, एकता एवं समझदारी की भावना विकसित कर सकते हैं, मैत्री एवं भाईचारे को विकसित कर सकते हैं और गुटबन्दी, संकुचित प्रान्तीयतावाद आदि से दूर होकर मानवीय एकता के मूल बिन्दु तक पहुँच सकते हैं। अनुवाद एक परकाम-प्रवेश की प्रक्रिया है। अर्थ को 'आत्मा' और शैली को 'शरीर' मानकर अनुवाद सिद्धान्तों के आधार पर नवीन व्याख्या की गई है। अनुवाद और अनुवादक का घनिष्ठ संबंध होता है। अच्छा अनुवाद अनुवादक की योग्यता पर निर्भर करता है।

आज की बाजारवादी व्यवस्था में पूरी धरती को 'विश्व ग्राम' में बदल देने में जितनी भूमिका 'मीडिया' की है, संभवत: अनुवाद की भी इससे कम नहीं है। पर, दुर्भाग्य से बहुत लोग आज भी अनुवाद कर्म को दोयम दर्जे की रचना अर्थात् सर्जना की सर्जना मानते हैं। कुछ लोग इसे दूसरी शब्दावली में 'अनुसृजन' कहते हैं, किन्तु मेरा विचार है कि प्रत्युत्पन्नमति सम्पृक्त अनुवादक मनोयोग, निष्ठा और सजग-सतर्क होकर किसी रचना का अनुवाद करे तो अनूदित रचना मौलिकता का आस्वाद तो देगी ही, कलात्मकता का ताजा-टटका आनंद भी उससे मिल सकता है, साथ ही अनुवाद के प्रति 'सेकेण्ड हैण्ड' (Second Hand) साहित्य, घटिया रचना जैसे गन्दे जुमले से इसे मुक्ति तो मिलेगी ही, हकीरीपन के प्रति भ्रांत धारणा भी समाप्त हो सकती है। बहरहाल, आइए, श्रेष्ठ अनुवाद और श्रेष्ठ अनुवादक के लिए कौन सी बातें मौजू होती हैं, उन्हें संक्षेप में नीचे देखा जाय—

---

1. **अनुवाद विज्ञान—डॉ० भोलानाथ तिवारी, पृष्ठ 26, सन् 1984**
2. **प्रयोजनमूलक हिन्दी—सिद्धान्त और प्रयोग—डॉ० दंगल झाल्टे, पृष्ठ 119**
3. **अनुवाद विज्ञान—डॉ० भोलानाथ तिवारी, पृष्ठ 27**
4. **प्रयोजनमूलक हिन्दी—डॉ० विजयपाल सिंह, पृष्ठ 100**

(1) लक्ष्य भाषा और स्रोत भाषा की जानकारी उत्तम अनुवाद और अनुवादक के लिए सुखद—इसमें कोई संशय और द्वैध नहीं कि अनुवाद कर्म बहुत कठिन है, लेकिन यदि अनुवाद की पकड़ लक्ष्य और स्रोत भाषा अर्थात् जिस भाषा में अनुवाद करना है और जिस भाषा से करना है—यदि दोनों पर है, तो वह बेलौस उत्तम होगा। सरल भाषा में किया गया अनुवाद रचना के प्रति आसक्ति और पाठकीयता पैदा करेगा और दुरूह, अपच-उबाऊ भाषा में किया गया अनुवाद कृति के प्रति वितृष्णा और अरुचि की गंदी गंध देगा। **जैनेन्द्र कुमार**[1] उत्तम अनुवाद के लिए भाषा पक्ष पर बल देते हुए लिखते हैं कि भाषा में शब्द अपना-अपना अर्थ लेकर इस तरह समाए रहते हैं कि मानो अपने में स्वयं खो ही गए हों। उनकी परस्पर पृथकता वहाँ समाप्त हो जाती है। सब मिलकर मानों वे एक भाव को प्रकट करने लग जाते हैं। इस तरह के अनेकानेक वाक्यों को लेकर भाषा बनती है और वह अमुक्त प्रभाव उत्पन्न करती है। भाषा इसी तरह व्यक्तियों और समूहों के बीच में आदान-प्रदान का माध्यम होती है और मानव समाज में क्रमशः बढ़ती हुई एकता के विस्तार का साधन बनती है। भाषा में जान अगर निकल जाने दी जाती है तो अनुवाद कलेवर मात्र रह जाता है और जीवनोपयोगी नहीं हो पाता। **डॉ० त्रिभुवन राय**[2] एक ध्यानाकर्षक तथ्य की ओर हमारा ध्यान खींचते हैं कि अनुवाद का प्रयोजन एक भाषा के पाठ में निहित संदेश को दूसरी भाषा में मात्र अन्तरित करना ही नहीं होता, बल्कि मूल पाठ की समस्तरीय संरचना के स्तर पर उसे लक्ष्य भाषा में ढालना भी होता है। इसको साधने के लिए जहाँ वह स्रोत भाषा और लक्ष्य भाषा के प्राकृतिक वैषम्य को अपने दृष्टिपथ से ओझल नहीं होने देता।

(2) मूल रचना की वस्तु की जानकारी श्रेष्ठ अनुवादक और अनुवाद के लिए बुनियादी शर्त—सफल अनुवाद के लिए यह अपरिहार्य है कि अनुवादक को अनुवाद की जाने वाली रचना की वस्तु और मूल जमीन की जानकारी हो। इतना ही नहीं, वह मूल ग्रंथ की प्रकृति, उससे सम्बद्ध दार्शनिक एवं शास्त्रीय पारिभाषिक शब्दों का भी ज्ञाता हो। **आचार्य रामचन्द्र शुक्ल** की दृष्टि में अनुवादक के लिए जहाँ लक्ष्य भाषा की प्रकृति और उसके स्वाभाविक प्रवाह को बनाए रखना जरूरी है, वहीं स्रोत भाषा के मूल भाव की रक्षा भी कम आवश्यक नहीं। उनके अपने व्यावहारिक अनुवादों में तो इस दृष्टिकोण की झलक मिलती ही है, साथ ही जहाँ उन्होंने किसी अन्य के अनुवाद पर अपना मंतव्य प्रस्तुत किया है, वहाँ भी उनके उक्त दृष्टिकोण की पुष्टि होती है।[3]

(3) मूल पाठ तथा अनूदित पाठ में समानता अपरिहार्य—कहते हैं, रचना के भाव तथा विचार संप्रेषण के संदर्भ में अनुवाद को मूलानुगामी होना चाहिए, क्योंकि **डॉ० रीतारानी पालीवाल**[4] के शब्दों में स्रोत भाषा में व्यक्त प्रतीक-व्यवस्था को लक्ष्य भाषा की सहज प्रतीक व्यवस्था में रूपान्तरित करने का कार्य अनुवाद है। इसलिए **डॉ० माधव सोनटक्के**[5] के अनुसार अनुवाद पढ़ने के बाद पाठक को यह न लगे कि वह कोई अनूदित कृति पढ़ रहा है।

---

1. अनुवाद कला : कुछ विचार—जैनेन्द्र कुमार, पृष्ठ 12, सन् 1964
2. अनुवाद : स्वरूप और आयाम—सं० डॉ० त्रिभुवन राय, पृष्ठ 157, अनिल प्रकाशन, इलाहाबाद
3. विश्व प्रपंच—रामचन्द्र शुक्ल, पृष्ठ 44, सन् 1920
4. अनुवाद प्रक्रिया—डॉ० रीतारानी पालीवाल, पृष्ठ 14, सन् 1982
5. प्रयोजनमूलक हिन्दी—डॉ० माधव सोनटक्के, पृष्ठ 280

अनूदित कृति पढ़ते समय भी उतना ही आनंद आना चाहिए, जितना कि किसी मूल कृति को पढ़ने से मिलता है। इस लक्ष्य को प्राप्त करने के लिए अनुवादक में विषय की अन्तरात्मा को आत्मसात करने की क्षमता होनी चाहिए। अनुवाद की प्रक्रिया में एक भाषा की वस्तु दूसरी भाषा में इस तरह लायी जाती है कि दूसरी भाषा वालों को वह वस्तु पूरी तरह से समझ में आ जाय, यह अनुवाद की पहली शर्त है।

वस्तुत: अनुवाद तो व्याख्यान का सर्वाधिक प्रत्यक्ष रूप भी है—"A translation is perhaps the most direct form of commentary." इधर, पश्चिमी अनुवाद-चिन्तक **जॉन कनिंग्टन** यह मानते हैं कि अनुवादक का दायित्व महज इतना ही नहीं है कि वह मूल कृति के कथ्य का निर्वाह करे। अनुवादक को चाहिए कि वह उसे उसी प्रकार कहे, जिस प्रकार मूल के लेखक ने कहा है। कुल मिलाकर अनुवादक का काम है—मूल भाषा के पाठगत अर्थ को लक्ष्य भाषा में ले आना—"To translate into another language retaining the sense."

(4) कथ्य और कथन प्रणाली अर्थात् शैली समतुल्यता का बोध—विद्वानों ने कथ्य और कथन प्रणाली की समतुल्यता को श्रेष्ठ अनुवाद का पुख्ता आधार माना है। **डॉ० दंगल झाल्टे**[1] का विचार है कि अनुवाद का मूल उद्देश्य अथवा लक्ष्य होता है—मूल पाठ को लक्ष्य भाषा में सही अभिव्यक्ति के साथ प्रतिष्ठापित करना। इस दृष्टि से परिनिष्ठित अनुवाद हेतु कुशल अनुवादक की पहचान सही होगी कि अनुवाद की शैली प्राय: वही इस्तेमाल करता है, जो मूल पाठ की होती है।

पश्चिम के अनुवाद-चिन्तक **प्रो० नाइडा** तो इसी आधार पर अनुवाद को परिभाषित भी करते हैं—"Translating consists in producing in the receptor language, the closest natural equivalent to the message of its source language, first in meaning and secondary in style."[2] अर्थात् स्रोत भाषा के संदेश को अर्थ और शैली—दोनों ही दृष्टियों से निकटतम सहज समतुल्यता के साथ प्रस्तुत करना ही अनुवाद है। इधर, भारतीय विद्वान् **डॉ० आनंद खेमाणी**[3] भी इसी पक्ष पर जोर देते कहते हैं कि किसी भी लेखक की शैली उस भाषा-विशेष के विकास का एक सोपान होती है। उसमें परोक्ष रूप से उस भाषा-विशेष का इतिहास समाया हुआ होता है। अत: अनुवाद करते समय अनुवादक को देखना होगा कि मूल रचना की शैली उस भाषा-विशेष के विकास के किस मोड़ की कड़ी है और फिर उसे अपनी भाषा कुछ उसी प्रकार की भाषा-शैली की खोज करनी होगी। दूसरे शब्दों में अनुवाद कार्य लेखक युगीन भाषा में होना चाहिए। इससे कई लाभ हैं।

(5) विशिष्ट मेधा और मनोयोग का होना आवश्यक—किसी भी श्रेष्ठ अनुवादक को श्रेष्ठ अनुवाद कर्म के लिए उसके पास लोकोत्तर मेधा और आनंद-कौशल होना चाहिए। अगर अनुवादक में अनुवाद की कमी और बचकानापन है तो उसके द्वारा किया गया अनुवाद महज़ खिलंदड़ेपन की श्रेणी में आएगा। उस अनुवाद में बासीपन, ठहराव और एकरसता

---

1. **प्रयोजनमूलक हिन्दी—सिद्धान्त और प्रयोग—डॉ० दंगल झाल्टे, पृष्ठ 110**
2. **Language, Structure and Translation—E. A. Nida, P. 173**
3. **अनुवाद और शैली—डॉ० आनंद खेमाणी, पृष्ठ 50, सन् 1964**

होगी। पाठक के ऊपर वह अनुवाद अपेक्षित प्रभाव नहीं छोड़ पाएगा। **डॉ० वी० एस० नरवणे**[1] कहते भी हैं कि एक विशिष्ट प्रकार की मेधा ही किसी को अनुवादक बना सकती है। पूर्ण भावबोध के लिए यह आवश्यक है कि अनुवादक उस मनोभूमि का पुनर्निर्माण करे, जो रचना करने की स्थिति में लेखक की थी। उसे पूर्ण कर्मठता के साथ लेखक की लीक पर चलना पड़ेगा। **जैनेन्द्र कुमार**[2] अनुवाद कर्म को योग-साधना मानते हैं। जाहिर है, इस साधना के लिए विशिष्ट सर्जना से लैस, ऊर्वर मस्तिष्क वाला समर्पित मनोयोगी की जरूरत होती है। वह लिखते हैं कि इसे एक तरह का योग-साधन ही कहना चाहिए। अनुवादक को मूल के व्यक्तित्व में पहले अपने को खो देना होता है, फिर उसी में आत्म भाव पैदा करके अपनी भाषा के माध्यम द्वारा उस भाषा-भाषी के प्रति अपने को भावार्पित करना पड़ता है।

कुल मिलाकर अनुवादक के पास अनुवाद कर्म की वह खुफिया आँख होनी चाहिए कि वह छोटे-से-छोटे ब्यौरे को भी लक्ष्य भाषा में बुन और दर्ज कर सकें। मूल लेखक की आत्मा उसके माध्यम से बोले—"To imitate the obscurity or ambiguity of the original is fault and it is still a greater one to give more than one meaning xxx he must adopt the very soul of his author, which must speak through his own organs."[3]

(6) अनुवाद विधा का ज्ञान अनुवाद और अनुवादक के लिए हितकर—विदेशी विद्वान् **डॉ० जानसन** का विचार है कि, जिन्हें अनुवाद विधा का पूर्ण बोध न हो, जिनका मस्तिष्क सर्जनात्मक न हो, उन्हें इस विधा में हाथ-पाँव नहीं मारना चाहिए—"Never try to excel the another you translate." क्योंकि आजकल **डॉ० देवड़ा**[4] के शब्दों में ऐसे ही लोग अनुवाद का कार्य करते हैं, जो नए-नए साहित्य में आए हैं और जिनकी मौलिक चीजें अभी नहीं छपती हैं, इसलिए बड़े-बड़े नामों के साथ अनुवादक के रूप में ही अपना सिक्का भी साहित्यिक बाजार में चालू कर देते हैं या फिर ऐसे लोग अनुवाद करते हैं जो मात्र लेखन-जीवी हैं और अपने मौलिक लेखन के साथ अनुवाद का कार्य भी इसलिए कर लेते हैं कि महीने का खर्च चल जाय। मुख्यत: अनुवाद के लिए ही अनुवाद करने वाले अच्छे लेखक आपके यहाँ नहीं दिखाई देते, इसका कारण शायद यही है कि अनुवाद को आपके यहाँ सम्मानजनक कार्यों में नहीं गिना जाता। अत: अनुवादक को चाहिए कि अनुवाद-विधा के नियमों एवं प्रयोगों से भली-भाँति अवगत हो। इधर, **डॉ० विनोद गोदरे**[5] भी सचेष्ट करते हैं कि अनुवादक को अनुवाद्य विषय का पूरा-पूरा ज्ञान होना चाहिए, ताकि वह शब्दों का, तकनीकी शब्दों का सही अर्थ में सही संदर्भ और सही परिप्रेक्ष्य में अनुवाद कर सके। इसी प्रकार उसे स्रोत भाषा एवं लक्ष्य भाषा—दोनों का पंडित होना चाहिए, ताकि वह दोनों भाषाओं की अभिव्यक्ति गत इकाइयों की समानताएँ एवं विषमताओं के बीच अनुवाद की सप्राणता और विश्वसनीयता बनाए रखने में सफल हो सके।

---

1. अनुवाद की कठिनाइयाँ—डॉ० वी० एस० नरवणे, पृष्ठ 23
2. अनुवाद कला : कुछ विचार—जैनेन्द्र कुमार, पृष्ठ 14
3. An Essay on the Principles of Translation—Titelar, P. 47
4. एक आलोचक की नोटबुक—डॉ० शरद देवड़ा, पृष्ठ 51
5. प्रयोजनमूलक हिन्दी—डॉ० विनोद गोदरे, पृष्ठ 121-122

(7) व्याकरणिक—बोध अनिवार्य शर्त है—बक़ौल **डॉ० माधव सोनटक्के**[1] हर भाषा की अपनी विशेष प्रकृति होती है, उसकी पहचान अगर अनुवादक को न हो तो अनुवाद भौंडा और असहज होता है। विभिन्न ज्ञान शाखाओं की सहज शब्दावली, वाक् प्रयोग, कहावतों, मुहावरों आदि का ज्ञान उसे अर्जित करना होता है। मानक भाषा के साथ उसकी उपभाषाओं तथा बोलियों का ज्ञान भी आवश्यक होता है। आज के संदर्भ में बहुभाषा ज्ञाता व्यक्तित्व अनुवादक के लिए अधिक लाभदायी हो सकता है। कुल मिलाकर उत्तम अनुवाद के लिए अनुवादक को व्याकरण में पारंगत और निष्णात् होना चाहिए। शब्दों का सही-सटीक (Correct-Precise) चयन, बिंबों की अभिव्यक्ति, क्रिया रूपों की जानकारी, लिंगों के प्रयोग का ज्ञान, काल-प्रयोग, सर्वनामों का प्रयोग, आगम-लोप सिद्धान्तों की जानकारी तथा स्वतंत्र वाक्यों की निर्मिति के लिए व्याकरण का बोध किसी भी अनुवादक के लिए बहुत आवश्यक माना जाता है।

(8) अनुवाद में प्रामाणिकता और मौलिकता का चटख रंग काबिले गौर—पश्चिम के आधुनिक अनुवाद-चिंतक **ए० एच० स्मिथ**[2] कहते हैं कि अनुवाद का तात्पर्य यह है कि यथासंभव अर्थ को बनाए रखते हुए अन्य भाषा में अंतरण करना। वस्तुत: कुछ लोग कहते हैं कि अनुवाद अपनी भाषा की मौलिकता पर प्रश्न चिह्न है। अत: अनुवादक को प्रयास करना चाहिए कि उसके द्वारा किया गया अनुवाद मौलिक रचना का स्वाद दे। अनुवाद मूल पाठ के समान मौलिक और प्रामाणिक लगे। अनुवाद में मूल पाठ के संयोजन, मूल पाठ के विचार, मूल पाठ की शैली ही उसे मौलिकता के करीब ला सकती है। **जैनेन्द्र कुमार**[3] का विचार है कि अनुवाद की सफलता इसमें है कि मूल लेखक और अनुवाद के पाठक में उसी प्रकार की संवेदना और सहानुभूति की घनिष्टता और आत्मीयता पैदा की जा सके। इसी तरह **डॉ० भानुदेव शुक्ल**[4] भी कहते हैं कि मौलिक कृति के अनुवाद द्वारा उसका शरीर परिवर्तित हो जाता है, किन्तु उसकी आत्मा उसके भाव यथावत रहते हैं। वस्तुत: सफल अनुवाद वही है, जिसमें मौलिकता-प्रामाणिकता की मीठास, सुबोधता, सहजता तथा स्पष्टता हो। **डॉ० ओमप्रकाश गाबा**[5] का यह कथन यहाँ ध्यानाकर्षक है कि वास्तविक अनुवाद वह होगा जो प्रामाणिकता की दृष्टि से शब्दानुवाद और बोधगम्यता की दृष्टि से भावानुवाद हो। अत: आदर्श अनुवाद की दो आवश्यकताएँ हैं—प्रामाणिकता और बोधगम्यता।

(12) कम्प्यूटर और अनुवाद

अंग्रेजी के 'कम्प्यूट' शब्द से बने 'कम्प्यूटर' (Computer) का अर्थ होता है—'गणना या गिनती करना।' आधुनिक विज्ञान की अचंभित और चौका देने वाली उपलब्धि तथा सौगात के रूप में कम्प्यूटर ने संपूर्ण धरती को बेशक, विश्वग्राम' (Global Village) और 'गुलाबी गाँव' के रूप में बदल दिया है। उसने मनुष्य की हर चुनौतियों को हल करने का ढाढ़स दिया है। जो काम महीनों में नहीं हो पाते थे, इसके माध्यम से अब पलक झपकते हो रहे हैं। तार्किक शक्ति से लबरेज कम्प्यूटर वैज्ञानिक शोध, व्यापार, सम्प्रेषण, शिक्षा, यातायात नियंत्रण,

---

1. **प्रयोजनमूलक हिन्दी—डॉ० माधव सोनटक्के, पृष्ठ 277**
2. **Aspects of Translation—A. H. Smith, Preface, London-1958**
3. **अनुवाद कला : कुछ विचार—जैनेन्द्र कुमार, पृष्ठ 16**
4. **भारतेन्दुयुगीन हिन्दी नाट्य साहित्य—डॉ० भानुदेव शुक्ल, पृष्ठ 248, सन् 1962**
5. **अनुवाद की समस्या—डॉ० ओमप्रकाश गाबा, पृष्ठ 18, सन् 1971**

अंतरिक्ष, चिकित्सा, उद्योग, पुस्तकालय-संग्रहालय, प्रकाशन, फिल्म-निर्माण में मनुष्य के लिए वरदान बना ही था, भाषाओं के अनुवाद के क्षेत्र में भी इसने अपनी पैठ बनाकर सबको चकित कर दिया है। इसने विभिन्न भाषाओं को बरतने वाले लोगों के बीच अनुवाद के माध्यम से अपरिचय के संगिस्तान और जड़ता को तोड़ दिया है। अब भाषा की दुर्बोधता के कारण आपस में कोई अनचिन्हार नहीं रह गया है। कम्प्यूटर रूपी जीवंत और प्रामाणिक दुभाषिया सामने खड़ा है। फटाफट अनुवाद हुआ नहीं कि संवाद शुरू कीजिए। सूचना क्रांति या सूचना-विस्फोट के इस आधुनिक दौरे में कम्प्यूटर का यही बहुआयामी प्रयोग है। अनुवाद के माध्यम से इसने सम्पूर्ण धरती को आपके दरवाजे खड़ा कर दिया।

पुरानी लीक से हटकर अनुवाद अब मौखिक तथा लिखित—इन रूपों में होने लगा है। कम्प्यूटर मौखिक अनुवाद की तुलना में लिखित रूप में होने वाले अनुवाद में सहायक होता है। इस प्रक्रिया में अलग-अलग भाषा-भाषियों के लिए पृथक रूप से भाषाओं की शृंखलाएँ तैयार की जाती हैं। प्रत्येक विभिन्न भाषा-भाषियों को इन शृंखलाओं से सम्बद्ध कर दिया जाता है। हर श्रोता अपने पास सुनने का दूरभाष रखता है। वे भाषण देने वाले को सुनते हैं और अपने इसी दूरभाष से उसका अनुवाद करते हैं। अभी पिछले 26 जनवरी, 2004 को कम्प्यूटर अनुवाद के क्षेत्र में क्रांतिकारी परिवर्तन हुआ है। अंग्रेजी से हिन्दी में कम्प्यूटर अनुवाद की दो नई प्रणालियाँ अलग-अलग सिद्धान्तों पर आधारित हैं। 'शिव' प्रणाली में अनुवाद पूर्व संकलित उदाहरणों के आधार पर किया जाता है। इसके विपरीत 'शक्ति' प्रणाली में व्याकरण को अनुवाद का आधार बनाया गया है।

इन प्रणालियों को कर्नेजी मैलॉन यूनिवर्सिटी (अमेरिका), इण्डियन इन्स्टीट्यूट आफ साइन्स, बंगलूर (Indian Institute of Science, Bangalore) और इन्टरनेशनल इन्स्टीट्यूट आफ इन्फार्मेशन टेक्नालॉजी—हैदराबाद (International Institute of Information Technology, Hyderabad) ने संयुक्त रूप से निर्मित किया है। यद्यपि कुछ लोग कहते हैं कि इन प्रणालियों के परीक्षणों से संतोषजनक अनुवाद नहीं पाया गया, लेकिन इस तरह का दावा प्रणाली का विकास करने वालों ने स्वत: कत्तई नहीं किया। हाँ, इन वैज्ञानिकों का कहना है कि अनुवाद को पूरी तरह शुद्ध बनाने के लिए इन्सानी संपादन आवश्यक है। उल्लेखनीय है कि इससे पूर्व इन्डियन इन्स्टीट्यूट ऑफ टेक्नालॉजी, कानपुर (Indian Institute of Technology, Kanpur) के वैज्ञानिकों के एक दल ने तथा कुछ स्वतंत्र लोगों ने अनुवाद का साफ्टवेयर विकसित कर लिया है। भारतीय सूचना प्रौद्योगकीविदों का कहना है कि यदि अंग्रेजी से हिन्दी में अनुवाद के साफ्टवेयर निर्माण में सफलता मिलती है तो इसका अर्थ होगा कि अंग्रेजी से एक साथ चौदह-पन्द्रह भाषाओं में अनुवाद करना बहुत आसान हो जाएगा।[1]

(13) उपभोक्तावादी संस्कृति और अनुवाद की उपयोगिता

उपभोक्तावाद वस्तुत: एक 'साइकी' है। आज यह सम्पूर्ण देश को अपनी गिरफ्त में ले चुका है। उपभोक्तावाद शब्द का प्रचलन इस देश में नया नहीं है, किन्तु नब्बे के दशक में जब इस देश में मुक्त व्यापार की व्यवस्था शुरू हुई, तब आर्थिक उदारीकरण, वैश्वीकरण के साथ इसकी नई सकल बनी। सच तो यह है कि ऐतिहासिक दृष्टि से उपभोग शब्द एक जीवन

1. **जागरण वार्षिकी, जागरण रिसर्च सेन्टर, जागरण बिल्डिंग, 2-सर्वोदय नगर, कानपुर, मू० 80 रु० सन् 2004**

मूल्य के रूप में स्वतंत्रता के बाद इस देश में प्रतिष्ठित हुआ। कालान्तर में हमारे दृष्टिकोण में बदलाव आया। आजादी के पहले त्याग और बलिदान जीवन के उत्कृष्ट आदर्श थे, किन्तु आजादी मिलने के बाद संग्रह और उपभोग—जीवन मूल्य बन गए। जीवन में भौतिकता का अबाध गति से प्रवेश हुआ। उदारीकरण के बाद प्रिंट और इलेक्ट्रॉनिक मीडिया में रंगारंग विज्ञापनों की भरमार हो गयी। विज्ञापन की कला इस दौर में पहले की तुलना में परवान चढ़ी। उसमें कथा, कहानी, कविताएँ, चलचित्र जगत और क्रीड़ा जगत के खिलाड़ियों के ध्यानाकर्षक संवाद, सौन्दर्य प्रसाधन के विज्ञापनों में सुन्दरियों के अर्धनग्न चित्र दिखा-दिखा कर सम्मोहन उत्पन्न किया जाने लगा, फल यह हुआ कि हमारा सारा चिन्तन इन भोग्य वस्तुओं के इर्द-गिर्द ही घूमने लगा। भारतीय उपभोक्ताओं अर्थात् ग्राहकों को श्लील-अश्लील तरीकों से लुभाने में देशी-विदेशी विज्ञापनों की भरमार हो गयी।

वस्तुत: किसी भी व्यापार-व्यवसाय को शुरू करने में पूँजी, श्रम, जोखिम और बाजार आदि की अहम भूमिका होती है। सारे साधन उपलब्ध होने के बावजूद बाजार की सकल तय कराने में विज्ञापनों का महत्त्वपूर्ण योगदान होता है। साफ शब्दों में, ये विज्ञापन ही बाजार-व्यवसाय की आवाज होते हैं। यही बाजार को पटरी पर लाते हैं। जब से बहुराष्ट्रीय कम्पनियों ने इस देश में कारोबार शुरू किया है, तब से विज्ञापनों की बाढ़ आ गयी है। ईस्ट इन्डिया कम्पनी की तरह इन विदेशी कम्पनियों के सामने भारत जैसे बहुत बड़े बाजार में अपने उत्पाद (Product) बेचने की शुरू में बहुत बड़ी समस्या थी। माल विदेशी, ग्राहक या उपभोक्ता भारतीय। अत: इन्होंने यहाँ के बाजार में अपना पाँव जमाने के लिए यहाँ की भाषाओं को माध्यम बनाया। यहीं से अनुवाद की भूमिका शुरू हुई। हम सभी जानते हैं, हिन्दी हमारे देश के बहुलांश की भाषा है, सो यही मुख्य प्रचार भाषा भी है। किसी भी उत्पाद को घर के रसोईघर में पहुँचाने का बहुत बड़ा श्रेय इसे ही है। बहुराष्ट्रीय प्रबंधन को इस देश में हिन्दी की लोकप्रियता की जानकारी बहुत पहले से रही है। अत: इन्होंने अपने विदेशी विज्ञापनों को प्रथमत: हिन्दी में अनूदित करवाया। भारतीय बाजार की नस इन्होंने पकड़ ली। फल यह हुआ कि इन्होंने अपने सारे विज्ञापनों को हिन्दी में 'डब' या अनूदित करा कर अपने उत्पादों को भारतीय बाजार में पाट दिया।

हिन्दी में अनूदित इनके विज्ञापन घर से निकलते ही आपका स्वागत करते हैं। कार्यालय, संस्थान, कम्पनी, लिफाफे, फर्नीचर, पत्र शीर्ष, फाइलें, स्टेशनरी, विजिटिंग कार्ड, कार, वाहन, नोटिस बोर्ड, भवन, कैलेण्डर, डायरी, बैनर, होर्डिंग, रेडियो, दूरदर्शन, कम्प्यूटर, इन्टरनेट, पत्र-पत्रिकाएँ, उपहार वस्तुएँ, रेलवे स्टेशन, बस अड्डे यहाँ तक कि कर्मचारियों और छोटे बच्चे के पैंट-शर्ट पर भी ये देखे जा सकते हैं। सड़क, दुकान, टिकट और बिजली के खम्भों तक इनके हिन्दी में अनूदित विज्ञापन छापे गए हैं। कहीं-कहीं तो इनके विज्ञापन अंग्रेजी में हैं, लेकिन उनकी भाषा हिन्दी कर दी गई है, यथा—''मोगांबो खुश हुआ।'' अंग्रेजी में लिखा गया 'महाकोला'। 'अंडर गार्मेंट्स' के अंग्रेजी विज्ञापन में 'ये अंदर की बात है।' कोकाकोला का ''ये दिल माँगे मोर।'' इसकी ठंडक बेमिसाल, 'तूफानी ठंडा'। इसी तरह विदेशी तेल, टेक्सटाइल, फार्मा, बीमा, साबुन आदि से संबंधित कम्पनियों ने हिन्दी में अपने विज्ञापनों का अनुवाद करा कर भारतीय बाजार में महाजाल के रूप में फैला दिया। चाहे कनाडा एयर लाइन्स का विज्ञापन हो, चाहे जापानी टाटासूमो का विज्ञापन हो, खूबसूरत हिन्दी-में इनके विज्ञापन दीवाल से लेकर आकाश के खूबसूरत खतरे इलेक्ट्रॉनिक माध्यम—स्टार, प्लस, टेन स्पोर्ट्स, डिस्कवरी, स्टार गोल्ड, जी० न्यूज़ आदि अन्तर्राष्ट्रीय केबल के माध्यम

से मीठे जहर के रूप में हिन्दी में 'अनूदित कर' हमारे देश में सुन्दर तड़के-छौंक के साथ परोसे जा रहे हैं और हम उनमें मगन-मशगूल हो, उन्हें टकटकी लगाए बहुत चाव से देख-निखर रहे हैं। यही है—यहाँ अनुवाद की भूमिका।

(14) अनुवाद का पुनरीक्षण और मूल्यांकन

अनुवाद एक कला है, लेकिन श्रम साध्य संपृक्त कर्म है। यह सजगता और चौकन्नेपन की माँग करता है। अनुवाद के लिए स्रोतभाषा का गहरा ज्ञान अपेक्षित होता है साथ ही अनुवादक को स्रोतभाषा और लक्ष्य भाषा—दोनों के साहित्य के मर्म ग्रहण की शक्ति भी अपेक्षित होती है। **स्रोतभाषा** का अर्थ होता है—जिस भाषा से अनुवाद किया जाय। इसे ही मूल भाषा भी कहते हैं। **लक्ष्य भाषा** का आशय होता है—जिस नयी भाषा में अनुवाद किया जाय। इस तरह से किसी अनुवादक के लिए दोनों भाषाओं में पारंगत-प्रवीण होना चाहिए। कुछ लोग प्रत्येक शब्द के अनुवाद को ही सच्चा अनुवाद मानते हैं। कठिनाई तब उत्पन्न होती है, जब स्रोतभाषा में कोई मुहावरा और लोकोक्ति आ जाती है। कहने की आवश्यकता नहीं कि मुहावरे जाति विशेष की संस्कृति के बीच विकसित होते हैं। उनका अनुवाद बहुत कठिन होता है। उनका भावानुवाद ही हो सकता है। यदि अंग्रेजी से हिन्दी में अनुवाद करना है, तो व्याकरण संबंधी भिन्नता भी अनुवादक के लिए संकट पैदा करती है।

कुल मिलाकर कहने का अर्थ यह कि अनुवाद कर्म 'लोहे का चना चबाना' है। अतः अनुवाद कर्म जैसी कठिन प्रसव-पीड़ा से गुजरने के बाद अनुवाद कर्म के उपसंहार में अनुवादक अपने द्वारा किए गए अनुवाद को हिलोरता-पछोरता है। सम्पूर्ण अनूदित वस्तु का पुनरीक्षण करता है। हर कोण से मिलान करता है। वह यह देखता है कि अर्थ का अंतरण सही-सटीक हुआ है कि नहीं। स्रोतभाषा का कथ्य, भाव-सौन्दर्य, अर्थव्यंजना, वाक्य विन्यास लक्ष्य भाषा में मूल की आत्मा के साथ उतरे हैं कि नहीं? कुल मिलाकर यह कि अनुवाद के पुनरीक्षण और बाद में मूल्यांकन करते समय जिस भाषा से अनुवाद किया गया है, उसकी खामियाँ, कमियाँ पारदर्शी शीशे की तरह साफ दिखाई देती हैं। कभी-कभी ऐसा भी देखा जाता है कि अनुवादक अपने द्वारा किए गए अनुवाद को अपने द्वारा पुनरीक्षित न कर किसी अन्य से उसका अवलोकन और मूल्यांकन करवाता है, क्योंकि खुद की कमी व्यक्ति को कम दिखाई देती है।

(15) समतुल्यता का सिद्धान्त

अनुवाद के स्वरूपगत आख्यान को सुरक्षित रखने के लिए पाश्चात्य अनुवाद-चिन्तकों ने उसके मूल में निहित उद्देश्यों को ध्यान में रखते हुए चार प्रमुख सैद्धान्तिक आधार तय किए हैं—(1) अर्थ संप्रेषण, (2) व्याख्या, (3) समतुल्यता तथा (4) अर्थपरकता और संप्रेषण परकता। इनमें से समतुल्यता सिद्धान्त को विद्वानों ने अनुवाद का प्राण तत्त्व माना। जे० सी० कैटफोर्ड और इ० ए० नाइडा तो इस सिद्धान्त को अनुवाद का केन्द्रीय तत्त्व स्वीकारते हैं। कैटफोर्ड तो साफ कहते हैं कि, "The replacement of textual material in one language by equivalent material in other language."[1] अर्थात् एक भाषा की पाठ्य सामग्री का दूसरी भाषा की समतुल्य पाठ्य सामग्री द्वारा प्रतिस्थापन को अनुवाद कहते हैं। देहवादी रीति-चिन्तकों की तरह कैटफोर्ड कृति के भाषिक शरीर को बहुत महत्त्व नहीं देते।

---

1. **Linguistic Theory of Translation—J. C. Catford, P. 25**

समतुल्यता के सवाल पर वे मूल पाठ के अर्थगत बिन्दु को रूपगत बिन्दु की तुलना में बहुत महत्त्व नहीं देते दीख पड़ते हैं। कैटफोर्ड साफ कहते हैं कि मूल पाठ की भाषा अथवा स्रोत भाषा तथा अनूदित पाठ की भाषा अथवा लक्ष्य भाषा में समतुल्यता की सिद्धि प्राय: आंशिक होती है। समतुल्यता प्राप्ति में संभावित बाधाओं और समस्याओं का पूर्वानुमान प्रथमत: स्रोत भाषा और लक्ष्य भाषा के बाह्य संदर्भों की तुलना तथा उनकी आंतरिक संरचना के व्यतिरेक द्वारा किया जा सकता है।[1]

इधर, नाइडा भी अनुवाद के लिए समतुल्यता को सर्वाधिक महत्त्वपूर्ण आधार मानते हैं। यद्यपि वे कहते हैं कि अनुवाद के स्तर पर सम्पूर्ण समतुल्यता को साध पाना किसी भी अनुवादक के लिए संभव नहीं है, फिर भी समतुल्यता के महत्त्व को स्वीकार करते हुए वे कहते हैं कि, "स्रोत भाषा के संदेश को अर्थ और शैली दोनों ही दृष्टियों से निकटतम सहज समतुल्यता के साथ प्रस्तुत करना ही अनुवाद है।[2] कुल मिलाकर यह कि अनुवाद की स्वरूपगत सफलता बहुत कुछ मूल पाठ के समतुल्य प्रभाव की प्राप्ति पर निर्भर करती है।

(16) अनुवाद चिंतन की पाश्चात्य परम्परा

आज के हिंसक वैश्विक समाज में शांति तथा प्रगति का भी जीवनधर्मी विचारधारा के आदान-प्रदान के लिए, अपनी अनिवार्य उपस्थिति दर्ज करा चुका अनुवाद आवेग त्वरित काल यात्री की तरह इस धरती पर अनथक यात्रा कर रहा है। सृजन की इस महत्वपूर्ण विधा अनुवाद ने सतत् गतिमान-गतिशील रहते हुए विश्व को अपने से पार देखने का निरंतर हौसला और संदेश दिया है, अशांत समाज में शान्ति का तृण रोपा है और समझाया है कि ग्लोबल समाज एक-दूसरे के सरोकार के लिए कितना अर्थपूर्ण है। अनुवाद को लोग भले ही दूसरी कतार का काम मानें, लेकिन इसका काम संपूर्ण विश्व को उत्तम विचारों की महासागरीय धारा से जोड़ना है। कुल मिलाकर समग्रता में देखें तो कह सकते हैं कि हर युग के परिदृश्य में, हर उठा-पटक, हर तरह की वर्जनाओं और निषेधों को तोड़ अनुवाद ने विश्व में सह अस्तित्व की आश्वस्तिकार मिसाल स्थापित की है। इसने निरंतर दो भिन्न भाषा-भावी व्यक्तियों, समुदायों-समाजों को जोड़ा है, अत: इसकी महत्ता विश्व समुदाय के लिए असंदिग्ध है। अपनी इस भूमिका में यह आज भी जी रहा है और कालान्तर में भी जीएगा।

बताते हैं, ईसा से लगभग तीन हजार वर्ष पूर्व असीरिया के राजा सैरगोन (Sargon) द्वारा अपने देश के बहुभाषा भाषी समाज में अपने वीरतापूर्ण कार्यों की घोषणा के साथ अनुवाद का शुभारंभ हुआ। इस राजा ने अपनी उक्त घोषणाओं को अपने देश की कई भाषाओं में अनुवाद करवाया था। ठीक इसी तरह, बेबीलोन के शासक हम्मूरबी (Hummurobi) ने तकरीबन इक्कीस सौ वर्ष ईसवी पूर्व के आसपास कुछ अनुवाद करवाया था। चौथी-पाँचवी सदी में यहूदियों ने धर्मशास्त्र संबंधी अनुवाद हिब्रू से आर्मेइक भाषा में कराया किन्तु विश्व का प्रामाणिक अनुवाद रोजेटापत्थर (Rosetta stone) पर दूसरी सदी में उत्कीर्ण माना जाता है। पश्चिम यानी यूनान में अनुवाद की व्यवस्थित परंपरा शुरू होती है दूसरी-तीसरी सदी से। सुप्रसिद्ध ग्रंथ बाइबिल की पुरानी पोथी (Old Testament) की भाषा हिब्रू है। मिस्र तथा एलेक्सैंदिया के यूनानी अपने भाषा भाषी यहूदियों के लिए उक्त ग्रंथ का अनुवाद किया गया।

---

1. **अनुवाद प्रक्रिया में भाषिक दृष्टि—डॉ० उमाशंकर उपाध्याय, पृष्ठ 145**
2. **Language, structure and Translation—Nida, P. 18**

कालान्तर में यूनानियों के ग्रंथों के अनुवाद रोमवासियों के लिए लैटिन में किये गये। लगभग 240 ई० पूर्व० में लिवियस ऐन्ड्रोनिकस (Livius Andronicus) ने होमर की ओडिसी (Odyssey) का लैटिन छन्दों में अनुवाद किया। नएवियस (Naevius), एनिअस (Ennius) तथा मिसरी इस समय के अनुवादकों में अग्रगण्य थे। एक प्रोढ़ अनुवादक की तरह सिसरो ने अनुवाद कर्म पर प्रकाश डालते हुए लिखा कि—"We mean like you…call fidelity in translation the learned term pestilent minuteness…it is hard to preserve in a translation the charm of expression which in another language are most felicitous, and if I render word for word, the result will sound uncouth, and if compelled by necessity…translator." कालान्तर में रोमियों ने भी लैटिन में कई अनुवाद किये। चौथी सदी के सेंट जेरोम (Jerome) ने भी कई अनुवाद कार्य क़िया।

अरब में भी अनुवाद कर्म की सुदीर्घ परंपरा का पता चलता है। वस्तुतः अरब देश साहित्य, कला, ज्ञान-विज्ञान का बहुत पहले से ही प्रेमी रहा है। संयोग से अरब का पुराना रिश्ता भारत से था। इन अरबों ने भारतीय ब्राह्मणों की सहायता से 8वीं-9वीं तथा 10वीं शती के आसपास भारतीय संगीत, ज्योतिष, गणित, रेखागणित, सर्पशास्त्र, खगोल विज्ञान, चिकित्सा, तर्कशास्त्र, नीतिशास्त्र, रसायन तरह ग्रीक में भी ढेरों धार्मिक ग्रंथों के अनुवाद हुए। बेदे (Bede) ने 375 ई० में जॉन के गास्पल का अनुवाद किया। सीरियाई से अरबी, यूनानी से सीरियाई तथा अरबी से लैटिन में भी अनुवाद हुए। अनुवाद की यह धारा स्पेन, फ्रांस तथा जर्मनी में प्रभूत मात्रा में वही। बाइबिल के अनुवाद फ्रांसीसी, अंग्रेजी डच, चेक, जर्मन में भी हुए। मार्टिन लूथर इस समय के महत्वपूर्ण अनुवादकों में से हैं। इसका अनुमान इसी से लगाया जा सकता है कि लूथर द्वारा किये गये बाइबिल के अनुवाद का जर्मन भाषा पर बहुत गहरा असर हुआ। लूथर के ही समकालीन फ्रांसीसी विचारक एतौने दोले भी प्रमुख अनुवादकों में से थे। 16वीं शताब्दी में कैसिओवेरो वे रीना (Casiodoro de Reina) ने बाइबिल का सुप्रसिद्ध अनुवाद स्पैनिश भाषा में किया। फ्रांस के बैतेक्स (Btteux) भी कुशल अनुवादक माने जाते हैं। इसी तरह प्रसिद्ध भाषा शास्त्री श्लेगेल तथा हर्डर भी जाने माने अनुवादकों में से हैं।

इंग्लैण्ड में अनुवाद की परम्परा पुख्ता रूप में बहुत पहले से ही मिलती है। मैं समझता हूँ कि अनुवाद की दृष्टि से इंग्लैण्ड समूचे विश्व में सर्वाधिक संपन्न रहा है। राजा एल्फ्रेड ने बीड के इतिहास का, जॉन विक्लिफ ने बाइबिल का, टॉमस नार्थ ने यूनानी और रोमन लोगों की जीवनियों का, जॉर्ज चॉपमैन ने होमर के इलियड का, अब्राहम काउली (A.Cowley) ने पिंडार (Pindar) के संबोधगीतों (Odes) का अनुवाद किया तो अर्ल रोस्कोमन ने अनुवाद पर अपना विचार इस प्रकार व्यक्त किया—

"Your Anothor always will be the best advice
Fall when he falls and when he rises rise."

कालान्तर में एलेक्जेंडर पोप (Alexander Pope), विलियम काउपर (William Cowper) जान वेस्ले (Jone Weslay), जॉर्ज कैम्पबेल (George Campbell) टिटलर (Alexander Fraser Tytler) मैथ्यू आर्नल्ड (Mathew Arnold), फ्रांसीस न्यूमैन (Francis Newman), फिट्जजेराल्ड (Edward Fitgerald) आदि सुप्रसिद्ध अनुवादकों ने इस परंपरा को आगे बढ़ाया एवं अनुवाद साहित्य को समृद्ध किया।

तिब्बत तथा चीन में भी अनुवाद की बहुत लंबी परंपरा का पता चलता है। तिब्बती विद्वानों, जिन मिश्र, शैलेन्द्र बोधि, सुरेतु बोधि तथा बोधिमित्र ने बौद्ध ग्रंथों का तिब्बती में अनुवाद किया। तिब्बती विद्वान वुस्तान द्वारा किया गया अनुवाद 'कज्जुर' तथा 'तज्जुर' अत्यन्त प्रसिद्ध हैं। चीनी अनुवाद भी दूसरी शताब्दी में ही शुरू हो गया था। फाह्यान का 'महापरिनिर्वाण-सूत्र', 'परिनिर्वाण सूत्र, ईत्सिंग का 'संस्कृत चीनी शब्द कोश', तथा युवान-चुवांग द्वारा किये गये संस्कृत के 70 ग्रंथों के अनुवाद सुप्रसिद्ध हैं।

(17) अनुवाद चिन्तन की भारतीय परम्परा

पश्चिम की तरह भारतीय मनीषियों ने भी प्राचीन काल से ही अनुवाद के अपने महत्वपूर्ण सृजनकर्म से इस विधा की ऊसर-बांगर जमीन को तोड़ा है। अनुवाद का दीपक संस्कृत काल में ही जल चुका था। महाभारत, भागवत, पुराण, सत्यनारायण कथा, हितोपदेश, वैद्यक, नीति ग्रंथ, ज्योतिष, आदि के प्रौढ़-परिपक्व अनुवाद इस देश में बहुत पहले ही हो चुके थे। कहा जाता है कि ऋग्वेद और जेन्दावेस्ता की कुछ पंक्तियाँ थोड़े से ध्वन्यात्मक परिवर्तन से लगभग एक हो जाती हैं। कुछ वैदिक छंदों या अंशों के अनुवाद लौकिक संस्कृत में मिलते हैं। **महाभारत** के पूर्ण-अपूर्ण अंशों के अनुवादकों में—देवीदास, छत्रकवि, कुलपति मिश्र तथा गोकुलनाथ, **भागवत** के पुरानी हिन्दी के अनुवादकों में—गोपीनाथ, नंददास, चतुरदास, पदुमन, कृपाराम, बालकृष्ण, रसखान, भूपति, भीष्म, मक्खन लाल, तथा अंगद शास्त्री आदि, **पुराण** में कई पुराणों के हिन्दी अनुवादकों में—लखराज, परमदास, भगवानदास, निरंजनी, शिवसागर, दलेल सिंह, भिखारी तथा दुर्गा प्रसाद आदि, इसी तरह **पंचतंत्र** के अनुवादकों में—अमर सिंह, कृष्णभट्ट, देवीलाल तथा पोल्हावन, **हितोपदेश** के अनुवादकों में—पदुमन दास, वंशीधर, जयसिंह दास, छविनाथ, लल्लू लाल कवि, आदि **सत्यनारायण कथा** के अनुवादकों में—गंगाधर शास्त्री, ईश्वर नाथ, रामप्रसाद गूजर तथा गणेशदीन, **वैद्यक** ग्रंथों के अनुवादकों में—पुरुषोत्तम, चेतसिंह, भगवान, बाबू राम पाण्डेय, दरियाव सिंह, ठाकुर प्रसाद, मदन पाल, शेख मुहम्मद आदि **ज्योतिष ग्रंथों** के अनुवादकों में—लालचन्द, छाजू राम द्विवेदी, गुलाब दास, अखैराम, चन्द्रमणि, **वासुदेव सनाढ्य, दत्तराभ, टीका राम, इसी तरह नीति ग्रंथों के अनुवादकों में—देवीदास,** व्यास, भवानी दास, गोपाल, नैन चन्द, तथा श्रीलाल आदि सुप्रसिद्ध हैं।

इसी तरह अश्वघोष, भास, कालिदास, श्रीहर्ष, आदि के हिन्दी अनुवाद भी उच्चस्तर के उपलब्ध होते हैं। प्राकृत अंशों की ढेरों संस्कृत छायाएँ भी मिलती हैं। आर्यासप्तशती तथा अमरूशतक के भी श्रेष्ठ अनुवाद किये गये हैं। बताते हैं पालि के कुछ ग्रंथों का चीनी भाषा में अनुवाद किया गया था। संस्कृत के बाल्मीकि रामायण, मेघदूत, अभिज्ञान शाकुंतल आदि के छायानुवाद प्राकृत-अपभ्रंश की कृतियों में—महावीर चरित्र, पउम चरिउ, भविसयत्तकहा, सुदंसण चरिउ, में आसानी से प्राप्त हो जाते हैं। अपभ्रंश की कुछ कृतियों के अनुवाद तिब्बती भाषा में भी प्राप्त हुए हैं। अपभ्रंश की कुछ पंक्तियों के छायानुवाद पुरानी हिन्दी में प्राप्त होते हैं, यथा—**पाहुड़ दोहा में—**

बहुपयई पठियइं मूढ़ पर तालू सुक्कइ जेया।
एक्कु जि अक्खरु तं पढ़हु .....॥

कबीर भी कहते हैं— **पढ़ते-पढ़ते जग मुआ पंडित भया न कोय।**
एकहि आखर प्रेम का पढ़े सो पंडित होय॥

हेमचन्द की पंक्तियाँ— **बाह विछोडवि जाहि तुहुं हउँ तेवइँ को दोसु।**
हिअयट्ठिअ जइ नीसरहि जाणउ मुंजु सरोसु॥

सूरदास भी कहते हैं— **बाँह छोड़ाए जात हो निबल जानि के मोहिं।**
हिरदै ते जब जाहुगे सबल जानुँगो तोहि॥

इसी तरह सिद्धों तथा नाथों की अनेक पंक्तियों में संस्कृत, प्राकृत तथा अपभ्रंश की छाया मिलेगी। विद्यापति, सूरदास, तुलसी, बिहारी, आदि कवियों की रचनाओं में पूर्व रचनाकारों की भाव साम्यता या छायानुवाद सहज रूप में प्राप्त होता है। **मम्मट** कहते हैं—नीवीं प्रति प्रणिहिते तु करे प्रियेण। सख्य: शयामि यदि किंचदपि स्मरामि॥ तो इसे **विद्यापति** इस प्रकार कहते हैं—जब निबि बध खसाओल कान। तोहर सपथ हम किछु जदि जान॥ **संस्कृत** का यह श्लोक, तत्रैव गंगा यमुना च वेणी गोदावरी सिन्धु सरस्वती च। सर्वाणि तीर्थानि वसन्ति तत्र, यत्राच्युतोदारकथाप्रसंग:॥ तो **सूरदास** इसी को कहते हैं,—हरि की कथा होइ जब जहाँ, गंगा हू चलि आवै तहाँ। जमुना सिन्धु सुरसरी आवै, गोदावरी बिलंब न लावै॥ गालव संहिता का यह पद-मित्रस्य दुखेन जना दुखिता नो भवन्ति ये। तेषां दर्शनमात्रेण पातकं बहुलं भवेत्॥ तो इसी को महाकवि **तुलसीदास** इस प्रकार कहते हैं—जे न मित्र दुख होहिं दुखारी। तिन्हहिं बिलोकत पातक भारी। **गाहा सतसई** का निम्न दोहा—फुरिए वामच्छि तुए जइ एहिय सो पिओ ज्ज ता सुइरम। संमीलिअ दाहिणअं तुइ अवि एहं फ्लोइस्सम्॥ **बिहारी** में इस प्रकार परिवर्तित होता है,—बाम बाहु फरकत मिलैं, जो हरि जीवन मूरि। तौं तोहीं सों भेटिहौं राखि दाहिनी दूरि॥

19वीं शताब्दी में हिन्दी में काफी अनुवाद किये गये। हिन्दी में मुख्य रूप से संस्कृत, बंगला, अंग्रेजी तथा मराठी नाटकों, कहानियों, उपन्यासों, काव्यों तथा निबंधों के अनुवाद किये गये। नाटकों में प्रबोध चन्द्रोदय, हनुमन्नाटक, मुद्राराक्षस, शकुन्तला, मालती माधव, उत्तर रामचरितम्, रत्नावली, कर्पूर मंजरी, कुंदमाला, मृच्छकटिक, मर्चेन्ट आफ वेनिस, ऐज यू लाइक इट, मैकबेथ, ओथेलो, हेमलेट, ली बर्जिस गतील हामे, जैसे सैकड़ों ग्रंथों के हिन्दी में अनुवाद किये गये तो, कविताओं में पोप, मिल्टन, शेली, वायरन, बर्ड्सवर्थ, कीट्स, टेनिसन तथा गोल्डस्मिथ की श्रेष्ठ काव्य पंक्तियाँ अनूदित की गईं। इसी तरह गणित, अर्थशास्त्र, कृषि, इन्जीनियरिंग, भौतिकशास्त्र, जीवविज्ञान, रसायन, राजनीति विज्ञान, भाषा-विज्ञान, काव्यशास्त्र, इतिहास तथा समाज शास्त्र, जैसे विषयों में भी हिन्दी अनुवाद हुए।

कालान्तर में आचार्य रामचन्द्र शुक्ल, लल्ली प्रसाद पाण्डेय, देवी प्रसाद पूर्ण, रामधारी सिंह दिनकर, बच्चन, डॉ० रांगेय राघव, राहुल सांकृत्यायन, भदंत आनन्द कौसल्यायन, जगमोहन सिंह, श्रीधर पाठक, मिश्र बन्धु, जगन्नाथ दास रत्नाकर तथा इधर पंडित जवाहर लाल नेहरू ने अनुवाद विधा को पुष्टपीन बनाया है। यही नहीं अब भी ढेरों कृतियों के अनुवाद हिन्दी में सतत् जारी हैं और जारी रहेंगे। इस प्रकार हम देखते हैं कि भारतीय अनुवाद चिंतन पश्चिम की तुलना में काफी सम्पन्न और ठोस हुआ है।

(18) अनुवाद सम्बन्धी समस्याएँ

छोटे-बड़े ब्योरों के साथ दृश्यों को बुनने और स्रोत पुस्तक के सभी चरित्रों को सजीव और संवादों को विश्वसनीय बनाने में जो अनुवाद सक्षम-समर्थ होता है, वही श्रेष्ठ माना जाता है। भाषिक कौशल, कथ्य की परिपक्व प्रस्तुति, उपयोगी संदर्भ तथा तत्संबंधी कृति की प्रयोगशीलता तथा प्रयोजन शीलता को जो अनुवाद सुन्दर तस्वीर और तलस्पर्शी स्पर्श के साथ

पाठकों के समक्ष प्रस्तुत करे, वही कालजयी और असरकारक होता है, जो अनुवाद अनूदित कृति में उठाए गए जरूरी सवालों, घटनाओं व्याख्याओं, अंतरंग चित्रों को उनकी मूल आत्मा के साथ परत दर-परत उघाड़े, वही अनुवाद प्रामाणिक माना जाता है।

इसके बरक्स अजीब, अनगढ़, कृत्रिम, अप्रत्याशित और कुटिल अनुवाद अक्षम और विडंम्बनापूर्ण माना जाता है तो अनुवादक वंचक—"Traduttori traditori" वस्तुतः अनुवाद का मुख्य गुण मूलनिष्ठता माना जाता है। अनुवाद को पढ़कर मूलपुस्तक का आनंद मिलना चाहिए—"A translation should affect us in the same way as the original may be supposed to have affected its first place." पश्चिम के सुप्रसिद्ध कवि फिट्जजेराल्ड (Edward Fitzgerald) कहते हैं कि अनुवाद शब्द-प्रति-शब्द नहीं होना चाहिए, हाँ अनुवादक को अपनी रूचि के अनुसार अनुवाद में मूल रचना की पुनर्रचना जरूरत पर कर लेनी चाहिए—"I am persuaded that...translator...must recast the original into his own likeness." क्योंकि कि मरे शेर से जीवित कुत्ता कहीं अच्छा होता है—"The live dog is better than dead lion".

बनावटी शैली, बनावटी अभिव्यंजना, निरर्थक शब्द-योजनाएँ, कथ्य के साथ खिलंदड़पन, निष्कृयता संदर्भों को न पकड़ पाना आदि दुर्गुण अनुवाद के सामने खड़े खतरे माने जाते हैं। ये कमजोरियाँ अनुवाद के चरित्र को खंडित करती हैं, अनुवाद का ताप इनकी वजह से छीजता और मरता है। सुप्रसिद्ध ग्रंथ बाइबिल के एक भदेस और फूहड़ अनुवाद को देखकर पश्चिम के एक प्रसिद्ध विद्वान ह्यू ब्राउटन ने कहा था कि—"The translation bred in me a sadness that will grieve me while I breath. It is so ill done. Tell His Majesty that I had rather be rent in pieces with wild horses than any such translation by my consent should be urged upon poor churches." अर्थात् इस अनुवाद को देखकर मुझे जो दुख हुआ है, मृत्युपर्यन्त दूर नहीं हो सकता। यह अनुवाद बहुत ही खराब है। मुझे चाहे टुकड़े-टुकड़े कर दिया जाय, किंतु ऐसा अनुवाद चर्चों के ऊपर थोपने को मेरी आत्मा बर्दाश्त नहीं कर सकती।'' तो देखा आपने, अनुवाद की उक्त कच्ची और अपरिपक्व समझ ने कितनी विकट-जटिल समस्या पैदा कर दी।

दरअसल, अनुवाद कर्म बहुत कठिन प्रक्रिया है। इसमें जिस कृति का अनुवाद करना है, उसके शिल्प की मजबूत पकड़, भाषा में गहरी पैठ तथा उसके 'टोटल स्ट्रक्चर' (Total Structure) पर नियंत्रण आवश्यक है, तभी अनुवाद अपनी मूल शक्ल-सबीह में दूसरी भाषा में जनम ले सकता है, क्योंकि अनुवाद कर्म दुहरी प्रक्रिया माना जाता है। यदि अनुवादक अनुभवहीन, टुटपुंजिया और जागरूक नहीं है तो उसका अनुवाद पश्चिम के डेनहम की निम्न पंक्तियों को याद दिलाएगा कि जो साहित्य के क्षेत्र में सफल नहीं हो सका, भाषाशास्त्री बन बैठा। ठीक यही बात अनुवाद के विषय में भी कही जाती है—

"Such is a our pride, our folly, or our fate,
The few, but such as cannot write, translate."

फ्रैंकलिन ने भी इसी तरह कहा था कि—

"...Hands impure dispese
The sacred steams of ancient eloquence,
Pedants assume the tasks for scholars fit
And block heads rise in interpreters of wit."

(19) अनुवाद संबंधी समस्याओं के समाधान

हिन्दी अनुवाद के विकास में बाधक कुछ निम्न समाधानों-सुझावों पर यदि विचार किया जाय तो संभवत: अनुवाद विश्वसनीय और ऊर्जस्वित होगा। अनुवाद कर्म के प्रति आस्था पैदा करने के लिए सर्वप्रथम अपने देश में अनुवाद-संबंधी प्रशिक्षण-केन्द्रों और प्रयोगशालाओं को स्थापित करना होगा। गोष्ठियों, वार्ताओं और समय-समय पर होने वाले आयोजनों-बैठकों में अनुवाद को 'अनुवाद कला' के प्रयोग की खराद पर चढ़ाया जाना चाहिए। अगली बात यह कि विदेशी कृतियों के अनुवाद के वक्त हमें कठिन शब्दों के प्रयोग से बचना चाहिए। भरसक स्थानीय, देसी या बोलचाल की शब्दावली का प्रयोग हो तो यह उत्तम माना जाएगा। ऐसे अनुवादों के प्रति लोगों के रुझान एवं चाव में वृद्धि होगी।

वस्तुत: गंभीर अनुवाद के नाम पर कठिन शब्दावली अनुवादकों को दुर्बोध, पंडिताऊपन से बोझिल तथा जिह्वा के लिए उटपटांग ही सिद्ध होगी। इससे अनुवाद के विरुद्ध माहौल तैयार होगा। वह अनुवाद प्रासंगिक और महत्त्वपूर्ण नहीं रह जायेगा। प्रत्येक अनुवादक को 'हम हमारे, तुम तुम्हारे', 'विवेकानंदा, योगा, केरला, आन्ध्रा, कर्नाटका, हिमालया, कोनारका, शुंगा, वेदाज, कुषाणा, मिश्रा, गुप्ता, पुरवाई,-पुर्वाई, बरसात-वर्सात, फर्श-फरस, कीजिये-किजिये या करिये जैसे भ्रष्ट और बेशर्म प्रयोगों से बचना चाहिए क्योंकि वर्तनी का संकट और भाषा की दुविधा हर अनुवाद के लिए दुवारे पर खड़े शत्रु की तरह हैं।

खासकर, यदि अनुवाद हिन्दी भाषा में हो रहा है तो तत्काल सवाल पैदा होगा कि अनुवाद के नाम पर हिन्दी की शब्दावली में कठिन शब्द गढ़कर गोशाला के गायों की तरह जबरिया ठूँस देना कहाँ तक न्यायोचित माना जाएगा? हिन्दी के लिए इससे बड़ा दुर्भाग्य और क्या हो सकता है कि आज तक अपने ही देश में इसकी कोई विशिष्ट पहचान, एक निश्चित ठोस आकार प्रकार या व्यक्तित्व और स्वरूप की कोई रचनात्मक कल्पना पूरी तरह नहीं बन पाई है, तो ऐसी स्थिति में यह कहाँ तक उचित है कि अपने अस्तित्व के लिए संघर्षरत और जूझ रही हिन्दी को कृत्रिम, बेडौल, मसनूई तथा गढ़े हुए कठिन शब्दों से लैस दिया जाय?

एक अच्छा अनुवाद वही हो सकता है जो व्यापक परिप्रेक्ष्य में वैज्ञानिक दृष्टि से सरल-सहज भाषा में प्रस्तुत हो। यदि ऐसा नहीं होगा तो अनुवाद और पाठक एक-दूसरे के लिए अजनबी बने रहेंगे। यदि निष्पक्ष बात की जाय तो कहेंगे कि अनुवाद का कारोबार पिछले चार दशक में काफी बढ़ा है। कई तरह की अनुवाद संबंधी संस्थाएँ और दुकानें खोलकर एक तबका इस देश में हिन्दी विकास के नाम पर अपना भरपूर विकास और हितलाभ कर रहा है। इन दुकानों और संस्थानों में बिल्कुल बनावटी, नीरस और व्यर्थ का अनुवाद तैयार हो रहा है। अंग्रेजी से हिन्दी के नाम पर आज छोटे-मोटे उद्योग पनप चुके हैं। बड़े-बड़े अनुवाद ग्रंथ जन्में हैं। अपनी साहित्यिक महत्वाकांक्षाओं की प्रपूर्ति हेतु साधन बने इस कार्य-व्यापार और अनुवाद से हिन्दी का कुछ भी भला नहीं हो रहा है, बल्कि हिन्दी महज अनुवाद की संस्कृति का हिस्सा और कतरा-टुकड़ा बन कर रह गयी है। अत: आज जरूरत है—निहायत मशीनी भाषा की जगह, सरल-सहज, सीधे-सादे, सहज-अकृत्रिम, उलझाव और जटिलता से मुक्त, अवक्र, निराभरण, स्वाभाविक तथा जन सामान्य की जिह्वा पर आसानी से चढ़ने वाली, पत्ती के टूसे की तरह कोमल भाषा में अनुवाद किया जाय। कुल मिलाकर अनुवाद जैसे समादृत कार्य को प्रामाणिक रूप में संपन्न करने के लिए या तो अखिल भारतीय स्तर पर किसी एक संस्था, विश्वविद्यालय, व्यक्ति, समूहों या साधन संपन्न सतत् प्रयत्नशील भाषा-संस्थान को

सामने आना होगा, जिसमें समर्पित, सुविज्ञ, ज्ञानवान निष्ठावान अनुवाद कर्मियों-शिल्पियों की सशक्त टोलियों या समूहों का सहयोग जुटा हो, अन्यथा यदि मुद्रालाभ की पनपती व्यावसायिकता को ध्यान में रखकर, बाजार में माँग के कारण अनुवाद के नाम पर अनुवाद की गाद और तलछट को झटपट गढ़ रच कर हमने समाज को सौंप दिया तो अनुवाद से पाठक निरंतर वैसे ही भड़केंगे जैसे लाल साड़ी देखकर साँड़ भड़कता है।

(20) अनुवाद की आवश्यकता, महत्त्व या अनुवाद का उद्देश्य

विश्व का कोई भी मानव समाज शायद ही अपने को हर दृष्टि से पूर्ण मानता हो। संस्कृति, शिक्षा, तकनीक, प्रौद्यौगिकी, ज्ञान-विज्ञान, आदि अनेक कोणों पर कहीं-न-कहीं वह अपने में खालीपन अवश्य महसूस करता है। हर समाज के मन में अपने से हटकर दूसरे समाज की आशा, आकांक्षा, मनस्ताप, टूटन, संत्रास, अफसुर्दगी, सौन्दर्यबोध, संवेदनाओं-समस्याओं, संघर्ष-क्षमता, अभिव्यक्त की स्वतंत्रता, सामाजिक विखराव, जीवन पद्धति, सभ्यता तथा साहित्यिक हैसियत आदि को जानने की इच्छा बनी रहती है। यही जिज्ञासा एक समाज को दूसरे समाज के निकट ले आती है। जब एक समाज दूसरे समाज के निकट पहुँचता है तो एक-दूसरे को समझने-परखने की गरज और जरूरत के कारण ही जन्मती है, अनुवाद की आवश्यकता जिसका उद्देश्य होता है भाषा और साहित्य की समृद्धि के साथ-साथ एक-दूसरे को जानना और इस प्रकार पारस्परिक अवबोध के सहारे एक-दूसरे के अधिक निकट आना। इस अनुवाद के माध्यम से ही एक समाज-दूसरे समाज से अपना तादात्म्य तथा पारस्परिक रिश्ता तय कर पाता है। खासकर आज की दुनियाँ में परस्पर भाई-चारे की भावना को विकसित करने, एक-दूसरे से मिलजुल कर रहने, मानवता का संदेश प्रसारित करने, विश्व-बंधुत्व और बसुधैव कुटुंबकम् का भाव स्थापित करने, एक-दूसरे के बीच निश्छल ममत्त्व, एका और आत्मीयता को पुख्ता करने के लिए अनुवाद एक सशक्त माध्यम सिद्ध हो सकता है। अपने देश पर बहुत दिनों तक अंग्रेजी शासन के कारण हमारा समाज इक्के-दुक्के अपवादों को छोड़कर देसी संस्कारों से कटी अंग्रेजी भाषा के माध्यम से ही दुनियाँ के दूसरे समाजों से जुटता रहा है। हाँ, यह बात अलग है कि पिछले दो-तीन दशकों से भारतीय समाज बिना किसी अन्य भाषा के माध्यम से सीधे रूसी समाज से जुटा हुआ है। बहुत दिनों तक अंग्रेजी शासन के कारण हमारा भारतीय समाज अंग्रेजी खान-पान तथा रहन-सहन के तौर-तरीकों की नकल तो किया ही अंग्रेजी शब्दों को भी अपने शब्द कोशों में पाट लिया। कालान्तर में समय की माँग को देखते हुए हमारे समाज में यह सोच पैदा हुई कि अंग्रेजी के इन शब्दों को क्यों न तत्संबंधी-भाषाओं में अनूदित कर लिया जाय? इस सिलसिले में सरकारी-गैर सरकारी दोनों स्तरों पर प्रयास हुए। इन प्रयासों पर यदि हम सूक्ष्मता से विचार करें तो बेलौस कह सकते हैं कि कुछ को छोड़कर शेष निरर्थक, नीरस, बचकाने, अजनबी, अधकचरे, अपच-उबाऊ, क्लिष्ट और लद्धड़ ही सिद्ध हुए है।

यह तो रहा अनुवाद की आवश्यकता या उद्देश्य का एक चेहरा, जिसका 'टोटल' निष्कर्ष यह रहा कि आज के भूमंडलीकरण या ग्लोबलाइजेशन के इस आधुनिक दौर में जब संपूर्ण विश्व एक ग्लोबल समाज में तब्दील होने के लिए कसमसा और उतावला हो रहा है, तब अनुवाद एक महती जरूरत बन कर उभरा है। बेशक, अनुवाद संबंधों की नई जमीन बनाता और जोड़ता है। दो अपरिचित अजनबी समाजों के बीच यह पुल का कार्य करता है, यह इसकी सकारात्मक भूमिका का एक पक्ष है, किन्तु अनुवाद की विडंबनाओं का एक कृष्णपक्ष

भी है। यह कृष्णपक्ष ही सवाल की आकृति धर कर हमारे सामने खड़ होता है कि जो अनुवाद क्लिष्ट और नीरस हो, यहाँ तक तो गुंजाइश भी है, लेकिन जो अनुवाद मूलभाव को उसकी मूल आत्मा के साथ सामने न लाए, जो मूल से दूर हट जाय, वह अनुवाद किस काम का? अत: अनुवाद की आवश्यकता और उसका उद्देश्य ही क्या रह जायेगा? अंग्रेजी और इतावली में कुछ कहावतें हैं कि—"If a woman is beautiful, she is not faithful and if faithful not beautiful" अर्थात् सुन्दर स्त्रियाँ वफादार नहीं होती और वफादार स्त्रियाँ सुन्दर नहीं होती। इसी तरह अनुवाद के बारे में इनका विचार था कि, "Translation is like a woman, if beautiful not faithful, if faithful not beautiful" अर्थात् यदि अनुवाद सुन्दर होगा तो मूलनिष्ठ नहीं होगा और मूलनिष्ठ होगा तो सुन्दर नहीं होगा।

अनुवाद के महत्व पर प्रकाश डालते हुए सुप्रसिद्ध रूसी विद्वान लेब जिन्सबर्ग (Lev Ginsburg) ने अनुवादक के सामर्थ्य के संबंध में लिखा है—The creative translator has a duty to reproduce in his own language not only the text of the original but the essence of its speach characteristics, its psychological approach, its system of images, and its national and period fervour. It emerges quite clearly therefore, that the translator has no right to fade unobtrusively into the translation, to act as an automation performing the author's will.

(ख) अनुवाद व्यवहार

भाषा की प्रयोजनपरकता एवं अनुवाद

'मधुशाला' के सुप्रसिद्ध कवि स्व० **हरिवंश राय बच्चन**[1] ने अपनी आत्मकथा ''दशद्वार से सोपान तक'' के प्रथम खण्ड में हिन्दी अनुवाद की समस्याओं पर एक ललित किन्तु बेबाक और तल्ख टिप्पणी की है। उन्होंने लिखा है कि मंत्रालयों में सबसे बड़ा अफसर सचिव (सेक्रेटरी) होता है, उसके नीचे सह सचिव (ज्वाइंट सेक्रेटरी), उसके नीचे उप सचिव (डिपुटी सेक्रेटरी), उसके नीचे अवर सचिव (अंडर सेक्रेटरी)। सुना, जब सेक्रेटरियों का हिन्दी नामकरण किया जा रहा था, तब अंडर सेक्रेटरी के लिए 'नीच सचिव' भी सुझाया गया था, शायद हिन्दी की शब्दावली का मजाक उड़ाने के लिए। उसी पृष्ठ पर बच्चन जी ने अंग्रेजी के शब्द 'क्यूबिकिल' के लिए, थोड़े संशय के साथ 'दड़बा' शब्द का प्रयोग किया है और विनोद के साथ इसे अभिव्यक्त भी किया है। अगले पृष्ठ पर बच्चन जी ने लिखा है कि ''कोई पूछता रेडियो को क्या कहेंगे—विद्युत प्रसारण यंत्र? तोले भर अंग्रेजी शब्द के लिए सेर भर का हिन्दी शब्द...।''

अब आप स्वत: सोचिए कि अनुवाद तो स्वत: दोयम दर्जे का घटिया धतकरम माना जाता है, अत: ऐसी स्थिति में यदि अनुवाद खासकर हिन्दी अनुवाद के साथ इस तरह की गंदी ठिठोली और पुरमजाक किया जाएगा, तो वह अनुवाद कितना सार्थक और मुफीद होगा? वस्तुत: इस तरह का अनुवाद भाषा को दरिद्र, जड़ और निष्क्रिय बनाता है। सुन्दर लगने की ललक और लालच में साँस रोककर इस तरह कृत्रिम, बेडौल और बनावटी अनुवाद करने से भाषा पोराही ऊख की तरह बेदम-बेजान हो जाती है। खासकर, आज के बाजारवाद और विश्व-पूँजी की पराधीनता में जकड़े जगत में सशक्त और विश्वसनीय अनुवाद ही संवाद का

---

1. **दशद्वार से सोपान तक—हरिवंश राय बच्चन, पृष्ठ 24**

पुख्ता औजार और उपकरण बन सकता है। आप सभी जानते हैं, विश्वासघात, छल-छद्म, बनावटीपन, कपट और वंचना—सम्पृक्त बड़ी होती दुनिया का निर्माण हमारी आँखों के सामने बहुत क्षिप्र गति से इस समय हो रहा है। वैश्वीकरण-भूमंडलीकरण ने विकास के नाम पर मनुष्य को जोड़ने की बजाय अनगिनत टुकड़ों में बाँटा है। मनुष्य इससे ठगा महसूस कर रहा है। कुल मिलाकर, पूरी दुनियाँ आत्म-संकुचन के घेरे में है। लोगों में परस्पर संवाद कटा है। अतः ऐसी विषम स्थिति में पूरी धरती पर विश्वबन्धुत्व की भावना के प्रचार-प्रसार, श्री रामराज्य जैसी भावना के स्थापन, संतुलन, समग्रता और पारस्परिकता बनाने के लिए अनुवाद ही सार्थक और विश्वसनीय उपकरण सिद्ध हो सकता है। पर सवाल है—'रघुवीरी शैली' में या 'अन्डर सेक्रेटरी' का 'नीच सचिव' वाला अनुवाद हमारे साथ कितना न्याय और सहयोग कर पाएगा? दरअसल, हिन्दी अनुवाद की यही अपनी निजी कमजोरियाँ और समस्याएँ हैं, जिन्हें संक्षेप में हम इस प्रकार देख सकते हैं—

(1) कार्यालयीय हिन्दी, अभिलेखों या कार्यालयीय सामग्री अथवा सूचना प्रधान साहित्य के अनुवाद की समस्याएँ—डॉ० विनोद गोदरे[1] लिखते हैं कि कार्यालयीय अनुवाद से तात्पर्य है—कार्यालय से सम्बद्ध साहित्य का अनुवाद। मोटे रूप से इसके अन्तर्गत् प्रशासनिक कार्यालय, सैनिक-अर्द्ध सैनिक कार्यालय, डाक-तार कार्यालय, रेल कार्यालय, आकाशवाणी एवं दूरदर्शन् कार्यालय तथा संसदीय कार्यालय आदि आते हैं। कार्यालयी साहित्य मुख्यतः दो प्रकार का होता है। एक, पत्राचार साहित्य, जिसमें मसौदा-टिप्पणी आते हैं एवं दूसरा, संसद के प्रश्नों के जवाब, नियतकालिक प्रशासनिक प्रतिवेदन अधिसूचनाएँ तथा संकल्प, सार्वजनिक सूचनाएँ, समाचार-पत्रों में प्रकाशित की जाने वाली प्रेस विज्ञप्ति अथवा टिप्पणी। वस्तुतः कार्यालयी अनुवाद को दो वर्गों में विभाजित किया जा सकता है—(1) सांविधिक अनुवाद तथा (2) असांविधिक अनुवाद।

आप सभी जानते हैं, स्वतंत्र देश का संविधान बनाने का काम विभिन्न वर्गों से सम्बद्ध स्वतंत्रता सेनानियों वाली संविधान सभा को सौंपा गया। इस सभा ने देश के विभिन्न मामलों में निर्णय बहुमत से लिया, ठीक इसी तरह देश की मुख्य भाषा के सम्बन्ध में भी पं० नेहरू का आग्रह था कि यह निर्णय भी बहुमत से लिया जाय। बहरहाल, संविधान सभा ने निर्णय लिया कि, The official language of the union shall be Hindi in Devanagari Script." अर्थात् संघ की राजभाषा हिन्दी और लिपि देवनागरी होगी। परन्तु हिन्दी के दुर्भाग्य से संविधान सभा ने यह घोषित किया कि यह निर्णय तत्काल नहीं बल्कि संविधान लागू होने के 15 वर्ष बाद प्रभावी होंगे। हाँ, राष्ट्रपति चाहें तो संघ सरकार के कामकाज में हिन्दी भाषा और देवनागरी अंकों के प्रयोग को प्राधिकृत कर सकते हैं, पर साथ में अंग्रेजी भी रहेगी। अब यहीं पर हिन्दी के सामने दो सवाल संकट की तरह खड़े हो गए—15 वर्ष का समय तथा हिन्दी के साथ-साथ अंग्रेजी प्रयोग जारी रहने की छूट। पन्द्रह वर्ष की छूट शायद इसीलिए दी गई कि इस बीच की एक पीढ़ी स्नातक होकर कार्यालयों में हिन्दी का प्रयोग शौक से करेगी और सभी कर्मचारी भी हिन्दी सीख लेंगे। लेकिन हो गया—उल्टा। स्नातक पीढ़ी ने कार्यालयों में न तो हिन्दी में काम करने की रुचि दिखाई और न कर्मचारियों ने हिन्दी सीखने में मन लगाया। हिन्दी सीखने का भत्ता अवश्य लिया होगा, जिसका परिणाम हुआ कि अंग्रेजी मूल से छना हिन्दी अनुवाद न शुद्ध रूप से अंग्रेजी रह पाया और न हिन्दी ही बन पाया,

1. **प्रयोजनमूलक हिन्दी—डॉ० विनोद गोदरे, पृष्ठ 126**

बल्कि इससे एक 'संकर भाषा' (Hybrid language) 'हिंग्लिश' ने अवश्य जन्म ले लिया। हिन्दी 'न घर की रही न घाट की।' हिन्दी-प्रयोग की स्थिति कार्यालयों में आज भी लगभग वैसी ही है। कार्यालय में अंग्रेजी का हिन्दी तर्जुमा धकाधक गढ़ा-रचा जा रहा है, जिसे "न हम समझ रहे हैं और न खुदा समझ रहे हैं।" कार्यालयी हिन्दी की अपने किसिम की यह जुदा—अलहदा मिसाइल तथा समस्या है। **डॉ० राम मनोहर त्रिपाठी**[1] कहते हैं कि अनुवाद के मामले में सरकारी कार्यालयों ने बड़ा कबाड़ा किया है। हर सरकारी दफ्तर में अनुवाद होता है। वहाँ तो बाबू लोग अनुवाद करते हैं। उनके अनुवाद में जितनी सफाई और स्पष्टता अपेक्षित है, वह आ नहीं पाती। इसमें उनका दोष नहीं। वे अपने हिसाब से अनुवाद करते हैं। वे तो अनुवाद का अनुवाद करते हैं। फलस्वरूप अनुवाद इतना बोझिल हो जाता है कि उसे सामान्य नागरिक समझ नहीं पाते। शब्द के स्थान पर शब्दानुवाद होता है। इधर, **डॉ० जी० गोपीनाथन**[2] कार्यालयीय हिन्दी की समस्या पर प्रकाशपात कर बताते हैं कि प्रशासनिक अनुवाद की महत्त्वपूर्ण समस्या तो प्रशासनिक भाषा है, जो कुछ अंशों में तकनीकी भाषा है और कुछ अंशों में तो सामान्य भाषा के करीब है। **डॉ० माधव सोनटक्के**[3] का विचार है कि कामकाजी अनुवाद की अपनी समस्याएँ हैं। पारिभाषिक शब्दावली की समस्या में भी अनेकरूपता है। अंग्रेजी पारिभाषिक शब्दावली के पर्याय के रूप में बनायी गई हमारी पारिभाषिक शब्दावली कहीं अपर्याप्त लगती है, कहीं क्लिष्ट।

समाधान—अत: ऐसी स्थिति में हमें चाहिए कि प्रशासनिक अनुवाद के लिए जो भाषा इस्तेमाल की जाय उसके संबंध में सामान्य धारणा यह होती है कि वह बिल्कुल सही अभिप्राय को व्यक्त करे, उसमें बात को सीधे ढंग से अभिव्यक्त किया जाय, और वह सर्वसाधारण के लिए सुग्राह्य हो। नए पारिभाषिक शब्द जहाँ भी क्लिष्ट लगते हों, वहाँ उसका प्रचलित मूल रूप भी देना व्यावहारिक दृष्टि से आवश्यक होता है।[4] **डॉ० माणिक मृगेश**[5] भी सलाह देते हैं कि कार्यालयीन अनुवाद में औपचारिकता से बचना चाहिए। अनुवादकों को अपनी समझ के अनुसार शब्दों का चयन कर लेना चाहिए। कई बार शब्दकोशों में दिए गए अर्थों के अलावा भी दूसरे शब्दों का प्रयोग करना पड़े तो करना चाहिए। जितना हो सके, सटीक अनुवाद किया जाय। मितव्ययिता बरती जानी चाहिए। अनुवादक या हिन्दी अधिकारी चाहें तो विषय वस्तु के अनुसार शब्दों का निर्माण कर सकते हैं। नए शब्द गढ़ सकते हैं।

(2) वैचारिक या सर्जनात्मक साहित्य के अनुवाद की समस्याएँ—अनुवाद विशेषज्ञ **डॉ० शर्वेश पाण्डेय**[6] का विचार है कि साहित्य के क्षेत्र में अनुवाद की भूमिका का अध्ययन करने के लिए वैचारिक साहित्य की समझ को साफ करना आवश्यक है। वैचारिक साहित्य कहने से किसी खास विषय या विधा का बोध नहीं होता है। वैचारिक साहित्य कहने से तात्पर्य है ऐसा साहित्य जिसमें वैचारिक आयाम अभिव्यक्त होता हो। आगे वे

---

1. अनुवाद और अनुवादक—डॉ० राम मनोहर त्रिपाठी, पृष्ठ 21
2. अनुवाद : सिद्धान्त और प्रयोग—डॉ० जी० गोपीनाथन, पृष्ठ 40
3. प्रयोजनमूलक हिन्दी—डॉ० माधव सोनटक्के, पृष्ठ 285
4. अनुवाद : सिद्धान्त और प्रयोग—डॉ० जी० गोपीनाथन, पृष्ठ 41
5. राजभाषा विविधा—डॉ० माणिक मृगेश, पृष्ठ 52-53
6. अनुवाद : एक परिचय—डॉ० शर्वेश पाण्डेय, पृष्ठ 87

वैचारिक साहित्य का विभाजन करते हुए लिखते हैं कि वैचारिक साहित्य का फलक काफी विस्तृत है। आज इसका विभिन्न विषयों के रूप में अध्ययन किया जाता है। यदि सतही तौर पर इनका वर्गीकरण किया जाए तो निम्नलिखित रूप में कर सकते हैं—(क) सामाजिक वैचारिक साहित्य, (ख) वैज्ञानिक वैचारिक साहित्य, (ग) आर्थिक वैचारिक साहित्य तथा (घ) धार्मिक वैचारिक साहित्य।

समाधान—वस्तुतः रचनात्मक कृतियों के अनुवाद में अनुवादक पहले एक पाठक के रूप में मूल लेखक के साथ संवाद स्थापित करता है, फिर सही संवाद स्थापन के बाद दूसरे दौर में मूल के साथ वह उसके अनुभव वृत्त में शामिल होता हुआ, उसकी रचनात्मक प्रक्रिया में अपने को घटित करता है और प्राप्त एहसास को सही भाषा में व्यक्त करता है।[1] अतः ऐसी स्थिति में अनुवादक के सामने कुछ समस्याएँ उठती हैं। अस्तु, हमें इस तरह का अनुवाद करते समय ध्यान देना होगा कि रचनात्मक या सर्जनात्मक साहित्य में शब्द सदैव अपने रूढ़ अर्थ में प्रयोग नहीं किए जाते। अगली बात यह कि अनुवादक को शब्द की व्यंजना और लक्षणा शक्तियों से बखूबी परिचित होना पड़ेगा। यहाँ पर तुक लय और छन्द वृत्त (Rhyme-Rhythm and Metre) पर विशेष बल नहीं देना चाहिए, बल्कि प्रवाह शैली और वाक्य-विन्यास (Flow-style and Diction) का ख्याल हो तो अच्छी बात है। शब्दों का चयन अति सजगता से हो। शब्दकोशों से या पारिभाषिक शब्द संग्रहों से लिए गए शब्दों का उत्तमोत्तम प्रयोग होना चाहिए, क्योंकि ये शब्दकोश तो महज साधन मात्र होते हैं।

(3) वित्त, वाणिज्य—बैंक एवं बीमा—क्षेत्रों में अनुवाद की समस्याएँ—वित्त, वाणिज्य आदि से संबंधित अनुवाद पर प्रकाश डालते हुए **डॉ० चन्द्रपाल**[2] लिखते हैं कि वाणिज्य का क्षेत्र अत्यन्त व्यापक है। इसके अन्तर्गत् पर्यटन, बैंकिंग, सरकारी विज्ञापनों की सामग्री व्यावसायिक पत्रों के प्रारूप, घोषणाएँ आदि प्रशासनिक दस्तावेजों का अनुवाद किया जाता है। सरकारी राजभाषा नीति के अनुसार वाणिज्यिक सूचनाओं को हिन्दी में भी प्रकाशित करना आवश्यक है। लाभ की दृष्टि से विज्ञापन के युग में उत्पादों की विशेषताओं को ग्राहक की भाषा में प्रचारित करना उपयोगी है, इसलिए वाणिज्य के क्षेत्र में भी अनुवाद के चरण अग्रसर हैं। फिर भी, वाणिज्य, बीमा अर्थात् व्यावसायिक क्षेत्र के अनुवाद से संबंधित कुछ समस्याएँ और कुछ दुर्बलताएँ हैं, जिसकी ओर इशारा करते हुए अनुवाद-मर्मज्ञ **डॉ० जी० गोपीनाथन**[3] कहते हैं कि व्यावसायिक क्षेत्र के विशिष्ट शब्द, अभिव्यक्तियाँ आदि अनुवादकों के लिए समस्याएँ उत्पन्न करती हैं। चूँकि प्रशासन और कानून से भी इसका संबंध है, इसलिए कुछ तो पारिभाषिक शब्दों का अनुवाद भी इसमें होता है। विज्ञापन के अतिरिक्त, व्यावसायिक पत्र, सूचना सामग्री, निर्देश, उद्घोष, नामपट्ट तथा अन्य प्रशासनिक महत्त्व के कार्य भी इसमें समाहित हैं। बैंकों के राष्ट्रीयकरण के साथ ही जनभाषाओं के प्रयोग पर बल दिया जा रहा है और इस कारण से बैंकों में वाणिज्यानुवाद की संभावनाएँ बढ़ रही हैं। रेलवे आदि अन्य विभागों में भी वाणिज्यानुवाद का महत्त्व बढ़ता जा रहा है।

समाधान—अतः ऐसी स्थिति में व्यापारिक अनुवाद से संबंधित निम्न बिन्दुओं पर ध्यान दिया जाय तो कठिनाइयों का उपशमन कुछ हद तक संभव हो सकता है। चूँकि बैंकों में पत्र-

---

1. **अनुवाद का स्वरूप : काव्य के संदर्भ में—डॉ० शिव प्रसाद द्विवेदी, पृष्ठ 38**
2. **प्रशासनिक हिन्दी—डॉ० चन्द्रपाल, पृष्ठ 28**
3. **अनुवाद : सिद्धान्त और प्रयोग—डॉ० जी० गोपीनाथन, पृष्ठ 37**

व्यवहार, फॉर्म, लेखन, नियम, दस्तावेज आदि सभी में अंग्रेजी का ही प्रयोग होता रहा है, अत: यहाँ हमें सुकर-सुघर, सरल-सहज हिन्दी का प्रयोग करना चाहिए। पत्र, प्रलेख और रिपोर्ट का हिन्दी अनुवाद बहुत ध्यान से करना चाहिए। अनुवादक को बैंकिंग विषय का प्रचुर-बोध होना चाहिए। बैंक में कार्मिक निरीक्षण, लेखा-विभाग, विवरण तथा ऋण आदि विभागों द्वारा समय-समय पर पत्र-परिपत्र जारी किए जाते हैं, सो इनके अनुवाद में बहुत सजगता बरतनी चाहिए। इसी तरह मूल भाषा, लक्ष्य भाषा का ज्ञान, उपयुक्त शब्दों का चयन ठीक-ठीक करना चाहिए। हिन्दी पाठ मात्र अंग्रेजी पाठ की नकल न हो। कठिन शब्दों के प्रयोग से बचना चाहिए। शब्दावालियों में एकरूपता होनी चाहिए। इसी तरह बीमा कार्यालयों में हजारों फॉर्म, वाउचर, बैंक स्टेटमेन्ट, प्रीमियम रजिस्टर, बैंक गारंटी, पॉलिसी अलॉटमेन्ट, रजिस्टर से संबंधित अनुवाद पर बहुत बारीकी से ध्यान देना चाहिए। **डॉ० रेखा रानी सिंह**[1] इस प्रकार के अनुवाद से संबंधित समस्याओं पर हमारा ध्यान खींचती कहती हैं कि अंग्रेजी के पारिभाषिक शब्दों के हिन्दी पर्यायों में एकरूपता का अभाव भी एक समस्या है। 'डिपॉजिट' के लिए कोई 'जमा' का प्रयोग करता है तो कोई 'निक्षेप' का, 'हाइपोथेकेशन' के लिए 'दृष्टिबंधक' और 'आड़मान'—दोनों शब्दों का प्रयोग किया जाता है। 'सब्सिडी' के लिए एक ही कार्यालय में 'अनुदान', 'उपदान', परिदान', 'आर्थिक सहायता' तथा 'इमदाद' आदि शब्दों का प्रयोग किया जाता है। 'Fixed deposit' के लिए कहीं 'सावधि जमा' तो कहीं 'मियादी जमा' का प्रयोग किया जाता है। इसी तरह Regional Office' के लिए कहीं 'क्षेत्रीय कार्यालय' तो कहीं 'प्रादेशिक कार्यालय' का प्रयोग किया जाता है। अत: हमें इनके द्वैध प्रयोगों से बचना चाहिए।

(4) वैज्ञानिक, तकनीकी एवं प्रौद्योगिकी साहित्य के अनुवाद की समस्याएँ— आज के विश्वव्यापी एकीकरण या भूमंडलीकरण की जटिलताओं भरे दौर में वही देश ताकतवर और शक्तिशाली माना जा रहा है, जो वैज्ञानिक संपदा के साथ-साथ आज की आधुनिकतम 'साइबर टेक्नोलॉजी' से लैस हों। साफ शब्दों में जिसके एक हाथ में वैज्ञानिक ताकत हो तो दूसरे में नितांत नई सूचना प्रौद्योगिकी हो। यह प्रीतिकर, सुखद और गर्व करने की बात है कि भारत के पास आज यह सब कुछ है। यह विश्व की महाशक्तियों में से एक बन चुका है, लेकिन लगे हाथ एक छोटी सी शिकायत यह है कि भारत के पास वैज्ञानिक, तकनीकी और प्रौद्योगिकी की अपनी देसी जुबान नहीं है। सभी कुछ विदेशी भाषा अंग्रेजी में है। हिन्दी आज विरक्त और उदास भाव से टुकुर-टुकुर देख रही है कि अभिव्यक्ति संबंधी सभी संपूर्णताओं के बावजूद वह विज्ञान और तकनीक की भाषा नहीं बन पा रही है। उसमें जो कुछ वैज्ञानिक साहित्य रचा जा रहा है, वह बारास्ता अंग्रेजी से जबरिया ठेला गया बाजारू-बेजान, निष्क्रिय, कचड़ा और कीचड़ है। अंग्रेजी से जो भी माल अनुवाद के रूप में हिन्दी में आ रहा है, वह हिन्दी भाषा के ताप और तपिश को मार रहा है। अत: यह एक महत्त्वपूर्ण सवाल है कि वैज्ञानिक, तकनीकी एवं प्रौद्योगिकी साहित्य के मामले में हिन्दी आज कहाँ खड़ी है। कुल मिलाकर यह कि एक तो हिन्दी में मौलिक वैज्ञानिक और प्रौद्योगिकी सृजन न हो, उल्टे उसमें अबूझ, कच्चे और अनुवाद कला से अभिज्ञ लोग मनमाना हिन्दी अनुवाद करें, यह कब तक होता रहेगा? इस संदर्भ में यह एक केन्द्रीय प्रश्न है।

---

1. **बैंकों में अनुवाद—डॉ० रेखा रानी सिंह, पृष्ठ 95**

समाधान—डॉ० भोलानाथ तिवारी[1] हिन्दी में वैज्ञानिक साहित्य के अनुवाद से संबंधित समस्याओं के संदर्भ में तीन तथ्यों की ओर ध्यान खींचते हैं—(1) वैज्ञानिक साहित्य के अनुवाद में मुख्य समस्या पारिभाषिक शब्दों की होती है, (2) विषय का ज्ञान और (3) अनुवाद की भाषा-शैली की स्पष्टता, सटीकता, पूर्णता, सरलता और असंदिग्धता। डॉ० तिवारी के अनुसार वैज्ञानिक साहित्य को बहुत स्पष्ट और सटीक होना चाहिए, वैज्ञानिक अनुवाद की भाषा अभिधा प्रधान होनी चाहिए; अर्थ में किसी प्रकार की द्वयता की गुंजाइश न हो, वैज्ञानिक साहित्य का अनुवाद कुछ अपवादों को छोड़कर पूर्ण अनुवाद होता है—मूल का सच्चा प्रतिनिधि, उसमें न तो कुछ छूटता है और न कुछ जुड़ता है। **डॉ० जी० गोपीनाथन**[2] सुझाव देते कहते हैं कि वैज्ञानिक-तकनीकी अनुवाद की विशिष्टता पारिभाषिक शब्दों के कारण भी है। पारिभाषिक शब्द किसी विशिष्ट क्षेत्र में किसी विशिष्ट अर्थ या संकल्पना को अभिव्यक्त करने के लिए प्रयुक्त किए जाते हैं, इसलिए उनके अनुवाद में भी समस्याएँ उत्पन्न होती हैं। अन्य तरह के पारिभाषिक शब्दों के निर्माण एवं अनुकूलन वैज्ञानिक-तकनीकी अनुवाद की सबसे बड़ी समस्या है। चूँकि विज्ञान की भाषा प्रमुखतः अन्तर्राष्ट्रीय होती जा रही है, इसलिए लगता है कि भारत को भी शब्द ग्रहण एवं अनुकूलन की दिशा में उदार नीति अपनानी होगी।

(5) सामाजिक, सांस्कृतिक एवं मानविकी विषयों के अनुवाद की समस्याएँ— अनुवाद वही प्रासंगिक और उपयोगी माना जाता है, जो अनूदित होने वाली कृति के कथ्य के सम्पूर्ण परिदृश्य को बेबाकीपन और तटस्थ ईमानदारी के साथ खोले और बयाँ करे, क्योंकि अनुवाद ही लक्ष्य और स्रोत भाषाओं के बीच संवाद सेतु का कार्य करता है। श्रेष्ठ अनुवाद स्रोत भाषा के भावों के विकिरण को अपने भीतर अक्स कर लेता है। आज के पर्यावरण, सूचना क्रांति, सामाजिक, सांस्कृतिक, मानविकी एवं तकनीकी—औद्योगिकी के क्षेत्र में विश्व फलक पर पल-पल बहुविधि परिवर्तन हो रहे हैं। घृणा और एतराज के सामाजिक शिराजे में ढेरों साजिशें सुनामी लहरों की तरह अपने भीतर संपूर्ण सामाजिक अच्छाइयों को बेखौफ लील रही हैं। अतः ऐसी स्थिति में उन साजिशों को जानने, उनसे बचने के लिए अनुवाद बहुत जरूरी उपकरण सिद्ध हुआ है।

लेकिन यह अनुवाद यदि अधकचरा, जटिल, कर्कश, सपाट और सतहे ढंग से किया जाय तो इसका कुफल होगा कि अनुवाद के चरित्र पर खतरा तो पैदा होगा ही, विश्वसनीयता का संकट भी पैदा होगा, अन्यथा क्या कारण है कि तकनीकी शब्दावलियों के उपलब्ध होने के बाद भी जुदा-जुदा तजुर्बे में किए गए अनुवादों में न शिल्प का चमत्कार ही पैदा हो पाता है और न विलक्षण कौंध ही अनुवाद को पठनीय बना पा रही है। मानविकी, समाज शास्त्रीय और सांस्कृतिक विषयों का सीधा रिश्ता मुख्य रूप से शिक्षण संबंधी जरूरतों से होता है, पर समाज विज्ञान—अर्थात् इतिहास, अर्थशास्त्र, मानविकी आदि विषयों से संबंधित एक तो पारिभाषिक शब्दावलियों का टोटा और अकाल है, दूसरे, यदि इन विषयों से संबंधित शब्दावलियाँ चटपट गढ़ी भी जा रही हैं तो इनके सहारे किया गया अनुवाद नौसिखिए और कच्चेपन का शिकार हो जाता है।

---

1. **अनुवाद-विज्ञान—डॉ० भोलानाथ तिवारी, पृष्ठ 159-160**
2. **अनुवाद : सिद्धान्त और प्रयोग—डॉ० जी० गोपीनाथन, पृष्ठ 35**

समाधान—अनुभव बताता है कि प्रौद्योगिकी, तकनीकी और वैज्ञानिक अनुवादों के सापेक्ष समाज-विज्ञान और मानविकी विषयों से संबंधित किए गए अनुवाद काफी विश्वसनीय और लोकप्रिय होते हैं। अत: इस विषय में जरूरत आज इस बात की है कि मानविकी और समाज विज्ञान से संबंधित नए शब्दों को गढ़ा जाय। यह प्रयास यदि सरकारी-गैर सरकारी दोनों स्तरों पर हो तो श्लाघनीय है। यहाँ कुछ लोगों को आपत्ति हो सकती है कि नए शब्दों के गढ़ाव से कार्य की गति बाधित होगी, सो उनकी जगह उपयोगी शब्दों की तलाश हो सकती है। इससे भाषा का सांस्कृतिक गठन सुरक्षित रहेगा। यदि हो सके तो देशज शब्दों का प्रयोग हो, बल्कि पुस्तकों, ग्रंथालयों और पारिभाषिक शब्दावलियों की जगह गली-मुहल्लों में प्रचलित उपयुक्त शब्दों का भी प्रयोग हो तो बहुत अनर्थ नहीं होगा।

(6) विधि साहित्य एवं अधिनियमों-विधेयकों के अनुवाद की समस्याएँ— परतंत्रता से मुक्ति के बाद भारत सरकार ने न्याय व्यवस्था को लोकतांत्रिक मूल्यों और मान्यताओं के अनुरूप ढालने के लिए ढेरों महत्त्वपूर्ण निर्णय लिया, मसलन 1947 ई० के बाद भारतीय संसद ने Criminal Law Removal of Racial Discrimination Act, 1947 बनाकर विलायतियों को मिलने वाली—नस्लवाद को बढ़ावा देने से संबंधित—सुविधाओं को समाप्त किया। इसी तरह Separation of judicial and executive functions Act, 1951, Bombay द्वारा न्यायपालिका एवं कार्यापालिका को अलग करके उनके अधिकारों को पारिभाषित करते हुए छूट दी गई तथा संविधान में नागरिक अधिकारों से अनुस्यूत Civil Liberties को शामिल किया गया। पर, दुर्भाग्य से गुलामी की दाग़ अंग्रेजी भाषा का प्रयोग न्यायालयों में बेरोक-टोक चलता रहा और अभी भी भारतीय न्यायालय अंग्रेजी और उर्दू की कैद में जी रहे हैं। अगर कहीं हिन्दी अनुवाद यहाँ दिखता भी है तो लकवाग्रस्त, अभिप्राय-अक्षम, रोगी और बेमतलब का। साफ शब्दों मे, 17वीं शताब्दी के मध्य की तरह भारतीय न्यायपालिका में आज भी अंग्रेजी निरापद-निर्द्वन्द्व विचरण कर रही है।

यद्यपि विधि-मंत्रालय के अधीन राजभाषा विधायी-आयोग द्वारा महत्त्वपूर्ण कदम उठाए गए हैं, उनके द्वारा अनेक अधिनियमों के हिन्दी-रूप तैयार किए गए हैं, विधि शब्दावली, कोशों से संबंधित महत्त्वपूर्ण कार्य तथा संविधान के अनुवाद किए गए हैं, किन्तु वे आज बौने और नाकाफी सिद्ध हो रहे हैं। अलग-अलग राज्यों में एक ही परिकल्पना के लिए दो या इससे अधिक विकल्प प्रस्तुत किए जाते हैं। विभिन्न स्तरों पर विधि-शब्दावली की एकरूपता सुनिश्चित न होने से न्याय-प्रक्रिया में संकट उत्पन्न हो रहा है, क्योंकि शब्दों की एकरूपता बहुत आवश्यक होती है, यथा-आशोधन-तरमीम, संदर्भ-हवाला, संचिका-मिसिल, अन्वेषण-तफ्तीश। इसी तरह 'इन्टेंशन' (Intention), 'मोटिव' (Motive), 'ऑब्जेक्ट' (Object), 'परपज' (Purpose), 'व्यू' (View) आदि शब्दों का न्याय प्रक्रिया में विशिष्ट अर्थ है, यथा—'आशय', 'हेतु' 'उद्देश्य', 'प्रयोजन' तथा 'अभिप्राय'।

समाधान—अत: ऐसी स्थिति में यहाँ पर जरूरत है—विभिन्न प्रान्तों में फैले एक ही अर्थ के विभिन्न शब्दों के मानकीकरण और ठोस तथा सर्वमान्य अनुवाद की। वस्तुत: कानून की किताबों की भाषा का अनुवाद कठिन है। नजीर अथवा दलील के लिए जब उसकी व्याख्या का प्रस्तुत होना जरूरी है तो वह सरल हो तो ज्यादा अच्छा होगा, ज्यादा ग्राह्य होगा। परन्तु ऐसा करने में कानून की भाषा से कटने का डर भी बना रहता है। इसलिए कानून की

किताबों का अनुवाद वही कर सकता है, जो कानून को अच्छी तरह समझता है।[1] अतः न्याय-व्यवस्था में राजभाषा हिन्दी के एक निश्चित मानक रूप के प्रयोग के लिए जरूरी है कि विधि से संबंधित अंग्रेजी में लिखित अधिनियमों, नियमों, विनियमों, माननीय उच्चतम न्यायालय, उच्च न्यायालय, प्रिवी कौंसिल व संघीय न्यायालयों आदि के पूर्व निर्णयों का हिन्दी तर्जुमा, राजभाषा कार्यान्वयन व शिक्षा से जुड़े मंत्रालयों, उनकी सलाहकार समितियों, विधिवेत्ता, विधिशास्त्री, विधि प्रवक्ता, न्यायाधीश, वरिष्ठ प्रशासक तथा भाषा-वैज्ञानिक आदि एक साथ मिल-बैठकर करें तो यह अनुवाद प्रामाणिक और मानकीकरण के स्तर पर भी विश्वसनीय होगा।

(7) विज्ञापन में अनुवाद की समस्याएँ—लैटिन शब्द 'एड्वरटायर' (Advertiar) मूल से बने अंग्रेजी के 'एड्वरटाइजिंग' (Advertising—) शब्द का हिन्दी अनुवाद है—'विज्ञापन'। **डॉ० अशोक महाजन**[2] का विचार है कि विज्ञापन शब्द उच्चरित होते ही मानस पटल पर ऐसे सन्देशों की छवियाँ अंकित हो जाती हैं, जिनमें से अधिकांश का उद्देश्य किसी वस्तु, सेवा या विचार को बढ़ावा देना होता है। आज सर्वत्र विज्ञापनों का साम्राज्य है। इनकी व्यापकता और सार्वभौमता देखते हुए आज के युग को वैज्ञापनिक युग की संज्ञा दी जा सकती है, जिधर देखिए, उधर विज्ञापन ही विज्ञापन नजर आते हैं। घर में विज्ञापन, सड़क पर विज्ञापन, समाचार पत्र, पत्रिकाओं, रेडियो और टेलीविजन पर विज्ञापन, सिनेमा के पर्दे पर विज्ञापन, बस के बाहर और बस के भीतर विज्ञापन, पोस्टकार्डों, लिफ़ाफों, माचिस की डिब्बियों पर विज्ञापन। दरअसल, विज्ञापन हमारे सामाजिक, आर्थिक एवं व्यक्तिगत जीवन से इतनी घनिष्ठता से जुड़ गए हैं कि उनके बिना रहना अधूरा-सा लगने लगा है। विज्ञापन अब न केवल सूचना एवं संचार का एक सशक्त माध्यम बनकर सामने आया है। आज की आर्थिक प्रक्रिया में विज्ञापन एक शक्तिशाली औजार बनकर सामने आया है।

लेकिन आज के एक ध्रुवीय होते विश्व में जहाँ बाजार का दबदबा हमारे जीवन में सीधा हस्तक्षेप करने लगा है, विज्ञापन का महत्त्व विपणन के संदर्भ में—पहले की तुलना में और अधिक बढ़ गया है। बहुराष्ट्रीय विदेशी कम्पनियों ने इस देश के आर्थिक क्षेत्रों को अपने घेरे में ले लिया है। उनके उत्पाद और माल को हम लपक कर खरीद रहे हैं। इन कम्पनियों ने अपने माल का विज्ञापन हमारे देश की 'प्रिंट' और 'इलेक्ट्रॉनिक' मीडिया से खूब कराया है। माल उनका अर्थात् विदेशी, लेकिन विज्ञापन हमारी देसी भाषाओं में—अब यहीं पर शुरू हो जाती है—अनुवाद की भूमिका। दूरदर्शन के 'मेट्रो चैनल' या 'डिश एन्टिना' पर उतरने वाले विभिन्न चैनलों पर आज विदेशी वस्तुओं के प्रचार-प्रसार के लिए किए जाने वाले विज्ञापनों के सैन-संकेत फूहड़ तो हैं ही उनकी भाषा भी नग्न और मृत है। वस्तुतः बाजारीकृत व्यवस्था की यह फूहड़ प्रस्तुति है। सच कहें तो व्यापारिक साम्राज्यवाद को विनम्रता के साथ खड़ा करने का यह घटिया और बेजां तरीका है। अंग्रेजी से अनूदित इन विज्ञापनों की भाषा न हिन्दी होती है और न अंग्रेजी, बल्कि 'हिन्दीश' होती है अतः यहाँ भाषिक असंतुलन पैदा होने का खतरा होता है।

---

1. **अनुवाद : स्वरूप और आयाम—सं० डॉ० त्रिभुवन राय, पृष्ठ 22**
2. **विज्ञापन—अशोक महाजन, भूमिका, हरियाणा साहित्य अकादमी, चंडीगढ़, मू० 87 रु० सन् 1994**

समाधान—एतदर्थ हमें यह नहीं भूलना चाहिए कि विज्ञापन का मूल उद्देश्य भाषा के द्वारा दूसरों का ध्यान अपनी ओर आकर्षित करना है। इसलिए हमें विज्ञापनों की भाषा पर विशेष ध्यान देना चाहिए। विज्ञापनों की भाषा शिष्ट, संयत, साहित्यिक और मोहक होनी चाहिए। सच तो यह है कि शिष्ट और परिमार्जित भाषा से कमजोर विज्ञापन भी ताकत प्राप्त करता है। श्रेष्ठ भाषा विज्ञापित वस्तु को अच्छा बाजार दे सकती है वस्तु के प्रति रुचि और आस्वाद पैदा कर सकती है। भाषिक शिल्प का सुन्दर ठाठ वस्तु को महत्त्वपूर्ण बना सकता है। अतः ऐसी स्थिति में हमें चाहिए कि अनुवाद करते समय हम भाषा के चरित्र का ध्यान रखें। सच तो यह है कि विज्ञापन के कैनवास पर सुन्दर शब्दों का कोलाज और बिंब वस्तु के प्रति लोगों को दावे के साथ आमंत्रित कर सकता है।

(8) पत्राचार में अनुवाद की समस्याएँ—पत्र यदि एक भाषा भाषी मित्र को लिखा जाय तो वहाँ अनुवाद की कोई अवाश्यकता नहीं पड़ती, लेकिन भिन्न भाषा भाषी के लिए अनुवाद बहुत महत्त्वपूर्ण हो जाता है। उदाहरण के लिए हिन्दी भाषी का हिन्दी भाषा में लिखा हुआ पत्र उड़िया या मलयाली भाषी के लिए परेशानी का सबब बन जाता है। बिना द्विभाषिये के वह पत्र, जिसके पास भेजा गया है, उसे बोधगम्य नहीं हो पाएगा। अब यहाँ पर वह द्विभाषिया एक तरह से अनुवाद की ही भूमिका में जीता है। पत्राचार के कई रूप यथा—कार्यालयी पत्राचार, न्यायालयी पत्राचार, अकादमिक पत्राचार, व्यक्तिगत या निजी स्तर पर पत्राचार, राजनयिक पत्राचार और व्यावसायिक पत्राचार होते हैं। इनमें सभी तरह के पत्रों का अपने-अपने संदर्भ में महत्त्व तो होता ही है, प्रशासनिक क्षेत्र में कार्यालयीय और न्यायालयीय पत्राचार का विशेष महत्त्व होता है। कार्यालयीय पत्राचार में कर्मचारियों को टिप्पणी और प्रालेखों का अंग्रेजी या हिन्दी में अनुवाद करना पड़ता है।

समाधान—लेकिन यहाँ पर अंग्रेजी का हिन्दी अनुवाद अनुवादकों के सामने कई तरह की विकृतियाँ पैदा करता है। जैसे अंग्रेजी का यह वाक्य "I am directed to" या "I am desired to" का हिन्दी तर्जुमा सामान्य रूप से 'मुझे यह कहने का निर्देश हुआ है' या 'मुझसे यह कहा गया है कि मैं यह कहूँ' हिन्दी भाषा की प्रकृति के अनुकूल नहीं होगा, बल्कि 'मुझे निवेदन करना है' या 'अनुरोध करना है' प्रयोग शिष्ट माना जाएगा। अतः कार्यालयीय पत्रों में अंग्रेजी भाषा में लिखित ज्ञापन, आवेदन पत्र, करार, सामान्य अनुदेश—आदेश, परिपत्र, मसौदा आदि के अनुवाद में सतर्कता बरतनी बहुत जरूरी होती है। अनुवाद में एक समानता और एकरूपता अवश्य होनी चाहिए अन्यथा विविध अर्थी, अस्पष्ट और जटिल अर्थ समझ का संकट पैदा करेंगे। अभीष्ट अर्थ निकालने के लिए सरल, सुबोध, शब्दों का प्रयोग और शैली प्रवाहयुक्त हो तो अच्छा है।

(9) विविध जन संचार माध्यमों से सम्बद्ध सामग्री के अनुवाद की समस्याएँ—संस्कृत की मूल धातु 'चर्' से बने संचार का अर्थ होता है, किसी बात को आगे 'बढ़ाना', 'चलाना' या 'फैलाना'। दूसरे शब्दों में जब हम किसी भाव या विचार या जानकारी को दूसरों तक पहुँचाते हैं और यह प्रक्रिया सामूहिक पैमाने पर होती है, तो 'जन संचार' (Mass Communication) कहते हैं। जन संचार का उद्देश्य जानकारी या विचारों को समाज के उन तमाम लोगों के लिए साझा करना है, जो इनसे सम्बद्ध हैं या जिन्हें यह जानकारी पहुँचाना

अपेक्षित है, ताकि सभी लोग इनसे अवगत हो जाएँ या इनका लाभ उठा सकें।[1] संचार माध्यमों को मुख्यतया तीन भागों में विभाजित किया जाता है—

1. शब्द (मुद्रण) संचार माध्यम—समाचार-पत्र, पत्रिकाएँ औरं पुस्तकें,
2. श्रव्य संचार माध्यम—रेडियो, कैसेट, टेपरिकार्डर,
3. दृश्य (इलेक्ट्रॉनिक) संचार माध्यम—दूरदर्शन, वीडियो, कम्प्यूटर, इन्टरनेट और फिल्में आदि।

(क) शब्द (मुद्रण) संचार माध्यम—शब्दांकित, मुद्रित या छपी सामग्री यथा—पुस्तकें, पत्रिकाएँ तथा समाचार पत्र—दैनिक, साप्ताहिक, पाक्षिक, मासिक, द्विमासिक, त्रैमासिक, अर्ध वार्षिक एवं वार्षिक—की गणना इस माध्यम में की जाती है। पत्रिकाओं और पुस्तकों की तुलना में दैनिक समाचार पत्र सबसे सशक्त संचार माध्यम माने जा सकते हैं। लगभग प्रत्येक समाचार पत्र स्थानीय और राष्ट्रीय समाचारों के अलावा विदेशी समाचारों को भी अपने पन्नों पर महत्त्वपूर्ण स्थान देते हैं, खासकर आज के समय में जब पूरी दुनियाँ 'एक बड़े गाँव' की सकल ले रही है, तो विदेशी समाचारों का महत्त्व और अधिक बढ़ गया है। जाहिर है, ऐसी स्थिति में, विदेशी समाचार अनुवाद के माध्यम से ही छन-निथर कर इस देश के समाचार-पत्रों में अपना स्थान ग्रहण करते हैं। दरअसल, विदेशी सूचनाओं को इस देश के समाचार पत्रों या श्रव्य माध्यमों में जगह बनाने के लिए अनुवाद की परंपरा बहुत पुरानी है। हिन्दी 'बंगबासी' बंगला भाषा से अच्छे लेखों का अनुवाद किया जाता था। जब दूरसंचार सुविधाओं का विकास इस देश में शुरू हुआ तो दूर मुद्रण या टेली प्रिन्टिंग तकनीक अंग्रेजी में थी।[2] तार अंग्रेजी में। रेडियो समाचार अंग्रेजी में। अदालती फैसले और प्रशासनिक आदेश अंग्रेजी में। सरकारी गोष्ठियाँ, बैठकें अंग्रेजी में। फलस्वरूप हिन्दी समाचार पत्रों के लिए इन सबका हिन्दी अनुवाद किया जाता था, जिसकी परिणति यह हुई कि हिन्दी अखबारों की रिपोर्टिंग अनुवाद जीवी होने के कारण सच से काफी दूर हो गयी, किसी सीमा तक बनावटी भी हो गयी। आज भी, समाचार चाहे संवाददाता ने प्रत्यक्ष भेजा हो, चाहे दूर मुद्रक द्वारा प्राप्त हुआ हो, उसमें अनुवाद करते समय आवश्यक संपादन भी करना पड़ता है। इस तरह समाचारों के अनुवाद में संपादन कला एवं अनुवाद कला का संगम होता है।[3]

(ख) श्रव्य संचार माध्यम—विद्वानों का विचार है कि दृश्य-श्रव्य माध्यम की तुलना में शब्द यानी मुद्रण माध्यम—अखबार या पत्रिका का महत्त्व अपेक्षा कृत स्थायी होता है, जो भी शब्द मुद्रित माध्यम से हमारे सामने आता है, वह सावधानी से पढ़ा जाता है। लेकिन इसका अर्थ यह नहीं है कि श्रव्य संचार माध्यमों की कोई उपयोगिता समाज में है ही नहीं। संचार के आधुनिक तथा परंपरागत माध्यमों में रेडियो का महत्त्वपूर्ण स्थान है। दूरदर्शन और फिल्म तो रेडियो की पहुँच को विस्तारित करते हैं। कुल मिलाकर रेडियो जन संचार का एक ऐसा प्रभावी और द्रुतगामी माध्यम है जो एक ही स्थान से विश्व की सारी सीमाओं को

---

1. **जन संचार—सं० डॉ० राधेश्याम शर्मा, पृष्ठ 1, हरियाणा साहित्य अकादमी, चंडीगढ़, मू० 75 रु०, सन् 1993**
2. **संचार क्रांति और हिन्दी पत्रकारिता—डॉ० अशोक कुमार शर्मा, पृष्ठ 77, विश्वविद्यालय प्रकाशन, वाराणसी, सन् 1997**
3. **अनुवाद : सिद्धान्त और प्रयोग—डॉ० जी० गोपीनाथन, पृष्ठ 39 लोक भारती, इलाहाबाद, सन् 2004**

लाँघकर हर स्थान पर पहुँच जाता है। इस रेडियो पर देश-विदेश की हर प्रकार की खबरें प्रसारित की जाती हैं। यहाँ के भी समाचार बी० बी० सी० लंदन, चाइनीज रेडियो, वायस ऑफ अमेरिका तथा जापानी रेडियो से प्रसारित किए जाते हैं। जाहिर है, इन समाचारों का आदान-प्रदान वाया अनुवाद ही होता है। सूचनाओं के फैलाव में कैसेट और रिकॉर्डर की भी वही भूमिका होती है।

(ग) दृश्य (इलेक्ट्रॉनिक) संचार माध्यम—दूरदर्शन, वीडियो, कम्प्यूटर, इन्टरनेट आदि नितान्त आधुनिक संचार माध्यम हैं। इन साधनों से शैक्षिक जानकारी, सामाजिक असमानता, शोषण, भेदभाव, विभिन्न कुरीतियों, अंधविश्वासों पर आजकल सार्थक प्रकाश डाला जा रहा है। दूरदर्शन के डिश चैनल पर पूरी दुनियाँ हमारे घर में उपस्थित हो गयी है। इनमें जितने भी विदेशी चैनल हैं, इन सबके कार्यक्रम अनूदित होकर ही हमारे सामने आ रहे हैं। देशी चैनलों के भी ढेरों कार्यक्रम अपने ही देश में अनुवाद के माध्यम से एक भाषा से दूसरी भाषा में रूपान्तरित किए जा रहे हैं। ठीक इसी तरह ऑडियो कैसेट तथा टेपरिकार्डर भी ज्ञानार्जन के लिए पुख्ता माध्यम सिद्ध हो रहे हैं। बहुत लोग तो सुरक्षित रखने के लिए इनकी 'लाइब्रेरी' बनाते हैं। जाहिर है, देशी विदेशी कार्यक्रमों, शिक्षापरक वस्तुएँ यहाँ अपनी-अपनी भाषाओं में लेखा अनुवाद के माध्यम से सुरक्षित रखते हैं।

(घ) फिल्म के भाषिक अंश का अनुवाद—जनसंचार माध्यमों में फिल्म या सिनेमा का प्रभावकारी-प्रभविष्णु स्थान है। वस्तुतः यह माध्यम महज लोकरंजक ही नहीं ज्ञानवर्द्धक भी है। पटकथा, संवाद, नृत्य, संपादन, संगीत, फोटोग्राफी आदि इसके महत्त्वपूर्ण घटक हैं। कुल मिलाकर यह श्रव्य-दृश्य माध्यम है। इसमें संचार की प्रक्रिया यथाशीघ्र होती है। दूरदर्शन और फिल्म में बहुत बुनियादी फासला नहीं होता। जनसंचार माध्यमों में फिल्मों की उपयोगिता स्वतः सिद्ध है। इन फिल्मों के माध्यम से कथ्य, सूचना, संदेश देश के भीतर और बाहर पहुँचाया जाता है। केन्द्र सरकार ने हिन्दी के प्रचार-प्रसार के लिए 'एक छोटी फिल्म' का निर्माण कर मणिपुर में दिखाया था। इसी तरह नशाखोरी, मद्यपान, छोटे परिवार, एड्स से बचाव संबंधी शिक्षाप्रद बातें फिल्मों में कैद कर ली जाती हैं, बाद में आवश्यकता पड़ने पर उनके भाषिक अंश का अनुवाद दूसरी भाषाओं में कर लिया जाता है।

अध्याय-5

पारिभाषिक शब्दावली

(TECHNICAL TERMINOLOGY)

कार्यालयीय, वैज्ञानिक, तकनीकी एवं प्रौद्योगिकी क्षेत्रों में हिन्दी

1. पारिभाषिक शब्दावली की संकल्पना तथा अर्थ, संरचना एवं स्वरूप

डॉ० दंगल झाल्टे[1] के अनुसार 'पारिभाषिक' शब्द अंग्रेजी के 'टेक्निकल' (Technical) शब्द का हिन्दी पर्याय है। मूल अंग्रेजी Technical शब्द ग्रीक भाषा के Technikoi अर्थात् 'Of Art' (कला का या कला विषयक) से अपनाया गया है। 'Techne' से तात्पर्य है—कला तथा शिल्प। ग्रीक भाषा में 'Tekton' शब्द का अर्थ निर्माण करने वाला (निर्माता) अथवा 'बढ़ई' के अर्थ में प्रयुक्त होता है। लैटिन भाषा में 'Texerre' शब्द का अर्थ है—'बुनना' या 'बनाना'। इस संदर्भ में अर्थ हुआ—''तकनीकी शब्द वह शब्द हैं जो किसी निर्मित अथवा खोजी गयी वस्तु अथवा विचार को व्यक्त करता हो।'' हिन्दी के विभिन्न सुप्रसिद्ध कोशकारों ने पारिभाषिक शब्द की व्याख्या इस प्रकार की है। **वृहत् हिन्दी कोश** के अनुसार—(1) 'Glossary of technique words' अर्थात् विशिष्ट अर्थ में प्रयुक्त होने वाले शब्दों की सूची, (2) वि० सं०, सर्वसामान्य, जिसका प्रयोग किसी विशिष्ट अर्थ में किया जाय, जो कोई विशिष्ट अर्थ सूचित करे।[2] **अभिनव कोश** ने पारिभाषिक शब्द की व्युत्पत्ति पर अधोलिखित रूप में रोशनी डाला है—paribhashik, adj, technical वि० [सं० परिभाषा+ठक्], जिसका अर्थ परिभाषा द्वारा सूचित किया जाय, जिसका व्यवहार किसी विशेष अर्थ के संकेत के रूप में किया जाय; शास्त्रीय, तकनीकी शब्द (technical term), शब्दावली (technical terminology)।[3] **फादर कामिल बुल्के** अपने 'अंगरेजी-हिन्दी कोश' में पारिभाषिक शब्द की व्युत्पत्ति और अर्थ पर प्रकाश डालते हुए लिखते हैं कि, (क) of a particular art, science, craft—तकनीकी, प्राविधिक, (ख) of mechanical art—तकनीकी, प्राविधिक, यांत्रिक, (ग) of terminology—पारिभाषिक, (घ) of criticism—शास्त्रीय तथा (ङ) such in the eyes of the law—कानूनी, विधि का।[4]

---

1. **प्रयोजनमूलक हिन्दी : सिद्धान्त और प्रयोग—डॉ० दंगल झाल्टे, पृष्ठ 79, वाणी प्रकाशन नई दिल्ली, मूल्य 250 रु०, सन् 2002**
2. **वृहत् हिन्दी कोश—सं० कालिका प्रसाद, पृष्ठ 680, ज्ञानमंडल लिमिटेड, विक्रम भवन, लंका, वाराणसी, मूल्य 160 रु०, सन् 1989**
3. **हिन्दी-अंगरेजी-हिन्दी कोश—सं० डॉ० छैल बिहारी मिश्र, पृष्ठ 261, आलोक भारती प्रकाशन, 588-बी०, एवेन्यू रोड, बैंगलोर, मू० 199 रु०, सन् 1999**
4. **अंगरेजी-हिन्दी कोश (An English-Hindi Dictionary) सं० फादर कामिल बुल्के, पृष्ठ 722, एस० चाँद कं० नई दिल्ली, मू० 85 रु०, सन् 1990**

इसी तरह कोशकार **वामन शिवराम आप्टे** ने ''वि०), (स्त्री० की), (परिभाषा+ठक्)—(1) चालू, सामान्य, प्रचलित तथा (2) [शब्द आदि] तकनीकी, किसी विशेषार्थ का संकेतक''[1] अर्थ किया है।

वस्तुतः विभिन्न कालखण्डों का भाषायी इतिहास हमें यह बताता है कि पारिभाषिक शब्द अपनी सीमा और दायरे में सहज-सामान्य बोलचाल की भाषा में कत्तई प्रयुक्त नहीं होते, बल्कि इस तरह के शब्दों का प्रयोग बेलाग रूप में, किसी अर्थ विशेष के संदर्भ और संकेत रूप में ही हुआ करता है। बिना बहस और नारे के यह भी स्वीकार किया जा सकता है कि सामान्य अर्थों में प्रयुक्त न होते हुए भी व्यावहारिक जमीन पर पारिभाषिक शब्दों के प्रयोग का रकबा और क्षेत्रफल संकुचन तथा विस्तार को समय-समय पर छूता रहता है। **डॉ० भोलानाथ तिवारी** भी उक्त तथ्य की ताईद करते हैं,[2] कि अर्थ के स्तर पर पारिभाषिक शब्दों के संबंध में एक यह बात भी उल्लेख्य है कि प्रायः अधिकांश पारिभाषिक शब्द अर्थ-संकोच से बनते हैं। इसका कारण यह है कि अधिकांश पारिभाषिक शब्दों का मूलतः विस्तृत अर्थ होता है। उनकी अर्थपरिधि छोटी या संकुचित करके ही उन्हें पारिभाषिक शब्द बनाते हैं। उदाहरण के लिए 'धातु' का मूल अर्थ है—'वह आधार सामग्री जिससे अनेक चीजें बनती हैं।' धातु विज्ञान में यही 'धातु' का मूल शब्द अर्थ-संकोच के कारण केवल कुछ थोड़ी आधार सामग्रियों (सोना, लोहा, जस्ता, चाँदी आदि) अर्थात् Metal का ही बोध कराता है, तो व्याकरण में केवल क्रिया बोधक आधार शब्दों (चल्, खा, ले, रो आदि) अर्थात् root का। इस तरह 'धातु' शब्द में व्याकरण में भी अर्थ-संकोच हो गया है तथा धातु विज्ञान में भी। अंग्रेजी root के संबंध में भी यही बात है। व्याकरण में अर्थ-संकोच के कारण वह एक सीमित अर्थ (धातु) देता है तो वनस्पति विज्ञान में एक दूसरा सीमित अर्थ (जड़)। कुल मिलाकर **डॉ० राकेश**[3] के शब्दों में इस देश की राजभाषा गत दो-तीन शताब्दियों से अंग्रेजी ही रही है। परिणामतः अंग्रेजी के अनेकानेक शब्द ज्यों-के-त्यों अथवा ध्वनि-परिवर्तन के साथ भारतीय भाषाओं में प्रयुक्त होते रहे हैं। आज देश के संविधान में हिन्दी राजभाषा घोषित कर दी गयी है। अंतः हिन्दी पारिभाषिक शब्दावली के प्रयोग की सीमा, दैनिक व्यवहार एवं औपचारिक लिखन-पढ़न एवं विचार-विनिमय के लिए भी दिनोंदिन बढ़ती जा रही है। जीवन में नए-नए आविष्कारों एवं अनेकानेक नयी वस्तुओं के आने से तत्संबंधी क्रियाओं और विचारों में नए-नए शब्दों का प्रवेश होता जा रहा है। परिणामस्वरूप अन्य विदेशी भाषाओं तथा अंग्रेजी के अनेक शब्द हिन्दी शब्दावली के प्रमुख अंग बन गए हैं। पर आज की स्थिति को देखकर यह कहना कि ऐसे शब्द सदैव के लिए हिन्दी के अभिन्न अंग हो गए, उचित नहीं रहेगा, क्योंकि ऐसे लक्षण देखने को मिले हैं कि अंग्रेजी के महत्त्व और प्रभाव के ह्रास के साथ ही अंग्रेजी शब्द अपने प्रतिद्वन्द्वी हिन्दी-परिणामों को छोड़कर हिन्दी शब्दावली से लुप्त होने की स्थिति में हैं।

---

1. **संस्कृत-हिन्दी कोश—सं० वामन शिवराम आप्टे, पृष्ठ 672, नाग प्रकाशन, जवाहर नगर, दिल्ली, मू० 120 रु०, सन् 1991**
2. **अनुवाद विज्ञान—डॉ० भोलानाथ तिवारी, पृष्ठ 215-216, शब्दकार, दिल्ली, मू० 12 रु०, सन् 1972**
3. **हिन्दी भाषा का इतिहास—डॉ० राकेश, पृष्ठ 167, अशोक प्रकाशन, नई सड़क, दिल्ली, मू० 3 रु०, सन् 1970**

2. पारिभाषिक शब्दावली के निर्माण का इतिहास

अध्ययन की सुविधा के लेहाज से यदि हम चाहें तो पारिभाषिक शब्दावली के निर्माण के इतिहास को स्थूल रूप से दो टुकड़ों में बाँट सकते हैं, पहला—स्वतंत्रता पूर्व का निर्माण तथा दूसरा—स्वातंत्र्योत्तर का निर्माण।

(क) स्वतंत्रता पूर्व का निर्माण—स्वतंत्रता पूर्व पारिभाषिक शब्दावली के निर्माण की क्रमबद्ध और सिलसिलेवार किसी पुख्ता परंपरा की आहट नहीं मिलती, पर बताते हैं कि 1809 ई० में इंग्लैण्ड में हिन्दी में पारिभाषिक शब्दावली से संबंधित 'ट्रान्सलेशन सोसाइटी' (Translation Society) द्वारा एक छोटे से प्रयास का पता चलता है। हाँ, भारतीय जमीन पर छत्रपति शिवा जी की प्रेरणा से रघुनाथ पंत ने सन् 1707 ई० में 'राजकोश' ग्रंथ में 1,500 पारिभाषिक शब्दावली बनाकर इस दिशा में एक बुनियाद जरूर रखी। कालान्तर में फोर्ट विलियम कॉलेज के भाखामुंशी लल्लू लाल जी तथा भारतेन्दु हरिश्चन्द्र के बीच महत्त्वपूर्ण सेतु का काम करने वाले राजा शिवप्रसाद सिंह ने पारिभाषिक शब्दावली के निर्माण में बहुत दिनों से उत्पन्न चुप्पी को 1859 ई० के आसपास तोड़ा। सच तो यह है कि इस समय राजा लक्ष्मण सिंह और राजा शिवप्रसाद सिंह—ये दोनों साहित्यनुरागी राजा थे। राजा लक्ष्मण सिंह हिन्दी को हिन्दुओं की और उर्दू को मुसलमानों की भाषा मानते थे, किन्तु इसके ठीक बरक्स शिवप्रसाद सिंह हिन्दी-उर्दू को अलग-अलग भाषा मानने के विरोधी थे। राजा शिवप्रसाद सिंह ने अकूत श्रम करके हिन्दू-मुसलमान बच्चों के लिए मिली-जुली जातीय भाषा का ख्याल रखते हुए एक पारिभाषिक ग्रंथ ''विद्यांकुर'' की रचना की, किन्तु जब उन्हें इस बात का इलहाम हुआ कि मुसलमान बच्चे उस पुस्तक को समझने में कठिनाई महसूस कर रहे हैं, तो उन्होंने इसकी पारिभाषिक शब्दावली में थोड़ा-बहुत हिन्दी-उर्दू में अंतर करते हुए उसे फारसी लिपि में लिखकर उसका नाम ''हकाइकुल मौजूदात'' रखा। इस ग्रंथ से कुछ समय के लिए "Standard Vernacular Dictionary" के अभाव की प्रपूर्ति हुई।

पश्चात् सन् 1867 ई० में लल्लू लाल जी ने इस दिशा में एक कतरा-सा प्रयास किया था। उनका यह कार्य शुद्ध पारिभाषिक शब्दावली की श्रेणी में तो नहीं आ सकता, फिर भी लल्लू लाल जी ने 3500 से ऊपर हिन्दी शब्दों की सूची बनायी थी और उनके फारसी और अंग्रेजी प्रतिरूप दिए थे। **डॉ० रामविलास शर्मा**[1] के अनुसार यह भी कोई पारिभाषिक शब्दकोश न था; इसका उद्देश्य हिन्दी जानने वालों को अंग्रेजी और फारसी से परिचित कराना था, अंग्रेजी से हिन्दी में पाठ्य-पुस्तकें अनुवादित करने में सहायता देना नहीं—''संवत् 1867 के बीच और श्री गवरनर जनरल लार्ड मिन्टो बहादुर के राज मध्य कलकत्ते में श्री लल्लू लाल कवि ब्राह्मण गुजराती सहस्त्र अवदीच आगरे वाले ने श्री तारनी चरन मित्र की सहायता से 3600 बोली अंग्रेजी और 3600 हिन्दी और 3600 फारसी बोली की एक पोथी बनाय छपवाई शास्त्री अक्षरौं में इसलिए कि यहाँ के लोगों को बिन अंगरेजी पारसी पढ़े इस पोथी के पढ़ने से अंगरेजी पारसी बोलने समझने का ज्ञान होय।'' सन् 1871 ई० में **डॉ० माधव सोनटक्के**[2] के अनुसार तत्कालीन बंगाल सरकार ने एक ऐसी समिति नियुक्त की, जिसका

---

1. **भारतेन्दु युग और हिन्दी भाषा की विकास परंपरा—डॉ० राम विलास शर्मा, पृष्ठ 213, राजकमल प्रकाशन, दिल्ली, मू० 25 रु०, 1975**
2. **प्रयोजनमूलक हिन्दी—डॉ० माधव सोनटक्के, पृष्ठ 15-16 लोक भारती प्रकाशन, इलाहाबाद, मू० 160 रु०, सन् 2003**

काम यह देखना था कि यूरोपीय विधि-संहिताओं तथा वैज्ञानिक विषयों की शब्दावली को किस प्रकार भारतीय भाषाओं में रूपान्तरित किया जाए। कुछ लोग कहते हैं कि हिन्दी में पारिभाषिक शब्दावली के निर्माण की ठोस शुरुआत स्वतंत्रता पूर्व सन् 1887 में श्री राजेन्द्र लाल मित्र द्वारा किए गए कार्य से मिलती है। श्री मित्र का यह कार्य अपने आप में कितना उथला सतहा है, कितना गंभीर है—यह तथ्य कोई खास अर्थ नहीं रखता, बल्कि महत्त्वपूर्ण बात यह है कि उनके द्वारा यह कार्य उस समय किया गया, जब अंग्रेजी प्रधान माहौल में इधर कम लोग सोचते थे। **डॉ० बलराज सिरोही**[1] का विचार है कि वे पहले भारतीय थे, जिन्होंने महसूस किया कि अंग्रेजी शब्दावली अनंत काल तक हमारे देश की शिक्षा का माध्यम नहीं बनी रह सकती है। उन्होंने पारिभाषिक शब्दावली की महत्त्वपूर्ण समस्या का बड़े विस्तार के साथ सांगोपांग विश्लेषण-विवेचन किया और यह स्वीकार किया कि अनुवाद का मूल उद्देश्य एक भाषा के विचारों को दूसरी भाषा में प्रस्तुत करना है, ताकि वह उन लोगों की समझ में आ जाय जो मूल भाषा नहीं जानते। बंगाली भाषी राजेन्द्र लाल मित्र का यह कार्य "A scheme for the rendering of European Scientific Terminology into the Vernaculars of India" नाम से भी प्रकाशित हुआ था। श्री मित्र के बाद भी हिन्दी में कुछ महत्वपूर्ण पारिभाषिक शब्दावली निर्माण संबंधी कार्य हुए। तत्कालीन गरज और जरूरतों को ध्यान में रखकर मशक्कत से लिखे गए इन कार्यों पर प्रकाश पात करते हुए चिन्तक-आलोचक **डॉ० राम विलास शर्मा**[2] कहते हैं कि हिन्दी की पाँचवीं किताब जिसे श्रीयुत डैरेक्टर साहिब बहादुर सरिश्तै तालीम के हुक्म से रामशंकर मिश्र एम० ए० आफीशियेटिंग मजिस्ट्रेट व कलेक्टर बस्ती ने बनाया था—दिहाती मदरसों की तीसरी सफ़ के लिए—बनारस से छपी थी, पाँचवाँ संस्करण 1897 ई० में निकला था। इसके आखिरी पन्ने पर राय बहादुर पंडित लक्ष्मीशंकर मिश्र की बनायी किताबों का विज्ञापन है। इनमें 'सरल त्रिकोणमिति की उपक्रमणिका', 'स्थिति विद्या','गति विद्या', 'वायुमंडल विज्ञान', 'प्राकृतिक भूगोल चन्द्रिका', 'पदार्थ विज्ञान बिटप' आदि हैं। इनके नाम से ही ज्ञात होगा, हिन्दी भाषा के माध्यम से स्कूली लड़कों को सामान्य विज्ञान की शिक्षा देने का प्रयत्न किया जा रहा था। संभवतः इन्हीं लक्ष्मीशंकर मिश्र के लिए भारतेन्दु ने 23 अगस्त, 1873 ई० की 'कवि वचन सुधा' में लिखा था, ''काशिस्थ राजकीय पाठशाला के गणित विद्या के मुख्य अध्यापक पंडित लक्ष्मीशंकर मिश्र एम० ए० ने हिन्दी भाषा में गणित विद्या की पूरी श्रेणी (Mathematical Series) बनाने का संकल्प किया है तथा च उक्त महाशय ने सरल त्रिकोणमिति (Plane Trigonometry) हिन्दी भाषा में प्रस्तुत कर ली।'' उक्त कार्यों की प्रशंसा करते हुए **भारतेन्दु हरिश्चन्द्र**[3] ने लिखा था कि, ''बहुत से लोग बिना समझे-बूझे दाढ़ी हिला-हिला कर कहा करते थे कि हिन्दी में वैज्ञानिक शब्द (Scientific Words) नहीं लिखे जा सकते और भाषा में इतने शब्द नहीं कि वैज्ञानिक भावना प्रकाश की जाय, पर हम लोग यह जल्पने वाले लोगों को सचेत करते हैं कि वे इस निद्रा से जागें और टुक आँख खोलकर देखें कि अब हिन्दी भाषा की उन्नति चाहने वाले लोग जो कहते थे, सो कर दिखाते हैं।''

---

1. **हिन्दी समस्या-समाधान—सं० बलराज सिरोही, सावित्री अग्रवाल, पृष्ठ 44, प्रभात प्रकाशन, दिल्ली, मू० तीस रु० सन् 1984**
2. **भारतेन्दु युग और हिन्दी भाषा की विकास परंपरा—डॉ० रामविला शर्मा, पृष्ठ 207**
3. **कवि वचन सुधा—भारतेन्दु हरिश्चन्द्र, पृष्ठ 49, 23 अगस्त, 1873**

गुलाम भारत में ही हिन्दी-उर्दू के साधारण जानकारों के लिए सन् 1879 ई० में एक महत्त्वपूर्ण पारिभाषिक शब्द संग्रह सामने आया। निर्माता थे—अंग्रेज विद्वान् और हिन्दी के झंडाबरदार मिस्टर फैलन। चालू हिन्दुस्तानी में रचित इस संग्रह में तकरीबन सभी शब्द गणित, भौतिकी, विद्युत, वनस्पति तथा ज्योतिष से संबंधित हैं। इसकी भूमिका में फैलन ने कहा है कि हिन्दी-उर्दू में जिन पारिभाषिक शब्दों का चलन है, उनकी सूची—अरबी और संस्कृत प्रतिरूपों के साथ वह कोश के परिशिष्ट रूपों में फिर प्रकाशित कराएँगे—"The popular scientific terms just referred to, with their Arabic and Sanskrit equivalents, will be given likewise in a supplement to this work in the alphabetical order of the English words, as in the following specimen.[1]—

English	Hindustani	Arabic	Sanskrit
Undulatory motion	लहर चाल (Wave motion)	हरकते मौजिया	तरंग गति
Pendulum	लटकन (What hangs)	शाकुले मोतहर्रिक	चलायमान लंबक
Rotatory motion	चक्कर चाल (Wheel motion)	हरकते वज़ई	चक्रगति
Right angle	खड़ा कोना (Standing angle)	क़इमाह् जावियाए	समकोन
Acute angle	सुकड़ा कोना (Contracted angle)	हाद्दह्	न्यून कोन
Diagonal	अधकाट (Half cutter)	क़ुत्र	भुजकर्न
Sine	सामने की नाप (Front measure abbreviation)	ज़ैब (Pocket)	भुजज्या
Cosine	साथ कोने की नाप (Measure of the complementary angle)	जैबे मुस्तवी	कोटिज्या
Tangent	छूटी नाप (Touching-line measures)	ज़िल (A shadow)	स्पर्श रेखा

इस कोश के निर्माण में पटना नार्मल स्कूल के तत्कालीन हेडमास्टर राय सोहन लाल ने फैलन की विशेष सहायता की थी—"It is to Rae Sohan Lal, the very able Head Master of Patna Normal School, the compiler is indebted for the large

1. **भारतेन्दु युग और हिन्दी भाषा की विकास परंपरा—डॉ० रामविलास शर्मा, पृष्ठ 210-211**

collection of popular Hindustani scientific terms which will appear in this Dictionary—Terms in pure Mathematics, Physics, Electricity, Astronomy, Physiology, Botany, Philosophy etc."

सन् 1898 ई० में नागरी प्रचारिणी सभा काशी में महामहोपाध्याय पंडित सुधाकर द्विवेदी, सरस्वती के पहले संपादक और पारिभाषिक कोश तैयार करने वाले बाबू श्यामसुन्दर दास, गंगानाथ झा, लाला खुशी राम, बाबू भगवती सहाय, पंडित विनायक राव, महावीर प्रसाद द्विवेदी आदि के सहयोग से अंग्रेजी पारिभाषिक शब्दों के पर्याय बनाने का कार्य सम्पन्न हुआ। इतना ही नहीं, **डॉ० शिवगोपाल मिश्र**[1] के अनुसार सरस्वती और उसके बाद विशाल भारत, माधुरी, सुधा तथा वीणा जैसी शुद्ध साहित्यिक पत्रिकाओं के संपादकों की व्यापक दृष्टि तथा समाज में विज्ञान की आवश्यकता की स्वीकृति का ही यह परिणाम था कि इन पत्रिकाओं में इस काल के लब्ध प्रतिष्ठित साहित्यकारों ने भी विज्ञान पर लेखनी चलाई। चन्द्रधर शर्मा गुलेरी, लक्ष्मीधर वाजपेयी, लल्ली प्रसाद पाण्डेय, रामदहिन मिश्र जैसे साहित्यकारों ने भी विज्ञान विषयों पर लेख लिखे। विशाल भारत हिन्दी अँचल से दूर कलकत्ता से प्रकाशित होने वाली मासिक पत्रिका थी, जिसके संपादक पं० बनारसी दास चतुर्वेदी थे। वे भी विज्ञान लिखने वालों को लगातार प्रश्रय देते रहे। उपेन्द्र नाथ अश्क तथा पंडित राहुल सांकृत्यायनने भी विज्ञान पर लेख लिखे। इसी प्रकार लखनऊ से प्रकाशित माधुरी में मिश्रबन्धु तथा सुधा में भी श्री राम शर्मा, चतुरसेन शास्त्री, सूर्यकान्त त्रिपाठी निराला आदि ने भी वैज्ञानिक निबंध लिखे। वीणा (इन्दौर) के अतिरिक्त हिन्दी, प्रदीप, मर्यादा, चांद, नागरी प्रचारिणी पत्रिका, हिन्दुस्तानी सम्मेलन पत्रिका में वैज्ञानिक लेख छपते रहे। गणना करने पर 1900 से 1950 की अवधि में सरस्वती में कुल 229, विशाल भारत में 204, वीणा में 129, माधुरी में 46 और सुधा में 50 लेख छपे, जिनके लेखकों की संख्या क्रमशः 160, 138, 79, 43 है। इनके अतिरिक्त इसी समय के आसपास हिन्दी में वैज्ञानिक लेखन और स्फुट रूप से पारिभाषिक शब्दावली के निर्माण में यत्र-तत्र सहायता करने वाले लेखकों में—लक्ष्मीशंकर मिश्र, डॉ० एस० एम० नेहरू, डॉ० वामन राव कोकटनूर, महेश शरण सिन्हा, पाण्डुरंग खान खोजे, दुर्गा शंकर नागर, लज्जा शंकर झा, रमेश बेदी, डॉ० सत्य प्रकाश, महावीर प्रसाद श्रीवास्तव, रामदास गौड़, डॉ० गोरख प्रसाद, कुँवर सुरेश सिंह तथा इंजीनियर जगन्नाथ थे।

सन् 1901 ई० में विभिन्न प्रान्तों के विद्वानों के सहयोग से ''हिन्दी साइंटिफिक ग्लोसरी'' (Hindi Scientific Glossary) नामक एक महत्त्वपूर्ण पारिभाषिक कोश का निर्माण हुआ। कालान्तर में सन् 1932 ई० में राजस्थान के अजमेर जनपद निवासी श्री सुखसंपत राय भंडारी का पारिभाषिक शब्दावली से संबंधित एक चर्चित ग्रंथ ''ट्वेन्टिएथ सेन्चुरी इंग्लिश-हिन्दी डिक्शनरी'' (Twentieth Century English-Hindi Dictionary) का प्रकाशन हुआ। कुछ समय बाद महापंडित राहुल सांकृत्यायन के प्रधान संपादकत्व में हिन्दी साहित्य सम्मेलन, प्रयाग ने 1946 ई० में प्रशासनिक, संसदीय और विधि संबंधी तकनीकी शब्दों का एक कोश प्रकाशित किया। लेकिन इसी बीच 1940 ई० के आसपास पारिभाषिक शब्दावली के निर्माण

---

1. **अक्षर पर्व (मासिक पत्रिका में प्रकाशित 'विज्ञान की लोकप्रियता में साहित्यिक पत्रिकाएँ')—डॉ० शिवगोपाल मिश्र, पृष्ठ 22, रायपुर, छत्तीसगढ़, मू० 10 रुपए, अक्टूबर 2004**

के संदर्भ में सरकारी स्तर पर गोष्ठियों का सिलसिला शुरू हुआ। नई समितियों का गठन हुआ। **डॉ० दंगल झाल्टे**[1] कहते हैं कि केन्द्रीय शिक्षा सलाहकार समिति ने सन् 1940 ई० में पाँचवें अधिवेशन में तकनीकी तथा वैज्ञानिक शब्दावली पर विचार-विमर्श करते हुए सिफारिश की थी कि जहाँ तक संभव हो, अन्तर्राष्ट्रीय शब्दावली को भारतीय (अर्थात् हिन्दी) वैज्ञानिक शब्दावली में सम्मिलित कर लेना चाहिए। इस सिफारिश को स्वीकार कर लिया गया था। तदुपरान्त 1948 ई० में ''अखिल भारतीय शिक्षा परिषद'' ने निर्णय लिया कि—

(अ) अन्तर्राष्ट्रीय क्षेत्र में प्रयुक्त होने वाले शब्द, यथासंभव ग्रहण किए जायँ, किन्तु जो शब्दावली अन्तर्राष्ट्रीय नहीं हैं, उनके लिए भारतीय भाषाओं के शब्द अपनाएँ जायँ।

(आ) सभी आधुनिक भारतीय भाषाओं की वैज्ञानिक शब्दावली का कोश बनाने के लिए केन्द्रीय सरकार एक बोर्ड का गठन करे। उसमें भाषाशास्त्री तथा वैज्ञानिकों को लिया जाय।

वैज्ञानिक तथा तकनीकी शब्दावली के बारे में जो अनेक प्रकार की समस्याएँ उत्पन्न हुई थी, उन पर डॉ० राधाकृष्णन् की अध्यक्षता में ''विश्वविद्यालय आयोग'' जो 1948 में स्थापित हुआ था, ने भी विचार-विमर्श करते हुए निम्नलिखित सिफारिशें की थीं—

(क) अन्तर्राष्ट्रीय पारिभाषिक और वैज्ञानिक शब्दावली को अपना लिया जाय; दूसरी भाषाओं से आए हुए शब्द आत्मसात् कर लिए जायँ, उन्हें भारतीय भाषाओं को ध्वनि-प्रणाली के अनुरूप बना लिया जाय और उनका वर्ग-विन्यास भारतीय लिपियों के ध्वनि-संकेतों के अनुसार निश्चित कर लिया जाय,

(ख) राजभाषा और प्रादेशिक भाषाओं को विकसित करने के लिए तत्काल कार्यवाही की जाय। **डॉ० भोलानाथ तिवारी** के अनुसार डॉ० शांतिस्वरूप भटनागर और डॉ० बीरबल साहनी जैसे कई विशिष्ट वैज्ञानिकों ने भी इस निश्चय का समर्थन किया था।[2]

(ख) स्वतंत्रता के बाद का निर्माण—देश स्वतंत्र हुआ। गुलामी की रात में सोई सुनसान सड़क की तरह उनीदे देश की तन्द्रा टूटी। घास की नोंक पर ओस के बूँद की तरह नई सुबह चमकी। देश में नया राष्ट्रीयता बोध नई पैरहन और शक्ल-सबीह में पैदा हुआ। बस क्या था! देश की अन्य क्षेत्रों में तरक्की की तरह सरकार ने देसी भाषाओं के विकास पर ध्यान देना शुरू किया। कुल मिलाकर भारत की स्वतंत्रता के बाद भारत के संविधान निर्माताओं का ध्यान देश की सभी प्रमुख भाषाओं के विकास की ओर गया। संविधान में हिन्दी को संघ की राजभाषा के रूप में मान्यता दी गई और केन्द्रीय सरकार को यह दायित्व सौंपा गया कि वह हिन्दी का विकास-प्रसार करे एवं उसे समृद्ध करे। तदनुसार भारत सरकार के केन्द्रीय शिक्षा मंत्रालय ने संविधान के अनुच्छेद 351 के अधीन हिन्दी के विकास एवं समृद्धि की अनेक योजनाएँ आरंभ कीं। इन योजनाओं में हिन्दी में तकनीकी शब्दावली के निर्माण का कार्यक्रम भी शामिल किया गया ताकि ज्ञान-विज्ञान की सभी शाखाओं में हिन्दी के माध्यम से

---

1. **प्रयोजनमूलक हिन्दी : सिद्धान्त और प्रयोग—डॉ० दंगल झाल्टे, पृष्ठ 85-86**
2. **अनुवाद विज्ञान—डॉ० भोलानाथ तिवारी, पृष्ठ 225**

अध्ययन एवं अध्यापन होसके। शब्दावली निर्माण कार्यक्रम को सही दिशा देने के लिए 1950 में शिक्षा सलाहकार की अध्यक्षता में वैज्ञानिक शब्दावली बोर्ड की स्थापना की गई।[1] इधर, इस समय के आसपास 1955 ई० में महाभाग **डॉ० रघुवीर** का पारिभाषिक शब्दावली से संबंधित एक विवादास्पद कोश ग्रंथ ''ए काम्प्रेहेंसिव इंगलिश डिक्शनरी'' (A Comprehensive English Dictionary) सामने आया।

1950 ई० में केन्द्र सरकार ने शब्दावली निर्माण के तहत जिस ''वैज्ञानिक शब्दावली बोर्ड'' की स्थापना की थी, वह शुरू में शिक्षा मंत्रालय के अन्तर्गत हिन्दी एकक के अधीन था किन्तु बाद में विभिन्न विषयों की हिन्दी शब्दावली का निर्माण करने के दौरान यह ज्ञात हुआ कि यह काम बहुत ही अधिक विशाल, गहन और बहुआयामी है। इसके पूरे होने में बहुत समय लगेगा और इस कार्य के लिए सभी विषयों के विशेषज्ञों एवं भाषाविदों की आवश्यकता होगी। अत: भारत सरकार ने 1 अक्टूबर, 1961 को प्रख्यात वैज्ञानिक **डॉ० डी० एस० कोठारी** की अध्यक्षता में वैज्ञानिक तथा तकनीकी शब्दावली आयोग की स्थापना की ताकि शब्दावली निर्माण का यह कार्य सही एवं व्यापक परिप्रेक्ष्य में कार्यान्वित किया जा सके। सच तो यह है कि विभिन्न विषयों की तकनीकी शब्दावली का निर्माण सन् 1950 से ही शिक्षा मंत्रालय के हिन्दी एकक में शुरू हो गया था। मंत्रालय ने विविध विषयों की अनेक आरंभिक और अनंतिम शब्दावलियाँ छापीं और उन्हें नि:शुल्क विश्वविद्यालयों आदि के प्राध्यापकों को वितरित किया। इसके बाद अनेक विषयों की अंतिम रूप से स्वीकृत शब्दावली भी अलग-अलग छापी गयी। सन् 1962 ई० में इन सभी शब्दों को एकत्र कर ''पारिभाषिक शब्द संग्रह'' के नाम से पहली बार छापा गया। इस शब्द संग्रह में लगभग 9000 शब्द थे। शब्दावली आयोग की स्थापना के बाद इस कार्य में बहुत गति आई। तब से आयोग ने विभिन्न विषयों की शब्दावलियों को अनेक शब्द संग्रहों के रूप में प्रकाशित किया है। अब तक कुल लगभग 35 शब्द-संग्रह/शब्दावलियाँ छापी जा चुकी हैं, जिनमें कुल मिलाकर लगभग 5.25 लाख तकनीकी शब्दों के हिन्दी पर्याय दिए गए हैं। इनमें से कुछ प्रमुख शब्द-संग्रह इस प्रकार हैं—

1. वृहत पारिभाषिक शब्द-संग्रह : विज्ञान, दो खण्ड (शब्द संख्या 1.30 लाख, पृष्ठ 2658)
2. वृहत पारिभाषिक शब्द-संग्रह : मानविकी, दो खण्ड (शब्द संख्या 8500, पृष्ठ 1300)
3. इंजीनियरी शब्दावली (तीन संग्रहों में पृष्ठ 900)
4. आयुर्विज्ञान शब्दावली (शब्द संख्या 5000 पृष्ठ 700)

उपर्युक्त शब्दावलियों/शब्द संग्रहों के साथ-साथ आयोग ने कृषि, पशु-चिकित्सा, कम्प्यूटर विज्ञान, अंतरिक्ष विज्ञान, धातु कर्म, नृ-विज्ञान, परमाणु ऊर्जा, खनन इंजीनियरी, रसायन इंजीनियरी, इलेक्ट्रॉनिकी, लोक प्रशासन आदि विषयों के शब्द-संग्रह भी प्रकाशित किए हैं। इस आयोग ने ज्ञान-विज्ञान की लगभग सभी आधुनिकतम शाखाओं की अधिकांश शब्दावलियों के हिन्दी पर्याय बना दिए हैं।

---

1. **वैज्ञानिक तथा तकनीकी शब्दावली आयोग : प्रगति एवं उपलब्धियाँ—मानव संसाधन विकास मंत्रालय, शिक्षा विभाग, भारत सरकार, नई दिल्ली, 1 जुलाई, 1996**

शब्दावली आयोग के कार्य

- हिन्दी के लिए
  - शब्दावली का निर्माण
    1. विभिन्न विषयों की शब्दावली
    2. विभागीय शब्दावली
    3. अखिल भारतीय शब्दावली
    4. राष्ट्रीय शब्दावली बैंक (कम्प्यूटरीकृत)
  - संदर्भ-साहित्य का निर्माण
    1. परिभाषा कोश
    2. पाठशालाएँ
    3. चयनिकाएँ
    4. पाठ-संग्रह
    5. विज्ञान-गरिमा सिन्धु पत्रिका
  - शब्दावली प्रशिक्षण
    - तकनीकी शब्दावली कार्यशालाओं का आयोजन
  - पाठ्य-पुस्तकों का निर्माण
    - आयोग द्वारा
      1. कृषि
      2. इंजीनियरी
      3. आयुर्विज्ञान
    - हिन्दीभाषी राज्यों की ग्रंथ अकादमियों के द्वारा
- अन्य भारतीय भाषाओं के लिए (पाठ्य-पुस्तक बोर्डों के माध्यम से)
  - शब्दावली
    1. शब्दावली निर्माण में मार्गदर्शन, समन्वय
    2. शब्दावली निर्माण के लिए आर्थिक सहायता
    3. शब्दावली कार्यशाला के आयोजन में सहायता
  - पाठ्य-पुस्तकों के निर्माण की योजनाओं में आर्थिक सहायता, मार्गदर्शन, समन्वयन

विश्वविद्यालयों में पढ़ाए जाने वाले विषयों के साथ-साथ आयोग विभिन्न सरकारी विभागों के अनुरोध पर उन विभागों की तकनीकी शब्दावली के हिन्दी पर्यायों के निर्माण का भी कार्य करता है। विभागीय शब्दावलियों में अब तक डाकतार शब्दावली, रेलवे शब्दावली, रक्षा शब्दावली, राजस्व शब्दावली, वैमानिकी शब्दावली, वानिकी शब्दावली, मौसम विज्ञान शब्दावली, स्वास्थ्य भौतिकी शब्दावली आदि का प्रकाशन किया जा चुका है। हाल ही में रेशम शब्दावली, कपास शब्दावली, कोयला शब्दावली, इलेक्ट्रॉनिक शब्दावली, पेंशन शब्दावली, सूचना ब्यूरो शब्दावली के पर्यायों को भी प्रकाशित किया गया है। दूरसंचार शब्दावली (15000 शब्द) का निर्माण भी पूरा हो गया है। विभिन्न विभागों से हिन्दी पर्यायों के लिए तकनीकी शब्दों की सूचियाँ आयोग में समय-समय पर प्राप्त होती रहती हैं। प्रारम्भ में आयोग ने अलग-अलग विषयों की शब्दावलियाँ छापी थीं। काफी शब्दों के निर्माण के बाद उन्हें विषय समूहवार वृहत् शब्द-संग्रहों के रूप में छापा गया। विज्ञान के शब्दों को एक संकलन में और मानविकी के शब्दों को अन्य संकलन में छापा गया। बाद में इंजीनियरी, आयुर्विज्ञान, कृषि, पशु-चिकित्सा, लोक-प्रशासन, रक्षा, वाणिज्य, कम्प्यूटर-विज्ञान, अन्तरिक्ष-विज्ञान, मुद्रण इंजीनियरी, धातु कर्म आदि के विषयों के अनुसार इन्हें अलग-अलग भी छापा गया। वस्तुत: अनेक वैज्ञानिक, लेखक और प्राध्यापक अपने-अपने विषय की अलग-अलग शब्दावली की माँग काफी समय से करते रहे हैं, ताकि वह उन्हें कम मूल्य में ही प्राप्त हो जाय। तदनुसार अब आयोग अपनी एक योजना के अन्तर्गत् विषयवार शब्दावलियाँ ही परिवर्धित रूप में प्रकाशित कर रहा है। इनमें से अनेक संग्रह प्रकाशित हो चुके हैं। इनमें गणित, भौतिकी, गृहविज्ञान, रसायन, इंजीनियरी, भूगोल, खनन एवं भूविज्ञान, कोशिका-जैविकी, संरचनात्मक भूविज्ञान एवं विवर्तनिकी शामिल हैं।

वैज्ञानिक तथा तकनीकी शब्दावली आयोग द्वारा प्रकाशित परिभाषा-कोश

क्र० सं०	परिभाषा कोश	मूल्य
1.	भू-विज्ञान परिभाषा-कोश (पृष्ठ 284)	10.00
2.	भू-विज्ञान परिभाषा-कोश-2 (सामान्य भूविज्ञान, पृष्ठ 196)	13.50
3.	शैल-विज्ञान परिभाषा-कोश (पृष्ठ 195)	
4.	प्रारंभिक पारिभाषिक रसायन-कोश (पृष्ठ 242)	3.25
5.	उच्चतर रसायन परिभाषा-कोश	17.00
6.	रसायन (कार्बनिक) परिभाषा-कोश-3 (पृष्ठ 280)	25.00
7.	पेट्रोलियम प्रौद्योगिकी परिभाषा-कोश (पृष्ठ 188)	173.00
8.	प्रारंभिक पारिभाषिक-कोश गणित (पृष्ठ 298)	18.75
9.	गणित परिभाषा-कोश (पृष्ठ 253)	11.00
10.	आधुनिक बीजगणित परिभाषा-कोश (पृष्ठ 159)	11.00
11.	सांख्यिकी परिभाषा-कोश (पृष्ठ 432)	18.00
12.	भौतिकी परिभाषा-कोश (पृष्ठ 212)	3.15
13.	आधुनिकी भौतिकी परिभाषा-कोश (पृष्ठ 290)	13.00
14.	प्राणि विज्ञान परिभाषा-कोश (पृष्ठ 220)	10.00
15.	वनस्पति विज्ञान परिभाषा-कोश (1, 2, 3, 4)	
16.	वनस्पति विज्ञान परिभाषा-कोश -5	
17.	पुरावनस्पति विज्ञान परिभाषा-कोश (पृष्ठ 161)	80.50
18.	भूगोल परिभाषा-कोश	10.00
19.	मानव-भूगोल परिभाषा-कोश (पृष्ठ 228)	18.00
20.	मानचित्र विज्ञान परिभाषा-कोश (पृष्ठ 361)	231.00
21.	गृह विज्ञान परिभाषा-कोश	
22.	गृह विज्ञान परिभाषा-कोश-2 (पृष्ठ 64)	9.00
23.	इलेक्ट्रॉनिकी परिभाषा-कोश (पृष्ठ 215)	22.00
24.	तरल यांत्रिकी परिभाषा-कोश (पृष्ठ 76)	10.00
25.	यांत्रिकी इन्जीनियरी परिभाषा-कोश (पृष्ठ 135)	84.00
26.	सिविल इंजीनियरी परिभाषा-कोश (पृष्ठ 112)	61.00
27.	आयुर्विज्ञान परिभाषा-कोश (शल्य विज्ञान)	48.00
28.	इतिहास परिभाषा-कोश (पृष्ठ 297)	20.00
29.	शिक्षा परिभाषा-कोश (पृष्ठ 197)	13.50
30.	शिक्षा परिभाषा-कोश-2 (पृष्ठ 205)	99.00
31.	मनोविज्ञान परिभाषा-कोश (पृष्ठ 142)	9.50
32.	दर्शन परिभाषा-कोश (पृष्ठ 432)	9.75

क्र० सं०	परिभाषा कोश	मूल्य
33.	अर्थशास्त्र परिभाषा-कोश (पृष्ठ 232)	117.00
34.	अर्थमिति परिभाषा-कोश (पृष्ठ 245)	17.65
35.	वाणिज्य परिभाषा-कोश (पृष्ठ 173)	24.70
36.	समाज कार्य परिभाषा-कोश (पृष्ठ 183)	
37.	समाज शास्त्र परिभाषा-कोश (पृष्ठ 212)	71.40
38.	सांस्कृतिक नृविज्ञान परिभाषा-कोश (पृष्ठ 287)	24.00
39.	पुस्तकालय विज्ञान परिभाषा-कोश (पृष्ठ 196)	49.00
40.	पत्रकारिता परिभाषा-कोश (पृष्ठ 164)	87.00
41.	पुरातत्त्व परिभाषा-कोश (पृष्ठ 391)	76.50
42	पुरातत्त्व परिभाषा-कोश-2 (पृष्ठ 453)	509.00
43.	पाश्चात्य संगीत परिभाषा-कोश (पृष्ठ 104)	28.55
44.	भाषा-विज्ञान परिभाषा-कोश (पृष्ठ 212)	89.00
45.	कम्प्यूटर विज्ञान परिभाषा-कोश (पृष्ठ 144)	102.00
46.	राजनीति विज्ञान परिभाषा-कोश (पृष्ठ 356)	343.00
47.	प्रबंध विज्ञान परिभाषा-कोश (पृष्ठ 191)	170.00
48.	अन्तर्राष्ट्रीय विधि परिभाषा-कोश (पृष्ठ 293)	344.00
49.	कृषि कीट विज्ञान परिभाषा-कोश	
50.	वनस्पति विज्ञान परिभाषा-कोश	
51.	पादप आनुवंशिकी परिभाषा-कोश	
52.	भाषा-विज्ञान परिभाषा-कोश-2	

शब्दावली आयोग द्वारा हाल ही में प्रकाशित कुछ महत्त्वपूर्ण पारिभाषिक-कोश

53.	कोशिका-जैविकी शब्द संग्रह (7000 शब्द)	
54.	गणित शब्द संग्रह (2000 शब्द)	
55.	भौतिकी शब्द संग्रह (27000 शब्द)	
56.	गृह विज्ञान शब्द संग्रह (10000 शब्द)	
57.	रासायनिक इंजीनियरी शब्द संग्रह (13000 शब्द)	
58.	भूगोल शब्द संग्रह (26,000 शब्द)	
59.	खनन एवं भूविज्ञान शब्द संग्रह (10,000 शब्द)	
60.	भूविज्ञान शब्द (27000 शब्द)	
61.	संरचनात्मक भूविज्ञान एवं विवर्तनिकी शब्द-संग्रह (2000 शब्द)[1]	

1. वैज्ञानिक तथा तकनीकी शब्दावली आयोग से साभार

केन्द्र सरकार के उक्त महत् कार्य की प्रशंसा करते हुए सुप्रसिद्ध भाषा-चिंतक **डॉ० राम विलास शर्मा**[1] ने कहा था कि भारत सरकार ने सांस्कृतिक क्षेत्र में अब तक जो कुछ गोड़ा और बोया है, उसकी श्रेष्ठ उपज है—'पारिभाषिक शब्द-संग्रह'। विकास का यह अद्वितीय कार्य सम्पन्न करने के बाद भी हिन्दी भारत की राजभाषा न बनी, इसके लिए भारत सरकार को दोष नहीं दिया जा सकता।'' पारिभाषिक शब्द-संग्रह'' की भूमिका में शिक्षा मंत्रालय की ओर से **श्री आर० पी० नायक** ने गर्व के साथ घोषित किया कि, "It brings together practically all the terms that have been evolved under its auspicious during a period of more than one decade and thus marks the latest stage in its work pertaining to the evolution of terminology." दस वर्ष तक पारिभाषिक शब्दावली का निरंतर विकास करते रहने के बाद जो उपलब्धि हुई, वह इस ग्रंथ द्वारा प्रस्तुत की गई। भारत सरकार को पता था कि अन्य संस्थाएँ और विद्वान् भी इस पुण्य कार्य में लगे हुए हैं, लेकिन इनका कार्य उचित पारिभाषिक दृष्टि के अभाव में संतोषजनक नहीं था। श्री नायक के शब्दों में—"Scholars and institutions have engaged themselves in coming fresh Indian equivalents for English and other terms." हालाँकि भारत सरकार द्वारा प्रकाशित ''पारिभाषिक शब्द संग्रह'' की अपनी कुछ कमजोरियाँ भी रही हैं।'' इसमें लगभग एक शताब्दी पूर्व प्रकाशित कोशों के ढेरों शब्द, जैसे 100 शब्द फैलन (1879) के कोश के, 100 शब्द लल्लू लाल जी (1810) के कोश के तथा 320 शब्द जान शेक्सपियर (1845) की पुस्तक से अर्थात् लगभग 500 शब्द आ गये हैं। फिर, उक्त कोश का यह बहुत कमजोर पक्ष नहीं है। केन्द्र सरकार ने इस कोश के निर्माण के समय विद्वान् और सामान्यजन—इन दोनों का ध्यान रखा था। सारे भारत के विद्वानों ने वर्षों तक कठिन परिश्रम किया और उसका फल हुआ यह ग्रन्थ—"The present work is an outcome of the hard labour and effort of scholars and experts from all over the country over a long period of time." 1961 ई० तक जो शब्द इस पारिभाषिक कोश में गढ़े गए थे—उनकी संख्या तीन लाख हो गयी थी—"The terms coined came to nearly three lakhs."

3. पारिभाषिक शब्दावली की परिभाषा

विद्वानों ने पारिभाषिक शब्दावली को अपने-अपने ढंग से तराश कर पारिभाषित करने की कोशिश की है। इन सभी परिभाषाओं को यदि हिलोर-पछोर कर देखा जाय तो हम निष्कर्ष के इस पड़ाव पर पहुँचते हैं कि इनमें से कुछ कई स्तरों पर अधूरी और आंशिक हैं, कुछ तुरत-फुरत गढ़ ली गई हैं, तो कुछ अति बौद्धिकता की आँच से पीड़ित हैं और कई अपने ही अन्तर्विरोधों की शिकार हैं, फिर भी, सभी परिभाषाओं को नकारना अपनी विकलांग और कुंद बुद्धि का परिचय ही माना जाएगा। बहरहाल, कुछ प्रमुख परिभाषाओं को निम्नवत् देखा जा सकता है—

1. **चैम्बर्स टेक्निकल डिक्शनरी** में पारिभाषिक शब्द को इस प्रकार रूपायित किया गया है—"Technical terms in symbol adopted or inverted by special and technicians to facilitate the precise recording ideas." अर्थात् पारिभाषिक शब्दावली

---

1. **भारतेन्दु युग और हिन्दी भाषा की विकास परंपरा—डॉ० राम विलास शर्मा, पृष्ठ 208**

वस्तुतः विशेषज्ञों एवं तकनीकीविदों के अपने विशेष विचारों को लिपिबद्ध करने के लिए ग्रहण, अनुकूलन तथा निर्माण के द्वारा तैयार किए जाने वाले प्रतीक हैं।''[1]

2. एक अन्य सुप्रसिद्ध शब्दकोश **रेण्डम हाउस डिक्शनरी** ने पारिभाषिक शब्दावली को पारिभाषित करते हुए लिखा है कि, "A word or phrase used in definite or precise sense in some particular subject as a science or art a technical impression (more fully term of art.)" अर्थात् विशिष्ट विषय जैसे विज्ञान अथवा कला विषय की तकनीकी अभिव्यक्ति के लिए निश्चित अथवा विशिष्ट अर्थ में प्रयुक्त एक शब्द, अशिकांशतः कला का शब्द।''[2]

3. डॉ० रघुवीर के अनुसार, ''पारिभाषिक शब्द किसको कहते हैं, जिसकी परिभाषा की गई हो। पारिभाषिक शब्द का अर्थ है, जिसकी सीमाएँ बाँध दी गई हों। जिन शब्दों की सीमा बाँध दी जाती है, वे पारिभाषिक शब्द हो जाते हैं और जिनकी सीमा नहीं बाँधी जाती, वे साधारण शब्द होते हैं।[3]

4. **डॉ० भोलानाथ तिवारी** के अनुसार पारिभाषिक शब्द ऐसे शब्दों को कहते हैं, जो सामान्य व्यवहार की भाषा के शब्द न होकर ज्ञान के विभिन्न क्षेत्रों (जैसे—रसायन, भौतिकी, वनस्पति विज्ञान, प्राणि विज्ञान, समाज शास्त्र, दर्शन, अलंकार शास्त्र, गणित, मनोविज्ञान, तर्कशास्त्र, अर्थशास्त्र, राजनीति शास्त्र आदि इत्यादि) के होते हैं तथा विशिष्ट ज्ञान, विज्ञान या शास्त्र में जिनकी अर्थसीमा परिभाषित या निश्चित रहती है।[4]

5. **डॉ० माईदयाल जैन** के विचार से पारिभाषिक शब्दों से अभिप्राय उन शब्दों से है, जो किसी विशेष विज्ञान, शिल्प विज्ञान, उद्योग, व्यवसाय, घरेलू दस्तकारी, रेल, तार-डाक, राज-शासन, न्याय साहित्य तथा कला आदि में किसी विशेष अर्थ को बताते हैं।[5]

6. **डॉ० दंगल झाल्टे** का कहना है कि जो शब्द सामान्य व्यवहार की भाषा में प्रयुक्त न होकर ज्ञान-विज्ञान के विभिन्न क्षेत्रों में विषय एवंसंदर्भ के अनुसार विशिष्ट किन्तु निश्चित अर्थ में प्रयुक्त होते हैं, उन्हें पारिभाषिक शब्द कहते हैं।[6]

7. **डॉ० विनोद गोदरे** लिखते हैं कि किसी विशिष्ट ज्ञान शाखा की विशिष्ट अभिव्यक्ति के लिए प्रयुक्त विशिष्ट शब्द पारिभाषिक शब्द कहलाता है। यह शब्द विशिष्ट ज्ञान शाखा के किसी सुनिश्चित विशिष्ट अर्थ को ही ध्वनित करता है। इसके अलावा उक्त संदर्भ में उसके लिए न तो किसी प्रकार के अर्थ-भेद की गुंजाइश होती है और न किसी प्रकार के अनिश्चय का ही वह वाहक होता है। वह तो बस मीन की आँख के लक्ष्य का वेधी तथा साधक होता है।[7]

---

1. **Chambers Technical Dictionary, P. 48**
2. **The Randam House Dictionary of the English Language—Randam House, P. 1505**
3. **Comprehensive Dictionary : English Hindi—Dr. Raguhveera, P. 91**
4. **अनुवाद विज्ञान—डॉ० भोलानाथ तिवारी, पृष्ठ 215**
5. **हिन्दी शब्द रचना—डॉ० माई दयाल जैन, पृष्ठ 206, भारतीय ज्ञानपीठ प्रकाशन, मू० 6 रु०, सन् 1966**
6. **प्रयोजनमूलक हिन्दी : सिद्धान्त और प्रयोग, पृष्ठ 80**
7. **प्रयोजनमूलक हिन्दी—डॉ० विनोद गोदरे, पृष्ठ 143**

8. **डॉ० देवेन्द्र नाथ शर्मा** का विचार है कि पारिभाषिक शब्दावली ही वह कच्चा माल है, जिससे कुछ भी बनाया जा सकता है। शिक्षा में, शासन में, विधि में, चाहे कहीं भी हिन्दी का प्रयोग करना है, तो उपयुक्त शब्दावली होनी चाहिए और उसके अभाव में न तो कार्यालयों में कार्य हो सकता है, न विश्वविद्यालयों में शिक्षा दी जा सकती है और न न्यायालयों में न्याय की व्यवस्था संभव है।[1]

कुल मिलाकर हम कह सकते हैं कि पारिभाषिक शब्द दैनिक व्यवहार के शब्द नहीं होते। वस्तुत: ज्ञान की विशिष्ट या निश्चित शाखा में दक्षता प्राप्त करने वाले लोग ही इस तरह के शब्दों का इस्तेमाल करते हैं।

4. पारिभाषिक शब्दावली की विशेषताएँ अथवा गुण

पारिभाषिक शब्द का अर्थ सुनिश्चित और स्पष्ट होना चाहिए। उसमें न तो अव्याप्ति दोष होना चाहिए और न अतिव्याप्ति दोष अर्थात् पारिभाषिक शब्द को न तो अपनी अर्थ-परिधि से अधिक अर्थ व्यक्त करना चाहिए और न कम। एक पारिभाषिक शब्द का एक ज्ञान या शास्त्र में एक ही अर्थ होना चाहिए ताकि प्रयोक्ता या पाठक को दूसरे अर्थ का भ्रम न हो। इसी तरह एक ज्ञान या शास्त्र में एक संकल्पना या वस्तु के लिए एक ही शब्द होना चाहिए। शब्द यथासाध्य छोटा हो, 'सागर में गागर' ताकि बार-बार प्रयोग में असुविधा न हो। पारिभाषिक शब्द यथासाध्य एक शब्द का या मूल शब्द होना चाहिए।[2] यदि स्रोत भाषा में पारिभाषिक शब्द एक शब्दीय है, तो उसके लिए लक्ष्य भाषा में निर्मित शब्द भी यथासंभव एक शब्दीय ही हो, द्विशब्दीय या व्याख्यात्मक नहीं। दूसरे शब्द में असमस्त पद का अनुवाद यथासंभव असमस्त शब्द में ही होना चाहिए। उदाहरण के लिए Executive के लिए कार्यपालिका शब्द ठीक है, Curo के लिए कलाकृति शब्द उचित है, 'कौतुक की वस्तु' नहीं। पारिभाषिक शब्द अगर किसी अन्य भाषा का 'ग्रहण' किया गया है, तो उसे 'अनुकूलन' प्रक्रिया द्वारा अपनी भाषा की प्रकृति के अनुकूल किया जाता है, जैसे अंग्रेजी का एकेडमी-अकादमी बन जाता है।[3] पारिभाषिक शब्दों की एक और महत्त्वपूर्ण विशेषता यह है कि उनका कृत्रिम निर्माण किया जाता है। नए विज्ञानों के प्रस्फुटन तथा निर्माण के साथ ही उनकी अभिव्यक्ति तथा विषय वस्तु निरूपण के लिए नई संकल्पनाओं के अनुरूप नए शब्दों का निर्माण आवश्यक हो जाता है। अत: विषय, संदर्भ तथा स्थिति के अनुसार नए कृत्रिम शब्दों का निर्माण किया जाता है। अतएव इस प्रक्रिया में प्रतीकों एवं खोजकर्त्ता वैज्ञानिकों के नाम पर भी कृत्रिम पारिभाषिक शब्द गढ़े जाते हैं, जैसे—लेम्बडा, पाई, म्यू, जूल, डाविनिज्म, मार्क्सिजम, फासीस्ट, गेल्वानीकरण आदि।[4]

पारिभाषिक शब्दावली की एक विशेषता यह भी है कि वह जनसाधारण की भाषा से अलग होनी चाहिए। कुछ लोग जब यह वकालत करते हैं कि हिन्दी कठिन होती जा रही है अथवा हिन्दी में वैसे शब्द होने चाहिए, जैसे सिनेमा की भाषा में होते हैं, तब वे भूल जाते हैं कि सिनेमा की भाषा कुछ निश्चित विचारों को लेकर चलती है, जिनका प्रयोग हम बचपन से

---

1. **राष्ट्रभाषा हिन्दी : समस्याएँ और समाधान—डॉ० देवेन्द्र नाथ शर्मा, पृष्ठ 50, राजकमल प्रकाशन, दिल्ली-1966**
2. **अनुवाद विज्ञान—डॉ० भोलानाथ तिवारी, पृष्ठ 219**
3. **प्रयोजनमूलक हिन्दी—डॉ० माधव सोनटक्के, पृष्ठ 4**
4. **प्रयोजनमूलक हिन्दी : सिद्धान्त और प्रयोग—डॉ० दंगल झाल्टे, पृष्ठ 81-82**

सीखने लगते हैं। प्रेम और वियोग की गहराइयों से अब छोटे बच्चे भी अछूते नहीं हैं, फिर वयस्क लोगों को सिनेमा की भाषा समझने में कठिनाई होने का प्रश्न ही नहीं उठता। ठीक उसी तरह ज्ञान के हर क्षेत्र की अपनी विशेषता है, अपनी भाषा है और अपनी शब्दावली है। इस शब्दावली को सीखे बिना हम ज्ञान के उस क्षेत्र में गहराई से पैठने का दावा नहीं कर सकते, इसलिए हिन्दी में कमी ढूँढ़ने वालों को समझना चाहिए कि विज्ञानों की विभिन्न शाखाओं की अपनी शब्दावली होती है, जिसका अध्ययन अनिवार्य है।[1] **डॉ० देवेन्द्र नाथ शर्मा**[2] के शब्दों में वस्तुतः हमें भूलना न चाहिए कि जो शब्दावली तैयार की जा रही है, वह इस पीढ़ी के लिए नहीं, बल्कि आने वाली पीढ़ियों के लिए है। जब तक अंग्रेजी का स्थान भारतीय भाषाएँ पूर्णतः ग्रहण करेगी, तब तक हममें से बहुतेरे अपना कार्यकाल समाप्त कर चुके रहेंगे, साथ ही भाषागत समस्याओं से मुक्त हो चुके रहेंगे। हमारे संस्कार हमारे अभ्यास के अनुसार बन चुके हैं। ××× नववयस्क बच्चे काफ़ी सुगमता और सुविधा से हिन्दी शब्दों को सीख रहे हैं। आरंभ से 'फ़ीजिक्स' सुनने के अभ्यस्त हमारे कानों को 'भौतिकी' भले ही कर्कश लगे, पर बच्चे को इसमें कोई अस्वाभाविकता या विचित्रता नहीं दीखती। इसके प्रतिकूल यही शब्द उसे अधिक स्वाभाविक, परिचित एवं सत्य मालूम पड़ता है। 'भूत', 'पंचभूत' कौन नहीं जानता? फिर, उससे भौतिकी बना लेने में क्या उलझन है? इसी प्रकार, 'लिंग्विस्टिक्स' की अपेक्षा, जिसके उच्चारण में जीभ को पर्याप्त अभ्यास और व्यायाम करना पड़ जाता है, क्या 'भाषिकी' कहीं अधिक सार्थक और सहज नहीं है?

अंत में सच तो यह है कि हमारे देश में पढ़े-लिखों की प्रतिशतता अभी कम है और हिन्दी लिखे-पढ़े स्त्री-पुरुषों की संख्या तो और भी कम है। इसलिए सारी जनता तक ज्ञान-विज्ञान तथा शिल्प-विज्ञानों की साधारण जानकारी पहुँचाने और उस ज्ञान को जनता के दैनिक जीवन में अमली स्थान दिलाने के लिए यह आवश्यक है कि उस ज्ञान को फैलाने वाली भाषा में प्रयुक्त होने वाली शब्दावली बोलने, लिखने और समझने में आसान हो। वरना उस ज्ञान को हमारे करोड़ों किसान खेती-क्यारी के काम में, जनता अपने स्वास्थ्य को बनाए रखने और करोड़ों मजदूर, दस्तकार, कारीगर, मिस्त्री उस ज्ञान को अपने पेशों और शिल्पों में काम में न ला सकेंगे। देश में आज निर्धनता, अज्ञानता और रोगों ने जो भयंकर रूप धारण कर लिया है, उसको न अन्तर्राष्ट्रीय शब्दावली दूर कर सकती है और न संस्कृतनिष्ठ हिन्दी शब्दावली[3] कुल मिलाकर कानून, विधान, चिकित्सा, उद्योग, व्यापार, शिल्प-विज्ञान, धर्म, कारीगरी, दस्तकारी आदि से संबंधित शब्दावली सरल-सुबोध होनी चाहिए। यदि हमें हिन्दी को सम्पन्न और समृद्ध बनाना है तो कठिन और बाजारू शब्दावली से परहेज करना होगा।

5. पारिभाषिक शब्दावली की आवश्यकता तथा महत्त्व

किसी भी भाषा के लिए पारिभाषिक शब्दावली का महत्त्व असंदिग्ध है। **डॉ० माई दयाल जैन** तो यहाँ तक कहते हैं कि किसी भी भाषा के लिए शब्दावली का स्थान पहला है और साहित्य का दूसरा। संभवतः इसीलिए वे यह भी स्वीकारते हैं कि हिन्दी और दूसरी भाषाओं में वैज्ञानिक तथा शिल्प-विज्ञान संबंधी उच्च कोटि का साहित्य और उस साहित्य के

---

1. **हिन्दी :समस्या-समाधान—डॉ० बलराज सिरोही, पृष्ठ 46**
2. **राष्टभाषा हिन्दी : समस्याएँ और समाधान—डॉ० देवेन्द्र नाथ शर्मा, पृष्ठ 63**
3. **हिन्दी शब्द रचना—डॉ० माई दयाल जैन, पृष्ठ 241**

लिए उपयुक्त पारिभाषिक शब्दावली तैयार करने का काम अत्यन्त आवश्यक है। वैज्ञानिक साहित्य और वैज्ञानिक पारिभाषिक शब्दावली का आपस में गहरा संबंध है।"[1] पश्चिमी भाषाविद् **मोरियो पेई** का भी यही विचार है कि यह अनुमान लगाया गया है कि सभी सभ्य भाषाओं की शब्दावलियों में आधे शब्द वैज्ञानिक तथा शिल्प-विज्ञान संबंधी पारिभाषिक शब्द हैं, जिनमें से बहुत से शब्द पूरी तरह से अन्तर्राष्ट्रीय हैं,[2] तो इधर, वैज्ञानिक तथा शिक्षाशास्त्री **डॉ० शान्ति स्वरूप भटनागर** का भी मानना था कि समस्त भारत के शिक्षाशास्त्री इस बात से सहमत हैं कि देश में आधुनिक विज्ञानों के ज्ञान के प्रचार में सबसे बड़ी बाधा समुचित पारिभाषिक शब्दावली का अभाव है।[3] कुल मिलाकर यह कि उक्त उद्धरण इस बात के कयास और शहादत के लिए पर्याप्त हैं कि किसी भी भाषा के लिए पारिभाषिक शब्दावली कितनी आवश्यक है।

दरअसल, प्रौद्योगिकी और विज्ञान-संबंधी विचारों का प्रकटीकरण प्रामाणिक और जीवंत पारिभाषिक शब्दावली के अभाव में कठिन काम है। उदाहरण के लिए यूरोपीय राष्ट्रों की सभी भाषाओं की शब्दावली लैटिन और ग्रीक धातुओं पर आधारित है, इसके बावजूद सभी भाषाओं की शब्दावली में आज तक एकरूपता नहीं लायी जा सकी है। हर राष्ट्र के लोगों की अपनी-अपनी प्रकृति ने एक ही शब्द ऐसे अलग-अलग रूपों में बदल दिया है कि साधारण व्यक्ति उन्हें पहचान ही नहीं सकता। ××× यह सोचकर चलना कि विश्व में किसी युग में विज्ञान की कभी एक भाषा बन सकेगी, मात्र एक कल्पना है, जिसे कभी भी साकार नहीं किया जा सकेगा। इसलिए यह जरूरी है कि भारतीय भाषाओं की अपनी पारिभाषिक शब्दावली हो, जिसमें हम अपने संचित एवं संकलित ज्ञान को लिपिबद्ध कर सकें।[4] **डॉ० भोलानाथ तिवारी**[5] कहते हैं कि विभिन्न शास्त्रीय विषयों की अभिव्यक्ति के लिए पारिभाषिक शब्द बड़े ही महत्त्वपूर्ण होते हैं। शास्त्रीय विषयों में यह बहुत आवश्यक होता है कि वक्ता या लेखक जो कहना या लिखना चाहे, श्रोता या पाठक तक वह बात ठीक उसी रूप में बिना अर्थ-विस्तार या अर्थ-संकोच के स्पष्ट एवं असंदिग्ध रूप में पहुँच जाय। ऐसा तभी हो सकता है जब उस विषय के संकल्पना सूचक या वस्तुसूचक पारिभाषिक शब्द सुनिश्चित हों। यह सुनिश्चियन दो दिशाओं में होता है—एक तो यह कि उस शब्द का अर्थ पूर्णतः निश्चित हो, दूसरे उस भाषा के उस विषय के सभी विद्वान् उस शब्द का उसी अर्थ में प्रयोग न करेंगे तो उन विद्वानों में उस विषय में आपसी यथातथ्य विचार-विनिमय संभव न होगा। यदि एक उसका अर्थ में और दूसरा उसका दूसरा अर्थ ले, तो एक एक बात कहेगा और दूसरा दूसरी बात समझेगा। इस प्रकार एक कालिक विचार-विनिमय में स्पष्ट और अपेक्षित अभिव्यक्ति के लिए पारिभाषिक शब्दों का महत्त्व असंदिग्ध है। बहुकालिक विचार-विनिमय की दृष्टि से भी इनका महत्त्व कम नहीं है। सुनिश्चित पारिभाषिक शब्दों के प्रयोग से ही यह संभव होगा कि आज किसी विषय पर कोई लेखक कोई बात लिखे। 10, 20, 25, 50, 100 वर्ष बाद लेखन काल के पारिभाषिक अर्थ के आधार पर लोग मूल लेखक की बात को ठीक

---

1. **हिन्दी शब्द रचना—डॉ० माई दयाल जैन, पृष्ठ 241**
2. **Story of Language—Mario Pei, Page 271**
3. **Foreword to the Comprehensive English Hindi Dictionary—Dr. Raghuvira, P. 101**
4. **हिन्दी समस्या—समाधान—डॉ० बलराज सिरोही, पृष्ठ 44-45**
5. **अनुवाद विज्ञान—डॉ० भोलानाथ तिवारी, पृष्ठ 217**

रूप में समझ लें। कुल मिलाकर कोई भी भाषा ऐसे विशिष्ट शब्दों का पृथक से विवेचन नहीं करती, वरन् ये शब्द भी भाषा की सम्पन्नता में विशेष महत्त्व रखते हैं। स्वतंत्र देश की अपनी निजी राजभाषा में पारिभाषिक शब्दों का महत्त्व एवं उपयोगिता और अधिक हो जाती है, क्योंकि शासन संबंधी सभी कार्य उसकी अपनी भाषा में होते हैं। इस दृष्टि से हिन्दी की पारिभाषिक शब्दावली का महत्त्व बहुत अधिक है।[1]

6. पारिभाषिक शब्दावली का वर्गीकरण या भेद

पारिभाषिक शब्दावली के वर्गीकरण के लिए विद्वानों ने कई आधार सुझाए हैं। कुछ लोगों ने इस तरह के शब्दों को दो भागों में बाँटा है, तो कुछ ने तीन, तथा कुछ ने पाँच भेद स्वीकार किया है। कुछ प्रमुख वर्गीकरणों को नीचे इस प्रकार देखा जा सकता है—

(क) डॉ० राजेन्द्र लाल मित्र का वर्गीकरण[2] डॉ० मित्र ने पारिभाषिक शब्दावली के कुल छः भेद किए हैं—(1) कभी-कभी पारिभाषिक शब्द के रूप में व्यवहृत होने वाले **सामान्य शब्द,** जैसे—सिर, पेड़, लोहा तथा ज्वर आदि। (2) प्रमुख रूप से मानविकी और सामाजिक क्षेत्र में प्रयुक्त होने वाले वे **अर्ध पारिभाषिक शब्द,** जिनका इस्तेमाल कभी सामान्य शब्द के रूप में होता है तो कभी पारिभाषिक रूप में, (3) ऐसे **योगिरूढ़ शब्द,** जिनका अस्तित्व अब नाममात्र के लिए रह गया है। इस प्रकार के शब्द कभी वस्तुओं के गुणों का द्योतन करते थे, जैसे—कुनैन, आक्सीजन इत्यादि, (4) वनस्पति विज्ञान तथा प्राणिविज्ञान में प्रयुक्त होने वाले **द्विपदीय** (Binominal) **नाम,** जो अब महज इनसे संबंधित 'वंश' और जाति का ही बोध कराते हैं, (5) अपना व्युत्पत्तिजनक अर्थ व्यक्त करने वाले **तकनीकी शब्द** इस श्रेणी में आते हैं, यथा-रवाकरण, अंकुरण आदि तथा (6) इस अंतिम श्रेणी में वे शब्द आते हैं, जिनका मूल संबंध रसायन शास्त्र या रचना विज्ञान से होता है। इन्हें **समस्तपदीय शब्द** कहा जाता है। यहाँ एक या दोनों शब्द अपना व्युत्पत्ति परक अर्थ देता है, यथा-सल्फ्यूरिक अम्ल आदि।

(ख) डॉ० भोलानाथ तिवारी का वर्गीकरण[3]—डॉ० तिवारी ने पारिभाषिक शब्दावली को पाँच टुकड़ों में अधोलिखित रूप में बाँटा है। वे कहते भी हैं कि किसी भाषा के पारिभाषिक शब्दों को विभिन्न आधारों पर कई वर्गों में बाँटा जा सकता है—

(1) इतिहास के आधार पर—(क) तत्सम जैसे अणु = molecule), **(ख) तद्भव** (जैसे acknowledgement के लिए 'पावती'), **(ग) विदेशी** (जैसे मीटर, विटैमिन), **(घ) देशज** (जैसे silt के लिए भल)।

(2) प्रयोग के आधार पर—(क) पूर्ण पारिभाषिक—इस वर्ग में वे शब्द आते हैं, जो केवल पारिभाषिक शब्द के रूप में ही विभिन्न शास्त्रों में प्रयुक्त होते हैं, जैसे—भाषा विज्ञान में ध्वनिग्राम, नाट्य शास्त्र में प्रकरी या गणित में दशमलव, **(ख) अर्ध पारिभाषिक या मध्यस्थ**—इस वर्ग में वे शब्द आते हैं, जो पारिभाषिक अर्थों में भी प्रयुक्त होते हैं तथा सामान्य अर्थ में भी। उदाहरण के लिए—'अक्षर'। यह शब्द सामान्य भाषा में लिखित वर्ण या

---

1. **हिन्दी भाषा का इतिहास—डॉ० राकेश, पृष्ठ 168**
2. **A scheme for the rendering of European Scientific Terminology in the Vernaculars of India—Rajendra Lal Mitra, P. 107, Ed. 1877**
3. **अनुवाद विज्ञान—डॉ० भोलानाथ तिवारी, पृष्ठ 217-218**

letter के लिए आता है, किन्तु भाषा विज्ञान में syllable के लिए। इसी तरह 'असंगति' अलंकार शास्त्र में एक विशिष्ट अलंकार का नाम है, अतः पारिभाषिक है, किन्तु सामान्य बातचीत में भी 'संगति न होने' के अर्थ में इसका प्रयोग होता है। 'आपत्ति' शब्द सामान्य शब्द के रूप में बातचीत में आता है और पारिभाषिक शब्द के रूप में कानून या विधि में, **(ग) सामान्य**—उन शब्दों को कहते हैं, जो मूलतः सामान्य भाषा के सामान्य शब्द हैं, किन्तु प्रसंगतः विशिष्ट शास्त्रों या विज्ञानों में पारिभाषिक शब्द का भी अर्थ देते हैं। उदाहरण के लिए पलंग, कुर्सी, सोफा, सामान्य शब्द हैं, किन्तु काष्ठकला में ये पारिभाषिक शब्द हैं। इसी तरह 'दाँत' चिकित्सा में पारिभाषिक शब्द है तो सामान्य भाषा में सामान्य शब्द है। 'ध्वनि' व्याकरण और भाषाशास्त्र में पारिभाषिक है, किन्तु मूलतः वह सामान्य भाषिक व्यवहार का सामान्य शब्द है।

(3) सूक्ष्मता—स्थूलता के आधार पर—इस आधार पर पारिभाषिक शब्दों के दो वर्ग बनाए जा सकते हैं—**(क) संकल्पना बोधक** (Conceptual) **पारिभाषिक शब्द**—जो विभिन्न प्रकार की संकल्पनाओं को व्यक्त करते हैं, जैसे—गणित (दशमलव, बिन्दु, समीकरण), भौतिक शास्त्र (गति, अनुनाद, ऊर्जा)। दर्शन शास्त्र (मुक्ति, द्वन्द्वात्मक भौतिकवाद, सुखवाद), मनोविज्ञान (व्यक्तित्व, हीन ग्रंथि) आदि में प्रयुक्त होने वाले बहुत से पारिभाषिक शब्द, **(ख) वस्तु बोधक** (Objective) **पारिभाषिक शब्द**—जो ठोस चीजों को व्यक्त करते हैं, जैसे—रसायन शास्त्र (कैलशियम, सोडियम, कार्बन, मूल तत्त्वों के नाम, मिश्र तत्त्वों के नाम), प्राणिशास्त्र (कोशिका, धमनी, जीवद्रव्य) या वनस्पति शास्त्र (जाइलम, फ्लोयम) में प्रयुक्त होने वाले बहुत से शब्द।

(4) स्रोत के आधार पर—इस आधार पर शब्द मुख्यतः तीन प्रकार के हो सकते हैं—**(क) भाषा में पहले से प्रयुक्त शब्द**—इस वर्ग में वे शब्द आते हैं, जो लक्ष्य भाषा में पहले से हों, जैसे—हिन्दी में जीव, चूना, नस, बिजली आदि। ऐसे शब्द शुद्ध पारिभाषिक (जैसे विशेषण) भी हो सकते हैं और ऐसे भी हो सकते हैं, जो मूलतः सामान्य हों, किन्तु शास्त्र विशेष में पारिभाषिक शब्द के रूप में भी प्रयुक्त होते हों, जैसे मुक्ति, **(ख) दूसरी भाषा से गृहीत शब्द**—ये शब्द भी मुख्यतः दो प्रकार के होते हैं। एक तो वे प्रायः अपने मूल रूप में ही गृहीत कर लिए गए हों, जैसे—कार्बन, राडार, मीटर, लीटर, कैलशियम और दूसरे वे जो लक्ष्य भाषा की ध्वनि-व्यवस्था या ध्वनि-प्रकृति के अनुरूप अनुकूलित कर लिए गये हों, जैसे—Academy का अकादमी या Interim का अंतरिम। हिन्दी में गृहीत पारिभाषिक शब्द तथाकथित अन्तर्राष्ट्रीय पारिभाषिक शब्द, अंग्रेजी पारिभाषिक शब्द, संस्कृत पारिभाषिक शब्द या भारतीय भाषाओं एवं बोलियों के पारिभाषिक शब्द हो सकते हैं। हिन्दी की उर्दू शैली अरबी-फारसी से भी ऐसे शब्दों को लेती है। **(ग) नवनिर्मित शब्द**—कभी-कभी पहले वर्ग के अभाव में तथा दूसरे वर्ग के शब्द का किसी कारणवश ग्रहण न कर पाने की स्थिति में, लक्ष्य भाषा के अनुवादक को दो या अधिक शब्द धातु, उपसर्ग, प्रत्यय आदि की सहायता से नए शब्द गढ़ने पड़ते हैं। हिन्दी में विभिन्न विज्ञानों के लिए ऐसे काफी शब्द गढ़े गए हैं, जैसे—रूपग्राम (Morpheme), मंत्रिमंडल (Cabinet), मंत्रालय (Ministry), निदेशक (Director), कुलसचिव (Registrar), संपादकीय (Editorial) आदि।

(5) विषय के आधार पर—विषय के आधार पर किसी भाषा के पारिभाषिक शब्दों के उतने भेद किए जा सकते हैं, जितने विशिष्ट विषय हैं, जैसे—रसायन शास्त्रीय पारिभाषिक

शब्दावली, भाषा-वैज्ञानिक पारिभाषिक शब्दावली या दर्शन शास्त्रीय पारिभाषिक शब्दावली आदि। वस्तुत: इस अंतिम आधार पर पारिभाषिक शब्दों के कई सौ भेद हो सकते हैं। यों इस प्रसंग में यह भी उल्लेख्य हैं कि बहुत से ऐसे शब्द भी होते हैं, जो एक से अधिक ज्ञानों, विज्ञानों या शास्त्रों में प्रयुक्त होते हैं, जैसे—'धातु' धातु विज्ञान में भी आता है और भाषा विज्ञान में भी।

(ग) डॉ० गोपाल शर्मा का वर्गीकरण—डॉ० गोपाल शर्मा के अनुसार पारिभाषिक शब्द तीन तरह के होते हैं—(1) पूर्ण पारिभाषिक, (2) मध्यस्थ तथा (3) सामान्य।[1]

(घ) डॉ० विनोद गोदरे का वर्गीकरण—डॉ० विनोद गोदरे ने पारिभाषिक शब्दावली को स्थूल रूप से दो वर्गों में बाँटा है—(1) **पूर्ण पारिभाषिक शब्दावली**—जो विभिन्न अनुसंधानों में ज्ञान, विज्ञान शाखाओं में प्रयुक्त शब्दावली का स्थूल वाचक शब्दावली है, (2) **अर्द्ध पारिभाषिक शब्दावली**—जिसमें सामान्य शब्द संदर्भ विशेष में पारिभाषिक शब्द बन जाते हैं। चूँकि सामान्यत: ये पारिभाषिक शब्द नहीं होते, किन्तु कभी-कभार ही संदर्भ की आवश्यकता से पारिभाषिक बनते हैं अत: इन्हें पारिभाषिकोन्मुख सामान्य शब्द कहा जा सकता है। इन्हें अर्द्ध पारिभाषिक शब्द भी कहा जा सकता है।[2]

7. पारिभाषिक शब्दावली निर्माण के विविध सिद्धान्त, सम्प्रदाय, प्रवृत्तियाँ या 'स्कूल'

विश्व के भाषायी, प्लेटफॉर्म, पर यदि आप रोशनी डालें तो पाएँगे कि ढेर सारी भाषाएँ पारिभाषिक दृष्टि से कँगाल थीं और अभी भी हैं। खासकर, वैज्ञानिक और तकनीकी भावाभिव्यक्ति के लिए पारिभाषिक शब्दावली का अभाव त्रासद संकट और सवाल की तरह इनके सामने खड़ा था। रूस, ईरान और मिस्त्र आदि देश इसी कतार के थे। पर, तत्कालीन जरूरतों से जूझते हुए इन्होंने समय का चेहरा पढ़ उसे पहचाना। बस क्या था! अपनी संस्कृति, तमद्दुन, परंपरा, मुहावरा, आस्था और मातृ-विरासत की रक्षा करते हुए इन देशों ने बहुत सतर्कता और कौशल के साथ अपने तकनीकी और वैज्ञानिक भावों तथा विचारों के घटाटोप को मूर्त्त रूप देने के लिए बाहरी भाषाओं से पारिभाषिक शब्दावली आयातित की। रूस के संबंध में कहा जाता है कि रूसी भाषा में पारिभाषिक शब्द नहीं थे। उन्होंने तुरत अन्तर्राष्ट्रीय पारिभाषिक शब्दावली को मामूली-सा रूसीकरण करके अपना लिया। विदेशी शब्दों के पीछे दो-चार रूसी क्रिया-प्रत्यय लगाकर क्रियाएँ बना लीं। इसी तरह ईरान और मिस्त्र के विद्वानों ने अपनी भाषाओं के लिए नए पारिभाषिक शब्द बनाने का प्रयत्न ही नहीं किया, बल्कि अंगरेज़ी और फ्रेंच आदि भाषाओं से उपयुक्त पारिभाषिक शब्द लेकर इन्हें अपना लिया, जैसा कि इस उद्धरण से स्पष्ट है—"फ़ारसी में भूगोल, ईरान और अरबी में भूगोल मिस्त्र (नवीन) पढ़ने का इत्तेफ़ाक हुआ। खेद है कि इन हर दो मुल्कों में अपनी भाषा के पारिभाषिक शब्द बनाने की कोशिश नहीं की गयी। यहाँ लेखकों ने आमतौर पर फ्रांसीसी और अंगरेज़ी पारिभाषिक शब्दों को कुछ अदल-बदल करके चालू कर दिया है।"[3]

---

1. **सामाजिक विज्ञानों की पारिभाषिक शब्दावली का समीक्षात्मक अध्ययन—डॉ० गोपाल शर्मा, पृष्ठ 10, सन् 1968**
2. **प्रयोजनमूलक हिन्दी—डॉ० विनोद गोदरे, पृष्ठ 159**
3. **हिन्दी शब्द रचना—डॉ० माई दयाल जैन, पृष्ठ 214-215**

बहुत पहले और आज भी भूमंडलीकरण और बाजार के सर्वव्यापी हो जाने के कारण निरन्तर बदल रही दुनिया के साथ सहपंथी और हमरंग बनने के लिए हमें समय-समय पर पारिभाषिक शब्दों के गढ़ने की जरूरत पड़ती रही है। नए शब्दों के गढ़ाव-रचाव को लेकर हमारे देश में काफी मत-मतान्तर और जद्दोजहद समय-समय पर होती रही है। इस संदर्भ में कुछ लोग खाँटी संस्कृत शब्दों से ही भारतीय पारिभाषिक शब्दावली बनाना चाहते हैं, तो कुछ लोग भाषायी हदबंदियों और वर्जनाओं को तोड़कर मिली-जुली भाषाओं के आधार पर, तो कुछ लोग नए शब्दों के रचने में समन्वय और कुछ लोग प्रयोगवादी विचारों का पोषण करते हुए नए शब्द बनाए जाने के समर्थक हैं। अतः इस आधार पर विद्वानों ने पारिभाषिक शब्दावली के निर्माण के लिए चार मत, सिद्धान्त, सम्प्रदाय, प्रवृत्तियाँ या 'स्कूल' तय किया है—

1. पुनरुद्धारवादी, संस्कृतवादी, प्राचीनतावादी अथवा राष्ट्रीयतावादी,
2. अभिग्रहणवादी, शब्द ग्रहणवादी, स्वीकारवादी, अन्तर्राष्ट्रीयवादी या आदानवादी,
3. प्रयोगवादी, हिन्दुस्तानीवादी अथवा लोकवादी और
4. समन्वयवादी अथवा मध्यममार्गी।

अब इन्हें हम क्रमशः इस प्रकार देखेंगे—

1. पुनरुद्धारवादी, संस्कृतिवादी, प्राचीनतावादी अथवा राष्ट्रीयतावादी सम्प्रदाय— इस मत के पोषक पारिभाषिक शब्दावली की नींव केवल संस्कृत भाषा की जमीन पर ही खड़ा करना चाहते हैं। इस विचार के पोषक कहते हैं कि जब पश्चिम के लोग अपनी पारिभाषिक शब्दावली बनाते समय ग्रीक और लैटिन को आधार बनाते हैं, तो हमें भी नए शब्द-सर्जन के लिए इस देश की जड़-जमीन और भाषाओं की प्राणशक्ति संस्कृत को आधार बनाना चाहिए। इन लोगों का अगला तर्क यह है कि चूँकि गृहीत शब्द अर्धमृत होता है, इसलिए धातु, प्रत्यय, उपसर्ग और समास शक्ति सम्पृक्त संस्कृत भाषा से ही अधिक से अधिक शब्द ग्रहण करना चाहिए। **डॉ० भोलानाथ तिवारी[1] भी इस बात की संपुष्टि करते हैं और कहते हैं**—वे यथा साध्य अधिक से अधिक शब्दों को प्राचीन संस्कृत वाङ्मय से लेना चाहते हैं तथा जिन आधुनिक पारिभाषिक शब्दों के लिए संस्कृत में शब्द नहीं हैं, उनके लिए समास पद्धति द्वारा दो या अधिक संस्कृत शब्दों के मेल से अथवा संस्कृत शब्द में उपसर्ग, प्रत्यय जोड़कर अथवा संस्कृत की धातुओं में या कभी-कभी आवश्यक होने पर नई धातुएँ बनाकर, उनमें प्रत्यय उपसर्ग जोड़कर नए तथाकथित तत्सम शब्द बनाना चाहते हैं।

सुप्रसिद्ध कोशकार **डॉ० रघुवीर** इस मत के प्रमुख झंडाबरदार हैं। संभवतः इसीलिए संस्कृतनिष्ठ शब्दों को आधार बनाकर, शब्दों की पवित्रता-पाक़ीजगी और नज़ाफ़त के नितांत अपने किसिम के नए प्रयोग से उन्होंने अपने शब्दकोश "A Comprehensive English-Hindi Dictionary" सुसज्जित किया। कुछ उदाहरण देखिए—

कंकरीट (Concrete)	संघा	कैनाल (Canal)	कुल्या
रेल (Rail)	संयान	टिकट (Ticket)	संयान-पत्र
मोटर कार (Motar Car)	बहित्र	बल्ब (Bulb)	विद्युत कंद
सीमेंट (Cement)	वज्रचूर्ण	रिक्शा (Rickshaw)	नरयान

1. **अनुवाद विज्ञान—डॉ० भोलानाथ तिवारी, पृष्ठ 220**

फाउन्टेनपेन (Fountain Pen)	मसीपथ	मिल (Mill)	निर्माणी
बोतल (Bottle)	कूपी	ऑक्सीजन (Oxygen)	जारक
ऑक्साइड (Oxide)	जारेय	क्लोरोफॉर्म (Chloroform)	सम्मोहनी
कॉलर (Collar)	ग्रैवेय	इंजन (Engine)	गंत्र
आयोडीन (Iodine)	जुंबली	वूल (Wool)	उर्णा

इधर, डॉ० सुनीति कुमार चटर्जी, राजर्षि पुरुषोत्तम दास टण्डन तथा डॉ० राजेन्द्र प्रसाद आदि भी इसी मत के समर्थक हैं। **डॉ० राजेन्द्र प्रसाद** का मत था कि, ''संस्कृत ही वह स्रोत होना चाहिए, जिससे नए शब्द बड़ी संख्या में बनाए जाने हैं। इस मामले में पांडित्य प्रदर्शन को टालना चाहिए और हमारा प्रयत्न ऐसे शब्द बनाना होना चाहिए, जो बोलचाल की भाषा की प्रकृति और रचना में ठीक बैठ जायें और अपनी सरलता के लिए प्यारे हों।[1]

डॉ० सुनीति कुमार चटर्जी भी इसी पक्ष में अपनी राय देते हुए कहते हैं कि, ''संस्कृत ही वह भाषा थी, जिसने उत्तर और दक्षिण सब भाषाओं को जीवन रस दिया। भूतकाल में यह एक करने का बड़ा साधन रही है और भविष्य में भी देश की एकता में एक बड़ा महत्त्वपूर्ण काम करेगी। भाषा-संबंधी वर्तमान भ्रांति के गड़बड़-घोटाले में यह एक करने वाली बड़ी शक्ति प्रमाणित होगी।''[2] बहरहाल, उक्त तमाम तर्कों के बावजूद इस सम्प्रदाय के निरे शुद्धतावादी विचार लोगों के गले नहीं उतर पाते।

2. अभिग्रहणवादी, शब्दग्रहणवादी, स्वीकरणवादी, अन्तर्राष्ट्रीयतावादी अथवा आदानवादी सम्प्रदाय—इस सम्प्रदाय को मानने वालों का विचार है कि भारतीय पारिभाषिक शब्दावली के लिए अंग्रेजी तथा अन्य अन्तर्राष्ट्रीय भाषाओं के शब्दों को यथावत् ग्रहण कर लिया जाय, खासकर कुछ वैज्ञानिक तथा समाजसेवी इस पक्ष में काफी मुखर हैं। इस संबंध में इनके अपने-अपने तर्क हैं। इनका पहला तर्क तो यह है कि चूँकि अंग्रेजी अन्तर्राष्ट्रीय प्रयोग और चेहरे वाली भाषा है, अत: इसके अधिकांश शब्द पहले से ही वैज्ञानिकों को ज्ञात होते हैं। दूसरा तर्क यह है कि अंग्रेजी शब्दों के प्रयोग से हम नए शब्दों की सर्जना से बचेंगे। डॉ० सावित्री अग्रवाल[3] तीसरा तर्क सुझाती हैं कि, वैज्ञानिक यदि अनुसंधान, शिक्षा और प्रसार के क्षेत्र से हटकर राजभाषा हिन्दी या अन्य भाषाओं में ग्रंथ लिखना चाहें तो उनके पास इतना समय नहीं है कि पहले वे वैज्ञानिक शब्दावली रटें और उसका सही-सही प्रयोग करें। इन लोगों का चौथा तर्क यह है कि अंग्रेजी शब्दों के प्रयोग से केवल वैज्ञानिक ही नहीं, अनुवादक और लेखक भी पारिभाषिक शब्दावली की समस्या से सदैव के लिए मुक्त हो सकेगा और अगला अर्थात् पाँचवाँ तर्क यह है कि कई बाहरी मुल्कों यथा ईरान और नेपाल आदि ने अपनी-अपनी पारिभाषिक शब्दावलियों में अंग्रेजी और अन्य अन्तर्राष्ट्रीय शब्दों को सफलतापूर्वक साधा भी है। डॉ० वीरबल, डॉ० जे० सी० घोष, डॉ० शांतिस्वरूप भटनागर तथा सी० लूथरा आदि वैज्ञानिक इसी मत की वकालत करते हैं। इधर, महात्मा गांधी, नेहरू, राजगोपालाचारी, काका साहेब कालेलकर, आचार्य विनोबा भावे और श्री किशोरी लाल

1. **वैज्ञानिक शब्द-संग्रह—डॉ० राजेन्द्र प्रसाद (भूमिका भाग), पृष्ठ 18**
2. **The Hindustan Times, 7 October, 1956, Delhi**
3. **हिन्दी समस्या-समाधान—सं० डॉ० बलराज सिरोही, पृष्ठ 48**

मशरुवाला भी इसी मत के संयोजक हैं।[1] वस्तुतः इस संप्रदाय के सभी सुझावों को स्वीकार करने में कई तरह के खतरे भी हैं; जिनमें एक महत्त्वपूर्ण तो यह है कि अंग्रेजी की प्रकृति हिन्दी की सर्वथा विरोधी है। जाहिर है, अंग्रेजी के सभी शब्दों को आत्मसात् कर लेना हिन्दी के लिए बहुत आसान नहीं होगा।

3. प्रयोगवादी, हिन्दुस्तानवादी अथवा लोकवादी सम्प्रदाय—इस सम्प्रदाय के लोगों का एक प्रबल तर्क यह है कि चूँकि भारतीय संस्कृति मिश्रित संस्कृति है, अतः इस आधार पर पारिभाषिक शब्दावली भी मिश्रित ही होनी चाहिए अर्थात् हमारी शब्दावली में अरबी, फारसी, तुर्की और तद्‌भव, तत्सम, अंग्रेजी तथा देशज शब्दों का भी प्रयोग होना चाहिए। **डॉ० माधव सोनटक्के**[2] कहते हैं इस मान्यता को अपना कर कई विद्वान् तथा संस्थाओं ने पारिभाषिक शब्दावली का निर्माण कार्य किया है, जिनमें से पी० सुन्दरलाल, डॉ० जफर हुसेन आदि विद्वान तथा हिन्दुस्तानी कल्चर सोसायटी इलाहाबाद और उस्मानिया विश्वविद्यालय हैदराबाद का कार्य विशेष उल्लेखनीय रहा है। जब मौलाना अबुल कलाम आजाद भारत के केन्द्रीय शिक्षामंत्री थे, तब उन्होंने इन व्यक्तियों तथा संस्थाओं को सरकारी अनुदान दिलाकर इनके कार्य में सहायता पहुँचायी थी। 'हिन्दुस्तानी कल्चर सोसाइटी' द्वारा निर्मित शब्दों के नमूने 1954 में प्रकाशित "हिन्दुस्तानी के लिए शब्दावली असूल" में तथा उस्मानिया विश्वविद्यालय द्वारा निर्मित शब्दावली के नमूने 1950-52 में प्रकाशित पुस्तक "हिन्दी टर्म्स ऑफ सोशियोलॉजी" में देखे जा सकते हैं। इधर, **डॉ० भोलानाथ तिवारी**[3] इस तरह के शब्दों को हास्यास्पद बता उन्हें खारिज करते हैं—उस्मानिया यूनिवर्सिटी के तीन शब्द हैं—Acceleration (चाल बढ़ाव), Absolutism (अरोकवाद), Reaction (पलटकारी)। पं० सुन्दर लाल ने इसी प्रकार की शब्दावली में भारतीय संविधान का अनुवाद किया है। उनके कुछ शब्द हैं—Incorporate—एकतन करना, Emergency—अचानकी, President—राष्ट्रपति, Governmental—शासनिया। 'हिन्दुस्तानी कल्चर सोसाइटी' के कुछ शब्द हैं—Psychology—मनविद्या, Half heartedness—अध दिलापन, Simplify—आसानियाना, Pedagogy—तालीम विद्या। कहना न होगा कि इस सम्प्रदाय के शब्द इतने अटपटे और हास्यास्पद हैं कि किसी ने इन शब्दों की ओर गंभीरता से देखा तक नहीं है। **महात्मा गांधी**[4] ने इस सम्प्रदाय के तर्कों को खारिज करते हुए 25 जनवरी, 1948 ई० को 'हरिजन सेवक' में बहुत दुख के साथ लिखा था कि, आज मैं अपने मत में अकेला हो सकता हूँ, पर यह साफ है कि न तो संस्कृतनिष्ठ हिन्दी जीतेगी और न फ़ारसी-निष्ठ उर्दू। यह हिन्दुस्तानी ही होगी, जो कि अंत में जीतेगी। इधर, **पं० नेहरू**[5] भी इस तरह के शब्दों के मेल से बनी पारिभाषिक शब्दावली से बेहद खिन्न थे—"यहाँ मैं यह जरूर कहूँगा कि आज पारिभाषिक शब्दों के लिए जो नए शब्द इस्तेमाल हो रहे हैं, उनमें-से बहुत-से इतने असाधारण रूप से बनावटी और सचमुच बेमानी हैं कि मुझे उनसे डर लगता है। इसका कारण यह है कि उनके पीछे कोई पृष्ठभूमि या इतिहास नहीं है।

---

1. **राष्ट्रभाषा का सवाल—पं० जवाहर लाल नेहरू, पृष्ठ 22**
2. **प्रयोजनमूलक हिन्दी—डॉ० माधव सोनटक्के, पृष्ठ 21-22**
3. **अनुवाद-विज्ञान—डॉ० भोलानाथ तिवारी, पृष्ठ 224**
4. **Thoughts on National Language—M. K. Gandhi, P. 188**
5. **राष्ट्रभाषा का सवाल—पं० जवाहर लाल नेहरू, पृष्ठ 37**

4. समन्वयवादी, मध्यममार्गी अथवा अनतिवादी सम्प्रदाय—डॉ० माधव सोनटक्के[1] इस सम्प्रदाय को 'अनतिवादी सम्प्रदाय' मानते हुए कहते हैं कि उक्त तीनों संप्रदाय किसी-न-किसी रूप में अतिवादी रहे हैं। प्रथम वर्ग संस्कृत का, द्वितीय अंग्रेजी का तथा तृतीय लोक भाषा का अत्यधिक पक्षपाती रहा है। बहरहाल, देश के अधिकांश विद्वान इस संप्रदाय के विचारों से सहमत है। पारिभाषिक शब्दावली की सृजनात्मकता या रचनात्मकता के लिए यह सम्प्रदाय सुकर-सुघर माना जा सकता है। **डॉ० विनोद गोदरे**[2] के विचार से इस सम्प्रदाय के विद्वान् उपर्युक्त तीनों वर्गों के शब्दों का समन्वय कर पारिभाषिक शब्दावली का निर्माण करना चाहते हैं। इस कार्य में वे लोक प्रचलित शब्दों का आधार भी लेना चाहते हैं। इसके अलावा प्राचीन एवं मध्यकालीन साहित्य में उपलब्ध उचित शब्दों का उपयोग करने के पक्ष में वे हैं। इनके अनुसार शब्दावली को अखिल भारतीय बनाने के लिए विभिन्न भाषाओं के उपर्युक्त शब्दों को भी पारिभाषिक शब्दावली में शामिल किया जा सकता है, जैसे—अंग्रेजी के एकेडेमिक शब्द का ध्वन्याकूलन द्वारा बनाया गया हिन्दी शब्द—अकादमी। नागरी प्रचारिणी सभा-काशी, साहित्य साहित्य सम्मेलन-प्रयाग, केन्द्रीय हिन्दी निदेशालय तथा भारत सरकार द्वारा स्थापित वैज्ञानिक-तकनीकी आयोग ने शब्दावली निर्माण में इसी मध्यमार्ग का अनुसरण किया है। यूनेस्को के वैज्ञानिक विभाग के अधिकारियों का भी विचार है कि "दूसरी ओर इन राष्ट्रों के लिए यह आशा करना स्वाभाविक है कि उनकी जातीय संस्कृतियाँ अपनी भाषाओं को प्रयोग से उपजाऊ बनकर अधिक फलें-फूलेंगी।"[3] साफ शब्दों में यूनेस्को का भी विचार है कि ज्ञान-विज्ञान का प्रचार सरल भाषा में होना चाहिए इसलिए "नये ज्ञान को भूगोल, भाषाओं और अज्ञान की रुकावटों से परे सब जातियों तक पहुँचाने के लिए संयुक्त प्रयत्न की जरूरत है।[4]

कुल मिलाकर हम कह सकते हैं कि यह सम्प्रदाय सभी सम्प्रदायों में इसलिए भी श्रेष्ठ है कि इसकी बुनियाद लोकधर्मी और सरल-सहज परंपरा पर पड़ी है। इसके विपरीत यदि हम अपनी शब्दावली को जटिल और बीहड़ शब्दों की खोल में बंद कर देंगे तो इससे लाभ ही क्या? अतः यह सम्प्रदाय विश्व की हर भाषा के लिए श्रेष्ठ सिद्ध हो सकता है, क्योंकि इसमें इकहरापन, अतिव्याप्ति, जड़ता या किसी तरह का आतंक नहीं है।

8. शब्दावली निर्माण के कुछ प्रसिद्ध सिद्धान्त

(क) वैज्ञानिक एवं तकनीकी शब्दावली आयोग द्वारा निर्धारित नियम या सिद्धान्त—वैज्ञानिक और तकनीकी शब्दावली आयोग का गठन राष्ट्रपति के 1960 के आदेश के अन्तर्गत् हुआ था। आयोग की स्थापना के संबंध में सरकारी घोषणा 21 दिसम्बर, 1960 को की गई थी और इसकी पहली बैठक 24 अक्टूबर, 1961 को हुई जिसके अध्यक्ष सुप्रसिद्ध वैज्ञानिक डॉ० दौलत सिंह कोठारी थे। आयोग की दूसरी बैठक 18 नवम्बर, 1961 में हुई जिसमें आयोग ने शब्दावली निर्माण, उसकी समीक्षा तथा समन्वय के लिए आधारभूत सिद्धांत निर्धारित किए। चूँकि इन्हीं सिद्धान्तों को आधार मानकर गत दो-तीन दशकों में शब्दावली निर्माण का कार्य हुआ, इसलिए इनका संक्षिप्त सार नीचे दिया जा रहा है—

---

1. **प्रयोजनमूलक हिन्दी—डॉ० माधव सोनटक्के, पृष्ठ 22**
2. **प्रयोजनमूलक हिन्दी—डॉ० विनोद गोदरे, पृष्ठ 156**
3. **Report on the International Scientific and Technological Dictionaries, P. 30**
4. **Science in plane language—UNESCO Publication, P. 6**

1. अन्तर्राष्ट्रीय शब्दावली को यथासंभव उनके प्रचलित अंग्रेजी रूपों में ही अपनाना चाहिए और हिन्दी और अन्य भारतीय भाषाओं की प्रकृति के अनुसार ही उनका लिप्यंतरण करना चाहिए। अन्तर्राष्ट्रीय शब्दावली के अन्तर्गत् ये उदाहरण लिये जा सकते हैं—

(क) तत्त्वों और यौगिकों के नाम जैसे—हाइड्रोजन, कार्बन, कार्बन डाइऑक्साइड आदि,

(ख) तौल और माप की इकाईयाँ और भौतिक परिमाण की इकाईयाँ जैसे—डाइन, कैलोरी, एम्पियर आदि,

(ग) ऐसे शब्द जो व्यक्तियों के नाम पर बनाए गए हैं, जैसे—फारेनाइट के नाम पर फारेनाइट तापक्रम, वोल्टा के नाम पर वोल्टमीटर और एम्पियर के नाम पर एम्पियर आदि,

(घ) वनस्पति विज्ञान, प्रथण विज्ञान, भूविज्ञान आदि की द्विपदी नामावली,

(ङ) स्थिरांक,

(च) ऐसे अन्य शब्द जिनका आमतौर पर सारे संसार में व्यवहार हो रहा हैं, जैसे—रेडियो, पेट्रोल, रडार, इलेक्ट्रॉन, प्रोटीन, न्यूट्रॉन आदि,

(छ) गणित और विज्ञान की अन्य शाखाओं के संख्यांक प्रतीक, चिन्ह और सूत्र, जैसे साइन, कोसाइन, टेजेन्ट, लॉग आदि। (गणितीय संक्रियाओं में प्रयुक्त अक्षर रोमन या ग्रीक वर्णमाला में होना चाहिए)।

2. प्रतीक रोमन लिपि में अन्तर्राष्ट्रीय रूप में ही रखें जाएँगे, परन्तु संक्षिप्त रूप नागरी में भी लिखे जा सकते हैं, जैसे सेंटीमीटर का प्रतीक cm हिन्दी में भी ऐसे ही प्रयुक्त होगा, परन्तु इनका नागरी संक्षिप्त रूप सेन्टीमीटर हो सकता है। यह सिद्धान्त बाल-साहित्य और लोकप्रिय पुस्तकों में अपनाया जाएगा, परन्तु विज्ञान और शिल्प-विज्ञान की मानक पुस्तकों में केवल अन्तर्राष्ट्रीय प्रतीक जैसे cm ही प्रयुक्त करना चाहिए।

3. ज्यामितीय आकृतियों में भारतीय लिपियों के अक्षर प्रयुक्त किए जा जा सकते हैं। जैसे—अ, ब, स या क, ख, ग, परन्तु त्रिकोणमितीय सम्बन्धों में केवल रोमन अथवा ग्रीक अक्षर ही प्रयुक्त करने चाहिए जैसे—साइन A कॉस B आदि।

4. संकल्पनाओं को व्यक्त करने वाले शब्दों का सामान्यतः अनुवाद किया जाना चाहिए।

5. हिन्दी पर्यायों का चुनाव करते समय सरलता, अर्थ की परिशुद्धता और सुबोधता का विशेष ध्यान रखना चाहिए। सुधार विरोधी और विशुद्धतावादी प्रवृत्तियों से बचना चाहिए।

6. सभी भारतीय भाषाओं के शब्दों में यथासंभव अधिकाधिक एकरूपता लाना ही इसका उद्देश्य होना चाहिए और इसके लिए ऐसे शब्द अपनाने चाहिए जो अधिक से अधिक प्रादेशिक भाषाओं में प्रयुक्त होते हों और संस्कृत धातुओं पर आधारित हों।

7. ऐसे देशी शब्द जो सामान्य प्रयोग के वैज्ञानिक शब्दों के स्थान पर हमारी भाषाओं में प्रचलित हो गए हैं, उन्हें उसी रूप में स्वीकार कर लिया जाना चाहिए, जैसे—Telegraph, Telegram के लिए तार, continent के लिए महाद्वीप, atom के लिए परमाणु आदि।

8. अंग्रेजी, पुर्तगाली, फ्रांसीसी आदि भाषाओं के ऐसे विदेशी शब्द जो भारतीय भाषाओं में प्रचलित हो गए हैं, जैसे—इंजन, मशीन, लावा, मीटर, लीटर, प्रिज्म, टॉर्च आदि इसी रूप में अपनाए जाने चाहिए।

9. अन्तर्राष्ट्रीय शब्दों का देवनागरी लिपि में लिप्यंतरण—अंग्रेजी शब्दों का लिप्यंतरण इतना जटिल नहीं होना चाहिए कि उसके कारण वर्तमान देवनागरी वर्णों में नए चिन्ह व प्रतीक शामिल करने की आवश्यकता पड़े। अंग्रेजी शब्दों का देवनागरीकरण करते समय लक्ष्य यह होना चाहिए कि वह मानक अंग्रेजी उच्चारण के अधिकाधिक अनुरूप हों और उनमें ऐसे परिवर्तन किए जाएँ जो भारत के शिक्षित वर्ग में प्रचलित हों।

10. लिंग—हिन्दी में अपनाए गए अन्तर्राष्ट्रीय शब्दों को, अन्यथा कारण न होने पर, पुल्लिंग रूप में ही प्रयुक्त करना चाहिए।

11. संकर शब्द—वैज्ञानिक शब्दावली में संकर शब्द जैसे—Ionization के लिए आयनीकरण, Voltage के लिए वोल्टता, Ring stand के लिए वलय स्टैण्ड, Soapnifier के लिए साबुनीकरण आदि के रूप में सामान्य और प्राकृतिक भाषाशास्त्रीय क्रिया के अनुसार बनाए गए हैं और ऐसे शब्द रूपों को वैज्ञानिक शब्दावली की आवश्यकताओं तथा सुबोधता, उपयोगिता और संक्षिप्तता का ध्यान रखते हुए व्यवहार में लाना चाहिए।

12. वैज्ञानिक शब्दों में संधि और समास—कठिन संधियों का यथासम्भव कम-से-कम प्रयोग करना चाहिए और संयुक्त शब्दों के लिए दो शब्दों के बीच हाइफन लगा देना चाहिए। इससे नई शब्द-रचनाओं को सरलता और शीघ्रता से समझने में सहायता मिलेगी। जहाँ तक संस्कृत पर आधारित आदि वृद्धि का सम्बन्ध हैं, 'व्यावहारिक', 'लाक्षणिक' आदि प्रचलित संस्कृत तत्सम शब्दों में आदि वृद्धि का प्रयोग ही अपेक्षित हैं, परन्तु नव-निर्मित शब्दों में इससे बचा जा सकता है।

13. हलंत—नए अपनाए हुए शब्दों में आवश्यकतानुसार हलंत का प्रयोग करके उन्हें सही रूप में लिखना चाहिए।

14. पंचम वर्ग का प्रयोग—पंचम वर्ग के स्थान पर अनुस्वार का प्रयोग करना चाहिए, परन्तु lns, patent आदि शब्दों का लिप्यंतरण लेंस, पेटेंट या पेटेण्ट न करके लेन्स, पेटेन्ट ही करना चाहिए।[1]

(ख) आचार्य रघुवीर द्वारा पारिभाषिक शब्दावली संबंधी निर्धारित नियम या सिद्धान्त—(1) एक शब्द एक ही मुख्य अर्थ का वाची होना चाहिए।

(2) अन्वर्थता भारतीय शब्दावली का प्राण है। प्रत्येक शब्द का एक अन्वर्थ हो। जहाँ तक हो सके वहाँ तक विभेदक गुण के आधार पर शब्द बनाये जाएँ।

(3) असमस्त पद का परिणाम चार अक्षरों से अधिक नहीं होना चाहिये, जैसे—फासफोरस के लिये 'भास्वर' तीन अक्षरों का शब्द है।

(4) गणित, रसायन एवं अन्य विज्ञानों में प्रतीकों और संक्षेपों की आवश्यकता पड़ती है। इन्हीं के आधार पर सूत्र का निर्माण होता है। जब अंग्रेजी शब्द के एक या अनेक संक्षेप तथा प्रतीक विद्यमान हो तो हिन्दी शब्द के प्रतीक और संक्षेप भी एक अथवा अनेक होने चाहिए। प्रतीक एक-दूसरे से भिन्न हुआ करते हैं। प्रतीक निर्माण की सामान्य पद्धति शब्द के आदि

---

1. **राजभाषा भारती ('तकनीकी शब्दावली को नई दिशा' नामक लेख)—प्रो० सूरजभान सिंह, पृष्ठ 19-20 से साभार, वर्ष 16, अंक 63, राजभाषा विभाग, गृह मंत्रालय, लोकनायक भवन (11वाँ तल) खान मार्केट, नई दिल्ली, सन् 1993**

अक्षर का प्रयोग है। हिन्दी वर्णमाला में अधिक अक्षर होने के कारण—रासायनिक शब्दों के लिये, प्रारम्भिक अक्षर—भिन्नता की अधिक सम्भावना है।

(5) अंग्रेजी के समस्त पदों का अनुवाद असमस्त पदों से ही किया जाय, समासों अथवा वाक्यों से नहीं। जहाँ इस नियम का उल्लंघन हुआ है, वहाँ प्रयोगकर्त्ता के लिये उपहास की सामग्री मिली है, जैसे—'सिग्नल' के लिये 'अग्निरथ—गमन-आगमन सूचक लोहपट्टिका।' वास्तव में यह शब्द न होकर व्याख्या है। इसका अनुवाद तो 'संकेत' होना चाहिए। व्युत्पन्न शब्द बनाते समय, इस प्रकार के शब्दों से बड़ी कठिनाई उपस्थित होगी। उदाहरण के लिये, 'signalling' और 'signalman' का अनुवाद परिश्रम साध्य एवं भद्दा प्रतीत होगा। अतः अंग्रेजी के एक शब्द का अनुवाद हिन्दी के एक शब्द से ही होना चाहिए।

जहाँ तक भी हो सके उपसर्गों का अनुवाद उपसर्गों में तथा प्रत्ययों का प्रत्ययों में होना चाहिए, जैसे—'Pere' के लिए परि Perimeter—परिमाप 'Con' के लिये 'स' जैसे—Condense—संघनन 'ab' के लिए 'अप' ab-rade अपघर्षण, anti के लिए 'प्रति'—antimere—प्रति खण्ड आदि। इस प्रकार प्रत्ययों का—phosph का अनुवाद 'भास्व' 'ate' का 'ईय', phasphate का भास्वीय होगा। इसी प्रकार phosphated भास्वीयित, phospatic = भास्वीयिक, phospatide = भास्वेयेव, phosphation = भास्वीयन, phosphide भास्येय; phosphin भास्वि; phosphinic = भास्वियिक; phosphonic = भास्वयिक।

(7) जब अंग्रेजी शब्द समस्त हो तो इनका विश्लेषण करके सार्थक अंगों का अलग अनुवाद करके उनके सहयोग से हिन्दी के शब्द का निर्माण किया जाए, जैसे—centrifugal = केन्द्रापग, केन्द्र से अपगमन करने वाला—centri = केन्द्र, fugal = अपग। Centripetal = केन्द्राभिग, केन्द्र की ओर अभिगमन करने वाला।

(8) यदि एक शब्द से अंग्रेजी में अनेक शब्दों की प्राप्ति होती हो तो उन व्युत्पन्न शब्दों की व्याख्या होनी चाहिए। शब्द-विकास की दृष्टि से इस सिद्धान्त का पालन आवश्यक है, जैसे—

Law	=	विधि	Legislation	=	विधान
Legal	=	विधिवत्	Legislative	=	विधायी
Illegal	=	अवैध	Legislator	=	विधायक

(9) शब्दों का अकेले-अकेले अनुवाद नहीं करना चाहिए। पहले शब्द के सम्बन्धी पदों का संग्रह किया जाना चाहिए फिर उनके समासों का। सम्बन्धी शब्दों में व्याकरण अथवा अर्थों द्वारा स्थापित दोनों प्रकार के सम्बन्ध का सन्निवेश है।

(10) नये विचारों के लिए प्रत्ययों का निर्माण हो। इन प्रत्ययों का आविष्कार कल्पना के आधार पर नहीं किया जाना चाहिए, वरन् वास्तविक शब्दों के संक्षेपों का प्रत्ययों के रूप में प्रयोग किया जाता है।

(11) जो विचार और पदार्थ प्राचीन समय से हमारी भाषाओं में चले आ रहे हैं उनका अन्वेषण करना आवश्यक है। नये शब्दों के निर्माण के स्थान पर प्राचीन शब्दों का प्रयोग हितकर रहेगा। भारत का शाब्दिक धन संस्कृत, पालि और प्राकृत में निहित हैं। उत्तर और दक्षिण की अन्य भाषाओं में भी अच्छा साहित्य विद्यमान है। इन सबका निरीक्षण पारिभाषिक शब्दावली के लिए लाभ का सिद्ध होगा।

(12) पारिभाषिक शब्द ऐसे होने चाहिए जो न केवल हिन्दी में ही वरन् भारत की अन्य भाषाओं में भी यथायोग्य प्रयोग किए जा सकें। भारत में पहले से ही आयुर्वेद, ज्योतिष, दर्शन, पुराण, रामायण, महाभारत के कारण पारिभाषिक शब्दावली के क्षेत्र में समानता और एकरूपता देखने को मिलती है। भारत की अन्यान्य भाषाओं में संस्कृत के अनेक शब्द ज्यों-के-त्यों विद्यमान हैं। अतः पारिभाषिक शब्दों के लिए संस्कृत के तत्सम शब्दों को ही ग्रहण करना चाहिए।

(13) वैसे भी पारिभाषिक शब्द सामान्य जन शब्दों के प्रयोग में बाधक नहीं होते, सामान्य जनता प्रयोग के लिये कोश का प्रयोग नहीं करती। जनता जब अपनी ही भाषाओं में वैज्ञानिक अध्ययन कर सकेगी तो जीवन का बहुत समय बच जायेगा, जो दूसरी भाषाओं के सीखने में लग जाता है। प्रत्येक विदेशी शब्द के लिए भारतीय शब्द हों, यह प्रयोजन है, जिससे ऊँचे-से-ऊँचे विचार और आविष्कार हिन्दी जनता तक पहुँच सकेंगे।[1]

9. पारिभाषिक शब्दावली का निर्धारण : विवाद तथा समस्या और समाधान

किसी भी स्वतंत्र देश की उसकी निजी भाषा के लिए पारिभाषिक शब्दावली हारिल की लकड़ी की तरह महत्त्वपूर्ण होती है, खासकर भारतवर्ष में बहुसंख्यकों की भाषा हिन्दी के लिए तो इसका महत्त्व और भी बढ़ जाता है, जहाँ इसकी हालत अपनी सहायक नदियों के जल प्रवाह से वंचित गंगा की तरह विरल हो गयी हो, जहाँ हिन्दी का हिन्दुस्तानीपन उसके पैरों से खिसक गया हो, जहाँ व्यक्ति, समाज, जातीयता, स्थानिकता और वैश्विकता के बाजार में हिन्दी के हामिद को अपने अस्तित्व का संकट पैदा हो गया हो, अतः ऐसी विकट स्थिति में हिन्दी को सांस्कृतिक रूप से समृद्ध करने के लिए बनायी गयी कठिन-क्लिष्ट पारिभाषिक शब्दावली उसे आतंकित करते हुए उसके सामने हौलनाक-खौफनाक मंजर उपस्थित तो करेगी ही, मेझड़ापन के विकार के साथ उसे प्रदूषित भी करेगी। आप सभी जानते हैं, हिन्दी उनकी भाषा है, जिनकी साँसों को आराम नहीं है, अतः यहाँ एक बुनियादी सवाल बड़ी शिद्दत से उठता है कि आखिर, हिन्दी में बनी अधिकांश पारिभाषिक शब्दावलियाँ किसके लिए बनी हैं और जो बनी भी हैं, वह विवादों के घेरे में हैं, तो फिर ऐसी स्थिति में सर्वमान्य और सर्व-सुलभ, सहज पारिभाषिक शब्दावली का निर्माण कैसे और किस गति से हो? सुप्रसिद्ध भाषा-वैज्ञानिक **डॉ० देवेन्द्र नाथ शर्मा**[2] ने आज से चार दशक पहले एक मौलिक सवाल उठाया था कि पारिभाषिक शब्दावली के निर्माण की गति इतनी मंद-मंथर है कि निश्चित लक्ष्य तक पहुँचने में पचास वर्ष भी लग सकते हैं। वस्तुतः पारिभाषिक शब्दों के निर्माण की यह मन्दता या शिथिलता उस दुरभि संधि का अनिवार्य अंग है, जो हिन्दी की प्रगति को रोकने के लिए सचेष्ट एवं सक्रिय है। इतना ही नहीं पारिभाषिक शब्दावली के निर्माण की मद्धिम और कछुआ चाल गति पर **राजभाषा आयोग** ने भी टिप्पणी की है और कहा है कि इस कार्य में अधिक तत्परता और सक्रियता लाना आवश्यक है। आयोग ने जो कहा है, वह शिष्ट शब्दों में सरकार की कटु आलोचना ही है—"As regards the pace of the work also, it appears to us that it has to be quickened considerably in the

---

1. **हिन्दी भाषा का इतिहास—डॉ० राकेश, पृष्ठ 174-175**
2. **राष्ट्रभाषा हिन्दी : समस्याएँ और समाधान—डॉ० देवेन्द्र नाथ शर्मा, पृष्ठ 48**

future if the targets laid down in this behalf by the Government of India themselves are to be attained. It is more than six years since the inauguration of the Constitution, and it would not appear that the work done so far, could be considered a 'major portion' of the work necessary in the preparation of Hindi technical terms."[1]

बहरहाल, मैं कहना चाहूँगा कि पारिभाषिक शब्दावली की अपनी ढेरों दुर्बलताएँ और समस्याएँ हैं, जिनका समाधान आज के चुनौतीपूर्ण समय में बहुत जरूरी हो गया है। वस्तुतः शब्द चयन की समस्या, क्लिष्ट और अटपटे-असंगत अनुवाद की समस्या, दुरूह पारिभाषिक शब्दावली की समस्या, नए शब्दों के निर्माण की समस्या—ये कुछ ऐसे मौजू बिन्दु हैं, जिन पर गंभीरता से विचार कर इनके समाधान—निदान पर हमें ध्यान देना है, क्योंकि पारिभाषिक शब्दावली के निर्माण से संबंधित कोशों के अध्ययन से सामान्य पाठक भी निष्कर्ष के इस पड़ाव पर बड़ी आसानी से पहुँच जायेगा कि इन कोशकारों को भाषा की कत्तई परवाह नहीं है। कोशकारों की अकूत बौद्धिक दक्षता और जेहन के बाद भी ये गढ़े हुए शब्द भाषा के जड़ हो जाने के पर्याप्त गवाह हैं। एक ही शैली और संस्करण में बने ये कोश जैसे अपनी नयी पहचान और नयी भाषा पैदा करने के लिए तैयार किये गये हैं। हिन्दी भाषा और इन गढ़े हुए शब्दों के बीच जैसे कोई अन्तर्सम्बन्ध और सामंजस्य है ही नहीं। नये शब्दों की ललक से तैयार इन गढ़े गये शब्दों का महत्त्व बरायनाम से ज्यादा नहीं है। इनकी प्रासंगिकता भी आज सवालों के घेरे में है। सन् 1962 में उस्मानिया विश्वविद्यालय, हैदराबाद की ओर से 'हिन्दी टर्म्स ऑफ सोसलॉजी छपा। इस कोश में अधिकांश शब्दों की काट-पीट उर्दू व्याकरण के आधार पर की गयी। 'कानून', 'अणुवाणिज्याना' तथा नौबस्तियाना' आदि शब्द क्या संपादकों के वहशीपन के उदाहरण नहीं है? इतना ही नहीं 'बिहेवियरिज्म' (Behaviourism) के लिए 'चाल-ढालता', 'ऐडजस्टमेन्ट (Adjustment) के लिये बैठे-बिठाव तथा एनसेस्टरल Ancestral के लिए 'पितरबापदाई' जैसे अतिक्लिष्ट शब्द किसके लिए गढ़े गये हैं? इसी तरह 'हिन्दुस्तान कल्चर सोसाइटी' (Hindustan Culture Society) की ओर से एक कोश का निर्माण हुआ था, जिसमें पंडित सुन्दर लाल जी ने 'इमरजेन्सी' (Emergency) के लिए 'अचानकी' तथा 'डिसिप्लिन' (Discipline) के लिए 'कायदेदारी' शब्दों को इजाद किया। सभी को ज्ञात है कि इनकी जगह हिन्दी में 'अनुशासन' और 'आपात शब्द' ही प्रचलन में हैं। 'अलगाई', 'आवाजाई', 'बदलीयता', रचनाई', 'फ्रैगमेंटेशन' (Fragmentation) के लिए 'टुकड़ियाव' तथा 'टुकड़ीकरण', 'मैनुफैक्चरी' 'Manufactury) और 'इन्डस्ट्रीकरण' आदि लोगों की जुबान पर कभी न चढ़ने वाले शब्दों की उपज उक्त कोश के ही निदर्शन हैं। आशय यह कि इन शब्दों में दाना और दम उतना साफ नजर नहीं आता, जो किसी भाषा के खास अंग होते हैं।

जाहिर है, उक्त कोश विभिन्न संस्कार और प्रवृत्ति के बेमेल शब्दों के मजमुआ और समाहार हैं। फर्जी शब्दों की भीड़ से भरे ये कोश आज हिन्दी की जटिल चुनौतियों के समक्ष नितान्त अस्पष्ट तथा सपाटपन के कारण बाजारू और बौने से अधिक कुछ नहीं बन पाते। केन्द्रीय हिन्दी निदेशालय और वैज्ञानिक हिन्दी शब्दावली आयोग ने 1962 में पारिभाषिक शब्द-संग्रह, 1973 में वृहद पारिभाषिक शब्द-संग्रह और 1977 में वृहद पारिभाषिक शब्द-

1. **Report of the Official Language Commission, Government of India—P. 67-68**

संग्रह 'इंजीनियरी' छापा। हालाँकि इन शब्दकोशों में गढ़े गये शब्द अन्य कोशों के व्यावहारिकता और बोलचाल के कुछ निकट थे, फिर भी 'आर्सेनिक' के लिए सांखिया शब्द की जगह 'नेपालज', 'आपोनाइजेशन' के लिए 'आयनीकरण', सोपनीफायर' की जगह 'साबुनीकरण' वोल्टेज की जगह 'वोल्टता'—'कैशलाट' के लिए 'मोमीतिम' तथा हाइड्रोजन', ऑक्सीजन', 'कार्बन', 'इंजन' कार्बोहाइड्रेट' जैसे शब्दों के मोह का त्याग यहाँ भी नहीं हो सका। इन सबके बावजूद ये कोश शब्दों की एक बेहतर समझ तो पैदा करते ही हैं।

सच कहा जाय तो हिन्दी का कारोबार पिछले चार दशक में काफी बढ़ा है। कई तरह की संस्थाएँ और दुकानें खोलकर एक तबका इस देश में हिन्दी विकास के नाम पर अपना भरपूर विकास और अपना हितलाभ कर रहा है। इन दुकानों और संस्थाओं में बिलकुल बनावटी, नीरस और व्यर्थ की भाषा तैयार हो रही है। अंग्रेजी से हिन्दी अनुवाद के नाम पर आज छोटे-मोटे उद्योग पनप चुके हैं। बड़े-बड़े शब्दकोश तैयार हो रहे हैं। अपनी साहित्यिक महत्त्वाकांक्षाओं की प्रपूर्ति हेतु साधन बने इस कार्य-व्यापार और अनुवाद से हिन्दी का कुछ भी भला नहीं हो रहा है, बल्कि हिन्दी महज अनुवाद की संस्कृति का हिस्सा और कतरा-टुकड़ा बन कर रह गयी है। अत: ऐसी हालत में हिन्दी को सँवारने, जीवन से जोड़ने वाला सच्चा साहित्यकार आज उस भीड़ से अलग-थलग खड़ा विरक्त भाव से मन मसोसकर यह खेल देख रहा है। कुछ लोग मिल-बैठकर जो शब्द गढ-रच रहे हैं, उनका व्यावहारिकता से कोई रिश्ता-नाता नहीं, बल्कि ये शब्द उल्टे हिन्दी के गले की हड्डी बन गये हैं।

सच पूछा जाय तो जीवन की भाषा शब्दकोश से नहीं बनती, बल्कि बोलचाल की भाषा ही व्यावहारिक भाषा मानी जाती है। यदि हमें 'हिन्दी के सम्पर्क भाषा' नाम की सार्थकता सिद्ध करनी हो तो निहायत मशीनी भाषा की जगह सरल, सीधे सादे, सहज, अकृत्रिम, उलझाव और जटिलता सेमुक्त, अवक्र, निराभरण, स्वाभाविक जन सामान्य की जिह्वा पर आसानी से चढ़ने वाली, पत्ती के टूसे की तरह कोमल भाषा गढ़ना होगा। मैं यह नहीं कहता कि भाषा को सरलता के आग्रह के नाम पर खींचकर, सिनेमा के गवँई और अनपढ़ दर्शकों तक ले आया जाय, लेकिन उसे उतना कठिन भी न बना दिया जाय कि पाठक चकित और नयनरंजक भाव से मुँह बाये उन्हें अमूर्त्त-अबूझ मान निरखता ही रह जाय। यद्यपि कुछ लोगों को यह मेरी बात अटपटी लग सकती है और वे सवाल उठा सकते हैं कि बोलचाल की भाषा का प्रयोग क्या सैद्धान्तिक और व्यावहारिक—दोनों दृष्टिकोणों से सर्वथा सम्भव है? जी हाँ, सम्भव है। दरअसल हिन्दी 'सरल' शब्दों का प्रयोग अंग्रेजी के सिम्पुल (simple) शब्द के पर्याय के रूप में होता है। 'ऑक्सफोर्ड डिक्शनरी' के अनुसार इस 'सिम्पल' शब्द के चार अर्थ होते हैं—अमिश्र, अखण्ड, निरपेक्ष तथा सीधा-सादा, शुद्ध, वास्तविक आदि। इस तरह सरल भाषा स्वाभाविक, सीधी-सुलझी हुई, घुमाव और पेंच से रहित, आडंबर, अलंकार से रहित, छल-छद्म और पाखण्ड के बिना निश्छल अभिव्यक्ति में समक्ष होती है।

कुल मिलाकर पारिभाषिक शब्दावली के नाम पर साँस रोक-रोक कर गढ़े हुए उक्त शब्दों से हिन्दी का कत्तई भला नहीं हो सकता, इसलिए पारिभाषिक शब्दावली गढ़ने की उक्त कोशिशों को अधूरा ही समझना चाहिए। मेरा तो विचार है कि ये गढ़े हुए शब्द नागफनी या झरबैल के उस विषैले तथा तीखे दंश चुभाने वाले काँटे के समान हैं, जो हिन्दी के पावों में चुभ-गड़कर तेजी से भागते हुए इस युग में उसे पीछे ढकेल रहे हैं। आवश्यकता आज इस बात की है कि संसदीय शब्दावली, विधि और न्याय शब्दावली, नौ-परिवहन उद्योग की

शब्दावली इंजीनियरिंग की शब्दावली, वाणिज्य-सम्बन्धी शब्दावली, आयुर्विज्ञान की शब्दावली, खेल के क्षेत्र में प्रयुक्त हिन्दी शब्दावली तथा राजनैतिक शब्दावली को पुनः खँगाल कर उनकी जगह ऐसे सरल-सहज तथा बोधगम्य शब्दों को व्यवहृत किया जाय, जिससे हिन्दी भाषा-भाषियों के साथ-साथ अहिन्दी भाषियों के मन में स्थायी रूप से बैठे ''हिन्दी कठिन भाषा है'' जैसी भ्रान्त धारणा निर्मूल हो सके। नये शब्दों को गढ़ते समय हमें इस बात का भी ध्यान रखना होगा कि ये शब्द हिन्दी भाषा की प्रकृति, उसके स्वरूप तथा आत्मा की स्पष्ट अभिव्यक्ति में सहायक सिद्ध हो सकें, तभी भाषायी अनुशासन पैदा हो सकता है। अगली शर्त यह है कि गढ़े गये शब्द हल्के-हल्के हों, उनमें रवानी हो, सलीस पन हो और हो सलासत भी। अतः शब्दों के चयन में पर्याप्त सतर्कता जागरूकता न बरती गयी तो भाषा के खण्ड-खण्ड हो जाने का खतरा पैदा हो सकता है, कथ्य भी सही सटीक ढंग से पाठक तक नहीं पहुँच सकेगा। अगला सुझाव मेरा यह है कि जनपदीय-आँचलिक तथा जनबोलियों के देसी शब्दों के साथ हिन्दी में हिन्दुस्तान की दूसरी भाषाओं, बोलियों के शब्दों को भी समाविष्ट किया जाय। हिन्दी के फैलाव में गढ़े हुए शब्दों की तुलना में इन शब्दों से कहीं अधिक सहायता मिलेगी। साफ शब्दों में, इन गढ़े हुए शब्दों को वृहत्तर सामाजिक आयामों से जोड़ना होगा, तभी हिन्दी भाषा अपनी समूची परंपरा की जिम्मेदारी को निभा सकती है। फिर ऐसा होने से एक लाभ यह भी होगा कि हिन्दी-अहिन्दी भाषियों के बीच पारस्परिक कटुता का जंगल भी साफ हो सकेगा। पारिभाषिक शब्दावली गढ़ते समय हमें विशुद्धतावादी दृष्टिकोण भी त्यागना होगा तथा मनमाने ढंग से भाषा की धज्जियाँ उड़ाने में भी संयम बरतना होगा, बल्कि हमारे लिए उत्तम यह होगा कि एक प्रयोग सर्वेक्षण द्वारा यह सुनिश्चित कर लिया जाय कि ये गढ़े गये नये शब्द जनसामान्य के प्रयोग की खराद पर आसानी से चढ़ सकते हैं कि नहीं। उदाहरण के लिए पारिभाषिक शब्दों की कुछ प्रचलित बानगी देखिए—

राइटिस्ट	Rightist	दक्षिण पंथी
लेफ्टिस्ट	Leftist	वामपंथी
सेंट्रिस्ट	Centrist	मध्य पंथी, मध्यमार्गी
सोविनियर	Souvenir	स्मारिका
मेमोरेन्डम	Memorandum	स्मरण पत्र-ज्ञापन
वेजीटेरियन	Vegetarian	शाकाहारी, निरामिष
एयर पाल्यूशन	Air pollution	वायु प्रदूषण

आशय यह है कि उच्चारण की दृष्टि से पारिभाषिक शब्द सरल होने चाहिए। उनका अर्थ सुनिश्चित तथा स्पष्ट हो। वे अतिव्याप्ति और अव्याप्ति दोष से भी रहित हों। इन शब्दों में ऐसा अटपटापन न हो जिसमें श्रोता पाठक, प्रयोक्ता तथा लेखक उनके प्रयोग से वंचित रह जाय। यदि ठेठ देसी लोकभाषा या रोजमर्रा के शब्दों का भी प्रयोग किया जाय तो कोई बदमज़गी नहीं मानी जायेगी, क्योंकि समय आने पर ये शब्द अपने आप लोकप्रिय हो सकते हैं। फिर प्रयोग से तो शब्दों में निखार आता है, अर्थग्रहण की शक्ति बढ़ती है और शुद्धता भी स्वतः आ जाती है।

हिन्दी आज विशाल भौगोलिक क्षेत्र की भाषा है। फिर संविधान ने तो इसे और अधिक विस्तृत क्षेत्र की भाषा होने का गौरव प्रदान किया है, इसलिए विविध बोलियों तथा भाषाओं

वाले इस विशाल क्षेत्र के बीच पारस्परिक तालमेल या सामंजस्य-स्थापन के लिए हिन्दी का एक मानक (standard) रूप तय करना होगा। हिन्दी के अखिल भारतीय रूप को निखारने के लिए आवश्यक है कि उसके पास सरल शब्द वैभव हों। मैं तो समझता हूँ कि बेहद जटिल, दुष्कर, नितान्त महत्त्वपूर्ण कार्य किसी एक 'रघुवीर' या चतुर्वेदी के बस में नहीं है। इस कार्य को प्रामाणिक रूप में संपादित करने के लिए या तो अखिल भारतीय स्तर पर किसी संस्था, विश्वविद्यालय, व्यक्ति समूहों या साधन सम्पन्न सतत् प्रयत्नशील भाषा संस्थान को सामने आना होगा, जिसमें समर्पित, सुविज्ञ, ज्ञानवान, निष्ठावान शब्द कर्मियों, शिल्पियों की सशक्त टोलियों या समूहों का सहयोग जुटा हो। इसके साथ ही राष्ट्रीय स्तर पर हिन्दी की एक ऐसी प्रयोगशाला तैयार की जाय, जिसमें शब्दों के व्यावहारिक पक्ष की पड़ताल-जाँच-परख निरन्तर होती रहे। यदि मुद्रा लाभ की पनपती व्यावसायिकता को ध्यान में रखकर, बाजार में माँग के कारण पारिभाषिक शब्दों की तलछट और गाद को झटपट गढ़ बना लिया गया तो 'स्टेयर' को सीढ़ी की जगह 'सोपान' फुटपाथ को 'पदाति पथ', फ्लाई ओवरको 'उपरिमारक', हाइवे को कहीं उच्च पथ तो कहीं 'महामार्ग', कलेक्टर के लिए कहीं जिले का मुख्य अधिकारी, तो कहीं उपायुक्त, कहीं 'समाहर्त्ता' तो कहीं जिला दण्डाधिकारी अथवा जिलाधिकारी, चाय (Tea) को दुग्धशर्करा मिश्रित पर्वतोत्पन्न पेय पदार्थ, सैन्डिल (sandal) को वायुगमनागमनी सूत्र बाधित धर्म रक्षित पदरक्षिका, सिगरेट (cigarette) को धूम्रपान दण्डिका 'इनक्वायरी' के लिए 'पूछताछ' की जगह पर परिपृच्छा, रेलगाड़ी के लिए 'लौहपथगामिनी' तथा सिगनल (signal) के लिए 'लौहपथगामी धूम्रपान संकेत पट्टिका' पूछते-चिल्लाते रह जायेंगे, गाड़ी चली जायेगी।

10. सामान्य शब्द और पारिभाषिक शब्दों में अन्तर

सामान्य बोलचाल में प्रयुक्त शब्द सामान्य कहलाते हैं।[1] ऐसे शब्दों का प्रयोग समाज में सामान्य व्यवहार-विषयक बातों की अभिव्यक्ति के सामान्य रूप से होता है। हर भाषा की सामान्य अभिव्यक्ति के मूल आधार ये ही शब्द होते हैं। इनमें भाषा के सारे सर्वनाम तथा सामान्य जीवन से सम्बद्ध बहुप्रयुक्त संज्ञा, क्रिया, विशेषण, क्रिया-विशेषण आदि आते हैं। सामान्यत: कोई व्यक्ति जब कोई भाषा सीखता है तो पहले इन्हीं शब्दों को सीखता है। ऐसे शब्दों का प्रयोग हम अपने सामान्य जीवन को चलाने के लिए करते हैं, किन्तु पारिभाषिक शब्द ऐसे शब्दों को कहते हैं, जो सामान्य व्यवहार की भाषा के शब्द न होकर ज्ञान के विभिन्न क्षेत्रों, जैसे—रसायन, भौतिकी, वनस्पति विज्ञान, प्राणि विज्ञान, समाजशास्त्र, दर्शन, अलंकारशास्त्र, गणित, मनोविज्ञान, तर्कशास्त्र, अर्थशास्त्र, राजनीतिशास्त्र आदि इत्यादि—के होते हैं तथा विशिष्ट ज्ञान, विज्ञान या शास्त्र में जिसकी अर्थसीमा परिभाषित या निश्चित रहती है। शास्त्र विशेष में इनका एक विशिष्ट और निश्चित अर्थ होता है, इसीलिए विषय विशेष में इनकी सहायता से निश्चित, स्पष्ट और अपेक्षित अभिव्यक्ति होती है।[2]

कुल मिलाकर यह कि भौतिक शास्त्र, अभियांत्रिकी, चिकित्सा, खेलकूद, रसायन शास्त्र, दर्शन आदि में अपने विशिष्ट क्षेत्र में, विशिष्ट अर्थ में प्रयुक्त होने वाले शब्द पारिभाषिक कहे जाएँगे। उदाहरण के लिए जब हम 'जल' का प्रयोग 'आसुत जल' के रूप में

---

1. **प्रयोजनमूलक हिन्दी—डॉ० माधव सोनटक्के, पृष्ठ 1**
2. **अनुवाद विज्ञान—डॉ० भोलानाथ तिवारी, पृष्ठ 215**

करेंगे तब यह शब्द पारिभाषिक माना जाएगा। इधर, सुप्रसिद्ध विद्वान् **डॉ० दंगल झाल्टे**[1] भी कहते हैं कि सामान्य शब्दों का संबंध जीवन और जगत के दैनंदिन या सामान्य व्यवहार तथा बोलचाल आदि से है अर्थात् ऐसे शब्दों का प्रयोग रोजमर्रा के सामान्य व्यवहार विषयक बातों की सहज अभिव्यक्ति के लिए किया जाता है। ××× ऐसे सामान्य शब्दों के आधार पर ही कोई व्यक्ति भाषा सीखता है और उनका नित्य प्रति के व्यवहार में उपयोग भी करता है। बच्चा भी जब मातृभाषा सीखता है, तब सर्वप्रथम सामान्य शब्दों को ही सीखता है। खाना, पीना, चलना, चाचा, माँ, पिता, आना, जाना, ठंडा, गरम, रोटी, पानी, कलम, मेज, कुर्सी जैसे शब्द सामान्य शब्द की श्रेणी में आएँगे। अधिकांश पारिभाषिक शब्द अर्थ-संकोच से बनाए जाते हैं जो जटिल विचारों को सांकेतिक रूप में अभिव्यक्ति प्रदान करते हैं। पारिभाषिक शब्दों के अन्तर्गत, मानविकी, विज्ञान, प्रौद्योगिकी, कार्यालयी, प्रशासन, अंतरिक्ष, कम्प्यूटर तथा दूरसंचार आदि क्षेत्र आते हैं।

11. विशिष्ट पारिभाषिक अभिव्यक्तियाँ

(क) प्रशासनिक या कार्यालयीय हिन्दी की शब्दावली और अभिव्यक्तियाँ

(1) प्रशासनिक शब्दावली का अर्थ, स्वरूप एवं महत्त्व—प्रशासन के कामकाज में जिन उपयोगी रूढ़ि शब्दों का प्रयोग किया जाता है, उनको प्रशासनिक शब्दावली कहते हैं। प्रशासनिक शब्दावली में पारिभाषिक शब्दों की तरह शब्दों का अभिधा अर्थग्रहण किया जाता है। प्रशासनिक शब्दों में लक्ष्यार्थ एवं व्यंग्यार्थ का प्रयोग करने से बचा जाता है। विषय सापेक्षिता प्रशासनिक शब्दावली की मुख्य विशेषता है। प्रशासनिक शब्दावली में शब्दों के मानक रूपों को निर्धारित करके प्रयोजन्य बनाया जाता है। प्रशासनिक शब्दावली का निर्माण प्राय: पारिभाषिक शब्दावली के निर्माण के सिद्धान्तों के आधार पर ही किया जाता है। प्रशासनिक शब्दावली पारिभाषिक शब्दावली का ही एक क्षेत्र विशेष है। इस प्रकार के शब्दों में प्राय: विस्तार और संकोच होने पर भी अर्थ प्रकटीकरण में सरलता आती है। प्रशासनिक शब्दावली में बहुप्रचलित शब्दों का विभिन्न माध्यमों से प्रचार-प्रसार करके उनका प्रयोग सुनिश्चित किया जाता है। इस प्रकार के शब्दों का जितना अधिक प्रचार-प्रसार होगा, शब्द उतने ही अधिक स्वीकृत और सरल होंगे।[2]

इधर, उद्‌भट विद्वान् और कवि **डॉ० बालेन्दु शेखर तिवारी**[3] कहते हैं कि प्राचीन काल में राजकाज एवं प्रशासन की भाषा संस्कृत थी। इस तथ्य के प्रमाण हमें प्राचीन काल में प्राचीन सरकारी लेख, पत्रों, कानूनों, सरकार तथा नागरिकों से संबंधित अभिलेखों से मिलते हैं, क्योंकि इन सभी लेखों, अभिलेखों की भाषा संस्कृत थी। संस्कृत के बाद देश में देशज भाषाओं का प्रचलन बढ़ा, लेकिन परोक्षत: उन पर भी संस्कृत का प्रभुत्व ही विद्यमान रहा। बाद में लगभग बारहवीं-तेरहवीं शताब्दी के आसपास पूर्वी पंजाब से बंगाल तक प्रचलित सभी बोलियों एवं भाषाओं को हिन्दी ने आत्मसात् कर लिया और राजकाज के भाषा के रूप में व्यवहृत होने लगी। ऐसा इसलिए संभव हुआ कि वस्तुत: हिन्दी का उत्तर-पूर्वी एवं मध्य-

---

1. **प्रयोजनमूलक हिन्दी : सिद्धान्त और प्रयोग—डॉ० दंगल झाल्टे, पृष्ठ 78**
2. **प्रशासनिक हिन्दी : टिप्पण और प्रारूपण—डॉ० चन्द्रपाल, पृष्ठ 141, संजय बुक सेन्टर, गोलघर, वाराणसी, सन् 2000 ई०**
3. **प्रयोजनमूलक हिन्दी—डॉ० बालेन्दु शेखर तिवारी, पृष्ठ 77**

भारत के समस्त भाअओं से गहरा संबंध रहा। उदाहरणार्थ राजपूत शासकों की भाषा डिंगल-पिंगल वस्तुत: राजस्थानी हिन्दी ही थी, जिसमें शासकीय पत्र, टिप्पणियाँ, राज्य कर्मचारियों की आचार संहिता, राजा के आदेश आदि प्रस्तुत किए जाते थे। इसी तरह मुसलमानों के शासन काल में भी हिन्दी भाषा में ही आदेश प्रस्तुत किए जाते थे। शेरशाह तथा अन्य मुगल काल के शासकों के शासन काल में भी सम्पूर्ण राज्यादेश हिन्दी में ही दिए जाते थे। इतना ही नहीं, हिन्दी, संस्कृत, बंगला तथा पंजाबी का भी यथेष्ट विकास इस काल में हुआ। मुइजुद्दीन मुहम्मद गोरी, मुहम्मद बिन कासिम तथा महमूद गजनवी ने फारसी के साथ-साथ हिन्दी को भी अपने राजकाज की भाषा का सम्मान दिया था।[1] सिकन्दर लोदी के फरमान फारसी के साथ-साथ हिन्दी में भी जारी किए जाते थे।[2] मुगल काल में फारसी और हिन्दी भाषा में अनेक महत्त्वपूर्ण ग्रंथ भी लिखे गए—"The Mughal-period was producer of great literature. The literature was in Persian and Hindi."[3] अकबर फारसी के साथ हिन्दी में भी कविता करता था।[4] मजहबी जोश के लिए मशहूर औरंगजेब खुद भी हिन्दी प्रेमी था।[5] औरंगजेब की पुत्री जेबुन्निसा की हिन्दी में विशेष पैठ थी।[6] सूरी वंशीय सम्राट के बारे में यह तथ्य प्रचलित है कि उसने अपने राज्य में फारसी के साथ-साथ हिन्दी के भी मुंशी नियुक्त किए थे।[7] कालान्तर में अंग्रेजों ने भी अपने साम्राज्य की विस्तारवादी नीति के तहत अंग्रेजी के साथ-साथ हिन्दी को भी शासन की भाषा बनाया।

बहरहाल, **डॉ० नागेन्द्र नाथ पाण्डेय**[8] कहते हैं कि आज प्रशासन की भाषा हर कहीं जनभाषा हो रही है। भारत में गत तीन सौ वर्षों से सरकारी कामकाज की भाषा अंग्रेजी रही है। संविधान के अनुच्छेद 344 के अनुसार 1953 में गठित खेर आयोग की अनुशंसाओं में इस बात पर जोर दिया गया कि हिन्दी भाषा को अभिव्यक्ति प्रदान करने की उद्देश्य से प्रशासनिक, विधायी एवं विज्ञान के विभिन्न क्षेत्रों की शब्दावली निर्माण का कार्य बड़े पैमाने पर प्रारंभ होना चाहिए। कुल मिलाकर **डॉ० बलराज सिंह सिरोही**[9] के अनुसार आज के प्रशासन में जहाँ प्रशासनिक शब्दावली का विशेष महत्त्व है, वहाँ इस बात से इनकार नहीं किया जा सकता है कि प्रत्येक प्रशासन किसी-न-किसी रूप में कहीं तकनीकी विषयों से जुड़ा होता है और चाहे-अनचाहे प्रशासकों को अर्द्ध तकनीकी और कभी-कभी पूर्ण तकनीकी भाषा का प्रयोग करना होता है। इसका परिणाम यह होता है कि जब हम प्रशासनिक भाषा पर अथवा प्रशासनिक शब्दावली पर विचार करते हैं, तो चाहे-अनचाहे उस प्रशासन के कार्यकलाप से संबंधित विषयों के बारे में भी जानकारी प्राप्त करनी होती है और इस प्रकार उस प्रशासनिक शब्दावली में अनचाहे ही तकनीकी शब्दों का समावेश हो जाता है। अंत में यह कि प्रशासनिक

---

1. **Cambridge History of India—Sir John Marshall, Vol.-III, pp S 69**
2. **Oriental College Magzine, Lahore (Urdu), P. 116, May 1933**
3. **Historians of Medieval India—P. Hardy, P. 40**
4. **A History of Persian Language and Literature at the Mughal Court—M. A. Gani, Part-3, Page-11**
5. **हिन्दी, उर्दू और हिन्दुस्तानी—पद्मसिंह शर्मा, पृष्ठ 145**
6. **Diwan of Zebuniassa—Magan Lal, Page-83 London**
7. **नागरी प्रचारिणी पत्रिका, वाराणसी, पृष्ठ 18, सन् 1898**
8. **अनुवाद : स्वरूप और आयाम—(अनुवाद : समस्या और समाधान) सं० डॉ० त्रिभुवन राय, पृष्ठ 132**
9. **हिन्दी समस्या—समाधान—सं० डॉ० बलराज सिरोही, पृष्ठ 28**

भाषा का परिशुद्ध और संक्षिप्त होना आवश्यक हैताकि प्रशासनिक आदेश उच्च और निम्न स्तरीय कर्मचारियों को स्पष्ट और असंदिग्ध भाषा में दिया जा सके।

(2) हिन्दी तथा अंग्रेजी में प्रयुक्त होने वाली शब्दावली के उदाहरण—

Abandonment	परित्याग
Abbreviation	संक्षेप
Abnormal	असामान्य
Abrogate	निराकरण करना
Absorb	अवशोषण करना
Absurd	अर्थहीन
Abuse	दुरुपयोग
Academy	अकादमी
Acceptance	स्वीकृति
Accession	राज्यारोहण
Accord	अनुकूलता प्रदान करना
Accountant	लेखपाल
Accounts Officer	लेखाधिकारी
Ability	योग्यता
Abolition	उत्सादन्, अन्त
Above Par	औसत से ऊँचा
Abridgement	संक्षेप
Absence	अनुपस्थिति
Abstract	सार
Absurdity	अर्थहीनता
Academic	विद्या सम्बन्धी
Accept	स्वीकार करना
Access	प्रवेश
Accident	संयोग
Account	हिसाब
Accounting unit	लेखा-एकांक
Accurate	यथार्थ
Accusable	दोषारोप्य
Acknowledge (fact)	कबूल

Acquire	अर्जन करना
Acquisible	अर्जनीय
Act	कार्य अधिनियम
Action	क्रिया-कलाप
Acting-incombent	कार्यवाहक पदाधिकारी
Additional-remarks	अतिरिक्त अभ्युक्ति
Addition and alterations	परिवर्धन एवं परिवर्तन
Adhoc-committee	तदर्थ समिति
Adjourn	काम रोकना
Adjuster	समायोजक
Administer	प्रशासन करना
Administrative-approval	प्रशासकीय अनुमोदन
Admit	दाखिल करना
Admonition	भर्त्सना
Adult	वयस्क
Adverse	प्रतिकूल
Advice	सलाह, सूचना
Advocacy	वकालत
Affairs	कार्य-मामले
Affiliate	सम्बद्ध करना
Affiliation	सम्बन्धन
Affirmance	अभिपुष्टि प्रतिज्ञान
Agency	अभिकरण
Agent	अभिकर्त्ता
Aggrieved	असन्तुष्ट
Allegation	आरोप

Allegiance	निष्ठा	Advocate	अधिवक्ता
Allotment	आवंटन	Affidavit	शपथ पत्र
Alteration	परिवर्तन	Affiliated-college	सम्बद्ध महाविद्यालय
Ambassador	राजदूत	Affirm	पुष्टि करना
Amendment	संशोधन	Affranchisement	मताधिकार
Annex	जोड़ना	Agenda	कार्यक्रम
Anticipation	पूर्वानुमान	Aggregate	कुल, पूर्णयोग
Appendix	परिशिष्ट	Agitation	आन्दोलन
Appoint	नियुक्त करना	Alleged	कथित/अभिकथित
Appreciation	सराहना	Alliance	मैत्री
Accuse	अभियोग लगाना	Allowance	भत्ता
Accusation	दोषारोपण	Amalgamation	एकीकरण
Acknowledge-ment	अभिस्वीकृति पावती	Ambiguous	संदिग्ध
Acquirement	उपलब्धि, अर्जन	Analyst	विश्लेषण
Acquisition	अभिग्रहण, अर्जन	Announcement	एलान
Acting	कार्यवाहक, कार्यकारी	Anti-Corruption Officer	भ्रष्टाचार-निरोध अधिकारी
Acting Service	सामरिक सेवा	Applicant	आवेदक
Adaptation	रूपान्तर	Appointment	नियुक्त
Additional-Secretary	अतिरिक्त सचिव	Apprentice	शिक्षु/अप्रेन्टिश
		Appropriate	उपयुक्त
Address	पता, अभिभाषण	Appropriation	विनियोजन
Adhere	अनुसरण करना	Approval	अनुमोदन
Adhoc-indent	तदर्थ माँग पत्र	Arbitration	मध्यस्थ्य
Adjustment	समायोजन	Argument	तर्क
Administrative-ability	प्रशासकीय योग्यता	Armament-Officer	आयुध अधिकारी
Admissibility	स्वीकार्यता	Arrangement of files	प्रबन्ध व्यवस्था
Admitted	दाखिल, प्रविष्ट		
Adoption	अंगीकरण	Arrears	बकाया
Advance	अग्रिम पेशगी	Assay Master	अधिपारिखी
Advertise	विज्ञापन देना	Article	नियम, वस्तु
Adviser	सलाहकार	Assembly	सभा, जमाव

Assent	अनुमति
Assessed value	निर्धारित मूल्य
Assessment	निर्धारण
Assets	परिसम्पत्ति
Assign	सौंपना
Assignment	नियत कार्य
Assistant	सहायक
Association	संघ, समाज
Assumption	ग्रहण कल्याण
Assurance	आश्वासन, बीमा
Atpar	सममूल्य
Attache	सहचारी
Attachment-Officer	कुर्की-अधिकारी
Attest	अनुप्रमाणित करना
Attestation	अनुप्रमाणन
Attorney-General	महान्यायवादी
Auctioneer	नीलामकर्त्ता
Audit	लेखा-परीक्षा
Authentic	अभिप्रमाणित
Authorities	अधिकारी
Autograph	स्वाक्षर
Autonomus	स्वायत्त, स्वतः प्रेषित
Avoidable	परिहार्य
Background	पृष्ठभूमि
Back out	मुकर जाना
Back up	पिष्ट-पेषण
Backward-classes	पिछड़े वर्ग
Bad behaviour	दुर्व्यवहार, बुरा चलन
Balance	अतिशेष, बाकी
Balance sheet	तुलन-पत्र
Ban	पाबन्दी
Basic	बुनियादी, प्रारम्भिक
Bearer	वाहक
Beatman	गश्त वाला
Beltman	पट्टे वाला
Bench (law)	न्यायपीठ
Beneficial	लाभप्रद
Bill	विपत्र बिल विधेयक
Bibliography	सन्दर्भ ग्रन्थ सूची
Bidding sheet	बोली-पत्र
Binding	बन्धनकारी
Birth-date	जन्मदिन
Bi-Weekly	पाक्षिक, द्वैसाप्ताहिक
Block	खण्ड, ब्लाक-प्रखण्ड
Black sheet	काली सूची
Board	मण्डल, बोर्ड
Body	निकाय
Bonafide	वास्तविक
Booth	कोष्ट
Botanist	वनस्पतिज्ञ
Breeder	अभिजनक
Brevity	संक्षेप
Breach of confidence	विश्वास भंग
Break in service	सेवा-विच्छेद
Bride	रिश्वत, घूस
Bribee	रिश्वतखोर
Bribery	घूसखोरी
Broadcast	प्रसारण
Brochure	विवरणिका
Broker	दलाल
Budget	बजट, आय-व्यय
Bureau	कार्यालय/केन्द्र

Bureaucracy	नौकरशाही
Bye-Law	उपविधि
Cabinet	मन्त्रिमण्डल
Calculation	गणना, गिनती
Calculator	गणक, परिकलन
Camper	शिविरक
Cancel	रद्द करना
Cancellation	निरस्तीकरण
Care	सावधानी
Candidate	प्रार्थी/उम्मीदवार
Capital	पूँजी, राजधानी
Career	जीविका/जीवन
Caretaker	रखवाला
Carrier	वाहक
Case	मामला, स्थिति
Casting vote	निर्णायक मत
Casual leave	आकस्मिक अवकाश
Catalogue	सूचीपत्र
Catch-word	सूचक शब्द
Catering	भोजन प्रबन्ध
Ceiling	उच्चतम सीमा
Celebration	समारोह
Cell	कोष्ठ, कक्ष, प्रकोष्ठ
Censor	पारखी, दोषान्वेषक
Censure	परिनिन्दा
Census Officer	जनगणना अधिकारी
Central Board of Excise and Customs	केन्द्रीय उत्पादन शुल्क और सीमा शुल्क बोर्ड
Centre	केन्द्र
Ceremonial-parade	समारोह परेड
Ceremony	समारोह
Certificate	प्रमाण पत्र
Certify	प्रमाणित करना
Cess	उपकार, राजस्व शुल्क
Chancellor	कुलाधिपति
Charter	भाड़े पर लेना
Chief	मुख्य
Cipher	बीजलेख, शून्य
Circle	इलाका, क्षेत्र
Circuit House	परिपथ-गृह
Circumstances	परिस्थितियाँ
Citation	उद्धरण, आह्वान
Civic	नागरिक
Civil	सिविल नागरिक, शिष्ट
Claim	दावा, दावा करना
Claimant	दावेदार
Clerical error	लेखन अशुद्धि
Coastal	तटवर्ती
Code	संहिता, कोड/संकेत
Codification	संहिताकरण
Coexaminer	सह-परीक्षक
Coherence	संगति
Coincidence	संपात
Collaboration	सहयोग
Collusion	दुरभिसंधि
Collector	संग्राहक
Colony	बस्ती
Commemoration	स्तम्भ-लेखक
Columnist	स्मारक
Comment	टीका-टिप्पणी
Commission	आयोग कमीशन
Commissioner	आयुक्त, कमिश्नर
Commit	करना, भेजना
Committee	समिति

Communal	साम्प्रदायिक	Correspondence	पत्र-व्यवहार
Communication	संचार	Council	परिषद्
Commutation	परिवर्तन	Counsel	परामर्शदाता
Comparision	तुलना, मिलान	Crime	अपराध
Compensation	क्षतिपूर्ति	Customs	सीमा शुल्क
Competence	सामर्थ्य	Contravention	उल्लंघन
Competent	समर्थ	Controller	नियंत्रक
Compilation	संकलन	Convener	संयोजक
Complaint	परिवाद, शिकायत	Conventional	रूढ़िगत
Complement	पूरक	Copy	नकल
Compliance	अनुपालक	Corrupt	भ्रष्ट
Computor	संगणक	Councillor	पार्षद
Conclusion	समापन	Credibility	विश्वसनीयता
Conditional	सशर्त	Custodian	अभिरक्षक
Confirm	पुष्टि करना	Data	आँकड़े
Confiscate	जब्त करना	Dead Letter Office	पुन: प्रेषण केन्द्र
Conscription	अनिवार्य सैनिक भर्ती	Debar	रोकना
Consequent	परिणामी	Decision	निर्णय
Constituency	निर्वाचन-क्षेत्र	Deed	विलेख
Constitution	संगठन, संविधान	Defence	रक्षा
Consultant	परामर्शदाता	Dejure	विधित
Contemplated	अपेक्षित	Delegation	प्रतिनिधिमण्डल
Contents	विषय सूची, अंश	Democratic	लोकतंत्रात्मक
Context	संदर्भ	Demote	पद घटना
Contingencies	आकस्मिक व्यय	Denomination	अभिधान
Contingent	प्रासंगिक	Departure	प्रस्थान
Contractor	ठेकेदार	Deputation	शिष्टमण्डल
Contractual	ठेका-प्रलेख	Designate	अभिहित करना
Contradictory	विरोधात्मक	Destitute home	निराश्रित गृह
Contrary	विपरित	Deviation	विचलन, भेद
Contribution	अंशदान	Dictation	श्रुत लेख
Controvertial	विवादास्पद	Directive	निदेशात्मक
Convenience	सुविधा	Directorate	संचालनालय
Co-ordination	समन्वय		

Directory Officer निदेशिका अधिकारी
Disciplinary action अनुशासिक कार्यवाही
Discrepancy विसंगति
Discretionery power विवेकाधिकार
Dishonest बेईमान
Dismiss पदच्युत करना
Dak book डाक पुस्तिका
Days of grace रियायती दिन
Dean डीन
Decentralization विकेन्द्रीकरण
Declaration घोषणा
Defamation मानहानि
Deficit budget घाटे का बजट
Delegate प्रतिनिधि
Demarcation सीमांकन
Demonstration निदर्शन, प्रमाण
Demoted person पदावनत व्यक्ति
De-novo नए सिरे से
Deprive वंचित करना
Deputy Commissioner उपायुक्त
Destination गद्यव्य
Deviate विचलित्र होना
Diagram आलेख
Dignitory उच्च पदधारी
Director संचालक
Directory निर्देशिका
Discipline Officer अनुशासन अधिकारी
Disclosure प्रकटन
Discretion विवेक
Discussion चर्चा
Dismissal पदच्युति
Disobedience अवज्ञा
Disparity असमानता
Ditto जैसे ऊपर
Document दस्तावेज
Due देय
Dummy नकली
Dispense with अलग करना
Dividend लाभांश
Draft प्रारूप
Duly विधिवत
Duration अवधि
Earmark अलग करना
Earnest money बयान अग्रिम धन
Economy अर्थव्यवस्था
Embankment Officer तटबंध अधिकारी
Embezzlement गबन
Emoluments परिलब्धियाँ
Employee कर्मचारी
Employment नौकरी
Enclose साथ रखना
Endorse समर्थन करना
Endowment धर्मदाय
Engagement वचन-बद्ध
Engineering अभियांत्रिकी
Enrolment number नामांकन-संख्या
Entitled हकदार
Entry प्रवेश
Enumerator गणनाकार
Epidemic महामारी
Epitome निष्कर्ष, सार
Equivalent तुल्यमान, पर्याय

Errata	शुद्धि-पत्र
Essential service	अनिवार्य
Estate	सम्पदा
Estimate Committee	प्राक्कलन समिति
Evaluation Committee	मूल्यांकन समिति
Evidence	गवाही
Earned Leave	अर्जित छुट्टी
Economic Advisor	आर्थिक सलाहकार
Editor	संपादक
Embassy	राजदूतावास
Emergency	आपात
Employ	नियुक्त करना
Employer	नियोक्ता
Employment Exchange	रोजगार कार्यालय
Encroachment	अधिक्रमण
Endorsement	समर्थन
Enforcement Officer	प्रवर्तन-अधिकारी
Engineer	अभियन्ता
Engraver	उत्कीर्णक
Entertainment Officer	मनोरंजन अधिकारी
Entrust	सौंपना, व्यस्त करना
Enumeration	गणना
Envoy	दूत
Epigraphist	पुरालेखवेत्ता
Equipment Officer	साज सज्जा अधिकारी
Eradicate	उन्मूलन करना
Error	त्रुटि, भूल, गलती
Establishment	स्थापना
Estimate	अनुमान
Estimator	प्राक्कलन
Eviction	निष्कासन
Examination	परीक्षा, परीक्षण
Examiner	परीक्षक
Example	उदाहरण
Exchequer	राजकोष
Execute	निष्पादन करना
Exempt	माफी देना
Exercise	प्रयोग करना
Expansion	विस्तार, प्रसार
Expatriation	देश त्याग
Expedition	अभियान
Expenditure	व्यय, खर्च
Expert	विशेषज्ञ
Explanation	व्याख्या
Exploration Assistant	पर्यवेक्षण सहायक
Extention	विस्तार, बढ़ाना
Extra-ordinary	असाधारण
Exceptional	अपवादात्मक
Exchange	विनियम, केन्द्र
Excise	उत्पादक शुल्क
Executive Council	कार्यपालिका-परिषद्
Exemption	छूट, माफी
Exit	निर्गम, निकास
Ex Parte	एकपक्षीय
Expediency	समीचीनता
Expel	निकाल देना
Experiment	प्रयोग, परीक्षण
Expiry	समाप्ति
Exploit	शोषण करना
Expulsion	निष्कासन

Extra	अतिरिक्त
Extract	उद्धरण
Fabricate	गढ़ना, निर्माण करना
Face value	अंकित मूल्य
Facility	आसानी, सुविधा
Fact	तथ्य
Fair	स्वच्छ, उचित
Fair price	उचित मूल्य
Fairness	औचित्य
Family allowance	परिवार भत्ता
Fault	दोष, चूक
Faulty	दोषपूर्ण, सदोष
Favourable	अनुकूल
Federation	महासंघ
Fellowship	शिक्षावृत्ति
Fictitious	काल्पनिक फर्जी
Field	क्षेत्र
Figures	आँकड़े
Finalise	अंतिम रूप देना
Financial	वित्तीय
Financial sanction	वित्तीय स्वीकृति
Finger Print Expert	अँगुलि-छाप विशेषज्ञ
Fitness certificate	आरोग्य प्रमाणपत्र
Fixed position	बद्धस्थिति
Float	प्रवर्तन करना
Fluctuation	घट-बढ़
Folio	पन्ना, फोलियो
Fabrication	निर्माण करना
Facilitate	सरल बनाना
Facimile	अनुलिपि, प्रतिकृति
Factory Inspector	कारखाना निरीक्षक
Fair knowledge	पर्याप्त ज्ञान
Fair treatment	उचित व्यवहार
Farewell address	विदाई भाषण
Fare	किराया, भाड़ा
Faultless	दोष रहित
Favour	अनुग्रह, कृपा
Favouritism	पक्षपात
Fee	शुल्क
Female	स्त्री, नारी, महिला
Fidelity	निष्ठा, वफादारी
Figure	अंक, आकृति
Filing system	फाइल-पद्धति
Finance	वित्त, रुपया लगाना
Finding	निष्कर्ष
Fireman	आगवाला
First aid	प्रथम उपचार
Fixation	स्थिर करना
Fixed deposit	आवाधिक निक्षेप
Flood investigation	बाढ़-अन्वेषण
Fly leaf	कोरा पन्ना
Follow of action	अनुवर्ती कार्यवाही
Foodgrains Inspector	खाद्यान्न निरीक्षक
Forbid	निषेध करना
Foregoing	पूर्ववर्ती
Forenoon	दोपहर से पहले
Formula	सूत्र, फार्मूला
Forwarding letter	अग्रेषण-पत्र
Founder	संस्थापक
Frequency	आवृत्ति

Function	कार्य, समारोह
Fundamental	मौलिक, आधारभूत
Foot note	पाद-टिप्पणी
Forecast	पूर्वानुमान
Foreign exchange	विदेशी मुद्रा
Formal	औपचारिक
Fortnightly	पाक्षिक
Forward	अग्रवर्ती
Foundation	शिलान्यास, नींव
Free delivery	नि:शुल्क वितरण
Frequent	बारम्बारता
Fund	निधि
Furnish	देना, सज्जित करना
Further action	आगे की कार्यवाही
Gallery	दीर्घा, वीथी
Garden Party	उद्यान-भोज
Gazette	राजपत्र
Gazetted holiday	राजपत्रित अवकाश
Gazetted post	राजपत्रित-पद
General inspection	सामान्य निरीक्षण
Genius	प्रतिभा
Gift	उपहार
Glossary	शब्द-संग्रह
Governor	राज्यपाल
Grade	श्रेणी
Grant	अनुदान
Grievance	शिकायत, पीड़ा
Guidance	निर्देशक
Guilty	दोषी
Gang inspector	टोली-निरीक्षक
Gate-guard	द्वार-रक्षक
Gazette notification	राजपत्र-अधिसूचना

Gazetted Officer	राजपत्रित अधिकारी
General Election	आम चुनाव
General Manager	प्रधान प्रबन्धक
Genuine	प्रमाणिक, यथार्थ
Gist	भावार्थ
Govern	शासन करना
Grace	रियायत
Graduate	स्नातक
Gratification (illegal)	अवैध, परितोषण
Gross	सकल
Guilt	दोष
Habitual defaulter	आभ्यासिक व्यतिक्रमी
Half pay	अर्द्ध वेतन
Halting allowance	विराम भत्ता
Handicraft	हस्तकला
Harbour	बन्दरगाह
Hereditary	पैतृक
High Commissioner	उच्चायुक्त
High authority	उच्चतर प्राधिकारी
Habit	आदत, स्वभाव
Habitual offender	आभ्यासिक अपराधी
Half timer	अर्द्धकालिक
Handicap	बाधा
Handover	सौंपना
Heir	उत्तराधिकारी
Heirarchy	सोपान
High Court	उच्च न्यायालय
Highest bid	सबसे उँची बोली
Highway	राजपथ

Hindrance	बाधा
His Excellency	परम श्रेष्ठ
History sheet	इतिवृत्ति-पत्र
Homage	श्रद्धांजलि
Honorary	अवैतनिक
Hospitality	सत्कार
Hostess	सत्कारिणी
Hutment	अस्थाई
Hill-allowance	पर्वतीय भत्ता
Hint	संकेत
His Majesty	महामहिम
Holograph	स्वलेखन
Honorarium	मानदेय
Honourable	माननीय, सम्मानपूर्ण
Host	परिपोषी
Housing adviser	आवास सलाहकार
Identification-mark	पहचान-चिन्ह
Ignorance	अनभिज्ञता
Illegible	अपाठ्य
Illicit	निबिद्ध, अधर्मा
Ill treatment	दुर्व्यवहार
Ill will	वैमनस्य
Immigration authority	अप्रवास अधिकारी
Impartial	निष्पक्ष
Implication	विवक्षा, मंशा
Imposition	अधिरोपण
Impute	लांछन लगाना
Inaccuracy	अशुद्धि
Inapplicable	अप्रयोज्य
Incentive	प्रोत्साहन
Incite	उद्दीप्त करना
Inconvenience	असुविधा
Indemnification	क्षतिपूर्ण
Industry	उद्योग
Inforce	लागू
Information	सूचना
Installation	संस्थापन
Instruction	अनुदेश
Intelligence	खुफिया
Interrogation	पूछताछ
Interview	साक्षात्कार
Introduce	प्रस्तुत करना
Investigator	निरीक्षक
Irregular	अनियमित
Irrevocable	अटल
Ibid	तत्रैव, वही
Identity certificate	पहचान प्रमाण-पत्र
Illegal practice	अवैध आचरण
Illegitimate	अवैध
Illiteracy	निरक्षरता
Illustration	उदाहरण, निदर्शन
Immediate	तत्काल
Imminent	आसन्न
Implement	परिपालन करना
Implied	विवक्षित
Improper	अनूचित
Inability	अयोग्यता
Inadmissible	अग्राह्य
Inauguration	उद्घाटन
Incidental	प्रासंगिक
Inconclusive	अनिर्णीत
Increment	वेतन-तरक्की
Indispensable	अपरिहार्य
Interference	अनुमान
Informal	अनौपचारिक

Injunction निषेधाज्ञा
Institute संस्थान
Integrity ईमानदारी, अखण्डता
Interpreter दुभाषिया
Interuption बाधा
Intimation सूचना
Investigation जाँच-पड़ताल
Irrecoverable अप्रत्युद्धरणीय
Irrelevant असम्बद्ध
Item मद
Jail बन्दीगृह
Job नौकरी
Joint committee संयुक्त समिति
Jointly संयुक्त रूप से
Journalist पत्रकार
Judge न्यायाधीश
Judicial न्यायिक अदालत
Junior कनिष्ठ
Jurist विधिशास्त्री
Justice न्यायमूर्ति
Justify न्यायसंगत सिद्ध करना
Juvenile Court किशोर न्यायालय
Jetty घाट
Joining date कार्य ग्रहण दिनांक
Joint Secretary संयुक्त सचिव
Journal पत्रिका
Jubilee जयन्ती
Judgement निर्णय
Judiciary न्यापालिका
Jurisdiction अधिकार क्षेत्र
Juror जूरी सदस्य
Justification तर्क संगति, औचित्य
Juvenile convict किशोर अपराधी
Kept-pending निलम्बित रखा गया
Key-map मूल नक्शा
Key-board कुञ्जीपटल
Key-point निर्णय-बिन्दु
Laboratory प्रयोगशाला
Labourer श्रमिक, मजदूर
Land mark सीमा चिन्ह
Land revenue भू-राजस्व
Language expert भाषा विशेषज्ञ
Lapsing of deposit जमा का व्ययगमन
Law Commission विधि आयोग
Lay out अभिन्यास
Lease system पट्टाधारिता
Ledger balance खाता-बकाया
Legation दूतावास
Legislative Assembly विधानसभा
Legislative Council विधान परिषद्
Length of service सेवा-काल
Levy उगाही
Liable देनदार
Licence holder अनुज्ञाप्तिधारी
Limitation सीमा, अवधि
Liquidation निर्धारण
Literal शाब्दिक
Litigation मुकदमेबाजी
Lock out तालाबन्दी
Lump sum एक राशि
Labour श्रम, श्रमिक वर्ग
Lady attendant परिचारिका

Land records	भू-अभिलेख
Land tenure	पट्टेधारी
Lapse	बीतना
Late payment	देर से अदायगी
Lawyer	वकील, अधिवेत्ता
Lease for life	आजीवन पट्टा
Lease holder	पट्टाधारी
Legal remembrancer	विधि परामर्शी
Legible	सुपाठ्य
Legislature	विधानमण्डल
Leniency	उदारता, नरमी
Lessee	पट्टेदार
Liability	दायित्व
Liasion	सम्पर्क (अवैध)
Light-house	दीपघर
Link	कड़ी, शृंखला
Literacy	साक्षरता
Literate	साक्षर
Local body	स्थानीय निकाय
Lodging	वास-गृह
Maintenance	अनुरक्षण रखना
Malpractice	अनाचार, दुराचार
Manifesto	घोषणा पत्र
Manual	शारीरिक
Manufacture	निर्माण
Maximum	अधिकतम
Means	साधन
Mediation	बीच-बचाव
Merger	विलयन
Message	संदेश
Minor	नाबालिग
Minutes	कार्यवृत्त
Miscellaneous	फुटकर
Mismanagement	कुप्रबन्ध
Momentum	संवेग
Monopoly	एकाधिकार
Mother tongue	मातृभाषा
Multipurpose	बहुद्देशीय
Museum	अजायबघर
Majority	बहुमत, बहुसंख्यक
Mandate	अधिदेश
Manipulate	चलाना
Margin	हाशिया
Mayor	महापौर
Measure	उपाय, नाम, मान
Memorandum	ज्ञापन
Merit	गुण
Migrant	प्रवासी
Mint	टकसाल
Misappropriation	दुर्विनियोग
Misconduct	अवचार
Misrepresentation	अन्यथा कथन
Monetary grant	आर्थिक अनुदान
Monument	स्मारक
Motion	प्रस्ताव
Municipality	नगरपालिका
Narrator	वर्णनकर्त्ता
National anthem	राष्ट्रगान
National saving scheme	राष्ट्रीय बचत योजना
Nationality	राष्ट्रीयता
Native	प्राकृतिक, देशज
Naturalization	देशीकरण
Necessary action	आवश्यक कार्यवाही
Negligence	उपेक्षा
Nepotism	स्वजन-पक्षपात

No confidence motion	अविश्वास प्रस्ताव
Nominal inspection	नाममात्र का निरीक्षण
Nomination	नाम-निर्देशन
Non-age	अवयस्कता
Non-official	अनाधिकारिक
Non-practising	प्रैक्टिस बन्दी भत्ता
Notice Board	सूचनापट
Numeral	संख्यांक
Nation	राष्ट्र
National saving certificate	राष्ट्रीय बचत पत्र
Nationalism	राष्ट्रवाद
Nationalization	राष्ट्रीयकरण
Natural resources	प्राकृतिक सम्पत्ति स्रोत
Navigater	मार्गनिर्देशक (वायुयान)
Negative	निषेधात्मक
Negotiate	बातचीत करना
Neutral	तटस्थ
No demand certificate	बेबाकीप्रमाण-पत्र
Nominate	नामित करना
Nominee	मनोनीत, नामित
Non gazetted	अराजपत्रिक
Non pensionable	अपेंशनी
Non statutory	विधीतर
Notification	अधिसूचना
Numismatist	मुद्राशास्त्री
Oath	शपथ
Objection	आपत्ति
Obligatory	अनिवार्य
Observer	प्रेक्षक
Occupation	व्यवसाय
Octroi duty	चुंगी
Offer	नियुक्त प्रस्ताव
Onus	भार
Operator	प्रचालक
Opportunity	अवसर
Optional	वैकल्पिक
Ordinance	अध्यादेश
Original copy	मूल प्रति
Over-age	अधिक आयु
Over time	अतिरिक्त समय
Obedience	आज्ञा पालन
Obligation	दायित्व
Obscene	अश्लील, कामुक
Occasional	प्रासंगिक
Occurrence	घटना
Offensive	अप्रिय
Official benches	सरकारी पक्ष
Operation	परिचालन
Opinion	राय, विचार
Opposition	विरोध, विरोधी दल
Orally	मौखिक रूप से
Organiser	आयोजक
Out lay	प्रारूप, खाका
Overhauling	जीर्णोद्धार
Pact	समझौता
Panel	नामिका
Parliament	संसद
Particular	ब्यौरा
Pending	पड़ा हुआ
Periodical	सामयिक
Perspective	संदर्श
Persuation	समझाना-बुझाना

Petitioner	याचिकादाता	Precedent	पूर्व उदाहरण, पूर्ववर्ती
Pleader	अधिवक्ता	Preface	प्रस्तावना
Plenary	पूर्ण	Prescribed	निर्धारित
Prosecutor	पुलिस अभियोजक	President	राष्ट्रपति, अध्यक्ष
Porter	भारिक	Prevention	रोकथाम
Posthumous	मरणोपरांत	Procedure	कार्यविधि
Preamble	प्रस्तावना	Proficiency	प्रवीणता
Precedence	पूर्वता	Prohibited	निषिद्ध
Predecessor	पूर्वज	Promulgation	प्राख्यान
Prejudice	प्रतिकूल, पूर्वग्रह	Prospectus	विवरण-पत्रिका
Presentation	प्रस्तुतीकरण	Proxy	प्रतिपत्र
Presiding Officer	पीठासीन अधिकारी	Qualification	अर्हता
Priority	प्राथमिकता	Qualifying examination	अर्हता परीक्षा
Proceedings	कार्यवाही	Quantity	मात्रा, राशि
Proforma	प्रपत्र, फार्म	Quarantine	संगरोध
Project	परियोजना	Quarterly	त्रैमासिक
Proposal	प्रस्थारण	Question hour	प्रश्न-अवधि
Publication	प्रकाशन	Quorum	गणपूर्ति, कार्यवाह-संख्या
Pamphlet	पुस्तिका	Quotation	भाव, दर, उदाहरण
Parity	समानता	Qualified	योग्य, अर्हता प्राप्त
Partiality	पक्षपात	Quality	गुण, विशेषता, कोटि
Penal code	दण्ड संहिता	Quantum	प्रमात्रा
Per annum	वार्षिक, प्रतिवर्ष	Quarry man	खादानकार
Permissible	क्षम्य, अनुमेय	Quasi-permanency	स्थायिक्ता
Persuade	सहमत करना, मनाना	Questionnaire	प्रश्नमाला
Petition	याचिका	Quota	कोटा, यथांश
Plaintiff	वादी	Random	सांयोगिक
Pleasure	प्रसाद	Rank	पद
Police	आरक्षी, पुलिस	Rationalization	युक्तिकरण
Poll	मतदान	Realization	वसूली
Portfolio (of a minister)	संविभाग		
Postpone	स्थगित करना		
Precaution	निवारण का उपाय		

Reappropriation	पुनर्विनियोजन
Rebate	घटौती
Reception room	स्वागत कक्ष
Recess	अवकाश विश्रान्ति
Recognised	मान्य, अभिज्ञान
Recommendation	सिफारिश
Reconcile	सावधान करना
Recovery	वसूल
Recurring	अवर्तक
Reference	संदर्भ
Registrar	पंजीयक रजिस्ट्रार
Relaxation	रियायत
Reliable	विश्वसनीय
Reminder	स्मरण पत्र
Renewal	नवीनीकरण
Reorganisation	पुन: संगठन
Repeat order	पुनरादेश
Reporter	प्रतिवेदक
Research fellow	अनुसंधान-अध्येता
Resettlement	पुनर्वास
Resolution	संकल्प
Retrenchment	छँटनी
Reverse	प्रतिलोम
Reverted	प्रत्यावर्तित
Range	रेन्ज, बनखण्ड
Ratification	सत्यांकन, अनुसमर्थन
Reaction	प्रतिक्रिया
Reappointment	पुनर्नियुक्ति
Reassessment	पुनर्निर्धारण
Recapitulation	सार-कथन
Receptionist	स्वागती
Reciprocal	पारस्परिक
Recognition	मान्यता
Recommendatory certificate	सिफारिशी प्रमाणपत्र
Record	अभिलेख
Rectification	सुधार
Refer	भेजना
Refund	धन-वापसी
Regret	खेद, दु:ख
Relevant	संगत
Relief	सहायता, बदल
Remuneration	पारिश्रमिक
Rent	लगान
Repatriation	देश प्रत्यावर्तन
Report	प्रतिवेदन
Repository	निधान, संग्रह
Reservation	आरक्षण
Residence	निवास
Respondent	प्रत्यार्थी
Revaluation	पुनर्मूल्यांकन
Reversion	परिवर्तन
Review	समीक्षा
Safeguard	सुरक्षण
Sanction	मंजूरी
Scheme	योजना
Secretariate	सचिवालय
Selection	प्रवरण
Seniority	ज्येष्ठ
Session	सत्र अधिवेशन
Shipping	जहाजरानी
Sketch	रेखाचित्र
Social security	सामाजिक सुरक्षा
Solemn	गंभीर
Speaker	अध्यक्ष
Specimen	नमूना
Statement	बयान, विवरण
Stipulation	अनुबन्ध
Submission	निवेदन, प्रस्तुतीकरण

Subscribe	ग्राहक बनाना
Subsidiary	गौण, उपसंगी
Summary	सारांश
Surcharge	अधिभार
Surety	प्रतिभू
Surrender	अभ्यर्पण
Survey	सर्वेक्षण
Symbol	प्रतीक
Syllabus	पाठ्य, विवरण
Syndicate	अभिषद्
Salary	वेतन
Schedule	सारिणी-पक्ष
Scrutinizer	संवीक्षक
Secretary	सचिव
Sender	प्रेषक
Serial list	क्रम सूची
Shift	पारी
Signal	संकेत
Smuggler	तस्कर व्यापारी
Socialistic pattern	समाजवादी रूप
Solution	साधन, हल
Specific	विशिष्ट
Standing	स्थाई
Statesman	राजमर्मज्ञ
Structure	संरचना
Subordinate	अधीनस्थ
Subsequent	उत्तरवर्ती
Succeeding	अनुवर्ती
Supplementary	पूरक
Supreme Court	सर्वोच्च न्यायालय
Surname	कुल नाम
Suspend	निलम्बित करना
Sweeper	झाड़ूकश
Symposium	परिसंवाद
System	निकाय
Table	सारिणी
Tag	नत्थी करना
Taxation	करारोपण
Temporary	अस्थाई
Tenure	कार्यकाल
Terminable	समापनीय
Termination (of service)	समाप्ति
Textile Commissioner	वस्त्र आयुक्त
Tracer	अनुरेख
Transfer	स्थानान्तरण
Tribunal	अधिकरण
True copy	सही प्रतिलिपि
Turner	खरादी
Tabulated statement	सारिणीबद्ध विवरण
Tax assessor	कर निर्धारक
Technical	तकनीकी, प्राविधिक
Tentative	अस्थाई, परीक्षात्मक
Term	अवधि
Terminal (Reports etc.)	आवधिक
Testimonial	प्रशंसा-पत्र
Tourism	पर्यटन
Transcription	नकल
Transitional	संक्रमणकालीन
Triplicate	तिहरा
Trustee	न्यासी, विश्वासी
Type writing	अंकण
Ultimate	अन्तिम, चरम
Unanimity	एकमति, मतैक्य

Unavoidable	अनिवार्य	Veto	विषेशाधिकार
Uncontested	निर्विरोध	Violation	उल्लंघन, अतिक्रमण
Undignified	मर्यादाहीन	Viva-voce	मौखिक परीक्षा
Umpire	निर्णेता	Vocabulary	शब्दावली
Unanimous	एकमत, सर्वसम्मत	Volume	आयतन, मात्रा, जिद
Unconfirmed	अपुष्ट	Wage	मजदूरी
Undesirable	अवांछनीय	Warming	चेतावनी
Undue	अनुचित, अनावश्यक	Wastage	बरबादी
Unemployment	बेकारी	Welfare Commissioner	कल्याण आयुक्त
Unexpired	असमाप्त		
Unforeseen	अदृष्ट	Withdrawal	वापसी
Unilatral	एक पक्षीय	Woman searcher	मलासी-महिला
University grant commission	विश्वविद्यालयीय अनुदान आयोग	Workshop	कर्मशाला
		Warden	छत्रपाल, वार्डेन
Urgent	तुरन्त, अतिआवश्यक	Warrant	अधिपत्र
Unexpected delay	अप्रत्याशित विलम्ब	Weeding of records	अभिलेखों की छँटाई
Unfavourable	प्रतिकूल	Whip	सचेत
Uniformity	एकरूपता	Witness	साक्षी, गवाह
Union	संघ	Work agent	कारिन्दा
Up-to-date	आज तक का	Xenial	अतिथेय सम्बन्धी
Usual	सामान्य	Xenophobe	परांकित पुरुष
Vacancy	रिक्त	X-ray assistant	एक्सरे सहायक
Vaccination	टीका	Xenium	राजदूतों को दिया जाने वाला उपहार
Valid	विधिमान्य		
Version	अनुवाद, पाठ	X-ray	क्ष-रश्मि, एक्स किरण
Vigilance	सर्तकता		
Visit	आगमक, निरीक्षण	Yacht	क्रीड़ा नौका, लघु बजरा
Vocalist	गायक		
Vocation	व्यवसाय	Yare	निपुण, कुल, जल्दबाज
Voluntary	स्वैच्छिक		
Vacation	अवकाश	Yard	प्रांरण, आँगन
Vague	अस्पष्ट, संदिग्ध	Zone	अँचल
Validity	विधि मान्यता	Zonal	मण्डलीय, आँचलिक

(ख) ज्ञान-विज्ञान के विभिन्न क्षेत्रों की पारिभाषिक शब्दावलियाँ—

(1) हिन्दी में वैज्ञानिक तथा तकनीकी शब्दावली—

Abdomen	उदर	Botany	वनस्पति विज्ञान
Anatomy	शरीर रचना विज्ञान	Catalyst	उत्प्रेरक
Accelerator	त्वरक	Certificate of Medical Fitness	आरोग्य प्रमाणपत्र
Adaptation	अनुकूलन		
Aerobic	वातजीवी	Comparator	तुलयित्र
Amplifier	प्रवर्धक	Concept	संकल्पना
Anabolism	उपचय	Configuration	संरूपण
Analogy	सादृश्य	Cosmology	ब्रह्मांडिकी
Anthropology	नृविज्ञान	Criterion	प्रतिमान
Applied Science	अनुप्रयुक्त विज्ञान	Cardiac massage	हद्-मर्दन
Artery	धमनी	Cell	कोशिका
Astronautics	अंतरिक्षयानिकी	Clinic	निदानशाला
Asymetry	असमिति	Computer	अभिकलित्र, संगणक
Abnormal	अपसामान्य	Condensation	संघनन
Abscess	विद्रधि	Corelation	सहसंबंध
Accoustics	ध्वनिकी	Crippled	अपंग
Adulteration	मिलावट	Cytoplasm	कोशिका द्रव्य
Allergy	प्रत्यूर्जता	Delirium	प्रलाप
Amputation	अंगोच्छेदन	Diagnosis	निदान
Anaesthesia	संज्ञाहरण	Delinquency	अपचार
Analysis	विश्लेषण	Drug Addiction	मादक व्यसन
Antibiotic	प्रतिजैविक	Echo	प्रतिध्वनि
Aptitude	अभिरुचि	Ecrine gland	आश्रावी ग्रन्थि
Arthritis	संधिशोध	Edaphology	मृदा विज्ञान
Astrophysics	खगौल भौतिकी	Elasticity	लोच
Audio-visual	दृश्य-श्रव्य	Engineer	अभियन्ता
Behaviourism	व्यवहारवाद	Estimate	आकलन
Biosphere	जीवमंडल	Executive Engineer	कार्यपालक अभियंता
Blood Pressure	रक्तदाब		
Breeding	प्रजनन	Ecology	पारिस्थितिकी
Biology	जीवविज्ञान	Ectoderm	बाह्य त्वचा
Blood circulation	रक्त परिसंचरण	Efferent	अपवाही

Element	तत्व	Nucleus	नाभिक
Environment	पर्यावरण	Nutrition	पोषण
Evolution	द्विकास	Ontogeny	व्यक्तिवृत्त
Expiration	निःश्वसन	Optics	प्रकाशिकी
Fissure	विदर	Operation	संक्रिया, प्रचालन
Fracture	अस्थि भंग	Orbit	कक्ष
Fossil	जीवाश्म	Parasite	परजीवी
Frequency	आवृत्ति	Pathology	रोग विज्ञान
Generator	जनित्र	Physiotherapy	भौतिक चिकित्सा
Genetic	आनुवंशिक	Positive	घनात्मक
Herps	परिसर्प	Process	प्रक्रम
Host	परपोषी	Product	गुणनफल
Hybrid	संकर	Psychotherapy	मनश्चिकित्सा
Heterogeneous	विषमांगी	Pathogen	रोगाणु
Homogeneous	समांगी	Pedigree	अनुवंशक्रम
Hypertension	अतितनाव	Polarisation	श्रुवण
Index	सूचक	Power	घात, क्षमता
Inertia	जड़त्व	Predator	परभक्षी
Infinite	अनन्त	Proportionate	आनुपातिक
Induction	प्रेरण	Radiologist	विकिरण विज्ञानी
Infection	संक्रमण	Reaction	अभिक्रिया
Isotope	समस्थानिक	Residual	अवशेष
Larynx	स्वरयन्त्र	Response	अनुक्रिया
Matrix	आव्यूह	Radiation	विकिरण
Metrology	मापिकी	Random	यादृच्छिक
Motion	गति	Reproduction	पुनरुत्पादन
Magnet sphere	चुम्बक मंडल	Resonance	अनुवाद
Mechanics	यांत्रिकी	Segmentation	खड़ी भवन
Microwave	सूक्ष्म तरंग	Sensitivity	सुग्राहिता
Nerve	तंत्रिका	Septic	सजर्म
Neurology	तन्तिविज्ञान	Spasm	आकर्ष
Nuclear Physics	नाभिकीय भौतिकी	Standard deviation	मानक विचलन
Navigation	नौसंचालन		
Neurosis	विक्षिप्ति	Supersonic	पराध्वनिक

Symptom	लक्षण	Temperate climate	शीतोष्ण जलवायु
Synthesis	संश्लेषण	Tracer	अनुरेखक
Sampling	प्रतिचयन	Tangent	स्पर्शज्या
Seismic detector	भूकम्पी संसूचक	Taxonomy	वर्गिकी
Septation	पटीकरण	Tissue	ऊतक
Sinus	नाड़ी-व्रण	Typical	प्ररूपी
Spill	अधिप्लावन	Unit	एकक
Statistic	सांख्यिकी	Vasular	संवहनी
Surgery	शलय-चिकितसा	Vacuum	निर्वात
Survey	सर्वेक्षण	Zodiac	राशि-चक्र
Tantalogy	पुनरुक्ति		

(2) हिन्दी में वाणिज्य या व्यावसायिक-व्यापारिक शब्दावली—

Abide by	पालन करना	Bank guarantee	बैंक प्रत्याभूति
Account	लेखा/खाता	Banking operations	बैंक कार्य
Acceptance	स्वीकृति	Book credit	खाता-उधार
Actuary	बीमांकक	Bad debt	अशोध्य ऋण
Adjustment	समायोजन	Balance	शेष राशि
Agriculture	कृषि	By (credit)	जमा
Audit	लेखा-परीक्षा	Bearer	वाहक
Autograph	स्वाक्षर	Budget	बजट
Awarding authority	अधिनिर्णय प्राधिकारी	Cash balance	रोकड़ बाकी
Above par	अधिमूल्य पर	Capital	पूँजी
Accountant	लेखापाल	Cancellation	रद्दकरण
Accommodation Bill	निभाव बिल	Clearing	समाशोधन
Account holder	खातेदार	Closure of business	कारोबार की समाप्ति
Advice	सूचना	Collection	वसूली/उगाही
Audio	श्रव्य	Confiscation	अधिहरण
Authentic	प्रमाणिक	Credit control	नियंत्रण
Automatic	स्वचालित	Crossing	रेखन
Awareness	चेतना	Cash-sheet	रोकड़-वितरण
Back dated	पूर्व-दिनांकित	Cash-credit	नकद-ऋण
Bail	जमानत	Chairman	अध्यक्ष

Client	ग्राहक
Company affairs	कम्पनी मामले
Commission	दलाली
Convertible	परिवर्तनीय
Credit slips	जमा-पर्ची
Current Account	चालू खाता
Diary farming	दुग्ध व्यवसाय
Data	आँकड़े
Debtor	देनदार
Direction	निर्देशन
Director	निदेशक
Draft	ड्राफ्ट
Due on	तारीख को देय
Damage	क्षति, नुकसान
Day book	दैनिक बही
Depositor	जमाकर्ता
Details	ब्यौरा
Disposal	निपटारा
Due by	तक देय
Due Date	नियत तारीख
Earning	अर्जन
Encash	भुनना
Enquiry	पूछताछ
Entitle	हकदार होना
Estimate	अनुमान
Excise Duty	उत्पाद शुल्क
Expiry	समाप्ति
Echo	अनुगूँज
Endorsement	पृष्ठांकन
Entry	प्रविष्टि
Ensuing	आगामी
Exchange	विनियम
Existing	विद्यमान
Finance	वित्त
Final	अन्तिम
Financial Assistance	वित्तीय सहायता
Fixed Deposit	सावधि निवेश
Form	प्रपत्र
Fully	पूर्णत:
Forfeiture	जब्ती
Foreign Bank	विदेशी बैंक
Formal	औपचारिक
Fund	निधि
Goodwill	सुनाम
Guardian	संरक्षक
General	साधारण, महा
Guarantee	प्रत्याभूति
Guidelines	दिशा-निर्देश
Hard cash	नगदी
Holder	धारक
Heavy industries	भारी उद्योग
Hypothecation	दृष्टि, बंधक
Indemnity Bond	क्षतिपूर्ति बंध्र
Issuing Banker	प्रचालक बैंकर
Investment	निवेश
Income Tax	आयकर
Instalment	किस्त
Invalid	अविधिमान्य
Input	निविष्टि
Insolvency	दीवाला
Invoice	बीजक
Index	सूचकांक
Introducer	परिचयकर्त्ता
Issue	जारी करना
Job	काम
Joint	संयुक्त
Joining date	कार्यग्रहण की तारीख

Jotting	लिखना	Owner	मालिक
Lead Bank	अग्रणी बैंक	Otherwise	अन्यथा
Legal	वैध	Parents	माता-पिता
Limit	सीमा	Partnership	साझा
Longterm	दीर्घकालिक	Payee	आदाता, पाने वाला
Lump-sum amount	एकमुश्त रकम	Period	अवधि
		Property	सम्पत्ति
Lease	पट्टा	Published	प्रकाशित
Lending	उधार देना	Partner	भागीदार
Loan	ऋण	Part-time	अंशकालिक
Local	स्थानीय	Payment	भुगतान
Letter of Credit	साखपत्र	Project	परियोजना
Management	प्रबंधक वर्ग	Publicity	प्रचार
Market price	अंकित मूल्य	Purpose	प्रयोजना
Maximum	अधिकतम	Quantum	मात्रा
Member	सदस्य	Quarterly ended	समाप्त तिमाही
Mortgage	गिरवी	Quality certificate	गुणवत्ता प्रमाणपत्र
Manufacturer	विर्निमाता		
Maturity	परिपक्वता	Quota	कोटा
Meeting	बैठक	Rate	दर
Method	प्रणाली	Raw material	कच्चामाल
Multilated	कटा-फटा	Reference	संदर्भ
Nationalisation	राष्ट्रीयकरण	Renewal	नवीनीकरण
Nil	कुछ नहीं	Report	प्रतिवेदन
Nominated	नामांकित	Reserves	प्रारक्षित निधि
Necessary	आवश्यक	Review	समीक्षा
Nominal	नाममात्र	Rule	नियम
Notice	सूचना	Ratio	अनुपात
Office	कार्यालय	Recovery	वसूली
Operation	परिचालन	Registration	पंजीकरण
Original	मूल	Rent	किराया, भाड़ा
Out of stock	अनुपलब्ध	Representative	प्रतिनिधि
Officer	अधिकारी	Resources	संसाधन
Oral	मौखिक	Risk	जोखिम

Revenue	राजस्व	Undertaking	उपक्रम
Sanction	मंजूरी	Unemployment	बेरोजगारी
Seal	मोहर	Unit	इकाई
Section	धारा	Undated	दिनांक रहित
Sensex	शेयर सूचकांक	Under valuation	अल्प मूल्यांकन
Surcharge	अधिभार	Union	संघ
Session	सत्र	Urgent	शीघ्र
Surplus	अधिशेष	Valid	विधिमान्य
Scope	क्षेत्र	Variable	परिवर्तनशील
Scale of Pay	वेतनमान	Visiting hours	मिलने का समय
Scheme	योजना	Value	मूल्य
Small saving	अल्प बचत	Visiting card	मुलाकाती कार्ड
Sundry	फुटकर	Voucher	वाउचर
Senior	वरिष्ठ	Wants	आवश्यकताएँ
System	प्रणाली	Watchman	चैकीदार
Telegram	तार	Witness	साक्षी, गवाह
Temporary	अस्थायी	Workshop	कार्यशाला
Transfer	अन्तरण	Warrant	वारंट
Trade mark	मार्का	Week	सप्ताह
Traveller's cheque	यात्री चेक	Working day	कार्य-दिवस
Turnover	कुल बिक्री	World wide	विश्वव्यापी
Teller counter	गणक काउंटर	Year	वर्ष
Tender	निविदा	Yours faithfully	भवदीय/भवदीया
Treasury	राजकोष	Yield ratio	प्रतिफल अनुपात
Transport	परिवहन	Zonal head	अंचल प्रमुख
Trustee	न्यासी	Zone	अंचल
Type	प्रकार	Zonal office	अंचल कार्यकाल
Unavoidable	अपरिहार्य		

(3) हिन्दी में परिवहन शब्दावली—

Aboard	जहाज पर	Berth	बर्थ, घाट
Advalorem duty	मूल्यानुसार शुल्क	Bitumen	बिटुमन, डामर
Award	पंचाट निर्णय	Border areas	सीमावर्ती क्षेत्र
Act	अधिनियम	Bridge	पुल
Aggregate	मिलावा	Bulldozer	बुलडोजर

Bye-pass	बाई-पास
Back water	समुद्र के किनारे की झील
Bill	विधेयक
Bleeding	रिसना (डामर का)
Brick	ईंट
Brokerage	दलाली
Bunker	कोयला गठरी
Capital atuthorised	प्राधिकृत पूँजी
Cargo	कार्गो
Certificate of registry	रजिस्ट्री प्रमाणपत्र
Chipping	निकासी
Clear days	छोड़कर बाकी
Communication	संचार
Composite permit	सम्मिश्र परमिट
Conference	(1) जहाजी कंपनियों का संगठन (2) सम्मेलन
Consign	एक स्थान से दूसरे स्थान को माल भेजना
Consignor	परेषक (माल भेजने वाला)
Containerisation	कंटनरीकरण
Cost	लागत
Cost Estimated	अनुमानित लागत
Crane	क्रेन
Capital	पूँजी, राजधानी
Capital issued	जारी पूँजी
Cement	सीमेंट
Charter	चार्टर
Clearance	पहले और अन्तिम दिनों को
Coir	कॉयर, नारियल-जटा
Composite fee	सम्मिश्र शुल्क
Concrete	कंक्रीट
Congestion	जमाव
Consignee	परेमिती (माल पाने वाला)
Container	कंटेनर
Container ships	कंटेनर जहाज
Cost approved	अनुमोदित लागत
Cost revised	संशोधित लागत
Cross trade	विदेशी व्यापार
Dagbel	दागबेल
Demurrage	विलम्ब शुल्क
Dock	डॉक, गोदी
Draft	(1) दुबाव (2) मसौदा
Dry Dock Project	ड्राई डॉक परियोजना
Deep drafted vessels	गहरे डुबाव वाले जहाज
Development programme	विकास कार्यक्रम
Dock yard	डॉक यार्ड
Dredger	ड्रैजर
Engineering Marine	जहाजी इंजीनियरी
Export	निर्यात
Emigrant ship	प्रवासी जहाज
Estimated cost	अनुमानित लागत
Foreign going vessels	विदेशगामी जहाज
Foreign vessel	विदेशी जहाज
Free Port	नि:शुल्क पत्तन
Flag	ध्वज
Fine aggregate	सही-सही मिलावट
Foundation	नींव
Fuel economy	ईंधन में बचत
General order	सामान्य आदेश
Granite	ग्रेनाइट
Guard Rail	जंगला
Girder	गर्डर
Gravel	बजरी

Hatch	फलका
Harbour	बंदरगाह
Hold	खाव, पकड़
Import	आयात
Indian bottoms	भारतीय जहाज
Indian vessel	भारतीय जहाज
Issued capital	जारी पूँजी
In ballast	खाली, नीरम, भरा
Indemnity	क्षतिपूर्ति
Indianisation	स्वदेशीकरण
Jettison	जहाज से माल को बाहर फेंकना
Jetsam	जहाज को हल्का करने के लिए बाहर फेंका गया माल
Jetty	जेटी
Keel	पठाण
Launch	लांच, जलावतरण
Light house	दीपघर
Liner	लाइनर
Labour relations	श्रमिकों के साथ संबंध
Light dues	प्रकाश शुल्क
Light ship	दीपपोत
Log-book	लॉग-बुक
Major Ports	बड़े पत्तन
Manifest	माल की सूची
Marine Insurance Act, 1963	समुद्री बीमा अधिनियम, 1963
Merchant Navy	व्यापारी बेड़ा
Motor	मसाला
Major Port Trust	महापत्तन न्यास
Marine Engineering Training	समुद्री इंजीनियरी प्रशिक्षण
Minor Ports	छोटे पत्तन
Movement (of oil tanker)	(तेल टैंकरों का) आना-जाना
National Harbour Board	राष्ट्रीय बंदरगाह बोर्ड
Navigation	नौचालन
Notification	अधिसूचना
Neap	मन्द ज्वार
Outstanding loan	बकाया ऋण
One-way traffic	इकतरफा यातायात
Overseas tramp service	विदेशगामी ट्राम्प सर्विस
Paid up Capital	चुकता पूँजी
Passenger Service	यात्री सेवा
Payment	भुगतान
Plan	योजना
Port dues	पत्तन शुल्क
Port clearance	निकासी यन्त्र
Project	परियोजना
Painter	पेंटर
Pay load	अर्जक भार
Pier	बंगसार
Port	पत्तन बंदरगाह
Port Authority	पत्तल-प्राधिकारी
Priority	प्राथमिकता
Quay	(1) घाट (2) धक्का
Radio Beacon	रेडियो बीकन
Ratings	दर-निर्धारण
Resolution	संकल्प
Ripple	तरंग
Raft	बेड़ा
Repayment	ब्याज सहित ऋण चुकाना
Rigging	रस्से-रस्सियाँ
Rule	नियम
Sail naker	सिलनाकुर
Scheme	योजना
Settlement	(1) बैठना, (2) समझौता

Ship day	जहाज दिन
Shipping	नौवहन
Shoal	बालूचूरा
Strengthening	पुख्ता करना
Stuffing	कंटेनर भरना
Sailing vessels	पाल पोत
Sea	समुद्र
Ship building	जहाज-निर्माण
Shipper	जहाज से माल का आयात-निर्यात करने वाला
Ship repair	जहाज मरम्मत
Solatium	तोषण, क्षतिपूर्ति
Stripping	कंटेनर खाली करना
Subsidy	आर्थिक सहायता
Tanker	तेलवाहक
Tramp	अनेमी पोत
Transhipment	माल को एक जहाज से दूसरे जहाज पर ले जाना, पत्तन पर माल के पहुँचने के बाद उसे दूसरे स्थान पर ले जाना
Turn round time	पत्तन पर जहाज के आने, माल को उतारने-चढ़ाने और वापस जाने में लगने वाला समय, पत्तन विराम काल
Traffic Peak	अधिकतम यातायात
Trans chart	ट्रांसचार्ट
Vessel Foreign	विदेशी जहाज
Vessel Indian	भारतीय जहाज
Wage structure	वेतन ढाँचा
Wharft	घाट
Widening	चौड़ा करना
Wearing surface	ऊपरी सतह
Wharfage	घाट शुल्क
Workshop	कार्यशाला, कर्मशाला[1]

(4) हिन्दी में उपग्रह शब्दावली—

Receive	अभिग्राहक
Linear resolution	एकधाती पृथकता
Field of view	दर्शन क्षेत्र
Transmission	संचरण
Band Width	बैंड चौड़ाई
Band	विस्तार
High Definition	अधि परिभाषित
Input	आदा, निवेश
Digital	आंकिक
System	तंत्र
Amplification	प्रबर्धन
Interpolated	अन्तर्वेशित
Luminance	प्रदीप्ति
Chrominance	वर्णान्तर
Sub carrier	अन्तर्वाहक
Chanel	सारणी
Matrix	व्यूह
Vertical	उर्ध्वाधर
Compressed	संपीड़ित
Pulse	स्पंदन
Component	संघटक
Noise	ख
Video	दृश्य
Orbital	अक्षि
Selection	प्रवरण
Coding	संकेतावली[2]

1. राजभाषा सहायिका—डॉ० अवधेश मोहन गुप्त, पृष्ठ 150, प्रभात प्रकाशन, दिल्ली, मूल्य 150 रू०, सन् 1999
2. भाषा और प्रौद्योगिकी—सं० डॉ० गिरिराज किशोर, पृष्ठ 159, आई० आई० टी० कानपुर, मूल्य 200 रु०, सन् 1988

(5) हिन्दी में नाभिकीय शब्दावली—

Design	अभिकल्पन
Parameter	प्राचल
Fuel Rod	ईंधन दंड/छड़
Desalination	निर्लवणीकरण
Fuel Handling	ईंधन हस्तन
Fuel Assembling	ईंधन संयोजक
Isotope	समस्थानिक
Shielding	परिरक्षण
Fast	द्रुत
Dimineralisation	विलवणीकरण
Safety	सुरक्षा
Reactor	रियेक्टर
Actiwide Elements Group	तत्त्वों का समुद्र
Sol-Gel	सोल-जेल
Fuel Clad	ईंधन आवरण
Corosive	संक्षारण
Enrichment	समृद्धिकरण
Trace	अनुसारक
Irradiation	किरीडियन
Fabrication	सविरंचन/निर्माण
Reprocessing	पुनर्संसाधन
Dissolution	घोलन
Dose	खुराक
Daughter Product	द्वितीय उत्पाद
Penetratition	वेधनशीलता
Emission	उत्सर्जन[1]

(6) हिन्दी में भौतिकी शब्दावली—

Kinetic Energy	गतिज ऊर्जा
Lattic	अणु जालक
Intermolecular	अन्तराणविक
Sound Resounance	ध्वनि अनुवाद
Tuned	समस्वरित्र
Restoring	प्रत्यानयन
Force Constant	बल-नियतांक
Least Comt	अल्पतमांक
Precision	परिशुद्धता
Integration	समाकलन
Maintained Vibrations	पोषित कंपन
Elasticity	प्रत्यास्थता
Applications	अनुप्रयोग
Surface Tension	पृष्ठ-तनाव
Thermometry	तापमापिनी
Thermal Conduction	ऊष्मा चालन
Progressive Waves	प्रगामी तरंगें
Interference	व्यतिकरण
Wiffraction	विवर्तन
Beats	विस्पन्द
Photometry	प्रकाशमिति
Sundry Questions	विविध प्रश्न
Quadratic Equation	द्विघात समीकरण
Sealor magnitudes	आर्दश परिमाण
Longitudinal Waves	अनुदैर्ध्य तरंगें
Tranverse Waves	अनुप्रस्थ तरंगें

1.. भाषा और प्रौद्योगिकी—सं० डॉ० गिरिराज किशोर, पृष्ठ 172

(7) हिन्दी में रसायन शब्दावली—

Heat of reaction	अभिक्रिया ऊष्मा
Heat of combustion	दहन ऊष्मा
Heat of formation	संभवन ऊष्मा
Heat of neutralisation	उदासीनीकरण ऊष्मा
Binary Compounds	द्विअंगी यौगिक
Active Mass	सक्रिय द्रव्यमान
Molecularity	आणविकता
Reaction path	अभिक्रिया पथ
Kinetic equation	बल गतिक समीकरण
Linear	रेखीय
Electrolysis	विद्युत अपघटन
Double salts	द्विक लवण
Complex salts	संकर लवण
Common ion	सम आयन
Saturate	संतृप्त
Exponent	घातांक
Solute	विलेय
Freeziing mixture	हिमकारी मिश्रण
Electrophoresis	वैद्युत कण-संचलन
Anaphoresis	ऋणकण-संचलन
Counter ion	गणित्र आयन
Anode	ऋणावेशित
Protection	रक्षण
Resolve	वियोजित
Symmetric	सममित
Anticlockwise	वामावर्त्त

(8) हिन्दी में पर्यावरण शब्दावली—

Lithosphere	स्थल मण्डल
Hydrosphere	जल मण्डल
Atmosphere	वायुमण्डल
Biosphere	जैव मण्डल
Refrigerator	प्रशीतक
Continental Shalf	महाद्वीपीय मग्नतट
Continental slope	महाद्वीपीय मग्नढाल
Coral	प्रवाल
Troposphere	क्षोभमण्डल
Stratosphere	समताप मण्डल
Ozonosphere	ओजोन मण्डल
Ionosphere	अयन मण्डल
Exosphere	बहिर्मण्डल
Homosphere	सममण्डल
Horizon	संस्तर
Soil Profiles	मृदा उच्छेद
Autotropic Bacteria	स्वपोषित जीवाणु
Aerobic	वायु जीवी
Pulverization	प्रचूर्ण
Watererning	ऋतुक्षरण या अपक्षय
Fumigants	धूम्रक कीटनाशी

(9) हिन्दी में जीवविज्ञान शब्दावली—

Metabolism	उपापचय
Reverse	उत्क्रमित
Reproduction	प्रजनन
Vital activities	जैव क्रियाएँ
Cells	कोशिकाएँ
Ovum	अण्डाणु
Gametogenesis	युग्मक जनन
Sexual Reproduction	लैंगिक जनन
Vertebrates	करोरुकी जन्तु
Tetrapoda	चतुष्पादीय

Mammals	स्तनी
Organic Evolution	जैव विकारा
Forelims	अग्रपाद
Homo Sapiens	मानव जाति
Sperms	शुक्राणु
Embryo	भ्रूण
Germplasm	जनन द्रव्य
Somatoplasm	कायद्रव्य
Mutations	उत्परिवर्तन
Genetic drift	जीनी अपवहन
Sexual selection	काम चयन

(10) हिन्दी में विधि शब्दावली—

Accused	अभियुक्त
Advocate	अधिवक्ता
Appeal	अपील
Auction	नीलाम
Act	अधिनियम
Affidavit	शपथ-पत्र, हलफनामा
Appellant	अपीलकर्ता
Beneficiary	हिताधिकारी
Bankruptcy	दिवाला, दिवालियापन
Bond	बंध-पत्र
Case	मुकदमा, प्रकरण
Civil Court	दीवानी अदालत
Clause	खण्ड
Code	संहिता
Code of Criminal Procedure	दण्ड प्रक्रिया संहिता/जाब्ता फौजदारी
Collateral Security	सहवर्ती प्रतिभूति
Complaint	शिकायत
Co-parcener	सह-समांशी
Charge	आरोप, प्रभार
Claim	दावा
Client	मुवक्किल
Code of Civil Procedure	व्यवहार प्रक्रिया संहिता
Compensation	मुआवजा
Contract	संविदा
Court	न्यायालय, अदालत
Damage	क्षति, हर्जाना
District Court	जिला न्यायालय
Defendant	प्रतिवादी
Discretion	विवेकाधिकार
District Judge	जिला न्यायाधीश
Enquiry	जाँच-पड़ताल
Fine/Penalty	जुर्माना
Garnishee	कुर्की आदेश
Hearing	सुनवाई
Heir	वारिस, उत्तराधिकारी
Identification	पहचान, शिनाख्त
Indemnity	क्षतिपूर्ति
Illegal	गैरकानूनी/अवैध
Insolvency	दिवालिया
Judge	न्यायाधीश
Justice	न्याय
Judgement	फैसला, निर्णय
Lawyer	वकील
Legal action	कानूनी कार्रवाई
Liability	दायित्व
Law	विधि, कानून
Legal	वैध
Legal expenses	मुकदमा संबंधी खर्च
Magistrate's Court	दण्डाधिकारी न्यायालय
Magistrate	दण्डाधिकारी

Negotiation	समझौता
Offence	अपराध
Ordinance	अध्यादेश
Partner	साझेदार
Petitioner	प्रार्थी
Plaintiff	वादी
Petition	अर्जी/प्रार्थना-पत्र
Plaint	वादपत्र
Right	हक, अधिकार
Reminder	स्मरण पत्र, अनुस्मारक
Sessions Court	सत्र न्यायालय
Section	धारा
Sessions Judge	सत्र न्यायाधीश[1]

(11) हिन्दी में संचार माध्यम की शब्दावली—(क) विज्ञापन-संबंधी शब्दावली—

Academic studies	शास्त्रीय अध्ययन
Architecture	वास्तुकला
Automatic Computer	स्वचालित संगणक
Advertising Company	विज्ञापनदाता कम्पनी
Audio-visual aids	दृश्य-श्रव्य साधन
Behaviourist Psychology	व्यवहारवादी मनोविज्ञान
Bilateral Communication	द्विपक्षीय संचार
Boomrang	बूमेरैंग, उल्टी युक्ति
Bulletin	विज्ञप्ति
Byline	नामोल्लेख
Boy scout	बालचर
Bureaucracy	नौकरशाही
Canvasser	उपार्थी, मतार्थी
Capitalism	पूँजीवाद
Cause	पक्ष, मामला, मुकदमा
Circulation	परिचलन, बिक्री
Coulmnists	स्तम्भ लेखक
Committed Services	प्रतिबद्ध कर्मचारी
Conditioned reflex	अनुकूलित प्रतिवर्त
Conducted tours	परिचालित यात्रा
Copyright	प्रतिलिप्यधिकार
Constituency	निर्वाचन क्षेत्र
Convention	प्रथा, परिपाटी
Candidate	उम्मीदवार, प्रत्याशी
Canvassing	उपार्थना, मतार्थना
Career	वृत्ति
Checks and balances	रोक और संतुलन
Classical	चिरप्रतिष्ठित, गौरवान्वित
Commercial Art	व्यवसायिक कला
Copy-writing	विज्ञापन लेखन
Contradiction	खण्डन, तरदीद
Cross	सूली
Delegation of authority	अधिकार का प्रत्यायोजन
Democracy	प्रजातन्त्र, लोकतन्त्र
Democratic socialism	लोकतांत्रिक समाजवाद
Demoralisation	नैतिक पतन
Didactic Art	उपदेशात्मक कला
Directional Publicity	दिशापरक प्रचार, लक्ष्याभिमुख प्रचार
Directive principles	निदेशक सिद्धान्त

1.. राजभाषा सहायिका—डॉ० अवधेश मोहन गुप्त, पृष्ठ 134, प्रभात प्रकाशन, दिल्ली

Documentary films	वृत्तचित्र
Dictatorship	तानाशाही
Ecology	परिस्थिति-विज्ञान
Employment Counseller	सेवानियोजन परामर्शदाता
Establishment Officer	स्थापना अधिकारी
Exact	यथार्थ
Embargo	प्रतिबंध
Executive	कार्यपालिका
Feature	रूपक
Free-lance Journalist	स्वतंत्र पत्रकार
Free enterprise	स्वतन्त्र उद्यम
Girl guides	बाल-चारिका
Guillotine	शिरोच्छेदन यन्त्र
Handbill	पर्चा
Hoarding	इश्तहारी तख्ता
Hypothesis	परिकल्पना
Herd instinct	यूथ वृत्ति, संघवृत्ति
House journal	संस्था-पत्रिका
Interpretative writing	व्याख्यापरक लेख
Industrial Psychiatry	औद्योगिक मनोविज्ञान
Judiciary	न्यायपालिका
Labour Welfare Officer	श्रम कल्याण अधिकारी
Laissex Faire principle	तटस्थ्य-सिद्धान्त
Lay-out	खाका, रूपरेखा
Leftist	वामपंथी
Legislature	विधानमंडल
Lead of the news	समाचार का प्रमुख बिन्दु
Ligal profession	विधिवृत्ति
Manual	नियमावली
Monitoring	अनुश्रवण
Mailing list	प्रेषण सूची
Market report	बाजार की गतिविधि
Moral	मनोबल, साहस
Negative	नकारात्मक
News Editor	समाचार सम्पादक
News agency	समाचार अभिकरण
News letter	मत-निर्माता
Organ	मुखपत्र
Orator	सुवक्ता, व्याख्यानदाता
Performance	निष्पादन, काम
Platform	सभामंच
Positive	सकारात्मक
Privelege	विशेषाधिकार
Propaganda	प्रसार, प्रचार
Publicity man	लोक प्रचारकर्ता
Public sector	सार्वजनिक क्षेत्र
Pamphlet	पुस्तिका
Personnel Officer	कार्मिक अधिकारी
Poster	विज्ञापन, इश्तहार
Private sector	निजी क्षेत्र
Production	उत्पादन, प्रस्तुतीकरण
Publicity	प्रकाशन, विज्ञापन
Public relations	लोक सम्पर्क
Republic day	गणतंत्र दिवस
Reference volume	संदर्भ-ग्रंथ
Reporter	संवाददाता
Sample survey	नमूनों की पड़ताल
Scoop	खास खबर, एकांतिक समाचार

Seminar	गोष्ठी, सेमीनार	Television	दूरवीक्षण, टेलीविजन
Sound effects	ध्वनि आभास	Transport service	परिवहन सेवा
Spoil system	बन्दरबांट	Teleprinter	दूरमुद्रक
Sub-Editor	उप-सम्पादक	Time-lag	समय अन्तराल
Saloon	मिलने का कमरा	Typography	मुद्रणकला
Self regulatory	स्वत: नियामक	Valid publicity	परोक्ष प्रचार
Socialism	समाजवाद	Very Important Person (VIP)	अति विशिष्ट व्यक्ति
Spelling	अक्षर विन्यास	Vox populi] Vox Dei	पंच परमेश्वर[1]
State	राज्य, राजसत्ता		
Supersonic	पराध्वनि		
Technology	उद्योगविधा		

(ख) कैमरा स्क्रिप्ट संबंधी शब्दावली—

W/A	वाइड एंगल शाट
LS	लांग शाट
MLS	मीडियम लांग शाट
3. S	थ्री शाट (तीन व्यक्तियों के साथ शाट)
2. S	टू शाट
2. S fav X	टू शाट, कैमरा कवरिंग ×
MS	मिडशाट या मीडियम शाट (Medium shot)
MCU	मीडियम क्लोज अप (Medium Close-up)
CU	क्लोज अप (Medium Close-up)
BCU	बिग क्लोज अप (Big Close-up)
XS POV	एक्स प्वाइंट ऑफ व्यू (X's point of view)
H/A	हाइ एंगल शाट (High angle shot)
Z/I	जूम इन (Zoom in)
Z/O	जूम आऊट (zoom out)
A/B	ऐज बिफोर (As before)
FAV	फेवरिंग
F/G	फोर ग्राउण्ड
B/C	बैक ग्राउण्ड
F/WD	फारवर्ड (Forward)

1. लोक संपर्क—डॉ० राजेन्द्र, पृष्ठ 381, हरियाणा साहित्य अकादमी, चण्डीगढ़, मूल्य 75 रुपए

B/WD	बैकवर्ड (Backward)
CAMR	कैमरा राइट (Camera Right)
CAML	कैमरा लेफ्ट (Camera Left)
O/S	ओवर द शोल्डर
OOV	आउट ऑफ विजन (Out of vision)
OOFL (9)	आउट ऑफ फ्रेम लेफ्ट और राइट (Out of frame left and right)
S/B	स्टैण्ड बाय (Stand by)
F/D	फेड डाउन (Fade Down)
MUTE	विदाउट साउंड (Without sound)
V/O	व्हाइस ओवर (Voice Over)
SOF	साउण्ड ऑन फिल्म (Sound on film)
SOT	साउण्ड ऑन टेप (Sound on tape)[1]

(ग) कम्प्यूटर सम्बन्धी शब्दावली—

Access time	अभिगम्यता काल
Alfanumeric	अंकाक्षरीय
Address	स्मृति सूचक
Analog-Computer	अनुरूप संगणक
Basic	आधरज्ञान
Binary	द्विआथारी
Byte	प्रतीत बिट समूह
Bench Marking	गतिमापन
Bit	लघुतम इकाई
Character	विशेषाक्षर
Code	संकेत
Compiler	संग्राहक
Control Section	तंत्रिक केन्द्र
Core Memory	क्रोड स्मृति
Central-Processor	केन्द्रीय संसाधक
Chip	सिलिकन चिप
Compile	संकलन
Computer	संगणक
Core	क्रोड
Data	आँकड़ा
Data Processing	आँकड़ा संसाधन
Device	साधन
Disk	आधारफलक
Debud	कार्यक्रम शोधन
Digital-Computer	आंकिक संगणक
Floating point notations	चलबिन्दु अंकन
Flops	परिकलनमापन
Hard Copy	मुद्रित प्रति
Hollerith Code	होल्लेरिथ संकेत
Hardware	निर्माण उपकरण
Hybrid-Computor	संकर
Input	निवेश
Interface	मध्यसीमा

1.. जन संपर्क : सिद्धान्त और व्यवहार—डॉ० सुशील त्रिवेदी तथा डॉ० शशिकान्त शुक्ल, पृष्ठ 73, मध्य प्रदेश हिन्दी ग्रंथ अकादमी—भोपाल, मूल्य 60 रुपए, सन् 1996

Input storage	निवेश भंडारण	Primary memory	प्राधमिक स्मृति
Key Board	कुंजीफलक	Processer	संसाधक
Machine Language-storage	यंत्रभाषा भण्डार	Punch Card	पंचकार्ड
Memory	स्मृति	Program	कार्यक्रम निर्माण
Magnetic Core	चुम्बकीय क्रोड	Storage	भण्डारण
Mass storage	बृहद् भंडारण	Soft ware	संगणक कार्यक्रम
Memory Unit	स्मृति इकाई	Suntex error	त्रुटि
Number Cruncher	संख्या कुद्रक	Terminal	प्रेषण साधन
Optical Memory	प्रकाशीय स्मृति	Transputer	संचारप्रेषक
Out-put	निर्गम	Visual display	दृश्य प्रस्तुति
		Word processer	शब्द संसाधक

(घ) प्रेस, पत्रकारिता तथा समाचार लेखन तथा मुद्रण संबंधी शब्दावली—

प्रत्येक क्षेत्र के लिए विशिष्ट शब्दावली का प्रयोग होता है। पत्रकारिता के क्षेत्र में भी प्रयुक्त होने वाली भाषा सामान्य साहित्य से थोड़ी अलग है। यह भी कहा जा सकता है कि एक शब्द (प्रचलित) यदि पत्रकारिता के संबंध में प्रयोग किया जाये तो उसका अर्थ भिन्न हो जाता है। इस संबंध में कई उदाहरण दिये जा सकते हैं—

एक शब्द है **'अस्तर'**। यदि यह शब्द कपड़े सीने वाला प्रयोग करे तो इसका मायना सिले जाने वाले वस्त्र के भीतर लगाया जाने वाला पतला कपड़ा होगा। समाचार पत्र के समय मुद्रण के समय यदि अस्तर शब्द है तो उसका अर्थ वह पतला कपड़ा है जिसे छपाई के दौरान के बीच रखा जाता है ताकि स्याही का रंग एक-दूसरे कागज पर न पड़े।

एक शब्द **'बुलडाग'** है। सामान्य भाषा में इसका अर्थ हम सब जानते हैं अर्थात् 'एक पशु विशेष' लेकिन पत्रकारिता में 'बुल डाग' का अर्थ समाचार पत्र का पहला संस्करण, महत्वपूर्ण संस्करण या प्रभात के संस्करणों को 'बुल डाग' कहा जाता है।

पत्रकारिता के क्षेत्र में प्रयुक्त प्रत्येक शब्द अपना अलग अर्थ रखता है आइये, आपको कुछ महत्वपूर्ण शब्दों की जानकारी दी जाये तुरन्त संदर्भ के लिए समाचार पत्रों से जुड़ी अन्य महत्वपूर्ण जानकारियाँ भी शब्दावली के माध्यम से दी जा रही हैं, जैसे पत्रकारिता, संपादकीय विभाग के पदनाम, स्वतंत्र पत्रकारिता आदि—

ए० बी० सी० (A. B. C.)	अर्थात् 'ऑडिट ब्यूरो ऑफ सर्कुलेशन' का संक्षिप्त रूप। इस संस्था का कार्य समाचारपत्र-पत्रिकाओं की प्रसार संख्या की जाँच करना है। समाचार पत्रों की प्रसार संख्या के मामले में ए० बी० सी० का प्रमाण पत्र सबसे बड़ी प्रामाणिकता है। इसी प्रमाण पत्र के आधार पर बड़ी-बड़ी कम्पनियाँ सम्बद्ध समाचार पत्र या पत्रिका के लिए विज्ञापन दरें तय करती हैं, यहाँ तक कि केन्द्र या राज्यों की सरकारें भी इसी संस्था के प्रमाण पत्रों को प्रामाणिक मानती हैं। वैसे समाचार पत्रों की प्रसार संख्या का

	लेखा-जोखा रजिस्ट्रार ऑफ न्यूजपेपर भी रखता है, तथा पत्र-पत्रिकाओं के लिए कागज का कोटा निर्धारित करता है।
एड (AD Add)	इन दोनों शब्दों के अर्थ अलग-अलग हैं। जहाँ AD शब्द होता है उसका आशय होता है एडवरटिजमेंट अर्थात् विज्ञापन के संक्षिप्त रूप में यह शब्द प्रयुक्त होता है। Add अर्थात् 'जोड़ो' शब्द का प्रयोग तब किया जाता है, जब पहले से लिखे किसी समाचार में नई सामग्री जोड़नी होती है। यह निर्देश (जोड़ो या एड) सम्पादकीय विभाग की ओर से समाचार पाण्डुलिपि पर एक कोने में लिखा जाता है।
अगेट (Agate)	यह शब्द मुद्रण विषयक है। जो मुद्राक्षर 5-5 प्वाइंट के होते हैं, उसे अगेट कहते हैं। यह टाइप काफी छोटा होता है और अधिकतर विज्ञापनों में ही प्रयुक्त किया जाता है। इस टाइप के प्रयोग से कम स्थान में ज्यादा विज्ञापन आ जाते हैं।
एडवांस (Advance)	इस शब्द का प्रयोग समाचार या भाषण आदि की उस पांडुलिपि के लिए किया जाता है। जो प्रकाशन के निर्धारित समय से पहले पत्र-पत्रिकाओं में दे दी जाती है। ताकि उसके प्रकाशन में विलम्ब न हो सके और वह समाचार सभी पत्रिकाओं एवं समाचार पत्रों में एक साथ प्रकाशित हो। प्रधानमंत्री या राष्ट्रपति के राष्ट्र के नाम प्रसारित किये जाने वाले सन्देशों या भाषणों की प्रतियाँ प्रायः समाचार पत्रों में पहले ही भेज दी जाती है। जिन पर लिख दिया जाता है इसे समय से पूर्ण प्रकाशित न करे।
आल इन हैंड (All in hand)	इस वाक्यांश का प्रयोग उस अवस्था में किया जाता है जब समाचार के किसी एक संस्करण के लिए समस्त सामग्री सम्पादकीय विभाग को मुद्रण के लिए भेज दी जाती है। इसके लिए 'पूर्व प्रेषित' शब्दों का प्रयोग किया जाता है।
एगोनी कॉलम (Agony Column)	इस कॉलम में व्यक्तिगत हानि, दुःख या खेद जैसे मृत्यु आदि की सूचनाएँ विज्ञापन के रूप में प्रकाशित कराई जाती है।
ऑल अप (All up)	अर्थात् 'पूर्ण निस्पादित'। इसका प्रयोग मुद्रण विभाग द्वारा तब किया जाता है जब किसी समाचार पत्र के एक संस्करण की सभी पाण्डुलिपियाँ कम्पोज कर ली जाती है।
ए० एम०/पी० एम० (A. M./P. M.)	रात्रि के 12 बजे के बाद को ए० एम० कहा जाता है तो समाचार पत्र प्रातःकालीन अर्थात् जिनका संस्करण सुबह प्रकाशित होता है उन्हें ए० एम० कहा जाता है जैसे नवभारत टाइम्स, हिन्दुस्तान। सांध्यकालीन पत्र है—सायं समाचार, ईवनिंग न्यूज जिन्हें पी० एम० कहा जाता है।
ए० पी० (A.P.)	अर्थात् 'एसोसिएटेट प्रेस' एक विश्वविख्यात समाचार एजेन्सी का संक्षिप्त रूप। आर्ट अर्थात् कला। पत्रकारिता शब्दावली में इसका अर्थ (Art) कलापक्ष से है। पत्र एवं पत्रिकाओं में छपने

	वाली फोटो, रेखाचित्र, रूप, सज्जा आदि कला पक्ष के अन्तर्गत आते हैं।
एसाइनमेंट (Assignment)	सम्पादक की ओर से संवाददाताओं को जो निर्देश दिये जाते हैं उसे एसाइनमेंट कहा जाता है। एसाइनमेंट बुक संवाददाताओं के लिए निर्देश पुस्तिका अर्थात् (Assignment book) कौन से संवाददाताओं को किस जगह, प्रेस कांफ्रेंस में या गोष्ठी या किसी महत्वपूर्ण आयोजन में जाना है, इस सम्बन्ध में सम्पादक के टेबल पर एक विवरण पुस्तिका रहती है जिसे एसाइनमेंट बुक कहते हैं।
एसाइनमैन (Assignman)	वह संवाददाता जो समाचार सम्पादक के निर्देशानुसार कार्य करने के लिए उपलब्ध रहता है उसे एसाइनमेंट मैन कहते हैं। इस वर्ग के अन्तर्गत आने वाले संवाददाता को सम्पादक की हिदायतों के अनुसार कभी कहीं और कभी कहीं जाना पड़ता है।
एक्सक्लूसिव (Exclusive)	वह विशेष समाचार जो किसी अन्य समाचार पत्र या किसी दूसरे संवाददाता को प्राप्त न हुआ हो।
बी० एफ० (B. F.)	अर्थात् मोटे या काले आकार का टाइप। यह बोल्ड फेस का संक्षिप्त रूप है। 10 प्वाइंट वाला काले रूप वाला टाइप बोल्ड फेस कहलाता है।
बैक रूम (Back Room)	जिस कक्ष में छोटे समाचार पत्रों की छपाई की मशीनें रखी जाती है, उसे बैक रूम कहा जाता है। बड़े समाचार पत्रों के इस तरह के कक्ष बैक शॉप कहलाते हैं।
डेक (Deck)	शीर्षक का दूसरा या तीसरा वह भाग जो पहले खण्ड की पुष्टि करता है, उसे डेक कहा जाता है।
बैनर (Banner)	समाचार के पहले पूरे पृष्ठ पर जो सबसे बड़ा शीर्षक होता है उसे 'बैनर' कहते हैं। बैनर पट्टी के नीचे पूरी चौड़ाई में तथा सबसे मोटे टाइप में ही दिया जाता है। समाचार के भीतरी पृष्ठों पर यदि बड़े शीर्षक हो तो उन्हें बैनर नहीं कहा जाता।
बीट (Beat)	जिस क्षेत्र में संवाददाता समाचार एकत्र करता है। उस क्षेत्र को 'बीट' कहते हैं।
बाक्स (Box)	समाचारों के मध्य कई बार छोटे समाचार चारों तरफ रेखाओं से घिरे होते हैं। ये दिखने में बन्द सन्दूकनुमा होते हैं, इसलिए इन्हें बाक्स कहा जाता है। बाक्स में प्राय: चुटीले, अनोखे, हास्यास्पद समाचार दिए जाते हैं जो छोटे होते हैं।
ब्रीफ (Brief)	'ब्रीफ' शब्द संक्षिप्त समाचारों के लिए प्रयोग किया जाता है
बुल डॉग (Bull Dog)	समाचार पत्र का पहला संस्करण महत्वपूर्ण संस्करण, विशेष रूप से प्रभात के संस्करण 'बुल डॉग' कहलाते हैं।
बार्डर (Border)	बाक्स और विज्ञापन घेरने की रूलें बार्डर कहलाती है।

कैप्स (Caps) — यह शब्द अंग्रेजी के समाचार पत्रों में कैपिटल्स (Capitals) या कैपिटल लेटर्स (C.L.) के संक्षिप्त रूप में प्रयोग किया जाता है। हिन्दी में इसे दीर्घ मुद्राक्षर कहते हैं।

कैजुअल एडवरटिजमेंट (Casual Advertisement) — समाचार पत्रों में छपने वाला वह विज्ञापन जो कभी-कभी छपने के लिए दिया जाता है, उसे 'कैजुअल' विज्ञापन कहते हैं।

कम्पोजीटर (Compositor) — छपाई के अक्षर हाथ से जोड़ने वाले कम्पोजीटर कहलाते हैं। वैसे यह काम मशीनों द्वारा भी किया जाता है, परन्तु कोई मशीनों की सहायता से यह कार्य करता है तो वह ऑपरेटर कहलाता है।

कवर करना (To Cover) — संवाददाता जब समाचार संकलन के लिए घटनास्थल पर जाता है तो उसे कवर करना कहते हैं। हिन्दी में इसके लिए 'समाचार संकलन' शब्द का प्रयोग किया जाता है।

वर्गीकृत विज्ञापन (Classified Advt.) — विज्ञापन जो अलग-अलग वर्गों के अन्तर्गत छपते हैं। जैसे—आवश्यकता (Wanted) विवाह सम्बन्धी आदि।

क्लोज अप (Close up) — यह प्रूफ शोधन के लिए प्रयुक्त होता है इसका अर्थ होता है पास लाना या बीच का अन्तर दूर करना। इसके लिए संकेत प्रयोग किया जाता है।

कॉलम (Column) — हिन्दी में इसके लिए स्तम्भ शब्द का प्रयोग किया जाता है कॉलम लगभग दो-दो इंच के होते है लेकिन साप्ताहिकों, पाक्षिकों या मासिक पत्रों में कॉलम के आकार बड़े या छोटे हो जाते हैं।

कॉलमनिस्ट (Columnist) — वह लेखक जो किसी समाचार पत्र या किसी पत्रिका में कोई विशेष लेख लिखे। हिन्दी में इसे 'स्तम्भ लेखक' कहा जाता है।

कॉलम रूल (Column Rule) — दो कॉलमों के बीच में जो सीधी पतली रेखा होती है। उसे कॉलम रूल कहते हैं।

कांट्रैक्ट एडवरटिजमेंट (Contract Advt.) — अर्थात् अनुबंधित विज्ञापन। इसके अन्तर्गत आने वाले विज्ञापन अपेक्षाकृत कम दर पर छापे जाते हैं।

कॉपी (Copy) — प्रेस में कम्पोज के लिए लिखित या संशोधित समाचार लेख आदि सामग्री के एक-एक पृष्ठ या पूरी पाण्डुलिपि को 'कॉपी' कहा जाता है।

क्रेडिट लाईन (Credit Line) — जिस पंक्ति में समाचार के सूत्र का उल्लेख किया जाता है, उसे क्रेडिट लाईन कहते हैं जैसे—'प्रे० ट्र०' (प्रेस ट्रस्ट ऑफ इंडिया) 'यू० वा०' (यूनिवार्ता) आदि।

क्रीड (Creed)	अर्थात् वह मशीन जिसके द्वारा समाचार समिति या अपने समाचार पत्रों, आकाशवाणी आदि को भेजती है। क्रिया के रूप में प्रयुक्त इस शब्द का अर्थ होता है टेलीप्रिंटर या समाचार भेजना। सन् 1901 में क्रीड कम्पनी लि० (इंग्लैण्ड) ने टेलीप्रिंटर मशीन बनाई थी इसीलिए इन मशीनों का क्रीड नाम ही प्रचलित हो गया।
क्राप (Crop)	किसी प्रकाशनीय चित्र को इधर से उधर काटकर अपेक्षित आकार देने को ''क्राप'' कहते हैं। क्राप का सामान्य कार्य काटना या कतरना है।
क्रास लाइन (Cross Line)	एक पंक्ति के लघु शीर्षक को ''क्रॉस लाइन'' या ''क्रास हैड'' कहते हैं। यह शीर्षक एक कॉलम का होता है।
कब (Cub)	पत्रकारिता के क्षेत्र में ''कब'' का प्रयोग नए संवाददाताओं के लिए किया जाता है।
सेंटर स्प्रेड (Central spread)	मध्य, पृष्ठों पर फैले चित्र या लेख को ''सेन्टर स्प्रेड'' कहते हैं। हिन्दी में इसके लिए ''मध्य पृष्ठीय सज्जा'' शब्द का प्रयोग किया जाता है।
सर्कुलेशन (Circulation)	समाचार पत्रों की औसत प्रसार संख्या सर्कुलेशन कहलाती है।
डेट लाइन (Date Line)	डेट लाइन अर्थात् दिनांक रेखा या तिथि रेखा। इसके अन्तर्गत दिनांक और माह प्रयोग होता है वर्ष नहीं लिखा जाता। उदाहरणार्थ: हिसार, 20 दिसम्बर (प्रे० ट्र०)।
डेड (Dead)	अर्थात् वह समाचार जो पाण्डुलिपि के रूप में होने के पश्चात् कम्पोज किए जाने के बाद प्रयोग में नहीं लाये जाते, उन समाचारों को डेड समाचार कहा जाता है।
डेड लाइन (Dead Line)	अर्थात् लक्ष्मण रेखा। इसके पश्चात् कोई समाचार प्रेस में नहीं भेजा जा सकता और न ही कोई समाचार लिखा जा सकता है। इस रेखा या समय सीमा का उल्लंघन करने पर पत्र के प्रकाशन में देरी का भय रहता है।
डिलिट (Delete)	यह शब्द प्रूफ संशोधन के लिए प्रयुक्त होता है। किसी शब्द को निकालने या हटाने के लिए ''''''''डिलिट लिखा जाता है। इसके लिए अंग्रेजी के ''डी'' शब्द का प्रयोग किया जाता है।
डबलेट (Doublet)	भूल या असावधानी से एक समाचार यदि एक से अधिक स्थानों पर छप जाता है तो इसे डबलेट कहते हैं।
डमी (Dummy)	अर्थात् ''खाका''। सम्पादक या मुख्य सम्पादक विचार-विमर्श के पश्चात् यह तय करते हैं कि कौन-सा समाचार, चित्र, विज्ञापन, किस पृष्ठ पर कहाँ छपना है और कितने स्थान पर। अत: कागज पर किसी पत्र-पत्रिका के पृष्ठों का जो खाका तैयार किया जाता है उसे डमी कहते हैं।

एम (Em)	टाइप मापने की इकाई। एक इंच में 6 एम होते हैं। एक इंच में 72 प्वाइंट होते हैं एक एम बारह प्वाइंट के बराबर होता है।
एन (En)	यह ''एम'' का आधा अर्थात् एक ''एम'' में दो ''एन'' होते है।
ऐम्बार्गो (Embargo)	किसी समाचार के प्रकाशन के लिए कोई तारीख निर्धारित की जाती है या उसे न छापने का आदेश दिया जाता है तब उस आदेश को ''एम्बार्गो'' कहते हैं।
फिलर (Filler)	अर्थात् पूरक। वे समाचार जो आवश्यकता पड़ने पर समाचार पत्र के खाँचे भरते हैं।
फीचर (Feature)	फीचर या रूपक समाचार पत्रों तथा पत्रिकाओं में प्रकाशित वे विशिष्ट लेख जो केवल लेख मात्र न होकर पाठकों को प्रफुल्लित करते हैं।
फ्लैश (Flash)	महत्वपूर्ण समाचार के बारे में संक्षिप्त पूर्ण सूचना फ्लैश कहलाती है।
फोलियो (Folio)	समाचार तथा पत्रिकाओं पर पृष्ठ संख्या दी जाती है या पत्र का नाम तथा संख्या दी जाती है, इसे ही फोलियो कहते हैं।
फोल्ड (Fold	समाचार पत्र का मोड़ जहाँ उसकी तह होती है उसे फोल्ड कहते हैं।
फालोअप (Follow up)	''समाचारों का अनुवर्तन'' पिछले दिन के समाचार के बाद नए समाचार प्राप्त करने को 'फालोअप' या ''समाचारों का अनुवर्तन'' कहते हैं।
फ्रीलांस (Freelance)	फ्रीलांस का अर्थ स्वतंत्र। पत्रकारिता में यह शब्द ''फ्रीलांस जर्नलिस्ट'' अर्थात् स्वतंत्र पत्रकार के लिए प्रयोग किया जाता है।
फ्यूज (Fuse)	यह शब्द मुद्रण से सम्बन्धित है। समाचारों में रोटरी मशीनों में देर से प्राप्त समाचार पत्रों को सम्मिलित करने की एक विशेष व्यवस्था है। ऐसे समाचारों के लिए एक छोटी प्लेट अलग बना ली जाती है जो इस रोटरी मशीन के एक विशेष स्थान पर लगा दी जाती है। इसी प्लेट को फ्यूज कहते हैं।
फूट एवं फ्रंट (Foot and Front)	जिन दो पैरों पर टाइप खड़ा रहता है ''फूट'' तथा टाइप की बाडी के सामने का हिस्सा जिसमें खाँचा भरा रहता है। उसे फ्रंट कहते हैं।
घोस्ट लेखक (Ghost writer)	वह लिखने वाला जो अपने नाम से न लिखकर किसी अन्य के नाम से लिखे।
गाइड लाइन (Guide Line)	समाचार की पाण्डुलिपि पर पहचान के लिए एम–दो शब्द दाईं ओर लिखे जाते हैं उसे ही गाइड लाइन कहते हैं।

हाफ टोन (Half tone)	हाफ टोन ब्लॉक में छापा या आभा और आलोक दोनों को ही प्रकट करना होता है। इसमें एक ही प्रकार की जाली (स्क्रीन) डाली जाती है।
हैंड आउट (Hand out)	प्रकाशनार्थ या सूचनार्थ दिया गया लिखित वक्तव्य इसे विज्ञप्ति पत्र कहते हैं।
हार्ड न्यूज (Hard news)	जिस समाचार में केवल लक्ष्य ही हो, उसमें व्याख्या या विश्लेषण न हो, ऐसे समाचार को "हार्ड न्यूज" कहते हैं।
हेडिंग या हेड लाइन (Heading or Head line)	समाचार के शीर्षक के लिए इन शब्दों का प्रयोग होता है।
हेड रूल (Head rule)	समाचार के मुख्य पृष्ठ पर आड़े आकार में एक रेखा सबसे ऊपर दी जाती है उसे "हेड रूल" कहते हैं।
हेल बॉक्स (Hell Box)	जिस डिब्बे में रद्दी टाइप फेंके जाते हैं उन्हें 'हेल बाक्स' कहते हैं।
इंडेन्ट (Indent)	किसी पंक्ति में एक या दोनों ओर हाशिये छोड़ना इंडेन्ट कहलाता है।
इटैलिक्स (Italics)	जो टाइप बायें ओर झुके हुए होते हैं उन्हें 'इटैलिक्स' टाइप कहते हैं।
इन्टरव्यू (Interview)	आमने-सामने जाकर ली गई भेंटवार्ता या साक्षात्कार।
इन्ट्रो (Intro)	किसी समाचार के प्रारम्भ के एक-दो पैराग्राफ जिनमें समाचार के महत्वपूर्ण अंश होते हैं जो अपेक्षाकृत बड़े टाइप में छापे जाते हैं, इन्ट्रो कहलाते हैं। 'इन्ट्रो' को समाचार का प्राण कहा जाता है, क्योंकि इसे पढ़कर सम्पूर्ण समाचार की स्थिति का ज्ञान होता है।
जिम डैश (Jim dash)	तीन एम या आधे इंच के छोटे डैश को 'जिम डैश' कहते हैं।
जम्प (Jump)	समाचार के एक हिस्से को एक पृष्ठ से अगले पृष्ठ पर ले जाने की क्रिया को 'जम्प' कहते हैं।
जस्टीफाई (Justify)	इसके लिए पंक्तियों के बीच में लेड और शब्दों के बीच में स्पेश डाले जाते हैं। यह मुद्रण सम्बन्धी शब्द है।
किल (Kill)	कम्पोज की गई सामग्री, लिखित सामग्री को नष्ट करना।
लेबल हेड (Lable head)	नीरस शीर्षक को 'लेबल हेड' कहते है। 'हेडिंग' का ही संक्षिप्त रूप हेड है।
नॉक डाउन (Knock down)	बहुत कम सूचना होने पर किसी समाचार को कुशलता से लिख देना।
नॉक आउट (Knock out)	उप-सम्पादक द्वारा किसी समाचार को काट-छाँटकर छोटा करना या संवाददाता द्वारा समाचार के तथ्यों का खण्डन करना 'नाक आउट' कहलाता है।

लेट न्यूज (Late news)	जो समाचार छपते-छपते प्राप्त हो लेकिन समाचार की दृष्टि से महत्वपूर्ण हो उसे 'लेट न्यूज' कहते हैं। हिन्दी में इसके लिए 'छपते-छपते' शब्द का प्रयोग किया जाता है।
लीड (Lead)	मुख्य पृष्ठ के सबसे महत्वपूर्ण समाचार को 'लीड' कहा जाता है।
एल० सी० (L. C.)	यह शब्द 'लोअर केस' अर्थात् लघु अक्षर का संक्षिप्त रूप है।
लेग मैन (Leg man)	जो शहर में घूम-घूमकर समाचार संकलित करता है और टेलीफोन पर सम्पादकीय विभाग को लिखवा देता है उसे उस समाचार का 'लेग मैन' कहते हैं।
लिफ्ट (Lift)	एक संस्करण की प्रकाशित सामग्री को दूसरे संस्करण में ले जाना या किसी अन्य समाचार पत्र के किसी समाचार को चोरी करके समाचार तैयार करना।
लाइनेज (Lineage)	संवाददाताओं को प्रकाशित समाचार की पंक्तियों के आधार पर पारिश्रमिक दिया जाता है। इसी आधार को लाइनेज कहते हैं।
लोअर केस (Lower case)	लघु मुद्राक्षर जो केस के नीचे वाले खाने में रखे रहते हैं।
लाग बुक (Log book)	इसमें समाचार संकलन कार्य से सम्बन्धित निर्देश होते हैं। इस पुस्तिका को 'एसाइनमेंट बुक' भी कहते हैं और 'निर्देश पुस्तिका' भी।
मास्ट हेड (Mast head)	इसके अन्तर्गत पत्र के स्वामित्व, प्रकाशन, सम्पादक के नाम पत्र के अन्तिम पृष्ठ पर दिया जाता है।
मोर (More)	अर्थात् 'आगे भी'। पाण्डुलिपि के प्रत्येक पृष्ठ पर अन्त में 'मोर' लिख दिया जाता है, जिससे यह पता चलता रहे कि लिखित सामग्री अभी समाप्त नहीं हुई।
एम० टी० एफ० (M.T.F.)	'मोर टूर फॉलो' इसका अर्थ है मैटर अभी आगे और आयेगा। मस्ट यह निर्देश समाचार सम्पादक द्वारा जब किसी (Must) पाण्डुलिपि पर लिख दिया जाता है, तो उसका अर्थ होता है यह समाचार उसी दिन के समाचार पत्र में छपना है।
नोज फार न्यूज (Nose for news)	समाचार को सूँघने की शक्ति या समाचार के महत्व को जानना।
आबिचुअरी (Obituary)	किसी मृत व्यक्ति के बारे में सूचना और संक्षिप्त जीवन परिचय देना।
आफ सेट (Offset)	इसे अप्रत्यक्ष विधि कहते हैं। इस मुद्रण प्रणाली के अन्तर्गत प्लेट की छाप सिलेण्डर पर पड़ती है, जिसे ब्लैंकेट-सिलेण्डर कहते हैं। इस सिलेण्डर से छाप कागज पर उतरती है।
आफ दि रिकार्ड (Off the record)	किसी भी वक्तव्य का वह अंश जो प्रकाशन के लिए नहीं होता उसे 'आफ दि रिकार्ड' कहते हैं।

ओवर मैटर (Over matter)	किसी अंक की आवश्यकता से अधिक सामग्री को 'ओवर मैटर' कहा जाता है।
प्रूफ रीडर (Proof reader)	प्रूफ (कागज पर मैटर में सामान्य गलतियों) को पढ़ने, उसे संशोधन करके शुद्ध करने वाला व्यक्ति 'प्रूफ रीडर' कहलाता है।
पीरियड (Period)	पत्रकारिता शब्दावली में यह शब्द पूर्ण विराम के लिए प्रयुक्त होता है।
पाईका (Pica)	12 प्वाइंट के टाइप को 'पाईका' टाइप कहते हैं।
प्ले अप (Play up)	किसी समाचार का अधिक महत्वपूर्ण तरीके से प्रकाशित करने को प्ले अप कहते हैं।
प्ले डाउन (Play down)	प्ले अप का उल्टा अर्थ। किसी विशिष्ट समाचार को नगण्य रूप में प्रकाशित करना।
पी० आर० ओ० (P. R. O.)	अर्थात् 'जनसम्पर्क अधिकारी'। यह संस्था और जनता के बीच कड़ी का कार्य करता है।
रिलीज (Release)	प्रकाशन अनुमति या किसी संस्था कार्यालय द्वारा पत्र-पत्रिका में प्रकाशनार्थ दी गई लिखित सूचना, विज्ञप्ति या वक्तव्य आदि।
रूल (Rule)	धातु की पट्टी जिसकी ऊँचाई टाइप के बराबर होती है और जो रेखा डालने के काम आती है।
रिबन (Ribbon)	समाचार के मुख्य सम्पूर्ण पृष्ठ पर पहले बड़े शीर्षक को बैनर कहा जा है जिसे 'रिबन' या 'स्ट्रीमर' भी कहा जाता है।
रोमन (Roman)	सीधे अक्षर।
रिवर्स ब्लाक (Reverse Block)	रेखा ब्लाक में प्रायः रेखाएँ काली और पृष्ठभूमि सफेद होती है किन्तु जब रेखा ब्लाक में रेखाएँ सफेद और पृष्ठभूमि काली रखी जाती है उस ब्लाक को रिवर्स ब्लाक कहते हैं।
रोटरी (Rotary)	रोटरी आटोमेटिक मशीन है जो एक घण्टे में 50000 प्रतियाँ छाप सकती है। बड़ी संख्या में छपने वाले पत्र-पत्रिकाएँ रोटरी पर ही छापे जाते हैं।
रन ऑन (Run-on)	यह पूर्व संशोधन सम्बन्धित शब्द है जिसका अर्थ है जारी रखिये अर्थात् पैरा न बनाइये। इसके लिए संकेत का प्रयोग होता है।
रन-ओवर (Run-over)	शेष सामग्री को पिछले पृष्ठ से अगले पृष्ठ पर ले जाने को 'रन ओवर' कहते हैं।
रश (Rush)	जब किसी समाचार या पांडुलिपि पर 'रश' लिख दिया जाता है तो उसका अर्थ होता है उसे शीघ्र छापा जाए।

रनिंग स्टोरी (Running story)	कई अंकों में लगातार प्रकाशित होने वाला धारावाही समाचार का विवरण। कई खण्डों में छापे गये समाचार विवरण भी रनिंग स्टोरी कहलाती है। पत्रकारिता शब्दावली में स्टोरी का अर्थ समाचार या विवरण होता है, कहानी नहीं।
स्कूप (Scoop)	विशेष समाचार जो किसी अन्य समाचार पत्र में प्रकाशित न हुआ हो।
सी कॉपी (See copy)	यह पूर्व संशोधन का शब्द है जिसका अर्थ "मूल प्रति देखें" या "मूल प्रति से मिलान कीजिए" होता है।
शार्ट (Short)	संक्षिप्त समाचार।
स्लाण्ट (Slant)	किसी समाचार को विशेष नीति, मत या उद्देश्य के अनुरूप प्रस्तुत किया जाना।
शेड्यूल (Schedule)	महत्वपूर्ण समाचारों की सूची।
स्लग (Slug)	(1) जो समाचार की पांडुलिपि के प्रत्येक पृष्ठ पर दायीं तरफ ऊपर लिखा जाता है। (2) लाईनोटाइप पर डाली गयी एक पूरी पंक्ति।
स्प्रेड (Spread)	विस्तृत समाचार।
स्माल कैप्स (Small caps)	छोटे टाइप।
स्टेट (Stet)	पूर्व संशोधन शब्द जिसका अर्थ "काटी गई सामग्री का ज्यों का त्यों रहने दे" है। कई बार कुछ शब्द भूल से कट जाते हैं उनके नीचे के बिन्दु रेखा लगा दी जाती है और हाशिये में एक तरफ "स्टेट" लिख दिया जाता है।
स्ट्रिंजर (Stringer)	जिस संवाददाता को समाचार पत्र में प्रकाशित समाचारों के लिए कॉलम के हिसाब से पारिश्रमिक दिया जाता है "स्ट्रिंजर" कहते हैं।
थर्टी (Thirty)	तीन एक्स (×××) का संकेत जो समाचार पत्र की पांडुलिपि के समाप्त होने पर अन्त में लिखा जाता है।
टॉम्ब स्टोन (Tomb Stone)	जब एक आकार के दो या दो से अधिक शीर्षक आस-पास छप जाते हैं।

कुछ महत्वपूर्ण पदनामों, पत्रकारिता के साथ जुड़े शब्दों, समितियों के बारे में संक्षेप में तुरन्त संदर्भ के लिए उपलब्ध कराया जा रहा है। साहित्यिक लघुपत्र पत्रिकाओं के पते भी आपके लिए दिये जा रहे हैं।

प्रधान संपादक	संपादकीय विभाग का प्रमुख।
उप संपादक	संपादक की सहायता के लिए नियुक्त किया जाता है तथा समाचारों या अन्य रचनाओं को चुनने अथवा संपादन करने की कार्रवाई करता है।

कला समीक्षक	कला जगत की गतिविधियों के समाचार तैयार करने वाला विशेषज्ञ।
पत्रकार	पत्रकारिता को पेशे के तौर पर अपनाने वाले व्यक्ति।
पत्रकारिता	पत्र-पत्रिकाओं, संचार माध्यमों के लिए सामग्री एकत्र करने तथा संपादित करने का कार्य।
चौथा खम्भा	संविधान के अन्तर्गत शासन के तीन अंग हैं—विधानपालिका, कार्यपालिका तथा न्यायपालिका प्रेस को महत्वपूर्ण मानते हुए इसे लोकतन्त्र का चौथा खम्भा कहा जाता है।
पत्रकार दीर्घा	संसद के भीतर का वह स्थान जहाँ पत्रकारों के बैठने की जगह होती है।
पीत पत्रकारिता	किसी समाचार को सनसनीखेज बनाने के लिए जब उसमें ख्वामख्वाह या जानबूझ कर चटपटे ढंग से या गलत ढंग से प्रस्तुत किया जाये तो वह पीत पत्रकारिता कहलाती है। इसके अन्तर्गत किसी की बदनामी के लिए लिखना भी शामिल है।
प्रेस कक्ष	प्रेस कार्यालयों का वह कक्ष जहाँ पत्रकार बातचीत के लिए एकत्र हो।
प्रेस परिषद	पत्रकार जगत की समस्याओं पर विचार करने वाली एक समिति जिसमें समाचार पत्रों तथा अन्य संस्थाओं के प्रतिनिधि शामिल होते हैं।
विशेष संवाददाता	वरिष्ठ संवाददाता जिन्हें महत्वपूर्ण काम सौंपे जाते हैं तथा सामान्य संवाददाताओं से अधिक वेतन मिलता है।
संवाददाता	वह व्यक्ति जो शहर तथा शहर से बाहर के समाचार संकलित करके उन्हें समाचार पत्रों को भेजता है।
श्रमजीवी पत्रकार	समाचार पत्र के कर्मचारी वर्ग का सदस्य जो अपनी सेवाओं के लिए एक नियमित वेतन पाता है।
संदर्भ कक्ष	वह स्थान जहाँ भावी संदर्भ के लिए सामग्री संग्रह की जाये।
समाचार संपादक	समाचार विभाग का एक वरिष्ठ पत्रकार जो संपादक की सहायता करता है।
समाचार समिति	नियत भुगतान के बदले समाचार पत्रों को समाचार उपलब्ध कराती है।
संसदीय संवाददाता	संसद की कार्यवाही का समाचार लिखने वाला वरिष्ठ पत्रकार।
स्वतंत्र पत्रकार	ये किसी समाचार के नियमित कर्मचारी/सदस्य नहीं होते।
पाठकीय स्तम्भ	वह स्तम्भ जिसमें पाठकों द्वारा संपादक के नाम लिखे गये पत्र प्रकाशित होते हैं।
मुख्य समाचार	प्रमुखता के साथ छापा गया प्रथम पृष्ठ का महत्वपूर्ण समाचार।
स्थायी स्तम्भ	पत्र-पत्रिका में नियमित छपने वाला स्तम्भ।

कवरेज	किसी क्षेत्र घटना या अवसर विशेष के समाचार की रिपोर्ट तैयार करना तथा प्रकाशित करना।
कापी राइट/स्वत्वाधिकार	स्वत्वाधिकार रचना लिखने वाले का वह अधिकार है जिसके अन्तर्गत उसकी आज्ञा के बिना उसकी रचना या उसका कोई भी अंश अन्यत्र छापा नहीं जा सकता।
धमाका समाचार	अचानक हाथ लगा कोई ऐसा समाचार जो पहले उसी अखबार में छपे।
पांडुलिपि	किसी सूचना की हस्तलिखित या टंकित प्रति को पांडुलिपि कहते हैं।
रपट	घटना का विवरण।
संपादकीय	सम-सामयिक मुद्दों पर या घटनाओं पर लिखे वे लेख जिन्हें संपादकमण्डल तैयार करती है।
समाचार लेखन	पत्रों और पत्रिकाओं के लिए रोचक एवं मनोरंजक तथा प्रेरक समाचारों को एकत्र करना, वृत्तान्त तैयार करना।
समाचार पत्र	जिसमें ताजे समाचार, विज्ञापन, साहित्यिक लेख, संपादकीय और संपादक के नाम पत्र आदि भी दिये जाते हैं।
संपादक	समाचार पत्र में प्रकाशित होने वाली सामग्री का चयन तथा कंट्रोल करने वाला व्यक्ति (Period) अखबार में प्रकाशित प्रत्येक पंक्ति के लिए संपादक ही जिम्मेदार होता है।
संपादक मंडल	इसमें प्रधान संपादक, संपादक, समाचार संपादक तथा मुख्य उप संपादक होते हैं।
विदेश संवाददाता	किसी दूसरे देश में रहकर उस देश के समाचारों को भेजने वाला व्यक्ति।
स्टाफ	समाचार पत्र का वेतनभोगी कर्मचारी जो समाचार एकत्र करके कार्यालय भेजता है।
फोरमैन	वह व्यक्ति कम्पोजिंग विभाग, स्टीरियो विभाग तथा मुद्रण विभाग के लिए उत्तरदायी होता है।
वितरण प्रबन्धक	समाचार पत्रों के प्रसार तथा प्रचार की जिम्मेदारी तथा पत्रों की बिक्री निरन्तर बढ़ने की समस्त जिम्मेदारी इन्हीं की होती है।
वितरण निरीक्षक	समितियों का निरीक्षण करना तथा नयी एजेंसियाँ खोलना इनका मुख्य काम है।
प्रधान प्रबन्धक	समस्त विभागों का निरीक्षण, अनुशासन और नियुक्तियाँ करनें का कार्य प्रबन्धक का होता है।
विज्ञापन प्रबन्धक	विज्ञापन विभाग का संचालन, विज्ञापन देने वालों से सम्पर्क करना, पत्र व्यवहार करना आदि।
विज्ञापन	वह सामग्री जिसे छपवाने के लिए पैसे दिये जाते हैं। वस्तुओं को जनता के बीच प्रचलित करने का माध्यम।

आय व्ययक	कार्यालय में किये जाने वाला व्यय तथा होने वाली आय का हिसाब रखने वाला।
लघु विज्ञापन	छोटे-छोटे विज्ञापन जो पट्टी के रूप में दिये जाते हैं।
वर्गीकृत विज्ञापन	जो विज्ञापन विषयों के अनुसार बाँटकर छापे जाएँ। शिक्षा संबंधी वैवाहिक तथा रिक्त स्थान।
विज्ञापन एजेन्सी	ऐसे व्यावसायिक प्रतिष्ठान जो रुपये लेकर अपने ग्राहकों की तरफ से विज्ञापन सामग्री तैयार करने तथा प्रकाशित करवाने का कार्य करती है।
स्तम्भ दर	वर्गीकृत विज्ञापनों के लिए समाचार पत्र 'कॉलम इंच' के हिसाब से पैसे लेते हैं। यही स्तम्भ दर होती है।
कालम	समाचार पत्रों में खबरें, कालम में ही दी जाती है। यह चौड़ाई में कम तथा लम्बे आकार का होता है।
बाक्स	समाचार को छोटा करके उसे चारों ओर से बॉक्स अर्थात् गाढ़ी लाइनों से ढक दिया जाता है। इसमें विशेष समाचारों को दिया जाता है।
इन्ट्रो	इसमें समाचार का सार छोटा है। परिणाम पहली पंक्तियों में बताकर बाद में समाचार को विस्तार से बताया जाता है।
शीर्षक	किसी समाचार की पहली लाइन को जो बड़े शब्दों में समाचार के ऊपर दी जाती है वही शीर्षक है।
स्टोन	यह लोहे की पट्टी होती है। जिस पर चेस रखकर पृष्ठ बनाने वाला व्यक्ति मैटर सजाता है।
चेस	यह लोहे का आयताकार फ्रेम है समाचार के पृष्ठ को बनाने तथा सामग्री को ठीक तरह से सजाने के लिए 'चेस' को काम में लाया जाता है।
ककार	समाचार तैयार करने के लिए छः ककार ध्यान में रखा जाना अपेक्षित है अर्थात् क्या, कब, कहाँ, कौन कैसे, क्यों? इस प्रणाली को विलोमस्तूती कहते हैं।
महाशीर्ष	पृष्ठ की चौड़ाई पर लिखा गया बड़ा शीर्षक महाशीर्ष या बैनर कहा जाता है। महत्वपूर्ण समाचारों के लिए ऐसे शीर्षक दिये जाते हैं।
लीड	प्रथम और मुख्य वाक्य को लीड कहते हैं।
फीचर	मनोरंजक तरीके से लिखे गये प्रासंगिक लेख को फीचर कहते हैं।
सेंसर	प्रकाशन योग्य सामग्री की जाँच करने की व्यवस्था को सेंसर कहा जाता है।[1]

1. **हिन्दी पत्रकारिता : सिद्धान्त और स्वरूप—डॉ० सावित्री चड्ढा, पृष्ठ 170 से साभार, तक्षशिला प्रकाशन, अंसारी रोड, दरियागंज, नई दिल्ली, मूल्य 150 रु०, सन् 1995**

(ङ) रेडियो (आकाशवाणी) सम्बन्धी पारिभाषिक शब्दावली—

All India Radio	आकाशवाणी	Folio-pin	फलिया-पिन
Script-writer	आलोचक	Fade out	बोलते-बोलते बाहर निकलना
Code of Conduct	आचार संहिता		
Appeal	अपील	Interview	भेंटवार्ता
Echo	अनुगूँज	Director General	महानिदेशक
Monologue	एकपात्री नाटक	Women-programme	महिलोपयोगी कार्यक्रम
Station Director	केन्द्र निदेशक		
Artist-Mike	कलाकार माईक	Youth-programme	युवकोपयोगी कार्यक्रम
Verse-play	काव्य रूपक		
Serial writing	क्रम-लेखन	Feature	रूपक
Sport-review	खेल समीक्षा	Romantic	रोमांचक
Compering	चर्चा	Mast	लौह-स्तम्भ
Live	जीवन्त	Pin-pointed	लक्ष्याभिमुख
Pad	तख्ती	Folk-lore	लोक-गाथा
Bi-directional-Mike	वोरुखी माईक	Script	आलेख
Wave length	ध्वनि-तरंग	Documentry feature	आलेख-रूपक
Acoustic-arrangements	ध्वनि व्यवस्था	Contract from	अनुबंध-पत्र
Sound-proof	ध्वनि रक्षित	Industrial-programme	औद्योगिक कार्यक्रम
Control-room	नियंत्रण-कक्ष		
Fader	नियंत्रण-शलाका	Announcement	उद्‌घोषणा
Ethics	नैतिकता	Centre, Station	केन्द्र
Broadcast	प्रसारण	Programme-Executive	कार्यक्रम अधिशासी
Producer	प्रस्तुतकर्त्ता		
Transmission	प्रक्षेपण	Programme	कार्यक्रम
Studio	प्रसारण-कक्ष	Agricultural-song	कृषि-गीत
Production-tempo	प्रस्तुततन-एकतानता		
		Fade-out	क्रमागत लोप
Reader's report	पाठकीय अनुशंसा	Knob	घुंडी
Symposium	परिसंवाद	Silence	चुप्पी
Discussion	परिचर्चा	Technical	तकनीकी
Fantasy	प्रतीक नाटक	Factual	तथ्यपरक

Sound	ध्वनि
Receiving set	ध्वनि ग्राहिका
Loud-speaker	ध्वनि विस्तारक
Mixing of sound	ध्वनि-सम्मिश्रण
Booth	निर्देशन-कक्ष
Slogan	नारा
Flow	प्रवाह
Production	प्रस्तुतन
Radio Station	प्रसारण केन्द्र
Re-production	पुनर्प्रस्तुतन
Dubbing	प्रति-अंकन
Publicity	प्रचार
Schedule	प्रस्तावित कार्यक्रम
Book review	पुस्तक समीक्षा
Listener's reply	पत्रोत्तर
Narrator	प्रवक्ता
Ball-Mike	बहुमुखी माईक
Children's programme	बालोपयोगी कार्यक्रम
Original	मूल
Medium Wave	मध्यम ध्वनि तरंग
Mechanism	यांत्रिकी
Political Commentary	राजनैतिक टिप्पणियाँ
Radio adaptation	रेडियो-रूपान्तर
Rod	लौह-दंड
Short Wave	लघु ध्वनि तरंग
Folk-song	लेकगीत
Form	विधा
Exhauster	वायु-वहिष्कार
Talk, Spoken word	वार्ता
Language lesson	विभाषीय पाठ
Development song	विकास-गीत
Audition	स्वर-परीक्षा
Producer	संयोजक
Editing	संपादन
Dialogue	संवाद
Listner	श्रोता
Architech	स्थापत्य
School broadcast	स्कूल-प्रसारण
News	समाचार
News review	समाचार-समीक्षा
Talk studio	वार्ताकक्ष
Advertisement	विज्ञापन
Wit	व्यंग्य
Airconditioner	शीत-ताप-नियंत्रक
Advisor	सलाहकार
Transmiter	संप्रेषक
Sensitive	संवेदक
Direction	संचालन
Acceptence	स्वीकृति-पत्र
Message	संदेश
Musical feature	संगीत-रूपक
News reel	समाचार ध्वनि-चित्र
Notation	स्वर-लिपि[1]

1. रेडियो लेखन—मधुकर गंगाधर, पृष्ठ 493, बिहार हिन्दी ग्रंथ अकादमी, पटना, मूल्य 20 रुपये, सन् 1974

12. वित्त, वाणिज्य तथा तकनीकी एवं प्रौद्योगिकी क्षेत्रों में हिन्दी अनुप्रयोग या उसका कार्यान्वयन

(क) बैंकिंग की अवधारणा, बैंकिंग क्षेत्र में हिन्दी की आवश्यकता एवं अनुप्रयोग—कहते हैं, आज की वैश्विक आर्थिक व्यवस्था की रीढ़ 'बैंक' शब्द का जन्म इटली में सन् 1170 ई० के आसपास हुआ था। एक समय था, जब इटली का व्यापार विश्व-प्रसिद्ध था। यहाँ के लोग सेन्ट मार्क के चौराहे पर 'बेंच' रखकर सिक्कों के अदलने-बदलने का व्यापार करते थे। कालान्तर में यही 'बेंच' इटली में 'बेंकों' शब्द के रूप में तब्दील हुआ और तिजारती आवाजाही में फ्रांस तथा जर्मनी में 'बैंके' और अंग्रेजी में 'बैंक' कहलाया। **डॉ० विजयपाल सिंह**[1]के अनुसार भारत में बैंकिंग व्यवस्था पश्चिम की देन है। देश के आर्थिक ढाँचे के निर्माण और उसके सुनियोजित विकास में बैंकों की भूमिका महत्त्वपूर्ण है। आर्थिक विकास के नियमन में बैंकों की भूमिका को पाश्चात्य देशों में बहुत पहले ही पहचाना गया। हालाँकि माना जाता है कि हमारे यहाँ बैंकिंग का प्रयोग वैदिक युग से होता चला आ रहा है और धीरे-धीरे आधुनिक युग में इसका विकास हुआ है। वैदिक काल से ही हमारे यहाँ धर्म, अर्थ, काम और मोक्ष—इन चार पुरुषार्थों में अर्थ को दूसरा नम्बर दिया गया है। अर्थ अर्थात् धन की पहचान। भर्तृहरि ने भी बतलाया है—"**सर्वे गुणाः कांचनमा श्रयन्ति**" अर्थात् सभी गुण सोने (रुपए-पैसे) में हैं। बौद्ध जातकों में श्रेष्ठी और महाश्रेष्ठी के उल्लेख से यह प्रमाणित होता है कि वे धन के लेन-देन का काम करते थे। 'मनुस्मृति' और 'कौटिल्य' के अर्थशास्त्र में भी बैंकिंग के पुरातन स्वरूप का उल्लेख मिलता है, जिससे पता चलता है उस युग में वित्तीय लेन-देन पैतृक व्यवसाय के रूप में मौजूद था। मुगलकाल में सेठों को बैंकिंग कारोबार का अधिकार प्राप्त था। भारत में बैंकिंग के इस प्राचीन स्वरूप की प्रशंसा फ्रांसीसी यात्री 'बर्नियर' ने भी की है।

भारत में बैंकों की बुनियाद 1860 ई० में पड़ी और इसी साल बैंकिंग अधिनियम भी बनाए गए। 1864 और 1865 के बीच भारत में 25 बैंक खुले, जो कुछ ही दिन चले। 24 अप्रैल, 1865 को 'दि इलाहाबाद बैंक लिमिटेड' का जन्म हुआ, जिसे बाद में 'इलाहाबाद बैंक' कहा गया। 1881 ई० में 'अवध कमर्शियल बैंक' तथा 1894 ई० में 'पंजाब नेशनल बैंक' की स्थापना हुई। 1906 तथा 1913 के बीच बैंक ऑफ बड़ौदा, इण्डियन बैंक, मैसूर बैंक, सेन्ट्रल बैंक ऑफ इण्डिया तथा पंजाब एण्ड सिन्ध बैंक' की स्थापना हुईं। 1912 तथा 1922 ई० के बीच भी बैंकों के खुलने की चर्चा की जाती है, किन्तु वे अल्पकालिक ही थे। देश के स्वतंत्र होने के कुछ समय पहले भारतीय अर्थव्यवस्था मजबूत होने लगी थी। 1947-48 के आसपास भारत में बैंकिंग के इतिहास में नया मोड़ आया। इसी समय आधुनिक अर्थव्यवस्था के प्रतीक 'प्रेसीडेन्सी बैंकों' की स्थापना शुरू हुई। अतः इस क्रम में पहला प्रेसीडेंसी 1807 ई० में 'बैंक ऑफ कलकत्ता', दूसरा 1840 ई० में 'बैंक ऑफ बम्बई' तथा तीसरा 1843 ई० में 'बैंक ऑफ मद्रास' के नाम से स्थापित हुआ। कालान्तर में 21 जनवरी को उक्त तीनों बैंकों को मिलाकर 'इम्पीरियल बैंक' की स्थापना हुई और फिर काफी दिनों बाद यही 'इम्पीरियल बैंक' 1955 ई० में 'स्टेट बैंक ऑफ इण्डिया' के नाम से जाना गया। इसी

---

1. **कार्यालयीय हिन्दी—डॉ० विजय पाल सिंह, पृष्ठ 75, विश्वविद्यालय प्रकाशन, वाराणसी, मूल्य रु० 1998 ई०**

बीच सरकार ने सम्पूर्ण भारतीय बैंकों पर अधिकार रखने हेतु एक केन्द्रीय बैंक बनाने के लिए 6 मार्च, 1934 ई० को 'भारतीय रिजर्व बैंक' अधिनियम पारित किया और लगभग 1935 ई० में 'भारतीय स्टेट बैंक' स्थापित हुआ। जनवरी 1949 ई में 'भारतीय रिजर्व बैंक' का राष्ट्रीयकरण किया गया। बैंकों के इतिहास में 1969 ई० का वर्ष क्रांतिकारी सिद्ध हुआ। जनता की छोटी-बड़ी बचतों को सुरक्षित रखने, उन्हें सेठ-साहूकारों और सूदखोरों से बचाने के लिए सरकार ने 19 जुलाई, 1969 को 50 करोड़ तक की पूँजी वाले 14 बैंकों का राष्ट्रीयकरण कर दिया। कालान्तर में 25 अप्रैल, 1980 ई० को 6 और बैंक राष्ट्रीयकृत किए गए। चूँकि भारतीय स्टेट बैंक तथा इस समूह के 7 सहायक बैंक बहुत पहले से ही सरकारी बैंक थे, अत: राष्ट्रीयकृत बैंकों की कुल संख्या बाद में 28 हो गई। जुलाई 1969 ई० में इस प्रकार के बैंकों की शाखाओं की कुल संख्या 321 थी तो 1990 ई० में यह संख्या बढ़कर 59,800 हो गयी। 1991 में 60,000 तो 2000 ई० में 70,000 हो गयी। इस प्रकार ये बैंक आज महानगरों से लेकर गाँव तक की सेवा मेंसमर्पित हैं। किसान, मजदूर, अध्यापक तथा अन्य नौकरी-पेशा अर्थात् हर छोटे-बड़े लोग अपनी छोटी-बड़ी बचत बैंकों में रखकर सुरक्षित महसूस करते हैं।

जाहिर है, जब बैंकों की धमक गाँवों तक आ पहुँची तो ग्राहकों और बैंकों के बीच एक ऐसी भाषा की जरूरत थी, जिसे दोनों पक्ष आसानी से समझ सकें। कुल मिलाकर **डॉ० रेखा रानी**[1] की बात माने तो अभी तक जो बैंकिंग एक विशेष वर्ग तक सीमित थी, वह अब जन सामान्य से जुड़ गयी। अत: कारोबारी विकास एवं सांविधिक उपबंधों को पूरा करने हेतु बैंकों के लिए यह आवश्यक हो गया कि वे हिन्दी में कार्य करें। चूँकि मूल बैंकिंग नियम, विनियम, अन्य कागजात अंग्रेजी में ही थे। अत: राष्ट्रीयकरण के बाद इन्हें हिन्दी में भी जारी/प्रकाशित करना अनिवार्य हो गया। राजभाषा अधिनियम के अनुसार धारा 3(3) के प्रलेख अनिवार्यत: द्विभाषिक रूप में जारी किए जाने चाहिए। राजभाषा नियम के अनुसार सम्पूर्ण भारतवर्ष को 'क', 'ख' तथा 'ग' तीन क्षेत्रों में विभाजित किया गया है जिसमें—

'क' क्षेत्र के अन्तर्गत् – उत्तर प्रदेश, मध्य प्रदेश, हरियाणा, हिमाचल प्रदेश, राजस्थान, बिहार, केन्द्रशासित दिल्ली और अंडमान व निकोबार द्वीप समूह।

'ख' क्षेत्र के अन्तर्गत् – महाराष्ट्र, गुजरात, पंजाब और केन्द्रशासित प्रदेश चण्डीगढ़।

'ग' क्षेत्र के अन्तर्गत् – उपर्युक्त 'क' और 'ख' के अलावा अन्य सभी राज्य आते हैं।

उपर्युक्त तीनों क्षेत्रों के लिए सरकार द्वारा प्रतिवर्ष वार्षिक कार्यक्रम में अलग-अलग मद हेतु अलग-अलग (Targets) लक्ष्य निर्धारित किए जाते हैं, परन्तु निम्नलिखित प्रयोजनों के लिए यह आवश्यक है कि सभी क्षेत्र हिन्दी और अंग्रेजी दोनों भाषाओं का प्रयोग सुनिश्चित करें—

1. संकल्प, सामान्य आदेश, नियम, अधिसूचनाएँ, प्रशासनिक या अन्य प्रतिवेदन तथा प्रेस विज्ञप्तियाँ,
2. संविदाएँ, करार, अनुज्ञप्तियाँ, अनुज्ञापत्र, निविदा, सूचनाएँ तथा निविदा प्रारूप।

---

1. **अनुवाद : स्वरूप और आयाम—सं० डॉ० त्रिभुवन राय, पृष्ठ 87-88**

3. संसद के किसी सदन का सदनों के समक्ष रखे जाने वाले प्रशासनिक तथा अन्य प्रतिवेदन और राजकीय कागजपत्र (राजभाषा अधिनियम की धारा 3(3)।

निम्नलिखित प्रक्रिया साहित्य तथा स्टेशनरी आदि के लिए हिन्दी व अंग्रेजी का द्विभाषिक प्रयोग सुनिश्चित किया जाए—

1. मैनुअलों, संहिताओं और अन्य प्रक्रिया साहित्य को हिन्दी और अंग्रेजी में द्विभाषिक रूप में मुद्रित/साइक्लोस्टाइल किया जाय और प्रकाशित किया जाय।
2. फार्म और रजिस्टरों के शीर्ष हिन्दी और अंग्रेजी—दोनों में ही मुद्रित साइक्लोस्टाइल कराए जायँ।
3. नामपट्ट, सूचनापट्ट, पत्र शीर्ष और लिफाफों तथा स्टेशनरी की अन्य मदों पर छपे या उत्तीर्ण लेख हिन्दी और अंग्रेजी-दोनों में हो

(ग) सरकारी क्षेत्र के उपक्रमों द्वारा तैयार किए गये सामान पर उनके नाम आदि हिन्दी और अंग्रेजी दोनों में लिखे जायँ। इसके अलावा उनसे संबंधित विवरण भी हिन्दी और अंग्रेजी में लिखे जायँ।

बैंकों के साथ-साथ केन्द्रीय कार्यालयों, विभागों, उपक्रमों, मंत्रालयों तथा अन्य तरह के संस्थानों में राजभाषा के प्रगामी प्रयोग को दिशा-निर्देश देने के लिए 20 लोकसभा और 10 राज्यसभा के सदस्यों की एक संसदीय राजभाषा समिति का गठन हुआ है। संसदीय राजभाषा समिति ने 1976 से 1992 तक 3 उपसमितियों में बाँटकर देश के विभिन्न हिस्सों का दौरा करते हुए 6 हजार कार्यालयों का मौके पर जाकर निरीक्षण कार्य किया और राष्ट्रपति को विभिन्न विषयों से संबंधित 5 'रिपोर्ट' 6 खण्डों में प्रस्तुत किया। इसमें से तीसरी समिति का उत्तरदायित्व बैंकों में हिन्दी प्रयोग को देखना है। बैंकों में हिन्दी अधिकारी के साथ-साथ हिन्दी अनुवादक, हिन्दी टाइपिस्ट और आशुलिपिक भी नियुक्त किए जाते हैं। गृह मंत्रालय का राजभाषा विभाग भी बैंकों में हिन्दी प्रगति पर ख्याल करता है। बैंकों में हिन्दी के बढ़ाव-विकास के लिए ढेरों पुरस्कार, वेतन वृद्धि और 'शील्ड' देने की व्यवस्था की गयी है।

भारत सरकार और भारतीय रिजर्व बैंक द्वारा बैंकों में हिन्दी-प्रयोग के संबंध में जारी किए गए निर्देश—भारत सरकार और भारतीय रिजर्व बैंक द्वारा समय-समय पर बैंकों में हिन्दी-प्रयोग के लिए विभिन्न आदेश-निर्देश जारी किए गए, जिनमें से कुछ प्रमुख को इस प्रकार देखा जा सकता है—

1. बैंकीय कार्य-व्यवहार में हिन्दी का प्रयोग करते समय देवनागरी लिपि का प्रयोग किया जाये और भारतीय अंकों के अन्तर्राष्ट्रीय रूप का प्रयोग किया जाये, यथा—हिन्दी के १, २, ३, ४, ५, ६, ७, ८, ९ को 1, 2, 3, 4, 5, 6, 7, 8, 9 के रूप में लिखा जाय।
2. बैंक-कार्यालयों से जारी किए जाने वाले सभी प्रपत्र द्विभाषी हों अर्थात् वे हिन्दी-अंग्रेजी दोनों भाषाओं में रहें।
3. जिन बैंक-कर्मचारियों को हिन्दी में कार्य करने का अनुभव नहीं है, उनके लिए सेवाकालिक प्रशिक्षण की व्यवस्था करना बैंक का उत्तरदायित्व है। अतः बैंक को उनके शिक्षण-प्रशिक्षण की व्यवस्था करना चाहिए।

4. ऐसे अप्रशिक्षित कर्मचारियों के लिए हिन्दी-टंकण और आशुलेखन (Short-hand) के प्रशिक्षण की व्यवस्था होनी चाहिए। कम-से-कम पच्चीस प्रतिशत टाइप मशीनें हिन्दी की होनी चाहिए।
5. सभी बैंक-शाखाओं के तार-पते द्विभाषी होने चाहिए। इन्हें अंग्रेज़ी के साथ-साथ हिन्दी में भी पंजीकृत (Registered) होना चाहिए। एभी बैंक-शाखाओं के नाम-पट्ट (Board) अंग्रेज़ी के अतिरिक्त हिन्दी में भी होने चाहिए।
6. बैंकों में खाता रखने वाले सभी व्यक्तियों अर्थात् ग्राहकों को उपलब्ध कराये जाने वाले सभी पत्र-प्रपत्र अंग्रेज़ी और हिन्दी दोनों भाषाओं में होने चाहिए।
7. 'क' वर्ग के हिन्दी-भाषी राज्यों स्थित सभी बैंकों और उनकी शाखाओं के पत्र-शीर्ष (Letter Head), पत्र-फ़लक (Letter-Pad) और लिफाफे आदि केवल हिन्दी में मुद्रित होने, अनिवार्य हैं।
8. बैंक-ग्राहकों द्वारा हिन्दी में लिखे गए पत्रों या हिन्दी में हस्ताक्षरित पत्रों, आवेदन-पत्रों, चेकों आदि को स्वीकार किया जाना चाहिए और एतद्विषयक सभी पत्राचार भी हिन्दी में किए जाने चाहिए।
9. बैंक कर्मचारियों में से यदि कोई भी हिन्दी में कार्य-संपादन करना चाहता है, हिन्दी में पत्र-व्यवहार, हस्ताक्षर या आवेदन आदि करता है, तो इसकी पूरी छूट होनी चाहिए।
10. प्रत्येक बैंक-शाखा में एक 'हिन्दी-अधिकारी' होना चाहिए जो हिन्दी-प्रयोग में सहायता प्रदान करे। इसी प्रकार हर बैंक-शाखा में हिन्दी की एक अलग फाइल रखी जाय, जिससे हिन्दी में होने वाले काम-काज में कोई बाधा न आये।
11. सर्वप्रमुख निर्देश यह है कि 'राजभाषा-अधिनियम 1976' के नियम 12 के अनुसार केन्द्र सरकार के प्रत्येक कार्यालय (जिनमें सभी बैंक एवं उनकी सभी शाखाएँ सम्मिलित हैं) के प्रशासनिक प्रमुख की यह जिम्मेदारी होगी कि वह—
    (क) यह सुनिश्चित करे कि 'राजभाषा अधिनियम' और 'राजभाषा-नियमों के उपबन्धों का समुचित रूप से अनुसरण किया जाता है,
    (ख) इस प्रयोजन के लिए उपयुक्त और प्रभावकारी जाँच-पड़ताल के सम्यक् उपाय करे।
12. प्रत्येक शाखा में हिन्दी-प्रयोग संबंधी बोर्ड इस प्रकार लगाए जाने चाहिए कि वे सबको दिखाई पड़े और उनसे बैंक की नीतियों की घोषणा हो, जैसे—"हिन्दी में लिखे गए अवेदन-पत्र और हिन्दी में भरे चेक आदि स्वीकार किए जाते हैं।"

इस प्रकार, सभी बैंकों के कार्य-पालक, शाखा-प्रबन्ध कार्याधिकारी और कर्मचारियों को चाहिए कि वे अपने ही हित में और साथ-साथ सरकार की राजभाषा-विषयक नीति के कार्यान्वयन के हितों में इन आदेशों-अनुदेशों का पालन सुनिश्चित करें। यह कार्य किसी व्यक्ति विशेष के वश में नहीं है, अपितु इसके लिए सामूहिक प्रयास की ही आवश्यकता है। यह

तभी संभव हो सकता है, जबकि सभी प्रयोक्ताओं के मन में हिन्दी के प्रति अनुराग जाग्रत हो।[1]

फिर भी कुल मिलाकर इस समय बैंकों में हिन्दी का प्रयोग तमाम पूर्वाग्रही ना-नुकूर, अंग्रेजी प्रयोग की जिद्द और हठवादिता के बावजूद काफी संतोषप्रद स्तर पर हो रहा है। **डॉ० आर० जी० जायसवाल**[2] कहते हैं कि आज जब देश के सुदूर गाँवों में भी बैंकिंग सुविधा उपलब्ध होने लगी है तो समय का तकाजा है कि बैंकों द्वारा आम लोगों को जनसाधारण की भाषा में बैंकिंग सुविधा उपलब्ध कराई जाये। भारत सरकार की भाषा नीति के सम्यक् अनुपालन के लिए इस आशय के स्पष्ट निर्देश जारी किए गए हैं कि समस्त यांत्रिक एवं इलेक्ट्रॉनिक सुविधाएँ हिन्दी में भी उपलब्ध हों अर्थात् प्रचालक को इच्छानुसार हिन्दी या अंग्रेजी में आँकड़ा प्रविष्टि करने और कम्प्यूटर से तैयार होने वाली सामग्री इच्छानुसार हिन्दी या अंग्रेजी में प्रिंट होकर उसमें उपलब्ध हो सके, इसके लिए अब समस्त सुविधाएँ उपलब्ध हैं। अब आवश्यकता है, बैंकों को अपना मन बनाने की, वैचारिक एवं मानसिक अवरोध दूर करने की और वास्तविक अर्थों में बैंकों में हिन्दी के क्षेत्र में भी कम्प्यूटर संस्कृति लाने की। लब्बोलुबाब यह कि, कुछ अपवादों को छोड़कर बैंकों की अधिकांश शाखाओं में राजभाषा नियमों का अनुपालन हो रहा है, यथा—हिन्दी में प्राप्त पत्रों का उत्तर हिन्दी में दिया जा रहा है, हिन्दी में लिखे गए और हस्ताक्षरित चेक स्वीकार किए जा रहे हैं, वेतन-बिलों सहित, वित्तीय किसिम के दस्तावेजों पर हिन्दी में हस्ताक्षर किए जा रहे हैं, टिप्पणियाँ, मसौदे, मंजूरी रजिस्टर, संकल्प, सामान्य आदेश, प्रशासनिक रिपोर्ट, नोटिस, विज्ञापन, बैंकों द्वारा निष्पादित सभी तरह की संविदाएँ, निर्णय, अनुदेश संबंधी सभी कार्य हिन्दी में किए जा रहे हैं, इसके साथ ही वार्षिक रिपोर्ट, फाइल कवर, सील, रबर की मुहरें, डायरियाँ, स्टीकर, कैलेण्डर, विजिटिंग कार्ड, डेस्क कैलेण्डर और अन्य सभी उपहार की वस्तुएँ, साइन बोर्ड, काउन्टर मैनुअल, संहिता, फॉर्म, टाइपिस्टों, स्टेनोग्राफरों, डिमाण्ड ड्राफ्टों से संबंधित सभी कार्य अंग्रेजी के साथ-साथ अब हिन्दी में भी हो रहे हैं। यह शुभलक्षण है। अपनी मातृभाषा, राजभाषा, संपर्क भाषा और बहुलांश की भाषा हिन्दी के प्रति यही हमारा निष्कलुष और अनाविल कर्तव्य भी है।

(ख) बीमा की अवधारणा, बीमा क्षेत्र में हिन्दी की आवश्यकता एवं अनुप्रयोग—यह एक प्रीतिकर और दिलचस्प तथ्य है कि बैंक की तरह बीमा उद्योग की भी शुरुआत इटली में ही 14वीं शताब्दी में प्रारंभ हुई। बाद में यह कारोबार पॉलिसी पंजीकरण और विवादों को निपटाने के लिए 'चैंबर ऑफ इन्श्योरेन्स' (Chamber of Insurance) के नाम से 1575 ई० में लंदन में शुरू हुआ, किन्तु भारत में इसकी शुरुआत 19वीं शताब्दी में हुई। आकस्मिक घटनाओं या प्राकृतिक आपदा से हुई हानि की क्षतिपूर्ति के लिए बीमा का कारोबार शुरू हुआ। बीमा को कालान्तर में दो टुकड़ों में बाँटा गया—(1) जीवन बीमा निगम (Life Insurance Corporation) तथा (2) साधारण बीमा निगम (General Insurance

---

1. **व्यावहारिक एवं प्रयोजनमूलक हिन्दी तथा साहित्यशास्त्र—डॉ० फूलबदन सिंह, डॉ० विजय कुमार, पृष्ठ 28, भवदीय प्रकाशन, अयोध्या-फैजाबाद (उ० प्र०) मूल्य 68 रु० सन् 2003**
2. **स्वर्ण जयन्ती समारोह स्मारिका—पृष्ठ 113, मैसूर हिन्दी प्रचार परिषद—बैंगलोर, मूल्य 500 रु०, सन् 1995**

Corporation)। **डॉ० गिरधर बलोधी**[1] का कहना है कि साधारण बीमा निगम का कारोबार भारत में अपने 72 क्षेत्रीय कार्यालय, 1027 मंडल कार्यालय और 3037 शाखा कार्यालयों द्वारा किया जाता है, जिनमें लगभग एक लाख कार्मिक कार्यरत हैं। निगम की विदेशों में 17 शाखा या सहायक कम्पनियाँ बीमा कारोबार कर रही हैं, जबकि 'लाइफ इन्श्योरेन्स कारपोरेशन 96289 कार्मिक 6 क्षेत्रीय कार्यालय, 71 मंडल कार्यालय और 1651 शाखा कार्यालयों में कार्यरत हैं। जीवन बीमा निगम का राष्ट्रीयकरण सन् 1956 ई० में किया गया। इधर, साधारण बीमा कारोबार का राष्ट्रीयकरण सन् 1972 ई० में हुआ। बीमा व्यवसाय के नियंत्रण हेतु 1 जनवरी, 1973 ई० को भारतीय साधारण बीमा निगम की स्थापना की गई। स्वतंत्र रूप से साधारण बीमा व्यवसाय करने वाली 107 निजी कम्पनियों का विलीनीकरण साधारण बीमा निगम में 1 जनवरी, 1974 ई० को किया गया। निगम की स्थापना के बाद चार सहायक कम्पनियों का निर्माण किया गया जो—ओरियंटल इन्श्योरेन्स कम्पनी (Oriental Insurance Company), यूनाइटेड इन्श्योरेन्स कम्पनी (United Insurance Company), न्यू इण्डिया इन्श्योरेन्स कम्पनी (New India Insurance Company) तथा नेशनल इन्श्योरेन्स कम्पनी (National Insurance Company) के नाम से जानी जाती हैं।

बैंकों की तरह जीवन बीमा निगम ने भी भारत के लगभग हर गाँव में अपनी उपस्थिति दर्ज करा लिया है। अत: ऐसी स्थिति में बैंकों की तरह जन-जन की सेवा करते हुए अपनी आर्थिक स्थिति को पुख्ता करने के लिए बीमा निगम को भी अपनी देसी भाषा की आवश्यकता महसूस हुई। संभवत: साठ के दशक तक निगम में हिन्दी प्रयोग की स्थिति लगभग शून्य थी, बल्कि भारत सरकार के राजभाषा संबंधी आदेश भी निगम पर लागू नहीं किए जाते थे, किन्तु आज स्थिति बदली है। हिन्दी भाषा को राजभाषा के रूप में प्रतिष्ठापित करने, राजभाषा हिन्दी में व्यावहारिक पक्ष को मजबूत करने, निगम में प्रयुक्त होने वाली अंग्रेजी शब्दावली का हिन्दीकरण करने, अपने केन्द्रीय कार्यालयों से लेकर गाँव-जवार में फैले छोटे कार्यालयों तक राजभाषा अधिनियम एवं नियमों को लागू करने, बीमादारों की सेवा हिन्दी में ही करने—कुल मिलाकर हिन्दी प्रयोग में पग-पग पर उत्पन्न होने वाली कठिनाइयों और समस्याओं का निराकरण बड़े धैर्यपूर्वक करते हुए प्रेम एवं सद्भाव से बीमा निगम के कर्मचारियों-अधिकारियों ने हिन्दी प्रयोग को काफी ऊँचाई तक पहुँचाया है, इसमें कोई द्वैध नहीं, यद्यपि अंग्रेजी कम्प्यूटर की वजह से कुछ समय के लिए बाधा जरूर हुई थी, किन्तु पुन: कम्प्यूटरों में हिन्दी प्रयोग शुरू हो जाने से इस निगम में हिन्दी-प्रयोग पूर्व की स्थिति को प्राप्त हो गया है।

राजभाषा अधिनियम की धारा 3(3) का, जिसके तहत कुछ कागजात हिन्दी और अंग्रेजी में साथ-साथ जारी करना अनिवार्य है तथा नियम 5 का, जिसके अन्तर्गत् हिन्दी में प्राप्त पत्र का उत्तर हिन्दी में दिया जाना अनिवार्य है—का अनुपालन निगम में कुछ अपवादों को छोड़कर ठीक ढंग से होता है। भारत के प्रधानमंत्री महोदय की कार्यालयी कामकाज में हिन्दी के उत्तरोत्तर प्रयोग को सुनिश्चित करने संबंधी इच्छा को ध्यान में रखते हुए "**भारत सरकार के वित्त मंत्रालय से समय-समय पर निगम को हिन्दी प्रयोग संबंधी कुछ सुझाव**" मिलते रहते हैं, जिनमें से कुछ को इस प्रकार देखा जा सकता है—

---

1. **अनुवाद : स्वरूप और आयाम—सं० डॉ० त्रिभुवन राय, पृष्ठ 105-106**

1. उपस्थिति पंजी में प्रतिदिन हिन्दी में हस्ताक्षर करें,
2. आकस्मिक छुट्टी अर्जित छुट्टी आदि सभी प्रकार की छुट्टियों के आवेदन पत्र हिन्दी में ही भरें,
3. छुट्टी के लिए यदि घर से पत्र भेजना पड़े तो वह भी हिन्दी में ही लिखें,
4. कार्यालय में देर से आने तथा कार्यालय से जल्दी जाने की अनुमति पाने के आवेदन पत्र हिन्दी में ही भरें/लिखें,
5. पूर्व अग्रिम छुट्टी यात्रा रियाअत अग्रिम तथा कार्यालयीन कामकाज हेतु करने वाले दौरों के लिए माँगी जाने वाली अग्रिम राशि आदि के आवेदन पत्र हिन्दी में भरें/लिखें,
6. वेतन प्रमाण पत्र, अतिथि गृह की सुविधा पाने के लिए प्रमाण–पत्र, पासपोर्ट आदि के लिए अनापत्ति प्रमाण–पत्र, विद्याभ्यास जारी रखने तथा परीक्षा देने के लिए अनुमति प्राप्त करने आदि के लिए आवेदन पत्र हिन्दी में ही लिखें,
7. अपना एक कार्यालय/नगर से दूसरे कार्यालय/नगर में स्थानान्तरण करवाने के लिए आवेदन हिन्दी में ही प्रस्तुत करें,
8. अपनी पदोन्नति को स्वीकार/अस्वीकार दर्शाने के लिए पत्र हिन्दी में ही भरें,
9. छुट्टी, यात्रा रियायत के प्रवास भत्ते प्राप्त करने के आवेदन पत्र हिन्दी में ही भरें,
10. कार्यालय के कामकाज के लिए जाने वाले दौरे का प्रवास भत्ता प्रपत्र हिन्दी में ही भरें,
11. कार्यालय में कामकाज संबंधी कोई तकलीफ हो, किसी प्रकार की कोई शिकायत हो तो उस विषय के पत्राचार हिन्दी में ही करें,
12. अपनी दैनिकी (डायरी) हिन्दी में ही लिखें,
13. कार्यालय से वेतन, पर्व, अग्रिम आदि राशि प्राप्त करते समय अपने हस्ताक्षर हिन्दी में ही करें,
14. पत्राचार चाहे किसी भी भाषा में क्यों न हो, अपने हस्ताक्षर हिन्दी में करें,
15. सभी नोट/टिप्पणी/निर्णय हिन्दी में ही लिखें,
16. कार्यालय के सभी आंतरिक एवं बाह्य पत्राचार हिन्दी में ही करें,
17. सभी मूल पत्र हिन्दी में ही जारी करें,
18. हिन्दी में प्राप्त पत्रों के उत्तर अनिवार्यत: हिन्दी में ही दें,
19. सभी परिपत्र हिन्दी में या द्विभाषी (हिन्दी–अंग्रेजी) में ही जारी करें,
20. सभी फाइलों, रजिस्टरों, फोल्डरों आदि पर नाम, विषयवस्तु हिन्दी में ही लिखें,
21. सभी रजिस्टरों में शीर्षक तथा विषय हिन्दी में ही लिखें,
22. रजिस्टरों में सभी प्रविष्टियाँ (Entry) हिन्दी में ही करें,
23. रबड़ की सभी मोहरें द्विभाषी (हिन्दी व अंग्रेजी) बनवाएँ,

24. भुगतान बाउचर सभी हिन्दी में तैयार करें,
25. सभी चेक हिन्दी में ही जारी करें,
26. सभी तार हिन्दी में ही भेंजें,
27. सभी पत्रों/लिफाफों में नाम व पते हिन्दी में ही लिखें,
28. कार्यालय में बीमादारों आदि के लिए लगवाए जाने वाले सूचना पट्ट द्विभाषी हों, जिसमें ऊपर हिन्दी तथा नीचे अंग्रेजी भाषा में सूचना लिखी गयी हो तथा दोनों भाषाओं के अक्षरों के नाम एक समान हो,
29. कार्यालयाध्यक्ष द्वारा दीपावली, नववर्ष आदि जैसे पावन पर्वों पर जारी किए जाने वाले आमंत्रण हिन्दी में ही जारी करें,
30. कार्यालय में आयोजित किसी भी अवसर के लिए जारी किए जाने वाले आमंत्रण पत्र हिन्दी में ही जारी करें,
31. वर्तमान पत्रों में प्रकाशित करवाए जाने वाले विज्ञापन, नोटिस आदि हिन्दी में ही जारी करें,
32. कार्यालय द्वारा प्रकाशित की जाने वाली पत्रिकाएँ हिन्दी में ही प्रकाशित करें,
33. अभिकर्ताओं, विकास अधिकारियों, कर्मचारियों के नाम जारी किए जाने वाले प्रोत्साहन पत्र हिन्दी में जारी करें,
34. कार्यालय द्वारा आयोजित सभी विभागों के सेमीनार, कार्यशाला, प्रशिक्षण सत्र आदि में सभी प्रवचन, प्रशिक्षण, प्रश्नोत्तरी आदि हिन्दी में ही भरें तथा
35. कार्यालय द्वारा प्रायोजित सभी प्रकार के समारोहों में पूरे क्रियाकलाप हिन्दी में ही करें।

सच तो यह है कि वैश्वीकरण के चलते औद्योगिक गतिविधियों में जो तेजी आयी है, उसके फलस्वरूप भारतीय बीमा व्यवसाय में एक नया मोड़ आया है। बीमा क्षेत्र में अपनी-अपनी हिस्सेदारी बढ़ाने के लिए कम्पनियाँ अन्तर्राष्ट्रीय स्तर पर संघर्ष कर रही हैं। विश्व की सबसे बड़ी बीमा कम्पनी 'स्विसरे सिगमा' ने अभी हाल ही में 30 से अधिक देशों की बीमा कम्पनियों का तुलनात्मक अध्ययन किया है। इस अध्ययन के आधार पर यह निष्कर्ष निकला है कि अन्तर्राष्ट्रीय स्तर पर चीन के बाद भारत ही ऐसा देश है, जिसके बीमा बाजार में चमकने के आसार हैं। 2005-06 में बीमा की लाभांश दर में 7.5% वृद्धि होने की अपार संभावना है। अन्तर्राष्ट्रीय स्तर पर बीमा बाजार में अपनी खास जगह बनाने वाले 30 देशों में से चुने गए 'टॉपटेन' प्रतिद्वंद्वियों में भारत का नाम शामिल है। अध्ययन के मुताबिक विश्व में जीवन बीमा बाजार में भारत का 18वाँ और जीवन बीमा क्षेत्र में 28वाँ स्थान है। जाहिर है, बीमा बाजार में अपना वर्चस्व और एकाधिकार बनाए रखने के लिए देशी-विदेशी कम्पनियों को इस देश में एक सशक्त भाषा की जरूरत पड़ेगी, वह भाषा हिन्दी ही होगी, क्योंकि इससे बढ़िया बाजार की भाषा कोई दूसरी नहीं हो सकती। संभवतः इसीलिए भारतीय बीमा कम्पनियाँ पहले से ही सजग-सचेष्ट हैं, क्योंकि यहाँ राजभाषा नियम 1976 के उपनियम 5 और 7 के अनुसार हिन्दी में प्राप्त पत्रों के उत्तर हिन्दी में ही दिए जा रहे हैं। कर्मचारियों का बड़ा समूह हिन्दी में हस्ताक्षर कर रहा है, दस्तावेज, सामान्य आदेश, परिपत्र, एजेन्सी-

लाइसेन्स पॉलिसी-दस्तावेज, वाहन एवं आवास संबंधी करार हिन्दी और अंग्रेजी दोनों भाषाओं में जारी हो रहे हैं, प्रत्येक तिमाही में राजभाषा कार्यान्वयन समिति की बैठकें शाखा प्रबंधक की अध्यक्षता में होती हैं, रबर की मोहरें, नामपट्ट, विभिन्न तरह के फॉर्म, साइन बोर्ड अंग्रेजी के साथ-साथ हिन्दी में भी उपलब्ध होते हैं। कुल मिलाकर भारतीय जीवन बीमा निगम में हिन्दी पत्राचार का प्रतिशत काफी प्रगति पर है। भारतीय जीवन बीमा निगम मण्डल कार्यालय-वाराणसी के कर्मचारियों को हिन्दी में पत्रोत्तर देने के लिए बधाई देते हुए मैं 01.04.2003 से 30.6.2003 की तिमाही में उनके द्वारा विभिन्न विभागों द्वारा प्रेषित पत्रों/कागजों की डाक का उदाहरण प्रस्तुत कर रहा हूँ। यहाँ आप पाएँगे कि भारतीय जीवन बीमा निगम में हिन्दी का प्रयोग उत्तरोत्तर प्रगति पर है—

उदाहरण—1

दिनांक 01.04.2003 से 30.6.2003 की तिमाही में वाराणसी मंडल कार्यालय के विभिन्न विभागों द्वारा हिन्दी में प्रेषित पत्रों/कागजों की डाक प्रेषण से बनाए गए जाँच बिन्दु की समीक्षा प्रस्तुत की जा रही है—

क्र० सं०	विभागों का नाम	प्रेषित पत्रों/कागजों की संख्या		योग	हिन्दी पत्रों/कागजों का प्रतिशत	
		हिन्दी	अंग्रेजी		मार्च 03 तिमाही	जून 03 तिमाही
01	का० और सं०	192	—	192	99.76	100
02	कार्यालय सेवा	380	03	382	99.70	99.22
03	नव व्यवसाय	179	—	382	99.72	100
04	विधि एवं आवास संपदा	201	01	202	99.71	99.50
05	व० मं० प्र० सचिवालय	66	—	66	99.12	100
06	विक्रय	266	01	267	99.74	99.62
07	वित्त एवं लेखा	201	—	201	100	100
08	योजना	49	—	49	100	100
09	शाखा समन्वय इकाई	246	—	246	99.66	100
10	बीमा सेवा	208	—	208	99.71	100
11	दावा	230	—	230	100	100
12	वेतन बचत योजना	176	—	176	100	100
13	सूचना एवं प्रौद्योगिकी	209	02	211	99.52	99.05
14	विक्रय प्रशिक्षण केन्द्र	112	01	113	99.42	99.11
15	मण्डल प्रशिक्षण केन्द्र	83	01	84	99.10	98.81
16	ग्राहक सम्बन्ध	201	02	203	98.87	99.01
	योग	2999	11	3010	99.67	99.63

उदाहरण—2

क्र० सं०	विभागों/शाखा का नाम	प्रेषित पत्रों/कागजों की संख्या		योग	हिन्दी पत्रों/कागजों का प्रतिशत	
		हिन्दी	अंग्रेजी		मार्च 03 तिमाही	जून 03 तिमाही
01	नगर शाखा-4	—	—	—	—	—
02	गाजीपुर	91	3	94	100	96.80
03	बलिया	28	1	29	04.12	96.55
04	मिर्जापुर	07	—	07	—	100
05	राबर्ट्सगंज	54	—	54	97.22	100
06	नगर शाखा-1	04	—	04	94.44	100
07	जिला शाखा	—	—	—	100	—
08	जौनपुर-1	35	—	35	100	100
09	मुगलसराय	91	1	92	100	98.91
10	ज्ञानपुर	—	—	—	—	—
11	नगर शाखा-2	11	—	11	—	100
12	चुनार	31	2	33	71.43	93.94
13	भदोही	09	—	09	—	100
14	रेणुकूट	10	—	10	100	100
15	रसड़ा	15	2	17	94.87	88.23
16.	शाहगंज	52	—	52	100	100
17	केराकत	22	—	22	100	100
18	सैदपुर	05	—	05	100	100
19	अनपरा	30	—	30	82.33	100
20	विन्ध्याचल	—	—	—	83.33	100
21	पेंशन समूह बीमा	07	—	07	100	100

उदाहरण—3

वाराणसी मण्डल के अधीनस्थ सभी शाखाओं की तुलनात्मक राजभाषा (हिन्दी) निरीक्षण मूल्यांकन श्रेणी—

क्र० सं०	शाखा का नाम	2001-2002	2002-2003	2003-2004
1.	नगर शाखा-4, वाराणसी	अति उत्तम	अति उत्तम	—
2.	गाजीपुर	सर्वोत्तम	अति उत्तम	उत्तम
3.	बलिया	सर्वोत्तम	सर्वोत्तम	अति उत्तम
4.	मिर्जापुर	उत्तम	सर्वोत्तम	सर्वोत्तम
5.	राबर्ट्सगंज	अति उत्तम	उत्तम	—

क्र० सं०	शाखा का नाम	2001-2002	2002-2003	2003-2004
6.	नगर शाखा-1, वाराणसी	अति उत्तम	अति उत्तम	—
7.	जिला शाखा, वाराणसी	सामान्य	सर्वोत्तम	—
8.	जौनपुर-1	अति उत्तम	सर्वोत्तम	सर्वोत्तम
9.	मुगलसराय	अति उत्तम	अति उत्तम	अति उत्तम
10.	ज्ञानपुर	अति उत्तम	अति उत्तम	अति उत्तम
11.	नगर शाखा-2, वाराणसी	उत्कृष्ट	उत्तम	—
12.	सी० ए० बी० वाराणसी	अति उत्तम	अति उत्तम	—
13.	चुनार	उत्तम	अति उत्तम	अति उत्तम
14.	भदोही	सर्वोत्तम	सर्वोत्तम	अति उत्तम
15.	रेणुकूट	सर्वोत्तम	सर्वोत्तम	अति उत्तम
16.	रसड़ा	निकृष्ट	उत्तम	सर्वोत्तम
17.	युसुफपुर मो०	सर्वोत्तम	सर्वोत्तम	—
18.	शाहगंज	अति उत्तम	अति उत्तम	—
19.	मड़ुवाडीह	सामान्य	अति उत्तम	—
20.	केराकत	अति उत्तम	अति उत्तम	साधारण
21.	सारनाथ	सर्वोत्तम	सर्वोत्तम	अति उत्तम
22.	मुँगराबादशाहपुर	अति उत्तम	अति उत्तम	अति उत्तम
23.	सैदपुर	उत्तम	उत्तम	अति उत्तम
24.	नगर शाखा-3, वाराणसी	उत्तम	अति उत्तम	उत्तम
25.	अपनरा	अति उत्तम	अति उत्तम	—
26.	जौनपुर-2	अति उत्तम	सर्वोत्तम	अति उत्तम
27.	विन्ध्याचल	उत्तम	अति उत्तम	अति उत्तम
28.	बाँसडीह	सर्वोत्तम	सर्वोत्तम	सर्वोत्तम
29.	राजभाषा अनुभाग म० का० वाराणसी	सर्वोत्तम	सर्वोत्तम	अति उत्तम

(ग) बाजार की अवधारणा के क्षेत्र में हिन्दी की आवश्यकता एवं अनुप्रयोग— आज के बाजारवादी और तिजारती समय में जब जीवन की आर्द्रता सूख रही है, जहाँ विश्व की ढेरों भाषाएँ 'किचेन लैंग्वेज' अर्थात् रसोई की भाषा में तब्दील होने की स्थिति में पहुँच रही हैं, वहाँ हिन्दी ने विखण्डनवादियों और विरोधियों द्वारा समय-समय पर उत्पन्न यंत्रणाओं और संतापों को डरावने रूपकों की तरह झेलती अपने भीतर जीवन जीने की लय और अपनी अस्मिता को बचाए रखा, बल्कि यह भी कहा जा सकता है कि तमाम तरह के ताप-मलूक को झेलती हिन्दी ने अपने भीतर की रचनात्मक आँच और ऊष्मा के बल पर अपनी अखिलदेशीय पहचान बना ली। विशिष्ट राष्ट्रीय-सांस्कृतिक मूल्यों को जीने की अपनी ताकत के आधार पर पहले यह भारतीय गाँवों के खेत-खलिहान की भाषा थी, कल-

कारखानों की भाषा थी, साधु-सन्तों की भाषा थी, फौजियों की भाषा थी, फिल्मों की भाषा थी और आज यह अपने लचर और वैविध्य-भरे स्वभाव के कारण विश्व-बाजार की भाषा बन गयी है, भूमंडलीकरण यानी विश्वग्राम की गुलाबी भाषा बन रही है, साफ शब्दों में यह विचार की भाषा है, विमर्श की भाषा है और एक ठोस शब्द में आज यह बाजार पर राज करने वाली बहुराष्ट्रीय कम्पनियों की अनिवार्य भाषा हो गयी है, बाजार और विज्ञापन के लिए इसके बरक्स विकल्प के रूप में चिराग़ से तलाशने पर भी दूसरी कोई भाषा दिखाई नहीं देती।

बाजार की मुख्य भाषा बनकर इसने बाजार का नक्शा और चरित्र तो बदल ही दिया है, राष्ट्र की सरहदों को भी लाँघ लिया है। हिन्दी के लिए चीन अब हिमालय पार नहीं रहा, पाकिस्तानी बाजार में भी पहुँच इसने अपने होने का परचम लहरा दिया है। समुद्र पार जाकर अब यह श्रीलंका और योरोप के देशों में इन्टरनेट, ई-मेल और कम्प्यूटर के माध्यम से अपनी उपस्थिति दर्ज करा चुकी है। आज के बाजार के 'ग्लोब' में हिन्दी पूरी तरह 'फिट' हो चुकी है। वस्तुतः भाषा सभ्यता की सबसे दुलारी बिटिया और रक्षक होती है। वही मानव जीवन की सर्वोपरि रचनात्मक विभूति होती है। इस भाषा-विभूति में ही दैनंदिन व्यवहार-सरोकार से लेकर संस्कृति के विभिन्न विशिष्ट रूपों की रचना और विमर्श संभव होते हैं। अपने इन्हीं लोकोत्तर गुणों के कारण इसने धूसर बियाबान में भी अपनी मुकम्मल और पुख्ता जगह बना ली। अगर देखा जाय तो भूमंडलीकरण की आँधी पिछले डेढ़-सौ साल से चल रही है, लेकिन हिन्दी का सृजनात्मक दीपक तो अपने संपूर्ण लौ-लपक के साथ विविध रंगी रूप में अजस्त्रम निष्कंप जलते हुए संपूर्ण देश को हजारों साल से प्रकाशित कर रहा है, तभी तो महाराष्ट्र के संत नामदेव ने अपने पद खड़ी बोली और ब्रजभाषा में रचे। गुजराती भाषी स्वामी दयानंद ने अपना अनुपम ग्रंथ 'सत्यप्रकाश' हिन्दी में लिखा। उनके अधिसंख्य प्रवचन भी हिन्दी में होते थे। लोकमान्य तिलक मराठी भाषी थे, लेकिन उन्होंने घोषणा की कि, "राष्ट्रीय स्वाभिमान और सुविधा की दृष्टि से हिन्दी ही सबसे उपयुक्त संपर्क भाषा होगी।" बापू भी गुजराती भाषी थे, लेकिन उन्होंने अपने अनुभव के आधार पर कहा था कि, "राष्ट्रीय व्यवहार में हिन्दी को काम में लाना देश की एकता और उन्नति के लिए आवश्यक है। इसी तरह विनोबा भावे मराठी थे, लेकिन उन्हें 'भूदान आंदोलन' के लिए पदयात्रा करने के दौरान लगा कि हिन्दी भाषा का प्रयोग देश में एक संपर्क भाषा के रूप में किया जा सकता है। बापू के प्रयासों से सन् 1918 ई० में होमरूल कार्यालय में सी० पी० रामास्वामी आयंगर की अध्यक्षता में श्रीमती एनी वेसेन्ट ने प्रथम हिन्दी वर्ष का उद्घाटन किया। हिन्दी की इस घटना में जितने भी लोग थे, वे सब अहिन्दी भाषी थे। स्वतंत्रता आंदोलन के समय जितनी भी महत्वपूर्ण सामाजिक संस्थाएँ थीं, उन सबने अपने कार्यक्रमों में हिन्दी को महत्वपूर्ण स्थान दिया। ब्रह्म समाज, आर्यसमाज, सनातन धर्म सभा, थियोसोफिकल सोसाइटी, प्रार्थना समाज, रामकृष्ण मिशन तथा राधास्वामी सम्प्रदाय आदि ने अपना संदेश लोगों तक पहुँचाने के लिए हिन्दी का आश्रय लिया। दक्षिण भारत में इसका विकास 'दक्खिनी हिन्दी' के नाम से हुआ। अंग्रेजों ने दक्षिण भारत पर अपने राज्य का प्रसार करते समय गोरे फौजी अफसरों के लिए यह जरूरी कर दिया था कि वे हिन्दी सीखें। जॉर्ज ग्रियर्सन के अनुसार उन दिनों कुछ अंग्रेज सौदागर निःसंदेह धड़ल्ले से हिन्दुस्तानी बोल सकते थे[1] कुल मिलाकर हिन्दी इस देश की संस्कृतिक एकता

1. **समकालीन साहित्य समाचार में डॉ० शंकर दयाल शर्मा का लेख, पृष्ठ 10, किताब घर, दिल्ली, अक्टूबर-1997**

की भाषा रही है—"Thus we see that the installation of Hindi as the national language is merely a regeneration brought about through a removal of the adverse conditions created by political subjugation. Indeed this regeneration may justifiably be called self-deliverance, for the rise of Hindi xxx In the background, there is the Sanskrit vocabulary, well organised and abundant in meaning and several dialects, spoken over a wide and extensive region xxx The time-honoured common speech of Madhyadesh is once again fast growing to be a medium of the cultural unity of India."

सच तो यह है कि हिन्दी कई विभिन्न धाराओं का समाहार है। हिन्दी भारत के सनातन अनुभव, ज्ञान, प्रज्ञा और मेधा वाले राष्ट्र जीवन की भाषा है। हिन्दी के पास सतत प्रवाही ऊर्जा देने वाला संस्कृत का 'पॉवर हाऊस' है। वह संस्कृत से ऊर्जा लेती है। संस्कृत से जीवन रस पाती है।[1] यही हिन्दी आज भारतीय बाजार की नियामक भाषा बनी है। इसने कार्पोरेट जगत की समस्त चुनौतियों को स्वीकार किया। सूचना प्रौद्योगिकी से इसका गहरा रिश्ता है। कोई भी देसी-विदेशी टी० वी० चैनल हिन्दी में ही विज्ञापन देकर अपने कारोबार और उद्योग को आगे बढ़ा पा रहा है। कुल मिलाकर राजभाषा का दर्जा देते समय शायद यह किसी ने सोचा भी न होगा कि हिन्दी में पचास हजार से लेकर पाँच लाख रुपए से अधिक की नौकरियाँ भी मिल सकेगी। आज हर मामले में हिन्दी का दायरा बढ़ा है। कई चैनल हिन्दी में चौबीस घण्टे का कार्यक्रम लेकर हाजिर हैं और बात कार्पोरेट जगत की हो तो ऐसी कोई कम्पनी या बहुराष्ट्रीय कम्पनी नहीं, जो हिन्दी में विज्ञापन बनाए बिना अपना उत्पाद बेच लेती हो। सूचना प्रौद्योगिकी के संदर्भ में इसका कोई मुकाबला नहीं।

आज प्रिंट मीडिया, इलेक्ट्रॉनिक मीडिया, सिनेमा तथा चैनलों की चकाचौंध ने तो हिन्दी को एक नया बाजार दिया है और हिन्दी के कारण न जाने कितने लोगों को रोजगार मिला हुआ है। हिन्दी के बढ़ते दायरे का अंदाजा इस बात से भी लगाया जा सकता है कि अंग्रेजी वर्चस्व वाले चैनल हिन्दी की तरफ तीव्र गति से बढ़ने लगे हैं। धर्म, दर्शन, अध्यात्म, बड़ों के लिए, बच्चों के लिए हर तरह के मनोरंजक व जानकारीपरक कार्यक्रम आपको हिन्दी में मिल जाएँगे। डिस्कवरी चैनल हो या अन्य तमाम चैनल अंग्रेजी या किसी दूसरी भाषा में कार्यक्रम भी डब करके या जैसे भी हो, हिन्दी के लोगों तक हिन्दी में पहुँचते हैं और तो और विदेशी लोगों द्वारा उत्पादों के प्रचार से संबंधित कार्यक्रम भी 'डब' करके हिन्दी में ही प्रस्तुत किए जाते हैं। एक बात तो यह माननी ही पड़ेगी कि इस देश में जब भी अपनी बात वृहद पैमाने पर या जन-जन तक पहुँचानी होगी तो हिन्दी का सहारा लेना ही पड़ेगा और चौबीसों घण्टों चलने वाले इन चैनलों ने यह रहस्य समझ लिया है। एक-से-बढ़कर एक तेज तर्रार चैनल देश-दुनिया के कोने-कोने की हर पल की खबरें हिन्दी में दे रहे हैं। यह भी देखने में आ रहा है कि अंग्रेजी पढ़े लोग भी रोजी-रोटी के लिए इन हिन्दी चैनलों की शरण में आते जा रहे हैं। देश में हिन्दी में सर्वाधिक पत्र-पत्रिकाएँ निकलती हैं। हिन्दी सिनेमा का जादू तो पूरी दुनिया में सिर चढ़कर बोल रहा है। विदेशों में हिन्दी फिल्में खूब पसंद की जा रही हैं।

---

1. **भारतीय वाङ्मय में हृदय नारायण दीक्षित का लेख, पृष्ठ 2, विश्वविद्यालय प्रकाशन, वाराणसी, दिसंबर-2000**

हिन्दी फिल्मों के बढ़ते कारोबार से इस बात का सहज अंदाजा लगाया जा सकता है कि हिन्दी कितनी जीवंत भाषा है।[1]

पर कष्ट होता है कि आज इलेक्ट्रॉनिक और प्रिन्ट मीडिया में भाषा के प्रति बेहद लापरवाही और उसके साथ अनाचार का एक नया युग आरंभ हो गया है और सारी राजनीति उसका कोई प्रतिरोध करने के बजाय उसका अपने हितों के लिए लाभ लेने में लग गयी है। कोई भाषा शुद्ध नहीं होती और न ही रह सकती है। परिवर्तन भाषा की उत्तर जीविता का आधार होता है, लेकिन अगर ऐसे परिवर्तन बौद्धिक आलस्य, भाषिक लापरवाही और सांस्कृतिक शिथिलता के कारण आते हैं, जैसा कि इन दिनों आ रहे हैं, तो उनसे भाषा की अपनी पहचान के खो जाने का संकट पैदा हो जाता है। राजभाषा के निहायत गैर मुहावरेदार और अनुवादजीवी रूप ने अगर हिन्दी को एक स्तर पर उसकी मटमैली गंध से काटकर बनाने की कोशिश की तो आज का मीडिया अधिकांशतः उसे घटिया हालाँकि चिकनी-चुपड़ी अंग्रेजी का गरीब जोरू बनाने पर तुला है। अच्छी और साफ-सुथरी हिन्दी अब साहित्य के अलावा सार्वजनिक जीवन के प्रायः हरेक क्षेत्र से गायब होती जान पड़ती है।[2] यही नहीं, आज हिन्दी पत्र-पत्रिकाओं और टी० वी० समाचारों में आए दिन ऐसे शब्द प्रयोग किए जा रहे हैं, जो हिन्दी का मखौल ही अधिक उड़ा रहे हैं। अक्सर टी० वी० की खबरों में 'अन्तर्राष्ट्रीय जगत' शब्द का इस्तेमाल होता है, मगर यह कोई ध्यान नहीं देता कि जगत भला अन्तर्राष्ट्रीय कैसे हो सकता है? इसी तरह 'ग्लोबलाइजेशन' के हिन्दी अर्थ में अखबारों में प्रायः खगोलीकरण शब्द भी लिखा मिलता है? जिसका तात्पर्य पृथ्वी से न होकर 'रव' यानी आकाश से ही है। इसलिए इस संबंध में भूमंडलीकरण या वैश्वीकरण जैसे शब्दों का प्रयोग ही उचित है।[3] बहरहाल, इन सब विरोधाभासों के बावजूद हिन्दी अब पराजित और विफल भाषा नहीं, बल्कि बाजार की जीवंत भाषा बन चुकी है।

(घ) विधि या विधिक क्षेत्रों में हिन्दी प्रयोग की स्थिति—फटी-चिटकी बेवाय, धूल-धूसरित रीती-रिक्त जेब, मद्धिम हो गई रोशनी वाली आँखों पर बिजली के 'ट्रांसफार्मर' की तरह 'पॉवर' वाला चश्मा लगा, किसी तरह माँग—चह और जुगाड़ कर वकील की बेमुरौव्वत 'फीस' चुकता कर इस देश का मुवक्किल जब अपने मुकदमें की बहस सुनने के लिए अपने ही देश के न्यायाधीश के 'बहस-कक्ष' में पहुँचता है, तब वहाँ फर्राटेदार अंग्रेजी भाषा में होने वाली बहस को बकर-बकर सुनने और ठगे-ठिठकने के अलावा वह समझ नहीं पाता कि उसकी हार हो रही है या जीत? साफ शब्दों में, हिन्दी इस देश के न्यायालयों में रोज हारती है। यही हिन्दी का त्रासद पक्ष है, कि वह इस देश की राजभाषा होने के बावजूद न्यायपालिका की जुबान नहीं बन पायी है, खासकर उच्च और उच्चतम न्यायालय में। जिस न्यायाधीश ने हिन्दी में फैसला सुनाने की कोशिश की, उसे कई तरह के संकट झेलने पड़े। **महात्मा गांधी ने[4] 1924 में** ही कहा था कि राज्यों की क्षेत्रीय भाषाएँ एक निश्चित अवधि के भीतर राज्य सरकारों, विधानमंडलों और अदालतों की राजभाषा बनें और अपील की कि अंतिम अदालत प्रिवी काउन्सिल की भाषा हिन्दुस्तानी हो। इसी तरह 1938 ई० में

---

1. **हिन्दुस्तान (दैनिक) रवि उत्सव में चैतन्य का लेख, पृष्ठ 1, 14 सितम्बर, 2003**
2. **जनसत्ता—अशोक बाजपेयी, 28 मार्च, 2004, कोलकाता संस्करण**
3. **जनसत्ता—शरद तिवारी, 30 मई, 2001, दिल्ली संस्करण**
4. **Indian's Language's Crisis—S. Mohan Kumar Mangalam, P. 12, New Century Book House, Madras**

उन्होंने पुन: कहा कि राज्यों की भाषाओं की गरिमा और लोक महत्त्व को बढ़ाने की दृष्टि से मैं चाहूँगा कि राज्यों की प्रादेशिक भाषा वहाँ की अदालतों की भाषा बने।[1]

पर, दुर्भाग्य से जो हिन्दी इस देश के जनजीवन का विराट स्पन्दन है, जिजीविषा का अथक वाद्यवृन्द है, लालित्य सम्पृक्त हृदयस्पर्शी रंगत है, वह राजनीति की विराट बेदखली की शिकार हुई। कभी वह टुच्ची राजनीति की, कभी साम्प्रदायिकता की तो कभी उत्तर-दक्षिण की भद्दी और नकचढ़ी, चिपटी, कुत्सित भावना की शिकार हुई, तभी तो **डॉ० गोपालस्वामी आयंगर**[2] लिखते हैं कि हम बुनियादी तौर पर यह मानते हैं कि उच्चतम न्यायालय और उच्च न्यायालयों में अंग्रेजी का प्रयोग तब तक जारी रहेगा, जब तक विधि-निर्माण और विधि-निर्वचन की क्षमता वहन करने के लिए हिन्दी पूर्णत: विकसित नहीं हो जाती और साथ ही संसद विस्तारपूर्वक विचार करने के बाद इस निर्णय पर नहीं पहुँचती कि अब वह अंग्रेजी का स्थान ले सकती है। मेरा अपना विचार है कि अगले पन्द्रह वर्षों से भी अधिक समय तक विधेयकों, विधियों और निर्वचनों के लिए अंग्रेजी यथावत बनी रहेगी। इधर, एक अन्य विधि-विशेषज्ञ **डॉ० चक्रधर नलिन**[3] बताते हैं कि अंग्रेज शासकों ने अपने शासनकाल में हिन्दी को पर्याप्त महत्त्व प्रदान कर अपना सार्वजनिक और अधिकांश राष्ट्रीय तथा अन्तराष्ट्रीय कार्य इसी भाषा में करने का प्रयास किया। उन्होंने भारतीय जनता के लिए हिन्दी में इश्तहार, संवाद, पत्र-व्यवहार, संकाय आदि प्रसारित किए। सरकार का समस्त देशी रियासतों तथा नेपाल आदि देशों से शासकीय पत्र-व्यवहार तथा संवाद का माध्यम हिन्दी बनाया।

अंग्रेज शासकों ने न्यायिक कार्य की भाषा नीति में हिन्दी को अदालती भाषा बनाया। उन्होंने बिहार में 1875 ई०, म० प्र० में जनवरी 1881 ई० तथा उत्तर प्रदेश, आगरा व अवध सहित भूभाग में 18 अप्रैल, 1900 ई० को हिन्दी प्रयोग का अध्याय प्रारंभ किया। राजाज्ञा सं० 585-1900/3-343, C-68 में सभी व्यक्तियों को अपने दावे या शिकायतें देवनागरी या परसियन रूप में यथानुसार अनुमति, सम्मन आदि उसी भाषा में भरने की अनुमति प्रदान की गई। इसी के तृतीय परन्तुकू में कहा गया कि जिन लोगों (कर्मचारियों) को एक वर्ष के अंदर देवनागरी का ज्ञान नहीं हो जाएगा तो उन्हें सरकारी सेवाओं से पृथक कर दिया जाएगा। इस प्रकार उत्तर प्रदेश में उक्त शासनादेश से उर्दू के साथ हिन्दी ज्ञान को अनिवार्य बनाया गया। ××× स्वतंत्रता पूर्व देशी रियासतों में हिन्दी, उर्दू हिन्दुस्तानी लिपि देवनागरी उच्च न्यायालयों तक की भाषा बनी रही। माननीय उच्च न्यायालय में हिन्दी वर्जित है। कोई भी याचिका, प्रार्थना-पत्र, तर्क, कार्यवाही, निर्णय, आदेश हिन्दी में नहीं हो सकते। न्याय के हित में भी उच्चतम न्यायालय ने समाजवादी नेता राजनारायण एवं वरिष्ठ अधिवक्ता वी० सी० मिश्र, इलाहाबाद उच्च न्यायालय को हिन्दी में तर्क प्रस्तुत करने की अनुमति प्रदान की। हिन्दी भाषी प्रदेशों—दिल्ली, उत्तर प्रदेश, मध्य प्रदेश, हिमाचल प्रदेश, राजस्थान, हरियाणा, बिहार, अंडमान-निकोवार के उच्च न्यायालयों में हिन्दी भाषा में तर्क सुनने की अनुमति है, किन्तु निर्णय की अंग्रेजी प्रति लगाना अनिवार्यता है। एक उच्च न्यायालय के हिन्दी-प्रेमी

---

1. **Evil Wrought by a English Medium—M. K. Gandhi, P. 17**
2. **Indian's Language's Crisis—S. Mohan Kumar Mangalam, P. 25**
3. **वीणा (मासिक) में डॉ० चक्रधर नलिन का लेख, पृष्ठ 12, 13, 16, इन्दौर, वर्ष-74, सितम्बर.** 2001

सेवानिवृत्त प्रधान न्यायाधीश का अनौपचारिक संलाप था कि उन्हें हिन्दी में निर्णय देने का दण्ड यह मिला कि उन्हें उच्चतम न्यायालय में काम करने का अवसर नहीं दिया गया।

अत: हिन्दी का चरित्र गढ़ने वाले अब इस मुगालते में न रहें कि स्वतंत्रता के बाद हिन्दी अपनी जड़, जमीन और सामाजिक चेतना से लैस हो गयी है। यह तथ्य अब निर्विवाद और निभ्रांत स्वीकार कर लिया गया है कि राजभाषा हिन्दी इस देश की अदालती भाषा नहीं है। **डॉ० सोहन लाल शर्मा**[1] सवाल पूछते हैं कि भारतीय भाषाओं में यदि कुछ कार्य हुआ हो तो उसके अंग्रेजी अनुवाद के बगैर मुकदमा उच्चतम न्यायालय में प्रस्तुत नहीं किया जा सकता। क्या यह हमारी लोकतांत्रिक और संवैधानिक आस्थाओं की गरिमा के अनुरूप है? एक ओर तो संविधान में भारत संघ की राजभाषा हिन्दी रखी गयी है, वहीं दूसरी ओर उच्चतम न्यायालय, जो उसका विशिष्ट अंग है, की भाषा अंग्रेजी रखी गयी है, अत: विधि के क्षेत्र में मौलिक चिन्तन और लेखन का विकास कैसे होगा? इधर, **डॉ० निशा दुबे**[2] भी इस बात की पुष्टि करती और कहती हैं कि (7)—भारत में सर्वोच्च न्यायालय एवं उच्च न्यायालय के निर्णयों, डिक्रियों एवं आदेशों की भाषा अंग्रेजी है, समस्त विधि, संसदीय, विधान मंडलीय, राष्ट्रपति एवं राज्यपाल के अध्यादेश (प्रत्यायोजित विधायन) के लिए भी अंग्रेजी भाषा का प्रचलन अधिक है, इसलिए न्यायाधीशों, अधिवक्ताओं, विधिवेत्ताओं, प्रकाशकों तथा प्राध्यापकों को उन्हें अंग्रेजी में ही पढ़कर समझना होता है और जिस विद्यार्थी को विधि अपनाना है, उसे भी विधि का ज्ञान ऐसी स्थिति में अंग्रेजी में ही ग्रहण करना पड़ेगा, (8)—कोई व्यक्ति विधि की शिक्षा किसी भी माध्यम (हिन्दी अथवा अहिन्दी) प्रादेशिक भाषा) से प्राप्त करें उसे अंग्रेजी भाषा में भी विधि का ज्ञान होना चाहिए, क्योंकि न्यायालय निर्वचन करते समय अंग्रेजी विधि के निर्वचन के सिद्धान्तों के अनुसार ही किसी विधि के निश्चित अर्थ का निर्धारण करते हैं। आगे वे लिखती हैं कि—

राज्यों की राजभाषा—अनुच्छेद 345(1) में राज्य विधानमंडल को हिन्दी या प्रादेशिक भाषा को राजभाषा के रूप में उपयोग करने की विधायिनी शक्ति प्रदान की गई और अंग्रेजी के उपयोग को ऐसी विधि न बनने तक जारी रखने की अनुमति दी गयी।

न्यायालयों की भाषा—अनुच्छेद 346(1) में सर्वोच्च न्यायालय एवं उच्च न्यायालय की कार्यवाहियों, निर्णयों, डिक्रियों एवं आदेशों की भाषा अंग्रेजी को ही घोषित किया गया, परन्तु संसद को इस दिशा में परिवर्तन करने के लिए विधायिकी शक्ति भी प्रदान की गयी, जिसका उपयोग संसद ने आज तक नहीं किया।

विधिक उपबंध—संसद ने प्राधिकृत अनुवाद (केन्द्रीय विधि) अधिनियम, 1973 पारित किया, जिसमें केन्द्रीय अधिनियमों के हिन्दी में प्राधिकृत पाठों का उपबंध किया गया, किन्तु इस अधिनियम का भी हिन्दी में विधि शिक्षा से सीधा संबंध नहीं है।

लेकिन, इसका अर्थ यह भी नहीं है कि न्याय व्यवस्था की भाषा के रूप में राजभाषा हिन्दी को प्रतिष्ठित करने तथा विधि के क्षेत्र में हिन्दी का प्रयोग बढ़ाने के लिए कोई उद्यम और प्रयास ही नहीं हुआ है। सरकार ने विधि साहित्य को हिन्दी की जुबान देने की कोशिश की है। अधिनियमों, नियमों, विनियमों, उच्चतम न्यायालय, उच्च न्यायालयों, प्रिवी

---

1. **स्वर्ण जयंती समारोह—मैसूर हिन्दी प्रचार-परिषद, बैंगलोर, पृष्ठ 108**
2. **'वीणा' में डॉ० निशा दुबे का 'विधि की शिक्षा का माध्यम : एक दृष्टिकोण' प्रकाशित लेख, पृष्ठ 45**

कौंसिल तथा संघीय न्यायालयों के पूर्व निर्णयों को हिन्दी भाषा में रूपान्तरित करने की कोशिश हो रही है। विश्वविद्यालयीय स्तर पर विधि की शिक्षा हिन्दी में देने, हिन्दी में स्तरीय विधि संबंधी मानक ग्रंथों को तैयार करने, विधि शब्दावली को नए सिरे से तैयार करने तथा विधि-संबंधी लिखित उत्कृष्ट पुस्तकों को पुरस्कारों से सम्मानित करने का शुभारंभ हो गया है। अब मैं **डॉ० व्रज किशोर शर्मा,**[1] पूर्व अपर सचिव, विधि-मंत्रालय, भारत सरकार द्वारा प्रस्तुत कुछ तथ्यों को प्रामाणिक रूप में आपके समक्ष उनसे साभार प्रस्तुत कर रहा हूँ। आप यहाँ देखेंगे कि केन्द्र सरकार ने हिन्दी में विधि-साहित्य के प्रचार-प्रसार के लिए समय-समय पर क्या-क्या प्रयास किया है—

7 जून, 1955 को श्री बी० जी० खैर की अध्यक्षता में जो राजभाषा आयोग नियुक्त किया गया था उसने अपनी रिपोर्ट में पृष्ठ 175 पर यह सिफारिश की—

1. विधि और विधि निर्माण के क्षेत्र में भाषा के माध्यम का परिवर्तन पूरा करने के लिए उसमें निम्न प्रारम्भिक कार्य आवश्यक जान पड़ते हैं।
   (i) एक प्रामाणिक विधिक—शब्दकोश,
   (ii) केन्द्रीय और राज्य दोनों की विधियों का, हिन्दी में पुनर्निर्माण और पुनर्ग्रथन करना।
2. राजभाषा आयोग की सिफारिश को स्वीकार करते हुए संसदीय राजभाषा समिति (1958) ने अपनी रिपोर्ट में, पृष्ठ 28-29 पर, यह सिफारिश की—

   "कार्य की जटिलता को ध्यान में रखते हुए, समिति का यह विचार है कि विधि शब्दावली और शब्द संग्रहों के तैयार किये जाने और कानूनों के हिन्दी में अनुवाद से संबंधित सम्पूर्ण कार्यक्रम की समुचित योजना बनाने और उसके कार्यान्वयन के लिए ऐसे स्थायी आयोग का गठन करना उपयुक्त होगा जो भारत की विभिन्न राष्ट्रीय भाषाओं का प्रतिनिधित्व करने वाले विधि विशेषज्ञों से मिलकर बने।"
3. राष्ट्रपति ने, संविधान के अनुच्छेद 344 के खण्ड (6) द्वारा उन्हें प्रदत्त शक्तियों का प्रयोग करते हुए, समिति की रिपोर्ट पर विचार किया और तत्पश्चात् 27 अप्रैल, 1960 को राष्ट्रपति द्वारा एक आदेश निकाला गया।
4. आदेश के पैरा 13 में निम्नलिखित निर्देश था।

   "समिति के सुझाव को दृष्टि में रखकर विधि मंत्रालय (यथासंभव सब भारतीय भाषाओं के प्रयोग के लिए) सर्वमान्य विधि शब्दावली की तैयारी और संविधियों के हिन्दी में अनुवाद संबंधी पूरे काम के लिए समुचित योजना बनाने और पूरा करने के लिए विधि विशेषज्ञों वाले एक स्थायी आयोग या अन्य समुचित अभिकरण का निर्माण करें।
5. राष्ट्रपति द्वारा 27 अप्रैल, 1960 को निकाले गये आदेश के अनुसरण में, विधि मंत्रालय ने राजभाषा (विधायी) आयोग का गठन किया। आयोग को निम्नलिखित कार्य सौंपे गए थे—

---

1. **स्वर्ण जयंती समारोह में डॉ० व्रज किशोर शर्मा का 'विधि के क्षेत्र में हिन्दी' प्रकाशित लेख, पृष्ठ 116-117**

(अ) यथासम्भव सभी राजभाषाओं में प्रयोग के लिए एक प्रामाणिक विधि शब्दावली तैयार करना और उसे प्रकाशित करना,

(आ) सभी केन्द्रीय अधिनियमों और राष्ट्रपति द्वारा प्रख्यापित अध्यादेशों और विनियमों के हिन्दी में प्राधिकृत पाठ तैयार करना,

(इ) किसी केन्द्रीय अधिनियमों या राष्ट्रपति द्वारा प्रख्यापित किसी अध्यादेश या विनिमय के अधीन केन्द्रीय सरकार द्वारा बनाये गए सभी नियमों-विनियमों और आदेशों के प्राधिकृत हिन्दी पाठ तैयार करना,

(ई) केन्द्रीय अधिनियमों और राष्ट्रपति द्वारा प्रख्यापित अध्यादेशों और विनियमों का राज्यों की अपनी-अपनी राजभाषाओं में अनुवाद और किसी भी राज्य में पारित अधिनियमों और प्रख्यापित अध्यादेशों के उस सूरत में जिसमें कि ऐसे अधिनियमों या अध्यादेशों के पाठ हिन्दी से भिन्न भाषा में हैं, हिन्दी में अनुवाद कराने का प्रबंध करना, और

(उ) अन्य ऐसे कर्त्तव्यों का पालन करना जो समय-समय पर भारत सरकार द्वारा सौंपे जाएँ।

इसके पहले अध्यक्ष न्यायाधीश श्री चन्द्रेश्वर प्रसाद सिन्हा और सदस्य सचिव श्री बालकृष्ण थे।

आयोग ने केन्द्रीय अधिनियमों के हिन्दी और अन्य भाषाओं में अनुवाद का जटिल और कठिन कार्य आरम्भ किया। यह कार्य बड़े 'वैज्ञानिक ढंग से किया गया। अनुवाद विशिष्ट सिद्धान्तों पर आधारित था। उसने पारिभाषिक और विधि शब्दों के हिन्दी पर्यायों का एक संकलन भी 1970 में प्रकाशित किया जिसका नाम विधि शब्दावली था। इसमें लगभग 10,000 प्रविष्टियाँ थीं। आयोग ने अधिकांश बड़े-बड़े अधिनियमों का, जैसे कि भारतीय दण्ड संहिता, भारतीय साक्ष्य अधिनियम, भारतीय संविदा अधिनियम, सिविल प्रक्रिया संहिता आदि का हिन्दी में अनुवाद तैयार किया और राजभाषा अधिनियम, 1963 की धारा 5(1)

(क) के अधीन हिन्दी में उनके प्राधिकृत पाठ का प्रकाशन किया।

तदुपरांत 1976 में सरकार ने इस कार्य को विभाग में ही कराने का निश्चय किया और उसे स्थायी आधार प्रदान किया। इसी दृष्टि से आयोग समाप्त कर दिया गया और विधायी विभाग के भाग के रूप में राजभाषा खण्ड का सृजन किया गया। वे सभी कृत्य जो पहले आयोग को सौंपे गये थे, राजभाषा खण्ड को सौंप दिये गए। यह कार्य 1 अक्टूबर, 1976 से किया गया।

विधि शब्दावली

सभी भारतीय भाषाओं में प्रयोग के लिए विधि के क्षेत्र में मानक विधि शब्दावली का महत्त्व अब इतना सुविदित है कि उस पर बल दिए जाने की आवश्यकता नहीं है। राजभाषा खण्ड पर निर्भर किन्तु राष्ट्रीय महत्त्व का कार्य तत्कालीन राजभाषा (विधायी) आयोग के उत्तरवर्ती के रूप में आया है। राजभाषा खण्ड ने इस कार्य को सफलतापूर्वक सम्पन्न किया। इसने जो विधि शब्दावली निकाली उसका विधि और साहित्य के सुधीजनों ने भव्य स्वागत किया।

1970 में राजभाषा (विधायी) आयोग ने लगभग 10,000 प्रविष्टियों वाला 'विधि शब्दावली' के नाम से एक संकलन प्रकाशित किया। 1979 में राजभाषा खंड ने उसका 34,000 शब्दों वाला पुनरीक्षित संस्करण प्रकाशित किया गया जिसमें प्रविष्टियों की संख्या इससे भी कहीं अधिक थी। यह संस्करण भी हाथों हाथ बिक गया। इसका पूर्णतया संशोधित और परिवर्धित चौथा संस्करण 1988 में प्रकाशित हो चुका है। इस संस्करण में 50,000 से अधिक प्रविष्टियाँ हैं।

मोटे अनुमान के अनुसार अब तक विधि शब्दावली की 80,000 प्रतियाँ बिकी हैं।

बहुभाषी संविधान शब्दावली

1986 में संविधान की बहुभाषी शब्दावली प्रकाशित की गई। इसमें उन पारिभाषिक विधि शब्दों के जो संविधान में आए हैं, 13 भाषाओं में पर्याय दिये गए हैं।

भारत का संविधान

संविधान सभा के अध्यक्ष ने भारत के संविधान का हिन्दी रूपान्तर प्रकाशित किया था। राजभाषा खण्ड के संविधान का हिन्दी भाषान्तर 1982 में प्रकाशित किया। संविधान का जेबी संस्करण 1984 में और पुनः 1985 में निकाला गया।

1987 में संविधान का संशोधन करके यह उपबंध किया गया कि राष्ट्रपति—

(क) इस संविधान के हिन्दी भाषा में अनुवाद का, जिस पर संविधान सभा के सदस्यों ने हस्ताक्षर किए थे, ऐसे रूपान्तरणों के साथ जो उसे केन्द्रीय अधिनियमों के हिन्दी भाषा में प्राधिकृत पाठों में अपनाई गयी भाषा, शैली और शब्दावली के अनुरूप बनाने के लिए आवश्यक है और ऐसे प्रकाशन के पूर्व किए गए इस संविधान के ऐसे सभी संसाधनों को उसमें सम्मिलित करते हुए, तथा

(ख) अंग्रेजी भाषा में किए गए इस संविधान के प्रत्येक संशोधन के हिन्दी भाषा में अनुवाद को,

अपने प्राधिकार से प्रकाशित कराएगा।

अठावनवें संशोधन अधिनियम द्वारा यह भी घोषित किया गया कि इस संविधान का और इसके प्रत्येक संशोधन का इस अनुच्छेद के अधीन प्रकाशित अनुवाद सभी प्रयोजनों के लिए, उसका हिन्दी भाषा में प्राधिकृत पाठ समझा जाएगा। संविधान के प्राधिकृत पाठ का द्विभाषीय संस्करण 1988 में प्रकाशित हुआ था। इसका नया संस्करण 1990 में निकला है। हिन्दी के अधिकृत संविधान निम्नलिखित भाषाओं में भी प्रकाशित किया गया है—

असमिया, बंगला, गुजराती, कन्नड़, मराठी, उड़िया, पंजाबी, संस्कृत, तमिल, तेलुगु, मलयालम और उर्दू संविधान के गुजराती, मलयालम, कन्नड़, बंगला और अनुवाद का दूसरा संस्करण भी प्रकाशित हो गया है। मराठी रूपान्तर का तीसरा संस्करण छप गया है।

विधेयक

राजभाषा अधिनियम, 1963 की धारा 5 की उपधारा (2) के अधीन, उन सभी विधेयकों का, जो संसद के किसी भी सदन में पुनः स्थापित किए जाने हों और उन सभी संशोधनों के जो उनके सम्बन्ध में संसद के किसी सदन में प्रस्तावित किए जाने हों, अंग्रेजी भाषा के प्राधिकृत पाठ के साथ-साथ उनका हिन्दी में अनुवाद भी होगा। यह उपबन्ध 1

अक्तूबर, 1976 को प्रवृत्त हुआ है। उस तारीख से संसद के दोनों सदनों में पुन: स्थापित किए जाने के पूर्व अंग्रेजी में सभी विधायकों के साथ-साथ उनका हिन्दी अनुवाद भी होता है। राजभाषा खण्ड को विधेयक का अनुवाद करने में समय सीमाओं के अन्तर्गत कार्य करना भी होता है। कभी-कभी तो विधेयक अत्यन्त तकनीकी प्रकृति के होते हैं और कभी-कभी वे आकार में बड़े भी होते हैं, किन्तु राजभाषा खण्ड के अधिकारियों और कर्मचारीवृन्द ने सदैव ऐसी अनुप्राणित टीम के रूप में कार्य किया है कि गत चौदह वर्षों के दौरान सभी विधेयक संसद सदनों में समय पर पहुँचे हैं।

केन्द्रीय अधिनियम

जैसा कि ऊपर उल्लेख किया गया है, केन्द्रीय अधिनियमों के हिन्दी में प्राधिकृत पाठों का प्रकाशन का कार्य राजभाषा खण्ड पर आ गया है। 1990 की फरवरी तक लगभग 1500 अधिनियमों का अनुवाद तैयार किया जा चुका था और लगभग सभी हिन्दी भाषा में उनके प्राधिकृत पाठ के रूप में राजपत्र में प्रकाशित हो गए हैं। थोड़े से मुद्रण की विभिन्न अवस्थाओं में है। इस प्रकार इण्डिया कोड में सम्मिलित वर्ष 1836 से 1989 तक लगभग सभी अधिनियम प्रकाशित किए जा चुके हैं।

केन्द्रीय अधिनियमों के द्विभाषीय संस्करण

उन केन्द्रीय अधिनियमों को, जिनकी सार्वजनिक माँग होने की सम्भावना है राजभाषा खण्ड द्वारा द्विभाषी रूप में प्रकाशित किया जाता है। मई, 1989 के अन्त तक इस प्रकार पुन: मुद्रण सहित 425 अधिनियम तैयार किए गये और प्रेस को मुद्रणार्थ भेजे गए। इनमें से 294 प्रकाशित हो चुके हैं। यह भी उल्लेखनीय है कि 294 अधिनियम दो और उससे अधिक बार मुद्रित हो चुके हैं।

विद्यमान नियम

राजभाषा अधिनियम, 1963 में सभी ऐसे नियमों, विनियमों आदि के जो उस अधिनियम के प्रारम्भ की तारीख को प्रवृत्त थे, हिन्दी में प्राधिकृत पाठों के प्रकाशन का उपबन्ध है। ऐसे विद्यमान अधीनस्थ विधानों का अनुवाद कार्य चरणबद्ध रूप में ग्रहण किया गया है। राजभाषा खण्ड प्रतिवर्ष लगभग 3000 पृष्ठ का अनुवाद करने का कार्यक्रम बनाता है। इसमें बहुत कुछ सम्बन्धित विभागों के सहयोग पर निर्भर करता है, क्योंकि विद्यमान नियमों की अद्यतन प्रतियों के प्रदाय के लिए राजभाषा खण्ड को सम्बन्धित विभाग पर निर्भर रहना होता है। 31 मई, 1989 तक 731 नियमों, विनियमों आदि का अनुवाद किया गया और प्रेस को मुद्रणार्थ भेजा गया। इनकी कुल पृष्ठ संख्या 19783 है। इनमें से 662 का उनके प्राधिकृत पाठ के रूप में राजपत्र में प्रकाशन हो गया है। जिनकी कुल पृष्ठ संख्या 15688 है।

कुछ महत्त्वपूर्ण और बड़े-बड़े नियम, जिनका हिन्दी में प्राधिकृत पाठ राजभाषा खण्ड ने तैयार किया है, इस प्रकार हैं—

1. आय-कर नियम, 1962,
2. धन-कर नियम, 1957,
3. दान-कर नियम, 1958,
4. कम्पनी (लाभ) अतिकर नियम, 1964,

5. खाद्य अपमिश्रण निवारण नियम, 1955
6. औषधि और प्रसाधन सामग्री नियम, 1945,
7. भारतीय रेल (चालित लाइन) साधारण नियम, 1976,
8. भारतीय रेल स्थापना संहिता,
9. केन्द्रीय उत्पाद-शुल्क नियम, 1944,
10. भारतीय विद्युत नियम, 1956,
11. शिक्षुता नियम, 1962,
12. वायु सेना नियम, 1969,
13. सेना नियम, 1954,
14. कर्मकार प्रतिकार नियम, 1924,
15. राष्ट्रीय कैडेट कोर नियम, 1948
16. रेल लाल टैरिफ नियम, 1960,
17. विस्फोटक नियम, 1983,
18. रेल संरक्षण बल नियम, 1987,
19. विदेशी मुद्रा विनियमन नियम, 1970,

विभिन्न विभागों ने, जैसे कि आय-कर विभाग, रेल बोर्ड, केन्द्रीय उत्पादक शुल्क और सीमा शुल्क बोर्ड, खाद्य विभाग, आदि ने अपने मैनुअलों को द्विभाषी रूप में प्रकाशित किया है जिनमें राजभाषा खण्ड द्वारा प्रदान किए गए प्राधिकृत पाठ का उपयोग किया गया है।

साधारण कानूनी नियम और आदेश (सा० का० नि० आ०)

राजभाषा अधिनियम की धारा 3 की उपधारा (3) एक अत्यन्त महत्त्वपूर्ण उपबन्ध है। यह केन्द्रीय सरकार के द्विभाषी रूप में कार्य करने का सुदृढ़ आधार गठित करती है। उस उपधारा के खण्ड (i) के अधीन यह उपबन्ध है कि केन्द्रीय सरकार द्वारा जारी किए गये सभी संकल्पों, साधारण आदेशों, नियमों, अधिसूचनाओं आदि को हिन्दी और अंग्रेजी दोनों ही भाषाओं में होना आवश्यक है। विधायी विभाग के राजभाषा खण्ड को सभी ऐसे कानूनी नियमों और आदेशों आदि के हिन्दी पाठ तैयार करने का कार्य सौंपा गया है ताकि राजपत्र हिन्दी अंग्रेजी में एक साथ प्रकाशित हो सके। यह ज्ञातव्य है कि राजपत्र में कोई भी अधिसूचना केवल अंग्रेजी में प्रकाशित नहीं की जा सकती, उसे अंग्रेजी और हिन्दी में और वह भी साथ-साथ ही प्रकाशित कराना होता है। केन्द्रीय सरकार के कार्य में धीरे-धीरे वृद्धि होने के साथ-साथ राजभाषा खण्ड द्वारा अनूदित अधिसूचनाओं की संख्या में भी वृद्धि हुई है। गत पाँच वर्षों के आँकड़ों से यह प्रवृत्ति उपदर्शित होती है। 1981 में ऐसी अधिसूचनाओं की पृष्ठ संख्या 7268 थी। यह बढ़कर 1987 में 10718 और 1988 में 11129 हो गई।

अन्तर्राष्ट्रीय विधि विलेख माला

राजभाषा खण्ड ने अन्तर्राष्ट्रीय महत्त्व के मूलगामी दस्तावेजों को प्रकाशित करने का निश्चय किया है। ये दस्तावेज 'अन्तर्राष्ट्रीय विधि विलेख माला' शीर्षक से प्रकाशित किये जायेंगे। इस माला में दो दस्तावेज छप चुके हैं—संयुक्त राष्ट्र का चार्टर और—

1. मानव अधिकारों की सार्वभौम घोषणा। इस माला के तीन प्रकाशन मुद्रणाधीन हैं। वे हैं—
2. संधि विधि वियना कन्वेंशन, 1969

   और
- (i) कौंसलीय सम्बन्ध वियना कन्वेंशन, 1963
3. सागर विधि कन्वेंशन

विधिक दस्तावेज

राजभाषा अधिनियम की धारा 3 की उपधारा (3) के खण्ड (iii) में यह उपबन्ध है कि केन्द्रीय सरकार द्वारा और उसकी ओर से निष्पादित संविदाएँ और करार तथा जारी की गई अनुज्ञप्तियाँ, अनुज्ञापत्र, सूचनाएँ प्रारूप और निविदाएँ हिन्दी और अंग्रेजी में ही होगी। राजभाषा खण्ड भारत सरकार के सभी विभागों के लिए ऐसी संविदाओं, करारों, निविदाओं आदि के मानक प्रारूप तैयार करता है। 31 दिसम्बर, 1988 तक, राजभाषा खण्ड में इसके कुल 58429 पृष्ठ अनूदित किए गए। दोनों भाषाओं में विधिक-दस्तावेजों के निष्पादन में भारत सरकार के विभिन्न विभागों की सहायता के लिए, राजभाषा खण्ड ने ऐसे दस्तावेजों के पाँच संकलन द्विभाषीय रूप में निकाले हैं। छठा और सातवाँ संकलन मुद्रणाधीन है।

केन्द्रीय अधिनियमों का प्रादेशिक भाषाओं में प्रकाशन

राजभाषा खण्ड, केन्द्रीय अधिनियमों के प्रादेशिक भाषाओं में अनुवाद भी प्रकाशित करता है, जैसा कि प्राधिकृत अनुवाद (केन्द्रीय विधि) अधिनियम, 1973 की धारा 2 के अधीन उपबन्ध है। यह कार्य विभिन्न राज्य सरकारों के सहयोग और सहमति से किया जाता है। 30 जून, 1989 तक की कार्य प्रगति निम्नलिखित सारणी से प्रकट होती है—

अनूदित और अनुमोदित अधिनियम

भाषा	संख्या	पृष्ठ
असमिया	50	34.8
बंगला	72	922
गुजराती	539	7217
कन्नड़	167	2392
मलयालम	202	3492
मराठी	236	4118
उड़िया	196	2574
पंजाबी	246	3133
तमिल	113	1218
तेलुगू	80	1275
उर्दू	193	1954

स्वयंसेवी संगठनों को वित्तीय सहायता

1985 से राजभाषा खण्ड ऐसे स्वयंसेवी संगठनों को, जो हिन्दी में विधि पुस्तकों या पत्रिकाओं का प्रकाशन करते हैं, वित्तीय सहायता देने की स्कीम का कार्यान्वयन कर रहा है।

विधिक प्रारूपण में एकरूपता का प्रयत्न

विभिन्न हिन्दी-भाषी राज्यों में विधि के क्षेत्रों में समान भाषा प्रयोग किया जाना आवश्यक है। विधि शब्दावली का विकास करते समय इसीलिए हिन्दी भाषी राज्यों के विधि सचिवों का सहयोग एवं उनकी सहमति प्राप्त की गयी थी। विधिक प्रारूपण विज्ञान भी है और कला भी। हिन्दी में विधिक प्रारूपण की मानक शैली विकसित करने के लिए हिन्दी-भाषी राज्यों की एक समन्वय समिति का गठन किया गया। राज्यों के विधि सचिव इस समिति के सदस्य हैं इस समिति के प्रयत्न स्वरूप सभी हिन्दी भाषी-राज्यों के प्रारूपण की शैली और शब्दावली में एकरूपता आ गई है। हिन्दी में विधिक प्रारूपण का प्रशिक्षण देने के लिए भी विधायी विभाग के राजभाषा खण्ड में व्यवस्था की गई है। यहाँ हिन्दी-भाषी राज्यों के विधि विभाग के अधिकारियों को प्रशिक्षण प्रदान किया जाता है।

विधिक प्रारूपण में मानक खण्डों का बहुत महत्त्व रहा है। सभी प्रारूपकार आवश्यकतानुसार मानक खण्डों का प्रयोग करते हैं। इस प्रयोग से अभिव्यक्ति में निश्चितार्थता आ जाती है राजभाषा खण्ड ने इस प्रकार के मानक उपबंधों का एक द्विभाषी संस्करण तैयार किया हैं, जिसकी छपाई का प्रबन्ध किया जा रहा है। प्रकाशन के उपरांत यह सभी प्रकार प्रारूपकारों के लिए एक महत्त्व का उपकरण साबित होगा।

निर्णय पत्रिकाओं का प्रकाशन

राजभाषा आयोग ने अपनी रिपोर्ट में, पृष्ठ 179 पर, यह सिफारिश की थी—'हमारा अनुमान है कि इससे यदि और कुछ नहीं तो कम से कम नये भाषाई माध्यम में विधि संरचना में आभास के रूप में सहायता प्राप्त होगी, यदि निर्णयज विधि के अधिक महत्त्वपूर्ण भागों का भी इसी प्रकार हिन्दी में अनुवाद तैयार किया जाय और उसके लिए प्राधिकृत विधि शब्दकोश से मानकीकृत शब्दों और पदों का प्रयोग किया जाय।'

संसदीय राजभाषा समिति की रिपोर्ट (1958) में, पृष्ठ 79 पर, हिन्दी में विधि रिपोर्टों के प्रकाशन के बारे में निम्नलिखित सिफारिश की थी—'इस बात की व्यवस्था भी की जानी चाहिए कि उच्चतम न्यायालय और उच्च न्यायालयों के महत्त्वपूर्ण निर्णयों के प्राधिकृत अनुवाद शीघ्र ही निकाले जाएँ। यह कार्य विधि विभाग के अधीक्षण में कार्यरत दिल्ली स्थित किसी कार्यालय को सौंपा जा सकता है।'

हिन्दी सलाहकार समिति की सिफारिश पर, 1968 में विधि मंत्रालय में एक पत्रिका पक्ष का सूत्रपात किया गया था जिसका उद्देश्य विधि के क्षेत्र में हिन्दी के प्रयोग में वृद्धि करना था। तत्पश्चात् इस पक्ष का नाम 'विधि साहित्य प्रकाशन' रखा गया। सर्वप्रथम अप्रैल, 1968 में उच्चतम न्यायालय के निर्णयों का मासिक प्रकाशन प्रारम्भ किया गया और जनवरी, 1969 में उच्च न्यायालयों के निर्णयों के लिए दूसरा मासिक प्रकाशन प्रारम्भ किया गया। जनवरी, 1987 से उच्च न्यायालयों के सिविल तथा दांडिक निर्णयों की अलग-अलग पत्रिकाएँ प्रकाशित की जा रही हैं। इन प्रकाशनों (पत्रिकाओं) का परिचालन प्रतिमास इस प्रकार है—

उच्चतम न्यायालय निर्णय पत्रिका	: 1674 प्रतियाँ
उच्च न्यायालय सिविल निर्णय पत्रिका	: 1593 प्रतियाँ
उच्च न्यायालय दांडिक निर्णय पत्रिका	: 1626 प्रतियाँ

उच्च न्यायालय सिविल निर्णय पत्रिका, उच्च न्यायालय दांडिक निर्णय पत्रिका और उच्चतम न्यायालय निर्णय पत्रिका के प्रत्येक अंक में निर्णयों की औसत संख्या क्रमश: लगभग 16.18 और 31 हैं। 1988 में इन पत्रिकाओं में क्रमश: 103, 210 और 372 निर्णय प्रकाशित किए गए थे। उच्चतम न्यायालय की रजिस्ट्री से सभी प्रकाशन योग्य निर्णय प्राप्त करने की व्यवस्था की गई है। उच्च न्यायालयों में यह कार्य प्रत्येक राज्य में किसी ज्येष्ठ वकील को नियुक्त करके किया जाता है जो उच्च न्यायालय के रजिस्ट्रार से निर्णयों की प्रतियाँ प्राप्त करता है, किन्तु पिछले कुछ महीनों में सभी उच्च न्यायालयों की सम्बन्धित रजिस्ट्री से सीधे निर्णयों की प्रति प्राप्त करने की व्यवस्था की गई है उच्चतम न्यायालय के सभी प्रकाशन योग्य निर्णयों का अनुवाद किया जाता है। उनका चयन एक समिति करती है। इसके समय पर प्रकाशन के लिए विशेष प्रयास किये गए हैं। मुद्रण प्राइवेट मुद्रणालयों के माध्यम से किया जा रहा है। यह प्रयास किया जा रहा है कि निर्णय, उनके सुनाए जाने के तीन मास की अवधि के भीतर अनूदित और प्रकाशित किए जाएँ। जहाँ तक सम्भव हो, पत्रिकाओं में अधिक से अधिक ताजा तथा महत्त्वपूर्ण निर्णयों को सम्मिलित किया जाए। इससे पत्रिकाएँ उन व्यक्तियों के लिए अधिक उपयोगी होंगी जो हमारे न्यायालयों में हिन्दी का प्रयोग करते हैं।

2. उपर्युक्त तीन पत्रिकाओं के प्रकाशन के अतिरिक्त, विधि साहित्य प्रकाशन निम्नलिखित कार्य भी करता है, अर्थात्—

(क) शिक्षा के क्षेत्र में और निर्देश पुस्तकों के रूप में प्रयोग किये जाने के लिए हिन्दी में विधि पाठ्य पुस्तक का प्रकाशन,

(ख) हिन्दी में विधि के गौरव ग्रन्थों का अनुवाद,

(ग) विधि के क्षेत्र में सर्वोत्तम प्रकाशन के लिए विभिन्न पुरस्कारों का प्रदान और

(घ) विधि साहित्य प्रकाशन और राजभाषा खण्ड के हिन्दी प्रकाशनों का विक्रय।

उपर्युक्त के अतिरिक्त, विधि साहित्य प्रकाशन ने एक त्रैमासिक पत्रिका का प्रकाशन प्रारम्भ किया है जिसका नाम 'विधि साहित्य समाचार' है। इसमें विधि के क्षेत्र में विभिन्न क्रियाकलापों और प्रकाशनों की विस्तृत जानकारी दी जाती है।

पुस्तकों का प्रकाशन, निर्णयानुसार आदि

हिन्दी में विधि की पुस्तकों का प्रकाशन विधि साहित्य प्रकाशन द्वारा 1975 से प्रकाशित किया जा रहा है। 1975-89 की अवधि के दौरान 25 पुस्तकें प्रकाशित की गई हैं।

सन् 1982 तक का उच्चतम न्यायालयों के निर्णयों, पत्रिका का निर्णय सार और सन् 1982 तक का उच्च न्यायालय निर्णय पत्रिका का निर्णय सार प्रकाशित किया जा चुका है।

पुस्तकें लिखने के लिए लेखकों के चयन, प्रकाशन के लिए प्राप्त विधि की पुस्तकों की पाण्डुलिपियों का मूल्यांकन और पुरस्कारों के लिए प्राप्त पुस्तकों का मूल्यांकन करने के लिए मूल्यांकन समिति होती है। इस समिति के अध्यक्ष उच्च न्यायालय के सेवानिवृत्त, मुख्य न्यायमूर्ति होते हैं। हिन्दी में लिखी गई विधि के उत्कृष्ट पुस्तकों पर पुरस्कार आदि दिये जाने

की भी योजना है इसके साथ ही विधि के क्षेत्र में हिन्दी को लोकप्रिय बनाने के लिए समय-समय पर विभिन्न संगोष्ठियों एवं सम्मेलनों का भी आयोजन किया जाता है।

(ङ) रक्षा-सेना क्षेत्र में हिन्दी-प्रयोग की स्थिति—पूरी दुनिया में अपनी बहादुरी और शौर्य का परचम लहराने वाली भारतीय सेना—यदि बेलाग कहा जाय तो अपने कार्यालयों में हिन्दी प्रयोग के संदर्भ में बेहद श्लथ और उदासीन है। अब आप इतना ही समझिए कि फौजी दफ्तरों में सेना मुख्यालय से हिन्दी दिवस मनाने का आदेश यदि अंग्रेजी भाषा में लिखकर आए तो वहाँ हिन्दी दिवस और दफ्तरों में हिन्दी-प्रयोग की क्या स्थिति होगी? दुश्मनों के दाँत खट्टा करने ही वाली नहीं, बल्कि उन्हें उखाड़ लेने वाली भारतीय रक्षा-सेनाओं से आखिर किस स्तर पर हिन्दी-प्रयोग संबंधी चूक हो रही है? अपनी मातृभूमि से गाढ़ी रागात्मकता से लैस भारतीय सेना अपनी मातृभाषा के प्रति कादिर अंदाज़ी क्यों है? सच तो यह है कि सेना, रेल और हिन्दी भारतमाता को एकता-अखण्डता के मजबूत सूत्र में सम्पृक्त करने की अद्भुत मनका हैं। सम्पूर्ण अहिन्दी भाषी क्षेत्रों, दुर्गम स्थानों पर भारतीय सेना के जवानों ने अपनी जुबाँ की पालकी पर ढोकर हिन्दी का प्रचार-प्रसार किया है, फिर, दफ्तरों में उसी हिन्दी के प्रयोग पर आखिर हिचक किस बात की? वस्तुतः इनके कार्यालयीय कामकाज की भाषा उपनिवेशवादी अंग्रेजी है। चाहे नौवहन महानिदेशालय हो, जल भूतल परिवहन मंत्रालय हो, केन्द्रीय औद्योगिक सुरक्षा बल हो, कुल मिलाकर कोई भी तटरक्षक बल हो—अंग्रेजी इनके कार्यालयों में पलत्थी मारकर बैठी है। हिन्दी में काम करने की यदि कभी-कभार ललक-लालसा पैदा भी हुई तो अनुवादी हिन्दी ही माध्यम बनेगी। अंग्रेजी से छनी निथरी-निचुड़ी अनुवादी हिन्दी जटिलता के कारण कभी बोधगम्य नहीं होती। अतः सेनाओं में आपसी संवाद का माध्यम अंग्रेजी ही बनती है।

भारतीय सेना में सैन्य कर्मियों को धर्म से संबंधित कार्यों को सम्पन्न कराने के लिए धर्म-शिक्षक की नियुक्ति होती है। यह पद जूनियर कमीशन अधिकारी के स्तर का होता है। सेना में होने वाले धार्मिक व कुछ अनुष्ठानों को करवाने का दायित्व इन्हीं धर्म-शिक्षकों पर होता है। वास्तव में भारतीय समाज के विभिन्न समुदायों में पुरोहित, मौलवी, ग्रंथी, पादरी, बौद्ध भिक्षु के जो कार्य होते हैं, वही कार्य सेना में धर्म-शिक्षक के होते हैं। धर्म-शिक्षक के लिए उम्मीदवार की न्यूनतम योग्यता स्नातक के साथ संबंधित समुदाय में विविध संस्कारों और अनुष्ठानों, क्रिया-कर्मों आदि का सैद्धान्तिक व व्यावहारिक ज्ञान होना आवश्यक है। योग्य उम्मीदवारों की मेडिकल जाँच होती है। आरंभिक जाँच-पड़ताल में योग्य पाए उम्मीदवारों को लिखित परीक्षा में बैठना पड़ता है। यह परीक्षा दो प्रश्न-पत्रों की होती है, जिनमें पहला प्रश्नपत्र सम्प्रदाय-विशेष के ज्ञान से संबंधित होता है, अब यहाँ पर सेना को चाहिए कि अगला प्रश्नपत्र हिन्दी भाषा और साहित्य की सामान्य जानकारी से संबंधित हो, लेकिन ऐसा है नहीं। वस्तुतः सेना में हिन्दी-प्रयोग का संकट यहीं से शुरू हो जाता है।

सच तो यह है कि सेना में हिन्दी प्रयोग का मामला एक प्रश्न चिह्न बना हुआ है। कुछ अपवादों को छोड़कर सभी साधन और सुविधाएँ होने पर भी हिन्दी में काम नहीं हो रहा है। इसका कारण केवल मानसिकता है। ऐसी ही मानसिकता किसी समय इंगलैण्ड में भी थी। देश की गरिमा और गौरव जगाने पर ही उन्होंने अपनी भाषा को प्राथमिकता देते हुए फ्रांसीसी के स्थान पर अंग्रेजी को अपनाया। आज हमारे यहाँ भी लगभग वही स्थिति है। कई बार लगता है कि लॉर्ड मैकाले ने जो बात किसी समय कही थी भारतीय अपनी भाषा को, सभ्यता को,

अपनी संस्कृति को भूल जाएँगे, सत्य प्रतीत हो रही है। वस्तुत: हिन्दी में काम करना कठिन नहीं है। दफ्तरी हिन्दी सरल और सुबोध होनी चाहिए। हिन्दी को अनुवाद की भाषा नहीं बनाना चाहिए, क्योंकि अनुवाद की वैसाखियों के सहारे चलकर हिन्दी का कल्याण कभी नहीं होगा, अत: इसके लिए मूलत: हिन्दी में काम करना होगा। हिन्दी में सोचकर हिन्दी में लिखना होगा। अन्य भाषाओं के शब्दों को हिन्दी में शामिल करने में किसी प्रकार की झिझक नहीं होनी चाहिए। सेना के जवानों को जानना चाहिए कि अंग्रेजी हमारी प्रकृति के अनुरूप नहीं है और उस पर हमारा अधिकार भी नहीं है, अत: अब यहाँ प्रश्न है कि वह कौन सी विवशता है, जो हमें अंग्रेजी में ही काम करने पर मजबूर कर रही है? इस विवशता के जाल को हमारे जवानों को समाप्त करना होगा।

भारत सरकार का राजभाषा विभाग हर वर्ष एक कार्यक्रम बनाता है और भारत सरकार के सभी मंत्रालयों, विभागों, कार्यालयों, सरकारी उपक्रमों, राष्ट्रीयकृत बैंकों, सुरक्षा-सेनाओं से अपेक्षा की जाती है वे इसके प्रावधानों को पूरी तरह लागू करें। राजभाषा हिन्दी के कार्यान्वयन को सुलभ बनाने के लिए क, ख, ग क्षेत्र बनाए गए हैं। इन क्षेत्रों के लक्ष्य पृथक-पृथक हैं। अस्सी और नब्बे के दशक में कार्यान्वयन की इस दिशा में काफी गति आई थी। निरीक्षण तंत्र काफी सबल रहा। इसमें सचिव, संयुक्त सचिव आदि उच्चाधिकारियों का सक्रिय सहयोग था, किन्तु बाद में धीरे-धीरे इस प्रक्रिया में शिथिलता आती गयी और अंग्रेजी का खेल आरंभ हो गया। हमारी भारतीय सेनाएँ आज भी इसी अंग्रेजी की गिरफ्त में जकड़ी हुई हैं, पर अब समय आ गया है, हमारी सेनाएँ अंग्रेजी प्रयोग से मुक्त हो हिन्दी को अपनाएँ, इसके लिए कुछ अग्रलिखित बिन्दुओं पर ध्यान दिया जाय तो सेना के दफ्तरों में हिन्दी-प्रयोग बहुत आसान हो सकता है—

संसदीय राजभाषा समिति और राजभाषा विभाग ने राजभाषा हिन्दी के कार्यान्वयन के लिए कुछ जाँच बिन्दु निर्धारित किए हैं। यदि पूरी ईमानदारी से उन जाँच बिन्दुओं को कारगर बनाया जाय तो राजभाषा हिन्दी का कार्यान्वयन बड़ी आसानी से हो सकता है। सेना को सुनिश्चित करना चाहिए कि कार्यालय प्रयोग में आने वाली सामग्री, नाम-पट्ट, मोहरें आदि द्विभाषी हों। कई विभागों में प्राय: देखा जाता है कि हिन्दी अनुभाग द्वारा ये सब उपकरण द्विभाषी रूप में उपलब्ध तो करा दिए जाते हैं, लेकिन अनुभाग और विभागों में कार्यरत अधिकारी उन्हें पुन: अंग्रेजी में बनवा लेते हैं, अत: इस पर प्रतिबंध लगाया जाना चाहिए। इसी तरह सभी सेनाओं के सभी अनुभागों, विभागों को हिन्दी के टाइपिस्ट, आशुलिपिक और टाइपराइटर उपलब्ध कराए जाने चाहिए। हर दफ्तर में हिन्दी कम्प्यूटर होना चाहिए। सभी तरह के संपर्क कोशिश करके इन्टरनेट और ई-मेल के जरिए हिन्दी माध्यम से ही होना चाहिए। अधिकारियों के लिए समय-समय पर राजभाषा संबंधी कार्यशालाएँ, गोष्ठियाँ, सेमिनार आयोजित किए जाने चाहिए। इसके साथ ही 'नानकमीशन्ड' तथा 'जूनियर कमीशन्ड' जवानों को भी हिन्दी में लिखने का अभ्यास कराया जाना चाहिए। इस काम को यदि योजनाबद्ध ढंग से किया जाय तो कार्मिक, प्रशासन, वित्त-वेतन, लेखा, जन-संपर्क आदि विभागों में आसानी से हिन्दी में काम किया जा सकता है। सेना के तकनीकी विभागों में शुरू में हिन्दी में काम करने में कुछ कठिनाई आ सकती है, किन्तु कालान्तर में धीरे-धीरे अभ्यास से सारी कठिनाइयाँ दूर हो जाएँगी। बाहर से आने वाले पत्रों का जवाब अंग्रेजी के साथ-साथ हिन्दी में भी दिया जाना चाहिए। अनुवाद की हिन्दी बहुत जटिल न बनाई जाय। आवश्यकता

के अनुसार दूसरी भाषाओं के भी शब्दों को लिया जा सकता है। कुल मिलाकर यह कि जिस तरह से हमारे जवान बाढ़, सूखा, साम्प्रदायिकता, भूचाल-भूकम्प और बाहरी दुश्मनों से लाम लेते हुए देश के स्वाभिमान की रक्षा करते हैं, ठीक इसी तरह उन्हें हिन्दी प्रयोग में भी पीछे नहीं रहना चाहिए, क्योंकि मातृभाषा हिन्दी से हमारी परम्पराएँ और मान्यताएँ जुड़ी हुई हैं।[1]

(च) रेलवे में हिन्दी प्रयोग की स्थिति—''बातचीत हो या मुलाकात, हिन्दी में कहिये अपनी बात'' तथा अन्य अनेक तरह के हिन्दी प्रयोग संबंधी इश्तिहारों—विज्ञापनों को अपने 'प्लेटफॉर्मों' पर टाँग, विभागों में जमींदार रेल-मंत्रालय भले ही हिन्दी का शुभ-चिन्तक बन रहा हो, पर यह सच है कि ये विज्ञापन 'प्लेटफॉर्मों' की महज शोभा ही बढ़ा रहे होते हैं। रेल-पटरियों पर भले ही गाड़ियाँ डेढ़ सौ किलोमीटर प्रति घण्टा की क्षिप्रगति से दौड़ रही हों, लेकिन इस मंत्रालय में हिन्दी-प्रयोग की गति फुदक-फुदक कर चलने वाली चिड़िया की तरह श्लथ और मंद है। कुल मिलाकर, कुछ अपवादों को छोड़कर—यहाँ हिन्दी हाशिए पर है। छोटे-मोटे तंत्रों से घिरी हिन्दी इस मंत्रालय में विविध विसंगतियों और विद्रूपताओं की क्रूर शिकार है। लगता है, रेलवे कार्यालयों के लिए हिन्दी घुसपैठ की तरह चले आए विचार की तरह गैर जरूरी है। रेल मंत्रालय और रेलवे के राजभाषा अधिकारियों को यह अच्छी तरह ज्ञात है कि राजभाषा नियम 1976 के उपनियम 12 के अनुसार केन्द्रीय सरकार के प्रत्येक कार्यालय के प्रशासनिक अध्यक्ष की जिम्मेदारी है कि वह राजभाषा अधिनियम 1963 और उसके अधीनस्थ बनाए गए, नियमों के उपबन्धों के समुचित अनुपालन के लिए प्रभावकारी जाँच बिन्दु बनाएँ। इतना ही नहीं, केन्द्र सरकार ने विभिन्न मंत्रालयों, विभागों और उनसे सम्बद्ध/अधीनस्थ कार्यालयों एवं केन्द्रीय सरकार के निगमों, उपक्रमों तथा रेलवे आदि में राजभाषा नीति के कार्यान्वयन हेतु 2004-2005 के लिए कुछ लक्ष्य इस प्रकार निर्धारित किया था—

मंत्रालयों/विभागों और उनके सम्बद्ध/अधीनस्थ कार्यालयों एवं केन्द्रीय सरकार के निगमों, उपक्रमों, रेलवे, बैंक आदि में राजभाषा नीति के कार्यान्वयन हेतु 2004-2005 के लिए निर्धारित लक्ष्य—

क्र०सं०	कार्य-विवरण	क क्षेत्र		ख क्षेत्र		ग क्षेत्र	
1.	हिन्दी में मूल पत्राचार—तार, बेतार, टेलेक्स, फैक्स, आरेख आदि सहित—	क क्षेत्र से क क्षेत्र को	100% 100%	ख क्षेत्र से क क्षेत्र को	90% 90%	ग क्षेत्र से क क्षेत्र को	55% 55%
		क क्षेत्र से ख क्षेत्र को	65%	ख क्षेत्र से ख क्षेत्र को	55%	ग क्षेत्र से ख क्षेत्र को	55%
		क क्षेत्र से ग क्षेत्र को		ख क्षेत्र से ग क्षेत्र को		ग क्षेत्र से ग क्षेत्र को	
		क क्षेत्र से क व ख क्षेत्र के राज्य/संघ राज्य क्षेत्र के कार्यालय/व्यक्ति	100%	ख क्षेत्र से क व ख क्षेत्र के राज्य/संघ राज्य क्षेत्र के कार्यालय/व्यक्ति	100%	ग क्षेत्र से क व ख क्षेत्र के राज्य/संघ राज्य क्षेत्र के कार्यालय/व्यक्ति	85%

1. **जनसत्ता—एम० एल० मैत्रेय, 19 मई, 1994**

क्र०सं०	कार्य-विवरण	क क्षेत्र	ख क्षेत्र	ग क्षेत्र
2.	हिन्दी में टिप्पण	50%	35%	20%
3.	हिन्दी टंकक, आशु-लिपिक की भर्ती	100%	100%	50%
4.	देवनागरी टाइपराइटर की खरीद	100%	50%	50%
5.	हिन्दी प्रशिक्षण	100%	100%	85%
6.	हिन्दी पुस्तकों आदि की खरीद पर पुस्तकालय के लिए उपलब्ध कुल अनुदान का % खर्च, जर्नल और मानक संदर्भ ग्रंथों को छोड़कर	50%	50%	50%
7.	सभी प्रकार के इलेक्ट्रॉनिक उपकरणों की द्विभाषी रूप में खरीद	100%	100%	100%
8.	द्विभाषी वेबसाइट तैयार करना	100%	100%	100%
9.	(i) मंत्रालयों/विभागों द्वारा दिल्ली से बाहर स्थित कार्यालयों का निरीक्षण (कार्यालयों का प्रतिशत)	20% (न्यू-नतम)	20% (न्यू-नतम)	20% (न्यू-नतम)
	(ii) मुख्यालय में स्थित अनुभागों का निरीक्षण	25% (न्यून तम)		
	(iii) विदेश में स्थित केन्द्र सरकार के स्वामित्व एवं नियंत्रण के कार्यालयों/उपक्रमों का संबंधित अधिकारियों द्वारा राजभाषा विभाग के अधिकारियों द्वारा संयुक्त निरीक्षण	वर्ष में कम-से-कम दो निरीक्षण		
10.	राजभाषा संबंधी बैठकें—			

क्र०सं०	कार्य-विवरण	क क्षेत्र	ख क्षेत्र	ग क्षेत्र
	(क) हिन्दी सलाहकार समिति		वर्ष में 03 बैठकें (न्यूनतम)	
	(ख) नगर राजभाषा कार्यान्वयन समिति		वर्ष में 02 बैठकें (प्रति छमाही एक बैठक)	
	(ग) राजभाषा कार्यान्वयन समिति		वर्ष में 04 बैठकें (प्रति तिमाही एक बैठक)	
11.	कोड, मैनुअल, फॉर्म - प्रक्रिया साहित्य का अनुवाद	100%		
12.	मंत्रालय/विभाग के ऐसे अनुभाग, जहाँ सारा कार्य हिन्दी में हों		न्यूनतम 07 अनुभाग	

दुर्भाग्य से इन नियमों और निर्देशों का अपेक्षित अनुपालन इस विभाग में नहीं हो पा रहा है, जबकि आप ध्यान दें तो अधिकांश रेलमंत्री हिन्दी भाषी क्षेत्र के ही रहे हैं। वस्तुत: 1932 के पहले 'अ' वर्ग अर्थात् प्रथम श्रेणी रेलवे के राजपत्रित अधिकारियों की नौकरी तभी पक्की मानी जाती थी, जब एक निश्चित समय में वे हिन्दुस्तानी सीख लेते थे। उस समय हिन्दुस्तानी भाषा का पर्चा उत्तीर्ण करना आवश्यक था, कालान्तर में जब भारतीय प्रशासनिक सेवा शुरू हुई तो उसमें भी उनके लिए यह अनिवार्य बनाया गया कि जिस राज्य में अधिकारी नौकरी करे, उसे उस राज्य की भाषा सीखनी होगी, किन्तु खेद है कि इस मामले में उदासीनता बरती गई है। हिन्दी का प्रयोग जितना 'फाइलों' पर होना चाहिए, आज भी उतना नहीं हो रहा है। हिन्दी-प्रयोग की घोषणाएँ बड़ी और लम्बी हुई हैं लेकिन अमल और प्रयोग में छोटी। वस्तुत: रेल प्रशासन मोटे तौर पर—वाणिज्य, परिचालन, लेखा, चिकित्सा, भण्डार, सिविल, यांत्रिक, विद्युत व सिगनल तथा दूरसंचार इंजीनियरी—विभागों में स्थूल रूप से बँटा हुआ है। इनमें से अंतिम पाँच विभाग तकनीकी क्षेत्र के हैं। इधर, चिकित्सा और इंजीनियरी विभागों की हिन्दी शब्दावली का पारस्परिक आदान-प्रदान असंभव है। वाणिज्य विभाग और परिचालन विभाग में हालाँकि कई बार सामान्य बोलचाल की शब्दावली का प्रयोग तो होता है, लेकिन व्यवहार में यह विभाग ऐसी शब्दावली का प्रयोग करता है, जो आम बोलचाल की भाषा से दूर होती है। इस विभाग में हिन्दी प्रयोग का यह भी एक संकट है।

लेकिन इसका अर्थ यह भी नहीं है कि रेल-विभाग हिन्दी-प्रयोग शून्य है। सच तो यह है कि रेल ने ही हिन्दी को अखिलदेशीय चेहरा और चरित्र दिया है। इसी ने हिन्दी क्षेत्र की संस्कृति, परंपरा, धरोहर तथा सामाजिकता आदि को अहिन्दी क्षेत्रों में पहुँचाया है। यह रेल हिन्दी का ऐसा आइना है, जिसमें वह अपनी पूरी बुनावट देखती है। दरअसल, अन्य विभागों में हिन्दी की प्रगति थोड़ी द्रुत है, तो रेलवे में जौनपुरिया-छपरहिया गाड़ी की तरह छुक-

छुक। बस यही अंतर है। कई विभाग तो यहाँ ऐसे हैं, जहाँ हिन्दी में 80% काम होता है। वाणिज्य, कार्मिक और लेखा-विभाग में पत्र-व्यवहार का माध्यम अंग्रेजी के साथ-साथ हिन्दी भी बनी है। चूँकि इन विभागों का काम तकनीकी किसिम का नहीं है, अत: यहाँ हिन्दी-प्रयोग प्रभूत मात्रा में होता है। आरक्षण चार्ट अब अंग्रेजी के साथ-साथ हिन्दी में भी तैयार हो रहे हैं। स्टेशनों के नाम अब अंग्रेजी के साथ-साथ हिन्दी में भी लिखे जा रहे हैं। टिकटों पर अंग्रेजी के साथ हिन्दी ने भी अधिकार कर लिया है। चतुर्थ श्रेणी के कर्मचारी यथा-गेटमैन, प्वाइन्ट्समैन आदि की निर्देश पुस्तिका अब हिन्दी में भी छप रही है। टाइप मशीनें तथा कम्प्यूटर अंग्रेजी के साथ अब हिन्दी में भी उपलब्ध हैं। वाणिज्य आदि से जारी होने वाली रसीदें अंग्रेजी के साथ अब हिन्दी में भी मिल रही हैं। चिट्ठियों के जवाब अब हिन्दी में भी रेल मंत्रालय दे रहा है। वाराणसी कैन्ट प्लेटफॉर्म 5 पर मैंने रेलवे पुस्तकालय में प्रचुर मात्रा में हिन्दी पुस्तकों तथा पत्र-पत्रिकाओं को देखा है। अब रेलवे में टेलीप्रिन्टर हिन्दी में भी मौजूद हैं। फाइलों में टिप्पणियाँ और मसौदे हिन्दी में भी लिखे जा रहे हैं। 1975 ई० के बाद रेलवे की सामान्य ज्ञान, निबंध और अन्य तरह की लिखित-मौखिक परीक्षाएँ अंग्रेजी के साथ हिन्दी माध्यम से भी ली जा रही हैं। इतना ही नहीं, रेल-मंत्रालय ने अपने यहाँ हिन्दी-प्रयोग को बढ़ावा देने के निमित्त कठिन शब्दावली से बचने के लिए स्वत: पारिभाषिक शब्दावली और मानकीकरण का कार्य किया है। इस महत् कार्य के लिए रेलवे बोर्ड ने ''हिन्दी शब्दावली समिति'' का गठन किया। इस स्थिति में समय-समय पर जाने-माने भाषा-चिन्तकों, विभागीय विशेषज्ञों और साहित्यकारों को आमंत्रित किया जाता है। रेल प्रशासन रेलवे में प्रयुक्त होने वाली हिन्दी शब्दावली तैयार करते समय स्थानीय तथ देशज शब्दों के प्रयोग का भी ख्याल करता है। रेल-विभाग यह भी ध्यान रखता है कि यह हिन्दी शब्दावली रेलवे के अधिकारियों और कर्मचारियों के लिए लद्धड़, अपच-उबाऊ न हो सके। इस तरह रेल-मंत्रालय ने सांख्यिकी, रेल भण्डार, सिगनल और यांत्रिकी इंजीनियरी आदि की लोकप्रिय और सरल-सहज शब्दावली तैयार कर ली है। कुल मिलाकर रेल मंत्रालय के श्रम का ही परिणाम है कि—

General 'महा'	Chief 'मुख्य'	Head 'प्रधान'
Additional 'अपर'	Senior 'वरिष्ठ'	Deputy 'उप'
Junior 'कनिष्ठ'	Assistant 'सहायक'	Auditor 'संवीक्षक' या 'लेखा-परीक्षक'
Supervisor 'पर्यवेक्षक'	Superintendent 'अधीक्षक'	Inspector 'निरीक्षक'
Public Relation 'जन संपर्क'	Observer 'प्रेक्षक'	Efficiency 'दक्षता'
Secretary 'सचिव'	Work-Study 'कार्य-अध्ययन'	Vigilance 'सतर्कता'
Stenographer 'आशुलिपिक'	Typist 'टंकण'	Labour 'श्रमिक'

आदि शब्द रेलवे में निर्बाध गति से एक छोर से दूसरे छोर तक पहुँच रहे हैं।

इतना ही नहीं, शब्दों के अति संक्षिप्त नाम भी रेलवे में बड़ी सहजता से आज प्रयुक्त हो रहे हैं, इन्हें देखिए न—

General Manager	महाप्रबंधक
A G M	अपर महाप्रबंधक
D G M	उपमहाप्रबंधक
O S	कार्यालय अधीक्षक
H C	प्रधान लिपिक
Sr. Clerk	वरिष्ठ लिपिक
C P L O	मुख्य योजना अधिकारी
Dy. C P L O	उप मुख्य योजना अधिकारी
E O	दक्षता अधिकारी
C P R O	मुख्य जनसंपर्क अधिकारी
W S O	कार्य अध्ययन अधिकारी
C V O	मुख्य सतर्कता अधिकारी
A C V O	अपर मुख्य सतर्कता अधिकारी
Dy. C V O	उप मुख्य सतर्कता अधिकारी
C M O	चिकित्सा अधीक्षक
C C S	मुख्य वाणिज्य अधीक्षक
C C O	मुख्य दावा अधिकारी
C S O	मुख्य सुरक्षा अधिकारी
C O S	भंडार नियंत्रक
C M E	मुख्य यांत्रिक इंजीनियर
C A O	मुख्य प्रशासनिक अधिकारी
C S T E	मुख्य सिगनल व दूरसंचार इंजीनियर
S D G M	वरिष्ठ उपमहाप्रबंधक
C C	मुख्य लिपिक

(छ) कम्प्यूटर में हिन्दी प्रयोग—कम्प्यूटर को हिन्दी में संगणक कहते हैं। बीसवीं शताब्दी में अनेक वैज्ञानिक आविष्कार हुए हैं, कम्प्यूटर संभवत: उनमें आधुनिक इलेक्ट्रॉनिक माध्यम की सबसे महत्त्वपूर्ण उपलब्धि है। इसे कुछ लोग कृत्रिम मस्तिष्क भी कहते हैं। शिक्षा, चिकित्सा, वैज्ञानिक खोज, व्यापार क्षेत्र, संचार व्यवस्था, पर्यावरण, पुस्तकालय, कला तथा सांस्कृतिक आदि क्षेत्रों में इसने अपने योगदान से अपनी महत्त्वपूर्ण उपस्थिति में काफी सहयोग किया है।

पुख्ता सूचनाओं के आधार पर कम्प्यूटर और हिन्दी का रिश्ता लगभग चार दशक पुराना बताया जाता है। यद्यपि कम्प्यूटर के लिए विश्व की कोई भी भाषा कठिन नहीं है, फिर भी गरज और जरूरत के अनुरूप भारत में द्विभाषी कम्प्यूटर—यथा, अंग्रेजी, हिन्दी, देवनागरी, गुजराती, मराठी, तमिल, बंगला आदि बनाए गए हैं। आप जानते हैं, विश्व का प्रत्येक भाषाविद् हिन्दी की लिपि देवनागरी को मुक्तमन से अति वैज्ञानिक लिपि मानता है। यदि

इसमें से बची-खुची अशुद्धियों की गाद या तलछट को निकाल दिया जाय तो दुनियाँ की यह संभवत: सर्वाधिक निर्दोष और विकार रहित लिपि बन जाएगी। अमेरिकी भाषा-विज्ञानियों ने तो यहाँ तक कहा है कि समग्र विश्व में कम्प्यूटर के लिए सर्वाधिक उपयुक्त लिपि देवनागरी ही है। सौभाग्य से अमेरिका और जापान में देवनागरी कम्प्यूटर तैयार किए जा चुके हैं। दिल्ली, मुम्बई, कोलकाता और बंगलौर आदि महानगरों की कुछ कम्पनियाँ भी निजी स्तर पर देवनागरी कम्प्यूटर के निर्माण के लिए सतत् प्रयासरत हैं।

इधर, भारतीय वैज्ञानिकों ने देवनागरी लिपि के मानकीकरण और आधुनिकीकरण के संदर्भ में कम्प्यूटरीकरण के लिए पहला प्रयास 1965 में शुरू किया था। 1970 तक आते-आते उन्हें काफी सफलता भी मिली। इस संदर्भ में पहला श्रेय भारतीय प्रौद्योगिकी संस्थान कानपुर को है। इस संस्थान के कम्प्यूटर वैज्ञानिकों—डॉ० सिन्हा, अनुसंधान इंजीनियर मोहन लाम्बे, प्रो० मलिक आदि के अनथक श्रम से 1971-72 में हिन्दी की लिपि देवनागरी के लिए एक बहुत ही सरल कुँजीफलक (Key-Board) और उसकी प्रणाली तैयार हुई। इस देवनागरी कम्प्यूटर का निर्माण महज छ: महीने की अल्प अवधि में ही कर लिया गया था। यही नहीं, नई दिल्ली में तृतीय विश्व हिन्दी सम्मेलन के अवसर पर इस कम्प्यूटर को प्रस्तुत भी किया गया था। बहरहाल, आई० आई० टी०, कानपुर ने अंग्रेजी-हिन्दी का जो कम्प्यूटर तैयार किया, वह अधिक विकसित किस्म का है।

कम्प्यूटर वस्तुत: भाषा-निरपेक्ष यंत्र है, जो अंकों को पहचानता है। यह केवल हिन्दी के लिए ही नहीं, वरन् अनेक भारतीय भाषाओं के लिए भी उतना ही उपयोगी है, जितना कि वह अंग्रेजी अथवा अन्य किसी भाषा के लिए हो सकता है। उल्लेखनीय है कि कम्प्यूटर के जन्म और विकास की यात्रा का संबंध चूँकि विदेशों से है, इसलिए प्रारंभ में उस पर जिस भाषा में कार्य किया जाना संभव हो सका, उसे अधिकतर लोगों ने अंग्रेजी के नाम से जाना, कालान्तर में भारत सहित अन्य देशों ने अपनी-अपनी आवश्यकताओं के अनुरूप विभिन्न भाषाओं में साफ्टवेयर का विकास किया। आज भी यह मिथक कायम है कि कम्प्यूटर पर केवल अंग्रेजी में ही कार्य किया जा सकता है, जबकि हिन्दी साफ्टवेयर के विकास के साथ यह भ्रम समाप्त हो जाना चाहिए। कुछ ही वर्षों पूर्व विकसित ए पी एस 2000 साफ्टवेयर ने कम्प्यूटर पर हिन्दी में कार्य करने की जो विशेष सुविधाएँ कम्प्यूटर के प्रयोगकर्त्ताओं को उपलब्ध करायी हैं, उससे आम प्रयोगकर्त्ता का कार्य बेहद आसान हो गया है। अब हिन्दी टंकण जानने वाला व्यक्ति भी सरलता से कम्प्यूटर पर अपना कार्य हिन्दी में कर सकता है। जहाँ तक कम्प्यूटर पर हिन्दी में कार्य करने का संबंध है, हम यह स्पष्ट करना चाहेंगे कि यूँ तो पिछले एक दशक में अनेक साफ्टवेयर विकसित किए गए, किन्तु ए पी एस 2000 ने सभी साफ्टवेयरों को पीछे छोड़ दिया है। इस साफ्टवेयर की सबसे बड़ी विशेषता है कि इसके परिचालन से कम्प्यूटर परिचालन का सामान्य-सा ज्ञान रखने वाला व्यक्ति अत्यन्त सुगमता से हिन्दी में वह सारा कार्य कर सकता है, जिनके लिए विशेष रूप से पैकेजों/प्रोग्रामों को पहले से ही अंग्रेजी में तैयार नहीं किया गया है।

कम्प्यूटर के प्रयोग से लेखक को अनावश्यक रूप से अपने लेखन के लिए कागज बरबाद करने की आवश्यकता नहीं रह जाती, लेखक अपने कम्प्यूटर पर आसानी से अपनी रचना उतार सकता है। बाद में आवश्यकता के अनुरूप उसमें संशोधन कर सकता है, उसे फ्लापी में हमेशा के लिए सुरक्षित रख सकता है। मोटी-मोटी जिल्दों में न अँट पाने के लिए

विशालकाय ग्रंथों को सरलता से 9×9 सेंटीमीटर की फ्लापी में सुरक्षित रखा जा सकता है तथा आवश्यकता पड़ने पर उनसे मुद्रण किया जा सकता है। कम्प्यूटर के प्रयोग से अब तरह की सूची, तालिका, ग्राफिक्स सरलता से हिन्दी में तैयार किए जा सकते हैं तथा इन्हें आसानी से मनचाहा रूपाकार भी दिया जा सकता है। सूचना तकनीक प्रणाली में कम्प्यूटर की सहायता से क्रांतिकारी परिवर्तन हो चुके हैं। ई-मेल की सहायता तथा मोडेम के जरिये कम्प्यूटर के माध्यम से समाचार, चित्र लेखन आदि कुछ ही पलों में इतनी लम्बी दूरी तय कर लेते हैं। जिसके लिए बीते जमाने में कई-कई दिन, सप्ताह या माह लग जाते थे। अब ये सभी कार्य कम्प्यूटर की मदद से हिन्दी में किए जा सकते हैं। सरकारी कार्यालयों में राजभाषा के रूप में हिन्दी के प्रयोग को स्थापित करने तथा उसे स्थायित्व प्रदान करने में कम्प्यूटर अत्यन्त उपयोगी है। कम्प्यूटर पर हिन्दी में आसानी से वे सभी कार्य किए जा सकते हैं, जिनके लिए कल तक अंग्रेजी का ही बोलबाला था।

जहाँ तक हिन्दी-पत्राचार का प्रश्न है, कम्प्यूटर की भूमिका अत्यन्त महत्त्वपूर्ण है, क्योंकि किसी भी कार्यालय से भेजे जाने वाले अधिकांश पत्रों की भाषा प्राय: एक तरह की होती है। इन पत्रों का मानकीकरण करके उन्हें यदि एक बार कम्प्यूटर में सुरक्षित (Save) कर दिया जाय, तो अगली बार उनका प्रयोग करते समय केवल नाम, तारीख, पत्रांक अथवा उसमें किसी प्रकार के आँकड़े भी हैं, तो उनमें ही यत्र-तत्र परिवर्तन करने की ही आवश्यकता रह जाती है, जिसके कारण परिणामस्वरूप कार्य न केवल शीघ्रता से सम्पन्न हो जाता है, बल्कि साफ-सुथरा भी रहता है। कम्प्यूटर पर एक्सेल की सहायता से सभी प्रकार के फॉर्म आदि सरलता से हिन्दी में तैयार किए जा सकते हैं। सरकारी कार्यालयों से भेजी जाने वाली सभी प्रकार की रिपोर्टों के प्रारूप हिन्दी में तैयार किए जा सकते हैं। जहाँ तक आँकड़ों का संबंध है, उनमें परिवर्तन किए जा सकते हैं, उनका योग किया जा सकता है तथा प्रतिशत आदि का परिकलन भी सरलता से किया जा सकता है। कार्यालय के मोटे-मोटे रजिस्टरों में रखी जाने वाली विभिन्न प्रकार की सूचनाएँ सरलता से कम्प्यूटर में सुरक्षित रखी जा सकती हैं या फिर उन्हें यथावश्यकता फ्लापी में सुरक्षित रखा जा सकता है। अत: हमारा स्पष्ट मत है कि हिन्दी के प्रसार के लिए आज कम्प्यूटर सर्वाधिक उपयोगी यंत्र हैं। हिन्दी के लिए अपेक्षित सारी सुविधाएँ कम्प्यूटर में उपलब्ध हैं।

अध्याय-6

संचार माध्यम की हिन्दी और उसके अभिलक्षण

(अ) जनसंचार माध्यम और विज्ञापन क्षेत्रों में हिन्दी

(1) जनसंचार माध्यम : संकल्पना, स्वरूप, अवधारणा और परिभाषा

भारत में जनसंचार (Mass Communication) की अवधारणा काफी पुरानी है। **श्री पी० एन० मल्हन**[1] ने भारत की संचार व्यवस्था को महर्षि नारद तथा संजय जैसे चरित्रों से जोड़कर मौर्यवंश तथा मध्यकालीन भारत की संचार व्यवस्था का विस्तार से वर्णन किया है। संप्रेषण (Communication) की आवश्यकता मनुष्य को उसी भाँति है, जिस भाँति भोजन और पानी। सम्प्रेषण एक अत्यन्त व्यापक अवधारणा है, जिसमें मनुष्य द्वारा अभिव्यक्ति के सभी प्रकार के माध्यम—शब्द, चित्र, संगीत, अभिनय, मुद्रण आदि समाहित किए जा सकते हैं।[2] सच तो यह है कि संचार भी उतना ही पुराना है, जितना पुराना मानव। संचार जीवन की धूप, हवा, पानी जैसी अनिवार्यता है। चाहे केवल दो व्यक्तियों के बीच हो या व्यक्ति समूहों के बीच—संचार सभी की आवश्यकता है। लोग हमेशा संचाररत रहते हैं, चाहे वे घर में हों या काम पर गए हों, यात्रा कर रहे हों, या कहीं भी हों। इसके लिए भाषा का माध्यम बनना अनिवार्य नहीं है। संकेत, हाव-भाव, ध्वनियाँ, गीत, नृत्य—सभी के द्वारा संवाद स्थापित किया जा सकता है। कोई भी बिना संचार के नहीं जी सकता।[3]

कुल मिलाकर संचार आज सभी के लिए एक मूलभूत सामाजिक आवश्यकता बन गया है। वस्तुतः संचार एक सहज प्रवृत्ति है। समस्त प्राणि जगत संचार की एक लम्बी नैसर्गिक शृंखला से जुड़ा हुआ है अर्थात् ऐसा कोई भी क्षण नहीं होता, जब हम संचार की प्रक्रिया से न गुजर रहे हों। मस्तिष्क विज्ञानियों का कहना है कि हमारे शरीर की लाखों कोशिकाएँ भी लगातार एक-दूसरे से संचार करती रहती हैं और जिस क्षण यह संचार प्रक्रिया बंद हो जाती है, उसी क्षण हम मृत्यु का ग्रास बन जाते हैं। मृत्यु का दूसरा नाम संप्रेषणहीनता अथवा संचार शून्यता है। वैज्ञानिकों का अनुमान है कि अमेरिका का हर व्यक्ति अपनी जाग्रतावस्था का सत्तर प्रतिशत संचार जैसे—सुनने, बोलने, पढ़ने और लिखने में व्यतीत करता है। संचार का सामान्य अर्थ है—विचारों, मतों—अभिमतों, धारणाओं-अवधारणाओं, अनुभवों-अनुभूतियों का आदान-प्रदान।[4] **एम० वी० कामथ**[5] तो संचार और उसके साधनों के महत्त्व पर प्रकाश डालते कहते हैं कि, "Every body would agree that the Communications media

---

1. **Communication Media—Yesterday, Today and Tomorrow—P. N. Malhan, P. 15**
2. **पत्रकारिता का इतिहास एवं जनसंचार माध्यम—डॉ० संजीव भानावत, पृष्ठ 152 रु०, यूनिवर्सिटी पब्लिकेशन, जयपुर, सन् 2000**
3. **पत्रकारिता : परिचय और विश्लेषण—डॉ० प्रीता व्यास, पृष्ठ 211, अयन प्रकाशन, दिल्ली, मूल्य 225 रु० सन् 1996**
4. **जनसंचार—सं० डॉ० राधेश्याम शर्मा, पृष्ठ 97, हरियाणा साहित्य अकादमी, चंडीगढ़, मूल्य 75 रु० सन् 1993**
5. **Professional Journalism—M. V. Kamath, P. 263, Vikas Publishing House, New Delhi, Rs. 75, Ed. 1995**

are important instruments to involve the masses to words achieving national aspirations. Next, perhaps, to politics, the mass media is the most potent instrument of a society for economic and social transformation." इसी तरह **Registrar of Newspapers**[1] की एक सूचना के अनुसार, "For a country of 640 million, the total circulation of all our dailies was only 9.38 million in 1976, according to the report of the Registrar of Newspapers for 1977-78, which is about the circulation of just one Japanese paper. And the total newsprint consumed in India is less than what a number of daily newspapers in England and the United States singly consumes." इस तरह हम देखते हैं कि संचार साधनों ने संपूर्ण दुनियाँ को बहुत छोटा अर्थात् Global village बना दिया है। तार-बेतार, टेलीफोन, रेडियो, दूरदर्शन ने बहुत हद तक भौगोलिक दूरियों का मतलब ही बदल दिया है। यह संचार सार्वभौमिक मानवाधिकार है, व्यक्तियों के बीच की एक दो-तरफा प्रक्रिया है, वैयक्तिक जरूरत है और किसी संदेश के विनिमय की प्रविधि और तकनीक भी है।

संचार और उसके साधनों-माध्यमों से हमारा रिश्ता आदिम है, किन्तु पिछले कुछ सालों से अर्थात् जब से सूचना का विस्फोट, रेडियो, टेलीविज़न, कम्प्यूटर, इन्टरनेट तथा उपग्रहों का फैलाव और जनसंचार टेक्नोलॉजी का विकास क्षिप्र गति से—पूरी दुनिया को ताल ठोंकते हुआ है—तब से यह शब्द हमारे और नज़दीक आ गया है। इसके माध्यमों से दुर्लभ सूचनाएँ बह रही हैं। महीना मिनट में तब्दील हो गया है। ऐसा लगता है, जैसे हमारे देश में हालिया जन्मा यह अजूबा है, कोई नूतन जन्मी तकनीक या विधा है, पर आपको बताते मुझे गर्व हो रहा है कि जनसंचार भी अब एक विज्ञान की स्थिति को प्राप्त हो गया है, क्योंकि इनके परिणाम यथा तथ्य विज्ञानों (Positive Science) की तरह पहले से ही निश्चित किए जाते हैं, तभी तो जनसंपर्क को जनमत निर्माण की इंजीनियरी या अभियांत्रिकी (Science of Public Engineering) कहते हैं।[2]

पर, जिस धरती को नापने के लिए भगवान सूरज को रात और दिन के रूप में डूबना और उतराना पड़ता है, उसी ब्रह्मांड को 'कन्दुक इव' बना देने वाला 'संचार' शब्द आज खुद-ब-खुद कई तरह की अर्थगत खामियों और भ्रांतियों का शिकार हो गया है। साफ शब्दों में संचार शब्द इस समय काफी भ्रामक अर्थ दे रहा है। दरअसल, इसके पर्याय के रूप में कहीं, 'संचार' तो कहीं 'जनसंचार', कहीं 'जन माध्यम' तो कहीं 'संपर्क' तो कहीं 'जनसंपर्क' तो कहीं 'लोक संपर्क' शब्दों का प्रयोग चल रहा है। सवाल है, क्या उक्त सभी शब्द अर्थ की एक ही छँटा बिखेर रहे हैं, या अलग-अलग। अपनी अल्प बुद्धि और अध्ययन के बल पर मैंने निष्कर्ष निकाला है कि विद्वान् भी इन शब्दों के अर्थ को लेकर अनिश्चय के धुंध में बौड़िया रहे हैं, अपनी-अपनी ढपली और अपने-अपने राग बजा रहे हैं। कुछ लोग कहते हैं कि इनमें अर्थगत अंतर नहीं है, तो कुछ लोग इनमें सूक्ष्म अंतर मानते हैं।

'सम्+चर्+घञ्' से बने **संचार** शब्द का अर्थ होता है—गति, गमन, यात्रा—''स पुनः पार्थ सञ्चारं सञ्चरत्यवनी पति।'' यह दो या दो से अधिक व्यक्तियों के बीच संबंधों को स्पर्श

---

1. **Registrar of Newspaper—P. 17, 1976**
2. **जनसंचार—सं० डॉ० राधेश्याम शर्मा (डॉ० राजेन्द्र का लेख), पृष्ठ 287**

कराता है। संचार शब्द के लिए लेटिन या लातीनी भाषा में 'कम्युनिस' (Communis) शब्द का प्रयोग होता है। इस शब्द का अर्थ होता है—"किसी वस्तु या विषय का सबके लिए साझा होना।" Communis शब्द ही अंग्रेजी भाषा में—Communication[1] बना। संस्कृत में संचार के लिए 'चर' धातु का प्रयोग होता है। "चर" का अभिप्राय है—'चलना', 'आगे बढ़ना', 'फैलाना'। इधर, Communication शब्द का भी अर्थ होता है—वह प्रक्रिया, जिसके द्वारा किसी भाव, विचार या जानकारी को हम दूसरों तक पहुँचाते हैं। जहाँ तक **जनसंचार**[2] शब्द का सवाल है, इसे अंग्रेजी में Mass communication कहते हैं। इसमें 'संचार' शब्द की व्युत्पत्ति संस्कृत की 'चर' धातु ही है। पर संचार और जनसंचार में थोड़ा अंतर है। संचार में किसी भाव, विचार और जानकारी को हम दूसरों तक पहुँचाते हैं, किन्तु जब यह प्रक्रिया सामूहिक पैमाने पर होती है, तब वह 'जनसंचार' या Mass communication कही जाती है। साफ शब्दों में, मानव समुदाय के सभी मिले-जुले वर्गों तक बड़े पैमाने पर, चाहे वह समीप ही हो या दूर, कुछ विचार, भाव या सूचनाएँ शब्दों या अन्य प्रतीकों द्वारा संप्रेषित किए जाते हैं और इस काम के लिए इलेक्ट्रॉनिक उपकरणों का प्रयोग किया जाता है, तब ऐसी स्थिति में कहा जाता है कि "जनसंचार" की प्रक्रिया चालू है।[3] दरअसल, संचार (Communication) एवं माध्यम (Media) शब्दावलियों के साथ एक नई शब्दावली **'जन'** (Mass) का समावेश किया गया है, जिससे उपभोक्ता उत्पादों से संबंधित

---

1. **कम्युनिकेशन (Communication) शब्द को अभिव्यक्त करने के लिए बैब्सटर अंग्रेजी कोश में जो शब्द पर्याय के रूप में दिए गए हैं, उनका हिन्दी अर्थ इस प्रकार है—भाषण, रहस्योद्‌घाटन, वार्तालाप, विचार-विमर्श, संवाद, प्रवचन, सम्मेलन, संपर्क, संबोध, समरस, विकीर्ण (फैलाना अर्थात् प्रचार या प्रसार), (सूचना), हस्तांतरण, अवगत कराने का कार्य (सूचना) देना, सूचित परामर्श, अधिसूचना, परिचित कराना, तथ्योद्‌घाटन, अनुसंधान, कहना, प्रस्तुति, पहुँचाना, आदान-प्रदान, विवरण, छद्‌म आवरण हटाना, उद्‌घोषणा, उल्लेख, सामने रखना, वैचारिक संपर्क, समागम, सार्वजनिक घोषणा, वितरण, संप्रेषण, बलपूर्वक कथन, प्रसारण, बिखेरना, अतीन्द्रिय अनुभव, प्रकाशन, लेखन, चित्रण, संकेत, संचार, हस्ताक्षर, रेडियो प्रसारण, जानकारी में आना, अनुवाद तथा व्याख्या। इसी कोश में कम्युनिकेशन के शब्दार्थ इस प्रकार हैं—**
   (1) संप्रेषण का कार्य, सूचना देना अथवा सूचना, संकेत या संदेश का आदान-प्रदान, जो वार्तालाप, हावभाव या लेखन द्वारा किया जाता है।
   (2) सदेश भेजने और प्राप्त करने का ऐसा तंत्र जो टेलीफोन, टेलीग्राफ, रेडियो द्वारा सम्पन्न होता है। उत्तर आधुनिक मीडिया तकनीक—डॉ० हर्षदेव, पृष्ठ 11, वाणी प्रकाशन, दिल्ली, सन् 2004
2. **डॉ० प्रीता व्यास के अनुसार संचार (Communication) और जनसंचार (Mass Communication) में थोड़ा-सा अंतर है, वह यह कि संचार में प्राप्तकर्त्ता की संख्या एक भी हो सकती है, एक से अधिक भी, संदेश एक व्यक्ति द्वारा किसी भी व्यक्तिगत माध्यम से दिया जा सकता है, जबकि जनसंचार के अर्थों में इसका स्वरूप व्यापक हो जाता है। किसी भी वय, जाति, लिंग के अधिक व्यक्तियों को एक साथ किसी जन माध्यम के जरिए संदेश पहुँचाया जाता है। पत्रकारिता : परिचय और विश्लेषण, पृष्ठ 217**
3. **जनसंचार—डॉ० राजेन्द्र, पृष्ठ 287**

शब्दों जैसे—'बहुमात्र उत्पादन' (Mass Production) और 'जन-वितरण' (Mass Distribution) के साथ समानता का बोध होता है, परन्तु 'जनसंचार' एवं 'जन माध्यम' की संकल्पना का उद्भव अपेक्षाकृत नया है, तथापि इस शब्दावली को मूल रूप में हर्बर्ट ब्लूमर ने सन् 1939 में परिभाषित कर लिया था। ब्लूमर ने समान शब्दावलियों, जैसे—'समूह' (Group) 'भीड़' (Crowd) और 'जन समुदाय' (Public) के विरोधी रूपों का प्रयोग कर मूल परिभाषा दी।[1]

जनसंपर्क शब्द संस्कृत के ''पृच्'' धातु से बना है, जिसका अर्थ होता है—मिलना, मेल बढ़ाना। इस तरह ''सम्'' और ''पर्क'' ('पृच्' से बनी क्रियार्थक संज्ञा) से 'संपर्क' बना और उससे कालान्तर में ''जन संपर्क'' की निर्मिति हुई। जन संपर्क को अंग्रेजी में "Public Relations" कहते हैं। जनता से अथवा जनमत से तालमेल रखना और इसे आवश्यकतानुसार वांछित दिशा में परिवर्तित करना ही जनसंपर्क कहा जाता है। United Kingdom की Institute of Public Relations के अनुसार उन सुविचारित और सुनियोजित उपायों एवं प्रयत्नों को जनसंपर्क कहते हैं, जिनका उद्देश्य परस्पर तालमेल और आपसी विश्वास के आधार पर जनता की सद्भावना प्राप्त करना और सहयोग बनाए रखना है।[2] विद्वान् कहते हैं[3] कि **जनसंचार** की तुलना अगर रथ से की जाय तो **जनसंपर्क** का स्थान सारथि का होगा। दूसरे शब्दों में, जनसंचार को सफल बनाने के लिए जनसंपर्क द्वारा निर्देशन अपरिहार्य है। जनसंचार को यदि विभिन्न माध्यमों—मौखिक एवं मुद्रित शब्द, दृश्य—श्रव्य साधन, प्रचार सामग्री, चलचित्र, रेडियो, दूरदर्शन आदि सभी इलेक्ट्रॉनिक उपकरणों की संरचना और उनके प्रयोग का 'विज्ञान' मान लिया जाय तो 'जनसंपर्क' उस कला को कहेंगे, जिसकी सहायता से जनसंचार के माध्यमों का इस्तेमाल करके पब्लिसिटी या प्रचार के लक्ष्यों में अधिक-से-अधिक सफलता प्राप्त की जा सकती है। कुल मिलाकर जनसंपर्क एक 'आर्ट' (Art) है, जिसकी साधना के लिए 'जनसंचार' साधन उपलब्ध करता है।

ठीक इसी तरह **लोकसंपर्क** और **जनसंचार** भी समानार्थी नहीं माने जाते। वस्तुतः उन सुविचारित और सुनियोजित तथा अनवरत प्रयत्नों को हम **लोक संपर्क** कहते हैं, जो परस्पर तालमेल के आधार पर जनता का विश्वास जीतने और उसे बनाए रखने के लिए किया करते हैं। इस आधार पर हम कह सकते हैं कि लोकसंपर्क और जनसंचार का वही नाता है जो एक कला (Art) और उसकी तकनीक (Technic) में है। लोकसंपर्क एक 'आर्ट' है, जिसके साधन के लिए जनसंचार साधन जुटाता है। अंत में हम कह सकते हैं कि **संचार** संदेशों के विनिमय एवं पारस्परिक समझ के निर्माण की प्रक्रिया है। वस्तुतः यह अर्थपूर्ण संदेशों का ऐसा पारस्परिक आदान-प्रदान है, जिसका उद्देश्य आपसी समझ को उत्पन्न करना तथा पारस्परिक मानव व्यवहार को प्रभावित करना है, जबकि मुद्रित शब्दों (Printed word), मौखिक शब्दों (Spoken word) और मूर्त्त शब्दों (Image symbolised word) के सम्यक् प्रयोग का दूसरा नाम **जनसंपर्क** है।

---

1. **दृश्य—श्रव्य संप्रेषण और पत्रकारिता—डॉ० जेम्स० एस० मूर्ति, पृष्ठ 7, भारतीय भाषा पीठ, नई दिल्ली, मूल्य 200 रु० सन् 1990**
2. **Institute of Public Relations—United Kingdom (Guide to Public Relations), P. 109**
3. **जनसंचार—डॉ० राजेन्द्र, पृष्ठ 268**

परिभाषाएँ

देशी-विदेशी विद्वानों ने अपनी प्रज्ञा की छेनी-रेती से तराश-खरादकर संचार की परिभाषा गढ़ने की कोशिश की है। परिभाषाओं की भीड़ में कुछ प्रमुख को नीचे देखा जा सकता है—

(क) डॉ० जेम्स, एस० मूर्ति का कहना है कि, ''संचार का अभिप्राय अपने भाव, विचार या संदेश की उस अभिव्यक्ति, आदान-प्रदान या संप्रेषण से है, जो प्राप्तकर्त्ता में प्रतिक्रिया उत्पन्न करते हैं।''[1]

(ख) पत्रकार प्रेम विज संचार को रूपायित करते लिखते हैं कि, ''संचार का अर्थ विचारों और संदेशों को जनता तक पहुँचाना हैं।[2]

(ग) डॉ० चन्द्र कुमार लिखते हैं कि, ''संचार एक प्रक्रिया है, तंत्र नहीं। संचार एक मूलभूत वैयक्तिक एवं सामाजिक आवश्यकता तथा सार्वभौमिक मानवाधिकार है। संचार के बिना जीवन में संपूर्णता नहीं हो सकती है।''[3]

(च) डॉ० हर्षदेव के अनुसार, ''संचार इस विश्व का ऐसा सत्य है, जो प्राणी मात्र ही नहीं, पेड़-पौधों में भी विद्यमान हैं।''[4]

(ङ) थ्यू हेमैन का विचार है कि, "Communication means the process of passing information and understanding from one person to another" अर्थात् संचार एक व्यक्ति से दूसरे व्यक्ति को—सूचनाएँ एवं समझ हस्तान्तरित करने की प्रक्रिया है।''[5]

(च) एफ० जी० मेयर के शब्दों में, "Communication is the intercourse by words, letters or messages, intercourse of thoughts or opinions अर्थात् मानवीय विचारों और सम्मतियों का शब्दों, पत्रों एवं संदेशों के माध्यम से आदान-प्रदान ही संचार हैं।''[6]

(छ) न्यूमैन तथा **समर** के अनुसार, "Communication is an exchange of facts, ideas, opinions or emotions by two or more persons अर्थात् संचार दो या दो से अधिक व्यक्तियों के तथ्यों, विचारों, सम्मतियों अथवा भावनाओं का पारस्परिक आदान-प्रदान है।''[7]

इस तरह कुल मिलाकर **मेरे विचार** से संचार एक व्यक्ति के मस्तिष्क को दूसरे व्यक्ति के मस्तिष्क से जोड़ने वाला पुल है। इसके भीतर कहने, सुनने तथा समझने की एक व्यवस्थित

---

1. **दृश्य—श्रव्य संप्रेषण और पत्रकारिता—डॉ० जेम्स, एस० मूर्ति, पृष्ठ 9**
2. **जनसंचार—सं० डॉ० राधेश्याम शर्मा (प्रेम विज का लेख), पृष्ठ 140**
3. **जनसंचार माध्यमों में हिन्दी—डॉ० चन्द्र कुमार, प्रस्तावना, क्लासिकल पब्लिसिंग कम्पनी, दिल्ली, मूल्य 225 रु०, सन् 2000**
4. **उत्तर आधुनिक मीडिया तकनीक—डॉ० हर्षदेव, पृष्ठ 11**
5. **Reporting—Theo Haimanr, P. 81, Rinehart and Wiston Inc, New York, 1960**
6. **The Indian Reporters Guide—F. G. Mayor, P. 125, Allied Pacific, Pvt. Ltd, Bombay, 1962**
7. **Survey of Broadcast Journalism—P. 101, Astate of Siege, Grosset and Dunlop, New York, Ed. 1971**

एवं अनवरत प्रक्रिया सम्मिलित है। संचार की प्रक्रिया लिखित एवं मौखिक शब्दों द्वारा संदेश एवं समझ का विनिमय तो करती ही है, संकेतों, हाव-भावों और मौन माध्यम से भी वैचारिक लेन-देन करती है। एक शब्द में, प्रत्यक्ष या परोक्ष तथा चेतन एवं अचेतन रूप से संप्रेषित भावनाओं, इच्छाओं व प्रवृत्तियों का यह योग और मेल है। आज हमारे देश में संचार एवं सूचना प्रौद्योगिकी (Information Technology) का इतना महत्त्व बढ़ा है कि केन्द्र सरकार ने स्वतंत्र रूप से इसके लिए एक बड़ा तंत्र तथा सूचना और प्रसार मंत्रालय (Ministry of Information and Broadcasting) नाम का एक पूरा मंत्रालय ही काम कर रहा है। इसके अधीन इस समय चौदह इकाइयाँ, तीन पंजीकृत सर्वाजनिक क्षेत्र के उपक्रम तथा तीन ही पंजीकृत स्वायत्त संस्थाएँ हैं। उनके नाम इस प्रकार हैं—(1) आकाशवाणी, (2) दूरदर्शन, (3) प्रेस सूचना कार्यालय (Press Information Bureau), (4) फिल्म्स डिवीजन (Films Division), (5) विज्ञापन तथा दृश्य प्रचार विभाग या निदेशालय (Directorate of Advertising and Visual Publicity—DAVP), (6) प्रकाशन विभाग (Publication Division), (7) संगीत तथा नाटक विभाग (Song and Drama Division), (8) क्षेत्रीय प्रचार निदेशालय (Directorate of Publicity), (9) फोटो डिवीजन (Photo Division), (10) संदर्भ तथा अनुसंधान निदेशालय (Research and References Division), (11) रजिस्ट्रार न्यूज पेपर्स ऑफ इण्डिया (R.N.I.) भारतीय समाचार पत्रों का पंजीकरण कार्यालय), (12) फिल्मों से संबंधित सेन्ट्रल बोर्ड, (13) फिल्म उत्सवों का निदेशालय, तथा (14) भारतीय फिल्मों का राष्ट्रीय संग्रहालय। तीन सार्वजनिक उपक्रम—(1) भारतीय चलचित्रों के निर्यात् का प्रबन्ध करने वाला निगम (Indian Motion Pictures Export Corporation), (2) फिल्मों के विकास का राष्ट्रीय निगम, (3) फिल्म वित्त निगम। इसके अलावा सरकारी इमदाद से चल रही तीन और पंजीकृत संस्थाएँ हैं—(1) जनसंचार का भारतीय संस्थान (Indian Institute of mass Communication), (2) भारत की फिल्म और टेलीविज़न संस्था तथा (3) चिल्ड्रन फिल्म सोसायटी (Children Film Society)।

(2) सामाजिक विकास और जनसंचार की भूमिका

पाश्चात्य चिन्तक त्रय रीवर्स (Reavers), पीटरसन (Peterson) तथा जॉनसन[1] (Jonson) ने एक सुप्रसिद्ध पुस्तक में जनसंचार की विशेषताओं को इंगित करते हुए कहा है कि जनसंचार की विशेषता है कि यह साधारण जनता के लिए होता है, यह विशेष वर्ग के लिए नहीं होता। यह अपना संदेश समाज में बहुत तीव्र गति से पहुँचाता है। जनसंचार के दायरे में उच्च श्रेणी से लेकर साधारण जनता तक होती है। इसका संदेश सभी वर्ग, लिंग, धर्म और रंग के लिए होता है। यह दूरदराज के क्षेत्रों में रहने वाले लोगों से लेकर शहरी क्षेत्रों के लोगों तक—सभी को समान और सामान्य रूप में सूचना देने का कार्य करता है। यह समाज में नए जनमत, नई जागृति, राष्ट्रीयता बोध तो पैदा करता ही है, सुसुप्त समाज में सृजनशीलता, रचनात्मकता और त्वरित निर्णय लेने की क्षमता पैदा करता है। यह सामाजिक कुंठा और जड़ता को तोड़कर देश के नवयुवकों को नए सामाजिक-विकास की मशाल थमाता है।

अमेरिका में लोकसंपर्क और जनसंचार को प्रसिद्ध समाजशास्त्री एडवर्ड एल० बर्नी (Edward L. Berneys) तथा ब्रिटेन के अर्थशास्त्री एल्फ्रेड मार्शल (Alfred Marshall) के

1. **The Mass Media and Modern Society—Jonson P. 89**

गहरे अनुसंधानों की वजह से सामाजिक विज्ञान की एक महत्त्वपूर्ण शाखा मान लिया गया है, पर दुर्भाग्य से इस देश में समाजार्थिक विकास में अपनी महत्त्वपूर्ण भूमिका निभाने वाले जनसंचार को स्वतंत्र हैसियत न देकर महज नवविकसित विधा ही माना गया है। इसे विधि, चिकित्सा तथा इंजीनियरिंग की तरह संपूर्ण विषय न मानकर आज भी पत्रकारिता, प्रशासन या कारोबारी व्यवस्था की पढ़ाई-लिखाई का ही एक अंग माना जाता है। फिर भी, इतना तय है कि जनसंचार ने अपने परंपरागत माध्यमों—लोकगीत, लोक नाट्य, नौटंकी, कठपुतली, लोकगाथाएँ और नृत्य तथा आधुनिक माध्यमों जैसे—प्रिंट मीडिया (Print Media—समाचार पत्र, पत्रिकाएँ, पुस्तकें पर्चे आदि) तथा इलेक्ट्रॉनिक मीडिया (Electronic Media—रेडियो, वीडियो कैसेट, कम्प्यूटर, टेपरिकॉर्डर, दूरदर्शन, फिल्म और इन्टरनेट) साथ ही Oral Communication—सभाएँ, गोष्ठियों और Out-door Media—होर्डिंग (Hoarding) पोस्टर आदि के द्वारा बहुत बड़ा सामाजिक परिवर्तन और विकास किया है।

बहुत सारी सामाजिक मान्यताओं को अंधविश्वास की बंद गली से निकालकर वैज्ञानिक विवेक के खुले-उजले चौराहे तक लाने में जनसंचार माध्यमों ने क्रांतिकारी भूमिका निभाई है। मसलन अब चेचक के बारे में बहुत हद तक यह माना जाने लगा है कि वह शीतला माता के अप्रसन्न होने जैसे दैवी प्रकोप के कारण नहीं, बल्कि कुछ रोगाणुओं के कारण होता है। यह भी स्वीकार किया जाने लगा है कि चेचक की रोकथाम के लिए चेचक निरोधक टीका लगवा लिया जाना चाहिए। इसी प्रकार अब कुष्ठ रोग पूर्व जन्म के पापों का फल नहीं, बल्कि इसी जीवन में लगने वाला एक रोग है, जिसका उपचार भी संभव है। ऐसे कई अंधविश्ंवास और रूढ़ियों को जनसंचार की मदद से बदला जा चुका है। इस प्रकार के बीसियों उदाहरण दिए जा सकते हैं कि जिनसे आभास होता है कि जनसंचार के माध्यमों द्वारा व्यापक सामाजिक विकास और परिवर्तन संभव है। विश्व के अनेक देशों में समाज का चेहरा बदलने के अनेक ऐतिहासिक अभियान शुरू किए गए, जिनमें संचार माध्यमों का इस्तेमाल बखूबी किया गया। ब्रिटेन के मध्ययुगीन समाज में चुड़ैल समझकर हजारों स्त्रियों को मौत के घाट उतार देने की परंपरा रही हो या भारत के झारखण्ड और छत्तीसगढ़ के आदिवासी समाज में स्त्रियों को जादू-टोना करने वाली 'टोनहिन' समझ निर्वस्त्र कर गाँव में घुमाने, फिर उन्हें मार देने की परंपरा रही हो, या बाल विवाह और सतीप्रथा—इन सभी को समाज द्वारा अस्वीकृत कराने के पीछे जनसंचार और उससे पैदा हुई जन-जागृति की निर्णायक भूमिका रही है। उस समय जनसंचार के साधन सीमित थे, पर आज असीम हैं। आज हमारा समग्र चिन्तन सतत् रूप से जनसंचार साधनों के बहुमुखी आक्रमण से प्रभावित होता है। इसकी वजह यह भी है कि इन साधनों के कारण जागरूकता और जिज्ञासा बढ़ी है। लोग नई-नई बातें जानना और जो ठीक हैं, उन्हें स्वीकार करना चाहते हैं।[1]

इसी तरह हिन्दू कोडबिल हो या किशोर-किशोरियों का मुक्त मिलन हो, या सेक्स-शिक्षा हो, परिवार-नियोजन के साधनों का प्रचार-प्रसार हो, एड्स से बचाव हो, या गर्भ निरोधक गोलियों का प्रचार हो, मद्यपान से बचाव हो, जात-पात तोड़ने के लिए अन्तर्जातीय विवाह हो, छूआछूत हो, या स्त्री-पुरुष के समान अधिकार की बात हो, विवाह-विच्छेद के प्रश्न हों या शिक्षा-क्षेत्र में फैला भ्रष्टाचार हो, विद्यार्थियों में बढ़ती नशीली चीजों के व्यवहार

1. **जनसंचार द्वारा सामाजिक-परिवर्तन—रमेश नैय्यर, पृष्ठ 434-435**

की समस्या हो—खुली बहस अब पत्र-पत्रिकाओं में होने लगी है।[1] जनसंचार साधनों ने सामाजिक विकास के ताने-बाने को नए रूप में बुना है। सामाजिक रिश्तों में बदलाव आया है। रूढ़ियाँ टूटी हैं। इन साधनों ने लोगों को कुरीतियों से निकाला है। गाँव-गाँव तक खेती और औद्योगिकीकरण की नई तकनीक पहुँचाया है। दरअसल, भारत जैसे कृषि प्रधान और आर्थिक रूप से पिछड़े हुए देश के लिए नियमबद्ध संचार माध्यमों का होना बहुत आवश्यक रहा है। इन संचार माध्यमों ने गाँव-गाँव में खेती-बारी का समाचार, राष्ट्रीय एकता और देश भक्ति का संदेश, दैवी आपदा यथा बाढ़, सूनामी लहर, भूकम्प, अतिवृष्टि संबंधी मौसम की जानकारी मुहैया कर सामाजिक सुरक्षा के अपने उत्तरदायित्व को पूरा किया है।

जनसंचार माध्यमों ने गाँव से लेकर शहर तक एक नया सामाजिक वातावरण तैयार किया है। गाँव का अनपढ़ मजदूर अब अपने अधिकारों के प्रति सचेष्ट हुआ है। शहर का कामगार अपने हक-हुकूक की रक्षा के लिए हड़ताल, तालाबंदी, आमरण अनशन जैसे लोकतांत्रिक तरीके अपना रहा है। जनसंचार माध्यमों ने लड़के-लड़कियों की शिक्षा आदि में भेद न करने का जहाँ संदेश दिया है, औद्योगिक क्षेत्रों में गंदी बस्तियों की बसाहट, प्रदूषित जल की निकासी और पर्यावरण संबंधी जागरूकता पर भी बल दिया है। सच तो यह है कि इन संचार माध्यमों ने धार्मिक-पौराणिक कार्यक्रम, कृषि दर्शन, खेलकूद, सामाजिक घटनाक्रम, सरकारी योजनाओं, बच्चों तथा महिलाओं के लिए शैक्षिक कार्यक्रम प्रस्तुत कर नयी सामाजिक, राजनीतिक और आर्थिक जागरूकता पैदा की है। जनसंचार माध्यमों के कारण सामाजिक दृष्टिकोण, आस्था और मूल्यों में बदलाव आया है। सड़ी-गली मान्यताएँ रीति-रिवाज़, रूढ़ियाँ टूटी हैं। जनसंचार माध्यमों की जो भूमिका सामाजिक संदर्भ और परिवेश में पिछली शताब्दी में थी, उसके अर्थ अब बदल गए हैं। अब यह महज जनसंचार माध्यम ही नहीं, बल्कि संपूर्ण सामाजिक छवि, उसकी सोच, रँग-रूप को बदलने वाले महत्त्वपूर्ण कारक के रूप में भी है, "...The mass media is the most potent instrument of a society for economic and social transformation."

(3) जनसंचार माध्यमों में हिन्दी का प्रयोग, उपयोगिता तथा चुनौतियाँ

''पिउ सौं कहेउ संदेसड़ा, हे भौंरा हे काग।
सो धनि विरहै जरि मुई, तेहिक धुआँ हम लाग॥''

या

''चन्दारे! मेरे भइया से कहना, तेरी बहना याद करे''

या

''कबूतर जा-जा-जा-जा...पहले प्यार की पहली चिट्‌ठी साजन को दे आ।''

आज के बहुराष्ट्रीयकरण, निजीकरण और बाजारीकरण के इस दौर में उत्पादों की लाँचिंग का ठेका लिए कुछ कम्पनियाँ 'इलेक्ट्रानिक' और 'प्रिन्ट' माध्यम से हिन्दी को बाजार की, संचार-संदेश की मुख्य भाषा बनाने में भले ही मदद कर रही हों, लेकिन हिन्दी भाषा के इतिहास के सफों को पलटें तो आप पाएँगे कि हिन्दी में संप्रेषण का सिलसिला बहुत पुराना है।

1. पत्रकारिता के समक्ष खतरे चुनौतियाँ—डॉ० प्रभाकर माचवे, पृष्ठ 343

समय-समय पर बाहरी लुटेरों ने हिन्दी को जमींदोज करने की पुरजोर कोशिश की, लेकिन राख से उठकर जीवित हो, इसने अपनी अखिल भारतीय पहचान बना भारतीय भाषाओं में लम्बी उम्र जीने का यश भी प्राप्त किया। हिन्दी आज अपनी ताकत से बाजार के 'ग्लोब' में दबाव बनाकर खड़ी है। बाजारीकरण के खालिस देसीपन के समय में भी यह बाजार और संभ्रातता के बीच रीढ़ सीधी रखे, अंगद के पाँव की तरह खड़ी है। आज यह संचार की भाषा है, संवाद की भाषा है, बाजार की भाषा है, हर तरह के मीडिया की भाषा है, संपर्क की भाषा है, सभी को जोड़कर चलने वाली भावनात्मक निकटता की भाषा है। सच तो यह है कि भाषा के बिना जनसंचार का लक्ष्य पूरा नहीं हो सकता, चाहे माध्यम कुछ भी हो। इसीलिए जनसंचार के सभी संसाधनों के लिए हर युग में किसी-न-किसी भाषा का उपयोग अनिवार्यत: होता आया है। भाषा ने जनसंचार के कार्य को सुगम बनाया है, आकर्षण प्रदान किया है और विस्तार भी दिया है। यही कारण है कि हम जनसंचार के सर्व सुलभ साधन के रूप में भाषा का उपयोग करते हैं। भाषा आदि सामाजिक व्यवहार की केन्द्रीय सत्ता है तो यह जनसंचार की रीढ़ की हड्डी भी है। भाषा के बिना जनसंचार के किसी भी माध्यम का सम्यक् उपयोग संभव नहीं, इसीलिए जनसंचार और भाषा के अन्त: संबंधों पर कोई विपरीत टिप्पणी नहीं की जा सकती। संसार भर की भाषाएँ अपने-अपने प्रयोग क्षेत्र में जनसंचार का माध्यम बनी हुई हैं। अब भाषा की विकसित अवस्था का यह मानदण्ड भी बन गया है कि उसमें जनसंचार के माध्यम के रूप में 'प्रयुक्ति' की कितनी विशिष्टताएँ और संभावनाएँ हैं। किसी भी समर्थ भाषा से यह अपेक्षा की जा रही है कि वह अधिकाधिक जनसंचार सुविधाओं का संवहन करे और इस क्षेत्र में अपनी क्षमता का परिचय दें।[1]

दरअसल, हिन्दी ने संचार भाषा के रूप में बहुत पहले से ही अपना मुहावरा बना लिया था। चाहे नौंवी शताब्दी की प्रस्तर खण्डों पर उकेरी गई रचनाएँ हों, अमीर खुसरो का हिन्दवी में दिया गया संदेश हो, दक्षिण और उत्तर में भावनात्मक स्तर पर एका कराने वाली मध्यकालीन भक्तों और संतों की सांस्कृतिक पुनर्जागरण की अलख हो, प्रशासनिक कार्यों को संपादित कराने में संचार भाषा के रूप में मुगलों द्वारा किया गया हिन्दी का प्रयोग हो—इसने बहुत गंभीरता किन्तु खामोशी के साथ अपने उत्तरदायित्व का निर्वहन किया। इसी तरह संपूर्ण भक्तिकाल, रीतिकाल, भारतेन्दु हरिश्चन्द्र, स्वामी दयानंद, महावीर प्रसाद द्विवेदी तथा गांधी जी आदि सभी ने इसकी नाभिकीयता को पहचान अपने संदेशों के आदान-प्रदान की भाषा बनाया। आरंभ में जब हिन्दी पत्रकारिता में संचार-सुविधाओं के नाम पर डाकतार व्यवस्था ही सब कुछ थी और संसाधनों के नाम पर लीथो या पत्थर-छापा, कलम-दवात व कागज ही पत्रकारों के हथियार थे, तब भी 'उदन्तमार्तण्ड'[2] ने जैसी हिन्दी लिखनी शुरू की, उसे उस समय लिखी जाने वाली किसी भी भाषा से हीन नहीं माना जा सकता। इसी तरह 1829 में 'बंगदूत', 1889 में 'राजस्थान समाचार', 1890 में 'बंगवासी', 1906 में हितवार्ता' आदि समाचार-पत्रों ने इसे संचार भाषा के रूप में जन-जन तक पहुँचाया। कालान्तर में बीसवीं शताब्दी में तकनीकी माध्यमों ने इसे सशक्त संचार भाषा के रूप में प्रौढ़ रूप प्रदान किया। जनसंचार की अवधारणा पूरी तरह इस युग में बदल गयी। 1913 में हिन्दी में पहली फिल्म

1. **जनसंचार माध्यमों में हिन्दी—डॉ० चन्द्र कुमार, प्रस्तावना भाग**
2. **संचार क्रांति और हिन्दी पत्रकारिता—डॉ० अशोक कुमार शर्मा, पृष्ठ 16, विश्वविद्यालय प्रकाशन, वाराणसी, मूल्य तीन सौ रुपए, सन् 1997**

बनी 'राजा हरिश्चन्द्र', दादा साहब फाल्के ने बनाई, लेकिन भाषा की शक्ति का वास्तविक रूप तब सामने आया, जब यह गूँगी फिल्में बोलने लगीं। 1931 में "आलम आरा" के प्रदर्शन के साथ ही भारतीय परिदृश्य में उस नयी क्रांति का उदय हुआ, जिसमें शब्द, दृश्य माध्यम के रूप में हिन्दी की क्षमता को रेखांकित किया।[1]

इधर, सूचना तकनीक के विस्फोटी समय में हिन्दी को सशक्त संचार भाषा के रूप में नया उभार और रूप मिला है। वस्तुतः इलेक्ट्रॉनिक संचार माध्यमों के विकास की कल्पना भाषा के बिना नहीं की जा सकती। इस दृष्टि से भाषा का विकास भी संचार माध्यमों के विकास के साथ होता चलता है, जिससे नए-नए अर्थ, नई-नई शैलियाँ भाषा के कोष में जुड़ती हैं।[2] इलेक्ट्रॉनिक संचार माध्यमों ने दिक्-काल की सीमाओं को पार कर लिया है। जिस गति से इनका विकास हो रहा है, उस गति से हिन्दी का आधुनिकीकरण भी हो रहा है, जिसकी प्रकृति त्रिदिशीय है—लोकवादी, राष्ट्रीयतावादी और अन्तर्राष्ट्रीयतावादी।[3] रेडियो, दूरदर्शन, कम्प्यूटर, इन्टरनेट, दूरसंचार माध्यमों—टेलीग्राम, टेलीप्रिंटर, फैक्स, टेलीफोन, विज्ञापन तथा फिल्में आदि संचार माध्यमों ने हिन्दी को जनसंचार भाषा का मुकम्मल रूप दिया है। जनसंचार भाषा के रूप में हिन्दी घर-घर पहुंची है। एक ओर विज्ञापनों की भाषा के रूप में हिन्दी का स्वरूप और क्षेत्र अत्यन्त व्यापक हुआ है, हिन्दी की एक निजी शब्दावली और निजी वाक्य-संरचना विकसित हुई है तो दूसरी ओर देश में डॉट कॉम क्रांति के शुरू होते ही जनसंचार भाषा के रूप में हिन्दी को नया आयाम मिला। इन्टरनेट की भाषा बनते ही कम्पनियों की आय बढ़ गई। इधर, हिन्दी भी जनसंचार भाषा के रूप में इनकी जरूरत बन गयी। ठीक इसी तरह रेडियो, दूरदर्शन और दूरसंचार ने भी हिन्दी को प्रभावशाली जनसंचार भाषा का रूप दिया है।

बहरहाल, तमाम दावों के बाद जनसंचार भाषा के रूप में हिन्दी के सामने उक्त माध्यमों के कारण कुछ भाषागत खतरे और चुनौतियाँ भी हैं। **डॉ० अशोक वाजपेयी**[4] कहते हैं कि इलेक्ट्रॉनिक और प्रिन्ट मीडिया में भाषा के प्रति बेहद लापरवाही और उसके साथ अनाचार का एक नया युग आरंभ हो गया है और सारी राजनीति उसका कोई प्रतिरोध करने के बजाय उसका अपने हितों के लिए लाभ लेने में लग गई है। कोई भाषा शुद्ध नहीं होती और न ही रह सकती है। परिवर्तन भाषा की उत्तर जीविता का आधार होता है, लेकिन अगर ऐसे परिवर्तन बौद्धिक आलस्य, भाषिक लापरवाही और सांस्कृतिक शिथिलता के कारण आते हैं, जैसा कि इन दिनों आ रहे हैं तो उनसे भाषा की अपनी पहचान के खो जाने का संकट पैदा हो जाता है। राजभाषा के निहायत गैर मुहावरेदार और अनुवादजीवी रूप ने अगर हिन्दी को एक स्तर पर उसकी मटमैली गंध से काटकर बनावटी बनाने की कोशिश की तो आज का मीडिया अधिकांशतः उसे घटिया हालाँकि चिकनी-चुपड़ी अंग्रेजी का गरीब बिरादर बनाने पर तुला है। अच्छी और साफ-सुथरी हिन्दी अब साहित्य के अलावा सार्वजनिक जीवन के प्रायः हरेक क्षेत्र से गायब होती जान पड़ती है। फिर भी, एक पक्ष यह है, कि जनसंचार भाषा के

---

1. **जनसंचार माध्यमों में हिन्दी—डॉ० चन्द्र कुमार, प्रस्तावना**
2. **प्रयोजनमूलक हिन्दी—सं० डॉ० बालेन्दुशेखर तिवारी, पृष्ठ 167**
3. **हिन्दी भाषा का समाजशास्त्र—डॉ० रवीन्द्र नाथ श्रीवास्तव, पृष्ठ 186, दिल्ली, सन् 1970**
4. **जनसत्ता (कभी-कभार)—अशोक वाजपेयी, पृष्ठ 4, कलकत्ता संस्करण, सन् 2004**

विविध रूपों में हिन्दी का समाजशास्त्र बढ़ा और बदला है। जन क्षेत्र और सूचना-प्रसार के रूप में, ज्ञान-विज्ञान और तकनीक की भाषा के रूप में, प्रशासन, जनसंपर्क, विपणन, जन संवाद, सृजन, प्रौद्योगिकी, जन भाषा, राजभाषा, संपर्क भाषा, माध्यम भाषा, मीडिया लेखन की भाषा, प्रबंधन-प्रविधि की भाषा के रूप में—कुल मिलाकर कामकाजी या प्रयोजनमूलक भाषा के रूप में हिन्दी की सीमा, शक्ति और संकल्पना का विकास हुआ है। सुप्रसिद्ध मीडिया लेखक **सुधीश पचौरी**[1] कहते हैं कि किसिम-किसिम की हिन्दी है। कहीं मराठी हिन्दी यानी 'मिन्दी' है, तो कहीं गुजराती हिन्दी 'गुन्दी' है, कहीं पंजाबी हिन्दी यानी 'पिन्दी' है, तो कहीं राजस्थानी है। कहीं तमिल हिन्दी यानी 'तिन्दी' है तो कहीं हैदराबादी हिन्दी है। कहीं वह हिन्दुस्तानी है, जिसमें उर्दू के अनेक शब्द रहते हैं, कहीं वह विश्वविद्यालयों में अध्यापकों की अध्यापकी हिन्दी है जो शुद्धीकरण की कायल है, कहीं वह नितांत फिल्मी संवादों और गीतों की हिन्दी है। कहीं वह हिन्दी चैनलों की हिंअंग्रेजी है। कहीं वह ब्लू लाइन बसों में लिखे गलत-सलत शेरों की हिन्दी है, कहीं वह '3 रा मेरा 7 रहे' मार्का स्कूटरी हिन्दी है, कहीं वह धर्म-प्रवचनों में बाबाओं की हिन्दी है, कहीं वह राजनेताओं की हिन्दी है, कहीं वह अटल की हिन्दी है, कहीं वह लालू की बिहारी हिन्दी है, कहीं वह मुलायम की व्रजी 'टच' वाली हिन्दी है, कहीं वह जनसत्ता की हिन्दी है, तो कहीं इन्डिया टुडे की हिन्दी है, कहीं वह अन्य अखबारों की हिन्दी है। अमेरिका में उसे 'कहो न प्यार है' से लेकर 'यादें' के गाने बनाते हैं, दक्षिण अफ्रीका में जो लोग हिन्दी नहीं जानते वे भी 'कहो न प्यार है' की धुन पर थिरककर संवाद करते हैं। अफगानिस्तान में बुद्ध की प्रतिमा तोड़ी जा सकती है, फिल्में प्रतिबंधित हैं, लेकिन चोरी-छिपे हर टैक्सी वाला हिन्दी गाने सुनता-सुनाता रहता है। हिन्दी का अंडरग्राउंड दिन-रात बनता रहता है। जी० टी० वी० सऊदी अरब से लेकर आस्ट्रेलिया, न्यूजीलैण्ड, अमेरिका तक में हिन्दी में संवाद करता है। इस तरह गाँव से लेकर महाद्वीपों तक संचार भाषा के रूप में हिन्दी पसर चुकी है।

(4) जनसंचार माध्यमों का विकास

भावों का संचरण 'संचार' और संवाद मनुष्य की सहज प्रवृत्ति हैं। सभी जानते हैं, गाँवों के निरंतर नष्ट होने और शहरों के बेहयाई के साथ पसरते जाने के बावजूद भारत मूलत: गँवई देश है, अत: जिनका रिश्ता आज भी गाँवों से है, वे जानते हैं कि तमाम तरह की विसंगतियों, विद्रूपताओं, घृणा, एतराज, राग, द्वेष के बावजूद गाँव का सामाजिक शीराजा, नागरिकशास्त्र या समाजशास्त्र इन्हीं संवादों और विचारों के परस्पर संचार के कारण पुख्ता या सुदृढ़ रूप में संघटित है। संचार जीवन का मूल तत्त्व है। इसके बिना जीवन बेस्वाद, बेरंग और गंधहीन है। यही ग्रामगंधी छुअन है। संचार और संवादरहित मनुष्य पशु से भी बदतर या साक्षात् मृत्यु है, जीवित शव है। संवादों के महत्त्व को इतने से ही जाना जा सकता है कि जब भी किसी को किसी तरह की सजा दी जाती है, गाँव की पंचायत सबसे पहले उसका सामाजिक बहिष्कार अर्थात् 'हुक्का पानी' बंद कराती है, अपराधी को कारागार के भीतर 'एकान्त कोठरी' या 'काल कोठरी' की सजा दी जाती है, अंग्रेजों के समय में यही सजा 'कालापानी' थी। मैंने भाषा-विज्ञान की एक पुस्तक में पढ़ा है कि राजा दशरथ के समय में पशु-पक्षी भी परस्पर दुखों-सुखों को बाँटने के लिए आपस में संवाद, वार्तालाप करते थे—'खग जानै खगही

---

1. **जनसत्ता (हिन्दी खड़ी बाजार में)—सुधीश पचौरी, पृष्ठ 1 (रविवारी) दिल्ली संस्करण, सन् 2001**

की भाषा', तो फिर ऐसी स्थिति में मनुष्य के लिए संवाद-संचार के महत्त्व को स्वत: जाना जा सकता है।

संचार का अँखुआ सबसे पहले कब डिभियाया, इस संबंध में भाषाविदों में वैचारिक एका नहीं है। हाँ, संभवत: सभी लोग इस बात पर एकमत हैं कि मनुष्य और संचार शुरू से ही साथ-साथ समानान्तर यात्रा कर रहे हैं। संचार का स्वरूप उस समय दूसरा था। अभिव्यक्ति के लिए भाषा और शब्द जब नहीं थे, तब हाथ-पाँव हिला-डुलाकर, संकेतों या विचित्र किसिम की आवाजों से काम लिया जाता था। बाद में भाषा जन्मी और उसके बाद उसे टाँकने वाली लिपि का जन्म हुआ। ईसाइयों के अनुसार आदम और हव्वा के बीच पहला संवाद स्थापित हुआ। इधर, भारत में भी जनसंचार माध्यमों का विकास प्राचीन युग से ही प्रारंभ हो गया था। संगीत, नृत्य, गीत, बोली, भाषा, लिपि आदि का विकास प्रकृति की नकल करने और उसमें सुधार करने से ही संभव हुआ है। कबीलों के बीच संवाद हेतु प्रतीक भाषा-बोली का विकास हुआ। ढोल, मृदंग, मादल इसी प्रकार के चर्म वाद्य सर्वप्रथम जन संवाद के साधन बने। ढोल का प्रयोग एक प्रभावशाली संचार माध्यम के लिए किया जाता था, ताकि आपसी मेल-मिलाप से सूचनाओं का आदान-प्रदान हो सके। वैदिक काल में यज्ञों का आयोजन जनसंचार के लिए किया जाता था। गुरु-शिष्यों के बीच अनेक विषयों पर बातचीत होती थी, जिससे ज्ञान का प्रचार-प्रसार होता था। नृत्य, गीत, नाटक, संगीत भाषण संवाद के द्वारा सूचनाओं का आदान-प्रदान सामान्य जनता तक होता था।[1]

लेकिन प्राचीन भारत में संचार माध्यम यांत्रिक न होकर व्यक्तिपरक था। मौखिक संचार अन्य संचार प्रक्रिया की अपेक्षा अधिक प्रभावी था। वैदिक समाज में लोगों के बीच होने वाले वाद-विवाद समाज के लिए महत्त्वपूर्ण होते थे। इस प्रकार के संचार माध्यम को अन्तर्वैयक्तिक माध्यम कहा जाता है। प्राचीन भारत में संत, साधु, चारण, भाट, साहित्य-सभा, समिति, शास्त्रार्थ, राजा की घोषणाएँ, दूत, संदेश वाहक प्रमुख थे, जो संचार माध्यम का कार्य करते थे।[2] **डॉ० प्रीता व्यास**[3] लिखती हैं कि पौराणिक संदर्भ के आधार पर नारद को प्रथम प्रवर्तक माना जा सकता है। रामायण काल में, वाल्मीकि रामायण के अयोध्या कांड[4] में श्री दशरथ द्वारा श्रीराम को राज सौंपने के बारे में विचारार्थ विभिन्न नगरवासियों, प्रधानों को बुलाकर मंत्रणा की गई, यह संचार का ही रूप है। गोस्वामी तुलसीदास के श्री रामचरितमानस में भी इसका वर्णन है।[5] केवल रामायण में ही नहीं, बल्कि महाभारत काल में कृष्ण व अर्जुन का संवाद संचार का एक ऐसा विशिष्ट रूप है, जिसे गीता के रूप में लिपिबद्ध किया गया है। सदियाँ बीत जाने के बाद भी गीता का संदेश उतना ही सजीव और प्रभावी है। श्रीकृष्ण के संवाद को कला के विभिन्न रूपों द्वारा अभिव्यक्ति मिली है। मूर्तिकार ने मूर्ति गढ़ी, चित्रकार ने

---

1. **जनसंचार माध्यमों में हिन्दी—डॉ० चन्द्र कुमार, पृष्ठ 10**
2. **संचार क्रांति और विश्व जन माध्यम—डॉ० अनिल अंकित, पृष्ठ 32**
3. **पत्रकारिता : परिचय और विश्लेषण—डॉ० प्रीता व्यास, पृष्ठ 210**
4. **''नाना नगर वास्तव्यान् पृथग्जानपदापपि।**
   समानिनाय मेदिन्याम् प्रधानान् पृथिवीपतिः॥'' (अयोध्या काण्ड, प्रथम सर्ग—46)
5. **''मुदित महीपति मंदिर आए। सेवक सचिव सुमंत्र बोलाए॥**
   कहिजयजीव सीस तिन्ह नाए। भूप सुमंगल बचन सुनाए॥
   जौ पाँचहि मत लागै नीका। करहु हरषि हिम रामहि टीका॥''

रंगों, रेखाओं से व्यक्त किया, गीतकार ने गीतों में ढाला, भक्तों और संतों ने स्तुति गाई, लेखकों ने कहानियों और लेखों में, आख्यानों में उस संवाद को जीवित बनाए रखा। इस तरह संचार के विभिन्न साधनों ने गीता को काल की परिधि में सीमित न होने देकर अमर कर दिया। **डॉ० चन्द्र कुमार**[1] रामायण और महाभारत कालीन संचार साधनों का बहुत प्रामाणिक और सुन्दर खाका खींचते लिखते हैं कि रामायण, महाभारत काल में समाचारों को रथों और घोड़ों द्वारा एक स्थान से दूसरे स्थान तक पहुँचाया जाता था। ऋषि-मुनि परिभ्रमण के द्वारा एक राज्य की सूचनाएँ दूसरे राज्य को देते थे। महाभारत में संजय द्वारा युद्ध का वर्णन संचार माध्यम का महत्त्वपूर्ण उदाहरण है। महाभारत काल में जो भी कथाएँ थीं, सभी परंपरागत ढंग से 'सूत जी' व्यास द्वारा कही गयी हैं। छापा-खाने के अभाव में पुराण, गीता, वेद, उपनिषद आदि को कंठस्थ कर लिया जाता था और आगे आने वाली पीढ़ी को सौंप दिया जाता था। प्रवचन, कथा, कहानी, वार्त्ता के द्वारा जनसंचार अभी भी किया जाता है, जिससे बहुतायत प्रभावित होते हैं। ××× शंकराचार्य ने चार मठ बनवाकर पूरे देश में सूचना, संचार का जाल बिछा दिया। अर्द्धकुम्भ, महाकुम्भ आदि का आयोजन करके लाखों की संख्या के बीच अपनी विचारधाराएँ पहुँचायी जाती हैं। बौद्धों का सिद्धान्त 'चरैवेति-चरैवेति' तथा हिन्दी के सन्तों ने कहा 'रमता जोगी, बहता पानी' संचार व्यवस्था का ही सिद्धान्त है।

वैदिक काल में देवासुर संग्राम में देवताओं द्वारा विजेताओं पर प्रसंगानुसार पुष्प वर्षा, नारद जी का संदेश वाहक के रूप में तीनों लोकों में विचरण करना, गुरुओं द्वारा अपने शिष्यों को ज्ञान देना, राजाओं द्वारा राजसूय यज्ञों का आयोजन करना—यह सब उस काल में संचार का एक अंग था। परवर्ती काल में अशोक के शिला लेख, चित्तौड़ का कीर्ति स्तम्भ तथा अन्य शिला लेख आदि भी जनसंचार के तरीके थे। मध्यकालीन भारत में कला और धार्मिक परंपराओं का प्रयोग संचार के रूप में बहुत हुआ है। त्यौहारों और उत्सवों को मनाने के पीछे भी यही उद्देश्य होता था कि अधिक से अधिक लोग एक जगह मिल सकें, विचारों का आदान-प्रदान कर सकें। महात्मा बुद्ध ने अभियान चलाकर अपने सिद्धान्तों का प्रचार किया।[2] **डॉ० उषा अरोड़ा**[3] कहती हैं कि मध्यकाल को जनजागरण का युग कहा जाता है। मध्यकालीन भारत में मुगल सम्राट और दूसरे बड़े-बड़े राजा और शासक समाचारों के एकत्रीकरण का प्रबंध करते थे। राज दरबार में एक विशेष विभाग होता था जो हर प्रान्त या जिले में नियुक्त वाकियानवीस द्वारा भेजे हुए समाचारों को संकलित करके सम्राट को प्रस्तुत करता था। **डॉ० हर्षदेव**[4] का विचार है कि ये वाकियानवीस, वाकिया निगार, सवानह नसीह और हरकारा शासक को सूचनाएँ पहुँचाने के अलावा राज-सी पत्र भी तैयार करते थे। इनका दायित्व जनता में विद्रोह या शांति की जानकारी राजा को देना होता था। राजा और प्रजा के मध्य सूचना और संवाद के सूत्र यही लोग होते थे।

गुप्त काल में जनसंचार का विकास कला, साहित्य और धार्मिक परंपराओं के प्रयोग के रूप में स्थान-स्थान पर प्राप्त होता है। इस काल में काव्य, नाटक, संगीत, नृत्य, स्थापत्य, तक्षण, चित्रण, वास्तुकला, ललितकला, तीर्थ, मेले, उत्सव, रामलीला, रासलीला, स्वाँग, या

---

1. **जनसंचार माध्यमों में हिन्दी—डॉ० चन्द्र कुमार, पृष्ठ 10**
2. **पत्रकारिता : परिचय और विश्लेषण—डॉ० प्रीता व्यास, पृष्ठ 211**
3. **संचार का बदलता स्वरूप—डॉ० उषा अरोड़ा, पृष्ठ 91**
4. **उत्तर आधुनिक मीडिया तकनीक—डॉ० हर्षदेव, पृष्ठ 32**

नौटंकी, माच या नटों के खेल, कठपुतली, लोकनृत्य—'जात्रा' (बंगाल), 'तमाशा' (महाराष्ट्र), 'भवई' (गुजरात), 'भाँड-जशन' (कश्मीर), 'तुल्लस', 'कथकली' (मलयालम), 'भाँड़' (पंजाबी), 'कोखंजी' (तमिल), 'कुचिपड़ी' या 'बोझलाटु' (तेलुगु), 'यक्षगान' (कन्नड़) के रूप में जनसंचार का विकास हुआ।

अंग्रेजी राजसत्ता के समय जनसंचार के निमित्त विरोध पूर्ण दृष्टिकोण और प्रेस के प्रति दमनकारी नीति अपनाई गयी। पत्रकारिता पर अंकुश लगा, किन्तु भारतीय जनता से लड़ाई लड़ने और अपनी 'पब्लिसिटी' के लिए 'पब्लिसिटी बोर्ड' की स्थापना इस सरकार ने कालान्तर में की। बाद में 'दैनिक टाइम्स ऑफ इन्डिया' मुम्बई के संपादक सर स्टैले रीड के सुझाव पर Central Board of Information की स्थापना हुई। इलाहाबाद विश्वविद्यालय के तत्कालीन प्रोफेसर, इतिहासकार रशब्रुक विलियम्स इस बोर्ड के पहले डाइरेक्टर बने। इसे ही आजकल 'सूचना और प्रसारण मंत्रालय' कहा जाता है। दूसरे विश्व युद्ध में पत्र सूचना कार्यालय (Press Information Bureau) को नया रूप दिया गया। इसी समय All India Radio तथा Films Division के रूप में जनसंचार का प्रचुर विकास हुआ। अंग्रेजी सरकार ने अपनी नीतियों के प्रचार-प्रसार के लिए क्षेत्रीय प्रचार संस्था (Field Publicity Organisation) का निर्माण किया।

स्वतंत्रता प्राप्ति के बाद सरकार और जनता के बीच संबंधों में अभूतपूर्व परिवर्तन हुआ। जनसंचार माध्यमों में अधिकांश सरकारी मशीनरी के अंग बने। यांत्रिक संचार साधनों यथा—प्रेस, पत्रकारिता, रेडियो, फिल्म, दूरदर्शन आदि को नया रूप मिला। फिल्म, चलचित्र या सिनेमा जनसंचार का प्रभावशाली माध्यम बनकर उभरा, इसने दर्शकों की चेतावनी को झकझोरा। रेडियो तथा दूरदर्शन ने विद्युतीय (Electronic) संचार माध्यम के रूप में समाज पर गहरा असर डाला। कुल मिलाकर आजाद देश में जनसंचार माध्यमों ने नयी शक्ल-शबीह, नया स्वरूप तो प्राप्त ही किया, नई गति भी इन्हें मिली। संचार माध्यमों के फैले जंजाल ने पूरी दुनिया को अपने घेरे में ले लिया है। संचार के साधनों में दूरदर्शन का यदि कोई मुकाबला नहीं है तो आकाशवाणी भी सूचना प्राप्त करने, सूचना और ज्ञान देने तथा मनोरंजन करने में अद्‌भुत वैज्ञानिक उपलब्धि है। इसी तरह स्पीड पोस्ट, कम्प्यूटर, इन्टरनेट, टेलीप्रिंटर, दूरभाष, इलेक्ट्रॉनिक मेल (ई-मेल), ई-कामर्स, वीडियो टैक्स्ट, टेलीग्राफ, टेली टैक्स्ट, टेली कांफ्रेन्स, मोडम, सचल उपग्रह सेवाओं ने जनसंचार के क्षेत्र में बेमिसाल क्रांति की है।

(5) जनसंचार के प्रकार

पश्चिम के एक विद्वान् ऑस्कर लेविस ने कहा था कि भारतीय गाँव स्वयं में संपूर्ण, आत्मनिर्भर और स्वायत्त हैं, लेकिन तेजी से बदलते मशीनीकरण, यंत्रीकरण, आधुनिकता, भौतिकता के प्रति बेशुमार ललक और औद्योगिकीकरण ने आज इन गाँवों को कस्बाई और नगरीय सकल दे दिया है, पिछले एक दशक में तो नगरीय संस्कृति और नगरवाद ने गाँव का चेहरा और उसकी निश्छल संवेदना को बदल दिया है। गाँव के परंपरागत तत्त्व, रीति-रिवाज, जजमानी, तमाम तरह के कर्मकाण्डों तथा सामाजिक और सांस्कृतिक रूप में गाँव को जोड़ने और एका स्थापित करने वाले घटकों का ताना-बाना हिलस गया। आप इसे मानिए कि अब भारतीय गाँवों में नगरीय जीवन की आपाधापी, अव्यवस्था, अमानवीयता, संवेदनशून्यता, एकाकीपन पसर चुका है। कुल मिलाकर गाँव के समाजशास्त्र को नागर मानसिकता ने बदल दिया है।

इधर, आधुनिक या तकनीकी सूचना क्रांति या विस्फोट—रेडियो, फोन, दूरदर्शन, फैक्स, टेलेक्स, टेलीप्रिंटर, कम्प्यूटर, इन्टरनेट, ई-मेल, मोबाइल, सेलुलरफोन, साइबर स्पेश, लैपटाप, टेलीटैक्स, मोडम, ई-कॉमर्स आदि सूचना प्रौद्योगिकी के उपकरणों ने शहर और गाँव को तो एकदम एक-दूसरे से विलग कर दिया है। यद्यपि, इन संचार-सुविधाओं की आहट गाँवों को भी लग चुकी है, ये सुविधाएँ गाँवों में जा रही हैं, लेकिन अभी दवे पाँव। कुल मिलाकर गाँवों में अब बादल, चाँद, भौरें, तोता, कबूतर, मैना, हंस, दूती, लोकनी और कुरनी से संदेश भेजने की परंपरा समाप्त हो गयी है, हाँ, कभी-कभी कौए और सुग्गे से सगुन उचार अवश्य होता है—"भोरे होते कागा पुकारे काहे राम! कौन परदेसी आएगा मोरे गाँव।" बहरहाल, संचार साधनों का स्थूल रूप में वर्गीकरण हम इस प्रकार कर सकते हैं—

(क) अन्तर्वैयक्तिक (Interpersonal) या परंपरागत या मौखिक या अशाब्दिक संचार (Non-verbal Communication)—किसी सूचना अथवा संवाद का मुख से उच्चारण कर संवाद प्राप्तकर्त्ता को संदेश देना अन्तर्वैयक्तिक या मौखिक संप्रेषण है। इस माध्यम से सूचनाएँ या संदेश लिखित रूप में न देकर महज जबानी या मौखिक रूप में भेजने की परंपरा रही है। इस विधि में संदेश देने वाले और संदेश पाने वाले—दोनों के बीच क्रिया-प्रतिक्रिया साथ-साथ चलती रहती है। यह माध्यम सामाजिक है, जो समाज के व्यक्ति को एक-दूसरे के निकट ले आता है, लेकिन इस संचार माध्यम की सबसे बड़ी समस्या अधिक लोगों तक न पहुँच सकने की रही है।[1] **देहभाषा** या **शरीर की भाषा** (Reflexes), **संकेत, बातचीत, गोष्ठी, जनसभा, पोषाक** या **मेक-अप** (Artifacts), **दूरी** (Proximate), **स्पर्श** (Tactiles), **चित्र** (Picture Graph) **चिन्ह, शारीरिक मुद्राएँ, हाव-भाव, मेले, प्रदर्शनी, सम्मेलन, चर्चा-परिचर्चा** आदि इस प्रकार के माध्यम के भीतर आते हैं। प्राचीन भारत में किए गए शास्त्रार्थ, साधु-समागम, राजा की उद्घोषणाएँ, चारण, भाट आदि इस प्रकार के माध्यम का कार्य करते थे। नारद द्वारा देवताओं की सूचनाओं को एकत्र कर वितरित करना, भागवत में कंस को देवकी का रथ ले जाते समय आकाशवाणी का सुनाई पड़ना, आन्तरिक तरंगों के माध्यम से संजय द्वारा अंधे धृतराष्ट्र को कुरुक्षेत्र में हो रहे युद्ध का आँखों देखा हाल सुनाया जाना, उत्तरा के गर्भ की रक्षा श्रीकृष्ण के सुदर्शन चक्र द्वारा करना, सीता जी के सतीत्व पर प्रश्नचिन्ह की खबर गुप्तचर के माध्यम से श्री रामचन्द्र जी तक पहुँचना और बौद्धकाल के भिक्षुओं द्वारा गाँव-गाँव घूम कर नैतिक तथा धार्मिक उपदेश देना आदि आन्तरिक संचार माध्यम के भीतर ही माने जा सकते हैं। इस तरह के संचार को प्रत्यक्ष संचार (Personal or Direct Communication) व अप्रत्यक्ष संचार (Impersonal or Indirect Communication) इन दो भागों में बाँटा गया है।

(ख) तकनीकी माध्यम आधारित जनसंचार या लिखित संचार या शाब्दिक संचार (Verbal Communication)—समय बदला, परंपरागत संचार माध्यमों—कठपुतली, कथावाचन, नृत्य, गीत, लोक रंगमंच, रामलीला, रासलीला, भवाई, नौटंकी, जात्रा, तमाशा, वुर्राकथा आदि का स्वरूप परिवर्तित हुआ, सूचना भेजने की नई तकनीक और प्रौद्योगिकी जनमी, नई मशीनें बनीं, घोड़ों पर बैठकर संदेश भेजने की प्रथा खत्म हुई, ढोलक

---

1. संचार क्रांति और विश्व जन माध्यम—डॉ॰ अनिल अंकित, पृष्ठ 33

और नगाड़ों से सूचना देने वाली मुनादी का चलन लगभग समाप्त हुआ, पक्षियों के गले में चिट्ठी बँधनी बंद हुई, विचारों के आदान-प्रदान के लिए शोर मचाना, चीखना-चिल्लाना, विभिन्न संकेत, हाव-भाव, इशारों और मुद्राओं का बनना-बिगड़ना बंद हुआ, वृक्षों, शिलाखण्डों या नदियों-तालाबों को विचारों और पिछली याद की हुई बातों की निशानियाँ मानकर एक-दूसरे को विचार संप्रेषित करने की परंपरा खतम हुई।

यातायात का विकास हुआ, गाँव **सड़क** से जुड़े। सड़कों ने गाँवों को नगरों तक पहुँचा दिया। गाँव का परंपरागत ढाँचा-ढर्रा बदला। सड़क से आवागमन बढ़ा। नए विचार शहर से गाँव में प्रवेश किए। तरक्की हुई। सड़क के साथ **रेल मार्ग** का विकास हुआ। लोगों को अक्षर बोध हुआ। मौखिक संदेश की जगह **भाषा** में लिखे संदेश जाने लगे। मुद्रण कला का जनम हुआ। छपाई के आविष्कार से जनसंचार में नई क्रांति आई। पत्र-पत्रिकाएँ, पुस्तकें घर-घर पहुँची। कुल मिलाकर मुद्रण माध्यम के विकास से विश्व भर में वैचारिक धरातल पर एक अद्‌भुत क्रांति का सूत्रपात हुआ। संचार माध्यमों का इतना द्रुत गति से विकास हुआ कि हमारे विचार, सूचनाएँ और संदेश रेलगाड़ियों, मोटरकार, वायुयान और जलपोतों से भेजे जाने लगे। सड़कों, नगाड़ों और कबूतरों की जगह बेतार, कम्प्यूटर, इन्टरनेट और उपग्रहों ने ले लिया। संचार साधनों का मकड़जाल विश्वव्यापी फैल गया। बोतल से निकले सूचना के जिन्न ने पूरी धरती को **टेलीफोन, रेडियो, दूरदर्शन** आदि के रूप में वामन की तरह तीन पग में नाप दिया। ऊँट पर लदकर बँटने वाली **डाकतार** व्यवस्था ने भी अपनी पुरानी नींद तोड़ी। **स्पीड पोस्ट** और **कोरियर** व्यवस्था ने भी संचार साधनों की नई भीड़ में शामिल होकर मंदगति और 'डाकिया डाक लाया' चिल्लाकर बँटने वाली निठल्ली डाक-व्यवस्था के मिथक को तोड़ा।

दूरसंचार क्रांति के चलते **टेलीफोन** धारकों की संख्या में वृद्धि अवश्य हुई है, पर ग्रामीण क्षेत्रों में अभी भी इस क्रांति का उतना प्रभाव नहीं पड़ा है। नवम्बर 2003 तक देश में कुल बुनियादी टेलीफोनों और सेलुलर कनेक्शनों की संख्या क्रमशः 4 करोड़ 80 लाख एवं 2 करोड़ 7 लाख थी अर्थात् समग्र टेलीघनत्व 6.43 था, जबकि ग्रामीण क्षेत्रों में यह घनत्व मात्र 1.56 था। सच तो यह है कि **डाकतार** व्यवस्था भी संचार की नई तकनीक से जुड़ रही है। **इन्टरनेट, ई-मेल** और **टेलीफोन** के—संचार क्षेत्र में लगातार ताल ठोंकने और चुनौती देने के बाद भी लोगों का विश्वास **डाक व्यवस्था** में "आएगी जरूर चिट्ठी मेरे नामकी—सब देखना" के रूप में बढ़ा है। फिर अगली बात यह कि गाँवों में अभी बिजली की मुकम्मल व्यवस्था न होने के कारण कम्प्यूटर, इन्टरनेट, ई-मेल सुचारु रूप से कारगर नहीं हो पा रहे हैं। इधर, **टेलीग्राफ** और **टेलीग्राम** भी डाक-व्यवस्था को पुख्ता रूप देने में सार्थक सिद्ध हो रहे हैं। इन दोनों की महती उपलब्धियों पर **रंगास्वागी पार्थसारथी** कहते हैं कि, "The discovery of the telegraph and telegram created further divisions and demarcations in the newspaper. Reporting from more than one place became easier though much more expensive. As one writer remarks—The telegraph created most certainly a global village but it raised more issues than it resolved when readers troubled to ask themselves whether they were being given a complete and balanced account. The telegraph created a pressure world within journalism. It made possible the idea that a daily newspaper should encompass the events of a day." भारतीय **डाक विभाग** ने सन् 2005 ई० की

पहली अक्टूबर को अपनी स्थापना के 150 वर्ष पूरा किया है। लॉर्ड डलहौजी द्वारा 1 अक्टूबर, 1854 ई० को एक डाक महानिदेशक की निगरानी में स्थापित डाक-विभाग इन डेढ़ सौ वर्षों में विश्व का सबसे बड़ा डाक नेटवर्क बन गया है। 1898 ई० में भारतीय डाकघर अधिनियम बनाया गया। इसके पहले 1884 ई० में 'डाक जीवन बीमा' के रूप में भारत की सबसे पुरानी बीमा सेवा शुरू की गई। आठवीं पंचवर्षीय योजना में भारतीय डाक का कम्प्यूटरीकरण किया गया। दिसम्बर 2002 ई० में भारतीय डाक ने एक अनोखा प्रयोग शुरू किया—"डाकिया आया मोबाइल लाया" अर्थात् चिट्ठी बाँटने के साथ-साथ डाकिए ने दूर-दराज के लोगों की बात शहर में बैठे परिजनों से करानी शुरू कर दी। ठीक इसी समय **ई-मेल** के जरिए त्वरित डाक भेजने की व्यवस्था भी की गई। पिछले दो दशकों में भारतीय डाक-विभाग ने **स्पीड पोस्ट, रिटेल पोस्ट, पासपोर्ट सर्विस, ग्रीटिंग पोस्ट, बिल मेल पोस्ट, ई-पोस्ट** और **डाटा पोस्ट** जैसी कई नई सुविधाएँ लोगों को दीं। 31 मार्च, 2003 तक देश में कुल एक लाख, 55 हजार, 618 डाकघर थे, जिनमें से 124908 शाखा डाकघर हैं, जो पूरी तरह ग्रामीण इलाकों की जरूरतों को पूरा करते हैं। डाक विभाग के इतने लम्बे सफर में इस समय 5 लाख 65 हजार 992 कर्मचारी कार्यरत हैं। इस तरह से **रेल** के बाद यह दूसरा सबसे बड़ा विभाग है। 1947-48 ई० में देश में कुल 23344 डाकघर थे, जो पिछले 50 वर्ष में बढ़कर सात गुना अधिक हो गए। एक डाकघर औसतन 21,33 वर्ग किलोमीटर के क्षेत्र एवं 6602 की आबादी को सेवा प्रदान करता है। इसके अलावा पंचायत संचार सेवा केन्द्र के रूप में 359885 डाकिए और 5 लाख, 61 हजार 863 लेटर बाक्स के माध्यम से भारतीय डाक देश के हर दरवाजे पर अपनी उपस्थिति दर्ज कराती है। आज इन डाकघरों में केवल पत्रों-खतों के आने-जाने का कारोबार नहीं होता, ये डाकघर महज सूचना और संदेश संप्रेषण के माध्यम ही नहीं रह गए हैं, बल्कि कुछ आगे बढ़कर ये लोगों को बचत, मनीआर्डर, जीवन बीमा व मनी ट्रांसफर जैसी सुविधाएँ भी उपलब्ध कराकर बैंकों के समानान्तर सेवा कर रहे हैं।

(6) जनसंचार का परिचय तथा वर्तमान संचार व्यवस्था

समय के साथ जनसंचार माध्यमों की शक्ल बदली। संचार क्रांति की ऐसी लपट उठी कि पूरी धरती पर भारत के साथ संचार साधनों का महाजाल बिछ गया। संचार प्रसार के तौर-तरीके बदले। नारे लगाने, ध्वजों, पताकाओं, साज-सज्जा, वेश-भूषा, शोभा यात्रा, जलसा-जुलूस, घंटा-घड़ियाल, शंखनाद, मेला-बाजार,सभा- समूहगान, मौखिक निमंत्रण, झण्डे, निशान, चित्र, साँप-नेवले का तमाशा, गोष्ठी-आयोजन, कथा-वाचन, गीत, नृत्य, लोक रंगमंच, भजन, नुमाइश-प्रदर्शनी, मुनादी, कुम्भ तथा सूर्य ग्रहण के मेले जैसे सूचना-संप्रेषण के माध्यमों में बदलाव हुआ।

मुद्रण कला का आविष्कार हुआ। जनसंचार माध्यमों की शक्ल-सेहत बदली, अभूतपूर्व गति आई। आदिम युग में दीवालों पर नुकीले पत्थरों या लोहे की कीलों से बनाए गए चित्रों या उकेरे गए अक्षरों, वृक्षों की छाल या पत्तों (भोज पत्रों) पर लिखी जाने वाली पाण्डुलिपियाँ छपाई के आविष्कार के कारण कागज पर छपने लगीं। इतना ही नहीं, वैज्ञानिक प्रगति ने छपाई के साथ-साथ संचार-संप्रेषण के सशक्त विद्युतीय माध्यमों का भी आविष्कार किया। अत: इस आधार पर हम वर्तमान संचार व्यवस्था को स्थूल रूप से दो टुकड़ों में बाँट सकते हैं—

(1) मुद्रित या मुद्रण या शब्द संचार माध्यम (Print Media)

(क) समाचार पत्र, पत्रिकाएँ और पुस्तकें—चार्ल्स स्टीनबर्ग[1] ने जनसंचार माध्यमों में शब्द माध्यम, छापा खाने और समाचार पत्रों को आधारभूत माध्यम मानते हुए कहा था कि ये जनसंचार माध्यम आज एक व्यापक क्रांति के द्वार पर खड़े हैं तो इधर, **डॉ० प्रभाकर माचवे**[2] ने समाचार-पत्र, पत्रिका और पुस्तक जैसे जनसंचार माध्यम को "जनसंचार माध्यम की चौथी या पाँचवीं रियासत" बताते हुए लिखा है कि पुराने जमाने में राजा, गुरु और पंच ही शक्ति के केन्द्र थे। सिंहासन, मंदिर या मठ और ग्राम पंचायत लोगों के विचारों के निर्णायक और शास्ता थे। धीरे-धीरे शिक्षालयों ने यह स्थान ले लिया। 'पैडेगोमिक्स' (विद्यालय) और प्रेस ने पुरानी "प्रिंस, प्रीस्ट और प्राइमरी स्कूल" का स्थान ले लिया है। महाराजा, महंत और पंच की जगह अखबार आ गए। जनसंचार माध्यमों में ये अखबार या समाचार पत्र जनता की धरोहर बन गए। यही आज जनता के रक्षक, आवाज, शिक्षक, कॉलेज अर्थात् सब कुछ बन गए। आदर्श-निर्माता और उत्प्रेरक के रूप में ये समाचार पत्र सारी सूचनाओं और संदेशों को अल-सुबह हमारे सामने परोस देते हैं। नाश्ते के साथ ये हमारी बौद्धिक भूख और जरूरत बन गए, तभी तो अकबर इलाहाबादी को कहना पड़ा—

"नहीं शेख साहिब की वह आदत,
बजू की ओर मुनाजाते सहर।
मगर वो चाय पीकर हस्बेदस्तूर,
तिलावत करते हैं वह 'पाएनियर' की॥"

अर्थात् अखबार देखने का शौक इतना बढ़ गया है कि बड़े-बुजुर्ग लोग भी प्रातःकाल की भजन, पूजा छोड़कर अखबार का "पाठ" करते हैं। समाचार-जगत अथवा 'प्रेस' संचार का महत्त्वपूर्ण साधन है। दृश्य-श्रव्य माध्यम का हालाँकि सीधा प्रभाव पड़ता है, परन्तु अखबार, पत्रिका और पुस्तकों का महत्त्व अपेक्षाकृत स्थायी होता है। जो भी लिखित शब्द मुद्रित रूप में आता है, उसे सावधानी से पढ़ा जाता है और कई बार पढ़ा जाता है। इसका दिमाग पर अधिक स्थायी प्रभाव पड़ता है और यही कारण है कि **मैकुलुहान**[3] ने इसे **गर्म माध्यम** का नाम दिया है।

दरअसल, मुद्रित साहित्य में पत्रिकाओं और पुस्तकों को '**पब्लिसिटी लिटरेचर**' कहा जा सकता है। अगर आप ध्यान दें तो पाएँगे कि छापाखाने के आविष्कार के पहले भी मुद्रित शब्दों (Printed Word) या लिखित साहित्य के द्वारा प्रचार का कार्य होता था, क्योंकि प्राचीन शिलालेख और लकड़ी तथा अन्य पदार्थों पर उत्कीर्ण आदेश और आर्षवाक्य भी इसी लिखित साहित्य की श्रेणी के अन्तर्गत् हैं।[4] यही नहीं, मुगलकाल में संवाद लेखक होते थे। इन्हें वाकिया नवीस कहा जाता था। ये वाकिया नवीस (Waqia Nawis) समाचार पुस्तिकाओं (News Book) में समाचारों को लिखते थे। इस विभाग के मुखिया को वाकिया निगार

---

1. **The Story of Journalism—Charles Stieen Burg, P. 86**
2. **जनसंचार—सं० राधेश्याम शर्मा (जनसंचार माध्यम भाषा—डॉ० माचवे का लेख), पृष्ठ 125**
3. **जनसंचार : तकनीक तथा शैलियाँ—डॉ० सोहन लाल शर्मा, पृष्ठ ,01**
4. **जनसंचार : तकनीक तथा शैलियाँ—डॉ० सोहन लाल शर्मा, पृष्ठ 91**

(Waqia Nigar or State Intelligences) कहा जाता था।[1] सन् 1333 में मोहम्मद बिन तुगलक की शासन व्यवस्था में डाक व्यवस्था के संकेत मिलते हैं।[2] औरंगजेब के शासनकाल में आम सैनिकों को भी समाचारपत्र प्रदान किए जाते थे। औरंगजेब ने समाचार-पत्रों को काफी स्वतंत्रता प्रदान की, क्योंकि ये समाचार पत्र औरंगजेब तथा उसके पोते आजिम के संबंधों पर टिप्पणी करते रहते थे।[3] समाचार पत्र शब्द का सर्वप्रथम उल्लेख सन् 1670 में ही मिलता है।[4] कहने की मंशा यह कि मुद्रण कला से पूर्व भी लिखित साहित्य द्वारा प्रचार के संकेत मिलते हैं।

आधुनिक काल के सामूहिक वृत्त पत्र जगत् में भारत ने 29 जैनवरी, 1780 को प्रवेश किया। भारत का पहला समाचार पत्र जेम्स आगस्टस हिकी (Hickey's) का बंगाल गजट है और हिन्दी का पहला साप्ताहिक 'उदन्त मार्तण्ड'। ये दोनों पत्र क्रमशः 1780 और 1826 में निकले। 'बंगाल गजट' या 'कलकत्ता जनरल एडवरटाइजर' नाम से चलने वाली भारतीय पत्रकारिता के पितामह आगस्टस का पत्र जनरल वारेन हेस्टिंग्स की कुदृष्टि के कारण महज दो साल में ही बंद हो गया, बल्कि इसके मुकामले पीटर रीड ने इन्डियन गजट (1780) निकाला, जो 50 साल चला। इसी तरह मद्रास कूरियर (1785), बाम्बे हेराल्ड (1789), बंगाल से—'दिग्दर्शन' (1818), उदन्त मार्तण्ड (1826), बंगदूत (1829), बनारस अखबार (1845), मालवा अखबार (1849), सुधाकर (1850), कवि वचन सुधा, बुद्धि प्रकाश, ग्वालियर गजट, सर्वहित कारक, प्रजा हितैषी, धर्म प्रकाश, रतन प्रकाश, वृत्तान्त विलास, समाचार सुधावर्षण (1854), अमृत बाजार पत्रिका (1868), कविवचन सुधा (1867), हरिश्चन्द्र मैगजीन (1873), भारत मित्र (1877), बम्बई टाइम्स, कूरियर स्टैण्डर्ड, टेलीग्राफ के परस्पर विलय के बाद 'टाइम्स ऑफ इण्डिया, (1861), इलाहाबाद से पायनियर, लाहौर से सिविल एण्ड मिलिट्री गजट, कलकत्ता से स्टेट्समैन, तमिलनाडु से मद्रास मेल (1875), हिन्दू (1878), मद्रास स्टैण्डर्ड (1892), केसरी, मराठा (1880), लंदन से 'हिन्दोत्थान' (1883), बाद में यही कालाकांकर, उ० प्र० (1885) से छपा, वन्देमातरम् (1860), लीडर (1909), यंग इन्डिया (1909), नवजीवन (1921), प्रताप (1913), कर्मवीर (1919), सैनिक (1925), नेशनल हेराल्ड (1938) का प्रकाशन हुआ।[5]

पराधीनता के दौर में भारतीय अखबारों को काफी दुर्दिन झेलना पड़ा, लेकिन आज "सबकी खबर ले—सबको खबर दें" का परचम लहराने वाले समाचार पत्र जीवन के अंग बन गए हैं। पढ़े-अनपढ़े सूचना-समाचार के लिए अखबारों की ओर लपकते हैं। ये समाचार पत्र खबरों के खजाना हैं, सुबह की भूख हैं, ये केवल खबरनामा ही नहीं हैं, बल्कि जीवन के सुख-दुख के साथी-सहचर हैं। आज इनकी वितरण-प्रकाशन संख्या करोड़ों में हैं। भारत सरकार द्वारा प्रकाशित संदर्भ ग्रंथ (India—A Reference Volume—1986) के अनुसार 1984 के अंत में हमारे देश में 21,784 समाचार-पत्र और पत्रिकाएँ प्रकाशित होती थीं।

1. पत्रकारिता का इतिहास एवं जनसंचार माध्यम—डॉ० संजीव भानावत, 12
2. The Rise and Growth of Hindi Journalism—Dr. Ram Ratan Bhatnagar, P. 7
3. Press, Public opinion and Government in India—Sushila Aggrawal, P. 22
4. समाचार पत्र—एम० चेलापति राव (अनु० वासुदेव शर्मा), पृष्ठ 11
5. जनसंचार : विविध आयाम—डॉ० वृजमोहन गुप्त, पृष्ठ 64

1983 में यह आँकड़ा 20,758 था अर्थात् 1983 के बाद 1984 में वृद्धि 4.9 प्रतिशत थी। **हिन्दू** के तत्कालीन उपसंपादक **एन० राम**[1] ने भारत के समाचार पत्रों के रजिस्ट्रार की 1993 की वार्षिक रिपोर्ट को **रंगास्वामी पार्थसारथी** की एक पुस्तक की भूमिका में इस प्रकार प्रस्तुत किया है—"The Registrar of Newspapers in his 37th Annual Report (September 1993), recorded 8.4 percent increase in the number of daily newspapers. The Language Press was on the upswing with the largest number of Hindi newspapers published in 1992. Uttar Pradesh holds the record for the greatest number of newspapers published in any State. The number of newspapers registered in 1992 was 35,096 and this includes 3,139 miscellaneous publications. The number of daily newspapers increased from 3,229 in 1991 to 3,502 in 1992."

ठीक यही स्थिति पुस्तकों और पत्रिकाओं की हैं। समाचार-संचरण में इनकी भूमिका वस्तुतः स्थायी होती है। इनकी उक्त भूमिका को ध्यान में रखकर ही भारत सरकार के सूचना और प्रसारण मंत्रालय का प्रकाशन विभाग सरकारी कार्यक्रम और नीतियों के प्रचार-प्रसार के लिए हर साल 10,000 से ज्यादा पत्र-पत्रिकाओं का प्रकाशन करता है। यहाँ से आजकल (हिन्दी, आजकल (उर्दू), बाल भारती (बाल पत्रिका), योजना, कुरुक्षेत्र, इन्डियन एण्ड फॉरेन रिव्यू आदि पत्रिकाएँ नियमित रूप से प्रकाशित होती है। इतना ही नहीं, 'गढ़वाल पेन्टिंग्स इन हिमालय', 'महात्मा गांधी की जीवनी', 'काँगड़ा वैली पेन्टिंग्स', 'स्टेट्स आफ अवर यूनियन', 'स्टोरी ऑफ अवर फ्रीडम मूवमेंट' तथा 'हिस्ट्री ऑफ फ्रीडम मूवमेंट' आदि पुस्तकें भी प्रकाशित हुई हैं। कुल मिलाकर पत्र, पत्रिकाओं तथा पुस्तकों ने संचार साधन की भूमिका को बखूबी ईमानदारी से जीया है। इन्होंने विज्ञान, कृषि, खेल, मौसम, साहित्य, कानून, चिकित्सा तथा अन्यान्य तरह की खबरों और सूचनाओं को सामान्य जन तक पहुँचाया है।

(2) विद्युतीय माध्यम या श्रव्य या दृश्य संचार माध्यम (Electronic Media)

(ख) रेडियो, वीडियो कैसेट रिकॉडर, टेप रिकार्डर, दूरदर्शन, फिल्म (चलचित्र), फिल्म तथा दूरदर्शन की भाषा में अंतर, कम्प्यूटर तथा इन्टरनेट—

(1) रेडियो—रेडियो (Radio) लैटिन शब्द 'रेडियस' (Radius) से निर्मित है, जिसका आशय होता है—इलेक्ट्रोमैग्नेटिक तरंगों (Electromagnectic Waves) द्वारा अंतरिक्ष (Space) में चलने वाली किरण या पुंज। रेडियो एक विद्युत इलेक्ट्रॉनिक उपकरण है। यह टेलीग्राफ (Telegraph) और टेलीफोन (Telephone) की कार्यप्रणाली का मिला-जुला रूप है। रेडियो संचार से पहले कुछ वर्षों तक इसे 'बेतार टेलीग्राफ' तथा 'टेलीफोन' कहा गया। चूँकि यह नाम लम्बा था, सो बोलने में कठिनाई होती थी, अतः कालान्तर में इसका नाम 'रेडियो' धरा गया। विज्ञान की भाषा में बेतार का स्थानान्तरण 'रेडियो स्थानान्तरण' कहा गया, फिर 'रेडियो' कहा गया। प्रकाश की किरणों की तरह रेडियो स्टेशन से लहरें निकलती हैं, जो

---

1. **Journalism in India—Rangaswami Parthasarthy, Preface to the Third Edition**

चारों ओर फैलती हैं। ये लहरें अंतरिक्ष (Space) में फैलती हैं तथा बाद में स्टेशन (Station) द्वारा प्राप्त की जाती हैं। रेडियो को कभी-कभी 'हाई फ्रीक्वेन्सी तकनीक' (High frequency technique) भी कहा जाता है। इसकी विशेषता है कि यह 'लो फ्रीक्वेन्सी तकनीक' (Low frequency technique) पर भी काम करता है। इसमें बिजली की सहायता से आवाज निस्सरण, शक्लें तथा टेलीग्राफ सिग्नल तथा राडार के लिए विशेष सिग्नल, रेडियो नेवीगेशन तथा सीमेन्ट कन्ट्रोल अर्थात् सूचना स्थानान्तरण होता है। रेडियो का सबसे अधिक विकास सूचना-संचार तथा प्रसारण के रूप में हुआ है। रेडियो की खोज के कई वर्षों उपरान्त भी यह रेडियो टेलीग्राफ के रूप में रहा। इसके पश्चात् रेडियो टेलीफोन (Radio Telephone) का विकास हुआ। धीरे-धीरे बाद में सुधारों से 'रेडियो प्रसारण' का रूप सामने आया।

रेडियो जनसंचार का एक ऐसा प्रभावी और द्रुतगामी माध्यम है जो एक ही समय में स्थान और दूरी को लाँघ कर विश्व के एक कोने से दूसरे कोने तक पहुँच जाता है। यह ध्वनि तरंगों का माध्यम है। इसे 'दृश्यरहित' नेत्ररहित अथवा 'अन्धा माध्यम' भी कहा जाता है। इसे अन्धा माध्यम इसलिए कहते हैं कि क्योंकि संचारक और सूचना प्राप्तकर्त्ता—दोनों ही एक दूसरे को नहीं देख सकते। यहाँ अन्धापन दोतरफा होता है, जबकि फिल्म अथवा टेलीविजन में एकतरफा। रेडियो मस्तिष्क की आँख न कि शारीरिक नेत्र को छूता है। यह एकल इन्द्रिय माध्यम है, क्योंकि यह कानों को ही छूता है और इसलिए इसे नितांत श्रव्य माध्यम कहा जाता है।[1] रेडियो के माध्यम से शब्दों की महायात्रा की शुरुआत का लंबा, किन्तु दिलचस्प इतिहास है। विभिन्न देशों के अनेक वैज्ञानिकों यथा—ब्रिटेन के सर ओलिवर लॉज, तत्कालिक सोवियत संघ के अलक्जेन्डर पापोव, फ्रांस के एडार्ड ब्रानले और इटली के अगस्टो रिकी ने इस दिशा में समय-समय पर प्रयास किया, किन्तु अमेरिका के मर्रे शहर के निवासी नाथन बी० स्टब्लफील्ड ने सन् 1892 में शब्दों का सीधा प्रसारण पहली बार किया, लेकिन डॉ० बी० वृजमोहन गुप्त[2] के अनुसार सही मायनों में दुनिया का पहला विज्ञापित प्रसारण 23 दिसम्बर, 1906 को कनाडा में भौतिकी के प्रोफेसर रेजीनाल्ड आब्रे फेसनडेन द्वारा 420 फुट ऊँचे खंभे के माध्यम से हुआ। 1922 में 'ब्रिटिश ब्राडकॉस्टिंग कम्पनी' की स्थापना हुई। बी० बी० सी० की स्थापना के बाद कुछ शौकिया लोगों ने 'रेडियो क्लब, बम्बई' से जून 1923 में प्रसारण शुरू किया। इसी साल 'कलकत्ता रेडियो क्लब' स्थापित हुआ। बाद में 31 जुलाई, 1924 में 'मद्रास रेडियो क्लब' के प्रमुख श्री कृष्णास्वामी सेट्टी द्वारा 40 वाट के ट्रांसमीटर से प्रसारण शुरू हुआ। व्यावसायिक स्तर पर पहला प्रसारण इन्डियन ब्राडकॉस्टिंग कम्पनी (I.B.C.) बम्बई केन्द्र से 23 जुलाई, 1927 को हुआ। 1930 में भारी घाटे के कारण यह कम्पनी बंद हो गई। बाद में सरकार ने प्रसारण को अपने अधिकार में लेते हुए उद्योग और श्रम मंत्रालय को उसका प्रबंध सौंप दिया। मार्च 1930 से उसका नाम इन्डियन स्टेट ब्राडकॉस्टिंग सर्विस हो गया। यह कम्पनी भी लगभग चार साल चली। घाटे के कारण 10 अक्टूबर, 1931 को इसे बंद करने की घोषणा हुई। श्रोताओं के भारी दबाव के कारण इसे पुन: 23 नवम्बर, 1931 को प्रसारण शुरू हुआ। भारतीय प्रसारण सेवा में एक नए युग की शुरुआत 30 अगस्त, 1935 को हुई।

---

1. जनसंचार—सं० राधेश्याम शर्मा (सोहनलाल शर्मा का लेख) पृष्ठ 107
2. जनसंचार—विविध आयाम—डॉ० वृजमोहन गुप्त, पृष्ठ 62-63

1936 में इस सेवा का नाम बदलकर 'आल इण्डिया रेडियो' किया गया। 1957 में इसका हिन्दी नाम 'आकाशवाणी' रखा गया। आज भारत में 2 करोड़ से भी ऊपर रेडियो सेट लोगों के पास हैं। इस माध्यम से कृषि, विज्ञान, मौसम संबंधी सूचना-चेतावनी, शिक्षा, संगीत, नाटक, गोष्ठी, वार्त्ता, रूपक, संस्कृति, साहित्य, खोया-पाया—कुल मिलाकर गाँव से लेकर शहर तक के 'साक्षर-निरक्षर' लोगों तक हर तरह की सूचना-संदेश पहुँचाने का सर्वाधिक सशक्त माध्यम यही है। भारत का निपट गँवई मनई भी दिन-रात इससे प्रसारित होने वाले चौबीसों घण्टों के कार्यक्रमों को बहुत चाव से सुनता हैतो शहर में भी इसके विकल्प के रूप में खड़े अन्यान्य संचार माध्यमों के बावजूद लोग उसे रखना पसंद करते हैं। वस्तुतः कम खर्च में यह बहुत लाभप्रद-कारगर सूचना माध्यम है।

(2) वीडियो कैसेट रिकार्डर (Video Cassette Recorder-VCR)—संचार-संप्रेषण के माध्यमों के रूप में अगले महत्त्वपूर्ण पड़ाव के रूप में 'वीडियो कैसेट' युग का शुभारंभ 1956 में हुआ। अलेक्जेंडर पोनिरटाफ ने शिकागो में पहली बार एम्पेक्स टेप-रिकार्डर का प्रदर्शन किया, जो टी० वी० की तरह स्पष्ट चित्र दिखाता था। इसी साल नवम्बर में पहली वीडियो रिकॉर्डिंग सी० बी० एस० हालीवुड ने फेसीफिल कोस्ट टी० वी० नेटवर्क के मार्फत प्रसारित कराई। 1970 में वीडियो डिस्क की शुरुआत हुई। ए० ई० जी० टेलीफुंकन-डेकाटेली डेक ने पश्चिम जर्मनी में इसका प्रदर्शन किया। 1972 में फिलिप्स ने वी० एल० पी० वीडियो लांग प्ले डिस्क और रिकॉर्डर का विकास किया। 1977 में फिलिप्स ने ही 1700 वीडियो कैसेट रिकॉर्डर बाजार में उतारे। इनकी विशेषता यह थी कि केवल टेप की चाल घटाकर ही दुगुनी रिकॉर्डिंग की व्यवस्था हो गयी। इससे उसकी लागत घटी। इस टेप पर पूरी फीचर फिल्म देखी जा सकती है।[1]

वस्तुतः वीडियो कैसेट मशीन इस प्रकार निर्मित की गयी है, ताकि तकनीकी ज्ञान-शून्य व्यक्ति भी प्रतिदिन उसका आसानी से प्रयोग कर सके। इसके प्रयोग करने वाले को किसी विशेष ट्रेनिंग या वीडियो या टेलीविजन की जानकारी की आवश्यकता नहीं पड़ती। इसकी मशीन दूसरी अन्य वीडियो टेप मशीनों से अलग किसिम की बनाई गयी है—"The actual Video clips that could be embedded right over the applications and can be played back without a hitch...But the sizes of clippings are usually much smaller than that from Video Cassette players. Of late, there have been rapid evolutions in P. C. Video technology and with concepts like...Part seven is dedicated to multimedia video technology.[2]

शिक्षा, मनोरंजन तथा सूचना देने के लिए रेडियो, फिल्म तथा टेलीविजन की तरह जनसंचार की यह एक नयी विधा या उपयोगी यंत्र है। घरेलू 'ब्लैक एण्ड ह्वाइट'' या रंगीन दूरदर्शन पर 'प्री रिकॉर्ड टेप' के 'ऑपरेशन' से इस संचार माध्यम का प्रयोग होता है। विशेषज्ञ बताते हैं कि यह यंत्र दो धारवाला है। बहरहाल, यह माध्यम सूचना संदेश देने में जितना उपयोगी है, यदि सजगता न बरती गई तो इसके दुरुपयोग से ढेरों सामाजिक खतरे भी उत्पन्न हो सकते हैं, और हो भी रहे हैं। गंदी, सेक्सुअल, लूट-पाट, अपहरण-छिनैती जैसी सामाजिक बुराइयों को जन्मने वाली नई-नई फिल्मों और उनमें बज रहे भद्दे, अश्लील गानों से

---

1. **जनसंचार—विविध आयाम—डॉ० वृजमोहन गुप्त, पृष्ठ 63**
2. **Multimedia Magic—S. Gokul P. 34, B. P. B. Publication, Delhi, 1998**

बाजार पट गया है। इन्हीं 'ब्लू फिल्मों' को अवयस्क लोग बंद कक्ष में बैठकर वी० सी० आर० के माध्यम से देख रहे हैं। अपने-अपने घरों को 'लघु थियेटरों' में बदल देने वाले इन अल्प बुद्धि सम्पृक्त लोगों के ऊपर इनका विपरीत असर पड़ रहा है। कुल मिलाकर, यदि इस माध्यम का दुरुपयोग नहीं होता तो यह बड़ा मोहक, रुचिकर और वैश्विक जानकारियों को देने वाला ठोस संचार साधन सिद्ध होता।

(3) टेप रिकॉर्डर (Tape Recorder)—सूचना संग्रह और संचार की दृष्टि से यह एक महत्त्वपूर्ण यांत्रिक उपलब्धि है। वस्तुत: यह एक मशीन है, जिसके एक बड़े डायमीटर या व्यास वाले एक हेड ड्रम पर टेप लिपटा (Wrapped) होता है। जब टेप ड्रम के चारों ओर लिपटता है, तब टेप हैलिक्स (Helix) के 'फॉर्म' में होता है। टेप-रिकॉर्डिंग 'प्ले बैक' (Play Back) की तरह सरल प्रक्रिया है। धातु के तार को टेप की तरह इस्तेमाल करने का विचार अलेक्जेंडर बेल के मन में 1880 में ही उठा था, किन्तु वे इसे मूर्त्त रूप नहीं दे सके। इस काम को पूरा किया डेनमार्क के वाल्डेमर पोल्सन ने 1898 में। 1930 के दशक में जर्मनी में प्लास्टिक के टेप पर लोह ऑक्साइड की पर्त्त चढ़ाकर मजबूती लाई गयी। कुछ वर्षों बाद जर्मन कंपनी ए० ई० जी० और आई० जी० फारबेन ने भी प्लॉस्टिक टेपों में सुधार का काम शुरू किया। 1935 में वे चुम्बकीय लोह ऑक्साइड का लेप प्लॉस्टिक टेप पर चढ़ाने में सफल रहे। इस टेप पर मैंगनेटोफोन मशीन के जरिए रिकॉर्डिंग की जा सकती थी और उसी मशीन पर उसे बनाकर सुना भी जा सकता था। इस तरह के टेप बी० ए० एस० एफ० कम्पनी ने 1932-35 के बीच ही बना डाले थे, किन्तु बाजार में वे 1960 के दशक में ही आ पाए। 1963 और 1974 में भी विभिन्न कम्पनियों द्वारा टेप रिकॉर्डर की डिजायन तैयार की गई। 1976 में कैसेट टेप में क्रांतिकारी परिवर्तन हुआ। इस टेप पर एक हजार चित्र और आवाज रिकॉर्ड की जा सकती है। 1980 में सोनी का वाकमैन-1 कैसेट टेप-रिकॉर्डर गली-गली दिखने लगा।[1]

बहरहाल, ये टेप-रिकॉर्डर विज्ञान तथा तकनीकी क्षेत्र में चरम प्रगति के सूचक हैं। ये कैसेट श्रव्य सामग्री की अमूल्य संपदा हैं। इन कैसेटों में दुर्लभ ज्ञान राशि को कैद करके सुरक्षित रखा जा सकता है।

(4) दूरदर्शन (Television)—दूरदर्शन के लिए अंग्रेजी में 'टेलीविजन' शब्द का प्रयोग होता है। यह शब्द 'टेली' व 'विजन' नामक दो शब्दों से मिलकर बना है। 'टेली' ग्रीक भाषा का शब्द है, जिसका अर्थ होता है—दूरी और 'विजन' लैटिन भाषा का शब्द है, जिसका अर्थ होता है—देखना, यानी कि दूर से देखना।[2] इलेक्ट्रॉनिक युग के महान आविष्कारों में रेडियो और टेलीविजन सबसे ज्यादा मोहक हैं। ये माध्यम देखने और सुनने की प्रबल इन्द्रियों को आकर्षित करते हैं। जबकि रेडियो श्रवणेन्द्रिय के जरिए विश्व को श्रोता के करीब लाता है, टेलीविजन श्रव्य एवं दृश्य—दोनों इन्द्रियों को आकर्षित करता है। छोटे बच्चे, स्कूली बच्चे और वयस्क भी इन आश्चर्यजनक माध्यमों से मोहित हो जाते हैं और लाखों लोग मुख्यत: इन माध्यमों के जरिए बाह्य संचार से संपर्क स्थापित करते हैं। ये माध्यम उनके विचारों को प्रभावित करते हैं और उनके व्यवहार में साझीदार बनने में सहायक होते हैं। बहुत कम आविष्कारों ने इस तरह संपूर्ण रूप से एक पूरी जनसंख्या को आवेष्टित किया है।

---

1. **जनसंचार—विविध आयाम—डॉ० वृजमोहन गुप्त, पृष्ठ 57**
2. **पत्रकारिता : परिचय और विश्लेषण—डॉ० प्रीता व्यास, पृष्ठ 281**

टेलीविजन हमारे युग का एक महान चमत्कार है। टेलीविजन दर्शकों को सुदूरवर्ती स्थानों पर घटने वाली घटनाओं का प्रत्यक्षदर्शी गवाह बनने में मदद करता है। हजारों मील की दूरी पर क्या-क्या हो रहा है, घट रहा है, उसे हम टी० वी० पर देख-सुन सकते हैं।[1]

रेडियो कारपोरेशन ऑफ अमेरिका (Radio Corporation of America) ने सन् 1929 में न्यूयार्क के एक थियेटर में पहली बार टेलीविजन कार्यक्रम का प्रदर्शन किया। हमारे देश में इस 'चमत्कार' को पहुँचने में पूरे 30 साल लगे। 5 सितम्बर, 1959 को देश में पहली टी० वी० प्रसारण सेवा शुरू हुई। उस वक्त किसी के पास टी० वी० नहीं था। 1962 तक भारत में केवल 41 लोगों के पास टी० वी० सेट हो पाए। उसके बाद एक घण्टे का नियमित प्रसारण शुरू हुआ। 1965 के बाद मानो टेलीविजन सेटों के विस्तार में पंख लग गया। 4 हजार 170 टी० वी० सेट 1966 में गिने गए। 1971 में यह आँकड़ा 44 हजार को पार कर गया। आठवें दशक में दूरदर्शन केन्द्रों के विस्तार की माँग जोरों से उठी।[2] इसी बीच यह 1976 में अपने नए नाम "दूरदर्शन" के साथ आकाशवाणी से अलग हो गया। 1970 में रंगीन दूरदर्शन का सिलसिला शुरू हुआ। श्वेत-स्याम कार्यक्रमों की संख्या बहुत कम रह गयी है। भाषा के हिसाब से हिन्दी सबसे ऊपर है। इस समय देश में 275 से ऊपर कम और अधिक शक्ति वाले ट्रांसमीटर काम कर रहे हैं। चालू पंचवर्षीय योजना पूरा हो जाने पर इनकी संख्या 450 तक पहुँच चुकी होगी। देश की कुल 85 प्रतिशत आबादी इस समय टेलीविजन कार्यक्रमों को देख रही हैं। दूरदर्शन में रेडियो और सिनेमा दोनों की विशेषताएँ हैं। इसीलिए कुछ लोग इसे अंतरंग माध्यम भी कहते हैं। कुल मिलाकर टेलीविजन जनसंचार का बहुत ही प्रभावशाली और युवा माध्यम है। यह दृश्य-श्रव्य माध्यम है और इसकी कोई भौगोलिक सीमा नहीं होती, इसलिए इसे सार्वभौमिक माध्यम (Global media) कहा जाता है। यह वस्तुत: फिल्म और रेडियो का संकर माध्यम है।[3]

(5) फिल्म (Film-चलचित्र)—भावपूर्ण बिंबों और सुन्दर तकनीक के साथ विचारों और भावनाओं की मूर्त अभिव्यक्ति का—मनोहर संगुम्फन के साथ सशक्त और जोरदार माध्यम या मचान है—फिल्म। फिल्मकार **सत्यजीत रे** कहते हैं कि "फिल्म चित्र है, फिल्म शब्द है, फिल्म आन्दोलन है, फिल्म नाटक है। आजकल हमें यह भी जोड़ना चाहिए कि फिल्म रंग है। यहाँ तक कि फिल्म का एक खण्ड जो मुश्किल से एक मिनट चलता है, उन सभी आयामों को साथ-साथ प्रदर्शित कर सकता है।" **डॉ० जेम्स० एस० मूर्ति**[4] का विचार है कि साहित्य, चित्रकला यहाँ तक कि रेडियो की तुलना में फिल्म एक नया माध्यम है। यह सबसे बड़ा सहयोगात्मक माध्यम है, जिसमें लेखन, अभिनय, नाट्य एवं तकनीकी ज्ञान-विज्ञान जैसी कलाएँ अन्तर्निहित होती हैं। फिल्म अनेक कलाओं और विज्ञानों का समागम है। फिल्म में लेखन दृश्य, अभिकल्पना, मंच-निर्देशन और रूपसज्जा का उतना ही महत्त्व है, जितना प्रकाश विज्ञान, इलेक्ट्रॉनिक्स, कार्बनिक एवं भौतिक, रसायन विज्ञान के तकनीकी योगदान का। फिल्म निर्माण यांत्रिक तथा सृजनात्मक आयामों का एक विलक्षण मिश्रण है।

---

1. **दृश्य श्रव्य संप्रेषण और पत्रकारिता—डॉ० जेम्स० एस० मूर्ति, पृष्ठ 109**
2. **जनसंचार—विविध आयाम—डॉ० वृजमोहन गुप्त, पृष्ठ 57**
3. **जनसंचार—सं० डॉ० राधेलाल शर्मा पृष्ठ 109**
4. **दृश्य श्रव्य संप्रेषण और पत्रकारिता—डॉ० जेम्स० एस० मूर्ति, पृष्ठ 58**

वस्तुतः बकौल **डॉ० जयमोहन झा**[1] समाचार पत्रों के बाद जनसंचार का जो माध्यम 19वीं शताब्दी में सबसे पहले सूचना तथा विचारों को फैलाने में समर्थ हुआ, वह है—चलचित्र, क्योंकि सर्वप्रथम इसी साधन में एक साथ देखने और सुनने की सुविधा थी तथा इसे पेश करने का ढंग भी मनोरंजनात्मक था। इस कारण यह काफी लोकप्रिय हुआ। विश्व में सर्वप्रथम मूक चलचित्र अमेरिका में सन् 1903 ई० में बना, जिसका शीर्षक था—"द ग्रेट ट्रेन रॉवरी", फिर 1927 में सवाक् चलचित्र "जाज सिंगर" बना। उसके बाद पाँच वर्षों में बोलते चलचित्र मानव समाज के आमोद-प्रमोद के अभिन्न अंग बन गए। भारतवर्ष में सिनेमा की प्रगति अमेरिका इत्यादि देशों की प्रगति से बहुत पीछे नहीं रही। सन् 1913 ई० में पहला चलचित्र दादा साहेब फाल्के ने तैयार किया। मूक चित्रों के काल का स्थान 1931 ई० में सवाक् चलचित्र ने ले लिया, जब आर्देशिर ईरानी ने 'आलमआरा' बनाई, तब से, भारत में, अब तक 13,727 से अधिक कथा-चित्र निर्मित हो चुके थे। आज स्थिति यह है कि भारत विश्व भर में प्रतिवर्ष सबसे अधिक चलचित्र बनाता है। भारत में सूचना और प्रसारण मंत्रालय का चलचित्र प्रभाग—जनसूचना, शिक्षा और प्रशिक्षण के लिए साप्ताहिक भारतीय समाचार समीक्षा, कार्टून चलचित्रों, छोटे और वृत्त चित्रों का निर्माण करता है। इस समय 130 छोटे चलचित्रों, 52 राष्ट्रीय समाचार चित्रों तथा 52 क्षेत्रीय समाचार चित्रों के वार्षिक निर्माण द्वारा यह प्रभाग, भारत के समसामयिक इतिहास को रिकॉर्ड करता रहता है।

कुल मिलाकर फिल्म अथवा सिनेमा जनसंचार का एक अत्यन्त शक्तिशाली और प्रभावकारी माध्यम है। संचार माध्यमों के कुछ विशेषज्ञ इसे केवल लोकरंजन का माध्यम मानते हैं, जिसमें कायिक और वाचिक—दोनों तत्त्वों का प्राधान्य रहता है। संचार विज्ञान के कुछ विद्वान् ऐसे भी हैं, जो सिनेमा को ऑपेरा, चित्रकला अथवा वास्तुकला का एक स्वतंत्र रूप मानते हैं। फिल्म श्रव्य-दृश्य माध्यम है। इसमें संचार की प्रक्रिया तात्कालिक होती है।[2] भारत में फिल्मों ने सामाजिक सांस्कृतिक क्रांति पैदा करने में महती भूमिका निभायी है।

(6) फिल्म तथा दूरदर्शन की भाषा में अंतर—फिल्म और टेलीविजन में कोई आधारभूत भेद नहीं है। दोनों ही आकर्षक और बंधनकारी माध्यम है। अन्तर केवल स्क्रीन का है। फिल्मों में स्क्रीन बड़ा होने के कारण कलाकार का त्रिआयामी रूप देखा जा सकता है।[3] ठीक यही स्थिति फिल्म तथा टेलीविजन के बीच भाषा की भी है। इन दोनों संचार माध्यमों के बीच भाषिक स्तर पर बहुत बुनियादी फासला नहीं माना जा सकता, बल्कि यह कहा जा सकता है कि दूरदर्शन और फिल्मों के माध्यम से हिन्दी को अन्तर्राष्ट्रीय पहचान का फलक प्राप्त हुआ है। अहिन्दी भाषी क्षेत्रों के लोगों ने इन माध्यमों के द्वारा टूटी-फूटी हिन्दी बोलना सीख लिया। **डॉ० हरिकृष्ण निगम**[4] कहते हैं कि फिल्मों और टी० वी० के माध्यम से निःसंदेह हिन्दी तथा दूसरी भारतीय भाषाओं में परस्पर सौहाद्र बढ़ा है और मानसिक अवरोध व अविश्वास की मात्रा कम हुई है। सन् 1913 के बाद से ही जब दादा साहब फाल्के ने पहली फिल्म बनाई थी, लगातार हिन्दी फिल्मों में जनभाषा पहले से ही व्यवहार

---

1. दूरदर्शन एवं सामाजिक विकास—डॉ० जयमोहन झा, पृष्ठ 53, विजय प्रकाशन मंदिर, वाराणसी, सन् 2001, मूल्य 200 रु०
2. जनसंचार—सं० डॉ० राधेलाल शर्मा पृष्ठ 113
3. जनसंचार—सं० डॉ० राधेलाल शर्मा पृष्ठ 112
4. इलेक्ट्रॉनिक दृश्य माध्यम और हिन्दी—डॉ० हरिकृष्ण निगम, पृष्ठ 3, सन् 1996

में रही थी। जनता के माध्यम से विकसित व श्रव्य-दृश्य प्रसार के आधुनिक इलेक्ट्रॉनिक माध्यमों द्वारा इसे देशव्यापी प्रचलन देना आज एक ऐसा सत्य है, जिसे सहज नकारा नहीं जा सकता।

दरअसल, फिल्म की भाषा को पूर्वत: समझने के लिए, फिल्मों का गहन अध्ययन किया जाना चाहिए। फिल्म, मौलिक रूप से प्रतिबिंबों और संकेतों की भाषा है, एवं इसका व्याकरण मौखिक व्याकरण के ही समान है, परन्तु इसका अपना ही व्याकरण एवं वाक्य-विज्ञान होता है, जिसमें फिल्म तकनीक के मूल तत्त्व अन्तर्निहित होते हैं। एक फिल्म चित्रात्मक निरंतरता में बनी होती है। शब्दकोश निरंतरता की व्याख्या अलग-अलग हिस्सों की अबाध गहरी एकता के रूप में करता है। चित्रात्मक निरंतरता का आशय है—संतुलित रूप से श्रृंखलाबद्ध सुसंगत चलचित्र कथा का सृजन करने के लिए चलचित्र अनुक्रमों का संयोजन एवं उचित विकास।[1] इधर, किसी कथानक या संदेश के समुचित संप्रेषण के लिए संपादन दूरदर्शन व्याकरण का अभिन्न अंग होता है। दूरदर्शन व्याकरण के अंतिम अवयव में दूरदर्शन बातचीत की शाब्दिक विशेषता आती है। चूँकि दूरदर्शन कार्यक्रमों का प्रभाव दर्शकों के विशाल-समूह पर पड़ता है, इसलिए इन कार्यक्रमों के लिए ऐसी शब्दावली की आवश्यकता पड़ेगी, जिसे अधिकतम संभावित दर्शक समूह समझ सके। दूसरी तरफ, प्रयुक्त शब्दावली बहुत अधिक परिष्कृत भी नहीं होनी चाहिए, बल्कि सहज तथा सुखद शब्दावली का प्रयोग किया जाना चाहिए। शब्दावली ऐसी होनी चाहिए जो अपना अर्थ उसी क्षण व्यक्त कर दे और दर्शकों को उससे किसी द्विविधा या उलझन का सामना न करना पड़े। अच्छी तरह लिखित और निर्मित दूरदर्शन कार्यक्रमों के बावजूद भी ऐसा देखा गया है कि अच्छी और सरल भाषा के अभाव में ये कार्यक्रम दर्शकों को ऐतिहासिक घटनाओं की गहराई में उतरने के लिए प्रोत्साहित नहीं कर पाते।[2]

डॉ० कृष्ण कुमार रत्तू[3] का कहना है कि दूरदर्शन की भाषा केन्द्रीय बिंबों की भाषा है, पर इससे प्रतीक व्यवस्था वाली भाषा की भूमिका कम नहीं हो जाती। बढ़ते हुए संचार माध्यम और भाषा के नए प्रयोगों ने, जो दृश्य-श्रव्य संप्रेषण के विविध आयामों को अपने में समेटे हुए हैं, अपनी स्पष्ट छाप छोड़ी है और यही दूरदर्शन और हिन्दी की प्रयोजनमूलकता के बीच में पहली कड़ी है। हिन्दी में ध्वनि के साथ संगीत शैली का प्रचलन मंद गति सें हुआ है, परन्तु जब से दूरदर्शन का प्रसारण शुरू हुआ है, तब से ध्वनि और संकेत शैली का प्रचलन बढ़ गया है। क्लिष्टता के स्थान पर सरलता, जटिलता के स्थान पर सुगमता, वक्रता के स्थान पर सहजता, अवरोध का स्थानान्तरण, गतिमयता शैली के प्रौढ़त्व के परिचायक हैं। इतर प्रयोगों में दूरदर्शन की हिन्दी भाषा का अपना स्थान है। अत: इसमें बहुत-सी दूसरी भाषा के आंचलिक शब्दों का समाहित होना ठीक नहीं है, परन्तु अन्य माध्यमों की भाषा के साथ साम्य-वैषम्य के निष्कर्ष पर पहुँचते हुए यह कहना ठीक ही है कि दूरदर्शन की भाषा मानक हिन्दी होते हुए भी दूसरे माध्यमों की भाषा से अलग और सांस्कृतिक आंचलिकता की बानगी अपने में समेटे हुए है। सच तो यह है कि फिल्म और दूरदर्शन—दोनों की भाषा में खुलापन

---

1. **दृश्य-श्रव्य संप्रेषण और पत्रकारिता—डॉ० जेम्स० एस० मूर्ति, पृष्ठ 81**
2. **दृश्य-श्रव्य संप्रेषण और पत्रकारिता—डॉ० जेम्स० एस० मूर्ति, पृष्ठ 139**
3. **दूरदर्शन : हिन्दी के प्रयोजनमूलक विविध प्रयोग—डॉ० कृष्ण कुमार रत्तू, पृष्ठ 2-3, इनाश्री पब्लिकेसर्स, जयपुर, मूल्य 600, सन् 1997**

आया है। आधुनिक जीवन के सांस्कृतिक सरोकार दोनों की भाषा से संपृक्त हैं। दोनों की भाषा ने समाज के सामान्य से लेकर बौद्धिकों तक को प्रभावित किया है। सुप्रसिद्ध लेखक **जान रीड**[1] ने हाल ही में एक शोध में निष्कर्ष निकाला है कि पश्चिमी जगत में चीनी भाषा के अलावा हिन्दी तीसरी बड़ी भाषा है जो अपना घेरा विशाल कर रही है। शोध के अनुसार अकेले न्यूयार्क शहर में एशियाई मूल के 7 प्रतिशत लोग हिन्दी चैनलों को देखना पसंद करते हैं और 17 प्रतिशत से 20 प्रतिशत तक लोग हिन्दी फिल्मों को देखना पसंद करते हैं और इसमें दिन-प्रतिदिन बढ़ोत्तरी हो रही है। अंत में यह कि फिल्मों की भाषा में आम-बोलचाल अर्थात् हिन्दुस्तानी भाषा का ही ज्यादातर प्रयोग हुआ है, दूरदर्शन की भाषा भी इससे अछूती नहीं है।

(7) कम्प्यूटर (Computer)—सूचना संचार का वट वृक्ष 'कम्प्यूटर' हिन्दी में गणक, संगणक, विचारशील मशीन, इलेक्ट्रॉनिक मस्तिष्क, शब्द-विश्लेषक तथा संख्या विश्लेषक आदि नामों से जाना जाता है। डिजिटल कम्प्यूटर, एनॉलॉग कम्प्यूटर, मिनी कम्प्यूटर, सुपर कम्यूटर, होम कम्प्यूटर, लैपटॉप कम्प्यूटर, पामटॉप कम्प्यूटर, पसर्नल कम्प्यूटर आदि इसके मुख्य प्रकार हैं। कम्प्यूटर आज के विज्ञान की अचंभित कर देने वाली विशिष्ट और उपयोगी उपलब्धि है। सच तो यह है कि सूचना प्रौद्योगिकी या तकनीक अपने विकास के लम्बे सफर के बाद आज इस मुकाम पर पहुँच गई है, जहाँ इसके विस्तार के लिए दुनिया छोटी पड़ती जा रही है। दूसरे शब्दों में, सूचना क्रांति ने पूरी दुनिया को समेट कर 'ग्लोबल विलेज़' (Global Village) अर्थात् ''गाँव में बदली दुनिया'' की अवधारणा को साकार कर दिया है। सूचना जगत में इस नयी क्रांति का सूत्रपात करने में टेलीफोन, फैक्स, रेडियो, टेलीविजन, कम्प्यूटर, प्रिंटर, सेल्युलर फोन, पेजर, ई-मेल, मल्टी मीडिया, इन्टरनेट, फोटो कॉपियर, वीडियो फोन जैसे उपकरणों व अवधारणाओं की महती भूमिका रही है। इनमें **कम्प्यूटर** अपनी सर्वश्रेष्ठ भूमिका में है। कम्प्यूटर के बिना इस पूरे सूचना तंत्र की संकल्पना अधूरी है।[2]

सूचना और कम्प्यूटर तकनीक में हो रहे तीव्र विकास के कारण इनका जीवन के प्रत्येक क्षेत्र में उपयोग बढ़ता जा रहा है। वह चाहे औद्योगिक क्षेत्र हो या अनुसंधान का कार्य, मनोरंजन हो या खरीददारी, व्यवसाय हो या व्यापार, शिक्षा हो या चिकित्सा—हर क्षेत्र में इस तकनीक का दखल बढ़ता जा रहा है—Almost a century ago a spate of inventions ushered in the first Industrial Revolution. Within a short span of time many countries became industrialised. Now, we are in the beginning of another Industrial Revolution. The major cause of the second Industrial Revolution is the invention of computers. Man has invented many electronic devices but the computer has made a greater impact on society than any other single device. Computers have helped automation of many industrial and business

---

1. **To-day, Zee T.V. and Language—American Broadcasting—John Reed, P. 51, New york, 1996**
2. **''सूचना प्रौद्योगिकी और संचार क्रांति'' लेख क्रॉनिकल इयर बुक 200 से साभार (यह ग्रंथ बेलौस, सामान्य ज्ञान का सर्वश्रेष्ठ संदर्भ कोश है), प्रकाशन-क्रॉनिकल बुक्स, क्रॉनिकल पब्लिकेशन्स, सफदरजंग, नई दिल्ली।**

systems. They are used extensively in manufacturing and processing industries, power distribution systems, airline reservation systems, transportation systems, banking systems and so on. Modelling is another where computers are increasingly used. This has greatly accelerated research in such areas as physical and social sciences, medicine, astronomy and meteorology. इतना ही नहीं, आज इसका प्रयोग बहुविध हो रहा है—Business and commercial organisations need to store and maintain voluminous records and use them for various purposes such as inventory control, sales analysis, pay roll accounting, resources, scheduling and generation of management reports. Computers can store and maintain files and can sort, merge or up date them as and when necessary. The ability of computers to store large amounts of data has led to their application in Libraries, documentation centres, employment exchanges, police departments, hospitals and similar establishments. Computers are used in international games such as the Olympics and the Asiad to keep track of events and provide timely and reliable information and documentation to all concerned.[1]

अमेरिका जैसे देशों में इलाज के लिए भी अब इस तकनीक का इस्तेमाल हो रहा है। इसे टेली मेडीसिन (Tele medicine) अर्थात् दूर चिकित्सा नाम दिया गया है। इसके तहत वीडियो कांफ्रेसिंग के माध्यम से डॉक्टर दूर बैठे रोगी का इलाज करता है। भारत में भी टेली मेडीसीन का इस्तेमाल होने लगा है। अपोलो ग्रुप के अस्पतालों में इस विधि से रोगियों, विशेषकर दिल के मरीजों का इलाज शुरू हो गया है। पी० जी० आई० लखनऊ में भी पूरी चिकित्सा इसी माध्यम से हो रही है। इतना ही नहीं, राजनीतिक दल भी अब इस तकनीक का प्रयोग करने लगे हैं। वे इन्टरनेट पर अपना वेवसाइट बनाकर चुनाव प्रचार करने लगे हैं। आधुनिक सूचना तकनीक का इस्तेमाल उद्योगों और व्यवसायों में तो पहले से ही हो रहा है। हर क्षेत्र में सूचना तकनीक के बढ़ते दखल की वजह से ही टेली मेडीसिन की भाँति टेली बिजनेस, टेली शॉपिंग, टेली डिमोक्रेसी और साइबर सर्वेन्ट जैसी अवधारणाओं का विकास हुआ है। पूरे विश्व में औद्योगिक रूप से विकसित समाज ऐसे सूचना समाज में परिवर्तित होने लगे हैं, जहाँ कम्प्यूटर तकनीक और उसके तंत्र जाल प्रमुख उपकरण हैं। भारत में भी सूचना तकनीक उद्योग का तीव्र विकास हो रहा है। आज यह सूचना तकनीक उद्योग का सबसे बड़ा बाजार बन गया है। पिछले कुछ वर्षों में विश्व अर्थव्यवस्था के साथ भारतीय अर्थव्यवस्था में छायी मंदी के बावजूद सूचना तकनीक उद्योग का विकास मंदा नहीं पड़ा है। कहना न होगा कि हमारा देश अब सूचना क्रांति के द्वार पर आ खड़ा हुआ है, जो उपग्रह कम्प्यूटर, टेलीविजन, वीडियो, इन्टरनेट, मल्टी मीडिया आदि के रूप में हमारे सामने प्रकट हो रही है। यह क्रांति धीरे-धीरे हमारे जीवन का एक स्वीकृत हिस्सा बनती जा रही है।[2]

---

1. **Programming in BASIC—E. Balaguru Swamy, P. 1-2, Tata McGraw Hill Publishing Company Limited, New Delhi, 1995**
2. **क्रॉनिकल इयर बुक से साभार।**

(8) इन्टरनेट (Internet)—पश्चिम के इन्टरनेट विशेषज्ञ **हार्ले हेन**[1] अपनी एक सुप्रसिद्ध पुस्तक में इन्टरनेट के स्वरूप, व्युत्पत्ति और उसके कार्यों पर प्रकाश डालते लिखते हैं कि, The Internet is the name for a vast, World wide system consisting of people, information and computers. The Internet is also as complex as to be well beyond the comprehension of a single human being. Not only is there no one who understands all of the Internet, there is no one who even understands most of the Internet. The roots of Internet lie in a project called the ARPANET which was sponsored by the United States Department of Defence Advanced Research Projects Agency (ARPA). The Department of Defence was interested in building a net work that could maintain itself under adverse conditions. (ANETWORK) is simply two or more computers connected together. The original idea was to build a net work capable of carrying military and government information during a "nuclear event." इन्टरनेट अथवा नेट विश्व के कम्प्यूटरों का एक समूह है, जो सूचनाओं का आदान-प्रदान करते हैं। इसमें कम्प्यूटर एक-दूसरे से जुड़े होते हैं। आज विश्व का एक बहुत बड़ा समूह कम्प्यूटर और इन्टरनेट से जुड़ा हुआ है। इन्टरनेट सोसायटी की सूचना के अनुसार 100 से ऊपर देशों के 35,000 से अधिक नेटवर्क्स इससे जुड़े हुए हैं।

इन्टरनेट को 'सूचना राजपथ' (Information Highway) भी कहा जाता है। इसे सूचनाओं के तंत्रों का भी तंत्र कह सकते हैं। दरअसल, इसका विकास शीतयुद्ध के दिनों में अमेरिका और रूस द्वारा एक-दूसरे के कम्प्यूटर नेटवर्क को नुकसान पहुँचाने के लिए किया गया था, किन्तु बाद में इसके उपयोग की दिशा बदल गई। यह खेल, शिक्षा, राजनीति, चिकित्सा, फिल्मों के प्रीमियर देखने से लेकर करोड़ों के लेन-देन, व्यापार, विज्ञापन, संगीत और खाली समय में संवाद और गपशप करने के काम आने लगा। 1970 के आसपास 'आरपा' (ARPA) नामक 'उन्नत शोध परियोजना संगठन' ने 100 कम्प्यूटरों को एक में जोड़ने वाले तंत्र को विकसित किया—"At first, the goal of the Arpanet researchers was to develop one large network to connect computers over long distances. However, by the mid-1970's it became clear that no single net work was going to be able to serve every one's needs." जिसके परिणामस्वरूप इस इन्टरनेट पर प्रकाश की गति से सूचना, आवाज, चित्र और आँकड़ा तथा अन्यान्य खबरों को कहीं भी आज भेज सकते हैं। इन्टरनेट के माध्यम से इस समय खेलकूद, सूचनाओं का प्रकाशन, परियोजनाओं की जानकारी, कार्यालय से दूर रहकर भी व्यवसाय करना, विश्व भर के शिक्षण संस्थाओं, पुस्तक भण्डारों, पुस्तकालयों के विषय में जानना, शैक्षिक उपकरणों, उत्पादों हेतु तकनीकी सहयोग, उतपादों को बाजार में भेजना, बेचना, रेल, हवाई जहाज के लिए टिकटों का आरक्षण करवाना—कुल मिलाकर दुनियाँ की हर गली की जानकारी इन्टरनेट के जरिए आज आसानी से उपलब्ध है।

---

1. **The Internet : Complete Reference—Harley Hahu, P. 2, Tata McGraw Hill, Delhi, 1997**

(ब) जनसंचार माध्यमों में भाषा का प्रयोग

(7) मुद्रित माध्यमों की भाषिक संरचना—

(क) समाचारों की भाषा और भाषा का आधुनिकीकरण, समाचार लेखन तथा उद्घोषणा लेखन—रोमांचकारी शब्द 'समाचार' की कोई एक ठोस परिभाषा अब तक नहीं की गई है। शास्त्रीय परिभाषाएँ भी विभिन्न हैं, जैसे—"अगर कुत्ता आदमी को काटता है" तो यह खबर नहीं है। यदि "आदमी कुत्ते को काटे तो यह खबर है।" समाचार का अंग्रेजी पर्यायवाची शब्द 'न्यूज' है—NEWS अर्थात् North (उत्तर), East (पूर्व), West (पश्चिम) और South (दक्षिण)। इसका आशय यह है कि समाचार चतुर्दिक व्याप्त है। एक गंभीर परिभाषा यह भी है कि "जिसे कहीं कोई दबाना चाह रहा हो, वही खबर है, शेष सब विज्ञापन है।" New का अर्थ होता है नया। News हुआ उसका बहुवचन, यानी ताजा से ताजा और नयी से नयी बात समाचार होती है।[1] जाहिर है, चाहे मुद्रित माध्यम—समाचार पत्र, पत्रिकाएँ हों या विद्युतीय माध्यम—रेडियो, दूरदर्शन इनके लिए एक अलहदे प्रकार की भाषा की जरूरत होती है। चूँकि इन माध्यमों का सीधा संबंध सामान्य जनता से लेकर विशिष्ट तरह के लोगों से होता है अत: यहाँ प्रयुक्त होने वाली भाषा प्रचलित किसिम या रोजमर्रा प्रयोग की होनी चाहिए। चाहे समाचारों की भाषा हो, समाचार लेखन की भाषा हो, उद्घोषणा की भाषा हो, संपादकीय की भाषा हो, धारावाहिकों की भाषा हो, समाचार वाचन की भाषा हो, चर्चा-परिचर्चा की भाषा हो या सीधे प्रसारण की भाषा हो—विशुद्ध साहित्यिक या संस्कृत निष्ठ भाषा का प्रयोग इन माध्यमों में नहीं होना चाहिए, लेकिन इसका अर्थ यह भी नहीं है कि वह भाषा एकदम आमफहम ही हो, क्योंकि समाचार पत्रों-पत्रिकाओं तथा रेडियो, दूरदर्शन से एक बड़े बौद्धिक समाज का भी जुड़ाव होता है, अत: भाषा ऐसी हो जो इन दोनों के बीच की हो। **डॉ० संजीव भानावत**[2] कहते हैं कि समाचार की भाषा तकनीकी विषयों की भाँति निश्चित नहीं होती। समाचार पत्र को समाचार विभिन्न स्रोतों से, संवाददाताओं के माध्यम से उपलब्ध होते हैं। इन संवाददाताओं का शैक्षणिक तथा मानसिक स्तर भी भिन्न-भिन्न होता है। अत: इन समाचारों की भाषा में पर्याप्त वैविध्य भी देखने को मिलता है। इसी भाँति समाचार पत्र के पाठकों के स्तर में भी काफी विभिन्नता होती है। अत: समाचार की भाषा ऐसी होनी चाहिए कि समाचार पत्र का औसत पाठक उसे समझ सके। इधर, **डॉ० प्रीता व्यास**[3] उसी बात को विस्तार देती कहती हैं कि जहाँ तक समाचार की भाषा का सवाल है—यह सरल, स्पष्ट और आकर्षक होनी चाहिए। समाचार लिखते समय यह ध्यान में रखना चाहिए कि समाचार केवल बुद्धिजीवियों के लिए नहीं, बल्कि एक आम आदमी के लिए लिखा जा रहा है, जो बहुत परिमार्जित भाषा नहीं समझता। आम आदमी भी समझ सके इसलिए उसकी बोलचाल की भाषा को अपनाना चाहिए। एक सीमा तक समाचार पत्र पाठकों के लिए भाषा शिक्षक का भी कार्य करता है, इसलिए उन्हें भाषा के प्रति लापरवाही नहीं अपनानी चाहिए।

---

1. **समाचार संकलन और लेखन—नंद किशोर त्रिखा, पृष्ठ 7, हिन्दी समिति, उत्तर प्रदेश शासन, लखनऊ, सन् 1974**
2. **समाचार—लेखन के सिद्धान्त और तकनीक—डॉ० संजीव भानावत, पृष्ठ 38, यूनिवर्सिटी पब्लिकेशन्स, जयपुर, सन् 1997**
3. **पत्रकारिता : परिचय और विश्लेषण—डॉ० प्रीता व्यास, पृष्ठ 101**

क्रिश्चियन साइंस मॉनिटर ने समाचार पत्रों के लिए समाचार प्रकाशन-संबंधी 25 तरह के सुझावों को इस तरह बताया है, जिसका उल्लेख **एम० वी० कामथ**[1] ने अपनी एक पुस्तक में अधोलिखित रूप में किया है, यथा—(1) Use short simple words, (2) Use more one-syllable words, use familiar words, (3) Use familiar words, (4) Use personal words, (5) Use concrete words, (6) Make every word work, (7) Avoid technical words, (8) Get rid of rubber stamp phrases, (9) Put sparkle and freshness into simple phrases, (10) Create figures of speech, (11) Use intimate phrase, (12) Use short sentences, (13) Make frequent use of very short sentences, (14) Use short sentences as an aid to clear thinking, (15) Make sentences active, (16) Use short simple paragraph, (17) Use very short paragraphs for variety and emphasis, (18) Use one idea paragraphs, (19) Use paragraphs for actions, impact and result, (20) Write for a specific purpose, (21) Write to one person, one human being, (22) Talk to that person right where he is, (23) Talk to that person in his own field of knowledge, (24) Work with one basic idea, (25) Write with one view point.

जहाँ तक **समाचार लेखन** और **उद्घोषणा लेखन की भाषा** का प्रश्न है, हम कह सकते हैं कि समाचार लेखन न तो निबंध लेखन है, न पुस्तक-लेखक की कला के समान है और न ही सामान्य डाक पत्रों की तरह। इसकी अपनी कला है।[2] समाचार लेखन और उद्घोषणा—दोनों का मुख्य उद्देश्य पाठक के साथ त्वरित और सरल ढंग से भावों का संचार करना है और इसके लिए एक विशेष प्रकार का लेखन जरूरी होता है। समाचार लेखन और उद्घोषणा लेखन की भाषा इतनी आसान होनी चाहिए कि अति सामान्य व्यक्ति भी समझ जाय। इनकी भाषा उलझावपूर्ण और द्वैध पैदा करने वाली नहीं होनी चाहिए। समाचारों की भाषा और उद्घोषणा की भाषा समझने के लिए यदि पाठक को शब्दकोश की सहायता लेनी पड़ेगी तो यह लेखन बहुत सफल नहीं माना जा सकता। इनकी वाक्य रचना व्यवस्थित होनी चाहिए, जिससे लिखित शब्द का अर्थ निकालने में पाठक को सुविधा हो। कुल मिलाकर यहाँ अनुवादी भाषा से बचते हुए उन शब्दों का प्रयोग करना चाहिए, जिनसे पाठक का परिचय हो।

भाषा का आधुनिकीकरण के सवाल को सुप्रसिद्ध भाषा-चिन्तक **डॉ० त्रिभुवन नाथ शुक्ल**[3] परिभाषित करते हुए कहते हैं कि, "आधुनिकीकरण भाषा की वह संकल्पना है, जिसमें भाषा का अभिव्यक्ति एवं रूप-रचना के धरातल पर पुनः नव संसृजन होता है। ग्रहणशीलता इसकी एक महत्त्वपूर्ण आवश्यकता है। यह नव संसृजन सायास न होकर सहज होता है। भाषा के आधुनिकीकरण के स्तर हैं—ध्वनि, लिपि, शब्द, वाक्य, अर्थ और प्रयुक्ति।" डॉ० शुक्ल के अनुसार आधुनिकीकरण का प्रश्न उत्पादकता, विकास की गति, सामाजिक परिवर्तन, वैज्ञानिक प्रगति एवं प्रयोग, औद्योगीकरण और इसी प्रकार के अन्यान्य

---

1. **Professional Journalism—M. K. Kamath, P. 109, Vikas Publishing House, Delhi, 1995**
2. **समाचार संकलन और लेखन—नंदकिशोर त्रिखा, पृष्ठ 88**
3. **हिन्दी अनुशीलन—सं० यतीन्द्र तिवारी, पृष्ठ 94, भारतीय हिन्दी परिषद—इलाहाबाद, वर्ष 45, अंक-2, सन् जून 2003**

संदर्भों से जुड़ा रहता है। कुल मिलाकर "भाषा का आधुनिकीकरण" के अर्थ को वे और अधिक साफ करते लिखते हैं कि—

(क) भाषा का युग सापेक्ष्य होना,

(ख) भाषा का अपने स्वरूप में वैज्ञानिक अथवा निर्विकल्पक होना,

(ग) सामाजिक स्थितियों एवं संदर्भों की अभिव्यक्ति में सक्षम होना,

(घ) अधुनातन एवं तकनीकी अभिव्यक्तियों से युक्त होना,

(ङ) संक्षिसता एवं सूत्रात्मकता से युक्त होना,

(च) नवीनतम एवं उपयोगी प्रयुक्तियों की अभिव्यक्ति में सक्षम होना,

(घ) व्याकरणिक समाजसिद्ध संकल्पनाओं से सिद्ध हो सकने की क्षमता से युक्त होना।

(ख) संपादकीय की भाषा—हर समाचार पत्र में 'संपादकीय पृष्ठ' होता है। यह पृष्ठ वैचारिक अभिव्यक्ति का एक तरह से 'प्लेटफॉर्म' कहा जा सकता है। इसकी स्थिति समाचार पत्रों के मध्य अर्थात् पृष्ठ संख्या 4 से 6 के बीच की होती है। **डॉ० हरिमोहन**[1] के अनुसार संपादकीय (Editorial) किसी भी समाचार पत्र अथवा पत्रिका की रीति-नीति का दर्पण होता है। यह एक खिड़की है, जिसके पार से समाचार पत्र की आवाज ही मुखर नहीं होती, अपितु युग-चेतना की अनुगूँज भी सुनाई देती है। कुल मिलाकर संपादकीय समाचार पत्र की आत्मा होती है। प्रसिद्ध लेखक और पत्रकार **खुशवंत सिंह** का कहना है कि, "The function of an editor of a daily paper is largely if not entirely directional political and administrative. Virtually the only part of the paper on which an editor can impose his personal stamp is on the edit page. The rest is at the mercy of the News Editor who presides over the desk, the chief of bureau and the reporters. Very often the editor only sees their handy work when the paper is delivered to him in the early hours of the morning. Then all he can do is to perform a kind of post-mortem in the hope that improvements will follow." अतः जब समाचारों के संपादकीय पृष्ठ का इतना महत्त्व है, तो जाहिर है, उसकी अभिव्यक्ति भी सुन्दर, स्पष्ट और टुकड़ों में बँटी भाषा में होनी चाहिए। वस्तुतः संपादकीय समाचार पत्र के लिए फिल्म की 'रील' या कम्प्यूटर की 'फ्लापी' है, जिसमें समाचार पत्र की केन्द्रीय 'थीम' या 'वस्तु' उतरती है। सफल संपादकीय लेखन के लिए आवश्यक है कि उसका ढाँचा छोटा हो, भाषा सरल हो, वह विचारों को आकार दे सकता हो, वह इतना सहज हो कि सामान्य पाठक भी सरलता से संपादकीय में व्यक्त भाव का अर्थ आसानी से निकाल सके, यदि संपादकीय की भाषा सधी और नियंत्रित नहीं है तो वह पाठकीयता में अरुचि तो पैदा करेगी ही, थोड़ा सा भाषिक स्खलन अखबार की प्रतिष्ठा को धूमिल कर सकता है।

(ग) शीर्षकों की भाषा—स्वर्गीय स्वतंत्रता सेनानी, राजनेता और कुशल पत्रकार पंडित **कमलापति त्रिपाठी** ने अपनी सुप्रसिद्ध कृति में लिखा है कि, "उपयुक्त, सरल और

---

1. **संपादन कला एवं प्रूफ पठन—डॉ० हरिमोहन, पृष्ठ 90, तक्षशिला प्रकाशन, दरियागंज, दिल्ली, मूल्य 100 रु०, सन् 1990**

पूर्णांक शीर्षक अपने चार-छह अक्षरों में ही समाचार के सारे भाव, उसकी ध्वनि, उसकी महत्ता और उसके तमाम आधार और वातावरण को भी क्षणमात्र में झलका देता हैं।[1] वस्तुत: समाचार का शीर्षक पूर्ण समाचार का दर्पण होता है। शीर्षक देखकर पाठकों के नेत्रों को शांति मिलती है। शीर्षक, समाचार का संक्षिप्त रूप ही नहीं होता, बल्कि वह स्वयं समाचार का प्राण होता है।[2] कम शब्द में अधिक स्पष्ट जानकारी दिलाना एक अच्छे शीर्षक का गुण होता है। कुल मिलाकर श्रेष्ठ शीर्षक स्वयं में पूर्ण माना जाता है। अत: प्रभावशाली शीर्षक के लिए जरूरी है कि उसकी भाषा भी प्रभावशाली हो। शीर्षक की भाषा सूत्रात्मक शैली में सजीव-संक्षिप्त होनी चाहिए, क्योंकि समयाभाव के कारण कभी-कभी कुछ लोग शीर्षकों से ही पूरे समाचार को टटोल लेते हैं। शीर्षक की भाषा समाचार के अनुकूल हो, ऐसी शब्दावली का कत्तई प्रयोग नहीं हो, जो द्विअर्थक हो, शीर्षक की संज्ञा या क्रिया को विशेष स्थिति में ही संक्षिप्त करना चाहिए। शीर्षक में जब आश्रित वाक्यांश किसी संयोजक द्वारा न जोड़ा जाए, तब अर्द्धविराम का प्रयोग होना चाहिए। भरसक, शीर्षकों के क्लिष्ट नामकरण से बचना चाहिए। साहित्यिक या दार्शनिक शब्दावली के प्रयोग से भी बचना चाहिए।

(घ) लेखों की भाषा—समाचार पत्र में सबसे महत्त्वपूर्ण है—संपादकीय पृष्ठ, जिस पर एक संपादक अपने व्यक्तित्व की छाप छोड़ सकता है, शेष तो समाचार हैं, जिनको समाचार संपादक और रिपोर्टर अपने परिश्रम से तैयार करते हैं। यों तो संपादकीय पृष्ठ के अन्तर्गत् अग्रलेख, विशेष सामयिक लेख, फीचर, संपादक के नाम पत्र, राजनीतिक, साहित्यिक-सांस्कृतिक समीक्षा, टिप्पणियाँ, व्यंग्य, कार्टून एवं विविध स्तम्भ आदि सभी परिगणित और समाहृत होते हैं, लेकिन इनमें से सर्वाधिक महत्त्वपूर्ण होता है—अग्रलेख या संपादकीय।[3] संपादकीय लेख संपादकीय पृष्ठ का हृदय होता है। प्रत्येक समाचार पत्र उसी श्रेणी के या स्तर के संपादकीय लेख प्रकाशित करता है, जिस स्तर के पाठक हों। लेकिन ये सभी शिष्ट और संयत भाषा में लिखे जाते हैं। इनमें व्यक्तिगत आलोचना को स्थान नहीं दिया जाता। कठोर से कठोर विचार भी संतुलित भाषा में व्यक्त किए जाते हैं। संपादकीय लेख के लेखक को अपने ज्ञान का प्रदर्शन नहीं करना चाहिए। उसे हर बात सीधे-सादे और स्पष्ट ढंग से लिखनी चाहिए। किसी ने कहा है—

"समझ में साफ आ जाए, फ़साहत इसको कहते हैं,
असर हो सुनने वालों पर बलाग़त इसको कहते हैं।"

संपादकीय लेखन के लिए यह बात एक सिद्धान्त की तरह मानी जा सकती है, किन्तु सरल ढंग से लिखने का अर्थ यह नहीं होता कि लेख बेजान हो जाय।[4]

(8) विद्युतीय माध्यमों की भाषिक संरचना—

(क) समाचारों की भाषा तथा समाचार वाचन—विद्युतीय माध्यमों में वीडियो, टेप रिकार्डर, फिल्म, इन्टरनेट तथा कम्प्यूटर आदि सभी आते हैं, किन्तु जहाँ तक समाचार वाचन, धारावाहिक चर्चा-परिचर्चा तथा प्रसारण की भाषा का सवाल है—इनका विशेष

---

1. पत्र और पत्रकार—श्री कमलापति त्रिपाठी, पुरुषोत्तम दास टण्डन, पृष्ठ 143
2. पत्रकारिता : परिचय और विश्लेषण—डॉ० प्रीता व्यास, पृष्ठ 107
3. संपादन कला एवं प्रूफ पठन—डॉ० हरिमोहन, पृष्ठ 90
4. पत्रकारिता : परिचय और विश्लेषण—डॉ० प्रीता व्यास, पृष्ठ 108

ताल्लुक रेडियो तथा दूरदर्शन से ही है। आप जानते हैं, रेडियो के समाचार सुने जा सकते हैं, इसके विपरीत टेलीविजन के सभाचारों में दृश्य-श्रव्य दोनों गुण होते हैं। दर्शक इस माध्यम से न सिर्फ घटना का विवरण सुन सकता है, वरन् वह उसका प्रत्यक्षदर्शी भी होता है। अतः रेडियो और दूरदर्शन पर प्रसारित किए जाने वाले समाचारों की भाषा और उन्हें बाचने-पढ़ने की विशिष्ट तकनीक होती है। **कबीर** कहते हैं कि—

''वाणी ऐसी बोलिए, मन का आपा खोय।

औरहु को शीतल करे, आपहु शीतल होय॥''

कबीर की यह उक्ति रेडियो और दूरदर्शन के समाचार वाचकों पर सौ टंच सही-सटीक लगती है। बहरहाल, पहले रेडियो और दूरदर्शन के समाचारों की भाषा पर बात कर ली जाय। रेडियो और दूरदर्शन न केवल हमारा मनोरंजन करते हैं, बल्कि भाषा के माध्यम से दर्शकों और श्रोताओं को सामाजिक कुरीतियों के विरुद्ध सजग भी करते हैं, अतः इन दोनों माध्यमों पर प्रसारित होने वाले समाचारों की भाषा सर्वसहज और लोकाभिरुचि के अनुरूप होनी चाहिए। उसे क्लिष्ट और जटिल समस्याओं का विवेचन करने वाली भाषा होनी चाहिए। रेडियो महज श्रव्य माध्यम है, सो इसके समाचारों की भाषा सरल, वाक्य छोटे, नपे-तुले-संतुलित होने चाहिए। क्लिष्ट, अपच-उबाऊ, अप्रचलित और द्रविड़ प्राणायाम करके निकलने वाले अर्थ की भाषा का कत्तई इस्तेमाल नहीं होना चाहिए। रेडियो समाचार की भाषा यदि—सरलता, शुद्धता, संक्षिप्तता और स्पष्टता-के गुणों से लैस है, तो वह सोने में सुहागा का काम करेगी। इधर, कुछ लोगों का विचार है कि दूरदर्शन पर प्रस्तुत होने वाले समाचारों की भाषा मिली-जुली या खिचड़ी है। इसने हिन्दी के मूल स्वरूप या ढाँचा को ध्वस्त कर दिया है। अतः दूरदर्शन को भी चाहिए कि अपनी बात, अपने सभी कार्यक्रम दर्शकों तक आसानी से पहुँचाने के लिए समाचार प्रस्तुति या अन्य कार्यक्रमों में आम बोलचाल की भाषा का इस्तेमाल करे, कठिन शब्दावली के प्रयोग से अपने को महरुम रखे। यदि वह अपने आंचलिक कार्यक्रमों में आंचलिक शब्दावली का प्रयोग करे, तो श्लाघनीय और स्वागतयोग्य है।

ठीक इसी तरह से इन दोनों माध्यमों के **समाचार वाचकों** को भी शब्दों की वर्त्तनी, उच्चारण प्रक्रिया, उच्चारण अवयव-कुल मिलाकर उसे व्याकरणिक बोध होना चाहिए। वाचन करते समय शब्दों के उच्चारण का लहजा ऐसा मोहक होना चाहिए कि बीमार आदमी भी चारपाई से उठकर बैठ जाय। वस्तुतः मधुर-मीठी वाणी में सुन्दर भाषा की पैरहन डाल दी जाय तो उसका असर श्रोता और दर्शक पर जादुई होता है। कुशल वाचक के लिए दमदार आवाज, स्वरों का उतार-चढ़ाव, स्पष्ट और शुद्ध उच्चारण प्रथम शर्त है। समाचार वाचक या उद्घोषक के लिए किन-किन सजगताओं पर ध्यान देना होता है इस पर आकाशवाणी वाराणसी की चर्चित उद्घोषिका **पुष्पा मिश्रा**[1] कहती हैं कि, ''यह एक प्रकार का चुनौतीपूर्ण कार्य है। कभी-कभी अंतिम समय में उद्घोषणा में परिवर्तन करना पड़ता है। विषय वस्तु पर पैनी निगाह रखनी होती है और हर स्थिति में आत्म नियंत्रण रखते हुए अपना कार्य स्वाभाविक ढंग से करना होता है। अनुभव के साथ उद्घोषणा कार्य में निखार आता है। एक

1. **हिन्दुस्तान (रेडियो उद्घोषणा में कैरियर की संभावनाएँ—उमेश चन्द्र पाठक का लेख), वाराणसी संस्करण 23 मार्च, 2005**

अच्छे उद्घोषक को चाहिए कि वह किसी स्थापित उद्घोषक की 'कॉपी' न करे, बल्कि स्वयं की शैली विकसित करें।[1] जाहिर है, समाचार वाचक का यदि भाषा पर नियंत्रण है तभी वह अपनी निजी शैली विकसित कर सकता है।

(ख) धारावाहिकों की भाषा—'धारावाहिक' को अंग्रेजी भाषा में सीरियल (Serial) कहते हैं। रेडियो और दूरदर्शन के विभिन्न चैनलों पर चौबीस घण्टे में कोई-न-कोई धारावाहिक अवश्य प्रस्तुत किया जाता है। साफ शब्दों में, नाटक, प्रहसन, कहानी, संगीत, फिल्म, कथाएँ, किस्सें, फैंटेसी और कामिक स्ट्रिप्स की तरह शिक्षा, स्वास्थ्य, अन्ध विश्वास, सामाजिक और नितांत पारिवारिक, ऐतिहासिक या राष्ट्रीयता से संबंधित कथ्यों की जमीन पर इन धारावाहिकों की सर्जना होती है। रेडियो और टेलीविजन के राष्ट्रव्यापी विस्तार और आकार ग्रहण करने के कारण इन धारावाहिकों का महत्त्व पहले की तुलना में और भी बढ़ गया है। कुछ समाजशास्त्री और जनसंचार के जानकार इन धारावाहिकों को 'पलायनवादी संचार सामग्री' (Escapist Media Material) की श्रेणी में मानते हैं तो कुछ लोग इन्हें 'हल्का नशा' कहते हैं।

बहरहाल, 'किस्सागोई' शैली की तर्ज पर जन्म लेने वाले इन धारावाहिकों ने महिलाओं और बच्चों पर 'फिक्शन' (Fiction) की तरह असर किया है। जाहिर है, धारावाहिकों की प्रभविष्णुता में कथ्य के साथ भाषा का भी योगदान रहा होगा। सच तो यह है कि रेडियो और दूरदर्शन पर प्रसारित होने वाले धारावाहिकों की भाषा ऐसी होनी चाहिए, जिसे महिलाएँ और बच्चे आसानी से समझ सकें, भरसक रोजमर्रा की जिन्दगी से साबका रखने वाली भाषा ज्यादा असरकारक होती है। टेलीविजन 'स्क्रीन' पर परोसे जाने वाले धारावाहिक यदि आम बोलचाल या कामकाज की भाषा में हों, तो बेहतर है। कुछ लोग इसके लिए मिली-जुली या खिचड़ी भाषा के नाम पर एक नई भाषिक संरचना को जन्मना चाहते हैं, लेकिन मेरे विचार से ऐसा उत्तम नहीं होगा, क्योंकि तमाम दावों के बाद रेडियो और दूरदर्शन का बहुत बड़ा गवँई श्रोता निपट और ठेठ देसी भाषा ही समझता है। शहर के निचले कुनबे की भी वही स्थिति है।

(ग) चर्चा-परिचर्चा तथा प्रश्नोत्तरी की भाषा—रेडियो और दूरदर्शन के विभिन्न कार्यक्रमों यथा—कवि सम्मेलन, नाटक, प्रहसन, गोष्ठी, साक्षात्कार, समीक्षा तथा भेंटवार्ता—की तरह चर्चा-परिचर्चा और प्रश्नोत्तर के रूप में होने वाले परस्पर संवाद का बहुत महत्त्व है। चर्चा-परिचर्चा और प्रश्नोत्तर के जरिये दो या दो से अधिक लोग रेडियो और दूरदर्शन के स्टूडियो में बैठकर किसी विषय पर परस्पर विचार-विमर्श कर, अपनी बात को दूर बैठे श्रोताओं तक पहुँचाते हैं। संभवत: जब से रेडियो और दूरदर्शन अस्तित्व में आए हैं, तभी से चर्चा-परिचर्चा और प्रश्नोत्तर सतत् जारी हैं। परिचर्चा के स्वरूप और उसकी उत्पत्ति पर प्रकाश डालते मीडिया लेखक **डॉ० कृष्ण कुमार रत्तू**[2] कहते हैं, कि परिचर्चा का विविधतापूर्वक परिचयात्मक तात्पर्य उस संगोष्ठी से है, जो दो या इससे ज्यादा प्रतिभागी आपस में बैठकर किसी विषय वस्तु एवं घटना विशेष को लेकर करते हैं। किसी भी सेमिनार के मॉडल

---

1. **हिन्दुस्तान (रेडियो उद्घोषणा में कैरियर की संभावनाएँ—उमेश चन्द्र पाठक का लेख), वाराणसी संस्करण 23 मार्च, 2005**
2. **दूरदर्शन : हिन्दी के प्रयोजनमूलक विविध प्रयोग—डॉ० कृष्ण कुमार रत्तू, पृष्ठ 216**

(Model) पर आधारित इस परिचर्चा का फॉरमेट (Format) माना जाता है। बहुत पहले जब विश्व में 1904 तथा 1912 में फ्लेमिंग तथा डी-फारेस्ट ने रेडियो का उपकरण निकाला था, तभी से शायद उनके संवाद संप्रेषण अथवा दो आदमियों की बातचीत को इसी संदर्भ में देखा गया। भेंटवार्ता इत्यादि से बढ़कर बाद में जब इसमें और प्रतियोगियों, विषय-विशेषज्ञों की प्रतिभागिता बढ़ गई तो इसको परिचर्चा का नाम दिया गया।

परिचर्चा का सबसे पहला प्रसारण इतिहास के परिप्रेक्ष्य में देखें तो हमें यह फारमेट रेडियो प्रसारण में मिलता है। जैसा कि विदित है, जब भारत में 1926 में रेडियो प्रसारण शुरू हुआ, परन्तु मुख्यतया प्रथम प्रसारण का आरम्भ 1 जुलाई, 1927 को मुम्बई में हुआ, तभी से भारतीय प्रसारण में जो पहले संवादात्मक कार्यक्रम प्रसारित किए गए, उसका आधार बाद में परिचर्चा प्रसारण में बदल गया।[1] दूरदर्शन की भाषा में इसे स्पोकेन वर्ड (Spoken Word) कहते हैं। परिचर्चा और प्रश्नोत्तर का अपने संदर्भ में बहुत महत्त्व है, खासकर सामाजिक संदर्भों में होने वाली परिचर्चा और प्रश्नोत्तर का तो और भी महत्त्व बढ़ जाता है, अत: इस तरह के कार्यक्रम के लिए, जिसे सुनने और देखने वाले लोग अधिकांशतया ग्रामीण परिवेश के हैं, भाषा सरल और असरकारक होनी चाहिए। अच्छी, संतुलित, सहज और रुचिकर आवाज में होने वाली परिचर्चा और प्रश्नोत्तर दूर और देर तक श्रोताओं और दर्शकों पर असर करते हैं। अत: रेडियो और दूरदर्शन के लोगों को चाहिए कि संगीत, कहानी, नाटक की तरह सुन्दर शिल्प के साथ आम बोलचाल की भाषा में इन्हें प्रस्तुत करें, जिससे आम आदमी लाभान्वित हो सकें।

(घ) सीधे प्रसारण की भाषा—रेडियो मूल रूप से संभाषण (वाक्) और दूरदर्शन संभाषण के साथ दृश्य संचार का संप्रेषण करता है। यहाँ से प्रसारित होने वाले कार्यक्रमों— खासकर सीधे प्रसारण के लिए सहज, सधे-संतुलित स्वर के साथ स्पष्ट और बोधगम्य भाषा की भी आवश्यकता होती है। **डॉ० एन० सी० पंत[2] रेडियो पर प्रसारित होने वाले प्रसारणों की भाषा** के विषय में लिखते हैं कि, रेडियो समाचार के प्रसारण की भाषा सरल, सुबोध, सुगम एवं आकर्षक शैली युक्त होनी चाहिए। प्रसारण के समय निम्न बातों को ध्यान में रखना अत्यन्त आवश्यक है—(1) प्रसारण के लिए उन शब्दों का प्रयोग करना चाहिए, जो सामान्य बोलचाल से संबंधित हों, (2) वाक्य छोटे-छोटे और रोचक होने चाहिए, (3) विविधता का खुलकर उपयोग होना चाहिए, (4) लेखन अपने विचारों की अभिव्यक्ति के लिए होना चाहिए न कि श्रोताओं पर अपनी बुद्धिमत्ता की छाप छोड़ने के लिए, (5) अनावश्यक शब्दों के आडम्बर से हमेशा बचना चाहिए, (6) प्रत्येक वाक्य को अपने आप में संपूर्ण और परिशुद्ध होना चाहिए, (7) समय की सीमा के अनुसार ही प्रसारण किए जाते हैं, इसलिए समाचार का लेखन इस प्रकार से हो कि यदि किसी समाचार को बीच में ही समाप्त करना पड़े तो समाचार अपने आप में पूर्ण रहे। इसके लिए यह आवश्यक है कि समाचार की रचना उल्टे त्रिभुज या पिरामिड के आकार में हो, (8) समाचार का सार प्रथम वाक्य में हो और उसका विस्तार क्रम बाद में किया जाय।

---

1. **दूरदर्शन : हिन्दी के प्रयोजनमूलक विविध प्रयोग—डॉ० कृष्ण कुमार रत्तू, पृष्ठ 216**
2. **हिन्दी पत्रकारिता का विकास—डॉ० एन० सी० पंत, पृष्ठ 264, राधा पब्लिकेशन्स, दिल्ली, मूल्य 300 रु० सन् 1994**

इधर, **डॉ० सविता चड्ढा**[1] **दूरदर्शन पर प्रसारित होने वाले प्रसारणों की भाषा** के संबंध में अपना विचार व्यक्त कर लिखती हैं कि प्रसारण माध्यमों में समाचारों की भाषा अखबारों की भाषा से काफी भिन्न होती है, किन्तु समाचारों के स्रोत क्योंकि मुख्यतया वही समाचार एजेंसियाँ हैं, जो अखबारों के लिए भी समाचार प्रेषित करती हैं, अत: टेलीविजन के लिए समाचार लिखते समय एक तो भाषा के लिखित तथा मुद्रित रूप को उच्चरित रूप देना होता है और दूसरे उसे चित्र या फिल्म की माँग के अनुसार लिखना होता है। चित्र अपने आप बोलता है। अत: कम-से-कम शब्दों में अधिक जानकारी व्यक्त करने की कला ही अच्छे टी० वी० समाचार संपादक की मुख्य विशेषता है। टी० वी० समाचारों की भाषा की कुछ अन्य मुख्य विशेषताएँ इस प्रकार हैं—

(1) वाक्य सरल और संक्षिप्त हो, (2) प्रयास यह किया जाय कि एक वाक्य में एक ही बात कही जाय, (3) जटिल वाक्यों का यथा संभव कम-से-कम प्रयोग करना वांछनीय है, (4) बोलचाल के शब्द तथा मुहावरे प्रयोग किए जाने चाहिए ताकि सभी स्तरों व वर्गों के लोग उसे समझ सकें, (5) हिन्दी समाचार तैयार करते हुए अंग्रेजीके प्रचलित शब्दों यथा—स्टेशन, इंजीनियर, स्कूल, टेलीफोन, बस, पेंसिल, कॉपी, पेन, रेल तथा इसी प्रकार के अन्य भारतीय भाषाओं, विशेषकर उर्दू के सहज प्रयोग में आने वाले शब्दों को अपनाने में संकोच नहीं करना चाहिए, (6) जिन शब्दों के उच्चारण के लिए वाचक को प्राणायाम करना पड़े, उनकी बजाय उनके सरल वैकल्पिक शब्दों का प्रयोग बेहतर है, (7) चिकित्सा, इंजीनियरी, उद्योगों तथा अन्य विशिष्ट व्यवसायों से संबंधित तकनीकी अंग्रेजी शब्दों के अप्रचलित कठिन हिन्दी पर्याय इस्तेमाल करने के लोभ का संवरण करना चाहिए, (8) शब्दों में विविधता रहनी चाहिए, एक ही समाचार में किसी एक शब्द का बार-बार प्रयोग अखरता है। कोई नाम भी बार-बार नहीं बोला जाना चाहिए, (9) भाषा में रोचकता लाने के प्रयास किए जाने चाहिए, (10) समाचार लिख लेने के पश्चात् यदि समय हो तो उसे दुबारा पढ़कर भाषा को परिमार्जित करना चाहिए।

(9) विज्ञापन : संकल्पना, स्वरूप, विकास उपादेयता एवं महत्त्व—

राजस्थानी की शेखावटी क्षेत्र की बोली में एक सुप्रसिद्ध देसज कथन कहा जाता है कि,

> **''बोले बांका तो बुरा भी बिके,**
> **नी बोले बांकी जुवार भी न बिके।''**
> **या**
> **''बोले बीकां तो बुरा भी बिक जा सी,**
> **बिन बोलां का जुवारां बी ना बिकसी।''**

अर्थात् जो अपने अनाज के गुणों को बखानता है, उसकी खराब और रद्दी ज्वार भी बिक जाती है, लेकिन बिन बोले ग्राहकों का इंतजार करने वाले की अच्छी ज्वार भी नहीं बिकती। जाहिर है, सड़क पर बिकने वाली ज्वार जैसी वस्तु भी अपने दाम के लिए प्रचार-प्रसार और विज्ञापन की गरज रखती है, तो फिर अन्य वस्तुओं की स्थिति क्या होगी? यही है—विज्ञापन का महत्त्व। घर के बाहर, घर के भीतर—जिधर देखिए छपर गए हैं—विज्ञापन। घर के

---

1. **हिन्दी पत्रकारिता : सिद्धान्त और स्वरूप—डॉ० सावित्री चड्ढा, पृष्ठ 82, तक्षशिला प्रकाशन, दिल्ली, मूल्य 150 रु०, सन् 1995**

भीतर सुबह अखबार, पत्रिका और रेडियो, फिल्म और दूरदर्शन पर विज्ञापन तो घर के बाहर पाँव रखते ही—दीवालों पर विज्ञापन, खंभों पर विज्ञापन, सड़कों के ऊपर कपड़ों या साइनबोर्डों पर बने विज्ञापन, पेड़ों पर टँगे विज्ञापन, ट्रेन, ट्राम, बस, ट्रक, ऑटो या अन्य तरह के आवागमन के साधनों पर चस्पा विज्ञापन, विमान तल, रेलवे स्टेशनों, बस अड्डों, सिनेमाघरों, खेल मैदान के बीच खेल रहे खिलाड़ियों के कपड़ों पर विज्ञापन, कैलेण्डर, डायरी, होर्डिंग, बैनर, कार्यालय, संस्थान, कम्पनी आदि के शीर्षपत्र, फाइलों, फर्नीचर, कार, भवन, कॉपी-किताब, स्टेशनरी, विजिटिंग कॉर्ड, नोटिस बोर्ड और कर्मचारियों की वर्दियों पर विज्ञापन, उपहार की वस्तुओं पर विज्ञापन—कुल मिलाकर खड्ग में, खंभ में, जल-थल, नभ में—कहाँ नहीं विज्ञापन? चारों ओर ''ये दिल माँगे मोर'' विज्ञापन।

विज्ञापन शब्द संस्कृत भाषा का है। विज्ञापनम् = ना—[वि+ज्ञ+णिच्+ल्युट्, पुकारामः] अर्थात् 'वि' उपसर्ग+ज्ञा (जानना) धातु+णिच्+ल्युट् प्रत्यय से 'विज्ञापन' शब्द की सर्जना हुई है, जिसका अर्थ होता है—सूचना देना, समाधान, इश्तेहार, समाचार पत्रों आदि में प्रचार (Advertisement), निवेदन, प्रार्थना, शिष्ट उक्ति या संवाद, वर्णन और शिक्षण आदि।[1] महाकवि कालिदास ने इस शब्द का प्रयोग बहुत पहले किया था—

> **''काल प्रयुक्ता खलु कार्यविद्धि।**
> **विज्ञापना भर्तृषु सिद्धमेति॥''**[2]

आज के बाजार की सबसे बड़ी ताकत यही विज्ञापन है। उपभोक्ता, वस्तु, बाजार और निर्माता—इन सबके लिए विज्ञापन आज साँस की तरह मौजू बन गया है। सच तो यह है कि विज्ञापन का इतिहास उतना ही पुराना है जितना मानव सभ्यता का। आदिकाल से लेकर आज तक इस धरती पर किसी-न-किसी रूप में विज्ञापन का अस्तित्व विद्यमान रहा है। पाषाण युग में पत्थर और धातु के औजारों से आदिम व्यक्ति पेड़ों, चट्टानों आदि पर कुछ मतलब-बेमतलब वाली आकृतियाँ बनाकर अपने आप को विज्ञापित ही करता था। ईसा से पूर्व विश्व की अनेक सभ्यताओं में ऐसे उदाहरण मिलते हैं, जिनमें डुगडुगी बजाकर लोगों को इकट्ठा करके सूचना देने की प्रथा थी। प्राचीन मंदिर, स्मारक, महल, पिरॉमिड आदि सभी उनके निर्माताओं की कलात्मकता और विज्ञापन अभिरुचि का संकेत देते हैं।[3]

भारत में विज्ञापन माध्यम का विकास परंपरागत शैली में अत्यन्त प्राचीन काल से ही विद्यमान रहा है। मुद्रण माध्य के विकास के साथ ही विज्ञापन का विकास स्वीकार किया जा सकता है, क्योंकि 18वीं शताब्दी में भारत में सर्वप्रथम प्रकाशित समाचार पत्र ''कलकत्ता

---

1. **फारसी भाषा में विज्ञापन को 'जंग-ए-जरदारी' कहा जाता है। डॉ० विजय कुलश्रेष्ठ का विचार है कि विज्ञापन शब्द यौगिक है और उसमें दो शब्दों का योग है—'वि+ज्ञापन'। 'वि' शब्द उपसर्ग के रूप में अर्थ देता है—'विशेष' का और 'ज्ञापन' द्वारा अर्थ देता है—सूचना या ज्ञान देने का। इस शब्द का समानार्थी शब्द पाश्चात्य भाषा में लैटिन के 'एडवर्टर' से गृहीत 'एडवर्टाइजिंग' है, जिसका अर्थ उस भाषा में—'टू टर्न टू' यानी किसी ओर मुड़ना। दूसरे शब्दों में किसी के प्रति या किसी ओर आकर्षित करना या आकर्षित होना।**
2. **कुमार संभव—7/93, 17/40**
3. **विज्ञापन—डॉ० अशोक महाजन, पृष्ठ 12, हरियाणा साहित्य अकादमी, चंडीगढ़, मूल्य 87 रु० सन् 1994**

जर्नल एडवरटाइजर'' (Calcutta Journal Advertiser) के प्रकाशित प्रथम अंक के चार पृष्ठों में से एक पृष्ठ अंग्रेजों की उपभोक्ता सामग्री—सूअर का माँस, शराब, हैट, जूते आदि के विज्ञापनों के लिए ही निर्धारित किया गया था।[1] बताते हैं, भारत में विज्ञापन एजेंसियों की शुरुआत सन् 1930 ई० में ''दत्ताराम एडवर्टाइजिंग'' (Datta Ram Advertising) के नाम से हुई। इसी के आसपास जे० थॉम्सन (वर्तमान में हिन्दुस्तान थॉम्सन) भी प्रकाश में आई। विश्व संदर्भ के अनुसार 1875 के आसपास संयुक्त राष्ट्र अमेरिका में पहला विज्ञापन आया, लेकिन पहचान इसे इस सदी में ही मिली। भारत में इसकी पहचान पचास वर्ष पुरानी है। आज देश में एक हजार से अधिक विज्ञापन कम्पनियाँ हैं, जिनमें से लगभग 400 से ऊपर मुम्बई में ही हैं।[2]

बहरहाल, विज्ञापन के जिस मायावी संसार का सामना आज हम कर रहे हैं, उसमें विज्ञापन से बचकर कोई नहीं निकल सकता। दर्जनों लांछनाओं के बावजूद विज्ञापन हमारे दौर की अनिवार्यता है। प्रचार माध्यम चाहे कोई भी हो, विज्ञापन के बिना हमारा सारा जीवन चक्र अधूरा है। निश्चय ही विज्ञापन अपने आप में एक आधुनिक कला है, जिसने तकनीकी सभ्यता के नवीनतम संसाधनों को अपना रखा है। विज्ञापन के अन्तर्गत् वे सारी क्रियाएँ आ जाती हैं, जिसके अनुसार मौखिक अथवा श्रव्य-दृश्य संदेशों के माध्यम से जनता को किसी वस्तु/संस्था/व्यक्ति के बारे में सुनिश्चित एवं प्रभावशाली जानकारी संप्रेषित होती है। एक अन्य विचारधारा के अनुसार विज्ञापन का उद्देश्य वस्तुओं/सेवाओं को संभावित क्रेता समूह के बीच परोसना है। निश्चय ही विज्ञापन संप्रेषण का आकर्षक विधान है। यह उत्पादन की माँग करता है और विपणन-प्रणाली को संबर्द्धित करता है।[3] विज्ञापन व्यावसायिक शक्ति है, विक्रय कला की प्रणाली है, किसी संस्थान को पैसा और प्रतिष्ठा दिलाने का माध्यम है, उपभोक्ता के लिए सूचना और सुझाव है, लोक सेवा है, घोषणा है, उपभोक्ता की क्रयशक्ति का संबर्द्धक है, यह गैर व्यक्तिगत, मौखिक, दृश्यगत प्रस्तुतीकरण है, व्यावसायिक माध्यम (Business Media) और अब 'विज्ञापन माध्यम' (Advertising Media) है। कुछ देशी-विदेशी विद्वानों ने विज्ञापन के उक्त स्वरूप के साथ-साथ कुछ अन्य परिभाषाओं को इस प्रकार बताया है—

(1) **इनसाइक्लोपीडिया ब्रिटानिका** के अनुसार, "A form of paid announcement intends to promote the sale of a commodity or service to advance an idea to bring about some other effect, desired by the advertiser. अर्थात् किसी वस्तु के विक्रय अथवा किसी सेवा के प्रसार हेतु मूल्य चुका कर की गई घोषणा ही विज्ञापन है।[4]

(2) **एनीनिमस** के अनुसार, "The newspaper is a collection of advertisements that are sold with the help of the reading matter.[5]

---

1. **विज्ञापन : सिद्धान्त और प्रयोग—डॉ० विजय कुलश्रेष्ठ, पृष्ठ 115, माया प्रकाशन मंदिर, जयपुर, मूल्य 125 रु० सन् 1995**
2. **पत्रकारिता : परिचय और विश्लेषण—डॉ० प्रीता व्यास, पृष्ठ 256**
3. **प्रयोजनमूलक हिन्दी—सं० डॉ० बालेन्दुशेखर तिवारी, पृष्ठ 189**
4. **The Encyclopaedia Britanica—P. 105**
5. **The Complete Journalism—Anonymous, P. 56**

(3) एक **अमेरिकन पत्रिका** का कहना है कि, "Advertising is the dissemination of information concerning an idea, service or product to compel action in accordance with the interest of the advertisers."[1]

(4) **फ्रेंक जेफकिन्स** सस्ते दर पर उत्पादित सामग्रियों एवं सेवाओं के उचित ढंग से प्रभावकारी प्रस्तुतीकरण को विज्ञापन कहते हैं, "A...advertising is the means by which we make known what have to sell or what we want to buy."[2]

(5) **अमेरिकन पत्रिका** 'Advertising Age' ने 1932 में विज्ञापन का परिष्कृत स्वरूप दूसरी बार इस प्रकार प्रस्तुत किया, "Advertising is the printed, written, spoken or pictured representation of a person, product, service or movement openly sponsored by the advertiser and at his expense for purpose of influencing sales or use vote." अर्थात् किसी व्यक्ति, वस्तु, सेवा या आन्दोलन को प्रस्तुत करने वाली मुद्रित सामग्री, लिखित शब्द, बोले गए शब्द या चित्रांकन विज्ञापन है, जिसे विज्ञापनदाता अपने खर्चे पर बिक्री, प्रयोग, वोट या अन्य प्रकार की सहमति प्राप्ति के लिए खुल्लमखुल्ला प्रस्तुत करें। विज्ञापन उद्योग का जीवन रक्त है तथा समाचार पत्रों हेतु यही आधार हैं।[3]

उक्त परिभाषाओं से विज्ञापन का **महत्त्व** एवं **उपादेयता** स्वत: सिद्ध है। कुल मिलाकर विज्ञापनों की अलग दुनिया है। चाहे प्रिन्ट मीडिया से सम्बद्ध विज्ञापन हों या फिर इलेक्ट्रॉनिक मीडिया या ऑन लाइन दुनिया। यह बात सच है कि विज्ञापनों के बिना बाजार अब चल नहीं सकता। इसका अर्थ यह हुआ कि एक तरफ ये विज्ञापन मीडिया की जरूरत बन कर उभरे हैं, वहीं दूसरी तरफ पाठकों से भी इनका सीधा जुड़ाव है, सिर्फ सीधा जुड़ाव ही नहीं, विज्ञापनों ने पाठकों से-दर्शकों से सीधा संवाद भी कायम किया है। आज भी लोग विभिन्न पत्र-पत्रिकाओं में महीन अक्षरों में छपे शादी और नौकरी संबंधी विज्ञापनों को बहुत तन्मयता से देखते हैं। आँकड़े बताते हैं कि अपने देश में पत्र-पत्रिकाओं तथा ऑन लाइन मार्केट में नौकरी के विज्ञापनों का वार्षिक बाजार करीब 560 करोड़ रुपए का है। इसमें 500 करोड़ रुपए का वार्षिक कारोबार तो प्रिंट मीडिया से सम्बद्ध है तथा शेष कारोबार ऑन लाइन विज्ञापनों की दुनिया से सम्बद्ध है। चाहे प्रिंट मीडिया हो या ऑन लाइन की दुनिया—इन दोनों ही क्षेत्रों में नौकरी के विज्ञापनों का कारोबार हर साल बढ़ता ही जा रहा है। आपको यह जानकार आश्चर्य होगा कि आज ऑन लाइन विज्ञापनों (नौकरी से जुड़े) में बढ़ोत्तरी की संभावना अधिक दिख रही है। एक अनुमान के अनुसार सन् **2007** तक नौकरी से जुड़े ऑन लाइन विज्ञापनों का कारोबार मौजूदा 50-60 करोड़ रुपए से बढ़कर **तिगुना** हो जाएगा। दूसरी तरफ प्रिंट मीडिया में छपने वाले नौकरी से संबंधित विज्ञापनों में 7 से 8 फीसदी की बढ़ोत्तरी की संभावना है।[4]

विज्ञापनों से कम्पनी मालिकों के साथ-साथ सभी संचार माध्यमों की आय बढ़ी है। समाचार पत्रों की लगभग 32 प्रतिशत कालम जगह और दूरदर्शन का 5 प्रतिशत से भी कम समय विज्ञापनों में प्रयुक्त होता है। आज से लगभग 50 वर्ष पूर्व भारत में जहाँ विज्ञापन पर

---

1. **Advertising Age (American Journal), P. 97**
2. **Planned Public Relations—Frank Jefkins (Intertext), Ed. 1964**
3. **Advertising Age (American Journal), P. 98**
4. **हिन्दुस्तान (वाराणसी संस्करण), मई 2005**

व्यय मात्र 7 करोड़ रुपए था, वह अब बढ़कर 2000 करोड़ से भी अधिक हो गया है। सन् 1988 के दौरान 1987 की तुलना में कुल विज्ञापन व्यापार में 14.7 प्रतिशत की वृद्धि हुई थी, जबकि इसके पहले के दो वर्षों 85-86 में वृद्धि की यह दर क्रमश: 24.7 और 27.6 प्रतिशत थी। ऑपरेशन रिसर्च ग्रुप (Operation Research Group) के आँकड़ों के अनुसार सन् 1989 में अकेले दूरदर्शन को विज्ञापनों से 200 करोड़ रुपए की आय हुई थी, जबकि दूरदर्शन द्वारा अपने 'स्टॉफ' और कार्यक्रमों पर आने वाली कुल लागत लगभग 300 करोड़ रुपए रही। अकेले 'महाभारत' सीरियल से दूरदर्शन को 35 करोड़ की आय हुई थी, बाद में दूरदर्शन की विज्ञापनों से होने वाली आय में 1000 प्रतिशत की वृद्धि हो गई। आकाशवाणी के मामले में यह वृद्धि मात्र दो गुना हुई थी। सन् 1988 में वह बढ़कर 600 करोड़ रुपए हो गई और आज 2005-06 में यह कई हजार करोड़ है। इसी तरह निजी क्षेत्र में कार्यरत 103 बड़ी कम्पनियों ने 1987-88 के दौरान विज्ञापनों पर 196.47 करोड़ रुपए की धनराशि खर्च की थी और 2005-06 में यह भी बढ़कर हजार करोड़ में पहुँच गई है। कुल मिलाकर आज विज्ञापन की उपादेयता और महत्त्व औद्योगिक-व्यावसायिक, निजी रुचि, लोक-शिक्षण, सामाजिक क्षेत्र, सांस्कृतिक विकास, आर्थिक क्षेत्र, राष्ट्रीयता-बोध, उत्पादन वृद्धि आदि संदर्भ में बेलौस बढ़ा है। आज यह शहर से लेकर गाँव तक उपभोक्ता और बाजार के बीच संवाद और पुल का कार्य कर रहा है। इसका भविष्य बहुत उज्ज्वल है।

(10) उपभोक्तावाद तथा विज्ञापन

'उपभोक्तावाद' वस्तुत: सांस्कृतिक शब्द है, जिसका स्थूल अर्थ होता है—वस्तु का खरीददार। बाजार, वस्तु, उपभोक्ता, मीडिया और उस पर प्रचारित होने वाले विज्ञापन—इन सबका घनिष्ठ अन्त: संबंध है। यहाँ एक के बिना दूसरा अधूरा है। दरअसल, यह बाजार का समय है। आज पूरी धरती 'बाजार' और 'परिवार' के बीच बँटी हुई है। बाजार और परिवार में अंतर यह है कि बाजार हमसे हमारी मूल गाँठ निर्ममता-क्रूरतापूर्वक छीन रहा है, तो वहीं परिवार की प्रकृति वस्तु के सहज और निश्छल रूप में परस्पर भाईचारे की भावना से मिल बैठकर उपभोग-उपयोग की है। भूमंडलीकरण के अंधड़ ने धरती पर एक बदशक्ल और खूनी पंजों वाला बाजार खड़ा कर दिया है। इस बाजार के कारण एक नई उपभोक्ता संस्कृति पनपी है।

उपभोक्तावाद के साथ 'संस्कृति' शब्द साटकर अंग्रेजी का एक मोहक और ललचाने वाला शब्द "Consumer" आए दिन प्रयुक्त हो रहा है, पर दुर्भाग्य से इस संस्कृति ने हमारी मानसिकता को अपने मकड़जाल में—बारास्ता विज्ञापन—विकृत और बेकार कर दिया है। हमारे समाज में सपनों का महकने वाला बाजार खड़ा है। बाजार और सपने—दोनों एक हो गए हैं। प्रिंट और इलेक्ट्रॉनिक मीडिया में ताल ठोककर चुनौती देने वाले विज्ञापन हमें बाजार की ओर बेतहाशा दौड़ा रहे हैं, उपभोक्तावादी संस्कृति की चपेट में आकर हम दौड़ भी रहे हैं, पर दुर्भाग्य से न हमें बाजार मिल पा रहा है और न सपने, क्योंकि—

> **''पैसे नहीं हैं, जेब में झोला उदास है,**
> **बाजार हर तरह का, मगर आसपास है।''**[1]

---

1. **सपनों का बाजार—प्रभात पाण्डेय, पृष्ठ 88, प्रतिध्वनि, कोलकाता, मूल्य 100 रु० सन् 2004**

यह उपभोक्तावाद विज्ञापन के माध्यम से शहरों के अलावा भारतीय गाँवों को भी लील रहा है, जिसका परिणाम हुआ है कि गाँव का बाजार आज शहरों से तीन गुना बड़ा हो गया है। अस्सी के दशक के बाद उपभोक्ता सामग्री की माँग गाँवों में बड़ी तेजी से बढ़ी है। National Council of Applied Economic Research ने अपने एक सर्वेक्षण में यह पाया कि पैक बंद उपभोक्ता साज-सामान का ग्रामीण बाजार 1984 में 733 करोड़ रुपए था, जो 1989 तक बढ़कर 2083 करोड़ हो गया। पूरे भारतीय बाजार में गाँवों का योगदान इस अवधि में 28% से बढ़कर 37% हो गया। इस तरह हम देखते हैं कि उपभोक्तावादी बाजार का मायावी संसार पूरे समाज में पसर चुका है। मीडिया और विज्ञापन ने आज के शोषक बाजार को सामान और खरीददारों से पाट दिया है, जिसका परिणाम हुआ है—नवधनाढ्य संस्कृति की पैसा कमाऊ मनोवृत्ति के चलते मनुष्य में मनुष्यता की जगह अन्य अवांछित चीजें घुसती जा रही है।[1] **ज्ञानेन्द्रपति** ने अपनी एक कविता 'एक विज्ञापन पट' में 'कोकाकोला' जैसी बहुराष्ट्रीय कम्पनियों के फैलाव पर चिन्ता व्यक्त की है—"एक खुली उफनती बोतल कोकाकोला की/उसकी दहकती शीतलता/प्यास मिटाने वाली नहीं, पियास से मरने वाली/झाग में नहाई, नहीं दिखती है उसकी कंठ नलिका/उस झाग में जिससे/चेतन से परे अचेतन की स्वप्न भूमि सिंचती है/और बदलता है धीरे-धीरे एक स्वप्न लोक।"[2]

भारत में जिस स्त्री को "यत्र नार्यस्तु पूज्यन्ते रमन्ते तत्र देवता" कहकर सम्मान दिया जाता था, उसे ही आज की मीडिया ने विज्ञापन के जरिए बाजार का 'माल' और उत्पाद बना दिया है—

> **"यह तो बाजार है, जिसे अपना विज्ञापन लिए**
> **विश्व सुन्दरी की भी जरूरत है**
> **वरना विश्व सुन्दरी की भी क्या जरूरत है।"**[3]

तथा—

> **"कम्पनियों की कठपुतलियाँ विज्ञापन सुन्दरियाँ**
> **एक अकर्मण्य सा परिधान बेचती हैं,**
> **एक अस्वीकार्य सा स्वीकार्य करवाती हैं**
> **कम लंबाई वालों के बीच ज्यादा लंबी बेजोड़ स्त्रियाँ।"**[4]

दरअसल, यह विज्ञापन ही आज के बाजार की नियति तय करता है। यह एक ऐसा माध्यम है, जो वस्तु के प्रति ललक पैदा करता है, उपभोक्ता की क्रय शक्ति का विस्तार करता है, उपभोक्ता को शिक्षित करता है, विक्रेता की मदद करता है, उत्पादक और उपभोक्ता का परस्पर परिचय कराता है, यह बाजार में उपभोक्ता की तलाश करता है, वस्तुओं की छवि निर्माण करता है, विश्वास उत्पन्न करता है, कुल मिलाकर बाजार को बनाता है—"Advertising is used as a part of marketing mix, basically it is a communication process. It aims to influence the behaviour of our target

---

1. **हिन्दी अनुशीलन—त्रिभुवन शुक्ल, पृष्ठ 69, भारतीय हिन्दी परिषद, इलाहाबाद, मार्च 2004**
2. **संभवा—अप्रैल—99, पृष्ठ 49**
3. **जनसत्ता, 26-3-95, दिल्ली संस्करण**
4. **जनसत्ता, 26-3-95, दिल्ली संस्करण**

audience. The message is put by the advertiser who is the source into appropriate media. The target audience has to understand the message across in copy and visuals is encoding and the process of interpretation is decoding. The customers for whom the message is meant are the receivers. An advertising makes the receivers favourably inclined towards the product, it is called marketing communication." विज्ञापन उपभोक्ता को वस्तुओं के विषय में सूचित करता है। यह उपभोक्ता में वस्तुओं के बारे में गवेषणा वृत्ति या पूछताछ के लिए जागरूक करता है। उपभोक्ता और उत्पादक के बीच स्वस्थ एवं लाभकारी संबंध स्थापित करता है।

उपभोक्ता चाहे—सरकारी कर्मचारी हो, अंशधारी (शेयर होल्डर्स) हों, अव्यवसायी हो, जनप्रतिनिधि हों, सीमित आर्य वर्ग के हों, मध्यम वर्गीय बौद्धिक हों, उच्च आर्य वर्ग के हों, मध्यम आर्य वर्ग के हों, उच्च मध्यम या निम्न मध्यम वर्ग के हों, उच्च निम्न आय वर्ग के हों, निम्न आय वर्ग के हों, सीमित आय वर्ग के हों, उच्चाधिकारी हों, उच्च बौद्धिक श्रेणी के हों, मध्यम श्रेणी के हों, सामान्य श्रेणी के हों, सामान्य शिक्षित धनी वर्ग के हों, सामान्य शिक्षित मध्यम वर्ग के हों, सामान्य शिक्षित मध्यम वर्ग के हों, सामान्य शिक्षित निर्धन वर्ग के हों, कृषक हों, मजदूर हों, नगरीय संस्कृति के हों, कस्बाई संस्कृति के हों या मिश्रित संस्कृति के हों—विज्ञापन सबसे पहले इनका ध्यान (Attention) आकर्षित करते हैं, फिर उनकी रुचि (Interest) जगाते हैं, उसके बाद इच्छा (Desire) पैदा करते हैं और फिर से उसे कार्य (Action) अर्थात् खरीद के लिए उकसाते हैं। इच्छाएँ, भावनाएँ, विचार प्रवृत्तियाँ, रुचियाँ, प्रेरणाएँ आदि शक्तियों के वशीभूत होकर उपभोक्ता बाजार से वस्तु की खरीद करता है। निश्चय ही हर खरीद के पीछे कोई-न-कोई प्रेरणा (Motive) होती है। इन क्रय-प्रेरणाओं (Buy Motives) को कई तरह से विभाजित किया जा सकता है, जैसे प्राथमिक एवं गौण (Primary and Secondary), भावनात्मक एवं तार्किक (Emotional and Rational), उत्पादक और संरक्षण (Product and Patronage), सकारात्मक और नकारात्मक (Positive and Negative) आदि। प्राथमिक क्रय प्रेरणाएँ वे हैं—जो मनुष्य की मूलभूत आवश्यकताओं से संबंधित हैं, जैसे—रोटी, कपड़ा और मकान। गौण क्रियाएँ वे हैं, जिनका संबंध उन वस्तुओं से है, जो मनोवैज्ञानिक तुष्टि प्रदान करती हैं, जैसे आनंद और ज्ञानार्जन के लिए रेडियो या टेलीविजन की खरीद या अच्छा दिखने के लिए नए डिजाइन वाले कपड़ों की खरीद।[1] कुल मिलाकर विज्ञापन उपभोक्ता और उत्पादक के बीच उत्पादक का हित-साधक अभिकर्त्ता (Agent) हैं, तो उपभोक्ता को उत्तम कोटि की वस्तुओं की सूचना देता है।

(11) विज्ञापन लेखन और विज्ञापन ले-आउट

जनसंचार में विज्ञापन का विशेष महत्त्व है। आज के युग में कोई भी संस्था—चाहे वह सरकारी है, अथवा गैर-सरकारी संगठन, विज्ञापन के जादू से बच नहीं सकती। विज्ञापन का प्रमुख उद्देश्य किसी सेवा अथवा उत्पादन की बिक्री ही नहीं होता, बल्कि अपने संगठन या संस्था की छवि का निर्माण करना भी इसका एक प्रयोजन होता है।[2] जाहिर है, ऐसी स्थिति में विज्ञापन लेखन का बहुत महत्त्व है। विज्ञापन के साथ समय-समय पर एक सवाल चस्पा कर

---

1. विज्ञापन—अशोक महाजन, पृष्ठ 81
2. जनसंचार—सं० डॉ० राधेश्याम शर्मा, पृष्ठ 104

दिया जाता है कि विज्ञापन कला है या व्यवसाय? बहरहाल, इसका उत्तर चाहे जो हो-लेकिन इतना तय है कि भाषा के ललित और मनोज्ञ प्रयोग तथा शैली की समर्थ विधा और चारुता ने विज्ञापन को कलात्मक अभिव्यक्ति तो बिना ना-नुकुर के बना ही दिया है।

दरअसल, विज्ञापन लेखन एक हुनर है, तकनीक है, सुन्दर सलीका है, वाचिक आयाम की सर्जनात्मक कला है। विज्ञापन चाहे—प्रिंट मीडिया का हो या इलेक्ट्रॉनिक मीडिया—रेडियो, फिल्म, दूरदर्शन का या होर्डिंग, पोस्टर, इश्तेहार, दीवारों पर लिखाई, हैण्डबिल, ब्रोशर, लघु-पुस्तिकाओं, नाटक, गाना, भजन, मुनादी, कठपुतली, मेले, नुमाइश द्वारा हो रहा हो, इसकी प्रस्तुति सजीव और चित्ताकर्षक होनी चाहिए। इसके लिए हमें विज्ञापन की भाषा, शैली, वस्तु, क्रमबद्धता, दृश्य-निर्माण, कला-विन्यास, चित्र, मॉडल, विज्ञापन के लिए प्रयोग में आने वाली मुद्रण कला आदि का ध्यान रखना चाहिए, क्योंकि इसका सीधा असर, पाठक, श्रोता, उपभोक्ता और सामान्य जन पर पड़ता है। अंग्रेजी के एक विद्वान् ने विज्ञापन लेखन पर प्रकाश डालते लिखा है कि सबसे पहले विज्ञापन लेखन करते समय निम्न बातों का ख्याल करना चाहिए—

1. Attention—Headlines and layout attract our attention,

2. Interest—Copy should create interest in the product,

3. Desire—Advertising is to create a desire to process or own the product or to avail the services being offered e.g. Endorsements and testimonials.

4. Actions—The logical conclusion of interest arousal and conviction is the action to buy the product. To induce action, the message is repeated (frequency).

इस प्रकार एक अच्छे और स्तरीय-उत्कृष्ट विज्ञापन लेखन में हमें **शीर्षक** (Headline), **उपशीर्षक** (Sub-Headline), **वस्तु विस्तार, उपसंहार अथवा बेस लाइन** आदि का ख्याल रखना चाहिए।

सच तो यह है कि उपभोक्ता या पाठक सबसे पहले विज्ञापन का शीर्षक देखता या पढ़ता है। अत: विज्ञापन का शीर्षक ऐसा हो जो उपभोक्ता में वस्तु के प्रति विश्वास, रुचि, कौतूहल पैदा करे। ठीक इसी तरह उपशीर्षक भी शीर्षक का सहयोगी होता है। यह भी मनमोहक होना चाहिए। विज्ञापन में उपसंहार या बेस लाइन का महत्त्व भी कम नहीं है। इधर, **डॉ० प्रीता व्यास**[1] कहती हैं कि विज्ञापन लेखन एक कला है। शब्दावली सरस और संदेश सीधा व स्पष्ट होना चाहिए। लेख संक्षिप्त व सजीव हो तभी विज्ञापन प्रभावी बनता है। विज्ञापनदाता को अपनी साख और प्रतिष्ठा भी ऐसी बनानी चाहिए कि जो दावे या वादे विज्ञापन में किए जायँ, उन्हें पूरा भी किया जाय अन्यथा जनता का विश्वास विज्ञापनों से उठ जाता है और व्यापार तथा कारोबार को सामूहिक तौर पर क्षति पहुँचती है। विज्ञापन की आवश्यकता और स्थिति के अनुसार माध्यम का चयन कर लेने के बाद उसके लिए उपयुक्त विज्ञापन कापी तैयार की जाती है। विज्ञापन की प्रेस कॉपी (छपाई के लिए जाने वाला अंतिम प्रारूप) बनाना भी एक कला है। यह बहुत परिश्रम साध्य कार्य है। विज्ञापन की शब्द-रचना कैसी होनी चाहिए, इसे चित्रों व अन्य प्रतीकों द्वारा कैसे अलंकृत करना चाहिए यह सब बहुत ध्यान

---

1. **पत्रकारिता : परिचय और विश्लेषण—डॉ० प्रीता व्यास, पृष्ठ 253**

रखने की बातें हैं। प्रेस कॉपी बनाते समय कलाकार, चित्रकार और मुद्रक सबको मिलकर काम करना पड़ता है। लेख से सत्यता, शालीनता और सौहार्द्र टपकना चाहिए। पाठक को लगना चाहिए कि वह विज्ञापन नहीं, अपना कोई निजी पत्र पढ़ रहा है। लेख के साथ उपयुक्त चित्र होना चाहिए। कुल मिलाकर[1] एक अच्छे विज्ञापन लेखन से—(1) यह सूचना मिल सके कि विज्ञापित वस्तु कहाँ मिल सकेगी, (2) विज्ञापन आश्वस्त करे कि उत्पाद उसे लाभप्रद सिद्ध होगा, (3) विज्ञापन अपनी रुचियों और विचारों के अनुरूप लगे, (4) उत्पाद क्रय करने की इच्छा या चाह उत्पन्न करे, (5) विज्ञापन सहज और बोधगम्य लगे, (6) विज्ञापन का प्रत्येक वाक्य एवं शब्द रुचि के अनुकूल प्रतीत हो, (7) विज्ञापन की भाषा अपने परिवेश की प्रतीक हो, (8) विज्ञापन का मूल कथ्य या वस्तु संतुष्टि की गारण्टी देता हो तथा (9) विज्ञापन पारस्परिक एवं साम्प्रदायिक सौमनस्य पर स्वाभाविक प्रभाव उत्पन्न करे।

विज्ञापन **ले-आउट** से मतलब है—विज्ञापन का रूप-विन्यास, विज्ञापन की सजावट। ले-आउट विज्ञापन की एक मुकम्मल व्यवस्था है। विज्ञापन-संबंधी तत्त्वों को उचित-उपयुक्त जगह 'सेट' करना ही 'ले-आउट' कहा जाता है। वस्तुत: ले-आउट एक योजना है, एक चित्र है, एक नक्शा है, जो पहले दिग्दर्शित किए गए स्वरूपों से अधिक स्पष्ट, अधिक पूर्ण, अधिक सुसंस्कृत होता है। दरअसल, समाचार पत्र-पत्रिकाओं में जो आकर्षक, सजावटी (Display) विज्ञापन देखने को मिलते हैं, वे कलाकारों और कॉपी लेखकों के मिले-जुले प्रयासों का परिणाम हैं। कोई भी विज्ञापन अपने अंतिम रूप तक पहुँचने से पहले कई स्थितियों से गुजरता है। किसी विज्ञापन का ले-आउट तैयार करने से पहले दिग्दर्शन (Visualisation) की प्रक्रिया सम्पन्न की जाती है। इस प्रक्रिया के दौरान यह विचार किया जाता है कि विज्ञापन कैसा होना चाहिए? उसमें वस्तु को दर्शाया जाना है या व्यक्ति/व्यक्तियों को? विज्ञापन में रंगीन चित्र होना चाहिए या हाथ से बने कला डिजाइन? ट्रेड मार्क, ब्राण्ड नाम या 'लोगो' को कहाँ स्थित किया जाना चाहिए? विज्ञापन में कॉपी का स्थान कहाँ होगा, विज्ञापन में सफेद जगह कितनी छोड़ी जाएगी और विज्ञापन का आकार क्या होगा—ऐसे तमाम प्रश्नों से जूझना होता है—दिग्दर्शक को। इन प्रश्नों के जो उत्तर उसके मन-मस्तिष्क में आते हैं—वह उन्हें पेंसिल से कागज पर उतार लेता है। यही भावी विज्ञापन का पहला और प्रारंभिक स्वरूप होता है, जिसे आधार मानकर ले-आउट बनाने की आगे की कार्यवाही सम्पन्न की जाती है।[2]

ले-आउट को मनोहारी और आकर्षक बनाने के लिए जिन कुछ प्रमुख तत्त्वों को वरीयता दी जाती है, उनमें—(1) कॉपी (Body Text), (2) शीर्ष पंक्ति (Headline), (3) उपशीर्ष पंक्ति (Sub-Headline), (4) चित्र (Illustration), (5) व्यापारिक चिह्न (Trade Mark), (6) हस्ताक्षर (Logo Type of Signature), (7) सफेद जगह (White Space) तथा (8) सीमा रेखाएँ (Border line)। ले-आउट में प्रभविष्णुता पैदा करने के लिए उक्त सभी तत्त्वों का उचित और उपयुक्त प्रयोग करना आवश्यक होता है, तभी ये चिन्ताकर्षक और पाठकों को अपनी ओर आकर्षित कर सकते हैं। इसके अतिरिक्त (1) एकता (Unity), (2) विरोध (Contrast), (3) अनुपात (Proportion), (4) गति (Movement) तथा (5) संतुलन (Balance)—ये ले-आउट संबंधी कुछ प्रमुख सिद्धान्त हैं—जिनका अनुपालन आवश्यक होता है। यदि इनका ध्यान नहीं दिया गया तो ले-आउट तो कमजोर होगा ही, वह दर्शकों के

1. **विज्ञापन : सिद्धान्त और प्रयोग—डॉ० विजय कुलश्रेष्ठ, पृष्ठ 77**
2. **विज्ञापन—अशोक महाजन, पृष्ठ 177**

ऊपर विश्वसनीय असर भी नहीं छोड़ सकता। अत: सुन्दर और मनमस्तिष्क पर अमिट छाप छोड़ने के लिए इनका उचित प्रयोग बहुत जरूरी होता है।

(12) विज्ञापनों के प्रकार और उनकी भाषा

विज्ञापनों के कितने निश्चित और सर्वमान्य प्रकार हो सकते हैं, इस सवाल पर विज्ञापन-विशेषज्ञ एक राय नहीं है। हिन्दी में विज्ञापनों के जितने वर्गीकरण या विभाजन किए गए हैं—वे अंतिम नहीं हैं। दरअसल, इस अंतिम न होने के पीछे वर्गीकरण के अलग-अलग आधार हैं। साफ शब्दों में, विज्ञापनों का वर्गीकरण वस्तु की माँग या उपभोक्ता के आधार पर, तो कभी भौगोलिक क्षेत्रों के आधार पर, कभी विषय वस्तु के आधार पर, तो कभी प्रत्यक्ष और प्रत्यक्ष कार्यवाही के आधार पर किया गया है, यथा—

(1) उद्देश्य के आधार पर—(क) वस्तुओं और सेवाओं के विज्ञापन, (ख) संस्थानीय विज्ञापन

(2) माँग के प्रभाव स्तर पर—(क) प्राथमिक माँग पैदा करने वाले विज्ञापन, (ख) चुनिंदा माँग को उत्प्रेरित करने वाले विज्ञापन

(3) प्रत्यक्ष कार्यवाही के आधार पर—(क) प्रत्यक्ष कार्यवाही वाले विज्ञापन, (ख) अप्रत्यक्ष कार्यवाही वाले विज्ञापन, (ग) व्यक्तिगत विज्ञापन/सहकारी विज्ञापन, (घ) सजावटी और वर्गीकृत विज्ञापन

(4) श्रोता और पाठक के आधार पर—(क) उपभोक्ता विज्ञापन, (ख) औद्योगिक विज्ञापन, (ग) व्यापारिक विज्ञापन, (घ) वित्तीय विज्ञापन, (ङ) कृषि-विषयक विज्ञापन, (च) राजनीतिक विज्ञापन।

(5) भौगोलिक पहुँच के आधार पर—(क) अन्तर्राष्ट्रीय विज्ञापन, (ख) राष्ट्रीय विज्ञापन, (ग) क्षेत्रीय विज्ञापन, (घ) स्थानीय विज्ञापन।

(6) प्रयोग किए जाने वाले माध्यमों के आधार पर—यथा—प्रेस विज्ञापन, बाह्य विज्ञापन, टी० वी० विज्ञापन, रेडियो विज्ञापन, सिनेमा विज्ञापन, डाक विज्ञापन, प्वाइंट आफ परचेज (Point of purchase) विज्ञापन तथा अन्य विज्ञापन।

डॉ० विजय कुलश्रेष्ठ[1] विज्ञापनों को मोटे तौर पर—(क) सम्मानक या प्रतिष्ठा विज्ञापन, (ख) संस्थागत विज्ञापन—यथा—राष्ट्रहितपरक, जनकल्याणपरक तथा चेतावनीपरक, (ग) तुलनात्मक विज्ञापन—इन तीन रूपों में विभाजित करते हैं, शेष विज्ञापनों को वे 'विज्ञापनों के अन्य प्रकार' शीर्षक में इस प्रकार विभाजित करते हैं—

1. वर्गीकृत विज्ञापन (Classified Advertising)
2. सजावटी विज्ञापन (Display Advertising)
3. प्रमाणीकृत विज्ञापन (Certified Advertising)
4. पत्रिका विज्ञापन (Magzine Advertising)
5. उपहार विज्ञापन (Gift Advertising)
6. आकस्मिक विज्ञापन (Casual Advertising)

---

1. **विज्ञापन : सिद्धान्त और प्रयोग—डॉ० विजय कुलश्रेष्ठ, पृष्ठ 157**

7. आनुबंधिक विज्ञापन (Contract Advertising)
8. पैनल विज्ञापन (Pannel Advertising)
9. स्मारिका विज्ञापन (Souvenir Advertising)
10. राजकीय विज्ञापन (Government Advertising)
11. व्यापारिक विज्ञापन (Business Advertising)
12. लोक सेवा विज्ञापन (Public Service Advertising)

डॉ० सुशील त्रिवेदी तथा **श्री शशिकांत शुक्ल**[1] घुमा-फिराकर विज्ञापनों के कुल आठ प्रकार मानते हैं, यथा—

(1) संस्थानीय विज्ञापन,
(2) वर्गीकृत विज्ञापन,
(3) वित्तीय विज्ञापन,
(4) फुटकर विज्ञापन,
(5) सूचनात्मक विज्ञापन,
(6) सहकारी विज्ञापन,
(7) औद्योगिक विज्ञापन,
(8) शासकीय विज्ञापन।

जहाँ तक **विज्ञापनों की भाषा** का सवाल है, उसे सजीव और जीवन्त होना चाहिए, क्योंकि विज्ञापन का एक लक्ष्य उत्पाद, नीति, विचार को जनता के बीच अधिक-से-अधिक पहुँचाना और प्रतिष्ठित करना होता है। अत: यदि विज्ञापन की भाषा और चित्रशैली प्रभावशाली, आकर्षक और विश्वसनीय बन सकेगी तो वह जनता या उपभोक्ता को अधिक आकर्षित करेगी और विश्वास उत्पन्न करेगी। विज्ञापन की शैली औपचारिक, सामान्य और अनौपचारिक होती है, लेकिन इलेक्ट्रान माध्यम (आकाशवाणी और दूरदर्शन) पर प्रसारित विज्ञापनों की भाषा प्राय: औपचारिक और अनौपचारिक शैलियों में ही प्रयुक्त होती है। विज्ञापन की भाषा का महत्त्व कई रूपों में है। हिन्दी में विज्ञापन की भाषा जनसंचार की उदारता की पहचान के रूप में स्वीकार की जा सकती है। विविध भाषा प्रयोगों के समानान्तर विज्ञापन की भाषा का स्वरूप और क्षेत्र अत्यन्त व्यापक होता गया है, क्योंकि अब विज्ञापन की भाषा में एक निजी शब्दावली और निजी वाक्य संरचना विकसित हो चुकी है, उसका अपना एक विशिष्ट मुहावरा भी विकसित हो चुका है। विज्ञापन की भाषा के—(क) आकर्षक तत्त्व युक्त भाषा (Attention Value), (ख) श्रव्य तथा सुपाठ्य भाषा (Listen and Readable) तथा (ग) स्मरणीय भाषा (Memorial)—ये प्रमुख गुण होते हैं। इसी तरह विज्ञापन की संप्रेषण की भाषा तीन रूपों—(i) लिखित भाषा, (ii) वाचिक भाषा तथा (iii) मौखिक-लिखित भाषा—में प्रयुक्त होती है। इस तरह कुल मिलाकर विज्ञापन भाषा की अग्रलिखित विशेषताएँ होती हैं—(1) आकर्षण क्षमता, (2) स्मरणीयता, (3) पठनीयता, (4) प्रभावोत्पादकता, (5) विक्रयशीलता, (6) विश्वसनीयता, (7) स्वच्छन्दता, (8) नियम निर्बन्धता, (9) परंपरा मुक्ति, (10) अति प्रयोजनपरकता तथा (11) जीवन्तता।[2]

(क) मुद्रित माध्यमों में विज्ञापन—सूचना प्रौद्योगिकी के इस क्रांतिकारी युग में विज्ञापन महज "सौजन्य सहायता" (Courtesy help) नहीं रह गया है, बल्कि वह नीति,

---

1. **जनसंपर्क : सिद्धान्त और व्यवहार—डॉ० सुशील त्रिवेदी, शशिकान्त शुक्ल, पृष्ठ 76, मध्य प्रदेश, हिन्दी ग्रंथ अकादमी, भोपाल, मूल्य 60 रु० सन् 1996**
2. **विज्ञापन : सिद्धान्त और प्रयोग—डॉ० विजय कुलश्रेष्ठ, पृष्ठ 166**

विचार, मूल्य बोध, योजना और नित नए उत्पादों का 'संदेश शोधक' या 'सूचना संप्रेषक' अथवा 'प्रचार माध्यम' या 'उपकरण-उपादान' बन गया है। एक शब्द में यह कि विज्ञापन किसी वस्तु के प्रचार (Publicity) और सम्प्रचार (Propaganda) का सशक्त औजार है। पश्चिम के एक विद्वान् के अनुसार संप्रेषण के लिए निम्न वैज्ञानिक तत्त्वों का होना बहुत जरूरी होता है। इन तत्त्वों को "Four Wand one H" कहते हैं, यथा—

— कौन (कहता है)	Who?
— क्या कहता है)	What?
— किस माध्यम से (कहता है)	Which?
— किसको (कहता है)	Whom?
— कितने प्रभाव से (कहता है)	How?

कुछ विद्वान् विज्ञापन को 'अभ्यर्थना' और 'अपील' भी कहते हैं, तो कुछ लोग इसे अपने आप में सशक्त "Media—माध्यम'' कहते हैं। बहरहाल, इतना तय है कि विज्ञापन संप्रेषण माध्यम की शृंखला का एक बहुत ही महत्त्वपूर्ण अंग और पड़ाव है, क्योंकि, (1) Advertising informs the buyers about the existence of products, its features, its benefits and its availability, (2) Advertising offers an incentive to buy by making several direct offers like price—offers or exchange offer, (3) Advertising provokes us to try the product and once reminds us about its benefits, (4) Advertising builds brands, gives image and personality to the brand and distinguish them from competitive brands. It creates brands equity, (5) Advertising helps us to choose out of several brands available. It thus contributes to our brand preference and brand loyalty तथा (6) Advertising, being mass communication, is the most cost effective way to reach our consumers. It reduces the selling cost. बहरहाल, विज्ञापन जिन कुछ प्रमुख माध्यमों के द्वारा उपभोक्ता के समक्ष अपनी शक्ल-शबीह दिखाता है, वे इस प्रकार हैं[1]—

(1) मुद्रित माध्यम—

(अ) समाचार पत्र—(क) दैनिक, (ख) साप्ताहिक,

(आ) सावधि पत्रिकाएँ—(क) पाक्षिक, (ख) मासिक, (ग) त्रैमासिक, (घ) वार्षिक,

(इ) अनियतकालीन—(क) स्मारिका, (ख) विशिष्ट अंक, (ग) पोस्टर्स, (घ) ब्रांचर्स, (च) हैण्डबिल, (छ) पैम्फलेट्स।

(2) इलाक्ट्रानय माध्यम—

(अ) आकाशवाणी, **(आ)** दूरदर्शन, **(इ)** वीडियो फिल्म/स्ट्रिप्स, **(ई)** लघु फिल्में, **(उ)** फोटोग्राफी।

---

1. **विज्ञापन : सिद्धान्त और प्रयोग—डॉ० विजय कुलश्रेष्ठ, पृष्ठ 90**

(3) विज्ञापन माध्यम—

(अ) अन्तः विज्ञापन व्यवस्था—(i) समाचार पत्र, (ii) पत्र-पत्रिकाएँ, (iii) स्मारिकाएँ, (iv) वार्षिक प्रगति विवरण।

(आ) बाह्य विज्ञापन व्यवस्था—(क) साइट, (ख) दीवाल, (ग) यातायात साधन—(i) बस, (ii) रेल, (घ) स्थिर चित्रित साधन, (iii) रेलवे प्लेटफॉर्म, (iv) रोडवेज प्लेटफॉर्म तथा (v) सिटी बस स्टैण्ड्स, (vi) तार के खम्भे, (vii) बिजली के खम्भे।

(4) सूचना माध्यम—

(अ) संवाददाता सम्मेलन, (आ) स्थानीय स्तर पर समाचार प्रेषण, (इ) संवाददाता आतिथ्य तथा (ई) व्यक्तिगत संपर्क।

(5) जनसंपर्क माध्यम—

(अ) व्यक्तिगत संपर्क—(i) संवाददाता, (ii) क्षेत्रीय कार्यकर्ताओं का प्रशिक्षण, (iii) प्रचारात्मक फिल्में।

(आ) सामूहिक संपर्क—(i) लोकोत्सवों में संपर्क, (ii) मेलों में संपर्क, (iii) साप्ताहिक हाट-बाजारों में संपर्क।

जाहिर है, **मुद्रित माध्यमों** में दैनिक, साप्ताहिक, पाक्षिक, मासिक, त्रैमासिक, चतुर्मासिक, पत्र-पत्रिकाएँ ही मुख्य रूप से सम्मिलित की जाती हैं। पहले की तुलना में शहरों की तरह गाँव का थोड़ा-सा भी साक्षर व्यक्ति पत्र-पत्रिकाओं का जागरूक और नियमित पाठक हो गया है। उसे सुबह की चाय के साथ बौद्धिक भूख मिटाने के लिए एक हाथ में अखबार भी चाहिए। अखबार में समाचारों को पढ़ते-पढ़ते उसकी निगाह उसमें छपे विज्ञापनों पर जाती है। ये विज्ञापन समाचार पत्र की आय के मुख्य साधन होते हैं। समाचार और पत्रिकाएँ यदि राष्ट्रीय स्तर की चेहरा वाली होती हैं, तो इनमें विज्ञापन छपाई का मूल्य ज्यादा होता है। वस्तुतः समाचार पत्रों की आय के दो स्रोत हैं—एक, विज्ञापनों से होने वाली आय और दूसरे, मुद्रित प्रतियों की बिक्री से होने वाली आय। आम तौर पर समाचार-पत्रों की कुल आय का लगभग आधा हिस्सा विज्ञापनों से प्राप्त होता है, जबकि वे समाचार-पत्रों में मात्र 28 से 35 प्रतिशत जगह घेरते हैं। कुछ ऐसे समाचार-पत्र भी हैं जो 50 प्रतिशत से अधिक स्थान विज्ञापनों को देते हैं।[1] उदाहरण के लिए सन् 1987-88 में समाचार पत्र-पत्रिकाओं ने विज्ञापनों को जो स्थान दिया, उसे इस प्रकार देख सकते हैं—

	सभी प्रकाशन	अंग्रेजी	हिन्दी[2]
दैनिक	33.6	37.4	30.7
साप्ताहिक	21.2	20.6	12.5
पाक्षिक	22.9	30.1	17.0
मासिक	19.2	23.9	19.2
सभी/कुल	31.8	35.7	28.6

1. **विज्ञापन—डॉ० अशोक महाजन, पृष्ठ 114**
2. **स्रोत (इन्फा)—1988**

समाचार पत्रों में आर्थिक रूप से पुष्ट और कमजोर—इन सबके लिए विज्ञापन विज्ञापित होते हैं। एक अध्ययन के अनुसार अखबारों में छपे विज्ञापनों का सर्वाधिक प्रभाव पाठकों पर पड़ता है, इसलिए उपभोक्ता वस्तुओं से संबंधित विज्ञापनों की संख्या अधिक होती है, उदाहरण के लिए—

	अगस्त-1987[1] % व्यय	विज्ञापन जगह का %
1. सजावटी	91.9	92.3
सार्वजनिक वित्तीय	8.7	8.4
सरकारी	4.2	4.7
कानूनी	12.6	14.4
प्रतिष्ठा	3.7	3.6
औद्योगिक वस्तुएँ	3.7	3.3
उपभोक्ता	29.1	24.8
कृषि संबंधी	0.7	1.0
मनोरंजन	10.2	13.3
रोजगार	7.4	6.5
धार्मिक	0.2	0.3
अन्य	11.4	12.1
2. वर्गीकृत	**8.1**	7.7

ठीक इसी तरह, पत्रिकाओं में विज्ञापन हेतु पृष्ठों के हिसाब में स्थान खरीदा जाता है। रंगीन विज्ञापन वाले पृष्ठ का मूल्य श्वेत व श्याम पृष्ठ से कई गुणा अधिक होता है। दूसरे, तीसरे और चौथे कवर पर प्रकाशित होने वाले विज्ञापनों की दरें सबसे अधिक होती हैं। इन पत्रिकाओं का प्रसार क्षेत्र समाचार पत्रों की अपेक्षा कहीं अधिक होता है। ये पत्रिकाएँ उन उत्पादों और सेवाओं के विज्ञापन के लिए सबसे अधिक उपयोगी हैं, जो उच्च आय वर्ग के लिए हैं या जिनकी एक विषय-विशेष में रुचि है।[2] अब कुछ मुख्य विज्ञापनों को इस प्रकार देखा जा सकता है—

(1) निजी विज्ञापन—कभी-कभी निजी या व्यक्तिगत स्तर पर वस्तुओं के प्रचार-प्रसार, उपभोक्ताओं को लुभाने-रिझाने, बाज़ार में अपनी वस्तु की धाक जमाने आदि की गरज से इस तरह के विज्ञापन प्रकाशित कराए जाते हैं। प्राय: देखा जाता है कि कोई बड़ा निर्माता अपने 'होलसेल' या खुदरा व्यापारियों को क्षेत्रीय या स्थानीय स्तर पर अपने उत्पाद की सूचना के लिए निजी या व्यक्तिगत विज्ञापन प्रकाशित कराता है।

(2) व्यावसायिक-व्यापारिक विज्ञापन—सीधी-सादी भाषा में व्यापारिक तथा आर्थिक पत्र-पत्रिकाओं में छपने वाले इस तरह के विज्ञापनों में निर्माता उपभोक्ता को अपनी

1. **Centre for Media Studies—Page 106**
2. **विज्ञापन—डॉ० अशोक महाजन, पृष्ठ 123**

कम्पनी का उत्पाद बेचने, नई एजेन्सी शुरू करने, डीलर नियुक्त करने आदि की सूचना दैनिक समाचार पत्रों के माध्यम से देता है, It is used to promote product to resalers encouraging them to stock the product. Unless the product is available with the retailer..."

(3) सरकारी या राजकीय विज्ञापन—सरकारी या राजकीय विज्ञापन सरकार द्वारा प्रकाशित कराए जाते हैं। लोकतांत्रिक व्यवस्था वाले भारत जैसे देश में राजकीय विज्ञापन देश की रक्षा, अखण्डता, राष्ट्रीयता, विश्व शांति, साम्प्रदायिक सौमनस्य, परिवार कल्याण, सार्वजनिक स्वास्थ्य, पर्यावरण सुरक्षा संबंधी होते हैं, जो पत्र-पत्रिकाओं की निश्चित संख्या के आधार पर वर्गीकृत रूप में पूर्व निश्चित दरों पर ही समय-समय पर प्रकाशनार्थ दिए जाते हैं। वे विज्ञापन सामान्यतः सुरुचिपूर्ण, राष्ट्र गौरव युक्त, सादगी पूर्ण होते हैं तथा इनमें प्रतिस्पर्धा का नितांत अभाव रहता है।[1]

(4) जनहित या लोकसेवा विज्ञापन—कुछ लोग इसे 'विचार विज्ञापन' भी कहते हैं। वस्तुतः इस तरह के विज्ञापन का उद्देश्य कारोबारी नहीं होता, बल्कि सामुदायिक विकास, सामाजिक उत्थान, परिवार नियोजन, परिवार व बाल कल्याण, यातायात सुरक्षा, साम्प्रदायिक सद्‌भाव, पर्यावरण विकास, नशाबंदी, साक्षरता-प्रसार, अपराध-नियंत्रण, स्वास्थ्य सुधार, राष्ट्रीय एकता के लिए जनहित विज्ञापन का इस्तेमाल किया जाता है।

(5) वर्गीकृत विज्ञापन—वर्गीकृत विज्ञापन समाचार पत्रों के कुछ निश्चित पृष्ठों पर क्रमवार एक कॉमन शीर्षक के अन्तर्गत् प्रकाशित होते हैं, जैसे—'किराए के लिए', 'बिकाऊ', 'चाहिए', 'वैवाहिक विज्ञापन', 'रिक्तियाँ', 'निविदा', 'सूचनाएँ' आदि। इन विज्ञापनों में साज-सज्जा और आकर्षण का अभाव होता है। चित्रों आदि के प्रकाशन की अनुमति नहीं होती। इनका लेखन आवश्यकता पर आधारित और सूचना-प्रधान होता है।[2]

(6) सजावटी विज्ञापन—नाम से ही सूच्य है—सजावटी विज्ञापनों की भाषा लालित्यपूर्ण, रंग, चित्र, कलाकारी और विन्यास तथा शिल्प का सुन्दर समंजन सम्पृक्त विज्ञापन उपभोक्ताओं को मोहक लगते हैं। वर्गीकृत विज्ञापनों के बाद आय-आमदनी के लिहाज से सजावटी विज्ञापन का महत्त्वपूर्ण स्थान है।

(7) प्रमाणीकृत विज्ञापन—यह विज्ञापन सजावटी विज्ञापन का ही छाया रूप माना जाता है। इसमें उत्पादक अपने उत्पादन का प्रचार किसी लोकप्रिय खिलाड़ी, अभिनेता या अभिनेत्री से करवाता है। इसके पीछे मंशा यही रहती है कि खिलाड़ी या अभिनेता जो कह रहा है, वह प्रामाणिक और विश्वसनीय है।

(8) पत्रिका विज्ञापन—समाचार पत्रों के साथ-साथ राष्ट्रीय या स्थानीय स्तर की साप्ताहिक, पाक्षिक, मासिक, त्रैमासिक, चतुर्मासिक, अर्द्धवार्षिक—पत्रिकाओं में भी वस्तुओं के विज्ञापन की पुरानी परंपरा रही है। समाचार पत्रों की तुलना में इनमें छपे विज्ञापन स्थायी और बहुत दिन तक असर करने वाले होते हैं।

(ख) विद्युतीय माध्यमों में विज्ञापन—गाँव-जवार की गलियों-खोरियों, शहरों की चारआली—चौराहों पर खड़े होकर किसी वस्तु, भाव-विचार के प्रसार-प्रसार वाले युग से

---

1. **विज्ञापन : सिद्धान्त और प्रयोग—डॉ० विजय कुलश्रेष्ठ, पृष्ठ 161**
2. **विज्ञापन—डॉ० अशोक महाजन, पृष्ठ 123**

आगे बढ़, मुद्रण युग को पार कर आज विज्ञापन इलेक्ट्रॉनिक युग में प्रवेश कर चुका है। पिछले डेढ़-दो दशक की सूचना क्रांति की आंधी में रेडियो, दूरदर्शन, वीडियो कैसेट, टेपरिकार्डर और फिल्म के साथ गलबहिया डाले विज्ञापन ने इन माध्यमों को ताल ठोक तब चुनौती देते हुए ललकारा जब लखनऊ की शबनम और मक्का के इंजीनियर अब्दुल कलाम ने 23 अप्रैल, 2005 को इन्टरनेट पर वैवाहिक विज्ञापन के माध्यम से ''इन्टरनेट-निकाह'' कर लिया। कुल मिलाकर मुद्रण युग में जो विज्ञापन 'कागद की लेखी' था, वही विद्युतीय युग में 'आँखिन की देखी' हो गया। बहरहाल, आइए—अब कुछ विद्युतीय माध्यमों द्वारा होने वाले विज्ञापनों की जाँच कर ली जाय—

(1) रेडियो विज्ञापन—सितम्बर 1959 में जब भारत में दूरदर्शन ने जन्म लिया, तो बहुत लोगों के मन में एक सवाल खदबदाने लगा कि दूरदर्शन अब रेडियो के विकल्प के रूप में खड़ा हो गया है। इसे सुनने वाले कम हो जाएँगे, सो इसका महत्त्व अब कम हो जाएगा। पर, रेडियो श्रोताओं के सौभाग्य से इसका रुतबा और इसके चाहने वाले पहले की तुलना में घटे नहीं, बल्कि बढ़े हैं। यह गरीब की टूटही झोपड़ी से लेकर पाँच सितारा होटलों में आवाज की अपनी उसी खनक, रवानगी, लय और मंत्र मुग्ध कर देने वाली लजीज शैली के साथ बजते हुए लोगों के सुख-दुख में सहयोग-सहकार कर रहा है। वस्तुत: यह जिन्दा और जीवंत श्रव्य माध्यम है। संदेश, समय-समय पर देश-विदेश के समाचार, संगीत, खेलकूद, कृषि, नौकरी, खोया-पाया और निजी तथा सरकारी विज्ञापन—क्या नहीं है इसके पास?

रेडियो की शुरुआत अपने देश में तो सन् 1927 में हुई, किन्तु इस पर विज्ञापनों का शुभारंभ 1 नवम्बर, 1967 में शुरू हुआ, वह भी विविध भारती कार्यक्रम के माध्यम से। रेडियो पर दो किस्म के विज्ञापन प्रसारित होते हैं। ये कार्यक्रम हैं—स्पाट विज्ञापन और दूसरे प्रायोजित कार्यक्रम। स्पाट विज्ञापन छोटी अवधि के होते हैं—7, 10, 15, 20, 30 सेकेण्ड के। यदि इन्हें किसी निश्चित समय पर प्रसारित किया जाना है, तो उसके लिए अतिरिक्त दरें चार्ज की जाती हैं। विविध भारती के जो केन्द्र विज्ञापन प्रसारित करते हैं, उन्हें चार ग्रुपों में बाँटा गया है—'ए' ग्रुप में दिल्ली, 'बी' ग्रुप में मुम्बई, कोलकाता, चेन्नई, हैदराबाद, बंगलौर, अहमदाबाद, कानपुर और विजयवाड़ा, ग्रुप 'सी' में जयपुर, बड़ौदा, लखनऊ, इन्दौर, इलाहाबाद, पुणे, नागपुर, जालंधर, त्रिवेन्द्रम, त्रिचुरापल्ली, पटना और ग्रुप 'डी' में कटक, श्रीनगर, भोपाल, जोधपुर, रांची, कालीकट, धारवाड़, चंडीगढ़ और राजकोट शामिल हैं।[1]

स्वरूप	समयावधि
अ—सामान्य संदेश वाचन	7 सेकेंड्स
आ—नाटकीय या सांबादिक	10-15 सेकेंड्स
इ—प्रमाणीकृत सूक्ति वाचन	20-20 सेकेंड्स
ई—लयात्मक	7-10 सेकेंड्स
उ—प्रायोजित	10-15 मिनट्स

ये सभी विज्ञापन व्यावसायिक सेवा के अन्तर्गत् रेडियो के निर्धारित कार्यक्रम के पहले, बाद और मध्य में अथवा विविध भारती द्वारा बजाए गए एक गीत के समापन और नई उद्घोषणा से

1. **विज्ञापन—डॉ० अशोक महाजन, पृष्ठ 66**

पूर्व संदेश के रूप में प्रसारित किए जाते हैं। रेडियो के उस व्यावसायिक प्रसारण के मध्य विज्ञापनों के लिए निर्धारित समयावधि किराए पर उसी प्रकार लिया जाता है, जिस प्रकार पत्र-पत्रिकाओं में स्थान किराए पर लिया जाता है।[1] कुल मिलाकर आकाशवाणी के विज्ञापन प्रसारण सेवा के अन्तर्गत् 10, 15, 20 और 30 सेकेंड के टेप किए हुए विज्ञापन किसी भी भाषा में इस समय स्वीकार किए जाते हैं। राष्ट्रीय समाचारों के प्रसारण से पहले और बाद में सीमित आधार पर प्राइमरी चैनल (फेज-1) से 26 जनवरी, 1985 में प्रायोजित कार्यक्रम आरंभ किए गए। इस समय प्राइमरी चैनल (फेज-2) पर 55 केन्द्रों से विज्ञापन सेवा की भी शुरुआत 26 जनवरी, 1985 से हुई। प्राइमरी चैनल (2) पर विज्ञापन प्रसारित करने वाले केन्द्रों की संख्या वर्तमान में 71 है। वर्ष 1994-95 में आकाशवाणी को विविध भारती और प्राइमरी चैनल पर प्रसारित विज्ञापनों से 65 करोड़ रुपए की आमदनी हुई।[2] इस समय रेडियो के एफ० एम० गोल्ड चैनल से भी विज्ञापन प्रसारित हो रहे हैं।

(2) दूरदर्शन विज्ञापन—दूरदर्शन की नाटकीय भाषा तथा चमत्कृत शैली में प्रस्तुत कार्यक्रम तथा विज्ञापनों ने कुछ वर्षों पूर्व लोगों को अपनी ओर इतना अधिक आकर्षित कर लिया था, कि वे दीवानगी की हद तक इसके साथ जुड़ गए थे। समाजशास्त्री और मनोविज्ञानियों ने उनकी इस आदत को 'बेवकूफी का पिटारा' (Idiot Box) तक कहा था। बहरहाल, श्रव्य-दृश्य माध्यम दूरदर्शन ने हर व्यक्ति को उसके घर में कैद कर रखा है। व्यक्ति निपट अकेला और व्यक्तिवादी हो गया है। यद्यपि अब इसमें कुछ कमी आ रही है। बहरहाल, दूरदर्शन पर व्यावसायिक विज्ञापनों की शुरुआत जनवरी 1976 को हुई और तब से लेकर आज तक वर्ष-दर-वर्ष विज्ञापनकर्त्ताओं की संख्या में बढ़ोत्तरी होती रही है और दूरदर्शन की आय में भी वृद्धि हो रही है। आज राष्ट्रीय स्तर पर कोई भी निर्माता/विक्रेता दूरदर्शन के बिना बाजार तक पहुँचने का जोखिम नहीं उठा सकता। देश में विज्ञापनों पर होने वाले कुल व्यय का लगभग 20 प्रतिशत दूरदर्शन विज्ञापनों पर होता है। सन् 1981 में दूरदर्शन विज्ञापनों पर जहाँ मात्र 12 करोड़ रुपए का व्यय हुआ था, वहाँ सन् 1988 में यह व्यय बढ़कर 175 करोड़ रुपए हो गया।[3] सन् 1991-92 में यह व्यय 300 करोड़ रुपए से ऊपर था। दूरदर्शन पर प्रसारित होने वाले विज्ञापनों से हुई राजस्व संबंधी आय के कुछ आँकड़े इस प्रकार हैं—

1982-83	15.89 करोड़ रुपए
1983-84	19.79 करोड़ रुपए
1984-85	31.43 करोड़ रुपए
1985-86	50.00 करोड़ रुपए
1990-91	253.85 करोड़ रुपए
1991-92	300.61 करोड़ रुपए
1992-93	360.23 करोड़ रुपए
1993-94	380.00 करोड़ रुपए
1994-95	400.00 करोड़ रुपए

1. **विज्ञापन : सिद्धान्त और प्रयोग—डॉ० विजय कुलश्रेष्ठ, पृष्ठ 140**
2. **विज्ञापन—डॉ० अशोक महाजन, पृष्ठ 126**
3. **विज्ञापन—डॉ० अशोक महाजन, पृष्ठ 128**

1998-99	419.99 करोड़ रुपए
1999-2000	496.23 करोड़ रुपए
2000-2001	508.74 करोड़ रुपए

कुल मिलाकर दूरदर्शन वस्तुओं तथा सेवाओं के लिए विज्ञापन प्रसारित करता है। विज्ञापनों को व्यापारिक विज्ञापन आचार संहिता के अनुसार ही स्वीकार किया जाता है। सिगरेटों, तंबाकू, से तैयार चीजों, मादक पदार्थों, शराब तथा अन्य नशीले पदार्थों, गहनों और नान-मसालों के विज्ञापन स्वीकार नहीं किए जाते हैं।[1]

(3) वीडियो कैसेट विज्ञापन—कई जानकारों ने वीडियो को दूरदर्शन और फिल्म से काफी प्रभावी सूचना माध्यम बताया है, तो कुछ ने इसे 'सूचना की खुली खिड़की' (Windows of Information)। बहरहाल, इतना तय है कि वीडियो सूचना का पुख्ता और स्थायी संसाधन तो है ही, "Major communication tools ever invented by humanity." यह मनुष्य के दिमाग से उपजी सुन्दर और विशिष्ट तकनीक है—"Video is hailed as the ultimate media to be incorporated into multi-media technology—and with this integration, Multimedia is expected to overtake television very soon, if not now, with full screen full motion quality video..." कुल मिलाकर वीडियो में दूरदर्शन और फिल्म की सारी विशेषताएँ मौजूद हैं।

दरअसल पिछले कुछ वर्षों के दौरान देश में वीडियो एक बड़े विज्ञापन माध्यम के रूप में उभरा है। एक प्रमुख विज्ञापन एजेन्सी के अनुसार देश में लगभग 18-20 लाख वीडियो सेट हैं और इस संख्या में प्रतिमास लगभग 7000 नए सेट जुट जुड़ जाते हैं। इनके अतिरिक्त लगभग 25,000 वीडियो किराया केन्द्र हैं और अनुमान है कि वीडियो पर बनी एक फिल्म को अनगिनत कैसेटों के माध्यम से 45,000 दर्शक देखते हैं। निश्चय ही वीडियो विज्ञापन का अपना एक अलग स्थान है। वीडियो सेट उन्हीं लोगों के पास हैं, जो उच्च आय वर्ग के लोग हैं। अत: निर्माता जो अपना संदेश उच्च आय वर्ग के लोगों को संबोधित करना चाहते हैं, उनके लिए वीडियो एक अच्छा माध्यम है। कुछ विशेषज्ञों का मत है कि वीडियो विज्ञापन टी० वी० और सिनेमा से अधिक प्रभावकारी है, क्योंकि वीडियो में एक ही स्थान पर विज्ञापनों की भीड़ नहीं लगाई जाती, वरन् एक फिल्म में अलग-अलग जगहों पर केवल कुछ विज्ञापनों को ही दर्शाया जाता है। निश्चय ही, वीडियो विज्ञापनों में टेलीविजन और सिनेमा विज्ञापनों से कहीं अधिक लोच और सुविधा है। विज्ञापन के लिए वीडियो माध्यम टी० वी० और सिनेमा से काफी सस्ता है। दूरदर्शन के राष्ट्रीय कार्यक्रम पर 10 सेकेण्ड स्पॉट के लिए विज्ञापन कर्त्ता को लगभग 70,000 रुपए देने होते हैं, जबकि एक वीडियो कैसेट पर 30 सेकेण्ड के स्पॉट की दर लगभग 6000 रुपए है। हाल में किए गए एक अध्ययन के अनुसार, वीडियो पर प्रति 1000 दर्शकों के पीछे 30 सेकेण्ड के एक स्पॉट पर जहाँ 6 रुपए का खर्च आता है, वहाँ टेलीविजन और सिनेमा पर क्रमश: 11 रुपए और 13 रुपए का व्यय होता है।[2]

(4) फिल्म (सिनेमा) विज्ञापन—फिल्म अभिव्यक्ति का सशक्त माध्यम है। इसके माध्यम से विचारों और भावनाओं को एक नया रूप दिया जाता है। फिल्म में भावपूर्ण विम्बों

1. **विज्ञापन—डॉ० अशोक महाजन, पृष्ठ 129**
2. **विज्ञापन—डॉ० अशोक महाजन, पृष्ठ 134**

और तकनीकों के माध्यम से संयोजन किया जाता है। डॉ० रोजर्स का मत है कि, ''फिल्म किसी क्रिया को उत्प्रेरित करने के लिए एक उत्तरोत्तर अनुक्रम में छाया चित्रों की एक लम्बी शृंखला द्वारा विचारों के संप्रेषण का माध्यम है।'' इस माध्यम में अभिनय, नाट्य लेखन, अभिकल्पन, साज-सज्जा, मंच, काल्पनिकता आदि विभिन्न विधाओं का समागम होता है।[1] पर, दुर्भाग्य से सिनेमा जो कभी आम जादमी के लिए 'क्रेज' था, अब दूरदर्शन और वीडियो के असीम विस्तार के परिणामस्वरूप बुरी तरह उपेक्षा का शिकार हुआ है। सिनेमाघरों में जाने वाले लोगों की भीड़ दिन-ब-दिन घटती जा रही है। आर्थिक दृष्टि से पुराने सिनेमाघरों को चलाना लाभदायी नहीं रह गया है और नए सिनेमाघरों का निर्माण तो लगभग बन्द हो चुका है। सन् 1984 में विज्ञापनों से सिनेमाघरों को 16 करोड़ रुपए की आय हुई थी, जो 1988 में घटकर 13 करोड़ रुपए हो गयी। सन् 1976 में सिनेमा देखने वालों की संख्या एक करोड़ थी, जो 1986 में घटकर मात्र 55 लाख रह गयी थी। ऐसे में विज्ञापनकर्त्ताओं के लिए यह स्वाभाविक है कि वे सिनेमा पर कम और अन्य माध्यमों पर अधिक खर्च करें। देश में कुछ ऐसे क्षेत्र हैं, जहाँ टेलीविजन और वीडियो नहीं पहुँचे हैं और निरक्षर लोगों की संख्या काफी है, ऐसी जगहों में अभी भी सिनेमा विज्ञापनों की उपयोगिता विद्यमान है।[2]

एक विद्वान् का विचार है कि सिनेमाघर में फीचर फिल्म के साथ ही, उसके पूर्व तथा मध्यान्तर में छोटी-छोटी विज्ञापन फिल्में दिखाई जाती हैं। इससे मनोरंजन भी होता है और विज्ञापन भी। प्राय: जो विज्ञापन दूरदर्शन पर दिखाए जाते हैं, उनका ही विस्तार इन फिल्मों में होता है। सिनेमाघरों में फिल्म के मध्यान्तर में फिल्म स्लाइड्स द्वारा विविध वस्तु तथा स्थानीय विक्रेता के विज्ञापन होते हैं। दूरदर्शन के प्रचार-प्रसार के साथ ही इस प्रकार के विज्ञापनों अर्थात् फिल्म तथा फिल्म स्लाइड्स का आकर्षण प्रसारण उसके द्वारा होने लगा और सिनेमाघर के ये विज्ञापन फीके से लगने लगे। दूरदर्शन के प्रचार-प्रसार का प्रभाव फिल्म व्यवसाय तथा सिनेमाघरों पर जिस तरह से हुआ है, चित्रपट गृह विज्ञापन पर भी वैसा ही हुआ है। फिर भी सिनेमा माध्यम लचीला है, और विज्ञापनकर्त्ता को बड़े पैमाने पर मनपसन्द, चुनिन्दा दर्शक/श्रोता समूह उपलब्ध कराता है।[3]

(5) इन्टरनेट विज्ञापन—कम्प्यूटर की सरहद पार कर सूचना संसाधनों के विद्युतीय माध्यम 'इन्टरनेट' का अवतार हुआ। सूचना विस्फोट का नया युग शुरू हुआ। कुछ लोगों ने इसे 'स्याही विहीन क्रांति' कहा। बहरहाल, इसमें कत्तई संशय नहीं कि वैद्युतिक संचार साधनों में इन्टरनेट ने 'बामन' की तरह पूरे पृथ्वीमंडल और अंतरिक्ष को नाप दिया है। सूचना गति को इसने बहुत आगे बढ़ाया। इस यंत्र को बनाने वाला भी संभवत: इसकी क्षमता को देखकर झँख मार रहा होगा। आज का युग चल-दृश्य भाषा का युग है। फिल्म, वीडियो ग्राफी, कम्प्यूटर, मोबाइल (सेल) फोन और इन्टरनेट—हर जगह विजुअल का अटूट संबंध है। फिल्मकार **महेश भट्ट** के अनुसार, ''लिखे शब्द की इस शताब्दी में आहिस्ता-आहिस्ता मौत हो जाएगी, इसलिए दृश्य-साक्षरता (Audio-visual Literacy) को बढ़ावा देने की जरूरत है।'' स्थिर दृश्य (चित्रकला फोटोग्राफी), चलायमान दृश्य (मूवी) और चलायमान

---

1. **जनसंपर्क : सिद्धान्त और व्यवहार—डॉ० सुशील त्रिवेदी तथा डॉ० शशिकान्त शुक्ल, पृष्ठ 70**
2. **विज्ञापन—डॉ० अशोक महाजन, पृष्ठ 135**
3. **विज्ञापन—डॉ० अशोक महाजन, पृष्ठ 135**

दृश्य-श्रव्य (ऑडियो-विजुअल) या वाणी (ऑडियो माध्यम में शब्द) तथा केवल मुद्रित शब्द—ये सब अपने-अपने स्थान पर अभिव्यक्ति के सशक्त माध्यम हैं।[1]

किन्तु, इन सभी अभिव्यक्ति के माध्यमों में इन्टरनेट एक जाल है, महाजाल है, दुनिया भर में फैले करोड़ों कम्प्यूटरों का। इसमें पूरी गुंजाइश है प्यार की, प्यार के इजहार की एवं परिणय-संस्कार की। यदि लाखों मील की दूरी पर बैठी अपनी प्रियतमा से आप गुफ्तगू करना चाहते हैं, तो इन्टरनेट फोन स्थानीय दर पर आपका माध्यम बन सकता है। इन्टरनेट की अपनी संस्कृति है, यांत्रिक संस्कृति। विभिन्न धर्म, संस्कृति, भाषा और नस्ल में बँटा यह विशाल विश्व एक छोटे से "खगोलीय ग्राम" में इसके माध्यम से बदलना शुरू हो चुका है।[2] इन्टरनेट सूचनाओं का अकूत खजाना है। बस! इस पर अपनी एक 'वेब' बना लीजिए, सूचना दीजिए और लीजिए—"Web is the name given to a large collection of information, pictures and other data you access over the Internet. In Web language, any information that contains links to other information or to a service is called HYPERTEXT."

एक सूचना के अनुसार वर्तमान भारतीय विज्ञापन बाजार लगभग 10 हजार करोड़ रुपए का है। इसमें इन्टरनेट के माध्यम से भी उपभोक्ता वस्तुओं का विज्ञापन शामिल है। इन्टरनेट के माध्यम से आज जहाँ बहुत आसानी से शिक्षा, ज्ञान-विज्ञान, संप्रेक्षण सूचना-तंत्र, मनोरंजन आदि की जानकारी हमें प्राप्त हो रही है, वहीं हम इस पर विज्ञापन के जरिए माल खरीद और बेच सकते हैं। विदेशी कम्पनियों ने इस पर अपने उत्पाद का विज्ञापन देकर बेतहाशा लाभ कमाया है। सच तो यह है कि वैश्वीकरण की बयार ने विज्ञापन का चेहरा और माध्यम-दोनों बदला है। इन्टरनेट ने विज्ञापन के माध्यम से घर में ही अन्तर्राष्ट्रीय मंडी उपलब्ध करा दिया है, तभी तो भदोही (उ० प्र०) की कालीन इन्टरनेट के माध्यम से खाड़ी के देशों में बैठे-बैठे, बिना किसी बिचौलिये के—आसानी से बिक जा रही है। कुल मिलाकर, उपभोक्ता और माल पैदा कर बेचने वालों के लिए यह एक वरदान सिद्ध हुआ है। आजकल इन्टरनेट के जरिए बोली लगाकर किसी भी वस्तु की खरीद, नीलामी, वैवाहिक विज्ञापन, उपहार आदि दिए और लिए जा सकते हैं, किन्तु इस सुविधा का कुछ लोग दुरुपयोग भी कर रहे हैं, यथा—ई शॉपिंग के जरिए खरीददारी करने पर भुगतान के बावजूद खराब सामान मिलना, फ्री गिफ्ट का लालच देकर उसे न देना आदि। अतः ऐसी स्थिति में इन्टरनेट जैसे माध्यमों के जरिए शॉपिंग में उपभोक्ता हितों के संरक्षण की बहुत जरूरत है। धोखाधड़ी कर खराब वस्तु देना, या सामान पसंद न आने पर उसे लौटाने की व्यवस्था बहुत जरूरी है, तभी उपभोक्ता हितों का संरक्षण हो सकता है।

(13) विज्ञापन लोक : आचार संहिता

जिस प्रकार निजी जीवन से लेकर सार्वजनिक जीवन के लिए कुछ नैतिक मूल्य और मानदण्ड तथा आनुशासनिक शर्तें तय की गई हैं, ठीक उसी प्रकार प्रिन्ट और इलेक्ट्रॉनिक मीडिया अर्थात् पत्र-पत्रिकाओं तथा रेडियो, फिल्म और दूरदर्शन के विज्ञापनों के लिए भी

---

1. **अनभै (प्रवेशांक, वर्ष-1) सं० रतनकुमार पाण्डेय, पृष्ठ 47, जनवरी-मार्च, 2004, दादर, मुम्बई**
2. **पत्रकारिता और पत्रकारिता—डॉ० अरुण जैन, पृष्ठ 302ए हिन्दी बुक सेन्टर, नई दिल्ली, मल्य 275 रु० सन 2003**

आचार-संहिताएँ निश्चित की गई हैं। यदि इन संहिताओं का पालन मुकम्मल रूप में नहीं किया गया तो समाज में अराजकता, उदण्डता, अपराध और बिखराव तो पैदा होगा ही, सामाजिक ढाँचा भी हिलस जाएगा। उदाहरण के लिए समाचार पत्रों, दूरदर्शन, फिल्मों आदि में—नारी देह और रक्षित अंग-प्रत्यंग का खुला प्रदर्शन, अश्लीलता, भोग-पिपासा, कामुकता को उभारने वाली प्रवृत्तियों से संबंधित चित्र, बलात्कार, छुआछूत, यौनाचार, सामाजिक और नैतिक परंपराओं को ध्वस्त करने वाले चित्र झूठे दावे वाले विज्ञापन, साम्प्रदायिक और जातिगत वैमनस्य पैदा करने वाले चित्र, किसी पर कीचड़ उछालने वाली बातें, चरित्र हनन, राष्ट्रीय ध्वज, भारतीय संविधान, राष्ट्रगान और राष्ट्रीय चिन्हों के अपमान से संबंधित विज्ञापन, गाँजा, चरस, तंबाकू, शराब जैसे नशीले पदार्थों का विज्ञापन दिखाना निषिद्ध है। इन माध्यमों पर महज वही विज्ञापन दिखाए जा सकते हैं, जिनसे सार्वजनिक जीवन में शुचिता बनी रहे, धार्मिक मान्यताओं को आघात न लगे, जो उपभोक्ता-हितों की संपोषक हों, जो दर्शकों और श्रोताओं को अनभल न लगे।

यदि कोई विज्ञापनकर्त्ता इन शर्तों या संहिताओं के अनुपालन में शिथिलता या कोताही बरतता है तो उसके लिए कुछ कानून, नियम अधिनियम बनाए गए हैं, जिनका प्रयोग उसके विरुद्ध किया जा सकता है, यथा—(1) कॉपीराइट अधिनियम-1957, (2) आबकारी अधिनियम-1962, (3) भारत सुरक्षा अधिनियम-1971, (4) आवश्यक वस्तु अधिनियम-1955, (5) भारतीय ठेका अधिनियम-1972, (6) भारतीय गोपनीयता अधिनियम-1963, (7) भारतीय दंड संहिता-1868, (8) भारतीय डाकघर अधिनियम-1998, (9) भारतीय तार (Telegraph) अधिनियम-1885, (10) पेटेन्ट अधिनियम-1970, (11) प्रेस एवं पुस्तक पंजीकरण अधिनियम-1868, (12) प्रेस परिषद् अधिनियम-1978, (13) युवा व्यक्ति (हानिप्रद प्रकाशन) अधिनियम-1956, (14) पुरस्कार प्रतिस्पर्धा अधिनियम-1955, (15) पैकेट बन्द वस्तुओं के नियमन से संबंधित अधिनियम-1976, (16) बाट तथा माप मानक (संशोधन), अधिनियम-1986, (17) बम्बई लॉटरीज (नियंत्रण एवं कर) और पुरस्कार प्रतिस्पर्धा (कर) अधिनियम-1958 तथा (18) विदेशी विनिमय रेगुलेशन अधिनियम (यह विदेशी ब्राण्ड नामों के अनाधिकृत प्रयोग के बारे में है)। इन सबके अलावा इण्डियन न्यूज पेपर सोसाइटी (Indian Newspaper Society), एडवरटाइजिंग स्टैण्डर्ड्स कौंसिल ऑफ इन्डिया (Advertising Standards Council of India), डी० ए० वी० पी० तथा एडवरटाइजिंग एजेन्सीज एसोसिएशन (Advertising Agencies Association) आदि ने समाचार पत्रों, दूरदर्शन तथा आकाशवाणी आदि से संबंधित विज्ञापनों के लिए कुछ अन्य आचार संहिताएँ यथा—लॉ ऑफ टार्टस, ट्रेडमार्क्स, कॉपीराइट, संविदा कानून, खाद्य तथा पेय संबंधी कानून, मानहानि, किराया, ट्रेड नेम्स, खरीद कानून, डिजाइन कानून—बनाए हैं। बहरहाल, विज्ञापन संबंधी कुछ प्रमुख शर्तों या संहिताओं को इस प्रकार देखा जा सकता है। बकौल **डॉ० अशोक महाजन**[1]—

(1) विज्ञापनों की संरचना इस प्रकार की जाएगी कि वह देश के कानूनों के अनुसार और जनता की धार्मिक मान्यताओं, विशेषताओं और नैतिकता को आघात न पहुँचाती हों, (2) कोई ऐसा विज्ञापन प्रसारित/टेलीकास्ट नहीं किया जाएगा जो किसी जाति, व्यक्ति, रंग और राष्ट्रीयता की निन्दा करता हो, जो भारत के संविधान में दी गई किसी व्यवस्था के प्रतिकूल

---

1. **विज्ञापन—डॉ० अशोक महाजन—पृष्ठ 96**

हो, जो लोगों को अपराध, हिंसा या दंगों के लिए उकसाने वाला हो, जो दूसरे देशों से मैत्री संबंधों को प्रभावित करता हो, जो राष्ट्रीय चिन्ह या राष्ट्रीय प्रतीक या राष्ट्रीय नेता के व्यक्तित्व का दुरुपयोग करता हो, जिसका संबंध सिगरेट, तंबाकू, मदिरा और दूसरी नशीली वस्तुओं के सेवन से हो। ऐसे विज्ञापनों की अनुमति नहीं दी जाएगी, जो नारी प्रतिष्ठा को आघात पहुँचाए, ऐसे विज्ञापन, जिसमें नारी और पुरुष के बीच भेदभाव को उजागर किया गया हो, स्वीकार नहीं किया जाता। विज्ञापनों में नारी के रूप को शिष्ट, सम्य और मर्यादित ढंग से प्रदर्शित किया जाना चाहिए, (3) धर्म या राजनीति से संबंधित विज्ञापन स्वीकार नहीं किए जाएँगे, (4) कोई विज्ञापन संदेश समाचार के रूप में प्रस्तुत नहीं किया जाएगा। इसके अलावा निम्न विषयों और सेवाओं से संबंधित विज्ञापन स्वीकार नहीं किए जाएँगे, यथा—(1) चिट/फण्ड कर्जदाताओं के विज्ञापन, (2) राज्य और केन्द्रीय सरकार की संस्थाएँ, राष्ट्रीयकृत बैंकों और सार्वजनिक क्षेत्रों के संस्थानों की बचत और लॉटरी योजनाओं को छोड़कर अन्य सभी बचत एवं लाटरी योजनाएँ, (3) शादी-व्याह कराने वाली एजेंसियों के विज्ञापन, (4) गैर लाइसेंस प्राप्त रोजगार सेवाओं के विज्ञापन, (5) भविष्यवाणियों और सम्मोहन का दावा आदि करने वाले विज्ञापन, (6) विदेशी बैंकों और विदेशी वस्तुओं के विज्ञापन, (7) घुड़-दौड़, किस्मत के खेल आदि जैसे विज्ञापन, (8) किसी बुराई या कमी से ग्रसित विज्ञापन, (9) जादुई इलाज का दावा करने वाले विज्ञापन, (10) ऐसे विज्ञापन, जो दोहरा मतलब निकालते हों, जो गुमराह करते हों, जिनमें बे-बुनियाद दावे किए जाते हों, (11) विज्ञापन में दूसरे निर्माता के उत्पादकों या सेवाओं के बारे में कुछ भी अपमानजनक नहीं कहा जाएगा। विज्ञापन में सदाचार और प्रामाणिकता आवश्यक है। जहाँ मूल्य-तुलनाएँ की जानी हैं, वे संबंधित कानून के अनुसार होनी चाहिए, (12) हिंसा, चीखों, रौद्र, अट्‌ठहास, अपराध आदि वाले विज्ञापनों को स्वीकार नहीं किया जाएगा, (13) ऐसे विज्ञापन, जो बच्चों पर बुरा असर डालते हों, या या बच्चों में हीनता पैदा करते हों, या बच्चों को समाज-विरोधी या खराब आदतों के लिए उकसाते हों और जिनसे बच्चों की सुरक्षा को खतरा पैदा होता है, स्वीकार्य नहीं होंगे, (14) ऐसे विज्ञापन, जिनमें दूसरे विज्ञापन की नकल आती है या जिनमें तथ्यों को तोड़-मरोड़ कर पेश किया जाता है, प्रकाशन के लिए स्वीकार नहीं किए जाते हैं।

(14) रेडियो या आकाशवाणी नाटक

सूचना संचार माध्यमों में रेडियो आम और खास—सभीके बीच बहुत लोकप्रिय है। इसके माध्यम से आज विविध तरह के कार्यक्रम समय-समय पर प्रसारित होते रहते हैं। नाटक, कविता, कहानी, प्रहसन, संगीत, वार्ताएँ, साक्षात्कार, भजन और विज्ञापन आदि इसके मुख्य प्रसारणों में हैं। इनमें नाटकों का प्रसारण अति महत्त्व का है। सुप्रसिद्ध नाट्य-कर्मी **डोनाल्ड मैकहवाइनी** कहते हैं कि आकाशवाणी नाटक रूप, वर्णन, संवेग एवं विचार की ऐसी सृष्टि करता है, जो देश एवं क्षमता की नियंत्रण सीमाओं से परे हैं। इधर, आकाशवाणी के नाटक-विभाग के पूर्व 'चीफ प्रोड्यूसर' **श्री चिरंजीत** लिखते हैं कि[1] नाटक एक माध्यम धर्मी विधा है। बीसवीं शताब्दी के प्रारंभ में विज्ञान तथा टेक्नोलॉजी के क्षेत्रों में हुई अभूतपूर्व प्रगति के कारण रंगमंच के अतिरिक्त नाटक के संप्रेषण का एक और माध्यम भी आविष्कृत

---

1. **मैसूर हिन्दी प्रचार परिषद—बैंगलोर में ''आधुनिक भारतीय नाट्य साहित्य और रेडियो नाटक'' में डॉ० चिरंजीत का लेख, पृष्ठ 183, सन् 1995**

हुआ और वह था रेडियो स्टेशन का माइक्रोफोन, जिसने आँखों से देखे जाने वाले नाटक को कानों से सुना जाने वाला नाटक बना दिया।

रेडियो नाटक शब्द प्रधान होता है। संस्कृत के आचार्यों ने नाटक को काव्य मानकर उसके श्रव्य तथा दृश्य दो भेद किए हैं, किन्तु भारतीय नाट्य साहित्य के अधिकतर विद्वानों ने इसे महज श्रव्य तथा वाचिक मान इसकी उपेक्षा की, जबकि पश्चिम में रेडियो नाटक को एक सम्मानित तथा समादृत विधा माना गया है। भारत में ब्रिटिश उपनिवेश के समय ही ब्रिटेन में बी० बी० सी० की 1922 में स्थापना हुई, चूँकि आल इण्डिया रेडियो ब्रिटिश सरकार का एक महत्त्वपूर्ण अंग था, सो उस पर पहला रेडियो नाटक सन् 1924 में प्रसारित हुआ। भारत में आल इण्डिया रेडियो की स्थापना 1936 में हुई, अत: कुछ लोग मानते हैं कि इसकी स्थापना के दो वर्ष बाद 1938 में रेडियो नाटक के असल स्वरूप का जन्म हुआ। कहते हैं, नाटकों की तुलना में अल्पावधि में प्रसारित होने के कारण एकांकी नाटकों को रेडियो पर काफी लोकप्रियता मिली, संभवत: इसीलिए अनेक लोग मान बैठे कि एकांकी और रेडियो नाटकों का मूल चरित्र और स्वरूप एक ही है और यही कारण है कि रेडियो नाटक को 'ध्वनि-एकांकी' तथा 'रेडियो एकांकी' नाम से विभूषित किया गया। सच तो यह है कि शिल्प और माध्यम के स्तर पर रेडियो नाटक और एकांकी में फॉक और फर्क होता है।

रेडियो नाटक आकाशवाणी के प्रसारणों का प्राण होता है। यह नाटक एकांकी भी होता है और अनेकांकी भी हो सकता है। आज यह साहित्य की उच्चकोटि की सम्मानित विधा के रूप में स्थापित हो चुका है। इधर रेडियो नाटक और रंगमंचीय नाटकों में भिन्नता होती है। **डॉ० गुरुशरण लाल** के अनुसार[1] रंगमंचीय नाटकों में दर्शक रंगमंच पर अभिनेताओं के हाव-भाव को प्रत्यक्ष रूप में देखता है, परन्तु आकाशवाणी नाटकों में श्रोता केवल अभिनेताओं के हाव-भावों को उनके द्वारा व्यक्त विचारों से ही अनुमान लगाता है। आकाशवाणी नाटक मुख्यत: रूप, रंग, दृश्य, प्रकाश आदि योजना से पूर्णरूपेण मुक्त होता है। रंगमंचीय नाटक की कुछ सीमाएँ होती हैं, परन्तु आकाशवाणी नाटकों में ऐसा कुछ भी नहीं होता। आकाशवाणी के नाटककार का उद्देश्य होता है कि श्रोता, जो कुछ सुन रहे हैं, उसको अपने मन में अंकित कर लें। मितव्ययिता की दृष्टि से आकाशवाणी नाटक रंगमंचीय नाटक की अपेक्षा कम खर्चीला होता है। आकाशवाणी नाटक अपनी प्रवृत्ति के कारण अन्तर्मन का नाटक है। इसी कारण यह अभिव्यक्ति का सशक्त माध्यम है। इसमें वक्ता और श्रोता के बीच निकटता होती है—दूरी यदि होती है, तो वह है वक्ता और माइक्रोफोन की। इसी कारण धीमे से धीमा स्वर भी श्रोता के कान तक पहुँच जाता है। श्रव्य माध्यम रूप के कारण जितना उच्च कोटि का मनोवैज्ञानिक चित्रण आकाशवाणी के नाटक प्रस्तुत करते हैं, उतना दूसरा नहीं।

यह एक ऐतिहासिक तथ्य है कि सन् 1947 के बाद से भारतीय नाट्य साहित्य के बहुमुखी विकास में आकाशवाणी का सर्वाधिक योगदान रहा है। जिन भाषाओं का अपना व्यवसायी रंगमंच नहीं था, या मृतप्राय हो गया था, आकाशवाणी ने उन्हें अदृश्य रंगमंच प्रदान करके अधिकाधिक नाट्य लेखन को प्रोत्साहित किया और देशव्यापी रेडियो-स्टेशनों के माध्यम से उनके नाट्य साहित्य को कोटि-कोटि जनता तक पहुँचाया। आकाशवाणी के माध्यम से भारतीय भाषाओं के नाट्य-साहित्य की जो श्रीवृद्धि हुई, वह भी उल्लेखनीय है। उदाहरण के लिए हम 1947 के बाद के हिन्दी नाट्य साहित्य को ले सकते हैं। धर्मवीर

---

1. **पत्रकारिता के सिद्धान्त—डॉ० गुरुशरण लाल, पृष्ठ 63, भारत बुक सेन्टर, लखनऊ**

भारती कृत 'अंधायुग' और मोहन राकेश कृत 'आषाढ़ का एक दिन'—ये दोनों प्रशंसित-चर्चित-मंचित नाटक हैं। 'अंधायुग' मूलतः आकाशवाणी इलाहाबाद के लिए रेडियो काव्य-नाटक के रूप में लिखा गया था और प्रसारित हुआ था। रामधारी सिंह 'दिनकर' रचित महाकाव्य 'उर्वशी' आकाशवाणी दिल्ली के लिए मूलतः रेडियो काव्य नाटक के रूप में लिखा गया था। यही बात सुमित्रा नंदन पंत, भगवती चरण वर्मा, नरेन्द्र शर्मा आदि के अधिकांश काव्य-नाटकों 'कोणार्क' और 'दशरथ नंदन', उदयशंकर भट्ट के 'कालिदास' और 'विक्रमोर्वशी' तथा उपेन्द्रनाथ 'अश्क', चिरंजीत, विष्णु प्रभाकर आदि अनेक लेखकों के नाटकों पर लागू होती है। जैनेन्द्र कुमार ने भी अपने दो बहुचर्चित—पुरस्कृत उपन्यास 'व्यतीत' तथा 'मुक्तिबोध' मूलतः आकाशवाणी दिल्ली के धारावाहिक नाट्य कार्यक्रम के लिए लिखे थे। इसी तरह 1962 के चीनी आक्रमण और 1965 तथा 1971 के भारत-पाकिस्तान युद्धों के दौरान रेडियो-नाटक ने राष्ट्रीय चेतना जगाने और जनता का मनोबल बढ़ाने में जो महत्त्वपूर्ण भूमिका अदा की, वह सर्वविदित है।[1]

(15) जनसंचार प्रौद्योगिकी एवं चुनौतियाँ

इसमें कोई दो राय नहीं कि संचार तकनीक ने अपने समरूप प्रभाव से विश्व को एक 'सार्वभौम गाँव' (Global Village) में बदल दिया है। संभवतः संचार विशेषज्ञों की राय रही होगी कि संचार तकनीक या प्रौद्योगिकी के विकास से सामाजिक परिवर्तन, सामाजिक मूल्यों का विकास, समाज में उच्च आदर्शों की स्थापना, सांस्कृतिक संबंधों को बढ़ावा, एक-कोने से दूसरे कोने तक सार्वभौमिक मूल्यों की पहुँच, गरीबी का खात्मा, परिवार कल्याण, सामान्य लोगों के जीवन स्तर में सुधार, पर्यावरण असंतुलन के प्रति सजगता, भूकम्प, बाढ़, सूखा, सूनामी जैसी दैवी आपदाओं से मुक्ति, रासायनिक युद्ध के प्रति विरक्तता, जातीय, साम्प्रदायिक सद्भाव आदि नैतिक मूल्यों की समाज में स्थापना होगी, साथ ही खेल-कूद, कृषि, उद्योग-व्यवसाय, के साथ-साथ शिक्षा में गुणात्मक सुधार—कुल मिलाकर इस धरती पर नए विश्वासों, विचारों और प्रवृत्तियों के विकास में 'रामराज्य' की स्थापना होगी। बहरहाल, जनसंचार प्रौद्योगिकी ने अपने उद्देश्य में बहुत अधिक सफलता पाई भी है और यही इसका शुक्ल पक्ष है, पर इसके दुरुपयोग का कृष्णपक्ष भी है। इन संचार साधनों के कुछ अपने खतरे भी हैं, जो समाज के लिए आज चुनौती बन गए हैं।

पर, यहाँ पर एक बुनियादी सवाल उठता है कि जनसंचार प्रौद्योगिकी—रेडियो, वीडियो, टेलीविजन, फिल्म और इन्टरनेट—जैसे माध्यमों का समाज यदि दुरुपयोग करता है, तो दोष स्वतः समाज का है या इन संसाधनों का? बहरहाल, उत्तर जो भी हो—पर जनसंचार प्रौद्योगिकी ने हमारे सकल समाज के लिए नयी-नयी चुनौतियों को खड़ा किया है। उदाहरण के लिए **रेडियो** सूचनाओं का महासमुद्र है। विशेषज्ञ बताते हैं कि वस्तुतः सही अर्थ में यही जनसंचार या जनमाध्यम है। बेलौस, समाज में प्रचलित बुराइयों, निरक्षता, अस्पृश्यता, बाल-विवाह, गरीबी, शोषण, बाल-श्रमिक, दहेज, अन्ध विश्वास, आतंकवाद, साम्प्रदायिकता, जातिवाद जैसी बुराइयों पर फोकस डालते हुए इसने सामाजिक परिवर्तन, पिछड़े और दलितों के जीवन सुधार, राष्ट्रीय कार्यक्रमों को लागू करने, जड़ता को तोड़ आधुनिकीकरण, शहरीकरण तथा विकास की प्रक्रिया में लोगों को हिस्सा लेने के लिए समय-समय पर

1. **मैसूर हिन्दी प्रचार परिषद—बैंगलोर, पृष्ठ 184**

ललकारा-जगाया है, किन्तु पश्चिमी जर्मनी के **प्रो० कार्ल होल्जमर**[1] ने इस माध्यम द्वारा समाज में उत्पन्न कुछ चुनौतियों की ओर इशारा करते कहा है कि रेडियो व्यक्ति के केवल एक संवेदी अंग (कान) पर निर्भर बनाता है। आमतौर पर लोग रेडियो को बगीचे के हौज पाइप की तरह इस्तेमाल करते हैं। उसे एक बार खोलकर छोड़ दिया जाता है। इसके बाद व्यक्ति बिना ध्यान से सुने सब कुछ सुनता है। होल्जमर की राय में इसके दो प्रभाव होते हैं। पहला, व्यक्ति सतही हो जाता है। उसके दिमाग में बहुत-सी सूचनाएँ लगातार पहुँचती हैं, किन्तु उद्दीपनों के प्रभाव के कारण वे गहरी नहीं पैठ पातीं। वे कोई निश्चित आकार भी नहीं ले पातीं। बच्चों पर इसका प्रभाव अधिक घातक हो सकता है। वे रेडियो से चिपके रह सकते हैं और भुलक्कड़ प्रकृति के हो सकते हैं। दूसरा प्रभाव पहले का ही दुष्प्रभाव है। श्रोताओं को यह लगने लगता है कि निरन्तर उद्दीपन के बिना रह ही नहीं सकते। उन्हें एक ऐसे लयबद्ध 'चाबुक' की ज़रूरत है, जो उनके श्रवण अंगों को उद्दीप्त करता रहे और नयी-नयी अनुभूतियाँ दे। इसके बिना वे तन्मयता से काम नहीं कर पाते। बच्चों के लिए यह प्रवृत्ति अधिक घातक है।

जनसंचार प्रौद्योगिकी में **वीडियो कैसेट रिकॉर्डर** (वी० सी० आर०) का जन्म 'वीडियो-विस्फोट' के रूप में हुआ है। इस प्रौद्योगिकी की पैदाइश के साथ यह उम्मीद की गई थी बेहद बुद्धिमत्ता के साथ इसके माध्यम से सामान्य जन को साक्षर-सुशिक्षित करने के साथ-साथ जन-मनोरंजन भी किया जाएगा, पर दुर्भाग्य से वीडियो मालिक वीडियो पार्लर के माध्यम से सस्ते मनोरंजन, रोमांस थ्रिलर और यहाँ तक कि अश्लील फिल्मों के साथ-साथ पाश्चात्य तथा भारतीय क्लासिक फिल्मों को भी लोगों तक पहुँचा रहे हैं। इस प्रकार के मनोरंजन कार्यक्रम क्षारक मानवीय प्रवृत्तियों को तुष्ट करते हैं और लोगों को मत-आरोपण कर उन्हें अस्वस्थ एवं अशिष्ट मनोरंजन का अभ्यस्त बना रहे हैं। अत: हम कह सकते हैं कि इससे हमारी पारंपरिक संस्कृति और नैतिक मूल्यों के लिए नयी चुनौतियाँ और नए खतरे उत्पन्न हुए हैं। वीडियो माध्यम, एक शब्द में, लोगों के लिए निष्क्रिय पलायन सिद्ध हुआ है।[2] ठीक इसी तरह, जब **दूरदर्शन** का पदार्पण हमारे देश में हुआ, तब लोगों को लगा कि भारतीय परिवार में कई दशक पूर्व एक जगह बैठकर जो अन्तर्वैयक्तिक संचार (Interpersonal Communication) हुआ करता था, वह अब इसके माध्यम से पुन: आकार लेगा, लेकिन ऐसा न होकर इसने भी भारतीय समाज के सामने कई तरह के खतरे और जोखिमों को जन्मा। इसके 'अति-दर्शन' ने कई तरह की चुनौतियाँ प्रस्तुत की हैं। सबसे बड़ा खतरा है 'पूर्व-प्रौढ़ता और सतही प्रौढ़ता' का विकास। टेलीविजन के माध्यम से अपनी प्रौढ़ विश्व की सतही पहचान को बच्चा दुनिया की वास्तविक समझ मान बैठा है। नतीजतन वह लोगों और समस्याओं को सचमुच समझने की उत्कंठा खो बैठता है। मनोवैज्ञानिकों की नजर में दूसरा खतरा प्रौढ़ों के सामाजिक और व्यक्तिगत अन्तर्द्वन्द्वों के निरंतर चित्रण से है। इससे बच्चा प्रौढ़ता के बारे में भ्रामक धारणा बना लेता है। उधर, कुछ अन्य मनोविश्लेषक मानते हैं टेलीविजन पर प्रौढ़ों के कार्यक्रम निरंतर देखते रहने से बच्चों के मन में प्रौढ़ों के बारे में जो छवि बनती है, वह बहुत उत्साहवर्द्धक नहीं है। उनकी नजर में प्रौढ़ आमतौर पर समस्याग्रस्त रहते हैं। वे धोखेबाज और कमीने होते हैं। टेलीविजन बच्चों में जीवन मूल्य संबंधी द्वन्द्व भी खड़े कर

1. **जनसंचार : विविध आयाम—डॉ० वृजमोहन गुप्त, पृष्ठ 73**
2. **दृश्य श्रव्य संप्रेषण और पत्रकारिता—डॉ० जेम्स० एस० मूर्ति, पृष्ठ 147**

सकता है। मसलन, जब टी० वी० नाटक में नैतिकता की जीत दिखाई जाती है और बच्चे के माँ-बाप भी उसकी वाह-वाही करते हैं, तथा दूसरी ओर वे गर्वोक्ति भी करते हैं कि किस तरह उन्होंने ईमानदारी को ताक में रखकर धन्धे में भारी लाभ कमाया है, तो बच्चा आश्चर्यचकित रह जाता है। दहेज, छुआछूत, अन्तर्जातीय विवाह, नशाबंदी और ऐसे कई मामलों में हमारा चरित्र उन्हें पशोपेश में डाल सकता है।[1]

फिल्म, सिनेमा या **चलचित्र** का जनसंचार प्रौद्योगिकी या सूचना प्रवाही माध्यमों में विशिष्ट और सम्मानित स्थान है। कला फिल्मों के रूप में, जहाँ इससे कुलीन या संभ्रान्त तबका प्रभावित होता है तो अपने फीचर फिल्म के रूप में ये सामाजिक-सांस्कृतिक क्रांति का कारक और हरबा-हथियार बनती हैं। पर, अन्य माध्यमों की तरह इसके भी बेजां इस्तेमाल ने समाज में हर तरह का प्रदूषण पैदा किया है। एक ओर विदेशों या विकासशील देशों में जहाँ वीडियो-पायरेसी की वजह से पश्चिमी फिल्मों का प्रचुर मात्रा में प्रसार हो रहा है और ऐसी फिल्में इन देशों में सेक्स और हिंसा को उन्मुक्त बढ़ावा दे रही हैं, वहीं भारत में इस समय दो तरह की फिल्मों का निर्माण एक साथ हो रहा है। एक तरफ अश्लील फॉर्मूला फिल्में बन रही हैं, जिनके निर्माताओं का मुख्य उद्देश्य पैसा कमाना रहता है, तो दूसरी ओर कला फिल्मों का निर्माण हो रहा है, जिनका उद्देश्य फिल्म को एक कला के रूप में प्रस्तुत करना है और दर्शकों की अभिरुचि को परिष्कृत करना है। पिछले डेढ़-दशक में भारतीय तथा विदेशी फिल्मों की बाढ़ सी आ गई है। फिल्म के माध्यम से यौन, बलात्कार आदि विषयों को दिखाकर एक ऐसे भ्रष्ट समाज का निर्माण हो रहा है, जहाँ आने वाले समय में नैतिक मूल्य जैसी बातें किताबें बनकर रह जाएँगी।[2] कुल मिलाकर इन फिल्मों के माध्यम से यौनाचार, अपहरण, बलात्कार, हिंसा, पाखंड, छल-फरेब, धोखाधड़ी, निराशा-कुंठा जैसे दृश्यों का माल तैयार कर हमें परोसा जा रहा है, जिसकी वजह से हमारे सामने कई तरह की चुनौतियाँ खड़ी हो गई हैं। भड़कीले गीत, नग्न-धड़ंग प्रदर्शन ने युवा वर्ग में नकारात्मक सोच तो पैदा की है, लोगों की रुचि में बाजारूपन और सतहापन भी पैदा हुआ है।

जनसंचार प्रौद्योगिकी की क्रांतिकारी उपज **इन्टरनेट** एक ओर समाज के लिए जहाँ वरदान सिद्ध हुआ है, वहीं इस पर असभ्य भाषा, गंदे संदेश और पोर्न के अबाधित प्रसार ने मानवीय संवदेनशीलता को अमानवीय बनाने का कुचक्र बड़े पैमाने पर शुरू कर दिया है। कामुकता और कामेच्छाएँ सामाजिक चेतना के केन्द्र में आ गई हैं। इससे बच्चे बड़े पैमाने पर शिकार हो रहे हैं। पोर्न वेबसाइड खुल्लमखुल्ला मनुष्य के प्रति हेयभाव पैदा कर रही है। बच्चों और स्त्रियों का वस्तुकरण किया जा रहा है। इन्टरनेट ने सबसे सस्ते माध्यम के रूप में बाजार में प्रवेश किया तो उसने बड़े पैमाने पर उपभोक्ताओं को अपनी ओर खींचा। जबसे इन्टरनेट पर पोर्नोग्राफी की खपत बढ़ गई, इस माध्यम का सेक्सुअल पार्टनर और पोर्नोग्राफी के लिए इस्तेमाल होने लगा है। देह का खुला प्रदर्शन, कामुक भावनाओं का उद्दीपन करने वाले पोर्न का प्रदर्शन इस समय बहुराष्ट्रीय मीडिया कम्पनियों द्वारा हो रहा है, जिसके परिणामस्वरूप समाज में नैतिक स्खलन और दुश्चरित्रता, अश्लीलता, गंदी हरकतों का बढ़ाव

---

1. **जनसंचार : विविध आयाम—डॉ० वृजमोहन गुप्त, पृष्ठ 90**
2. **जनसंचार—सं० डॉ० राधेश्याम शर्मा, पृष्ठ 114**

हुआ है।[1] इस तरह से अब इन्टरनेट माध्यम भी नई चुनौती बनकर हमारे सामने खड़ा हुआ है।

(16) विज्ञापन और प्रयोजनमूलक हिन्दी : समस्या तथा समाधान

अब आप अगला समाचार सुनेंगे—इस 'ब्रेक' या 'अंतराल' के बाद। इसके पश्चात् शुरू हो जाएगा—विज्ञापनों का धूम धड़ाका या अगला गीत सुनने से पहले सुनिए 'छोटा सा संदेश।' फिर लग जाएगा—मिली-जुली भाषाओं में विज्ञापित होने वाले विज्ञापनों का जमघट। यहीं पर विज्ञापनों की भाषा को लेकर विज्ञापनविदों में कई तरह के बहस-मुबाहसे शुरू हो जाते हैं, यथा—विज्ञापन की भाषा कैसी हो? क्या संकर, खिचड़ी या मिली-जुली भाषा में विज्ञापित विज्ञापनों से हिन्दी का चेहरा सभग्न नहीं हो रहा है? साफ शब्दों में, विज्ञापन की भाषा में आँचलिक शब्द या अंग्रेजी के शब्द प्रयुक्त होने से हिन्दी का स्वरूप विकृत नहीं हो रहा है? कुछ लोग कहते हैं कि केवल समाचारों के प्रसारण में ही संचार माध्यमों खासकर—दूरदर्शन पर मानक हिन्दी का दर्शन किया जा सकता है, तो क्या शेष समय के कार्यक्रमों की रंग-विरंगी हिन्दी भविष्य के लिए अशुभ सूचना दे रही है? कुछ लोग कहते हैं कि विज्ञापनों में हिन्दी का स्वस्थ और शुद्ध रूप ही व्यवहृत होना चाहिए तो कुछ लोगों का तर्क है कि वर्तमान भूमंडलीकरण के दौर में विभिन्न विदेशी कम्पनियों को अपने उत्पाद या माल को भारतीय बाजार में सफलतापूर्वक बेचने के लिए हिन्दी भाषा के उस रूप की जरूरत है, जिसमें विज्ञापित माल ग्राहकों को अधिकाधिक आकर्षित कर सके। इस प्रकार की विज्ञापनी हिन्दी में न व्याकरण सम्मत निबद्धता या अनुशासन की जरूरत होती है और न संस्कृतनिष्ठ शुद्ध हिन्दी की, बल्कि हिन्दी को अपने परंपरागत स्वरूप से हटकर वर्तमान विश्व-बाजार की चुनौतियों को स्वीकार करने के लिए प्रयोजनमूलक भाषा बनना पड़ेगा।

दरअसल, विज्ञापन को सफलता दिलाने का काम भाषा करती है। भाषा ही वह माध्यम है, जो विज्ञापन के संपूर्ण उद्देश्यों को सही अंजाम देती है। भाषा विज्ञापन की आत्मा होती है। इसकी भाषा अत्यन्त सधी हुई होती है। कम-से-कम समय में अधिक-से-अधिक संदेशों को वह वहन करती है। पैने शब्द, तेज-तर्रार वाक्य और सीधे बयान आकर्षण का केन्द्र होते हैं। कहा जाता है कि कोई भी विज्ञापन पहले पाँच सेकेण्ड में यदि दर्शक, श्रोता या वाचक को अपने पक्ष में कर ले तभी वह सार्थक है। इसलिए इसमें उलझनपूर्ण, लम्बे वाक्यों की बजाय सीधी-सपाट, बोलचालकी भाषा का उपयोग लाभप्रद माना जाता है। शब्द बड़े महत्त्वपूर्ण होते हैं, इसलिए शब्दों को अर्थों के लिए हीरे की तरह तराश कर विज्ञापन की भाषा बनाई जाती है।[2] सभी जानते हैं, हिन्दी इस देश के बहुमत-बहुलांश की भाषा है। धर्म, क्षेत्र, राजनीति और उत्तर-दक्षिण के नाम पर इसका भले ही विरोध हो रहा हो, पर इसे अधिकांश लोग बोलते और समझते हैं। अब यह सूर, तुलसी और कबीर की महज साहित्यिक अभिव्यक्ति की ही भाषा नहीं रह गयी है, बल्कि यह कामकाजी और प्रयोजनमूलक स्वरूप धारण कर चुकी है। इसमें विज्ञापन की चित्रमयता और आकर्षक प्रस्तुति की शक्ति और क्षमता अकूत रूप में भरी हुई है। विज्ञापन को उपभोक्ता या ग्राहक तक पहुँचाने के लिए विज्ञापनी भाषा के जो अनिवार्य तत्त्व हो सकते हैं—वे सभी इसमें एक साथ मौजूद हैं। सुन्दर वाक्य-संरचना, विशिष्ट शब्दावली, गेयता, संगीतात्मकता, काव्यमयता-गीतात्मकता, भाव-विचार की सुन्दर

---

1. **हिन्दुस्तान, रविवार, 3 अप्रैल, सन् 2005, लखनऊ**
2. **भाषा (प्रचार माध्यम और हिन्दी—डॉ० दामोदर खड़से का लेख), पृष्ठ 121**

संवाहिका, कर्णप्रियता, आवश्यकता पड़ने पर सूत्रात्मकता, तुकात्मकता—कुल मिलाकर पाठक, दर्शक या श्रोता को विज्ञापन के प्रति रुझान पैदा करने के सभी तत्त्व या गुण इसमें विद्यमान हैं।

कुछ लोगों का आरोप है कि हिन्दी को विज्ञापन की भाषा बनाने के नाम पर इसे बाजारू बना दिया गया है। अंग्रेजी शब्दों के प्रयोग इसे सुसंस्कृत बने रहने देने में संकट पैदा कर रहे हैं। सच तो यह है कि आज के प्रतिस्पर्धी बाजार में समय की चुनौतियों को इसे स्वीकार करना पड़ेगा। फिर इधर, वॉलीवुड की ओर झाँकिए तो आप पाएँगे कि यहाँ भी फिल्मों के नामकरण के लिए मारामारी हो रही है। बाजार के बढ़ते प्रभाव और विज्ञापनों में अंग्रेजी शब्दों के इस्तेमाल से हिन्दी फिल्मों के अंग्रेजी नाम का चलन बढ़ता जा रहा है। इसका एक कारण यह भी हो सकता है कि इसी तरह कुछ नया करके निर्माता ज्यादा से ज्यादा दर्शक बटोरना चाहते हैं। फिल्म निर्माता इस बात की पुष्टि भी करते हैं। उनकी मान्यता है कि अंग्रेजी शीर्षक होने की वजह से युवादर्शक सिनेमाघर की ओर खिंचे चले आते हैं। हिन्दी के साथ अंग्रेज़ी नाम रखने का चलन, वस्तुतः बहुत पुराना है, क्योंकि मूक फिल्मों के दौर में अधिकांश फिल्मों के नाम अंग्रेजी में ही रखे जाते थे, ताकि एंग्लो इन्डियन और अंग्रेजों को समझ में आ जाय। 1940 और 1970 के बीच बनीं—मि० एण्ड मिसेस-55, मि० एक्स इन बाम्बे, हाउस नं० 44, लव इन शिमला, लव इन टोकियो, जौहर महमूद इन गोवा, लाइट आफ एशिया, नाइट इन लंदन, ऐन इवनिंग इन पेरिस—आदि फिल्में इसकी साक्ष्य हैं। ठीक इसी तरह आज की इंग्लिश फिल्में—दि रेस अगेंस्ट टाइम, दि टारगेट, मुम्बई एक्सप्रेस, टाइम पास, टेंगो चाजर्ली, पेजथ्री, रेन कोट, क्लासिक डांस आफ लव तथा इस समय (2006 ई० में) महिमा चौधरी तथा नायक प्रियांशु को लेकर बन रही फिल्म 'स्टार' इसके उदाहरण हैं।

यद्यपि हिन्दी में विज्ञापन—लेखन की अपनी कुछ समस्याएँ हैं, किन्तु ये समस्याएँ अंगद के पाँव की तरह बहुत वजनी नहीं हैं। इनका समाधान बहुत सरल है। हम जानते हैं हिन्दी के पास विज्ञापन लेखन की लंबी परंपरा नहीं है, इसलिए उसके पास तैयार शब्दावली का भण्डार नहीं है। ज्ञान-विज्ञान की जो पारिभाषिक शब्दावली उसके पास है, वह मात्र पारिभाषिक कोषों में बंद है। उसका व्यवहार उस मात्रा में नहीं होता कि जनमानस में उसका प्रचलन हो, इसलिए उसकी शुरुआत हो रही है। इस दिशा में अब कार्य हो रहा है।[1] उस प्रयास और कार्य का ही परिणाम है कि विज्ञापन के क्षेत्र में प्रयुक्त होने वाली हिन्दी भाषा विज्ञापन की अपनी भीतरी और बाहरी आवश्यकताओं के अनुसार एक नया रूप ग्रहण कर रही है। प्रयोग के इस क्षेत्र में वह अपने रूप संचारण के साथ उभरी है। अपनी भाषिक संरचना और सामाजिक प्रयोजनों के संदर्भ में हिन्दी ने इस नए प्रयुक्ति क्षेत्र में वैविध्य ग्रहण किया है। आज हिन्दी के विज्ञापन की दिशाएँ विराट संभावनाओं से भरी हुई है। सबसे बड़ी बात यह है कि वह आदमी की समस्याओं से सीधे जुड़ गयी है। आज की हिन्दी में आदमी के अणु युग के चक्र में पिसते जन सामान्य का सब कुछ चित्रित हो रहा है। आज के हिन्दी विज्ञापनों में केवल परिस्थितियों का नग्न चित्र नहीं, इनसे उबरने की व्याकुलता भी है। शब्द संपदा की दृष्टि से हिन्दी विज्ञापन की भाषा सम्पन्न है।[2]

---

1. **प्रयोजनमूलक हिन्दी—डॉ० माधव सोनटक्के, पृष्ठ 175**
2. **प्रयोजनमूलक हिन्दी—सं० डॉ० बालेन्दु शेखर तिवारी, पृष्ठ 189**

बस, थोड़ी-सी सजगता की जरूरत है। हिन्दी के विज्ञापनी भाषा बनने में जो थोड़ी-सी तथाकथित कमी है, वह शीघ्र ही दूर हो जाएगी। हमें यह ध्यान रखना होगा कि हिन्दी विज्ञापन के वाक्य छोटे हों, सरल हों, पढ़े-अनपढ़े सब बिना परेशानी आसानी से समझ जाय, भाषा का सौन्दर्य बनाए रखने के लिए शब्दों का साभिप्राय प्रयोग हो, विज्ञान और तकनीक तथा जन समुदाय, जन स्वास्थ्य से संबंधित या वाणिज्य से संबंधित विज्ञापन की भाषा का आयाम भिन्न होना चाहिए, पदबंध, वाक्यांश सटीक हों, भरसक शब्दों की पुनरावृत्ति न हो, कभी-कभी लोकोक्ति, मुहावरे और सूक्त कथन का भी प्रयोग होना चाहिए, वाक्य में जीवंतता और विश्वसनीयता आद्यंत बनी रहे; कुल मिलाकर विज्ञापन में लालित्य पैदा करने के लिए आम जन की हिन्दी भाषा का इस्तेमाल हो। भाषा की पाकीजगी की जिद्द विज्ञापन के लिए बहुत शुभ नहीं मानी जाएगी, फिर, विशुद्धतावादी पंडित कितना ही हाथ-पैर मारें, इस भाषा के प्रचार-प्रसार को रोक नहीं पाएँगे। विज्ञापनों की हिन्दी यही जनभाषा हिन्दी है। विज्ञापन की हिन्दी व्यावहारिक हिन्दी है। आकाशवाणी तथा दूरदर्शन के विज्ञापनों में उच्चरित भाषा के रूप में हिन्दी का 'भाषा-मिश्रण' वाला रूप काफी मात्रा में प्रचलित है। बहुप्रचलित शब्दों का प्रयोग विज्ञापनों में अनिवार्य हो जाता है। तरह-तरह के सौन्दर्य प्रसाधन तथा दैनिक व्यवहार की कई वस्तुओं के नाम तथा उसके उपयोग विधि के लिए अंग्रेजी शब्दों का ज्यादा प्रचलन मौखिक भाषा में पाया जाता है, उसे छोड़कर विज्ञापनों में उसके हिन्दी पर्यायों का प्रयोग व्यवहार्य नहीं होगा। विशुद्धतावादी दृष्टिकोण से हर शब्द के हिन्दी पर्याय प्रयुक्त करने का प्रयास विज्ञापन के उद्देश्य में बाधक होगा।[1] दरअसल, भाषा की अतिशुद्धता और विशिष्ट रूप का आग्रह-दुराग्रह रखने वाले भी इस बात को मानेंगे कि व्याकरण, भाषा का अनुगामी होता है, इसलिए जिस रूप में भाषा अभी विकसित हो रही है, वह जनभाषा के रूप में है।लिखित रूप में आते-आते वह अपना परिष्कार करती हुई निखरती रहेगी। रेडियो, टी० वी० फिल्मों में प्रादेशिक उच्चारणों, लहजों और शैलियों में ढली हिन्दी एक दिन अपने अपेक्षित रूप को प्राप्त कर लेगी। आखिर अंग्रेजी को भी इन सारे संकटों से गुजरना पड़ा था।[2]

---

1. **प्रयोजनमूलक हिन्दी—डॉ० माधव सोनटक्के, पृष्ठ 174**
2. **भाषा, पृष्ठ 122**

अध्याय-7

हिन्दी पत्रकारिता : सिद्धान्त और प्रयोग

(1) पत्रकारिता का स्वरूप, अर्थ तथा क्षेत्र या प्रकार

'पत्रकारिता' शब्द का जन्म संस्कृत भाषा के 'पत्र' शब्द में 'कृ' (करना) धातु, जिन+तल्+टाप् प्रत्ययों के योग से हुआ है, जिसका आशय होता है—पत्र-पत्रिकाओं के लिए समाचार और लेख आदि लिखना। इधर, उर्दू में पत्रकारिता को 'खबरनवीसी' कहते हैं। इस खबरनवीसी या पत्रकारिता के लिए अंग्रेजी में 'जर्नलिज्म' (Journalism) शब्द का इस्तेमाल किया जाता है। इस जर्नलिज्म शब्द का मूल उत्स 'जर्नल' (Journal) है। विद्वान् बताते हैं कि 'जर्नलिज्म' शब्द की व्युत्पत्ति फ्रांसीसी भाषा के 'जर' और 'जर्नल' शब्द से हुई है, जिसका शाब्दिक अर्थ फ्रांसीसी भाषा में 'एकदिन' और 'समाचार पत्र' है। विश्व प्रसिद्ध ग्रंथ **इन्साइक्लोपीडिया ब्रिटानिया** की बात मानें तो रोजाना के कार्यकलापों एवं गतिविधियों, सरकारी बैठकों का विवरण 'जर्नल' में निहित रहता था। सत्रहवीं और अठारहवीं शताब्दी में 'पीरियाडिकल' के स्थान पर लैटिन शब्द 'डियूरनल' एवं 'जर्नल' शब्दों के प्रयोग हुए। इसके पश्चात् बीसवीं शताब्दी में गंभीर समालोचना और विद्वतापूर्ण प्रकाशन को इसके अन्तर्गत् माना गया। 'जर्नल' से बना 'जर्नलिज्म' अपेक्षा कृत व्यापक शब्द है। समाचार पत्रों एवं विविधकालिक पत्रिकाओं के संपादन एवं लेखन और तत्संबंधी कार्यों को पत्रकारिता के अन्तर्गत् रखा गया। इस प्रकार समाचारों का संकलन-प्रसारण, विज्ञापन की कला एवं पत्र का व्यावसायिक संगठन पत्रकारिता है। समसामयिक गतिविधियों के संचार से सम्बद्ध सभी साधन चाहे वह रेडियो हो या दूरदर्शन—इसी के अन्तर्गत् समाहित हैं—"Journal, a word, which came into English from the late Latin Diurnalis, through French journals with the original meaning of 'daily'...Later and current meanings are derived from the idea of daily entries, journals as officials record of meeting...Journalism includes the writing and editing of newspapers and periodicals. Although this is the basic definition various tasks and processes connected with the production of serial—publications are commonly classified as journalistic. Thus, the gathering and transmission of news, business management of journals and advertising in all its phases are often thought of as coming within the field of journalism and following the advent of radio and television, there was a trend—towards including all communication dealing with current affairs in the terms."

पत्रकारिता के लिए समय-समय पर विभिन्न नामों का इस्तेमाल यथा—'पत्रकला', 'पत्रकारी', 'संवाद पत्र कला', 'समाचार पत्र संपादन', 'वृत्त विवेचन', 'पत्रकार कला', 'समाचारों का संकलन' तथा 'समाचारों का प्रसारण' आदि—किया जाता था किन्तु आज इन सभी नामों की जगह महज 'पत्रकारिता' शब्द ही चलन में है। पत्रकारिता को पहले

जल्दबाजी, हड़बड़ाहट या झटके में रचा इतिहास या साहित्य समझा जाता था, लेकिन समय के अनुसार इसके प्रति सतही धारणा बदली। आज यह 'सुरसरि सम सब कहँ हित होई', 'लोक कल्याणकारी', 'शुभ दृष्टि', 'समदृष्टि' सम्पृक्त तो है ही बकौल **डॉ० अर्जुन तिवारी**[1] असत्य, अशिव और असुन्दर पर 'सत्यं', 'शिवं सुन्दरम्' की शंखध्वनि भी हो गई है। कुछ लोग इसे लोकतंत्र का 'चौथा खंभा या स्तंभ' (Fourth state of democracy) तो कुछ लोग 'शासन की वास्तविक शक्ति' (Power behind the throne) कहते हैं।

पत्रकारिता को समय-समय पर कुछ सवाल भी आँख तरेरते रहते हैं, यथा—पत्रकारिता क्या कला है? या व्यवसाय-उद्योग अथवा जनसेवा? दरअसल, इन सवालात के उत्तर बहुत आसान नहीं हैं, क्योंकि समयगत दबावों ने विभिन्न कालखण्डों में पत्रकारिता के चरित्र को बदला है। जो पत्रकारिता कभी अपना मूल्य लिए बिना निर्व्याज समाज सेवा करती थी, वही कालान्तर में अपने घोषित 'मिशन' से स्खलित हो 'व्यवसाय और उद्योग' बन गयी। बहरहाल, इस विवादास्पद सवाल का उत्तर देते हुए **चक्रवर्ती राजगोपालाचारी** पत्रकारिता को कला मानते कहते हैं—"I want you to look upon journalism as an art not as an industry. Journalists are like painters and poets rather than factory workers. They are really creating works of art. "When you journalists write an article or a leading article or even when you present an item of news, you are creating a works of art. When you journalists write an article or a leading article or even when you present an item of news, you are creating a work of art."[2] इधर, सुप्रसिद्ध पत्रकार **एम० वी० कामथ**[3] इस सवाल का उत्तर बेहद साफगोई से देते कहते हैं कि पत्रकारिता का चेहरा जनसेवी का ही होना चाहिए—"The sole aim of journalism should be service. The press is a great power, but just as an unchained torrent of water submerges whole countryside and devastates crops, thus an uncontrolled pen services but not destroy."

पत्रकारिता, चाहे जो भी हो, लेकिन इतना तय है कि "सबकी खबर ले और सबको खबर दे" की मुनादी करती, विभिन्न तरह के फतवों का खतरा झेलती, छायावादी कवियों की तरह अपनी खुफिया आँख से बिना भेदभाव के—समाज के उन कोने-अँतरों में फोकस डालती है, जो सदियों से उपेक्षित हैं, शोषित हैं। एक ओर यह जातीयता तथा साम्प्रदायिकता जैसे जड़ और सुलगते सवालों को बेनकाब और उद्घाटित करती है, वहीं दूसरी ओर वैचारिक ऊहापोह के इस विकट दौर में संकटग्रस्त राष्ट्रीयता को नया जीवन दे उसे सींचती है। कभी यह समय, समाज और गलीज राजनीति से सीधी भिड़न्त करती है, तो कभी साम्राज्यवादी, फासीवादी शक्तियों से तीखी मुठभेड़ लेती समकालीन विडम्बनाओं और जटिलताओं के क्रूर ढाँचे को बेरहमी और निर्भीकता से तोड़ती है। कभी यह आर्थिक, सामाजिक, सांस्कृतिक और साहित्यिक मुद्दों को उनके छोटे-छोटे व्यौरों के साथ विश्लेषित करती है, तो कभी यह अंग्रेजी के 'फ्रंटियर' और 'इकॉनामिक एण्ड पोलिटिकल वीकली' के

---

1. **आधुनिक पत्रकारिता—डॉ० अर्जुन तिवारी, पृष्ठ 7, विश्वविद्यालय प्रकाशन, वाराणसी, सन् 1991, मूल्य 80 रु०**
2. **Journalism in India—Ranga Swami Parthasarthy, P. 1, 1995, Rs. 125**
3. **Professional Journalism—M. V. Kamath, P. 269, 1995, Rs. 75**

रूप में महाशक्तियों के प्रभुत्ववाद के खिलाफ तीसरी दुनिया की ताकतवर आवाज बनती है। कुल मिलाकर आज की पत्रकारिता, कुछ अपवादों को छोड़कर—न वेतन, न नियुक्ति पत्र, न भविष्य निधि, न ई० एस० आई०, न आवागमन खर्च, बल्कि मिशनभाव से, तमाम तरह के दमन झेलती, सत्ता प्रतिष्ठानों के लोभ-लाभ के लुभावने प्रलोभनों को ठुकरा कर वकील की तरह जोखिम भरी जिन्दगी जी रही है। अब कुछ पत्रकारिता संबंधी **परिभाषाओं** को देखा जाय—

(1) डॉ० कृष्ण बिहारी मिश्र[1] के अनुसार, "पत्रकारिता वह विधा है, जिसमें पत्रकारों के कार्यों, कर्त्तव्यों और उद्देश्यों का विवेचन किया जाता है। जो अपने युग और अपने संबंध में लिखा जाय, वही पत्रकारिता है।"

(2) डॉ० राम मोहन पाठक[2] कहते हैं कि "पत्रकारिता सूचना का एक माध्यम है। पत्रकारिता दिन भर की घटनाओं की सूचना, उसकी आख्या और सामान्यजन की जिज्ञासा तथा ज्ञान पिपासा के समाधान का भी आधार है। यह मूल रूप में समाचार है।"

(3) डॉ० हरिमोहन[3] कहते हैं कि "पत्रकारिता नवीनतम घटनाओं की जानकारी एवं विचारों को सावधानीपूर्वक चुनकर, उनका मूल्यांकन कर, यथावश्यक उनका विश्लेषण या उनकी समीक्षा करते हुए किसी भी तरह के संचार माध्यम (मुद्रित अथवा श्रव्य-दृश्य) की सहायता से जन-जन तक पहुँचाने की प्रक्रिया है।"

(4) डॉ० रामचन्द्र तिवारी[4] की मान्यता है कि, "ज्ञान तथा विचारों को समीक्षात्मक टिप्पणियों एवं चित्रों सहित विशाल जनमानस तक पहुँचाना ही पत्रकारिता है।"

(5) एम० वी कामथ[5] पत्रकारिता को रूपायित-रेखांकित करते लिखते हैं कि, "Journalism no doubt is a profession...The History of Journalism is littered with the lives of men whose snobbery would not permit them to see themselves as businessmen and traders as well."

(6) डॉ० संजीव भानावत[6] का मानना है कि, "आज पत्रकारिता सूचनाओं और समाचारों का संकलन मात्र न होकर मानव जीवन के व्यापक परिदृश्य को अपने में समेटे हुए है। वह शाश्वत नैतिक-सांस्कृतिक मूल्यों को समसामयिक घटनाचक्र की कसौटी पर कसने का साधन बन गई है। ज्ञान, विज्ञान, साहित्य-संस्कृति, आशा-निराशा, संघर्ष-क्रांति, जय-पराजय, उत्थान-पतन आदि जीवन की विविध भाव-भूमियों की मनोहारी एवं यथार्थ छवि हम युगीन पत्रकारिता के दर्पण में देख सकते हैं।"

---

1. हिन्दी पत्रकारिता—कृष्ण बिहारी मिश्र, पृष्ठ 70, भारतीय ज्ञानपीठ, मूल्य 140 रु० सन् 2000 ई०
2. साहित्यिक पत्रकारिता—डॉ० राममोहन पाठक, पृष्ठ 19, ज्ञानमण्डल लि० वाराणसी, मूल्य 50 रु० सन् 1989 ई०
3. संपादन कला एवं प्रूफ पठन—डॉ० हरिमोहन, पृष्ठ 12, तक्षशिला प्रकाशन, दरियागंज, दिल्ली, मू० 100 रु० सन् 1990 ई०
4. पत्रिका संपादन कला—डॉ० रामचन्द्र तिवारी, पृष्ठ 58
5. Professional Journalism—M. V. Kamath, P. 5
6. पत्रकारिता का इतिहास एवं जनसंचार माध्यम—डॉ० संजीव भानावत, पृष्ठ 1, जयपुर, मूल्य 200 रु० सन् 2000 ई०

पत्रकारिता का क्षेत्र या प्रकार

पत्रकारिता जीवन का स्पंदन है। विभिन्न तरह के अनुभवों का उच्चतर संश्लेष है। समय के परदों को लाँघकर यह घूस के रूप में नोटों का बंडल ले रहे हाथों को पकड़ती है, तो निर्लज्ज और निश्चिंत हो चुकी घाघ सत्ता को उसकी हैसियत की ओर इशारा करती है। पश्त और लाचार हो चुके व्यक्ति को जीवन के गर्भनाल से जोड़ती है। कुल मिलाकर इसका चरित्र विविधधर्मी और बहुआयामी है। इसका समकालीन चरित्र बदला है। इसे अब गुलाब के साथ आलू की भी चिन्ता होती है। आज यह अपने द्युति और आभामय निष्पक्ष तेवर के कारण 'आग का मौन दर्प' हो चुकी है। राजनीति, समाज, धर्म, खेल, व्यापार, सूचना, शिक्षा, संसद के साथ-साथ ग्राम्य समाज की छवियों का भी ध्वन्यंकन करती है। आज यह अपनी नई भूमिका में विचारों की नई पैरहन के साथ खड़ी हुई है। अतः इस आधार पर पत्रकारिता के क्षेत्र और क्षितिज का विस्तार हुआ है, जिसे इस प्रकार देखा जा सकता है—

(1) खोजी या अन्वेषी पत्रकारिता (Investigative Journalism)— 'इन्वेस्टीगेट' (खोज संबंधी) शब्द लेटिन भाषा के 'वेस्टीजीयम' से आया है, जिसका अर्थ होता है—'पदचिन्ह।' खोज संबंधी सूचनाओं का विकास उन्नीसवीं अर्ध-शताब्दी में हुआ। उस समय इसका उद्देश्य जल्दी, छोटी और सही सूचना देना था, जो कुछ भी पिछले 24 घण्टे में घटित हुआ, उसे तुरन्त समाचार पत्रों द्वारा पाठकों को बताना था।[1] वस्तुतः जिन तथ्यों, सूचनाओं को कोई जानबूझकर छिपाना चाहे उन्हें चुपचाप पूरे परिप्रेक्ष्य में उद्‌घाटित कर प्रकाश में लाना खोजी पत्रकारिता के अंतर्गत् आता है। सत्य अथवा प्रमाणों पर आधारित अनुद्‌घाटित सूचनाओं का उद्‌घाटन करना स्वस्थ खोजी पत्रकारिता का लक्ष्य होना चाहिए। अफवाहों, काल्पनिक प्रसंगों, अप्रामाणिक तथ्यों को लेकर गढ़ी गई सनसनीखेज सामग्री खोजी या अन्वेषी पत्रकारिता के लिए घातक है,[2] क्योंकि, "The first investigative reporting is the publishing of significant material that some one is trying to hide, second, the findings are reporter's own work-product not leaked material."

(2) आर्थिक पत्रकारिता (Economic Journalism)—'सर्वे गुणा: कांचनमाश्रदन्ति' अर्थात् इस धरती पर आज के भौतिकवादी समय में हर वस्तु अर्थ केन्द्रित हो गई है। संबंधों की गणित अर्थाधारित होकर बन-बिगड़ रही है। जाहिर है, आज की पत्रकारिता भी इससे अछूती नहीं है। पहले की तुलना में समाचार पत्रों में एक नहीं कई पन्ने बाजार, पंचवर्षीय योजना, शेयर के प्रचार, वस्तुओं के विज्ञापन, बैंक-बीमा संबंधी सूचनाओं से अँटे-पटे होते हैं। कुल मिलाकर वाणिज्य, तकनीक और अर्थशास्त्र संबंधी सूचना देती आज की पत्रकारिता 'आर्थिक पत्रकारिता' को पुष्ट कर रही है।

(3) ग्रामीण पत्रकारिता (Rural Journalism)—या कृषि पत्रकारिता— कृषि-प्रधान देश होने के कारण इस देश में ग्रामीण पत्रकारिता काफी लोकप्रिय हुई है। आर्थिक पत्रकारिता की तरह ग्रामीण पत्रकारिता में देश की जनता को कृषि अर्थात् बीज, पशुपालन, कीटनाशक, सहकारिता, फलों, सब्जियों के उगाने का समय, फसलों की सुरक्षा, उनके रख-रखाव की मुकम्मल जानकारी दी जा रही है। ग्रामीण पत्रकारिता के कुछ मुख्य विषयों की

---

1. **स्वर्ण जयंती समारोह—मैसूर हिन्दी प्रचार परिषद—बैंगलोर, पृष्ठ 229**
2. **संपादन कला एवं प्रूफ पठन—डॉ० हरिमोहन, पृष्ठ 15**

ओर **डॉ० प्रवीण दीक्षित**[1] ने निम्न प्रकार संकेत किया है—(1) मुद्रा एवं कृषि रसायन (Soil and Agricultural Chemistry), (2) कृषि अर्थशास्त्र (Agricultural Economics), (3) कृषि कीटशास्त्र और जीवविज्ञान (Agricultural Entomology and Zoology), (4) कृषि प्रसार (Agricultural Extension), (5) शस्य-विज्ञान (Agronomy), (6) पशुपालन और दुग्ध उद्योग Animal Husbandry and Dairying), (7) वंशागति और पादप प्रजनन (Genetics and Plant Breeding), (8) उद्यान शास्त्र (Horticulture), (9) पादप रोग विज्ञान (Plant Pathology), (10) पादप क्रिया शारीरिक (Plant Physiology) तथा (11) भूमि संरक्षण (Soil Conservation)।

(4) विकास पत्रकारिता (Development Journalism)—डॉ० भारती शर्मा[2] के अनुसार पहले यह धारणा बन चुकी थी कि पत्रकारिता का संबंध तो केवल राजनीति से है। उसे विभिन्न योजनाओं, विकास कार्यक्रमों, तकनीकी अभिवृद्धि से क्या लेना-देना? अब यह भ्रम दूर हो जाना चाहिए कि सामाजिक, आर्थिक, वैज्ञानिक एवं प्राविधिकी से संबंधित समस्त विकास के पक्षों पर प्रकाश डालने वाली विकास पत्रकारिता है, जिसमें कभी-कभी सनसनीखेज तथा उत्तेजनात्मक तथ्य आ जाते हैं। आगरा में ताजमहल के पास कोरीडोर निर्माण की सूचना आकर्षक है। विकास पत्रकारिता के अन्तर्गत् भ्रष्टाचार और गबन के रोचक मामले प्रकाश में आते हैं, क्योंकि—"The more money is made available for development the more corruption there seems to be." विकास पत्रकारिता की दृष्टि विकास पर केन्द्रित है, चाहे वह उद्योग, विज्ञान, औषधि, प्राविधिकी अथवा अन्य किसी भी क्षेत्र में, यहाँ तक कि पत्रकारिता जगत के द्रुतगति विकास को भी यही प्रकट करती है।

(5) खेल पत्रकारिता (Sports Journalism)—जनपद स्तर से लेकर प्रदेश, देश तथा अन्तर्राष्ट्रीय स्तर पर खेलों के प्रति रुझान बढ़ा है। निजी स्तर से लेकर सरकारी स्तर तक खेलों को बढ़ावा देने के लिए 'खेल कोटा' निर्धारित किया गया है। इलेक्ट्रॉनिक मीडिया में खेलों के प्रसारण के लिए बाकायदा 'प्रायोजक' होते हैं। प्रिंट मीडिया यथा—पत्रपत्रिकाओं में भी खेलों से संबंधित विज्ञापनों की भीड़ होती है। इस तरह से खेल-रिपोर्टरों की 'खेल-समीक्षा' ने खेल पत्रकारिता को काफी लोकप्रिय बनाया है।

(6) व्याख्यात्मक पत्रकारिता (Interpretative Journalism)—ऐसी पत्रकारिता समाचारों के यथार्थ से हमारा परिचय कराती है और हमें जागरूक करती है। हमारे भीतर स्थितियों को बेहतर ढंग से समझने की तमीज पैदा करती है। इस तरह की पत्रकारिता आज के युग की माँग है। यही कारण है कि प्रायः सभी पत्र-पत्रिकाओं, रेडियो तथा टेलीविजन के कार्यक्रमों में भी हम व्याख्यात्मक पत्रकारिता को पा सकते हैं। वहाँ स्वतंत्र रूप से समाचार-विश्लेषण या समाचार भूमि अवस्थित है। इस तरह की पत्रकारिता में समाचार एजेंसियाँ समाचार एकत्र कर, महत्त्वपूर्ण समाचारों का विश्लेषण करती हैं उनकी पृष्ठभूमि तथा उनके भावी परिणामों की ओर संकेत करते हुए विस्तृत व्याख्या वाली विचार वीथी अपनी ओर से विभिन्न समाचार माध्यमों को उपलब्ध कराती हैं।[3]

---

1. **हिन्दी पत्रकारिता : विविध आयाम—सं० डॉ० वेद प्रताप वैदिक, पृष्ठ 362**
2. **प्रयोजनमूलक हिन्दी—डॉ० भारती शर्मा, पृष्ठ 132, आगरा, मूल्य 160 रु०**
3. **संपादन कला एवं प्रूफ पठन—डॉ० हरिमोहन, पृष्ठ 16**

(7) संसदीय पत्रकारिता (Parliamentary Journalism)—लोकसभा, राज्यसभा, विधानसभाएँ तथा विधान परिषदें—खबरों, समाचारों की कारखाना होती हैं। चूँकि पहले की तुलना में शहर से लेकर गाँव-जवार तक साक्षरता, शिक्षा, जागरूकता, देश-विदेश की खबरों के प्रति ललक लोगों में बढ़ी है। लोकसभा से लेकर विधानसभाओं में साँसदों तथा विधायकों के बीच परस्पर ठहाकों से लेकर हाथापाई, मारपीट, कुर्सी फेकौवल सब कुछ हम दूरदर्शन पर सीधे प्रसारण के माध्यम से देखते हैं। रेडियो पर उसकी समीक्षा सुनते हैं, किन्तु पत्र-पत्रिकाओं में चूँकि इनकी तुलना में विस्तृत पड़ताल होती है, अत: संसदीय पत्रकारिता का महत्त्व काफी बढ़ा है। अन्तर्राष्ट्रीय संबंध, सुरक्षा, नीतिगत घोषणा, अवमानना, लेखानुदान पर होने वाली बहसें आदि ही इस पत्रकारिता की मूल जमीन होती है।

(8) रेडियो पत्रकारिता, (9) दूरदर्शन पत्रकारिता, (10) फिल्म पत्रकारिता तथा (11) इन्टरनेट पत्रकारिता—इनके अध्ययन के लिए आगे के पृष्ठों को देखिए।

(12) विधि पत्रकारिता—भारत में विधि पत्रकारिता का उद्‌भव राष्ट्रीय आन्दोलन के दौर में हुआ था। उस समय यह मिशनरी भावना से ओत-प्रोत थी, लेकिन स्वतंत्रता प्राप्ति के बाद दुर्भाग्यवश पत्रकारिता पर व्यावसायिक और वाणिज्यिक प्रवृत्ति हावी होने के कारण इसके विकास में अनेक प्रकार के अवरोधों का उभरना स्वाभाविक ही था। निहित स्वार्थों और भौतिकवादी दृष्टिकोण के प्रभाव स्वरूप सामान्य व्यक्ति को न्याय अलभ्य सा लगने लगा। फलत: प्रबुद्ध विधि मनीषियों में विधि के क्षेत्र में सैद्धान्तिक और व्यापारिक पक्षों के बीच मानव मूल्यों के विघटन के द्रुत विकास की प्रक्रिया पर अंकुश लगने की भावना प्रबल होने लगी।[1] बहरहाल, विधि पत्रकारिता आज काफी समृद्ध हो चुकी है।

इनके अतिरिक्त भी पत्रकारिता के अन्य अनेक प्रकार यथा—फोटो पत्रकारिता, विज्ञान पत्रकारिता, बाल पत्रकारिता, संदर्भ पत्रकारिता, वृत्तान्त पत्रकारिता, साहित्यिक-सांस्कृतिक पत्रकारिता, ब्रेल पत्रकारिता, राजनीतिक पत्रकारिता—हो सकते हैं।

(2) पत्रकारिता की अवधारणाएँ, महत्त्व एवं उपादेयता

पत्रकारिता का यदि बेजाँ, टुच्चा, स्वार्थपरक और व्यावसायिक इस्तेमाल न किया जाय तो कहा जा सकता है कि वह आज के इस आपाधापी वाले परिवेश में सांस्कृतिक मूल्यों की संरक्षिका-सुरक्षिका तो है ही, मनुष्य-मनुष्य के बीच तेजी से क्षरणछीज और सूख रहे सौहार्द्र को जोड़ने का पुल भी है। यह परंपरा, साहित्य, कला, मानवीय मूल्य, आदर्श—इन सबकी पहरुआ है। झूठ पड़ते जा रहे सामाजिक संबंध और सरोकार, पाँव पसारते राजनैतिक विद्रूप, चरमराती व्यवस्था, दम तोड़ते न्याय तंत्र और अर्थतंत्र, आत्मपरक हो बेमानी बन गए मानवीय रिश्ते तथा अन्यान्य तरह की विडम्बना और त्रासदियों को समय-समय पर यह अपना विषय बना सामाजिक जागरूकता पैदा करती है। इस तरह से पत्रकारिता के अपने दायरे में ढेरों दाय हैं। लोकहित साधन और लोकरुचि का परिष्कार करना इसका मूल शंखनाद है। सामाजिक यथार्थ की अवहेलना से यह ठिठकती है, उसकी जगह मानवीय मूल्यों के उत्थान की नई-नई संभावनाओं को टटोलती है। बढ़ती अराजकता और स्वेच्छाचारिता को उनकी औक़ात बताती है। इसी तरह, कभी-कभी जब प्रतिपक्षी पार्टियों का सफाया हो जाता है तो

---

1. **हिन्दी पत्रकारिता का विकास—एन० सी० पंत, पृष्ठ 299, राधा पब्लिकेशन्स, दिल्ली, मूल्य 300 रु० 1994**

यह विधानसभाओं और लोकसभा में विपक्ष की भूमिका में जीती है। यह है—पत्रकारिता का अवदान, महत्त्व एवं उपादेयता। स्वतंत्रता आन्दोलन में इसने अंग्रेजों के दाँत खट्टे किए तो आपातकाल में अतिवादी शक्तियों से लाम लिया। कुल मिलाकर यह लोगों को सूचित करती है, घटनाओं के रोएँ-रेशे को प्याज के छिलके की तरह छील कर लोगों के समक्ष निर्भीकता और बेबाकी से रखती है, व्याख्या करती है, मार्गदर्शक की भूमिका में जीती है। कार्टूनों, चित्रों आदि के माध्यम से विशेष तथ्यों की ओर लोगों का ध्यान खींचती है।

इन सबके अतिरिक्त पत्रकारिता के कुछ अन्य महत्त्व एवं उपयोग—उपादेयता हैं, यथा—(1) समाज को यह उचित दिशा-सलाह देती है, (2) निठल्ले और जड़ समाज में जीवंतता-जागरूकता लाती है, (3) राजनैतिक, साम्प्रदायिक, छुआछूत, आतंकवाद जैसे मुद्दों पर लोगों को चैतन्य बनाती है, (4) कृषि, व्यापार, उद्योग, शिक्षा, चिकित्सा से संबंधित नीतियों का समय-समय पर खुलासा करती है, (5) परिवार नियोजन, एड्स जैसे भयंकर रोगों तथा धार्मिक कट्टरपन से लोगों को सजग करती है, (6) व्यक्ति के अधिकार, दलितोत्थान को रेखांकित करती है, (7) राष्ट्रीयता बोध, समाज और देश के प्रति व्यक्ति के कर्त्तव्य को समय-समय पर सूचित करती है तथा (8) पथ-च्युत और दिशाहीन हो भटकन की गुमनाम गली में भटक गए लोगों को संत्रास और कुंठा से उबार उनके हाथ में साहस की मशाल थमाती है।

(3) विश्व पत्रकारिता का उदय एवं इतिहास

भारत की तरह विश्व में ढेरों ऐसे देश हैं, जहाँ सामाजिक और राजनीतिक जागरूकता, अपने हक-हुकूक की रक्षा इत्यादि के लिए सत्ता से संघर्ष के लिए जन्मी पत्रकारिता की लम्बी और स्वस्थ परंपरा का पता चलता है। हाँ, इतना अवश्य रहा है कि पत्रकारिता कहीं भी, किसी देश की रही हो, उसे अपने स्वस्थ स्वरूप के अनुपालन के लिए तत्कालीन शासकों से काफी जद्दोजहद करनी पड़ी है। भारत में अंग्रेजों ने पत्रकारिता पर काफी प्रतिबंध लगाया, पत्रकारों और पत्र मालिकों को जेल भेजा तो अन्य मुल्कों में तत्कालीन सत्तासीन शासकों ने। फिर भी भारत, चीन, इटली, जर्मनी, हालैण्ड, फ्रांस, ब्रिटेन, अमरीका, रोम और जापान आदि देशों में पत्रों का प्रकाशन हुआ। **डॉ० अरुण जैन**[1] का कहना है कि सन् 1476 में इंग्लैण्ड में जब छापे खाने की शुरुआत हुई, वास्तव में तभी पत्रकारिता के क्षेत्र में नया रक्त संचार हुआ। इस देश में उपलब्ध प्रमाणों के अनुसार 1561 के आस-पास 'न्यूज प्वांइट ऑफ केन्ट' नाम से प्रकाशित एक पेज के अखबार का पता चलता है। दूसरा पत्र 1575 में छपा, जो अनियमित कालीन था और इसका नाम था 'न्यू न्यूज'। अंग्रेजी में पहला समाचार पत्र 1620 में प्रकाशित हुआ। बाद में सन् 1621 में पत्रकार ऑर्चर ने लंदन से 'डच न्यूज शीट्स' प्रकाशित किया। पुनः 23 मई, 1622 को बोर्न और ऑर्चर ने मिलकर एक नया पत्र निकाला, नाम था 'वीकली न्यूज'। बाद में इन्हीं दोनों ने 1641 में 'डायर्नल अकरन्सेस' पत्र संसदीय कार्यवाही की समीक्षा के लिए प्रकाशित किया। कालान्तर में एक अन्य पत्रकार गुडमेन ने 'ऑक्सफोर्ड गजट' प्रकाशित किया, जो कुछ दिनों बाद 'लंदन गजट' नाम से चर्चित हो आज भी छपता है। इस दौरान इस क्षेत्र में कुछ ऐसे व्यक्ति पैदा हुए, जिन्होंने साहित्य और पत्रकारिता दोनों ही क्षेत्रों में

---

1. **पत्रकारिता और पत्रकारिता—डॉ० अरुण जैन, पृष्ठ 18, हिन्दी बुक सेन्टर, दिल्ली, मूल्य 275, सन् 2003**

महत्त्वपूर्ण योगदान दिया। इन उल्लेखनीय नामों में मुख्यहैं—डेफो, स्विफ्ट, फील्डिंग, सेमुअल, जॉनसन, एडीसन एवं स्टील आदि। इस बीच कुछ महत्त्वपूर्ण पत्र प्रकाशित हुए यथा—(1) टेटलर (1709), (2) स्पेक्टेटर (1711), (3) लंदन डेली एडवाइजर (1726), (4) मार्निंग क्रॉनिकल (1769), (5) मार्निंग पोस्ट (1722), (6) लंदन डेली यूनिवर्सल रजिस्टर (1785), तीन वर्ष बाद इसका नाम 'टाइम्स' कर दिया गया था, (7) डेली न्यूज (1846), (8) डेली टेलीग्राफ (1855), (9) डेली स्टैण्डर्ड (1857)। 1706 में इंग्लैण्ड में प्रादेशिक स्तर के पत्रों का प्रकाशन शुरू हुआ। ऐसा ही पत्र इसी वर्ष नारविच से निकाला गया था। 1821 में 'मैंचेस्टर गार्जियन' साप्ताहिक पत्र निकला। यह पत्र लिबरल दल का पक्षधर बना। इसी क्रम में 'आब्जर्वर (1791), संडे टाइम्स (1822)ए न्यूज आफ दि वर्ल्ड (1843) आते हैं। आज ब्रिटेन में प्रेस को पूरी स्वतंत्रता प्राप्त है। वहाँ की प्रेस परिषद् राष्ट्रीय कानूनों के दायरे में अभिव्यक्ति की स्वतंत्रता संबंधी छूट का खूब लाभ ले रही है।

इधर, **वृहत् हिन्दी पत्रकारिता कोश**[1] के अनुसार इन्टरव्यू विधा का जन्म 1895 में **'न्यूयार्क हेराल्ड'** द्वारा किए गए प्रयोगों से हुआ। संवाददाता किसी भी व्यक्ति से बातचीत के माध्यम से अनेक प्रकार की जानकारियाँ देने का प्रयास करते थे। **चीन** के पीकिंग में सन् 1340 ई० में प्रथम मुद्रित समाचार पत्र 'बीजिंग गजट' का प्रकाशन हुआ। यह समाचार पत्र दैनिक था। सुप्रसिद्ध मीडिया विशेषज्ञ **डॉ संजीव भानावत**[2] अमेरिका में पत्रकारिता के जन्म पर प्रामाणिक जानकारी देते कहते हैं कि **अमेरिका** में पत्रकारिता के प्रवर्तन का श्रेय एक अंग्रेज व्यक्ति बैंजामिन हेरिस (Benjamin Harris) को जाता है। लंदन से यहाँ आकर हेरिस ने 1690 में 'पब्लिक अकरन्सेस बोथ फॉरेन एण्ड डोमेस्टिक' पत्र का प्रकाशन किया। यह पत्र सिर्फ तीन पृष्ठों पर ही मुद्रित होता था, किन्तु एडविन एमरी[3] के अनुसार इस पत्र के एक अंक के प्रकाशन के बाद ही इस पर प्रतिबंध लगा दिया गया। हेरिस के इस प्रयास के बाद लगभग 14 वर्ष तक किसी समाचार पत्र के प्रकाशन का उल्लेख नहीं मिलता। कालान्तर में जॉन कैंपबेल के द्वारा 24 अप्रैल 1704 को 'बोस्टन न्यूज लेटर' (Boston News Letter) का प्रकाशन हुआ। बहुत दिनों बाद 22 दिसम्बर, 1719 ई० को एन्ड्रयू ब्रेडफोर्ड द्वारा 'अमेरिकन वीकली मरक्यूरी' का प्रकाशन हुआ। इसी क्रम में 12 अक्टूबर, 1729 को 'पेनसिल्वानिया गजट', 20 मार्च, 1727 को 'न्यू इंगलैण्ड वीकली जर्नल', 8 नवम्बर, 1725 को विलियम बेलफार्ड द्वारा 'न्यूयार्क गजट', 1830 में 'ट्रांसक्रिप्ट', 1831 में 'मार्निंग पोस्ट', 1833 में 'न्यूयार्क', 1841 में 'न्यूयार्क ट्रिब्यून', 1851 में 'न्यूयार्क टाइम्स', 1883 में 'न्यूयार्क वर्ल्ड', 1887 में 'सेन फ्रांसिस्को एक्जामीनर' का प्रकाशन हुआ। आज अमेरिका में प्रेस को पूर्ण स्वतंत्रता दी गई है। बकौल डॉ० भानावत वहाँ के संविधान में स्पष्ट कहा गया है—"The Congress shall make no law...abridging the freedom of speech or of the Press."

सत्रहवीं शताब्दी के अंत तक **जर्मनी** में तीस दैनिक छप रहे थे। जर्मनी में ही पहली बार बहुसंस्करणीय समाचार पत्र 'अलजेमीन जी टुंग' 1798 में शुरू हुआ। पश्चिमी जर्मनी के अधिकांश समाचार पत्र प्रातः कालीन हैं। डेर पेट्रियाट, बाइडरमेन, डाई डिस्कोर्स डेर मालर्न,

---

1. **वृहत् हिन्दी पत्रकारिता कोश—पुरुषोत्तमदास टण्डन, पृष्ठ 603, लखनऊ**
2. **पत्रकारिता का इतिहास एवं जनसंचार माध्यम—डॉ० संजीव भानावत, पृष्ठ 194**
3. **पत्रकारिता का इतिहास एवं जनसंचार माध्यम—डॉ० संजीव भानावत, पृष्ठ 194**

एक्ल जीसर स्प्रिंगर, बिल्डेम सोनट्ग, न्यू पोस्ट, दास न्यू बेलेट आदि यहाँ के प्रमुख समाचार पत्र हैं। ठीक इसी तरह पूर्वी जर्मनी में न्यूस डीश्चलैण्ड, बेयूरन, इको, न्यू जीट, डरे मोरगन, नेशनल जीतुंग, ट्रिब्यून तथा जुंग वेल्ट आदि पत्र सुप्रसिद्ध हैं। यहाँ के प्रेस पर सरकारी नियंत्रण होता है। **फ्रांस** में प्रेस को 1958 में स्वतंत्रता मिली। इसके पहले सन् 1789 में क्रांति के पूर्व प्रेस को स्वतंत्रता नहीं थी। फ्रांस में 1789 में प्रेस को थोड़ी स्वतंत्रता मिली, किन्तु पुनः उसे प्रतिबंधित कर दिया गया, लेकिन आज स्थिति बदली है। वहाँ का प्रेस कानून और राष्ट्रीय हित के दायरे में रहते हुए आज पुनः प्रतिबंधों से मुक्त है। फ्रांस सोदूर, पेरिस प्रेसे, इल्ले, फ्रांस, डिमेन्शे, ला जर्नल ड्यू डिमेन्शे, पेरिस मेच, मेरीक्लेयर, लॉ आई एन फ्लेयर, इंटीमिटी, नोस ड्यूएक्स आदि वहाँ के प्रमुख पत्र हैं।

इसी तरह **अंगोला** में प्रकाशित होने वाले ओ प्लेनेल्टा, ओ लोबिटा, ओ कोमीरिका, **स्वीडन** का 'पोस्ट आय इनरिक्स रिडनिन्गर', **जापान** के असाही शिम्बुन, मनिची, शिम्बुन, योमरी शिवुन, **पाकिस्तान** के जंग, डान, पाकिस्तान टाइम्स, द मार्निंग न्यूज, **बर्मा (मयनमार)** का 'द वर्किंग पीपुल्स डेली, **कोरिया** का 'डोग-ए-इल्वो' तथा **फीलीपिन्स** का 'मनीला टाइम्स' आदि समाचार पत्र सुप्रसिद्ध हैं।[1]

(4) भारत में पत्रकारिता का आरंभ

इस धरती पर कौन घटना कहाँ घटी, कब घटी, अपने से दूर या नजदीक घटी—इसे जानने की जिज्ञासा मनुष्य में शुरू से ही रही है। चूँकि शुरुआती दौर में आज की तुलना में संचार साधनों का अभाव था, इसलिए सूचनाएँ और घटनाएँ लोगों को सहज रूप में उपलब्ध नहीं हो पाती थीं। सो, मनुष्य ने कई पीढ़ियों तक सतत् प्रयास, प्रयोगों-तरीकों द्वारा घटनाओं—सूचनाओं को जानने की विधियों का इजाद किया। बहरहाल, पौराणिक कथाओं के आधार पर कहा जाता है कि महर्षि नारद इस देश के आदि पत्रकार या खोजी पत्रकारिता के जनक हैं और महर्षि व्यास प्रथम संपादक। नारद जी स्वर्ग से धरती तक सारी सूचनाओं को मौखिक रूप में वितरित करते थे। सही अर्थों में पुख्ता, शुद्ध और निष्पक्ष सूचना देने के कारण वे सभी के प्रिय थे। हाथ में वीणा लिए नारद जी बादलों पर सवार होकर अपनी यात्रा करते थे। उन्हें यातायात की कोई असुविधा नहीं थी। बिना-लाग लपेट और निर्भीक सूचना संप्रेषण के कारण उन्हें ''सुपर जर्नलिस्ट'' की संज्ञा दी गई थी—

"Hindu mythology records the exploits of a one-man oral newspaper who supplied news to both heaven and earth, to Gods, demons and humans alike. He was Narada, a Rishi, who by modern standards must be considered an ace reporter, who was welcome everywhere...Where, he went, the first question asked of him was—"What is the news, Narada? He was a super-journalist who carried a one-man crusade against injustice and evil and followed a unique method of provoking conflict so that good might result."[2]

सभी जानते हैं, भारतवर्ष में अंग्रेज छोटे व्यापारी के रूप में आए थे। सर्वप्रथम इन लोगों ने सूरत शहर में अपना व्यापार स्थापित किया। समयानुसार अंग्रेज कलकत्ता, मद्रास आदि स्थानों

---

1. **पत्रकारिता का इतिहास एवं जनसंचार माध्यम—डॉ० संजीव भानावत, पृष्ठ 195**
2. **Journalism in India—Ranga Swami Parthsarathy, P. 2, Delhi, 1995**

में बसने लगे। दिनानुदिन इनका व्यापार भी बढ़ता गया। एक क्षेत्र के व्यापार की स्थिति दूसरे क्षेत्र में जानने के लिए कोई माध्यम नहीं था। आपस में व्यापारिक तालमेल बनाए रखने के लिए तथा सूचनाओं के आदान-प्रदान के लिए अखबार एक सशक्त माध्यम था। अत: इस दिशा में बोल्ट्स नामक एक अंग्रेज ने अपना कदम आगे बढ़ाया।[1] बोल्ट्स का कहना था कि वह जनता को सूचित करना चाहते हैं कि उनके पास लिखित रूप में ऐसी जानकारी है, जिसमें हर व्यक्ति को गहरी जानकारी मिलेगी। जो जिज्ञासु व्यक्ति चाहें, उन्हें बोल्ट्स के घर में वह सामग्री पढ़ने एवं नकल करने की अनुमति होगी।[2] पर दुर्भाग्य से विचार अभिव्यक्ति की स्वतंत्रता की माँग करने वाले इन अंग्रेज पत्रकारों को भी तत्कालीन सरकार ने नहीं बख्शा। विचार अभिव्यक्ति की माँग करने पर पहला शिकार विलियम बोल्ट्स ही हुआ। 18 अप्रैल, 1767 को जारी एक आदेश के तहत उसे देश से निर्वासित कर दिया गया।[3] इसके विरुद्ध जारी अभियोग पत्र में कहा गया था कि, ''यह माना गया कि उसने (बोल्ट्स) प्रशासन के ऊपर कलंक लगाने और समझौते के प्रति असंतोष और मतभेदों को उभारने का प्रयास किया तथा कम्पनी की सुरक्षा के लिए कम्पनी के मामलों में उसकी अधिक लिप्तता को अनुपयोगी माना गया।[4]

इसके बावजूद, एक अन्य अंग्रेज जेम्स आगस्टस हिक्की ने कोलकाता से एक पत्र 29 जनवरी, 1780 में निकालकर अपनी निर्भीकता का परिचय दिया। वह पत्र था—'बंगला गजट'। यही पत्र आगे चलकर 'हिन्दी गजट' के नाम से प्रसिद्ध हुआ। जेम्स आगस्टन हिक्की की मान्यता थी कि अखबार में प्रशासन की खामियों की आलोचना की जाय, तब उनमें सुधार हो सकता है।[5] इस पत्र में हिक्की ने लोगों के व्यक्तिगत जीवन पर श्लील-अश्लील टिप्पणियाँ की और वारेन हेस्टिंग्स को 'तानाशाह' तक घोषित किया—

"James Augustus Hicky has the distinction of launching the first newspaper in India. His Bengal Gazette alias "Calcutta General Advertiser" came out on January 29, 1780, in Calcutta as a two-sheet weekly. It declared itself as a weekly political and commercial paper open to all parties but influenced by none." Hicky had a column to himself through which he used to talk to his readers directly...It was described as a wily and scurrilous paper and very soon earned the enmity of Warren Hastings, the Governor-General and Chief Justice Eligah Impey..."Dictator."[6]

हिक्की के इस ''आपत्तिजनक लेखन'' के कारण गवर्नर जनरल वारेन हेस्टिंग्स ने पत्र के खिलाफ कड़ी कार्यवाही की। हिक्की को जून 1781 में 80,000रूपयों का जुर्माना अदा न कर सकने के कारण गिरफ्तार कर जेल में डाल दिया गया। पोस्ट ऑफिस के द्वारा पत्र को

---

1. **पत्रकारिता जगत—अशोक प्रियदर्शी, सुनील कुमार सिन्हा, पृष्ठ 4, मगध कला प्रकाशन केन्द्र, पटना, मूल्य 60 रु० सन् 1996**
2. **History of the Press in India—S. Natrajan, P. 10**
3. **पत्रकारिता का इतिहास एवं जनसंचार माध्यम—डॉ० संजीव भानावत, पृष्ठ 15, यूनिवर्सिटी पब्लिकेशन जयपुर, सन् 2000**
4. **The Indian Press—Margarita Barus, P. 45**
5. **पत्रकारिता जगत—अशोक प्रियदर्शी, पृष्ठ 4**
6. **Journalism in India—Ranga Swami Parthsarathy, P. 19**

भेजने पर भी प्रतिबंध लगा दिया गया।[1] **एम० चेलपति राव** के अनुसार हिक्की तथा उसके अनुयायी अश्लील लेखन तथा स्वतंत्रता के पथ-प्रदर्शक बने।[2]

दूसरा साप्ताहिक पत्र 1780 में कलकत्ता से पीडर रोड ने निकाला, नाम था 'इन्डियन गजट'। यह लगातार 50 साल तक निकला। 1784 में कलकत्ता से ही फ्रांसिस ग्लेडविन ने शासकीय संरक्षण में एक साप्ताहिक पत्र'' ''कलकत्ता गजट'' का प्रकाशन किया। इसके ठीक एक साल बाद 1785 में—कलकत्ता से 'ओरियन्टल मैगजीन', तथा 'बंगाल जनरल' का प्रकाशन हुआ तो इसी साल मद्रास से 'मेडरास कूरियर' निकला। 1789 में मुम्बई से 'बाम्बे हेराल्ड' नाम का साप्ताहिक पत्र निकला। 1791 में 'बोम्बे गजट, 1790 में 'बाम्बे कूरियर', 1818 में 'दिग्दर्शन' जो बाद में 'समाचार दर्पण' के नाम से जाना गया—का प्रकाशन हुआ। 1821 में राजा राममोहन राय ने 'मिरातुल अखबार' निकाला तो , मुम्बई से 1838 में 'टाइम्स ऑफ इन्डिया', 1868 में 'अमृत बाजार पत्रिका', 1865 में इलाहाबाद से 'पायनियर', 1881 में 'ट्रिब्यून', 1878 में 'हिन्दू' तथा 1923 में 'हिन्दुस्तान टाइम्स' का प्रकाशन शुरू हुआ। बाद में गांधी जी की देखरेख में 'हरिजन' और यंग इन्डिया' पत्रों का प्रकाशन हुआ।

(5) (क) हिन्दी पत्रकारिता : उद्‌भव, विकास तथा काल विभाजन का संक्षिप्त इतिहास अथवा हिन्दी पत्रकारिता की परंपरा धारा

''खींचों न कमान न तलवार निकालो।

जब तोप मुकाबिल हो तो अखबार निकालो।।'' (अकबर इलाहाबादी)

हिन्दी पत्रकारिता तत्कालीन बरतानी हुकूमत की फासीवादी और साम्राज्यवादी नीतियों के विरोध की ही उपज है, भारतीय जनता पर उनकी जकड़बंदी, कुंठा, संत्रास, निराशा, बेबसी की अभिव्यक्ति की छटपटाहट है, राष्ट्रीय जनजागरण, समाज-सुधार, अपने हक़ की लड़ाई का बयान है, कुल मिलाकर समकालीन विडम्बनाओं, विभिन्न जटिलताओं, वर्जनाओं, त्रासद प्रतिक्रियाओं का मुकम्मल ब्यौरा है। स्वतंत्रता आन्दोलन के दौर में इसकी शानदार और जीवंत रचनात्मक भूमिका रही है। अत: इसके उद्‌भव, विकास के इतिहास और परंपरा को समझने के लिए हमें चाहिए कि शुरू से लेकर अब तक की उसकी समग्र यात्रा को कालखण्डों में विभक्त कर लिया जाय, या विद्वानों द्वारा विभक्त कालों को देख लिया जाय—

हिन्दी पत्रकारिता का काल विभाजन—विद्वानों द्वारा हिन्दी पत्रकारिता के काल-विभाजन से ध्वनित होता है कि यह कार्य बहुत सरल और आसान नहीं है। श्री बनारसीदास चतुर्वेदी ने एक स्थान पर लिखा है कि पत्रकारिता में युगों की अवधि को ठीक-ठाक निश्चित करना कोई सरल काम नहीं है। एक युग दूसरे युग से मिल जाता है। वास्तव में हिन्दी पत्रकारिता का तार्किक और वैज्ञानिक आधार पर निश्चित काल-विभाजन करना कुछ कठिन कार्य है। सर्वप्रथम राधाकृष्ण दास ने ऐसा प्रारंभिक प्रयास किया था। उसके बाद विशाल भारत के नवम्बर 1930 के अंक में विष्णुदत्त शुक्ल ने इस प्रश्न पर विचार किया, किन्तु वे भी

---

1. **पत्रकारिता का इतिहास एवं जनसंचार माध्यम—डॉ० संजीव भानावत, पृष्ठ 16**
2. **Vidura (दिल्ली से प्रकाशित होने वाली विदुर पत्रिका), पृष्ठ 7, फरवरी, 1980**

किसी निर्णय पर नहीं पहुँच पाए।[1] बहरहाल, कुछ प्रमुख विभाजनों को निम्न प्रकार में देखिए—

(1) काशी नागरी प्रचारिणी द्वारा विभाजन[2]—प्रथम उत्थान—सन् 1826 से 1867, द्वितीय उत्थान—सन् 1868 से 1920, आधुनिक काल—1920 के बाद।

(2) श्री बाल मुकुन्द गुप्त का विभाजन[3]—प्रथम चरण—सन् 1845 से 1877, द्वितीय चरण—सन् 1877 से 1890, तृतीय चरण—1890 के बाद।

(3) एस० नटराजन का विभाजन[4]—(i) Seed Time (बीज वपन काल), (ii) Influence of British Opinion (ब्रिटिश विचारधारा का प्रभाव), (iii) The National Awakening (राष्ट्रीय जागरण), (iv) Democracy and the Press (लोकतंत्र और प्रेस)।

(4) श्री बाँके बिहारी भटनागर का विभाजन[5]—प्रथम चरण—सन् 1826-1857, द्वितीय चरण—भारतेन्दु युग (सन् 1857-1890), तीसरा चरण—सन् 1890-1918, चौथा चरण—गांधीयुग (सन् 1918 से स्वतंत्रता तक)।

(5) डॉ० राम रतन भटनागर का विभाजन[6]—(1) The beginning (आरंभिक युग) 1826-1867, (2) Rise and Growth (उत्थान एवं अभिवृद्धि), **(I)** प्रथम चरण (1867-1883) The age of consolidation of Language and Form) (भाषा एवं स्वरूप के समेकन का युग), **(II)** द्वितीय चरण (1833-1900) The age of propaganda (प्रेस के प्रचार का युग), (3) Development (विकास युग), **(I)** प्रथम **(1900-1921)**।

(6) डॉ० कृष्ण बिहारी मिश्र का विभाजन[7]—(1) भारतीय नवजागरण और हिन्दी पत्रकारिता का उदय (सन् 1826-1867), (2) राष्ट्रीय आन्दोलन की प्रगति—दूसरे दौर की हिन्दी पत्रकारिता (सन् 1867-1900), (3) बीसवीं शताब्दी का आरंभ और हिन्दी पत्रकारिता का तीसरा दौर—इस कालखण्ड का अध्ययन करते समय उन्होंने इसे तिलक युग तथा गांधी युग में भी विभक्त किया है।

(7) डॉ० संजीव भानावत का विभाजन[8]—(1) भारत में पत्रकारिता का ऐतिहासिक विकास (सन् 1820-1900), (2) भारतीय राष्ट्रीय आन्दोलन में पत्रकारिता की भूमिका (सन् 1900-1947), (3) स्वातंत्र्योत्तर भारत में पत्रकारिता (1947 से आज तक)।

(8) डॉ० वशिष्ठ द्विवेदी 'अनूप' का विभाजन[9]—(1) उद्‌भवकालीन पत्रकारिता (1826-1867 तक), (2) भारतेन्दु युगीन पत्रकारिता (1867-1900 तक), (3) द्विवेदी

---

1. **पत्रकारिता का इतिहास एवं जनसंचार माध्यम—डॉ० संजीव भानावत, पृष्ठ 18**
2. **हिन्दी साहित्य का वृहत् इतिहास—काशी नागरी प्रचारिणी सभा, पृष्ठ 215**
3. **गुप्त निबंधावली—बालमुकुन्द गुप्त, पृष्ठ 97**
4. **A History of the Press in India—S. Natrajan, P. 112**
5. **पत्रकारिता का इतिहास एवं जनसंचार माध्यम—डॉ० संजीव भानावत, पृष्ठ 19**
6. **The Rise and Growth of Hindi Journal—Dr. Ram Ratan Bhatnagar, P. 81**
7. **हिन्दी पत्रकारिता—डॉ० कृष्ण बिहारी मिश्र, पृष्ठ 94**
8. **पत्रकारिता का इतिहास एवं जनसंचार माध्यम—डॉ० संजीव भानावत, पृष्ठ 20**
9. **हिन्दी भाषा साहित्य एवं पत्रकारिता का इतिहास—डॉ० वशिष्ठ द्विवेदी 'अनूप', पृष्ठ 180, नीलकमल प्रकाशन, गोरखपुर, 2004**

युगीन पत्रकारिता (1900-1920 तक), (4) छायावाद युगीन पत्रकारिता (1920-1947 तक), (5) स्वातंत्र्योत्तर पत्रकारिता (1947 से अब तक)।

बहरहाल, अब हम 'अनूप' जी के वर्गीकरण को आधार मानकर 'हिन्दी पत्रकारिता के उद्‌भव और विकास' पर प्रकाश डाल रहे हैं—

(1) हिन्दी की उद्‌भव कालीन पत्रकारिता (1826 से 1867 तक)—इस काल में प्रकाशित प्रमुख पत्र-पत्रिकाएँ इस प्रकार हैं—

सन्	पत्र का नाम	संपादक/प्रकाशक	स्थान	भाषा
30 मई, 1826	उदन्त मार्तण्ड	पं० युगल किशोर सुकुल	कोलकाता	हिन्दी
10 मई, 1829	बंगदूत	राजा राममोहन आदि	कोलकाता	हिन्दी
1830	सद्धर्मप्रचारक	जे० ची० चौधरी काव्यतीर्थ	काशी	हिन्दी
जून 1834	प्रजामित्र	अनिश्चित	काशी	हिन्दी
जून 1845	बनारस अखबार	शिव प्रसाद सिंह	कोलकाता	हिन्दी
11 जून 1846	मार्त्तण्ड	नसीरुद्दीन	कोलकाता	हिन्दी, उर्दू, फारसी, बांग्ला
1846	ज्ञानदीप	प्र० अली	कोलकाता	...
1 जनवरी, 1948	शिमला अखबार	शेख अब्दुल्ला	शिमला	हिन्दी, उर्दू
1948	मालवा अखबार	प्रेम नारायण	इन्दौर	हिन्दी, मराठी
1949	जगद्वीप भास्कर	...	कोलकाता	हिन्दी, बंगला
1850	साम्यदण्ड भास्कर	युगल किशोर सुकुल	कोलकाता	हिन्दी
1850	सुधाकर	सं० तारामोहन मिश्र	काशी	हिन्दी
1850	सामदण्ड मार्तण्ड	सं० तारामोहन मिश्र	कोलकाता	हिन्दी
1850	मजहरुल सरुर	भरतपुर दरबार का मुख पत्र	भरतपुर	हिन्दी, उर्दू
1852	बुद्धि प्रकाश	...	आगरा	हिन्दी
1856	राजपूताना अखबार	...	जयपुर	हिन्दी
1861	जगलाम चिन्तक	...	अजमेर	हिन्दी
1863	जगहित कारक	...	अजमेर	हिन्दी

हिन्दी का पहला पत्र कौन?—प्रकाशन तिथि के अनुसार हिन्दी का पहला समाचार पत्र **उदन्त मार्तण्ड** अवश्य है, लेकिन कई ऐसे विद्वान् हैं, जो इस तथ्य को स्वीकार नहीं करते। श्री राधाकृष्ण दास[1] तथा बाद में श्री बालमुकुन्द गुप्त[2] ने राजा शिवप्रसाद सितारे हिन्द के अखबार 'बनारस अखबार' (1845) को हिन्दी का प्रथम समाचार पत्र माना था। इधर, एक अन्य विद्वान् डॉ० महादेव साहा ने अप्रैल 1818 में श्री रामपुर के पादरियों द्वारा बंगला तथा हिन्दी में प्रकाशित 'दिग्दर्शन' को बंगला तथा हिन्दी भाषा का पहला पत्र माना है।[3] डॉ० जोगेन्द्र सक्सेना भी 'दिग्दर्शन' को ही हिन्दी का प्रथम पत्र मानते कहते हैं, कि अप्रैल 1818 से मार्च, 1819 और जनवरी से अप्रैल 1820 तक इस मासिक पत्र के कुल सोलह

1. **हिन्दी भाषा के सामयिक पत्रों का इतिहास—राधाकृष्ण दास, पृष्ठ 105**
2. **पत्रकारिता का इतिहास एवं जनसंचार माध्यम—डॉ० संजीव भानावत, पृष्ठ 22**
3. **साप्ताहिक हिन्दुस्तान (हिन्दी की प्रथम पत्रिका), पृष्ठ 14, 23 मई, 1976**

अंक अंग्रेजी और बंगला में प्रकाशित हुए थे। दिल्ली से आदमी लाकर इसकें तीन अंक निकाले गए। इस तरह 'दिग्दर्शन' बंगला का पहला पत्र होने के साथ ही हिन्दी का भी पहला पत्र है।[1] इस मासिक पत्र के अंग्रेजी तर्जुमे की जरूरत के बारे में दिसम्बर 1818 के 'Friend of India' में लिखा था—"It has been suggested that certain article in the Monthly Digdarshan, might not be wholly uninteresting to our youth in general..." इसी तरह एक अन्य समाचार पत्र 'दरबार रोजनामचा' (Darbar Rojanamacha)[2] ने भी स्वत: हिन्दी का पहला पत्र घोषित किया। यह पत्र राजस्थान के बूँदी जिले से 1818-1820 के बीच 'दरबार रोजनामचा' (Court-Journal) नाम से प्रकाशित होता था।

लेकिन 30 मई, 2005 को 179 वर्षीय 'उदन्त मार्तण्ड' को ही अधिसंख्य विद्वान् हिन्दी का पहला समाचार पत्र मानते हैं। तत्कालीन 'प्रवासी' के उप संपादक श्री वृजेन्द्र नाथ बन्द्योपाध्याय,[3] अंबिका प्रसाद वाजपेयी,[4] डॉ० कृष्ण लाल[5] तथा श्री रंगास्वामी पार्थसारथी जैसे विद्वान्, पत्रकार 'उदन्त मार्तण्ड' को ही हिन्दी का निर्विवाद पहला पत्र होने का गौरव देते हैं—"The earliest Hindi newspaper was started in Calcutta in 1826. It was weekly, 'Oodunt Martand.' Its editor, Jughul Kishore Sukul, faced many difficulties in running it. He needed postal facilities to dispatch it to readers outside Bengal. The Government when approached refused to grant him postal concessions. He was unable to face the high postal rates had to close down the paper within a year."[6] बहरहाल, कानपुर से कोलकाता गए श्री युगल किशोर सुकुल ने जिस उत्साह-उमंग से इसे प्रकाशित करते, पाठकों को इसका पता-ठिकाना और 'बासा' बताते लिखा कि, "यह उदन्त मार्तण्ड कलकत्ते के कोल्हूटोला के अमड़ातला गली की 37 नंबर हवेली के मार्तण्ड छापा में हर सतवारे मंगलवार को छापा जाता है। जिस किसी को लेने का काम पड़े वे उसे छापाघर में अपना पता भेजने से ही उनके समीप भेजा जाएगा। इसका मोल महीने में दो रुपया।"[7] पर, दुर्भाग्य से हिन्दुस्तानियों के हित के हेत सतवारे के सतवारे छपने वाला पहला अखबार अपने जन्म के डेढ़ साल बाद 4 दिसम्बर, 1827 को बंद हो गया—

"आज दिवस लौं उग चुक्यों मार्तण्ड उदन्त,
अस्ताचल को जात है दिनकर-दिन अब अंत।"

क्योंकि ग्राहकों का अभाव, सहकारी-सरकारी इमदाद की कमी के साथ-साथ सुकुल जी ने लिखा कि, "शूद्र चाकरी करते हैं, उन्हें पढ़ाई-लिखाई आदि से मतलब नहीं। कायस्थ

---

1. हिन्दी पत्रकारिता : विविध आयाम—वेद प्रताप वैदिक, पृष्ठ 343, हिन्दी बुक सेन्टर, दिल्ली, मूल्य 150 रु० सन् 2002
2. Annals and Antiquities of Rajasthan—Col. James Todd, Part II, P. 407
3. हिन्दी समाचार पत्रों की आरंभिक कथा—वृजेन्द्र नाथ बन्द्योपाध्याय, पृष्ठ 106
4. समाचार पत्रों का इतिहास—अम्बिका प्रसाद बाजपेयी, पृष्ठ 99, ज्ञानमण्डल लि०, वाराणसी, सं० 2010
5. आधुनिक हिन्दी साहित्य का इतिहास—डॉ० श्रीकृष्ण लाल, पृष्ठ 382
6. Journalism in India—Ranga Swami Parthsarthy, P. 187
7. 'उदन्त मार्तण्ड', 30 मई, 1826, कोलकाता

फारसी-उर्दू पढ़ा **करते हैं** और वैश्य अक्षर समूह सीख कर बही खाता करते हैं। खत्री बजाजी आदि **करते** हैं, पढ़ते-लिखते नहीं और ब्राह्मणों ने तो कलियुगी ब्राह्मण बनकर पठन-पाठन को **तिलांजलि** दे रखी है, फिर हिन्दी का समाचार पत्र कौन पढ़े और खरीदे।''[1]

(2) भारतेन्दु युगीन पत्रकारिता (1867 से 1900 तक)— भारतेन्दु युग को हिन्दी पत्रकारिता **के** विकास का दूसरा उत्थान माना जा सकता है। इस युग की पत्रकारिता का केन्द्रीय स्वर जनजागरण है, किसी प्रकार के अन्याय या पक्षपात का प्रतिकार है, मातृभूमि, स्वदेशी वस्तुओं का व्यवहार, गोरक्षा, बाल-विवाह निषेध, शिक्षा-प्रसार, मद्य-निषेध, भ्रूण हत्या की निन्दा का उद्बोधन है। साफ शब्दों में, इस काल की पत्रकारिता का फलक अत्यन्त विस्तृत है। ब्रह्म समाज, प्रार्थना समाज, आर्य समाज, रामकृष्ण परमहंस, विवेकानंद के विचार तथा थियोसॉफिकल सोसाइटी के सिद्धान्तों का प्रभाव भी भारतेन्दु युगीन पत्रकारिता पर स्पष्ट रूप से देखा जा सकता है। मुद्रण यंत्रों का विस्तार तथा समाचार पत्रों का पहले की तुलना में सहजता से प्रकाशन—इस युग की पत्रकारिता को पनपाता है। अंग्रेजों की शोषण-नीति का खुलासा करते भारतेन्दु जी लिखते हैं—

भीतर भीतर सब रस चूसै, हँसि-हँसि के तन मन धन मूसै।
जाहिर बातन में अतितेज, क्यों सखि साजन! नहिं अँगरेज॥

भारतेन्दु युग की पत्रकारिता में नारी शिक्षा, विधवा-विवाह, अस्पृश्यता, धार्मिक सहिष्णुता, समन्वय भावना, विदेशी शासन, पश्चिमी सभ्यता तथा सुधारवादी जीवन दृष्टि से संबंधित अभिव्यक्ति का खरापन वृहत्तर आयाम के साथ जुड़ता दीख पड़ता है। परिष्कार, शक्ति और प्रौढ़ता की दृष्टि से, वाक्य-विन्यास की दृष्टि से, भाषा की मूल जातीय प्रकृति की दृष्टि से इस काल की पत्रकारिता पहले की तुलना में प्रौढ़ और वयस्क होने की सूचना देती है। **डॉ० राजेन्द्र शर्मा**[2] लिखते हैं कि, ''हिन्दी पत्रकार कला का प्रारंभ यों तो विद्वान् 30 मई, सन् 1826 से मानते हैं, जिस दिन हिन्दी का प्रथम समाचार पत्र 'उदन्त मार्तण्ड' निकला, किन्तु हिन्दी पत्रकार कला का वास्तविक प्रारंभ सन् 1868 से माना जाता है, जबकि भारतेन्दु द्वारा संपादित 'कविवचन सुधा' का प्रकाशन प्रारम्भ हुआ। इससे पूर्व हिन्दी में जितने भी पत्र निकलते थे, उनकी निश्चित शैली नहीं थी।'' एक आँकड़ा के अनुसार इस काल में लगभग दो सौ साहित्यिक पत्र-पत्रिकाओं ने पत्रकारिता को पुष्ट और प्रौढ़ किया, जिनमें से कुछ को इस प्रकार देखा जा सकता है—

पत्र का नाम	संपादक	स्थान	मासिक/पाक्षिक	सन्
कवि वचन सुधा	भारतेन्दु हरिश्चन्द्र	काशी	मासिक/पाक्षिक	1868
समय विनोद	बद्रीदत्त ज्योतिर्विद	नैनीताल	पाक्षिक	1869
उदय गजट	मुंशी नवल किशोर	उदयपुर	मासिक	1869
जगत समाचार	—	आगरा	साप्ताहिक	1869
बुद्धि विलास	—	जम्मू	मासिक	1870

1. **दैनिक हिन्दुस्तान, 25 मई, 2005, वाराणसी संस्करण**
2. **पं० बालकृष्ण भट्ट—डॉ० राजेन्द्र शर्मा, पृष्ठ 143**

पत्र का नाम	संपादक	स्थान	मासिक/ पाक्षिक	सन्
ज्ञानप्रकाश	मुंशी नवल किशोर	कानपुर	साप्ताहिक	1870
सुलभ समाचार	—	कलकत्ता	साप्ताहिक	1871
अल्मोड़ा अखबार	मुंशी सदानंद सनवात	अल्मोड़ा	साप्ताहिक	1871
बिहार बन्धु	केशव राम भट्ट	बाँकीपुर	मासिक	1871
हिन्दी दीप्ति प्रकाश	कार्तिक प्रसाद खत्री	कलकत्ता	साप्ताहिक	1872
श्री हरिचन्द्र चन्द्रिका	भारतेन्दु हरिश्चन्द्र	काशी	मासिक	1873
हरिश्चन्द्र मैग्जीन	भारतेन्दु हरिश्चन्द्र	काशी	मासिक	1873
प्रिंस ऑफ वेल्स	—	मुरादाबाद	साप्ताहिक	1873
चरणादि चन्द्रिका	जयराम	काशी	साप्ताहिक	1873
बाला बोधिनी	—	काशी	मासिक	1874
भारत बन्धु	तोताराम वर्मा	अलीगढ़	साप्ताहिक	1874
सदादर्श	श्री निवास दास	दिल्ली	साप्ताहिक	1874
भगवत् भक्तितोषिणी	—	काशी	साप्ताहिक	1874
सकल संबोधिनी	सरदार संतोष सिंह	अमृतसर	मासिक	1875
नीति प्रकाश	कन्हैयालल	लुधियाना	मासिक	1875
आनंद लहरी	धीरज शास्त्री	काशी	साप्ताहिक	1876
काशी पत्रिका	बालेश्वर प्रसाद	काशी	साप्ताहिक	1876
सुदर्शन समाचार	मुरलीधर	प्रयाग	मासिक	1876
हिन्दी प्रदीप	बालकृष्ण भट्ट	प्रयाग	मासिक	1877
नागरी पत्रिका	सदासुख लाल	प्रयाग	मासिक	1877
मित्र विलास	पं० मुकुन्द लाल	लाहौर	साप्ताहिक	1877
कायस्थ समाचार	—	प्रयाग	मासिक	1878
ज्ञानचन्द्र	रतननाथ	प्रयाग	साप्ताहिक	1878
भारत मित्र	छोटूलाल मिश्र	कलकत्ता	दैनिक, पाक्षिक	1878
सज्जन विनोद	कृष्ण लाल	आगरा	साप्ताहिक	1878
आर्यमित्र	—	काशी	मासिक	1878
जयपुर गजट	महेन्द्र नाथ सेन	जयपुर	मासिक	1878
सारसुधानिधि	सदानन्द मिश्र	कलकत्ता	साप्ताहिक	1879
सज्जन कीर्ति	महाराणा सज्जन सिंह	उदयपुर	साप्ताहिक	1879
उचितवक्ता	दुर्गाप्रसाद मिश्र	कलकत्ता	साप्ताहिक	1880
क्षत्रिय पत्रिका	बाबू रामदीन सिंह	बाँकीपुर	मासिक	1880
आनंद कादम्बिनी	बदरी नारायण चौधरी	मिर्जापुर	मासिक	1881
प्रयाग समाचार	देवकी नंदन तिवारी	प्रयाग	मासिक	1882

पत्र का नाम	संपादक	स्थान	मासिक/पाक्षिक	सन्
वैष्णव पत्रिका	अंबिकादत्त व्यास	काशी, भागलपुर	मासिक	1883
इन्दु	—	लाहौर	मासिक	1883
जगविलास	पं० विन्ध्याचल प्रसाद	बाँकीपुर	मासिक	1883
सदाचार मार्तण्ड	पं० लालचन्द्र शास्त्री	जयपुर	मासिक	1883
भारतेन्दु	पं० राधाचरण गोस्वामी	वृन्दावन	मासिक	1883
इन्द्रप्रस्थ प्रकाश	जयंती प्रसाद शर्मा	दिल्ली	मासिक	1883
काशी समाचार	बिहारी सिंह	काशी	मासिक	1883
सत्य प्रकाश	राम वंशीलाल	बरेली	मासिक	1883
दिनकर प्रकाश	रामदास वर्मा	लखनऊ	मासिक	1883
ब्राह्मण	प्रताप नारायण मिश्र	कानपुर	मासिक	1883
पीयूष प्रवाह	पं० अंबिका दत्त	भागलपुर	मासिक	1883
कान्यकुब्ज प्रकाश	—	लखनऊ	—	1884
भारत जीवन	रामकृष्ण वर्मा	काशी	साप्ताहिक	1884
चंपारन हितकारी	—	बेतिया	मासिक	1884
हिन्दुस्तान	राजा रामपाल सिंह	कालाकांकर	दैनिक	1885
भारतोदय	बाबू सीताराम	कानपुर	दैनिक	1885
भारत प्रकाश	बनवारी लाल	मुरादाबाद	मासिक	1885
सत्य प्रकाश	पं० ज्वाला प्रसाद	आगरा	मासिक	1885
विद्या विलास	पं० दुर्गा प्रसाद मिश्र	कलकत्ता	मासिक	1885
भारत पंचामृत	बालगोविन्द मिश्र	कलकत्ता	मासिक	1885
काव्यामृत वर्षिणी	शिवदत्त मिश्र	लखनऊ	मासिक	1885
भारत चन्द्रोदय	गुरुबख्श सिंह	बिठूर, कानपुर	मासिक	1885
रसिक पंच	बालभद्र मिश्र	प्रयाग	मासिक	1886
सुख संवाद	लक्ष्मण प्रसाद ब्रह्मचारी	लखनऊ	मासिक	1886
शुभ-चिन्तक	रामगुलाम अवस्थी	जबलपुर	साप्ताहिक	1887
आयुर्वेदोद्धारक	दत्तराय चौबे	मथुरा	मासिक	1887
भारत भ्राता	लाल बलदेव सिंह	रीवाँ	साप्ताहिक	1887
गुर्जर समाचार	पं० राम नारायण	मथुरा	मासिक	1887
प्रयाग मित्र	देशोपकारक प्रेस	प्रयाग	पाक्षिक	1887
आर्यावर्त्त	—	कलकत्ता	साप्ताहिक	1887
सभापत्र	हर सहाय मल	मुरादाबाद	—	1888
रहस्य चन्द्रिका	—	काशी	पाक्षिक	1888
भरत भार्गनी	श्रीमती महादेवी	प्रयाग, लाहौर	पाक्षिक	1888
भरतवर्ष	राम नारायण वाजपेयी	बिठुर, कानपुर	मासिक	1889

पत्र का नाम	संपादक	स्थान	मासिक/ पाक्षिक	सन्
प्रजा हितैषी	राम नारायण वाजपेयी	जबलपुर	मासिक	1889
आरोग्य जीवन	पं० गजानन राव	प्रयाग	मासिक	1889
विद्याधर्म दीपिका	चन्द्रशेखर मिश्र	गोरखपुर, चंपारन	मासिक	1889
सुगृहिणी (स्त्री पत्रिका)	हेमन्त कुमारी चौधरी	शिलाँग	मासिक	1889
बुद्धि प्रकाश	चन्द्रशंकर गौड़	लखनऊ	पाक्षिक	1889
द्विज पत्रिका	दीनदयाल सिंह	बाँकीपुर	पाक्षिक	1889
तराई गजट	लखपत राय	जसपुर	साप्ताहिक	1889
भारत दर्पण	विष्णुनाथ ब्रह्मचारी	कलकत्ता	साप्ताहिक	1889
भारत मार्तण्ड	विष्णुनाथ ब्रह्मचारी	कलकत्ता	साप्ताहिक	1889
मित्र	पं० दामोदर विष्णु सप्रे	काशी	साप्ताहिक	1889
राजस्थान समाचार	मुंखी समर्थदान	अजमेर	मासिक	1889
कवित तेन्दु	श्री गणेश नारायण घोपपड़े	अमरावती	मासिक	1890
गोरक्षा	—	नागपुर	मासिक	1890
सरस्वती विलास	नन्हे लाल	नरसिंहपुर	मासिक	1890
निगमागम चन्द्रिका	पं० ठाकुर प्रसाद शर्मा	मेरठ	—	1890
बाल सुधा	—	होशंगाबाद	मासिक	1890
मोतीचूर	मुंशी अमीर हसन	बाँकीपुर	मासिक	1890
सत्य	—	मुरादाबाद	मासिक	1890
सज्जन सुधायान	पं० बैजनाथ व्यास	तिलहारा	साप्ताहिक	1890
तिमिर नाशक	पं० कृपाराम	काशी	साप्ताहिक	1890
जयपुर समाचार	अमर नारायण माथुर	जयपुर	साप्ताहिक	1890
संपादन चन्द्रिका	पं० भुवनेश्वर मिश्रा	सदर बेतिया	साप्ताहिक	1890
हिन्दी बंगवासी	अमृत लाल चक्रवर्ती	कलकत्ता	साप्ताहिक	1890
सर्वाहित	राम प्रताप शर्मा	बूँदी	पाक्षिक	1890
खिचड़ी समाचार	माधव प्रसाद खत्री	मिर्जापुर	साप्ताहिक	1891
कवि और चित्रकार	पं० कुन्दन लाल	फतहगढ़	त्रैमासिक	1891
धूर्त्त पंच	दामोदर प्रसाद शर्मा	कलकत्ता	मासिक	1891
विद्या प्रकाश	रामनारायण	लखनऊ	मासिक	1891
नौका जगहित	बंशीधर	बनारस	मासिक	1891
रामजन मित्र	पं० गणपत राव	बनारस	मासिक	1891
रामपताका	पं० राधा मोहन शुक्ल	प्रयाग	मासिक	1891
शिक्षक	एम० एल० शुक्ला	मथुरा	मासिक	1891
व्यापार	सीताराम	कानपुर	मासिक	1891

पत्र का नाम	संपादक	स्थान	मासिक/ पाक्षिक	सन्
व्यापार हितैषी	हनुमान प्रसाद	काशी	साप्ताहिक	1892
भारत भूषण	बाबू गोपाल राम गहमरी	मुम्बई	मासिक	1892
भारत हितैषी	विशन स्वरूप	फर्रुखाबाद	मासिक	1892
ब्राह्मण हितकारी	पं० कृपा राम	काशी	मासिक	1892
सरस्वती प्रकाश	बनवारी लाल	काशी	मासिक	1892
नागरी नीरद	बद्री नारायण चौधरी 'प्रेमधन'	मिर्जापुर	मासिक/ साप्ताहिक	1893
भारत प्रताप	प्रताप कृष्ण आगा।	मुरादाबाद	मासिक	1893
सुधा सागर	छदम्मी लाल दूबे	कानपुर	मासिक	1893
सत्यवक्ता	गोपाल प्रसाद	होशंगाबाद	मासिक	1893
साहित्य सुधानिधि	देवकीनंदन खत्री	मुजफ्फरपुर	मासिक	1893
वनिता हितैषी	सीताराम	कानपुर	मासिक	1894
रत्नाकर	पं० शिवराम पाण्डेय	प्रयाग	मासिक	1894
सर्व हितैषी	पं० रामस्वरूप बनवारी लाल	मुरादाबाद	मासिक	1894
सारन सरोज	अवध बिहारी शरण	छपरा	मासिक	1894
न्याय पत्र	विद्यावर्द्धिनी सभा	प्रयाग	मासिक	1894
नाट्य पत्र	विद्यावर्दिनी सभा	प्रयाग	मासिक	1894
दिनचर्या	पं० मोहन लाल विष्णु	नाथद्वारे	मासिक	1894
प्रभाकर	लाल पाड्या	मुम्बई	मासिक	1894
संसार दर्पण	पं० अयोध्या प्रसाद	झाँसी	मासिक	1895
एलोपैथिक डॉक्टर	जगन्नाथ शर्मा	प्रयाग	मासिक	1895
विद्या विनोद	—	बाँकीपुर	मासिक	1895
प्रश्नोत्तर	भिखारी चरण	काशी	मासिक	1895
कुसुमांजली	बाबूबलुक प्रसाद	काशी	मासिक	1895
नागरी प्रचारिणी पत्रिका	श्यामसुन्दर दास	काशी	मासिक	1896
श्री वेंकटेश्वर समाचार	सेठ खेमराज	मुंबई	साप्ताहिक	1896
प्रताप	श्री ज्वाला प्रसाद	अलीगढ़	साप्ताहिक	1896
उदयपुर गजट	राज्यपत्र	उदयपुर	मासिक	1896
रसिक मित्र	व्रजभूषण लाल गुप्त	कानपुर	मासिक	1896
रसिक बाटिका	व्रजभूषण लाल गुप्त	कानपुर	मासिक	1896
कवि और समालोचक	—	बलिया	मासिक	1897
भारतोपदेशक	ब्रह्मानंद सरस्वती	मेरठ	मासिक	1897
चन्द्रिका	हजारी लाल	लखनऊ	मासिक	1897

पत्र का नाम	संपादक	स्थान	मासिक/ पाक्षिक	सन्
त्रिवेणी तरंग	विद्याधर्मबर्द्धिनी सभा	प्रयाग	मासिक	1897
स्वदेशी वस्तु प्रचारक	—	पंजाब	मासिक	1897
शिक्षा	पं० सकलनारायण शर्मा	बाँकीपुर	मासिक	1897
भारत मार्तण्ड	पं० रामकिरण शर्मा, 'श्याम'	जोधपुर	साप्ताहिक	1998
उपन्यास	—	काशी	मासिक	1998
पंडित पत्रिका	—	काशी	मासिक	1998
तंत्र प्रभाकर	कन्हैयालाल शर्मा	मुरादाबाद	मासिक	1998
नृत्य पत्र	देवकी नंदन	प्रयाग	मासिक	1998
प्रेम पत्रिका	मनोहर लाल मिश्र	कानपुर	मासिक	1999
देश-हितकारी	—	मेरठ	मासिक	1999
सर्वहितकारक	लाला देवीदास	अल्मोड़ा	मासिक	1999
सरस्वती	श्यामसुन्दर दास आदि	प्रयाग	मासिक	1900
काव्य कलानिधि	महावीर प्रसाद भालवी	कोंद (ज्ञानपुर)	मासिक	1900
काव्य सुधानिधि	राम भरोसे शर्मा	काशी	मासिक	1900
छत्तीसगढ़ मित्र	माधव राव सप्रे	विलासपुर	मासिक	1900
बड़ा बाजार गजट	बाबू राम लाल	कलकत्ता	साप्ताहिक	1900[1]

(3) द्विवेदी युगीन पत्रकारिता (सन् 1900 से 1920 तक)—

> **''देश भक्त वीरों, मरने से नेक नहीं डरना होगा।**
> **प्राणों का बलिदान देश की वेदी पर करना होगा॥''**

तथा—

> **''वंदनीय वह देश जहाँ के देशी निज अभिमानी हों।**
> **बान्धवता में बँधे परस्पर परता के अज्ञानी हों॥''**

आत्माभिमान एवं देशाभिमान तथा स्वतंत्रता प्राप्ति के लिए क्रांति और आत्मोत्सर्ग की प्रेरणा, पराधीनता को सबसे बड़ा अभिशाप, स्वदेशी वस्तुओं का प्रयोग, विदेशी वस्तुओं का बहिष्कार, अतीत का गौरव, वर्तमान-दशा पर क्षोभ, हर तरह के शोषण, सामाजिक कुरीतियाँ, धर्माडंबर, हिन्दी अनुराग, बाल-विवाह पर तीखा व्यंग, विधवाओं और अछूतों का दारुण दुख, शुभ पक्ष को प्रोत्साहन, अशुभ पक्ष का तिरस्कार, परंपरा के उपयोगी तत्त्वों का पोषण एवं समर्थन, सांस्कृतिक पुनरुत्थान आदि विविध उच्चादर्श द्विवेदी युगीन पत्रकारिता में अद्‌भुत विस्तार तो पाते ही हैं, यही भावनाएँ इस युग की पत्रकारिता की मूल धड़कन एवं केन्द्रीय स्वर हैं। भारतेन्दु युग की तुलना में इस युग में शास्त्रीय रूढ़ियाँ टूटती हैं, पत्रकारिता

1. **हिन्दी साहित्य का इतिहास—सं० डॉ० नगेन्द्र, पृष्ठ 532, नेशनल पब्लिसिंग हाउस, दिल्ली, सन् 1973, प्र० सं०**

पण्डिताऊपन एवं ठेठ गवाँरूपन से मुक्त होती है, इसका उद्देश्य व्यापक जन समुदाय को प्रभावित करना और दायित्वबोध जगाना बनता है। पत्रकारिता की शैली बदलती है, भाषा और व्याकरण के शुद्ध प्रयोग पर बल दिया जाता है। आलोच्ययुगीन पत्रकारिता पर बाल गंगाधर तिलक का प्रभाव स्पष्ट दिखाई पड़ता है। वस्तुत: उन्होंने 1908 ई० से अपने 'केसरी' पत्र का हिन्दी-संस्करण 'हिन्दी केसरी' नाम से प्रकाशित करना आरंभ किया। इसमें उनकी ओजस्वी और विद्वतापूर्ण टिप्पणियाँ प्रकाशित होती थीं। राजनीति में गणेश शंकर विद्यार्थी तिलक के समर्थक थे। हिन्दी प्रदेश के तत्कालीन राजनीतिक हिन्दी पत्रों को विद्यार्थी जी ने बहुत प्रभावित किया। कलकत्ता की पत्रकारिता को भी तिलक ने प्रभावित किया। बीसवीं शती के प्रथम चरण में हिन्दी प्रदेश में दो प्रकार की पत्र-पत्रिकाएँ प्रकाशित होती थी—(1) राजनीतिक तथा (2) साहित्यिक।

साहित्यिक-सांस्कृतिक पत्रिकाओं में 1900 ई० में मासिक प्रकाशित होने वाली 'सरस्वती' मशाल के रूप में जलती है। इसके संपादकों में श्री कार्तिक प्रसाद खत्री, किशोरी लाल गोस्वामी, जगन्नाथ दास बी० ए०, बाबू राधाकृष्ण दास तथा बाबू श्याम सुन्दर दास बी० ए० थे। कालान्तर में श्री महावीर प्रसाद द्विवेदी के संपादकत्व में इस पत्रिका को नई ताकत मिली। साफ शब्दों में 'सरस्वती' इस युग की सर्वाधिक महत्त्वपूर्ण पत्रिका थी और संस्मरण साहित्य ने इसके माध्यम से ही अपने अस्तित्व की सूचना दी। इसके विभिन्न अंकों में समय-समय पर अनेक रोचक संस्मरण प्रकाशित होते रहे।[1] बहरहाल, इस युग की कुछ प्रमुख पत्र-पत्रिकाओं को इस प्रकार देखा जा सकता है, 1900 में सरस्वती, सुदर्शन, कालिदास, काव्य कला निधि, जैन मित्र, छत्तीसगढ़ मित्र, भाषा चन्द्रिका, 1901 में उपन्यास, ऐतिहासिक लफक मित्र, समालोचक, जयपुर मित्र, अवध समाचार, गोपाल-पत्रिका, 1902 में उपन्यास लहरी, अनाथ रक्षक, वसुन्धरा, गया समाचार, आर्य वनिता, 1903 में वाणिज्य सुखदायक, उपदेशक, समय, रसिक लहरी, कायस्थ कुलभास्कर, 1904 में हितवाणी, कुसुमांजलि, निगमागम चन्द्रिका, मित्र गोष्ठी पत्रिका, 1905 में इतिहास, इतिहास माला, भारतेन्दु, सनातन धर्म, 'स्वदेश बन्धु', 'कान्यकुब्ज', कलवार क्षत्रिय मित्र, संतीतमृत प्रवाह, सद्वैयक्कोस्तुभ, 1906 में गुप्तचर, भारती, विनोद वाटिका, कनवजिया, कान्यकुब्ज बन्धु, ब्राह्मण कुल चन्द्रिका, अग्रवाल, कलवार गजट, नागरी हितैषिणी पत्रिका, गढ़वाल, समाचार, बाल प्रभाकर, वैदिक सर्वस्व, 1907 में अभ्युदय, हिन्दी केसरी, उपन्यास बहार, नागरी प्रचारिणी पत्रिका, रामायण, नृसिंह, देवनागर, विद्या भास्कर, भारतभूमि, मारवाड़ी बन्धु, दयानंद पत्रिका, आनंद, अद्भुत मित्र, 1908 में सुन्दर श्रृंगार समाचार, हिन्दू मंच, भारतवासी, भारत, काव्य कला निधि, खत्री हितकारी, व्यापारी व कारीगर, कलवार मित्र, क्षत्रिय, भारती, कमला, प्रभाकर, ज्ञानोदय, 1909 में देहाती, नागरी प्रचारिणी लेखमाला, इन्दु, बाल प्रभाकर, सारस्वत, क्षत्रिय मित्र, कर्मयोगी, भारत बन्धु, वीरभारत, चाँद, उषा, सारस्वत, ज्योति प्रभा, हिन्दी बाल प्रभा, किसानी माला, धर्मालय दीपिका, जान्हवी, कवि, साधु समाचार, गृहलक्ष्मी, स्त्रीधर्म रक्षक, मर्यादा, 1910 में प्रताप, आयुर्वेद, सुधानिधि, कुलश्रेष्ठ, नवजीवन, प्रजाबंधु, सुधांशु, सेवक, साधु, व्यापार समाचार, बालवार समाचार, त्रिशुल, 1911 में अलीगढ़ डिस्ट्रिक्ट गजट, कूर्मांचल केसरी, महिला हितकारक, कामधेनु, तेली समाचार,

---

1. हिन्दी साहित्य का इतिहास—सं० डॉ० नगेन्द्र, पृष्ठ 532, नेशनल पब्लिसिंग हाउस, दिल्ली, सन् 1973, प्र० सं०

श्री सरयूपारीण, जैन नारी हितकारी, आचार्य, आयुर्वेद मार्तण्ड, स्त्री चिकित्सक, हिन्दी चित्रमय जगत, क्षत्रिय समाचार, जमींदार, बाल हितैषी, क्षत्रिय मित्र, बाबा भगवानदास, किसान मित्र, 1912 में मनोरंजन, भारत मित्र, प्रेम, वैश्य, मॉनीटर, सत्य प्रकाश, सिन्धु भास्कर, निर्भय, योगी, 1913 में कानपुर गजट, हिन्दी विहारी, वेंकटेश्वर समाचार, पाटलिपुत्र, अल्मोड़ा, अग्रवाल, अग्रवाल सेवक, भारत महिला, यादव मित्र, मारवाड़ी हितैषी, कोइरी हित चिन्तक, कन्या मनोरंजन, कन्या सर्वस्व, स्त्री शिक्षा, विशाल कीर्ति, सम्मेलन पत्रिका, देहाती, सनातन धर्ममण्डल, किसानोपकारक, नवनीत, प्रभा, प्रियंवदा, कारीगर, कन्या पताका, हिन्दी साहित्य, आरोग्य सिन्धु, प्रताप, 1914 में कलकत्ता समाचार, बिहारी, सर्वहितैषी, अवधवासी, हिन्दी केसरी, डिस्ट्रिक्ट गजट बुलंदशहर, अवध केसरी, कबीर पंथी, आर्य, विद्यार्थी, साहित्य सरोवर, सनाढ्य, हलवाई वैश्य हितैषी, तुलसीपत्र, वैद्यमृत, वैद्यभूषण, कला कुशल, शिल्प कला, हिन्दी प्रकाश, कृषि सुधार, बालमनोरंजन, हिन्दी सर्वस्व, धौलपुर स्टेट गजट, आनंद संगीत पत्रिका, भक्ति प्रचारक, 1915 तरंगिणी, बालबोध, प्रह्लाद, हलवाई वैश्य संरक्षक, खंडेलवाल जैन हितैषी, ब्रह्मभट्ट हितैषी, पालीवाल ब्रह्मोदय, जातीय, विज्ञान,डॉक्टर देशी डॉक्टर, वैद्य भाषा, गृहस्थ, शिशु, मनोरमा, सत्य समाचार, मनोरमा, ब्रह्मचारी, 1916 में विश्वमित्र, मथुरा समाचार, वैद्य सम्मेलन, श्री वैष्णव, सुधावर्षण, सर्वशिक्षक, सेवक, माथुर वैश्य हितकारी, जैन मार्तण्ड, भूमिहार ब्राह्मण, 1917 में निर्बल सेवक, विद्यार्थी सखा, भारतबंधु, उषा, श्री विद्या, समाज, स्कूल मास्टर, 'इण्डियन सेटलर' 1918 में आर्य महिला, बृहतशक्ति, सूर्य, हिन्दी गल्प माला, कालिन्दी, संकल्प, विश्वमित्र, कानपुर समाचार, ब्रह्मर्षि, धर्मवीर, उत्साह, मथुरा गजट, सत्यकेतु, युगान्तर, राष्ट्र सेवक, ललिता, धर्मवीर, विवेचक, हितैषी, आर्य महिला, सत्यवादी, अमीर समाचार, कायस्थ कुलसेवक, कायस्थ महिला हितैषी, क्षत्रिय हितकारी, लड़ाई अखबार, कुसुमांजलि, विश्वविद्यालय प्रचारक, 1919 में विजय, वीरभारत, औदुधर, नवजीवन, सत्याग्रही, सिन्धु समाचार, अरोड़वंश मिलाय, भविष्य, गोग्रास, शक्ति, श्री अग्रवाल, अग्रवाल बंधु, हृदयवंश समाचार, पुष्कर ब्राह्मण, बरनवाल चन्द्रिका, त्यागी ब्राह्मण, जैन समाचार, माहुरी मयंक, वैश्य शुभचिन्तक, कान्यकुब्ज नायक, सैनी शुभचिंतक, सैनी समाचार, महिला, बिजली, सभ्यता, किसान, सेवा, हिमालय, प्रकाश, व्यापार तथा 1920 में अहिंसा, अहिंसा समाचार, आज, नागरी प्रचारिणी माला, वैश्य बन्धु, स्वार्थ तथा श्री शारदा आदि।

(4) छायावादयुगीन पत्रकारिता (1920 से 1947 तक)—छायावादी युग भारत के लिए अस्मिता की खोज का युग है। इस युग की प्रतिभा सर्जना के विविध क्षेत्रों में गतिशील होती है। हर विधा की मूल चिन्ता पाश्चात्य सभ्यता और शासन से मुक्ति है, पाश्चात्य साम्राज्यवादियों के क्रूर शासन के विराट तूफान को कैसे पार किया जाय, आजादी के लिए जनता के भीतर संघर्ष का जजबा और माद्दा कैसे पैदा किया जाय—इस पर कवियों ने लिखा—

> **''क्या? देख न सकती जंजीरों का गहना।**
> **हथकड़ियाँ क्यों? यह ब्रिटिश राज्य का गहना॥**
> **कोल्हू का चर्रक यूँ? जीवन का तान।**
> **मिट्टी पर लिखे अँगुलियों ने क्या गान?''**

तथा—

''ओ भिखमंगे, अरे पराजित, ओ मजलूम, अरे चिरदोहित,
तू अखण्ड भण्डार शक्ति का, जाग अरे निद्रा सम्मोहित।
प्राणों को तड़पाने वाली हुँकारों से जल थल भर दे,
अँगारों के अंबारों में अपना ज्वलित पलीता धर दे॥''

सदियों से रूढ़िग्रस्त भारत में वैज्ञानिक समृद्धि की आहट, संचार व्यवस्था, यातायात और यांत्रिकता के विकास का प्रभाव पत्रकारिता पर पड़ता है और इस पत्रकारिता में स्वदेशी के प्रति आग्रह और विदेशी के प्रति असंतोष की धमक-धाक पुरजोर सुनाई पड़नी शुरू हो जाती है—

"We are dissatisfied with the fiscal and economic conditions of British Rule in India, with the foreign exploitation of the country, the continual bleeding of its resources, the chronic famine and rapid impoverishment which result..."1

बहरहाल, समीक्ष्य काल में मर्यादा, चाँद, माधुरी, कल्याण, हंस, मतवाला, जागरण, भारत, आज के साथ-साथ उपन्यास बहार, स्वार्थ, गोरक्षण, देशदूत, मर्यादा, सूर्य, हलवाई वैश्य, संरक्षक, कुशवाहा क्षत्रिय मित्र, प्रियंवदा, भारत धर्म नेता, भूमिहार, ब्राह्मण पत्रिका, ग्रामवासी, बंग साहित्य, उत्साह, बिजनेस जाब्स, भाँड़, भूत, योग प्रचारक, रंगमंच, बरनवाल, पत्रिका, वाणिज्य, आर्य-ज्योति, कुर्मी क्षत्रिय दिवाकर, योग रहस्य, वर्णाश्रम, आदर्श, मौजी, समन्वय, सरोज, श्रीकृष्ण संदेश, कर्मवीर, देश, हिन्दी नवजीवन, सेनापति, हिन्दू पंच, दैनिक विश्वामित्र, भारत मित्र, कलकत्ता समाचार आदि पत्र-पत्रिकाएँ, पत्रकारिता जगत की मुख्य मनका हैं। एक इतिहासकार लिखते हैं कि इस काल की अधिकांश पत्र-पत्रिकाओं को कई स्तरों पर संघर्ष करना पड़ा, जिनमें दो मुख्य हैं—(1) अंग्रेजों का दमन तथा (2) आर्थिक स्तर पर जद्दोजहद और कशमकश। आर्थिक आधार कमजोर होने के कारण—"Their get up and printing was poor, the reading material not quite upto the mark and the editorials unwieldy and lengthy. The weeklies were better edited." **मर्यादा** का प्रकाशन 1923 तक हुआ। इसका संपादन पहले कृष्णकान्त मालवीय, फिर बाबू संपूर्णानंद ने और कुछ समय के लिए प्रेमचंद ने किया। इसमें साहित्य, समाजशास्त्र और राजनीति विषयक विद्वतापूर्ण लेख ही नहीं, कहानियाँ, कविताएँ और उपन्यास भी प्रकाशित होते थे। **चाँद** (प्रयाग) का प्रकाशन आरम्भ में 1920 में साप्ताहिक पत्र के रूप में हुआ था, किन्तु 1923 ई० से रामरख सहगल और चण्डी प्रसाद 'हृदयेश' के संपादन में इसका प्रकाशन मासिक पत्रिका के रूप में हुआ। इसमें नारी विषयक समस्याओं तथा लेखिकाओं को प्राथमिकता मिलती थी। इस काल की दूसरी प्रमुख पत्रिका **प्रभा** (कानपुर) बालकृष्ण शर्मा 'नवीन' के संपादकत्व में निकलती थी। 'प्रभा' में ही 'भावों की भिड़न्त' नामक वह ऐतिहासिक लेख प्रकाशित हुआ, जिसमें यह सिद्ध किया गया कि निराला की बहुत-सी कविताएँ रवीन्द्रनाथ ठाकुर की कविताओं की नकल हैं। **माधुरी** (लखनऊ) का प्रकाशन 1922 ई० में दुलारे लाल भार्गव, रूप नारायण पाण्डेय, कृष्णबिहारी मिश्र की देखरेख में हुआ। माधुरी उन कुछ थोड़ी सी पत्रिकाओं में थी, जिनसे छायावाद को समर्थन मिला। **सुधा** (लखनऊ) के संपादकीय विभाग में निराला के प्रवेश करते ही इसका साहित्यिक रूप सर्वथा बदल गया।

---

1. **The Newspaper in India—Hemendra Prasad Ghose, P. 83**

हिन्दी जगत का सबसे लोकप्रिय मासिक **कल्याण** (1925) ई० में प्रकाशित होना आरंभ हुआ। इसका उद्देश्य था—भक्ति, ज्ञान, वैराग्य और सदाचार का उपदेश देना और आज भी यह कार्य इसके द्वारा सम्पन्न हो रहा है। विवेच्य काल की मासिक पत्रिकाओं में **विशाल भारत** (1928) का प्रकाशन बनारसीदास चतुर्वेदी के संपादन में कलकत्ता से हुआ। इसमें उच्च कोटि की साहित्यिक रचनाएँ प्रकाशित होती थीं। इसके 'कला अंक' को विशेष प्रसिद्धि प्राप्त हुई। इसी पत्रिका में 'उग्र' के साहित्य को 'घासलेटी' संज्ञा दी गई। प्रेमचंद द्वारा संपादित **हंस (1930**-बनारस) भी तत्कालीन साहित्यिक गतिविधियों का महत्त्वपूर्ण माध्यम बनने में समर्थ हुआ था। प्रकाशित होते ही 'हंस' समकालीन हिन्दी कथा-साहित्य का प्रतिनिधि पत्र बन गया। प्रेमचंद की मृत्यु के बाद शिवदान सिंह चौहान, अमृतराय आदि ने इसका संपादन किया। यह पुनः 1987 से कथाकार श्री राजेन्द्र यादव के संपादन में प्रकाशित हो रहा है। **आज** 1920 में वाराणसी से निकला। यह कई दृष्टियों से हिन्दी का सर्वश्रेष्ठ दैनिक था। श्री प्रकाश, बाबूराव विष्णुराव पराड़कर, कमलापति त्रिपाठी जैसे व्यक्तियों के सक्रिय सहयोग से 'आज' ने स्वाधीनता संग्राम के लिए जनमत तैयार करने के साथ-साथ साहित्यिक गतिविधियों की अभिव्यक्ति की दृष्टि से भी महत्त्वपूर्ण भूमिका निभाई। कभी इसकी तुलना 'टाइम्स आफ लंदन' से की जाती थी—"In 1920 the Aaj was started in Banaras and it was to play a very notable part in freedom struggle. Its first editor was Shri Prakasha, a great freedom fighter who occupied positions of power and prestige in free India. He was assisted by Babu Rao Vishnu Pararkar, whose contribution to the development of Hindi Journalism was considerable. The Aaj which was a half anna paper become a national institution and—admirers compared it to the 'Times of London.' It set the tone and style for Hindi journalism and was acclaimed for its impartial and objective reporting and illuminating and fearless editorials."[1] **समन्वय** का प्रकाशन सन् 1922 ई० में रामकृष्ण मिशन के स्वामी माधवानंद के संपादन में आरंभ हुआ। इसमें धार्मिक, आध्यात्मिक और सामाजिक विषयों की प्रधानता के साथ उच्च कोटि की साहित्यिक सामग्री का भी प्रकाशन होता था। **सरोज** का प्रकाशन 1928 में कलकत्ता से नवजादिकलाल श्रीवास्तव के संपादकत्त्व में हुआ। यह शुद्ध साहित्यिक पत्र था। जुलाई 1937 में गुलाब राय के संपादकत्त्व में **साहित्य संदेश** का प्रकाशन आगरा से हुआ। यह आलोचनात्मक पत्र था। **मतवाला** 1923 में कलकत्ता से निकला, जिसके घोषित संपादक तो महादेव प्रसाद सेठ थे, पर इसके संपादन विभाग में शिवपूजन सहाय, नवजादिकलाल श्रीवास्तव और निराला भी थे। यह हिन्दी का पहला हास्य व्यंग प्रधान साप्ताहिक था। शिवपूजन सहाय के संपादकत्त्व में प्रकाशित **जागरण** (बनारस) इस काल का दूसरा प्रमुख साहित्यिक पत्र था। यह छायावाद का घोर पक्षधर था। पटना से प्रकाशित **देश** (1920) कांग्रेस का मुखपत्र था। राजेन्द्र प्रसाद इसके संस्थापक थे। इसका प्रकाशन व्यावसायिक दृष्टि से नहीं किया था, बल्कि इसके पीछे निर्भीक पत्रकारिता का भाव मुख्य था।[2] बक़ौल डॉ० राजेन्द्र प्रसाद—"We started getting quite a number of advertisements but the manager had made the mistake of gradually

---

1. **Journalism in India—Ranga Swami Parthsarathy, P. 190**
2. **हिन्दी साहित्य का इतिहास—सं० डॉ० नगेन्द्र, पृष्ठ 606 से साभार**

reducing the advertisement rates with the result that as the circulation went on rising..."[1] ठीक इसी तरह **मनोहर कहानियाँ** (1940) का प्रकाशन इलाहाबाद से श्री क्षितीन्द्र मोहन मित्र द्वारा किया गया तो **सरिता** का प्रकाशन 1945 में मासिक पत्रिका के रूप में किया गया। **आर्यावर्त** का प्रकाशन 1940 में दरभंगा के महाराजा कामेश्वर सिंह की देखरेख में पटना से किया गया तो **नवभारत टाइम्स** का प्रकाशन 4 अप्रैल, 1947 में श्री हरिशंकर द्विवेदी के संपादकत्व में शुरू किया गया। **नई दुनिया** का प्रकाशन 5 जनवरी, 1947 में श्री कृष्ण चन्द्र मुद्गल तथा श्री कृष्णकांत व्यास के प्रयत्नों से इन्दौर से प्रारंभ हुआ तो **दैनिक जागरण** का प्रकाशन श्री पूर्ण चन्द्र गुप्त ने कानपुर से 1947 में प्रारंभ किया। आज यह अपनी लोकप्रियता की शिखर ऊँचाई पर पहुँचकर देश के कई शहरों से प्रकाशित हो रहा है। हिन्दी दैनिक **हिन्दुस्तान टाइम्स** का प्रकाशन दिल्ली से 1936 में किया गया। यह राष्ट्रवादी विचारधारा का पोषक पत्र है—"Hindustan Times is one of the great nationalist English dailies which suffered and sacrified in the cause of freedom. Wide news coverage and a variety of special features marked The Hindustan."[2]

(5) स्वातंत्र्योत्तर हिन्दी पत्रकारिता (1947 से अब तक)—स्वतंत्रता प्राप्ति के बाद पत्रकारिता की प्रकृति और चरित्र में बदलाव हुआ। ज्ञान-विज्ञान, साहित्य और संस्कृति, तकनीक और राष्ट्र-निर्माण की नई ललक पत्रकारिता के मूल विषय बने। स्वतंत्रता के लिए संघर्ष करते-करते पत्रकारिता का जो दीपक खाकसार हो जाने की नियति को प्राप्त होने वाला था, वही अब नई रोशनी के साथ आभामयी दीपशिखा बन निष्कंप लौ बिखेरना शुरू कर देता है—

> **''सब बुझे दीपक जला लूँ।**
> **घिर रहा तम आज दीपक रागिनी अपनी जगा लूँ॥''**

स्वतंत्रता के पूर्व हिन्दी पत्रकारिता जिन उद्देश्यों और लक्ष्यों के लिए समर्पित थी, वह अब बदल गए। पहले पत्रकारिता का मूल लक्ष्य था—देश की आजादी। स्वतंत्र भारत में पत्रकारिता का लक्ष्य हो गया देश की आर्थिक-सामाजिक विकास में जन-जन की सक्रिय भागीदारी को प्रोत्साहन करना। राष्ट्र ने लोकतंत्रात्मक शासन पद्धति को स्वीकार किया। यह पद्धति तभी सफल हो सकती है जब आम जन इस शासन पद्धति से सीधे जुड़े। इस प्रकार सत्ता और जनता के मध्य एक कड़ी के रूप में कार्य करने का भारी दायित्व स्वातंत्र्योत्तर युगीन पत्रकारिता के कंधों पर आ पड़ा है।[3] मुद्रण कला के पर्याप्त विकास कर लेने के कारण स्वतंत्र भारत में समाचार पत्रों और पत्रिकाओं के प्रकाशन में बहुत अधिक वृद्धि हुई है। समाचार पत्रों को ताजा-टटकी सूचनाओं की जानकारी देने के लिए ''रजिस्ट्रार ऑफ न्यूज पेपर्स'' कार्यालय की स्थापना हुई। कई समाचार समितियों का गठन हुआ। कुल मिलाकर हिन्दी-पत्रकारिता का अपेक्षित विकास हुआ। हिन्दी में ढेरों दैनिक त्रि/द्वि-साप्ताहिक, साप्ताहिक, पाक्षिक, मासिक, त्रैमासिक, चतुर्मासिक पत्रों—पत्रिकाओं का प्रकाशन इसका पुख्ता सबूत है। भारत के समाचार

---

1. **Journalism in India—Ranga Swami Parthsarathy, P. 191**
2. **Journalism in India—Ranga Swami Parthsarathy, P. 191**
3. **पत्रकारिता का इतिहास एवं जनसंचार माध्यम—डॉ० संजीव भानावत, पृष्ठ 117**

पत्र के पंजीयक के 1979 के प्रतिवेदन के अनुसार वर्ष 1978 में पहली बार हिन्दी समाचार पत्रों की प्रसार संख्या अन्य भाषाओं के समाचार पत्रों की प्रसार संख्या से अधिक हो गई। इसी वर्ष हिन्दी-पत्रकारिता ने अंग्रेजी पत्रकारिता के वर्चस्व को प्रसार संख्या की दृष्टि से पीछे छोड़ दिया। हिन्दी पत्रों की प्रसार संख्या 97,06,000 थी, जबकि अंग्रेजी पत्रों की संख्या 90,30,000 थी।[1]

बहरहाल, स्वतंत्र भारत में हिन्दी पत्रकारिता में समाचार एवं सामयिक विषयों, चिकित्सा एवं स्वास्थ्य, धर्म एवं दर्शन, साहित्य एवं संस्कृति, खेल, श्रम, समाज कल्याण, विधि, विज्ञान एवं प्रौद्योगिकी, नारी, कृषि, बीमा-बैंकिंग व्यवसाय आदि विषयों से संबंधित स्वस्थ पत्रकारिता की शुरुआत हुई। जनसत्ता, राष्ट्रीय सहारा, दैनिक जागरण, पंजाब केसरी, नवभारत टाइम्स, हिन्दुस्तान, अमर उजाला, आज, कुबेर टाइम्स, वीर अर्जुन, सन्मार्ग, विश्वमित्र, दैनिक ट्रिब्यून, उदय भारत, आज का आनंद, नई दुनिया, चौथा संसार, दैनिक भास्कर, देश बन्धु, दैनिक नवज्योति, राष्ट्रदूत, जननायक, उदयपुर एक्सप्रेस, गांडीव, सीमा संदेश, समाचार जगत, अमृत प्रभात, स्वराज टाइम्स, जय राजस्थान, प्रातःकाल, न्याय प्रदीप, सान्ध्य टाइम्स, वीर प्रताप, दैनिक समाचार मेल, जे० वी० जी० सन्ध्या प्रहरी आदि पत्र हिन्दी पत्रकारिता के मानक को सुरक्षित रखने की कोशिश कर रहे हैं। ठीक इसी तरह साप्ताहिक, पाक्षिक, मासिक, त्रैमासिक और चतुर्मासिक हिन्दी पत्रिकाओं ने भी स्वतंत्र भारत की हिन्दी पत्रकारिता को, निबंध, नाटक, एकांकी, समीक्षा, व्यापार-बाजार, राजनीति, संस्कृति, देश-विदेश, खेलकूद, नारी और फिल्म से संबंधित सामग्री छापकर स्वस्थ और बेदाग रखने की कोशिश की है। इन पत्रिकाओं में कुछ प्रमुख इस प्रकार हैं—कल्याण, अखंड ज्योति, अणुव्रत, जिनवाणी, जैन मित्र, श्रमण, श्रीकृष्ण संदेश, गीता ज्योति, सनातन धर्म, सुदर्शन, श्री वैष्णव सम्मेलन, माया, मनोरमा, मनोहर कहानियाँ, सरिता, धर्मयुग, साप्ताहिक हिन्दुस्तान, दिनमान, इण्डिया टुडे, कादंबिनी, मुक्ता, चंपक, पांचजन्य, इतवारी पत्रिका, बालहंस, नंदन, कविता, नई कविता, हिन्दी अनुशीलन, समकालीन सोच, आलोचना, संचेतना, वर्तमान साहित्य, शोभारती, दस्तावेज, लहर, सारिका, रंगयोग, रंगायन, नटरंग, प्रकर, मधुमाधवी, नवनीत, कल्पना, भाषा, समाज कल्याण, नया शिक्षक, चंदामामा, बालभारती, विज्ञान-प्रगति, रविवार, ब्लिट्ज, इन्द्रजाल, कामिक्स, लोटपोट, संडेमाल, साप्ताहिक नई जमीन, नूतन सवेरा, राष्ट्र टाइम्स, उभरती दिल्ली, सारिका, मुक्ता, पुनर्वास, सुषमा, शिविरा, नवनीत, कुरुक्षेत्र, पराग, गुड़िया, गृहशोभा, प्रतियोगिता, सम्राट, प्रतियोगिता दर्पण आदि। कुल मिलाकर आज हिन्दी पत्रकारिता समृद्ध तो हो ही गई है, अपनी खोजी मिजाज के कारण यह निर्भीकता की नई सकल भी धारण कर चुकी है। हिन्दी पत्रों की संख्या जहाँ—"In 1980, Hindi dailies were being published from Eleven States and two Union Territories which have English dailies. According to the registrar of newspapers, there was a record increase of Hindi newspapers from 5936 in 1983 to 6370 in 1984. The largest number of Hindi papers came from Uttar Pradesh in 1982 with 2052 and other states which accounted for 10 per cent of their number are Rajasthan, Delhi, Bihar and Madhya Pradesh. There were 13 big dailies in 1983." थी वहाँ आज इनकी संख्या 20,000 से ऊपर है।

---

1. पत्रकारिता का इतिहास एवं जनसंचार माध्यम—डॉ० संजीव भानावत, पृष्ठ 117

(ख) विशिष्ट भारतीय हिन्दी पत्रकारों का परिचयात्मक उल्लेख

युगल किशोर शुक्ल कानपुर के निवासी थे। आपने हिन्दी के सर्वप्रथम पत्र के रूप में 30 मई, 1826 को 'उदण्ड मार्तण्ड' का प्रकाशन शुरू किया। लक्ष्य था भारतीय हित की सुरक्षा। यह पत्र साप्ताहिक था। इसमें विविध तरह की जानकारियाँ दी जाती थीं। इसके 79 अंक प्रकाशित हुए। दुर्भाग्यवश पाठकों की कमी और अहिन्दी भाषी क्षेत्र से प्रकाशित होने के कारण यह असामयिक अंत को प्राप्त हुआ।

''खाक भी जिस जमीं की पारस है।
शहर मशहूर वह बनारस है॥''

की पवित्रतोया जमीन की उपज **राजा शिव प्रसाद सितारे हिन्द** ने वाराणसी से हिन्दी समाचार पत्र 'बनारस अखबार' का प्रकाशन सन् 1845 ई० में किया। यह अखबार हिन्दी में निकलने पर भी भाषा की दृष्टि से उर्दू का अखबार माना गया। कवि वचन सुधा के संपादक **भारतेन्दु हरिश्चन्द्र** (1850-1885) भी बनारस के ही थे। इतिहास प्रसिद्ध सेठ अमी चंद की वंश परंपरा में उत्पन्न भारतेन्दु हरिश्चन्द्र एक ही साथ कवि, निबंधकार, नाटककार तो थे ही—

'कवि वचन सुधा' और 'हरिश्चन्द्र चन्द्रिका' जैसी प्रसिद्ध पत्रिकाओं के संपादन ने उन्हें प्रौढ़ पत्रकार भी सिद्ध कर दिया। 'हरिश्चन्द्र चन्द्रिका' की 'टाइटिल' (शीर्षक) अंग्रेजी में इस प्रकार छपती थी—

HARISCHANDRA'S MAGAZINE

A Monthly Journal

Published in connection with the Kavi Vachan Sudha containing articles on literary, scientific, political and religious subjects, antiquities, reviews, dramas, history, novels, poetic selections, gossip, humour and wit edited by Harischandra.

भारतेन्दु मंडल के एक अन्य निबंधकार **श्री बालकृष्ण भट्ट** आचार्य श्रीरामचन्द्र शुक्ल के शब्दों में पश्चिम के 'एडीसन' थे। आपने समकालीन गद्य विधा को विकसित, प्रौढ़ और प्रांजल रूप दिया। आपके संपादकत्व में 7 सितम्बर, सन् 1877 को इलाहाबाद से 'हिन्दी प्रदीप' मासिक पत्र का प्रकाशन शुरू हुआ। 16 पृष्ठ के इस पत्र में विविध विषयों से संबंधित सामग्री का प्रकाशन होता था। दुर्भाग्य से बीच में 1910 तक इस पर प्रतिबंध भी लगा था। साप्ताहिक 'नागरी नीरद' एवं मासिक 'आनंद कादम्बिनी' के संपादक और भारतेन्दु के समकालीन कवि **बदरी नारायण चौधरी** ने तत्कालीन पत्रकारिता को नयी दिशा दी। इनकी पत्रकारिता का मुख्य विषय देश-प्रेम, राष्ट्रीयता और समाज-दशा की स्थिति का विवेचन था। आनंद कादम्बिनी 44 पृष्ठों में प्रकाशित होती थी और इसकी पाँच सौ प्रतियाँ मुद्रित होती थी। उन्नाव में जन्मे कवि, निबंधकार और नाटककार **प्रताप नारायण मिश्र** (1856-1894) स्वाभिमानी पत्र **ब्राह्मण** के संपादक थे। कानपुर से इसका प्रथम अंक 15 मार्च सन् 1883 को प्रकाशित हुआ। देश भाइयों का सुख-दुख प्रकाशित करना ही इसका प्रथम लक्ष्य था। समकालीन पत्रकारिता में अपना महत्त्वपूर्ण स्थान रखने वाले इस पत्र का प्रकाशन...सन् 1894

में स्थगित हो गया। प्रतापगढ़ कालाकांकर के अपने समय के दानशील लोकप्रिय **राजा रामपाल सिंह** ने राष्ट्रीय विचारों पर आधारित सुप्रसिद्ध पत्र 'हिन्दोस्थान' का प्रकाशन 1 नवम्बर, 1895 को कालाकांकर से ही किया। सन् 1883 में त्रैमासिक रूप में त्रिभाषी पत्र के रूप में रामपाल सिंह द्वारा ही यह लंदन से प्रकाशित हुआ था। इसकी भाषा अंग्रेजी तथा उर्दू शब्दों से भरी रहती थी। पंडित मदन मोहन मालवीय इसके प्रधान संपादक थे। यह ऐतिहासिक महत्त्व का पत्र था।

हिन्दी कविता को शृंगारिकता से राष्ट्रीयता, जड़ता से प्रगति तथा रूढ़ि से स्वच्छन्दता के दरवाजे पर खड़ा करने वाले हिन्दी साहित्य के एक विशिष्ट कालखण्ड के पथ-प्रदर्शक, विचारक, सर्व स्वीकृत साहित्य नेता **महावीर प्रसाद द्विवेदी** सुप्रसिद्ध पत्रिका 'सरस्वती' के संपादक थे। संस्कृत, गुजराती, मराठी, अंग्रेजी आदि भाषाओं के विज्ञ आदरणीय द्विवेदी ने 1903 में इस पत्रिका का संपादन शुरू किया। इसके पत्रिका के संपादक मंडल में राधाकृष्ण दास, कार्तिक प्रसाद खत्री, जगन्नाथ दास रत्नाकर, किशोरी लाल गोस्वामी और श्यामसुन्दर दास थे। अपनी छपाई, सफाई, चित्रों तथा नियमित प्रकाशित होने के कारण हिन्दी की यह पहली सार्वजनिक साहित्यिक पत्रिका काफी लोकप्रिय हो गयी थी—"A literary magazine which set the standard for Hindi journals in the years of the century was 'Saraswati', a monthly, edited by Mahavir Prasad Dwivedi. It standardised the style and pattern of Hindi journalism and developed literary criticism and book reviews."[1] आधुनिक हिन्दी पत्रकारिता के प्रकाश स्तम्भ स्वर्गीय **बाबूराव विष्णुराव पराड़कर**[2] का बहुमुखी कृतित्व आज भी प्रेरणास्रोत है। एक आदर्शवादी गंभीर संपादक होने के साथ ही पराड़कर जी ने भाषा और शैली के विचारों की नवीनता, विषय के विश्लेषण, भावाभिव्यक्ति की विविधता और निर्भीकता की दृष्टि से हिन्दी पत्रकारिता को नया स्वरूप और कलेवर प्रदान किया। पराड़कर जी ने 1906 में पत्रकारिता के क्षेत्र में प्रवेश किया और 1955 तक अनवरत पत्रकारिता की सेवा में लगे रहे। 1920 में 'आज' के प्रकाशन के प्रारम्भ से ही वे इसके संपादकीय विभाग में वरिष्ठ संपादक नियुक्त हुए। निर्भीक, राष्ट्रीय नीति और अंग्रेजी सत्ता की कटु आलोचना के कारण पराड़कर जी पर राजद्रोह का मुकदमा भी चला। उनके संपादकत्व में 'आज' ने राष्ट्रीय आन्दोलन तथा स्वाधीनता संग्राम में जो योगदान किया, वह अभूतपूर्व एवं चिरस्मरणीय है।

(6) पत्रकारिता और आधुनिक चेतना के विविध आयाम

(क) राजनीति, समाजनीति, साहित्य और संस्कृति से पत्रकारिता का संबंध— पत्रकारिता का चरित्र और क्षेत्र बहुविधि तथा बहुआयामी होता है। अपने व्यापक फलक पर वह इतिहास, राजनीति, समाज, साहित्य, संस्कृति आदि से तो जुड़ी ही रहती है, राष्ट्रीय अन्तर्राष्ट्रीय, प्रादेशिक, आँचलिक, स्थानीय घटनाओं, कृषि, उद्योग, श्रमिक समस्या, कालाबाजार, अपराध, तोड़फोड़, दंगा, दुर्घटना, सामाजिक रचाव या विघटन, प्रकृति-प्रकोप, आविष्कार, कला, नृत्य, चलचित्र आदि सांस्कृतिक क्षेत्रों से भी उसके रिश्तों की संहिता सशक्त होती है। साफ शब्दों में जिस प्रकार साहित्य समाज का दर्पण या मुकुर होता है, ठीक उसी

1. **Journalism in India—Ranga Swami Parthsarathy, P. 188**
2. **साहित्यिक पत्रकारिता—डॉ० राममोहन पाठक, पृष्ठ 87**

तरह पत्रकारिता भी धरती की हर धड़कन और स्पंदन को अपने भीतर बुनती है, इनकी साक्ष्य बनती है।

जहाँ तक हिन्दी पत्रकारिता का सवाल है, यह भी अपने उत्स या उद्भव काल से विविधरूपा-अनेकरूपा रही है। आज से 180 साल पहले जब पंडित युगल किशोर शुक्ल ने 'उदन्त मार्तण्ड' निकाला, तब भी पत्रकारिता का यही लक्ष्य था कि वह अपने पाठकों को राजनीतिक, सामाजिक, साहित्यिक और सांस्कृतिक स्तर पर जागरूक करे। खासकर, विदेशी शासन में तो जन सामान्य में राजनीतिक चेतना का संचरण तत्कालीन सामाजिक आवश्यकता थी। संभवतः पत्रकारिता यदि लोगों को विदेशी शासन के विरुद्ध राजनीतिक स्तर पर जागरूक नहीं करती, तो शायद स्वतंत्रता आन्दोलन और आगे खिंचता। जाहिर है, पत्रकारिता और राजनीति का अन्योन्याश्रित संबंध है। हिन्दी में राजनैतिक पत्रकारिता का लम्बा इतिहास है। स्वराज, स्वाधीन, स्वतंत्र, विश्वमित्र, स्वयंसेवक, छत्तीसगढ़ केसरी, मजदूर आवाज, हुँकार, हरिजन सेवक, कर्मवीर, वीर अर्जुन, सैनिक, विप्लव, समाज आदि पत्रिकाओं ने अपने साम्यवादी, गांधीवादी अहिंसक विचारधारा साथ ही हिंसा मूलक क्रांतिकारी विचारधारा द्वारा लोगों को राजनीतिक स्तर पर ललकारा 'स्वराज' के संपादकों ने तो राष्ट्रप्रेम में अभिभूत होकर राष्ट्रीय जन-जागरण को इतना पुख्ता स्वर प्रदान किया कि उनमें से कई को कई बार राजद्रोह के अपराध में जेल जाना पड़ा। दरअसल, इन्होंने मुनादी की थी कि, "स्वराज अखबार के लिए एक ऐसा संपादक चाहिए, जिसे दो सूखी रोटियाँ, एक गिलास ठंडा पानी और हर संपादकीय पर दस वर्ष की सजा।"

राजनीतिक चेतना के साथ-साथ पत्रकारिता का एक महत् लक्ष्य "सामाजिक नवजागरण का आह्वान" भी रहा है। साहित्यकारों की तरह समय-समय पर हिन्दी पत्रकारिता ने भी समाज सुधार परक आन्दोलनों को चलाया है। दलित उत्थान, ग्रामोत्थान, नारी उत्थान, अन्त्योदय उत्थान, सामाजिक कुरीतियाँ, नशा, मद्यपान, अस्पृश्यता निवारण, जातिगत समरसता की स्थापना पत्रकारिता का मूल लक्ष्य रहा है। दरअसल, पत्रकारिता सामाजिक विचारों की संवाहिका होती है। पत्रकारिता का इतिहास बताता है कि इसकी मूल चेतना सामाजिक रही है। देश और समाज में नवजागरण का शंखनाद और संदेश देना ही इसका प्रथम लक्ष्य रहा है। पत्रकारों ने समाज-दुर्दशा को अपने पत्रों में महत्त्वपूर्ण स्थान दिया है। डॉ० वासुदेव प्रसाद लिखते हैं कि, "समाज का इतना यथार्थवादी चित्रण पूर्ववर्ती हिन्दी साहित्य में नहीं मिलता। भारतेन्दु काल में अनेक सामाजिक पत्रिकाएँ प्रकाशित हुईं। उनमें नारी समस्या को बड़ी सहानुभूति के साथ सुलझाने का प्रयास किया गया। पत्रकारों की दृष्टि सुधारवादी थी। उनमें बाल विवाह, पर्दाप्रथा, वृद्ध विवाह, अनमेल विवाह, विधवा विवाह, स्त्री शिक्षा आदि समस्याओं का उल्लेख हुआ। भारतबन्धु (अलीगढ़-1874), सकल संबोधिनी पत्रिका (अमृतसर-1875),मित्र विलास (लाहौर-1877), प्रयाग समाचार (प्रयाग-1882), बनारस समाचार (काशी-1882), देश हितैषी (अजमेर-1882), काशी समाचार (काशी-1883), अबला हितकारक (लखनऊ-1884), भारतोदय (कानपुर-1885), भारत भार्गनी (प्रयाग-1888), सुग्रहिणी (शिलांग-1889), भारत दर्पण (कलकत्ता-1889), जगत मित्र (मथुरा-1891), भारत भूषण (मुम्बई-1892), विज्ञ-वृन्दावन (1892), सारन सरोज (छपरा-1894), वेंकटेश्वर समाचार (बम्बई-1896), भारत मार्तण्ड (जोधपुर-1898), सुदर्शन (1900) आदि पत्रिकाएँ पत्रकारिता से सामाजिक

संबंधों की बात कहती हैं। पत्रकारिता और समाज के बीच संबंधों का एक अन्य उदाहरण लीजिए—1891 के 'एज ऑफ कन्सल्ट बिल' पर भारी मतभेद और तीव्र प्रतिक्रिया हुई। इस बिल के अनुसार 12 वर्ष से कम उम्र की पत्नी के साथ सहवास को प्रतिबंधित किया गया। तिलक के 'केसरी' ने इस बिल के समर्थकों को परंपराओं में अवांछित हस्तक्षेप बताया। डॉ० संजीव भानावत के अनुसार केसरी ने इस बिल के समर्थकों को विश्वासघाती (Traitor) भी कहा। "अमृत बाजार पत्रिका" ने भी इस बिल का विरोध किया, जबकि "इन्डियन मिरर" आदि कुछ पत्रों ने इसका समर्थन किया। बहरहाल, इस विवाद ने भारतीय पत्रकारिता को राजनैतिक और सामाजिक सुधारों के प्रति और अधिक सचेत किया।

ठीक इसी तरह कहते हैं, सर्वोत्तम पत्रकारिता साहित्य है और सर्वोत्तम साहित्य पत्रकारिता हैं। बर्नार्ड शा भी कहते हैं कि कुशल पत्रकार साहित्यकार से भिन्न नहीं है। अगर साहित्य का काम सरकार को ठीक-ठीक देखना और परखना है, तो पत्रकार का भी काम वही है। डॉ० राममोहन पाठक भी कहते हैं कि साहित्य और पत्रकारिता में कोई बुनियादी अंतर नहीं है। अंतर है तो केवल शैली का। जिसे हम साहित्य कहते हैं, वह काफी चिन्तन-मनन के बाद लिखा जाता है और पत्रकारिता शीघ्रता में लिखा गया साहित्य ही है। दरअसल, साहित्य और पत्रकारिता—दोनों एक दूसरे के पूरक हैं। यह भी कहा जा सकता है कि पत्रकारिता साहित्य की जीवनी शक्ति है। साहित्य के स्थायित्व के लिए उसमें पत्रकारिता की मौलिक विशिष्टताओं का समावेश होना जरूरी है। जिस साहित्य को पत्रकारों का सम्बल प्राप्त नहीं होता, वह अधिक दिन तक जीवित नहीं रह सकता। कुल मिलाकर पत्रकारिता साहित्य के मार्ग में अवरोध नहीं बनती, बल्कि उसकी यथेष्ट सहायता करती है। पत्रकारिता से संस्कृति का भी अटूट रिश्ता है। हर युग की संस्कृति, संगीत, लोकचित्र, लोककला, लोकगीत आल्हा, कजरी, चैता, घाघ, भड्डरी हो या ललित कला, धर्म, दर्शन, उत्सव आदि का सुन्दर रूपांकन पत्रकारिता में देखा जा सकता है। जब हमारे सामने किसी तरह का सांस्कृतिक संकट खड़ा होता है, जीवन में सरसता की जगह यांत्रिकता घुसती है, कलाकारों के प्रति, एकाग्रता, निष्ठा कम होती है—पत्रकारिता हमें तब चेताती है।

(ख) आदर्श भित्तिक पत्रकारिता और व्यावसायिक पत्रकारिता का प्रामाणिक अन्तर्विरोध—'जब तोप मुकाबिल हो तो अखबार निकालो' जैसे आदर्श लक्ष्य को अपना मूल मंत्र मानने वाली स्वतंत्रता पूर्व की पत्रकारिता आदर्श भित्तिक थी। इस कालखण्ड की पत्रकारिता महज मूल्यों और समाज में नैतिक आचरण की स्थापना के लिए जीती थी। उसका एक 'मिशन' था। इसका लक्ष्य जीवन मूल्यों को व्यावहारिक आयाम देना था। पत्रकार समर्पित थे, उनके पास विशिष्ट तेवर होता था। पत्रकारिता की साख उनकी अपनी साख होती थी। लोभ-लालच और अन्य तरह के प्रलोभनों से वे परहेज करते थे। उन्होंने तत्कालीन पत्रकारिता के इतिहास पर अपनी लेखनी और कलम-कुल्हाड़ा से निष्पक्ष अक्षर उगाया, जिसका प्रकाश, खुद्दारी और गैरत आज भी मद्धिम नहीं पड़ी है। सच तो यह है कि पत्रकारिता के आदर्श भित्तिक स्वरूप की रक्षा के लिए तत्कालीन पत्रकारों ने मधुव्रती बनकर जीवन के सत्य को इधर-उधर से संचित-सुरक्षित ही नहीं किया, बल्कि देवर्षि नारद की तरह भ्रमणशील, संजय की तरह अध्यवसायी, अभिमन्यु की तरह निर्भीक, परशुराम की तरह साहसी, सुदामा की तरह संतोषी, दधीचि की तरह त्यागी, धर्मराज की तरह सत्यव्रती, भीष्म की तरह अडिग, गणेश की तरह प्रतिभा सम्पन्न, कृष्ण की तरह ज्ञानी एवं कर्मयोगी,

राम की तरह मर्यादावादी, कृष्ण द्वैपायन की तरह प्रगतिशील और भगवान शिव की तरह लोकमंगल के लिए विषपायी बने।

अपने कर्त्तव्यबोध को मुकम्मल शक्ल अख्तियार कराने के कारण पूर्व की पत्रकारिता सम्मान और समादर प्राप्त करती थी। London Times ने तो संभवत: इसीलिए पत्रकारिता को कला और जन सेवा माना था। कुल मिलाकर भारतीय पत्रकार अपनी देशभक्ति, निष्ठा, लगन, परिश्रम एवं अपूर्व त्याग के लिए विख्यात रहे हैं। प्रारंभ में स्वाधीनता के लिए संघर्ष एवं राष्ट्रीयता के लिए प्रचार करना ही उनका कर्तव्य था। प्रारंभिक पत्रकारिता के पत्रकारों के आदर्श महान थे और साधन सीमित। पत्रकारिता के लिए अनेक पत्रकारों ने कष्ट और यातनाओं को झेलते हुए अपने हौसले बुलन्द रखे एवं अपने कर्तव्य से डिगे नहीं। सदैव ऊँचे मानदण्डों को अपनाकर पत्रकारिता निरंतर बढ़ती रही। प्राचीन पत्रकारिता के सीमित साधनों के पत्रकार गणेश शंकर विद्यार्थी, देवीदत्त शुक्ल, विष्णु राव पराड़कर जैसे पत्रकार मजबूती से कलम को थामे बढ़ते रहे। हिन्दी के प्रथम पत्रकार पं० युगल किशोर शुक्ल, गणेश शंकर विद्यार्थी, अंबिका प्रसाद वाजपेयी, शिवपूजन सहाय, सूर्यकान्त त्रिपाठी 'निराला', भगवती चरण वर्मा, पाण्डेय बेचन शर्मा 'उग्र', स० ही० वात्सायन अज्ञेय, छोटू लाल मिश्र, दुर्गा प्रसाद मिश्र, सदानंद मिश्र—कई ऐसे नाम हैं, जिन्होंने आदर्श पत्रकारिता को अपनाया और समाज को नई दिशा दी।[1] इन्होंने अपने अकूत श्रम और निष्ठा से समाज में नए मूल्यों की स्थापना की, भटक गए लोगों को राह दिखाई और इस तरह से पत्रकारिता का जो 'आदर्शवादी' या 'आदर्श भित्तिक' स्वरूप हो सकता है—की रक्षा की।

किन्तु आज की पत्रकारिता का चरित्र और चेहरा बदला है। वह पेशेवर और व्यवसायी हो गई है। इसका आदर्शवादी स्वरूप चटक-तड़क गया है। आज का पत्रकार अपना वेतन, कॉलम और स्वार्थ को ध्यान में रखकर काम करता है, संभवत: इसीलिए आज की पत्रकारिता अपने आदर्शवादी सतह से स्खलित हो गई है। कुल मिलाकर यह साम्प्रतिक युग में प्रतिष्ठित व्यवसाय या उद्योग के रूप में अनुमन्य हो चुकी है। निष्ठा और निखालिस समर्पण बीते दिनों की बात बन गए हैं। आज की पत्रकारिता में गणेश शंकर विद्यार्थी, लाला लाजपत राय और तिलक के हुँकार की आग और तपिश नहीं रह गयी है। जो समाचार लाभ देने वाला है—वही छपेगा। सामाजिक सरोकार पत्रकारिता से पलायित हो गए हैं। पहले की पत्रकारिता उद्देश्यपूर्ण थी, उनका ध्येय पैसा कमाना नहीं था। आज की पत्रकारिता मिशन नहीं व्यवसाय—'पूर्ण व्यवसाय' बन गई है। आज की पत्रकारिता का उद्देश्य अधिक-से-अधिक अखबार बेचना है। इसके लिए उन्हें चाहे जो भी करना पड़े। मुद्रण के तमाम वैज्ञानिक संसाधन उपलब्ध हो जाने के कारण पत्रों की प्रसार संख्या में आज बहुत वृद्धि हुई है, अखबार मालिक दोनों हाथ से पैसा बटोर रहे हैं, बावजूद इसके आदर्श भित्तिक चरित्र के चरक जाने के कारण पत्रकारिता के समक्ष विश्वसनीयता का संकट पैदा हुआ है।

(7) इलेक्ट्रॉनिक (विद्युतीय) मीडिया की पत्रकारिता

(क) रेडियो पत्रकारिता—रेडियो सूचना या समाचार संवहन का तीव्र और सशक्त संसाधन है। संचार का यह माध्यम बिना विद्युतीय अवलंब के—मैदान, पहाड़, जंगल, समुद्र—हर जगह अपनी उपस्थिति बहुत सुभीते से दर्ज करा लेता है। अपने विविध

1. **हिन्दी पत्रकारिता : सिद्धान्त और स्वरूप—डॉ० सविता चड्ढा, पृष्ठ 61**

कार्यक्रमों के माध्यम से रेडियो अवसाद, निराशा, कुंठा और जड़ता की धुंध को साफ कर जीवन जीने की ललक, हुमस और स्फूर्ति पैदा करता है। पढ़े-निरक्षर सब इससे मोहित होते हैं। आकाशवाणी से प्रसारित होने वाले कार्यक्रमों की लंबी कतार है, यथा—वार्ता (Talk), साक्षात्कार (Interview), समाचार (News), परिचर्चा (Discussion), फीचर (Feature), नाटक (Play), रिपोर्ट (Report), कवि सम्मेलन (Kavi Sammelan), मुशायरा, वाद्य संगीत (Instrumental), गायन (Vocal), फिल्म संगीत (Film Music), शास्त्रीय संगीत (Classical), सुगम संगीत (Light Classical), पारंपरिक संगीत (Traditional Music), लोक संगीत (Folk Music), रोजगार समाचार, विधान सभाओं और राज्यसभा—लोकसभा की समीक्षा, रेडियो न्यूज रील (Radio News Reel), राज्यों और जनपदों की चिट्ठियाँ, अंग्रेजी में धीमी गति का समाचार, महिला कार्यक्रम, खेल जगत, बच्चों के कार्यक्रम, कृषि जगत, जयंतियाँ, विज्ञान, परिवार नियोजन से संबंधित कार्यक्रम आदि—सबको सुन्दर लगते हैं। इन कार्यक्रमों में रेडियो समाचार वाचन, समाचार-दर्शन, सामूहिक समीक्षा, पुस्तक समीक्षा, समाचार संकलन, कृषि दर्शन, वाणिज्य और स्वास्थ्य से संबंधित वार्ता, फीचर लिखना, कहानी, कविता, नाटक तथा आँखों देखा हाल आदि ये सभी रेडियो पत्रकारिता के प्रमुख विषय माने जा सकते हैं।

दरअसल, प्रसारण पत्रकारिता की दृष्टि से रेडियो की विधा टेलीविजन के मुकाबले अधिक समृद्ध है और उसकी परंपरा भी अधिक लंबी है। दृश्य के साथ समेकित करने की अनिवार्यता न होने के कारण रेडियो पर समाचार प्रसारण अपेक्षाकृत सरल है और उसके विस्तार में जाना भी संभव है। पुनः नवीनतम् समाचार देने के मामले में वह टी० वी० से बराबरी भी कर सकता है। हालाँकि वह टी० वी० जैसा प्रभाव छोड़ने में सक्षम नहीं है। इसके बावजूद आज भी रेडियो को एक सस्ते, सुलभ और संपूर्ण माध्यम की प्रतिष्ठा प्राप्त है और इसका वह हकदार भी है। टी० वी० के विदेशी चैनलों तक पहुँच के लिए केबल आदि की व्यवस्था करनी होती है और टी० वी० को यात्रा करते हुए अपने साथ नहीं ले जाया जा सकता। लेकिन ट्रांजिस्टर को जेब में डालकर मजे से न केवल स्वदेशी वरन् विदेशी समाचार बुलेटिन भी सुने जा सकते हैं।[1]

आरंभ में भारतीय रेडियो पत्रकारिता भी अभावों में ही शुरू हुई। जैसे-जैसे संचार-सुविधाएँ बढ़ती गईं, वैसे-वैसे इस विधा का भी विकास होता गया।[2] आरम्भिक दौर में रेडियो के पास समाचार इकट्ठा करने का कोई स्वतंत्र साधन नहीं था। इसलिए तमाम रेडियो समाचार उस दौर की प्रमुख समाचार एजेन्सियों से लिया जाता था। ये एजेन्सियाँ तार से खबर भेजती थीं, किन्तु जल्दी ही रेडियो के खिलाफ अनेक समाचार संगठन एक हो गए। उन्होंने यह दबाव डाला कि रेडियो अखबारों को दी जाने वाली खबरों का इस्तेमाल न करे। मजबूरन यह सोचा गया कि रेडियो अपनी खबर खुद जुटाए। तब रेडियो ने लोगों से अपील की कि फोन से खबर रेडियो को बताएँ। जनता ने इस विचार को काफी पसंद किया। रेडियो के पास जल्दी ही अपने लोगों का एक समाचार तंत्र विकसित होने लगा।[3]

---

1. **उत्तर आधुनिक मीडिया तकनीक—डॉ० हर्षदेव, पृष्ठ 103**
2. **संचार क्रांति और हिन्दी पत्रकारिता—डॉ० अशोक कुमार शर्मा, पृष्ठ 55**
3. **Mass Communication—James D. Harles, P. 250**

सुन्दर संवाद, असरकारक शैली, यशस्वी रेडियो लेखकों तथा उद्घोषकों ने रेडियो पत्रकारिता को आज काफी लोकप्रिय बना दिया है। आकाशवाणी के पास स्वतंत्र समाचार-सेवा विभाग हैं। इस विभाग की छः इकाइयाँ—जनरल न्यूज रूम, संवाददाता यूनिट, भारतीय भाषा यूनिट, हिन्दी यूनिट, न्यूज रील यूनिट तथा मॉनटरिंग यूनिट हैं। इन सभी के सहयोग से घरेलू सेवाएँ, खेल-प्रसारण, नाटकों का मंचन, सांस्कृतिक कार्यक्रम, परिवार कल्याण, युववाणी सेवा, शैक्षिक कार्यक्रम, सामाजिक घटनाएँ, ग्रामीण रोजगार, यूनिसेफ के कार्यक्रम, कृषि कार्यक्रम, संयुक्त राष्ट्र विकास कार्यक्रम, पुरस्कार वितरण, विज्ञापन सेवा, विदेश प्रसारण सेवा आदि सफलतापूर्वक संचालित हो रहे हैं और यही उक्त सभी कार्यक्रम रेडियो पत्रकारिता का पुख्ता और ठोस रूप बनते हैं।

(ख) वीडियो पत्रकारिता—पत्रकारिता में बार-बार नए-नए आन्दोलन शुरू हुए। हर बार जो परिवर्तन आया उसे नई धारा का खिताब मिला। साठ-सत्तर के दशक में नई पत्रकारिता का आन्दोलन शुरू हुआ था, उसका नाम ही 'न्यू जर्नलिज्म' पड़ गया। जैसे भारतीय साहित्य में नई कविता का आन्दोलन चला था और उस युग को अब इसी नाम से जाना जाने लगा। न्यू जर्नलिज्म ने इस दृश्य-श्रव्य संचार माध्यम को यह सुविधा दी कि उसमें समाचार वाचक अपनी बात किसी टिप्पणीकार की तरह कहे अर्थात् वह हिन्दुस्तानी दूरदर्शनी समाचार वाचक की तरह तटस्थ और भावहीन नहीं दिखे, बल्कि अपने चेहरे से, अपनी भंगिमा से, अपनी आवाज के चढ़ाव-उतार से, भाषा और पृष्ठभूमि में दिखाए जाने वाले दृश्यों से भी कुछ अतिरिक्त प्रेषित करता हुआ मालूम हो। वह श्रोता से बातचीत करता हुआ लगे। अमेरिका में न्यू जर्नलिज्म का आन्दोलन तभी प्रारम्भ हो चुका था, जब वहाँ टेलीविजन का प्रारम्भ हुआ। यह प्रक्रिया वहाँ पर लगभग 70 वर्ष पुरानी हो चुकी है। इसी प्रक्रिया का रूप 'वीडियो पत्रकारिता' के नाम से भारत में भी जन्म ले चुका है।[1]

वीडियो पत्रकारिता के भविष्य को लेकर मीडिया विशेषज्ञ दुविधा में हैं। कुछ लोगों का विचार है कि इसकी संभावना अनिश्चय के दोराहे पर खड़ी है, तो कुछ लोग कहते हैं कि इसका भविष्य बहुत उज्ज्वल है। **डॉ० अशोक कुमार शर्मा**[2] कहते हैं कि खबरों की इस दुनिया में वीडियो पत्रकारिता की भूमिका भी महत्त्वपूर्ण रही। हालाँकि यह विधा 1990 में पनपती दिखी और 1993 आते-आते लगभग सभी प्रमुख हिन्दी वीडियो पत्रिकाएँ बाजार से गायब भी हो गईं। इलेक्ट्रॉनिक मीडिया की दुनिया में भी छोटी मछली को बड़ी मछली खा जाती है, वाला सिद्धान्त प्रभावी है, इसलिए ऐसा हुआ। विख्यात टेलीविजन कार्यक्रम निर्माता व दर्पण वीडियो इन्डिया के स्वामी **ब्रजेन्द्र रेही**[3] बताते हैं कि वीडियो पत्रकारिता सबसे पहले अमरीका में शुरू हुई थी। भारत में इसके शुरुआती दौर में पी० टी० आई०-टी० वी०, यू० एन० आई०-टी० वी०, आई० टी० वी०, टाइम्स टेलीविजन, हिन्दुस्तान टाइम्स टेलीविजन, लीविंग मीडिया तथा कुछ फिल्मी वीडियो निर्माता ही इस क्षेत्र में छाए हुए थे। टी० वी०-वीडियो स्तम्भ लेखक **रामहित नंदन**[4] के अनुसार अभी वीडियो पत्रकारिता का भविष्य साफ नहीं है, क्योंकि यदि वीडियो पत्रिकाएँ टेलीविजन पर दिखाई जाएँ, तब

---

1. **हिन्दी पत्रकारिता का विकास—एन० सी० पंत, पृष्ठ 25**
2. **संचार क्रांति और हिन्दी पत्रकारिता—डॉ० अशोक कुमार शर्मा, पृष्ठ 109**
3. **संचार क्रांति और हिन्दी पत्रकारिता—डॉ० अशोक कुमार शर्मा, पृष्ठ 109**
4. **जनसत्ता, 23 फरवरी, 1990, दिल्ली संस्करण**

वीडियो पत्रकारिता व टेलीविजन के बीच अच्छी प्रतिस्पर्धा की संभावना बनती है। दूसरी ओर **विनोद दुआ** (चुनाव परिणाम विश्लेषक) की धारणा थी कि जब तक टेलीविजन है, तब तक वीडियो पत्रिकाओं की जरूरत नहीं पड़ेगी।

इधर, **डॉ० अर्जुन तिवारी**[1] वीडियो पत्रकारिता के भविष्य को लेकर काफी आश्वस्त और उत्साहित हैं। वे कहते हैं कि आज वीडियो पत्र-पत्रिकाओं की धूम मची हुई है। संपूर्ण बुद्धिजीवी जगत में वीडियो क्रांति देखी जा रही है। इंडियन बुक हाउस ने वीडियो कैसेट पर एक पत्रिका 'मूवी वीडियो' का प्रकाशन सन् 1988 ई० के मार्च महीने में प्रारंभ किया। 15000 वीडियो कैसेटों की प्रसार संख्या वाली इस पत्रिका में शूटिंग समाचार, गप-शप, अभिनेता-अभिनेत्रियों से साक्षात्कार, फिल्मी गानें समाहित हैं। डेढ़ सौ रुपयों वाली इस वीडियो कैसेट का नया अंक बाजार में प्रतिमाह आ जाता है, जिसमें प्रचुर विज्ञापन भी होता है। **डॉ० हरिमोहन**[2] भी कहते हैं कि वीडियो पत्रिकाएँ इस दिशा में अच्छी लोकप्रियता अर्जित कर रही हैं। 'काल चक्र' हिन्दी में आई पहली वीडियो पत्रिका हैं। लहरें, फिल्म्स ट्रैक्स, गणभूमि वीडियो जैसी पत्रिकाओं से इसका बाजार सफल लगता है।

(ग) दूरदर्शन पत्रकारिता—'कागद की लेखी के साथ आँखिन की देखी' अर्थात् अपनी निष्पक्ष और सत्य प्रस्तुति के कारण दूरदर्शन की पत्रकारिता किसी कुँआरी लड़की की तरह पवित्र और अनाविल मानी जाती है। यहाँ खबर छिपती नहीं है। टेलीविजन में 'देखो, सुनो और समझो' को चरितार्थ किया जाता है। संभवत: इसीलिए रेडियो की तुलना में पत्रकारिता का विलक्षण और प्रामाणिक हथियार है—दूरदर्शन। शायद इसीलिए दूरदर्शन, रेडियो और समाचार पत्र की पत्रकारिता में बुनियादी अंतर भी होता है। इस विषय से जुड़े एक सुप्रसिद्ध लेखक **श्री प्रवीण दीक्षित**[3] लिखते हैं कि टेलीविजन में न तो समाचार पत्रों की तरह विलोमी स्तूप (Inverted Pyramid) संरचना पर जोर दिया जाता है और न रेडियो के समान ब्रिलियन्ट डायमण्ड (Brilliant Diamond) जैसी संरचना को प्रमुखता दी जाती है। टेलीविजन के लिए संवाद संरचना में वही पत्रकार सफल होते हैं, जिनका भाषा शैली पर पूरा अधिकार होता है। टेलीविजन का एक विशेष गुण 'प्रदर्शन' होता हैं, जो रेडियो में नहीं होता। टेलीविजन में जो कुछ चित्रों से दिखाया जाता है, उसी को शब्दों में बताया जाता है। टेलीविजन में नाटकीयता का भी विशेष महत्त्व होता है। टेलीविजन संवाद को एक बार लिखने के बाद आदि, मध्य या अंत से उसी प्रकार से नहीं काटा जा सकता, जिस प्रकार समाचार-पत्रों के समाचारों में किया जा सकता है।

दूरदर्शन पत्रकारिता में सीधा प्रसारण, साक्षात्कार, समाचार, खेलकूद, दैवी आपदा, सूचना, शिक्षा, कला एवं सांस्कृतिक गरिमा की जागरुकता, परिवार कल्याण, जनसंख्या नियंत्रण, वैज्ञानिक चेतना, राष्ट्रीय एकीकरण से संबंधित बातें, कृषि-उत्पादन, पशुपालन, सामाजिक चेतना या जागरुकता, गरीब-निर्बल लोगों के लिए सामाजिक कल्याण, पत्रिका यथा—समाचार पत्रिका, साहित्यिक पत्रिका, सांस्कृतिक पत्रिका, डॉक्यूमेन्टरी, वृत्त चित्र आदि विविध विषय अन्तर्भुक्त किए जा सकते हैं। अपनी विशिष्ट लेखकीय क्षमता, चमत्कृत प्रस्तुति, निपुण छायांकन आदि गुणों के कारण दूरदर्शन पत्रकारिता ने मुद्रण तथा अन्य विद्युतीय

---

1. **आधुनिक पत्रकारिता—डॉ० अर्जुन तिवारी, पृष्ठ 129**
2. **संपादन कला एवं प्रूफ पठन—डॉ० हरिमोहन, पृष्ठ 69**
3. **जनमाध्यम और पत्रकारिता—प्रवीण दीक्षित, पृष्ठ 405, भाग—दो**

माध्यमों की पत्रकारिता के समक्ष कुछ चुनौतियाँ खड़ी कर दिया है, शायद इसीलिए साप्ताहिक हिन्दुस्तान के पूर्व संपादक **श्री मनोहर श्याम जोशी** ने कहा था कि, ''हिन्दी पत्रकारिता हो या अंग्रेजी पत्रकारिता टेलीविजन क्रांति की बदौलत अखबारनवीसी को चुनौतियाँ तथा प्रेरणाएँ दोनों ही मिलीं।'' इधर, धर्मयुग के पूर्व वरिष्ठ संपादक **गणेश मंत्री** भी अपनी सहमति जताते लिखते हैं कि, ''दूरदर्शन ने चित्रों वाली पत्रकारिता को या विस्तार से घटना विशेष की पृष्ठभूमि बताने वाली पत्रकारिता को एक तरह से आवश्यक बना दिया। दूरदर्शन का एक तरह से आक्रमण हुआ है—घर के भीतर। उससे बाजार घर के भीतर आ गया। फलस्वरूप दैनिक समाचार पत्र घटनाओं की पृष्ठभूमि विस्तार से देने लगे। फॉलोअप भी देने लगे। इससे पत्रिकाओं के सामने संकट भी खड़ा हो गया।''[1] बहरहाल, 'टेलीविजन विस्फोट' ने पत्रकारिता जगत में नई क्रांति घटित की है। इसका भविष्य बहुत सुखद और उज्ज्वल है।

(घ) इन्टरनेट पत्रकारिता—इन्टरनेट सूचना-बैंक है। सूचना के स्तर पर इसने संपूर्ण धरती को 'खगोलीय ग्राम' में तब्दील कर एक छत और छाते के नीचे खड़ा कर दिया है। कुल मिलाकर सूचना प्रौद्योगिकी का यह अंतहीन संभावनाओं तथा उपयोगिता वाला क्षेत्र है। समाज का हर कुनबा और तबका, हर पेशे के लोग—वकील, डॉक्टर, अध्यापक, सामान्य गृहिणी, फैशन डिजाइनर—अपने-अपने मतलब की चीज या जरूरत को तलाश सकते हैं, रेल, जहाज, पर टिकटों के आरक्षण के साथ चिकित्सा, विज्ञान, कृषि, जमीन का मोलभाव, किसी वस्तु खरीद-बेच और शिक्षा-रक्षा संबंधी हर तरह की ताजा-टटकी सूचना इसके पास बिना ना-नुकुर के उपलब्ध है। सच तो यह है कि यही इसकी पत्रकारिता का भी क्षेत्र है। फसलों को रोग मुक्त रखने, पैदावार बढ़ाने, उन्नत बीजों का प्रयोग, मिट्टी का स्तरोन्नयन, बनाने के लिए इस प्रौद्योगिकी ने काफी मदद की है। पशुपालन, मधुमक्खी पालन, मुर्गी पालन, मत्स्य पालन, रेशम के कीड़ों का उत्पादन, नगदी फसलों का उत्पादन आदि के लिए इसने काफी सूचना मुहैया करायी है। ग्रामीण परिवारों की स्वास्थ्य संबंधी सूचनाओं, गर्भावस्था से संबंधित जानकारी, भूमि से संबंधित अभिलेखों के रख-रखाव में इस प्रौद्योगिकी से बहुत लाभ हुआ है। स्वास्थ्य रक्षा के क्षेत्र में, परिवार नियोजन के क्षेत्र में, कम उम्र में लड़कियों के विवाह तथा कम उम्र में बच्चा पैदा करने के खतरों से संबंधित जानकारी, मलेरिया, कुष्ठ, तपेदिक, घेंघा, हैजा, डिप्थीरिया, कालाजार के साथ-साथ मौसम वातावरण, सूखा, बाढ़, भूकम्प जैसी आपदाओं के प्रबंधन में इस तकनीक ने बड़ा योगदान किया है। ग्रामीण क्षेत्रों में शिक्षा का प्रसार, प्रौढ़-शिक्षा तथा प्राइमरी से लेकर माध्यमिक तथा विश्वविद्यालय की शिक्षा में गुणवत्ता वृद्धि के लिए इन्टरनेट ने कुशल पत्रकार की भूमिका निभाई है।

(8) प्रिंट पत्रकारिता और मुद्रण कला : प्रूफ पठन या प्रूफ रीडिंग (Proof Reading) की तकनीकी जानकारी

(क) मुद्रण कला : स्वरूप तथा अर्थ

मुद्रण कला को 'टाइप विन्यास', 'टाइप कला' या अंग्रेजी में 'Typography' कहते हैं। किसी धातु या मिश्र धातु से ढाले हुए वर्णमाला के अक्षरों को 'टाइप' कहते हैं। टाइप का समूह बनाकर और उस पर स्याही लगाकर छापने की कला को 'टाइप कला' कहते हैं। छपाई

1. हस्तक्षेप, राष्ट्रीय सहारा, पृष्ठ 2, 15 नवम्बर, 1992

की प्रमुख कला होने के नाते टाइप या मुद्रण कला का आविष्कार मानव के सर्वोत्तम आविष्कारों में उल्लेखनीय है। छपाई की विविध कलाओं में 'टाइप कला' का स्थान अन्यतम है। इसकी प्रमुख प्रतिद्वन्द्वी कलाएँ—लिथो ऑफसेट तथा फोटोग्रैव्योर—अत्यधिक प्रगतिशील हैं, किन्तु टाइप कला अपने विस्तृत क्षेत्र तथा अगण्य सुविधाओं के कारण अपना प्रभुत्व बनाए हुए हैं। छपाई के समय अशुद्धियों का निवारण करने के जितने साधन टाइप कला में उपलब्ध हैं, उतने छपाई की किसी और कला में उपलब्ध नहीं हैं।[1]

सच तो यह है कि जिस प्रकार गृह-निर्माण कार्य में सुन्दरता लाने के लिए अनेक प्रकार की सामग्री जैसे—लोहा, सीमेन्ट, ईंट, लकड़ी रंग-रोगन आदि का प्रयोग किया जाता है, उसी प्रकार मुद्रण-कार्य को सुन्दर व आकर्षक बनाने के लिए विभिन्न प्रकार के टाइपों का प्रयोग किया जाता है। इन्हीं विभिन्न प्रकार के टाइपों द्वारा पृष्ठों की साज-सज्जा को 'टाइप-विन्यास' (Typography) की संज्ञा दी गई है। टाइपोग्राफी भवन-निर्माण है, तो टाइपोग्राफर भवन निर्माता है और इस कार्य में लगाया गया प्रत्येक किस्म का टाइप ईंट के समान है और प्रत्येक शब्द के बाद छोड़ा गया स्पेस प्रत्येक ईंट की आपस की दूरी है और छपा हुआ प्रत्येक पृष्ठ उसका ले-आउट है—"Typography is architecture and typographer is architect. The building bricks he uses are the type faces and the mortar is the spacing he selects for composition. His blue prints are called lay-outs."[2]

(ख) मुद्रण कला का संक्षिप्त इतिहास : विश्व तथा भारत के आइने में

टाइप कला उपयोगी एवं औद्योगिक कला होने के साथ ही ललित कला भी है। अत: टाइप कला का आविष्कार मानव की प्रगति के आरंभिक पदचिन्हों के साथ-साथ हुआ। अपनी आंतरिक भावनाओं को दूसरों पर व्यक्त करने के उद्देश्य से मानव ने शिलाओं पर आकार खोदना सीखा। अक्षरों तथा शब्दों के विकास के साथ-साथ सुमेर, मिस्र, बेबीलोनिया, भारत, चीन और कोरिया में लकड़ी, शिला तथा धातु की मुहरें और ठप्पे प्रयोग में आने लगे।[3] मुद्रण कला के संबंध में सबसे पहले जानकारी प्राप्त करने वाले देश—चीन और जापान हैं, ऐसा कुछ लोग कहते हैं। इनका मानना है कि सबसे पहले कागज निर्माण की कला में चीन निवासियों ने ही दक्षता प्राप्त की। सन् 175 ईसवी में ठप्पे से मुद्रण कला का उल्लेख चीन में ही प्राप्त हुआ। इसके लिए काठ पर अक्षरों को उभारकर और उस पर स्याही लगाकर काठ के दो तख्तों के मध्य दबाकर छपाई कर ली जाया करती थी। सन् 1041 में चीन के पी शांग नामक व्यक्ति ने चीनी मिट्टी के अक्षरों को तैयार किया। इन अक्षरों का विकसित रूप आज का टाइप है।[4] तिथियों में थोड़े हेर-फेर के साथ इस बात की पुष्टि **रंगास्वामी पार्थसारथी**[5] भी करते हैं—"Paper, which was first made by the Chinese as a early as the second century A. D.xxx The Chinese discovered the art of printing also. In 868 A.

---

1. **हिन्दी—विश्व कोश, खण्ड-5, पृष्ठ 136, नागरी प्रचारिणी सभा काशी, सन् 1965 ई०**
2. **मुद्रण के तकनीकी सिद्धान्त—डॉ० नवीन चन्द्र गुप्त, पृष्ठ 1, तक्षशिला प्रकाशन, दिल्ली, सन् 1995 ई०**
3. **हिन्दी—विश्व कोश, पृष्ठ 137**
4. **पत्रकारिता के सिद्धान्त—डॉ० गुरुशरण लाल, पृष्ठ 38**
5. **Journalism in India—Ranga Swami Parthasarthy, P. 5**

D. Wangchieh published a book printed from blocks. Copies of it still survive as man's oldest printed book. The first known use of movable types was by another Chinese, Pi Cheng, in 1045 A. D. The oldest evidence of Chinese printing is a Buddhist scripture known as "Diamond Sutra" dated 868 A. D."

इसके बाद मुद्रण कला यूरोप महाद्वीप पहुँची, किन्तु चीन से कैसे और किस प्रकार पहुँची, बहुत साफ पता नहीं चलता। कई ग्रंथों को खँगालने के बाद भी प्रामाणिक रूप में कुछ नहीं कहा जा सकता। हाँ, इतना अवश्य है कि यूरोप में मुद्रण कला बहुत तेज गति से लोकप्रिय हुई और संभवत: वहीं से 1476 के आस-पास जर्मनी, इटली, फ्रांस, स्पेन, इंग्लैण्ड, डेनमार्क, स्वीडन, पुर्तगाल तथा रूस आदि देशों में इन टाइपों का चलन बढ़ा—"In Europe, a German, Johann Gulenberg, built one of the earliest movable cast metal type printing machines in Maing in the middle of the 15th century. William Caxton of Kent set up the first printing press in England in 1476."[1] सन् 1556 के आस-पास पुर्तगाली इस मुद्रण कला को गोवा ले आए, किन्तु अंग्रेज यह कभी नहीं चाहते थे कि मुद्रण पर पुर्तगालियों का एकाधिकार हो, अत: तत्कालीन गवर्नर जनरल वारेन हेस्टिंग्स ने चार्ल्स विकिल्स को बंगला भाषा में टाइप तैयार कराने तथा प्रेस की व्यवस्था करने के लिए नियुक्त किया। अत: विकिल्स ने सन् 1778 में बंगला-अंग्रेजी व्याकरण का प्रकाशन किया। इसके साथ उसने सन् 1805 में देवनागरी अक्षरों के टाइपों को तैयार किया।[2]

इधर, विलियम करे नामक ईसाई पादरी, चार्ल्स विकिल्स, बंगाली पंचानन कर्मकार तथा बाद में एक अन्य व्यक्ति मनोहर के प्रयास से कलकत्ता के श्रीरामपुर में टाइपों का निर्माण हुआ। कलकत्ता के इन फाउण्ड्री टाइपों की माँग बंगाल के बाहर मुम्बई तक हुई। इसी बीच कुछ लोग बताते हैं कि दक्षिण भारत में मुद्रण कला का आरंभ तो बंगाल के पूर्व ही हो गया था, किन्तु टाइप का कला पक्ष कुछ देर से विकसित हुआ—"A printing press was captured by the English in Pondicherry which was entrusted to the great Tamil scholar Fabricius, who was resident at Vepery—later on to gain found as the Diocesan Press. It was in this press that Fabricius printed his hymn books and his epoch-making." "Tamil-English Dictionary..." Tamil-English Lexicon completed in 1862 will be "Even to-day, stand comparison with any press in the world."[3] कुछ विद्वान मानते हैं कि भारत में मुद्रण के इतिहास में अपना नाम सर्वप्रथम अंकित कराने वाले जाव दादा जी थे। उन्होंने सन् 1864 में अमेरिकन मिशन टाइप फाउन्ड्री के प्रसिद्ध कारीगर से टाइप-निर्माण के कार्य का प्रशिक्षण लेकर अपनी स्वयं की निर्णय सागर नाम की एक टाइप फाउण्ड्री की स्थापना की। अपनी इसी टाइप फाउण्ड्री से उन्होंने विविध प्रकार की धार्मिक पुस्तकों का प्रकाशन किया।[4]

---

1. **Journalism in India—Ranga Swami Parthasarthy, P. 7**
2. **पत्रकारिता के सिद्धान्त—डॉ० गुरुशरण लाल, पृष्ठ 39**
3. **National Library (Carey Exhibition), Calcutta, 1955**
4. **पत्रकारिता के सिद्धान्त—डॉ० गुरुशरण लाल, पृष्ठ 38**

बहरहाल, इस प्रसंग को यहीं स्थगित कर आगे बता दें कि अंग्रेज लेखक गिलक्रिस्ट की 'हिन्दुस्तानी ग्रामर', कलकत्ता के क्रॉनिकल प्रेस से सन् 1796 में संभवतः पहली बार छपी। ऊपर फारसी लिपि में, पुनः नागरी लिपि में अमीर खुसरो की यह मुकरी मुद्रित है—

''सारी रइनि छतिअन पर राखा। रस कश वाका सब ही चाखा।
भोर भवो तब दीनो डार। क्या सखि साजन नहिं सखी हार॥''

कालान्तर में इस पुस्तक का पूरक भाग 'Appendix' नाम से 32 पृष्ठों में कलकत्ता के ही जॉज़ेफ कूपर द्वारा 1799 में प्रकाशित हुआ। सच तो यह है कि हिन्दी भाषा और नागरी लिपि में कोई पुस्तक किंचित 1802 से पहले नहीं छपी। 1803 में डब्ल्यू० चैप्लिन की थीसिस ''सती होने की रीति'' 9 पृष्ठों में छपी। 1804 में जे० रोमर का प्रबंध 'हिन्दुस्तानी शीर्षक' के अन्तर्गत् छपा। 1805 ई० में हिन्दुस्तानी प्रेस कलकत्ता ने विलियम हण्टर की 'हिन्दुस्तानी भाषा की बाइबिल' मोतीराम की कृति 'माधोनल' (अनु० मजहर अली और लल्लू जी) तथा सुन्दर कवीश्वर कृत 'सिंहासन बत्तीसी' नागरी टाइप में छापी। इस हिन्दुस्तानी प्रेस की स्थापना गिलक्रिस्ट ने की थी। इसे वे अपनी निजी सम्पत्ति भी मानते थे। हिन्दी की पुस्तकें संगठित रूप से पहली बार छापने का श्रेय हिन्दुस्तानी प्रेस को ही है।[1] कालान्तर में इसी प्रेस से 1807 में तुलसीदास की 'गीतावली' और 'राम सगुनावली', 1809 में बिहारी की 'सप्तशतिका', 1810 में प्रेमसागर, सतसई, अशआर मियाँ नजीर के तथा गोस्वामी तुलसीदास कृत 'रामायण', 1814 में कवि मतिराम कृत 'रसराज', 1815 में कवित्त रामायण और सभा विलास, 1817 में ब्रज विलास तथा माधव विलास, 1818 में कोकसारम्, 1819 में सुदामा चरित्र तथा 1820 में सभा विलास, वृन्दसतसई और लल्लू लाल जी द्वारा संपादित सरसरस का मुद्रण हुआ। इसके बाद इस प्रेस से छपी किसी पुस्तक की जानकारी मुझे नहीं है। बहरहाल, आज इक्कीसवीं सदी के इस वैज्ञानिक युग में भारतीय मुद्रण कला का कितना विकास हुआ है, यह इस विषय में जिज्ञासा रखने वाले सभी जानते हैं।

(क) प्रूफ रीडिंग या प्रूफ पठन का अर्थ और आशय—पत्रकारिता और जनसंचार में प्रूफ रीडिंग का महत्त्वपूर्ण स्थान होता है। विभिन्न स्रोतों से प्राप्त होने वाले समाचारों को अगर शुद्ध करके पाठक तक नहीं पहुँचाया जाय, तब तक पत्र निकालने का उद्देश्य निरर्थक हो जाएगा। अखबार रोज प्रकाशित किए जाते हैं। इसलिए इसके प्रकाशन में अक्सर जल्दबाजी होती है। कम्पोजिटर, कंपोजिंग कला में तो निपुण होता है, लेकिन वह बहुत शिक्षित हो, ऐसा समझना हमारी भूल कही जाएगी। कम्पोजिटर द्वारा मैटर कम्पोज करने के बाद प्रूफ रीडर ही उसकी असल कसौटी माना जाता है। प्रूफ रीडर अगर कंपोजिंग मैटर (सामग्री) को ठीक ढंग से शुद्ध नहीं कर पाता, तब इससे पत्र की प्रतिष्ठा धूमिल हो जाती है। पाठक अशुद्ध छपे पत्र को पढ़ना नहीं चाहता। अशुद्धियाँ रहने पर समाचार के अर्थ बदलने का संशय हमेशा बना रहता है।[2]

अतः कंपोजिंग के दौरान हुई गलतियों में सुधार करने की क्रिया को ही प्रूफ पठन, प्रूफ संशोधन या प्रूफ रीडिंग कहते हैं। इस क्रिया में मूल प्रति या पाण्डुलिपि के साथ प्रूफ का मिलान किया जाता है और टाइप सेटिंग से संबंधित तथा अन्य प्रकार की भूलों को संकेतित

1. **गिलक्रिस्ट—अतीक सिद्दीकी, पृष्ठ 36, सन् 1961**
2. **पत्रकारिता जगत—डॉ० अशोक प्रियदर्शी, सुनील कुमार सिन्हा, पृष्ठ 42, मगध कलाकार प्रकाशन, पटना**

कर दिया जाता है, ताकि कंपोजिटर उनके अनुसार कंपोज किए मैटर को आवश्यक संशोधन कर डाले।[1]

(ख) प्रूफ रीडिंग के विभिन्न रूप या भेद—विद्वानों ने प्रूफ रीडिंग के चार से लेकर छः भेद तक माने हैं। डॉ० हरिमोहन और डॉ० सविता चड्ढा ने इसके कुल छः भेद स्वीकार किए हैं। हाँ, नामान्तर अवश्य है, लेकिन डॉ० विजय पाल सिंह ने प्रूफ रीडिंग के स्थूल रूप में चार भेद ही स्वीकार किया है, यथा—

डॉ० हरिमोहन का वर्गीकरण[2]—(1) गैली प्रूफ (Galley Proof), (2) मेकअप प्रूफ (Make-up Proof), (3) प्रथम प्रूफ या पेज प्रूफ (Ist Proof or Page Proof), (4) दूसरा प्रूफ (IInd Proof), (5) तीसरा प्रूफ (IIIrd Proof), (6) प्रिंट ऑर्डर प्रूफ या अन्तिम प्रूफ (P. O. Proof or Final Proof)।

डॉ० सविता चड्ढा का वर्गीकरण[3]—(1) गैली प्रूफ, (2) मेकअप प्रूफ, (3) प्रथम प्रूफ या पेज प्रूफ, (4) दूसरा प्रूफ या मशीन प्रूफ, (5) अंतिम प्रूफ या तृतीय प्रूफ, (6) प्रिंट ऑर्डर प्रूफ।

इधर, **डॉ० विजय पाल सिंह**[4] ने (क) गैली प्रूफ, (ख) मेकअप प्रूफ, (ग) द्वितीय प्रूफ, (घ) प्रिंट ऑर्डर प्रूफ—उक्त चार ही भेद स्वीकार किया है।

कंपोज की गई सामग्री को 'गैली' जो कि धातु की बनी होती है, जिसके तीनों ओर लकड़ी का उठा हुआ फ्रेम भी होता है, में रखा जाता है। कंपोज की गई सामग्री को स्टिक से उतार कर गैली में रखकर सबसे पहला प्रूफ दिखाया जाता है, जिसे **गैली प्रूफ** कहते हैं।[5] कुछ प्रकाशन कार्यालयों में तो गैली-संशोधन के बाद एक और प्रूफ भी निकाला जाता है। इसे **रिवाइज्ड गैली प्रूफ** (Revised Galley Proof) कहा जाता है।[6] प्रूफ रीडर जब गैली प्रूफ पढ़कर भेज देता है, तब कंपोजिंग की हुई सामग्री को तदनुसार ठीक कर देता है, फिर संशोधित किए हुए मैटर का कागज के आकार के अनुसार पृष्ठों में विभाजित कर देता है और प्रत्येक पृष्ठ पर फोलियो (पुस्तक का नाम तथा अध्याय) पृष्ठ संख्या डाल देता है। जिस पृष्ठ से अध्याय प्रारंभ होता है, उस पर फोलियो के रूप में अध्याय का नाम तथा पृष्ठ संख्या नहीं डाली जाती। इसके बाद प्रत्येक पृष्ठ के मैटर को एक मजबूत धागे से बाँधकर पृष्ठ को क्रमानुसार व्यवस्थित कर देता है। अब उन्हें 4, 8,12, 16 पृष्ठीय फर्मे के रूप में प्रूफ रीडर के पास पढ़ने के लिए भेज देता है। इस प्रूफ को **मेकअप** या प्रथम **प्रूफ** कहते हैं।[7] **द्वितीय प्रूफ** में शुद्ध किए गए पृष्ठ की भूलों को छान-निथार कर, एक नया प्रूफ निकालकर प्रूफ रीडर के पास भेजा जाता है। दूसरे प्रूफ की अशुद्धियों को शुद्ध कर तीसरा प्रूफ, प्रूफ रीडर के पास भेजने की प्रक्रिया **प्रिंट ऑर्डर प्रूफ** या **फाइनल प्रूफ** कही जाती है। इस प्रकार का प्रूफ संपादक या लेखक स्वतः पढ़ना पसंद करते हैं।

---

1. प्रयोजनमूलक हिन्दी—डॉ० विजय पाल सिंह, पृष्ठ 89
2. संपादन कला एवं प्रूफ पठन—डॉ० हरिमोहन, पृष्ठ 98
3. हिन्दी पत्रकारिता : सिद्धान्त और स्वरूप—डॉ० सविता चड्ढा, पृष्ठ 163
4. प्रयोजनमूलक हिन्दी—डॉ० विजय पाल सिंह, पृष्ठ 90
5. हिन्दी पत्रकारिता : सिद्धान्त और स्वरूप—डॉ० सविता चड्ढा, पृष्ठ 164
6. प्रयोजनमूलक हिन्दी—डॉ० शरद भटनागर, पृष्ठ 169
7. प्रयोजनमूलक हिन्दी—डॉ० विजय पाल सिंह, पृष्ठ 91

(ग) प्रूफ संशोधन (Proof Rectification)—प्रशासनिक कार्यालयों में तैयार किए गए दस्तावेजों को मुद्रित कराने के लिए प्रेस में भेजा जाता है। इन दस्तावेजों की प्रारंभिक कंपोजिंग में गलतियों के सुधार हेतु जो संशोधन किया जाता है, उसे प्रूफ संशोधन कहते हैं। प्रूफ संशोधन की प्रक्रिया में मूल प्रति अर्थात् पाण्डुलिपि के साथ कंपोज किए गए प्रूफ का मिलान किया जाता है। प्रूफ में मूल से भिन्न कुछ असमानता है अथवा गलतियाँ परिलक्षित होती हैं, उन्हें प्रूफ के दायीं और बाईं ओर प्रूफ संशोधन के प्रतीक चिन्हों द्वारा प्रदर्शित किया जाता है।[1] प्रूफ रीडर कंपोज की गई सारी सामग्री को चौड़ाई के बीच से दो भागों में बाँट देता है। इस प्रकार आधा मैटर दाईं और आधा मैटर बाईं ओर हो जाता है। त्रुटि प्रूफ के संशोधन में पेंसिल का प्रयोग नहीं किया जाना चाहिए। अधिकांशतः लाल पेन या बाल पेन का प्रयोग ही उचित रहता है।[2]

(घ) प्रूफ संशोधनों के प्रकार—प्रूफ में जिस तरह की अशुद्धियाँ पाई जाती हैं, उनके अनुसार संशोधनों को मोटे तौर पर चार श्रेणियों में रखा जा सकता है—

(1) विराम चिन्हों तथा वर्तनी की अशुद्धियाँ,

(2) टाइप (मुद्राक्षरों) के विविध प्रकारों—जैसे इटैलिक, रोमन, स्माल, कैपीटल और विभिन्न प्वाइंटों—8, 10, 12, 14, 16, 18, 20, 24, 36, 48, 78 आदि के टाइपों—की सेटिंग से संबंधित भूलों का सुधार तथा तत्संबंधी निर्देश,

(3) अक्षरों और शब्दों को मिलाने, निकालने या अलग करने, पैराग्राफ तोड़ने या मिलने आदि बातों से संबंधित संशोधन और

(4) अन्य सामान्य संशोधन, जैसे—अक्षरों का प्रूफ में स्पष्ट न आना, मूल प्रति का कोई शब्द या वाक्य कंपोजिटर की सावधानी से कंपोज करने से छूट जाय अथवा मूल प्रति (पाण्डुलिपि) के किसी शब्द या स्थल की असंगति पर प्रूफ रीडर भी और उसको संपादक या लेखक से पूछने के लिए चिन्हित कर देना इत्यादि।[3]

(ङ) प्रूफ रीडर के गुण एवं कर्त्तव्य—प्रूफ पाठक को भाषा का विशेषज्ञ और तत्संबंधी विषय का जानकार अवश्य होना चाहिए, अन्यथा प्रूफ में भाषाई अर्थ संबंधी गलतियाँ रह जाने की संभावना रहती है और प्रशासनिक दस्तावेजों के मुद्रण का उद्देश्य पूरा नहीं हो पाता है। प्रूफ रीडर को शब्द संरचना, वाक्य की प्रयुक्ति, वर्तनी सुधार का अभ्यास और भाषा का अच्छा ज्ञान होना आवश्यक है। उसमें अशुद्धियों को परखने की अचूक क्षमता अवश्य होनी चाहिए। भाषा विशेषज्ञों द्वारा निर्धारित प्रूफ पठन के मानक चिन्हों का विशेष बोध होना प्रूफ रीडर की सर्वाधिक महत्त्वपूर्ण विशेषता है। इसी विशेषता के फलस्वरून प्रूफ रीडर प्रूफ पठन की प्रक्रिया को सुविधापूर्वक संपादित करता है।[4] अशुद्धियों को शुद्ध करने में प्रूफ रीडर को एक ही मैटर को बार-बार दुहराना होता है और उसे शुद्ध करना पड़ता है, इसलिए अच्छे प्रूफ रीडर को धैर्यवान होना चाहिए। प्रूफ रीडिंग की महत्ता से, प्रूफ रीडर पूर्ण

---

1. **प्रशासनिक हिन्दी : टिप्पण और प्रारूपण—डॉ० चन्द्रपाल, पृष्ठ 64**
2. **हिन्दी पत्रकारिता : सिद्धान्त और स्वरूप—डॉ० सविता चड्ढा, पृष्ठ 167**
3. **प्रयोजनमूलक हिन्दी—डॉ० विजय पाल सिंह, पृष्ठ 91 से साभार**
4. **प्रशासनिक हिन्दी : टिप्पण और प्रारूपण—डॉ० चन्द्रपाल, पृष्ठ 64**

परिचित हो। तेजी से प्रूफ पढ़ने की आदत हो। प्रूफ देखने में सफाई का ध्यान रहे। भारतीय मानक संस्था द्वारा मानकीकृत स्वीकृत चिन्हों की पूर्ण जानकारी होनी चाहिए।

इसी तरह प्रूफ रीडर के अपने कुछ कर्त्तव्य भी हैं, यथा—प्रूफ रीडर को पाण्डुलिपि में परिवर्तन करने का कोई अधिकार नहीं होता है। अगर प्रूफ रीडर को किसी ढंग की शंका हो, तब वह उचित निशान लगाकर (???) संपादक से अथवा लेखक से पूछ सकता है। पहला प्रूफ अगर सही ढंग से सफाई से ध्यानपूर्वक पढ़ा जाय, तब आगे आने वाला प्रूफ देखने में प्रूफ रीडर को कोई विशेष कठिनाई नहीं होगी। प्रूफ रीडिंग करते समय मूल पाण्डुलिपि साथ में रखना आवश्यक है। ऐसा करने से किसी तरह की शंका नहीं होती।[1] अंत में कुल मिलाकर **डॉ० विजयपाल सिंह**[2] के शब्दों में प्रूफ रीडर की दृष्टि चील की सी होनी चाहिए, जो अशुद्धियाँ रूपी खाद्य पर अचूक झपट्टा मारने में समर्थ हों। वह स्वयं अशुद्धियाँ न करता हो। यदाकदा अपने विवेक से अशुद्धियों को ठीक कर सके।

(च) प्रूफ संशोधन के चिन्ह या प्रूफ संशोधन-संकेत (Proof Marks)—
भारतीय मानक संस्था द्वारा मानकीकृत संकेत

पैरा–	**L**
अक्षर निकालना–	**d**
अक्षर निकाल कर मिला दें–	
स्पेस देना–	**#**
स्पेस कम करना–	
गलत टाईप	**w.f.**
टाइप उठा नहीं	**X**
अक्षर अथवा शब्द का स्थान बदलना–	
अक्षर अथवा शब्द का स्थान बदलना–	
एक सीध में पंक्ति रखना–	**‖**
पंक्ति सीध में की जाये–	**=**
पूर्ण विराम–	**।**
कौमा, विसर्ग, सैमीकौलोम–	**(,), (:), (;)**
पंक्तियों के बीच की जगह कम करना–	**←**
डैश–	**—**
प्रश्नवाचक चिह्न–	**?**
पैरा अथवा पंक्ति मिलाना–	
लेड या स्पेस दबाना–	**⊥**
सम्पादक से पूछना–	**(???)**

चित्र

---

1. पत्रकारिता जगत—अशोक प्रियदर्शी, सुनील कुमार सिन्हा, पृष्ठ 42-43
2. प्रयोजनमूलक हिन्दी—डॉ० विजय पाल सिंह, पृष्ठ 93

(छ) ले आउट (Lay-Out) तथा पृष्ठ सज्जा—ले-आउट, पृष्ठ-विन्यास और पृष्ठ सज्जा स्थूल अर्थ में समानार्थी हैं। पृष्ठ सज्जा पत्रकारिता का महत्त्वपूर्ण अवयव है। दरअसल, आधुनिक पत्रकारिता की एक महत्त्वपूर्ण आवश्यकता और विशेषता उसकी साज सज्जा है, जिसका आधार सामग्री का प्रकाशनार्थ स्थान निर्धारण एवं चित्रों तथा विज्ञापनों से संतुलन है। मुद्रण के लिए प्रायः जो टाइप हिन्दी में प्रयुक्त होते हैं, वे दस प्वाइंट से लेकर 72 प्वाइंट के आकार के होते हैं।[1] पाठ्य सामग्री के साथ चित्र, स्केच, कार्टून आदि का अपना महत्त्व है, जो कि सामग्री में विविधता, रोचकता वृद्धि कराने के अतिरिक्त उसकी उपयोगिता और पृष्ठ का आकर्षण बढ़ाते हैं। कुल मिलाकर पृष्ठ-विन्यास पत्रकारिता का अभिन्न अंग है। पाठक को ज्ञानवर्धक और मनपसंद पठन सामग्री चाहिए, लेकिन अच्छी सुन्दर प्रस्तुति के साथ। पृष्ठ की साज सज्जा एक कला है और 21वीं शताब्दी में उसका महत्त्व भी लेखन कला से कम नहीं रहेगा।[2]

(9) पत्रकारिता का प्रबंधन : प्रशासनिक व्यवस्था, बिक्री वितरण तथा विज्ञापन

'प्रेस-प्रबंधन' भी एक कला है, तकनीक है, हुनर है। यह कोई आवश्यक नहीं कि एक कुशल पत्रकार पत्रकारिता का कुशल प्रबंधक ही हो, क्योंकि, "Journalism is a lofty profession and not a trade or a craft. It is a bit of snobbery that one can usefully do without. Journalism no doubt is a profession, but a journalist who limits himself to his profession is more likely to find that he has the most unenviable of talent." दरअसल, पत्रकारिता की **प्रशासनिक व्यवस्था** प्रेस की रीढ़ होती है। यहाँ अनुशासन का एक क्रमबद्ध 'चैनल' होता है, जिसमें आपादमस्तक सभी लोग जुड़े होते हैं। व्यवस्था के कुशलतापूर्वक नियमन के लिए सभी विभागों के कर्मचारी सामूहिक भावना से अपने कर्त्तव्यों और उत्तरदायित्वों का निर्वाह करते हैं। वे यहाँ महज़ अपने को सेवा कार्यरत कर्मचारी नहीं समझते, पत्रकारिता को जीविका अर्जन का केवल साधन अथवा माध्यम नहीं मानते, बल्कि पत्रकारिता को जनहित में निष्ठापूर्वक की गई साधना मानते हैं। सच तो यह है कि संगठन के सुचारु संचालन के लिए सभी विभागों के बीच उचित तालमेल का होना आवश्यक है। शीर्षस्थ प्रबंधक वर्ग, स्वामी या संचालन मंडल समाचार पत्र की नीति की रूपरेखा तैयार करते हैं। उसके बाद उस नीति का कार्यान्वयन प्रबंधों पर छोड़ दिया जाता है। समाचार पत्र चलाना अब व्यवसाय हो गया है और व्यवसाय की सफलता-असफलता उसके प्रबंध-प्रशासन पर निर्भर करती है। कई समाचार-पत्र अच्छे संपादन के बावजूद कमजोर प्रबंध और प्रशासन के कारण बंद हो गए।[3] प्रशासनिक व्यवस्था के भीतर कार्यालय की संपूर्ण व्यवस्था, विज्ञापन, प्रचार कार्य आदि का संचालन समाहित होता है।

पत्र की **बिक्री-वितरण**, लेखा, विज्ञापन, प्रचार-प्रसार वस्तुतः इसी व्यवस्था का एक अनिवार्य हिस्सा है। समाचार पत्रों को बिक्री के लिए वितरण की निश्चित तिथि तो ज्ञात नहीं

---

1. **वृहत हिन्दी पत्रकारिता कोश—सं० पुरुषोत्तम दास टण्डन, पृष्ठ 685**
2. **उत्तर आधुनिक मीडिया तकनीक—डॉ० हर्षदेव, पृष्ठ 84**
3. **पत्रकारिता : परिचय और विश्लेषण—डॉ० प्रीता व्यास, पृष्ठ 163**

है, किन्तु यह व्यवस्था पुनर्जागरण काल (Renaissance time) से मानी जाती है।[1] कभी-कभी कुछ पत्रकार या प्रबंधक जाने-आने वाले यात्रियों से लोगों को सूचनाएँ भेजवाते थे और अपने ग्राहकों को 'समाचार चौपन्ने' (News pamphlets) देते थे। बहरहाल, आज पत्रों की वितरण व्यवस्था एकदम बदल गयी है। प्राय: समाचार पत्र निर्धारित समय पर कार्यालय से वितरण हेतु उपलब्ध हो जाते हैं। इन्हें स्वतंत्र रूप से हाकरों, एजेन्टों, डाक, टैक्सी, ट्रेन, जहाज, नाव द्वारा उचित दरों पर बिक्री-वितरण के लिए दे दिया जाता है। समाचार पत्रों की बिक्री-वितरण व्यवस्था इन माध्यमों के अतिरिक्त स्टाल, बस अड्डे और रेलवे से भी होती है। जो समाचार पत्र अधिक से अधिक बिकेगा, आर्थिक रूप से वही सम्पन्न और लोकप्रिय माना जाएगा। बिक्री वितरण की सभी व्यवस्था प्रसार व्यवस्थापक (Circulation Manager) की होती है।

ठीक इसी तरह समाचार पत्रों में **विज्ञापन व्यवस्था** आधुनिक पत्रकारिता की रीढ़ मानी जाती है। विज्ञापन व्यवस्थापक ही इस विभाग का मुखिया होता है। सच तो यह है कि एक सफल समाचार पत्र में बिक्री से प्राप्त आमदनी व विज्ञापन से प्राप्त आमदनी में 1 : 2 का अनुपात होता है। यानी ग्राहकों से यदि 5,000/- प्राप्त हुए तो विज्ञापनों से 10,000/- प्राप्त होना चाहिए। आदर्श अखबार में 60% जगह समाचारों आदि से और 40% जगह विज्ञापनों से भरी होती है।[2] समाचार पत्रों के लिए विभिन्न विज्ञापन एजेन्सियों के अतिरिक्त प्रभाव तथा प्रत्यक्ष संपर्क से भी विज्ञापन संग्रह का कार्य किया जाता है। कुछ पत्रों के निजी विज्ञापन प्रतिनिधि भी होते हैं। विज्ञापन विभाग के अन्तर्गत् प्राय: विज्ञापन व्यवस्थापक, जनसंपर्क अधिकारी, लेखाकार आदि कर्मचारी होते हैं। विभिन्न समाचार पत्रों एवं पत्रिकाओं में जो विज्ञापन प्रकाशित होते हैं, वे कई श्रेणियों के होते हैं। इनमें वर्गीकृत विज्ञापन, सज्जित विज्ञापन, स्थान निर्दिष्ट सज्जित विज्ञापन, अवधि अनुबंधित विज्ञापन आदि होते हैं।[3]

(10) स्वतंत्र पत्रकारिता तथा प्रतिबंधित पत्रकारिता
अथवा
प्रेस स्वातंत्र्य तथा कानूनी प्रतिबंध

प्रसूतिकागृह में अपने जन्म के साथ ही भारतीय पत्रकारिता विभिन्न तरह के झोलों और प्रतिबंधों से घिर गयी। आप जानते हैं, भारत में प्रेस अंग्रेजों के आगमन के बाद आया। उन्होंने कोलकाता के उपनगर सीरामपुर में धर्म प्रचार के उद्देश्य से मुद्रणालय खोला, किन्तु पहला समाचार पत्र 'बंगाल गजट ऑफ कलकत्ता जनरल एडवरटाइजर' (Bengal Gazette alias Calcutta General Advertiser) नाम से 29 जनवरी, 1780 ई० में प्रकाशित हुआ। यह पत्र अंग्रेज सज्जन जेम्स ऑगस्ट हिक्की (James Augustus Hicky) की मेहनत का प्रतिफल था। इस ऐतिहासिक प्रथम भारतीय पत्र में हिक्की ने मन और आत्मा की स्वतंत्रता का आग्रह किया। अपने इस पत्र के माध्यम से उन्होंने वारेन हेस्टिंग्ज (Warren Hastings) सरकार के प्रशासन की आलोचना शुरू की तथा त्रुटियों की ओर ध्यान आकृष्ट किया। अपनी निर्भीकता

1. **संपादन कला एवं प्रूफ पठन—डॉ० हरिमोहन, पृष्ठ 98**
2. **पत्रकारिता : परिचय और विश्लेषण—डॉ० प्रीता व्यास, पृष्ठ 153**
3. **वृहत हिन्दी पत्रकारिता कोश—पुरुषोत्तमदास टण्डन, पृष्ठ 685**

का पुरस्कार हिक्की को जेल यातना के रूप में मिला। न केवल उसे, वरन् उस समय के तमाम निर्भीक पत्रकारों जिनमें अधिकांश अंग्रेज ही थे—को सरकार का कोपभाजन बनना पड़ा, क्योंकि वे निर्भीकतापूर्वक आवाज उठा रहे थे और अंग्रेज सरकार की शासन प्रणाली की कटु आलोचना करते हुए दुनीतियों का विरोध कर रहे थे। यहाँ तक कि कई पत्रकारों को भारत से निष्कासित कर दिया गया। अंग्रेज सरकार ने न्याय के पक्षधर पत्रकारों को यातनाएँ दीं, उनकी निजी सम्पत्ति हड़प ली।[1]

अंग्रेजों की दमनकारी नीति के शिकार ढेरों भारतीय पत्रकार भी हुए। दरअसल, उस समय की उद्भूत पत्रकारिता का लक्ष्य ही था—राष्ट्रीय जनजागरण, उद्बोधन, राजनीतिक स्वतंत्रता की प्राप्ति। अंग्रेजों ने तत्कालीन समाज को कई टुकड़ों में बाँटने की कोशिश की। उन्होंने अपने शासन की नींव गहरी डालने के लिए हर तरह का धतकरम किया। तमाम तरह की बंदिशें लगाईं। अत: ऐसी स्थिति में स्वराज पूर्व की पत्रकारिता एक तरह की अग्नि-परीक्षा हो गई थी। किसी भी समय बर्तानिया शासन अपनी दमनकारी नीति के कारण पत्रकारों की सम्पत्ति जब्ती, वारंट, कुर्की, दण्ड और जेल दे देता था। अपने मत की निर्भीक और स्वतंत्र घोषणा पर अंग्रेजों ने प्रतिबंध लगा दिया था। सन् 1782 में हिक्की के 'बंगाल गजट' के स्थगित होने के बाद 'इन्डियन वर्ल्ड' के संपादक श्री डुएन भी अपने विचार स्वातंत्र्य के कारण अंग्रेज सरकार के कोपभाजन बने। उन्हें भी बंदी बनाया गया और कालान्तर में यूरोप भेज दिया गया।

सन् 1795 में मद्रास में समाचार पत्रों के सेंसर की कठोर राजाज्ञा जारी हुई। 'मद्रास गजट' को इसी संदर्भ में आदेश हुआ कि वह प्रकाशन के पूर्व अपने समस्त स्तम्भों का सेंसर करा ले। 1796 में 'टेलीग्राफ' और 'कलकत्ता गजट' को भी प्रतिबंध झेलना पड़ा और अंतत: 1799 में देश के सभी समाचार पत्रों पर सेंसर की कैंची चला दी गई। इसी समय 'बंगाल हुरकारू' के संपादक चार्ल्स मैकलीन पर भी प्रतिबंध लगाकर उन्हें स्वदेश लौटा दिया गया। सन् 1799 का 'प्रेस पंजीकरण अधिनियम' लार्ड वेलेजली (Wellesley) द्वारा कलकत्ता से जारी किया गया था। इस आदेश के मुताबिक यह आवश्यक कर दिया गया था कि, ''प्रत्येक समाचार पत्र का मुद्रक पत्र के नीचे छोर पर अपना नाम प्रकाशित करे, समाचार पत्र का संपादक और मालिक अपने नाम और स्थान की सूचना सरकार के सचिव को दे, रविवार को कोई पत्र प्रकाशित न किया जाय, प्रत्येक पत्र सरकार के सचिव अथवा उसके मनोनीत अधिकारी द्वारा पूर्व निरीक्षण के बाद ही प्रकाशित किया जाय—(1) Every printer of a newspaper was required to print his name at the bottom of the paper, (2) Every editor and proprietor of a newspaper should notify his name and address to the Secretary to the Government, (3) No newspaper should be published on Sunday, (4) No newspaper should be published unless is was inspected previously by the secretary to government, (5) The penalty for infringement of the law would be immediate deportation."

सन् 1818 में वारेन हेस्टिंग्ज ने प्रेस कानून में कुछ परिवर्तन कर रविवार को पत्र प्रकाशन की अनुमति तो दी, लेकिन कुछ शर्तें नई भी जोड़ दी, यथा—ब्रिटिश सरकार को कमजोर करने वाले किसी भी लेख का प्रकाशन नहीं होना चाहिए। सन् 1818 में ही सर

1. **संपादक कला एवं प्रूफ पठन—डॉ० हरिमोहन, पृष्ठ 41**

टामस मुनरो ने अंग्रेजों और भारतीयों द्वारा प्रकाशित अखबारों में भेदभाव करते हुए अंग्रेजों की तुलना में भारतीय अखबारों पर प्रतिबंध लगाने की वकालत की। पुनः 4 अप्रैल सन् 1823 को भारत के स्थानापत्र गवर्नर जनरल जान एडम (John Adam) ने प्रेस संबंधी कानून (Adam Regulation) लागू कर अभिव्यक्ति की स्वतंत्रता खतरे में डाल दी। इस नियम के अनुसार कोई भी व्यक्ति बिना सरकारी आदेश के समाचार पत्र, पुस्तिका, विज्ञप्ति और पुस्तक आदि प्रकाशित नहीं कर सकता था। इस आदेश का पहला शिकार राजा राममोहन राय का फारसी समाचार पत्र 'मिरातुल अखबार' हुआ। 1823 का समाचार पत्रों के प्रतिबंध का कानून 1835 तक चलता रहा, क्योंकि सन् 1835 में चार्ल्स मैटकाफ (Charles Matcalfe) ने उसे रद्द कर दिया, जिसका परिणाम यह हुआ कि उन्हें पुनः इंग्लैण्ड बुला लिया गया।

भारतीय स्वतंत्रता संग्राम 1857 के समय भी समाचार पत्रों की स्वतंत्रता पर अंकुश लगाया गया। 1867 में एक नया कानून "Press and Registration of Book Act—1867" पास किया गया। उसके बाद 1878 में एक बेहद विवादास्पद कानून लार्ड लिटन द्वारा भारतीय समाचार पत्रों में हिंसा और विद्रोह की भावना को रोकने के लिए लाया गया—"The most controversial law against the press was passed during the viceroyalty of Lord Lytton in 1878 and it was restricted to the Indian owned language press." इस कानून को "An Act for the better control of publication in oriental languages—1878" कहा गया। पुनः 1889 में ब्रिटिश सरकार ने एक कानून बनाया, जिसका मतलब था कि सरकार की गुप्त सूचना, समाचार आदि का कोई प्रकाशन न करे। 1908 में एक नियम बनाया गया, जिसकी मंशा समाचारों का अस्तित्व ही समाप्त करने की थी। यह अधिनियम ''अपराधों को भड़काने, दंगा फैलाने'' वाला था—"To put amend to their (that is, of newspapers which contain any incitement to murder or any offence under the Explosive Substances Act—1908 or to any act of violence." पुनः 1910 में ''भारतीय मुद्रणालय अधिनियम'' (Indian Press Act) जारी किया गया। इसके तहत आपत्तिजनक और विद्रोहात्मक सामग्री छापने पर प्रतिबंध लगा था। 'अमृत बाजार पत्रिका', 'बाम्बे क्रॉनिकल', 'दि हिन्दू', 'दि ट्रिब्यून', 'दि पंजाबी' तथा 'हिन्दवासी' आदि अपने समय के लोकप्रिय पत्र इस नियम के चपेट में तो आए ही, करीब 200 से अधिक प्रेस तथा 130 से अधिक समाचार पत्र शुरू ही नहीं हो पाए। 1914 में ''कापीराइट कानून'' तो 1922 में ''प्रेस लॉ अपील एण्ड एमेंडमेन्ट एक्ट'' बना, जिसके तहत विभिन्न प्रकार के अपराधों के भागी प्रकाशनों की जब्ती का आदेश था। 1923 में 'भारतीय सरकारी रहस्य अधिनियम' तो पास ही हुआ, प्रयाग में मोतीलाल नेहरू के 'इन्डिपेंन्डेंट' की भी स्थापना हुई। कुछ दिन बाद यह पत्र भी प्रतिबंधित हो गया। 1926 में 'कन्टेक्ट ऑफ कोर्ट', 1930 में ''प्रेस आर्डिनेन्स'', 1931 में ''भारतीय समाचार पत्र—संकटकालीन अधिकार अधिनियम'', 1932 में ''विदेश संबंध अधिनियम'', सन् 1933 में ''मुद्रणालय अधिनियम'', 1934 में ''भारतीय राज्य सुरक्षा अधिनियम'' पास किया गया, जिसके तहत सरकार अपराधी समूहों को दण्डित कर सके।

15 मार्च, 1947 को तथा 4 अक्टूबर, 1947 को भारत सरकार ने एक ''पत्र कानून जाँच समिति'' (Press Laws Enquiry Committee) गठित की थी। इस समिति ने 22 मई, 1948 को अपना प्रतिवेदन प्रस्तुत किया, जिसके परिणामस्वरूप अनेक अवांछनीय और

घृणित कानून स्वत: रद्द हो गए—"It favoured the abolition of laws specially concerning the press and the incorporation of their major provisions in the ordinary laws of the land." आज भारत में प्रेस स्वतंत्र है, प्रतिबंधों से मुक्त है, हाँ आपातकाल में इस पर प्रतिबंध जरूर लगे थे, किन्तु आज कोई दबाव नहीं है।

(11) प्रजातांत्रिक व्यवस्था में चतुर्थ स्तम्भ के रूप में पत्रकारिता

पंडित कमलापति त्रिपाठी[1] अपनी एक सुप्रसिद्ध कृति में लिखते हैं कि, "साधक के लिए साधना का, त्यागी के लिए उत्सर्ग का, तपस्वी के लिए कष्ट सहन तथा अनासक्ति का, योद्धा के लिए संघर्ष और रण का, कवि के लिए अनुभूति की अभिव्यक्ति का, कलाकार के लिए संस्कृति के गूढ़ और रहस्यमय चित्रों का चित्रण करने का, आलोचक के लिए, जीवन की स्थूल और सूक्ष्म धारा के विवेचन का, साहित्यिक के लिए लौकिक और अलौकिक, यथार्थ और भावुक जगत को प्रकाश में लाने का पथ एक ही साथ उपस्थित कर देने में सिवा—पत्र, पत्रकारिता के आज कौन समर्थ है?" यही है—पत्रकारिता का महत्त्व और गुरुतर उत्तरदायित्व।

अरबी शब्द 'खबर' का बहुवचन है—'अखबार'। अखबार में खबर देने, लिखने वाले लोग 'खबरनवीस' कहलाते हैं। यही 'खबरनवीस' हिन्दी में 'पत्रकार' नाम से जाने जाते हैं। लोकतांत्रिक शासन में इनके द्वारा की गई 'पत्रकारिता' का विशेष महत्त्व होता है। 'समाचार पत्र' को लोकशाही का 'चतुर्थ स्तम्भ' (Fourth Estate) कहा जाता है। लोकशाही के शेष तीन स्तंभ हैं—'विधायिका' (संसद, विधानसभा), कार्यपालिका (सरकार) और न्यायपालिका (न्यायालय)। अत: स्वत: जाहिर है, किपत्रकारिता का क्षेत्र, कर्तव्य, उत्तरदायित्व कितना बड़ा और महत्त्वपूर्ण—प्रभविष्णु है। पर, दुर्भाग्य से कार्यपालिका, न्यायपालिका और विधायिका की तरह 'पत्रकारिता' को अपेक्षित सम्मान नहीं मिल पाया। सभी को ज्ञात है कि आज न्यायपालिका, कार्यपालिका और विधायिका के सामने विश्वसनीयता का संकट है। अत: ले-देकर अविश्वास के अंधेरे में आस्था के दीपक के रूप में यही पत्रकारिता आज समाज का मार्गदर्शन कर रही है। आज यदि पत्रकारिता नहीं होती तो अधिनायकवादी और उदण्ड शक्तियाँ लोगों का जीवन दुर्वह बना देतीं।

सुप्रसिद्ध लेखक **श्री अंबिका प्रसाद वाजपेयी**[2] ने समाचार पत्र को "लोक गुरु" कहा है। वे लिखते हैं कि समाचार पत्र सिर्फ खबरें ही नहीं देता है, उनका महत्त्व बताता है और लोगों को शिक्षित करता है। इसलिए इसे लोकगुरु कहा गया है। यह कार्य वह दो तरह से करता है—जनसाधारण को उसके कर्त्तव्यों का बोध कराकर और शासक वर्ग को समय-समय पर चेतावनी देकर अथवा उसकी पीठ ठोंक कर। जिस हद तक समाचार पत्र निर्भीकता और प्रबुद्धता से कार्य कर पाता है, वह लेखक गुरु की भूमिका अदा करता है। **महात्मा गांधी** ने प्रजातांत्रिक व्यवस्था में चतुर्थ स्तम्भ के रूप में पत्रकारिता को अनिवार्य साधन माना है। उनकी मंशा थी कि सत्य की विजय के लिए समाचार पत्र ही अनिवार्य साधन है। इधर, **महादेवी वर्मा** ने पत्रकारिता को एक रचनाशील विधा माना और कहा कि, "इसके बगैर समाज को

1. **पत्र और पत्रकार—कमलापति त्रिपाठी, पृष्ठ 105, ज्ञानमंडल, वाराणसी**
2. **समाचार पत्र कला—अम्बिका प्रसाद वाजपेयी, पृष्ठ 90, हिन्दी समिति, उत्तर प्रदेश, लखनऊ**

बदलना असंभव है। अत: पत्रकारों को अपने दायित्व और कर्त्तव्यों का निर्वाह निष्ठापूर्वक करना चाहिए, क्योंकि उन्हीं के पैरों के छाले का इतिहास लिखा जाएगा।''

कुल मिलाकर आज पत्रकारिता न केवल जनतांत्रिक-लोकतांत्रिक विचारों का वाहक है, बल्कि जनतांत्रिक चेतना का अग्रदूत भी है। खासकर, भारत में लोकतंत्र का भविष्य देश के समाचार पत्रों के हाथ में है। भारत में पत्रकारिता की शक्ति का निरन्तर विकास हो रहा है। प्रजातांत्रिक व्यवस्था में चतुर्थ स्तम्भ के रूप में पत्रकारिता शिक्षक, गुरु, माता-पिता, स्कूल, थियेटर, आदर्श, उदाहरण और परामर्शदाता मित्र—सब कुछ हो गयी है। आज की पत्रकारिता की प्राणभूत शक्ति उसके मूल्यों के प्रति आस्था है। संभवत: इन्हीं सब विशेषताओं को देखकर बहुत पहले ही पश्चिमी चिन्तक **बर्क** ने कहा था कि, ''**समाचार पत्र चौथी रियासत** है। उस समय यह बात जरूर सत्य रही होगी पर आज तो **प्रेस ही एकमात्र रियासत** है, क्योंकि अन्य तीनों की शक्तियों को वह अकेले ही हजम कर गयी है।'' अत: ऐसी स्थिति में प्रजातांत्रिक व्यवस्था में चतुर्थ स्तम्भ के रूप में पत्रकारिता का महत्त्व असंदिग्ध और निर्विवाद है।

(12) पत्रकारिता से संबंधित लेखन

(क) फीचर लेखन (Feature Writing)

(1) पृष्ठभूमि, अवधारणा, स्वरूप, परिभाषा तथा क्षेत्र—हिन्दी में 'फीचर' पत्रकारिता से संबंधित नवविकसित गद्य विधा है। यद्यपि इसके सामने परिचय और पहचान का संकट बना हुआ है, क्योंकि रेखाचित्र, संस्करण, डायरी आदि की तरह यह मुकम्मल और पुख्ता रूप में स्थापित नहीं हो पाई है, फिर भी इतना बेलाग रूप में तय है कि पत्रकारिता के कलात्मक और चटक-पटक लेखन में फीचर ने प्रभूत सहयोग दिया है। समाचारों को मनोरंजक और स्वादिष्ट बनाने में यह मसाला का काम करती है।

सवाल है, 'फीचर' है क्या? दरअसल फीचर (Feature) शब्द लैटिन के 'Factura' से बना है, जिसके हिन्दी में कई अर्थ होते हैं, यथा—आकृति, विशेषता, लक्षण, नखशिख, व्यक्तित्व, रूपरेखा, चेहरा-मोहरा, अनुहारि और नाक-नक्श आदि। लेकिन इन सबके बीच एक नाम है—'रूपक'। यह नाम हिन्दी में फीचर का प्रतिनिधि होने खम ठोंकता है। वस्तुत: संस्कृत में रूपक का अर्थ होता है—'रूप का आरोप'। पर दुर्भाग्य से 'रूपक' नाम भी हिन्दी में फीचर का वारिश ठीक से नहीं हो पाया है। इसकी जगह अधिकांश विद्वान् 'फीचर' शब्द ही इस्तेमाल करते हैं। अंग्रेजी शब्दकोश ''स्टैण्डर्ड इंग्लिश डिक्शनरी'' (Standard English Dictionary) में 'फीचर' के मुख्य पाँच अर्थ दिए गये हैं—(1) Part of face : The nose, mouth, chin and forehead are features, (2) Distinct part or quality; thing that stands out and attracts attention, (3) Features, the face, (4) A long motion picture, (5) A special article, comic strip etc. in a newspaper. इधर, डॉ० वशिष्ठ अनूप[1] कहते हैं कि आधुनिक हिन्दी गद्य-साहित्य में फीचर का विशेष महत्त्व है। रेडियो के संदर्भ में फीचर का अर्थ है—'रूपक'। यद्यपि यह कहना कठिन है कि फीचर का अनुवाद 'रूपक' क्यों, कब और कैसे कर लिया गया। अब तो फीचर के लिए रूपक शब्द रूढ़ हो गया है। बी० बी० सी० में फीचर नाम यथातथ्य सूचनाओं पर आधारित रचना' के लिए

---

1. **व्यावहारिक एवं प्रयोजनमूलक हिन्दी तथा समाजशास्त्र—डॉ० वशिष्ठ अनूप, पृष्ठ 97**

व्यवहृत होता है। बी० बी० सी० के विशेष कार्यक्रमों की सूचनाएँ पत्रों में प्रकाशित होती थीं। इन कार्यक्रमों को सामान्य कार्यक्रमों की तुलना में अधिक महत्त्व दिया जाता था और इन्हें 'फीचर्ड' (Featured) प्रोग्राम कहते थे। बोलचाल में 'ड' का लोप हो गया और ये 'फीचर प्रोग्राम' कहे जाने लगे। पहले फीचर प्रोग्राम का अर्थ वहाँ विशेष कार्यक्रम ही था, लेकिन धीरे-धीरे उसके अन्तर्गत सभी रचनाएँ आने लगी।

हिन्दी में कुछ विद्वानों ने फीचर को ''मनोरंजक ढंग से लिखा गया प्रासंगिक लेख'', तो कुछ ने इसे ''विभिन्न क्षेत्रों की नवीनतम हलचलों का शब्द चित्र'' बताया है, कुछ ने इसे ''त्रिविध शाब्दिक चित्रण'' कहा है, तो कुछ ने ''कौन, क्या, कब, कहाँ, क्यों, कैसे से परे हटकर संघात करने वाला लेखन'' बताया है। बहरहाल, अब कुछ प्रमुख **परिभाषाओं** को देख लिया जाय—

(1) पी० डी० टंडन—''मनोरंजक ढंग से लिख गए प्रासंगिक लेख'' को फीचर कहते हैं।[1]

(2) डी० एस० मेहता के अनुसार, ''फीचर में उस तथ्य को उभारा जाता है, जो महत्त्व का होते हुए भी स्पष्ट नहीं होता। फीचर किसी विषय के जानकार व अज्ञानी पाठक के लिए शिक्षक, पथ-प्रदर्शक व मनोरंजक होता है।[2]

(3) पत्रकार **एम० वी० कामथ** का कहना है कि, "A feature, in the circumstances, must feel in the reader with new information of which he has been hitherto ignorant. It must provide him with all that he wanted to know but had no time to enquire about."[3]

(4) डॉ० ए० आर० डंगवाल के अनुसार, ''किसी घटना का मनोरम और विशद प्रस्तुतीकरण ही फीचर है।''[4]

(5) डॉ० संजीव भानावत कहते हैं कि, ''फीचर किसी भी सामाजिक घटना की रोचक व्याख्या हो सकती है। इसमें सामयिक तथ्यों का यथेष्ट समावेश तो होता ही है, अतीत की घटनाओं तथा भविष्य की संभावनाओं से भी वह जुड़ा रहता है। समय की धड़कनें इसमें गूँजती हैं।''[5]

फीचर का **क्षेत्र** अत्यन्त व्यापक-विस्तृत होता है। परिवेश की व्यापकता के कारण फीचर लेखन के लिए विभिन्न विषय हम ढूँढ़ सकते हैं। मानवीय जीवन के विविध पहलुओं पर विविध प्रकार के फीचर लिखे जा सकते हैं तथा जनरुचि के अनेक क्षेत्रों को फीचर का विषय बनाया जा सकता है। सामाजिक, राजनीतिक, आर्थिक, वैज्ञानिक, धार्मिक, सांस्कृतिक, पौराणिक आदि विविध विषयों पर श्रेष्ठ फीचर लिखे गए हैं। चित्रात्मक तथा व्यंग्यात्मक फीचर आज विशेष लोकप्रियता अर्जित कर रहे हैं।[6]

---

1. भारतीय पत्रकार कला—पी० डी० टण्डन, पृष्ठ 221
2. Mass Communication and Journalism in India—D. S. Mehta, P. 215
3. Professional Journalism—M. V. Kamath, P. 163
4. समाचार लेखन के सिद्धान्त और तकनीक—डॉ० संजीव भानावत, पृष्ठ 88
5. समाचार लेखन के सिद्धान्त और तकनीक—डॉ० संजीव भानावत, पृष्ठ 88
6. समाचार लेखन के सिद्धान्त और तकनीक—डॉ० संजीव भानावत, पृष्ठ 88

(2) हिन्दी में फीचर लेखन साहित्य का विकास—मनोरंजक ढंग से लिखा गया प्रासंगिक लेख फीचर कहा जाता है। किसी दृश्य का थोड़े शब्दों में रूपांकन करना ही इसकी ताकत और मूल आत्मा है। सच तो यह है कि फीचर गद्य में लिखा हुआ एक तरह की गीतिका (lyric) है, शब्दों में संग्रहीत—सन्निहित मन की क्षणिक स्थिति है, मनोरंजन का उत्स है। इससे अखबारों का रंग चटख और टॉठ हो जाता है। यहाँ ज्ञान, यथार्थ, कौतूहल, जिज्ञासा, कल्पना आदि की बुनावट रसमय गद्य में होती है।

बहरहाल, मेरे हाथ में एक विदेशी लेखक रोलैण्ड ई० वूल्स की पुस्तक—"Journalism in Modern India" है, जिसका प्रकाशन संवत् 2010 में ज्ञानमंडल लिमिटेड बनारस से हुआ है। इसके पृष्ठ 132 पर लिखा है कि 'फीचर' लिखने की कला का भारत में अधिक विकास नहीं हो पाया है। फिर आगे, 1942 के 'भारत छोड़ो' आन्दोलन का उल्लेख करते हुए लिखा है कि, "अमृत पत्रिका, युगान्तर, आनन्द बाजार पत्रिका आदि में इसका श्रीगणेश अब हो गया है। इसके उदगम और प्रचार का श्रेय ब्रिटिश तथा अमेरिकन समाचार पत्रों के प्रभाव को है।" जाहिर है, जब फीचर लेखन पूरे भारतीय साहित्य में एकदम ताजा-टटकी घटना है, तब ऐसी स्थिति में हिन्दी साहित्य में फीचर की स्थिति क्या होगी? अनुमान लगाया जा सकता है। सच तो यह है कि इस धरती पर फीचर की उम्र ही कुल 100 वर्ष है। इतना ही नहीं, इस कृति का लेखक लिखता है कि "एक बार मैंने 'मामूली लोगों से मिलिए' शीर्षक लेख लिखा। उसने मैंने एक माली, घरेलू नौकर, मेहतर, खटिक, टाँगे वाला तथा होटल में काम करने वाले एक लड़के के बारे में लिखा। उसमें मैंने फोटो भी दिए थे, फिर भी 12 समाचार पत्रों ने उसे छापने से इनकार कर दिया। केवल एक ने छापना स्वीकार किया, वह भी तब, जब उसके संपादन को मेरे इस कथन पर किसी तरह विश्वास हो गया कि 'फीचर' लिखने की प्रवृत्ति को बढ़ावा देना आवश्यक है—हमेशा बड़े आदमियों की ही चर्चा करते रहना तथा मामूली व्यक्ति की सर्वथा उपेक्षा करना ठीक नहीं।"

अत: ऐसी स्थिति में यह स्पष्ट है कि 'हिन्दी' में फीचर लेखन साहित्य का विकास' जैसा सवाल ही अभी बेमानी है। कुल मिलाकर हिन्दी साहित्य में फीचर बहुत कम लिखे गए हैं, जिसके कारण इस विधा का अभी तक पूर्ण विकास हिन्दी में नहीं हो पाया है। हिन्दी फीचरों का प्रकाशन धर्मयुग, सारिका, नवभारत टाइम्स, झँकार, नयी धारा, विशाल भारत आदि विभिन्न पत्र-पत्रिकाओं में हुआ है। इस दिशा में सबसे महत्त्वपूर्ण प्रयास 'बटरोही' का है। बटरोही ने अनेक फीचरों की रचना की है। उनके 'इलाहाबाद' संज्ञक फीचर में इलाहाबाद नगर के वास्तविक स्वरूप का चित्रण मिलता है—"बाहर से यह शहर रूखा एवं उत्तेजनहीन है, किन्तु अपनी आन्तरिकता में सक्रिय है।" इसमें लेखक ने सुन्दर उपमान प्रस्तुत किए हैं—"जैसे इलाहाबाद कोई परमहंस, दार्शनिक हो, जो वृद्धावस्था में अपने किसी एकान्त कॉटेज में विश्राम कर रहा हो।" बटरोही के अलावा, मोहन राकेश, सलमा सिद्दीकी, कमलेश्वर, मृणाल पाण्डेय, मणि मधुकर, सुधा अरोड़ा, विजय प्रताप, के० पी० सक्सेना, गंगा प्रसाद आदि ने इस विधा के विकास के लिए सतत् प्रयास किया है। इनके पहले भारतेन्दु हरिश्चन्द्र, महावीर प्रसाद द्विवेदी तथा निराला आदि ने फीचर के करीब जाने का प्रयास किया था। इस प्रकार हिन्दी में फीचर लेखन विद्या का भविष्य समुज्ज्वल है।[1]

---

1. **व्यावहारिक एवं प्रयोजनमूलक हिन्दी तथा साहित्य शास्त्र—डॉ० फूलबदन सिंह, पृष्ठ 98**

(3) फीचर लेखन के मुख्य तत्त्व—विद्वानों ने फीचर को समाचार पत्र की आत्मा और प्राण कहा है। फीचर से पत्र का आकर्षण बढ़ जाता है। फीचर लेखक अपने जीवन के अनुभवों से पत्र को सँवारता और जीवन्त बनाता है, समाचार पत्र को नई अर्थ दीप्ति से भर देता है। पूरी आत्मीयता से रचा गया फीचर समय, समाज और नियति का प्रामाणिक प्रवक्ता होता है। फीचर समाचार पत्र में लम्बी बयानबाजी नहीं करता, बल्कि सीधे, सरल शब्दों और मोहक लहजे में अन्तर्मन की गाँठ खोलता है। हाँ, कभी-कभी कथ्य के दो-टूकपन, व्यंग्य की बेधकता और नाटकीयता से भी मुदित भाषा में सारी बातों का बयान करता है, फिर भी नाटकीयता से परहेज हो तो अच्छा है।

कम शब्द में अधिक जानकारी देना, सुन्दर और ठोस शीर्षक के माध्यम से केन्द्रीय विषय को व्यक्त करना, कथ्य का आरंभ तथा अंत आकर्षक होना, विषय वस्तु के प्रति पाठक का ध्यान आकर्षित करना, कल्पना तत्त्व के साथ विषय का तथ्यपरक चित्रण प्रस्तुत करना, विषय का क्रमबद्ध प्रवेश, विकास और उपसंहार में सरसता स्थापित करना, घटनाओं का सटीक अन्वेषण कर दक्षतापूर्वक उनकी प्रस्तुति करना आदि ही फीचर लेखन के मुख्य तत्त्व माने जा सकते हैं—"Analysis, explanation तथा discussion' भी फीचर के अन्तवर्ती तत्त्व माने जा सकते हैं, क्योंकि—"A feature is expected to give the background to the news, which includes analysis, explanation and discussion. It should document facts, possibly anticipate developments." इन सबके अतिरिक्त 'भावना' को फीचर का प्रथम तत्त्व माना गया है, क्योंकि भावना द्वारा ही फीचर में रस उत्पत्ति होती है—

> **"भावेन लभते सर्वम्, भावेन देव दर्शनम्।**
> **भावेन परम ज्ञानम्, तस्माद् भावाभिलम्बनम्॥"**

कुल मिलाकर उक्त कुछ प्रमुख तत्त्वों पर ध्यान दिया गया तो कोई भी फीचर समाचारों का सहयोगी बन निरपेक्ष मूल्यों की तलाश में सहायक हो सकता है।

(4) फीचर के प्रकार—फीचर की निश्चित संख्या की गिनती कराना बहुत सरल नहीं है, क्योंकि यह फीचरकार के बुद्धि कौशल और कल्पना की ऊर्वरा शक्ति पर निर्भर है कि वह फीचर के लिए कोई भी विषय चुन कर लिख सकता है। विषय अनन्त है, अत: अपनी रुचि, समझ और पैठ, उदग्र और गहरे पांडित्य के मेल से, लोकोत्तर प्रतिभा के सहज-समरस सह अस्तित्व से फीचर लिखने के लिए निपट स्थानीय विषय से लेकर विराट तक को आधार बना सकता है। जाहिर है, ऐसी स्थिति में फीचर के निश्चित प्रकार की तफसील करना नामुमकिन है, क्योंकि, "A feature can be based on a news item. It is a news feature. A feature can be based on sports. It is sports feature. A feature can be based on adventure—mountain climbing, hunting. It is an adventure feature. A feature can be on science. It is science feature. xxx there are other kinds of features as well. A cartoon strip is a feature. A personal diary is a feature, a column is a feature."[1]

---

1. **Professional Journalism—M. V. Kamath, P. 163**

बहरहाल, विद्वानों ने दो से लेकर बाईस तक फीचर के भेद किए हैं, जिनमें से कुछ प्रमुख को इस प्रकार देखा जा सकता है—

(1) **व्यक्तिपरक फीचर**—यथा, साहित्य, संगीत, कला, खेल, राजनीति, विज्ञान आदि क्षेत्रों से सम्बद्ध महत्त्वपूर्ण व्यक्ति से सम्बद्ध फीचर, (2) **समाचार फीचर**—इस तरह के फीचर में समाचार का तत्त्व छिपा रहता है। घटित घटना का साँगोपाँग विवेचन इसमें किया जाता है, (3) **सांस्कृतिक फीचर**—लोकनृत्य, वेश-भूषा, आचार-विचार विषयक फीचर इसी के भीतर समाहित होते हैं, (4) **खेलकूद तथा क्रीड़ा विषयक फीचर**—इसके अन्तर्गत् खिलाड़ियों का संस्मरण, खेल का विवरण आदि चित्रित किया जाता है, (5) **चित्रपरक फीचर**—इसके अन्तर्गत् चित्रों का जिन्दा और जीवन्त बिंब उकेरा जाता है, (6) **यात्रा परक फीचर**—इसके अन्तर्गत् यायावरी प्रवृत्ति के लेखक अपनी यात्राओं के सुन्दर संस्मरणों को रूपायित करते हैं, (7) **मौसमी फीचर**—इसके अन्तर्गत् साल भर के प्रमुख त्योहारों—होली, दीपावली, क्रिसमस, ईद, बड़ा दिन, कुम्भ मेला, स्वतंत्रता दिवस या महापुरुषों से संबंधित पुण्य तिथियों का रोचक वृतांत प्रस्तुत किया जाता है, (8) **घटना परक फीचर**—साम्प्रदायिक, जातीय दंगे, सुनामी, भूकम्प और अन्य तरह के हादसे इसके अन्तर्गत् आते हैं, (9) **सामान्य जन से संबंधित फीचर**—समाज के निम्न कुनबे यथा चौकीदार, चपरासी, माली, भंगी से संबंधित वृत्त, (10) **विज्ञानपरक फीचर**—इस फीचर के अन्तर्गत् कृषि, विज्ञान, रक्षा, जनसंचार आदि के क्षेत्र में हुए नये प्रयोग और नई खोज रोचक ढंग से प्रस्तुत की जाती हैं, (11) **साक्षात्कार परक फीचर**—आम और खास लोगों से लिया गया साक्षात्कार जब रुचिकर ढंग से प्रस्तुत किया जाता है, तब उसे इसी श्रेणी में रखा जाता है, (12) **हास्य-व्यंग्य परक फीचर**—जैसा कि नाम से ही स्पष्ट है, हास्य-व्यंग्य से संबंधित लेखन इस फीचर के अन्तर्गत् आते हैं, (13) **इतिहास परक फीचर**—अतीत की घटनाएँ, ऐतिहासिक व्यक्तियों, स्मारकों आदि का भावपूर्ण चित्रण इस तरह के फीचर के भीतर आता है, (14) **अंचल परक या स्थानीय फीचर**—अंचल विशेष या स्थान विशेष को आधार बनाकर लिखा गया फीचर 'अंचल परक' या 'स्थान परक' फीचर कहा जाता है।

(5) फीचर लेखन की शैली—विद्वानों ने शैली को विचारों की वेशभूषा कहा है। भावाभिव्यक्ति के लिए भाषा-शिल्प की तरह शैली का भी महत्त्व होता है। यह शैली यदि सीधी-सादी हो तो जटिल भाव भी बहुत आसानी से बोधगम्य हो सकता है और यदि भाषा-शैली दोनों आवेगी हों तो अभिव्यक्ति के संकट के साथ पठनीयता का भी खतरा पैदा हो सकता है। संभवतः इसीलिए विद्वानों ने कहा भी है कि सादगी उत्कृष्ट लेखन का एक अनिवार्य तत्त्व है, जो शब्द, वाक्य, परिच्छेद आदि सभी को संस्पर्श करती है।[1] बी० एन० आहूजा[2] भावाभिव्यक्ति में शैली के महत्त्व पर प्रकाश डालते लिखते हैं कि, "Style is concerned with the manner in which you present your information, not the content. The following tips for developing a style may be helpful—(1) Identify the basic elements of style, (2) Select a format for a particular writing project,

---

1. **पत्रकारिता के मूलतत्त्व—डॉ० ए० आर० डंगवाल, पृष्ठ 105**
2. **Theory and Practice of Journalism—B. N. Ahuja, P. 101**

(3) Follow consistent usage in language, (4) Punctuate clearly and consistently."

सुप्रसिद्ध मीडिया लेखिका डॉ० प्रीता व्यास[1] कहती हैं कि शैली के आवश्यक गुण हैं—सरलता, सजीवता, स्पष्टता, मर्मस्पर्शिता और प्रभावोत्पादकता। यदि विनोद का भी पुट हो तो सोने में सुहागा। उनके अनुसार शैली के लिए आवश्यक गुण संक्षेप में इस प्रकार हैं—(1) शब्द थोड़े, पर अर्थ अधिक (अरथु अमित अति आखर थोरा—तुलसीदास), (2) आसानी से समझ में आए, (3) साहित्यिक पुट लिए हुए ओजपूर्ण भाषा हो, (4) शब्द तथा वाक्यों के अर्थानुसार उनका शुद्ध प्रयोग, (5) अपनापन, (6) मुहावरे, कहावतों और सूक्तियों का सही प्रयोग, (7) वाक्य रचना सरल, पर ढीली नहीं, (8) वाक्यों के गठन में अनेकरूपता, (9) शब्दों, विचारों, वाक्यों की पुनरावृत्ति नहीं, (10) अनुच्छेद न बहुत छोटे हों, और न बहुत बड़े, (11) हर अनुच्छेद के प्रथम वाक्य में ही महत्त्वपूर्ण नवीन विचार, (12) प्रत्येक अनुच्छेद व वाक्य में कथन का तारतम्य, (13) अनावश्यक कुछ नहीं—न भाव, न वाक्य, (14) विषय के अनुरूप कथन का प्रकार, (15) दुरुह व तकनीकी शब्दावली व वाक्यावली का प्रयोग कम-से-कम, (16) अनुवादी भाषा का पूर्ण परित्याग, (17) भाव व भाषा के संस्कारों की रक्षा का ध्यान, (18) ग्रामीण शब्दों का प्रयोग केवल प्रसंगवश, अधिक नहीं, (19) शैली के परिमार्जन के लिए रचना का बार-बार पठन।

(6) फीचर लेखन की विधि—यदि किसी फीचरकार के पास विषयवस्तु की समझ और चौकस दृष्टि हो, भाषिक सजगता हो, थोड़ा वक्त और श्रम हो, तो विषयवस्तु की तिक्तता के बावजूद वह अपने कथ्य को तीखेपन और बुनावट के बनावटीपन से बचाकर उसकी प्रस्तुति सुन्दर सलीके से कर सकता है, अन्यथा उसकी प्रस्तुति भदेस, अनगढ़ और इकहरेपन का शिकार हो जाएगी। फीचरकार को अपने अनुभवों का बयान बिना किसी छल-छद्म के सीधे-सीधे करना चाहिए। उसे स्वतः ऐसा लगे कि वह जो कहना चाह रहा है, शिल्प और प्रयोग की गुह्य-गुफाओं के न होने के बावजूद स्पष्ट और साफ-सुथरे रूप में कह ले जा रहा है। पाठकों की कल्पनाशीलता के लिए वह कुछ शेष नहीं छोड़ रहा है। बहरहाल, फीचर लेखन और उसकी प्रस्तुति एक कला है। यह विधि और हुनर सभी को नहीं आती। अतः ऐसी स्थिति में हमें चाहिए कि—

फीचर के शीर्षक में सरलता हो, शीर्षक चयन में सजीवता का बोध हो, शीर्षक देने से पूर्व इसका ध्यान रखना आवश्यक है कि वह ज्ञानवर्द्धक हो। जितना छोटा और सार्थक शीर्षक होगा, उतना ही वह पाठकों को अपनी ओर आकर्षित करने में सक्षम होगा। शीर्षक, फीचर के विषय के अनुरूप हो, लक्षणा और व्यंजना शक्तियों का प्रयोग हो, भाषा की वक्रता हो, सत्य पर आधारित हो, भ्रम में डालने वाला न हो, अकर्मक क्रिया का प्रयोग शीर्षक रचना में कम-से-कम किया जाय। यदि शीर्षक दो हो, तब यह ध्यान रखना आवश्यक है कि दोनों शीर्षकों में विरोधाभास न हो, बल्कि एक दूसरे का पूरक बना रहे।[2] लम्बे, चौड़े वक्तव्य, निष्प्राण भाषा और अरुचिकर शीर्षक पर पाठकों का ध्यान नहीं जाता।

भाषा सरल और बोधगम्य हो। फीचर ऐसा हो कि उसे पढ़ने में पाठक को आनंद आए और उसी आनंद में लेखक अपनी बात पाठकों के समक्ष रख दे, तब तो फीचर लेखक की

---

1. **पत्रकारिता : परिचय और विश्लेषण—डॉ० प्रीता व्यास, पृष्ठ 118**
2. **पत्रकारिता जगत—अशोक प्रियदर्शी, सुशील कुमार सिन्हा, पृष्ठ 53**

सफलता है। जरूरी नहीं है कि प्रत्येक फीचर के साथ उपशीर्षक भी हो, उसका उद्देश्य यह है कि विषय वस्तु का संक्षिप्त संकेत उसके माध्यम से दिया जाय। फीचर के प्रारंभ का इन्ट्रो (Intro) समाचार के इन्ट्रो से भिन्न होगा। वह सीधा हो, सरल हो और पढ़ते ही पाठक को अपनी ओर खींच ले, तभी उसकी सफलता है। इन्ट्रो में संपूर्ण सामग्री की बात आ जानी चाहिए। मुख्य मुद्दा क्या है, उसकी सीमाएँ क्या हैं, विषय का विस्तार कितना है? उसमें सीधे अपने विषय पर नहीं आना चाहिए। सर्वप्रथम लेखक को वातावरण निर्मित करना चाहिए।[1]

(7) फीचर और समाचार—विद्वानों ने फीचर को समाचार पत्र की आत्मा कहा है। वह समाचार पत्र को नया व्यक्तित्व और आयाम देता है। सुन्दर फीचर से समाचार पत्र के प्रति पाठकों का रुझान बढ़ता है। वह पाठकों का मनोरंजन करने के साथ ही उन्हें शिक्षित-प्रशिक्षित भी करता है। सच तो यह है कि दोनों में कुछ समानता के साथ कुछ बुनियादी अंतर भी है, यथा—संक्षिप्तता समाचार की आत्मा है, जबकि विस्तार फीचर का गुण। समाचार में किसी एक घटना का रंग मिलता है, लेकिन फीचर बहुरंगी होता है। किसी समाचार पर फीचर लिखा जा सकता है, लेकिन किसी फीचर पर समाचार नहीं लिखा जा सकता। समाचारों में एकरूपता होती है, लेकिन फीचर में विशिष्टता होती है[2]—"It will be noticed that every feature arises out of news item. The news does not tell the whole story. It is left to the feature writer to fill in the blanks. The feature becomes attractive in direct proportion to the element of curiosity stirred by the news item...A feature is saleable to the extent that it strikes reader's interest when the news is still hot."[3]

(8) फीचर और लेख—फीचर और समाचार की तरह फीचर और लेख में कुछ बातें समान धर्मा होती हैं, तो कुछ इन दोनों को एक-दूसरे से भिन्न भी करती हैं। शैली की दृष्टि से दोनों की प्रस्तुति समाचारों से अलहदा होती है। कुल मिलाकर फीचर और लेख समाजजीवी और परस्पर विरोधी—दोनों हैं। यथा—फीचर जहाँ कल्पना और भावनाओं की जमीन पर खड़ा किया जा सकता है, वहीं लेख के लिए कल्पना की जगह प्रामाणिक आँकड़ों और तथ्यों की गरज होती है। फीचर मनोविनोदी हो सकता है, किन्तु लेख में हास्य और मनोविनोद निषिद्ध है। यहाँ गंभीरता और चिन्तन-मनन बहुत आवश्यक होता है। फीचर का संबंध हृदय से होता है, जबकि लेख का संबंध मस्तिष्क से। फीचर एक प्रकार का गद्यगीत है, अर्थात् क्षणिक मुद्रा का अलंकरण है, पर लेख बहुआयामी, गंभीर, उच्च कृति है।[4] फीचर लेखन सामान्यत: अगंभीर होता है, उसमें यत्र-तत्र परिहास का पुट निहित रहता है, जबकि लेख में लेखक को उपलब्ध तथा प्राप्त आधार-सामग्री पर गंभीरतापूर्वक ध्यान देना पड़ता है।[5] फीचर

---

1. **जनसंपर्क : सिद्धान्त और व्यवहार—डॉ० सुशील त्रिवेदी, शशिकांत शुक्ल, पृष्ठ 58**
2. **पत्रकारिता जगत—अशोक प्रियदर्शी, पृष्ठ 54**
3. **Professional Journalism—M.V. Kamath, P. 162**
4. **व्यावहारिक एवं प्रयोजनमूलक हिन्दी तथा साहित्य शास्त्र—डॉ० फूलबदन सिंह, पृष्ठ 181**
5. **हिन्दी पत्रकारिता की रूपरेखा—एन० सी० पंत एवं मनोज कुमार, पृष्ठ 151 (भाग-1)**

साफ-सुथरी और मनोरम एक कक्ष वाली कुटी है, किन्तु लेख अनेक कमरों वाला बहुमंजिला विशाल भवन है।[1]

(9) फीचर का वर्गीकरण या भेद—विद्वानों ने फीचर के तीन भेद या वर्गीकरण किए हैं—(1) वर्णात्मक फीचर, (2) व्याख्यात्मक फीचर तथा (3) चित्रात्मक फीचर। इनमें से किसी भी तरह का फीचर लिखा जाय, विषय व उसके प्रतिपादन के स्वरूप में मेल होना चाहिए। वर्णन, चित्रण व व्याख्या में आपसी तालमेल का होना आवश्यक है। यह भी ध्यान रखा जाना चाहिए कि वर्णन और चित्रण करने में जो उदाहरण प्रस्तुत किए जाएँ, वे प्रभावोत्पादक हों। साथ ही वर्णन की शैली भी मनोरंजक हो।[2] बहरहाल, प्रमुख विषयों, वस्तुओं या तथ्यों की रुचिकर और आनन्ददायक प्रस्तुति **वर्णनात्मक फीचर** की श्रेणी में आती है। इसमें फीचरकार का व्यक्तित्व आड़ में ही रहता है। मौसम विज्ञान, खेलकूद, यात्रा संबंधी या इतिहास से सम्बद्ध लेखन इसी श्रेणी में आता है। **व्याख्यात्मक फीचर** के लेखन में बड़ी सावधानी रखनी पड़ती है, क्योंकि व्याख्यात्मक फीचर, थोड़ी असावधानी के कारण नीरस हो सकता है। जबकि 'नीरसता' को फीचर की श्रेणी से कोसों दूर रखने की जरूरत होती है। इसलिए ऐसे फीचर का प्रारम्भ ऐसे ढंग से किया जाता है कि पाठक एक-दो लाइन पढ़कर ही आकर्षित हो जाय और वह पढ़ने में इतना मशगूल रहे कि फीचर का अंत कब हुआ, इसका पता ही न चले। व्याख्यात्मक फीचर लिखने में घटनाओं और संदर्भों की व्याख्या करना आवश्यक होता है।[3] **चित्रात्मक फीचर** में लिखी जाने वाली वस्तु के चित्रों का खाका लेखनी द्वारा खींचा जाता है। कुल मिलाकर इस तरह के फीचर में वस्तु को बहुत सुन्दर, बिंबों और करीने से प्रतिबिंबित और चित्रित किया जाता है। सरसता, सजीवता इसकी अलग विशेषता होती है।

(10) फीचर की मुख्य विशेषताएँ—(1) फीचर को समाचार पत्र का 'ग्रीन रूम' कहा जा सकता है, जिसमें पाठक झाँककर तथ्यों के रोएँ-रेशे को परत-दर-परत देखना चाहता है, अत: जीवन के सुख-दुख का रूपायन, तनावों-तकलीफों की अभिव्यक्ति बेहद ईमानदारी और 'एकेडेमिक' स्तर पर होनी चाहिए, यदि वर्णन में झूठ, बनावटी एवं फूहड़पन की गंध उठेगी, तो वहाँ विश्वसनीयता का संकट पैदा हो जाएगा, (2) फीचर, फीचरकार के रचनात्मक व्यक्तित्व को विस्तार देता है, वह जटिल रचाव के अन्त: सूत्र को बखूबी खोलता है, अत: विद्वता के आतंक से बचते हुए इसकी प्रस्तुति इस तरह से हो कि फीचरकार का रचनात्मक लेखन भी क्षतिग्रस्त न हो और पाठक भी संतुष्ट दिखे, (3) फीचरकार को चाहिए कि वह कथ्य को विचार और संवेदना की चाशनी में लपेटकर इस तरह पाठकों के समक्ष हौले से रखे, जिस तरह कोई कुशल और प्रवीण वकील मुकदमा जीतने के लिए नजीरों को प्रस्तुत करता है, (4) फीचर की भाषा, शब्दावली ऐसी हो जिससे फीचर की भाव-प्रवणता, गतिशीलता निरंतर बनी रहे, (5) 'नाटकीय अतिरंजता' फीचर की दुश्मन होती है, अत: इससे बचना चाहिए, बल्कि अपनी पैनी निगाह, सूक्ष्म-निरीक्षण शक्ति, गहन अध्ययन द्वारा उसकी प्रस्तुति औपन्यासिक शैली में हो, तो वह फीचर श्रेष्ठ और उत्तमोत्तम माना जा सकता है।

---

1. **जनसंचार और हिन्दी पत्रकारिता—डॉ० अर्जुन तिवारी, पृष्ठ 152**
2. **पत्रकारिता : परिचय और विश्लेषण—डॉ० प्रीता व्यास, पृष्ठ 114**
3. **पत्रकारिता जगत—अशोक प्रियदर्शी, पृष्ठ 52**

(11) **रिपोर्ताज**—इस गद्य-विधा का सम्बन्ध मूलतः पत्रकारिता से है। यह एक प्रकार से विशिष्ट घटनाओं से संबंधित समाचारों का ही रूप होता है। परन्तु सामान्य रूप से लिखे गए समाचार और रिपोर्ताज के मध्य अन्तर होता है। रिपोर्ट का अर्थ है--समाचार, सूचना आदि। सामान्य रूप से लिखा गया समाचार 'रिपोर्ट' है। रिपोर्ट का कलात्मक रूप 'रिपोर्ताज' है। 'रिपोर्ट', रिपोर्ताज का रूप तभी धारण करती है, जब वस्तुगत तथ्य को रेखाचित्र और संस्मरण की शैली में प्रभावोत्पादक ढंग से प्रस्तुत किया जाता है। रिपोर्ट के समान रिपोर्ताज में भी सच्ची घटनाओं का वर्णन किया जाता है। रिपोर्ताज केवल कल्पना-प्रसूत नहीं होते।[1]

इधर, डॉ० श्रीमती सरोज सिंह[2] लिखती हैं कि रिपोर्ताज हिन्दी गद्य की आधुनिकतम विधाओं में से एक है। रिपोर्ताज फ्रेंच भाषा का शब्द है, जो अंग्रेजी रिपोर्ट (Report) शब्द के बहुत निकट है। अन्तर केवल यही है कि रिपोर्ट का लेखक समाचार पत्रों का संवाददाता होता है, जबकि रिपोर्ताज का लेखक विशुद्ध रूप से साहित्यकार होता है। रिपोर्ट पत्रकारिता का विषय है तो रिपोर्ताज साहित्य की एक विधा। रिपोर्ताज के लिए 'सूचनिका' और 'प्रसंग-चित्र'—इन दो शब्दों का भी व्यवहार किया जाता है। अंग्रेजी के रिपोर्ट शब्द से रिपोर्टर (Reporter) बना है, जो समाचार पत्रों के लिए सूचनाओं का संकलन करता है, समाचार पत्रों का भविष्य बहुत-कुछ कुशल रिपोर्टर पर निर्भर करता है। कहते भी हैं, बिना रिपोर्टर के समाचार पत्र जल के अभाव में सूखे कुएँ की तरह होता है—"A newspaper is what its reporters make of it. A newspaper without a reporter is like a well without water. A reporter has to be alert and ready to cover the event at a moment's notice. Procrastination is the thief of time.[3]

रिपोर्ताज को विद्वानों ने विभिन्न रूपों में देखा है, यथा—'हिन्दी साहित्य कोश' के अनुसार, रिपोर्ट के कलात्मक और साहित्यिक रूप को रिपोर्ताज कहते हैं।"[4] डॉ० रामविलास शर्मा का विचार है कि, "रिपोर्ताज साहित्य का सबसे लचीला रूप है, जिसकी सीमा एक पृष्ठ से लेकर कई सौ पृष्ठों की मोटी पुस्तक हो सकती है।"[5] रिपोर्ताज की उत्पत्ति के संबंध में कहा जाता है कि इसकी उत्पत्ति द्वितीय महायुद्ध के बाद रूस में हुई। रूसी प्रभाव के कारण यह विधा हिन्दी में विकसित हुई।[6] डॉ० रामचन्द्र तिवारी की मान्यता है कि, "द्वितीय महायुद्ध के अवसर पर यूरोपीय साहित्य में इस गद्य-विधा का विशेष विकास हुआ। हिन्दी में रिपोर्ताज 1940 के आसपास लिखे जाने लगे।"[7] रिपोर्ताज की उत्पत्ति के संबंध में कन्हैयालाल मिश्र 'प्रभाकर' का मत इस प्रकार है—"कुछ लोग कहते हैं कि पत्रकार कला में रिपोर्ताज का आविष्कार रूस में हुआ और वहाँ से भारत में आया। निश्चय ही उस देश में

1. प्रयोजनमूलक हिन्दी—डॉ० भारती शर्मा, पृष्ठ 250
2. नवीन गद्य—चयनिका—डॉ० सरोज सिंह, पृष्ठ 23-24, लोकभारती प्रकाशन, इलाहाबाद, प्र० सं० 2002
3. Professional Journalism—M. V. Kamath, P. 27
4. हिन्दी साहित्य कोश—पृष्ठ 152
5. प्रगति और परंपरा—डॉ० राम विलास शर्मा, पृष्ठ 177
6. नवीन गद्य चयनिका—डॉ० सरोज सिंह, पृष्ठ 24-25
7. हिन्दी का गद्य साहित्य—डॉ० रामचन्द्र तिवारी, पृष्ठ 202-203, विश्वविद्यालय प्रकाशन, वाराणसी, 1992

रिपोर्ताज अपने स्वतंत्र रूप में पनपा होगा, हिन्दी को उसका श्रेय लेने की आवश्यकता नहीं, पर हिन्दी में यह स्वतंत्र रूप से पनपा है और उस पर किसी का किसी तरह का भी ऋण नहीं। हाँ, बाद में इस विधा के लिए रिपोर्ताज नाम रूसी के माध्यम से हिन्दी ने लिया—यह एक प्रत्यक्ष सच्चाई है।''[1]

हिन्दी में रिपोर्ताज लेखन कार्य कब से और किसके द्वारा शुरू हुआ, इस संबंध में मतैक्य नहीं है। बालकृष्ण राव एवं श्री राम शर्मा का मत है कि हिन्दी के पहले रिपोर्ताज लेखक रांगेय राघव हैं, जिन्होंने 1940 के 'बंगाल के अकाल' पर लिखा। कुछ लोगों के अनुसार शिवदान सिंह चौहान द्वारा लिखित 'लक्ष्मीपुरा' हिन्दी का पहला रिपोर्ताज है। अन्य मत के अनुसार श्री कन्हैया लाल मिश्र 'प्रभाकर' द्वारा 1926 में लिखित रिपोर्ताज हिन्दी का पहला रिपोर्ताज है। इस संदर्भ में प्रभाकर जी स्वत: कहते हैं, ''वास्तविक रूप में यही मेरा पहला रिपोर्ताज था। सन्, महीना, तारीख के आँकड़ों में सोचने वाले इतिहास लेखकों का काम है कि वे देखें—यही हिन्दी का पहला रिपोर्ताज तो नहीं था।''[2]

बहरहाल, रिपोर्ताज में किसी घटना का आँखों देखा चित्र होता है। इसमें किसी सामयिक घटना, दृश्य आदि का विवरण सूक्ष्म ब्यौरों और निजी प्रतिक्रियाओं के साथ आँखों देखी घटना के रूप में प्रस्तुत किया जाता है, रिपोर्ताज में कहानी के तत्त्व विद्यमान हो सकते हैं, किन्तु उसकी तरह वह काल्पनिक नहीं होता। कहानी में अभिप्रायों की गहराई और कथावस्तु, चरित्र, वातावरण आदि की बनावट होती है, रिपोर्ताज सामयिक घटना का स्थूल वर्णन करके रह जाता है। उसमें तथ्य और सामाजिक सोद्देश्यता, सामयिकता आदि पर विशेष बल होता है। रिपोर्ताज की एक विशेषता यह भी है कि वह किसी स्थिति का गतिशील चित्र प्रस्तुत करता है। उसके दृश्य चलचित्र की भाँति परिवर्तित और गतिशील होते हैं। कुल मिलाकर रिपोर्ताज सोद्देश्य और सामयिक रचना है।[3]

(12) साक्षात्कार (Interview)—साक्षात्कार के लिए अंग्रेजी में 'इन्टरव्यू' शब्द का प्रयोग होता है, यों इसके पर्याय के रूप में हिन्दी में 'भेंटवार्ता' और 'विशेष-परिचर्चा' शब्दों का भी इस्तेमाल किया जाता है। यह हिन्दी गद्य की नई विधाओं में से एक है। साक्षात्कार का उद्देश्य प्रश्नोत्तर के माध्यम से किसी व्यक्ति से उसके खुद के विषय में, उसके विचारों और दृष्टिकोणों के बारे में तथा अन्यान्य तरह की भी जानकारी—प्राप्त करना होता है। साफ शब्दों में 'इन्टरव्यू' से अभिप्राय उस रचना से है, जिसमें लेखक व्यक्ति विशेष के साथ साक्षात्कार करने के बाद प्राय: किसी निश्चित प्रश्नमाला के आधार पर उसके व्यक्तित्व एवं कृतित्व के संबंध में प्रामाणिक जानकारी प्राप्त करता है और फिर अपने मन पर पड़े प्रभाव को लिपिबद्ध कर डालता है।[4] इन्टरव्यू में कला, साहित्य, राजनीति, दर्शन, अध्यात्म, विज्ञान आदि किसी भी क्षेत्र की महान् और मान्य विभूतियों से मिलकर किन्हीं प्रश्नों के संदर्भ में उनके विचार या दृष्टिकोण जानने और उन्हें उसी की शैली, भाषा और भंगिमा में व्यक्त करने की चेष्टा की जाती है। मिलने वाला सुविधा की दृष्टि से कुछ प्रश्न तैयार कर लेता है और

---

1. हिन्दी गद्य विधाएँ—कन्हैया लाल मिश्र 'प्रभाकर', पृष्ठ 49
2. हिन्दी गद्य विधाएँ—कन्हैया लाल मिश्र 'प्रभाकर', पृष्ठ 47-50
3. हिन्दी पत्रकारिता : सिद्धान्त और स्वरूप—डॉ० सविता चड्ढा, पृष्ठ 142
4. हिन्दी साहित्य का इतिहास—सं० डॉ० नगेन्द्र, पृष्ठ 720, नेशनल पब्लिसिंग हाउस, दिल्ली, प्र० सं० 1973

क्रमश: उन प्रश्नों के उत्तर के रूप में वह उस विख्यात, विशिष्ट, अनुभवी और महान् व्यक्ति के विचार जान लेने की चेष्टा करता है।[1]

प्रसिद्ध विद्वान् के० पी० नारायण[2] कहते हैं कि जिस व्यक्ति से आपको साक्षात्कार करना हो, उस व्यक्ति के बारे में गहराई से आप अध्ययन करें एवं उससे संबंधित व्यक्तियों से मिलकर जानकारी प्राप्त कर लें। तत्पश्चात् संबंधित विषय पर अच्छी जानकारी प्राप्त करें। इतनी तैयारी करने के बाद आप प्रश्नों की सूची तैयार कर लें। अगर संभव हो तब साक्षात्कार देने वाले व्यक्ति से भी उक्त प्रश्नों पर विचार-विमर्श कर लें, ताकि इनके जवाब देने के लिए पहले से ही मानसिक रूप से तैयार रह सकें। अति विशिष्ट लोगों से साक्षात्कार लेने के लिए पत्रकार को ज्यादा सावधानी रखनी पड़ती है। उनके सम्मान एवं प्रतिष्ठा को ध्यान में रखते हुए प्रश्नों को तैयार किया जाता है। साक्षात्कार लेते समय उन्हें सम्मान भरे शब्दों से संबोधित किया जाता है। ऐसा भी सोचना साक्षात्कारकर्त्ता के लिए उचित नहीं कि वह सामने बैठे प्रतिष्ठित व्यक्ति से अपने को छोटा समझने लगे।[3] दरअसल, समाचार संकलन में साक्षात्कार का महत्त्वपूर्ण स्थान है। पत्रकारिता की यह भी एक कलापूर्ण विधा है। भेंटवार्ताएँ समाचार के महत्त्वपूर्ण स्रोतों में से होती हैं। इनसे मिली जानकारी गहन और सटीक होती है। साक्षात्कार लेना भी एक कला है,[4] इसे सँजोकर लिखना भी एक कला है—"Writing an interview is an art. The straight question and answer technique is easy. It calls for no special effort on the part of the reporter. Such an interview may provide the reader with much information, but it is, at best, two-dimensional."[5]

कुल मिलाकर आधुनिक पत्रकारिता में साक्षात्कार या भेंटवार्ता का काफी महत्त्व है। इसकी लोकप्रियता आज शिखर पर है। समाचार पत्रों में प्रतिदिन ऐसी रपटें छपती हैं, जो साक्षात्कार द्वारा प्राप्त की जाती हैं। आज पत्र-पत्रिकाएँ प्रसिद्ध व्यक्तियों या बिल्कुल अनजान व्यक्तियों का, जिन्होंने किसी विशेष क्षेत्र में सफलता प्राप्त की या कार्य किया हो, साक्षात्कार प्रकाशित करती रहती है।[6] सच तो यह है कि समाचारों की दुनिया में साक्षात्कार का अपना विशेष महत्त्व है। समाचारों को एकत्रित करने में विभिन्न लोगों से साक्षात्कार करना पड़ता है। घटनास्थल को देखे बिना अच्छा साक्षात्कार बना पाना कठिन है। रेडियो, दूरदर्शन, एवं प्रिंट मीडिया के लिए भी साक्षात्कार लिए जाते हैं। तीनों माध्यमों के लिए साक्षात्कार करने के तरीके थोड़े अंतर के साथ लगभग समान ही होते हैं। साक्षात्कारकर्ता को प्रिंट मीडिया के लिए जितना सतर्क रहना पड़ता है, उससे ज्यादा सावधानी इलेक्ट्रॉनिक मीडिया के साक्षात्कारकर्ता को रखनी पड़ती है।[7]

(13) खोजी समाचार—इसे खोजी पत्रकारिता का ही एक संस्करण माना जा सकता है। पत्रकारिता की शब्दावली में इसके लिए 'अनुसंधात्मक', 'अन्वेषणात्मक' या 'जासूसी'

---

1. **हिन्दी का गद्य साहित्य—डॉ० रामचन्द्र तिवारी, पृष्ठ 311**
2. **संपादन कला—के० पी० नारायण, पृष्ठ 223**
3. **पत्रकारिता जगत—अशोक प्रियदर्शी, पृष्ठ 24**
4. **पत्रकारिता : परिचय और विश्लेषण—डॉ० प्रीता व्यास, पृष्ठ 122**
5. Professional Journalism M. V. Kamath, P. 150
6. **हिन्दी पत्रकारिता : सिद्धान्त और स्वरूप—डॉ० सविता चड्ढा, पृष्ठ 143**
7. **पत्रकारिता जगत—अशोक प्रियदर्शी, पृष्ठ 24**

नाम से भी जाना जाता है। खोजी समाचार संकलन पत्रकारिता का अभिन्न अंग है। सामाजिक दुष्प्रवृत्तियों, राजनीतिक कदाचार, प्रशासनिक भ्रष्टाचार, असामाजिक, व्यापारिक गतिविधियों आदि का भंडाफोड़ करना, रिश्वत खोरी, कालाबाजारी, दलाली, जनता के धन का दुरुपयोग, शोषण आदि का खुलासा और प्रकाशन करना खोजी या अन्वेषणात्मक समाचार के भीतर ही आते हैं। दरअसल, इस तरह के समाचारों की तलाश और उनका प्रकाशन बहुत सरल कार्य नहीं है—"At its best, investigative reporting is a master detective work. It is a way of reporting that makes it a tool of the depth writer."

इस तरह के समाचार लिखने वाले पत्रकारों के लिए डॉ० अर्जुन तिवारी[1] कहते हैं कि सच्चा अन्वेषी पत्रकार उल्लू, कुत्ता, बिल्ली का पर्याय माना जा सकता है। उल्लू को अंधेरे में ही सूझता है। वह दिन में निष्क्रिय रहता है, रात में उसकी सक्रियता बढ़ जाती है। वस्तुतः प्रकाश में मौन रहकर अन्वेषी पत्रकार अंधेरे में उन तमाम घेटालों को अच्छी तरह से देख देला है, जिन पर किसी की नजर नहीं पड़ती। परदे के अंदर अंधेरे में किए जा रहे कुकृत्यों को देखकर अन्वेषी पत्रकार व्यवस्था की कालिमा को उजागर करता है। सदैव पीछे लगे रहना यह कुत्ते का प्रकृति प्रदत्त स्वभाव है। घटनाओं के पीछे लगे रहने वाले पत्रकार जरा-सी आहट पाकर चैतन्य हो जाते हैं, वांछित सूचना प्राप्त करने हेतु दुम हिलाते हैं और जैसे ही उन्हें सफलता मिलती है, वे दुम दबाकर भाग जाते हैं। बिल्ली भी दबे पाँव आती है, शिकार करके भाग जाती है। बहरहाल, इस तरह के समाचार संकलन और उन्हें लिपिबद्ध करते समय शैली के साथ-साथ कुछ अन्य तथ्यों की ओर ध्यान देना चाहिए, यथा—"Don't overlook a tip from any source. Some of the best leads may come from the tips that don't look promising. Many perhaps most—won't pan out. But don't overlook any possibilities. Don't be a policeman. Make plans from the start. Don't leap in to it, keep going. The investigative way is hard, but don't stop if you think you have something."[2]

(14) अनुवर्त्तन (Followup) की प्रविधि—आगे क्या होगा या क्या होने वाला है, यह प्रश्न पाठक के दिमाग में उसी समय आ जाता है, जब वह कोई ऐसी घटना, कार्य या कथन का कोई ऐसा समाचार पढ़ता है, जो आज ही पूरा नहीं हुआ। जो पूरा हो गया है, उसके बारे में भी वह 'क्यों' का उत्तर चाहता है। कौन क्या, कब और कैसे—के साथ उसे 'क्यों' और 'आगे क्या' बताना भी उतना ही जरूरी है। आज जो हुआ है, महत्त्वपूर्ण और रोचक है, लेकिन कल होने वाला इससे भी अधिक महत्त्वपूर्ण और रोचक हो सकता है। अक्सर बाद के समाचार ज्यादा प्रभावी होते हैं। प्रकाशित समाचारों और वक्तव्यों का पीछा करने से कभी-कभी अनन्य, एकांतिक समाचार प्राप्त होते हैं।

अतः समाचारों का अनुवर्त्तन या पीछा करना समाचार-संकलन की प्रक्रिया का आवश्यक अंग है। सक्रिय और सचेत समाचार पत्र इसे प्रथम बार प्रकाशित समाचारों से भी अधिक महत्त्व देते हैं। वे पत्र अधिक लोकप्रिय होते हैं, जो समाचारों का जोरदार तरीके से अनुवर्त्तन

---

1. **आधुनिक पत्रकारिता—डॉ० अर्जुन तिवारी, पृष्ठ 120, विश्वविद्यालय प्रकाशन, वाराणसी, 1990**
2. **Professional Journalism M. V. Kamath, P. 156**

या पीछा करते हैं और तथ्यों को खोज-खोज कर उनका उद्घाटन करते रहते हैं''[1]—"A newspaper that fails to follow-up a story merely prints a series of unrelated events, never projects life as a pattern. A newspaper's approach must be holistic, not fragmentary. In a good newspaper office, the News Editor or the Chief Reporter or the Editor himself will carefully go through every item in his own or a rival newspaper.[2] कुल मिलाकर कह सकते हैं कि, "Follow up implies continuity...Follow-up is not only an essential part of an active newspaper's function but it often leads, to a major important story than the original. In fact, in this instant, the follow-up story never ceased to interest the reader until country became free."[3]

(15) पत्रकार वार्ता (Press Conference)—हिन्दी में इसे 'पत्र-प्रतिनिधि सम्मेलन', 'पत्रकार सम्मेलन', 'प्रेस सम्मेलन' आदि नामों से भी जाना जाता है। विश्वसनीय और ठोस समाचार प्राप्त करने का यह बहुत बड़ा स्रोत माना जाता है। कभी-कभी मंत्री, सचिव या वरिष्ठ अधिकारी या निजी संस्थान के उच्चाधिकारी किसी घटना की पृष्ठभूमि की जानकारी, शासन या संस्था की कोई नीति, जनहित संबंधी किसी तथ्य का उद्घाटन पत्रकार वार्ता में करते हैं। पत्रकार वार्ता का आयोजन सरकारी और गैर-सरकारी—दोनों ही संस्थाओं द्वारा आयोजित किए जाते हैं। इस तरह के आयोजन में भरसक अधिमान्यता प्राप्त पत्रकारों को ही बुलावा दिया जाता है। इस सम्मेलन में आहूत पत्रकार पत्रकार वार्ता बुलाने से तरह-तरह के सवाल करते हैं। यहाँ सभी को सवाल पूछने का समान अधिकार होता है।

लेकिन हमें यहाँ ध्यान रखना चाहिए कि साक्षात्कार तथा प्रेस कान्फ्रेंस में थोड़ा-सा अंतर है। साक्षात्कार का आयोजन संवाददाता के व्यक्तिगत प्रयासों के कारण संभव हो पाता है। संवाददाता जब किसी विषय विशेष पर कोई जानकारी प्राप्त करना चाहता है तो वह अपने प्रयासों के आधार पर उस विषय के विशेषज्ञ से साक्षात्कार का समय निर्धारित करता है। इसके विपरीत प्रेस कान्फ्रेंस का आयोजन व्यक्ति, संस्था या विभाग द्वारा निश्चित समय पर आयोजित किया जाता है, जिसमें भाग लेने के लिए संवाददाता को विधिवत निमंत्रण-पत्र भेजा जाता है। साक्षात्कार में जहाँ संवाददाता प्राय: अकेला ही साक्षात्कारदाता से प्रश्न करता है, वहीं प्रेस कान्फ्रेंस में विभिन्न संवाद माध्यमों में प्रतिनिधि उपस्थित रहते हैं। साक्षात्कार की सफलता संवाददाता के व्यक्तिगत वाक्-चातुर्य पर ही पूर्णत: निर्भर करती है। साक्षात्कार के लिए संवाददाता को व्यापक व विशद तैयारी करनी पड़ती है, जबकि प्रेस-कान्फ्रेंस के लिए यह इतना अधिक आवश्यक तथा अपेक्षित नहीं होता है।[4] इस अवसर पर कुछ सावधानियाँ अपेक्षित हैं, यथा—पत्रकार या संवाददाता को कम, नपे-तुले शब्दों में, छोटे-छोटे प्रश्न पूछना चाहिए, वक्ता द्वारा मिले उत्तरों को कॉपी पर टॉक लेना चाहिए, क्योंकि यही उत्तर अखबार

---

1. **समाचार संकलन और लेखन—श्री नन्दकिशोर त्रिखा, पृष्ठ 24, हिन्दी समिति, उत्तर प्रदेश शासन, लखनऊ (1974)**
2. **Professional Journalism M. V. Kamath, P. 91**
3. **Professional Journalism M. V. Kamath, P. 91**
4. **समाचार लेखन के सिद्धान्त और तकनीक—डॉ० संजीव भानावत, पृष्ठ 84, यूनिवर्सिटी पब्लिकेशन, जयपुर**

के समाचार बनते हैं। संवाददाताओं को चाहिए कि वे अपनी बारी की प्रतीक्षा करते हुए सभी को सवाल पूछने का अवसर दें। साथी संवाददाताओं के सवालों और उनसे मिले उत्तरों को भी ध्यान से सुनना चाहिए। इस अवसर पर कई बार ऐसे प्रश्न और उनसे मिले उत्तर होते हैं, जिन्हें प्रकाशनार्थ उपयुक्त नहीं समझा जाता, अतः ऐसे वार्तालाप या तथ्य को 'ऑफ द रिकार्ड' (Off the record) कर देना चाहिए।

(ख) संपादकीय लेखन (Editorial Writing)

संपादकीय लेखन किसी भी अखबार का प्रवेश द्वार होता है। संपादकीय लेख किसी राष्ट्रीय अन्तर्राष्ट्रीय घटनाओं पर भरसक लिखा जाता है। यह लेख जितनी ही सशक्त शैली, प्रामाणिक तथ्य और सुन्दर-सरल भाषा में लिखा जाता है, समाचार के स्तर का वह पुख्ता प्रमाण बनता है। बिना संपादकीय के—कोई भी अखबार नीरस, श्रीहीन और उबाऊ लगता है। सुप्रसिद्ध पत्रकार खुशवंत सिंह कहते भी हैं—"The function of an editor of a daily paper is largely, if not entirely, directional, political and administrative. Virtually the only part of the paper on which an editor can impose his personal stamp is on the edit page. The rest is at the mercy of the news editor who presides over the desk, the chief of bureau and the reporters. सच तो यह है कि संपादकीय पृष्ठ समाचार पत्र के प्रत्येक पृष्ठ से महत्त्वपूर्ण होता है। संपादकीय लेखन के भीतर टिप्पणियाँ, विविध तरह की समीक्षा, आलोचना, संपादक के नाम पत्र, फीचर तथा अग्रलेख आदि होते हैं। माना जाता है कि संपादकीय संपादक द्वारा लिखी जाती है, जिसकी सीमा 500 से 1000 शब्दों तक होती है। संपादकीय लेखन संक्षिप्त होने के साथ ही विश्वसनीय, रोचक, तर्कसम्मत, निष्पक्ष, स्वतः स्फूर्त, तो होना ही चाहिए, इसमें प्रशंसा, मार्गदर्शन और चेतावनी का स्वर भी गूँजना चाहिए। कुल मिलाकर डॉ० हरिमोहन के शब्दों में—''संपादकीय लिखना बहुत जिम्मेदारी का काम है। यह केवल संपादक के व्यक्तित्व को ही नहीं दर्शाता, अपितु समूचे समाचार पत्र का प्रतिनिधित्व करता है, इसलिए संपादकीय बहुत सोच-समझकर, प्रभावशाली ढंग से, इस शैली में लिखना चाहिए कि उसे साधारण पाठक से लेकर गंभीर पाठक तक हर श्रेणी के लोग, पढ़ समझ सकें।''

(13) समाचार पत्रकारिता के मूल तत्त्व

समाचार लेखन तथा संकलन के मुख्य आयाम या समाचार लेखन कला के अन्तर्वर्ती तत्त्व अथवा घटक

(क) समाचार लेखन—विद्वानों ने समाचार शब्द की व्युत्पत्ति 'सम् — आ V चर् + घञ्' से माना है, जिसका तात्पर्य सम्यक् आचरण करना या व्यवहार बतलाना है। सम्यक् आचरण के अनुरूप ही जब निष्पक्ष भाव से तथ्यों की सूचना दी जाती है, तो वह समाचार माना जाता है। समाचार के लिए 'सूचना', 'विवरण', 'खबर', 'संवाद', 'वृत्तान्त' आदि शब्दों का भी समय-समय पर प्रयोग किया जाता है। संस्कृत ग्रंथ अमरकोश में 'वार्ता', 'वृत्ति', 'प्रवृत्ति' तथा 'उदन्त'—ये चार शब्द समाचार हेतु प्रयुक्त हुए हैं। इन सभी शब्दों से किसी घटना की पूरी जानकारी देने का भाव स्पष्ट होता है। बहरहाल, समाचार लेखन स्वतः में स्वतंत्र विधा बन गया है। सच तो यह है कि चाहे प्रिंट मीडिया—पत्र-पत्रिकाएँ हों या इलेक्ट्रॉनिक मीडिया—रेडियो, दूरदर्शन आदि हों—इन सबकी ताकतवर वस्तु समाचार ही

है। जीवन-जगत से समाचारों को बीन-बटोरकर उन्हें लिखना और प्रस्तुत करना बहुत सरल नहीं है। वस्तुत: समाचार लेखन एक कला है, यह कला योग्यता, रियाज, प्रतिभा और दूरदृष्टि से ज्यादा निखरती और विश्वसनीय बनती है। डॉ० संजीव भानावत के अनुसार, 'समाचार' को अंग्रेजी में 'न्यूज' कहते हैं। 'न्यूज' (News) में, 'न्यू' शब्द निहित, जिसका अर्थ नवीन होता है अर्थात् नवीनता में समाचार निहित होता है। समाचार के अंग्रेजी शब्द पर ध्यान दें तो पता चलता है कि यह शब्द अंग्रेजी वर्णमाला के चार अक्षरों से बना है—NEWS। ये चार अक्षर चार दिशाओं का बोध कराते हैं अर्थात् North, East, West and South। स्पष्टत: उत्तर, पूर्व, पश्चिम तथा दक्षिण—चतुर्दिक दिशाओं का बोध जो कराए, वह समाचार है तथा इन समाचारों को जो प्रस्तुत करे, वह समाचार पत्र है। समाचार पत्र को अंग्रेजी में 'न्यूज पेपर' (Newspaper) कहते हैं।

(ख) समाचार की परिभाषा—समाचार का स्वरूप अत्यन्त व्यापक और विशुद्ध माना जाता है। समाचार के इस स्वरूप को विद्वानों, पत्रकारों और समीक्षकों ने विविध रूप से परिभाषित किया है, जिनमें से हम कुछ मुख्य को इस प्रकार देख सकते हैं—

(1) के० एम० श्रीवास्तव लिखते हैं कि "जिस प्रकार ईश्वर की परिभाषा पर सहमति नहीं हो सकी है, उसी भाँति 'समाचार' की भी निश्चित परिभाषा पर सभी व्यक्ति सहमत नहीं हो सके हैं।"

(2) श्री नंदकिशोर त्रिखा ने समाचार को अखबार के लिए कच्चा माल मान लिखा है कि, "परिभाषा के बिना भी समाचार का बोध पाठक को उस स्पंदन से होता है, जो वह उसे पढ़कर प्राप्त करता है। समाचार का बोध उस आंशिक या पूर्ण संतोष से भी होता है, जब पाठक उसे पढ़कर अपने को अधिक सूचित, ज्यादा शिक्षित पाता है। अत: समाचार को सदैव नया, दिलचस्प, मनोरंजक और महत्त्वपूर्ण होना चाहिए।

(3) माइकेल कार्नेल कहते हैं कि "News is current information made available to a public, information without which people cannot decide what to think or how to act. News is the concise, accurate report of an event—not the event itself. News is not a Supreme Court decision or a hurricane or a landing on the moon. It is the newsman's record that decides, the disaster, or the 'gain step' took place that it is important to somebody to know about it."

(4) जार्ज एच० मोरिस ने 'समाचार' को जल्दी में लिखा गया इतिहास माना है।

(5) डॉ० संजीव भानावत के अनुसार, 'प्रत्येक घटित घटना', कल तक जो हम नहीं जानते थे, 'लोग जिसके बारे में चर्चा करते हैं', 'पाठक क्या चाहते हैं', पत्रकार जिसे लिखने में सन्तुष्टि महसूस करता है', अथवा 'संपादक अपने समाचार पत्र में जो कुछ प्रकाशित करता है' वह सब समाचार है।

(6) गारनेल्ड जॉनसन लिखते हैं कि, "No news is good news." "News is what the newspaper prints and what the Radio broadcasts." "News is a compilation of facts and events of current interest, of importance to the reader." "News is Sex, Money, Crime."

(ग) समाचार के मूल तत्त्व (Ingredients of News)—श्री प्रेमनाथ चतुर्वेदी ने अपनी पुस्तक 'समाचार संपादन' में समाचार के मूल तत्त्वों को इस प्रकार बाँटा है—(1) नवीनता, (2) सामयिकता, (3) सामीप्य, (4) स्वहित, (5) धन, (6) काम-वासना, (7) संघर्ष और रोमानी, (8) असाधारणता, (9) वीर पूजा, (10) यश, (11) रहस्यपूर्ण, (12) मानवीय गुणों का उद्रेक, प्रेम, दया, ईर्ष्या, सहानुभूति, त्याग, भय, आतंक और घृणा आदि, (13) साहस और वीरता (खेल और साहसिक कार्यों) के समाचार, (14) आविष्कार और खोज, (15) कुकृत्य, (16) मानव की प्रगति की कहानी, (17) नाटकीयता, (18) विशिष्टता, (19) परिणाम (व्यापक और सघन), (20) संस्कृति, (21) विश्वास, (22) स्वास्थ्य, (23) सुरक्षा, (24) बन्धुत्व (अन्तर्राष्ट्रीय, राष्ट्रीय, प्रादेशिक, नगरीय, जातीय), (25) सामाजिक और आर्थिक परिवर्तन।

श्री डी० एस० मेहता अपनी पुस्तक "Mass Communication and Journalism in India" में समाचार के निम्न प्रमुख तत्त्व स्वीकार करते हैं—

(1) तात्कालिकता या सामयिकता (Immediacy or timeliness)
(2) सत्यता और वस्तुनिष्ठता (Truth and objectivity)
(3) नजदीकता और समीपता (Nearness and propinquity)
(4) रुचिकर या महत्त्वपूर्ण (Interesting and significant)
(5) महत्त्वपूर्ण व्यक्ति (Widely known person)
(6) घटना का समय और स्थान (Timing and place of occurrence of an event)
(7) संख्या एवं आकार (Number and size)
(8) दुविधा तथा रहस्य (Suspense and mystery)।

एम० वी० कामथ ने थामसन फाउन्डेशन के संपादकीय अध्ययन केन्द्र (Editorial Study Centre) के उन 20 वर्गों के उद्धृत किया है, जो समाचार के महत्त्वपूर्ण तत्त्व हैं—

(1) विलक्षणता (Novelty),
(2) व्यक्तिगत (Personal impact),
(3) स्थानीय समाचार (Local news),
(4) धन (Money),
(5) अपराध (Crime),
(6) सेक्स (Sex),
(7) संघर्ष या द्वन्द्व (Conflict),
(8) धर्म (Religion),
(9) दुर्घटना और दुखान्तिका (Disaster and tragedy),
(10) हास्य (Humour),
(11) मानवीय रुचि (Human interest),
(12) पददलित (The underdog),
(13) रहस्य (Mystery),
(14) स्वास्थ्य (Health),
(15) विज्ञान (Science),

(16) मनोरंजन (Entertainment),
(17) प्रसिद्ध व्यक्ति (Famous people),
(18) मौसम (Wheather),
(19) भोजन (Food),
(20) अल्पसंख्ययक (Minorities)।

(घ) समाचारों के प्रकार (Types of News)—श्री प्रेमनाथ चतुर्वेदी ने समाचारों के मुख्य दो भेद माने हैं—(1) विशिष्ट समाचार (Spot News) तथा व्यापी समाचार (Spread News)।

श्री प्रवीण दीक्षित समाचारों के चार भेद मानते हैं—(1) स्थानीय समाचार, (2) प्रान्तीय समाचार, (3) अन्तर्देशीय समाचार, (4) अन्तर्राष्ट्रीय समाचार।

किन्तु **श्री हैरम्ब मिश्र** ने स्थूल रूप से समाचारों के चार भेद यथा—(1) स्थानीय समाचार, (2) प्रांतीय समाचार, (3) अखिल देशीय समाचार, (4) अन्तर्राष्ट्रीय समाचार मानते हुए उनके 19 सूक्ष्म भेद किए हैं, यथा—

(1) भाषण, वक्तव्य और विज्ञप्ति, (2) आतताइयों के कुकर्म, छेड़छाड़, मारपीट, पॉकेटमारी, चोरी, ठगी, डकैती, छूरेबाजी, जुआ, हत्या, अपहरण, बलात्कार, (3) जमीन जायदाद के लिए एक ही परिवार के सदस्यों के बीच फौजदारी और मुकदमेबाजी, (4) जातिवादी कलह तथा विद्वेष, (5) रंगभेद और वर्णभेद से उत्पन्न अशांति, (6) क्षेत्रीयतावादियों एवं प्रांतीयतावादियों के झगड़े, (7) धार्मिक एवं साम्प्रदायिक उपद्रव और वैमनस्य, (8) स्थानीय, क्षेत्रीय, प्रान्तीय, तथा अखिल देशीय दिलचस्पी एवं महत्त्व के न्यायिक निर्णय, (9) परिवहन तथा मार्ग दुर्घटनाएँ साइकिल, स्कूटर, इक्का, ताँगा, बस, ट्रक और कार से लेकर ट्रेन, जहाज और हवाई जहाज तक की दुर्घटनाएँ, (10) अवर्षण, अतिवर्षण, बाढ़, आँधी, हिमपात, (11) भू-भ्रंश, भूकम्प, (12) असामयिक या आकस्मिक मृत्यु, आत्महत्या, (13) जातीय, सामाजिक, व्यावसायिक एवं राजनीतिक संस्थाओं, संगठनों तथा दलों की बैठकें, विशेष बैठकें, सम्मेलन, समारोह, प्रदर्शन और जुलूस, (14) श्रम आन्दोलन, किसान आन्दोलन, (15) सरकारी, सामाजिक, राजनीतिक, व्यक्तियों का स्वागत और विदाई, (16) स्थानीय शासन-निकायों और सरकारी विभागों की गतिविधियों, (17) कर्मचारियों, अधिकारियों तथा राजनीतिक कार्यकत्ताओं और नेताओं की मनमानी और ज्यादातियों की शिकायतें, (18) व्यक्तिगत समाचार, जैसे परीक्षा या सांस्कृतिक एवं बौद्धिक कार्यों में विशेष सफलता, विदेश यात्रा, विवाह तथा (19) मेलों और पर्वों के समाचार।

सत्यता, स्पष्टता, संक्षेपण तथा **सुरुचि**—ये चार 'सकार' किसी भी श्रेष्ठ और उत्तम समाचार लेखन के सिद्धान्त हैं। वस्तुत: **डॉ० संजीव भानावत** को शब्दों में समाचार लेखन एक विशिष्ट कला है। श्रेष्ठ समाचार वही हो सकता है, जो सूचनात्मक हो तथा उसमें तथ्यों को इस प्रकार संकलित किया गया हो कि पाठक घटित घटना का विवरण सही परिप्रेक्ष्य में समझ सके। इस समाचार लेखन में संवाददाता अपनी विशेष पत्रकारिता तकनीक का प्रयोग कर उसे रोचक तथा प्रभावशाली बना देता है। अत: समाचार लिखने के लिए संवेदनशीलता, कल्पनाशीलता, भावप्रवणता, रचनात्मकता तथा अच्छी रुचियों तथा वाग्वैदग्ध्य अथवा प्रत्युत्पन्नमति जैसे गुणों का होना आवश्यक है। साहित्य की घटनाएँ तथ्यों पर आधारित नहीं होतीं, जबकि पत्रकारिता तथ्यों पर आधारित होती है। इतिहास में तथ्य होते हैं, किन्तु वे

पुराने समय के होते हैं। पत्रकारिता के तथ्य सामयिक घटनाक्रम से जुड़े होते हैं, इसीलिए पत्रकारिता को समसामयिक घटनाक्रम का शीघ्रता में लिखा गया इतिहास कहा गया है। अतः समाचार लेखन एक विशेष दक्षता की अपेक्षा रखता है।

(14) समाचार संपादन कला के सामान्य सिद्धान्त या आधारभूत तत्त्व

(अ) शीर्षकीकरण (Headline Writing)—शीर्षक समाचार की मूल आत्मा होता है। वस्तुतः समाचार का शीर्षकीकरण स्वतः में कला है। समाचार पढ़ते समय सबसे पहले पाठक का ध्यान शीर्षक पर ही जाता है। यह शीर्षक विस्तृत कथ्य या भाव को संक्षेप में सूचित कर देता है। एक विद्वान लिखते हैं कि कलात्मक शीर्षक अखबार के प्रति कशिश और रागात्मक लगाव पैदा करता है—"The headline, of course, is a part of the display. And the art of giving headlines is really the art of salesmanship in excellence. With right headlines and pleasing display, even a dull newspage can be—considerably brightened, though it is necessary to emphasize that topgraphy of newspaper is nothing in itself. इधर, डॉ० अर्जुन तिवारी लिखते हैं कि शीर्षक समाचार-सार, घटना-परिणाम तथा स्थिति-संकेत का सूचक होता है। शीर्षक बनाना एक कला है, जिसके द्वारा पाठकों के मन और मस्तिष्क पर सत्ता स्थापित की जाती है। सजग, सचेत, गुणग्राही, उपसंपादक समाचारों के शीर्षक ऐसे बनाते हैं, जो आकर्षक हो, सुबोध हों, पैने और चटपटे हों तथा विश्वसनीय हों। पंडित कमलापति त्रिपाठी ने लिखा है कि, "उपयुक्त, सफल और पूर्णांग शीर्षक अपने चार-छः अक्षरों में ही समाचार के सारे भाव, उसकी ध्वनि, उसकी महत्ता और उसके तमाम आधार और वातावरण को भी क्षणमात्र में उसी प्रकार झलका देता है, जिस प्रकार आकाश में सहसा चमक कर चपला विलुप्त हो जाती है। शीर्षक केवल समाचार की सूचना अथवा उसका संक्षिप्ताशय अथवा उसकी व्याख्या मात्र नहीं करता। इन सबके सिवा वह स्वयं 'समाचार-शरीर' का प्राण होता है, जो सारे स्तम्भ में जीवन का संचार कर देता है। पाठक जीवन के इसी स्पंदन का अनुभव करता है।

पाश्चात्य विद्वान् एफ० बार्नहार्ट कहते हैं कि, "Type talks. Bold and flashy types shout for readers's attention in an exciting way. The type and the way it is used gives the newspaper character and individuality. अर्थात् समाचार के शीर्षक आँखों को विश्राम देते हैं, ये पत्र के विज्ञापन जैसे होते हैं, जो पाठकों को पत्र खरीदने हेतु प्रेरित करते हैं। टाइप का आकार पत्र का स्वर कहा जाता है। टाइप का आकार जितना बड़ा होगा, उसका स्वर उतना ही ऊँचा होगा।

शीर्षकीकरण का उद्देश्य—

1. पाठकों की निगाह में अखबार का व्यक्तित्व उदात्त और उत्तम बनाना,
2. अखबार को खरीदने के लिए पाठकों को उत्साहित और प्रेरित करना,
3. समयाभाव वाले अखबार वाचकों के लिए अति संक्षेप में सब कुछ बता देना,
4. अलग-अलग किसिम के 'टाइपों' के द्वारा पृष्ठ सज्जा को सुन्दर और लजीज बनाना,
5. रुचि के अनुसार समाचार खोजने में सहायता करना आदि।

शीर्षकीकरण के समय ध्यान देने योग्य बातें—शीर्षक देते समय डॉ० प्रीता व्यास के अनुसार निम्न बातों का ख्याल करना चाहिए—

1. वह समाचार के अनुकूल हो,
2. वह समाचार की रोचकता बढ़ाए,
3. वह पृष्ठ की सज्जा में सहायक हो,
4. उसके कारण समाचार को समझने में आसानी हो,
5. उसमें समाचार का सार तत्त्व निहित हो,
6. उसमें 'विशेषण' या 'मत' प्रकट नहीं किया गया हो,
7. वह भी समाचार की तरह 'ऑब्जेक्टिव' हो,
8. उससे अधिक उपयुक्त शीर्षक दूसरा न हो,
9. उसे कभी संपादकीय या प्रचार धर्मी न बनाएँ,
10. शीर्षक प्रश्नवाचक या आदेशात्मक न हो और न ही भूतकाल में हो,
11. निर्जीव शीर्षक का प्रयोग कभी नहीं करना चाहिए।
12. एक ही शीर्षक में अनेक तथ्य ठूँस-ठूँस कर नहीं भरना चाहिए,
13. यदि शीर्षक में दो या दो से अधिक पंक्तियाँ हों तो उनकी टाइपोग्राफिकल दर्शनीयता का ध्यान दें,
14. ऐसे शीर्षकों का प्रयोग न करें जो द्वि-अर्थी हों,
15. ऋणात्मक शीर्षक नहीं होना चाहिए,
16. शीर्षक में प्रसिद्ध व्यक्तियों के केवल नाम या उपनाम का ही प्रयोग करें,
17. शीर्षक का प्रारम्भ क्रिया से न करें,
18. यह ध्यान रखें कि एक ही शीर्षक में किसी शब्द या भाव की पुनरावृत्ति न हो,
19. शीर्षक की संज्ञा या क्रिया को विशेष परिस्थितियों में ही संक्षिप्त करें अन्यथा नहीं तथा
20. शीर्षक में जब आश्रित वाक्यांश किसी संयोजक द्वारा न जोड़ा जाए तो अर्द्ध रिम का प्रयोग करें।

(ब) पृष्ठ-विन्यास या पृष्ठ सज्जा (Make-up)—पृष्ठ-विन्यास, पृष्ठ-सज्जा, ले-आउट (Lay-out), डिजाइन तथा मेक-अप आदि शब्द लगभग समानार्थी हैं। इन सभी का अर्थ है—पृष्ठ को सजाना। पश्चिम के विद्वान बार्न हाट पृष्ठ-विन्यास के विषय में लिखते हैं कि, "Newspaper make-up consists of dividing and using space, the space of the newspaper page to accommodate type, illustrations and more often than not advertisement." इधर, डॉ० अशोक प्रियदर्शी कहते हैं कि किसी भी पत्र का प्रथम पृष्ठ 'शो विन्डो' (Show Window) कहा जाता है। जिस तरह फल विक्रेता अच्छे-अच्छे खूबसूरत फलों को सामने लगाकर ग्राहकों को अपनी दुकान की ओर आकर्षित करने का प्रयास करता है, ठीक उसी तरह संपादक अपने ग्राहकों को अथवा पाठकों को प्रथम पृष्ठ के मैटर, साज-सज्जा से आकर्षित करने का प्रयास करता है। अगर समाचार पत्र का प्रथम पृष्ठ ही बेतरतीब ढंग से सजा हो, तब पत्र में चाहे जितना भी महत्त्वपूर्ण समाचार हो, पाठक उसे

खरीदने का प्रयास नहीं करेगा। यही कारण है कि आज बहुत सारे पत्र के प्रथम पृष्ठ रंगीन देखने को मिलते हैं। रंगों का चुनाव इस तरह किया जाता है, जो आँखों को प्रिय लगे। बक़ौल डॉ० अर्जुन तिवारी समाचार, शीर्षक, चित्र, विज्ञापन, रूपक, अग्रलेख, कार्टून आदि समस्त प्रकाश्य सामग्रियों को विविध पृष्ठों पर सजाने-सँवारने की विधि पृष्ठ-सज्जा या पृष्ठ-विन्यास है। यह एक ऐसी सफल और प्रभावशाली कला है, जिससे किसी बात को पाठकों की आँखों के रास्ते से दिल-दिमाग तक पहुँचायी जाती है। पत्र जगत में पृष्ठ-सज्जा या पृष्ठ-विन्यास का वही स्थान है, जो भवन-निर्माण में वस्तु कला का है। महत्त्व के अनुसार समाचार का आकार और उसके लिए स्थान निर्धारित करना, नए रूप-रंग में पत्र को आकर्षक और मनोरम बनाना, पाठकों को उनकी आवश्यकतानुसार समाचार ढूँढ़ने में सहायता पहुँचाना तथा पत्र के व्यक्तित्व को विश्वसनीय बनाना ही पृष्ठ-सज्जा है। इस प्रकार पत्र-अलंकरण और सम्यक् संप्रेषण की मनोहारी पद्धति को ही पृष्ठ-सज्जा या पृष्ठ-विन्यास के अन्तर्गत् समाहित किया जाता है।

पृष्ठ-विन्यास के तत्त्व—डॉ० प्रवीण दीक्षित ने अपनी पुस्तक "जन माध्यम और पत्रकारिता" में पत्र-विन्यास के लिए निम्न तत्त्वों पर ध्यान देने का आग्रह किया है—(1) संतुलन (Balance), (2) विरोधाभास (Contrast), (3) फोकस बिन्दु (Focus Point), (4) गति (Movement) तथा (5) संगति (Harmony)।

डॉ० प्रेमनाथ चतुर्वेदी ने "समाचार संपादन" नाम की अपनी पुस्तक में पृष्ठ-विन्यास के लिए पत्रकारों को दस मंत्र दिए हैं—

(1) महत्त्वपूर्ण समाचार सबसे ऊपर दिए जायें।

(2) महत्त्व के अनुरूप टाइप के आकार का प्रयोग हो।

(3) विभिन्न शीर्षकों में संतुलन स्थापित रहे।

(4) समाचार एवं शीर्षक के टाइपों में विविधता हो।

(5) लम्बे समाचार में दो-दो स्टिक पर उपशीर्षक दिए जायें ताकि समाचार के प्रति रुचि बनी रहे।

(6) विज्ञापन या चित्र से सटा हुआ बाक्स समाचार पृष्ठ पर नहीं दिए जायें।

(7) चित्र के अभाव में छोटा बड़ा बाक्स समाचार दें।

(8) दृष्टि-विज्ञान के अनुसार पृष्ठ का ऊपरी बाँया भाग अति महत्त्वपूर्ण होता है। इसलिए विशेष महत्त्वपूर्ण समाचार ऊपर बायीं ओर ही देना उचित है।

(9) समाचार का शेष भाग आगे के पृष्ठों पर अथवा अंतिम पृष्ठ पर देना चाहिए। पाठक उलटकर नहीं पढ़ना चाहता, वह आगे ही बढ़ता जाता है। अन्य पृष्ठों का शेषांश प्रथम पृष्ठ पर देना बुद्धिमानी नहीं कही जाएगी।

(10) पत्रकारिता के शब्द और चित्र सहयोगी होते हैं। चित्र के आकार-प्रकार, पृष्ठ पर उनकी स्थान संबंधी बातों पर ध्यान देकर पत्र को मनोरम बनाया जा सकता है।

(स) आमुख या अग्रांश या इन्ट्रो या इन्ट्रोडक्शन या लीड या मुखड़ा और समाचार की प्रस्तुति प्रक्रिया—इन्ट्रो शब्द 'इन्ट्रोडक्शन' का संक्षिप्त रूप है। यह समाचार का सारांश, सार (Summary), आत्मा या प्राण कहा जा सकता है। आमुख या इन्ट्रो से समाचार का सूक्ष्म परिचय या जानकारी मिलती है। आज के पाठक के पास इतना समय नहीं है कि

वह सारा अखबार पढ़े। वह तो आनन-फानन में समाचारों के शीर्षक पर नजर डालकर या अधिक से अधिक शुरू के वाक्य (इन्ट्रो-Intro) पढ़कर अपनी जिज्ञासा शान्त करना चाहता है।[1] इस 'इन्ट्रो' को अमरीकी पत्रकारिता में 'लीड' (Lead) कहते हैं।

सच तो यह है कि किसी भी समाचार का प्रथम 'पैराग्राफ' (Paragraph) ही इन्ट्रो कहा जाता है। इस इन्ट्रो अर्थात् समाचार के प्रथम पैराग्राफ में एक विदेशी विद्वान् शू मैन[2] के अनुसार छह प्रश्नों के उत्तर अनिवार्य हैं, यथा—(Five 'W' and one 'H' theory), What = क्या, Where = कहाँ, When = कब, Who = कौन, Why = क्यों तथा How = कैसे। यद्यपि कुछ लोग कहते हैं कि पत्रकारिता के क्रमिक विकास में अब यह परम्परा धीरे-धीरे कम देखने को मिलती है।[3] आज का पाठक समाचार के एक अंश का अवलोकन कर, संपूर्ण घटना से परिचित होना चाहता है, इसलिए अब संवाददाता अपने आमुख या इन्ट्रो में ही पूरे समाचार के तथ्यों को संक्षेप रूप में प्रकट कर देता है। अन्य अंशों में उन्हीं तथ्यों का विस्तृत विवेचन किया जाता है। प्रत्येक पाठक समाचार के निष्कर्ष, महत्त्वपूर्ण अंश एवं अंतिम परिणाम जानने के लिए उत्सुक रहता है। गोस्वामी तुलसीदास ने 'रामचरितमानस' में एक पद्य देकर आमुख के महत्त्व को दर्शाया है। नीचे उद्धृत पंक्तियों में श्रीहनुमान ने श्रीभरत को श्रीराम के आगमन का समाचार पहले सुनाया, तत्पश्चात् श्रीराम की कीर्ति गाई—

''रिपु रन जीति सुजस सुर गावत। सीता सहित अनुज प्रभु आवत।
तब हनुमन्त नाइ पद माथा। कहे सकल रघुपति गुन गाथा॥''

समाचारों की प्रकृति के अनुसार आमुख कई तरह के होते हैं, यथा—पंच आमुख (Punch Lead), विस्तृत आमुख (Comprehensive Lead), प्रश्नात्मक आमुख (Question Lead), संज्ञा वाक्यांश आमुख (Noun Clause Lead), व्याख्यात्मक आमुख (Interpretative Lead), सामान्य रूप आमुख (Infinite Lead), उद्धरण आमुख (Quote Lead), उपाख्यान आमुख (Anecdote Lead), आज आमुख (To-day Lead), आप और मैं आमुख (You and Me Lead), निलंबित अभिरुचि आमुख (Suspended Interest Lead), आश्रित वाक्यांश आमुख (Dependent Clause Lead), कारतूस आमुख (Cartage Lead), अलंकारिक आमुख (Figurative Lead), तब और अब आमुख (Then and Now Lead), सूक्ति आमुख (Epigram Lead), धर्मयुद्ध आमुख (Crusade Lead), आश्चर्यकारक आमुख (Astonisher Lead), सारांश आमुख (Summary Lead), दुर्घटना आमुख (Accident Lead) तथा यत्र-तत्र आमुख (Here and There Lead) आदि।

जहाँ तक समाचारों की प्रस्तुति प्रक्रिया का सवाल है, इसके लिए हमें कुछ बातों पर गौर करना चाहिए, जिससे समाचारों की जीवंतता और विश्वसनीयता निरंतर बनी रहे। समाचार को अंग्रेजी में 'न्यूज' (News) कहा जाता है। 'न्यूज' शब्द 'न्यू (नया) का बहुवचन है। यह शब्द लैटिन भाषा के 'नोवा' से लिया गया है। लैटिन का 'नोवा' शब्द भी संस्कृत के 'नव' धातु से लिया प्रतीत होता है। इस तरह से 'न्यूज' शब्द का तात्पर्य नित्य-नूतन घटनाओं का संकलन है।[4] अतः ऐसी स्थिति में हमें चाहिए कि समाचारों का चयन सटीक हो, मूल आत्मा

---

1. **पत्रकारिता और पत्रकारिता—डॉ० अरुण जैन, पृष्ठ 190**
2. **Practical Journalism—Show Man, P. 82**
3. **पत्रकारिता जगत—अशोक प्रियदर्शी, पृष्ठ 23**
4. **पत्रकारिता जगत—अशोक प्रियदर्शी, पृष्ठ 23**

क्षतिग्रस्त न हो, शब्द सरल, भाषा अलंकारिक हो, व्यर्थ की उलझन न हो, अर्थ का अनर्थ न हो, अफवाह और वैमनस्य पैदा करने वाली बातों की भरसक प्रस्तुति न हो। कुल मिलाकर सत्यता, संक्षिप्तता, स्पष्टता और सुरुचि—इन चार सिद्धान्त सूत्र का समाचार प्रस्तुति में—निरंतर ध्यान रखना चाहिए जिससे पत्र की लोकप्रियता हमेशा बनी रहे।

(द) संपादक के नाम के पत्र का स्वरूप—अमूमन प्रत्येक सुप्रसिद्ध समाचार पत्र में 'संपादक के नाम पत्र' (Letters to the Editor) का एक 'कॉलम' (Column) होता है। इस कॉलम को समाचार पत्र का "Safety Valve" कहा जा सकता है। इसमें समाचार पत्र का पाठक निजी स्तर से लेकर सार्वजनिक समस्याओं तक को प्रकाशित करने के लिए समाचार पत्र के संपादक के पास भेजता है। यह पत्र समस्याओं को तो प्रस्तुत करता ही है, सुझाव भी देता है। यह पत्र किसी घटना, चोरी, खाद, पानी, बिजली की समस्या, दंगों की संभावित सूचना, बाढ़, सूखा, भूकम्प से राहत की समस्या से संबंधित हो सकता है। कभी-कभी इस कॉलम में प्रकाशित इस पत्र की निजी समस्याएँ समूह की भी समस्याएँ बन जाती हैं, जाहिर है, एक संपूर्ण समाज उन समस्याओं का समाधान समाचार पत्र के माध्यम से घर बैठे प्राप्त कर लेता है।

कुल मिलाकर एक अच्छा समाचार पत्र 'संपादक के नाम पत्र' छाप कर लोकप्रिय, बनता है। सच तो यह है कि समाचार पत्र का यह कॉलम छपे शब्दों में जनता की आवाज होता है, मनुष्य-मनुष्य के बीच संवाद स्थापित करने का माध्यम होता है। एक कुशल और प्रवीण संपादक इसे अपने समाचार पत्र में स्थान देकर अपनी बौद्धिक कुशलता को प्रकाशित करता है। भरसक यह कॉलम, संपादकीय पृष्ठ पर होता है, जिसमें टीका-टिप्पणी से लेकर विचार-विमर्श तक होता है।

स्वरूप—"समाजावाद पर हावी पूँजीवाद"[1]

समाजवाद पर पूँजीवाद हावी है। नतीजा ये है कि मनुष्य द्वारा निर्मित वस्तु के साथ इंसान भी बाजार में खड़ा है। देश को इक्कीसवीं सदी में विकसित राष्ट्र बनाना है तो मनुष्य को शोषण से मुक्त कराने का प्रयास करना होगा। एक ऐसी सभ्यता विकसित करनी होगी, जिसमें अंधविश्वास मुक्त धर्म, भौतिक भोगवाद रहित विज्ञान, पाप रहित समृद्धि, युद्ध रहित राजनीति की कामना देश का प्रत्येक नागरिक कर सके।"

ज्ञान प्रकाश पाण्डेय, रामपुर माँझा, जिला—गाजीपुर।

(य) अग्रलेख—हर अखबार के बीच का अर्थात् चौथा या पाँचवाँ पन्ना "संपादकीय पन्ना" कहलाता है। इस पन्ने पर कई तरह की सामग्री छापी जाती है, जिसमें संपादकीय प्रमुख होती है। इस संपादकीय में कई तरह के लेख होते हैं, जिनमें पहला लेख अग्रलेख होता है, शेष टीका-टिप्पणियाँ, संपादक के नाम पत्र या अन्य कोई स्तम्भ होता है। अग्रलेख का कार्य बहुत सरल और आसान नहीं माना जाता, क्योंकि इसमें राजकीय नीतियों का खुलासा, आलोचना, सुझाव, अनुशंसा-प्रशंसा आदि सभी कुछ समाहित होता है। कुल मिलाकर यह बड़ा संवदेनशील लेखन होता है। यद्यपि अग्रलेख में लेखक को वैचारिक अभिव्यक्ति की काफी छूट होती है, अतः यहाँ लेखक को अपना संतुलित और निश्चित दृष्टिकोण प्रस्तुत करना चाहिए। यहाँ काल्पनिक तथ्य नहीं प्रस्तुत किए जाते। अग्रलेख के लिए विवेक और

1. हिन्दुस्तान, 10 जुलाई, 2005

(5) चिकित्सा-स्वास्थ्य संबंधी स्तम्भ—यह स्तम्भ भी आमजन में काफी लोकप्रिय है। अखबारों के लिए यह स्तम्भ महत्त्व का होता है। इस स्तम्भ में विभिन्न तरह की बीमारियाँ, रोकथाम के लिए देसी-विदेशी पद्धतियाँ, जड़ी-बूटी, अमुक मौसम में रोगों का निदान कैसे करें—जैसे मनुष्य की बुनियादी समस्याओं पर प्रकाश डाला जाता है। 'मन की उलझन', 'सवाल आपके-जवाब डॉक्टर के'—जैसे शीर्षक इस स्तम्भ की शोभा होते हैं।

(6) बाल-जगत—यह स्तम्भ बच्चों में काफी लोकप्रिय होता है। खासकर, रविवार के दिन की छुट्टी में इस स्तम्भ की तलाश बच्चों को होती है। पहेली, चुटकुला, चित्र बनाना, व्यंग्य लिखना, बाल कथा, बुझौवल या बूझो तो जानें जैसे प्रसंग की चर्चा की जाती है। इससे बच्चों के मानसिक ज्ञान का विस्तार होता है। भाषा सरल होने से बच्चे इसे बहुत चाव से पढ़ते हैं।

(7) कला, संस्कृति एवं पुरातत्त्व—अखबार में यह स्तम्भ गंभीर और समझदार पाठकों के लिए छपता है। सरल, सहज और बोधगम्य भाषा में यह स्तम्भ अपनी संस्कृति और कला के पक्षों को उजागर करता है। देश में हुए उत्खनन, उनसे प्राप्त मूर्तियों की उम्र मय चित्र के—यह स्तम्भ प्रकाशित करता है। जाने-माने अखबार इस विषय के विशेषज्ञों से इस स्तम्भ को लिखवाते हैं।

(8) चलचित्र (Film) जगत—भरसक रंगीन छपाई में छपा यह स्तम्भ पाठकों का बहुत लोकप्रिय पन्ना होता है। इस स्तम्भ में सिने जगत अर्थात् 'हालीवुड और वालीवुड' संबंधी समाचारों का प्रकाशन होता है। कौन फिल्म 'फ्लाप' हुई, किसने 'गोल्डेन जुबली' मनाया, कौन कलाकार 'पब्लिसिटी स्टंट' का मोहताज नहीं, किसका रोमांस किसके साथ की चर्चा तो की ही जाती है, फिल्मों की समीक्षा भी सरल-सहज भाषा में प्रस्तुत होती है। हिन्दुस्तान का 'रंगोली' पन्ना महज यही सूचना देता है।

(9) खेल स्तम्भ—तकरीबन हर बड़े अखबार में खेल स्तम्भ छपता है। अन्य स्तम्भों की तरह यह स्तम्भ भी पाठकों का लोकप्रिय स्तम्भ होता है। इस स्तम्भ में जनपद स्तर से लेकर देश-विदेश तक में खेल को बढ़ावा देने के लिए क्या-क्या किया जा रहा है—की सूचना दी जाती है। इसमें खेलों की समीक्षा, साक्षात्कार (Interview), पूरी दुनिया में किस खेल में कौन हारा-कौन जीता आदि की चर्चा की जाती है।

(10) त्योहार और धार्मिक उत्सव—भारत धर्मप्राण देश है। हर धर्म के मानने वाले लोगों के लिए अखबारों में धार्मिक सूचनाएँ, तिथियाँ, त्योहार के निश्चित दिन, राशियाँ, ज्योतिष संबंधी सूचनाएँ छापी जाती हैं। त्योहारों के महत्त्व को रेखांकित करने के लिए कभी-कभी लोक-कथाओं का प्रकाशन भी किया जाता है।

(11) आकाशवाणी और दूरदर्शन—आकाशवाणी और दूरदर्शन तो आगामी चौबीस घण्टे के अपने कार्यक्रमों की सूचना पाठकों को देते ही हैं, अखबारों में भी इनसे संबंधित खबरें छापी जाती हैं। इलेक्ट्रॉनिक मीडिया में कल किसका कार्यक्रम होगा, कौन-कौन कार्यक्रम होगा, किस चैनल पर कल, कब क्या दिखाया जाएगा—की सूचना, 'प्रिंट मीडिया' अर्थात् अखबारों में भी छपती है।

(12) परराष्ट्र वार्त्ता स्तम्भ—अखबारों का यह स्तम्भ, पूरी धरती पर कल क्या हुआ, घटनाओं का व्यौरा, अपने देश से बाहरी मुल्कों का संबंध, विदेश नीति, विदेशी आतंकवाद, भूकम्प, बाढ़, सुनामी जैसी आपदाओं का प्रकाशन करता है। 'अफ्रीका का तोता भी जानता है

गणित', 'फिर उड़ान भरने को तैयार मानवयुक्त अंतरिक्ष यान' जैसी खबरों का प्रकाशन 'अराउण्ड द वर्ल्ड' स्तम्भ के भीतर छपती हैं।

(16) समाचार संकलन के विभिन्न स्त्रोत

सुप्रसिद्ध मीडिया विशेषज्ञ डॉ० संजीव भानावत[1] कहते हैं कि समाचार पत्र में समाचारों का अथाह भंडार होता है। ये समाचार विभिन्न अंचलों से विभिन्न माध्यमों द्वारा विभिन्न स्त्रोतों से प्राप्त होते हैं। सामान्य पाठक के लिए यह स्वाभाविक जिज्ञासा हो सकती है कि समाचार पत्रों में ये समाचार इतनी जल्दी कैसे, किस प्रकार तथा कहाँ से कहाँ पहुँच जाते हैं। फिर वह आगे अपने इन सवालों का उत्तर स्वत: देते लिखते हैं कि समाचारों के स्त्रोत अनन्त हैं। समाचारों के वैविध्य के साथ स्त्रोत का भी वैविध्य और वैशिष्ट्य होता है। संवाददाता सजग रहते हुए अपनी सूक्ष्म निगाह से 'समाचारों' की टोह में रहता है—"Good reporting is the discovery of as many important facts as possible, their selection and presentation so that they make a comprehensible story."[2] समाचारों के स्त्रोतों का सम्यक् और सफल दोहन वही संवाददाता कर सकता है, जो मानव स्वभाव को समझने में सक्षम हो और दूसरों के प्रति व्यवहार कुशलता का परिचय दे सके।[3]—"The clever journalist is known by his ability to separate the chaff from the wheat, the human interest from the dull."

सच तो यह है कि समाचारों का संग्रहण एक जटिल एवं श्रमसाध्य कार्य है। दिन-प्रति-दिन के समाचार संग्रहण के लिए संवाददाताओं को निरन्तर चौकन्ना रहना पड़ता है। संवाददाता की दिलचस्पी हर उस घटना में होती है, जिसमें समाचार बन सकने की संभावना होती है। वह हर घटना को समाचार के नजरिए से देखता है। संवाददाता के कार्य का कोई निश्चित समय नहीं होता, वह हर समय सक्रिय रहता है। किसी भी घटना की सूचना मिलते ही वह घटनास्थल के दौरे पर चल पड़ता है। समाचारों के लिए उसे विभिन्न अन्य स्त्रोतों से भी सम्पर्क रखना पड़ता है।[4] बहरहाल, **डॉ० नंदकिशोर त्रिखा**[5] के अनुसार समाचार स्त्रोतों का वर्गीकरण तीन श्रेणियों में किया जा सकता है—

1. प्रत्याशित स्त्रोत (Expected Source),
2. पूर्वानुमानित स्त्रोत (Pre-expected Source) तथा
3. अप्रत्याशित स्त्रोत (Unexpected Source)

(1) प्रत्याशित स्त्रोत—इस प्रकार के स्त्रोत के तहत पुलिस स्टेशन, पत्रकार वार्ता, साक्षात्कार, संसद तथा विधानमंडलों के अधिवेशन, प्रेस विज्ञप्तियाँ, न्यायालयों की कार्यवाही, चिकित्सालय, राजनैतिक दलों के अधिवेशन, विभिन्न समितियाँ, सरकार की सार्वजनिक घोषणाएँ तथा समाचार की विभिन्न एजेन्सियाँ आदि आती हैं।

---

1. **समाचार लेखन के सिद्धान्त और तकनीक—डॉ० संजीव भानावत, पृष्ठ 14**
2. **Journalism—David Wain Wright, P. 88**
3. **संवाद और संवाददाता—डॉ० राजेन्द्र, पृष्ठ 32**
4. **कार्यालयीय हिन्दी—डॉ० विजयपाल सिंह, पृष्ठ 71**
5. **समाचार संकलन और लेखन—डॉ० नन्दकिशोर त्रिखा, पृष्ठ 14**

(2) पूर्वानुमानित स्रोत—पूर्वानुमानित स्रोत संवाददाता की योग्यता और प्रतिभा पर निर्भर करते हैं। अपने आसपास के माहौल से कई बार ऐसे सूत्र हाथ लग जाते हैं, जिनके आधार पर रोचक समाचार प्राप्त किए जा सकते हैं। सरकारी घोषणाओं का हश्र, विश्वविद्यालयों का शैक्षिक वातावरण, महानगरीय जीवन से जुड़े विविध प्रसंग और उनका प्रभाव, औद्योगिक प्रगति और जनजीवन इत्यादि विविध विषयों से जुड़े अनेक प्रश्नों पर पूर्वानुमान के आधार पर समाचारों की खोज में जाया जा सकता है।[1]

(3) अप्रत्याशित स्रोत—डॉ० प्रवीण दीक्षित[2] ने इस प्रकार के समाचारों के लिए 82 स्रोतों की चर्चा की है, जिनमें से कुछ मुख्य **डॉ० प्रीता व्यास**[3] के अनुसार इस प्रकार हैं—

1. राजनैतिक दलों के कार्यालय,
2. नेता,
3. जिला सूचना कार्यालय,
4. जिला-परिषद,
5. नगर पालिका,
6. ग्रामसभा, ग्राम पंचायत,
7. जिलापूर्ति कार्यालय,
8. विकास खण्ड कार्यालय,
9. प्रेस नोट, बुलेटिन,
10. लोकसभा, राज्यसभा,
11. विधानसभा,
12. भूतपूर्व एवं वर्तमान एम० पी०,
13. पुलिस विभाग,
14. भूतपूर्व एवं वर्तमान एम०एल०ए०,
15. न्यायालय, वकील,
16. भूतपूर्व एवं वर्तमान चेयरमैन,
17. उद्योग निदेशालय,
18. भूतपूर्व एवं वर्तमान अध्यक्ष,
19. जेल,
20. शिक्षक संघ,
21. सरकारी, अर्ध सरकारी सूत्र,
22. अस्पताल,
23. इनकम टैक्स ऑफिस,
24. महिला आश्रम, अनाथालय,
25. सेल टैक्स ऑफिस,
26. औद्योगिक संगठन,
27. सेन्ट्रल एक्साइज व कस्टम विभाग,
28. होटल, जलपान गृह,
29. बार एसोसियेशन,
30. विभिन्न क्लब एवं संगठन,
31. वित्तीय एवं औद्योगिक निगम,
32. वैज्ञानिक प्रयोगशालाएँ,
33. पर्यटन कार्यालय,
34. श्रमिक संगठन एवं युवा संगठन,
35. धर्मशालाएँ व अन्य आश्रम,
36. सेवा समितियाँ,
37. कर्मचारी संगठन,
38. साहित्यिक संस्थाएँ,
39. बैंक, बाजार,
40. सामाजिक एवं धार्मिक संस्थाएँ,
41. बस स्टैण्ड, रेलवे स्टेशन, हवाई अड्डा,
42. सभा, सम्मेलन,
43. संवाददाता,
44. सांस्कृतिक आयोजन,
45. स्कूल, कॉलेज, यूनिवर्सिटी,
46. सार्वजनिक कार्यक्रम।

---

1. **समाचार लेखन के सिद्धान्त और तकनीक—डॉ० संजीव भानावत, पृष्ठ 15**
2. **जनमाध्यम और पत्रकारिता—डॉ० प्रवीण दीक्षित, भाग-1, पृष्ठ 151**
3. **पत्रकारिता : परिचय और विश्लेषण—डॉ० प्रीता व्यास, पृष्ठ 78-79**

(17) संवाददाता का महत्त्व, अर्हता या योग्यता, श्रेणी एवं कार्यपद्धति

(1) **महत्त्व**—समाचार पत्रों के लिए समाचारों की खुराक जुटाने वाला व्यक्ति संवाददाता कहा जा सकता है। कुछ लोगों ने संवाददाता को समाचार पत्रों का 'Third Pillar' (तीसरा खम्भा), तो कुछ ने कान, आँख, नाक, मुख, तो कुछ ने समाचार पत्रों के लिए कच्चा माल बटोरने वाला, तो कुछ ने 'प्रेस-जगत' के हृदय की धड़कन'—The reporter is the heart-beat of the press and the press would be quite dead without him."[1] तो कुछ ने इन्हें 'समाचार पत्र का जीवन-रक्त' (Life Blood),[2] तो कुछ ने कहा कि "संवाददाता वह व्यक्ति होता है, जो समाचार पत्र के प्रकाशन केन्द्र के अतिरिक्त किसी भी केन्द्र से समाचार संकलित कर उसे तार, डाक या अन्य किसी भी माध्यम से प्रेषित करता है—Correspondent is a person who gathers and despatches by wire or post to any centre other than the centre of publication."

डॉ० नंदकिशोर त्रिखा[3] कहते हैं कि समाचार पत्र (और संवाद समितियों) में संवाददाता का वही स्थान है, जो उस संस्थान का समाज में होता है। संवाददाता का महत्त्व इसलिए ही नहीं है कि समाचार अखबार का कच्चा माल है और संवाददाता खनन के समान उसका उत्खनन करता है, वरन् इसलिए भी है कि यह कच्चा माल सही तरीके से प्रयुक्त न होने पर अणुशक्ति के समान विनाशकारी भी हो सकता है। इधर **डॉ० संजीव भानावत**[4] संवाददाताओं के महत्त्व पर प्रकाश डालते कहते हैं कि संवाददाता अथवा रिपोर्टर (Reporter) किसी भी समाचार पत्रों के लिए गौरव होते हैं। प्रत्येक घटित घटना के स्थल पर प्राय: ये मौजूद रहते हैं। कहीं कोई सेमिनार हो, प्रेस-कांफ्रेंस हो, सांस्कृतिक-साहित्यिक आयोजन हो, नेताओं के भाषण हों, सार्वजनिक सभाएँ हों, दुर्घटना अथवा अन्य कोई अपराध या वारदात हो, खेल का मैदान हो—तात्पर्य यही है कि समाचार की दृष्टि से महत्त्वपूर्ण प्रत्येक स्थल पर ये संवाददाता पहुँचने का प्रयास करते हैं—He is the one who leads his team of men and women who provide us the core and content of news, day in and dayout, round the clock. A reporter, like the sun in the skies, is always on duty. Everything is grist to his particular will. Births, marriages, deaths—what is cynically described at the Hatch, Match and Despatch Department—disaster and tragedy, conflict, mutinies and rebellions, wars and pestilence, religion, science, money, mystery and sex, entertainment or just plain wheather and food. Nothing human is alien to him."[5]

(2) **अर्हता या योग्यता**—किसी भी समाचार पत्र का स्वास्थ्य-सेहत, शक्ल-सबीह, आस्था-विश्वास, लोकप्रियता और माँग—बहुत कुछ योग्य संवाददाता के ऊपर निर्भर होती

---

1. **Truth, Images and Distortions—Sunny Thomas, P. 47**
2. **Basic Journalism—Ranga Swami Parthsarathy, P. 54-55**
3. **समाचार संकलन और लेखन—श्री नंदकिशोर त्रिखा, पृष्ठ 1**
4. **समाचार लेखन के सिद्धान्त और तकनीक—डॉ० संजीव भानावत, पृष्ठ 21**
5. **Professional Journalism—M. V. Kamath, P. 26**

है। दरअसल, संवाददाता के पास वह खुफिया आँख होनी चाहिए, जिससे वह समाज के कोने-अँतरे, दीन-हीन, उपेक्षित लोगों की सूचना समाचार पत्र के माध्यम से समाज को दे। दरअसल, संवाददाता की कुशलता, योग्यता और उसके समाचार संकलन पर समाचार पत्र की प्रगति, प्रसिद्धि और जनता द्वारा उसकी ग्राह्यता निर्भर करती है। संवाददाता में दूरदर्शिता, कठिन परिश्रम और लगन का होना अत्यन्त आवश्यक है—"He should be well-read. He should have a sound current-affairs background. He must be able to follow mass interest and have a nodding acquaintance with sectional Questions as well...He is well advised, in the circumstances, to report-to his editor...He must have an eye for accuracy. He should have a good grasp of law."[1]

इसके अतिरिक्त उसकी योग्यता में निम्नलिखित बातें सहायक होती हैं—(1) दूरदर्शिता, (2) भाषा पर अधिकार, (3) जटिल समस्याओं को समझने की क्षमता, (4) गहन अध्ययन, (5) एक विदेशी भाषा का ज्ञान, (6) प्रचलित घटनाओं की अच्छी जानकारी, (7) श्रवण शक्ति, (8) समाचार सूँघने की क्षमता, (9) समाचारों का विश्लेषण, (10) समाचारों पर आधारित सम्मति, (11) उसे छः 'ककार' की भी जानकारी होनी चाहिए[2]—

(1) क्या (What)—घटना घटित हुई?

(2) कहाँ (Where)—किस स्थान पर घटना घटी?

(3) कब (When)—किस समय घटना घटी?

(4) किसने (Who)—किसके साथ घटना घटित हुई?

(5) क्यों (Why)—घटना का कारण क्या है?

(6) कैसे (How)—घटना घटी?

इन गुणों के अतिरिक्त किसी संवाददाता में यह भी योग्यता या गुण होना चाहिए, यथा—(1) लम्बे समय तक कठिन परिश्रम करने की क्षमता, (2) सदैव जागरूक, (3) कुशाग्र बुद्धि, (4) आत्म-विश्वास, (5) अच्छा व्यक्तित्व, (6) समाज सेवा की भावना, (7) लोभ से दूर, (8) पत्रकारिता के विभिन्न पहलुओं का अच्छा ज्ञान, (9) पत्रकारिता के नियमों और कानूनों का अच्छा ज्ञान, (10) धैर्य, (11) साहस, (12) निर्भीक, (13) दृढ़ता, (14) कुरेदकर समाचार ढूँढ़ने की क्षमता तथा (15) रिपोर्टिंग करने की भाषा एवं क्षेत्रीय भाषा की अच्छी जानकारी।[3]

(3) श्रेणी—समाचार पत्रों के संकलन का कार्य विविध संवाददाताओं द्वारा किया जाता है। अतः उनके कार्य, समाचार संकलन की प्रकृति तथा अन्यान्य आधार पर उन्हें कई श्रेणियों में बाँटा गया है। कुछ विद्वानों ने इनकी तीन श्रेणियाँ बनाई हैं, तो कुछ ने चार। विद्वान् प्राध्यापक और मीडिया विशेषज्ञ **डॉ० संजीव भानावत**[4] ने इनकी तीन श्रेणियाँ—

---

1. **Professional Journalism—M. V. Kamath, P. 33**
2. **पत्रकारिता के सिद्धान्त—डॉ० गुरुशरण लाल, पृष्ठ 19**
3. **पत्रकारिता जगत—अशोक प्रियदर्शी, सुनील कुमार सिन्हा, पृष्ठ 24**
4. **समाचार लेखन के सिद्धान्त और तकनीक—डॉ० संजीव भानावत, पृष्ठ 22**

अन्वेषणात्मक, व्याख्यात्मक तथा प्रतिलिपित्यात्मक—माना है। एक अन्य विद्वान् **सन्नी थामस**[1] (Sunny Thomas) ने भी इन्हें तीन ही भागों—अन्वेषणात्मक (Investigative), व्याख्यात्मक (Interpretative) तथा प्रतिलिपित्यात्मक (Trans-creative) में बाँटा है। संवाददाता के स्वरूप को स्पष्ट करते वे लिखते हैं कि, "The interpretative reporter, who writes what he sees and what he construes to be its meaning." इधर, एक विद्वान् **डॉ० नंदकिशोर त्रिखा**[2] भी इन्हें तीन भागों में बाँटते हैं—(1) कार्यालय संवाददाता, (2) विशेष संवाददाता तथा (3) मुफस्सिल संवाददाता। इन्हें स्पष्ट करते हुए वे कहते हैं कि, जो समाचार पत्र के प्रकाशन के स्थान पर स्थानीय समाचारों का संकलक है, वह "कार्यालय संवाददाता" जो समाचारों का संकलन ही नहीं करता, उनका विश्लेषण और फलितार्थ का विवेचन भी करता है, वह "विशेष संवाददाता तथा जो दूर-दूर स्थित छोटे स्थानों की खबरें भेजता है, वह "मुफस्सिल संवाददाता" (Mofussil Correspondents) कहा जाता है।

लेकिन कुछ विद्वान् ऐसे भी हैं, जो इन्हें चार श्रेणियों में बाँटते हैं। **डॉ० गुरुशरण लाल**[3] ने उन्हीं में हैं। आपने इन्हें—(अ) कार्यालय संवाददाता, (आ) नगरेतर संवाददाता, (3) विशेष संवाददाता तथा (ई) विदेश संवाददाता। इधर, **दूसरे वेतन आयोग** ने भी संवाददआतों के चार प्रकार का उल्लेख किया है—(1) विशेष संवाददाता,[4] (2) चीफ रिपोर्टर या मुख्य कार्यालय संवाददाता, (3) उपमुख्य कार्यालय संवाददाता या वरिष्ठ कार्यालय संवाददाता तथा (4) कार्यालय संवाददाता और संवाददाता।

(4) कार्य पद्धति—कहते हैं, Time (समय), Tide (गति) और News (समाचार) किसी की प्रतीक्षा नहीं करते और विलम्ब से प्राप्त समाचार में बासीपन की दुर्गन्ध आने लगती है, साथ ही पुराना समाचार कोई पाठक पढ़ना नहीं चाहेगा, इसलिए संवाददाता को सजग और निरन्तर चौकन्ना रहना पड़ता है। अपनी श्लथ और लद्धड़ कार्य पद्धति को बदलना पड़ता है, पेड़ से गिरने वाले सूखे पत्ते की खड़खड़ाहट पर हिरन की तरह चुस्त-दुरुस्त गति से भागमभाग करना पड़ता है, तभी वह सफल संवाददाता की बिरादरी में शामिल हो सकता है—"A reporter has to be alert and ready to cover the event at a moment's notice. Procrastination is not only the thief of time, it is sure way to lose a story to rivals. And nothing is more damaging to a reporter's status than the tab that he has missed a story. Missed stories are like missed—opportunities; they never recur.

---

1. **Truth, Images and Distortions—Sunny Thomas, P. 108**
2. **समाचार संकलन और लेखन—श्री नंदकिशोर त्रिखा, पृष्ठ 75**
3. **पत्रकारिता के सिद्धान्त—डॉ० गुरुशरण लाल, पृष्ठ 17**
4. **"It is the Special Correspondent's special responsibility to inform the reader the meaning of the facts. This is where his talents are most called for. Facts without opinion are barren, opinion without facts is arrogance. What the special correspondent has always to beware of is the tendency to offer opinion without supporting data"—Professional Journal—M. V. Kamath, P.**

सच तो यह है कि संवाददाता, यदि अन्यथा न लिया जाय—तो कहा जा सकता है कि समाचार-पत्र का प्रजापति है, कुशल कलाकार है। उसके समाचार संकलन की कार्यपद्धति का सीधा असर समाचारों पर पड़ता है, अतः उसे कम्प्यूटर और इन्टरनेट की तरह समाचार संकलन के लिए गतिमान रहना चाहिए।

(18) दृश्य-सामग्री की व्यवस्था

कार्टून, ग्रैफिक्स की व्यवस्था, रेखाचित्र तथा फोटो पत्रकारिता—जिस प्रकार रंग-विरंगे फूलों से लदरी कोई वाटिका अपने सोधी महक-ग़मक से हमारे मन के छाजन में अँटकी-लटकी जड़ता, कुण्ठा और नैराश्य को समाप्त करने की पुरजोर कोशिश करती है, ठीक उसी प्रकार आज की पत्रकारिता अपने रंगे-विरंगे परिधान, चित्रों से सज-सवँर कर हमारा ध्यान अपनी ओर खींचने का सतत् प्रयास करती है। ठाठ-वाट से निखालिस समाचार पत्र-पत्रिकाएँ लोगों को, प्रभूत-प्रामाणिक सामग्री के बावजूद—मनोहर नहीं लगतीं। जाहिर है, कार्टून, ग्रैफिक्स, रेखाचित्र और फोटो के माध्यम से आज के पत्र पाठकों का अपना अच्छा बाजार बना रहे हैं।

कार्टून शब्द मूलतः अंग्रेजी भाषा का है। इसे हिन्दी में 'कारटून' भी लिखते हैं, जिसका अर्थ होता है—व्यंगचित्र। समाचार पत्रों में कार्टून बनाने वाला 'कार्टूनिस्ट' नाम से जाना जाता है। कार्टून किसी भी पत्र-पत्रिका की ताकत माने जा सकते हैं। ये बोलते नहीं, मूक-मौन भाषा में ही बहुत कुछ कहते हैं। पाठकों की निगाह संभवतः अखबार में पहले ही पृष्ठ के नीचे बाईं ओर छपे कार्टूनों पर जाती है। इनका व्यंग मुख्य रूप से किसी वर्तमान सामाजिक, राजनीतिक विद्रूपताओं पर होता है। इनकी चोट बड़ी गहरी होती है। ये बिहारी के 'नावक के तीर' की तरह बेलौस और निडर होकर तत्कालीन व्यवस्था पर आक्रमण करते हैं। व्यवस्था और प्रशासन को उसकी भूलों की ओर संकेत कर चुपचाप उन्हें अपने से सीख लेने का आग्रह करते हैं। इन कार्टूनों अथवा व्यंग चित्रों की सर्जना संभवतः हर अखबार अपने ही लोगों से करवाता है। कुछ अखबारों में कार्टूनों के साथ "भाई साहब", "चलते-चलते, आप फरमाते हैं' आदि शीर्षक भी दिए जाते हैं। कुल मिलाकर ये कार्टून अखबारों के प्रति पाठकीयता बढ़ाते हैं। 'जनसत्ता' के 'काक' तथा दिनमान के 'लक्ष्मण' सुप्रसिद्ध कार्टूनिस्ट रहे हैं।

ग्रैफिक्स (Graphics) का आशय है—किसी वस्तु की साज-सज्जा, आलेख, चित्र या लेखाचित्र कला। साफ शब्दों में, सजावट या सजीव चित्रांकन ग्रैफिक्स कहा जा सकता है। स्थूल अर्थ में इसे आरेख, रूप चित्र, शब्द चित्र, छाया चित्र या आलोक चित्र भी कह सकते हैं। ग्रैफिक्स के कारण समाचार पत्र रोचक व पठनीय हो जाते हैं। ग्रैफिक्स अर्थात् चित्र बहुत साफगोई और दृढ़ता से हमारा ध्यान अपनी ओर खींचते हैं। इस विधि से पत्र-पत्रिकाओं में बनी विभिन्न रंग छायाएँ, घटनाओं के चित्र जीवन के सुख, दुख, प्रेम, सौन्दर्य, आशा-आस्था को पाठकों के भीतर बहुत गहरे तक उतारती हैं। ग्रैफिक्स सामान्य घटना और दृश्य को, जीवन के अधबुने जटिल ब्यौरों को, वर्जनाओं को रस से लबालब कर रोचक ढंग से हमारे सामने परोसते हैं।

रेखाचित्र का भी पत्रकारिता से रिश्तों की अभिन्न संहिता है। रेखाचित्र शब्द अंग्रेजी के 'स्केच' (Sketch) का हिन्दी पर्याय है। इसके खाका, कच्चा नक्शा (Outline) या रूपरेखा—अर्थ भी किए जा सकते हैं। सच तो यह है कि मूलतः यह चित्रकला का शब्द है।

जिस प्रकार चित्रकार कुछ नपी-तुली रेखाओं से कोई चित्र अंकित करता है, उसी प्रकार साहित्य में भी शब्दों के माध्यम से किसी वस्तु, व्यक्ति या घटना का चित्र प्रस्तुत करने की कला रेखाचित्र कहलाती है। चित्रकला रेखाओं का प्रयोग करती है और साहित्य में उसका माध्यम शब्द होते हैं। इसलिए इसके लिए 'शब्द-चित्र' शब्द का भी प्रयोग किया जाता है। चित्रकला के रेखाचित्र और साहित्य के शब्द-चित्र, में माध्यम का वैभिन्त्य होते हुए भी प्रवृत्ति, दृष्टि और शैली का साम्य है, फिर भी एक मौलिक अंतर तो रह ही जाता है, कि चित्रकला का रेखाचित्र स्थिर होता है, जबकि शब्द चित्र गति का अहसास कराने में भी सक्षम होता है। कुल मिलाकर रेखाचित्र किसी भी व्यक्ति, चरित्र, स्थिति, दृश्य, वातावरण, भाव, क्रिया-कलाप को लेकर लिखा जा सकता है। इसमें व्यक्ति के जीवन की घटनाओं, चरित्र की असामान्य स्थिति अथवा किसी दृश्य का भावात्मक वर्णन हो सकता है। उसमें एक ओर चित्रात्मकता होती है तो दूसरी ओर कथा और भाव तत्त्व की झलक।[1]

फोटो पत्रकारिता—पत्रकारिता का अभिन्न हिस्सा है। 'फोटोग्राफी' (Photography) शब्द का हिन्दी अर्थ छायांकन, छाया-चित्रण, छायांकन है। इसे 'फोटो चित्रण' भी कहीं-कहीं कहा जाता है। ललित कलाओं में चित्रकला का विशेष तथा प्रमुख स्थान है। जिस प्रकार चित्रकला अर्थात् तैल चित्र, रंगीन चित्रकारी, वाटर कलर, छायाचित्र आदि मनुष्य की रचनात्मक प्रवृत्तियों की अभिव्यक्ति है, उसी प्रकार फोटोग्राफी भी—काले-सफेद फोटो, रंगीन फोटो, रंगीन फोटो, प्रकाश छाया के सामंजस्य वाले फोटो आदि के द्वारा—चित्रकला के समान ही, कला के रूप में विकसित हो चुकी है।[2] दरअसल, फोटोग्राफी "फोटोज" × "ग्राफी" दो शब्दों के मेल से बना है। ग्रीक भाषा में 'फोटोज' का अर्थ है—'प्रकाश' एवं 'ग्राफी' का अर्थ है—'उद्रेखण' या चित्रित करना अर्थात् प्रकाश के माध्यम से जो भी चित्रित किया जाय, फोटोग्राफी कहलाता है। फोटोग्राफी कला भी है, विज्ञान और व्यवसाय भी। आधुनिक युग में मानव जीवन के विभिन्न आवश्यक कार्यकलापों में यह विशिष्ट स्थान रखती है। उद्योग, विज्ञान, चिकित्सा, अपराध, प्रचार, मनोरंजन, ज्योतिष अंतरिक्ष, ज्ञान, मुद्रण एवं अनुसंधान के साथ ही पत्रकारिता के क्षेत्र में भी इसका महत्त्वपूर्ण योगदान रहा है। पत्रकार के लिए कैमरा एक नोटबुक की तरह है, जो घटनाओं एवं विषयों का रिकॉर्ड रखता है।[3]

दरअसल, छायांकन के बिना वर्तमान युग की कल्पना करना असंभव है। एक चीनी लोकोक्ति के अनुसार, "एक चित्र एक हजार शब्दों के योग्य होता है।" फोटो पत्रकारिता का स्वर्ण युग सन् 1940 में प्रारम्भ हुआ, जब 35 मि० मी० कैमरा इसके विकास में एक मूलकारक सिद्ध हुआ। 1927 तक की जर्मनी की पत्रिकाएँ सालोमन, मार्टिन मंकेवसी, आन्द्रे कर्टेज इत्यादि छायाकारों की रिपोर्ताज प्रकाशित करने लगी थीं। 1933 के बाद जर्मनी में नाजीवाद के साथ ही इस नई फोटो-पत्रकारिता में उतार आ गया, परन्तु इसे कुछ पत्रिकाओं जैसे—फ्रांस की वीय, इंग्लैण्ड की 'फिक्चर पोस्ट' एवं अमरीका की 'लाइफ एण्ड लुक' में नया स्थान मिल गया। 'स्टर्न', 'लाइफ' एवं 'नेशनल जियोग्राफिक' जैसी पत्रिकाओं में फोटो-कहानी या फोटो-निबंध काफी फले-फूले। भारत में भी 'स्पोर्ट्स वर्ल्ड', 'फेमिना', 'सन्डे', 'द इलस्ट्रेटेड वीकली इण्डिया', 'इण्डिया टुडे' एवं विभिन्न दैनिक समाचार पत्रों ने अपने

1. हिन्दी पत्रकारिता : सिद्धान्त और स्वरूप—डॉ० सविता चड्ढा, पृष्ठ 140
2. हिन्दी विश्व कोश, 8वाँ भाग, पृष्ठ 142
3. पत्रकारिता और पत्रकारिता—डॉ० अरुण जैन, पृष्ठ 204

पाठकों पर यथेष्ट स्थान छोड़ने के लिए फोटो-पत्रकारिता का प्रयोग प्रारम्भ किया।[1] पहले की तुलना में आज पत्र-पत्रिकाओं में फोटोग्राफ काफी बढ़ा है। आज का पाठक जब कोई पत्रिका देखता है तो शीर्षक पढ़ता है और फोटो देखता है, क्योंकि वक्त की कमी के कारण पूरा समाचार पत्र पढ़ना किसी के लिए संभव नहीं होता। अत: ऐसी स्थिति में यदि एक संवाददाता अच्छा फोटोग्राफर भी है, तो यह उसकी दोहरी योग्यता मानी जाएगी। वैसे प्रेस फोटोग्राफर में "News Germs" जरूर होने चाहिए। प्रेस फोटोग्राफर को कई बार अपना कर्तव्य निभाते हुए कठिनाइयों का सामना भी करना पड़ता है। बम विस्फोट, आग लगने, रेल उलटने, भूचाल आने, दंगा होने जैसी बड़ी घटनाओं की तस्वीरें लेना प्राय: साहस और जोखिम का काम होता है। सफल फोटोग्राफर वही है, जो कैमरा क्लिक करने के बाद तेजी से Film Develop करके, फोटो तैयार करके अपने समाचार पत्र कार्यालय में पहुँचा देता है और समाचार पत्र वही सफल है, जो खबर के साथ सम्बद्ध फोटो भी प्रकाशित करता है। खबर आज, फोटो कल या खबर कहीं, फोटो कहीं—यह किसी अच्छे अखबार की निशानी नहीं है।[2]

(19) भारतीय संविधान में प्रदत्त मौलिक अधिकार एवं मानवाधिकार

(क) मौलिक अधिकार (Fundamental Rights) का अर्थ—राज्य के नागरिकों पर मनमानी शक्ति के दुरुपयोग से बचाव के लिए संभवत: विश्व के प्रत्येक चैतन्य और लोकतांत्रिक पद्धति वाले राष्ट्रों के संविधानों में मौलिक अधिकारों की व्यवस्था की गई है। भारतीय संविधान सभा के सदस्यों ने अपने देश के ऊपर बरतानिया शासन के उग्र और प्रचण्ड अत्याचार को देखा, झेला, सहा था, अत: उन्होंने सोचा कि देश के स्वतंत्र होने के बाद अब यहाँ ऐसी व्यवस्था होनी चाहिए कि उस भयावहता की पुनरावृत्ति न हो सके। कुछ लोगों ने इसे विधानमण्डल की इच्छा पर छोड़ना उचित समझा, लेकिन डॉ० अम्बेडकर ने कहा कि, "Democracy in India is only a top dressing on the Indian soil which is essentially undemocratic. In the circumstances, it is wiser not to trust the legislatures to prescribe the form of Administration. This is the justification for incorporating them in the constitution." अर्थात् भारत में इन अधिकारों को विधानमण्डलों या सरकार की इच्छा पर छोड़ देना उचित नहीं था, क्योंकि भारत में लोकतंत्र अब तक पूर्ण रूप से पनप नहीं पाया है, इसलिए इन अधिकारों को संविधान में रख दिया गया।

सवाल है, आखिर मौलिक अधिकार का अर्थ क्या होता है? वस्तुत: व्यक्ति के जीवन के लिए—मौलिक तथा अपरिहार्य होने के कारण संविधान के द्वारा नागरिकों को जो अधिकार प्रदान किए जाते हैं, वे मौलिक अधिकार होते हैं। व्यक्ति के इन अधिकारों में राज्य के द्वारा हस्तक्षेप नहीं किया जा सकता। व्यक्ति के इन अधिकारों को कई कारणों से मौलिक कहा जा सकता है। प्रथम—व्यक्ति के भौतिक, नैतिक तथा आध्यात्मिक विकास के लिए ये अधिकार नितान्त आवश्यक है। इनके अभाव में उनके व्यक्तित्व का विकास नहीं हो सकता। इसलिए लोकतंत्रात्मक राज्य के प्रत्येक नागरिक को बिना किसी भेदभाव के मौलिक अधिकार प्रदान

---

1. **दृश्य श्रव्य संप्रेषण और पत्रकारिता—डॉ० जेम्स० एस० मूर्ति, पृष्ठ 68**
2. **हिन्दी पत्रकारिता : सिद्धान्त और स्वरूप—डॉ० सविता चड्ढा, पृष्ठ 71**

किए जाते हैं। इन अधिकारों को मौलिक कहने का दूसरा कारण यह है कि इन्हें देश की मौलिक विधि अर्थात् संविधान में स्थान दिया जाता है और साधारणतया संवैधानिक संशोधन की प्रक्रिया के अन्तर्गत् इनमें और किसी प्रकार से परिवर्तन नहीं किया जा सकता है। ''गोपाल बनाम मद्रास राज'' के विवाद में मुख्य न्यायाधीश श्री पतंजलि शास्त्री ने कहा था कि, "Paramountcy to state made laws is the hall-mark of Fundamental Rights." अर्थात् मौलिक अधिकारों की यह विशेषता होती है कि वे राज्य द्वारा पारित विधियों से ऊपर होते हैं। तृतीय कारण यह है कि मौलिक अधिकार को वैधानिक शक्ति प्राप्त है अर्थात् व्यवस्थापिका या कार्यपालिका द्वारा इनका उल्लंघन नहीं किया जा सकता। यदि सरकार के इन अंगों द्वारा मौलिक अधिकारों के विरुद्ध कोई भी कार्य किया जाय तो न्यायपालिका द्वारा उन्हें अवैधानिक घोषित कर दिया जाएगा।

(ख) संविधान द्वारा प्रदत्त मौलिक अधिकार—भारतीय संविधान के भाग—3 द्वारा नागरिकों को पहले 7 मौलिक अधिकार प्रदान किए गए थे, किन्तु 44वें संवैधानिक संशोधन (1979) द्वारा सम्पत्ति के अधिकार को मौलिक अधिकार के रूप में मान्यता समाप्त कर दी गई। अब सम्पत्ति का अधिकार महज़ कानूनी अधिकार के रूप में है। अत: इस आधार पर कहा जा सकता है कि भारतीय नागरिकों को केवल 6 ही मौलिक अधिकार प्राप्त है, जिन्हें इस प्रकार देखा जा सकता है—

(1) समानता का अधिकार—(1) कानून के समक्ष समानता, (2) सामाजिक समानता, (3) राज्याधीन नौकरियों का समान अवसर, (4) अस्पृश्यता का अंत, (5) उपाधियों का अंत।

(2) शोषण के विरुद्ध अधिकार—(1) बेगार का अंत, (2) आपत्तिजनक कार्यों में बाल श्रम का विरोध।

(3) धार्मिक स्वतंत्रता का अधिकार—(1) किसी भी धर्म के पालन व धर्म प्रचार की स्वतंत्रता, (2) धार्मिक संस्थाओं की स्थापना की स्वतंत्रता, (3) धार्मिक कार्यों के लिए कर मुक्ति, (4) धार्मिक क्षेत्र में राज्य की निष्पक्षता।

(4) स्वतंत्रता का अधिकार—(1) विचार और अभिव्यक्ति की स्वतंत्रता, (2) अस्त्र-शस्त्र रहित तथा शांतिपूर्वक सम्मेलन की स्वतंत्रता, (3) समुदाय और संघ निर्माण की स्वतंत्रता, (4) व्यवसाय की स्वतंत्रता, (5) व्यक्तिगत स्वतंत्रता तथा जीवन की स्वतंत्रता।

(5) संस्कृति और शिक्षा का अधिकार—(1) प्रत्येक वर्ग की भाषा, लिपि और संस्कृति की स्वतंत्रता, (2) सभी वर्गों की अपनी शिक्षण संस्थाओं की स्थापना की स्वतंत्रता, (3) राज्य द्वारा शिक्षण संस्थाओं को सहायता देने में भेदभाव नहीं।

(6) संवैधानिक उपचारों का अधिकार—(1) बन्दी प्रत्यक्षीकरण, (2) परमादेश, (3) प्रतिषेध, (4) उत्प्रेषण, (5) अधिकार-पृच्छा।

(ग) भारत में मानव अधिकार (Human Rights in India)—उदारवादी धारणा के अनुरूप मानव अधिकारों को भारत, अमेरिका, स्विट्जरलैण्ड, इंग्लैण्ड, जापान आदि राष्ट्रों में मान्यता प्राप्त है। भारतीय संविधान में वर्तमान में 6 प्रकार के मूल अधिकारों का उल्लेख है जिनके लिए न्यायालय का द्वार खटखटाया जा सकता है, वे निम्न हैं—इसे मैं ''तुलनात्मक राजनीति'' नामक पुस्तक से साभार दे रहा हूँ—

(1) समता का अधिकार (Right to Equality)—संविधान के अनुच्छेद 14 के अनुसार भारतीय राज्य-क्षेत्र में रहने वाले सब व्यक्तियों को, चाहे वे नागरिक हों या नहीं, कानून की दृष्टि में समता प्रदान की गई है। अनुच्छेद 15 में उल्लेख है कि धर्म, वंश, जाति, लिंग, स्थान आदि किसी आधार पर किसी नागरिक के प्रति राज्य भेदभाव नहीं करेगा। अनुच्छेद 16 में राज्याधीन नौकरियों और पदों के सम्बन्ध में नागरिकों को समान अवसर देने की व्यवस्था की गई है। अनुच्छेद 17 के अनुसार छुआछूत या अस्पृष्यता को पूर्णत: समाप्त कर दिया गया है। अनुच्छेद 18 के अनुसार सैनिक एवं शिक्षा सम्बन्धी उपाधियों को छोड़कर अन्य उपाधियों का उन्मूलन कर दिया गया है ताकि जनता में कृत्रिम भेदभाव न फैले। चूँकि कोई अधिकार पूर्ण एवं अनियंत्रित नहीं होता अत: समता के अधिकार को युक्तिसंगत रूप में नियंत्रित किया गया है। उदाहरणार्थ, राज्य स्त्रियों, बालकों, पिछड़ी हुई जातियों आदि के लिए विशेष प्रबन्ध कर सकता है और इसी तरह राज्याधीन नौकरियों के सम्बन्ध में निवास स्थान सम्बन्धी शर्तें लगा सकता है।

(2) स्वतंत्रता का अधिकार (Right to Freedom)—यह बहुत ही महत्त्वपूर्ण है, क्योंकि यह कार्यपालिका के दमनपूर्ण कार्यों से व्यक्ति की रक्षा करता है। अनुच्छेद 19 से 20 तक इस अधिकार की व्यवस्थाएँ दी गई हैं जिनके अनुसार नागरिक को भाषण एवं अभिव्यक्ति की स्वतंत्रता, शांतिपूर्ण ढंग से तथा नि:शस्त्र एकत्र होने, संस्थाएँ या संगठन बनाने, देश की सीमा में अबाध रूप से भ्रमण करने, देश के किसी भाग में बसने, सम्पत्ति रखने तथा बेचने और कोई व्यवसाय करने का अधिकार प्राप्त है। यह व्यवस्था की गई है कि व्यक्ति को अपराध से अधिक कठोर दण्ड न मिले और न ही उसके साथ अन्य किसी प्रकार का अन्याय हो। यह व्यवस्था है कि किसी व्यक्ति को कानून द्वारा स्थापित प्रक्रिया के अतिरिक्त अन्य किसी तरीके से जीवन तथा स्वतंत्रता से वंचित नहीं किया जाएगा और न ही उसे कानून के समक्ष समता अथवा देश के कानूनों द्वारा प्रदत्त समान संरक्षण से वंचित किया जा सकेगा। बन्दी बनाए जाने की अवस्था में अपनाई जाने वाली प्रक्रिया स्पष्ट कर दी गई है। स्वतंत्रता का अधिकार युक्तिसंगत रूप से प्रतिबंधित है। उदाहरणार्थ, सर्वसाधारण के हित में राज्य निर्बाध भ्रमण को परिसीमित कर सकता है अथवा सार्वजनिक व्यवस्था और नैतिकता के हित में संस्था या संघ के निर्माण में प्रतिबंध लगा सकता है।

(3) शोषण के विरुद्ध संरक्षण का अधिकार (Right against Exploitation)—यह लोकतांत्रिक और मानवीय भावना का सूचक है। संविधान के अनुच्छेद 23 और 24 में इस अधिकार का वर्णन है जिसके अनुसार मानव के क्रय-विक्रय, बेगार और जबरदस्ती काम करवाने का निषेध किया गया है इसमें यह व्यवस्था है कि राज्य सार्वजनिक प्रयोजन के लिए बाध्यकारी सेवा (Compulsory Service) लागू कर सकेगा। 14 वर्ष से कम आयु के बालकों को किसी कारखाने या खान या अन्य संकट की नौकरी में न लगाने की व्यवस्था देकर भारतीय संविधान, अमेरिकी संविधान से जिसमें ऐसा कोई निषेध नहीं है, आगे बढ़ गया है।

(4) धार्मिक स्वतंत्रता का अधिकार (Right to Freedom of Religion)—यह भारत की परम्परागत धार्मिक सहिष्णुता का प्रतीक है। संविधान ने राज्य के प्रत्येक व्यक्ति को, चाहे वह नागरिक हो या नहीं, अन्त:करण की स्वतंत्रता प्रदान की है और अपनी इच्छानुसार किसी धर्म को अपनाने और उसका पालन व प्रचार करने का अधिकार

दिया गया है। संविधान केवल धार्मिक मतों की स्वतंत्रता की रक्षा ही नहीं करता बल्कि धर्म के अनुसरण में किए गए कार्यों की रक्षा करता है। धार्मिक अल्पसंख्यकों के हितों की रक्षा की पूर्ण व्यवस्था है। धार्मिक स्वतंत्रता का यह अधिकार अनियंत्रित नहीं है और सरकार का दायित्व है कि वह शान्ति तथा व्यवस्था, नैतिकता, स्वास्थ्य एवं अन्य व्यवस्थाओं का ध्यान रखेगी।

(5) सांस्कृतिक और शिक्षा सम्बन्धी अधिकार (Cultural and Educational Rights)—यह अल्पसंख्यक वर्गों के लिए महत्त्वपूर्ण है। प्रत्येक अल्पसंख्यक वर्ग को अपनी भाषा, लिपि और संस्कृति बनाए रखने का अधिकार दिया गया है। अल्पसंख्यक वर्ग को चाहे वे धर्म के आधार पर हों अथवा भाषा के आधार पर अपनी रुचि के अनुसार स्कूलों और कॉलेजों को स्थापित करने तथा उन्हें संचालित करने का अधिकार है। राज्य द्वारा संचालित या राजकीय सहायता प्राप्त शिक्षा संस्थाओं में बिना किसी भेदभाव के नागरिकों को प्रवेश पाने का अधिकार दिया गया है।

(6) साँविधानिक उपचारों के अधिकार (Right to Constitutioanl Remedies)—यह उपबन्ध अनुच्छेद 32 द्वारा किया गया है। तद्नुसार मौलिक अधिकारों को प्रवर्तित कराने के लिए कोई नागरिक उच्चतम न्यायालय की शरण में जा सकता है। वास्तव में साँविधानिक उपचार वाली व्यवस्था ''सम्पूर्ण संविधान का प्राण तथा आत्मा है।'' अधिकारों को यदि साँविधानिक तरीकों से लागू तथा सुरक्षित न किया जाए तो उनका कोई मूल्य नहीं है। भारत के संविधान में सर्वोच्च न्यायालय को इन अधिकारों की रक्षा के सामान्य रूप से विचार के साथ-साथ बन्दी प्रत्यक्षीकरण (Habeas Corpus), परमादेश (Mandamus), प्रतिषेध (Prohibition) आदि विशेष उपचारों के प्रयोग का अधिकार प्राप्त है। साँविधानिक उपचारों का अधिकार किसी घोषित संकट काल को छोड़कर कभी स्थगित नहीं किया जा सकता।

मूल अधिकारों के सम्बन्ध में संसद में 1971 में पारित 24वें संशोधन द्वारा संसद को मूल अधिकारों सम्बन्धी भाग (3) सहित संविधान के सभी भागों में संशोधन करने की शक्ति पुनः प्राप्त हो गई है। 1967 में गोलकनाथ वाले मुकदमे में सर्वोच्च न्यायालय ने अपने ही पहले निर्णय को, जिसमें उसने मूल अधिकारों सम्बन्धी भाग (3) सहित संविधान के सभी भागों में संशोधन करने की संसद को यह शक्ति फिर से प्राप्त हो गई है। सर्वोच्च न्यायालय ने 1963 में केशवानन्द भारती के केस में पुनः यह निर्णय दिया है कि संविधान की मूलभूत संरचना में संशोधन नहीं किया जा सकता है। भारतीय संविधान द्वारा नागरिकों को दिए गए अधिकारों की कई दृष्टियों से आलोचना की गई है। प्रथम संविधान में अनेक महत्त्वपूर्ण अधिकारों का, जो विश्व के अन्य संविधानों में दिए गए हैं, उल्लेख तक नहीं मिलता। काम तथा शिक्षा प्राप्त करने जैसे बुनियादी अधिकारों की व्यवस्था भारत में नहीं है। दूसरे, मौलिक अधिकार विभिन्न प्रतिबन्धों के कारण निष्क्रिय हो गए हैं। प्रतिबन्धों की अधिकता के कारण नागरिक यह नहीं समझ पाते कि इन अधिकारों द्वारा उन्हें कौन-सी सुविधाएँ दी गई हैं। तीसरे, शांतिकाल में भी निवारक नजरबन्दी कानून स्वतंत्रता का अपहरण है। चौथे, मौलिक अधिकारों के साथ-साथ नागरिक कर्त्तव्यों की व्यवस्था होनी चाहिए थी।

आलोचनाएँ कुछ अंशों तक अतिरंजित हो सकती हैं। किसी संविधान में ऐसी व्यवस्थाएँ करना आवश्यक है कि एक ओर तो कार्यपालिका अपने अधिकारों का दुरुपयोग न कर सके

और दूसरी ओर नागरिक भी अपनी स्वतंत्रता का दुरुपयोग न करने पाएँ। भारतीय नागरिक विश्व के किसी लोकतांत्रिक देश के नागरिकों से कम स्वतंत्रता का उपभोग नहीं करता और जो कुछ प्रतिबंध लगाए गए हैं, वे देश की विशिष्ट परिस्थितियों को देखते हुए, जिनमें उसे स्वतंत्रता मिली, सर्वथा उचित हैं। भारतीय संविधान संघात्मक होते हुए आत्मा से एकात्मक हैं और शक्तिशाली केन्द्र की स्थापना के लिए राष्ट्रपति को संकटकालीन अधिकार देने की व्यवस्था अनुचित नहीं है। पुनश्च: आपात् स्थिति की घोषणा विशिष्ट परिस्थितियों में ही की जाती है और संसद की अनुमति से ही जारी रह सकती है।

(20) प्रेस संबंधी प्रमुख कानून तथा आचार संहिता

प्रेस और कानून जुड़वाँ बच्चे की तरह हैं। प्रेस अर्थात् पत्रकारिता के जन्म के साथ ही कानून ने भी जन्म ले लिया। जैसे-जैसे पत्रकारिता की वय बढती गई, समय-समय पर कानून भी गढ़े-रचे गए—परतंत्र भारत में भी, स्वतंत्रत भारत में भी। सत्ता से पत्रकारिता की अनबन निरन्तर रही है। जब-जब किसी सत्ता की कुर्सी को, समृद्धि, यश और शक्ति को पत्रकारिता से आँच और चुनौती मिलती है—वह सत्ता पत्रकारिता को बेलगाम, निरंकुश, उच्छृंखल और न जाने किन-किन गंदे जुमलों से पैबस्त कर कानून के माध्यम से उसकी हद—जद और हैसियत तथा औक़ात बताती है। इससे पत्रकारिता का चरित्र क्षतिग्रस्त होता है। अंग्रेजों ने अपने शासन के अंधे दौर में पत्रकारिता को अपनी शर्तों पर जीने और आचरण बरतने के लिए बाध्य किया, पत्रकारिता को अपना पालतू बनाने की कोशिश की, पर साहस और अदम्य ऊर्जा सम्पृक्त भारतीय पत्रकारिता ने उनका मुँह तोड़ जवाब देते अपने अस्तित्व को बचा लिया। स्वतंत्र भारत में भी पत्रकारिता ने अपनों से बहुत संकट झेला है। स्वतंत्रता आन्दोलन के दौर में जिस पत्रकारिता ने क्रूर अंग्रेजों से ताल ठोकते दो-दो हाथ किया, देश के स्वतंत्र होने के बाद कई बार वह अपनों से ही दमन, दुष्चक्र और दादागिरी की शिकार हुई। बहरहाल, अब आइए, प्रेस संबंधी पूर्व के और बाद के—कुछ प्रमुख कानूनों को संक्षेप में देखा जाय—

(क) स्वतंत्रता पूर्व के कानून—संभवत: अखबारों को अंग्रेजी सत्ता के विरुद्ध बेलाग टिप्पणियाँ करने के विरुद्ध उन्हें नियंत्रित करने वाला "अधिनियम, 1797" पहला कानून था। इसके प्रयोक्ता थे—**लार्ड वेलेजली** (Lord Wellesley)। वेलेजली के कानून के तहत वे भी अखबार आये, जिसका संपादन स्वत: अंग्रेज कर रहे थे। दरअसल, कुछ अंग्रेजी संपादक भी अंग्रेजी सत्ता की नालायकियत की ओर इशारा कर दिया करते थे, अत: देसी संपादकों के साथ-साथ उन्हें भी यातना झेलनी पड़ी—"The East India Company from the Governor-General downwards to the least important official in the administration was hostile to the press although it was owned and managed by Englishmen. xxx However, it was not until 1799 that the first restrictions on the press were imposed by law. The man responsible was the Marquis of Wellesley, who came to India in 1798 as Governor-General." बहरहाल, 13 मई, 1799 में वेलेजली ने समाचार पत्रों को चेताया कि—(1) रविवार को पत्र का प्रकाशन न हो, (2) प्रत्येक पत्र के अंत में मुद्रक अपना नाम लिखे, (3) पत्र का प्रकाशन तभी किया जाय, जब सरकार द्वारा नामित अधिकारी उसे जाँच ले, (4) पत्र के संपादक/संचालक भी अपने नाम की जानकारी सरकार के सचिव को दें।

कालान्तर में वेलेजली को लगा कि कई अखबार उसके आदेश का पालन नहीं कर रहे हैं, तो उसने पुनः 22 मई, सन् 1801 को नए आदेश में उन्हें पालन करने के लिए आवश्यक बताया। इसका परिणाम हुआ कि कई अखबारों का प्रकाशन भूमिगत रूप में शुरू हुआ। वेलेजली के बाद लार्ड मिन्टो ने भी अखबारों के प्रति पुरानी सख्ती जारी रखी, किन्तु इसके बाद सन् 1813 में गवर्नर-जनरल के रूप में आए **लार्ड हेस्टिंग्स** ने सुलझे दृष्टिकोण का परिचय देते हुए उक्त नियमों से कुछ ढील और नरमी की। साहित्यिक अभिरुचि के हेस्टिंग्स ने जनता के लिए समाचार पत्रों का महत्त्व समझा। इधर, 'कलकत्ता जनरल' के संपादक **डॉ० ब्राइस** ने भी समाचार पत्रों पर लगे प्रतिबंध का कड़ा विरोध किया, जिसका परिणाम हुआ कि 19 अगस्त, सन् 1818 को सेंसारशिप का खात्मा अखबारों से हो गया। फिर, क्या था, पुनः समाचार पत्रों के प्रकाशन का नया सिलसिला शुरू हुआ, किन्तु दुर्भाग्य से एक नए कार्यवाहक गवर्नर जनरल **जॉन एडम** ने 1923 में फिर उन्हीं अखबार विरोधी अधिनियमों को लागू किया—"An ordinance was issued in 1823 by the acting Governor-General, John Adam, called the Adam Regulations which made the restrictions on the press more stringent." एडम का स्पष्ट आदेश था कि बिना सरकारी अनुमति के पत्र, पत्रिका या विज्ञप्ति का प्रकाशन न किया जाय। उसका यह भी आदेश था कि बिना लाइसेन्स के चलने वाले प्रेस को जब्त कर लिया जाय। इस आदेश का बहुत विरोध हुआ। राजा राममोहन राय की इसके विरुद्ध की गई याचिका दो बार निरस्त हो गयी, अतः उन्होंने अपने 'मिरातुल अखबार' का प्रकाशन बंद कर दिया।

इसके बाद एक अन्य अंग्रेज **जेम्स बकिंघम** ने 'कलकत्ता जनरल' का संपादन शुरू किया। सुलझी और साफगो दृष्टि के बकिंघम प्रतिभाशाली थे। 1818 में उक्त जनरल का संपादन कार्य शुरू करते ही उन्होंने तत्कालीन गवर्नरों को उनके कर्तव्यों के प्रति सजग किया, सो कम्पनी ने उन्हें 1823 में देश-निकाला कर दिया। इसी बीच लार्ड एडम के बाद **लार्ड अमहर्स्ट** 1823 से 1827 तक गवर्नर जनरल रहे, लेकिन इनका भी प्रेस के प्रति नजरिया रूढ़िवादी ही था। इसके बाद **लार्ड बैंटिक** आए। इनका कार्यकाल 1828 से 1835 तक था। बैंटिक प्रगतिशील विचार के थे। अतः कुछ दिन के लिए अखबारों के प्रति जड़ और जिद्दी भाव समाप्त हुआ। पत्र-पत्रिकाओं के प्रकाशन में वृद्धि हुई। लार्ड विलियम बैंटिक के बाद एक उदारवादी **गवर्नर जनरल मेटकाफ** (Sir Charles Metcalfe) का पदार्पण हुआ। प्रेस के प्रति मेटकाफ की उदार और पक्षपात रहित दृष्टि थी—"Metcalfe appreciated the importance of newspapers and felt they should be allowed to function without restraint. He believed the press was an instrument more for the education of the people than for information to the rulers." पर, दुर्भाग्य से प्रेस के प्रति मेटकाफ की उदारता उनके लिए घातक सिद्ध हुई। उनकी उदारवादी विचारधारा से 'कोर्ट ऑफ डाइरेक्टर' नाराज हुए, जिसका परिणाम हुआ—सन् 1838 में मेटकाफ का पुनः इंग्लैण्ड जाना। मेटकाफ की जगह दूसरे उदारवादी **जनरल लार्ड आकलैण्ड** आए, पर उन्हें भी 1842 में यहाँ से जाना पड़ा। 1842 से 1844 तक **लार्ड एटेनबरो** का कार्यकाल था। इन्होंने प्रेस के प्रति कुछ सख्ती अवश्य बरती। पश्चात् 1844 से 1848 तक **लार्ड हेनरी हार्डिंग** का शासन था। प्रेस के प्रति कोई बदलाव इनमें भी नहीं दिखा। हार्डिंग के बाद एक अन्य सुप्रसिद्ध **लार्ड डलहौजी** सन् 1848 में भारत आए। इन्होंने ब्रिटिश शासन का विस्तार और सुधार किया। इनके बाद **लार्ड केनिंग** 1856 में गवर्नर जनरल बने। केनिंग के जनरल

बनते ही 'प्रथम स्वाधीनता संग्राम' नाम का 1857 का ब्रिटिश सरकार के विरुद्ध सुप्रसिद्ध विद्रोह शुरू हुआ। जाहिर है, इस तरह के विद्रोह को दबाने के लिए सत्ता सबसे पहले बुद्धिजीवियों और उनकी आवाज पत्र-पत्रिकाओं पर आक्रमण करती है। केनिंग ने भी वही किया। 13 जून, 1857 को एक आदेश के तहत बिना अनुमति के प्रेस खोलने, पत्र-पत्रिकाओं और पुस्तकों के खिलाफ प्रतिबंध लगा दिया। इसे 'गलाघोंटू कानून-1857' (Ganging Act) कहते हैं—"In the wake of the Mutiny of 1857, Lord Canning, Governor General promulgated the press Act of 1857, which re-introduced all the—restrictions imposed on the press by the Adam Regulations of 1825. Printing presses were required to obtain a licence to function or to print a newspaper or book..." पर, कुछ दिनों बाद एक चमत्कार हुआ। महारानी विक्टोरिया की घोषणा से 13 जून, 1858 को केनिंग 'भारत के प्रथम वायसराय' बने और तत्काल बाद इनके गलाघोंटू कानून का अंत हो गया। परिणाम हुआ—पत्रों की संख्या बढ़ी। पत्रकारी निर्भीकता में भी इजाफा हुआ। इसके बाद 1869 में **सर जान लारेंस,** सन् 1869 में **लार्ड मयो** तथा सन् 1872 से 1876 तक **लार्ड नॉर्थ ब्रुक** भारत के वायसराय बने। इन लोगों के शासन काल में प्रेस संबंधी नियमों में बहुत भारी उलटफेर नहीं हुए।

नार्थ ब्रुक के बाद **लार्ड लिटन** (Lord Lytton) भारत के वायसराय बने। इसके सत्ता में आने से पूर्व भारत में पत्रों की संख्या में काफी वृद्धि हो चुकी थी, अत: पत्रों की स्वतंत्रता और उनकी बाढ़ रोकने के लिए लिटन ने 1 मार्च, 1878 को एक विशेष अधिनियम वर्नाक्युलर प्रेस एक्ट—1878 (Vernacular Press Act of 1878) पास किया। इस अधिनियम को प्राच्य भाषाओं के प्रकाशन पर बेहतर नियंत्रण रखने का अधिनियम—"An Act for more stringent control of publication in Oriental Languages" नाम से जाना जाता है—"No printer or publisher against whom such action had been taken could resort to a court of law." लार्ड लिटन के बाद **लार्ड रिपन** सन् 1880 में अगले वायसराय के रूप में भारत अए। रिपन प्रेस के पक्षधर थे। वे भारतीयों की जन आकाँक्षाओं को अच्छी तरह समझते थे अत: इन्होंने 'वर्नाक्युलर प्रेस एक्ट' को समाप्त किया—"The obnoxious Act, which led to a storm of protest from Indian leaders was repealed in 1881 by Lord Ripon, the "Benevolent Victory" as he was called by Indians." रिपन के बाद एक अन्य **लार्ड डफरिन** का आगमन हुआ। डफरिन भी प्रेस के प्रति नरम और उदारवादी विचार के थे। इन्हीं के शासन काल में ए० ओ० ह्युम की प्रेरणा से भारतीयों का प्रमुख राजनैतिक संगठन ''भारतीय राष्ट्रीय कांग्रेस'' का गठन 28 दिसम्बर, 1885 को किया गया। डफरिन के बाद आए **लैसडाउन** ने राजकीय दस्तावेजों तथा सूचनाओं के प्रकाशन पर प्रतिबंध लगा दिया। सन् 1894 में **लार्ड एलगिन** भारत में दूसरे गवर्नर जनरल बने। इनके पद संभालते ही 1896-97 में बहुत बड़ा अकाल पड़ा, परिणामत: बहुत: लोग मरे। चारों ओर अशांति फैली। हिंसा बढ़ी। सरकार ने इस हिंसा और अशांति का मूल समाचार पत्रों को माना, अत: ''राजद्रोह अधिनियम-1870 (Law of Sedition) की संख्या 27 की धारा 5 के दण्ड संहिता की धारा 124 A" में किए गए संशोधन के अनुसार—(1) महारानी या (2) सरकार के विरुद्ध बोले गए या लिखे गए शब्दों, चिन्हों या ज्ञापन द्वारा असंतोष या उथल-पुथल संबंधी कार्यवाही को अनुचित मान उसे निषिद्ध किया गया।

ज्ञान का समन्वय अति आवश्यक होता है। यहाँ द्विअर्थी शब्दों के इस्तेमाल से बचना चाहिए। कम पैराग्राफ में कथ्य की क्रमबद्ध प्रस्तुति अग्रलेख की बहुत बड़ी विशेषता होती है।

(15) समाचार पत्रों के विभिन्न स्तम्भों की योजना

पाठकीय स्वाद की निरंतरता बनाए रखने के लिए हर मझोला और स्थापित किसिम का अखबार-मालिक अपने अखबार में सप्ताह के सातों दिन अलग-अलग स्तम्भ प्रकाशित करता है। इससे पाठकीय जड़ता और उबाऊपन टूटता है, साथ ही अखबार के प्रति पाठकों के मन में पढ़ने की जिज्ञासा और कौतूहल बना रहता है। पाठकों को रोजाना नई पठनीय सामग्री मिलती है, इससे उनके ज्ञान के क्षितिज का फैलाव होता है। कभी राजनीति, साहित्य, विज्ञान, धर्म, दर्शन, तो कभी बाल-सुधार, समाज-सुधार, स्वास्थ्य, त्योहार, कला, व्यापार, मनोरंजन, कृषि, फिल्म, विदेशी चर्चा आदि से संबंधित सामग्री के छपने से अखबारी-एकरसता टूटती है। कुल मिलाकर अखबार में रोजाना छपने वाले अलग-अलग तरह के विभिन्न स्तम्भ स्वतः अपने लिए और अखबार के पाठकों के लिए—लाभकर सिद्ध होते हैं। इनमें से कुछ को इस तरह देखा जा सकता है—

(1) साहित्य एवं दर्शन—कुछ लोग समाचार पत्र को आम आदमी का विश्वविद्यालय मानते हैं। जीवन का कोई भी संभवतः ऐसा क्षेत्र नहीं है, जो इसके दायरे में न आए। खेलकूद, कृषि, यांत्रिक, वैज्ञानिक समाचारों के साथ-साथ अखबार का कम-से-कम एक पन्ना साहित्य एवं दर्शन संबंधी खबरों और सूचनाओं के प्रकाशनार्थ छोड़ा जाता है। नए, पुराने लेखकों की कविताएँ, धारावाहिक उपन्यास, कहानियाँ, व्यंग, के साथ-साथ पुस्तकों की समीक्षाएँ इस पृष्ठ को सुशोभित करती हैं। संतों के जीवन दर्शन, धार्मिक कर्मकाण्ड, देवी-देवताओं के माहात्म्य की सूचनाएँ भी प्रकाशित की जाती हैं। इस तरह यह स्तम्भ पूरी तरह साहित्य एवं दर्शन संबंधी सामग्री के प्रकाशनार्थ समर्पित होता है।

(2) विज्ञान स्तम्भ—विज्ञान-लेखन में रुचि रखने वाले लोग जो लेख लिखते हैं, उन्हें विज्ञान-स्तम्भ के भीतर प्रकाशित किया जाता है। यह स्तम्भ वैज्ञानिक खोजों की नवीनतम सूचना देता है। उदाहरण के लिए सूचना क्रांति के इस युग में नेटवर्क, इन्टरनेट, ई-मेल, कम्प्यूटर जैसे तकनीकी शब्द समाचार पत्रों के लिए प्रिय शब्द बन गए हैं। अखबारों में निरन्तर छपने के कारण ही ये शब्द सामान्य जन के लिए सहज, रोचक शब्द बन गए हैं।

(3) आर्थिक जगत स्तम्भ—इस स्तम्भ के तहत देश के साथ पूरे विश्व की आर्थिक स्थिति, औद्योगिक-व्यापारिक स्थिति, शेयर बाजार, पूँजी बाजार, वैट कानून, डालर के मुकाबले रुपए की स्थिति, उद्योगों में मुद्रा का निवेश, कम्पनियों या उपक्रमों का शुद्ध लाभ, मुद्रा स्फीति या संकुचन, ब्याज दर की बढोत्तर, घटोत्तरी, विदेशी-व्यापार जैसे मुद्दों को उठाया जाता है। चूँकि इस स्तम्भ का संबंध देश के विकास से जुड़ा हुआ है और इसे पढ़ने वाला भारी पाठक समूह इस देश में है, अतः इसे विशेषज्ञ लोग ही सामान्यतया लिखते हैं।

(4) कृषि स्तम्भ—अखबार के प्रिय स्तम्भों में से एक है—कृषि स्तम्भ। कृषि-बहुल देश होने के कारण बहुत भारी तबका इसे पढ़ता है। इस स्तम्भ के भीतर कृषि संबंधी नई खोजों, खाद, बीज, सिंचाई, मौसम, वर्षण, अनावर्षण, फसलों की संभावित पैदावार, फसलों की सुरक्षा, पशुओं की बीमारी और बचाव जैसी मूल्यवान समस्याओं पर प्रकाश डाला जाता है।

इधर, सुप्रसिद्ध **लार्ड कर्जन** को जनवरी सन् 1899 में भारत का नया वायसराय बनाया गया। देश को स्वतंत्र कराने की राजनीतिक और सामाजिक कशमकश जारी थी। समाचार पत्र और जनता की आवाज दबाने के लिए कर्जन के समय सरकारी गोपनीयता कानून में कई तरह के संशोधन किए गए। लोगों ने इन संशोधनों का मुखर विरोध किया। सरकार ने इसी संदर्भ में गोखले को ''ब्रिटिश साम्राज्य के लिए अशांति का जनक'' बताया। सन् 1916 में **लार्ड चेम्सफोर्ड** यहाँ के वायसराय बने। प्रेस के प्रति उनकी धारणा—"The function of the press forming public opinion holds within its compass the possibility of an ideal as high noble as any that can be imagined..." इसी बीच सन् 1910 में **लार्ड हार्डिंग** के कार्यकाल में बनाए गए प्रेस संबंधी कठिन नियमों को समाप्त करने की पुरजोर माँग उठी। इस संबंध में एक समिति का गठन हुआ। इसमें अनुदार और उदार दृष्टि रखने वाले सभी लोगों ने इसका विरोध किया, जिसका परिणाम हुआ कि सन् 1922 में यह प्रेस एक्ट रद्द कर दिया गया। पुन: 1930 में प्रेस पर नियंत्रण रखने के लिए "Indian Press (Emergency Powers) Ordinance" पारित किया गया। अंतत: गांधी जी के नेतृत्व में सविनय अवज्ञा आंदोलन की धमकी के बाद 6 मार्च, 1931 को यह अधिनियम वापस ले लिया गया। इसके बाद **लार्ड विलिंगटन** भारत में सन् 1931 में नए वायसराय बनकर आए। प्रेस और गांधी जी के प्रति इनका रवैया बहुत सख्त था। राष्ट्रीय आन्दोलन का नेतृत्व करने के कारण गांधी जी को जेल भेजा और प्रेस के विरुद्ध ''भारतीय समाचार पत्र (संकटकालीन अधिकार) अधिनियम'' Indian Press (Emergency Powes Act) पारित किया। इसी समय 2 अप्रैल, सन् 1932 को विदेशी राष्ट्रों के विरुद्ध कुछ भी लिखने पर प्रतिबंध के लिए ''विदेश संबंध अधिनियम'' (The Foreign Relation Act) पारित किया गया। कालान्तर में अर्थात् 1934 में एक नया अधिनियम ''भारतीय राज्य (सुरक्षा) अधिनियम'' लागू किया गया। 1940 में 'नेशनल हेराल्ड' पर प्रतिबंध लगाया गया, जिसके विरोध में 1943 में अनेक समाचार पत्रों ने हड़ताल रखी और अंतत: बहुत मशक्कत के बाद 15 अगस्त, सन् 1947 को भारत स्वतंत्र हुआ।

(ख) प्रेस स्वतंत्रता संबंधी अद्यतन कानून—देश आजाद हुआ। जिन अखबारों ने अंग्रेजी कानूनों की ताप झेला था तथा जो इस क्षेत्र में अभी आ रहे थे—सबने स्वतंत्र देश में स्वतंत्र अभिव्यक्ति की माँग की। साफ शब्दों में, स्वतंत्र प्रेस की माँग उठी। चूँकि लोकतंत्र में प्रेस ही व्यक्ति की आवाज होता है, इसलिए इसके महत्त्व को समझते हुए भारतीय संविधान में वाक् एवं अभिव्यक्ति की स्वतंत्रता (Freedom of speech and expression) की व्यवस्था संविधान के 19वें अनुच्छेद में की गई। अब यहाँ पर एक संशय उठा कि वाक् एवं अभिव्यक्ति की स्वतंत्रता का आशय केवल व्यक्ति से है या प्रेस से भी है? उत्तर मिला कि वाक् एवं अभिव्यक्ति की स्वतंत्रता में ही प्रेस की भी स्वतंत्रता अन्तर्भुक्त है। संविधान में प्रेस एवं व्यक्ति की स्वतंत्रता का अर्थ एक ही है। डॉ० अम्बेडकर ने इसे स्पष्ट करते हुए कहा कि, ''प्रेस को ऐसे कोई विशेष अधिकार नहीं, जो नागरिकों को व्यक्तिगत रूप से प्राप्त नहीं है। समाचार-पत्र का संपादक या प्रेस का प्रबंधक भी नागरिक है और जब वे समाचार पत्र में अपने विचार व्यक्त करते हैं तो वे अभिव्यक्ति स्वातंत्र्य का उपयोग करते हैं। इसलिए मेरे विचार से प्रेस की स्वतंत्रता अथवा मुद्रण की स्वतंत्रता का अलग से उल्लेख किया जाना आवश्यक नहीं है।'' बहरहाल, न्यायालय ने भी सभी प्रकार की अभिव्यक्ति को 'वाक्' के भीतर ही माना है। अब संविधान के 19वें अनुच्छेद में नागरिकों के मौलिक अधिकारों को देखिए—

(1) Freedom of speech and expression अर्थात् वाक् एवं अभिव्यक्ति की स्वतंत्रता,

(2) Freedom to assemble peacefully and without arms अर्थात् हथियारों के बिना शांतिपूर्वक एकत्र होने की स्वतंत्रता,

(3) Freedom to form association and unions अर्थात् संगठन तथा संघ बनाने की स्वतंत्रता,

(4) Freedom to move freely throughout the territory of India अर्थात् भारत के किसी भी क्षेत्र में अबाध संचरण की स्वतंत्रता,

(5) Freedom to reside and settle in any part of the territory of India अर्थात् भारतीय क्षेत्र में कहीं भी रहने और बसने की स्वतंत्रता तथा—

(6) To practice any profession or to carry on any occupation, trade or business अर्थात् किसी व्यापार—वृत्ति, व्यवसाय या आजीविका की स्वतंत्रता।

इधर, द्वितीय प्रेस आयोग ने भी अपना निष्कर्ष निकाला कि संविधान में प्रेस की अलग से स्वतंत्रता का उल्लेख कोई जरूरी नहीं है, क्योंकि अनुच्छेद 19 (1) (ए) में वह अवधारणा पूरी तरह समाहित है। हाँ, यह तथ्य ध्यातव्य रहा है कि स्वतंत्रता संबंधी यह अधिकार महज भारतीय नागरिकों को ही प्राप्त हैं, प्रकाशन संबंधी कार्य कर रहे किसी गैर-भारतीय नागरिक (Non-citizens) को यह अधिकार कत्तई प्राप्त नहीं हैं। इसी बीच स्वतंत्र भारत में प्रेस की स्वतंत्रता के आशय से संबंधित एक लम्बी किन्तु गंभीर बहस की शुरुआत हुई कि प्रेस स्वातंत्र्य का आशय नैतिकता के दायरे में रहकर अपने उत्तरदायित्वों का पालन करना है या सदाचार-शिष्टाचार का अतिक्रमण, मानहानि, न्यायालय की अवमानना, विद्रोही, भड़काऊ या उत्तेजित करने वाले लेख लिखना है। बहरहाल, लम्बी बहसबाजी के बाद इस संबंध में संविधान में पहला संशोधन 1951 में किया गया और पुन: 1963 में 16वाँ संशोधन कर वाक् एवं अभिव्यक्ति की स्वतंत्रता पर प्रतिबंधों का दायरा बढ़ाया गया, यथा—

(1) Sovereignty and Integrity of India अर्थात् भारत की सार्वभौमिकता तथा अखण्डता,

(2) Security of the State अर्थात् राज्य की सुरक्षा,

(3) Friendly relations with foreign states अर्थात् बाहरी राज्यों के साथ मित्रतापूर्ण संबंध,

(4) Public order अर्थात् सार्वजनिक व्यवस्था,

(5) Decency or morality अर्थात् सदाचार अथवा नैतिकता,

(6) Contempt of Court अर्थात् न्यायालय का अपमान,

(7) Defamation अर्थात् मानहानि तथा

(8) Incitement to an offence अर्थात् हिंसा को प्रोत्साहन।

बाद में भारतीय संविधान ने इनके दुरुपयोग संबंधी प्रतिबंध पर अपनी स्वीकृति की मुहर लगाया।

पश्चात् संविधान में कई संशोधन हुए, जिनमें एक कई कारणों से प्रसिद्ध है। यह है—संविधान का 44वाँ संशोधन। इसमें देश में—युद्ध, बाह्य आक्रमण, किसी तरह की अशांति,

उपद्रव एवं विद्रोह की स्थिति में आपात काल घोषित करने की व्यवस्था है, सरकार विषम स्थिति में समाचार पत्रों पर सेंसरशिप लागू कर सकती है। बहरहाल, आपको याद होगा, अपने देश में अब तक तीन बार आपात काल की घोषणा हो चुकी है—(1) 26 अक्टूबर, 1962 को चीनी आक्रमण के समय जब देश पर सुरक्षा का खतरा पैदा हो गया था, (2) 3 दिसम्बर, 1971 को भारत पर पाकिस्तानी आक्रमण के समय तथा (3) 26 जून, 1975 को देश में 'आन्तरिक अशांति' के नाम पर आपात काल लागू किया गया, जो 19 महीने चला। इसमें प्रेस पर सख्ती से सेंसरशिप लागू की गई। इसे लागू करने वाली देश की वह पूर्व प्रधानमंत्री श्रीमती इंदिरा गांधी थी, जिनके विषय में उनके निजी प्रेस सलाहकार श्री बी० जी० वर्गीज कहते थे कि वे प्रेस से बात करने में बहुत संकोची और लजीली हैं—"She is very shy of the press. At the beginning, I persuaded her to hold a press conference every month. But she gave up this practice after I left. She treats the press conference as a necessary evil." सेंसरशिप के कारण समाचारों का स्वतंत्र और मुक्त प्रकाशन और व्यक्ति की अभिव्यक्ति पर बहुत कड़ी पाबंदी लग गई। सेंसर वाले आदेश के कारण—"News was not to be published which contributes to the scare and demoralisation about the general situation or public interest in all respects, as determined by the Central Government nothing which will contribute even in a remote way to affect or worsen the law and order situation..." इस आपात काल में देश के सुप्रसिद्ध नेता और पत्रकार नजरबंद हुए। सामान्य लोगों को भी काफी यातना झेलनी पड़ी।

इधर, मानव अधिकार घोषणा पत्र (Human Rights Convention) के अनुच्छेद 19 के द्वारा प्रेस की स्वतंत्रता संबंधी अधिकर पर प्रकाश डाला गया है, जिन्हें हम इस प्रकार देख सकते हैं—

(1) Everyone shall have the right to hold opinions without interference अर्थात् प्रत्येक व्यक्ति को बिना हस्तक्षेप के विचार रखने का अधिकार है,

(2) Everyone shall have the right to freedom of expression, this right shall include freedom to seek, receive and impart information and ideas of all kinds regardless of frontiers, in writing or in print in the form of art of through any other media of his choice अर्थात् प्रत्येक व्यक्ति को अभिव्यक्ति की स्वतंत्रता है। लिखित, प्रकाशित या अन्य किसी रुचिकर माध्यम के द्वारा सभी प्रकार की सूचनाएँ तथा जानने एवं आदान-प्रदान करने की स्वतंत्रता का अधिकार भी इसमें सम्मिलित है,

(3) The exercise of the rights provided for in the foregoing paragraph carries with it special duties and responsibilities. It may, therefore, be subject to certain restrictions but they shall be such only as are provided by law and are necessary—(1) For respect of the right or reputations of others, (2) For the protection of national security or of public order or of public health or morals अर्थात् इन अधिकारों का प्रयोग विशेष कर्त्तव्य एवं उत्तरदायित्वों की अपेक्षा करता है, जिनका उल्लेख आगे

किया गया है। अतः इन पर कुछ प्रतिबंध लगाए जा सकते हैं, किन्तु ये कानून की सीमा में आते हैं तथा ये आवश्यक हैं—(1) दूसरों के अधिकारों तथा सम्मान के लिए, (2) राष्ट्रीय सुरक्षा अथवा सार्वजनिक व्यवस्था अथवा सार्वजनिक स्वास्थ्य एवं नैतिकता की रक्षा के लिए।

अनुच्छेद 20 के अनुसार—

(1) Any propaganda for war shall be prohibited by law अर्थात् युद्ध के प्रचार से संबंधित किसी भी प्रकार का प्रचार इस कानून द्वारा प्रतिबंधित है,

(2) Any advocacy of national, racial or religious hatred that constitutes incitement to discrimination, hostility or violence shall be prohibited by law अर्थात् इस कानून के द्वारा राष्ट्रीय, जातीय अथवा धार्मिक घृणा का प्रचार करना, जो भेदभाव, शत्रुता अथवा हिंसा की भावना को प्रेरित करे, पर आधारित हो—प्रतिबंधित किया गया है।

इस प्रकार हम देखते हैं कि विश्व के कई मुल्कों की तरह अपने देश में भी प्रेस को उसकी गरिमा तथा महत्त्व के अनुरूप, मर्यादा को सुरक्षित रखते हुए वाक् एवं अभिव्यक्ति की स्वतंत्रता है।

पत्रकारिता और आचार संहिता (Code of Conduct)

'आ+चर्+घञ्' के मेल से बने 'आचार' शब्द का अर्थ होता है—आचरण, व्यवहार, रीति-रिवाज, प्रचलन, आचरण संबंधी नियमों का अनुपालन—''यस्मिन्देशे य आचारः पारम्पर्यक्रमागतः'' तथा 'संहित+टाप्' से निर्मित 'संहिता' का अर्थ होता है—विधि या कानूनों का संग्रह या संकलन। इस तरह से 'आचार संहिता' का अर्थ हुआ कानूनों का अनुपालन। 'संहिता' को अंग्रेजी में 'Rules' कहते हैं। बहरहाल, परिवर्तन की निर्मम लपेट में धरती की हर वस्तु अपना चेहरा और चरित्र बदलती है, तो पत्रकारिता उससे अपने को अछूती कैसे रख सकती है? पत्रकारिता का मिशन भाव, सेवा भाव, निर्व्याज हितकारी भाव—सब कु, काल के चाक पर आते ही बदलकर व्यवसाय भाव और सत्ता-प्रतिष्ठानों के लोभ-लाभ की आँच में पिघल कर 'लेन-देन' के भाव में बदल गया। समाचार पत्रों ने व्यावसायिक प्रतिस्पर्द्धा और होड़ के इस दौर में सनसनीखेज, चटखारेदार समाचारों को छाप प्रतिद्वन्द्वी समाचार पत्रों के प्रसार-तंत्र को तोड़ा है। इससे उनकी राजस्व रणनीति बदली है। अब ये शुद्ध रूप से पेशेवरों के हवाले हो गए हैं। समाचारों की जगह बर्रे की तरह छपरे विज्ञापनों की वजह से सामान्य पाठक की 'इमेज' और 'अवधारणा' इनके प्रति बदली है। कुल मिलाकर ये अपनी शानदार परम्परा को तोड़कर कमाऊपन की गिरफ्त में बुरी तरह से जकड़ गए हैं। तथ्यों की विश्वसनीयता पर संकट पैदा हुआ है। पत्रकारिता का स्वस्थ रूप विकृत हुआ है। छोटे-मोटे, स्कैंडल, चरित्र हनन, निजी खुन्नस और भड़ांस की वजह से पत्रकारिता का स्वरूप 'पीत' हो गया है। अतः इन्हीं सब दुर्गुणों की खरोंचों को दूर करने के लिए समय-समय पर अखबारों के लिए आचार-संहिता का निर्माण तथा उनमें संशोधन सुधार किया जाता रहा है। उनमें से कुछ प्रमुख को इस प्रकार देखा जा सकता है।

अखिल भारतीय समाचार पत्र संपादकों (All India Newspaper Editors Conference) की एक महत्त्वपूर्ण बैठक 11 अक्टूबर, 1947 को मुम्बई में हुई थी, जिसमें समाचार पत्रों के लिए कुछ आचार-संहिताओं का निर्धारण किया था, वे इस प्रकार है—(1)

All editorial comments, expression of opinions whether through statements, letters to the Editors or in any other form, shall be restrained and free from scurrilous attacks against leaders or communities and there shall be no incitement to violence, (2) News of incidents involving loss of life, lawlessness, arson etc, shall be described and reported in strictly objective terms and shall not be heavily displayed, (3) Items of news calculated to make for peace and harmony and to help in the restoration and maintenance of law and order shall be given prominence and precedence over other news, (4) The greatest caution shall be exercised in the selection and publication of pictures, cartoons, poems etc, (5) Figures of casualties and names of communities shall not be mentioned in headlines तथा (6) Nothing shall be published that is in conflict with the safety of the State."

पुनः बाद में उसी "All India Newspaper Editors Conference" (A.I.N.E.C.) अर्थात् अखिल भारतीय समाचार पत्र संपादक सम्मेलन द्वारा दिसम्बर 1977 में परिष्कृत-परिमार्जित आचार-संहिता का नियमन किया गया, यथा—

(1) As the press is a primary instrument in the creation of public opinion, journalists should regard their work as a trust and be eager to serve and guard the public interests अर्थात् प्रेस जनमत निर्धारण का मुख्य साधन है। अत: पत्रकारों को अपना कार्य ट्रस्ट समझ कर करना चाहिए तथा जनहित की सेवा और सुरक्षा की रक्षा के लिए उन्हें सदा तत्पर रहना चाहिए, (2) In the discharge of their duties journalists shall attach due value to fundamental, human and social rights and shall hold good faith and fair play in news report and comments as essential professional obligations अर्थात् मूल मानवीय और सामाजिक अधिकारों का पत्रकारों को उचित आदर करना चाहिए। अपनी वृत्ति या पेशे को पुनीत कर्तव्य मानकर समाचार देते समय पत्रकार को हमेशा निष्ठावान और न्यायनिष्ठ होना चाहिए, (3) Journalist shall observe special restraint in reports and comments dealing with tensions likely to lead, or leading to civil disorder अर्थात् जातीय, धार्मिक और आर्थिक भेदों से उत्पन्न खिंचावों के समाचार देते समय या उन पर टीका-टिप्पणी करते समय पत्रकारों को खास तौर से अपने ऊपर नियंत्रण रखना चाहिए, (4) Journalist shall endeavour to ensure that information disseminated is factually accurate. No fact shall be distorted and no essential facts shall be deliberately omitted. No information known to be false shall be published अर्थात् पत्रकार यह देखे कि जो कुछ छप रहा है, उसमें तथ्य की कोई गलती न हो, कोई हकीकत न तो तोड़ी-मरोड़ी जाय और न कोई आवश्यक तथ्य छिपाया जाय जानबूझकर कोई गलत बात न छापी जाय। जो कुछ छपे उसकी सारी जिम्मेवारी पत्रकार स्वीकार करे। यदि किसी लेख की जिम्मेदारी अपने ऊपर लेने में असमर्थ हो, तो इसका उल्लेख विशेषतया कर दिया जाय, (5) Responsibility shall be assumed for all information and comments published. If responsibility is disclaimed, this will be explicitly stated अर्थात् अफवाह और अपुष्ट समाचारों को अफवाह और अपुष्ट समाचार ही लिखा जाय। गलत तथ्यों

का उत्तरदायित्व स्वत: ले लेना चाहिए, **(6)** Confidence shall always be respected. Professional secrecy must be preserved अर्थात् गोपनीयता की रक्षा पत्रकारों का कर्तव्य है और उनकी प्रतिष्ठा इसी पर निर्भर है, **(7)** Any report found to be inaccurate and any comment on inaccurate reports shall be voluntarily rectified. It shall be obligatory to give fair publicity to a correction or contradiction when a report published is shown to be false or inaccurate. अर्थात् गलत समाचारों का तुरन्त और स्वेच्छापूर्वक खण्डन करना चाहिए और यदि ऐसे खण्डन की माँग कहीं से की जाय तो गलत बातों का प्रतिवाद प्रकाशित होना ही चाहिए, **(8)** Journalists shall not exploit their status for non-journalistic purposes अर्थात् ऐसे उद्देश्यों के लिए जिनका संबंध पत्रकारिता से नहीं है, इस व्यवसाय की सहायता लेना दुरुपयोग है, **(9)** There is nothing so unworthy as the acceptance or demand of a bribe or inducement for the exercise by a journalist of his power to give or deny publicity to news and comments अर्थात् किसी बात को प्रकाशित करने या प्रकाशित न करने के लिए घूस माँगने या घूस स्वीकार करने से बढ़कर पत्रकार के लिए और कोई बुरी बात नहीं, **(10)** Journalists shall be ever conscious of their obligations of their fellows in the profession and shall not seek to deprive fellow journalists of their livelihood by unfair means अर्थात् पत्रकार अनुचित तरीकों से अपने सहयोगियों का जीवन खराब करने का प्रयत्न न करे और न ही अपनी वृत्तीय स्थिति का किसी काम के लिए दुरुपयोग करे।[1]

1. **अंग्रेजी उद्धरण—Ministry of Information and Broadcasting, New Delhi, 21 October, 1947 से तथा हिन्दी उद्धरण 'प्रेस कानून और पत्रकारिता'—डॉ० संजीव भानावत से साभार।**

अध्याय-8

सूचना-विज्ञान (INFORMATION-SCIENCE)

(1) सूचना का सामान्य-परिचय

(1) पृष्ठभूमि—सूचना अपने शाब्दिक अर्थ में बाह्य विश्व का आभ्यन्तरीकरण है। इसके लिए प्रयुक्त अंग्रेजी शब्द 'Information' का सही हिन्दी पर्याय 'अन्तःकरण' ही है, जबकि संस्कृत मूल के सूचना, सूच्य, सूचित, सूची आदि शब्दों की व्युत्पत्ति 'सु' और 'चिद्' या 'चित्' शब्दों से मानी जा सकती है, जिसका तात्पर्य है—भलीभाँति चैत होना। 'सूच् भावे ल्युट्' प्रत्यय से निर्मित सूचना का अर्थ—बतलाना, प्रकट करना या भण्डाफोड़ करना भी है—''स जातु सेव्यमानोऽपि गुप्त द्वारो न सूच्यते''। इसके अलावा इसके अन्य अर्थों में पता लगाना, गुप्त भेद जानना, संकेत करना आदि भी हैं—'अमन्यतल नलं प्रातं कर्मचेष्टाभिसूचितं'। सूचित करना तो इसका मुख्य अर्थ है ही—'संयोगो हि वियोगस्य संसूचयति संभवम्'।

बहरहाल, आज हमारा समाज औद्योगिक सूचना संकुल से संचालित हो रहा है। सूचना आज के विश्व की सबसे बड़ी ताकत है। सूचनाएँ हर जगह तैर रही हैं, बह और प्रवाहित हो रही हैं। फिलवक्त इस धरती पर जो देश जितना सूचना सम्पन्न और लबालब है, वह उतना ही समर्थ और ताकतवर है। सूचनाओं की क्षिप्रगति से प्रवाहित होने के कारण आजकल एक शब्द चल पड़ा है—'सूचना विस्फोट'। साफ शब्दों में, यह समय सूचनाओं के विस्फोट का है। पर, पुरसुकून इस बात का है कि यह 'विस्फोट' बम-विस्फोट' की तरह विध्वंसक और जानलेवा-हत्यारा नहीं है, बल्कि मोहक, कशिशपूर्ण और रचनात्मक-सृजनात्मक है। आज जिनके पास सूचनाओं की सहज उपलब्धता है, प्रगति के पथ पर वही अग्रसर भी हैं और जहाँ सूचनाओं का अभाव है, या सूचनाएँ मशक्कत से मिल रही हैं, हर तरह की विपन्नता और संकट भी वही हैं। इस तरह सूचनाओं के मिलने-न-मिलने के आधार पर अर्थात् सम्पन्नता और विपन्नता के कारण हमारे भारतीय समाज का चेहरा 'डिजिटल डिवाइड' हो रहा है।[1] कुल मिलाकर उपलब्ध सूचनाओं ने कृषि, उद्योग, अर्थ, समाज, विज्ञान-व्यवसाय, रोटी, कपड़ा और मकान की समृद्धि में अपूर्व योगदान किया है। सूचना और उसके संस्रोतों से विश्व मानवता प्रभावित हुई है।

(2) सूचना जानने का अधिकार—अब यहाँ पर कई सवाल दरपेश हैं, यथा—क्या प्रजातांत्रिक व्यवस्था वाले देश में रह रहे व्यक्ति को सूचना जानने का अधिकार नहीं है? क्या सूचनाएँ समाज के लिए मुफीद नहीं है? माना कि सरकार द्वारा कुछ ऐसे विषयों को न्यूनतम रखा गया है, जिनके बारे में सूचनाएँ रोकी जा सकती हैं। इनमें अन्य बातों के अलावा देश की प्रतिरक्षा, संप्रभुता और अखण्डता से जुड़े मामले, अपराधों की गवेषणा और सार्वजनिक व्यवस्था से जुड़े मामले शामिल हैं, किन्तु उन नीतियों और निर्णयों की जानकारी प्राप्त करने

---

1. **हिन्दी अन्तर्राष्ट्रीय—सं० हरिहर प्रसाद चतुर्वेदी, पृष्ठ 21, हिन्दी हाउस, अंक-2, अप्रैल 2004 कबीर नगर, वाराणसी**

का अधिकार क्या हमारा नहीं है, जिनसे हमारा जीवन प्रभावित होता है। हमारे जीवन और स्वतंत्रता से जुड़ी सूचनाएँ हमें क्यों नहीं मिल सकती? आखिर ब्रिटिश काल से शासन और जन सामान्य के बीच डाले गए गोपनीयता के आवरण को हम कब हटाएँगे? इस देश में सरकारी गोपनीयता की कैद में पड़ी सार्वजनिक प्रकृति की बहुतेरी सूचनाएँ समाज की पहुँच से कब तक दूर रहेगी?

सच तो यह है कि ''गवर्नमेन्ट ऑफ इन्डिया एक्ट—1935'' की छत्रछाया में फूलते-फलते भारतीय गणतंत्र को गोपनीयता कानून अंग्रेजों से विरासत में मिला था। गांधी जी ने गोपनीयता को पाप की संज्ञा दी थी और वे यह मानते थे कि गंदगी को गोपनीयता और अंधेरे की जरूरत होती है और सभी पाप अंधेरे में ही किए जाते हैं। सो, अंग्रेजों ने भारतीयों की वाक् और अभिव्यक्ति की आजादी को छीनते हुए ''सरकारी गोपनीयता कानून 1923'' की धारा (5) में गोपनीयता बनाए रखने के लिए पाँच अन्य कानून भी जोड़े, यथा—(1) गोपनीयता साक्ष्य अधिनियम, (2) जाँच आयोग अधिनियम, (3) औद्योगिक विवाद अधिनियम, (4) परमाणु ऊर्जा अधिनियम, (5) केन्द्रीय सिविल सेवाएँ (आचरण) नियम तथा मैनुअल ऑफ डिपार्टमेन्टल सिक्युरिटी इन्स्ट्रक्शन।[1]

अब सवाल यहाँ यह है कि सूचना तो लोकतंत्र की शक्ति होती है। लोकतांत्रिक व्यवस्था में समाज के लिए सूचना जानने का अधिकार जीने के अधिकार से कम महत्त्वपूर्ण नहीं होता, तो आखिर जब समाज के लिए सूचनाएँ बहुत बड़ी जरूरत हैं, तो उन्हें उद्घाटित करने में व्यावहारिक कठिनाई किस बात की? इन सवालों का उत्तर बड़ा सरल है। दरअसल, सरकारी सूचनाओं की गोपनीयता की आवश्यकता सबसे अधिक सत्ताधारी नेताओं और नौकरशाहों को होती है। अंग्रेजों ने इस कानून को प्रेस और जन-आलोचना से अपनी सत्ता की रक्षा करने के लिए बनाया था ताकि गुलाम लोग सत्ता पर उँगली न उठा सकें। पर अब यह लोकतांत्रिक शासन अपनी प्रेस और जनता से सूचनाएँ छिपाना चाहता है? क्या यह महज औपनिवेशिक सोच है? क्या यह कानून सरकार की ढाल है?

यदि आप सूचना जानने के अधिकार के इतिहास पर दृष्टि डालें तो पाएँगे कि संयुक्त राष्ट्रसंघ द्वारा दिसम्बर, 1948 में जारी हुई मानवाधिकारों की सार्वभौम घोषणा के अनुच्छेद 19 में स्पष्टत: लिखा है कि हर व्यक्ति को विचार और अभिव्यक्ति की स्वतंत्रता का अधिकार है। देश की सीमाओं की चिन्ता किए बगैर किसी भी माध्यम से सूचनाएँ एवं विचार एकत्र करने का अधिकार भी इसमें शामिल है। 1966 में जारी नागरिक और राजनीतिक अधिकारों के प्रतिज्ञापत्र में भी सूचना की स्वतंत्रता की वकालत करते हुए अनुच्छेद 19 (2) के विन्दु 2 में सूचना एकत्र करने के अधिकार को मान्यता दी गई है। इतना ही नहीं, भारत में तमिलनाडु देश का पहला राज्य है, जहाँ सूचना जानने के अधिकार से संबंधित विधेयक 1997 में लागू हुआ। गोवा में भी 1977 में ही कानून बना। उत्तर प्रदेश में भी 24 जुलाई, 1997 को सरकार ने पंचायत स्तर पर जनता को सूचनाएँ देने संबंधी निर्देश जारी किए। मध्य प्रदेश में भी 1998 में सूचना का अधिकार विधेयक पारित हुआ। इधर, द्वितीय प्रेस आयोग ने 1982 में प्रकाशित अपनी रिपोर्ट में सरकारी गोपनीयता कानून (1923) की धारा 5 में संशोधन कर गोपनीयता का दायरा केवल राष्ट्रीय सुरक्षा के प्रश्नों तक सीमित रखने का सुझाव दिया था। इसी प्रकार सुप्रीम कोर्ट में 1975 में राजनारायण बनाम उत्तर प्रदेश में भारतीय साक्ष्य अधिनियम की धारा

---

1. **जनसत्ता, दिल्ली संस्करण, 16 दिसम्बर, 2001**

123 तथा 162 पर फैसला देते हुए पीठ के एक न्यायाधीश जस्टिस मैथ्यू ने लिखा कि सार्वजनिक कार्य के बारे में जानने का हक सभी को है। 1981-82 में भी एस० पी० गुप्ता बनाम भारत सरकार मामले में जस्टिस पी० एन० भगवती ने अनुच्छेद 19 (1) का हवाला देते हुए सरकारी सूचनाओं को सार्वजनिक करने पर बल दिया था। सच तो यह है कि जर्मन स्थित ट्रांसपेरेन्सी इन्टरनेशनल द्वारा भ्रष्ट देशों की सूची जारी की जाती है। इनमें वे देश जहाँ भ्रष्टाचार अत्यन्त कम है, जैसे—स्वीडन, डेनमार्क, नार्वे, फ्रांस, कनाडा, जर्मनी और ब्रिटेन—वहाँ के नागरिकों को जानने का अधिकार मिला हुआ है। दूसरी ओर सर्वाधिक भ्रष्ट देशों की सूची में शामिल पाकिस्तान, भारत, मलेशिया, ब्राजील, मैक्सिको, इटली, हंगरी, चीन आदि देशों में नागरिकों को जानने का अधिकार नहीं है।[1]

(3) सूचना की अवधारणाएँ/सिद्धान्तकियाँ—मनोवैज्ञानिक दृष्टि से सूचना मनुष्य द्वारा अपने परिवेश के प्रति संज्ञान विकसित करने एवं अद्यतन करने की प्रक्रिया है। यह प्रक्रिया मानव सभ्यता के विकास के साथ और जटिल, व्यापक किन्तु विशिष्ट हो गई है। प्राचीन काल में मनुष्य अपनी ज्ञानेन्द्रियों का उपयोग केवल शीत-धूप तथा हानि-लाभ के प्रत्यक्ष एवं सीमित स्तर पर ही कर पाता था। उदाहरण के लिए, जीवन सुरक्षा के लिए सामने शेर या साँप देखकर अथवा क्षुधा-शमन के लिए सामने पका फल या आसान शिकार देखकर आदि मानव के जीवन का सूचना-चक्र पूरा हो जाता होगा, किन्तु आधुनिक मनुष्य का सूचना तंत्र राडारों के साथ-साथ उपग्रहों से प्राप्त तस्वीरों तक पहुँच गया है। संचार की विकसित तकनीक के कारण आज सूचनाएँ पलक झपकते दुनिया के किसी भी हिस्से में बहुत आसानी से पहुँच जा रही है। डाक-विभाग से आगे बढ़कर रेडियो, टेलीफोन, टी० वी०, वायरलेस, कम्प्यूटर, इन्टरनेट तथा मोबाइल जैसे स्रोतों ने सूचना को सर्व सुलभ बना दिया है।

सच तो यह है कि आज के मनुष्य का सूचना-तंत्र केवल मानव, विश्व या पृथ्वी तक ही सीमित नहीं है, बल्कि वह ब्रह्माण्ड व्यापी हो गया है। आज की मनुष्य-जाति ब्रह्माण्ड की अज्ञात सभ्यताओं के नाम से भी संदेश प्रसारित कर रही है। आज के भूमंडलीकरण और वैश्वीकरण का मुख्य आधार भी उसका सर्वव्यापी सूचना तंत्र ही है। इस प्रकार हम देखते हैं कि सूचना मनुष्य के ज्ञान-जगत का ही विस्तार है। व्यावहारिक व्याप्ति की दृष्टि से 'सूचना' शब्द NEWS या 'समाचार' से अधिक व्यापक शब्द है, लेकिन सैद्धान्तिक रूप से दोनों शब्द समानार्थी हैं। हेडन कोश के अनुसार सर्व दिशाओं की घटना को 'NEWS' कहते हैं। इस 'न्यूज' के चार अक्षर चार दिशाओं के आद्याक्षर हैं— N = North (उत्तर), E = East (पूरब), W = West (पश्चिम), S = South (दक्षिण)। ये चारों अक्षर चार दिशाओं का बोध कराते हैं। "North, East, West, South what comes from there makes news" अर्थात् चतुर्दिक दिशाओं का जो बोध कराए, वह समाचार है।

पर अंग्रेजी का 'NEWS' शब्द 'NEW' का बहुवचन है। यह संस्कृत 'नव' के समानार्थी लैटिन शब्द 'नोवा' से विकसित है, जिसका तात्पर्य है—नवीन घटनाएँ। इस विन्दु पर 'सूचना' या 'Information' अधिक व्याप्तिपरक और कालनिरपेक्ष शब्द है, जिसके अनुसार 'NEWS' भी एक सूचना है। लेकिन सूचना, सूचना है, उसके लिए नई या पुरानी होना बहुत महत्त्वपूर्ण नहीं है। वह पुरानी भी हो सकती है, फिर भी वह सदैव नए मनुष्य या मनुष्य समुदाय के लिए महत्त्वपूर्ण और उपयोगी होती है, क्योंकि "समाचार (सूचना) कोई ऐसी

---

1. **हिन्दुस्तान—राघवेन्द्र मिश्र (वाराणसी संस्करण) 25 मई, 2005**

चीज है, जिसे आप कल तक नहीं जानते थे,'' या ''पर्याप्त संख्या में मनुष्य जिसे जानना चाहे, वह समाचार है।''

आज सूचना संबंधित ज्ञान एवं अध्ययन एक वैज्ञानिक विषय का रूप ले चुका है। मिखालोव ए० आई० के शब्दों में—''सूचना विज्ञान एक नवीन वैज्ञानिक विषय है, जो सूचना के प्रतिमान और सामान्य-गुणों और साथ ही सभी संचार प्रक्रियाओं, जिसमें विज्ञान सूचना गतिविधियाँ सम्मिलित हैं—से सम्बन्ध रखता है।'' एक अन्य विद्वान् जे० एच० शेरा के अनुसार—''सूचना विज्ञान शोध का वह क्षेत्र है, जो सूचना की विधियों एवं तकनीकों के वास्तविक अर्थ को रेखांकित करता है, साथ ही वह सूचना-प्रवाह का अध्ययन करता है।'' कुल मिलाकर एक अन्य विद्वान् ब्रो हेराल्ड के अनुसार सूचना विज्ञान एक वास्तविक विषय है, जो सूचना के गुण एवं व्यवहार की शोध करता है तथा सूचना की अधिकतम उपलब्धता एवं उपयोगिता हेतु सूचना संसाधित करने का माध्यम है। यह ज्ञान से संबंधित है, जिसमें सूचना का उद्‌भव, संग्रह, संगठन, पुनर्प्राप्ति, व्याख्या, प्रेषण, रूपान्तरण और उसका उपयोग सम्मिलित है। यह प्राकृतिक एवं कृत्रिम सूचना पद्धतियों में दर्शायी गई सूचना के शोध, दक्षतापूर्ण सूचना-संप्रेषण में प्रयुक्त संकेतों के प्रयोग तथा सूचना संसाधन विधियों एवं तकनीकों जैसे—कम्प्यूटर और उसकी कार्य-पद्धतियों का भी अध्ययन करता है।

(4) सूचना : समाज की जरूरतें—समाज को सूचना 'जानने का अधिकार'—यह शब्दावली अमेरिकी उपज है। इस धरती पर ढेरों ऐसे लोकतांत्रिक देश हैं, जहाँ की जनता को सूचना जानने का अधिकार नहीं है। वहाँ का समाज आज भी तथ्यों की गोपनीयता या 'प्राइवेसी' के नाम पर न जाने कितनी गतिविधियों से अनभिज्ञ है। ढेरों ऐसी सूचनाएँ होती हैं, जिन्हें नियम, कानून, मर्यादा, औचित्य, देशहित-जनहित के नाम पर वहाँ के समाज से छुपा कर रखा जाता है। तर्क दिया जाता है कि देशहित और लोकहित में तथ्यों को गोपनीय रखना अनिवार्य है। यदि इन सूचनाओं को प्रकट कर दिया जाय तो देश में अराजकता और उद्दण्डता, बिखराव की स्थिति पैदा हो सकती है।

पर, हमें यह जानना चाहिए कि मनुष्य बुद्धि प्रधान प्राणी है। वह न सिर्फ अपने परिवेश की सूचनाओं के प्रति सजग रहता है, बल्कि शिक्षा जैसी प्रक्रिया के माध्यम से अगली पीढ़ी तक भी अपने समय की समस्त अर्जित सूचनाओं को पहुँचाता है। सामाजिक प्राणी होने के कारण वह स्वयं ज्ञान प्राप्त करता है और दूसरों को भी प्रदान करता है। इस प्रकार सूचना उसके समाज का ही नहीं, बल्कि सभ्यता का भी प्रमुख आधार है। नवीनतम सूचनाएँ ही नए सामाजिक परिवर्तनों को जन्म देती हैं। नवीनतम आविष्कार और तकनीक उसकी सभ्यता को निरन्तर प्रगतिशील और बेहतर बनाती है। अतः जाहिर है, सूचना किसी भी समाज की ऑक्सीजन की तरह प्रथम जरूरत है।

(5) सूचना का स्वरूप—आधुनिक युग में सूचना अनुसंधान एवं विकास परियोजनाओं का अनिवार्य अंग है। एक अद्यतन सूचना-तंत्र जहाँ वैज्ञानिकों के लिए शोध में सहायक होता है, वहाँ वह उन्हें अनावश्यक पुनरावृत्ति से भी बचाव करता है। वस्तुतः मानव समाज में निरन्तर नई-नई शोधों, नई-परिकल्पनाओं और नए विचारों की प्रक्रिया चलती रहती है, नए तथ्य, नई जानकारियाँ सामने आती हैं, जिन्हें सूचना कहते हैं। यह सूचना, उसे जानने की इच्छा रखने वाले मनुष्य और जानकार के बीच अन्तः क्रिया से उत्पन्न होती है। 'ऑक्सफोर्ड डिक्शनरी' के अनुसार, ''सूचना का अर्थ सूचित करना, कहना, कथित बात, ज्ञान

की अनेक वांछित वस्तुएँ तथा समाचार आदि से है।'' इधर, एक अन्य विद्वान् हाफमैन के अनुसार, ''वक्तव्यों, तथ्यों अथवा संख्याओं की संपूर्णता को सूचना कहते हैं, जो बौद्धिक, तर्कपूर्ण विचारधारा अथवा किसी अन्य मानसिक कार्यपद्धति के अनुसार अवधारणात्मक ढंग से परस्पर सम्बद्ध होती हैं।'' इसी प्रकार बेल सूचना को ''समाचारों तथ्यों, आँकड़ों, प्रतिवेदनों, अधिनियमों, कर संहिताओं, न्यायिक निर्णयों, प्रस्तावों और इसी तरह की अन्य चीजों से संबंधित'' मानते हैं।

वस्तुत: अपने स्वरूप में प्राय: सूचना अक्षरों से युक्त होती है। सूचना का अभिप्राय चयन, व्यवस्थापन तथा अव्यवस्थित तथ्यों की बौद्धिक व्याख्या से भी होता है। सूचना विचारधाराओं का भी प्रतिनिधित्व करती है।

(6) सूचना के प्रकार—जे० एच० शेरा ने सूचना के छ: प्रकार माने हैं। उनके अनुसार वातावरण द्वारा प्राप्त होने वाली सूचनाएँ 'प्रेरक सूचना' (Stimulatory Information), सहयोग और समन्वय के आधार पर सामूहिक गतिविधियों को प्रभावित करने वाली 'दिशा सूचक सूचना' (Directive Information), निर्णय निर्धारण प्रक्रिया से संबंधित सूचना नीति संबंधी सूचना' (Policy Information), प्रयोगशाला, साहित्यिक खोज या शोध से स्वयं के अनुभवों द्वारा प्राप्त सूचना 'अनुभवात्मक सूचना' (Empirical Information), कार्य-प्रविधि को और विकसित करने वाली सूचनाएँ 'कार्य विधिक सूचना' (Procedural Information) तथा किसी समस्या के अस्थिर क्षेत्रों से उत्पन्न होने वाले विचार, सिद्धान्त, परिकल्पनाएँ आदि 'प्रत्ययात्मक सूचना' (Conceptual Information) होती है।

(7) सूचना की शुद्धता और व्यावसायिक निर्मिति—आज विश्वव्यापी सूचना तंत्र के युग में सूचना की विश्वसनीयता और शुद्धता एक महत्त्वपूर्ण मुद्दा बन चुकी है। एक गलत, अशुद्ध या झूठी सूचना पड़ोसी से लेकर न सिर्फ दो देशों के बीच युद्ध करा सकती है, बल्कि विश्वयुद्ध का कारण भी बन सकती है। उदाहरण के लिए शीत युद्ध के दौर में अमेरीका और रूस के बीच गलत सूचना के कारण युद्ध की स्थितियाँ बन गई थी, जिससे बचने के लिए सूचना के प्रत्यक्ष आदान-प्रदान या 'हॉट लाइन' की व्यवस्था की गई। अनावश्यक संदेह और तनाव से बचने के लिए भारत और पाकिस्तान के बीच भी ऐसा ही सूचना तंत्र स्थापित किया गया है। भारत में तो अधिकांश दंगे झूठी सूचनाओं और अफवाहों से ही फैले और फैलते हैं। गुजरात के गोधरा कांड के संबंध में तो आज भी यह स्पष्ट नहीं हो सका है कि ट्रेन में आग भीतर से लगी या बाहर से लगाई गई। हालाँकि अधिकांश लोगों का विचार है कि आग बाहर से ही लगाई गई। बहरहाल, इस सूचना के प्रसार ने कि यह कार्य मुस्लिमों ने ही किया है—गुजरात को दंगों में झोंक दिया। अत: ऐसी स्थिति में सूचना की शुद्धता और प्रामाणिकता नितांत आवश्यक है। सूचना के उत्स पर शुद्धता का 'फिल्टर' लगाना आवश्यक एवं मौजू है, ताकि अशुद्ध, भ्रामक, सनसनीखेज स्थिति पैदा करने वाली तलछट या गाद वहीं रह जाय और शुद्ध, सच और प्रामाणिक सूचना बाहर आ जाय।

जहाँ तक सूचना की व्यावसायिक निर्मिति का सवाल है, आज के उपभोक्तावादी बाजार में किसी भी व्यावसायिक निर्मिति के संबंध में दी जा रही सूचना की सत्यता शुद्धता को सत्य की कसौटी और खराद पर कसना-परखना आवश्यक हो गया है। दरअसल, सूचना आज व्यवसाय हो चुकी है, इसलिए कई बार सूचना चयन का आधार उसके तथ्य या महत्त्व नहीं, बल्कि उसके बिकने एवं सनसनीखेज होने की क्षमता होती है। इस समय तमाम ऐसे विज्ञापन

इलेक्ट्रॉनिक मीडिया द्वारा प्रसारित किए जा रहे हैं, जिनकी विश्वसनीयता पर प्रश्न चिन्ह लगाया जा रहा है। दरअसल, छलावा भरे विज्ञापनों द्वारा दी जा रही सूचना द्वारा निरीह और अभावग्रस्त जनता का शोषण किया जा रहा है। यद्यपि गलत सूचना से भरे विज्ञापनों की शिकायत 'उपभोक्ता फोरम' में की जा सकती है, बावजूद इसके कोई ठोस नतीजा नहीं निकल सकता, क्योंकि ये विज्ञापनकर्त्ता पुनः अन्य छद्म नाम से उसी व्यावसायिक निर्मिति को बाजार में उतार सकते हैं। अतः ऐसी स्थिति में सूचना और प्रसारण मंत्रालय द्वारा दूरदर्शन पर दी जा रही सूचना तथा विज्ञापनों से संबंधित शिकायत को दर्ज करने के लिए कोई संस्था या प्रकोष्ठ की स्थापना अवश्य होनी चाहिए।

(8) सूचना की स्वतंत्रता—सूचना की शोभा उसकी स्वतंत्रता है। यदि सूचना गोपनीयता के कटघरे में कैद है, तो जाहिर है उसे उसकी स्वतंत्र हैसियत से महरूम किया जा रहा है। दरअसल, सारी लड़ाई सूचना को स्वतंत्र रूप देने और न देने के बीच है। सरकार, सत्ता, राजनीति, सरकारी प्रणाली, तानाशाही या राजशाही सूचना की स्वतंत्रता को सीमित या कुंठित करती हैं। सभी जानते हैं—आज सूचना और संचार क्रांति का युग है। आज सूचना तंत्र पर वर्चस्व के प्रयास को युद्ध के रूप में देखा जा सकता है। इस समय अमेरिका 'सूचना साम्राज्यवाद' और 'सांस्कृतिक उपनिवेशवाद' के माध्यम से विश्व को जीतने का प्रयास कर रहा है।

इधर, पश्चिमी मीडिया भी अमेरिकी हितों की पोषक हैं। ये उसके साम्राज्यवादी हितों के अनुरूप समाचारों को तोड़-मरोड़ कर परोसती हैं। अभी कुछ ही दिनों पूर्व विश्व ने प्रायोजित और 'नियंत्रित' सूचना तंत्र को भी देखा, जिसमें अमेरिकी फौज की निगरानी और संरक्षण में ही पत्रकार अपनी सूचनाएँ सम्पूर्ण विश्व को भेज पाते थे, जबकि सच्चाई यह है कि स्वतंत्रता और निष्पक्षता के बिना सूचना के आदर्श स्वरूप की कल्पना ही नहीं की जा सकती। स्वतंत्र और निष्पक्ष सूचना प्राप्त करना हर मनुष्य का अधिकार है। खासकर, भारत जैसे लोकतांत्रिक देश में तो सूचना की स्वतंत्रता के बिना स्वस्थ लोकतंत्र की कल्पना ही नहीं की जा सकती।

(9) सूचना की विश्वसनीयता—विश्वसनीयता के अभाव में सूचना अपना उद्देश्य पूरा नहीं कर सकती। सही माध्यम, स्रोत या तथ्यों के अभाव में प्राप्त सूचना न सिर्फ भ्रामक और एकपक्षीय होती है, बल्कि वह उस सूचना-तंत्र की सामाजिक प्रतिष्ठा और व्यावसायिक स्थिति को ठेस और क्षति पहुँचा सकती है। यही कारण है, कि प्रायः सभी संचार माध्यम चाहे वह कोई अखबार हो, या टी० वी० चैनल—सूचना की विश्वसनीयता के लिए सजग रहते हैं। फिर भी, प्रायः देखा जाता है कि किसी भावात्मक जुड़ाव, अतिरंजता, पूर्वाग्रह, दुराग्रह या पक्षपात के कारण सूचना माध्यम अपनी विश्वसनीयता खो देते हैं। उदाहरण के लिए भारत-पाकिस्तान के पिछले युद्धों में देखा गया कि दोनों देशों के नागरिक अपने देश के सूचना तंत्र पर भरोसा न करके बी० बी० सी० 'न्यूज' सुनना पसंद करते थे।

इतना ही नहीं, अप्रैल-मई 2004 में चौदहवीं लोकसभा चुनाव के समय मीडिया के चुनाव सर्वेक्षण गलत हुए। मीडिया जिस दल समूह को सुविधाजनक बढ़त देते हुए सरकार बनाता दिखा रहा था, वह सत्ता से बाहर हो गया और जिस दल समूह के खाते में दूसरे नम्बर के लिए आँकड़े दिखाए जा रहे थे, वह पहले नम्बर पर आ गया। इसके पहले भी 2002 तथा 2003 के विभिन्न विधानसभा चुनावों के समय भी चुनाव सर्वेक्षणों के आँकड़े सही नहीं

निकले थे। अतः ऐसी स्थिति में आवश्यक है कि सूचनाओं की बिक्री के लिए उन्हें चटपटा न बनाया जाय। उनकी विश्वसनीयता को सुरक्षित रखा जाय। उपभोक्ताओं की उत्सुकता बनाए रखने के लिए सूचनाओं की यथार्थपरकता पर गपशप शैली न हावी होने पाए। सूचनाओं की विश्वसनीयता बनाए रखने के लिए उन्हें खेल तथा मनोविनोद की शैली में न प्रस्तुत किया जाय। उपभोक्तावादी बाजार में मौद्रिक लाभ के लिए सूचनाओं पर अनुमानों की फंतासी का रसायन न लगाया जाय।

(10) सूचना और तथ्य—प्रसिद्ध विद्वान् और कवि **डॉ० रामप्रकाश कुशवाहा** कहते हैं कि सूचना स्वयं तथ्य नहीं होती, बल्कि तथ्यों के बारे में होती है। इसका कारण यह है कि सूचना एक एक मनुष्य से दूसरे मनुष्य के बीच तथ्यों के आदान-प्रदान एवं संपर्क के क्रम में उत्पन्न होती है। दूसरे शब्दों में, यह संपर्क का ज्ञानात्मक रूप है। इसीलिए तथ्य अपने स्वरूप में जहाँ वस्तुनिष्ठ और संख्यात्मक माने जाते हैं, वहीं सूचना अभिव्यक्तिपरक, अक्षरात्मक और विचारात्मक होती है।

सूचना-निर्माण में सूचना के क्षेत्र एवं प्रकार के अनुरूप तथ्य-संग्रह का स्वरूप भिन्न हो सकता है। सामाजिक, सांस्कृतिक एवं राजनीतिक तथ्य जहाँ सूचना के निकटतम एवं प्रत्यक्ष स्रोत की माँग करते हैं, वहीं अन्तरिक्ष एवं विज्ञान संबंधी उन्नत तकनीक की अपेक्षा रखते हैं।

(11) सूचना तथा विधि और 2005 में सूचना की मुक्ति—तमाम तरह के कड़े विधि-विधान से जद्दोजहद और कशमकश करते अंततः सूचना को गोपनीयता के कब्जे से ''सूचना के अधिकार संबंधी विधेयक 2004'' के नाम से 150 संशोधनों के साथ 11 मई, 2005 को लोकसभा में पारित होने के साथ ही मुक्ति मिल गयी है। इससे आम नागरिक और सरकार के बीच परस्पर 'भरोसे के संबंधों' की शुरुआत हुई है। इस विधेयक के पारित हो जाने से देश में कार्यरत सभी संस्थान बेहतर तरीके से कार्य करेंगे तथा जनता के प्रति जवाबदेह होंगे। आप जानते हैं, प्रेस आयोग (1977-82) ने जनता के सूचना अधिकारों को स्वीकार करते हुए ''शासकीय गुप्त बात अधिनियम 1923'' की धारा-5 को समाप्त कर जनता के अनुरूप वैकल्पिक प्रावधान करने की सिफारिश की थी। प्रजातांत्रिक व्यवस्था में सही सूचना एवं जानकारी के अभाव में जनता न तो अपनी पसंद की सरकार चुन सकती है और न ही सरकार द्वारा अपने हितों की सुरक्षा तथा उसकी कार्य प्रणाली पर नजर ही रख सकती है। भारत में औपनिवेशिक रिश्तों के कारण ब्रिटिश सरकार ने भारतीयों के सूचना अधिकारों को अनावश्यक रूप से सीमित किया था।

किन्तु, सौभाग्य से मई 2005 में भारतीय संसद ने चिर प्रतीक्षित ''सूचना के अधिकार विधेयक, 2005'' को पास कर भारतीय नागरिकों को सूचना पाने का अधिकार प्रदान कर दिया है और इसके सही क्रियान्वयन के लिए केन्द्र और राज्य स्तर पर सूचना आयोगों की व्यवस्था की है, जिसका मुख्यालय दिल्ली में बनाया गया है। उसके शाखा कार्यालय देश के अन्य भागों में भी आवश्यकतानुसार बनाए गए हैं। इसके अतिरिक्त प्रत्येक राज्य का अलग सूचना कार्यालय भी बनाया गया है। सूचना के अधिकार के कानून में केन्द्रीय सूचना आयोग में मुख्य सूचना आयुक्त और सूचना उपायुक्तों की नियुक्ति के बारे में भी यह व्यवस्था की गई है कि इनकी नियुक्ति निर्वाचन आयोग की तरह ही राष्ट्रपति द्वारा गठित एक समिति की सिफारिश पर की जाएगी। इस समिति के तीन सदस्य होते हैं, यथा—प्रधानमंत्री, समिति के

अध्यक्ष, प्रधानमंत्री द्वारा नामांकित मंत्रिमंडल का एक मंत्री और लोकसभा में विपक्ष के नेता। इसी प्रकार राज्य सूचना आयोग में मुख्य आयुक्त और उपायुक्तों की नियुक्ति राज्यपाल द्वारा गठित समिति की सिफारिशों पर होती है। इसके भी तीन सदस्य होते है, यथा—मुख्यमंत्री (अध्यक्ष), मुख्यमंत्री द्वारा नामांकित मंत्रिमंडल का एक मंत्री व विधानसभा में विपक्ष का नेता। इस तरह से कुल मिलाकर सूचना आयोग की मुख्य भूमिका भारतीय नागरिकों को विधि सम्मत सूचना उपलब्ध कराना है।

(12) सूचना और कानून—विज्ञान की तरह सूचना भी स्वयं में अच्छी-बुरी नहीं होती, बल्कि इसका प्रयोग—उपयोग करने वाले की मानसिकता ही उसे अच्छा या भद्दा-बदशक्ल बनाती है, इसीलिए सूचना-तंत्र के नियमन के लिए कानून निर्मित किए गए हैं। एक लोकतांत्रिक देश होने के कारण भारत में शासन के पक्ष एवं विपक्ष में जनमत निर्माण में सूचना-तंत्र की महत्त्वपूर्ण भूमिका होती है, पर इसके बेजां इस्तेमाल को रोकने के लिए कानून भी बगल में खड़े कर दिए गए हैं।

दरअसल, भारत में सूचना-संबंधी कानूनों के निर्माण की शुरुआत ब्रिटिश काल में हुई थी। सन् 1799 में लार्ड वेलेजली ने समाचार पत्रों के संबंध में कानून बनाए, जिसके अनुसार पत्र पर मुद्रक, संपादक और संचालक के नाम-पते छापना अनिवार्य कर दिया गया। सन् 1823 के 'एडम्स रेगुलेशन' के अनुसार पत्र छापने के पूर्व लाइसेन्स लेना आवश्यक कर दिया गया और कानून भंग करने पर 400 रु० जुर्माना और 4 माह की सजा की व्यवस्था की गई। पुन: 14 मार्च, 1878 ई० के "वर्नाक्युलर प्रेस ऐक्ट" के द्वारा लार्ड रिपन ने अंग्रेजी भाषा के पत्रों को छोड़कर अन्य भाषा के पत्रों का पूर्ण-नियंत्रण जिला मजिस्ट्रेट को सौंप दिया, जिसे जमानत माँगने और पत्र को जब्त करने का अधिकार था।

स्वतंत्र भारत में पुराने सभी कानूनों को रद्द कर 31 अगस्त, 1951 को नए संविधान के अनुरूप कानून बनाया गया और "द प्रेस आब्जेक्शनेबल मैटर एक्ट-1951" के अन्तर्गत् बिना मुकदमा चलाए सरकार को किसी भी प्रकार की सजा का अधिकार नहीं दिया गया। जिला न्यायाधीश ही जमानत देने, चेतावनी देने या प्रेस जब्त करने के अधिकारी हैं। सन् 1978 में प्रेस की स्वतंत्रता और स्तर को बनाए रखने के लिए एक प्रेस-परिषद की स्थापना के लिए अधिनियम बनाया गया, जिसका नाम 'प्रेस परिषद् अधिनियम-1978' है। इसके पश्चात 'प्रेस-परिषद् (जाँच प्रक्रिया) विनियम-1979' के द्वारा परिवादों की जाँच का अधिकार प्रदान किया गया है।

आज सबको सूचना प्राप्त करने का अधिकार मिल गया है। अपने संवैधानिक अधिकारों के तहत संसद और विधानसभाएँ सरकार से जो सूचना लेने का हक रखती हैं, वहीं सूचना अब सड़क का आम आदमी भी सरकार से ले सकेगा। सूचना के अधिकार के कानून ने बाकायदा लिखत-पढ़त में हर व्यक्ति को यह अधिकार दे दिया है। पुलिस थाना और केन्द्रीय जाँच ब्यूरो (C.B.I.) भी इस कानून के भीतर आ गए हैं। अगर व्यक्ति चाहे तो सरकारी इमारत के निर्माण की गुणवत्ता भी जाँच सकता है। हाँ, केवल चुनिंदा एक दर्जन गुप्तचर और जाँच एजेन्सियाँ व सुरक्षा बलों को कानून के दायरे से बाहर रखा गया है। यह सूचना के अधिकार का कानून अपने प्रावधानों में बेहद ताकतवर है। इसके कुछ प्रावधान 15 जून से ही अमल में आ गए थे किन्तु पूरा कानून 12 अक्टूबर, 2005 से लागू कर दिया गया है। इस कानून में अधिकारियों का वेतन भत्ता तथा बजट की जानकारी आदि भी शामिल हैं।

कुल मिलाकर 'सूचना के अधिकार' प्राप्ति से आम जनता द्वारा अपने जनप्रतिनिधियों का मूल्यांकन लोकतांत्रिक ढंग से हो सकेगा। इसे लोकतांत्रिक व्यवस्था की सफलता की कुंजी माना जा सकता है, क्योंकि इससे व्यवस्था में पारदर्शिता आएगी। इस कानून में यह व्यवस्था है कि गलत सूचना देने वाले संस्थानों को विभागीय कार्यवाही का सामना करना पड़ेगा। यदि कोई अधिकार किसी को सूचना देने से आनाकानी करता है तो उस पर 25 हजार रुपए का जुर्माना और उसकी चरित्र पंजिका में प्रतिकूल टिप्पणी दर्ज की जाएगी। इस कानून से हर क्षेत्रों की सूचनाएँ आम भारतीय नागरिक को तो मिलेंगी ही, गरीब व्यक्ति को इसके लिए शुल्क (फीस) भी नहीं देनी पड़ेगी। किस परियोजना में क्या हो रहा है, किस कम्पनी को ठेका मिल रहा है, किसको लाभ और किसे हानि हो रही है—इन सबकी जानकारी किसी भी व्यक्ति को आसानी से मिल सकती है। इस कानून से कम्पनियों की जनता, शेयर धारकों, उपभोक्ताओं व कानून-व्यवस्था के प्रति जवाबदेही तय होगी तथा लोग वित्तीय घोटालों, अस्वास्थ्यकर सामग्रियों, भोपाल गैस काण्ड जैसी दुर्घटनाओं से भी महफूज रहेंगे। यही नहीं, इसके दायरे में गैर सरकारी संगठन भी आ गए हैं, जिससे तथाकथित 'एन० जी० ओ', जो फर्जी ढंग से सरकारी पैसा हजम कर जाते हैं—उन पर लगाम लगेगी। सभी मंत्रालयों में सरकारी विभाग, संवैधानिक संगठन के दफ्तर, सार्वजनिक निगम तथा बैंक आदि के बारे में भी सूचनाएँ एकत्र की जा सकती हैं।

(2) सूचना और कानून

(क) श्रमजीवी पत्रकार (The Working Journalist) कानून—सन् 1955 में भारत सरकार ने 'श्रमजीवी पत्रकार कानून' पास किया। इसके अनुसार पत्रकारों और प्रूफ रीडरों को श्रमजीवी पत्रकार मानकर उनकी सेवा के लिए नियम बनाए गए। इसकी तीसरी धारा के अन्तर्गत् श्रमजीवी पत्रकारों पर सन् 1947 का 'औद्योगिक विवाद अधिनियम' लागू किया गया। 23 मई, 1957 को पत्रकारों की सेवा के नियमों को प्रकाशित करके उनके काम के घण्टों, अवकाश और अनुग्रह राशि आदि का स्पष्टीकरण हुआ। बाद में 6 फरवरी, सन् 1960 को इनमें संशोधन भी हुआ।[1] दरअसल, इस कानून में श्रमजीवी पत्रकार कौन-कौन लोग हो सकते है—को स्पष्ट रूप से परिभाषित किया गया है। श्रमजीवी पत्रकार की परिभाषा इस अधिनियम के अनुसार इस प्रकार हैं—"ऐसा व्यक्ति, जिसका मुख्य व्यवसाय पत्रकार का है और उसके अन्तर्गत् संपादक, अग्रलेख लेखक, समाचार संपादक, उप संपादक, फीचर लेखक, प्रकाशक-विवेचक, रिपोर्टर, संवाददाता, व्यंग्य चित्रकार, प्रूफ रीडर, समाचार-छाया चित्रकार भी हैं, किन्तु ऐसा कोई व्यक्ति इसके अन्तर्गत् नहीं है, जो—

(क) मुख्य रूप से प्रबंधकीय या प्रशासकीय हैसियत में नियोजित है,

(ख) पर्यवेक्षकीय हैसियत में नियोजित होते हुए या तो अपने पद से संलग्न कर्त्तव्यों की प्रकृति के कारण या अपने में निहित शक्तियों के कारण ऐसे कृत्यों का पालन करता है, जो मुख्यत: प्रबंधकीय प्रवृत्ति के हैं।"[2] इस अधिनियम के माध्यम से इसके अन्तर्गत् आने वाले लोगों के जीवन की सुरक्षा हर तरह से करने का प्रयास किया गया है, यथा—

---

1. **वृहत् हिन्दी पत्रकारिता कोश, पृष्ठ 615**
2. **पत्रकारिता : परिचय और विश्लेषण—डॉ० प्रीता व्यास, पृष्ठ 207**

इस कानून के तहत् यह प्रावधान किया गया है कि यदि किसी श्रमजीवी पत्रकार को नियोजक द्वारा नौकरी से पृथक किया जाता है तो संपादक को उसे छः माह पूर्व तथा अन्य श्रमजीवी पत्रकार को तीन माह पूर्व नोटिस देना होगा। ग्रेच्युटी के भुगतान के संदर्भ में भी इस कानून में विशेष प्रावधान रखे गए हैं। समाचार-पत्र प्रतिष्ठान में तीन वर्ष से अधिक समय से कार्यरत श्रमजीवी पत्रकार की सेवाएँ नियोजक द्वारा समाप्त कर दी जाती है अथवा वह पेंशन की आयु प्राप्त कर लेता है तथा यदि दस वर्ष से कार्यरत कोई श्रमजीवी पत्रकार स्वेच्छा से त्यागपत्र दे देता है अथवा सेवारत पत्रकार की आकस्मिक मृत्यु हो जाती है, तो वे ग्रेच्युटी भुगतान के हकदार हो जाते हैं।[1] इसी तरह, श्रमजीवी पत्रकार को लगातार चार सप्ताह में भोजन के समय को छोड़कर 140 घण्टे में अधिक कार्य करने को बाध्य नहीं किया जा सकता। प्रत्येक सात दिन की अवधि में चौबीस घण्टे का लगातार विश्राम दिया जाना आवश्यक है। इस अवधि में रात दस बजे से सुबह दस बजे तक की समयावधि सम्मिलित है। श्रमजीवी पत्रकारों को प्रस्तावित अवकाशों तथा आकस्मिक अवकाशों की सुविधा के अलावा अर्जित अवकाश व चिकित्सा का भी लाभ मिलेगा। इन अवकाशों में नियमानुसार वेतन दिया जाएगा।[2] श्रमजीवी पत्रकारों के वेतन आदि के बारे में समय-समय पर विचार करने हेतु वेतन मण्डलों का भी गठन किया गया है। इन वेतन मण्डलों में समाचार पत्र-प्रतिष्ठान के नियोजकों तथा श्रमजीवी पत्रकारों के प्रतिनिधि होते हैं। इनमें कुछ व्यक्ति स्वतंत्र होते हैं, जिनमें से एक उच्च न्यायालय या सर्वोच्च न्यायालय का न्यायाधीश (सेवारत या सेनानिवृत्त) होता है, जो इस मण्डल का सरकार द्वारा नियुक्त अध्यक्ष होता है।[3]

(3) प्रेस आयोग (Press Commission)

(क) प्रथम प्रेस आयोग (First Press Commission)—देश के आजाद होने के बाद भारतीय श्रमजीवी पत्रकार महासंघ ने सरकार से प्रेस जगत की समस्याओं, प्रेस कानूनों में संशोधन-सुधारों के लिए 12-13 अप्रैल, 1952 को कलकत्ता अधिवेशन में एक प्रस्ताव के माध्यम से आग्रह किया। इसके पहले पंडित नेहरू भी 1 जून, 1951 को संसद में यह संकेत दे चुके थे कि देश हित में प्रेस आयोग का गठन आवश्यक है। बहरहाल, 16 मई, 1952 को नव-निर्वाचित राष्ट्रपति डॉ० राजेन्द्र प्रसाद ने प्रेस जगत की समस्याओं से रू-ब-रू होने के लिए प्रेस आयोग के गठन की घोषणा की। 23 सितम्बर, 1952 को सूचना प्रसारण मंत्रालय ने इस संबंध में विज्ञप्ति भी जारी कर दी। यद्यपि इसकी प्रामाणिक घोषणा 3 अक्टूबर, 1952 को सरकारी गजट में जारी विज्ञप्ति के माध्यम से हुई। यह प्रेस आयोग जाँच कानून 1952 के तहत् स्थापित हुआ। इस आयोग में सदस्य के रूप में कुल 11 लोग थे, उनके नाम इस प्रकार हैं—(1) श्री न्यायमूर्ति जी० एस० राजाध्यक्ष (अध्यक्ष), (2) डॉ० सी० पी० रामास्वामी अय्यर, (3) आचार्य नरेन्द्र देव, (4) डॉ० जाकिर हुसेन, (5) डॉ० वी० के० आर० वी० राव, (6) डॉ० पी० एच पटवर्धन, (7) श्री त्रिभुवन नारायण सिंह, (8) श्री जयपाल सिंह, (9) श्री जे० नटराजन, (10) श्री एस० आर० भट्ट, (11) श्री एम० चेलापति राव।

---

1. **पत्रकारिता का इतिहास एवं जनसंचार माध्यम—डॉ० संजीव भानावत, पृष्ठ 188**
2. **पत्रकारिता : परिचय और विश्लेषण—डॉ० प्रीता व्यास, पृष्ठ 208**
3. **पत्रकारिता का इतिहास एवं जनसंचार माध्यम—डॉ० संजीव भानावत, पृष्ठ 188**

उद्देश्य—जिन बातों की प्रेस आयोग को छानबीन कर अपनी रिपोर्ट और सुझाव देने थे, वे निम्न प्रकार थी—

(1) छोटे-बड़े समाचार पत्रों, पत्रिकाओं, एजेंसियों और फीचर सिन्डीकेटों के नियंत्रण, व्यवस्था और वित्तीय स्थिति,

(2) एकाधिकार और शृंखला-पत्रों का समाचार और विचार प्रभाव,

(3) प्रेस की मालिकाना कम्पनियों पर विज्ञापन और अन्य बाहरी प्रभाव,

(4) पत्रकारों की नियुक्ति, प्रशिक्षण, काम की स्थिति और उनके वित्तीय स्तर की रक्षा,

(5) प्रेस, कागज और मशीन आदि के विभिन्न पहलू,

(6) पत्रकारों के लिए स्तरीय आचार, सरकार और प्रेस का संबंध, प्रेस सलाहकार समिति और संपादकों तथा पत्रकारों की संस्थाएँ तथा

(7) प्रेस की स्वतंत्रता, कानूनों में ऐसे संशोधन जो प्रेस की स्वतंत्रता के लिए आवश्यक जान पड़े।

प्रेस आयोग की रिपोर्ट तीन खण्डों में है—

(1) प्रेस जगत की जाँच और सुझाव,

(2) भारतीय पत्रकारिता का इतिहास,

(3) प्रश्नावली, परिशिष्ट, ज्ञापन पत्र और पाठक सर्वे आदि।

प्रेस आयोग की रिपोर्ट के प्रथम खण्ड में 540 पृष्ठ हैं, 21 अध्यायों और 1539 अनुच्छेदों में विभाजित रिपोर्ट अपने ढंग की अद्वितीय है।[1]

मुख्य सुझाव या सिफारिशें—

(i) प्रेस परिषद् की स्थापना की जाय, जो संपादकीय स्वतंत्रता की रक्षा, औचित्यपूर्ण आलोचना आदि की सुनिश्चित स्थिति पैदा करे,

(ii) प्रेस रजिस्ट्रेशन की नियुक्ति की जाय। उसका दायित्व होगा प्रेस से सम्बद्ध तथ्यों और आँकड़ों को एकत्र करे और वह प्रतिवर्ष प्रेस की स्थिति पर प्रतिवेदन प्रस्तुत करे,

(iii) पृष्ठाधार मूल्य निर्धारित हो। विज्ञापन, मुद्रण के लिए निर्धारित स्थान में सप्ताह भर में चालीस प्रतिशत से अधिक न हो,

(iv) संपादकीय स्वतंत्रता तथा गरिमा की रक्षा की जाय,

(v) पत्रों पर कुछ नियंत्रण होना चाहिए। पत्र संचालन का स्वामित्व बहुसंख्यक लोगों में इस प्रकार बाँट देना चाहिए कि कोई व्यक्ति, पत्र का दुरुपयोग व्यक्तिगत स्वार्थ के लिए नहीं करे,

(vi) पत्र के मूलधन का 4% या बैंक दर से डेढ़ प्रतिशत जो भी अधिक हो, लाभांश पत्रकारों को देना चाहिए,

(vii) पत्रकारों के लिए एक आचार संहिता बने,

---

1. **पत्रकारिता और पत्रकारिता—डॉ० अरुण जैन, पृष्ठ 65**

(viii) राज्य व्यापार निगम के माध्यम से अखबारी कागज की बिक्री हो,

(ix) सरकारी अथवा सरकार द्वारा नियंत्रित संवाद समितियाँ न रहें,

(x) प्रेस संबंधी अधिनियमों में आवश्यक संशोधन किए जायें,

(xi) वर्ष में 10 दिन आम छुट्टियाँ, 15 दिन आकस्मिक छुट्टियाँ, एक माह की अर्जित छुट्टी एवं 20 दिनों की बीमारी छुट्टी, आधे वेतन पर पत्रकारों को मिलनी चाहिए,

(xii) ओछी पत्रकारिता को प्रोत्साहन न दिया जाय तथा

(xii) पत्रों की जिल्दें सुरक्षित रखने की व्यवस्था की जाय।[1]

स्वीकृत सिफारिशें—आयोग की कुछ मुख्य सिफारिशों को सरकार ने स्वीकार कर लिया। इनमें मुख्य हैं—

(1) समाचार पत्रों के रजिस्ट्रार (Registrar of Newspaper for India) जुलाई, 1956 में स्थापित किया गया। संक्षेप में इसे RNI कहा जाता है। प्रेस से संबंधित आँकड़े एकत्र करने का दायित्व RNI पर ही है। 1957 से इसी के माध्यम से अखबारी कागज का आवंटन होने लगा।

(2) प्रेस परिषद् की स्थापना आयोग की महत्त्वपूर्ण सिफारिश थी। भारत में प्रेस की स्वतंत्रता और समाचार पत्रों तथा समाचार समितियों के स्तर को बनाए रखने और उनमें सुधार करने के प्रयोजन के लिए 4 जुलाई, 1966 को प्रेस परिषद् गठित की गई।

(3) श्रमजीवी पत्रकार कानून-1955, 20 दिसम्बर, 1955 से लागू किया गया। इसके अन्तर्गत् मुख्य रूप से पत्रकारों के कार्य के घण्टे, वेतन तथा अन्य सेवा शर्तों आदि का नियमन किया गया। 1962 में इसमें पुनः कुछ संशोधन किए गए।

(4) पृष्ठानुसार मूल्य नियम सरकार ने 1956 में लागू किया, किन्तु 25 दिसम्बर, 1961 को सर्वोच्च न्यायालय ने इसे अमान्य ठहरा दिया, अतः सरकार ने इस निर्णय को वापस ले लिया।

(5) प्रेस सलाहकार समिति (Press Consultative Committee) का गठन 22 सितम्बर, 1962 में किया गया। इस समिति का मुख्य उद्देश्य सरकार और प्रेस के मध्य समान रुचि के विषयों पर सौहार्द्रपूर्ण संबंध कायम करना था।

(6) छोटे समाचार पत्रों के विकास तथा उनकी जाँच के लिए सरकार ने श्री आर० आर० दिवाकर की अध्यक्षता में एक जाँच समिति गठित की। इस समिति ने पृष्ठानुसार मूल्य लागू करने की पुनः सिफारिश की। समिति ने यह भी सिफारिश की कि सजावटी विज्ञापनों (Display Ads) का पचास प्रतिशत भाग लघु समाचार पत्रों को दे दिया जाय।

(7) अभिव्यक्ति की स्वतंत्रता के मूलभूत सिद्धान्तों की रक्षा के लिए तथा एकाधिकार की प्रवृत्ति के खिलाफ समाचार पत्रों को सहयोग देने के लिए सरकार ने, ''समाचार पत्र वित्त निगम' नाम से स्वायत्तशासी संगठन बनाने का निर्णय किया। 4 दिसम्बर सन् 1970 को इस संबंध में लोकसभा में एक बिल भी प्रस्तुत की गई, किन्तु वह समाप्त (Laps) हो गई तथा

---

1. **पत्रकारिता जगत—अशोक प्रियदर्शी**, पृष्ठ 11

(8) समाचार पत्रों तथा समाचार समितियों की वित्तीय स्थिति के लिए तथ्यान्वेषण समिति (Fact finding committee) की 14 अप्रैल, 1972 को नियुक्ति की गई, जिसने 14 जनवरी, 1975 को अपनी रिपोर्ट प्रस्तुत की।[1]

(ख) द्वितीय प्रेस आयोग (Second Press Commission)—भारतीय प्रेस को निरन्तर गतिमान, जिन्दा और जीवन्त बनाए रखने के लिए जनता पार्टी के शासन काल में पूर्व सूचना और प्रसारण मंत्री श्री लालकृष्ण आडवाणी ने 18 मई, 1978 को द्वितीय प्रेस आयोग के गठन की घोषणा संसद के अधिवेशन के आखिरी दिन में की। ठीक 11 दिन बाद 29 मई सन् 1978 को उच्चतम न्यायालय के सेवा-विनृत्त न्यायाधीश श्री पी० के० गोस्वामी की अध्यक्षता में द्वितीय प्रेस आयोग का गठन किया गया। इसकी एक विशेषता यह थी कि इस आयोग में भी 11 ही सदस्य थे—

1. श्री अबू अब्राहम, कार्टूनिस्ट, इन्डियन प्रेस, दिल्ली,
2. श्री प्रेम भाटिया, संपादक, ट्रिब्यून, चंडीगढ़,
3. श्री एस० एन० द्विवेदी, भूतपूर्व सांसद,
4. श्री मोनिउद्दीन हरीस, उर्दू पत्रकार,
5. प्रो० रवि जे० मथाई, प्रोफेसर, भारतीय प्रबंध संस्थान, अहमदाबाद,
6. श्री यशोधर एन० मेहता, एडवोकेट,
7. श्री वी० के० नरसिंहन, संपादक, डेकन हेरल्ड, बैंगलोर,
8. श्री फाली एस० नरीमन, वरिष्ठ एडवोकेट, उच्चतम न्यायालय,
9. श्री एस० एच० वात्स्यायन, संपादक, नवभारत टाइम्स, दिल्ली,
10. श्री अरुण शौरी, सीनियर फेलो, इन्डियन कौंसिल आफ सोशल साइन्स रिसर्च (सितम्बर, 1978 तक),
11. श्री निखिल चक्रवर्ती, संपादक, मेन स्ट्रीम दिल्ली।

इधर, 1980 में कांग्रेस पार्टी, पुनः सत्तासीन हो गई, तब 14 जनवरी, 1980 को श्री गोस्वामी तथा उनके साथियों ने सामूहिक रूप से त्याग पत्र दे दिया, इसके बाद आयोग का पुनः गठन किया गया। इस बार उच्चतम न्यायालय के ही सेवानिवृत्त न्यायाधीश न्यायमूर्ति श्री के० के० मैथ्यू इस आयोग के अध्यक्ष बनाए गए। इस बार आयोग के सदस्यों की संख्या कभी 10 तो कभी 11—इसी बीच बनी रही। 21 अप्रैल, 1980 को गठित हुए इस आयोग के निम्न सदस्य थे—

1. न्यायमूर्ति श्री शिशिर कुमार मुखर्जी, कोलकाता उच्च न्यायालय के सेवा निवृत्त न्यायाधीश,
2. श्री अमृता प्रीतम, पंजाबी, हिन्दी कवयित्री तथा उपन्यासकार,
3. श्री पी० वी० गाडगिल, लेखक, पत्रकार,
4. श्री ईशरात अली सिद्दीकी, संपादक, कौमी आवाज, लखनऊ,
5. श्री राजेन्द्र माथुर, तत्कालीन संपादक, नई दुनिया, इन्दौर,

---

1. **प्रेस कानून और पत्रकारिता—डॉ० संजीव भानावत, पृष्ठ 163**

6. श्री गिरिलाल जेन, संपादक, टाइम्स ऑफ इण्डिया, मुम्बई,
7. श्री के० आर० गणेश, भूतपूर्व केन्द्रीय राज्य मंत्री,
8. श्री मदन भाटिया, एडवोकेट, उच्चतम न्यायालय,
9. श्री रणवीर सिंह, संपादक, मिलाप, दिल्ली,
10. प्रो० एच० के० परांजपे, अर्थशास्त्री।

श्री मदन भाटिया के त्यागपत्र देने के बाद अखिल भारतीय लघु एवं मध्यम समाचार पत्र संघ के अध्यक्ष श्री प्रेमचन्द वर्मा को इस आयोग का सदस्य बनाया गया। इसी समय इलाहाबाद उच्च न्यायालय के सेवा-निवृत्त न्यायाधीश श्री ए० एन० मुल्ला को भी आयोग का सदस्य बनाया गया, जिससे सदस्यों की संख्या 11 हो गई, किन्तु 29 जनवरी, 1981 को अमृता प्रीतम के त्यागपत्र दे देने के बाद यह संख्या पुनः 10 हो गई।

उद्देश्य या कार्य क्षेत्र—

(1) वाक् एवं अभिव्यक्ति की वर्तमान संवैधानिक व्यवस्था के अतिरिक्त क्या किसी और प्रावधान की जरूरत है?

(2) प्रेस पर लगे सभी प्रतिबंधों की जाँच,

(3) विकासशील एवं लोकतांत्रिक समाज में प्रेस की भूमिका,

(4) संपादकीय स्वतंत्रता, व्यावसायिक ईमानदारी और वस्तुनिष्ठ समाचार पाने के पाठकों अधिकार को सुनिश्चित करने के उद्देश्य से प्रेस के घटकों के स्वामित्व का स्वरूप तथा उनका वित्तीय ढाँचा,

(5) सरकार और प्रेस में संबंध तथा राजकीय सेवाओं की भूमिका,

(6) समाचार पत्र विकास के नए परिदृश्य,

(7) छोटे और मध्यम भाषायी पत्रों का विकास,

(8) नियत कालीन तथा विषय विशेष (Specialised) पत्रिकाओं का विकास,

(9) नागरिकों के वैयक्तिकता के अधिकार को संवैधानिक तथा कानूनी संरक्षण,

(10) समाचार पत्र उद्योग की आर्थिक व्यवस्था, अखबारी कागज, मुद्रण मशीनें तथा समाचार पत्र में अन्य निवेश आदि।

(4) प्रेस-परिषद् (Press Council)

प्रथम प्रेस आयोग ने सन् 1954 में अपनी रिपोर्ट में एक महत्त्वपूर्ण सिफारिश की थी कि संपादकीय स्वतंत्रता की रक्षा, समाचारों के प्रस्तुतीकरण में वस्तुनिष्ठता और प्रेस के विकास को प्रोत्साहित करने व बाहरी दबावों से उसकी रक्षा करने के लिए भारत में प्रेस परिषद की स्थापना की जानी चाहिए। इस सिफारिश के आधार पर जून 1956 में एक विधेयक संसद में प्रस्तुत किया गया। लगभग दस वर्ष तक इस दिशा में कोई प्रगति नहीं हुई, फिर अन्ततः 12 नवम्बर, 1965 को यह विधेयक पारित हो गया और इसके तहत 4 जुलाई, 1966 को प्रेस परिषद का गठन हो गया। श्री न्यायमूर्ति जे० आर० मधोलकर उसके अध्यक्ष बनाए गए। सन् 1970, 1973 और 1974 में किए गए संशोधनों के द्वारा इसे और भी प्रभावी बनाया गया। 31 दिसम्बर, 1975 को परिषद का कार्यकाल समाप्त हो जाने के बाद उसे बढ़ाया नहीं गया, अतः

परिषद स्वतः समाप्त हो गई। इसके बाद जनता पार्टी सरकार में सूचना और प्रसारण मंत्री श्री लालकृष्ण आडवाणी ने लोकसभा में 6 अप्रैल, 1977 को परिषद् की पुनर्स्थापना की घोषणा की और सन् 1978 में ''प्रेस परिषद् अधिनियम'' पुनर्जीवित हो गया।[1]

(क) प्रेस-परिषद् का स्वरूप—प्रेस परिषद में बाकायदा एक अध्यक्ष होते हैं और 28 सदस्य होते हैं। राज्यसभा के सभापति, लोकसभा के अध्यक्ष और परिषद के सदस्यों द्वारा बनी समिति से अध्यक्ष चुना जाता है। सदस्यों की कुल 28 संख्या में 13 श्रमजीवी पत्रकार, 6 पत्रों के संपादक और 7 संपादन में भिन्न श्रमजीवी पत्रकार। छोटे-बड़े एवं मझोले पत्रों से दो-दो प्रतिनिधि रहते हैं। इनमें से एक विश्वविद्यालय अनुदान आयोग, एक साहित्य अकादमी और एक भारत की विधिज्ञ परिषद के द्वारा निर्दिष्ट किया जाता है। इस तरह से यह संख्या तीन हो जाती है। प्रेस परिषद के सदस्यों में पाँच प्रतिनिधि सांसदों के बीच से चुनकर आते हैं। इनमें तीन लोकसभा के अध्यक्ष द्वारा अपने बीच से तथा शेष दो राज्यसभा के सभापति अपने सदस्यों के बीच से करते हैं।

1994 में 'प्रेस-परिषद्' की रिपोर्ट में प्रकाशित सदस्यों की सूची इस प्रकार हैं—

	श्री आर० एस० सरकारिया, जस्टिस	अध्यक्ष	भारतीय भाषाओं के संपादक
1.	श्री उत्तम चन्द्र शर्मा, सं० मुजफ्फरनगर बुलेटिन, मुजफ्फरनगर	सदस्य	
2.	श्री हर्षुख संस्थानी, सं० फुलछाब, राजकोट	सदस्य	
3.	श्री बी० जी० वर्गीज, सं० वेस्टर्न टाइम्स, अहमदाबाद	सदस्य	अंग्रेजी पत्रों के संपादक
4.	श्री विशम्भर नेवार, सं० छपते-छपते, कलकत्ता	सदस्य	
5.	श्री रामू पटेल, संपादक, ट्रिब्यून, चंडीगढ़	सदस्य	
6.	श्री भी० एन० नारायणन्	सदस्य	
7.	श्री आर० सी० पंडित, श्रमजीवी पत्रकार, आज, उत्तर प्रदेश	सदस्य	
8.	श्री परमानंद पाण्डेय, श्रमजीवी पत्रकार, जनसत्ता, नई दिल्ली	सदस्य	
9.	श्री अरुण बागची, श्रमजीवी पत्रकार,आनन्द बाजार पत्रिका, कलकत्ता	सदस्य	
10.	श्री मधुकर उपाध्याय, श्रमजीवी पत्रकार, यूनीवार्ता, नई दिल्ली	सदस्य	
11.	श्री बृज भारद्वाज, श्रमजीवी पत्रकार, हिन्दुस्तान टाइम्स, नई दिल्ली	सदस्य	
12.	श्री उमाशंकर फडनीस, श्रमजीवी पत्रकार (स्वतंत्र पत्रकारिता) नई दिल्ली	सदस्य	

---

1. **पत्रकारिता : परिचय और विश्लेषण—डॉ० प्रीता व्यास, पृष्ठ 191-192**

13. श्री हरिहर स्वरूप, श्रमजीवी पत्रकार, पी० टी० आई, नई दिल्ली — सदस्य
14. श्री के० एम० मैथ्यू, मलयाला मनोरमा, केरल — सदस्य
15. श्री वासुदेव राय, दि स्टेट्समैन, कलकत्ता — सदस्य
16. श्री एस० बी० सिंह, पंजाबी डाइजेस्ट, नई दिल्ली — सदस्य
17. श्री बी० एम० शर्मा, सान्ध्य ज्योति दर्पण, जयपुर — सदस्य
18. श्री राजेन्द्र कुमार वर्मा, जगत (हिन्दी), नई दिल्ली — सदस्य
19. श्री सतीश खुराना, डेटेंट (अंग्रेजी) नई दिल्ली — सदस्य
20. श्री के० पी० के० कुट्टी, यू० एन० आई०, समाचार समिति के मैनेजर
21. प्रो० के० सच्चिदानंद मूर्ति, विश्वविद्यालय अनुदान आयोग के प्रतिनिधि
22. श्री ब्रह्मानंद शर्मा, बार काउन्सिल के नामित प्रतिनिधि
23. प्रो० इन्द्रनाथ चौधरी, साहित्य अकादमी के नामित प्रतिनिधि
24. श्री चन्दूलाल चन्द्राकर, लोकसभा अध्यक्ष द्वारा नामित सांसद प्रतिनिधि
25. श्रीमती गीता मुखर्जी, लोकसभा अध्यक्ष द्वारा नामित सांसद प्रतिनिधि
26. श्री सुशील चन्द्र वर्मा, लोकसभा अध्यक्ष द्वारा नामित सांसद प्रतिनिधि
27. श्री वी० एन० गाडगिल, राज्यसभा सभापति द्वारा नामित सांसद प्रतिनिधि
28. श्री आर० के० करंजिया, राज्यसभा सभापति द्वारा नामित सांसद प्रतिनिधि

(ख) प्रेस परिषद् का उद्देश्य, महत्त्व तथा लाभ—प्रेस परिषद् समाचार पत्रों का पहरेदार है। पत्र-परिषद् स्वत: नियामक संस्था है, जिसकी स्थिति न्यायालय जैसी है, जो जनता, सरकार, समाचार पत्र की शिकायतों पर निर्णय देती है। इसे वादियों, प्रतिवादियों को बुलाकर उनसे जिरह करने, प्रमाण माँगने, निर्णय देने का वैधानिक अधिकार प्राप्त है।[1] प्रेस-परिषद् समाचार समितियों को अपनी स्वतंत्रता की रक्षा करने में सहायता देती है। पत्रकारिता के व्यवसाय में लगे व्यक्तियों में उत्तरदायित्व एवं जनसेवा की भावना पैदा करती है। पत्रकारिता की नैतिक संहिता का उल्लंघन करने वाले समाचार पत्रों के खिलाफ अथवा प्रेस की स्वतंत्रता को प्रत्यक्ष अथवा परोक्ष से प्रभावित करने वाली ताकतों के खिलाफ कोई भी

1. **आधुनिक पत्रकारिता—डॉ० अर्जुन तिवारी, पृष्ठ 92**

व्यक्ति प्रेस-परिषद् में शिकायत कर सकता है, लेकिन शिकायत करने से पूर्व यह आवश्यक है कि शिकायतकर्त्ता पहले सम्बद्ध व्यक्ति अथवा पत्र को लिखित रूप से ध्यान आकृष्ट करा लें। यदि शिकायतकर्त्ता उस लिखित अभियोग के उत्तर पाने पर असन्तुष्ट हो तो संपूर्ण विवरण के साथ वह प्रेस-परिषद् में शिकायत कर सकते हैं।[1] प्रेस-परिषद् के अन्य उद्देश्यों में—समाचार पत्रों और समाचार एजेन्सियों के स्वामित्व के संकेन्द्रण या उनके अन्य पहलुओं से संबंधित ऐसी घटना पर निगाह रखना, जिनका प्रेस की स्वतंत्रता पर प्रभाव पड़ सकता है। ऐसे अध्ययन कार्य हाथ में लेना जो परिषद् को सौंपे जायँ और किसी ऐसे विषय के बारे में अपनी राय प्रकट करना जो केन्द्रीय सरकार द्वारा उसे निर्दिष्ट किया जाय तथा ऐसे कार्य करना जो उपयुक्त कृत्यों के निर्वहन के आनुषांगिक या साधक हों।[2]

(5) समाचार समितियाँ (News Agencies)

समाचार एजेन्सियाँ जनसंचार की रीढ़ हैं। समाचार एजेन्सी सभी संभव स्रोतों—स्थानीय, प्रान्तीय, राष्ट्रीय और अन्तर्राष्ट्रीय—से सामग्री जुटाकर समाचार माध्यमों को उपलब्ध कराती हैं। समाचार के अलावा वह घटना विशेष से संबंधित चित्र, आँकड़ें, फीचर, विश्लेषण, लेख तथा व्यंग चित्र (कार्टून), चित्र कथाएँ (कॉमिक्स) और अन्य प्रासंगिक सामग्री भी प्रदान करती है। समाचार एजेन्सी के ग्राहकों में मुख्यत: समाचार पत्र, पत्रिकाएँ, रेडियो, टेलीविजन चैनल, सरकारी प्रतिष्ठान, राजनीतिक दल और व्यावसायिक घराने होते हैं।[3] विश्व में सर्वप्रथम फ्रांस में, सन् 1835 में एक सुप्रसिद्ध कारोवारी चार्ल्स हेवास द्वारा 'आवास' (हेवास) नाम से समाचारों के विक्रय का कारोबार किया गया, किन्तु अपने देश में समाचार समितियों का इतिहास इनकी तुलना में पुराना नहीं है। यहाँ समाचार एजेन्सी के श्रीगणेश करने की सर्वप्रथम उपलब्धि बंगाल के पत्रकार श्री केशव चन्द्र राय को प्राप्त है। सन् 1905 में स्टेट्समैन और भारत में निकाले गए पत्रों की सहायता से 'एसोसियेटेड प्रेस ऑफ इन्डिया' की शुरुआत की गई। पत्रकार श्री केशव चन्द्र इस एजेन्सी के प्रमुख थे, अत: इस आधार पर उन्हें भारतीय समाचार एजेन्सी का जनक कहा जाता है। बहरहाल, अब कुछ प्रमुख समाचार एजेन्सियों या समितियों के नाम इस प्रकार दिये जाते हैं—'एसोसियेटेड प्रेस ऑफ इन्डिया', 'इन्डियन न्यूज एजेन्सी', 'फ्री प्रेस एजेन्सी', 'यूनाइटेड प्रेस ऑफ इन्डिया', 'प्रेस ट्रस्ट ऑफ इन्डिया', 'यूनाइटेड न्यूज ऑफ इन्डिया', 'हिन्दुस्तान समाचार', 'इन्डियन न्यूज एण्ड फीचर एजेन्सी', 'न्यूज फीचर ऑफ इन्डिया', 'इन्डियन न्यूज एण्ड फीचर एलायंस', 'इन्डियन प्रेस एजेन्सी', 'प्रेस एशिया इन्टरनेशलन', 'समाचार भारती', 'इस्टर्न इन्डियन न्यूज एजेन्सी', 'केरल प्रेस', 'एसोसियेटेड न्यूज सर्विस', 'इन्डिपेन्डेन्ट न्यूज सर्विस', 'भारतीय समाचार', 'हिन्दी न्यूज सर्विस', 'नेशनल प्रेस ऑफ इन्डिया', 'फोटोग्राफिक न्यूज सर्विस', 'ज्ञानांजन', 'उत्थान', 'नेशनल न्यूज सर्विस', 'बुन्देलखण्ड न्यूज एजेन्सी', 'भारत न्यूज एजेन्सी', 'जे० जे० न्यूज', 'ओरियंट न्यूज एजेन्सी', 'इन्डिया न्यूज सर्विस', 'कश्मीर न्यूज सर्विस', 'जिज्ञासा', 'फारेन न्यूज एण्ड फीचर्स लिमिटेड', 'पब्लिकेशन्स सिन्डीकेट', 'एशिया फीचर्स', 'सत्य समाचार', 'हंस वार्ता' आदि।

---

1. **प्रेस कानून और पत्रकारिता—डॉ० संजीव भानावत, पृष्ठ 58**
2. **पत्रकारिता : परिचय और विश्लेषण—डॉ० प्रीता व्यास, पृष्ठ 192-193**
3. **उत्तर आधुनिक मीडिया तकनीक—डॉ० हर्षदेव, पृष्ठ 90**

अन्तर्राष्ट्रीय समाचार एजेन्सियाँ या समितियाँ—

(1) अरब न्यूज एजेन्सी (ANA), अरब
(2) तास (TAS), रूस
(3) रॉयटर (Reuter), ग्रेट ब्रिटेन
(4) एसोसियेटेड प्रेस ऑफ अमेरिका (AP), ग्रेट ब्रिटेन
(5) इन्टरनेशनल न्यूज सर्विस (INS), संयुक्त राज्य अमरीका
(6) यूनाइटेड प्रेस इन्टरनेशल (UPI), संयुक्त राज्य अमरीका
(7) न्यू चाइना न्यूज एजेन्सी (NCNA), चीन
(8) सिन्हुआ (Sinhua), चीन
(9) अन्तारा (Antara), चीन
(10) सेल्फा (SELFA), चेकोस्लोवाकिया
(11) एजेन्सी फ्रांस (AF), फ्रांस
(12) मोंटोसामे (Montsame), मंगोलिया
(13) क्योदो (Quyodu), जापान
(14) कोरियन सेन्ट्रल न्यूज एजेन्सी (KCNA), उत्तरी कोरिया
(15) सोनहॉप (Yonhop), दक्षिण कोरिया
(16) वियतनाम न्यूज एजेन्सी (UNA), वियतनाम
(17) थाइ न्यूज एजेन्सी (PNA), फिलीपिंस
(18) फिलीपिंस न्यूज एजेन्सी (PNA), फिलीपिंस
(19) बनीमा (Baneema), मलेशिया
(20) लंका अनुवाप (LA), श्रीलंका
(21) बंगलादेश न्यूज एजेन्सी, बंगलादेश
(22) इरना (Irana), ईरान
(23) बख्तर (Bakhtar), अफगानिस्तान
(24) अनाडोलू (Anadoloo), टर्की

अब कुछ प्रमुख समाचार सनितियों को इस प्रकार देखा जा सकता है—

(क) पी० टी० आई० (Press Trust of India)—इस समाचार एजेन्सी की मान्यता देश की सबसे बड़ी समाचार समिति के रूप में है। इसकी स्थापना सन् 1949 ई० में हुई। इसका मुख्यालय दादाभाई नौरोजी रोड, मुम्बई में हैं। ब्रिटेन की विश्व प्रसिद्ध समाचार एजेन्सी 'रायटर' तथा एशिया की सबसे बड़ी समाचार एजेन्सी पी० टी० आई० के बीच सन् 1948 ई० में तत्कालीन उपप्रधानमंत्री सरदार वल्लभ भाई पटेल के माध्यम से समाचारों के लेन-देन के लिए एक समझौता हुआ। इस समझौते के तहत पी० टी० आई०, रायटर को भारतीय समाचार मुहैय्या कराती है, तो रायटर से पी० टी० आई० को अन्तर्राष्ट्रीय समाचार प्राप्त होते हैं। पी० टी० आई० यह समाचार रायटर को अंग्रेजी में देती है।

कुल मिलाकर पी॰ टी॰ आई॰ के पास सर्वाधिक ग्राहक समाचार पत्र है। बकौल डॉ॰ हर्षदेव उसका नेटवर्क एशिया में किसी भी अन्य समाचार एजेन्सी से बड़ा है, जो 40 देशों की राजधानियों तक फैला हुआ है। सभी महत्त्वपूर्ण देशों—संयुक्त राष्ट्रसंघ, न्यूयार्क, लंदन, मास्को, नैरोबी, बीजिंग, इस्लामाबाद, कुआललम्पुर, ढाका, काठमांडू, कोलम्बो, बुल्गारिया, हंगरी, पोलैण्ड, जर्मनी आदि महत्त्वपूर्ण देशों में पूर्णकालिक तथा लगभग सभी प्रमुख स्थानों पर उसके अंशकालिक संवाददाता कार्यरत हैं। देश में उसके कार्यालयों की संख्या 125 से अधिक है। पी॰ टी॰ आई॰ प्रतिदिन लगभग एक लाख शब्द समाचार पत्रों को उपलब्ध कराती है। इनमें राजनीति के अलावा, आर्थिक, वाणिज्यिक और खेल संबंधी समाचारों की प्रधानता रहती है। सन् 1980 से पी॰ टी॰ आई॰ ने कम्प्यूटर द्वारा समाचारों को भेजना शुरू किया, 1986 में 'स्कैन समाचार सेवा' प्रारम्भ की, 10 अप्रैल 1986 से हिन्दी समाचार सेवा 'भाषा' का प्रारम्भ किया। हिन्दी में यह समिति प्रतिदिन 35,000 शब्द तथा फ्रेंच में 8,500 शब्द प्रतिदिन समाचार पत्रों को प्रेषित करती है।

(ख) यू॰ एन॰ आई॰ तथा यूनिवार्ता—प्रथम प्रेस आयोग (1954) ने अपनी सिफारिशों में यह कहा था कि स्वस्थ और निष्पक्ष पत्रकारिता के लिए यह आवश्यक है कि देश में दो सशक्त समाचार समितियाँ काम करें, ताकि समाचारों के लेन-देन में किसी एक का एकाधिकार न रहे। संभवतः इसीलिए कुछ लोग कहते हैं कि इस एजेन्सी का जन्म पी॰ टी॰ आई॰ की प्रतिद्वन्द्विता के तहत हुआ। बहरहाल, जो भी हो, लेकिन इतना तय है कि इसकी बुनियाद 21 मार्च, 1961 ई॰ को पड़ी। यहाँ यह भी ध्यान रखना होगा कि पी॰ टी॰ आई॰ की तुलना में यू॰ एन॰ आई॰ को अपने अस्तित्व बचाने के लिए काफी जद्दोजहद और कशमकश करनी पड़ी। पी॰ टी॰ आई॰ को राष्ट्रीय और एशिया स्तर का चेहरा बनाने में जहाँ पटेल ने इसे रायटर जैसी अन्तर्राष्ट्रीय समिति से जोड़कर महत्त्वपूर्ण कार्य किया, वहीं यू॰ एन॰ आई॰ के लिए बंगाल के पूर्व मुख्यमंत्री डॉ॰ बी॰ सी॰ राय संकटमोचक बने। दरअसल, वित्तीय खस्ताहाली और समाचार-ग्राहकों के अकाल के कारण इसे दुर्दिन झेलने पड़े। कालान्तर में तत्कालीन गृहमंत्री लाल बहादुर शास्त्री के सहायक और सूचना अधिकारी श्री कुलदीप नायर ने अपनी बौद्धिक दक्षता से इसे पी॰ टी॰ आई॰ के समकक्ष खड़ा किया। बाद में एक अन्य पूर्व अधिकारी श्री मीरचंदानी ने भी इसे मजबूती दी।

बहरहाल, ताजा आँकड़ों के हिसाब से यू॰ एन॰ आई॰ के इस समय अपने देश में 90 केन्द्र हैं। ये केन्द्र 80,000 कि॰ मी॰ लम्बी टेली प्रिंटर लाइन से जुड़े हुए हैं। डॉ॰ संजीव भानावत के अनुसार चौदह प्रमुख भाषाओं के लगभग 400 समाचार पत्र इसकी समाचार सेवाओं से लाभ ले रहे हैं। लगभग 300 स्थानों पर यू॰ एन॰ आई॰ के संवाददाता हैं। 19 विदेशी समाचार समितियों से इसके समझौते हैं तथा 17 विदेशी संवाददाताओं की नियुक्ति भी इस समिति ने की है।[1] यह संस्था राष्ट्रीय और अन्तर्राष्ट्रीय स्तर पर समाचार देती है। यह वित्तीय पृष्ठभूमि के समाचार, खेलकूद समाचार (साप्ताहिक), कृषि समाचार (साप्ताहिक) अंग्रेजी और गुजराती भाषा में प्रकाशित करती है।[2] यू॰ एन॰ आई॰ में भी अब कम्प्यूटर तकनीक पर आधारित टेलीप्रिंटर का प्रयोग प्रारंभ हो गया है।

---

1. **पत्रकारिता का इतिहास एवं जनसंचार माध्यम—डॉ॰ संजीव भानावत, पृष्ठ 140**
2. **पत्रकारिता के सिद्धान्त—गुरुशरण लाल, पृष्ठ 166**

1 मई, 1982 को यू० एन० आई० की हिन्दी शाखा '**यूनिवार्ता**' की स्थापना हुई। यह यू० एन० आई० 'यू० न्यू०' नाम से भी जानी जाती है तथा 'यूनिवार्ता' को 'वार्ता' भी कहते हैं। हिन्दी 'बेल्ट' में यूनिवार्ता की ग्राहक संख्या सापेक्ष, किसी अन्य समिति के—ज्यादा है। यह 'यूनाइटेड न्यूज ऑफ इन्डिया' (यू० एन० आई०) के ही अधीन काम करती है। इसका प्रधान कार्यालय नई दिल्ली में है। भारत के 60 शहरों में इसके शाखा कार्यालय हैं।

(ग) प्रसार भारती—जुलाई 1990 में दूरदर्शन और आकाशवाणी को स्वायत्तता देने संबंधी प्रसार भारती अधिनियम को राष्ट्रपति ने स्वीकृति प्रदान की—

"THE PRASAR BHARATI (BROADCASTING CORPORATION OF INDIA) ACT, 1990

(No. 25 of 1990)

[12 September, 1990]

"An Act to provide for the establishment of a Broadcasting Corporation for India to be known as Prasar Bharati, to define its composition, functions and powers and to provide for matters connected therewith or incidental thereto."

इस अधिनियम में आकाशवाणी और दूरदर्शन को एक निगम के दो अंग माना गया, जिन पर सरकार का कोई नियंत्रण नहीं है। 'आकाशवाणी' तथा 'दूरदर्शन' को परिभाषित करते यहाँ बताया गया है कि, "'Akashvani' means the offices, stations and other establishments, by whatever name called which, immediately before the appointed day, formed part of or were under the Director-General, All India Radio of the Union Ministry of Information and Broadcasting." दूरदर्शन के लिए कहा गया है—"'Doordarshan' means the offices, kendras and other establishments by whatever name called...Doordarshan of the Union Ministry of Information and Broadcasting." 1990 से लेकर 1995 तक संशोधनों से गुजरने के बाद जनवरी 1995 में यह अधिनियम तत्कालीन प्रधानमंत्री को प्रस्तुत किया गया। अंततः 15 सितम्बर, 1997 से इसे लागू किया गया। बाद में 31 अक्टूबर, 1997 को एक अध्यादेश के माध्यम से इसमें कुछ महत्त्वपूर्ण परिवर्तन किए गए। पुनः कालान्तर में यह फैसला किया गया कि अन्तर्राष्ट्रीय उपग्रह प्रसारण के कारण एशिया में प्रसार के बदलते परिदृष्य को देखते हुए इसका पुनर्मूल्यांकन किया जाय। अतः केन्द्र सरकार ने 23 नवम्बर, 1997 को आकाशवाणी व दूरदर्शन के संचालन हेतु बहुप्रतीक्षित प्रसार भारती निगम के गठन की घोषणा की।

यह भी तय किया गया कि निगम के प्रबंध के लिए नौ सदस्यों का निर्देशक मंडल होगा। इसकी नियुक्ति राष्ट्रपति द्वारा एक समिति की सिफारिश पर की जाएगी। नियुक्ति समिति में भारतीय प्रेस परिषद के अध्यक्ष, राज्यसभा के सभापति और राष्ट्रपति द्वारा नामित एक व्यक्ति होगा, प्रसार भारती अधिनियम के दूसरे अध्याय में इस बात का स्पष्ट उल्लेख है—

(4)—(1) The Chairman and the other Members, except shall be appointed by the President of India on the recommendation of a committee consisting of—

(a) the Chairman of the Council of States, who shall be the Chairman of the Committee,

(b) the Chairman of the Press Council of India established under Section 4 of the Press Council Act-1978, and

(c) one nominee of the President of India.

31 अक्टूबर '97 को राष्ट्रपति द्वारा जारी अध्यादेश के अनुसार आकाशवाणी और दूरदर्शन की सभी सम्पत्ति, राशि तथा कर्मचारियों की सेवाओं को प्रसार भारती में हस्तान्तरित करने या स्थानान्तरण पर लेने का अधिकार भी सरकार की जगह प्रसार भारती निगम को सौंप दिया गया है—"Where the Central Government has ceased to perform any functions which under Section 12 are the functions of the Corporation, it shall be lawful for the Central Government to transfer, by order and with effect from such date or dates as may be specified in the order...functions." एक अन्य अध्यादेश के अनुसार प्रसार भारती निगम ही अपने अधिकार क्षेत्र में आने वाले प्रसारण के संबंध में सेवा शुल्क या अन्य किसी तरह के शुल्क का निर्धारण करेगा। अधिनियम में यह भी कहा गया है कि निगम के कर्मचारियों को चयन के लिए चयन बोर्ड का गठन किया जाएगा। यह बोर्ड ही कर्मचारियों तथा अधिकारियों के चयन के सिफारिश करेगा। इतना ही नहीं, अध्यादेश के माध्यम से मूल अधिनियम में प्रसार भारती निगम की निगरानी के लिए प्रस्तावित संसदीय समिति तथा सांसदों की प्रसारण-परिषद को समाप्त कर दिया गया है। अध्यादेश में यह भी कहा गया है कि यह निगम देश की एकता, अखण्डता तथा संविधान में उल्लिखित सांस्कृतिक तथा लोकतांत्रिक मूल्यों को ध्यान में रखते हुए काम करेगा—"Upholding the unity and integrity of the country and the values enshrined in the Constitution तथा Safeguarding the citizen's right to be informed freely, truthfully and objectively on all matters of public interest, national or international and presenting balanced flow of information including contrasting views without advocating any opinion or ideology of its own." प्रसार भारती निगम में वरिष्ठ पत्रकार निखिल चक्रवर्ती को अध्यक्ष तथा भूतपूर्व सूचना एवं प्रसारण सचिव एस० एस० गिल को मुख्य कार्यकारी सचिव नियुक्त किया गया था। बोर्ड के अन्य 6 सदस्यों में बी० जी० बर्गीज, डॉ० आबिद हुसेन, प्रो० रोमिला थापर, प्रो० यू० आर० राव, ए० पद्मनाभन तथा साहित्यकार डॉ० राजेन्द्र यादव शामिल थे।

अध्याय-9

कार्यालयीय हिन्दी (OFFICIAL HINDI)

शासकीय/राजकीय या सरकारी पत्र-व्यवहार (Official Letter Writting)

(1) प्रशासन व्यवस्था और भाषा

मुनादी करने के आदिम संचार माध्यम डुग्गी से लेकर उत्तर आधुनिक संचार माध्यम इन्टरनेट की तरह भाषा भी व्यक्ति, समूह और प्राचीन प्रशासनिक व्यवस्था के प्रतीक 'दरबार' से लेकर आज के 'बाजार' के बीच तक अनगिनत स्तर और रूपों में बरती जा रही है। वस्तुत: भाषा गए वक्त की आवाज होती है। परंपरा और आधुनिकता के बीच वह पुल का काम करती है। वह शासकों की मुँह बोली बनने से लेकर सत्ता में हिस्सेदारी, परंपरा, आस्था, तत्कालीन समाज का मिज़ाज़, जीवन यापन, टूटन, बिखराव, यातना, संघर्ष, मूल्यबोध, आकांक्षा, अनिश्चय तथा विकृति-विकार आदि की अभिव्यक्ति का माध्यम भी बनती है। तत्कालीन समाज अपनी निजता का धागा सीधे भाषा में ही बुनता है। हर सत्ता की आवाज भाषा ही बनती है। विश्व के अनेक देशों में आज भी भाषाई उपनिवेश के रूप में अंग्रेजी का बोलबाला है। अफ्रीकी देशों में घाना,नाइजीरिया, केनिया, युगांडा, तंजानियाँ और जाम्बिया इसके उदाहरण हैं। इन देशों में अंग्रेजी ही प्रशासनिक व्यवस्था और उच्च शिक्षा का माध्यम बनी हुई है। दक्षिण-पूर्व एशियाई देशों—मयनमार (बर्मा), थाइलैण्ड, दक्षिण वियतनाम और इन्डोनेशिया में क्रमश: 'बर्मीज', 'थाई', 'वियतनामीज', 'भासा-इन्डोनेशिया' में राजकाज अवश्य सम्पन्न किया जाता है, किन्तु इन देशों में छात्रों को विश्वविद्यालयों मे प्रवेश से पूर्व अंग्रेजी को बर्मा में पाँच वर्षों तक, इन्डोनेशिया में छ: वर्षों तक, दक्षिण वियतनाम में सात वर्षों तक तथा थाइलैण्ड में आठ वर्षों तक पढ़ना अनिवार्य है। इधर, लाओस में 'लाओ' (Lao), फिलिपाइन में 'तगालोग' (Tagalog) तथा मलेशिया में 'मलय' (Malay) प्रशासन की भाषा हैं। अपने देश में भी समय-समय पर फारसी, तुर्की, कभी-कभार उर्दू तथा हिन्दी और अंग्रेजी प्रशासन की भाषा बनती रही हैं।[1]

आदिकाल के शुरुआती दौर में विभिन्न रजवाड़ों एवं रियासतों में सूचनाओं के आदान-प्रदान का माध्यम हिन्दी थी। इस समय के अधिकांश राजाओं की प्रशासनिक व्यवस्था का माध्यम हिन्दी बनती थी। **डॉ० बाबू राम शर्मा**[2] के अनुसार इस देश में मुगलों और अंग्रेजों के आने से पूर्व तथा तदुपरान्त देश के विभिन्न हिस्सों में हिन्दी राजकाज की भाषा बनती आई

---

1. **Muslim Rule in India—Dr. Vidya Dhar Mahajan, P. 270, S. Chand, Delhi, 1975, Rs. 20**
2. **बारहवीं सदी से राजकाज में हिन्दी—डॉ० बाबू राम शर्मा, पृष्ठ 98**

है। हिन्दी राजपूतों के शासन में शासकीय भाषा थी। इसी तरह मराठों के रजवाड़ों की भाषा भी हिन्दी ही थी। तत्कालीन मुगलों के राज्य-विस्तार के साथ-साथ प्रशासनिक ओहदेदारों के संपर्क से हिन्दी धीरे-धीरे गुजरात, महाराष्ट्र, आंध्र प्रदेश, कर्नाटक, तमिलनाडु एवं केरल तक पहुँची और यत्र-तत्र प्रशासनिक कार्यों में संपर्क भाषा के रूप में हिन्दी या उससे मिलती-जुलती भाषा-प्रयोग के प्रमाण मिलते हैं। इसी तरह मुगल शासनकालीन अनेक राजपत्रों, फरमानों, प्रशस्ति पत्रों एवं शासकीय दस्तावेजों में हिन्दी प्रयोग के प्रमाण मिलते हैं।

महाराष्ट्र के सहस्रों दानपत्रों, पत्रों, पट्टों, बहियों, परवानों आदि के अध्ययन से ज्ञात होता है कि मराठा प्रशासन में मराठी के साथ-साथ हिन्दी का भी प्रयोग राजकाज की भाषा के रूप में होता रहा है। मराठी के एक विद्वान् **डॉ० केलकर** कहते हैं कि[1] उत्तरी भारत के नरेश, कर्मचारी आदि तो पेशवा, मराठा सरदारों, मराठा शासन के अधिकारियों आदि को हिन्दी में पत्र लिखते ही थे, परन्तु उधर पेशवा, मराठा सरदारों और सेनानायकों को मराठा राज्य के अधिकारियों आदि की ओर से भी जो कागजात इन हिन्दी-भाषी राजपूत नरेशों, उनके घरानों, कर्मचारियों आदि को लिखे जाते थे, वे भी हिन्दी में ही होते थे। बारहवीं शताब्दी में तुर्कों एवं अफगानों के भारत में प्रवेश के समय प्रशासन की भाषा फारसी बनी। विद्यार्थियों को फारसी भाषा का व्याकरण कंठाग्र कराया जाता था और यह फारसी ही मुगल शासकों के राजकाज की भाषा भी थी—"There was s special provision for the teaching of Persian in the Maktab as it was the official language of the Government."[2] मुइजुद्दीन मुहम्मद गोरी, मुहम्मद बिन कासिम तथा महमूद गजनवी ने अपने प्रशासन की भाषा के रूप में फारसी के साथ हिन्दी को भी स्थान दिया।[3] महमूद गजनवी द्वारा जारी रजत मुद्रा के मुख भाग पर ''अव्यक्तमेकं मुहम्मद अवतार नृपति महमूद'' तथा पिछले हिस्से पर ''अयं टकं महमूदपुर घटिते हिजरियेन संवति-418'' देवनागरी लिपि में टंकित है।[4] मुहम्मद तुग़लक ने अरबी, फारसी, तुर्की, चीनी, बंगाली, गुजराती आदि भाषाओं को सम्मान दिया।[5] गयासुद्दीन तुग़लक ने धातु की मुद्राओं पर ''स्त्री सुलतान गयासुदां'' लिखवाकर देवनागरी के प्रयोग का संकेत किया है।[6] इतिहासकार फीरोज तुग़लक ने अपने शासन में हिन्दी, संस्कृत और फारसी के प्रयोग पर बल दिया।[7] हुमायूँ के प्रशासन की भाषा फारसी थी।[8] शेरशाह के पुत्र सलीमशाह अपनी प्रशासनिक व्यवस्था में हिन्दी प्रयोग का आदेश देते दिखाई देते हैं।[9] अकबर के दरबार की भाषा फारसी और हिन्दी—दोनों थी।[10]

---

1. **18वीं शती के हिन्दी पत्र—डॉ० केलकर, पृष्ठ 10**
2. **History of Indian Education—D. L. Ravat, P. 97, Agra, 1956**
3. **Promotion of Learning in India—M. N. Law, Page 187**
4. **Coins of Medieval India—Sir A. Cunningham, Page 65**
5. **तारीखे फरिश्ता—फरिश्ता, पृष्ठ 369, जिल्द-2, लखनऊ-1867**
6. **हिन्दी भाषा और साहित्य का इतिहास—आचार्य चतुरसेन, पृष्ठ 26**
7. **तारीखे फीरोजशाही—जियाउद्दीन बर्नी, सं० सर सैयद अहमद खाँ, पृष्ठ 460, कोलकाता-1862**
8. **भारत में मुगल साम्राज्य—एस० आर० शर्मा, पृष्ठ 99**
9. **मुस्लिम सफ़ाकत—पृष्ठ 224**
10. **आइने अकबरी—अंग्रेजी अनुवाद—ब्लॉकमैन, जिल्द-1, पृष्ठ 278**

मुगलों के पतन के बाद फारसी का पतन हुआ और सन् 1837 में अंग्रेजी ने फारसी का स्थान ले लिया। भारत में अंग्रेजी के प्रचार-प्रसार और राजकीय कर्मचारियों को अंग्रेजी में दीक्षित करने के लिए कोलकाता में 1800 ई० में 'फोर्ट विलियम कॉलेज' की स्थापना हुई। लेकिन चालाक कम्पनी प्रशासकों ने इस देश की जनता की भाषा हिन्दी, उर्दू, हिन्दुस्तानी को बढ़ावा देने तथा सरकारी कामकाज की भाषा के रूप में कई कदम उठाए—"How universally are commercial and military concerns that even political correspondence of the highest consequence connected with it is carried on in it. The language is most proper and necessary for conducting the affairs of civil government and commands of military as well as judicial cases." किन्तु आज अपने देश की राजभाषा हिन्दी है। भारत के स्वतंत्र होने के पहले जुलाई 1896 में आजाद राष्ट्र के संविधान के निर्माण हेतु संविधान सभा के 389 सदस्य चुने गए, जिनमें से 296 ब्रिटिश भारत के और 93 रियासतों के प्रतिनिधि थे। 11 दिसम्बर, 1946 ई० को डॉ० राजेन्द्र प्रसाद को इस सभा का स्थायी अध्यक्ष निर्वाचित किया गया। 15 अगस्त, 1947 को विशाल भारत का विभाजन और स्वतंत्र भारत एवं पाकिस्तान का उदय हुआ। स्वतंत्रता के बाद एक राष्ट्रध्वज, एक संविधान, एक राष्ट्रगान की तरह ही एक राष्ट्रभाषा अथवा राजभाषा का प्रश्न उठा और संविधान सभा द्वारा राजभाषा संबंधी विषय पर दिनांक 12, 13 एवं 14 सितम्बर, 1949 ई० को गंभीरतापूर्वक विचार-विमर्श कर हिन्दी को संघ के प्रशासन की भाषा बनाया गया।[1]

(2) कार्यालयीय हिन्दी की प्रकृति

कार्यालयीय हिन्दी और आम बोलचाल की हिन्दी में काफी अंतर होता है। कार्यालयीय हिन्दी की शब्दावली, वाक्य-विन्यास तथा पद-रचना के स्तर पर कुछ भिन्न होती है। वस्तुत: यह हिन्दी सरकारी पत्र व्यवहार, सरकारी रिपोर्ट, टिप्पणी लेखन, मसौदा लेखन, प्रतिवेदन, संक्षेपण, नियमों-अधिनियमों, संकल्पों, संक्षेपण और पल्लवन आदि के लिए प्रयुक्त की जाती है। कुल मिलाकर साहित्यिक हिन्दी तथा सामान्य स्तर पर संवाद करने वाली हिन्दी से इसका चरित्र और चेहरा अलग किसिम का होता है। यहाँ क्लिष्ट शब्दावली, अस्पष्ट तथा द्वैध पैदा करने वाले शब्दों से परहेज किया जाता है। दरअसल, **डॉ० कैलाश चन्द्र भाटिया**[2] के शब्दों में दिन-प्रतिदिन के सामान्य व्यवहार को हिन्दी से भिन्न कार्यालय के अधिकारियों अथवा कर्मचारियों द्वारा प्रशासनिक उद्देश्यों के लिए प्रयुक्त हिन्दी को कार्यालयीन हिन्दी कहा जाता है। **डॉ० केशरी लाल वर्मा**[3] कहते हैं कि कार्यालय में प्रयुक्त होने वाली भाषा में औपचारिकताएँ अधिक होती हैं। यह भाषा सटीक एवं सर्वमान्य होती है। नपी-तुली भाषा का प्रयोग सप्रयास किया जाता है। सामान्यत: कार्यालयीन हिन्दी को दो वर्गों में विभाजित किया जाता है—आवेदनात्मक एवं आदेशानात्मक। **डॉ० चितरंजन कर**[4] डॉ० वर्मा के उक्त दो रूपों को पुन: कई वर्गों में विभक्त करते हैं—

1. **प्रशासनिक हिन्दी—डॉ० चन्द्रपाल, पृष्ठ 15**
2. **हिन्दी भाषा का प्रयोजनमूलक स्वरूप—डॉ० कैलाश चन्द्र भाटिया, पृष्ठ 11**
3. **कार्यालयीन हिन्दी—डॉ० केशरीलाल वर्मा, पृष्ठ 76, सन् 1991**
4. **भाषा—डॉ० चितरंजनकर, पृष्ठ 36, नवम्बर, दिसम्बर, 1995**

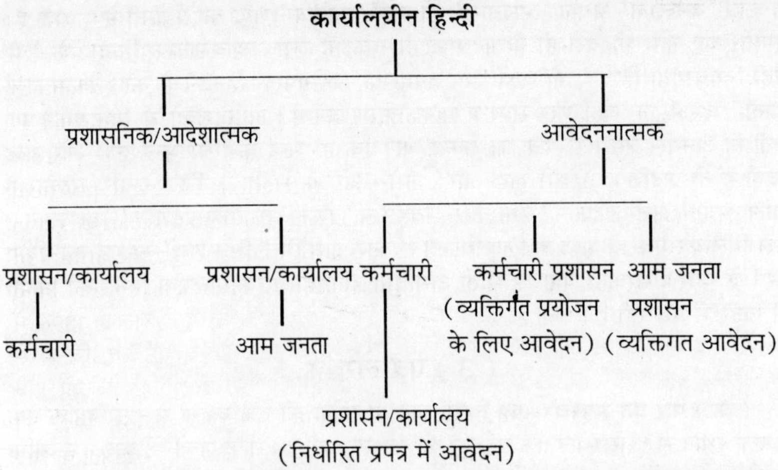

डॉ० बालेन्दु शेखर तिवारी[1] की बात मानें तो कार्यालयीय हिन्दी या प्रशासनिक हिन्दी में आवश्यक तथ्यों का विवरण दिया जाता है। कार्यालयीय हिन्दी में संस्कृत, अरबी, फारसी, अंग्रेजी आदि भाषाओं के पर्याय भी यदा-कदा होते हैं। कार्यालय सहायक इन पर्यायों में से किसी एक पर्याय का प्रयोग अपनी इच्छानुसार कर सकता है। प्रशासनिक हिन्दी का प्रयोग बहुकोश में सरकारी कामकाज के लिए होता है। सरकार का अधिकांश—उसके अधिकारियों तथा कर्मचारियों द्वारा सामूहिक रूप से चलता है। इसी प्रकार प्रत्येक अधिकारी अपने-अपने क्षेत्राधिकार में प्रदत्त अधिकारों का उपयोग करते हुए कर्म प्रधान एवं व्यक्ति निरपेक्ष भाषा का प्रयोग करता है। इस प्रकार की हिन्दी में कर्तृवाच्य का प्रयोग नहीं होता, यथा—(1) मसौदा अनुमोदन के लिए प्रस्तुत है, (2) जरूरी आँकड़े इकट्ठे किए जा चुके हैं, (3) श्री सिंह का स्पष्टीकरण संतोषजनक नहीं पाया गया, (4) मुख्यालय छोड़ने की अनुमति दी जाती है, (5) मुझे यह कहने का निर्देश हुआ है। कार्यालयीय हिन्दी अथवा प्रशासनिक हिन्दी में कारणरूपेण कर्त्ता का भी लोप होता है। इस समय प्रशासन में जिस हिन्दी का विकास हो रहा है, वह मुख्यतः अनुवाद की भाषा है। चूँकि प्रत्येक भाषा की अपनी प्रकृति होती है और प्रयोग के अनुसार वह अपना रूप स्थिर करती चलती है, पर वही रूढ़ प्रयोग जब अनुवाद के माध्यम से दूसरी भाषा में आता है तो पर्याप्त अटपटा लगता है, फिर भी बक़ौल **डॉ० विजयपाल सिंह**[2] कार्यालयीय हिन्दी का स्वरूप अनुवाद प्रधान होते हुए भी व्यवहार से निखरकर अपनी सही प्रकृति का उद्‌घाटन कर रहा है। अनुवाद परंपरा में जो हिन्दी का रूप उभरकर सामने आया है, उसमें विविध भाषाओं के शब्दों का समावेश है और संप्रेषण की दृष्टि से आज यह सही प्रतीत होता है।

नामकरण पर विवाद—हिन्दी के इस रूप का नाम विभिन्न पुस्तकों, पत्र-पत्रिकाओं, समाचार पत्रों, गोष्ठियों—सेमिनारों में सतत् विवाद का विषय बनता है। 'कार्यालयीय' शब्द की जगह कहीं 'कार्यालयीन' तो कहीं 'प्रशासनिक', कहीं 'आफिश्यलीज़' अर्थात् 'दफ्तरी'

1. **प्रयोजनमूलक हिन्दी—सं० डॉ० बालेन्दु शेखर तिवारी, पृष्ठ 80**
2. **प्रयोजनमूलक हिन्दी—डॉ० विजयपाल सिंह, पृष्ठ 7**

तो कहीं 'जर्नलीज़' अर्थात् 'अखबारी', तो कहीं 'कार्मिक' शब्द का प्रयोग किया जाता है। वस्तुतः यह नाम भी वैसे ही विवादास्पद हो चुका है जैसे 'व्यावसायिक हिन्दी' के लिए कहीं 'व्यवसायी हिन्दी', तो कहीं 'प्रयोजनमूलक, प्रयोगपरक हिन्दी' तो कहीं 'कामकाजी हिन्दी'। दरअसल, यहाँ मूल समस्या मानकीकरण की है। अगर शब्दों में यहाँ एकरूपता होती तो अनर्गल बहस से बचा जा सकता था। एक ही शब्द के लिए केन्द्र कुछ और शब्द गढ़ता है तो प्रादेशिक सरकारें कुछ और , जैसे—अंग्रेजी 'Hall' के लिए केन्द्रीय सरकार ने 'हाल-भवन', उत्तर प्रदेश ने 'सभा कक्ष', बिहार ने 'प्रशाल' तो मध्य प्रदेश ने 'बड़ा कमरा'। कुल मिलाकर एक ही शब्द के लिए विभिन्न सरकारों द्वारा भिन्न-भिन्न शब्दों को गढ़ कर प्रयोग करने के कारण सरकारी पत्राचार में तो असुविधा होती ही है, कार्यालयीय हिन्दी की प्रकृति भी खतरे में पड़ रही है।

(3) पत्र लेखन

(क) पत्र का महत्त्व—पत्र किसी बात या संदेश को एक व्यक्ति से दूसरे व्यक्ति तक या एक स्थान से दूसरे स्थान तक पहुँचाने का माध्यम होता है। साफ शब्दों में, जब एक व्यक्ति किसी दूसरे व्यक्ति के पास कोई प्रत्यक्ष संदेश भेजता है, तो उसे 'पत्र' कहा जाता है। पत्र वस्तुतः आत्मीय वार्तालाप और अन्तरंग क्षणों को अभिव्यक्त करते हैं। मध्यस्थ होने पर पत्र की सहज अनौपचारिकता तथा हार्दिकता नष्ट हो जाती है और पत्र महज़ औपचारिक संदेश रह जाता है। आधुनिकता के प्रदूषण की चपेट में आने से पहले पत्रों की अपनी कुछ देसी मर्यादाएँ होती थीं। निम्न दोहा यह बताता है कि पत्र लिखते समय सम्बोधन के रूप में 'श्री' शब्द का इस्तेमाल किसके लिए और कितनी बार करना चाहिए—

"श्री लिखिये षट्‌गुरुन को, स्वामि पाँच, रिपु चारि।
तीन मित्र, दो भृत्य को, एक पुत्र अरु नारि॥"

अर्थात् माता-पिता तथा गुरुजनों को, 'श्री' 6, स्वामी को 5, शत्रु को 4, मित्र को 3, नौकर को 2 तथा स्त्री और पुत्र को 'श्री' 1 लिखना चाहिए। राजा और महात्माओं को श्री 108 या 1008 लिखा जाता था।

वस्तुतः दूरस्थ प्रिय के पास पत्र लिखकर संदेश भेजने की प्रथा हमारे देश में बहुत प्राचीन है। पत्र के महत्त्व को इतने से ही समझा जा सकता है कि प्राचीन काव्यों में मेघ तथा हंस आदि को दूत बनाकर संदेश भेजने के निदर्शन भरे पड़े हैं। इस प्रकार के संदेशों में मनोगत भाव, आकुल दशा और शारीरिक क्षीणता की अभिव्यक्ति हुई है। संदेश काव्यों में मेघदूत अधिक प्रसिद्ध है। यहाँ यक्ष मेघ के द्वारा अपनी प्रियतमा को संदेश भेजता है—

"प्रत्यासन्ने नभसि दयिताजीविता लम्बनार्थी।
जीमूतेन स्वकुशलमयीं हारयिष्यन्प्रवृत्तिम्॥
स प्रत्यग्रैः कुटजकुसमैः कल्पितार्घाय तस्मै।
प्रीतः प्रीतिप्रमुख वचनं स्वागतं व्याजहार॥"[1]

पत्र-गीति के रूप में भी शकुन्तला का दुष्यन्त को पत्र-लेखन महत्त्वपूर्ण है, यद्यपि वह स्वतंत्र अथवा मुक्तक न होकर नाटक का अंशमात्र है। दमयन्ती राजा नल के लिए भोजपत्र पर चिट्ठी

---

1. **मेघदूतम् (पूर्व मेघ)—कालिदास—4**

लिखती है—"नैषध! नल होकर भी तुम मेरे लिए अनल हो गए हो। मानरूप सागर से भरे हुए अबलाओं के मानस को इस प्रकार ग्रहण करना तुम जैसों का धर्म नहीं है। दैव भी दुर्बल को ही सताता है।"[1] कबीरदास को पत्र लिखने की अपेक्षा नहीं हुई, क्योंकि—

"प्रीतम को पतियाँ लिखूँ जो कहूँ होय बिदेस।
तन में मन में नैन में ताको कहाँ सन्देस॥"

इधर, मीरा भी प्रियतम को पत्र लिखना चाहती हैं, लेकिन कबीर की तरह उन्हें भी लगता है कि जब उनका प्रियतम उनके हृदय में ही बसा हुआ है तो कागद, कलम और स्याही क्यों खर्च करें—

"सबके प्रिय परदेस बसतु हैं, लिखि-लिखि भेंजे पाती।
मोरा पिया हिरदय मों बसता, गूँज करूँ दिन राती॥"

सूर की गोपियों ने कृष्ण को जो संदेश भेजे, वे लिखित नहीं थे, क्योंकि, "मसि खूटी, कागद जल भीज्यौ, सरदौ आगि जरै।" इधर, श्रीकृष्ण ने गोपियों को पत्र लिखा था, जिसके संबंध में सूर की उद्‌भावना है—

"निरखत अंक स्याम सुन्दर के बारि-बारि लावति छाती।
लोचन जल कागद मसि मिलि के ह्वै गयी स्याम स्याम की पाती।"

बिहारी की नायिकाएँ भी अपने नायकों को पत्र लिखना चाहती हैं, लेकिन अतिशय शील-शर्म के कारण पत्र न लिखकर केवल कागज का टुकड़ा ही पत्र के रूप में संदेश वाहक से भेजवा देती हैं—

"कागद पर न लिखत बनत, कहत संदेश लजियात।
कहिहौं सब तेरे हियौ, मेरे हिय की बात॥"[2]

इस तरह हम देखते हैं कि पत्र का सार्वकालिक एवं सार्वदेशिक महत्त्व रहा है।

(ख) पत्र-लेखन की कला—आज के युग में पत्र लेखन एक चुनौतीपूर्ण कार्य है। कभी-कभी यह देखा जाता है कि विद्वान् प्राध्यापक विषय के गहरे ज्ञाता होने के बावजूद विद्यार्थियों के समक्ष कक्षा में मुकम्मल और पुख्ता रूप में बेबाकी से अपनी बात कह नहीं पाते, किन्तु अल्प ज्ञात अध्यापक उसी तथ्य को इतने करीने-सलीके से बहुत लजीज शैली में साफगोई से कह देते हैं कि कक्षा के छात्र गद्‌गद हो उठते हैं। कुल मिलाकर यह कि उपन्यास, कहानी, कविता को अध्यापक स्वत: तो समझ लेता है, लेकिन जो लोग अपनी समझी हुई बात को विद्यार्थियों को बोधगम्य करा देते हैं, वहीं सफल अध्यापक माने जाते हैं। वस्तुत: यही 'हुनर' और 'कला' है। ठीक उसी तरह से पत्र-लिखना भी कला है। नपी-तुली शब्दावली और सुन्दर शैली की छौंक से सम्पृक्त पत्र प्रभविष्णु होते हैं। पत्र की कलात्मकता बिगड़े काम को बना देती है, किन्तु बेतरतीब, सतही और अटपटी भाषा पत्रों की शक्ल को खरोंच देती है। दरअसल, पत्रों से व्यक्तित्व की भद्रता साफ झलकती है। पत्र व्यक्ति के आंतरिक संवाद को अपने ऊपर दर्ज करते हैं। इनमें व्यक्ति अपने जीवन के सच, अनुभव के सच, स्मृतियों के सच, आन्तरिक अनुशासनों के सच की इन्दराज और दर्ज करते हैं। हिन्दी के

1. **नल चम्पू—त्रिविक्रम भट्ट, पष्ठ उच्छवास**
2. **हिन्दी साहित्य कोश—ज्ञानमंडल लिमिटेड, पृष्ठ 365**

कुछ विद्वान् तो संगीतकला, नाट्यकला, नृत्य कला जैसी ललित कलाओं की तरह पत्र-लेखन की कला को महत्त्व देते हैं।

(ग) पत्र की भाषा-शैली—पत्र की भाषा और शैली संबंधों को जोड़ती है और तोड़ती भी है। सक्षम भाषा, सम्मोहक शब्द और कोमल कान्त कलेवर से सुसज्जित पत्र व्यक्ति के व्यक्तित्व के बहिरंग पक्ष को अभिव्यक्त करते हैं। सुन्दर शैली और भाषा में लिखे गए पत्र अटूट और आत्मीय रिश्ता स्थापित कराने में सहायक होते हैं। अनुभव की रोशनी और सशक्त भाषा में टंकित पत्र महत्त्वपूर्ण माने जाते हैं। पाश्चात्य विद्वान् डेमेट्रियस कहते हैं कि शैली की दृष्टि से पत्र सच्चा, सरल, संक्षिप्त और सादा होते हुए भी भव्य होना चाहिए। मध्य युग में, पश्चिम में पत्र-लेखन को लेकर काफी साहित्य रचा गया। मैत्रीपूर्ण भावना और शैली के स्थान पर पत्र में वक्तृत्व-कला और अलंकरण को स्थान दिया जाने लगा। पत्र बोझिल और शैली प्रधान हो गए, क्योंकि पत्र लिखते समय पत्र पाने वालों की मर्यादा का ध्यान रखना आवश्यक समझा जाने लगा। संतोष का विषय यह है कि आधुनिक समय में पत्र ने मैत्री भाव और सादी शैली को पुनः अपनाकर अपना संबंध 'क्लासिकल' परंपरा से जोड़ लिया है।[1]

(घ) पत्र-लेखन की परंपरा, महत्त्व एवं उपयोगिता—पत्र-लेखन आधुनिक हिन्दी गद्य की नवीन विधा है। इसमें दो प्रकार के पत्र होते हैं, एक तो पत्र-पत्रिकाओं में प्रकाशित होने वाले और दूसरे अनौपचारिक। अनौपचारिक पत्रों में किसी प्रकार की बनावट नहीं होती और वे बड़े आत्मीय, मधुर एवं मोहक भी हो सकते हैं और तीखे एवं व्यंग्यपूर्ण भी। हिन्दी की साहित्यिक पत्रिकाओं में समय-समय पर साहित्यकारों के पत्र प्रकाशित होते रहते हैं। महान् व्यक्तियों के व्यक्तित्व एवं उनके अन्तरंग की खोज करने हेतु उनके पत्रों का महत्त्व स्थापित हुआ। इनमें व्यक्ति-विशेष के जीवन का वह अन्तरंग पक्ष सामने आता है, जो सामान्यतः अन्य प्रकार के लेखन में ओझल रहता है।[2]

इस संदर्भ में वैजनाथ सिंह विनोद द्वारा संकलित 'द्विवेदी पत्रावली' (1954 ई०), पं० बनारसी दास चतुर्वेदी और हरिशंकर शर्मा द्वारा संकलित 'पद्मसिंह शर्मा के पत्र' (1956 ई०), पं० किशोरीदास वाजपेयी द्वारा संकलित 'साहित्यिकों के पत्र' (1958 ई०) उल्लेखनीय हैं।[3] हिन्दी पत्रिकाओं में प्रकाशित होने वाले ऐसे जिस पत्र-साहित्य को ख्याति मिली, उसमें बालमुकुन्द गुप्त के 'भारत मित्र' में प्रकाशित 'शिवशंभु के चिट्ठे' और विश्वम्भर नाथ शर्मा कौशिक द्वारा 'चाँद' में प्रकाशित 'दुबे जी की चिट्ठी' प्रमुख है। तत्कालीन वायसराय लार्ड कर्जन के नाम लिखे गए 'शिवशम्भु के चिट्ठे' ने उस समय के पाठकों में तहलका मचा दिया था। इन चिट्ठों में देश के सर्वोच्च शासक, वायसराय की बड़ी तीव्र आलोचना की गई थी।[4] अतः इस तरह से पत्र का महत्त्व एवं उनकी उपयोगिता स्वतः सिद्ध है।

---

1. हिन्दी साहित्य कोश, ज्ञानमंडल लिमिटेड (पारिभाषिक शब्दावली) खण्ड-एक, पृष्ठ 365
2. हिन्दी साहित्य की प्रवृत्तियाँ—डॉ० जयकिशन प्रसाद खण्डेलवाल, पृष्ठ 802, विनोद पुस्तक मंदिर, आगरा, 1981, मूल्य 32 रु०
3. हिन्दी का गद्य साहित्य—डॉ० रामचन्द्र तिवारी, पृष्ठ 291, विश्वविद्यालय प्रकाशन, वाराणसी, 1992, मूल्य 400 रु०
4. हिन्दी साहित्य कोश—ज्ञानमंडल लिमिटेड, खण्ड-एक, पृष्ठ 365

महात्मा गांधी द्वारा समय-समय पर लिखे गए 25,000 के लगभग पत्र 'गांधी स्मारक निधि' द्वारा एकत्र किए गए हैं। पं० जवाहर लाल नेहरू का 'पिता के पत्र पुत्री के नाम' भी बहुत प्रसिद्ध है। अमृतराय द्वारा 'कलम का सिपाही' तथा लक्ष्मीशंकर व्यास द्वारा संकलित 'पराड़कर जी और पत्रकारिता' विशेष रूप से उल्लेख्य हैं। इसमें शिवप्रसाद जी गुप्त, श्री प्रकाश जी, गणेश शंकर विद्यार्थी, संपूर्णानंद, पद्म सिंह शर्मा, महावीर प्रसाद द्विवेदी, अंबिका प्रसाद बाजपेयी, काका कालेलकर, पुरुषोत्तम दास टण्डन, बनारसीदास चतुर्वेदी, माखनलाल चतुर्वेदी, महामना मालवीय, राजेन्द्र बाबू आदि के पत्र महत्त्वपूर्ण हैं। इसी तरह श्री राम शर्मा का 'गालिब के पत्र', वीरेन्द्र गुप्त का 'प्रसिद्ध व्यक्तियों के प्रेम पत्र', सुभाषचन्द्र बोस से संबंधित 'पत्रावली' (1966) तथा ज्योतिर्मयी ठाकुर का 'पत्नी के पत्र' चर्चित हैं। डॉ० भगवती प्रसाद सिंह का 'पत्रालोक', के साथ-साथ 'मुक्तिबोध ग्रंथावली-खण्ड 6' (1980), 'हजारी प्रसाद द्विवेदी ग्रंथावली-खण्ड 11' (1981), 'माखनलाल चतुर्वेदी रचनावली, खण्ड 8', 'निराला रचनावली, खण्ड 8' (1983) में साहित्यकारों के पत्र संग्रहीत हैं। जानकी वल्लभ शास्त्री का 'निराला के पत्र' (1971), डॉ० हरिवंश राय बच्चन का 'पंत के दो सौ पत्र बच्चन के नाम' (1971), वृन्दवन लाल वर्मा का 'बनारसी दास चतुर्वेदी के पत्र' (1971), डॉ० रामविलास शर्मा का 'निराला की साहित्य साधना खण्ड 3' (1976), रत्नशंकर प्रसाद का 'प्रसाद के नाम पत्र' (1976), भदन्त आनंद कौशल्यायन का 'भिक्षु के नाम पत्र', डॉ० हजारी प्रसाद द्विवेदी का 'शान्तिनिकेतन से शिवालिक तक', मधुरेश का 'यशपाल के पत्र', विजयेन्द्र स्नातक का 'अनुभूति के क्षण', कन्हैयालाल फूलफगर का 'दिनकर के पत्र' (1981), मुकुन्द द्विवेदी का पत्र 'हजारी प्रसाद द्विवेदी' (1983), जीवन प्रकाश जोशी का 'अंचल पत्रों में' (1983), नेमिचन्द्र जैन का 'पाया पत्र तुम्हारा' (1984), नरेन्द्र कोहली का 'नागार्जुन के पत्र' (1987) तथा डॉ० विवेकी राय का 'पत्रों की छाँव में' (2004) सुप्रसिद्ध हैं। कुल मिलाकर इन पत्रों से हमें काफी प्रेरणा मिलती है। ये पत्र हमारे संकटग्रस्त क्षणों में आस्था की निष्कंप लौ के रूप में काम करते हैं। इनसे हमें नई दिशा और उत्साह प्राप्त होता है।

(ङ) अच्छे पत्र के गुण या विशेषताएँ—अंग्रेजी के एक विद्वान् जेम्स हावेल (James Howel) की निम्न पंक्तियाँ अच्छे पत्र के स्वरूप पर सुन्दर प्रकाश डालने के लिए सुप्रसिद्ध हैं—

"As key does open chests
So letters do open breasts."

अर्थात् जिस प्रकार चाभी या कुंजी से बन्द पेटी या बाक्स खुल जाता है, ठीक उसी तरह पत्र हृदय के विभिन्न आवरणों या परतों को स्पष्ट कर उन्हें मूर्त्त आकार देते हैं। पत्र जीवन की स्निग्ध-स्मृतियों के कोष होते हैं। सुन्दर कलेवर, सहज भाषा-शैली में लिखा गया पत्र यदि पीड़ादायी और अप्रिय पहलू—प्रसंगों से रहित है, तो पत्र-पाने वाले के लिए इससे सुन्दर दूसरी उपलब्धि क्या होगी? वस्तुत: पत्र-प्रेषक की प्रतिभा तथा उसके सौमनस्य और आंतरिक संस्कार को बाहय रूप देते हैं। पत्र भरसक छोटे-छोटे वाक्यों, सरल-सहज शब्दावली, अनंलकृत शैली से सम्पृक्त हो तो वह बहुत असरकारक सिद्ध होगा। पत्र में व्यास शैली की जगह समास और सूत्रात्मक शैली का प्रयोग करना चाहिए। जो भी कहना हो ठोस, संक्षिप्त और सार्थक होना चाहिए। बेजां बातें पत्र में कत्तई नहीं होनी चाहिए। पत्र की भाषा पत्ते के टूसे या

किसलय की तरह सुचिक्कण और साफ होनी चाहिए, जिससे पत्र पढ़ने वाले को द्रविड़ प्राणायाम न करना पड़े। बहरहाल, एक अच्छे, मुकम्मल और स्वस्थ पत्र के लिए निम्न बिन्दुओं पर ध्यान देना चाहिए—

(1) सरल-सहज भाषा शैली—सरल-सहज भाषा में लिखा गया पत्र अपना प्रभाव बहुत देर तक स्थिर रखता है। पत्र लेखक को अपने विचारों की स्थापना के लिए अप्रचलित शब्दों के प्रयोग से बचना चाहिए। वाक्य इतने दुरुह न हों कि वे वाणभट्ट की कथा या केशव की कविता बन जायँ, इससे प्रतीप असर होता है। बना काम बिगड़ सकता है। वाक्य इतने लम्बे न हों कि उन्हें साँस रोककर पढ़ा जाय। जाहिर है, ऐसी स्थिति में अपनी भलाई के लिए लिखा गया वह पत्र 'अपात्र' हो सकता है। अत: सरल भाषा, छोटे-छोटे वाक्य, लजीज और कशिशपूर्ण शैली में लिखा गया पत्र प्रभावशाली होता है।

(2) विचारों की सुस्पष्टता—पत्र बंद विचारों को खोलता है, इसलिए पत्र में वैचारिक स्पष्टता अवश्य होनी चाहिए। अबूझ या यांत्रिक अथवा जटिल विचार पहेली बन सकते हैं। अत: पहेली और बुझौव्वल वाले पत्र की उम्र बहुत कम होती है। जो भी कहा जाय, वह स्पष्ट और सादे ढंग से कहा जाना चाहिए। सभी विचार शीशे की तरह पारदर्शी हों। अस्पष्ट विचारों की रहस्यमयी तलछट और गाद कदापि नहीं होनी चाहिए। कुल मिलाकर विचारों के खुलेपन से लबरेज पत्र सार्थक और सटीक होते हैं।

(3) संक्षेप और संक्षिप्तता—फिलवक्त विराट वैचारिक अवमूल्यन का दौर है, अत: ऐसी स्थिति में पत्र रचनात्मक तालमेल और संवाद के माध्यम बन सकते हैं। ऐसी स्थिति में हमें चाहिए कि पत्र में कोई उबाऊ तथ्य न लिखा जाय। पुनरुक्ति दोष अर्थात् एक ही बात को बार-बार न लिखा जाय। पिष्टपेषण से कथ्य में सतहापन पैदा होता है। अत: बचा जाय। निषिद्ध तथ्यों से परहेज किया जाय। संक्षिप्तता किसी भी पत्र की प्राणशक्ति होती है, यही पत्र की ताकत होती है, अत: इसका ध्यान अवश्य रखना चाहिए।

(4) प्रभावान्विति—प्रभावी कथ्य, सुन्दर शिल्प और अंड-बंड बातों से रहित पत्र सफल माने जाते हैं। दरअसल, यूटोपिया से लैस विचारों का अंधड़ पत्र को उड़ा देता है। इसलिए जो भी बात पत्र में लिखी जाय, वह बहुत करीने से, सिलसिलेवार होनी चाहिए। वह पत्र में प्रभाव उत्पन्न करने वाली होनी चाहिए। पत्र में कल्पनाशीलता न हो। अभिप्रायों के गहरे आशय हों, विकल्पों की गुंजाइश न हो, अत: ऐसे पत्र श्रेष्ठ, उच्चतर तो माने ही जाएँगे, पढ़ने वाले की अनुरक्ति भी बढ़ेगी।

(5) बाहरी सजावट—कहते हैं, पत्र का बाहरी कलेवर जैसा, भीतरी तथ्य-कथ्य भी उसी अनुरूप बसे-बँधे होंगे। कुल मिलाकर जैसे व्यक्ति की बाहरी पैरहन उसके भीतर की शक्ल-सबीह को बताती है, ठीक वही स्थिति किसी सुसज्जित पत्र की भी है। पत्र सुन्दर शब्दबद्ध, ग्राह्य, मार्मिक तो होना ही चाहिए, सुन्दर लेखनी, सुन्दर कागज, व्याकरणिक अनुशासनों यथा-विराम, अर्द्ध विराम आदि तथा पारिवारिक और सामाजिक अनुशासनों में भी बँधा होना चाहिए। अभिवादन, दिनांक, हाशिया, पैराग्राफ तथा विषय को ध्यान में रखकर लिखा गया पत्र बेशक उपयुक्त होगा। कोई बात अमूर्त्त ढंग से न कही जाय, अशुद्धियों से बचा जाय। पत्र में हाथ की लिखावट इतनी सुन्दर हो कि बीमार आदमी भी उसे देखकर चारपाई से पलक झपकते उठ जाय।

इस समय डाक-तार की दुनिया नए दौर में पहुँच गयी है। पोस्टकार्ड, अन्तर्देशीय पत्र और लिफाफे गुजरे जमाने की चीज बताए जा रहे हैं। नए जमाने के साथ चलने वाले ई-मेल का इस्तेमाल कर रहे हैं। पलक झपकते ही दुनिया के एक सिरे से दूसरे सिरे तक चिट्ठी पहुँचाने वाली इन्टरनेट पर आधारित यह व्यवस्था न केवल सस्ती है, बल्कि हर जगह सुलभ भी है। तेज, चुस्त, संक्षिप्त और लगभग सांकेतिक भाषा में हो रही इस इलेक्ट्रॉनिक खतो-किताबत के जरिए दुनिया की दूरियाँ ही नहीं घट रहीं, उसकी शक्ल और कामकाज के ढंग भी बदल रहे हैं। अत: पत्रों के सामने खड़ी इन चुनौतियों से जूझने के लिए उन्हें अच्छी विशेषताओं से लैस होना पड़ेगा, तभी उनके प्रति लोगों की रुचि बनी रहेगी।

(च) पत्रों के विभिन्न प्रकार—पत्र-विशेषज्ञों ने पत्र की कई कोटियाँ या भेद अथवा प्रकार माने हैं, यथा—(1) व्यक्तिगत पत्र या निजी या पारिवारिक पत्र, (2) सामाजिक पत्र, (3) व्यावसायिक या व्यापारिक पत्र, (4) प्रशासकीय पत्र तथा (5) कार्यालयीय पत्र, किन्तु पत्र-लेखन के उक्त विधि रूपों में अधिकांश विद्वानों की सहमति अधोलिखित तीन रूपों पर ही बनती है, शेष दो रूपों को वे इन्हीं तीन में अन्तर्भुक्त करते हैं। बहरहाल, ये प्रमुख रूप इस प्रकार हैं—(1) सामाजिक पत्र, (2) व्यापारिक या व्यावसायिक पत्र तथा (3) सरकारी पत्र। अब इन तीनों तरह के पत्रों को हम इस प्रकार देखेंगे—

(1) सामाजिक पत्र—व्यक्ति समाज-समुद्र का एक महत्त्वपूर्ण बिन्दु है, इकाई और पड़ाव है। समाज का आकार-प्रकार व्यक्ति की निर्मिति से होता है। जन्म से लेकर मृत्यु तक मनुष्य नाना प्रकार की सामाजिक परिस्थितियों के संपर्क में आता है।[1] शैशवावस्था में शिशु का सामाजिक जगत अति सीमित होता है। वह द्वकीय (Dyad) का सदस्य होता है। आयु वृद्धि के साथ-साथ शिशु का सामाजिक जगत विस्तृत एवं व्यापक होने लगता है। समय की प्रगति के साथ उसके संपर्कों का दायरा बढ़ता है। कुल मिलाकर मनुष्य का सामाजिक चेहरा होने के कारण वह दूसरों से अन्तर्क्रिया करता है। दूसरों से संपर्क साधने के जितने भी संसाधन यथा—टी० वी०, रेडियो, समाचार-पत्र, चलचित्र, इन्टरनेट—हो सकते हैं, उनमें "पत्र" सबसे महत्त्वपूर्ण है। सामाजिक रिश्तों की संहिताओं को महत्त्वपूर्ण बनाने के लिए सरकारी स्तर से हटकर निजी स्तर पर लिखा गया पत्र 'सामाजिक पत्र' कहा जाएगा। इन पत्रों की कई किस्में होती हैं, यथा—(1) संबंधियों के पत्र, (2) बधाई पत्र, (3) शोक पत्र, (4) परिचय पत्र, (5) निमंत्रण पत्र तथा (6) विविध पत्र।

सामाजिक पत्र लिखने की अपनी कुछ नैतिकताएँ, मर्यादाएँ और अनुशासन हैं। यदि इन अनुशासनों और कसौटियों का पालन किया जाय तो पत्र सुन्दर 'मॉडल' बन सकता है। पत्र में यश-लिप्सा न हो, क्योंकि यश-लिप्सा व्यक्ति के भीतर इतनी प्रबल और व्यापक होती है कि वह उसे पतित बना देती है, व्यर्थता बोध, टुच्चेपन और ओछेपन तथा क्षुद्रता से बचना चाहिए। प्रगल्भता और झूठ उस पत्र को नेताओं का चुनावी 'मेनिफेस्टो' बना देगी। बहरहाल, यह तो रही पत्र के भीतर की केन्द्रीय आत्मा से संबंधित सीख, किन्तु उस पत्र की लेखन शैली कैसी होगी, इस पर **डॉ० विजय पाल सिंह**[2] ने बहुत सुन्दर ढंग से प्रकाश डाला है। वे

---

1. **आधुनिक सामाजिक मनोविज्ञान—डॉ० रामजी श्रीवास्तव, पृष्ठ 495 मोतीलाल बनारसीदास, दिल्ली, 1995, मूल्य 125 रु०**
2. **प्रयोजनमूलक हिन्दी—डॉ० विजय पाल सिंह, पृष्ठ 43**

बताते हैं कि पत्र के ऊपर दाहिनी ओर पत्र-प्रेक्षक का पता और दिनांक होना चाहिए। दूसरी बात यह है कि पत्र जिस व्यक्ति को लिखा जा रहा है, जिसे प्रेषिती भी कहते हैं, उसके प्रति संबंध के अनुसार ही समुचित अभिवादन या सम्बोधन के शब्द लिखने चाहिए। यह पत्र प्रेषक और प्रेषिती के संबंध पर निर्भर है कि अभिवादन का प्रयोग कहाँ, किसके लिए, किस तरह किया जाय। अंग्रेजी में प्रायः छोटे-बड़े सबके लिए 'My Dear' का प्रयोग होता है, किन्तु हिन्दी में ऐसा नहीं होता। पिता को पत्र लिखते समय हम प्रायः पूज्य पिता जी लिखते हैं। शिक्षक अथवा गुरुजन को पत्र लिखते समय उनके प्रति आदर भाव सूचित करने के लिए 'आदरणीय' या 'श्रद्धेय' जैसे शब्दों का प्रयोग करते हैं। यह अपने-अपने देश के शिष्टाचार और संस्कृति के अनुसार चलता है। अपने से छोटे के लिए हम प्रायः 'प्रियवर', 'चिरंजीव' जैसे शब्दों का प्रयोग करते हैं। इस प्रकार पत्र में वक्तव्य के पूर्व (1) संबोधन, (2) अभिवादन और वक्तव्य के अन्त, (3) अभिनिवेदन का संबंध के आधार पर अलग-अलग ढंग से होता है। इसके रूप इस प्रकार हैं—

सम्बन्ध	सम्बोधन	अभिवादन	अभिनिवेदन
पिता-पुत्र	प्रिय अनिल	शुभाशीर्वाद	तुम्हारा, शुभाकांक्षी
पुत्र-पिता	पूज्य पिता जी	सादर चरणस्पर्श	आपका स्नेहाकांक्षी
माता-पुत्र	प्रिय-पुत्र	शुभाशीष	तुम्हारी शुभाकांक्षिणी
पुत्र-माता	पूजनीया माता जी	सादर चरण स्पर्श	आपका स्नेहाकांक्षी
मित्र-मित्र	प्रिय भाई/मित्र या प्रिय प्रेम स्वरूप	प्रसन्न रहो	तुम्हारा
गुरु-शिष्य	प्रिय शिवकुमार	शुभाशीर्वाद	हितैषी, शुभ-चिन्तक
शिष्य-गुरु	श्रद्धेय गुरुवर	सादर चरण स्पर्श	आपका शिष्य
दो अपरिचित व्यक्ति	प्रिय महोदय	सप्रेम नमस्कार	भवदीय
अग्रज-अनुज	प्रिय	शुभाशीर्वाद	तुम्हारा
स्त्री-पुरुष (अनजान)	प्रिय महाशय		भवदीय
पुरुष-स्त्री (अनजान)	प्रिय महाशया		भवदीय
पुरुष-स्त्री (परिचित)	कुमारी पन्ना जी		भवदीय
स्त्री-पुरुष (परिचित)	मोहन जी		भवदीय
पति-पत्नी	प्रिये या प्राणाधिके	शुभाशीर्वाद	तुम्हारा
पत्नी-पति	मेरे सर्वस्व, प्राणनाथ	सादर प्रणाम	आपकी स्नेहाकांक्षिणी
छात्र-प्रधानाध्यापक	मान्यवर महोदय	प्रणाम	आपका आज्ञाकारी छात्र

(2) व्यापारिक या व्यावसायिक पत्र—इस तरह के पत्र के गंभीर अध्ययन के लिए इस पुस्तक के अध्याय-10 ''व्यावसायिक हिन्दी और उसके अभिलक्षण'' को कृपया पढ़िए, धन्यवाद।

(3) सरकारी पत्र : स्वरूप और सिद्धान्त—इस तरह के पत्र निजी, पारिवारिक या सामाजिक पत्रों से भिन्न होते हैं। वस्तुतः ये पत्र औपचारिक होते हैं। इनमें व्यक्तिगत संबंध,

दुख-सुख, प्रेम, बधाई आदि भावनाएँ व्यक्त नहीं की जातीं। सरकारी या प्रशासनिक पत्र एक अधिकारी अपने से बड़े अधिकारी को आवेदन पत्र या प्रतिवेदन के रूप में तथ्यों या महत्त्वपूर्ण जानकारियों के लिए लिखता है। **डॉ० माधव सोनटक्के**[1] इसे रूपायित करते लिखते हैं कि जब एक सरकार दूसरी राज्य सरकार को अर्थात् भारत सरकार राज्य सरकार को, एक राज्य सरकार दूसरी राज्य सरकार को अपने से सम्बद्ध या अपने अधीनस्थ कार्यालयों एवं विभागों, सहकारी संगठनों, कर्मचारी संघों, सार्वजनिक निकायों (Public Bodies) तथा व्यक्तियों को विभिन्न विषयों पर पत्र लिखती अथवा उनके उत्तर देती हैं, तब उन्हें सरकारी या प्रशासकीय पत्र (Official Letter) कहा जाता है। सरकारी पत्र का कच्चा रूप कार्यालयीन सहायक (Assistant) या अनुभवी एवं वरिष्ठ लिपिक करते हैं। पत्र के कच्चे रूप को 'प्रारूपण' (Drafting), आलेखन या मसौदा तैयार करना कहते हैं। इधर, **डॉ० रामकिशोर शर्मा**[2] भी सरकारी पत्र के संबंध में कहते हैं कि शासकीय कर्मचारियों अथवा अधिकारियों द्वारा एक कार्यालय या विभाग से दूसरे कार्यालय अथवा विभाग को लिखे गए पत्र शासकीय अथवा सरकारी पत्र कहलाते हैं। सरकारी पत्र की विशिष्ट शैली होती है। इनमें पारिवारिक पत्रों के समान न तो आत्मीयता होती है और न ही व्यावसायिक पत्रों की भाँति औपचारिकता। ये पत्र पूर्णत: अनौपचारिक होते हैं। संदेह, अनिश्चय और अतिशयोक्ति इन पत्रों के दोष माने जाते हैं। ये पत्र यथासंभव संक्षिप्त, स्पष्ट और निष्पक्ष होने चाहिए। कुल मिलाकर इस तरह के पत्र की भाषा स्पष्ट, संतुलित और औपचारिक होनी चाहिए। शिष्टाचार के स्तर पर इसमें 'नमस्ते', 'प्रणाम', 'आशीर्वाद' या 'खुश रहो' जैसे संबोधनों का प्रयोग वर्जित और निषिद्ध है।

(4) सरकारी पत्राचार : कुछ ध्यानाकर्षक तथ्य

(क) सरकारी पत्र की रूपरेखा—केन्द्र या राज्य सरकारें अपने अधीनस्थ कार्यालयों के माध्यम से ही विभिन्न मंत्रालयों, निकायों, निगमों, उपक्रमों, आयोगों और विभिन्न सार्वजनिक या निजी कार्यालयों से संपर्क साधती हैं। सरकारी कार्यालयों द्वारा अपने अधीनस्थ कार्यालयों, विभागों, अन्य सरकारों, सार्वजनिक निकायों, लोक-सेवा संघों आदि को लिखे गए पत्र भी इसी श्रेणी में आते हैं। सच तो यह है कि सरकारी पत्राचार में प्रयुक्त होने वाले पत्राचार के विविध रूपों में से पत्र का प्रयोग सर्वाधिक होता है। पत्र का प्रारूप अपने आप में पूर्ण होता है तथा इसमें कार्यालय एवं विभाग का नाम, पत्र संख्या, दिनांक, प्रेषक, सेवाएँ, विषय, संबोधन, पत्र का मुख्य भाग और स्वनिर्देश या अधोलेख का समावेश होता है।

पत्र का प्रयोग किसी-न-किसी संदर्भ में सभी कार्यालयों में होता है, परन्तु कार्यालयों के बीच आपसी पत्र व्यवहार में पत्र का प्रयोग नहीं किया जाता। कुल मिलाकर इस तरह के पत्र का प्रयोग विदेशी सरकारों, राज्य सरकारों, सम्बन्धित या अधीनस्थ कार्यालयों के अध्यक्षों, संघ लोक सेवा आयोग जैसे सर्वाधिक निकायों, सर्वाजनिक निकायों और जनता के साथ पत्र-व्यवहार करने के लिए किया जाता है। इस तरह के पत्र केन्द्र या राज्य सरकारों के आदेशों और विचारों को व्यक्त करने के लिए लिखे जाते हैं, परन्तु यहाँ यह ध्यान रखना चाहिए कि भारत सरकार के विभिन्न मंत्रालयों में आपस में पत्र-व्यवहार के लिए सरकारी पत्र का प्रयोग

1. **प्रयोजनमूलक हिन्दी—डॉ० माधव सोनटक्के, पृष्ठ 116**
2. **व्यावहारिक हिन्दी—डॉ० राम किशोर शर्मा, पृष्ठ 53, लोकभारती, इलाहाबाद, सन् 2001, मूल्य 25 रु०**

नहीं किया जाता। इसके लिए कार्यालय-ज्ञापन अथवा अर्द्ध सरकारी पत्र अथवा अनौपचारिक टिप्पणी का प्रयोग किया जाता है। सरकारी पत्र की रूपरेखा या खाका इस प्रकार है—

1. संख्या	—	पत्र संख्या : 5-10/2004-के० अनु० ए०
2. प्रेषक का कार्यालय	—	केन्द्रीय हिन्दी निदेशालय, नई दिल्ली
3. प्रेषक का नाम और पद	—	डॉ० राकेश कुमार, अनुसंधान अधिकारी (अनुदान)
4. प्रेषिती (प्राप्तकर्ता) का नाम या पदनाम	—	सेवा में, डॉ० कैलाश नाथ पाण्डेय रीडर तथा अध्यक्ष, हिन्दी विभाग स्नातकोत्तर महाविद्यालय—मलिकपूरा, गाजीपुर (उ० प्र०)
5. पत्र भेजने का स्थान और दिनांक	—	नई दिल्ली, 19 जनवरी, 2005
6. विषय	—	आपकी पाण्डुलिपि "भाषा-विज्ञान का रसायन" के प्रकाशन के संबंध में
7. संबोधन	—	महोदय! प्रिय महोदय! (कभी-कभी 'श्री' या 'प्रिय महोदया' भी प्रयुक्त करते हैं
8. पत्र का मुख्य भाग	—	पत्र का उद्देश्य, मंतव्य या आशय और वांछित विवरण
9. मध्य भाग (संदर्भ का उल्लेख)	—	आपके पत्र संख्या 525, दिनांक 15.1.2005 के उत्तर में मुझे यह कहने का निर्देश हुआ है कि...
10. स्वनिर्देश	—	आपका शुभाकांक्षी या विश्वास पात्र
11. हस्ताक्षर	—	राकेश कुमार
12. संलग्नक सूची	—	एक पत्र
13. पृष्ठांकन	—	प्रतिलिपि अधोलिखित को प्रेषित— डॉ० कैलाश नाथ पाण्डेय

(ख) सरकारी पत्र प्रारंभ करने की विधियाँ या पद्धतियाँ—कार्यालयी पत्र या शासकीय पत्र लिखना प्रारंभ करने से पहले बहुत सी बातों का ध्यान रखना आवश्यक होता है। वस्तुत: इस तरह के पत्र को लिखने के लिए सूत्रात्मक शैली में कुछ महत्त्वपूर्ण विन्दु तय कर दिए गए हैं। सरकारी पत्र में अनुशासन बनाए रखने के लिए इनका पालन बहुत जरूरी होता है। इससे पत्र का प्रारंभिक मुखड़ा सुन्दर और आकर्षक लगता है। जिस कार्यालय से पत्र गया होता है, उसका सम्मान बढ़ता है। यह बात महज सरकारी कार्यालयों या व्यावसायिक संस्थाओं के पत्रों पर ही लागू नहीं होती, अपितु निजी पत्रों पर भी लागू हो सकती है, यथा—

(1) 'आपके पत्र संख्या ....दिनांक ....के उत्तर में निवेदन है कि ....'

(2) 'आपके पत्र संख्या ....दिनांक ....के संबंध में मुझे यह निवेदन करने का सुअवसर प्राप्त हुआ है।'

(3) 'मुझे आपके पत्र संख्या ....दिनांक ....के विषय में उत्तर देने का गौरव प्राप्त हुआ है।'

(4) 'आपके पत्र संख्या ....दिनांक ....के संबंध में आपसे आग्रह करने का परम सौभाग्य प्राप्त हुई है।'

(5) 'मुझे निर्देश दिया गया है कि मैं ....'

(6) 'मुझे आपसे निवेदन करने का निर्देश हुआ है ....'

(7) 'आपके पत्र संख्या ....दिनांक ....के संबंध में मुझे आपके पास ....आदि पत्र (अथवा अन्य वस्तुएँ) भेजने का सुअवसर प्राप्त हुआ है।'

(8) 'मैं आपके दिनांक ....के पत्र के उत्तर में सूचित करता हूँ कि ....'

(9) 'आपके वैभागिक परिपत्र संख्या ....दिनांक ....के संबंध में मैं अपनी यह सम्मति प्रकट करता हूँ कि ....'

(10) 'आपके पृष्ठांकन संख्या ....दिनांक ....के संबंध में मेरे विभाग का विचार है कि ....'

(11) 'आपके पृष्ठांकन संख्या ....दिनांक ....के प्रसंग में निवेदन है कि .....'

(12) 'आपके पत्र संख्या ....दिनांक ....में पूछी गई जानकारी के संबंध में निवेदन है कि ....'

(13) 'मैं आपका ध्यान इस कार्यालय के पृष्ठांकन संख्या .... दिनांक ....की ओर आकृष्ट करते हुए निवेदन करना चाहता हूँ कि ....'

(14) 'कृपया इस विषय पर बात करें।'

(15) 'आपके पत्र संख्या ....दिनांक ....में पूछी गई बातों के उत्तर में मुझे यह लिखने का निर्देश हुआ है कि ....'

कुछ सावधानियाँ—सरकारी पत्र लिखते समय हमें ध्यान रखना चाहिए कि पत्र में उत्तम पुरुष और मध्यम पुरुष का प्रयोग न हो। पत्र में सभी निर्देश अन्य पुरुष में ही होने चाहिए। अगली बात यह कि यदि पत्र किसी पहले के प्राप्त पत्र के उत्तर में लिखा जा रहा हो, तो स्पष्टत: उस पत्र की संख्या और संदर्भ का उल्लेख कर अपना विचार रखना चाहिए। यह पत्र संख्या भरसक कागज के ऊपर दायीं ओर या शीर्षक के ऊपर मध्य में देना चाहिए। पद के ऊपर 'सेवा में' शब्द को प्रेषक शब्द के ठीक नीचे उसी क्रम में देना चाहिए। स्थान और दिनांक लिखने के बाद पत्र के मध्य में पत्र का विषय दिया जाता है। विषय-सामग्री प्रस्तुत करते समय स्पष्टता और स्वच्छता का ख्याल रखना चाहिए। एक तथ्य केवल एक ही अनुच्छेद में हो, तो उपयुक्त होगा। विषय परिवर्तित करते समय अनुच्छेद भी बदल दिया जाना चाहिए। यदि पत्र किसी ऊँचे अधिकारी की ओर से भेजा जाता है तो वहाँ 'कृते' अथवा 'के निमित्त' शब्दों का इस्तेमाल करना चाहिए।

(ग) सरकारी पत्र की भाषा-शैली—स्पष्ट भाषा और बोधगम्य लहजा या शैली ही किसी सरकारी पत्र के आधारभूत तत्त्व होते हैं। इस तरह के पत्र की भाषा सरल-सहज, साफ-स्पष्ट होनी चाहिए। भ्रम या संशय पैदा करने वाली शब्दावली यहाँ वर्जित है। भाषा सुबोध, सरल रूप में बोधगम्य होनी चाहिए। वाक्य नपे-तुले, संतुलित हों। वाक्य छोटे-छोटे हों। बड़े वाक्यों के प्रयोग से बचना चाहिए। वाक्यों से अर्थ स्फीति न पैदा हो। शब्दाडंबर

वाले वाक्य पत्र को स्तर हीन बनाते हैं। भाषा निश्चितार्थक हो। सरकारी पत्राचार में अलंकारों का बेजां प्रयोग भाषा को प्रदूषित करता है। दरअसल, जिस बात को सरल शब्दों में कहा जा सकता है, उसके लिए अपच-उबाऊ, कृत्रिम, बेडौल और साँस रोककर गढ़े गए बनावटी शब्दों के प्रयोग से क्या लाभ? कुल मिलाकर इस तरह के पत्र-व्यवहार में अमूमन नपी-तुली शब्दावली का प्रयोग मुफीद माना जाता है, इसलिए नितान्त नई और मौलिक भाषा का प्रयोग न हो तो अच्छा है। सरकारी पत्र-व्यवहार में जो वाक्यांश जिस रूप में प्रचलित हो गए हैं, उनका प्रयोग उसी रूप में होना चाहिए। अंत में यह कि अधकटे या अपूर्ण वाक्य इस तरह के पत्र में कत्तई न प्रयुक्त हो।

सरकारी पत्राचार में संबोधन के रूप में प्रयोग किए जाने वाले कुछ शब्द

संबोधन		संबोधन में प्रयुक्त होने वाले शब्द
श्रीमान्/महोदय	—	अधिकारियों को
महोदया	—	महिला अधिकारियों
प्रिय महोदय/महानुभाव	—	गैर अधिकारी व्यक्तियों और व्यक्ति-समूह को
महोदयवृन्द/महानुभाव	—	व्यावसायिक संस्थाओं को
श्री युत्	—	अर्द्ध सरकारी पत्रों में
प्रिय श्री	—	अर्द्ध सरकारी पत्रों में
आपका विश्वासपात्र	—	अभिनिवेदन (स्व-संबोधन) सरकारी पत्रों में
आपका विश्वसनीय	—	अभिनिवेदन (स्व-संबोधन) सरकारी पत्रों में
आपका शुभाकांक्षी/शुभेच्छु	—	अभिनिवेदन (स्व-संबोधन) अर्द्ध सरकारी पत्रों में
आपका सद्भावी	—	अभिनिवेदन (स्व-संबोधन) अर्द्ध सरकारी पत्रों में

(घ) सरकारी पत्र के अंग या अवयव—किसी भी सरकारी या शासकीय पत्र के अनेक अंग होते हैं। दरअसल, ये वही अंग या अवयव हैं, जिनकी चर्चा 'सरकारी पत्र की रूपरेखा' के तहत् की गई है। सरकारी पत्राचार करते समय इन अंगों के यथोचित प्रयोग और समावेश पर बल देना चाहिए। ये ही अंग सरकारी पत्र की मुख्य कुंजी हैं। पत्र लेखन में यदि इन अंगों का क्रमबद्ध अनुपालन किया जाय तो वह पत्र उपयोगी, रोचक और पठनीय बन सकता है। बहुत संक्षेप में इन अंगों पर ब्यौरेवार प्रकाश डाला जा रहा है—

(1) पत्र संख्या (Letter No.)—पत्र में सबसे ऊपर संख्या दी जाती है।

(2) पत्र शीर्ष (Letter Head)—उसके नीचे पत्र-प्रेक्षक कार्यालय का उल्लेख होता है।

(3) प्रेषक (From)—उसके बाद प्रेषक का नाम और पद लिखा जाएगा।

(4) प्रेषिती (To)—उसके बाद प्रेषिती का नाम, पद और पता लिखा जाएगा।

(5) स्थान, दिनांक (Place and Date)—उसके बाद प्रेषक का पता, स्थान और दिनांक लिखा जाएगा।

(6) विषय (Subject)—इसके पश्चात् पृष्ठ के बीच में विषय का उल्लेख किया जाना चाहिए, प्रस्तुत पत्र भेजने के कारणों पर प्रकाश डालने के लिए संक्षेप में एक वाक्यांश में

प्रकाश डाल देना चाहिए। इससे लाभ यह होगा कि पत्र पाने वाले को पत्र का विषय ढूँढ़ने में असुविधा नहीं होगी।

(7) संबोधन (Salutation)—विषय का विवरण देने के बाद बाईं ओर पत्र की प्रकृति के अनुसार 'महोदय', 'प्रिय महोदय', 'महोदया', 'प्रिय महोदया' या 'महानुभाव' जैसे संबोधनों को लिखना चाहिए।

(8) पत्र का मूल विषय (Body of Letter)—इसके बाद पिछले पत्र का उल्लेख किया जाना चाहिए। पत्र का मूल उद्देश्य स्पष्ट होना चाहिए। 'निर्देश' साफ और सुनिश्चित होना चाहिए।

(9) स्वनिर्देश या अंतिम प्रशंसात्मक भाग—पत्र के अंत में स्वनिर्देश के साथ नीचे हस्ताक्षर करना चाहिए।

(10) हस्ताक्षर (Signature)—'भवदीय' के नीचे हस्ताक्षर करना चाहिए, स्पष्ट हस्ताक्षर हो कोष्ठक में प्रेषक का नाम साफ लिख देना चाहिए।

(11) संलग्नक या संलग्न सूची पत्र (Enclosure)—संलग्न पत्रादि का, यदि कोई हो तो—उल्लेख किया जाना चाहिए।

(12) पृष्ठांकन (Endorsement)—पृष्ठांकन में अंत में यह उल्लेख कर दिया जाता है कि पत्र की प्रतियाँ यदि भेजी जा रही हैं, तो किनको-किनको भेजी जा रही हैं।

(ङ) सरकारी पत्र के गुण या विशेषताएँ—पत्र अन्दर की संपूर्ण खामोशी को शब्दों के माध्यम से वाणी देते हैं। नैराश्य के खालीपन की जगह उम्मीदों की अरुणिमा चमकाते हैं। मन के भीतरी अहसास को अभिव्यक्ति देते हैं। कागज के कैनवास पर शब्दों के कोलाज बनाते हुए दूर चले गए व्यक्ति को पास लाते हैं। कुल मिलाकर एक सुखद और कोमल संसार का रचाव और सर्जना करते हुए प्रेषक और प्रेषिती के बीच संवाद स्थापित कर प्रेषिती से बतियाते हैं, लेकिन सरकारी कार्यालयों में होने वाले पत्राचार की प्रक्रिया—पद्धति, भाषा और शैली नितान्त निजी पत्रों से लगभग अलहदा किसिम की होती है। सरकारी पत्राचार में प्रभविष्णुता पैदा करने के लिए निम्न तथ्यों पर यदि गौर किया जाय तो कोई भी पत्र सुन्दर, सार्थक और प्रभावी बन सकता है, यथा—

(1) सरलता-सहजता—सरकारी पत्र की भाषा सरल-सहज हो। शब्दों के अप्रचलित प्रयोग से भरसक बचना चाहिए, क्योंकि कृत्रिम या शब्दों के अप्रचलित और बेमेल शब्दों के प्रयोग से पत्र की भाषा के प्रवाह को अवरुद्ध हो जाने का खतरा हो सकता है। वाक्य अधूरे न हों, क्योंकि पत्र में व्यक्त भाव खंडित होकर चटक सकते हैं। कुल मिलाकर अस्पष्ट, गोझइल, अलंकारों से आम के बऊर की तरह लदरी भाषा का इस तरह के पत्र में कत्तई प्रयोग नहीं होना चाहिए।

(2) संक्षिप्तता—नपी-तुली अर्थात् संक्षिप्त शब्दावली में रचित पत्र मानक पत्र माना जाता है। पुस्तक की तरह पत्र के लेखन में व्यास शैली का प्रयोग नहीं करना चाहिए। कोई भी बात छूटे न और पत्र भी संक्षिप्त आकृति का हो तो यह और श्लाघनीय बात है। कोई तथ्य बार-बार न दुहराया जाय, क्योंकि इससे पत्र के प्रति उबन और जड़ता पैदा होती है।

(3) संपूर्णता—प्रेषिती के पास पहुँचकर जो पत्र अपनी बात को मुकम्मल रूप में बयान करे, वही अपने होने की सार्थकता सिद्ध कर सकता है। टुकड़ों में कही गई बात पत्र की पूर्णता में शंका पैदा करती है, इसलिए पत्र को अधूरा नहीं होना चाहिए।

(4) क्रमबद्धता—पत्र ही नहीं, किसी भी सर्जना का कथ्य यदि बेतरतीब, ऊबड़-खाबड़ ढंग से प्रस्तुत किया जाय तो वह बड़ा भारी खोट माना जाएगा। फिर पत्र, जिसकी आकृति छोटी है, यहाँ तो यदि बात कहने, लिखने का ढंग क्रमबद्ध नहीं है, तो वह पत्र को कमजोर बना देगी, इसलिए तथ्य लिखने संबंधी क्रमबद्धता का अनुशासन पत्र में अवश्य होना चाहिए।

(5) शुद्धता—सरकारी पत्र के चरित्र का बहुत महत्त्वपूर्ण गुण है—शुद्धता और स्पष्टता। यदि सरकारी पत्र विविध अर्थी है, भावों की धुंध उसमें यदि गुंजिया रही है, तो अर्थ का अनर्थ हो सकता है। देश के भीतर वह कई तरह के फसाद और दंगे पैदा कर सकता है और यदि वह देश के बाहर जाने वाला है, तो वहाँ वह अन्तर्राष्ट्रीय स्तर पर संबंधों को विच्छेद कर सकता है। इसलिए सरकारी पत्र साफ, शुद्ध और विनम्र भाषा में लिखा जाना चाहिए।

(6) मोहक कलेवर—पत्र का बाहरी और भीतरी कलेवर बहुत खूबसूरत होना चाहिए। सुन्दर कागज, अच्छी लिखावट या स्वच्छ टाइप और व्याकरणिक अनुशासन, कामा, विराम आदि पर ध्यान देना चाहिए। अक्षरों के मध्य थोड़ी दूरी बनी रहे। महत्त्वपूर्ण तथ्य को 'बोल्ड' या रेखांकित कर दिया जाना चाहिए। शीर्षक, अभिवादन, 'पैराग्राफ' आदि अपनी-अपनी जगह होने चाहिए। भीतरी कलेवर में जो बात कागज पर लिखी जाय वह भरसक सांकेतिक भाषा में न हो। तथ्य अतिशयोक्ति पूर्ण न हों, शब्द क्लिष्ट न हों, भाषा संयत और शिष्ट हो, तभी कोई पत्र पढ़ने वाले के ऊपर अपना प्रभाव छोड़ सकता है। किसी भी श्रेष्ठ पत्र की उपर्युक्त विशेषताएँ या गुण हो सकते हैं।

(5) सरकारी/शासकीय या कार्यालयीय पत्र-व्यवहार के विविध रूप

'पत्र' शब्द मूलतः संस्कृत भाषा का है। कालान्तर में यही शब्द अपभ्रंश भाषा में 'पात', 'पत्ता' और 'पत्तर' के रूप में प्रचलित हुआ। दरअसल, जब कागज़-कलम का आविष्कार नहीं हुआ था, हमारे पूर्वज पत्तों पर कालिख और फूलों के विभिन्न रंगों का प्रयोग कर लिखने का काम करते थे। समय की प्रगति के साथ पत्तों की जगह पन्ना और कागज लिखने के काम आने लगा, किन्तु 'पत्र' शब्द 'पत्तर', 'पाती' और 'चिट्ठी' के पर्याय के रूप में जाना जाता रहा। आज भी वह उसी अर्थ में रूढ़ है। इस युग में हम भले ही अपनी बात को कम्प्यूटर और इन्टरनेट से प्रेषित कर लेते हैं, फिर भी 'पत्र' का महत्त्व पूर्व की तरह अब भी अक्षुण्ण है और रहेगा। पत्र के जितने भी प्रकार प्रचलित हैं, उनमें सरकारी पत्राचार काफी जटिल है। वैयक्तिक या सामाजिक पत्रों की तुलना में इस तरह के पत्र लेखन में बड़ी सजगता और चौकन्नेपन की जरूरत होती है। केन्द्र और राज्य सरकारों को शासन के नियमन हेतु सूचनाओं का आदान-प्रदान करना पड़ता है। इन सूचनाओं के विभिन्न रूप-रंग होते हैं। इन विभिन्न तरह की सूचनाओं के लिए विभिन्न तरह के पत्रों का प्रयोग सरकार को करना पड़ता है। इस तरह के पत्र की भाषा शिष्ट, सरल, एकार्थी और अनुशासित होती है। इसमें व्यंग्य-व्यंजना का इस्तेमाल नहीं किया जाता है। सपाटपन और ठोस शब्दावली इस पत्र की बुनियादी शर्त है। यहाँ पत्र का विषय (Subject) साफ, संदर्भ (Reference) की चर्चा और कम अनुच्छेद (Paragraph) बहुत जरूरी होता है। बहरहाल, विभिन्न सार्वजनिक या निजी कार्यालयों में प्रयुक्त होने वाले प्रशासनिक पत्राचार और उसके प्रयोग विधि से सभी को अवगत होना

चाहिए। अत: ऐसे सरकारी प्रशासनिक कार्यालयी पत्रों के प्रमुख रूपों को अधोलिखित रूप में देखा जा सकता है।

1. कार्यालयीय पत्र या सामान्य शासकीय या सरकारी पत्र (Ordinary Official Letter)
2. अर्द्ध सरकारी पत्र (Demi Official Letter—D.O.)
3. ज्ञापन या ज्ञाप (Memorandum)
4. कार्यालय ज्ञापन या कार्यालय स्मृति पत्र (Office Memorandum)
5. परिपत्र (Circular Letter)
6. आदेश (Government Order)
7. कार्यालय आदेश (Office Order)
8. राजपत्र (Gazette)
9. संकल्प या प्रस्ताव या संस्ताव (Resolution)
10. सूचना (Notice)
11. अधिसूचना (Notification)—अधिसूचना का प्रयोजन, प्रारूप तथा प्रारूपण की विधि
12. पृष्ठांकन या परांकन (Endorsement)—पृष्ठांकन का अर्थ और स्वरूप, पृष्ठांकन का उद्देश्य
13. अनुस्मारक या अनुस्मरण पत्र (Reminder)
14. प्रेस विज्ञप्ति, प्रेस नोट, प्रेस संचार, प्रेस कम्यूनिक और प्रेस पत्राचार (Press Note and Press Communique)—परिभाषा, तथा स्वरूप, प्रयोजन, प्रेस विज्ञप्ति की अवधारणा, प्रेस विज्ञप्ति का क्षेत्र, भाषा-शैली, प्रेस विज्ञप्ति का वैध पत्र, प्रेस विज्ञप्ति जारी करने वाले सक्षम अधिकारी की भूमिका, प्रेस विज्ञप्ति की विषय-वस्तु, प्रेस विज्ञप्ति, प्रेस नोट में अंतर।
15. विज्ञापन (रिक्तियों के विज्ञापन)—(Advertisement for Vacancies)
16. तुरन्त पत्र, त्वरित पत्र, द्रुतगति पत्र या द्रुतगामी पत्र (Express Letter)
17. मितव्यय पत्र, बचत पत्र या कूट पत्र (Saving Gram Letter)
18. तार (Telegram)—प्रकार, देवनागरी तार के कुछ महत्त्वपूर्ण नियम, टेलीफोन पर तार की स्वीकृति
19. निविदा (Tender) सूचना
20. टिप्पणी या अनौपचारिक निर्देश या संदर्भ (Unofficial Note या Reference) या गैर सरकारी या अशासकीय पत्र
21. रपट, रिपार्ट या प्रतिवेदन (Report)—परिभाषा तथा अर्थ, क्षेत्र, प्रकार प्रेस रिपोर्ट एक कला है (Art of Report Writing), प्रेस रिपोर्ट का संपादन, विशेषताएँ
22. टेलेक्स (Telex) संदेश

23. फैक्स (Fax)
24. ई-मेल (E-Mail)
25. इन्टरनेट (Internet)
26. अपील
27. संदेश (Message)
28. नीलाम (Auction) सूचना
29. मंजूरी पत्र या संस्वीकृति पत्र (Sanction Letter)
30. घोषणा पत्र या उद्घोषणा (Proclamation)
31. पावती या प्राप्ति (Acknowledgement) सूचना पत्र
32. केबल ग्राम (Cable Gram)

(1) कार्यालयीय पत्र या सामान्य शासकीय या सरकारी पत्र (Ordinary Official Letter)

इस पत्र को सामान्य शासनादेश, कार्यालयीय पत्र, सामान्य सरकारी पत्र आदि विभिन्न नामों से भी जाना जाता है। वस्तुतः शासन द्वारा निर्गत आदेश 'शासनादेश' कहा जाता है। इस तरह का पत्र केन्द्र सरकार तथा राज्य सरकारों के स्तर पर समय-समय पर निर्गत होता है। केन्द्रीय सरकार द्वारा जारी आदेश 'केन्द्रीय शासनादेश' और राज्य सरकारों द्वारा जारी आदेश 'राज्य शासनादेश' के नाम से जाने जाते हैं। इस तरह के पत्र सरकारी कार्यों को निष्पादन हेतु जारी किए जाते हैं। इनका प्रयोग सार्वजनिक एवं व्यक्तिगत संस्थानों, राज्य सरकारों, सम्बद्ध एवं अधीनस्थ कार्यालयों, बैंक-बीमा, संघ लोक सेवा आयोग, नगर निकायों, जन प्रतिनिधियों आदि के लिए समय-समय जारी किए जाते हैं। इसकी भाषा निश्चयात्मक और प्रथम पुरुष में प्रयुक्त होती है। इस तरह के पत्र लिखने की विधि निम्नलिखित हैं—

1. पत्र की संख्या
2. कार्यालय/सरकारी विभाग का नाम
3. प्रेषक का नाम तथा पदनाम
4. प्रेषिती/प्राप्तकर्त्ता का नाम तथा पदनाम
5. तिथि
6. विषय का उल्लेख
7. संबोधन
8. पत्र का कलेवर
9. स्वनिर्देश
10. प्रेषक के हस्ताक्षर तथा पदनाम
11. पत्र में संलग्न प्रपत्रों का उल्लेख
12. प्रतिलिपि प्रेषितियों के नाम

कार्यालयीब पत्र का उदाहरण

संख्या–शिक्षा/50/1/2005

भारत सरकार

मानव संसाधन विकास मंत्रालय

नई दिल्ली

प्रेषक,

दीनानाथ सिंह
मुख्य सचिव (शिक्षा)
मानव संसाधन विकास मंत्रालय
नई दिल्ली

सेवा में,

शिक्षा निदेशक
शिक्षा मंत्रलाय, उत्तर प्रदेश शासन, लखनऊ

[नई दिल्ली, दिनांक 15 मार्च, 2005

विषय : 10+2 शिक्षा प्रणाली लागू करने के संबंध में

महोदय,

(1) उक्त विषय पर विगत माह नई दिल्ली में आयोजित सम्मेलन में आपको विस्तृत जानकारी दी गई थी। अब इस विषय में मुझे यह निवेदन करने का निर्देश हुआ है कि 2005-2006 सत्र से उत्तर प्रदेश के सभी विद्यालयों में 10+2 शिक्षा प्रणाली लागू की जानी चाहिए।

(2) नई कक्षाओं का पाठ्यक्रम केन्द्रीय विद्यालयों के पाठ्यक्रमानुसार होना चाहिए।

(3) इस नई योजना के क्रियान्वयन के कारण किसी भी कार्यरत कर्मचारी को हानि न हो, इसका पूरा ध्यान रखा जाना चाहिए।

(4) इस विषय में 29 मई, 2005 को एक और बैठक दिल्ली में आयोजित की जा रही है, इसमें आपकी उपस्थिति अनिवार्य है। उसकी विस्तृत सूचना संलग्न पत्र में देखें।

भवदीय

दीनानाथ सिंह

मुख्य सचिव (शिक्षा)

मानव संसाधन विकास मंत्रालय

भारत सरकार, नई दिल्ली

संलग्न—

बैठक का सूचना-पत्र एवं कार्यसूची

प्रतिलिपि प्रेषित—

(1) सचिव, मानव संसाधन विकास मंत्रालय, भारत सरकार

(2) शिक्षामंत्री, भारत सरकार

(3) मुख्यमंत्री, उत्तर प्रदेश शासन, लखनऊ

(2) अर्द्धसरकारी पत्र (Demi Official Letter)

अर्द्धसरकारी पत्र का प्रयोग सामान्यत: सरकारी अधिकारियों के आपसी पत्र-व्यवहार में विचारों और सूचनाओं के आदान-प्रदान या प्रेषण के लिए किया जाता है। इसमें निर्धारित कार्यविधि के पालन की आवश्यकता नहीं होती। अर्द्धसरकारी पत्र का प्रयोग उस समय भी किया जा सकता है, जब किसी अधिकारी का ध्यान व्यक्तिगत रूप से किसी मामले की ओर दिलाना आवश्यक हो। इसका प्रयोग मूलपत्र के रूप में भी होता है और अनुस्मारक के रूप में भी।

इसके मसौदे का स्वरूप व्यक्तिगत पत्र के समान होता है। इसमें उत्तम पुरुष, एकवचन का प्रयोग किया जाता है। इसकी भाषा मित्रता तथा आत्मीयता-पूरित होती है। अर्द्धसरकारी पत्र का प्रयोग प्रधान स्तर के अधिकारियों के बीच होता है। यदि अधिकारियों के स्तर में बहुत अधिक अन्तर हो तो छोटे अधिकारी को बड़े अधिकारी के साथ पत्र-व्यवहार के लिए अर्द्धसरकारी पत्र का प्रयोग नहीं करना चाहिए। अर्द्धसरकारी पत्र में संबोधन और अधिलेख का विशेष महत्त्व होता है। नाम के पहले 'प्रिय' या 'प्रिय श्री' लिखा जाता है। नाम के अंत में वरिष्ठता के कारण 'जी' भी जोड़ा जा सकता है। अधिलेख में आपका/भवदीय का प्रयोग होता है। इसके नीचे हस्ताक्षर के सिवाय कुछ नहीं लिखा जाता, यहाँ तक कि पदनाम भी नहीं लिखा जाता। हस्ताक्षर के बाद नीचे पृष्ठ के बायीं ओर पाने वाले अधिकारी नाम, पदनाम भी लिखा जाता है। अर्द्धसरकारी पत्र के मसौदे की भाषा में 'करें' आदि का प्रयोग सर्वाधिक होता है। 'किया जाए' आदि आदेशात्मक वाक्यों का प्रयोग भी होता है। गैर-सरकारी व्यक्तियों को भेजे जाने वाले पत्र अर्द्धसरकारी पत्र की तरह के हो सकते हैं, परन्तु इन्हें अर्द्धसरकारी पत्र नहीं कहा जा सकता।

अर्द्धसरकारी पत्र का उदाहरण

अर्द्धसरकारी पत्र क्रम संख्या 151/गाजीपुर/00
जल आपूर्ति विभाग
नगरपालिका, गाजीपुर
दिनांक 12 मार्च, 2005

प्रेषक,
विजय बहादुर सिंह
अधिशासी अधिकारी

आदरणीय सिंह साहब,

इस वर्ष के भयंकर सूखे की वजह से गाजीपुर प्रशासन जल एवं बिजली की आपूर्ति में काफी कमी अनुभव कर रहा है। इससे जनजीवन अस्त-व्यस्त होने की संभावना है। आपसे पिछले पत्र में जल एवं बिजली संबंधी आपूर्ति की कुछ सहायता माँगी गई थी, जिसके विषय में आपके विभाग से अब तक कोई आश्वासन नहीं मिला है। अत: आपसे आग्रह है कि उक्त सहायता प्रदान करने की शीघ्रातिशीघ्र सूचना देकर कृतार्थ करें।

भवदीय
(हस्ताक्षर)
बिजय बहादुर सिंह

श्री दामोदर सिंह
वरिष्ठ अभियन्ता
सिंचाई विभाग,
उत्तर प्रदेश शासन, लखनऊ

(3) ज्ञापन या ज्ञाप (Memorandum)

ज्ञापन या ज्ञाप का प्रयोग आवेदन पत्रों, याचिकाओं आदि का उत्तर देने के लिए किया जाता है। दरअसल, जब सचिवालय या मंत्रालय का कोई विभाग दूसरे विभाग से कोई जानकारी प्राप्त करने के लिए या किसी विषय पर उनका विचार जानने के लिए कोई पत्र भेजता है, तो वह 'ज्ञापन' या 'ज्ञाप' नाम से जाना जाता है। कुल मिलाकर इस पत्र का प्रयोग पत्र-प्राप्ति को सूचित करने, अपने समकक्ष या अधीनस्थ सहकर्मियों को सूचना प्रेषित करने, अधीनस्थ कर्मचारियों की नियुक्ति संबंधी आदेश देने तथा अधीनस्थ कर्मियों को आदेशों के अतिरिक्त अन्यान्य तथ्यों को सूचित कराने के लिए किया जाता है। इस तरह के पत्र में विधिवत् संबोधन नहीं होता न स्वनिर्देश ही होता है। इसकी वाक्य-रचना अन्य पुरुष में होती है। यहाँ 'महोदय' और 'भवदीय' शब्दों का प्रयोग नहीं किया जाता।

ज्ञापन या ज्ञाप का उदाहरण

संख्या फा० 1/12/2005 ई०

गृह मंत्रालय

उत्तर प्रदेश शासन

लखनऊ

दिनांक 5 जनवरी, 2004 ई०

विषय : चतुर्थ श्रेणी के कर्मचारियों की नियुक्ति निम्नांकित हस्ताक्षरकर्त्ता को उनके पत्र संख्या 415, दिनांक 15.12.2003 के आवेदन पत्र की प्राप्ति की सूचना के उत्तर में यह कहने का निर्देश हुआ है कि मंत्रालय में चतुर्थ श्रेणी के कर्मचारियों का पद निम्नांकित शर्तों पर प्रस्तुत किया जाता है—

(1) वेतनक्रम 2000-100-300-150-200-3060 रुपया ई० बी०,

(2) यह पद पूर्ण अस्थाई है और बिना पूर्व सूचना के किसी भी समय समाप्त किया जा सकता है,

(3) पद स्वीकार करने की स्थिति में 15 दिन के भीतर कार्यभार ग्रहण करना आवश्यक है, अन्यथा आदेश निरस्त समझा जाएगा।

यदि श्री मोहन पण्डेय उपर्युक्त शर्तों पर कार्य करने के लिए समुत्सुक हों, तो वह निम्न हस्ताक्षरकर्ता के समक्ष प्रमाण पत्रों की जाँच और पदभार या दायित्व सम्हालने के लिए दिनांक 16.12.2005 के पूर्व कार्यालय में उपस्थित हों।

....

उपसचिव, गृह मंत्रालय

उत्तर प्रदेश शासन

लखनऊ

सेवा में,

श्री मोहन पाण्डेय

ग्रा० पो० रामपुर मांझा

जनपद—गाजीपुर (उ० प्र०)

(4) कार्यालय ज्ञापन या कार्यालय स्मृति पत्र (Office Memorandum)

कार्यालय ज्ञापन को कुछ लोग 'स्मृति पत्र' भी कहते हैं। भारत सरकार के विभिन्न मंत्रालयों के बीच इस तरह के पत्र का प्रयोग सूचनाओं के आदान-प्रदान के लिए किया जाता है। साफ शब्दों में, केन्द्र सरकार के विभिन्न कार्यालय कार्यालय ज्ञापन या कार्यालय स्मृति पत्र का प्रयोग अपने अधीनस्थ कार्यालयों और कर्मचारियों को सामान्य सूचनाएँ देने के लिए करते हैं। कार्यालय ज्ञापन हमेशा अन्य पुरुष में लिखा जाता है। इसमें ऊपर प्रेषक और प्रेषिती का नाम तथा पद नहीं आता। इसमें संबोधन का भी प्रयोग नहीं किया जाता। इसके अंत में प्रेषक के हस्ताक्षर और उसका नाम अंकित होता है। प्रेषित का उल्लेख प्रेषक के सामने बाईं ओर होता है।

कार्यालय ज्ञापन या कार्यालय स्मृति पत्र

उतर प्रदेश सरकार ....विभाग

विषय : विधि शब्दावली परिषद, शिक्षा मंत्रालय, भारत सरकार के लिए राज्य सरकार द्वारा विशेषज्ञों का मनोनयन।

भारत सरकार के शिक्षा मंत्रालय ने विधि शब्दावली परिषद में, सदस्य के रूप में कार्य करने के लिए राज्य सरकार से विशेषज्ञों के नाम भेजने का अनुरोध किया है।

कृपया 15 दिन के भीतर ऐसे व्यक्तियों के नाम इस विभाग को भेज दिए जायँ, जो आपके विचार से उक्त परिषद में मनोनीत किए जाने के लिए उपयुक्त हों।

....

(उप सचिव)

ज्ञापन और कार्यालय ज्ञापन में अंतर—डॉ० कैलाश चन्द्र भाटिया[1] का विचार है कि रूप-स्वरूप में ज्ञापन और कार्यालय ज्ञापन समान हैं, मगर प्रयोग क्षेत्र भिन्न होता है। जो सूचना आदेश स्तर में नहीं रखी जा सकती या अधीनस्थ कार्यालय को भेजी जाने वाली सूचना का प्रेषण ज्ञापन द्वारा होता। इसका अंग्रेजी पर्याय 'मीमो' यदि सरकारी विभाग में जारी हो जाता है तो उसका अर्थ प्रेम पत्र यानी किसी स्पष्टीकरण माँगने की सूचना होती है। ज्ञापन का प्रयोग विभागीय कर्मचारियों से सूचना माँगने के लिए किया जाता है।

(5) परिपत्र (Circular Letter)

यदि सरकार की ओर से अधीनस्थ (Subordinate) अधिकारियों को कोई महत्त्वपूर्ण आदेश निर्गत करना होता है या अनुदेश जारी करना होता है या किसी बहुत मौजू मुद्दे पर सावधानियों की ओर संकेत करना होता है या सरकारी मंशा या विचार स्पष्ट करना होता है, तो जिन पत्रों के माध्यम से उक्त सभी कार्य-व्यापार करना होता है, उन्हें 'परिपत्र' कहा जाता है। इस पत्र में एक ही विषय से संबंधित तथ्यों या आदेशों को भिन्न-भिन्न अधिकारियों को भेजा जाता है।

वस्तुतः सभी मंत्रालयों, निदेशालयों एवं निगम में समय-समय पर परिपत्र निकाले जाते हैं। ये परिपत्र उस समय निकाले जाते हैं, जब एक ही प्रकार के आदेश, अनुदेश या कार्यप्रणाली में परिवर्तन या संशोधन आदि के लिए सूचना अधीनस्थ कार्यालयों को या विभागों

---

1. **हिन्दी भाषा का प्रयोजनमूलक स्वरूप—डॉ० कैलाश चन्द्र भाटिया, पृष्ठ 60**

को भेजनी होती है। यहाँ ध्यान रखने की **पहली बात** यह है कि परिपत्र केवल उच्च कार्यालयों द्वारा ही जारी किए जाते हैं। **दूसरी बात** यह है कि शासकीय पत्र तथा परिपत्र में मूल अंतर यह है कि शासकीय पत्र किसी विभागाध्यक्ष और अधिकारी विशेष को लिखा जाता है, और उसकी प्रतिलिपियाँ अन्य संबंधित विभागों, कार्यालयों या अधिकारियों के नाम पृष्ठांकित कर दी जाती हैं, पर परिपत्र में संबोधन उन सभी अधिकारियों, विभागों तथा कार्यालयों को किया जाता है, जो उस विषय से संबंधित हैं। परिपत्र में कोई भी पृष्ठांकन नहीं किया जाता है। **तीसरी बात** यह है कि परिपत्र जारी करने वाले कार्यालय के अध्यक्ष या प्रभारी अधिकारी के हस्ताक्षर होते हैं, जिनके नीचे उनका पदनाम लिखा होता है। परिपत्र में भवदीय अथवा विश्वासपात्र आदि शब्दों का इस्तेमाल नहीं किया जाता है।

परिपत्र का उदाहरण

संख्या-42/3/77

[लखनऊ : दिनांक 20 मार्च, 2005

उ० प्र० शासन

गृह विभाग

विषय : अनुशासन व्यवस्था अस्त-व्यस्त होने के संबंध में

महोदय,

मुझे आपको निवेदन करने का निर्देश हुआ है कि वाराणसी मंडल के जिलों में, अपहरण, लूटपाट, नक्सली हिंसा और अन्य तरह की अराजकता फैल गयी है। अतः आप अपने अधीनस्थ पुलिस वालों को तुरन्त वहाँ भेजकर उसकी रोकथाम करने की उपाय करें।

ज्ञान प्रकाश पाण्डेय

गृह सचिव

गृह मंत्रालय,

उत्तर प्रदेश शासन, लखनऊ

(6) आदेश (Govt. Order)

सामान्यतः आदेश का प्रयोग नए पदों की स्वीकृति, विशेष प्रकार की वित्तीय मंजूरियाँ भेजने, अनुशासनिक मामलों एवं नियमों से संबंधित कर्मचारी को सरकारी आदेशों की सूचना देने के लिए किया जाता है। आदेश में किसी कार्य को कराने या न कराने का भाव रहता है।[1] मंजूरी पत्र राष्ट्रपति की ओर से (मात्र राष्ट्रपति शब्द का उल्लेख) लिखे जाते हैं। साधारणतः निम्न स्थितियों में उसका प्रयोग किया जाता है—(1) सरकारी आदेश की सूचना देनी हो, (2) किसी निर्णय के अनुरूप कार्यान्वयन का आदेश देना हो तथा (3) आदेशात्मक भाषा में सुझाव भी माँगा जा सकता है।[2] यहाँ पर 'किया जाए', 'करें', 'की जाएगी' की भाषा में आदेश दिया जाता है। इसमें संबोधन और स्वनिर्देश का प्रयोग नहीं किया जाता। यह पत्र अन्य पुरुष (Third Person) में लिखा जाता है।

---

1. **प्रशासनिक हिन्दी—डॉ० चन्द्रपाल, पृष्ठ 82**
2. **हिन्दी भाषा का प्रयोजनमूलक रूप—डॉ० कैलाश चन्द्र भाटिया, पृष्ठ 61**

आदेश का उदाहरण

कार्यालय का नाम, पता

पत्र संख्या .... दिनांक ....

आदेश

निम्नलिखित कर्मचारी बार-बार मना करने के बाद भी कार्यालय प्राङ्गण में धूम्रपान करते रहते हैं, जो नियमों के सर्वथा विरुद्ध है। अतः इन्हें आदेश दिया जाता है कि प्राङ्गण में आज से धूम्रपान न करें।

हस्ताक्षर

....

पदनाम

प्रतिलिपि—

(1) संबंधित कर्मचारी/अधिकारी

(2) विभाग के विभिन्न अनुभाग

(7) कार्यालय आदेश (Office Order)

यह एक आदेशनुमा पत्र होता है, जिसमें एक अधिकारी कार्यालय अध्यक्ष की ओर से शक्तियों का प्रयोग करते हुए किसी मामले पर आदेश जारी करता है, यह पत्र भी अन्य पुरुष में लिखा जाता है। इसमें संबोधन ऊपर नहीं होता। यह पत्र लेटर हेड कार्यालय के 'पैड' पर लिखा जाता है। जहाँ 'पैड' छपा नहीं होता, वहाँ उसका रूप टाइप कर लिया जाता है। इसके नीचे उस पत्र की संख्या व फाइल का नाम लिखा जाता है, जिससे कि यह आदेश जारी किया जा रहा है। दाईं तरफ तारीख लिखी जाती है, इसके बाद बीचों-बीच में 'कार्यालय आदेश' शब्द लिखा जाता है। इसके बाद पत्र (आदेश) की विषयवस्तु (कलेवर) होता है। उसमें नीचे धन्यवाद! सादर जैसे शब्दों का प्रयोग नहीं किया जाता है। दायीं तरफ जारीकर्त्ता के हस्ताक्षर व पदनाम होते हैं। बाईं तरफ जिस व्यक्ति को आदेश दिया जाता है, उसका नाम, पदनाम, विभाग का नाम आदि लिखा जाता है। इसके बाद इसकी प्रतियाँ सभी संबंधितों को दी जाती हैं।[1] कुल मिलाकर यह आदेश निश्चयात्मक होता है, निर्गत तिथि से ही यह लागू हो जाता है। नियुक्ति, छुट्टियों की स्वीकृति और पद वृद्धि इस तरह के पत्र का केन्द्रीय विषय होते हैं। संक्षेप में कार्यालय आदेश का प्रारूप इस प्रकार होता है—

1. क्रम संख्या
2. कार्यालय का नाम
3. स्थान तथा दिनांक
4. शीर्षक 'कार्यालय आदेश'
5. आदेश
6. अधिकारी के हस्ताक्षर, नाम तथा पद नाम
7. प्रेषितियों के नाम तथा पते

---

1. **राजभाषा—विविधा, डॉ० माणिक मृगेश, पृष्ठ 96**

कार्यालय आदेश का नमूना

पत्र संख्या 406/2005

शिक्षा विभाग

मध्य प्रदेश शासन

भोपाल

कार्यालय आदेश दिनांक 5 फरवरी, 2005

डॉ० सतीश चन्द्र पाण्डेय, प्राध्यापक, हिन्दी विभाग, शासकीय महाविद्यालय, रीवाँ की सेवाएँ 25 फरवरी, 2005 से शासकीय महाविद्यालय, सागर के लिए हस्तान्तरित की जाती हैं। डॉ० पाण्डेय का स्थान नवनियुक्ति द्वारा पूर्ण होगा।

आज्ञा से
हस्ताक्षर
(..........नाम)
मुख्य सचिव, शिक्षा विभाग
मध्य प्रदेश शासन,
भोपाल

प्रतिलिपि प्रेषित—

(1) डॉ० सतीश चन्द्र पाण्डेय, शासकीय महाविद्यालय, रीवाँ

(2) डॉ० अशोक कुमार पाण्डेय, प्राचार्य, शासकीय महाविद्यालय, रीवाँ

(3) डॉ० छत्रसाल द्विवेदी, प्राचार्य, शासकीय महाविद्यालय, सागर

(8) राजपत्र (Gazette)

सरकार द्वारा समय-समय पर निर्गत संकल्प, सूचनाएँ और आदेश जिस पत्र में प्रकाशित होते हैं, उन्हें 'राजपत्र' कहते हैं। राजपत्र में छपने के लिए सामग्री भेजते समय **डॉ० दंगल झाल्टे**[1] के अनुसार इन बातों का ध्यान रखा जाता है—

(1) सामग्री का प्रकाशन राजपत्र के किस भाग और खण्ड में होना है, इसे प्रेस के मार्गदर्शन के लिए, प्रति के बिल्कुल ऊपर हमेशा लिखा हुआ होता है।

(2) सक्षम अधिकारी द्वारा हस्ताक्षर की हुई मूल टाइप प्रतिही प्रेस में भेजी जाती है। साइक्लोस्टाइल की हुई प्रति, कार्बन प्रति या ऐसी प्रति, जिस पर अधिकारी के हस्ताक्षर न हों, प्रेस स्वीकार नहीं करता। प्रेस को भेजी जाने वाली प्रति में यदि गलतियाँ ठीक की जाएँ तो शुद्धियाँ बहुत साफ तौर पर लिखी होती हैं और वे हस्ताक्षर करने वाले अधिकारी द्वारा प्रमाणित भी होती हैं।

(3) कोई सामग्री तब तक साधारण राजपत्र में नहीं छपाई जाती, जब तक कि वह इतनी तात्कालिक न होती कि राजपत्र के आगामी साधारण अंक के छपने तक रोकी न जा सकती हो।

(4) असाधारण राजपत्र के छपने की तारीख तय करते समय छपाई और लेखन सामग्री के मुख्य नियंत्रण द्वारा निर्धारित समय अनुसूची का पालन किया जाता है। यदि किसी विशेष कारण से ऐसा करना संभव न होता है तो तारीख तय करने से पहले सरकारी प्रेस से सलाह ले ली जाती है।

---

1. **प्रयोजनमूलक हिन्दी : सिद्धान्त और प्रयोग—डॉ० दंगल झाल्टे, पृष्ठ 185**

(5) असाधारण राजपत्रों में छपने वाली अधिसूचना और उसे भेजने के लिए लिखे गए पत्र पर हमेशा ऐसे ही अधिकारी के हस्ताक्षर होते हैं, जिसका पद संयुक्त सचिव से कम नहीं होता।

(9) संकल्प या प्रस्ताव या संस्ताव (Resolution)

संकल्प तथा अधिसूचना—दो ऐसे पत्राचार के रूप हैं, जो भारत के राजपत्र में प्रकाशित होते हैं। इनमें संकल्प का प्रयोग नीति संबंधी सरकारी निर्णयों, जाँच समितियों या जाँच आयोगों को नियुक्तियों अथवा समितियों के निर्णयों के निष्कर्ष आदि के सार्वजनिक घोषणा करने के लिए किया जाता है। वस्तुतः संकल्प के पृष्ठांकन के रूप में यह आदेश होता है कि संकल्प का प्रकाशन राजपत्र में हो। बहरहाल, कुल मिलाकर यह कि सरकारी गजट में प्रकाशित नीति अथवा महत्त्वपूर्ण विषय संबंधी घोषणा, जाँच समितियों—आयोगों की नियुक्ति की घोषणा तथा उसके प्रतिवेदनों की घोषणा करने आदि के लिए इसका प्रयोग किया जाता है।[1]

संकल्प का प्रारूप तैयार करते समय कुछ अतिरिक्त सावधानी की आवश्यकता होती है। इन मसौदों में कहीं भी काँट-छाँट, लिखे पर लिखा, यहाँ तक कि हस्ताक्षर पर भी पुनः लिखा हुआ नहीं होना चाहिए। मसौदे की प्रथम टाइप प्रति ही प्रेस में जानी चाहिए। कार्बन प्रति या साइक्लोस्टाइल प्रति नहीं भेजी जानी चाहिए। कृते के रूप में किसी अन्य के हस्ताक्षर नहीं होने चाहिए और यह हस्ताक्षर भी स्याही से ही होने चाहिए। **डॉ० राम किशोर शर्मा**[2] बताते हैं कि प्रत्येक संकल्प के तीन भाग होते हैं—

(क) प्रस्तावना (Preamble)—इसमें महत्त्वपूर्ण पत्रों या प्रलेखों का उल्लेख रहता है अथवा अन्वेषण संबंधी प्रतिवेदन जाता है।

(ख) प्रस्ताव (Resolution)—इसमें मूल प्रश्न उठाने की वजह से परिस्थितियों की चर्चा रहती है।

(ग) आदेश (Order)—संकल्प को कार्यान्वयन के लिए इस भाग में आदेश दिया जाता है। ये संकल्प उसके अधीन अनुभाग विशेष के उच्च अधिकारी को हस्ताक्षरों से प्रकाशित होते हैं तथा अन्य पुरुष (Third Person) एकवचन में लिखे जाते हैं।

संकल्प का उदाहरण

क्रमांक

भारत सरकार

गृह-विभाग

दिनांक.........

प्रस्ताव—

विगत कई वर्षों से भारत सरकार साम्प्रदायिक संस्थानों, जिन्हें सरकार द्वारा अनुदान प्राप्त हो रहा है, के अनुदान बन्द करने के संबंध में विचार कर रही थी। सरकार ने अब समस्त साम्प्रदायिक संस्थाओं को अनुदान न देने का निर्णय कर लिया है।

---

1. **प्रयोजनमूलक हिन्दी : डॉ० माधव सोनटक्के, पृष्ठ 125**
2. **व्यावहारिक हिन्दी—डॉ० राम किशोर शर्मा, पृष्ठ 76**

समस्त साम्प्रदायिक संस्थाओं को सूचित करने के लिए प्रस्ताव की प्रतिलिपि भेजने का आदेश दिया जाता है तथा उपर्युक्त प्रस्ताव से सर्वसामान्य को सूचित करने के लिए भारत सरकार के गजट में प्रकाशित किए जाने का आदेश दिया जाता है।[1]

क० ख० ग०
(ह०) सचिव
भारत सरकार

(10) सूचना (Notice)

किसी वस्तु, विषय आदि की जानकारी के लिए सूचना या सूचनाएँ सर्वाधिक सशक्त माध्यम होती हैं। कभी दीवाल पर, कभी सूचना पट्टों पर, कभी सार्वजनिक स्थानों पर, कभी रेडियो, टेलीविजन पर तो कभी अखबारों में रोजाना अपने विभिन्न रूप रंगों में फैली सूचनाओं को देखा जा सकता है। साथ शब्दों में ये सूचनाएँ ऐसी जगह प्रचारित-प्रसारित की जाती हैं, जहाँ आम और खास लोगों की दृष्टि सरलता से जाय। प्राय: भीड़ भरा चौराहा इन सूचनाओं की उपयुक्त जगह होती है। देसी-विदेशी कम्पनियों का उत्पाद, सरकारी-गैर सरकारी योजनाओं की जानकारी, किसी तरह का निर्णय, किसी तरह की गुमशुदी की तलाश या सजगता ही सूचनाओं की मूल जमीन होती हैं। नीलाम, निविदा, रिक्त स्थानों के विज्ञापन, न्यायालयों में वादी-प्रतिवादी को ठीक समय से उपस्थित होने तक—इन सूचनाओं की विभिन्न आकृतियाँ होती हैं। इन सूचनाओं की भाषा सरल इसलिए होनी चाहिए कि सामान्यजन से लेकर बौद्धिक वर्ग तक सभी लोग उन्हें आसानी से समझ सकें। 'सूचना जानने के अधिकार' को लेकर इस समय पूरे विश्व में एक नई बहस शुरू हुई है, कि सूचना जानने का अधिकार क्या सबको है, या नीतिगत मामलों से जुड़े कुछ ही लोगों को।

सूचना (निविदा) का उदाहरण

नगर पालिका परिषद्, गाजीपुर

निविदा सूचना

नगर की सफाई व्यवस्था से संबंधित उपकरण दो अदद 3 मी० टन (6 क्यू० मी० क्षमता के) डम्पर ट्रक को आपूर्ति हेतु दिनांक 14.2.2005 सायंकाल 3.00 बजे अधोहस्ताक्षरी के कार्यालय में केवल प्रतिष्ठित निर्माता फर्मों या उनके अधिकृत विक्रेताओं से मोहरबंद निविदाएँ आमंत्रित की जाती हैं जो उसी दिन सायं 4.00 बजे उपस्थित निविदादाताओं के समक्ष खोली जाएँगी। निविदा के साथ माँग की गई जमानत धनराशि सी० डी० आर०/एफ० डी० आर० के रूप में संलग्न करना अनिवार्य होगा, बिना जमानत धनराशि के निविदा अवैध मानी जाएगी। निविदा फार्म प्रकाशन की तिथि से पूर्व 11.2.2005 तक अधिशासी अधिकारी नगर पालिका परिषद गाजीपुर के कार्यालय से निविदा फार्म का निर्धारित मूल्य जमा करके प्राप्त किए जा सकते हैं।

---

1. **हिन्दी भाषा—सर्वेक्षण—डॉ० मुंशी राम शर्मा, पृष्ठ 50, ग्रंथम, कानपुर**

क्र० सं०	कार्य विवरण	निविदा फार्म का मूल्य	जमानत धनराशि	अवधि
1.	दो अदद 3 मी० टन (6 क्यू० मी० क्षमता के)	1200.00	25000.00	एक माह

अधिशासी अधिकारी
(ह० ....)
नगर पालिका, गाजीपुर

(11) अधिसूचना (Notification)

राजपत्रित अधिकारियों को नियुक्ति, तरक्की, स्थानान्तरण आदि की सूचना राजपत्र में प्रकाशित करने के लिए अधिसूचना के रूपों में ही भेजी जाती है। अधिसूचना और संकल्प का रूप प्राय: एक-सा होता है। प्रारम्भ में यह निर्देश होता है कि यह भारत के राजपत्र के किस भाग और किस खण्ड में छपेगा। जिस भारतीय राजपत्र में अधिसूचना छपती है, उसे पाँच भागों—प्रस्ताव, प्रेस विज्ञप्ति, तार, एक्सप्रेस लेटर, सेविंग्राम—में विभाजित किया जाता है। वेतन वृद्धि, नियुक्ति, अवकाश, स्थानान्तरण, पदोन्नति, पदत्याग एवं सेवानिवृत्ति आदि भी इसके विषय बनते हैं। अधिसूचना वाला गजट कई भाषाओं में प्रकाशित होता है। इसके कई अनुभाग भी होते हैं।

अधिसूचना में संबोधन या अधोलेख नहीं होते। अधिसूचना और संकल्प प्रबंधक, भारत सरकार प्रेस को भेजे जाते हैं। इनमें संयुक्त सचिव स्तर के अधिकारी ही हस्ताक्षर करते हैं। अधिसूचना की प्रेस को भेजे जाने वाली प्रति को छोड़कर दूसरी सभी प्रतियों पर पृष्ठांकन टाइप किया जाना चाहिए, किन्तु जिस अधिसूचना के द्वारा संवैधानिक नियमों, आदेशों आदि की घोषणा की जाती है उसकी प्रतिलिपियों को अन्यत्र भेजने की आवश्यकता नहीं होती। इसमें सबसे ऊपर बाईं ओर संख्या के साथ विज्ञाप्य विषय एवं तत्पश्चात् सूचना-सामग्री होती है, जैसे—

अधिसूचना का उदाहरण

(गजट में प्रकाशित होने वाली अधिसूचना)

भाग-1, अनुभाग-2

उद्योग मंत्रालय

नई दिल्ली, दिनांक 25 अगस्त, 1997

छुट्टी एवं अवकाश—संख्या ....श्री अमृत स्वरूप नागर, आई० ए० एस० उपसचिव उद्योग मंत्रालय को 21 दिनों का उपार्जित अवकाश प्रदान किया जाता है, जो 21 सितम्बर, 1998 से लागू होगा।

पदमुक्ति—संख्या.....अवकाश की समाप्ति पर श्री अमृत स्वरूप नागर, आई० ए० एस० उपसचिव उद्योग मंत्रालय की सेवा 12 अक्टूबर, 1998 से शिक्षा मंत्रालय को सौंप दी गई है।

संख्या क० 24 (51) 33/3 (अव०)

शशि भूषण सिंह
संयुक्त सचिव, भारत सरकार

उक्त अधिसूचना की अग्रिम प्रतिलिपियाँ निमनलिखित को प्रेषित की गई—

(1) उद्योग (सम्पर्क) अनुभाग को गज़ट में प्रकाशन के लिए।

(2) अवस्थापन-अधिकारी, उद्योग मंत्रलाय।

(3) श्री अमृत स्वरूप नागर, आई० ए० एस०।[1]

(12) पृष्ठांकन या परांकन (Endorsement)

'Endorse' शब्द का अर्थ है—पीछे से अंकित करना, पृष्ठ लेख करना, पुष्टि करना Endorsement का अर्थ है—"An act of writing on the back of a note, bill and other written instrument." किसी तार, बिल अथवा लेख के पीछे लिखने की क्रिया पृष्ठांकन कहलाती है।[2] दरअसल, पृष्ठांकन पत्राचार का एक विशेष रूप है। इसका प्रयोग कुछ खास परिस्थितियों में किया जाता है। उदाहरण के लिए जब कोई मूल पत्र प्रेषक को वापस किया जा रहा हो। दूसरी स्थिति वह है, जब पत्र की मूल प्रति या उसकी प्रतिलिपि कराकर किसी सम्बद्ध मंत्रालय में या उससे संलग्न विभाग में जानकारी के लिए, टिप्पणी के लिए या कार्य अंतिम रूप से निपटाने के लिए प्रेषित की जाय। इसके प्रयोग की एक स्थिति वहाँ होती है, जहाँ किसी पत्र या तार की मूल प्रतिलिपि पाने वाले के अलावा अन्य सम्बद्ध व्यक्तियों को भी सूचना या आवश्यक कार्यवाही के लिए प्रेषित की जा रही हो। यह जो तीसरी स्थिति है, इसमें जिस प्रकार के वाक्यों का प्रयोग किया है, वे अग्रलिखित हैं—

(1) मूल पत्र के साथ उसके उत्तर की यह प्रतिलिपि सूचनार्थ अथवा पथ-प्रदर्शन के लिए प्रेषित है।

(2) आवश्यक कार्यवाही के लिए।

(3) शीघ्र अनुपालन के लिए।

(4) अभिलेख के लिए।

(5) उत्तर देने की कृपा करने के लिए प्रेषित है।

पृष्ठांकन कार्यालय की कार्यपद्धति का एक अतिमहत्त्वपूर्ण अंग है। इसमें प्रतिलिपि की वाक्य-रचना अन्य पुरुष में होती है। एक महत्त्वपूर्ण बात यह है कि इसमें संबोधन का प्रयोग नहीं किया जाता है। इसमें क्रमांक, दिनांक और हस्ताक्षर अनिवार्य रूप से अंकित होते हैं। सरकारी विभागों को प्रेषित आदेश प्रतिलिपि के रूप में अन्य अधिकारियों को भी प्रेषित किए जाते हैं।[3]

पृष्ठांकन का उदाहरण

प्रतिलिपि

क्रमांक 2/3/99-5

दिनांक, लखनऊ जनवरी सन् 2005

---

1. **प्रयोजनमूलक हिन्दी—सं० डॉ० बालेन्दु शेखर तिवारी, पृष्ठ 109**
2. **प्रयोजनमूलक हिन्दी—डॉ० विनोद गोदरे, पृष्ठ 180**
3. **व्यावहारिक एवं प्रयोजनमूलक हिन्दी तथा साहित्य शास्त्र—डॉ० वशिष्ठ 'अनूप', पृष्ठ 52**

प्रतिलिपि संबंधी आवश्यक सूचना के निमित्त चिकित्सा निदेशक महोदय उत्तर प्रदेश को संप्रेषित।

आज्ञा से

प्रज्ञा पाण्डेय

अवर सचिव

(13) अनुस्मारक या अनुस्मरण पत्र (Reminder)

किसी पत्र के उत्तर अथवा प्रार्थना पर आवश्यक कार्यवाही की कुछ समय प्रतीक्षा करने के पश्चात् मूल प्रेषिती व्यक्ति अथवा अधिकारी को प्रार्थना का पुनः स्मरण कराने हेतु पत्र भेजना आवश्यक हो जाता है। ऐसे पत्र को अनुस्मारक पत्र कहते हैं।[1] इसी तथ्य को और अधिक स्पष्ट करते हुए **डॉ० माधव सोनटक्के**[2] कहते हैं कि सरकारी पत्र, कार्यालयीन ज्ञापन, अर्द्ध सरकारी पत्र आदि का उत्तर आने में पर्याप्त विलम्ब होने पर अनुस्मरण के लिए यह पत्र लिखा जाता है। इसमें पूर्व लिखित पत्रों की संख्या एवं विषय आदि का उल्लेख कर वस्तुस्थिति प्रकट करने के लिए कहा जाता है। यदि एक अनुस्मारक का उत्तर नहीं आता तो पुनः स्मारक भेजा जाता है। विषय तथा स्थिति को देखकर भाषा थोड़ी सख्त भी हो सकती है। संक्षिप्तता इसकी विशेषता होनी चाहिए। अनुस्मारक दो तरह का होता है—(1) सरकारी पत्र के रूप में तथा (2) अर्द्ध सरकारी पत्र के रूप में। **सरकारी पत्र** के रूप में अनुस्मारक का प्रारूप सरकारी पत्र जैसा ही होता है, जबकि **अर्द्धसरकारी पत्र** वाले अनुस्मारक के रूप में ऊपर प्रेषक, प्रेषिती की औपचारिकता नहीं होती। उसमें थोड़ा-सा व्यक्तिगत स्पर्श भी रहता है।

अनुस्मारक का उदाहरण

(सरकारी पत्र के रूप में)

पत्र संख्या परि/30/2105

मानव संसाधन विकास मंत्रालय

भारत सरकार

नई दिल्ली

प्रेषक,

डॉ० रमेश चन्द्र पाण्डेय

मुख्य सचिव

मानव संसाधन विकास मंत्रालय

सेवा में,

वीर बहादुर पाण्डेय

अवर सचिव

शिक्षा विभाग, उत्तर प्रदेश शासन, लखनऊ

---

1. **प्रयोजनमूलक हिन्दी—डॉ० विजयपाल सिंह, पृष्ठ 58**
2. **प्रयोजनमूलक हिन्दी—डॉ० माधव सोनटक्के, पृष्ठ 127**

[नई दिल्ली : दिनांक 25 फरवरी, 2005

विषय : गत वर्ष साक्षरता वृद्धि की 'रिपोर्ट'

महोदय,

आपका ध्यान हमारे पत्र क्र० 30/2/05 दिनांक 20 अप्रैल, 2004 की ओर दिलाया जाता है। इसमें निवेदन किया गया था 28 मई, 2004 तक गत वर्ष की साक्षरता वृद्धि की 'रिपोर्ट' देने की कृपा करें, किन्तु अब तक कोई उत्तर नहीं मिला है। आपसे निवेदन किया जाता है कि एक सप्ताह के भीतर रिपोर्ट भिजवाएँ।

भवदीय

..........हस्ताक्षर

रमेश चन्द्र पाण्डेय

मुख्य सचिव

मानव संसाधन विकास मंत्रालय

भारत सरकार

(14) प्रेस विज्ञप्ति, प्रेस नोट, प्रेस संचार, प्रेस कम्यूनिक और प्रेस पत्राचार (Press Note and Press Communique)

(क) प्रेस विज्ञप्ति की परिभाषा तथा स्वरूप—प्रेस विज्ञप्ति को अंग्रेजी में 'Press Communication' कहा जाता है। व्यावसायिक पत्र लेखन के संदर्भ में 'प्रेस संचार' शब्द का अर्थ 'प्रेस विज्ञप्ति' और 'प्रेस नोट' से ही लिया जाता है। किसी सूचना, नीति अथवा निर्णय को सर्वसाधारण तक पहुँचाने की दृष्टि से केन्द्र सरकार प्रेस विज्ञप्ति या प्रेस नोट का उपयोग करती है। इस तरह के प्रकाशन के लिए दो पद्धतियाँ हैं। पहली प्रणाली—'प्रेस विज्ञप्ति' कहलाती है एवं दूसरी प्रणाली को 'प्रेस नोट' कहते हैं। कुछ लोग 'प्रेस विज्ञप्ति' और 'प्रेस नोट' को एक ही मानते हैं, किन्तु दोनों में सूक्ष्म अंतर है। प्रेस नोट की अपेक्षा प्रेस विज्ञप्ति औपचारिक और संवेदनशील होती है अर्थात् थोड़े से शाब्दिक परिवर्तन से अर्थ का अनर्थ होने की आशंका बनी रहती है। प्रेस विज्ञप्ति के आलेख में सर्वप्रथम सबसे ऊपर इस बात का निर्देश रहता है कि उसे कब प्रकाशित किया जाय। इसके बाद 'रचना-रूप' का उल्लेख किया जाता है। पश्चात् आलेख में शीर्षक या विषय देते हैं। शीर्षक देते समय इस बात का ध्यान रखना होता है कि वह संक्षिप्त हो। प्रेस विज्ञप्ति के अंत में आदेश जारी किया जाता है कि इसे सूचना अधिकारी के पास भेज दिया जाय, ताकि वह इसे जारी कर सकें। इसके बाद दायीं ओर विज्ञप्ति जारी करने वाले अधिकारी का हस्ताक्षर और पदनाम लिखा जाता है। इसके बाद बाईं ओरपहली पंक्ति में मंत्रालय का नाम और दूसरी पंक्ति में पहले स्थान, फिर तिथि लिखी जाती है। कभी-कभी स्थान व तिथि का उल्लेख ऊपर भी कर दिया जाता है। कुल मिलाकर प्रेस विज्ञप्ति में किसी तरह की काँट-छाँट नहीं की जाती है। दो देशों के बीच होने वाले संवादों अथवा नीतिगत लिए गए निर्णयों की जानकारी कराना इसका प्रमुख लक्ष्य होता है।

इधर, प्रेस नोट में किसी विषय को अत्यन्त संक्षेप में प्रस्तुत किया जाता है। कार्यालय के किसी भी अधिकारी द्वारा इसे जारी किया जा सकता है। यहाँ किसी विषय विशेष की ही नहीं, बल्कि किसी भी तरह की जानकारी के लिए प्रेस नोट का सहारा लिया जा सकता है और सभी की जानकारी के लिए इसका इस्तेमाल हो सकता है। कुल मिलाकर सरकारी

नीतियाँ, निर्णयों और आदेशों को जब सार्वजनिक सकल देनी होती है तो सरकार अपने इस शासकीय पत्र 'प्रेस नोट' का प्रयोग करती है। समाचारों का सार्वजनिक अर्थात् आम-खास सभी के लिए खुलासा करना ही इस पत्र का मूल लक्ष्य होता है।

(ख) प्रेस विज्ञप्ति का प्रयोजन—सरकार किसी निर्णय, प्रस्ताव या आदेश आदि को व्यापक रूप से प्रचारित-प्रसारित करना चाहती है तो वह उसे प्रेस विज्ञप्ति के रूप में समाचार पत्रों में प्रकाशनार्थ भेजती है। प्रेस विज्ञप्ति विशेष अवसर पर ही जारी की जाती है। इसके जारी होने के कुछ निश्चित प्रयोजन, उद्देश्य और स्थितियाँ होती हैं, जिनमें से कुछ प्रमुख नीचे दी जा रही हैं। वस्तुत: राष्ट्र के विषय में जनता के समक्ष सरकार द्वारा खुलासा करने का सशक्त माध्यम प्रेस विज्ञप्ति होती है। बहरहाल कुछ निश्चित प्रयोजनों को देखिए—

(1) सरकार द्वारा किसी विषय पर अपनी नीति अथवा निर्णय की घोषणाओं के लिए,
(2) विदेशों के साथ अपनी राजनीतिक, कूटनीतिक, आर्थिक तथा सांस्कृतिक संबंधों की घोषणा के लिए,
(3) राष्ट्रीय, अन्तर्राष्ट्रीय सिफारिशों की घोषणा के लिए,
(4) अपने देश तथा बाहरी मुल्कों के प्रधानमंत्रियों, राष्ट्राध्यक्षों, विदेश मंत्रियों के बीच हुई नीतिगत वार्ता संबंधी जानकारी देने के लिए,
(5) अन्तर्राष्ट्रीय गोष्ठियों, सम्मेलनों आदि जानकारी देने के लिए तथा
(6) राष्ट्रीय समस्याओं के समाधान हेतु बनी समितियों और आयोगों द्वारा दिए गए सुझावों-समाधानों की जानकारी देने के लिए।

(ग) प्रेस-विज्ञप्ति की अवधारणा—प्रेस विज्ञप्तियाँ सामान्यत: केन्द्रीय सरकार द्वारा ही जारी की जाती हैं। सच कहा जाय तो प्रेस विज्ञप्ति 'सरकारी बयान' होती है। इस तरह से सरकारी कार्यप्रणाली में प्रेस-विज्ञप्ति या प्रेस नोट एक विशेष किसिम की महत्त्वपूर्ण भूमिका निभाते हैं। केन्द्रीय सरकार अपने आदेशों, संस्तुतियों, प्रस्तावों, निर्णयों आदि को सार्वजनिक रूप से प्रचारित-प्रसारित करने के लिए ही समाचार पत्रों में प्रेस विज्ञप्तियाँ छपवाती हैं। प्रेस विज्ञप्ति में खबरों को ज्यों-का-त्यों अर्थात् यथा तथ्य मुकम्मल रूप में प्रस्तुत करना होता है। इसमें अखबारों की ओर से कुछ जोड़ा या छोड़ा नहीं जाता है। ये पत्र औपचारिक होते हैं, अत: इसमें संबोधन, प्रेषक, प्रेषिती, स्वनिर्देश आदि नहीं होते। इसकी निर्मिति सूचना विभाग द्वारा न होकर सरकार के संबंधित विभाग के किसी अनुभवी और योग्य अधिकारी की देख-रेख में होती है, फिर इन्हें सूचना अधिकारी के पास समाचार पत्रों में प्रकाशनार्थ या प्रसारार्थ भेज दिया जाता है। सूचना विभाग इसे समाचार एजेन्सियों/समाचार पत्रों के पास भेज देता है। समाचार पत्र के संपादक के पास इस बात का अधिकार नहीं है कि वह इन प्रेस विज्ञप्तियों में काट-पिट करे। हाँ, यदि वह प्रेस विज्ञप्ति नहीं है, तो संपादक उसे कुछ संशोधनों के साथ संपादित कर सकता है।

प्रेस विज्ञप्तियों को प्रसारित करने से पहले आवश्यक विधिक नियमों की जानकारी और उनका परिपालन बहुत आवश्यक होता है। इन प्रेस विज्ञप्तियों पर प्रेस सूचना ब्यूरो या राज्य सरकारें अपने जनसंपर्क निदेशालय या लोक संपर्क निदेशालय के पास प्रकाशित किए जाने से पूर्व अधिकृत अधिकारी द्वारा हस्ताक्षर करना आवश्यक होता है। अग्रसारित करने वाले या हस्ताक्षर करने वाले अधिकारी के पद, नाम का दाईं ओर उल्लेख हो जाने के बाद बाईं ओर का स्थान छोड़कर मंत्रालय का नाम, तिथि व स्थान अंकित किया जाता है। कुल मिलाकर

प्रेस विज्ञप्ति सूचनात्मक होती है। औपचारिकता इसका सहज गुण है। सावधानी-सजगता यहाँ इसलिए आवश्यक है कि थोड़ी सी गफलत या चूक सरकार और जनता के बीच मनमुटाव पैदा कर सकती है।

(घ) प्रेस-विज्ञप्ति का क्षेत्र—प्रेस विज्ञप्ति का क्षेत्र बहुविध और बहुआयामी है। खासकर, आधुनिक युग में इसके प्रयोग का फलक और क्षेत्र तो अतिविस्तृत हो गया है। दरअसल, प्रेस विज्ञप्ति एक ऐसा प्लेटफार्म है, जहाँ से सरकार इसके माध्यम से राजनीतिक, सामाजिक तथा व्यावसायिक आदि क्षेत्रों से संबंधित घोषणाएँ जारी करती रहती है। कुल मिलाकर इसमें हर क्षेत्रों से संबंधित सरकारी ब्यौरे होते हैं। संसदीय सूचनाएँ, परीक्षा संबंधी सूचनाएँ भी कभी-कभार प्रेस विज्ञप्ति के दायरे में आती हैं।

प्रेस विज्ञप्ति के प्रयोग का अति महत्त्वपूर्ण क्षेत्र अन्तर **कार्यालयी** भी है। कभी-कभी एक कार्यालय किसी दूसरे कार्यालय में सूचना की विज्ञप्ति के लिए इसका प्रयोग करते हैं। कार्यालयों में इसका प्रयोग विभिन्न स्तरों के कर्मचारियों को निर्देश, जानकारी देने के लिए किया जाता है। इसके प्रयोग का अगला क्षेत्र **व्यावसायिक** भी है। व्यावसायिक स्तर पर किस देश से किस स्तर का आयात-निर्यात, लेन-देन संबंधी आदेश-निर्देश जानकारी विज्ञप्ति के रूप में ही प्रकाशित की जाती है। प्रेस-विज्ञप्ति के प्रयोग का महत्त्वपूर्ण क्षेत्र **राजनीतिक** भी है। किसी राजनीतिक विचार, निर्णय और गोष्ठियों की जानकारी प्रेस-विज्ञप्ति के द्वारा प्रकाशित की जाती है। किन्हीं दो राष्ट्राध्यक्षों के बीच हुए राजनीतिक निर्णय, संधियाँ, विवादास्पद मुद्दों पर बातचीत जारी रहने संबंधी सूचनाएँ प्रेस-विज्ञप्ति के माध्यम से प्रकाशित की जाती हैं। ठीक इसी तरह प्रेस विज्ञप्ति के प्रयोग का एक महत्त्वपूर्ण क्षेत्र समाज भी है। व्यक्ति **सामाजिक** प्राणी होता है। समाज की हर तरह की हलचलों, गतिविधियों, बातचीत, गोष्ठियों आदि की जानकारी के लिए जनता व्यग्र-बेचैन रहती है। अतः सरकार सामाजिक सूचनाओं के प्रकाशनार्थ प्रेस-विज्ञप्ति का ही सहारा लेती है।

(ङ) प्रेस-विज्ञप्ति की भाषा शैली—प्रेस-विज्ञप्ति की भाषा सामान्य जन के निकट की होनी चाहिए। जाहिर है, जो भाषा नितान्त सहज-सरल होगी, वही सबके लिए सुलभ और बोधगम्य होगी। भाषा में स्पष्टता होनी चाहिए, जिससे आम पाठक को किसी प्रकार की शंका-द्वैध न हो। प्रेस-विज्ञप्ति में कहावतों-मुहावरों, लोकोक्तियों का कत्तई प्रयोग न हो। कठिन शब्दों के प्रयोग से बचा जाय, जिससे "सबको खबर दे" की धारणा बनी रही। प्रेस विज्ञप्ति में इधर-उधर की फिजूल चर्चा न हो, मूल विषय पर ही लिखा जाय। भाषा संक्षिप्त हो, क्योंकि आजकल लोगों के पास इतना समय नहीं होता कि वह अनावश्यक बातों को पढ़ने के लिए समय निकाल सकें। भाषा विनम्र हो, भद्र हो, शिष्ट-संयत हो, तथ्य को प्रकाशित करने वाली हो, भाषा में आलंकारिता न हो, क्योंकि अलंकृत भाषा जनमानस के लिए दिक्कत पैदा कर सकती है। भाषा रोचक हो, प्रवाह पूर्ण हो, पठनीयता में बाधक न हो, इसमें प्रत्येक शब्द नाप-तौल कर प्रयोग किया गया हो, जिसमें अभीप्सित अर्थ ही व्यक्त हो सके। भाषा में अर्द्ध विराम, पूर्ण विराम अर्थात् व्याकरणिक अनुशासनों का ध्यान रखा गया हो, अतिशयोक्तिपूर्ण भाषा तथ्यों को प्रदूषित बनाती है।

कुल मिलाकर प्रेस विज्ञप्ति की द्विअर्थक, अस्पष्ट, भ्रामक और अनिश्चित भाषा से संकट पैदा होता है। प्रेस-विज्ञप्ति की भाषा इतनी साफ और एकार्थक होनी चाहिए कि उससे दूर-दूर तक दूसरे अर्थ की छाया न दिखाई दे। संक्षेप में कहें तो प्रेस-विज्ञप्ति की भाषा व्याकरण

सम्मत, सरल, स्पष्ट तथा परिमार्जित होनी चाहिए। इसमें संयम, गरिमा, गांभीर्य और निर्वैयक्तिकता होनी चाहिए। इसमें केवल तथ्यों का सीधा उल्लेख, मंतव्य का स्पष्ट कथन और किसी प्रकार का अर्थान्तर-अर्थभेद नहीं होना चाहिए। प्रेस-विज्ञप्ति के लेखन की विशिष्ट शैली होती है, जिनका अनुपालन आवश्यक होता है। कहते हैं—"Style is the man himself" अर्थात् हर व्यक्ति की अपनी शैली की निजी सत्ता और महत्ता होती है। शैली विचारों की वेश-भूषा होती है। विद्रूप और टेढ़े-मेढ़े कथ्य भी सुन्दर शैली से सुशोभित हो जाते हैं। अत: लेखक को चाहिए कि वह अपने कथ्य को सुन्दर शिल्प और शैली में ढाले। यहाँ एक बात का ध्यान रखना चाहिए कि हिन्दी लेखन शैली और अंग्रेजी लेखन शैली में पर्याप्त अंतर होता है। अत: अंग्रेजी में सोचकर हिन्दी अनुवाद करना उपयुक्त नहीं होगा, खासकर विज्ञप्ति के लिए। दरअसल, प्रेस-विज्ञप्ति प्राय: रूढ़िगत, औपचारिक और सामान्य शैली की ही सुन्दर मानी जाती है।

(च) प्रेस-विज्ञप्ति का वैध पक्ष—सामाजिक और व्याकरणिक अनुशासनों की तरह प्रेस-विज्ञप्ति के कुछ नैतिक और वैध-वैधानिक अनुशासन भी तय किए गए हैं। चूँकि यह पत्र सरकारी गतिविधि, निर्णयों, फैसलों को समाचार पत्रों में प्रकाशनार्थ सीधे उत्तरदायी होता है, अत: इसकी अपनी कुछ नैतिक जिम्मेदारियाँ भी होती हैं। प्रेस-विज्ञप्ति जारी करने से पूर्व उसके कानूनी पक्ष पर गंभीरतापूर्वक विचार कर लेना चाहिए। इसके लिए भरसक पटु, विषय का गहरा ज्ञाता और पैनी तर्क शक्ति वाला व्यक्ति हो तो अच्छी बात है। विषय और देशकाल के ज्ञान से अनभिज्ञ व्यक्ति 'नौ की लकड़ी नब्बे खर्च' करा सकता है। साफ शब्दों में, अर्थ का भयंकर अनर्थ हो सकता है। देश में एक नई बहस का जनम हो सकता है। अत: प्रेस विज्ञप्ति जारी होने से पहले इसके वैध पक्ष पर विचार होना बहुत आवश्यक होता है।

प्रेस की स्वतंत्रता की रक्षा कानून करता है और उसके बदले में कानून की मर्यादा प्रेस कायम रखता है। प्रेस परिषद अधिनियम 1965 तथा उसी के संशोधन 1978 के अनुसार 28 सदस्यों वाली स्थायी प्रेस-विज्ञप्ति को दीवानी अदालतों के अधिकार प्राप्त हैं। यह परिषद पत्र, पत्रकारों और सरकारों के आपसी मामलों, आरोपों, शिकायतों आदि की छानबीन, पड़ताल, सुनवाई करके अपना निर्णय देती है। प्रेस स्वाधीनता की सुरक्षा की गारण्टी यह प्रेस विज्ञप्ति ही देती है। इतना ही नहीं, पत्रों, पत्रकारों के आत्मानुशासन का नियमन भी यही प्रेस-विज्ञप्ति करती है।

(छ) प्रेस विज्ञप्ति जारी करने वाले सक्षम अधिकारी की भूमिका—प्रेस-विज्ञप्ति जारी करने में सक्षम प्राधिकारी की भूमिका महत्वपूर्ण होती है। उसके बिना प्रेस-विज्ञप्ति जारी करना असंभव होता है। अत: प्रेस विज्ञप्ति जारी करने से पहले प्रेस विज्ञप्ति की विषय वस्तु, भाषा शैली, जनता और सरकार के बीच रिश्तों की संहिता आदि की जाँच-परख प्रेस-विज्ञप्ति जारी करने वाले अधिकारी द्वारा पूर्ण रूप से कर ली जानी चाहिए। तथ्यों की गलती प्रेस विज्ञप्ति के जारी करने वाले अधिकारी को अपने लपेटे में ले सकती है। पहले भी कई बार कहा जा चुका है कि प्रेस-विज्ञप्ति केन्द्रीय सरकार द्वारा जारी की जाती है। इसमें सरकार से संबंधित निर्देश का व्यौरा होता है। जब सरकार अपनी मंशा या कोई नीतिगत निर्णय सामान्य जन के सामने रखना चाहती है तो उसे प्रेस-विज्ञप्ति का सहारा लेना पड़ता है। इसमें सक्षम अधिकारी ऐसी कोई बात नहीं लिखता, जिसका राजनीतिक तथा कूटनीतिक दृष्टि से दोहरा अर्थ निकलता हो। यहाँ अधिकारी प्रेषक, प्रेषिती, संबोधन तथा स्वनिर्देश का उल्लेख नहीं करता। यह सूचना विभाग से प्रसारित न होकर केन्द्र सरकार के किसी सक्षम अधिकारी द्वारा

प्रसारित की जाती है। हाँ, सूचना-विभाग के पास प्रकाशनार्थ हेतु अवश्य भेजी जाती है, उसके बाद सूचना-विभाग उसे प्रकाशित होने के लिए समाचार पत्रों एवं समाचार एजेन्सियों के पास भेज देता है। सक्षम अधिकारी इसे किसी विशेष अवसर पर ही जारी करता है। देसी-विदेशी महत्त्वपूर्ण निर्णय, राजनीतिक, आर्थिक निर्णय या दो देशों के बीच हुई किसी वार्ता की जानकारी के लिए इसे सक्षम अधिकारी जारी करता है। सक्षम अधिकारी प्रेस-विज्ञप्ति जारी करने से पूर्व प्रेस विज्ञप्ति के आलेख में सबसे ऊपर इस बात का उल्लेख करता है कि इसे कब प्रकाशित किया जाय, जैसे "दिनांक 15 जनवरी, 2005 को सायंकाल 6 बजे से पहले प्रकाशित न किया जाय" इसके बाद वह "रचना-रूप" का उल्लेख करता है, यथा—'प्रेस-विज्ञप्ति'। उसके बाद वह सक्षम अधिकारी आलेख में विषय/शीर्षक का उल्लेख करता है। वह इस का ध्यान रखता है कि कथ्य को व्यास शैली की जगह समास शैली में प्रस्तुत किया जाय। इसके बाद वह आदेश देता है कि इसे सूचना विभाग को भेज दिया जाय। आदेश के बाद दायीं ओर हस्ताक्षर करने के बाद की पंक्ति में वह पद नाम देता है। इसके बाद बाईं ओर पहली पंक्ति में मंत्रालय का नाम देता है, तथा दूसरी पंक्ति में स्थान का नाम देता है। अगली पंक्ति में तिथि देता है। कभी-कभी तिथि पत्र में दायीं ओर भी दी जाती है।

इस प्रकार प्रेस-विज्ञप्ति जारी करते समय सक्षम अधिकारी की महती भूमिका होती है। वह विज्ञप्ति में संयमित और सरल-सुबोध भाषा का इस्तेमाल करता है। वांछित शब्द चूँकि किसी भी विज्ञप्ति पत्र की शोभा होते हैं, अतः इसे अवांछित शब्दों के प्रयोग से परहेज-गुरेज करना चाहिए।

(ज) प्रेस-विज्ञप्ति की विषय वस्तु—केन्द्र सरकार द्वारा प्रकाशित-प्रसारित प्रेस विज्ञप्ति में मुख्य रूप से आदेश, निर्णय, प्रस्ताव आदि केन्द्रीय विषय बनते हैं। साफ शब्दों में सरकार की ओर से किसी विषय विशेष के निर्णय की घोषणा, विदेशों के साथ कूटनीतिक, सांस्कृतिक, राजनीतिक तथा आर्थिक संबंधों की घोषणा, अन्तर्राष्ट्रीय सम्मेलन में सिफारिशों की घोषणा, किन्हीं बाहरी देशों के बीच प्रधानमंत्री या राष्ट्रपति के बीच-विदेशी मुद्दों पर बातचीत के परिणाम की घोषणा आदि को जनहित में सार्वजनिक रूप से प्रचारित-प्रसारित किया जाता है। यही बातें प्रेस-विज्ञप्ति की मुख्य विषय-वस्तु बनती हैं।

(झ) प्रेस विज्ञप्ति तथा प्रेस नोट में अंतर—प्रेस विज्ञप्ति और प्रेस नोट में ऊपरी तौर पर कोई अंतर तो दिखाई नहीं पड़ता, पर विद्वानों के अनुसार इन दोनों में थोड़ा फाँक और फर्क है।

प्रेस विज्ञप्ति	प्रेस नोट
1. प्रेस विज्ञप्ति में किसी प्रकार की काट-छाँट नहीं की जाती है।	1. प्रेस नोट में ऐसी कोई बाध्यता नहीं है, यहाँ काट-छाँट हो सकती है, किन्तु विवरण संक्षिप्त होता है।
2. प्रेस विज्ञप्ति अधिक औपचारिक होती है।	2. प्रेस नोट पूर्ण रूप से अनौपचारिक होता है।
3. प्रेस विज्ञप्ति की आवश्यकता जनता को बहुत अधिक होती है।	3. प्रेस नोट की जरूरत जनता को बहुत अधिक नहीं होती।

प्रेस विज्ञप्ति	प्रेस नोट
4. प्रेस विज्ञप्ति में परीक्षाओं के परिणाम आदि की सूचना दी जा सकती है।	4. प्रेस नोट में ऐसा नहीं होता।
5. प्रेस विज्ञप्ति का विषय लम्बा हो सकता है।	5. प्रेस नोट का विषय संक्षिप्त होता है।
6. प्रेस विज्ञप्ति में सरकारी विभागों की विज्ञप्तियाँ ज्यादा होती हैं।	6. यहाँ ऐसा नहीं होता।
7. प्रेस विज्ञप्ति के कई वैध पक्ष होते हैं।	7. प्रेस नोट के लिए कोई निर्धारित वैध पक्ष नहीं होता है।
8. प्रेस विज्ञप्ति के ऊपर दिनांक तथा उससे पहले 'प्रकाशित न हो' लिखा जाता है।	8. इसके प्रकाशन में इस तरह की कोई बाध्यता नहीं होती।
9. प्रेस विज्ञप्ति केन्द्रीय सरकार के विशेष अधिकारी द्वारा ही जारी होती है।	9. इसे कार्यालय में नियुक्त अधिकारी भी जारी कर सकता है।
10. प्रेस विज्ञप्ति सूचना विभाग द्वारा प्रकाशनार्थ भेजी जाती है।	10. जबकि इसे कोई उप संपादक भी संपादित कर सकता है।
11. प्रेस विज्ञप्ति में संबोधन, प्रेषक, प्रेषिती का उल्लेख नहीं होता।	11. किन्तु प्रेस नोट में संबोधन, प्रेषक, प्रेषिती का उल्लेख होता है।
12. प्रेस विज्ञप्ति में मंत्रालय का नाम, स्थान आदि का उल्लेख होता है।	12. जबकि प्रेस नोट में इन सबका उल्लेख नहीं किया जाता।

प्रेस-विज्ञप्ति का नमूना[1]

उत्तर प्रदेश सरकार

भाषा-विभाग

संख्या 1117/इक्कीस 20-60

[लखनऊ, दिनांक 27 मई, 1965

प्रेस-विज्ञप्ति

(1) उत्तर प्रदेश शासन की प्रेस विज्ञप्ति संख्या 592-इक्कीस, 4-1959, दिनांक 20 जनवरी, 1959 में राज्य सरकार की भाषा नीति का स्पष्टीकरण किया गया था। उस विज्ञप्ति के पैराग्राफ पाँच में यह कहा गया था कि राज्य की महत्त्वपूर्ण विधियों, नियमों, कानूनों आदि के सारांश को, उन जगहों में, जहाँ की आबादी का एक बड़ा हिस्सा उर्दू से परिचित है, उर्दू में भी प्रचारित और प्रकाशित किया जाएगा। इस प्रयोजन के लिए रामपुर, बिजनौर, बरेली, मुरादाबाद, सहारनपुर और मुजफ्फरनगर के जिलों तथा लखनऊ शहर को चुना गया था।

---

1. व्यावहारिक हिन्दी निर्देशिका—डॉ० गोपीनाथ श्रीवास्तव, पृष्ठ 174

(2) सन् 1961 की जनगणना के अनुसार मेरठ, पीलीभीत तथा लखनऊ के जिलों में उर्दू बोलने वालों की संख्या वहाँ की कुल आबादी का 15 प्रतिशत या उससे अधिक हो गई है। अतएव, राज्य सरकार ने यह निश्चय किया है कि उर्दू में प्रकाशन संबंधी सुविधाएँ इन जिलों में दी जायँ।

संख्या 1117 (1) इक्कीस-20-60

प्रतिलिपि निम्नलिखित को सूचनार्थ प्रेषित—

(1) उत्तर प्रदेश के समस्त विभागाध्यक्ष, डिवीजनों के आयुक्त, जिलाधीश (मेरठ, पीलीभीत तथा लखनऊ के जिलाधीशों को छोड़कर) जिला तथा सेशन्स ज़ज़ और अन्य प्रमुख कार्यालयाध्यक्ष।

(2) जिलाधीश, मेरठ, पीलीभीत तथा लखनऊ को आवश्यक कार्यवाही हेतु

(3) सचिवालय के समस्त विभाग।

आज्ञा से,
श्री लाल शुक्ल
उपसचिव

(15) विज्ञापन (रिक्तियों के विज्ञापन)—(Advertisement for Vacancies)

विज्ञापन एक स्वतंत्र कला है। इसका अपना स्वतंत्र शास्त्र है। अपना नियम कानून है। अपनी शैली होती है। विज्ञापन वस्तुत: किसी वस्तु, व्यवस्था आदि के गुणों का ऐसा प्रचार है, जिसका उद्देश्य अपनी ओर आकर्षित करना और लाभ उठाना होता है। अधिकांश विज्ञापनों का एक ही अंतिम उद्देश्य होता है कि वे विज्ञापन कर्त्ता द्वारा बनाई जा रही वस्तुओं के लिए अधिक माँग सृजित करें और उसके लिए अधिक से अधिक लाभ अर्जित करें। सभी विज्ञापनों में कोई-न-कोई अपील निहित होती है। कुल मिलाकर विज्ञापन खरीद के लिए पाठक को, श्रोता को, दर्शक को उकसाते हैं। **राबर्ट जे० लेविज और गैरी ए० स्टेशनर**[1] के अनुसार विज्ञापन के कई कदम हैं। वे सबसे पहले लोगों में वस्तुओं/उत्पादों के बारे में जागृति (awarness) पैदा करते हैं, फिर उन्हें जानकारी और ज्ञान (knowledge) देते हैं। उनमें पसंद (likely) जगाते हैं, फिर उनमें पहल (preference) पैदा करके उनकी धारणा पुख्ता (conviction) करते हैं और अंत में खरीद (purchase) और पुन: खरीद (confirmation) के लिए काम करते हैं। कुल मिलाकर विज्ञापन एक सशक्त सूचनात्मक माध्यम है, जिसका प्रचार प्रसार 'प्रिंट' और 'इलेक्ट्रॉनिक मीडिया' अर्थात् समाचार पत्रों, पत्रिकाओं, रेडियो, दूरदर्शन तथा दीवालों पर लेखन, चित्रण द्वारा किया जाता है। ये विज्ञापन पत्र-पत्रिकाओं तथा रेडियो, दूरदर्शन की आय के मुख्य स्रोत होते हैं। **डॉ० कैलाश चन्द्र भाटिया**[2] के अनुसार सूचना तथा नीलामी सूचनाएँ विज्ञापन के अन्तर्गत ही समझी जाने लगी हैं।

---

1. **विज्ञापन—अशोक महाजन पृष्ठ 9**
2. **हिन्दी भाषा का प्रयोजनमूलक स्वरूप—डॉ० कैलाश चन्द्र भाटिया, पृष्ठ 77**

रिक्तियों के विज्ञापन का उदाहरण

कार्यालय नगरपालिका ग़ाज़ीपुर

पत्रांक मेमो न० पा० प्र०/2004-2005 *दिनांक 5-5-2004*

विज्ञप्ति

निदेशक स्थानीय निकाय उ० प्र० फैक्स संदेश संख्या 5/1105/2004 दिनांक 1.3.2004 के क्रम में नगर पंचायत, गाजीपुर बैकलाग की रिक्तियाँ भरने हेतु अनुसूचित जाति के अभ्यर्थियों के अधोलिखित प्रारूप में आवेदन पत्र आमंत्रित करता है।

पद का विवरण—उ० प्र० लोक सेवा आयोग क्षेत्र के बाहर समूह ग एवं घ के पद हेतु सीधी भर्ती।

आवेदन पत्र स्वीकार किए जाने की अन्तिम तिथि—7.11.2004 सायंकाल 5 बजे तक।

साक्षात्कार की तिथि—13.11.2004, समय दिन 10.00 बजे।

स्थान—कार्यालय नगर पंचायत, गाजीपुर।

क्रम सं०	पद का नाम	वेतनमान	रिक्त पद	अनुसूचित जाति	अनिवार्य अर्हता
1.	कनिष्ठ लिपिक	3050-4550	12 (बारह)	12 (बारह)	इन्टरमीडिएट या समकक्ष परीक्षा
2.	चपरासी	2550-3200	10 (दस)	10 (दस)	कक्षा 8 उत्तीर्ण तथा साइकिल चलाने का ज्ञान

सामान्य निर्देश—(1) 1.7.2004 को अभ्यर्थी की आयु 18 से 35 वर्ष लेकिन नियमानुसार छूट मान्य, (2) आयु एवं जाति प्रमाण-पत्र की प्रमाणित प्रतियाँ, (3) दो गणमान्य व्यक्तियों का चरित्र प्रमाण-पत्र, (4) चयन श्रेष्ठता सूची के आधार पर साक्षात्कार द्वारा, (5) आवेदन पत्र के साथ दो 10×23 से० मी० का टिकट लगा लिफाफा पता सहित संलग्न करें, (6) साक्षात्कार हेतु कोई यात्रा भत्ता देय नहीं होगा, (7) रिक्तियाँ घट-बढ़ सकती हैं, (8) आवेदन पत्र पंजीकृत डाक द्वारा अथवा सीधे हाथों-हाथ दिए जाने पर भी मान्य होगा, (9) निर्धारित तिथि के बाद कोई भी आवेदन पत्र स्वीकार नहीं किए जाएँगे।

नियुक्ति प्राधिकारी

नगर पंचायत, ग़ाज़ीपुर

(16) तुरन्त पत्र, त्वरित पत्र, द्रुतगति पत्र या द्रुतगामी पत्र (Express Letter)

द्रुतगति पत्र अर्थात् क्षिप्रगति से चलने वाला पत्र। दरअसल यह पत्र तार पत्र की छाया कहा जा सकता है। सरकारी सूचना, संदेश, निर्णय, समाचार आदि को जब कहीं बहुत शीघ्रता अर्थात् कम समय में भेजा जाता है, तब तुरन्त पत्र का इस्तेमाल किया जाता है। तार पत्र और तुरन्त पत्र में बहुत साम्यता होती है। तार पत्र को डाक से भेजा जाता है तो इसे भी डाक से ही भेजा जाता है। तार पत्र पर जल्दी ही कार्रवाई की जाती है, तो इस पर भी उतनी ही शीघ्रता से

अमल किया जाता है। हाँ, इसकी पुष्टि-प्रति तार की तरह नहीं भेजी जाती। तुरन्त पत्र की वाक्य-रचना तार से मिलती-जुलती है। यहाँ संबोधन और स्वनिर्देश का प्रयोग नहीं किया जाता। तुरन्त पत्र में पत्र संख्या, प्रेषिती का पता और दिनांक भेजने वाले के पते के नीचे और विषय के ऊपर लिखा जाता है। 'भवदीय' और 'आप' शब्दों का प्रयोग इस पत्र में वर्जित होता है। पत्र के अंत में "इसका निर्गमन प्राधिकृत है" वाक्य जरूर लिखना चाहिए। आजकल सूचना प्रौद्योगिकी के विस्फोटी समय में जहाँ हर तरह के समाचार टेलीफोन, इन्टरनेट और फैक्स आदि से पलक झपकते भेजे जा रहे हैं, तुरन्त पत्र का प्रचलन प्रयोग से बाहर होने की स्थिति में आ गया है।

तुरन्त पत्र का उदाहरण

प्रेषक

श्री आलोक कुमार पाण्डेय
प्रधान सचिव
उत्तर प्रदेश शासन
लखनऊ

सेवा में,

सचिव
गृह मंत्रालय
नई दिल्ली

क्रमांक 170/2/05 *[लखनऊ : दिनांक 12 फरवरी, 2005*

नियुक्ति (अ) विभाग

श्री ज्ञान प्रकाश पाण्डेय, एडिशनल एस० पी० के रूप में नियुक्ति विषयक सरकारी तार संख्या 16 दिनांक 15.1.05 के संदर्भ में।

पद का वेतनमान भारतीय प्रशासनिक सेवा के ज्येष्ठ काल वेतनमान में विनियमित होगा।

(इसका निर्गमन प्राधिकृत है)
प्रधान सचिव
उत्तर प्रदेश शासन, लखनऊ

(17) मितव्यय पत्र, बचत पत्र या कूट पत्र (Saving Gram Letter)

इस पत्र की सकल-सूरत भी तार या द्रुतपत्र की तरह ही होती है, पर यहाँ एक मौलिक अंतर यह है कि इसका प्रयोग गूढ़ मामलों में ही अधिकतर किया जाता है। दूसरा अंतर यह है कि मितव्यय पत्र का प्रयोग सामान्यतः विदेशी सरकारों के लिए किया जाता है। तीसरा अंतर यह है कि गोपनीयता की दृष्टि से इसे भरसक डाक के माध्यम से नहीं भेजा जाता। दरअसल, कूट का अर्थ ही होता है जटिल या रहस्यमय, अतः यहाँ कूट शब्दों का प्रयोग किया जाता है, बल्कि कूट संदेश भेजने में साइफर का प्रयोग किया जाता है, जिसका भावार्थ केवल प्रेषिती को ही मालूम होता है। कोशिश यहाँ यह की जाती है कि इस पत्र के साथ दूसरा कोई अन्य कागज न भेजा जाय। इसे "राजनयिक बैग" या रजिस्ट्री बीमा डाक से भेजा

जाता है। विदेश मंत्रालय ने इस तरह के पत्र भेजने के लिए कुछ कड़े नियमों का सृजन किया है, जिसका पालन इस पत्र को भेजते समय किया जाता है। इस पत्र पर भी तार के समान ही कार्रवाई होती है। इन पत्रों के ऊपर 'कूट पत्र' लिख दिया जाता हैं। प्रत्येक कार्यालय में इसका प्रयोग नहीं होता इसलिए यहाँ उदाहरण नहीं दिया जा रहा है।

(18) तार (Telegram)

प्रकार, देवनागरी तार के कुछ महत्त्वपूर्ण नियम, टेलीफोन पर तार की स्वीकृति

सूचना प्रौद्योगिकी की विकसित हो गयी नई तकनीक एवं उपकरणों के कारण कुछ समय पहले तक सूचना—संदेश बहुत तेज गति से भेजने वाला 'तार' इस समय चिराग के अंतिम लौ-लपक की तरह जी रहा है। संभव है, कुछ दिनों बाद इसका अवसान ही हो जाय। वस्तुत: तार का प्रयोग किसी संदेश के बहुत महत्त्वपूर्ण होने और उस पर यथाशीघ्र कार्रवाई के लिए किया जाता रहा है। तार की आकृति बहुत छोटी होती है। साफ शब्दों में तार एकदम संक्षिप्त, नपे-तुले और स्पष्ट शब्दों में लिखा जाता है। तार के प्रारंभ में प्रेषिती का नाम, पता तथा इसके बाद अति संक्षेप में विषय का उल्लेख और अंत में प्रेषक का नाम, पद नाम होता है। तार के नीचे प्रेषक का नाम, पद नाम, पता तथा हस्ताक्षर किए जाते हैं। कई विभागों में प्रेषक, प्रेषिती का नाम, पता टेलीग्राफिक सांकेतिक भाषा का भी उल्लेख किया जाता है। तार की प्रतिलिपि बाद में डाक से प्रेषिती को पुष्टि के रूप में भेज दी जाती है। अब तो इसकी पुष्टि दूरभाष (Telephone) द्वारा भी कर ली जा रही है।

(क) तार के प्रकार—तार के दो प्रकार माने गए हैं—(1) साधारण भाषा में लिखे हुए तार या शब्दबद्ध तथा (2) कूट तार या बीजक। **सामान्य भाषा में अंकित या शब्दबद्ध तार** की भाषा अति संक्षिप्त, सूत्रात्मक होती है। सटीक, संतुलित शब्दों में ठोस बात यहाँ कही जाती है। इस प्रकार का तार सीधे 'तारघर' में भेज दिया जाता है, लेकिन **कूट तार या बीजक** का प्रयोग सामान्य जन कम करते हैं। वस्तुत: कूट तार में गोपनीय तथ्य गुप्त या सांकेतिक भाषा में गृह मंत्रालय, विदेश मंत्रालय या रक्षा मंत्रालय द्वारा अधिक किया जाता है। इनके अतिरिक्त तार की कुछ और महत्त्वपूर्ण कोटियाँ या भेद हैं, यथा—

(1) संकट संदेश (S.O.S.)—संकट में पड़े जीवन को बचाने हेतु

(2) अति तात्कालिक (Most Immediate)—सरकारी प्रयोजनवाला अति प्राथमिकता वाला

(3) सैन्य तात्कालिक (Operation Immediate)—तीनों सेनाओं से सम्बद्ध आपातकालीन प्रयोग हेतु

(4) तात्कालिक (Immediate)—सामान्य से अधिक महत्त्वपूर्ण

(5) आवश्यक महत्त्वपूर्ण—सामान्य से शीघ्र प्रयोग हेतु।

(ख) देवनागरी तार के कुछ महत्त्वपूर्ण नियम—तार विभाग ने हिन्दी की सेवा हेतु अपने कुछ महत्त्वपूर्ण नियम बनाए हैं, यथा—(1) दस अक्षरों तक के शब्द पर एक शब्द का 'तार-प्रभार' लगता है। एक शब्द में दस से अधिक अक्षर हों तो दस-दस अक्षरों के शब्द गिनने के बाद बाकी बचे अक्षरों को भी एक शब्द गिना जाएगा, (2) मात्राओं को अलग अक्षर नहीं गिना जाएगा, जैसे—न + ी = नी एक ही अक्षर गिना जाएगा, (3) संयुक्त व्यंजनों में प्रत्येक अक्षर गिना जाएगा, जैसे—क्ष, त्र, ज्ञ स्थ तथा क्त आदि में दो-दो अक्षर तथा स्वयं में तीन अक्षर

गिन जाएँगे, (4) विराम चिन्ह यदि दो पूर्ण शब्दों के बीच में पड़ जाए तो उसका एक शब्द गिनेंगे, (5) सूक्ष्म शब्द (Short Form) का एक शब्द का प्रभार लगेगा, जैसे—विश्वविद्यालय अनुदान आयोग का सूक्ष्म रूप 'वि० अ० आ०' लिखने से तीन शब्द का प्रभार लगेगा, (6) समास/संधि युक्त शब्दों को एक ही शब्द गिना जाएगा, जैसे—उत्तराभिलाषी, प्रत्यावर्तन तथा संतोषजनक आदि, (7) अधिक से अधिक दस अक्षरों वाले संपूर्ण क्रियावाचक वाक्य। वाक्यांश को तार प्रभार के लिए एक ही शब्द गिना जाएगा, जैसे—आ रहा हूँ, आ गए हैं, नहला दें आदि।

तार संबंधी प्रचलित कुछ शब्दावली

From Station	= स्टेशन से
Detained	= रोक लिया गया है
In toto	= पूर्णत:
Again and again	= बारंबार
As and when	= जब कभी
Leave rejected	= छुट्टी नामंजूर
Absolutely necessary	= परमावश्यक
In lieu of	= की वजह
As soon as	= ज्यों ही
So long as	= जब तक
Date of Arrival	= आगमन तिथि
Ex post facto	= कार्योत्तर
Suspended	= निलंबित
By registered post	= रजिस्ट्री से
Day and Night	= रात दिन
In due course	= यथा समय
Parcel has been sent	= पार्सल भेज दिया गया है

(ग) टेलीफोन पर तार की स्वीकृति—दूरसंचार की नई तकनीक ने हाल के वर्षों में टेलीफोन (दूरभाष) पर 'तारपत्र' स्वीकार करना शुरू कर दिया है। दूरभाष पर तार करने में 6 शब्द के बाद 4 शब्द मुफ्त होते हैं। अत: ऐसी स्थिति में सामान्य जन में यह नयी सुविधा लोकप्रिय हो रही है। बहरहाल, इसके अपने कुछ नियम होते हैं यथा—(1) एक ही समय एक ही तार संप्रेषक द्वारा पाँच समाचारों को प्रस्तुत करने पर 2 रुपए विलम्ब शुल्क प्रति 5 समाचारों हेतु कार्यालय कार्यवाही तार वितरण होने तक बन्द रहने की सूची में लिया जाता है, (2) समस्त अधिसूचित तार कार्यालयों द्वारा बिना पूर्व भुगतान के अन्तर्देशीय/विदेशी तारों का संप्रेषण फोन द्वारा स्वीकार किया जाता है। भुगतान ट्रंक काल बिल के साथ प्राप्त कर लिया जाता है, (3) दूर मुद्रक उपभोक्ताओं द्वारा दूर मुद्रण से तारों का संप्रेषण एवं तारों का वितरण भी स्वीकार किया जाता है। भुगतान सामान्य तार की दर के मुद्रक बिल में जोड़कर ले लिया जाता है तथा (4) दूरभाष या दूर मुद्रक पर अनुरोध के आधार पर तारों का वितरण पूरे दिन या

दिन के किसी समय में पंजीकृत (Registered) तार पते पर किया जा सकता है। प्रति कैलेण्डर वर्ष में प्रति टेलीग्राफिक पते के नवीनीकरण हेतु पूर्व वर्ष के 31 दिसम्बर के पहले 200 रु० का भुगतान होना चाहिए।

बधाई के तार—बधाई के तार, मानक वाक्यांशों के प्रयोग करने पर सारे भारत में कहीं भी रियायती दरों पर टेलीफोन द्वारा भेजे जा सकते हैं। इसके लिए तार करने वाले को चाहिए कि वह तार फॉर्म पर साफ शब्दों में 'बधाई का तार' लिखें, मानक वाक्यांशों के ठीक सामने दिया गया नम्बर शब्दों में विषय के स्थान पर लिखें। अगली बात यह कि सही पता तार के तुरन्त वितरण में सहायक होते हैं। बधाई के तार विशेष चित्र वाले फार्म पर उसी के बराबर रंगीन लिफाफे में वितरित किए जाते हैं। व्यक्तिगत सामाजिक-सभी प्रकार के कार्यक्रमों के लिए तार संबंधी मानक वाक्यांशों के भंडार डाकखाने में उपलब्ध होते है। आप इनमें से छाँटकर किसी का अपने हिसाब से प्रयोग कर सकते हैं। इस तरह के तार एक महीने पहले बुक होते हैं।

(19) निविदा (Tender) सूचना

विभिन्न कार्यालय, संस्थान, विभाग, निकाय अपने-अपने कार्यों को विधिवत, किन्तु कम लागत मूल्य में जब सम्पन्न कराना चाहते हैं अथवा विभाग के लिए उचित मूल्य पर किसी वस्तु को मँगाना या खरीदना चाहते हैं, तो इसकी सूचना वे समाचार-पत्रों में छपवाते हैं। इस तरह की सूचनाएँ सरकारी, अर्द्ध सरकारी या नितान्त निजी संस्थाएँ भी जारी करवा सकती हैं। समाचार पत्र में छपे इस प्रारूप को ही 'निविदा (Tender) सूचना' कहा जाता है। यहाँ हमें यह ध्यान रखना चाहिए कि समाचार पत्रों में विज्ञापित उक्त कार्यों को सभी लोग संपादित नहीं करा सकते। इन कार्यों को विधिवत और प्रामाणिक रूप में कराने के लिए सरकारी स्तर पर कुछ लोग अधिकृत-पंजीकृत (Registered) होते हैं। इन्हें सामान्य भाषा में 'ठेकेदार' (Contractor) कहते हैं।

बहरहाल इस तरह के प्रपत्र में सर्वप्रथम विभाग का नाम, काम का नाम अर्थात् कार्य का विवरण, अनुमानित लागत, अग्रिम धनराशि, समय सीमा अर्थात् काम करने की अधिकतम अवधि, निविदा खुलने का समय, उसे जारी करने वाले अधिकारी का हस्ताक्षर, पद नाम, कार्यालय का नाम और अंत में पुनः विभाग का नाम, पता तथा जारी करने का दिनांक मय पत्रांक के दिया जाता है।

निविदा सूचना का उदाहरण

कार्यालय संभागीय खाद्य नियंत्रक

वाराणसी संभाग, वाराणसी

निविदा सूचना

वित्तीय वर्ष 2005-2006 में, नियुक्ति तिथि से 31.3.06 तक (यदि इसके पूर्व ही समाप्त न कर दिया जाय) संभाग के जनपदों में स्थित विभाग के ब्लाक स्तर के प्रत्येक केन्द्र पर पृथक-पृथक परिवहन, हैण्डलिंग तथा जनपद स्तर के रैक हैण्डलिंग कार्य के लिए जिनका विवरण नीचे दिया गया है, संभाग में विभाग के पंजीकृत ठेकेदारों से अलग-अलग लिफाफों में मुहरबन्द निविदा आमंत्रित की जाती है। परिवहन तथा रैक हैण्डलिंग हेतु सिर्फ 'ए' व 'बी' तथा हैण्डलिंग कार्य हेतु 'सी' श्रेणी के ठेकेदार भी अर्ह होंगे।

कार्य का विवरण

1. जनपद वाराणसी, जौनपुर, मीरजापुर, सोनभद्र, संत रविदासनगर में स्थित भा० खा० नि०/सी० डब्ल्यू० सी०/एस० डब्ल्यू० सी०/सं० खा० नि० गोदाम में खाद्यान्न, चीनी, डेड स्टॉक, बोरा आदि का ब्लाक में स्थित विभागीय केन्द्र के गोदाम तक परिवहन।

2. जनपद वाराणसी, जौनपुर, मीरजापुर में स्थित रैक प्वाइंट पर उपरोक्त वस्तुओं का हैण्डलिंग व संग्रह केन्द्र गोदाम तक परिवहन।

3. उपरोक्त जनपदों के ब्लाक स्थित विभागीय केन्द्र पर हैण्डलिंग कार्य।

निविदा प्रपत्र जिसके साथ ठेके संबंधी नियम व शर्त, साई/जमानत राशि व शिड्यूल दरादि का विवरण भी होगा, इस कार्यालय से प्रति फॉर्म रुपया 110.00 (रुपया एक सौ दस मात्र, बिक्रीकर सहित) नगद जमा कर दिनांक 31.5.05 से 10.6.05 के अपराह्न 4 बजे तक कार्य दिवस में क्रय किया जा सकता है। जनपद वाराणसी, जौनपुर की निविदा दिनांक 15.6.05 तथा मीरजापुर, सोनभद्र व संत रविदासनगर की दिनांक 17.6.05 को अपराह्न 2 बजे तक कार्यालय में शील्ड निविदा बाक्स में स्वीकार की जाएगी तथा उसी दिन अपराह्न 3 बजे उपस्थित निविदादाताओं के समक्ष 'टेण्डर कमेटी' द्वारा खोली जाएगी। ठेके संबंधी अन्य विस्तृत जानकारी कार्यदिवस में प्राप्त की जा सकती है। बिना कारण बताए किसी भी निविदा को स्वीकार/अस्वीकार करने तथा संपूर्ण टेण्डर प्रक्रिया को निरस्त करने का अधिकार अधोहस्ताक्षरी के पास सुरक्षित होगा।

संभागीय खाद्य नियंत्रक

वाराणसी संभाग, वाराणसी

पत्रांक 396/15-1/परिवहन/05-06,

दिनांक वाराणसी, मई 14, 2005

(20) टिप्पणी या अनौपचारिक निर्देश या संदर्भ या गैर सरकारी या अशासकीय पत्र (Unofficial Note)

जब कोई मंत्रालय किसी अन्य मंत्रालय, कार्यालय या विभाग से किसी प्रस्ताव पर उनकी राय, विचार या टिप्पणी जानना चाहता है तब वह मंत्रालय, अपनी टिप्पणी या अनौपचारिक निर्देश चस्पा करता है। इस तरह के पत्र को 'गैर सरकारी या अशासनिक पत्र' भी कहते हैं। इस तरह के पत्र का प्रयोग कभी-कभी आवश्यक सूचना या कागज़ मँगवाने के लिए भी किया जाता है। इसकी भाषा सहज-सरल, अनलंकारिक और बोधगम्य होती है। इस तरह के पत्र के प्रारम्भ में पहले मंत्रालय का नाम, विषय पुन: पत्र की मूल आत्मा अर्थात् विषय वस्तु लिखते हैं। पत्र के अंत में पद और अब आजकल उस पद के नीचे टेलीफोन नम्बर लिखा जा रहा है। बाईं ओर प्रेषिती, फिर नीचे प्रेषक विभाग या मंत्रालय के नाम का उल्लेख क्रमांक और दिनांक के साथ किया जाता है। यहाँ स्वनिर्देश वगैरह नहीं लिखा जाता है।

टिप्पणी या अनौपचारिक निर्देश का प्रयोग प्राय: दो विधि से किया जाता है, एक तो मिसिल या पंजिका (Register) पर ही टिप्पणी लिखकर उसे तत्संबंधी विभाग को भेज दिया जाता है तथा दूसरे यदि टिप्पणीकार चाहे तो स्वत: उसे टीपकर यानी टिप्पणी लिखकर स्वतंत्र रूप से कार्यालय को भेज सकता है। वाक्य-रचना अन्य पुरुष में होती है।

अनौपचारिक टिप्पणी का उदाहरण

रेल मंत्रालय

विषय : रेलवे में हो रही लूटपाट और डकैतियों के संबंध में

गृह मंत्रालय की सूचना के अनुसार दिन-प्रतिदिन रेलवे में जहरखुरानी, लूटपाट, छिनैती और डकैतियाँ डाली जा रही हैं। अभी हाल ही में औड़िहार जंक्शन और गाजीपुर के बीच बासूचक हाल्ट पर रामपुर माँझा निवासी सेना के जवान को जहरखुरानों ने लूट लिया। अत: रेल मंत्रालय ने मुस्तैदी से अपने कर्त्तव्य का पालन करने वाले रेलवे सुरक्षा बल के बहादुर जवानों को पुरस्कृत करने का निर्णय लिया है। वित्त मंत्रालय से पुरस्कार देने हेतु राशि उपलब्ध हो जाने पर इस योजना को शीघ्र ही अमली जामा पहना दिया जाएगा।

सीटू पाण्डेय (अवर सचिव)
रेल मंत्रालय
भारत सरकार
दिनांक 16 अगस्त, 2005
फोन नं०

वित्त मंत्रालय/रेल मंत्रालय
क्रम सं०/ दिनांक

(21) रपट, रिपार्ट या प्रतिवेदन (Report)

(क) परिभाषा तथा अर्थ—जिस प्रकार अंग्रेजी भाषा का 'एकेडमी' (Academy) शब्द हिन्दी में बिना ना-नुकुर के सहज रूप में 'अकादमी' के रूप में स्वीकार कर लिया गया है, ठीक उसी तरह अंग्रेजी का 'रिपोर्ट' (Report) शब्द भी लोक भाषाओं में 'रपट' शब्द के रूप में पचा लिया गया है। रपट शब्द अंग्रेजी के रिपोर्ट का तद्भव रूप है। सुप्रसिद्ध कोशकार **फादर कामिल बुल्के**[1] ने अपने सुप्रसिद्ध कोश ग्रंथ में 'रिपोर्ट' शब्द के विविध अर्थों को इस प्रकार बताया है—Verb (क्रिया)—1. (Official) रिपोर्ट (या प्रतिवेदन) प्रस्तुत करना, लिखना या देना, 2. (Give an account) विवरण देना, 3. (For press) संवाद लिखना या भेजना, 4. (Inform) खबर, समाचार या सूचना देना, बतलाना, कहना, 5. (Complain) के विरुद्ध शिकायत करना, 6. समुपस्थित या उपस्थित हो जाना, Noun—1. रिपोर्ट, प्रतिवेदन, 2. विवरण, 3. संवाद, सूचना, 4. (To police) रपट आदि।

'रिपोर्ट' शब्द के लिए हिन्दी में प्रतिवेदन शब्द का प्रयोग प्रचलित है। अंग्रेजी का 'रिपोर्टिंग' (Reporting) शब्द भी इसी अर्थ में चल रहा है। **डॉ० विजयपाल सिंह**[2] लिखते हैं कि प्रतिवेदन शब्द का प्रयोग अंग्रेजी के दो शब्दों रिपोर्ट (Report) तथा 'रिप्रिजेंटेशन' (Representation) के हिन्दी पर्याय के रूप में किया जाता है। हम रिपोर्ट शब्द को 'प्रतिवेदन' के रूप में ही लेते हैं। रिप्रिजेन्टेशन के लिए हिन्दी में 'अभ्यावेदन' शब्द उपयुक्त

---

1. **अंग्रेजी हिन्दी कोश—फादर कामिल बुल्के, पृष्ठ 560, एस० चन्द एण्ड कम्पनी, नई दिल्ली, 1990**
2. **प्रयोजनमूलक हिन्दी—डॉ० विजयपाल सिंह, पृष्ठ 69, संजय बुक सेन्टर, वाराणसी, 1998**

प्रतीत होता है। इधर, सुप्रसिद्ध भाषाविज्ञानी **डॉ० कैलाश चन्द्र भाटिया**[1] कहते हैं कि प्रतिवेदन तो 'रिपोर्ट' (Re = back + portrate = to carry) का रूपान्तर मात्र है, जिसका प्रयोग निम्नलिखित अर्थों में किया जाता है—

(1) To carry and repeat (a message), (2) To given account of a legal case heard. To give information about, (3) To make known the presence, approach, (4) To write an account...for publication as in a newspaper, (5) To give official account/formal account of the results of an investigation, (6) To present something referred for study with conclusion/recommendations (to a person or group authorised to consider proposal), (7) To make a charge about to a person in authority, (8) A record of speeches delivered and actions taken during a sessions of any deliberative body. 'प्रतिवेदन' संस्कृत शब्द है। इसका प्रयोग प्राचीन काल में नहीं होता था। 'प्रति' संस्कृत का उपसर्ग है, जिसको लगा देने से—(1) की ओर/की दिशा में, (2) लौटकर वापिस, (3) के मुकाबले/के विरुद्ध/के विपरीत, (4) ऊपर आदि अर्थ अभिव्यक्त होते हैं। 'प्रतिवेदम्', 'प्रत्येक वेद में' या 'प्रत्येक वेद के लिए' अर्थ में प्रयोग में आता था। आज इसका प्रयोग किसी घटना, कार्य, योजना आदि के संबंध में छानबीन, पूछताछ आदि करने के बाद तैयार किया गया विवरण जो किसी अधिकारी या सभा आदि के सामने प्रस्तुत करने को हो—अर्थ में किया जाता है। 'आख्या' अर्थ में भी कोई-कोई प्रयोग कर देता है। संस्कृत में इसका (आख्या) प्रयोग नाम अभिधान के लिए होता था। बहुधा समास के अंत में जब प्रयुक्त होता है तो इसका अर्थ होता है—'नामक' या 'नामवाला'। वस्तुत: 'आख्या' किसी 'टिप्पणी' के लिए प्रयोग में लाया जा सकता है।

(ख) रपट या प्रतिवेदन का क्षेत्र—'रपट' शब्द का हिन्दी पर्याय यद्यपि 'प्रतिवेदन' अवश्य किया गया है, किन्तु दोनों शब्दों के अर्थ अलग-अलग चित्र प्रस्तुत करते हैं। 'प्रतिवेदन' शब्द से जहाँ अर्थ की मीठी-मद्धिम आँच निकलती है, वहीं 'रपट' शब्द का नाम लेते ही थाना, कचहरी का खौफनाक मंजर सामने खड़ा हो जाता है। संभवत: इसीलिए ये दोनों शब्द हिन्दी में अलग-अलग संदर्भों और क्षेत्रों में प्रयुक्त भी किए जाते हैं।

किसी गंभीर और रहस्यमय मामले की छानबीन करने में पूरे मामले की 'रिपोर्ट' तैयार की जाती है, सामान्य घटना के विवरण में भी 'रिपोर्ट' जरूरी होती है, पत्र-पत्रिकाओं में छपने वाली किसी भी तरह की खबर 'रिपोर्ट' ही होती है, किसी व्यक्ति का किसी नौकरी में चयन हो, स्थानान्तरण हो, समायोजन या पदोन्नति हो तो भी अपने से बड़े अधिकारी को 'रिपोर्ट' करनी पड़ती है। पुलिस और 'रपट' शब्द—ये दोनों लंगोटिया यार हैं और यदि किसी बड़े गाँव में कोई थाना हो तो गाँव वाले दिन भर थाने में 'रपटा-रपटी' करते रहते हैं। यहाँ अनपढ़ आदमी भी थाने के साहबों से 'रपट' के लिए प्रचलित कानूनी भाषा का शब्द 'F.I.R.' (First Information Report) के लिए गिड़गिड़ाता है कि हुजूर : 'नीक (बढ़िया) रपट' बनाइएगा और यदि विपक्षी दबंग है तो 'रपट कराने वाला' थाने को सलाम बोल सीधे न्याय के मंदिर 'न्यायालय' में उस 'प्रथम सूचना रिपोर्ट' (FIR) के लिए सिजदा

---

1. **हिन्दी भाषा का प्रयोजनमूलक स्वरूप—डॉ० कैलाश चन्द्र भाटिया, पृष्ठ 89-89, साहित्य भवन, इलाहाबाद, 2000**

करता है। साहित्य में यही 'रिपोर्ट' शब्द 'रिपोर्ताज' बन जाता है, किन्तु इसी का हिन्दी रूप 'प्रतिवेदन' उक्त झंझटों से दूर किसी समिति, उपसमिति, गोष्ठी, विभाग, संस्थान यथा—विद्यालय, महाविद्यालय आदि द्वारा प्रस्तुत किए जाने वाले विवरणों, लेखा-जोखा के अर्थ में प्रयुक्त किया जाता है। किसी उत्सव, बैठक, उद्‌घाटन, समारोह के अंत में भी प्रतिवेदन ही प्रस्तुत किए जाते हैं।

(ग) रपट या प्रतिवेदन के प्रकार—भाषाविदों ने प्रतिवेदन के मुख्यत: दो प्रकार माने हैं—(1) समिति, उपसमिति, गोष्ठी आदि का प्रतिवेदन तथा (2) व्यक्तियों द्वारा दिए गए प्रतिवेदन। किन्तु **डॉ० कैलाश चन्द्र भाटिया** इसके पाँच प्रकार बताते हैं, यथा—(1) व्यक्ति द्वारा प्रस्तुत किया गया प्रतिवेदन, (2) किसी विभाग/मंत्रालय का वार्षिक प्रतिवेदन। कभी-कभी पाँच वर्ष/दस वर्ष की अवधि का हो सकता है। रजत जयन्ती के अवसर पर पच्चीस वर्ष का लेखा-जोखा प्रस्तुत किया जाता है, (3) किसी संस्था/संस्थान द्वारा उसको वार्षिक बैठक के समय सूचनार्थ प्रस्तुत की गई रिपोर्ट, (4) समिति/आयोग (यह जाँच समिति अथवा आयोग भी हो सकता है) द्वारा प्रस्तुत प्रतिवेदन तथा (5) किसी संगोष्ठी/सम्मेलन की समाप्ति पर तैयार किया गया प्रतिवेदन।

(घ) प्रतिवेदन या रिपोर्ट तैयार करने की विधि तथा अच्छे प्रतिवेदन की विशेषताएँ—प्रतिवेदन या रिपोर्ट तैयार करते समय कुछ बातों पर ध्यान देना बहुत जरूरी होता है, क्योंकि कोई भी प्रतिवेदन किसी संस्थान, गोष्ठी, सेमिनार, आयोजन या उत्सव का मूर्त्त दर्पण होता है। यह प्रतिवेदन ही किसी सम्पन्न हो गए आयोजन या गोष्ठी का केन्द्रीय तत्त्व होता है। अत: प्रतिवेदन तैयार करने से पहले हमें प्रथमत: ध्यान देना चाहिए कि जिस समिति, गोष्ठी या बैठक का प्रतिवेदन तैयार किया जा रहा है, क्या उस समिति की बैठक निर्बाध गति या सामान्य रूप में सम्पन्न हुई, बहस के मुद्दों की चर्चा, आम राय का उल्लेख, बैठक के बीच उत्पन्न बाधाएँ, कुल मिलाकर वातावरण कैसा था? आदि का भी मुकम्मल रूप में उल्लेख होना चाहिए। दूसरी बात यह कि प्रतिवेदन में यह भी दर्ज करना चाहिए कि बीच बहस में क्या कुछ लोगों ने अपनी राय व्यक्त की, क्या कुछ लोगों ने अपनी बातों की पुष्टि के लिए साक्ष्य भी प्रस्तुत किए। तीसरी बात यह प्रतिवेदन तैयार करने से पूर्व यह भी देखना चाहिए कि क्या गोष्ठी में सदस्यों से सवाल-जवाब के लिए कुछ प्रश्नावलियाँ भी दी गई थीं। सदस्यों ने अपनी-अपनी क्या सिफारिशें दी। चौथी बात यह कि प्रतिवेदन की भाषा भ्रम पैदा करने वाली न हो। शब्द दो अर्थ व्यक्त करने वाले न हों। भाषा सादी, अनलंकृत किन्तु सारगर्भित होनी चाहिए और पाँचवीं बात यह कि प्रतिवेदन का आकार कम हो, लम्बे वाक्यों और व्यर्थ की बयानबाजी से बचा जाय, तथा अंत में छठीं बात यह कि प्रतिवेदन के अंत में यह देख लेना चाहिए कि क्या समिति के सभी सदस्य तथा सचिव एवं अध्यक्ष ने प्रतिवेदन पर हस्ताक्षर किया है कि नहीं।

(ङ) प्रेस रिपोर्ट का संपादन या प्रेस रिपोर्ट लेखन एक कला है (Art of Report writing)—प्रेस रिपोर्ट एक तरह का लिखित विवरण होता है। इस विवरण में किसी कार्य-व्यापार या विषय के विभिन्न तथ्यों का लेखा-जोखा प्रस्तुत किया जाता है। यह लेखा-जोखा या रिपोर्ट—किसी समारोह, उत्सव,घटना, गोष्ठी, सेमिनार, समिति की बैठक सभा, जुलूस, उद्‌घाटन-विमोचन, लोकार्पण आदि की हो सकती है। इस रिपोर्ट के दायरे में कम्पनियाँ, मंत्रालय, कार्यालय, विभाग आदि के कार्य-कलाप भी आ सकते हैं। इनकी बैठकों

की कार्यवाही के ब्यौरे रिपोर्ट में किए जाते हैं। कोई भी रिपोर्टर अपने पत्र का प्रतिनिधि होता है। सरकार देश के समाचारों को जनता तक पहुँचाने के लिए 'श्वेत पत्र' के रूप में रिपोर्ट का प्रयोग करती है। अतः ऐसी स्थिति में रिपोर्टर का उत्तरदायित्व और बढ़ जाता है।

दरअसल, समाचार पत्रों के लिए समाचारों के संकलन के बाद उसे विधिवत रूप में संपादित करने की समस्या आती है। यह कार्य बहुत अधिक जटिल, क्लिष्ट और चुनौतीपूर्ण होता है। जो रिपोर्टर इन चुनौतियों को झेलकर समाचारों का सही संपादन कर लेते हैं, वही सफल रिपोर्टर होते हैं। वे ही इस कला में पारंगत माने जाते हैं। कहते हैं, प्रेस रिपोर्ट के संपादन में मुख्य रूप से तीन बातों का ध्यान देना चाहिए, ये हैं—महत्त्व, समय और स्थान। इन तीनों की संगति बहुत आवश्यक है। अगर समाचार पत्र में समय और स्थान—दोनों मौजूद हैं, तो समाचार को विस्तार के साथ प्रस्तुत किया जा सकता है और यदि समय, स्थान का अभाव है तो समाचारों को विस्तार के लोभ से बचना चाहिए। समय और स्थान के साथ रिपोर्टर को समाचार के महत्त्व पर गौर करना चाहिए, क्योंकि थोड़ी सी लापरवाही के कारण पत्र का महत्त्व जनता की दृष्टि में कम हो सकता है।

सच तो यह है कि रिपोर्टर की भूमिका किसी स्टेनो की तरह नहीं होती, जो भाषण सुनकर रिपोर्टिंग कर दिया। उसे राष्ट्रीय-अन्तर्राष्ट्रीय खबरों और घटनाओं से परिचित होना चाहिए। रिपोर्टर को चाहिए कि वह समाचार पत्रों में कोई लम्बा समाचार न दे। समाचारों की भाषा सरल और स्पष्ट होनी चाहिए। रिपोर्टर को चाहिए कि किसी सरकारी नीति से संबंधित समाचारों में अपना मत न दे, उसमें कोई फेर-बदल न करे। हाँ, गैर-सरकारी स्तर पर अपना कुछ सतर्क संशोधन वह प्रस्तुत कर सकता है। कोई घटना किस लिए, क्यों और किस समय घटी—इन सबकी जानकारी जनता जानना चाहती है, अतः इन सबकी प्रस्तुति बहुत सावधानी से होनी चाहिए। महत्त्व, समय और स्थान की तरह किसी भी अच्छी रिपोर्ट के लिए पाँच तत्त्वों का ख्याल रखना पड़ता है। ये हैं—निकटता, सार्वजनिकता, सामयिकता, महत्त्वपूर्ण व्यक्ति के विषय में जिज्ञासा तथा अभिरुचि। रिपोर्टर की भाषा अपनी होनी चाहिए। रिपोर्टर रिपोर्टिंग कानून का उल्लंघन न करे। रिपोर्टिंग में 'हम' शब्द की जगह 'ऐसा ख्याल किया जाता है' आदि शब्दों का प्रयोग होना चाहिए।

(22) टेलेक्स (Telex) संदेश

टेलेक्स द्वारा संदेश टाइप रूप में तार अथवा रेडियो तरंगों के माध्यम से प्रेषित किया जाता है। यह संदेश को दूरस्थ स्थान तक भेजने का एक प्रचलित तरीका है, जिसे टेलीप्रिंटर, टेलीग्राफ और टेलीफोन का मिश्रित रूप भी कहा जा सकता है। इस मशीन से संदेश भेजने के लिए टेलीफोन से नम्बर डायल कर दूसरे टेलेक्स से संपर्क स्थापित किया जाता है और एक विशेष पट्टी पर टाइप किया हुआ संदेश 'ट्रांसमिट' कर दिया जाता है। संदेश पाने वाली मशीन पर संदेश 'टाइप' होता रहता है। इस मशीन की विशेषता यह है कि ग्राही मशीन के ऑपरेटर विहीन होने की दशा में भी संदेश पहुँच जाता है। पत्र-पत्रिकाओं के कार्यालयों तथा व्यापारिक संगठनों में टेलेक्स का प्रचलन लगातार बढ़ता जा रहा है। दूर स्थान तक संदेश भेजने के लिए यह एक कारगर आधुनिक तरीका है।[1] तार और टेलेक्स में कुछ अंतर होता है,

---

1. **संचार क्रांति और विश्व जन माध्यम—डॉ० प्रेमचन्द पातंजलि, डॉ० अनिल अंकित, पृष्ठ 141, भारत बुक सेन्टर, लखनऊ, मूल्य 150, रु० सन् 2003**

यथा—तार में शब्दों की गणना के आधार पर शुल्क लिया जाता है, जबकि टेलेक्स में टेलीफोन की तरह शुल्क समय के हिसाब से लिया जाता है। टेलीफोन की तरह टेलेक्स में भी डायल करने के लिए नम्बर होता है, लेकिन टेलीफोन में नम्बर मिलाकर हम बात कर सकते हैं, जबकि टेलेक्स में बात न कर संदेश को टाइप कर टेलीप्रिंटर की तरह अपने संदेश को हम भेज सकते हैं।

टेलेक्स संदेश का नमूना[1]

टेलेक्स संदेश सरकारी तत्काल

.हिसाब

नागपुर

सं० ....दिनांक..........(1) देखें कार्यालय पत्र सं० 5 मई (1) प्रत्युत्तर अविलम्ब भिजवाइए

संघ लोक सेवा आयोग

सं० ....नई दिल्ली दिनांक..........

पुष्टि के लिए डाक से प्रेषित

सेवा में,

महालेखाकार (ले० वे० ह०) द्वितीय

महाराष्ट, नागपुर

क ख ग

कृते/उपसचिव, भारत सरकार

(23) फैक्स (Fax)

'फार अवे जीरोक्स' अर्थात् फैक्स किसी भी भाषा के बंधन से रहित संदेश भेजने की नितान्त आधुनिक इकाई है। 'फैसीमाइल' (Facsimile) + टेलीग्राफी (Telegraphy) का संयुक्त रूप फैक्स है। फैसीमाइल यंत्र को ही 'फैक्स' कहते हैं, जिसके माध्यम से कोई भी संदेश, चॉर्ट, एक्सरे, ग्राफ, रेखाचित्र एक स्थान से दूसरे स्थान पर रेडियो तरंगों अथवा तार द्वारा प्रेषित हो जाता है।[2] दरअसल, फैक्स समस्त सामग्री का अवलोकन करती है वह तत्पश्चात् संदेश अथवा चित्र को विद्युत संदेशों में बदल देती है। लिखित सूचना को विद्युत संदेश में परिवर्तित करने का काम फोटो सेल द्वारा किया जाता है। आजकल रंगीन फैक्स मशीनें उपलब्ध होने के कारण रंगीन चित्रों को भी भेजा जा सकता है। यह संचार प्रणाली अति त्वरित और सस्ती है। इस मशीन ने व्यापारियों का काम आसान तो कर ही दिया है, साथ ही पत्रकारों को अपनी सूचनाओं को यथाशीघ्र समाचार पत्र कार्यालय तक भेजने में सक्षम किया है। इस मशीन ने रेडियो की रिपोर्ट तथा मौसम संबंधी चित्र इत्यादि को भी गंतव्य स्थान तक भेजने की प्रक्रिया को आसान कर दिया है।[3]

---

1. **प्रयोजनमूलक हिन्दी—डॉ० विजय पाल सिंह, पृष्ठ 59**
2. **हिन्दी भाषा का प्रयोजनमूलक स्वरूप—डॉ० कैलाश चन्द्र भाटिया, पृष्ठ 84**
3. **संचार क्रांति और विश्व जन माध्यम—डॉ० प्रेमचन्द पातंजलि, पृष्ठ 142**

(24) ई-मेल (E-Mail)

ई-मेल अर्थात् 'इलेक्ट्रॉनिक मेल। इन्टरनेट पर आधारित सन् 1972 में जन्मी ई-मेल समानान्तर डाक सेवा के रूप में विकसित हुई है। इस 'सर्विस' के द्वारा जब आप कोई सूचना भेजते हैं, तो सूचना उसी वक्त इन्टरनेट के द्वारा प्राप्तकर्त्ता के पास पहुँच जाती है, चाहे प्राप्तकर्त्ता कितनी दूर हो। भेजने वाले को प्राप्तकर्त्ता के ई-मेल पते (E-Mail address) की जानकारी होनी चाहिए। समाचारों की दुनिया में भी ई-मेल ने पैठ बना ली है। देश-विदेश के पत्रकार अपने समाचारों को अखबारों तक भेजने के लिए ई-मेल का इस्तेमाल करने लगे हैं। इससे टेलीग्राम, फोन, फैक्स से समाचार भेजने का काम लगभग समाप्त हो गया है। यहाँ तक कि अब कस्बों में भी ई-मेल द्वारा समाचार भेजे जाने लगे हैं। इससे पैसे और समय की बचत हो रही है। जो पत्र अमेरिका से भारत आने में 15 दिन लेता था, वह कुछ ही घंटों में पहुँच जाता है। अब ई-मेल को कम्प्यूटर के अलावा पेजर, मोबाइल फोन और इस तरह के बेहतर उपकरणों पर भी भेजा जा रहा है—"E-Mail is an electronic message sent from one computer to another, using network to transmit text message, audio and video clips. Just like a letter, E-Mail also stops at different stations on its way as it travels along the network from one computer to another.[1] अत: ऐसी स्थिति में यह सवाल उठने लगा है कि क्या ई-मेल से पारंपरिक डाकघरों का अस्तित्व खतरे में हैं?

(25) इन्टरनेट (Internet)

इन्टरनेट आधुनिक विज्ञान की अब तक की सबसे बड़ी सौगात है। इन्टरनेट या नेट विश्व के कम्प्यूटरों का एक समूह है, जो सूचनाओं का आदान-प्रदान करते हैं। साफ शब्दों में इन्टरनेट विश्व व्यापी सूचना नेटवर्क है। यह सम्पूर्ण विश्व में फैले लघु नेटवर्क्स और सम्बद्ध उपकरणों का एक समूह है। इन्टरनेट कम्प्यूटर एक दूसरे से जुड़े होते हैं। आज विश्व का एक बड़ा तबका कम्प्यूटर और इन्टरनेट से जुड़ा हुआ है। खेल, राजनीति, युद्ध, दवा, व्यापार, संगीत, विज्ञापन, समाचार का लेन-देन, करोड़ों मूल्य की धनराशि का सौदा और खाली समय की गपशप—सब कुछ इन्टरनेट पर उपलब्ध है। आज इसकी वजह से संपूर्ण विश्व एक छोटे से गाँव में बदल गया है।

1969 में Advanced Research Projects Agency (ए० पी० आर० ए०) ने संयुक्त राज्य अमेरिका के चार विश्वविद्यालयों के कम्प्यूटरों की नेट वर्किंग करके इन्टरनेट की शुरुआत की। प्रारम्भ में इसका विकास शोध, शिक्षा और सरकारी संस्थाओं के लिए किया गया था, किन्तु आज इसका प्रयोग बहुविध हो रहा है। यह तकनीक तो है ही, सूचनाओं-समाचारों के लेन-देन का बहुत सशक्त माध्यम भी बन गया है। यह एक ऐसा माध्यम है, जो भौगोलिक सीमाओं को नहीं मानता। इसके कारण आज पूरी दुनिया हस्तमालक बन गयी है—Advances in scientific research have given rise to sophisticated new technologies in the information and communication fields that are now drastically changing the concept of a large-sized, diversified world to a global

---

1. **Computers and Languages—D. S. Kushwaha, P. 130, Hill Company, New Delhi, 2002**

village. As we move further in the new millennium, the information revolution in the communication sector is proliferating towards digitised communication channels in cyberspace."[1] कुल मिलाकर संदेशों-सूचनाओं के लिए इसने डाकतार की दुनिया को छोटा कर दिया है।

(26) अपील

अपील का अर्थ होता है—विनम्र, शिष्ट और स्पष्ट भाषा में निवेदन और गुजारिश या प्रार्थना। इस अपील के कई चेहरे और रूप रंग हो सकते हैं, लेकिन सबका मूल चरित्र सार्वजनिक हित होता है। 'सर्वजन हिताय' ही इसकी असली बुनियाद होती है। यह अपील कई संदर्भों में जारी हो सकती है, यथा—साम्प्रदायिक दंगा हो जाने पर साम्प्रदायिक सद्भाव की स्थापना के लिए सरकार की ओर से 'अपील' जारी होती है, दैवी आपदा यथा—भूकम्प, बाढ़, सुनामी लहरों से बेघर और अनाथ हो गए लोगों की राहत के लिए सरकारी और गैर सरकारी संस्थाएँ, 'अपील' जारी करती हैं, सामाजिक समरसता या सामाजिक संतुलन बनाए रखने के लिए समाज में स्त्रियों के साथ भेदभाव न करने की 'अपील' जारी की जाती है, प्रबंधन से नाराज कर्मचारी संगठन अपने साथियों से हड़ताल करने की 'अपील' करता है या 'वैट' के खिलाफ व्यवसायी वर्ग अपने साथियों से एक दिन अपने व्यवसाय बन्द करने के लिए 'अपील' करता है। कुल मिलाकर यह कि अपील सरकारी गैर-सरकारी दोनों स्तरों पर जारी हो सकती है। अपील का एक उदाहरण नीचे दिया जा रहा है, जहाँ समाज में लड़कियों को बराबरी का दर्जा देने का निवेदन, आग्रह या सीख दी गई है—

अपील का उदाहरण

सामाजिक समानता का अभिप्रय है कि सामाजिक क्षेत्र में जाति, धर्म, व्यवसाय, रंग आदि के आधार पर किसी प्रकार का भेदभाव न किया जाए। सबको समान समझा जाए और सबको समान सुविधाएँ दी जाएँ। हमारे देश में सामाजिक समानता का अभाव है। जाति प्रथा के कारण करोड़ों व्यक्ति समाज में अछूत के रूप में रहते हैं। हमारे समाज में लड़कियों के साथ भी भेदभाव बरता जाता है। माता-पिता भी उन्हें वे सुविधाएँ नहीं देते, जो वे अपने लड़कों को देते हैं। इस प्रकार की असमानता से बहुत-सी लड़कियों का शारीरिक और मानसिक विकास सुचारु रूप से नहीं हो पाता। अत: सभी माता-पिता या अभिभावकों से अपील है कि वे अपने घरों में लड़कियों के साथ किसी तरह का भेदभाव न होने दें।

विश्वास है, आपका सहयोग और समर्थन मिलेगा।

रविशंकर चतुर्वेदी
अध्यक्ष,
समाज कल्याण विभाग
दिनांक 1.7.2005

(27) संदेश (Message)

राष्ट्रहित में संदेश प्रसारित करने की परम्परा हमारे देश में पुरानी है। भरसक इन संदेशों का प्रसारण राष्ट्रपति या प्रधानमंत्री करते हैं। कुछ अपवादों को छोड़कर भरसक राष्ट्रीय पर्वों,

1. **Computers and Languages—D. S. Kushwah, P. 230**

त्यौहारों पर ही ये संदेश राष्ट्र के शिखर पुरुषों या मुखिया द्वारा प्रसारित किए जाते हैं। 26 जनवरी, 15 अगस्त या किसी महत्त्वपूर्ण त्यौहार पर पारस्परिक एकजुटता बनाए रखने के लिए इन संदेशों का बड़ा महत्त्व होता है। ये समाज में सीधे असरकारक होते हैं। इन संदेशों का प्रसारण लिखित रूप में या आकाशवाणी के माध्यम से कभी-कभी प्रदेश सरकार के निदेशक या उपनिदेशक स्तर का अधिकारी भी कर देता है। 15 अगस्त के अवसर पर निदेशक द्वारा विद्यार्थियों के नाम प्रेरणास्पद संदेश का एक नमूना नीचे दिया जा रहा है—

संदेश का उदहारण

स्वतंत्र भारत का संपूर्ण दायित्व आज विद्यार्थी के ही ऊपर है, क्योंकि आज जो विद्यार्थी हैं, वे ही कल स्वतंत्र भारत के नागरिक होंगे, भारत की उन्नति और उसका उत्थान उन्हीं की उन्नति और उत्थान पर निर्भर करता है। अत: विद्यार्थियों को चाहिए कि वे अपने भावी जीवन का निर्माण बड़ी सतर्कता और सावधानी के साथ करें। उन्हें प्रत्येक क्षण अपने राष्ट्र, अपने समाज, अपने धर्म, अपनी संस्कृति को अपनी आँखों के सामने रखना चाहिए कि उनके जीवन से राष्ट्र को कुछ बल प्राप्त हो सके।

ह०

डॉ० बाल गोविन्द सिंह

निदेशक, उच्च शिक्षा,

इलाहाबाद

(28) नीलाम (Auction) सूचना

नीलाम का अर्थ होता है—किसी वस्तु को बोली बोलकर बेचना। साफ शब्दों में, नीलाम बिक्री का वह तरीका या रीति अथवा पद्धति है, जिसमें सबसे अधिक दाम बोलने वालों के हाथ माल बेचा जाता है। जिस नई-पुरानी वस्तु का नीलाम करना होता है, बोली लगने या बोलने से पहले स्पष्ट रूप में ''जहाँ है जैसी/जैसा है'' लिखकर सूचित कर दिया जाता है कि बाद में कोई विवाद न पैदा हो। कभी-कभी सरकारी कर्ज न चुका पाने के कारण भी लोगों की मूल्यवान वस्तुएँ नीलाम कर दी जाती हैं। वस्तुओं के साथ-साथ नीलामी का एक रूप 'घाटों की नीलामी', 'शराब के ठेकों की नीलामी' का भी होता है। जहाँ नीलामी होती है, उसे 'नीलामघर' कहते हैं।

नीलाम-सूचना का उदाहरण

कार्यालय जिला पंचायत, जौनपुर

अल्पकालिक नीलाम सूचना

अवधि वर्ष 2005-2006

(दिनांक 26.5.2006 से 30.9.2006 तक)

सर्वसाधारण को सूचित किया जाता है कि आयुक्त महोदय वाराणसी मण्डल, वाराणसी के पत्र संख्या 1355/21-5 (2003-06) स्था० नि० सं० दिनांक मार्च 25, 2005 के क्रम में जिला पंचायत, जौनपुर के प्रबंधाधीन 11 अवशेष नौकाघाटों की नीलामी जिला पंचायत सभागार-भवन में निम्न कार्यक्रम के अनुसार किया जाएगा। नियम एवं शर्तें पूर्व में प्रकाशित

समाचार पत्रों के अनुसार यथावत रहेगी, जिन्हें किसी भी कार्य दिवस में कार्यालय में देखा जा सकता है—

क्र० सं०	दिनांक	समय	के मध्य
1.	26.5.2006	11.30 बजे दिन से 1.30 बजे तक	मल्लाहों की पंजीकृत समितियों के मध्य
2.	26.5.2006	1.30 बजे दिन से 3.30 बजे तक	मल्लाह वर्ग के व्यक्तियों के मध्य
3.	26.5.2006	3.30 बजे दिन से 5.00 बजे तक	जन सामान्य व्यक्तियों के मध्य

नीलाम होने वाले नौका घाटों के नाम—(1) धनेजा, (2) राजेपुर, (3) पचहटिया, (4) हिन्दी बघेला, (5) बीबीपुर, (6) मईं, (7) हरिहरपुर, (8) मेढावधारी, (9) भडेहरी, (10) नैपुरा तथा (11) टड़वाँ।

विजय प्रकाश	**प्रकाश चन्द्र पाण्डेय**	**प्रभावती पाल**
(कार्याधिकारी)	(अपर मुख्य अधिकारी)	(अध्यक्ष)

(29) मंजूरी पत्र या संस्वीकृति पत्र (Sanction Letter)

यह पत्र सरकारी पत्र का छाया-संस्करण कहा जा सकता है। राष्ट्रपति से प्राप्त स्वीकृति आदेश की सूचना जब किसी कार्यालय, मंत्रालय या विभाग को भेजनी होती है, तब जो इस संदर्भ में पत्र लिखा जाता है, उसे मंजूरी पत्र या संस्वीकृत पत्र कहा जाता है।

मंजूरी पत्र का नूमना

केन्द्रीय उत्पाद शुल्क एवं सीमा शुल्क समाहर्तालाय, अहमदाबाद[1]

मैं, गृह मंत्रालय, राजभाषा विभाग, नई दिल्ली के कार्यालय ज्ञापन संख्या 14025/6/89-रा० भा० (घ) दिनांक 15.2.90 के अनुसार निम्नलिखित कर्मचारियों को केन्द्रीय उत्पाद शुल्क मण्डल-6 अहमदाबाद में दिनांक 12.11.90 से दिनांक 16.11.1990 तक आयोजित गहन हिन्दी कार्यशाला में व्याख्यान देने के लिए उनके नाम के सामने दिखाई गई राशि के बराबर मानदेय की एतद्द्वारा मंजूरी देता हूँ—

क्रम सं०	अधिकारी का नाम एवं पद नाम	रकम
1.	महेश्वर प्रसाद, अपर समाहर्ता (तकनीकी) के उ० श० एवं सी० शु० अहमदाबाद	100.00
2.	एस० राममूर्ति, वेतन एवं लेखाधिकारी के उ० शु० एवं सी० शु० अहमदाबाद	100.00
3.	बी० डी० पटेल, वेतन एवं लेखाधिकारी के उ० शु० एवं सी० शु० अहमदाबाद	100.00

(2) मुख्य लेखाधिकारी, केन्द्रीय उत्पाद शुल्क एवं सीमा शुल्क

1. राजभाषा विविधा—डॉ० माणिक मृगेश, पृष्ठ 99

(30) घोषणा पत्र या उद्‌घोषणा (Proclamation)

राष्ट्रपति अथवा राज्यपाल के हस्ताक्षरों से प्रसारित राष्ट्रीय महत्त्व के विषय में असाधारण घोषणा करने के लिए इसका प्रयोग किया जाता है।[1] वस्तुतः इसका प्रयोग केवल संविधान के अनुच्छेद 352 (1) के अधीन निर्गत् उद्‌घोषणाओं के संबंध में किया जाता है। यह चूँकि अत्यावश्यक होती है, अतः इसे असाधारण गजट में प्रकाशित किया जाता है।[2]

घोषणा का नमूना

चूँकि ....

और चूँकि ....

और चूँकि ....

अतः एतद्‌द्वारा यह उद्‌घोषित किया जाता है कि ....

आदेश ....आदेश दिया गया कि उक्त उद्‌घोषणा निम्नलिखित को सूचनार्थ प्रेषित की जाय।

आज्ञा से

क—ख

(मुख्य सचिव, भारत सरकार)

(31) पावती या प्राप्ति (Acknowledgement) सूचना पत्र

पावती में पत्र प्राप्ति की सूचना दी जाती है। साफ शब्दों में, किसी पत्र की प्राप्ति स्वीकार करने के लिए पावती पत्र भेजा जाता है। इसका कलेवर और प्रारूप अत्यन्त संक्षिप्त होता है और संरचना सरकारी पत्र की तरह होती है। संबोधन के बाद पत्र की शुरुआत करते हैं। इसके बाद ''आपका पत्र इस कार्यालय को दिनांक ....को प्राप्त हुआ, अतः उक्त पत्र की पावती एतद्‌द्वारा प्रेषित है'' लिखा जाता है। इसकी भाषा अनलंकारिक और स्पष्ट होती है। पावती के कारण पत्र स्वतः महत्त्वपूर्ण हो जाता है।

पावती का नमूना

सेवा में,

डॉ॰ कैलाशनाथ पाण्डेय

रीडर तथा अध्यक्ष,

हिन्दी विभाग

स्नातकोत्तर महाविद्यालय

मलिकपुरा, गाजीपुर

प्रेषक

अनुसंधान अधिकारी

केन्द्रीय हिन्दी निदेशालय,

दिल्ली

---

1. प्रयोजनमूलक हिन्दी—डॉ॰ माधव सोनटक्के, पृष्ठ 128
2. व्यावहारिक हिन्दी निर्देशिका—डॉ॰ गोपीनाथ श्रीवास्तव, पृष्ठ149

आपका पत्र प्राप्त हुआ, अनुदान राशि भेजी जा रही है

भवदीय

हस्ताक्षर ....

अनुसंधान अधिकारी

केन्द्रीय निदेशालय

दिल्ली

(32) केबल ग्राम (Cable Gram)

विदेशों में स्थित कार्यालयों को अत्यावश्यक संदेश तत्काल भेजने के लिए केबल ग्राम का प्रयोग किया जाता है। जब फैक्स सेवा जैसे उपग्रहों द्वारा संचालित सशक्त संचार के साधन नहीं थे, तब केबल ग्राम बहुत महत्त्वपूर्ण था। वास्तव में केबल ग्राम भी संदेश प्रेषण का एक माध्यम था। समुद्रपारीय देशों में संचार सुविधा के लिए समुद्र के नीचे एक केबल डाली गई थी। इसके द्वारा विदेशी तार या टेलैक्स भी किए जाते थे, इसलिए इस माध्यम से प्राप्त होने वाले संदेश को 'संदेश केबल ग्राम' कहा जाता है। आजकल इस सेवा का उपयोग केवल कुछ पड़ोसी देशों—जो हमारे निकट हैं—के साथ ही किया जा रहा है,[1] वह भी कम, क्योंकि जब संचार-सूचना की आधुनिकतम सुविधाएँ कम्प्यूटर, ई-मेल और इन्टरनेट, टेलीफोन अर्थात् मल्टीमीडिया के रूप में उपलब्ध हैं, तो जाहिर है, कुछ पुराने और बासी पड़ चुके इस माध्यम का प्रयोग कम ही होगा।

---

1. प्रयोजनमूलक हिन्दी—डॉ० विजयपाल सिंह, पृष्ठ 60

अध्याय–10

व्यावसायिक हिन्दी और उसके अभिलक्षण

वाणिज्यिक या व्यावसायिक या व्यापारिक पत्र : स्वरूप और प्रारूप

(COMMERCIAL AND BUSINESS CORRESPONDENCE)

(1) व्यावसायिक-व्यापारिक पत्र : रूपरेखा और स्वरूप-प्रारूप

(Nature of Commercial and Business Correspondence)

वह पत्र जो दो व्यापारियों के मध्य किसी व्यापारिक या व्यावसायिक कार्य से लिखा जाता है, व्यापारिक पत्र कहलाता है। जैसे—लोक भारती प्रकाशन, महात्मा गांधी मार्ग, इलाहाबाद द्वारा मे० कवितालय, लंका, गाजीपुर को व्यापारिक कार्य से लिखा गया पत्र ''व्यापारिक पत्र'' कहा जाएगा।

आज विज्ञान का युग है। विज्ञान के कारण सम्पूर्ण विश्व व्यापारिक एवं व्यावसायिक दृष्टि से एक इकाई बन गया है। यातायात के नवीनतम साधनों तथा संचार के अन्य विकसित माध्यमों के कारण बाजार का स्वरूप स्थानीय तथा क्षेत्रीय सीमाओं में आबद्ध नहीं है, बल्कि अन्तर्राष्ट्रीय बन गया है। अत: वर्तमान परिस्थिति में व्यापारिक प्रगति हेतु पत्रों का महत्त्व बढ़ गया है।

व्यापारी या व्यवसायी पत्रों के द्वारा ही लाखों-करोड़ों के लेन-देन का कार्य करते हैं। अनेक प्रतिष्ठानों तथा व्यक्तियों का सम्बन्ध केवल पत्र-व्यवहार से ही स्थापित हो जाता है। उनके पारस्परिक परिचय के लिए व्यक्तिगत स्तर पर साक्षात्कार बहुत आवश्यक नहीं रह जाता है। व्यापार की सफलता बहुत कुछ सार्थक एवं प्रभावशाली पत्र-व्यवहार पर आधारित रहती है। पत्र की भाषा, शैली, पत्र-प्रेषक के मंतव्य तथा भावनाओं को पाने वाले को संप्रेषित करती है। असावधानी से लिखे गये पत्रों का प्रतिफल व्यापारी के लिए अहितकर या अलाभकारी सिद्ध होता है। पत्र के माध्यम से व्यापारी अपनी सामग्री की गुणवत्ता से दूसरे व्यापारी या फर्म को अवगत तो कराता ही है, साथ में उसके द्वारा प्रयुक्त भाषा उसके भाव का भी परिचय दे देती है। अत: एक श्रेष्ठ व्यापारिक पत्र से आशय ऐसे पत्र से हैं जो अपने उद्देश्य को प्राप्त करने में सफल हो जैसे—यदि कोई पत्र अशोध्य ऋण की वसूली के उद्देश्य से लिखा गया है और पत्र के परिणामस्वरूप ऋण की वसूली हो जाती है तो उसे श्रेष्ठ व्यापारिक पत्र कहेंगे।

प्रभावी व्यापारिक पत्र में मनोवैज्ञानिक पुट का होना नितान्त आवश्यक है। यदि पत्र लेखक इस मानवीय विशेषता को ध्यान में नहीं रखता तो वह ''**प्रभावपूर्ण पत्र**'' की रचना नहीं कर सकता। इसलिए यह सदैव ध्यान रखिये कि पत्र स्वयं के लिए नहीं, वरन् किसी अन्य व्यक्ति के लिए लिखा गया है। वह अन्य व्यक्ति क्या चाहता है? उसकी भावनाएँ कैसी हो सकती हैं तथा उसे पूर्ण संतोष कैसे प्राप्त हो? इत्यादि बातें ऐसी हैं, जिसका विशेष ध्यान

रखना चाहिए। साथ ही व्यापारिक पत्रों की शैली ऐसी होनी चाहिए जिससे कि पाठक के मन में मैत्रीपूर्ण कौतूहल का निर्माण हो सके और उसे ऐसा लगे कि उससे यथार्थ के रूप में वार्ता हो रही है। उसका प्रारूप एक वैधानिक प्रलेख की भाँति नहीं होना चाहिए और नहीं उसमें घिसी-पिटी बातों का ही उल्लेख होना चाहिए। पत्र में आत्मा या जीवन का संचार होना चाहिए, तभी वह अपने उस उद्देश्य की पूर्ति में सफल हो सकेगा, जिसके लिए वह लिखा गया है।

आज का व्यापारी बहुत व्यस्त रहता है। उसके पास प्रतिदिन बहुत बड़ी संख्या में अनेक पत्र आते हैं तथा अनेक बाहर भेजे जाते हैं। अधिक व्यस्तता के कारण वह प्रत्येक पत्र पर व्यक्तिगत ध्यान नहीं दे सकता। अत: यह नितान्त आवश्यक है कि व्यापारिक पत्र इस ढंग से लिखे जायँ कि उसे पाने वाला व्यक्ति तत्काल उसको पढ़ने के लिए आकर्षित हो जाय। पत्र के अनाकर्षक होने की दशा में कोई भी व्यापारी उसे ध्यान से नहीं पढ़ेगा तथा सम्भव है कि उसे रद्दी की टोकरी में डाल दे।

इस प्रकार हम यह कह सकते हैं कि व्यापारिक पत्र-लेखन भी एक कला है, जिसके लिए समुचित भाषा ज्ञान की आवश्यकता होती है। इस दिशा में जितना अधिक ध्यान दिया जाय उतना ही इस कला में प्रवीणता प्राप्त की जा सकती है।

(2) व्यावसायिक पत्र : अंग या अवयव (Parts of Business Letter)

व्यापारिक पत्र इस प्रकार लिखना चाहिए, जिससे कि उसका प्राप्तकर्ता उस पर नजर डालकरयह जान सके कि पत्र कहाँ से आया है, किसने लिखा है, किस विषय में लिखा है आदि। **श्री एल० ई० फ्रेली** ने "पत्र के ढाँचे को मनुष्य के अस्थि पंजर के समान बताया है, जिसके ऊपर माँस, चर्म या अन्य बातें अलग-अलग होने के कारण रूप परिवर्तित दिखाई पड़ता है, किन्तु सभी मनुष्यों के शरीर में अस्थि पंजर एक-सा होता है।"

व्यापारिक पत्र कई भागों में बँटा होता है और इसके प्रत्येक भाग का अपना महत्त्व है। इसके मुख्य भाग निम्न हैं—

(1) शीर्षक (Heading)—पत्र के प्रारम्भ में फर्म का नाम व पता लिखना चाहिए। व्यापारीगण प्राय: अपने फर्म का नाम व पता आकर्षक ढंग से छपवा लेते हैं। फर्म का नाम प्राय: कागज के ऊपर मध्य में अथवा दायीं ओर छपवाया जाता है। उसके दायीं ओर नीचे पता आदि का नाम होता है। तार का पता या फोन नम्बर भी इसी के साथ सुविधानुसार ऊपर या नीचे दे दिया जाता है। उदाहरण के लिए—

लोकभारती प्रकाशन,
दरबारी बिल्डिंग, महात्मा गांधी मार्ग,
इलाहाबाद-1

(2) दिनांक (Date)—पत्र-प्रेषक को अपने पत्र पर संख्या एवं तिथि अवश्य लिखनी चाहिए। बहुत से फर्मों द्वारा पत्र संख्या एवं तिथि के कॉलम पहले से छपे रहते हैं और उसमें पत्र लेखक क्रम संख्या तथा तिथि अंकित कर देता है। संख्या तथा तारीख से यह लाभ है कि जब पत्र का जवाब आता है तो पत्र का संदर्भ जानने में कठिनाई नहीं होती है। पत्र पर तारीख लिखने का तरीका निम्न है—

(i) 15.07.2005 या 15/7/2005 या 15-07-2005

(ii) जुलाई 15, 2005 (अमरीका तरीका)

(iii) 15 जुलाई, 2005 (ऑक्सफोर्ड यूनिवर्सिटी ढंग)

पहले प्रकार का ढंग अब चलन से बाहर हो रहा है। अत: व्यापारिक पत्रों में इसका प्रयोग नहीं करना चाहिये। दिनांक लिखने का कुछ एक उदाहरण और है—

दिनांक : 15 ज़ून, 2005

अगस्त 15, 2005 15 अगस्त, 2005

(3) पाने वाले का नाम व पता—पोस्टकार्ड पर यदि पत्र लिखा जा रहा है तो पता दोबारा लिखने की जरूरत नहीं होती, क्योंकि टाइप करने वाला व्यक्ति पहले ही लिख देता है किन्तु जब पत्र लिफाफे में जाना हो तो पत्र पाने वाले का नाम, पता दे दिया जाता है, जो क्रमांक से नीचे कागज के बायीं ओर लिखना चाहिये। पहले फर्म का नाम, उसके नीचे जगह छोड़ कर मकान या दुकान का नम्बर, गली या मुहल्ला, बाजार अथवा सड़क का नाम लिखा जाय फिर उसके नीचे शहर या जिले का नाम पिन कोड के साथ लिखा जाय जैसे—

व्यवस्थापक

लोकभारती प्रकाशन

दरबारी बिल्डिग, महात्मा गांधी मार्ग

सिविल लाइन्स, इलाहाबाद-211001

पता निम्न वर्ग के लिए निम्न तरीके से लिखने चाहिए।

(i) व्यक्ति के लिए—पते में आवश्यकतानुसार आदर सूचक शब्दों का प्रयोग करना चाहिए जैसे—प्रोफेसर, डॉक्टर, श्रीयुत्, श्रीमती बेगम आदि।

(ii) किसी फर्म के लिए—यदि फर्म का नाम अनेक व्यक्तियों से जुड़ा हुआ हो जैसे—आनन्द कुमार विजय कुमार एण्ड ब्रदर्स तो उसके पूर्व सर्वश्री प्रयोग उचित है। परन्तु यदि फर्म के नाम के पहले उपाधि का प्रयोग हो तो उसके पहले सर्वश्री लिखना उचित नहीं है। जैसे दिनेश ग्रोवर, रामचरन अग्रवाल एण्ड कम्पनी।

(iii) अधिकारी के लिए—पत्र यदि व्यापारिक संस्थान के अधिकारी को लिखा जाय तो पद के पूर्व आदर सूचक शब्द लिखने की आवश्यकता नहीं है जैसे—श्री व्यवस्थापक या श्री अध्यक्ष कहना ठीक नहीं लग रहा है।

(4) अभिवादन (Salutation)—व्यापारिक पत्रों में अभिवादन सूचक शब्दों का प्रयोग अनिवार्य है। इनके प्रयोग से शिष्टाचार, सौमनस्य और घनिष्ठता प्रकट होती है। जिस प्रकार दो व्यक्ति मिलने पर बातचीत प्रारम्भ करने के पूर्व परस्पर, गुड मार्निंग, नमस्कार, राम-राम इत्यादि कहते हैं, उसी प्रकार पत्र द्वारा भेंट करने की दशा में पत्र की विषय रूपी वार्ता शुरू करने के पहले पत्रों में कुछ शिष्टाचारपूर्ण शब्दों का प्रयोग किया जाता है, जिन्हें ''**अभिवादन**'' कहते हैं। यह लिखना जरूरी तो नहीं है, लेकिन इसका प्रयोग पत्र में आकर्षण पैदा करता है, जबकि इसका अभाव उन्हें खलता है।

चूँकि व्यापारिक पत्र निजी पत्रों की अपेक्षा औपचारिक ढंग से लिखे जाते हैं, इसलिए इनके प्रयोग में भी थोड़ा-बहुत अन्तर है। व्यापारिक एवं निजी पत्रों का प्रयोग निम्न रूप में होता है—

(i) व्यक्तियों को पत्र लिखते समय—प्रिय महोदय (Dear Sir), प्रिय महोदया या केवल महोदया—(Dear Madam), Sir (श्रीमान) जबकि पत्र किसी सरकारी अधिकारी या किसी सम्पादक को लिखा जाय My Dear Sir (मेरे प्रिय श्री) जबकि पत्र पाने वाले के साथ अधिक घनिष्ठता हो।

(ii) एक फर्म या कम्पनी को पत्र लिखते समय—Dear Sir (प्रिय महोदय), Dear Madam (प्रिय महोदया) जबकि फर्म की सभी साझेदारियाँ हैं। My Dear Sir (मेरे प्रिय श्री) घनिष्ठता की दशा में Gentleman (महोदय या श्रीमान)। Sir या Madam का प्रयोग बहुत औपचारिक होने के कारण सरकारी पत्रों में अधिक प्रयोग किये जाते हैं, व्यापारिक पत्रों में तथा बिक्री पत्रों में कभी-कभी Dear Customer (प्रिय ग्राहक) या Dear Subscriber (प्रिय चन्दादाता) का भी प्रयोग किया जाता है।

प्रत्येक अभिवादन के पश्चात् कामा (Comma) (,) लगा देना चाहिए।

(5) विषय शीर्षक (Subject Heading)—कभी अभिवादन के पश्चात् कुछ फर्में पत्र का संक्षिप्त विषय अभिवादन से नीचे बीच वाले भाग में दे देती हैं। इसे ही विषय शीर्षक कहा जाता है—

इसके दो फायदे हैं—(i) पत्र पढ़ने वाले का ध्यान उधर खिंच जाता है और वह विषय को जल्दी से समझ लेता है।

(ii) पत्रों की फाइल करने में सुविधा हो जाती है।

विषय शीर्षक के निम्न उदाहरण हैं—

प्रिय महोदय,

विषय : मारुति कार के लिए पूछताछ

(6) पत्र का विषय (Body of the Letter)—यह पत्र का मुख्य भाग है। इसमें भेजा जाने वाला संदेश होता है। यह भाग अभिवादन के नीचे पैराग्राफ से आरम्भ किया जाता है। इसके भी तीन खण्ड हैं—

(i) लिखने का उद्देश्य या प्रयोजन। वास्तव में यह भूमिका का भाग है लेकिन यह ध्यान रहे कि इसमें अनाप-सनाप बातें नहीं लिखी जाती हैं।

(ii) द्वितीय खण्ड में, यदि पहले पत्र व्यवहार हुआ है, तो उसका उल्लेख करना चाहिये और यदि ऐसा नहीं है तो रोचक शैली में पत्र के द्वारा प्राप्त कर्त्ता का ध्यान आकर्षित करना चाहिए।

(iii) तीसरे या अन्तिम भाग में अनुशंसा सूचक शब्द अथवा धन्यवाद ज्ञापन आदि होना चाहिए।

(7) अन्तिम प्रशंसात्मक वाक्य (Complimentary Close)—जिस प्रकार मौखिक वार्तालाप समाप्त होने पर विदा लेते समय दो व्यक्ति परस्पर "**नमस्कार**" इत्यादि कहते हैं, उसी प्रकार व्यापारिक पत्रों में पत्र का विषय समाप्त होने पर विदा सूचक कुछ शिष्टाचार पूर्ण शब्द लिखे जाते हैं जिन्हें "अन्तिम प्रशंसात्मक वाक्य" कहते हैं। जैसे—

आपका शुभ चिन्तक,
या
आपका विश्वासी या सद्भावी,
आपका शुभेच्छु

(8) हस्ताक्षर एवं पदनाम (Signature and Designation)—भवदीय के नीचे स्पष्ट हस्ताक्षर किया जाना चाहिये। यदि हस्ताक्षर अस्पष्ट हो तो कोष्टक में नाम का स्पष्ट उल्लेख आवश्यक है। यदि हस्ताक्षरकर्त्ता दूसरे की ओर से पत्र लिख रहा है तो "निमित्त/वास्ते", के लिए आदि शब्दों का प्रयोग करना चाहिए। हस्ताक्षर के नीचे पदनाम का उल्लेख होना चाहिए। जैसे—व्यवस्थापक, प्रबंधक, संचालक, भागीदार।

(9) संलग्नक (Enclosure)—हस्ताक्षर के बाद पत्र के बाईं ओर थोड़ा स्थान छोड़कर पत्र के साथ नत्थी किये गये अन्य पत्र को (संलग्नकों) की संख्या लिखनी चाहिए। जैसे—संलग्नक—3।

अर्थात् पत्र के साथ तीन और पत्रक भेजे जा रहे हैं।

(10) पुनश्च (Post Script)—इसे पत्र का आवश्यक अंग नहीं माना जाना चाहिए। कभी-कभी सम्पूर्ण विषय वस्तु या सम्यक् संदेश के लिखने के बाद तत्सम्बन्धी किसी नयी बात का ध्यान आ जाता है तो उस नयी बात को पुनश्च लिखकर आगे लिख दिया जाता है—पुनश्च का तात्पर्य ही है—"फिर कुछ और" इसके अन्तर्गत् उसमें कुछ नया जोड़ा गया है। उसके भी अन्त में पत्र लेखक को हस्ताक्षर अवश्य कर देना चाहिए।

व्यावसायिक पत्र का प्रारूप—

प्रेषक फर्म का नाम (व्यापारिक संकेत)

(1) तार .... फोन ....

पता ....

पत्र क्रमांक.......... दिनांक ....

(2) प्रापक (प्राप्त कर्त्ता) का नाम तथा पता ....

(3) अभिवादन युक्त सम्बोधन ....

(4) विषय शीर्षक ....

सन्दर्भ ....

(5) विषय सामग्री—(क) ....

(ख) ....

(ग) ....

(6) अभिवादनात्मक समाप्ति ....

(7) निमित्त—फर्म का नाम ....

हस्ताक्षर ....

पद ....

(8) संलग्नक ....

(9) पुनश्च ....

(3) व्यावसायिक पत्र की विशेषताएँ
(Qualities of Business Letter)

व्यावसायिक पत्र की श्रेष्ठता या प्रभावशीलता दो घटकों पर निर्भर करती है—

(i) पत्र का बाहरी रूप (Physical Appearance)

(ii) पत्र की विषय सामग्री (Subject matter of the letter)

(i) पत्र का बाहरी रूप—किसी पत्र के बाहरी रूप का पत्र के पाने वाले पर सबसे पहला प्रभाव पड़ता है और यह पहला प्रभाव प्राय: "अन्तिम" सिद्ध होता है (First impression is the last impression) एक कहावत है "जो पहलवान पहले चोट करता है, प्राय: उसे ही विजय प्राप्त होती है।" इस आधार पर पत्र के बाहरी कलेवर का प्राप्त कर्त्ता पर तत्काल प्रभाव पड़ता है। अत: भ्रमर रूपी ग्राहकों को अपनी ओर आकर्षित करने के लिए व्यापारिक पत्र का बाहरी रूप पराग सदृश, सुन्दर एवं आकर्षक होना चाहिए।

अत: पत्र के बाहरी स्वरूप को आकर्षक बनाने के लिए निम्नलिखित बातों का विशेष रूप से ध्यान रखना चाहिए।

(1) स्टेशनरी या आलेखन सामग्री आर्थिक स्तर के अनुकूल होना चाहिए।

(2) कागज का रंग प्राय: सफेद ही होना चाहिए।

(3) कागज का आकार—व्यापारिक पत्र की आवश्यकता के अनुसार होगा।

(4) टाइप करना—सजावट, हाशिया, पैराग्राफ़, शुद्धता, एकरूपता रेखांकन (इन सभी बातों को ध्यान में रखना चाहिए)

(5) लिफाफा, कार्बन व रिबन का प्रयोग आवश्यकता के अनुसार करना चाहिए।

(6) पत्र को मोड़ना व लिफाफे में रख्रना—ठीक ढंग से होना चाहिए।

(7) **मुद्रांकन**—पत्र को लेटर बाक्स में छोड़ने से पहले उस पर उचित मुद्रांकन होना चाहिए।

(ii) विषय सामग्री सम्बन्धी गुण (Subject matter of the letter) एक प्रभावी पत्र के विषय सामग्री सम्बन्धी गुण निम्नलिखित हैं—

(i) यथार्थता (Naturalness)—व्यावसायिक पत्र यथा सम्भव सरल एवं सच्चा होना चाहिए, क्योंकि शब्दों एवं वाक्यों को तोड़-मरोड़ कर रखने से दूसरे व्यापारी या ग्राहक को वास्तविक स्थिति का सही-सही ज्ञान नहीं हो पाता है।

(ii) पूर्णता (Completeness)—पत्र में सभी आवश्यक बातों का समावेश होना चाहिए। कोई ऐसी बात लिखने से न रह जाय जो कि प्राप्तकर्त्ता को जानना आवश्यक हो अन्यथा उसे दुबारा लिखकर पूछताछ करनी पड़ेगी। उदाहरण के लिए माल सम्बन्धी आदेश देते समय माल की किस्म, मात्रा, कीमत, पैकिंग का ढंग, सुपुर्दगी का समय और भुगतान की विधि के विषय में पूर्ण सूचना देना आवश्यक होता है।

(iii) नम्रता या शालीनता (Courtesy)—पत्रों की भाषा नम्र, शिष्ट होनी चाहिए। यदि कोई ग्राहक या व्यापारी किसी कार्य से असंतुष्ट होकर आवेश में असंगत भाषा का प्रयोग करते हुए पत्र भेजता है तो भी पत्र का उत्तर देते समय शिष्ट एवं संयत भाषा में उसकी असंतुष्टि के कारणों के सम्बन्ध में तर्क पूर्ण तथ्य प्रस्तुत करना चाहिए। नम्रता व्यवसाय के

लिए अत्यन्त आवश्यक गुण है, लेकिन मिथ्या आरोपों का साहस पूर्ण ढंग से खण्डन पत्र के माध्यम से करना चाहिए। विनम्रता को विवशता का पर्याय नहीं बनाना चाहिए।

(iv) शुद्धता (Accuracy)—पत्र में कोई भी असत्य या भ्रमात्मक बात न लिखी जाय। जहाँ तक हो सके, त्रुटियों से बचा जाय, क्योंकि इनसे व्यर्थ में असुविधा होती है। सभी तथ्य एवं आँकड़े यथा सम्भव शुद्ध होने चाहिए। **डॉ० रे० आरनर के मतानुसार**—"जिस प्रकार एक व्यक्ति के लिए सदाचार की आवश्यकता होती है, उसी प्रकार एक व्यापारी के लिए पत्र व्यवहार में शुद्धता अनिवार्य है।

(v) संक्षिप्तता (Conciseness)—व्यावसायिक पत्र का यह विशेष गुण है। आज के युग में समय की बड़ी कीमत है। पत्र में अनावश्यक ब्यौरे या लिखी गयी बातों की पुनरावृत्ति नहीं होनी चाहिए। पत्र का आकार जितना छोटा होगा, उतना ही प्रभावशाली होगा। लेकिन संक्षिप्तता का अर्थ यह नहीं है कि प्रेषक का मंतव्य साफ-साफ प्रकट न हो सके और पाठक को अनुमान से काम लेना पड़े।

(iv) प्रभावात्मकता (Effectiveness)—पत्र इस तरह से प्रस्तुत किया जाय कि ग्राहक के मन में वस्तु की गुणवत्ता के विषय में पूरा-पूरा विश्वास जम जाय ताकि वह अपने मन में सामग्री या उत्पाद से अपना सम्पर्क बनाने का मन बना ले।

(vii) शृंखलाबद्धता (Unity)—भावों, विचारों या सूचनाओं की स्पष्ट अभिव्यक्ति के लिए उनका प्रस्तुतीकरण शृंखलाबद्ध होना चाहिए। एक तरह के विचार या विषय को एक अनुच्छेद में रखना चाहिए। दूसरे तरह के विचार या विषय को दूसरे अनुच्छेद में रखना चाहिए। इस तरह शृंखलाबद्ध रूप में पत्र लेखन किया जाना चाहिए।

(viii) आकर्षक प्रस्तुतीकरण (Attractiveness)—हर प्रकार के पत्र के लिए आकर्षक प्रस्तुतीकरण आवश्यक है। सुन्दर तथा कलात्मक ढंग से प्रस्तुत किये गये पत्र प्रभावशाली होते हैं। उसे उचित आकार के लिफाफे में रखकर तथा उचित डाक टिकट के साथ भेजना चाहिए।

(ix) सरलता (Simplicity)—एक व्यापारिक पत्र की भाषा अत्यन्त सरल व सुबोध होनी चाहिए। व्यापारिक पत्र में अत्यन्त मुहावरेदार व उच्च कोटि की शैली की आवश्यकता नहीं होती। जो बात लिखी जाय, वह सरल व स्पष्ट होनी चाहिए।

(x) मौलिकता (Originality)—पत्र की भाषा मौलिक होनी चाहिए बनावटी शब्दों से पत्र में नीरसता आ जाती है। व्यवसाय में विक्रय की मौलिक रीतियाँ एवं पत्र लिखने के मौलिक ढंग, विक्रय एवं लाभ दोनों को ही बढ़ाते हैं।

(4) व्यावसायिक या व्यापारिक एवं कार्यालयीय पत्रों में अन्तर (Differences between Official, Commercial and Business Correspondence)

विभिन्न सरकारी विभागों व मंत्रालयों में सूचनाओं या गतिविधियों का आदान-प्रदान की आधारशिला पत्राचार ही होता है। अतः सरकारी या (कार्यालयीय) पत्राचार के अर्थ को भली प्रकार समझने के लिए 'निजी' एवं व्यापारिक पत्रों से उसके अन्तर को निम्नतालिका द्वारा स्पष्ट किया जा सकता है।

अन्तर

क्र० सं०	पत्र आधार	सरकारी पत्र (कार्यालयीय पत्र)	निजी पत्र	व्यापारिक पत्र
1.	परिभाषा	सरकारी पत्र सरकारी कर्मचारियों या अधिकारियों के बीच किसी सरकारी कार्य के सम्बन्ध में लिखे जाते हैं।	निजी या व्यक्तिगत पत्रों से आशय उन पत्रों से है, जो निजी या व्यक्तिगत मामलों के सम्बन्ध में, पारिवारिक सदस्यों, मित्रों एवं स्नेहीजनों के बीच लिखे जाते हैं। इन्हें सामाजिक पत्र भी कहते हैं।	जबकि व्यापारिक पत्र से तात्पर्य उन पत्रों से है, जो कि व्यापारियों के बीच किसी व्यापारिक अथवा व्यावसायिक कार्य हेतु लिखे जाते हैं।
2.	औपचारिकता	सरकारी पत्र नितान्त औपचारिक तथा गम्भीर प्रकृति का होता है इनके आलेखन में विभिन्न प्रकार के नियमों व प्रारूपों का पालन अनिवार्य होता है।	निजी पत्र के आलेखन में किसी प्रकार की औपचारिकता का पालन करने की आवश्यकता नहीं होती।	व्यापारिक पत्र में औपचारिकता का पुट कम और घनिष्ठता का अधिक होता है। कुछ व्यापारिक पत्र लम्बे भी होते हैं।
3.	निकटता की भावना	सरकारी पत्रों में भावुकता का लेश मात्र भी स्थान नहीं होता	निजी पत्रों में निकटता विशेष रूप से दृष्टिगत होती है।	जबकि कुछ व्यापारिक पत्रों में व्यक्तिगत पत्रों की भाँति निकटता की भावना का भी आभास होता है इनके पत्रों से ऐसा लगता है कि पत्रकार एक दूसरे से भली भाँति परिचित है।
4.	आलेखन की विधि	इन पत्रों में दिनांक व क्रमांक के उल्लेख के साथ-साथ पत्र के लेखक को आलेखन के विशिष्ट नियमों की परिधि में बँध कर ही पत्र लिखना पड़ता है।	इनमें दिनांक तो होता है, किन्तु क्रमांक नहीं होता अभिवादन आदि ढंग व्यक्तिगत सम्बन्धों पर निर्भर करता है।	जबकि कुछ व्यापारिक पत्रों में व्यक्तिगत पत्रों की भाँति निकटता की भावना का भी आभास होता है इनके पत्रों से ऐसा लगता है कि पत्रकार एक दूसरे से भली भाँति परिचित है। इन पत्रों में

क्र० सं०	पत्र आधार	सरकारी पत्र (कार्यालयीय पत्र)	निजी पत्र	व्यापारिक पत्र
				दिनांक व क्रमांक दोनों का उल्लेख होता है तथा आलेखन के सम्बन्ध में भी कुछ औपचारिकता का पालन करना जरूरी होता है।
5.	भाषा व शैली	सरकारी पत्र में सदैव इस बात का ध्यान रखा जाता है कि पत्र की शैली में संयम रखा जाय। अतिशयोक्ति या काव्यात्मक भाषा का प्रयोग नहीं होता। केवल तथ्यों का सीधा व स्पष्ट उल्लेख किया जाता है।	निजी पत्रों की भाषा व शैली में अपनत्व का भाव झलकता है।	व्यापारिक पत्रों की भाषा व शैली में चातुर्य को भी स्थान दिया जाता है। कभी-कभी बात घुमा-फिराकर ऐसे प्रस्तुत करनी पड़ती है जिससे कि पाठक के मन पर विशेष प्रभाव पड़े एवं लेखक का उद्देश्य पूर्ण हो जाय।
6.	विषय	सरकारी पत्रों का विषय सदैव सरकारी होता है एवं एक पत्र में एक साथ दो विषयों का उल्लेख नहीं होता है।	इसमें पत्र का विषय कुछ भी हो सकता है तथा एक ही पत्र में अनेक विषयों की चर्चा हो सकती है।	व्यापारिक पत्र का विषय स्पष्ट होता है, किन्तु एक ही पत्र में एक से अधिक विषयों पर चर्चा हो सकती है।
7.	प्रापक का नाम	सरकारी पत्रों में प्रापक अधिकारी का केवल पदनाम लिखा जाता है। नाम केवल अर्द्ध सरकारी पत्रों में ही लिखे जाते हैं।	इसमें प्रापक का नाम व्यक्तिगत सम्बन्धों के अनुसार लिखा जाता है।	इनमें प्रापक कोई व्यक्ति फर्म या कम्पनी हो सकती है एवं पत्र उनके नाम अथवा फर्म के पूर्व या कम्पनी के सचिव या प्रबन्ध संचालक के नाम से लिखे जाते हैं।
8.	मौलिकता	सरकारी पत्रों में मौलिकता के लिए कोई स्थान नहीं होता है। इनके लिखने का	निजी पत्रों में मौलिकता हो भी सकती है और नहीं भी।	यद्यपि व्यापारिक पत्र भी एक विशेष ढंग के अनुसार ही लिखे जाते हैं, किन्तु उनमें

क्र० सं०	पत्र आधार	सरकारी पत्र (कार्यालयीय पत्र)	निजी पत्र	व्यापारिक पत्र
		ढंग तथा प्रारूप निश्चित होता है।		सुविधानुसार परिवर्तन किया जा सकता है तथा मौलिकता भी हो सकती है।
9.	हस्ताक्षर	सरकारी पत्रों में पत्र लेखक अपने हस्ताक्षर करने के बाद अपने पद का नाम का उल्लेख भी आवश्यक रूप से करता है।	निजी पत्रों में लेखक केवल अपने हस्ताक्षर करता है।	व्यापारिक पत्रों में पत्र लेखक हस्ताक्षर करके 'प्रीत' या 'वास्ते' लिखकर अपना अधिकार भी प्रकट करता है।
10.	पत्र का आकार	सरकारी पत्र अधिकतर 13'' × 8'' अथवा इसके आधे आकार वाले सफेद या हल्के भूरे कागज पर लिखे जाते हैं। बायीं ओर लगभग 2'' का चौड़ा मार्जिन टिप्पड़ी आदि के लिए छोड़ा जाता है।	इसमें आकार आवश्य-कतानुसार छोटा या बड़ा हो सकता है।	जबकि व्यापारिक पत्रों का कोई नियत आकार नहीं होता है विषय सामग्री के क्रम या अधिक होने पर पत्रों का आकार भी छोटा या बड़ा रखा जा सकता है। व्यापारिक कार्यालय में प्रयोग किये जाने वाले लिफाफे प्रायः अच्छी श्रेणी के होते हैं।
11.	मुद्रांकन	सरकारी पत्रों पर शासकीय सेवा वाले डाक टिकटों का प्रयोग किया जाता है।	इसमें साधारण डाक टिकट का ही प्रयोग होता है।	व्यापारिक पत्रों पर साधारण डाक का ही प्रयोग होता है।

(5) व्यावसायिक या व्यापारिक पत्र के प्रकार
(Kinds of business letters)

व्यापारिक पत्र कई तरह के होते हैं। कुछ प्रमुख पत्रों का वर्णन यहाँ पर संक्षेप में किया गया है—

(1) पूछताछ एवं आदेश सम्बन्धी पत्र (Letters of enquiry and order)
(2) माल के आदेश सम्बन्धी पत्र (Letters regarding to goods)
(3) संदर्भ सम्बन्धी पत्र (Letters of reference)
(4) शिकायत सम्बन्धी पत्र (Letters of complaint)

(5) तकादा (वसूली) तथा भुगतान सम्बन्धी पत्र (Letters of collection and payment)

(6) परिचय पत्र एवं साख पत्र (Letters of identity and credit)

(7) बैंक एवं बीमा सम्बन्धी पत्र (Letters to Bank and Insurance)

(8) गश्ती पत्र (Circular letters) or परिपत्र

(9) आढ़त (अभिकरण) सम्बन्धी पत्र (Letters related to Agency)

(10) सेवा योजन/नौकरी सम्बन्धी पत्र (Letters regarding to employment)

(11) अनुगमन पत्र

(12) मिश्रित या विविध पत्र (Miscellaneous letters)

(1) पूछताछ एवं आदेश सम्बन्धी पत्र (Letters of Credit)—आजकल व्यापार के अन्तर्गत अनेक प्रकार की वस्तुओं की भीड़ लगी हुई है। एक ही प्रकार की अनेक वस्तुएँ पायी जाती हैं। यहाँ तक कि एक ही वस्तु भिन्न-भिन्न व्यापारिक चिन्हों (Trade mark or Brand) के रूप में बाजार में पायी जाती हैं। अतः अनेक तरह के नये-नये ग्राहकों में उनके मूल्य, उनकी क्या विशेषताएँ हैं? तथा ग्राहकों में उनकी विशेषताओं से उनको जानकारी दिलाने के लिए व्यापारियों को उन उत्पादनकत्ताओं, कम्पनियों, फैक्टरियों इत्यादि से पत्र द्वारा सम्पर्क स्थापित करना पड़ता है, जिसके लिए उन्हें इन संस्थाओं से पत्राचार के माध्यम से जानकारी मिल पाती है, ताकि उनकी विशेषताओं, उनके मूल्यों इत्यादि से परिचित होकर अपने ग्राहकों को संतुष्ट कर सकें तथा उन्हीं के माँग के अनुसार माल का आदेश दे सकें। इसके लिए उन्हें पत्र लिखने की आवश्यकता पड़ती है, जिसे पूछताछ एवं आदेश सम्बन्धी पत्र कहा जाता है। यह पूछताछ सम्बन्धी पत्र कभी-कभी विज्ञापन देखकर भी लिखे जाते हैं। पूछताछ के पत्रों के दो रूप हो सकते हैं—

(1) ऐसे पत्र जिनका उद्देश्य माल क्रय करना होता है।

(2) ऐसे पत्र जिनका उद्देश्य केवल जानकारी प्रास करना हो, तो ऐसा पत्र लिखते समय विशेष सतर्कता की आवश्यकता पड़ती है, क्योंकि कोटेशन का ग्राहक की ओर से दिया जाने वाला उत्तर 'आदेश' कहलाता है तथा जब ग्राहक कोटेशन में वर्णन किये गये शर्तों से पूर्णतः संतुष्ट हो जाता है तो वह व्यापारी को वस्तु भेजने के लिए आदेश देता है, इसलिए "आदेश पत्रों" को बड़ी सावधानी से लिखना चाहिए। आदेश पत्र में गलत वस्तु या मात्रा लिख देने से विक्रेता एवं क्रेता दोनों को ही असुविधा का सामना करना पड़ता है। अतः इसके लिए निम्न बातों को ध्यान में रखना चाहिए। जैसे—माल का विवरण, माल भेजने की विधि, आदेश पत्र का संदर्भ, विक्रय की शर्तें, भुगतान की विधि इत्यादि। इस तरह के पत्रों के संदर्भ में उदाहरण नीचे प्रस्तुत हैं—

(1) पूछताछ सम्बन्धी पत्र (Letters of enquiry)—

(i) **लोकभारती प्रकाशन**

(प्रकाशक तथा पुस्तक विक्रेता)

तार-पुस्तक महात्मा गांधी मार्ग,

दूरभाष— दिनांक जून, 2005

संदर्भ संख्या—127-यू०/05
सर्वश्री लोकभारती प्रकाशन
दरबारी बिल्डिंग, महात्मा गांधी मार्ग,
इलाहाबाद-1

विषय : पूछताछ का पत्र

प्रिय महोदय,

हम आपके अतयन्त आभारी होंगे, यदि आप हमें अपने नवीनतम् सूची-पत्र तथा न्यूनतम मूल्य पत्र भेजने का कष्ट करें। ग़ाज़ीपुर (उ० प्र०) एवं निकटवर्ती नगरों में आपके द्वारा प्रकाशित पुस्तकों की काफी माँग है। हम आपके यहाँ से प्रकाशित पुस्तकों का व्यापार करना चाहते हैं। यदि विक्रय शर्तें हमें उपयुक्त प्रतीत हुईं तो हम शीघ्र ही एक बड़ा आदेश देंगे।

हमें पूर्ण विश्वास है कि आप हमारी पूछताछ पर उचित ध्यान देंगे।

भवदीय
वास्ते—गाजीपुर साहित्य संसद
नौकापुरा, लंका, गाजीपुर

(ii) **साहित्य भवन पब्लिकेशन्स**
(प्रकाशक एवं पुस्तक विक्रेता)

तार-'भवन' अस्पताल मार्ग,
दूरभाष—2151665 आगरा-21
संदर्भ संख्या—188/नि०/03 दिनांक 25 जून, 2003

मेसर्स बनर्जी चटर्जी एण्ड कम्पनी,
प्रकाशक एवं पुस्तक विक्रेता,
महात्मा गांधी रोड, कानपुर

विषय : पूछताछ के पत्र का उत्तर

प्रिय महोदय,

हमें आपका पत्र संख्या 324/पू०/03 दिनांक 20 जून, 2005 का प्राप्त हुआ, जिसके लिए आपको कोटिश: धन्यवाद।

हम इस पत्र के साथ अपने यहाँ प्रकाशित होने वाली पुस्तकों की मूल्य सूची आपके पास भेज रहे हैं। जिन पुस्तकों के मूल्य आपने जानना चाहा है उनके मूल्य, मूल्य सूची के अनुसार अग्र हैं—

पुस्तक का नाम		मूल्य
प्रतिनिधि एकांकी	लेखक—डॉ० कैलाश नाथ पाण्डेय	75.00 प्रति
हिन्दी : कुछ नयी चुनौतियाँ	लेखक—डॉ० कैलाश नाथ पाण्डेय	50.00 प्रति

हम पुस्तकों पर छपे मूल्य पर 20% व्यापारिक छूट प्रदान करते हैं। आपका आदेश 5000/- से अधिक मूल्य का हुआ तो हम 20% अतिरिक्त छूट भी प्रदान कर देंगे। मूल्य का

भुगतान एक माह के अन्दर करना आवश्यक है। यदि आप नकद भुगतान कर देंगे तो हम 3% नकद छूट भी प्रदान कर देंगे। पैकिंग नि:शुल्क होगी।

आशा है आपको व्यापारिक शर्त उचित प्रतीत होगी और आप शीघ्र ही माल का आदेश अनुग्रहीत करेंगे।

(2) संदर्भ पत्र (Letters of reference)—ग्राहक जब माल मँगाने का आदेश भेजता है तो उस आदेश पत्र में यह भी उल्लिखित कर देता है कि माल का भुगतान वह कैसे करेगा, नकद अथवा उधार। यदि वह नकद भुगतान की बात करता है तब तो माल के आदेश की पूर्ति करने में विक्रेता को कोई कठिनाई नहीं होती, लेकिन अगर वह उधार की बात करता है तो यह स्वाभाविक है कि उसे यह निर्णय लेने में कठिनाई होगी कि वह माल की पूर्ति करे या नहीं। यदि ग्राहक पुराना है तब भी कोई बात नहीं है लेकिन यदि ग्राहक नया है तब उसके सामने और समस्या खड़ी हो जाती है। ऐसी स्थिति में वह ग्राहक की आर्थिक स्थिति की जानकारी करना चाहता है कि वह भविष्य में पैसे का भुगतान कर पायेगा या नहीं। इसके लिए ग्राहक से ही कुछ प्रचलित व्यक्तियों के नाम व पते पूछे जा सकते हैं।

इस प्रकार जिन विविध साधनों के द्वारा ग्राहकों की आर्थिक स्थिति की जानकारी की जा सकती है वे निम्न हैं—(1) मित्र या संबंधी, (2) सूचना प्रदान करने वाली संस्थाएँ, (3) बैंक, (4) व्यापारिक संघ, (5) चैम्बर ऑफ कॉमर्स।

उपर्युक्त के संदर्भ में जब विक्रेता द्वारा क्रेता से आर्थिक स्थिति की जानकारी के लिए दो प्रतिशत व्यक्तियों के नाम पत्र द्वारा लिखने को कहा जाता है, तो इस तरह का पत्र 'संदर्भ माँगने का पत्र' कहा जाता है और इस पत्र का उत्तर जो क्रेता द्वारा दिया जाता है, "संदर्भ देने का पत्र" कहलाता है और विक्रेता द्वारा, जब उन व्यक्तियों से जिनका नाम संदर्भ के रूप में क्रेता ने दिया है, उनकी जानकारी प्राप्त की जाती है तो ऐसा पत्र 'संदर्भ का पत्र' कहलाता है। संदर्भ माँगने के लिए पत्र का नमूना नीचे दिया गया है—

(i) **संदर्भ माँगने के लिए पत्र**

रामा एण्ड कम्पनी

तार-'रामा'
दूरभाष—324513
संदर्भ संख्या—351/04

गांधी रोड,
मुम्बई
दिनांक 10 जून, 2004

सर्वश्री कृष्णा एण्ड कम्पनी,
रामनगर, कोलकाता
महात्मा गांधी रोड, कानपुर

विषय : संदर्भ के लिए पत्र

प्रिय महोदय,

हमें आपका 5 जून, 2005 का आदेश पत्र प्राप्त हुआ, जिसके लिए हम आपको कोटिश: धन्यवाद देते हैं।

हमें आप से व्यापार करने का यह प्रथम सौभाग्य प्राप्त हुआ है। अत: हम अपनी व्यापारिक परम्परा के अनुसार आप से अनुरोध करेंगे कि आप हमें कुछ व्यापारियों के नाम संदर्भ हेतु प्रदान करने का कष्ट करें।

हम आपके आदेश को पूरा करने के लिए विशेष ध्यान दे रहे हैं।

भवदीय

वास्ते, रामा एण्ड कम्पनी

रामा लाल

प्रबन्धक

(ii) **संदर्भ देने वाला पत्र**

कृष्णा एण्ड कम्पनी

तार–'कृष्णा' रामनगर

दूरभाष—1234561 कोलकाता

संदर्भ संख्या—88/04 दिनांक 15 जून, 2004

सर्वश्री रामा एण्ड कम्पनी,
गांधी रोड, मुम्बई
महात्मा गांधी रोड, कानपुर

विषय : संदर्भ देना

प्रिय महोदय,

आपके पत्र दिनांक 10 जून, 2005 के लिए धन्यवाद। आपको आदेश देते समय हमारा यह विचार था कि आप हमारी फर्म से अवश्य ही जानकारी रखते होंगे। इसी लिए आदेश पत्र में हमने संदर्भ हेतु कोई नाम नहीं दिया।

अब हम आपकी इच्छानुसार निम्नलिखित दो नाम संदर्भ के लिए आपको दे रहे हैं। इनसे हमारा व्यापारिक संदर्भ बहुत दिन से रहा है। आप हमारे बारे में उनसे आवश्यक सूचनाएँ प्राप्त कर सकते हैं।

(1) अग्रवाल बुक डिपो, नयी बाजार, कलकत्ता

(2) श्री कैलाश चन्द्र, मेस्टन रोड, कानपुर

भवदीय

वास्ते, कृष्णा एण्ड कम्पनी

कृष्ण चन्द्र

प्रबन्धक

(3) शिकायत सम्बन्धी पत्र (Letters of complaint)—क्रेता द्वारा माल का आदेश भेजने के बाद जब विक्रेता द्वारा माल आदेशानुसार भेज दिया जाता है तो क्रेता द्वारा माल स्टेशन से छुड़ा कर लाने पर उसे आदेश पत्र की नकल एवं बीजक से मिलाने पर यदि उसमें कोई गड़बड़ी पायी जाती है जैसे—यदि बण्डल कटा-फटा हो तो स्टेशन मास्टर से इसके सम्बन्ध में लिखित प्रमाण पत्र प्राप्त करा लिया जाता है, अब यदि रेलवे की गलती से माल में खराबी आयी हो तो उसके लिए चीफ कामर्शियल मैनेजर को पत्र लिखकर माल की क्षतिपूर्ति की माँग की जानी चाहिए, और यदि विक्रेता की गलती से माल का नुकसान हुआ है तो इसके लिए पत्र पत्र विक्रेता को लिखा जाता है। इसे 'शिकायत पत्र' कहा जाता है।

इस तरह के शिकायती पत्र निम्न कारणों से लिखे जाते हैं—

(1) देर से माल मिलाने की दशा में,

(2) गलत माल मिलने की दशा में,

(3) खराब माल मिलने की दशा में,

(4) गलत मात्रा में माल मिलने की दशा में,

(5) बीजक में गलत प्रविष्टि की दशा में,

(6) रेलवे अथवा डाक अधिकारियों की गलती के कारण।

इस तरह के शिकायती पत्र का कुछ नमूना निम्नलिखित है।

(i) **माल कम निकलने पर शिकायती पत्र**

इण्डियन बुक डिपो

प्रकाशक एवं पुस्तक विक्रेता

फोन—353439 बड़ा बाजार

संदर्भ संख्या—421 कोलकाता

मेसर्स साहित्य भवन पब्लिकेशन्स, दिनांक 10 जून, 2004

अस्पताल मार्ग,

आगरा

विषय : माल कम निकलने की शिकायत

प्रिय महोदय,

आपके सूचना पत्र दिनांक 1 जून, 2005 के अनुसार हमने इलाहाबाद बैंक को बिल पर स्वीकृत देकर बिल्टी प्राप्त कर ली है, और माल छुड़ा लिया है, परन्तु हमें खेद है कि माल के सम्बन्ध में निम्नलिखित दोष पाये गये—

(1) बीजक में आपने 10% व्यापारिक छूट दिखायी है, जबकि छूट की दर हमारे और आपके मध्य 15% तय हुई थी।

(2) श्री सक्सेना द्वारा लिखित व्यावसायिक प्रशासन की केवल 80 प्रतियाँ ही आपने हमको भेजी है, जबकि बीजक में हमसे 100 प्रतियों का मूल्य चार्ज किया गया है।

अब आपको शेष 20 प्रतियाँ भेजने की आवश्यकता नहीं हैं, लेकिन उक्त दोनों के लिए क्रेडिट नोट भेजने की कृपा करें।

भवदीय

वास्ते, इण्डियन बुक डिपो

कैलाश नाथ

प्रोप्राइटर

(ii) **माल दोषपूर्ण होने की शिकायत**

अभय प्रोविजन स्टोर

संदर्भ संख्या—168/04 तिलक द्वार

मेसर्स जे, जेसाराम एण्ड कम्पनी मथुरा

आगरा दिनांक 10 जून, 2004

प्रिय महोदय,

हमें यह सूचित करते हुए दुःख होता है कि हमारे कुछ ग्राहक आपके द्वारा भेजे हुए ग्लूकोज बिस्किट के पैकेटों को वापस कर दिये हैं, क्योंकि उन डिब्बों के बिस्किट एकदम खराब हो गये थे।

प्रथम आदेश में ही इस तरह का घाटा होना बड़े दुख की बात है।

हम यह आशा करते हैं कि भविष्य में इस तरह की घटना नहीं घटेगी। 20 बिस्किटों का पैकेटों का मूल्य 35/- आप हमारे हिसाब में जमा करने का कष्ट करें।

भवदीय

अभय प्रोविजन स्टोर के लिए,

राजेश कुमार,

पार्टनर

(iii) **रेलवे को शिकायती पत्र**

इण्डियन बुक डिपो

पुस्तक विक्रेता

फोन—353439 बड़ा बाजार

पत्र संख्या—410/04 कोलकाता

श्रीमान मुख्य वाणिज्यिक प्रबन्धक, दिनांक 10 जून, 2004

प्रिय महोदय,

हावड़ा स्टेशन से पुस्तकों की एक पेटी छुड़ाई थी, जिसे आगरा के पुस्तक प्रकाशक साहित्य भवन पब्लिकेशन्स ने बिल्टी संख्या 860 दिनांक 10 जून, 2005 के अनुसार मालगाड़ी से हमें भेजा था। पेटी की दशा देखने से यह स्पष्ट होता है कि उसे मार्ग में खोलने की कोशिश की गयी है। यह पेटी हमने रेलवे अधिकारियों को दिखा दिया है तथा उनका लिखित विवरण भी प्राप्त कर लिया है।

जाँच करने पर पता चला कि 20 प्रतियाँ (व्यावसायिक प्रशासन) की गायब हैं जिनका मूल्य 180 रु० होता है। प्रमाण के लिए साथ में हम बीजक की नकल और स्टेशन अधिकारियों का प्रमाण पत्र भेज रहे हैं।

हमें आशा है कि आप इस ओर तुरन्त ध्यान देंगे और 180 रु० की क्षतिपूर्ति कराने की कृपा करेंगे।

भवदीय

वास्ते, इण्डियन बुक डिपो

रमेश चन्द्र

प्रोप्राइटर

(4) साख पत्र (Letters of credit)

क्रेता के परिचय पत्रों को जानने का अनुरोध

रामा एण्ड कम्पनी

गोपनीय

नेताजी रोड

तार : 63412

कोलकाता

तार का पता—रामा

दिनांक ....

कोड—'ABC'

सर्वश्री गोपाल एण्ड सन्स

बड़ा बाजार

अलीगढ़

प्रिय महोदय,

आपका आदेश क्रमांक 101/04 दिनांक ....प्राप्त हुआ जिसके लिए हार्दिक धन्यवाद।

किसी नवीन व्यापारिक सम्पर्क की स्थापना से पूर्व हमारा यह नियत है कि हम सबसे परिचय सूत्र भेजने की याचना करते हैं। इस व्यवहार के पूर्व आपसे व्यापार करने का हमें सौभाग्य नहीं मिला है। अत: आपसे प्रार्थना है कि हमें किन्हीं ऐसे दो नाम व पते संदर्भ के रूप में भेजिये, जिससे आपका विशिष्ट परिचय प्राप्त किया जा सकें।

आपका आदेश प्राथमिकता के क्रम में हमारे सम्मुख है एवं हम लोग यथा शीघ्र माल भेजने का प्रयत्न करेंगे।

भवदीय

रामा एण्ड कम्पनी के लिए

राम लाल

मैनेजर

गोपनीय ढंग से क्रेता की आर्थिक स्थिति की पूछताछ

रामा एण्ड कम्पनी

नेताजी रोड

तार का पता—रामा

कोलकाता

फोन नं०—576733

दिनांक ....

श्री रामजी लाल

फोर्ट, मुम्बई

प्रिय महोदय,

इस पत्र के साथ अलग से चिट पर जिस फर्म का नाम लिखा है, उसके साथ हम लोगों का व्यापार करने के लिए प्रस्ताव विचाराधीन है, किन्तु समस्या यह है कि हम लोगों का उस फर्म से एकदम परिचय नहीं है अत: यह प्रार्थना है कि उसकी आर्थिक स्थिति, बाजार में व्यवसाय की साख आदि की विस्तृत सूचना देकर हमारी सहायता करें। कृपया स्पष्ट लिखें कि क्या उन्हें 10,000 रु० तक की साख दी जा सकती है।

(समान सेवा के लिए सदैव प्रस्तुत)
(सर्वश्री करोड़ी मल पकौड़ी मल फोर्ट, मुम्बई)

निवेदक
राम एण्ड कम्पनी के लिए
राम लाल
मैनेजर

(5) गश्ती पत्र (Circular letters)—जब व्यापारी को अपने व्यवसाय से संबंधी कोई सूचना किसी ग्राहक अथवा दूसरे व्यापारी के यहाँ भेजनी होती है तो इस आशय के लिखे पत्र गश्ती पत्र अथवा परिपत्र कहलाते हैं। यह निम्नलिखित संदर्भ में लिखा जाता है।

1. जब व्यापार के स्थान एवं नाम में परिवर्तन करना हो।
2. जब कोई नई शाखा खोलनी हो।
3. जब नये साझीदार की फर्म में प्रविष्टि हो।
4. जब नये प्रबन्धक की नियुक्ति करनी हो।
5. जब किसी नवीन वस्तु के बारे में विज्ञापन द्वारा ग्राहकों एवं व्यापारियों को अवगत करना हो।

इस प्रकार के पत्रों का नमूना निम्नलिखित है।

(i) **स्थान परिवर्तन का पत्र**

राम लाल एण्ड कम्पनी

परिपत्र संख्या—21
श्री ....

नयी सड़क
कोलकाता
दिनांक 5 जनवरी, 2005

प्रिय महोदय,

आपको यह सूचित करते हुए हमें अत्यन्त हर्ष हो रहा है कि इस वर्तमान दुकान में स्थानाभाव के कारण हम अपनी दुकान का स्थान परिवर्तन कर रहे हैं, जिसका पता 40, मारिस रोड, कोलकाता है। इस नई दुकान पर दिनांक 15 जनवरी, 2005 से व्यापार प्रारम्भ कर देंगे।

इस नयी दुकान में पहले की दुकान से कहीं अधिक स्थान है। यहाँ हमारे ग्राहकों को अधिक सुविधा होगी तथा हम अपने ग्राहकों की अधिक सेवा कर सकेंगे।

हमें पूर्ण विश्वास है कि आप भविष्य में पूर्व की तरह हमें आदेश देकर सेवा का अवसर देंगे। कृपया भविष्य में इस नवीन पते पर ही आदेश देने का कष्ट करेंगे।

भवदीय
राम लाल एण्ड कम्पनी के लिए
के० पी० प्रधान
प्रबन्धक

(ii) **नाम परिवर्तन का परिपत्र**

सेन्चुरी मिल

तार—सेन्चुरी कालबा देवी रोड

दूरभाष—3456765 मुम्बई

परिपत्र संख्या—312 दिनांक 10 मार्च, 2004

श्री ....

प्रिय महोदय,

हम आपको सूचित करते हुए अत्यन्त प्रसन्न हो रहे हैं कि हमारा व्यापार बिहार में बढ़ जाने के कारण हमने, बांकीपुर, पटना में अपनी एक शाखा खोल दी है और श्री कृष्ण कुमार शर्मा को उसका प्रबन्धक नियुक्त किया है। यह शाखा दिनांक 1 अप्रैल, 2004 से अपना व्यापार प्रारम्भ कर देगी।

इस शाखा पर भी उसी मूल्य पर आप सभी प्रकार के कपड़े प्राप्त कर सकते हैं जिस मूल्य पर आप हमसे पहले से प्राप्त कर रहे हैं।

आशा है आप पूर्व की भाँति हम पर कृपा बनाए रखेंगे।

भवदीय

सेन्चुरी मिल के लिए

श्री निवास

(6) सामान या माल के आदेश संबंधी पत्र (Letters regarding to offers and orders)—

जगदम्बा मोटर पार्ट्स

(मोटर कार तथा स्कूटर के कलपुर्जे के विक्रेता)

तार—'कार पार्ट्स' फोन—2234562

संदर्भ क्रमांक 425/आ/04 4, महात्मा गांधी रोड,

आगरा

दिनांक 10 जुलाई, 2004

सर्वश्री राम बाल एण्ड कं०,

चाँदनी चौक,

दिल्ली

विषय : आवेदन पत्र

प्रिय महोदय,

हमें आपका निर्ख पत्र संख्या 131/नि०/03 दिनांक 5 जून, 2005 मूल्य सूची सहित प्राप्त हुआ, जिसके लिए आपको धन्यवाद दे रहे हैं।

कृपया हमें निम्नलिखित माल अग्रवाल ट्रांसपोर्ट कम्पनी द्वारा भेजने का कष्ट करें। बिल्टी पंजाब नेशनल बैंक के माध्यम से भेजने का कष्ट करें। माल ट्रांसपोर्ट कम्पनी पर आने पर तथा बैंक से सूचना आने पर हम बिल्टी बैंक से छुड़ा लेंगे।

(i) माइक्रो प्लग 100,

(ii) क्लिच 50,

(iii) हर्सन वायर (ब्रेक वायर) 100

यदि आपका माल आदेशानुसार हुआ तो हम पुन: आपको बड़ी मात्रा में माल का आदेश देंगे।

आशा है आप शीघ्र ही हमारा आदेशित माल भेजने का कष्ट करेंगे।

भवदीय

वास्ते, जगदम्बा मोटर पार्ट्स

पार्टनर

(7) तकादा (वसूली) तथा भुगतान संबंधी पत्र (Letters regarding collection and payment)—व्यापारी से माल खरीदने के बाद ग्राहक जब निश्चित समय या उचित धनराशि का भुगतान नहीं करता है तो ऐसी स्थिति में उसे जो पत्र लिखा जाता है उसे तकादे का पत्र या रुपया वसूल करने वाला पत्र कहते हैं। लेकिन ऐसा पत्र तभी लिखा जाता है, जब उसका पैसा नियत समय पर तथा नियत अवधि के भीतर नहीं मिलता है।

तकादे के पत्र में पहले इस तरह का पत्र लिखना चाहिए कि ग्राहक पत्र पाते ही उसका भुगतान कर देगा इसके बाद अगर भुगतान नहीं होता है तो व्यापारी को एक उपर्युक्त पत्र का दूसरा रूप बनाकर एक स्मरण पत्र भेजना चाहिए। यदि उसके बाद भी भुगतान नहीं होता है तो उसे तकादे का प्रथम पत्र भेजना चाहिए यह प्रथम पत्र सामान्य भाषा में भेजना चाहिए, उसमें किसी तरह का गुस्सा या क्रोध का दिखावा नहीं होना चाहिए। इस पर भी भुगतान नहीं होता है तो उपर्युक्त पत्र का हवाला देते हुए दूसरा पत्र भेजना चाहिए जो थोड़ी गम्भीर शैली में होना चाहिए। यदि इस पत्र पर भी कोई ध्यान नहीं दिया जाता है, तो तकादे को 'अन्तिम पत्र' यह जताते हुए भेजना चाहिए कि अब अगर भुगतान नहीं करेंगे तो हम वैधानिक कार्यवाही करने के लिए बाध्य हो जायेंगे। पत्र का नमूना निम्न है—

प्रथम पत्र

साहित्य भवन पब्लिकेशन्स

पुस्तक प्रकाशक एवं विक्रेता

तार का पता—भवन	अस्पताल मार्ग
दूरभाष—2151665	आगरा
पत्र संख्या—367/सं०/04	दिनांक 10 जनवरी, 2004

श्री कैलाश नाथ मुकर्जी
बड़ा बाजार, कोलकाता

प्रिय महोदय,

हमें अपने हिसाब की पुस्तकों को देखने से ज्ञात हुआ है कि हमारे 4000/- (चार हजार रुपये मात्र) आपकी ओर पिछले तीन माह से शेष निकल रहे हैं। अति व्यस्तता के कारण शायद आप भूल गये होंगे। अत: इस पत्र के साथ हम खाता विवरण की एक प्रतिलिपि संलग्न करके कृपया उक्त राशि हमें शीघ्र भेजने का कष्ट करे।

भवदीय

वास्ते, साहित्य भवन पब्लिकेशन

के० एल० बंसल

प्रोप्राइटर

संलग्न—

(1) 'खाता विवरण'

द्वितीय पत्र

साहित्य भवन पब्लिकेशन

तार का पता—'भवन' अस्पताल मार्ग

दूरभाष—2151615 आगरा

पत्र संख्या—393/सं०/05 दिनांक 25 जनवरी, 2004

श्री कैलाश नाथ मुकर्जी

बड़ा बाजार, कोलकाता

प्रिय महोदय,

हम आपका ध्यान अपने 10 जनवरी, 2005 के पत्र भी और आकर्षित करना चाहते हैं। जिसमें आपसे 4000/– रुपये के भुगतान हेतु निवेदन किया गया था।

उक्त चार हजार रुपये की रकम का भुगतान हमें अभी तक प्राप्त नहीं हुआ है। यदि उक्त धनराशि का चेक आप लौटती डाक से भेज देंगे तो हम आपके बड़े आभारी होंगे।

भवदीय

कृते साहित्य भवन पब्लिकेशन्स

के० एल० बंसल

प्रोप्राइटर

तृतीय पत्र

साहित्य भवन पब्लिकेशन्स

तार का पता—'भवन' अस्पताल मार्ग

दूरभाष—2151665 आगरा

पत्र संख्या—447/सं०/05 दिनांक 10 फरवरी, 2005

श्री कैलाश नाथ मुकर्जी

बड़ा बाजार, कोलकाता

प्रिय महोदय,

हम इस पत्र द्वारा आपका ध्यान अपने 10 जनवरी, 2005 एवं 25 जनवरी, 2005 के पत्रों की ओर आकर्षित करना चाहते हैं, जिसमें 4000/– रु० के भुगतान के लिए आपसे प्रार्थना की गयी थी।

हमें बड़े खेद के साथ यह लिखना पड़ रहा है कि आपने उक्त धनराशि का भुगतान अभी तक हमको नहीं किया है और नहीं कोई सूचना ही दी है। हमें आप जैसे प्रतिष्ठित व्यवसायी से ऐसे व्यवहार की आशा कदापि नहीं है। आपको हमने भुगतान हेतु आवश्यकता से अधिक समय दिया है।

हमें आशा है कि आप इस सम्बन्ध में हमें सहयोग प्रदान करेंगे, ताकि हमारा और आपका सम्बन्ध पूर्ववत् बना रहे।

भवदीय

वास्ते साहित्य भवन पब्लिकेशन्स

के० एल० बंसल

प्रोप्राइटर

अन्तिम पत्र

साहित्य भवन पब्लिकेशन्स

तार का पता—'भवन' अस्पताल मार्ग

दूरभाष—2151665 आगरा

पत्र संख्या—527/सं०/05 दिनांक 25 फरवरी, 2005

श्री कैलाश नाथ मुकर्जी

बड़ा बाजार, कोलकाता

प्रिय महोदय,

हमें बड़े खेद के साथ आपको सूचित करना पड़ रहा है कि आपने हमारे पिछले तीन पत्रों की ओर बिल्कुल ध्यान नहीं दिया है। ये पत्र हमने आपको 10 जनवरी, 25 जनवरी तथा 10 फरवरी को लिखे थे तथा जिसने आप से 2000/- रु० के भुगतान की प्रार्थना की थी आपने इनमें से किसी भी पत्र का हमें उत्तर भी नहीं दिया है।

इस 2000/- रुपये के भुगतान की आवश्यकता से अधिक समय हो गया है। आप जैसे प्रतिष्ठित व्यवसायी को भुगतान में इतना विलम्ब शोभा नहीं देता है। हमने आपको भुगतान हेतु आवश्यकता से अधिक समय दिया है अब हम 10 मार्च, 2005 के बाद भुगतान हेतु और प्रतीक्षा नहीं कर सकते। पुराने ग्राहक होने के कारण यह समय आपको दिया जा रहा है। यदि आपने उक्त समय तक हमारी उचित धनराशि का भुगतान नहीं किया तो हमें विवश होकर भुगतान प्राप्त करने के लिए न्यायालय की शरण लेनी पड़ेगी।

हमें आशा ही नहीं पूर्ण विश्वास है कि आप नियत समय तक उचित धनराशि का हमें भुगतान कर देंगे और हमें न्यायालय में जाने के लिए बाध्य नहीं करेंगे।

भवदीय

वास्ते, साहित्य भवन पब्लिकेशन्स

के० एल० बंसल

प्रोप्राइटर

(8) आढ़त अभिकरण संबंधी पत्र (Letters related to Agency)—एजेन्सी अथवा अभिकरण एक विशेष प्रकार का व्यापारिक अनुबन्ध है। वास्तविक जीवन में यह असम्भव है कि व्यक्ति अपना समस्त कार्य स्वयं कर ले। इसी लिए राज नियम उनको अपने वैध कार्यों के संपादन के लिए दूसरों को अपना प्रतिनिधि नियुक्त करने की आज्ञा प्रदान करता है। ऐसे प्रतिनिधियों द्वारा किये गये कार्यों का वही प्रभाव होता है जैसा कि स्वयं नियोक्ता (मालिक) द्वारा किये जाने पर होता है। अत: प्रत्येक व्यक्ति, व्यापारी फर्म, संस्था को

यह अधिकार है कि वह अपने कार्यों का प्रतिनिधित्व करने के लिए दूसरे व्यक्ति की नियुक्ति करे। वैधानिक भाषा में नियुक्त किये गये व्यक्ति को 'एजेन्ट' कहते हैं।

वह व्यक्ति जो दूसरों की ओर से कार्य करने के लिए अथवा किसी तृतीय व्यक्ति के साथ किये जाने वाले व्यवहारों में प्रतिनिधित्व करने के लिए नियुक्त किया जाता है उसे एजेन्ट या प्रतिनिधि या अभिकर्ता कहा जाता है। वह व्यक्ति जिसकी ओर से ऐसा कार्य किया जाता है अथवा जिसकी ओर से इस प्रकार कां प्रतिनिधित्व किया जाता है, उसे नियोक्ता कहते हैं। यह नियोक्ता व्यापारी भी हो सकता है और वह भी एजेन्सी सम्बन्धी कार्य कर सकता है जिसके लिए उसे एजेन्सी सम्बन्धी पत्र (व्यापारिक) लिखने की आवश्यकता पड़ती है।

इस प्रकार व्यापारी एवं एजेन्ट के बीच जो अनुबन्ध होता है और जिसके आधार पर उनमें परस्पर वैधानिक सम्बन्ध स्थापित हो जाता है, उसे एजेन्सी कहते हैं, और जब व्यापारी इस उद्देश्य से कोई कार्य करता है और उसके लिए पत्र के माध्यम से कोई कार्यवाही करता है तो उसे एजेन्सी संबंधी पत्र कहते हैं।

इस सम्बन्ध में कुछ पत्रों के नमूने निम्न हैं—

(i) **एजेन्सी लेने के लिए प्रार्थना पत्र**

राधे लाल, मोहन लाल

तार का पता—'आढ़ती' 10, रामनगर

दूरभाष—532413 नैनीताल

पत्र संख्या—125/A/05 दिनांक 5 जून, 2005

प्रबन्धक महोदय,

दिल्ली रेडियो मैन्यूफैक्चरिंग कं०,

फरीदाबाद

प्रिय महोदय,

कुमायूँ के प्रसिद्ध पहाड़ी नगर नैनीताल में, जो कि जनसंख्या की दृष्टि से प्रदेश के अच्छे नगरों में से एक है, अभी तक आपके द्वारा निर्मित रेडियो और ट्रांजिस्टरों की कोई एजेन्सी नहीं है। यहाँ सस्ती और चीजों की पर्याप्त माँग हैं। मर्फी एवं फिलिप्स के सेटों का मूल्य अधिक होने के कारण उनकी माँग कम है। हमें विश्वास है कि हम आपके द्वारा निर्मित सेट काफी संख्या में निकाल सकेंगे।

हमारी दुकान मुख्य बाजार में लैक साइड पर स्थित है। इसकी साइज 22'×40' है। अभी तक हम कपड़े की आढ़त का काम कर रहे हैं, परन्तु हम चाहते हैं कि हम आपके माल की एजेन्सी भी ले लें। कृपया शीघ्र ही सूचित करने का कष्ट करें कि आप किन शर्तों पर हमें एजेन्सी दे सकेंगे।

भवदीय

वास्ते, राधेलाल एण्ड मोहनलाल

राधेलाल

पार्टनर

एजेन्सी देने की स्वीकृति का पत्र

चुर्क सीमेंट फैक्ट्री

तार—'चुर्क'
गांधी रोड
फोन—757691
मिर्जापुर
पत्रांक—1905/05
दिनांक 28 फरवरी, 2005

मेसर्स समृद्धि एण्ड कम्पनी
नया बाजार, कोलकाता

विषय : एजेन्सी स्वीकार करने का पत्र

प्रिय महोदय,

आपको यह जानकर प्रसन्नता होगी कि हमने बंगाल राज्य के लिए आपको अपने यहाँ निर्मित सीमेन्ट का एकाकी प्रतिनिधि नियुक्त करने का निर्णय किया है।

प्रस्ताव को वैधानिक रूप देने के लिए हम इसके निर्धारित फॉर्म की दो प्रतियाँ आपको भेज रहे हैं। उन्हें आप पूर्ण करके हमें शीघ्र ही भिजवा दें, ताकि सम्बन्धित कार्यवाही शीघ्रता से पूरी हो सके।

भवदीय
वास्ते, चुर्क सीमेन्ट फैक्ट्री
राम किशोर त्यागी
प्रबन्धक

(9) बीमा संबंधी पत्र (Letters to Insurance Companies)—व्यापारियों को बीमा कम्पनियों से पत्र व्यवहार करना पड़ता है, क्योंकि वर्तमान समय में बीमा कम्पनियाँ जीवन एवं सम्पत्ति दोनों को पूर्ण सुरक्षा प्रदान करती हैं। अतः प्रत्येक व्यापारी अपनी व्यापारिक सम्पत्ति की सुरक्षा के लिए बीमा कराना अपना आवश्यक कर्त्तव्य समझता है। इस बीमा के लिए दिया गया प्रीमियम वास्तव में व्यय नहीं कर विनियोग है, जिसके फलस्वरूप व्यापारी निश्चिन्त होकर अपनी योजनाओं को कार्यान्वित कर सकता है। अतः यही बीमा कराने के लिए व्यापारी बीमा कम्पनी से पत्र व्यवहार करता है जिसे ''बीमा सम्बन्धी'' पत्र कहते हैं।

इसके सम्बन्ध में उदाहरण निम्न हैं—

(i) बीमा कम्पनी से बीमा कराने के लिए प्रस्ताव पत्र माँगना

विजय पुस्तक सदन

दूरभाष—534215
30, तिलक बाजार
तार का पता—'पुस्तक'
बुलन्दशहर
क्रम संख्या—1121
दिनांक 15 मार्च, 2005

श्री प्रबन्धक महोदय,
दी न्यू इण्डिया जनरल इन्श्योरेन्स लि०
बुलन्दशहर, शाखा—खुर्जा

प्रिय महोदय,

हमें अपनी पुस्तकों के स्टॉक के सम्बन्ध में 10000/- रु० का अग्नि बीमा पत्र लेना चाहते हैं। कृपया आवश्यक प्रस्ताव पत्र तथा अन्य विवरण भेजने का कष्ट करें।

आपके उत्तर की प्रतीक्षा में,

भवदीय

विजय पुस्तक सदन के लिए

विजय कुमार

पार्टनर

(ii) **प्रस्ताव पत्र भेजने के लिए पत्र**

प्रधान कार्यालय, दिल्ली

दूरभाष—535470 हिम्मत सिंह

तार का पता—'बीमा' खुर्जा

क्रम संख्या—90/51 दिनांक 20 मार्च, 2005

मेसर्स विजय पुस्तक सदन,

तिलक बाजार,

बुलन्दशहर

प्रिय महोदय,

आपका पत्र दिनांक 15 मार्च, 2005 का प्राप्त करके हमें अत्यन्त हर्ष हुआ और आपकी प्रार्थना के उत्तर में हम अपना प्रस्ताव पत्र एवं प्रीमियम विवरण पुस्तिका भेज रहे हैं। हमारे स्थानीय प्रतिनिधि श्री मोहन लाल गौतम भी इस सम्बन्ध में आपसे शीघ्र मिलेंगे।

सदैव आपकी सेवा के लिए प्रस्तुत।

हम हैं आपके शुभ चिंतक

वास्ते दी न्यू इण्डिया जनरल

इन्श्योरेन्स प्रा० लि०

चन्द्रमोहन शर्मा

जनरल मैनेजर

(iii) **जीवन बीमा पालिसी प्रीमियम भेजने का पत्र**

विजय पुस्तक सदन

श्री प्रबन्धक महोदय, 1, सतरंगी बाजार

जीवन बीमा निगम, ग्वालियर

इकाई—ओरियण्टल दिनांक 1 जून, 2005

8, गणेश चौक,

ग्वालियर

विषय : बीमा पालिसी संख्या—57138

प्रिय महोदय,

मैं अपनी उपरोक्त पालिसी के सम्बन्ध में प्रीमियम के भुगतान के लिए, जिसका विवरण संलग्न प्रीमियम नोटिस में देखा जा सकता है, 250 रुपये का एक चेक प्रेषित कर रहा हूँ।

कृपया प्रीमियम की रसीद यथा शीघ्र भेजकर प्राप्ति की सूचना दें।

भवदीय

संलग्न—एक चेक एस० सी० सक्सेना

(iv) **पालिसी पर ऋण लेने का पत्र**

विजय पुस्तक सदन

चौक बाजार
लखनऊ
दिनांक 11 जून, 2005

विभागीय प्रबन्धक महोदय,
भारतीय जीवन बीमा निगम,
चौक बाजार,
लखनऊ

विषय : पालिसी संख्या—55591

प्रिय महोदय,

मुझे गृह निर्माण हेतु कुछ राशि की नितान्त एवं तात्कालिक आवश्यकता है। अत: यह मालूम करना चाहता हूँ कि मुझे अपनी पालिसी पर अधिक से अधिक कितना ऋण मिल सकता है।

यदि आप ऋण स्वीकार करने और इसके पुन: भुगतान के लिए नियम भी सूचित कर दें, तो बड़ी कृपा होगी।

भवदीय

एस० पी० गुप्ता

(10) बैंक संबंधी पत्र (Letters to Banks)—आजकल आधुनिक युग में सभी व्यापारी बैंकों की सेवा का भी प्रयोग करते हैं। बैंक संबंधी पत्र व्यवहार से तात्पर्य उन पत्रों से है जो एक व्यापारी बैंकों से करता है ये व्यापारी बैंकों में प्राय: तीन तरह के खाते खोलते हैं—(1) बचत बैंक खाता, (2) चालू खाता, (3) स्थायी जमा खाता।

प्राय: व्यापारियों के लिए चालू खाता का ही अत्यधिक महत्त्व है, क्योंकि इस खाते के माध्यम से दिन में कई-कई बार रुपया जमा करना पड़ता है तथा आवश्यकतानुसार निकालना पड़ता है। इसके अतिरिक्त, एक बैंक से दूसरे बैंक में पैसा हस्तांतरित करना भी इसका प्रमुख कार्य है। इन्हीं सब उपर्युक्त कार्यों के लिए व्यापारियों को बैंकों से पत्र व्यवहार करना पड़ता है। बैंकों से पत्र व्यवहार के लिए कुछ उदाहरण निम्न हैं—

(i) **बैंक में खाता खोलने के लिए पत्र**

बसन्त एण्ड कम्पनी

म्यूजियम रोड
कोलकाता
दिनांक 1 मई, 2005

प्रबन्धक महोदय,
पंजाब नेशनल बैंक,
कोलकाता

प्रिय महोदय,

हम अपके बैंक में एक चालू खाता खोलना चाहते हैं। अतः कृपा करके हमारे पास आवश्यक प्रपत्र हस्ताक्षर आदि के लिए भेज दें।

भवदीय

बसन्त एण्ड कम्पनी के लिए

रमेशचन्द्र

प्रबन्धक

(ii) **निर्गमित चेक का भुगतान रोकने के लिए बैंक को पत्र**

राजू एण्ड सन्स

किनारी बाजार

आगरा

दिनांक 1 जनवरी, 2005

श्री प्रबन्धक महोदय,

सिण्डीकेट बैंक,

आगरा

लखनऊ

विषय : निर्गमि चेक का भुगतान रोकने के लिए पत्र

प्रिय महोदय,

मेरा चालू खाता आपके बैंक में है इस खाते की संख्या 1258 है। कल दिनांक 31 दिसम्बर, 2005 को मैंने एक चेक दो हजार रुपये का सर्वश्री मोहन लाल हरगोविन्द दास को दिया है जिसकी संख्या 4933721 है।

माल की पेटियों को खोलने पर ज्ञात हुआ कि जो वस्तु नमूने के रूप में दिखाकर सौदा किया था, वह पेटियों में नहीं है। उसके स्थान पर निम्न श्रेणी का माल पेटियों में रखा हुआ है, जिसे हम किसी भी स्थिति में स्वीकार नहीं कर सकते।

अतः आपसे अनुरोध है कि आप उक्त चेक का भुगतान करें। असुविधा के लिए हम क्षमा याचना करते हैं।

भवदीय

वास्ते राजू एण्ड सन्स

राजू गर्ग

पार्टनर

(11) सेवा योजना या नौकरी संबंधी पत्र (Letters regarding employment)—

कम्पनी सचिव के पद के लिए आवेदन पत्र प्रति

दिनांक ....

प्रबन्धक/संचालक

राज कौच फैक्ट्री लि०

10, सरकुलर रोड,

फिरोजाबाद (उ० प्र०)

प्रिय महोदय,

आपने नवभारत टाइम्स, दिनांक ....में सचिव पद के लिए विज्ञापन दिया है। मैं उसी पद के लिए अपना प्रार्थना पत्र भेज रहा हूँ।

मैंने हाईस्कूल परीक्षा सन् 1976 में कॉमर्स विषय लेकर प्रथम श्रेणी में उत्तीर्ण की। इसके पश्चात् इण्टरमीडियेट कॉमर्स और बी० काम० परीक्षाएँ दोनों ही प्रथम श्रेणी में क्रमशः 1978 एवं 1980 में उत्तीर्ण की। बी० काम० परीक्षा वाणिज्य सन्नियम एवं सचिवीय कार्य विधि में मुझे विशेष योग्यता प्राप्त हुई।

मैं मई 1979 से सरगोधा केमिकल्स लि० में सचिव के पद पर कार्य कर रहा हूँ और चूँकि यह कम्पनी छोटी है और मुझे निकट भविष्य में उन्नति का कोई अवसर प्रदान करने की स्थित्ति में नहीं है, इसलिए मैं आपकी कम्पनी में उत्तम नियुक्ति के लिए प्रयत्नशील हूँ।

अब मेरी आयु 43 वर्ष की है और मेरा स्वास्थ्य उत्तम है तथा अत्यधिक श्रम करने की क्षमता भी है।

साथ में मेरे प्राध्यापकों और वर्तमान सेवायोजक से प्राप्त प्रमाण पत्रों की कुछ प्रतियाँ संलग्न हैं।

यदि आप मुझे इस पद पर नियुक्त करने का निर्णय लें, तो मेरा विश्वास है कि मैं आपको सत्यनिष्ठ सेवा के द्वारा संतुष्ट कर सकूँगा।

ग्वालियर, भवदीय

दिनांक 25 फरवरी, 2005 राजीव कुमार सक्सेना

पता 9, गीता भवन

रतन कालोनी

ग्वालियर-1

(12) मिश्रित या विविध पत्र (Miscellaneous letters)—

(i) **मनीआर्डर न पहुँचने के सम्बन्ध में पोस्ट मास्टर को शिकायत पत्र**

सेवा में,

पोस्टमास्टर, जनरल पोस्ट आफिस

लखनऊ

प्रिय महोदय,

निवेदन है कि मैंने विगत माह की 25 तारीख को दो सौ रुपये का एक मनीआर्डर श्री सी० पी० जोशी द्वारा स्टोर्स, गांधी चौक लेंसडाउन (पौड़ी गढ़वाल) के पते पर किया था। एक माह से अधिक होने पर भी यह मनीआर्डर उनको अभी तक नहीं मिला और न मेरे पास वापस ही आया है। यदि आप इस सम्बन्ध में खोज करके उक्त मनीआर्डर का भुगतान यथाशीघ्र करा सकें, तो बड़ी कृपा होगी। मनीआर्डर का विस्तृत विवरण इस प्रकार है—

(i) पाने वाले का नाम व पता— श्री पी० सी० जोशी
द्वारा जोशी स्टोर्स,
गांधी चौक,
लेंसडाउन (पौड़ी गढ़वाल)

(ii) प्रेषक का नाम व पता— सतीश चन्द्र मित्तल
15, डिवाई मार्ग, लखनऊ

(iii) मनीआर्डर की राशि— 200 रु० मात्र

(iv) मनीआर्डर भेजने की तिथि— 25 जनवरी, 2005

(v) रसीद संख्या— 504

(vi) डाकघर का नाम से मनीआर्डर भेजा गया— कंचन नगर, लखनऊ

आशा है कि आप इस विषय में यथोचित कदम उठायेंगे।

भवदीय
सतीश चन्द्र मित्तल
15, डिवाई मार्ग,
लखनऊ

(ii) पार्सल से माल गुम होने के बारे में रेलवे को शिकायत

इण्डियन बुक डिपो
पुस्तक विक्रेता

क्रम संख्या 410 बड़ा बाजार,
कोलकाता

सेवा में,
चीफ ट्रैफिक मैनेजर, ईस्टर्न रेलवे, दिनांक ....
कोलकाता

प्रिय महोदय,

हमने आज पुस्तकों की एक पेटी हावड़ा स्टेशन से छुड़ाई, जिसे आगरा के पुस्तक प्रकाशक साहित्य भवन पब्लिकेशन्स ने बिल्टी संख्या 860, दिनांक 23 जून, 2005 के अनुसार मालगाड़ी से हमें भेजी थी। पेटी की दशा देखने से स्पष्ट है कि उसे मार्ग में खोलने की कोशिश की गयी है। यह बात हमने रेलवे अधिकारियों की जानकारी में डाल दिया था।

जाँच करने पर पता लगा कि 20 प्रतियाँ ''व्यावसायिक प्रशासन'' की गायब हैं, जिनका मूल्य 90 रुपया होता है। प्रमाण के लिए साथ में बीजक की नकल और स्टेशन अधिकारियों का प्रमाण पत्र भेज रहे हैं।

हमें आशा है कि आप इस ओर अविलम्ब ध्यान देंगे।

भवदीय
कैलाश चन्द्र भार्गव
स्वामी

(iii) भारी मशीनों की आयात के लिए प्रार्थना पत्र

सेवा में, चौक बाजार
आयात नियंत्रक लखनऊ
वाणिज्य एवं उद्योग विभाग दिनांक 11 जून, 2005
भारत सरकार, नई दिल्ली

प्रिय महोदय,

आपको यह जानकर खुशी होगी कि हमारे कारखाने का उत्पादन निरन्तर बढ़ता जा रहा है तथा बंगाल राज्य में यह अपने ढंग का एक ही कारखाना है। साथ में नत्थी चार्ट, चित्र व आँकड़ों से हमारी गत पंचवर्षीय उत्पादन क्षमता का अनुमान लगाया जा सकता है।

अगले वर्ष से हम बढ़ी हुई माँग को पूरा करने के लिए अपने कारखाने का विकास/आधुनिकीकरण करना चाहते हैं। इस सम्बन्ध में एक योजना भी बनायी गयी है जिसकी मोटी रूपरेखा संलग्न प्रपत्रों से आपको स्पष्ट हो जायेगी। इस योजना को कार्यान्वित करने के लिए हमें भारी मशीनों की आवश्यकता होगी, जो जर्मनी में उपलब्ध है। आशा है इस कार्य के लिए आप आज्ञा प्रदान करेंगे एवं सम्भव योगदान देंगे।

भवदीय

..........के लिए

प्रबन्धक

(iv) **चोरियों को रोकने के लिए थानेदार को पत्र**

विजय पुस्तक सदन

सेवा में,

थाना इन्चार्ज

करण्डा, गाजीपुर

महोदय,

निवेदन है कि मैं रामपुर माँझा का निवासी हूँ। यहाँ पर कुछ दिनों से घरों में छोटे-मोटे सामान चोरी जाने की घटनाएँ हुई हैं। जैसे—बरामदों में सूखते हुए कपड़े, चौके में रखे हुए बर्तन, झीनों में रखे हुए बिजली के बल्ब, दिनदहाड़े चोरी हो गये। कल मेरी नौकरानी कपड़े सीती-सीती बच्चे को नास्ता देने हेतु बरामदे में से उठकर घर के अन्दर गयी कि मशीन गायब हो गयी। ऐसा प्रतीत होता है कि ऐसी चोरियाँ किसी साधारण चोर का काम नहीं वरन् किसी बड़े संगठित गिरोह का काम है।

आपसे अनुरोध है कि इस प्रकार की घटनाओं को रोककर यहाँ की जनता की जानमाल की रक्षा की समुचित व्यवस्था करें।

दिनांक .... भवदीय

डॉ० कैलाश नाथ पाण्डेय

रीडर-हिन्दी विभाग

स्नातकोत्तर महाविद्यालय मलिकपूरा,

गाजीपुर

अध्याय–11

लेखाकर्म एवं बहीखाता या पुस्तपालन
(ACCOUNTING AND BOOK-KEEPING)

(1) लेखाकर्म तथा बहीखाता : परिचय तथा महत्त्व

पुस्तपालन एवं लेखाकर्म की आवश्यकता मुख्यत: इसलिए उत्पन्न हुई कि मनुष्य की स्मरण शक्ति सीमित हैं, व्यवसाय की वित्तीय स्थिति एवं उपार्जन शक्ति जानना आवश्यक है एवं लेन–देन सम्बन्धी विवादों में न्यायालयों में इसे प्रमाण माना जाता है। यदि सारे विवरणों को सदैव याद रखना सम्भव होता तो लेखन–क्रिया का महत्त्व उतना नहीं होता जितना कि आजकल है। अत: व्यवसाय से संबंधित लेन–देनों तथा क्रय–विक्रय आदि का लेखा आवश्यक होने के कारण पुस्तपालन तथा लेखा कर्म का महत्त्व बढ़ता जा रहा है।

जहाँ तक बहीखाता की बात है, हम जानते हैं कि आज के व्यापारिक युग में प्रत्येक लेन–देन मुद्रा के द्वारा ही होता है। बहीखाता में उन्हीं लेन–देनों को शामिल किया जाता है जो मुद्रा में या इसके किसी भाग में किये जाते हैं। खाता बही उस पुस्तक को कहते हैं जिसमें सारे लेन–देनों को लिखा जाता हैं, ताकि समय–समय पर इससे किसी भी बात की जानकारी हो सके, क्योंकि आज के व्यापार युग में लेन–देनों की संख्या प्रतिदिन इतनी अधिक होती है कि यह व्यापारी के वश की बात नहीं है वह सारे लेन–देनों को याद रख सके। अत: वह इन्हें याद रखने के लिए एक पुस्तक का प्रयोग करता है जिन्हें **बहीखाता** कहते हैं। इसी बहीखाता को आज के व्यापार-विज्ञान में **पुस्तपालन** की संज्ञा दी जाती है।

(2) बहीखाता अथवा पुस्तपालन का आशय

जब कोई भी, पुस्तक वस्तु या सामान क्रय किया गया है तब क्रेता ने इसके लिए एक राशि विक्रेता को दी है या यदि क्रेता का खाता विक्रेता के यहाँ है या उसने यह सामान या वस्तु इस गर्भित प्रतिज्ञा या ठहराव के अन्तर्गत ली है कि इसका भुगतान बाद में कर दिया जायेगा तो इस प्रकार के मूल्य में हस्तान्तरण को सौदा (Transaction) कहा जाता है, क्रेता ने यह वस्तु उधार ली हैं तो इसके भुगतान के समय एक सौदा और होगा। सौदे इतने अधिक एवं जटिल होते हैं कि इन्हें याद रखना असम्भव है। इन सौदों के मौद्रिक रूप को लिख लिया जाता है, इन्हीं लेखों को पुस्तपालन कहा जाता है, जिसको हम **बहीखाता** भी कहते हैं। अत: बहीखाता अथवा पुस्तपालन का साधारण आशय पुस्तकों के रखने से लगाया जाता है।

इसकी एक आदर्श परिभाषा निम्न हैं—

''पुस्तपालन वह कला व विज्ञान है जिसके अनुसार व्यक्ति, फर्म, कम्पनी या निगम एवं व्यक्तियों के अन्य संघ एवं संस्थाओं आदि के द्वारा व्यावसायिक सौदों तथा इससे संबंधित वित्तीय प्रकृति के अन्य सौदों का मौद्रिक रूप से लेखा कुछ निश्चित पुस्तकों में निश्चित प्रणाली के आधार पर नियमानुसार व नियमित रूप से एवं विधिवत किया जाता है ताकि उस उद्देश्य की पुष्टि हो सके जिसके लिए लेखे किये गये हों।''

(3) लेखाकर्म (Accountancy)

विज्ञान और कला दोनों है। सौदों एवं घटनाओं को जो कम-से-कम आंशिक रूप से वित्तीय प्रद्रस्ट के हों, प्रभावपूर्ण विधि में और मौद्रिक रूप में लिखने, वर्गीकृत करने और सारांश बनाने तथा उनके पर नामों के निर्वचन करने की कला है।

लेखाकर्म का आशय वित्तीय स्वभाव के सौदों एवं घटनाओं के मौद्रिक रूप का लेखा करने एवं वर्गीकरण करने तथा सूक्ष्म बनाने से है, ताकि बाहरी व्यक्तियों के साथ वित्तीय सम्बन्ध सही रूप में स्पष्ट किया जा सके, एक निश्चित अवधि का लाभ हानि निर्धारित हो सके एवं एक अवधि विशेष के अंत की वित्तीय स्थिति का पता चल सके तथा इनके परिणामों से उचित निष्कर्ष निकाले जा सके। यह विज्ञान एवं कला दोनों है, इस प्रकार उपयुक्त परिणामों के चार प्रमुख अंग हैं—

1. सौदों एवं घटनाओं का लेखा मौद्रिक रूप में करना,
2. वर्गीकरण करना,
3. सूक्ष्म बनाना, जिसका आशय लाभ हानि खाता एवं चिट्ठा बनाने से है तथा
4. परिणामों से उचित निष्कर्ष निकालना।

इस प्रकार लेखाकर्म में निम्न कार्य आते हैं—

1. पुस्तपालन की प्रविष्टियों की जाँच करना,
2. तलपट बनाना,
3. मालखाता बनाना,
4. लाभ हानि खाता बनाना,
5. चिट्ठा बनाना,
6. मूल सुधार के लेखे करना,
7. समायोजन के लेखे करना तथा
8. परिणामों से निष्कर्ष निकालना।

(4) पुस्तपालन एवं लेखाकर्म में अन्तर

पहले पुस्तपालन एवं लेखाकर्म में कोई अन्तर नहीं माना जाता था, क्योंकि व्यापार का क्षेत्र सीमित था, किन्तु आज के उन्नतशील समय में इन दोनों में अन्तर किया जाने लगा है, जो निम्न हैं—

अन्तर का आधार	पुस्तपालन	लेखाकर्म
1. सौदे (Transaction)	प्रारम्भिक पुस्तकों में सौदे लिखना (बहीखाता)।	इनसे संबंधित लेखों को जानना कि वे ठीक हैं या नहीं।
2. पोस्टिंग (Postings)	जर्नल या इसकी सहायक पुस्तकों से खाताबही (Ledger) में पोस्टिंग करना।	इस पोस्टिंग की जाँच करना कि वह ठीक है या नहीं।

अन्तर का आधार	पुस्तपालन	लेखाकर्म
3. योग व बाकियों (Total and Balance)	जर्नल की राशियों को जोड़ना तथा खाताबही के खातों के योग व बाकियों को निकालना।	इन योगों व बाकियों का तलपट बनाकर जाँचना कि वे ठीक हैं या नहीं।
4. समायोजन व भूल-सुधार के लेखे करना।	इसमें समायोजन एवं भूल सुधार के लेखे शामिल नहीं किये जाते हैं।	इसमें शामिल किये जाते हैं।
5. माल खाता, लाभ, हानि खाता एवं चिट्ठा।	इसके अन्तर्गत माल खाता, लाभ-हानि खाता तथा चिट्ठा बनाना नहीं आता है।	इसमें बनाया जाता है।
6. विशेष ज्ञान एवं योग्यता।	इसमें लेखाकर्म के विशेष ज्ञान एवं योग्यता की आवश्यकता नहीं पड़ती है। यहाँ तक कि उन्नतशील देशों में यह काम मशीनों द्वारा भी किया जाता है।	इसमें विशेष ज्ञान एवं पर्याप्त योग्यता की आवश्यकता है, आजकल लेखापालक होने के लिए चार्टर्ड एकाउन्टेंट की परीक्षा पास करने पर जोर दिया जाता है।
7. उत्तरदायित्व (Responsibility)	एक पुस्तपालक लेखाकर्म के लिए उत्तरदायी नहीं होता।	इसमें लेखापालक पुस्तपालन के कार्य के लिए उत्तरदायी होता है, क्योंकि उसी की देख-भाल में पुस्तपालन का कार्य किया जाता है।
8. निष्कर्ष निकालना एवं निर्वचन करना।	इन लेखों के आधार पर निष्कर्ष नहीं निकाले जाते हैं और नहीं निर्वचन किया जाता है।	इन लेखों से जब अन्तिम खाते तैयार किये जाते हैं तब इनके आधार पर निष्कर्ष निकाले जाते हैं तथा इसके आधार पर परिणामों की व्याख्या की जाती हैं।

नोट—यहाँ पर पुस्तपालन का कार्य करने वाला व्यक्ति **पुस्तपालन** तथा **लेखाकर्म** करने वाला व्यक्ति **लेखापालक** कहा जाता है, अत: लेखाकर्म का कार्य पुस्तपालन के कार्य के बाद प्रारम्भ होता है।

(5) पुस्तपालन (बहीखाता) तथा लेखाकर्म के उद्देश्य

सुविधा की दृष्टि से इन उद्देश्यों को निम्नांकित दो भागों में बाँटा गया है—

(अ) मुख्य उद्देश्य—जिन प्रमुख उद्देश्यों की पुष्टि के लिए पुस्तपालन तथा लेखाकर्म किया जाता हैं, वे मुख्य उद्देश्य कहे जाते हैं—जैसे—

(1) व्यवसाय में लाभ हो रहा है या हानि, यदि लाभ हुआ है तो कितना और यदि हानि हुई हैं तो कितनी?

(2) एक निश्चित समय पर व्यापार की कितनी सम्पत्तियाँ एवं दायित्व हैं, और इसकी वित्तीय स्थिति क्या है?

(3) यह ज्ञात करना कि व्यापार उन्नति पर है या अवनति पर?

(4) प्रत्येक व्यापारी यह जानना चाहता है कि एक निश्चित समय पर उसे किसी अमुक व्यक्ति को कितनी धनराशि देनी हैं तथा किसी अमुक व्यक्ति से कितनी धनराशि लेनी है?

(5) प्रत्येक ऐसी कम्पनी के लिए, जिसकी स्थापना कम्पनी अधिनियम 1956 या इसके पूर्व के कम्पनी अधिनियमों के अन्तर्गत् हुई हैं, पुस्तपालन एवं लेखाकर्म रखना आवश्यक ही नहीं वरन् अनिवार्य है।

(ब) अन्य उद्देश्य (Other objects)—उपर्युक्त मुख्य उद्देश्यों के ज्ञान के अतिरिक्त अन्य निम्नांकित सूचनाएँ लेखों से अपने आप प्रकट हो जाती है इन्हें सहायक या अन्य उद्देश्य कहा जाता है, जैसे—

(1) यह ज्ञान प्राप्त किया जा सकता है कि कितना माल है, कितना माल बिक चुका है तथा कितना माल क्रय किया जा चुका है एवं कितना रहटि या (माल) शेष बचा है?

(2) व्यवसाय में रोकण की स्थिति क्या है?

(3) कर्मचारियों की त्रुटियों, धोखे एवं छल-कपट को जाना जा सकता है, ऐसा होने से इन पर अच्छा नियंत्रण रखा जा सकता है,

(4) व्यापार में प्रयुक्त पूँजी का पूरा ज्ञान प्राप्त किया जा सकता है।

(5) बहुत से व्यापारी कर निर्धारण के उद्देश्य से आवश्यक जानकारी प्राप्त करने के लिए लेखे करते हैं।

(6) यह ज्ञात किया जा सकता है कि एक निश्चित समय पर व्यवसाय की क्या आवश्यकताएँ हैं। संक्षेप में, लेखाकर्म का उद्देश्य **धन की माप (Measurement of Wealth)** करना है।

(6) बहीखाता या पुस्तपालन तथा लेखाकर्म के प्रकार

(1) वित्तीय लेखे (Financial Accounts)—वित्तीय लेखे के अन्तर्गत् सौदों के मौद्रिक रूप को लिखा जाता है। इनके द्वारा उत्पादन, विनिमय, वितरण व व्यापारिक एवं प्रशासनिक व्ययों का लेखा करके लाभ व हानि ज्ञात किया जा सकता है। इसमें जर्नल, लेजर, तलपट, व्यापारिक खाता, लाभ हानि खाता एवं चिट्ठा बनाया जाता है।

(2) लागत लेख (Cost Accounts)—यह पद्धति वित्तीय लेखा पद्धति की सहायक है, उसका स्थानापन्न नहीं। यह वित्तीय लेखे का एक ऐसा मुख्य भाग है, जिसमें उद्योग सम्बन्धी उत्पादन तथा व्यावसायिक कार्यों में प्रयोग होने वाले कच्चे माल व श्रम और इन पर होने वाले व्ययों का वैज्ञानिक एवं नियमित रूप से इस प्रकार लेखा किया जाता है ताकि लागत लेखा उत्पादित वस्तुओं एवं सेवाओं की कुल लागत बताने के अतिरिक्त प्रति इकाई लागत भी प्रकट कर सकें।

(3) पारिमाणिक लेखे (Quantitative Accounts)—ये लेखे वस्तुओं के परिणामों से संबंधित होते हैं तथा उपर्युक्त वर्णित दोनों प्रकार के लेखों के सहायक होते हैं,

इनका मुख्य उद्देश्य व्यापारिक वस्तुओं को क्रय एवं विक्रय तथा शेष की पारिमाणिक सूचनाएँ प्राप्त करना है।

उपर्युक्त पुस्तपालन एवं लेखाकर्म के तीन प्रकार समझाये गये हैं, परन्तु वास्तव में वित्तीय लेखे एवं लागत लेखे ही मुख्य हैं।

इसके अतिरिक्त भी लेखों के कुछ अन्य प्रकार हैं, जो निम्न हैं—

(1) प्रबंधकीय लेखे (Management Accounts),

(2) कर लेखे (Tax Accounts),

(3) सरकारी लेखे (Government Accounts),

(4) मानवीय संसाधन लेखे (Human Resources Accounts),

(5) मुद्रास्फीति लेखांकन (Money Accounts),

(6) उत्तरदायित्व लेखांकन (Responsibility Accounts)

(7) बहीखाता लेखांकन का मंतव्य

बहीखाता लेखन से आशय है—बहीखाता की किस प्रणाली से लेन-देनों को बहीखाता में लिखा जाय। इसकी चार प्रणालियाँ हैं—

(1) रोकण प्रणाली (Cost System)—जहाँ लेन-देन पूर्ण तथा रोकड़ में किये जाते हैं तथा जिनका उद्देश्य लाभ कमाना नहीं होता है, वहाँ पर रोकण प्रणाली का प्रयोग किया जाता है, जैसे—क्लब, अस्पताल, धर्मार्थ संस्थाएँ, शिक्षा संस्थाएँ व पुस्तकालय।

(2) इकहरा लेखा प्रणाली (Single Entry System)—इस प्रणाली में कुछ सौदों के तो एक रूप का लेखा किया जाता है, कुछ के दोनों रूपों का और कुछ सौदों का लेखा छोड़ दिया जाता है, अतः यह प्रणाली अपूर्ण प्रणाली कही जा सकती है।

(3) दोहरा लेखा प्रणाली (Double Entry System)—इस प्रणाली में प्रत्येक सौदे के दोनों रूपों का लेखा किया जाता है। आज के आधुनिक युग में बहीखाता में इसी प्रणाली का प्रयोग किया जाता है, जैसे—राम ने श्याम को 1000/- रु० दिये, इसके लिये इस प्रणाली में राम के यहाँ से नकद (Cash) का जाना और श्याम द्वारा इसे प्राप्त करना, दो खाते प्रभावित हो रहे हैं। इसमें नियमानुसार एक खाता ऋणी (Dr) तथा दूसरा धनी (Cr) होता है।

(4) भारतीय बहीखाता प्रणाली (Indian System of Accounts)—इसमें लम्बी-लम्बी बहियाँ प्रयोग की जाती हैं तथा अधिकतर लेखे देशी भाषाओं में प्रयोग किये जाते हैं, जैसे—मुड़िया व हिन्दी भाषा में।

(8) बहीखाता लेखन के मुख्य भाग तथा लेखन प्रविधि

दोहरा लेखा प्रणाली में बहीखाता लेखन प्रक्रिया की पाँच सीढ़ियाँ हैं—

(1) प्रथम सीढ़ी—प्रारम्भिक लेखा (Original Record),

(2) द्वितीय सीढ़ी—वर्गीकरण (Classification),

(3) तृतीय सीढ़ी—तलपट बनाना (Making Trial Balance),

(4) चौथी सीढ़ी—अन्तिम खाते (Final Accounts) तथा

(5) पाँचवीं सीढ़ी—विश्लेषण एवं निर्वाचन (Analysis and Interpretation)।

सर्वप्रथम सौदों का लेखा प्रारम्भिक पुस्तकों में किया जाता है। छोटा व्यापारी सभी सौदों का लेखा एक ही पुस्तक में रखता है, जिसे जर्नल (Journal) या रोजनामचा कहा जाता है, परन्तु बड़े व्यवसायी जर्नल की एक पुस्तक रखने के स्थान पर इसे कई पुस्तकों में विभाजित करके रखते हैं, जिन्हें जर्नल की सहायक पुस्तकें कहा जाता है। ये निम्न हैं—

(1) रोकड़ पुस्तक (Cash Book)

(2) क्रय पुस्तक (Purchase Book)

(3) विक्रय पुस्तक (Sales Book)

(4) क्रय वापसी पुस्तक (Purchase Return Book)

(5) विक्रय वापसी पुस्तक (Sales Return Book)

(6) प्राप्त बिल पुस्तक (Bills Receivable Book)

(7) देय बिल पुस्तक (Bills Payable Book)

(8) मुख्य जर्नल (दैनिक पंजी) (Proper Journal)

ये लेखे चाहे रोजनामचे में हों या इसके सहायक पुस्तकों में, परन्तु तिथिवार किये जाते हैं।

प्रारम्भिक लेखों द्वारा एक खाते से सम्बन्धित सभी लेन-देन का ज्ञान प्राप्त नहीं हो सकता अर्थात् यह ज्ञात नहीं हो सकता है कि अमुक व्यक्ति को क्या देना हैं तथा अमुक व्यक्ति से क्या प्राप्त करना है, अत: हम कह सकते हैं कि प्रारम्भिक लेखे से ही काम नहीं चलता है, अत: इसे सुगम बनाने के लिये रोजनामचे ताकि पढ़ने वाले एवं देखने वाले को आसानी से समझ में आ जाय। रोजनामचे से छाँटकर लेखे एक ऐसे पुस्तक में (खातों के हिसाब से) किये जाय तो अच्छा रहेगा।

जिस प्रकार डाकखाने में चिट्ठी छाँटने वाला रोजनामचा (Journal) भिन्न-भिन्न स्थानों को जाने वाली चिट्ठियों के ढेर में से छाँटकर निकालता है, ठीक उसी प्रकार रोजनामचे या इसकी सहायक पुस्तकों में किये गये लेखों में से खातों के अनुसार लेखे छाँटे जाते हैं और उन्हें एक बही या पुस्तक में सम्बन्धित खातों में क्रमानुसार लिखा जाता है। छाँटकर लिखने की इस प्रक्रिया को खतियाना (Posting) कहते हैं तथा जिस बही या पुस्तक में लिखा जाता हैं उसे खाताबही, प्रपंजी या लेजर (Ledger) कहते हैं। इस खाताबही पुस्तक में प्रत्येक खाते का जोड़ किया जाता है, जिसे उस खाते से संबंधित योग या बाकी का ज्ञान प्राप्त हो जाता है, लेकिन इस बाकी से यह पता नहीं लग पाता है कि व्यापार को लाभ हुआ है या हानि। अत: इन बाकियों के आधार पर तलपट (Trial Balance) बनाया जाता है, जिसके माध्यम से व्यापार का लाभ हानि खाता तथा चिट्ठा बनाया जाता है। लाभ-हानि खाते से व्यापार का लाभ-हानि तथा चिट्ठे की सहायता से उसकी आर्थिक स्थिति का ज्ञान प्राप्त किया जाता है और इसी के आधार पर भविष्य के लिए योजनाओं एवं नीतियों का निर्धारण किया जाता है। व्यापारी के सारे लेखों का सार यही लाभ-हानि खाता तथा चिट्ठा है। इसी लाभ-हानि खाता तथा चिट्ठा को 'अन्तिम खाते' कहा जाता है।

अत: स्पष्ट है कि बहीखाता लेखन प्रविधि में पहले रोजनामचा, खाताबही तथा अन्त में लाभ-हानि खाता तथा चिट्ठा बनाने की प्रक्रिया शामिल होती है।

इसका संक्षिप्त लेखन परिचय या प्रक्रिया निम्न है—

(9) रोजनामचा या दैनिक पंजी (Journal) का वर्गीकरण

यह पाँच खानों में विभक्त होता है।

1. तारीख
2. विवरण
3. खाता पृष्ठ संख्या
4. राशि—नामे या ऋणी (Dr) (Debit)
5. जमा—धनी (Cr) (Credit)

नमूना

तिथि	विवरण	खाता पृष्ठ संख्या	नामे (Dr)		जमा (Cr)	
			रुपये	पैसे	रुपये	पैसे

(10) रोजनामचा (Journal) लिखने के नियम

रोजनामचा लिखने से पहले नामे (Dr) तथा जमा (Cr) के नियमों को जान लेना जरूरी है। यह नियम भलीभाँति समझ लेने पर ही रोजनामचा में इसे लिखा जा सकता है—

(1) कोई भी व्यवहार (Transaction) किन्हीं दो खातों से संबंधित होता है। यह खाते दो प्रकार के होते हैं—

(i) व्यक्तिगत खाता (Personal Account)

(ii) अव्यक्तिगत खाता (Impersonal Account)

(i) व्यक्तिगत खाता—यह किसी व्यक्ति, फर्म, कम्पनी अथवा संस्था के नाम से खोले जाते हैं और इन्हीं से संबंधित लेखा किया जाता है। इसके अनतर्गत लेखा करते समय—निम्न नियम को ध्यान में रखकर ही लेखा करना चाहिए—"Debit the receiver and credit the giver" अर्थात् ''प्राप्तकर्त्ता का खाता Dr (नामे) तथा देने वाले का खाता जमा (Cr) होता है। जैसे—राम का खाता, कम्पनी का खाता, किसी संस्था का खाता।''

(ii) अव्यक्तिगत खाता—यह दो भागों में विभाजित होता है।

(1) वास्तविक खाता या साम्पत्तिक खाता (Real Account)—"Debit what comes in and credit what goes out" अर्थात् ''इसके अन्तर्गत लेखा करते समय जो वस्तु आती है उसे नामे (Dr) तथा जो अपने पास से जाती है उसे जमा (Cr) किया जाता है जैसे—रोकड़ खाता, मशीन खाता, भवन खाता।''

(2) अवास्तविक खाता (Nominal Account)—"Expenses and losses is debit and Income and gain is credit" अर्थात् ''इसके अनतर्गत् लेखा करते समय खर्च एवं हानि का खाता नामे (Dr) तथा आय एवं प्राप्ति का खाता जमा (Cr) किया जाता है। जैसे—किराया खाता, ब्याज खाता, विज्ञापन खाता।''

अत: कुल तीन प्रकार के खाते होते हैं—(i) व्यक्तिगत, (ii) वास्तविक, (iii) अवास्तविक।

इन तीनों से संबंधित नियम ऊपर बता दिये गये हैं। जैसा कि ऊपर बताया गया है कि किसी भी व्यवहार या सौदे से संबंधित लेखा कार्य करते समय यह दो खातों से प्रभावित होता है।

1. या तो वास्तविक एवं व्यक्तिगत।
2. या तो व्यक्तिगत एवं अवास्तविक।
3. या तो अवास्तविक एवं वास्तविक।

इसलिए सबसे पहले यह पता लगा लिया जाता है कि कोई भी व्यवहार किन दो खातों से प्रभावित है। जिन दो खातों से प्रभावित होता है उनसे संबंधित नियम के आधार पर लेखा किया जाता है।

इसे निम्न तालिका से समझा जाता है।

व्यवहार का सम्बन्ध	प्रभावित खाता
1. यदि व्यवहार व्यक्ति, फर्म, कम्पनी या संस्था से संबंधित हैं।	व्यक्तिगत खाता
2. यदि व्यवहार किसी वस्तु या सम्पत्ति से संबंधित हैं।	वास्तविक खाता
3. यदि व्यापार के लाभ, हानि से संबंधित हैं।	अवास्तविक खाता

इसके बाद निम्न तालिका के आधार पर व्यवहार को रोजनामचे से संबंधित खातों में नामे (Dr) और जमा (Cr) करना चाहिए।

तालिका

यदि खाता	नामे (Dr) (Debit)	जमा (Cr) (Credit)
1. व्यक्तिगत है	प्राप्तकर्त्ता (Dr)	देने वाला (Cr)
2. वास्तविक है	वस्तु आती है (Dr)	वस्तु जाती है (Cr)
3. अवास्तविक है	हानि या व्यय (Dr)	लाभ या आय (Cr)

इस प्रकार उपर्युक्त नियमों के आधार पर रोजनामचे में प्रवृष्टियाँ की जाती हैं। प्रवृष्टि करते समय यह ध्यान रखना चाहिए कि जो दो खाता प्रभावित हो रहे हैं, उसमें से एक नामे (Dr) तथा दूसरा जमा (Cr) होगा और उसी के नीचे उसकी व्याख्या कर दी जाती है कि उपर्युक्त लेन-देन में क्या हुआ। जैसे—राम ने श्याम को 500/- दिया। यहाँ पर (1) राम के यहाँ भी लेखा होगा, (2) श्याम के यहाँ भी लेखा होगा तथा यह दोनों (Ram and Shyam) किसी तीसरे व्यक्ति (मोहन) से संबंधित हैं और उसी के कारण यह लेन-देन हो रहा है तो यह तीसरा व्यक्ति भी लेखा अपनी पुस्तक में करेगा। जैसे—उपर्युक्त व्यवहार में निम्न प्रकार लेखा होगा—

(1) यदि राम के यहाँ लेखा हो रहा है तो यहाँ पर राम देने वाला है और 'Cash' दे रहा है, 'Cash' (रोकण) सम्पत्ति हैं इसलिए वास्तविक खाता हैं—अत: राम की पुस्तक में 'Cash' (रोकण) का खाता 'Cr' होगा (नियम) क्योंकि—("Debit what comes in, credit what goes out") अर्थात् ''श्याम प्राप्त करने वाला है, यह व्यक्तिगत खाता है, अत: राम की पुस्तक में श्याम का खाता (Dr) नामे होगा।'' (नियम) क्योंकि—("Debit the receiver and credit the giver") इस प्रकार राम की पुस्तक में लेखा होगा—

	Dr	Cr
Shyam A/c Dr	500	
To Cash		
Being Cash given to Shyam		500

(2) यदि श्याम के यहाँ लेखा हो रहा हो तो—

श्याम 'Cash' (रोकण) प्राप्त कर रहा है—इसलिए रोकण का खाता नामे (Dr) होगा तथा देने वाला राम का खाता जमा (Cr) होगा।

	Dr	Cr
Cash A/c Dr	500	
To Ram		
Being Cash Received by Ram		500

(3) यदि तीसरा व्यक्ति लेखा करेगा तो—निम्न प्रकार लेखा हो या यहाँ तीसरा व्यक्ति—मोहन है—

अत:

	Dr	Cr
Shyam A/c Dr	500	
To Ram		
Being Cash given by Ram to Shyam		500

उपर्युक्त सभी नियमों के आधार पर रोजनामचे में प्रविष्टियाँ की जाती हैं, इसमें तिथि अनुसार प्रत्येक व्यवहार को क्रम से विवरण सहित दोहरा लेखा प्रणाली के मूलभूत सिद्धान्तों के अनुसार प्रविष्टि की जाती है, जिसे पंजीयन कहा जाता है। पंजीयन करने में प्रत्येक व्यवहार को क्रमानुसार प्रविष्ट किया जाता है। प्रत्येक व्यवहार के दोनों पक्षों को ज्ञात कर—'Debit' होने वाले पक्ष के साथ 'A/c' शब्द लिखकर—विवरण के खाने में—'Debit' (ऋणी) (Dr) शब्द लिखकर तथा राशि 'Debit' वाले खाने में लिख दी जाती हैं।

इसी प्रकार Credit (Cr) (धनी) होने वाले पक्ष के साथ केवल A/c शब्द विवरण खाने में लिखकर राशि Credit (Cr) (धनी) वाले खाने में लिखी जाती हैं। तत्पश्चात् विवरण खाने में व्यवहार संबंधित विवरण संकेत (Narration) प्रस्तुत किये जाते हैं। अन्त में प्रत्येक प्रविष्टि के पश्चात् उस व्यवहार के पूर्ण होने के सूचक स्वरूप विवरण खाने में रेखा खींच दी जाती है। प्रपंजी या खाते पृष्ठ संख्या के खाने में खाताबही या लेजर के उस पृष्ठ की संख्या लिखी जाती है, जिस पर इसकी प्रवृष्टि ली गयी है। रोजनामचे के प्रत्येक पृष्ठ के अन्त में राशि खानों का योग निकाला जाता हैं, जिसे—आगे ले जाया गया या ''अग्रनीत योग'' (Brought Forward) शब्द से संबोधित किया जाता है तथा उस योग को अगले पृष्ठ के आरम्भ में ''अग्रनीत योग'' के रूप में प्रविष्टि किया जाता है।

(11) रोजनामचे का नमूना

निम्नलिखित व्यवहारों से लोकभारती प्रकाशन की पुस्तकों में जर्नल के आवश्यक लेखे कीजिए।

मई 1—	सुधीर से माल क्रय किया	200/-
मई 2—	सुरेन्द्र को माल बेचा	180/-
मई 3—	महेश से रोकण प्राप्त की	300/-
मई 4—	सुधीर को रोकण दी	80/-
मई 5—	राम से नगद माल क्रय किया	120/-
मई 6—	मोहन को माल नकद बेचा	100/-
मई 7—	रमेश को नकद वेतन दिया	160/-
मई 8—	कमीशन नकद मिला	60/-

Journal Entries in the Books of Sundar Stores

दिनांक (Date)	विवरण (Particulars)	पृ०सं० (L.F.)	ऋणी (Dr) (Amount) Rs.	धनी (Cr) (Amount) Rs.
2001				
May 1	Goods A/c 'माल खाता' Dr (ऋणी)		200	
	To Sudhir 'सुधीर का'			200
	(Being goods bought from Sudhir) 'सुधीर से' 'माल खरीद'			
May 2	Surendra 'सुरेन्द्र का खाता' Dr (ऋणी)		180	
	To goods A/c 'माल खाते का'			180
	(Being goods sold to Surendra) 'सुरेन्द्र को माल बेचा''			
May 3	Cash A/c 'नकद खाता' Dr (ऋणी)		300	
	To Mahesh 'महेश का'			300
	(Being Cash received from Mahesh) 'महेश से नकद प्राप्त किया''			

May 4	Sudhir 'सुधीर का खाता' Dr (ऋणी)	80	
	To Cash A/c 'नकद खाते का'		80
	(Being Cash paid to Sudhir) 'सुधीर से नकद भुगतान किया''		
May 5	Goods A/c 'माल खाता' Dr (ऋणी)	120	
	To Cash A/c 'नकद खाता'		120
	(Being goods bought for Cash from Ram) 'राम से नकद माल खाता'		
May 6	CashA/c 'नकद खाते ऋणी' Dr (ऋणी)	100	
	To goods A/c 'माल खाता'		100
	(Being goods sold for Cash to Mohan) 'मोहन को नकद माल बेचा''		
May 7	Salary A/c 'वेतन खाता' Dr (ऋणी)	160	
	To Cash A/c 'नकद खाते का'		160
	(Being Cash paid for salary to Ramesh) 'रमेश को नकद वेतन दिया''		
May 8	Cash A/c 'नकद खाता' Dr (ऋणी)	60	
	To commission A/c 'कमीशन खाते का'		60
	(Being Cash received for commission) 'कमीशन नकद प्राप्त किया'		
		1200	1200

(12) खाताबही या प्रपंजी (Ledger)

खाताबही एक ऐसी पुस्तक है, जिसमें व्यवसाय के खाते खोले जाते हैं। यह एक रजिस्टर के रूप में होता है, जिसमें व्यक्तिगत, साम्पत्तिक तथा लाभ-हानि के रूप में जर्नल में किये गये लेखे के आधार पर अलग-अलग खाते खोले जाते हैं। ताकि प्रत्येक खाते के बारे में आवश्यक सूचना प्राप्त की जा सके और इसके आधार पर तलपट बनाकर लाभ-हानि खाता तथा आर्थिक चिट्ठा बनाया जा सके जो व्यवसायी का मुख्य उद्देश्य होता है। दूसरे शब्दों में, हम यह कह सकते हैं कि वह बही है, जिसमें जर्नल (रोजनामचे) में किये गये लेखों का वर्गीकरण किया जाता है।

(13) खाताबही का स्वरूप

इस बही को एक रजिस्टर के रूप में अथवा खुले पन्नों के रूप में रखा जा सकता है। प्रत्येक खाते के लिए कम-से-कम एक पन्ना छोड़ा जाता है या इससे अधिक भी हो सकते हैं। इसके प्रत्येक पृष्ठ पर पृष्ठ संख्या लिखी रहती है। पुस्तक के प्रारम्भ में खातों के ढूँढ़ने के लिए एक अनुक्रमणिका (Index) बनायी जाती है। एक पृष्ठ पूर्ण होने पर खाते को दूसरे पृष्ठ पर ले जाया जाता है। यहाँ यह ध्यान रखना है कि खाताबही का रूप रोजनामचे (Journal) के समान नहीं होता है बल्कि उससे बिल्कुल भिन्न होता है। खाताबही में खोले जाने वाले खाते का रूप अग्र प्रकार का होगा।

Dr (ऋणी) Cr (धनी)

Date	Particulars	L.F.	Amount	Date	Particulars	L.F.	Amount
(तिथि)	(विवरण)	(पृष्ठ संख्या)	(राशि) Rs.	(तिथि)	(विवरण)	(पृष्ठ संख्या)	(राशि) Rs.

इस प्रकार खाते एक दोहरी लाइन द्वारा दो भागों में विभक्त कर दिये जाते हैं, बाईं ओर के भाग को ऋणी पक्ष (Debit side) तथा दायीं ओर के भाग को धनी पक्ष (Credit side) कहते हैं। प्रत्येक पृष्ठ के ऊपर बाईं ओर ऋणी पक्ष (Dr) और दायीं ओर धनी पक्ष (Cr) शब्द लिखे जाते हैं। तिथि के खाने में सौदे की तिथि लिखी जाती है। विवरण के खाने में उस खाते से प्रभावित दूसरे खाते का नाम लिखा जाता है। तीसरे खाने में रोजनामचे की वह पृष्ठ संख्या लिखी जाती है, जहाँ संबंधित लेन-देन का प्रारम्भिक लेखा किया गया है। चौथे खाने में वह राशि लिखी जाती है जो इस खाते में ऋणी (Debit) की जाने वाली है। यह विवरण ऋणी पक्ष के सम्बन्ध में है। ठीक इसी प्रकार का विवरण दाहिनी तरफ धनी पक्ष (Credit side) का होगा।

(14) खाताबही में खतियाने (Posting) के नियम

जब जर्नल (रोजनामचे) से खाताबही लेजर (Ledger) में लेखा किया जाता है तो इस लेखा करने की विधि को खतियाना (Posting) कहा जाता है। जो खाता में जर्नल में ऋणी (Debit) या धनी (Credit) किया जाता है, वही खाता लेजर में भी ऋणी या धनी किया जाता

है, जैसे—एक कपड़े के व्यापारी ने फर्नीचर नकद खरीदा। इस सौदे के लिए उसके जर्नल में फर्नीचर खाता ऋणी और रोकण (Cash) का खाता धनी किया जाता है। अब इसकी खाताबही (Ledger) में Posting (खतियाने) के समय जब फर्नीचर खाता खोला जायेगा तो फर्नीचर खाते के ऋणी पक्ष में 'रोकण खाते का' (To Cash A/c) विवरण वाले खाने में लिखा जायेगा और जब रोकण खाता (Cash A/c) खोला जायेगा तो इसके धनी पक्ष (Credit side) में विवरण वाले खाने में 'फर्नीचर खाते से' (By Furniture A/c) लिखा जायेगा।

खतियाने के सम्बन्ध में कुछ साधारण नियम निम्न प्रकार हैं—

(1) एक नाम से संबंधित लेखे एक जगह ही लिखना चाहिए। एक नाम के दो खाते नहीं खुलने चाहिए।

(2) जिस नाम का खाता खोला जाता है, उस नाम को उस खाते के ऋणी (Dr) या धनी (Cr) की ओर कभी न लिखना चाहिए।

(3) यदि किसी खाते का पूरा विवरण एक पृष्ठ पर न आये तो उसकी राशि का जोड़ दूसरे पृष्ठ पर 'आगे ले जाया गया' (Carry Forward) या (Carry Down) या (e/f) या (c/d) करके लिखना चाहिए और अगले पृष्ठ पर 'आगे लाया गया' (Brought Forward or Brought Down) या (b/F या b/d) लिखा जाना चाहिए।

(4) खाताबही के प्रत्येक पृष्ठ पर पृष्ठ संख्या अवश्य लिखा जाना चाहिए।

(5) लेजर में खतियाने समय ऋणी पक्ष की ओर 'To' और धनी पक्ष की ओर 'By' का प्रयोग करना चाहिए।

खतियाने कह क्रिया में बड़ी सावधानी बरतनी चाहिए, क्योंकि यदि जर्नल का एक भी लेखा खतियाने से रह जायेगा तो तलपट (Trial Balance) नहीं मिलेगी, जिसके कारण लाभ-हानि खाता शुद्ध लाभ या हानि तथा आर्थिक चिट्ठा शुद्ध वित्तीय स्थिति को नहीं बतायेगा।

पीछे जर्नल के संबंध में जो उदाहरण दिया गया है उसका जर्नल में लेखा किया गया है। अब उसको खाताबही में कैसे ले जाया जायेगा इसके लिए खाताबही में नीचे खाते खोले जा रहे हैं—पिछले उदाहरण का अवलोकन करें और यहाँ पर खाताबही में खोले जाने वाले खाते को समझें—

ऋणी पक्ष (Dr) — माल खाता (Goods A/c) — धनी पक्ष (Cr)

Date (तिथि)	Particulars (विवरण)	L.F. (पृष्ठ संख्या)	Amount (राशि) Rs.	Date (तिथि)	Particulars (विवरण)	L.F. (पृष्ठ संख्या)	Amount (राशि) Rs.
2001				2001			
May 1	To Sudhir		200	May 2	By Surendra		180
May 5	To Cash A/c		120	May 6	By Cash A/c		100

Sudhir A/c (सुधीर का खाता)

(Dr) (Cr)

Date (तिथि)	Particulars (विवरण)	L.F. (पृष्ठ संख्या)	Amount (राशि) Rs.	Date (तिथि)	Particulars (विवरण)	L.F. (पृष्ठ संख्या)	Amount (राशि) Rs.
2001				2001			
May 4	To Cash A/c		80	May 1	By Goods A/c		200

Surendra A/c (सुरेन्द्र का खाता)

(Dr) (Cr)

Date (तिथि)	Particulars (विवरण)	L.F. (पृष्ठ संख्या)	Amount (राशि) Rs.	Date (तिथि)	Particulars (विवरण)	L.F. (पृष्ठ संख्या)	Amount (राशि) Rs.
2001							
May 2	To Goods A/c		180				

Mahesh's A/c (महेश का खाता)

Dr (Cr)

Date (तिथि)	Particulars (विवरण)	L.F. (पृष्ठ संख्या)	Amount (राशि) Rs.	Date (तिथि)	Particulars (विवरण)	L.F. (पृष्ठ संख्या)	Amount (राशि) Rs.
				2001			
				May 3	By Cash A/c		300

Cash A/c (रोकड़ खाता)

(Dr) (Cr)

Date (तिथि)	Particulars (विवरण)	L.F. (पृष्ठ संख्या)	Amount (राशि) Rs.	Date (तिथि)	Particulars (विवरण)	L.F. (पृष्ठ संख्या)	Amount (राशि) Rs.
2001				2001			
May 3	To Mahesh		300	May 4	By Sudhir		80
May 6	To Goods A/c		100	May 5	By Goods A/c		120
May 8	To Commission A/c		60	May 7	By Salary A/c		160

Salary A/c (वेतन खाता)

(Dr) (Cr)

Date (तिथि)	Particulars (विवरण)	L.F. (पृष्ठ संख्या)	Amount (राशि) Rs.	Date (तिथि)	Parti-culars (विवरण)	L.F. (पृष्ठ संख्या)	Amount (राशि) Rs.
2001							
May 7	To Cash A/c		160				

Commission A/c (कमीशन खाता)

(Dr) (Cr)

Date (तिथि)	Particulars (विवरण)	L.F. (पृष्ठ संख्या)	Amount (राशि) Rs.	Date (तिथि)	Particulars (विवरण)	L.F. (पृष्ठ संख्या)	Amount (राशि) Rs.
				2001			
				May 8	By Cash		60

(15) तलपट (Trial Balance) परिभाषा तथा अर्थ

दोहरा लेखा प्रणाली के नियमों के अनुसार सम्पूर्ण सौदों से संबंधित खातों को खाताबही में खोलने एवं उनके ऋणी (Dr) व धनी (Cr) पक्ष के जोड़ व बाकियाँ निकालने के बाद

प्रमुख रूप में उनकी अंकगणितीय सम्बन्धी शुद्धता ज्ञात करने के लिए एक विशेष प्रकार का विवरण पत्र एक निश्चत समय—जो साधारण तथा वित्तीय वर्ष का अन्तिम दिन होता है—पर बनाया जाता है जिसे तलपट कहा जाता है—और इसी के आधार पर व्यापारिक खाता, लाभ-हानि खाता तथा चिट्ठा बनाया जाता है। प्रत्येक व्यापारिक लेन-देन की प्रारम्भिक प्रविष्टि जर्नल (रोजनामचा) में या इसकी सहायक बहियों में की जाती है। इसके बाद खाताबही में सबका खाता खोलकर प्रत्येक प्रवृष्टि को खतिया दिया जाता है, फिर इसका योग या बाकी निकाली जाती है। इन्हीं बाकियों या योगों के आधार पर तलपट बनाया जाता है। तलपट बनाने का मूल उद्देश्य यह देखना है कि खाताबही में खाते ठीक से खुले हुए हैं या नहीं। इसके लिए तलपट के दोनों पक्ष (Dr and Cr) को जोड़ा जाता है। अगर खाते सही हैं तो दोनों पक्षों का योग बराबर होगा, अन्यथा कहीं कुछ गलती हुई है, क्योंकि इसी के आधार पर लाभ-हानि खाता तथा चिट्ठा बनाया जाता है, अगर खाते सही नहीं हैं तो तलपट सही नहीं होगा और तलपट सही नहीं हैं तो लाभ-हानि खाता शुद्ध लाभ या हानि तथा आर्थिक चिट्ठा शुद्ध एवं सही आर्थिक स्थिति को नहीं बताएगा। इसीलिए लाभ-हानि खाता तथा चिट्ठा बनाने से पूर्ण तलपट बनाया जाता है।

(16) तलपट तैयार करने के नियम

यह साधारणतः रोजनामचे की ही भाँति लाइन खींचकर तैयार किया जाता है। इसमें रोजनामचे की भाँति खाताबही की पृष्ठ संख्या लिखने के लिए एक खाना होता है। इसके ऋणी एवं धनी खानों में या तो प्रत्येक खाते के दोनों ओर के योग क्रमशः लिखे जाते हैं, या फिर प्रत्येक खाते का केवल शेष लिखा जाता है—

तलपट का स्वरूप इस प्रकार होता है—

तलपट

(Trial Balance)

		ऋणी पक्ष (Dr)		धनी पक्ष (Cr)	
खाता (Account)	खाता पृष्ठ (L.F.)	रुपये (Rs.)	पैसे (Paise)	रुपये (Rs.)	पैसे (Paise)

अध्याय–12

राजभाषा हिन्दी के कुछ अन्य प्रमुख प्रकार्य (FUNCTIONS) अथवा कार्यालयीय कार्य-पद्धति के विविध आयाम

(अ) संक्षेपण या संक्षिप्तीकरण या सार लेखन (Precis Writing या Summary)

(1) संक्षेपण का अर्थ एवं स्वरूप तथा परिभाषा

'समक्षिप्+ल्युट+अन्' के मेल से जन्मे 'संक्षेपण' शब्द का अर्थ है—विस्तार घटा देने की क्रिया (Abridgment), संक्षेपीकरण, न्यूनन, घटाव, या काट-छाँट। वस्तुत: संक्षेपण का अर्थ ही होता है,—छोटा कर देना। किसी भाव, विचार, भाषण, घटना, कथन, अवतरण या समाचार आदि को किसी 'प्लेटफॉर्म' पर दो तरह से प्रस्तुत किया जाता है—(1) व्यास शैली में तथा (2) समास शैली में। व्यास शैली में जहाँ किसी कथ्य आदि की प्रस्तुति मय उदाहरण के विस्तार में या फैलाकर की जाती है, तो समास शैली में वही वस्तु सिकुड़कर अर्थात् संक्षेप में लघु आकार में प्रस्तुत होती है। अब यहाँ एक सवाल की कंछी फूट सकती है कि आखिर भावाभिव्यक्ति में उक्त दोनों शैलियों में उपयुक्त—सटीक, सार्थक कौन हो सकती हैं? दरअसल, इस सवाल का उत्तर देना बड़ा सरल-सहज नहीं है, क्योंकि ''को बड़ छोट कहत अपराधू।'' दोनों अपनी-अपनी जगह आवश्यकतानुसार मौजूं हैं। उदाहरण के लिए मैं स्वत: बिहारी के किसी एक दोहे की व्याख्या हिन्दी, अंग्रेजी और संस्कृत उद्धरणों के साथ घण्टों पढ़ाता हूँ, कक्षा में विद्यार्थियों की खिड़की तोड़ भीड़ होती है। जाहिर है, एक दोहे की व्याख्या में व्यास शैली में ही अपनी बात कही जा सकती है, लेकिन किसी विज्ञान की प्रयोगशाला में रसायन शास्त्र के सूत्र की व्याख्या में सूत्रात्मक या समास शैली में ही अध्यापक अपने छात्रों को सारी बातें बताता हैं। अत: ऐसी स्थिति में गरज के अनुसार दोनों जरूरी हैं।

फिर भी, मेरे इन तमाम तर्कों के बाद जनमत समास शैली का ही पक्षधर है। इसके लिए लोगों के अपने-अपने तर्क हैं, जिनमें मुख्य यह है कि आज के व्यावसायिक, आपाधापी, भागमभाग-भगदड़, घटना की तरह दौड़ तथा एक ग्लोबल समाज में बदल रही दुनिया में कम्प्यूटर, इन्टरनेट और ई-मेलने जहाँ हर वस्तु, पदार्थ, भाव, विचार को पड़ोसी बना दिया है—हमारे पास पल भर भी समय नहीं है कि चौकी पर पलत्थी मारकर व्यास शैली में भाषण और प्रवचन देने वाले पुरोहित की बात सुनें। इस समाज में हर वस्तु, संबंध—ये सभी कुछ 'शार्ट कट' शैली में जी रहे हैं। हर व्यक्ति आज 'गागर में सागर' और 'बिन्दु में सिन्धु' चाहता है—

"What is life if full of care
We have no time to stand and stare."

जाहिर है, संक्षेपण की आज हमारे जीवन में कितनी उपयोगिता और महत्त्व है। अब यहाँ पर संक्षेपण संबंधी कुछ महत्त्वपूर्ण परिभाषाएँ अधोलिखित रूप में इस प्रकार देखी जा सकती हैं। सबसे पहले पाश्चात्य विद्वानों की संक्षेपण संबंधी परिभाषाएँ—

(क) कालिन्स (Collins) के अनुसार—"In fact, a precis is just a straight forward statement of the bare facts without any necessary trimmings. To make a precis of a given passage is to extract its main points and to express them as clearly and in as few words as possible."

(ख) बीक (Beak) के अनुसार—"A precis is usually defined as the generalization in narrative form giving with great conciseness the salient features and only a series of events which have already taken place."

(ग) डॉ० लॉरेन्जो के विचार से—"A precis is a systematically and scientifically abbreviated from any written or spoken matter."

(घ) एक अन्य विद्वान बताते हैं कि 'precis' शब्द फ्रेंच भाषा का विशेषण है, जिसका अर्थ होता है 'cut off' अर्थात् 'संक्षिप्त'—The word precis is a French adjective, meaning exact or precise; but it derives its origin from the Latin verb *praecidere,* which means to cut off."

(ङ) डॉ० कैलाश चन्द्र भाटिया के अनुसार—"किसी स्वतंत्र अथवा सम्बद्ध विषय की सविस्तार व्यवस्था, लम्बे वक्तव्य अथवा पत्र-व्यवहार के तथ्यों का ऐसा संयोजन 'संक्षेपण' है, जिसमें से अनावश्यक बातों, अप्रासंगिक तथा असम्बद्ध तथ्यों को छोड़ दिया जाय।[1]

(च) डॉ० के० डी० भींगारकर कहते हैं कि संक्षेपण याने किसी बड़े चित्र का छोटा छवि चित्र मात्र है। संक्षेपण में शब्द कम कर दिए जाते हैं, लेकिन भाव और विचार वे ही रखे जाते हैं। इस तरह किसी बड़े अनुच्छेद में अभिव्यक्त विचारों या भावों को थोड़े में प्रस्तुत करना ही संक्षेपण है।[2]

(छ) डॉ० मधुबाला नयाल के विचार से किसी विस्तृत अवतरण, कथन, पत्र, भाषण, समाचार आदि को सुनियोजित तथा संक्षिप्त रूप में प्रस्तुत करना भाव-संक्षेपण अथवा संक्षेपीकरण कहलाता है।[3]

(ज) डॉ० राधेलाल नवचक्र के अनुसार अधिक शब्दों में व्यक्त भाव या विचार को कम शब्दों में प्रकट करना एक कला है। इसे संक्षेपण कला कहते हैं। सामान्यतया किसी मूल गद्यांश को एक तिहाई शब्दों में संक्षिप्त करना ही संक्षेपण कहलाता है।[4]

---

1. **हिन्दी भाषा का प्रयोजनमूलक स्वरूप—डॉ० कैलाश चन्द्र भाटिया, पृष्ठ 95**
2. **हिन्दी रूप-रचना—सं० आचार्य जयेन्द्र त्रिवेदी (डॉ० के० डी० भींगारकर का लेख) पृष्ठ 240, लोकभारती प्रकाशन, इलाहाबाद, 1994**
3. **प्रयोजनमूलक हिन्दी—सं० डॉ० बालेन्दु शेखर तिवारी (डॉ० मधुबाला नयाल का लेख) पृष्ठ 95**
4. **प्रतियोगिता दर्पण, पष्ठ 630, सन् 199**

(2) संक्षेपण का महत्त्व

संस्कृत का यह श्लोक—"अर्द्ध मात्रा लाघवेन पुत्र जन्म मन्यते वैयाकरणा:" अर्थात् "यदि व्याकरण में आधी मात्रा कम हो जाए तो वैयाकरण को इतनी प्रसन्नता होती है जितनी पुत्र जन्म पर" सिद्ध करता है कि भारतीय मनीषा की समझदारी और सोच प्रारम्भ से ही संक्षेपण के प्रति सजग-सतर्क रही है। दरअसल, प्राचीन काल में मुद्रण कला का विकास न होने के कारण वाचिक परम्परा पर तो बल दिया ही जाता था, तथ्यों को कंठस्थ भी करना पड़ता था। संभवत: इसीलिए ज्ञान के साधकों ने सूत्र शैली का इजाद किया। उन्होंने इस बात पर बल दिया कि कम-से-कम शब्दों और अक्षरों में अधिक-से-अधिक भावाभिव्यक्ति हो। वेद, उपनिषद, गीता तथा 'अष्टाध्यायी' उनके सूत्र शैली में बात कहने के ही प्रमाण हैं। कुल मिलाकर संक्षेपण का महत्त्व हमारे यहाँ शुरू से ही रहा है। विस्तृत कथ्य, भाषण, व्याख्या, विवरण, वक्तव्य को काट-छाँट कर उनमें से फिजूल, व्यर्थ अप्रासंगिक, निरर्थक, पुनरावृत्त और असम्बद्ध तथ्यों को त्याग कर ठोस और संक्षिप्त रूप में प्रस्तुत करने की परम्परा हमारे देश में बहुत पहले से ही रही है। इधर, पश्चिमी चिन्तकों ने भी संक्षेपण पर शुरू से ही बल दिया है। वे संक्षेपण को कला मानते हैं। **लेरेस, चेखन तथा जे० बी० सी० बर्नार्ड** संक्षेपण के महत्त्व पर प्रकाश डालते कहते हैं कि संक्षेपण किसी बड़े लेख, भाषण और ग्रंथ का लघु संस्करण है। इसमें अनावश्यक तथ्यों को बहुत करीने से हटाकर मूल की रक्षा करते हुए संक्षिप्त आकार में प्रस्तुत किया जाता है जिसमें कम समय में पाठक को अधिक बौद्धिक खुराक मिल सके। **शेक्सपियर** तो इसके महत्त्व को रेखांकित करते हुए कहते हैं कि "संक्षिप्तता ही वाक्-वैदग्ध्य की मूल आत्मा है।" दरअसल, इस संक्षेपण का महत्त्व, कवि, लेखन, वकील, पत्रकार, संपादक—सबके लिए है, खासकर आज के व्यस्ततम समय में तो इसका महत्त्व और बढ़ गया है और अगली बात यह कि संक्षेपण से शब्द स्फीति नहीं होती, समय और अलनाहक श्रम का बचाव हो जाता है, ग्राहिका शक्ति का विकास होता है, अनावश्यक मानसिक श्रम से बचाव होता है, वैचारिक एकाग्रता का बढ़ाव होता है। इस तरह संक्षेपण का मनुष्य के जीवन में महत्त्व स्वत: सिद्ध है।

(3) संक्षेपण की विधि, पद्धति या प्रक्रिया या संक्षेपण कला

संक्षेपण जटिल प्रक्रिया है, लेकिन यदि संक्षेपक के पास मेधा, लगन, सतत् श्रम और संक्षेपण कला का थोड़ा सा भी ज्ञान है तो वह इस जटिल और टेढ़ी प्रक्रिया को नितान्त सरल-सहज बनाकर संक्षेपण की सुन्दर-श्लाघनीय प्रस्तुति कर सकता है, यथा—

(क) मूल अनुच्छेद को ध्यान से पढ़ना—किसी भी अनुच्छेद का संक्षेपण तैयार करते समय सर्वप्रथम मूल अनुच्छेद को सावधानी से पढ़ना चाहिए। पूर्व लेख को भली भाँति पढ़ने के बाद उसके केन्द्रीय भाव को जानने का प्रयत्न करना चाहिए। कारण यह है कि जब तक केन्द्रीय भाव ज्ञात न होगा, तब तक आप इस अनुच्छेद का शीर्षक नहीं छाँट सकते।[1]

(ख) अनावश्यक वर्णन छाँट देना चाहिए—डॉ० मधुबाला नयाल[2] ऊपर की बात को और अधिक साफ करती कहती हैं कि मूल सामग्री को अच्छी प्रकार पढ़ना संक्षेपण के लिए आवश्यक है। इसके लिए मूल सामग्री/अवतरण का कम-से-कम तीन बार पाठ

1. **प्रयोजनमूलक हिन्दी—डॉ० विजय पाल सिंह, पृष्ठ 33**
2. **प्रयोजनमूलक हिन्दी—सं० डॉ० बालेन्दु शेखर तिवारी, पृष्ठ 96**

अनिवार्य है। प्रथम बार सामग्री को सरसरी तौर पर पढ़कर उसका अभिप्राय समझना चाहिए। द्वितीय पठन में मुख्य अंशों के महत्त्वपूर्ण विचारों को रेखांकित कर निरर्थक तथा अनावश्यक वर्णनों, अलंकारों, मुहावरों, कहावतें आदि छाँट देने चाहिए। तीसरी बार फिर पढ़कर यह देख लेना चाहिए कि सभी महत्त्वपूर्ण विचारों को अंकित कर लिया गया है। यदि भूल से कोई विचार छूट गया हो तो उसे भी अंकित कर लिया जाना चाहिए। इसके पश्चात् आता है, गद्यांश बनाने का क्रम, जिसके लिए कतिपय सावधानियाँ अपेक्षित हैं।

(ग) सामासिक शब्दों का प्रयोग—लम्बे-लम्बे वाक्यों के स्थान पर सामासिक शब्दों का प्रयोग किया जाना चाहिए, बहुधा एक ही शब्द के प्रयोग से कार्य-सिद्धि हो जाती है, जैसे—'प्रतिमास होने वाला' के स्थान पर 'मासिक' इस्तेमाल किया जा सकता है।

(घ) संक्षिप्त लेख प्रवाहपूर्ण होना चाहिए—प्रयुक्त वाक्य सुगठित और सुसम्बद्ध होने चाहिए। आवश्यकता पड़ने पर जोर डालने के लिए 'तथापि', 'अतएव' शब्दों का प्रयोग किया जा सकता है, किन्तु इस बात का ध्यान रखना चाहिए कि मूल लेख में जिस बात पर जितना जोर दिया गया है, उससे अधिक जोर संक्षिप्त लेख में न दिया जाय।[1]

(ङ) मौलिकता की रक्षा तथा प्रथम आकार-निर्धारण—यह नहीं विस्मरण करना चाहिए कि संक्षेपण मूल का संक्षिप्त रूप है। संक्षेपक को उसकी आलोचना या टीका-टिप्पणी करने का कोई अधिकार नहीं है। न तो संक्षेपक को उसमें अपनी ओर से कुछ जोड़ना चाहिए और न किसी प्रकार का भावगत संशोधन ही करना चाहिए। यह सदा ध्यान में रहना चाहिए कि संक्षेपण में मूल विचारों या भावों का संरक्षण अपेक्षित है, अतिरिक्त बातों का नहीं। इसी तरह अगली बात यह कि प्रथम प्रारूप तैयार हो जाने पर शब्दों की गिनती कर लेनी चाहिए, क्योंकि प्रायः परीक्षाओं में शब्दों की संख्या निर्धारित कर दी जाती है। यदि निर्धारित संख्या से शब्द कम या अधिक हों तो ठीक कर लेना चाहिए। कभी-कभी संक्षेपण में 1/2 या 3/4 करने का आदेश होता है, ऐसी स्थिति में भी निर्धारित अंश के आसपास ही संक्षेपण होना चाहिए।[2]

इस तरह अंत में यह कि श्रेष्ठ संक्षेपण के लिए अलग पृष्ठ पर प्रारूप (Draft) बनाना, भावों की क्रमबद्धता, भाषा का प्रवाह, वार्तालाप, संवाद और लेख का अन्य पुरुष में लिखा जाना, भाषण तथा पत्रों के संक्षिप्त लेख में भूतकालिक क्रिया का प्रयोग, कठिन, अस्पष्ट, भ्रमपूर्ण शब्दों से बचना, मौलिक भाषा का प्रयोग, अशुद्धियों को छान-निथार कर निकालना तथा वर्तनी, समास, विराम, वाक्य-विन्यास आदि का ध्यान रखना ही उत्तम संक्षेपण-विधि है।

(4) संक्षेपण के भेद

एक ओर कार्याधिक्य, दूसरी ओर उन कामों को संपादित करने वाले तंत्र की कमी और तीसरे समयाभाव—अतः ऐसी स्थिति में किसी अधिकारी के सामने विस्तृत विवरणों से संबंधित कोई 'फाइल' प्रस्तुत की जाएगी, तो जाहिर है समय के अभाव में लम्बे-चौड़े ब्यौरे वाले तथ्य को पढ़ने और समय से निपटाने में उसे परेशानी होगी। अतः ऐसी स्थिति में हमें चाहिए कि मूल भाव, संक्षिप्त और सार रूप में, छोटे-छोटे वाक्यों में छन-निथर कर

---

1. **व्यावहारिक हिन्दी निर्देशिका—डॉ० गोपीनाथ श्रीवास्तव, पृष्ठ 196**
2. **हिन्दी भाषा-सर्वेक्षण—सं० डॉ० मुंशीराम शर्मा, पृष्ठ 9**

अधिकारी के सामने जाय। विद्वानों ने संभवतः इसी सुविधा के लिए संक्षेपण को कई टुकड़ों में बाँटा है। स्थूल रूप से संक्षेपण के दो भेद या प्रकार हैं—(1) स्वतंत्र विषय का संक्षेपण, (2) पत्र-व्यवहार का संक्षेपण। स्वतंत्र विषय के संक्षेपण और पत्र-व्यवहार के संक्षेपण में कुछ मौलिक अंतर होता है। संभवतः इसीलिए पत्र व्यवहार के संक्षेपण को दो अलग-अलग कोटियों में बाँटा गया—(1) प्रवाही या प्रवाह संक्षेपण तथा (2) तालिका या सूची संक्षेपण। अब हम यहाँ आगे इन संक्षेपणों को अति संक्षेप में इस प्रकार देखेंगे—

(1) स्वतंत्र विषय का संक्षेपण—स्वतंत्र विषय के संक्षेपण का प्रयोग बहुधा विद्यालयों, माध्यमिक तथा महाविद्यालयों की पाठ्य-पुस्तकों में 'सार लेखन' के रूप में किया जाता है। विद्यार्थियों को स्वतंत्र विषय के रूप में इसका अध्ययन कराया जाता है। पुस्तकों में या कक्षा में अध्यापक अपने विद्यार्थियों को कोई गद्यांश दे देते हैं, फिर संक्षेपण की विधि और नियमों पर प्रकाश डालते हुए उनसे उस गद्यांश को संक्षेप में प्रस्तुत करने के लिए कहते हैं। बार-बार अभ्यास कराते हैं और अपने विद्यार्थियों को बताते हैं कि संक्षेपण अपने मूल का करीब-करीब एक तिहाई ही होना चाहिए। कार्यालयों में इस संक्षेपण का प्रयोग लगभग न के बराबर होता है। शैली के आधार पर इस संक्षेपण के भी कई भेद किए गए हैं, यथा—(1) कथात्मक शैली, (2) पत्र शैली, (3) विचारात्मक शैली, (4) वर्णनात्मक शैली, (5) संवाद शैली और (6) समाचार पत्रों का संक्षेपण।

(2) प्रवाही या प्रवाह या प्रवहमान संक्षेपण—नाम से ही स्पष्ट है, इस प्रकार के संक्षेपण में आद्यन्त प्रवाह बना रहना चाहिए। जड़ता न आए, सो समय-समय पर इसमें कुछ-न-कुछ जोड़ते रहना चाहिए, जिससे प्रवाही संक्षेपण की ताजगी-टटकापन और प्रवाह निरंतर बना रहे। इस प्रकार का संक्षेपण पूर्व में किए गए किसी निर्णय या आदेश की गति, जब श्लथ हो गई हो तब कुछ नया जोड़ने के लिए किया जाता है। यहाँ सावधानी यह बरतनी चाहिए कि जब नया संक्षेपण नए सिरे से किया जाय, तब पुराने या पहले किए गए संक्षेपण के प्रेषक का नाम, पद और विषय आदि का उल्लेख अवश्य कर देना चाहिए।

(3) तालिका संक्षेपण—इस प्रकार के संक्षेपण में कई लेखों, भाषणों, वक्तव्यों और पत्रों को तालिका रूप में संक्षिप्त किया जाता है। वस्तुतः इसमें एक तालिका बनाई जाती है और उसमें स्तम्भों के अनुसार हर एक पत्र का विवरण दिया जाता है। तालिका में निम्नलिखित स्तम्भ होते हैं—

क्रम संख्या	पत्र संख्या	दिनांक	प्रेषक	प्रेषिती	पत्र का विषय (संक्षेप में)
1	2	3	4	5	6

पहले स्तम्भ में, पत्र की क्रमानुसार क्रम संख्या (Serial Number) लिखी जाती है। दूसरे में, पत्र में दी गई पत्र संख्या लिखी जाती है, जैसे—भू/2/66/तीसरे स्तम्भ में, पत्र का दिनांक लिखा जाता है, जैसे—22/10/78/चौथे में, प्रेषक अर्थात् पत्र भेजते वाले का नाम और पता लिखना चाहिए, जैसे—कलाकार प्रकाशन, पटना-16, पाँचवें में, प्रेषिती अर्थात् जिसको पत्र

भेजा जाता है, उसका नाम और पता लिखना चाहिए छठें में, पत्र का विषय संक्षेप में लिखना चाहिए। इस तालिका संक्षेपण की आवश्यकता तब होती है, जब अनेक लम्बे-लम्बे पत्रों या पत्राचारों का संक्षेपण करना पड़ता है।[1]

उदाहरण

क्रम संख्या	पत्र संख्या	तिथि	प्रेषक	प्रेषिती	विषय
1	215/बी 1-1998	8 अक्टूबर, 1998	मुख्य सचिव युक्त प्रान्तीय सरकार	युक्त प्राप्त के समस्त विभागों के अध्यक्ष डिवीजनों के कमिश्नर, जिला अफसरों तथा अन्य प्रमुख दफ्तरों के अधिकारियों को	देवनागरी लिपि में लिखित हिन्दी भाषा को युक्त प्रांत की राजभाषा स्वीकृत करने के निर्णय की सूचना देते हुए बताया है कि सरकारी नौकरियों के लिए हिन्दी जानने वालों को वरीयता दी जाएगी। यदि कोई हिन्दी न जानने वाला विशेष रूप से नियुक्त किया जाएगा तो इसका कारण भी लिखना आवश्यक होगा तथा वह नियुक्ति कच्ची होगी। उम्मीदवारों को 6 मास की अवधि में बे-रोकटोक हिन्दी पढ़-लिख सकना आवश्यक होगा अन्यथा नियुक्ति रद्द कर दी जाएगी। इस अवधि को 4 मास तक और बढ़ा सकते हैं।[2]

(5) संक्षेपण की विशेषताएँ या अपेक्षित गुण

आज के बाजारवादी परिवेश में व्यावहारिक जिन्दगी की व्यस्तताओं और पेचीदगियों में उलझा आदमी अपने कंधों पर सवार अपने ही शव की तरह अपनी संभावनाओं और प्रश्नाकुलताओं के बोझ को ढो रहा है। उसे आर-पार देखने का अवसर न तब था और न अब है। उसे फुरसत और आराम नहीं है। वह हर वस्तु को टुकड़ों और संक्षेप में देखने का आदी हो गया है। वह लंबी और विस्तृत फलक वाली बयानबाजी से भाग रहा है। उसे हर वस्तु संक्षिप्त और ठोस सकल में पसंद है। जाहिर है, आज के इस बेतहाशा भाग रहे माहौल में संक्षेपण कितना अनिवार्य हो गया है। ऐसी स्थिति में अच्छे संक्षेपण पर हमें ध्यान देना होगा, जिससे 'आम के आम और गुठलियों के दाम' बना रहे। सपाट शब्दों में, संक्षेपण यथार्थपरक हो, मूल की केन्द्रीय आत्मा सुरक्षित रहे, केन्द्रीय कथ्य बेदखल न हो, अपनी जगह-जमीन

1. हिन्दी रूप-रचना—डॉ० के० डी० भींगारकर, पृष्ठ 251
2. प्रयोजनमूलक हिन्दी—डॉ० मधुबाला नयाल का लेख, पृष्ठ 99

से खलास न हो, संक्षिप्त की गई वस्तु के प्रति पाठकीय रुचि और ललक बनी रहे, मूल सरोकार खंडित न हो, सर्जक-संक्षेपण में रिश्तों की संहिता पर कोई आँच न आए, कहीं मूल रचना, उत्पाद और पाठक निष्क्रिय उपभोक्ता न बन जाय—उक्त सभी दुर्बलताओं से जो संक्षेपण बचा रहता है, वही श्रेष्ठ और बेहतर संक्षेपण माना जाता है।

संक्षेपण अपनी सरल, क्रमबद्ध और अनलंकृत-लच्छेदार रहित भाषा में होना चाहिए। मूल का क्रम स्खलित न हो। संक्षिप्तता, संक्षेपण के ललाट की बिन्दी है, उसकी श्री और आन्तरिक लपट है। अत: श्रेष्ठ संक्षेपण अपने लघु और बौने आकार में सब कुछ सांकेतिक भाषा में बयान करता है। यह उसकी अगली विशेषता और गुण है। संक्षेपण मौलिकता का स्वाद देने वाला हो, वह अपनी ओर से "न कुछ जोड़े न छोड़े।" उसकी अगली विशेषता यह है कि वह पिष्टपेषण और दुहराव से बचे। वह मूल के हर विकारों और निषेधों को भगवान शंकर जी के गरल की तरह अपने भीतर पचाकर संक्षिप्त वस्तु का सुन्दर आकार गढ़े। संक्षेपण में भावों-विचारों की क्रमबद्धता और संगति बनी रहनी चाहिए, यह उसकी अगली विशेषता है। संक्षेपण में मध्यम पुरुष और प्रथम पुरुष के कथन से बचना बेहतर होता है। संक्षेपण का प्रवाह पूर्ण होना आवश्यक है। वह कथ्यों के जोड़-तोड़ का पेबन्द न लगे। अंत में यह कि वह मूल की तस्वीर, परतों-पहलुओं का समग्र रूप में इतना सुन्दर-सुघर रचाव करे कि मूल से ताजा-टटका तो लगे ही, समय की धुंध और कुहासे में भी निरन्तर प्रासंगिक बना रहे। इस तरह से मूल का चेहरा, भाषा, रूप और कथ्य को अपने भीतर सुरक्षित रखने का माद्दा रखने वाला संक्षेपण स्तुत्य और दीर्घजीवी होता है, यही उसकी विशेषता भी है।

(6) संक्षेपण के मुख्य तत्त्व

संक्षेपण हर युग में प्रासंगिक रहा है, उसका महत्त्व निर्विवाद रहा है, किन्तु आज विश्व-पूँजी की पराधीनता में जकड़ और आत्म संकुचन का शिकार हो चुके व्यक्ति के लिए इसका महत्त्व संभवत: पहले की तुलना में ज्यादा बढ़ा है। हर व्यक्ति स्वार्थों के खानों-टुकड़ों में बँटा है। सामाजिक सामूहिकता और सरोकार उसके लिए बेमानी हो गए हैं। वह आज के व्यस्ततम समय में रेल की तरह बेतहाशा भाग रहा है। किसी चीज की मुकम्मल समझ के लिए उसके पास अवकाश नहीं रह गया है। अत: ऐसे कठिन समय में हमें संक्षेपण के मुख्य तत्त्वों और उनकी जड़ों पर ध्यान देना आवश्यक हो जाता है, क्योंकि ये तत्त्व संक्षेपण में हमारे लिए सहायक सिद्ध होंगे। बहरहाल, कुछ मुख्य तत्त्वों को इस प्रकार देखा जा सकता है। यदि इन पर अमल किया जाय तो संक्षेपण करने में हमें सुविधा होगी—

(क) कई शब्दों के बदले महज एक शब्द का प्रयोग—भाषा में अपनी बात को संक्षेप में व्यक्त करने के लिए शब्द-समूह के स्थान पर प्रयुक्त किए जाने वाले शब्द 'अनेक शब्दों के लिए एक शब्द' कहलाते हैं। इन्हें 'शब्द समूह के लिए एक शब्द', 'वाक्यांश के लिए एक शब्द' अथवा 'वाक्यांश प्रकाशक शब्द' भी कहा जाता है। 'अनेक शब्दों के लिए एक शब्द' के कुछ उदाहरण देखिए—"नारी नर की शक्ति है। वह माता, बहन, पत्नी और पुत्री आदि रूपों में पुरुष में कर्त्तव्य की भावना जगाती है। वह ममतामयी है। अत: पुष्प के समान कोमल है, किन्तु चोट खाकर वह अत्याचार के लिए सन्नद्ध होती है, तो वज्र से भी कठोर हो जाती है। तब वह न माता रहती है, न प्रिया, उसका एक ही रूप होता है और वह है—दुर्गा का। वास्तव में नारी सृष्टि का ही रूप है, जिसमें सभी शक्तियाँ समाहित हैं।"

उक्त बड़े वाक्य में प्रयुक्त अनेक शब्दों के स्थान पर कम शब्दों के सहयोग से इसे इस प्रकार बनाया जा सकता है—"सभी शक्तियों से सम्पन्न, चोट खाकर दुर्गा के समान प्रचण्ड बनने वाली नारी माता, बहन, पत्नी, और पुत्री बनकर पुरुष में कर्त्तव्य-भावना जगाती है।"

(ख) वाक्यों के लिए शब्द-समूहों या पदों का प्रयोग—जिस प्रकार शब्द-समूहों की जगह एक शब्द का प्रयोग करके भावार्थ निकाल लिया जाता है, ठीक उसी तरह कुछ शब्द अनेक वाक्यों के स्थानापन्न होकर पूर्ण अर्थ देने में सक्षम होते है, यथा—"स्वास्थ्य का अर्थ मोटा होना नहीं होता। अनेक मोटे व्यक्ति अत्यन्त निर्बल और अक्ल के मोटे होते हैं। स्वास्थ्य से मनुष्य की बुद्धि ठीक रहती है, उसकी स्मरण-शक्ति उसका साथ देती है। अत: स्वस्थ रहना और उसके लिए व्यायाम करना आवश्यक है। साधारणत: शरीर की स्वस्थता और मन की प्रसन्नता व्यायाम पर निर्भर है।"

इस बड़े वाक्य को कुछ नपे-तुले शब्दों में मूल अर्थ की रक्षा करते हुए इस प्रकार प्रस्तुत किया जा सकता है, "स्वास्थ्य से बुद्धि तथा स्मरण शक्ति तो ठीक रहती ही है, प्रसन्नता के लिए भी वह अनिवार्य है।"

(ग) अतिव्याप्ति, फिजूल और बेमतलब तथ्यों को हिलोर-पछोर कर निकालना—वैसे तो हर छोटी-बड़ी घटना रचनाकार के लिए किसी-न-किसी पड़ाव पर महत्त्वपूर्ण होती है, रचनाकार इन सबको अपने लेखन में सम्मिलित करता है, लेकिन कभी-कभी ऐसा भी होता है कि यदि वह इन्हें अपने लेखन में उल्लेख न करे तो भी काम चल सकता था, बल्कि छोटी-छोटी ये घटनाएँ मूल कथ्य पर आँच पैदा करती हैं। अत: संक्षेपण करते समय इन बेमतलब के प्रसंगों से बचना चाहिए। संक्षेपण का यह भी मुख्य तत्त्व है, यथा—"किसी से कुछ पाने की इच्छा रखना ही मनुष्य के दुख का कारण है। जब तक पाने की इच्छा मनुष्य में विद्यमान है, तब तक उसे सच्चे सुख की प्राप्ति होना असंभव है। वस्तुत: सच्चा सुख किसी से कुछ पाने में नहीं वरन् देने में है। जिस प्रकार अंगूर की सार्थकता अपने तमाम रस को निचोड़कर दूसरों के लिए देने में है, उसी प्रकार मनुष्य जीवन की सार्थकता अपनी संपूर्ण क्षमताओं, योग्यताओं और समृद्धि को दूसरों के लिए अर्पित कर देने में है।" इस वाक्य में जिन तथ्यों, वर्णनों के बिना भी काम चलाया जा सकता है, उन्हें काछते हुए इस प्रकार लिखा जा सकता है—"सच्चा सुख अंगूर की भाँति अपनी क्षमताओं के रस को दे देने में ही है।"

(7) संक्षेपक की योग्यता

मूर्ति-निर्माण की कला और शिल्प में अनजान और कच्चे व्यक्ति को खूब गूँथ-गाँथ कर मिट्टी ही क्या यदि सोना भी दे दिया जाय, तो जाहिर है, जो चित्र और मूर्ति वह गढ़ेगा, वह बेडौल, टेढ़ी-मेढ़ी बेतरतीब और बदशक्ल ही होगी। अत: ऐसी स्थिति में मूर्ति के सुन्दर निर्माण और रचाव के लिए उसे उस कला में दक्ष और पारंगत होना होगा। ठीक इसी तरह संक्षेपण की कला और हुनर तथा तकनीक से बेखबर, अनभ्यस्त व्यक्ति यदि संक्षेपण का काम करेगा तो वहाँ भी प्रौढ़ता-परिपक्वता की जगह भदेसपन की गंध उड़ेगी। इस तरह का संक्षेपण बनावटीपन का शिकार हो जाएगा। इसलिए हर संक्षेपक को संक्षेपण का कार्य शुरू करने से पहले कुछ जमीनी और बुनियादी तथ्यों पर ध्यान देना चाहिए, यथा—

(1) शिल्प और कथ्य का बोध हो—सजग, सतर्क संक्षेपक जिस सामग्री का संक्षेपण कर रहा हो, उसे उसकी मूल आत्मा की पकड़ होनी चाहिए। कथ्य को चबा-चबा कर पढ़ना चाहिए। उसे कथ्य को इतना मथ देना चाहिए कि संक्षेपण के रूप में केवल 'लैनू' ही बच जाय। अब रही शिल्प की बात। दरअसल, कथ्य और शिल्प की संगति और तालमेल बहुत आवश्यक होती है, क्योंकि विद्वान् अध्यापक छात्रों के बीच सुन्दर शिल्प में यदि अपनी बात नहीं कह पाएगा तो विद्यार्थी उससे असंतुष्ट ही रहेंगे। ठीक इसी तरह यदि किसी कथ्य का संक्षेपण सुन्दर शिल्प में नहीं तराशा गया तो उसकी मूर्ति भकसावन ही होगी।

(2) परिपक्व मस्तिष्क और पूर्वाग्रह रहित हो—कुशल संक्षेपक प्रौढ़ दिमाग और सुलझी दृष्टि का होना चाहिए। सभी जानते हैं, इस आपाधापी के समय में किसी के पास लम्बे व्याख्यान सुनने और विस्तृत विवरण पढ़ने का समय नहीं है। समाज का हर बौद्धिक कुनबा—पत्रकार, वकील, न्यायाधीश, बैंक अधिकारी या किसी अन्य विभाग का अधिकारी समयाभाव में संक्षेपण ही पसंद करता है, अत: संक्षेपक के पास अनुच्छेदों, बड़े-बड़े समाचारों और संवादों को स्वतंत्र, सुगठित, निर्विवाद और प्रवाहपूर्ण रूप में ढालने की क्षमता होनी चाहिए। यह क्षमता शीघ्र निर्णय लेने की होनी चाहिए।

अगली बात यह कि संक्षेपक को तटस्थ, निर्लिप्त और शिविरवादिता से दूर रहना चाहिए। संक्षेपण में जबरिया व्यक्तिगत विचार की छौंक नहीं होनी चाहिए। उस पर कोई निजी सम्मति, वाद-प्रतिवाद, तर्जन-मर्जन करने का उसे कोई अधिकार नहीं है। उसे अपने नैतिक अनुशासन में रहते निर्विकार भाव से, स्वतंत्र रूप से, बिना पक्षपात किए किसी स्थल का संक्षेपण करना चाहिए।

(3) संक्षेपक अच्छे भाषिक संस्कार और सुरुचि का हो—संक्षेपक के पास भाषा को सलीके से बरतने और मनोरम ढंग से उसे पाठकों के समक्ष परोसने-प्रस्तुत करने का परिष्कृत संस्कार होना चाहिए। उसके पास खुद का पर्याप्त शब्द भण्डार होना चाहिए। उसे संक्षेपण में अनाप-शनाप और व्यर्थ के शब्दों के प्रयोग से परहेज करना चाहिए। शब्दों का सही सटीक प्रयोग हो ही, वाक्य छोटे-छोटे और भाषा सरल होनी चाहिए। उसे यह प्रयास करना चाहिए कि संक्षेपण में मूल अनुच्छेद के शब्द, मुहावरे और वाक्यों का दुहराव न हो। मूल में आए उदाहरण, अलंकार, संदर्भ और दृष्टान्तों को उसे त्याग देना चाहिए। शब्दों को कम करने के लिए पदबंध के स्थान पर एक शब्द का प्रयोग करना चाहिए। वाक्य संकोचन के कौशल का प्रयोग कर भाषा को संक्षिप्त करना चाहिए। अगली बात यह कि उसके पास वस्तु की समझ की सुरुचि स्फूर्त हो। संक्षेपण को संक्षेपक पेशेवर अंदाज में न ले, तभी ठीक होगा। दबाव या किसी हड़बड़ी, हलबल-दलबल में किये गये संक्षेपण के चटक कर टूट जाने का खतरा निरन्तर बना रहता है।

(4) धैर्यशील और विवेकी—संक्षेपण का काम श्रीकान्त वर्मा की कविता ''महुये के वन में आवाँ सुलगाने के लिए कंडा बीनने'' की तरह है। इसमें बहुत धैर्य की जरूरत होती है। मूल कथ्य का चेहरा-दर-देहरा सुन्दर लहजे में संक्षेपण में उतर जाय, संक्षेपण बहुत जीवन्त और प्राणवान हो, वह संक्षेपक के गहरे सुचिन्तित दृष्टिकोण का परिचायक हो—इन सब बातों के लिए संक्षेपक को बहुत धैर्य रखना चाहिए। संक्षेपण में मूल कथ्य को बहुत बारीक निगाह से देखते हैं, यहाँ बिना चीखे-चिल्लाए सलीके से धैर्यपूर्वक अतिव्याप्ति और अव्याप्ति दोषों से बचते हुए, शीर्षक में मूल विचार को उतारते हुए, अनुच्छेद की बात की

उपस्थिति-अनुपस्थिति का ध्यान बड़े चाव एवं हिमालय पहाड़ की तरह धैर्य रखते हुए करते हैं। संक्षेपक यदि विवेकी और कुशाग्र बुद्धि-सम्पृक्त नहीं है, तो संक्षेपण अपेक्षित धारदार और कामयाब नहीं हो सकता।

(5) स्थिति और नियति का सन्तुलन—संक्षेपक यदि स्थिति और नियति का दुरुस्त है तो वह संक्षेपण में किसी विवादास्पद बयान को नहीं दर्ज करेगा। अच्छी और संतुलित स्थिति का संक्षेपक मूल पर गहरी दृष्टि का फोकस डालेगा। निपट सादी भाषा में मूल को संक्षेपण के सुन्दर 'फ्रेम' में मढ़ उस पर पाठकों के लिए चकित कर देने वाली बुनावट बुनेगा। महत्त्वपूर्ण बिन्दुओं, शब्दों और अंशों की बूटी काढ़ेगा। मूल को अनेक बार पढ़ अपनी विवेक शक्ति और भाषा की समाहार शक्ति के मेल से जो संक्षेपण निर्मित होगा, वह संक्षेपक की स्वस्थ नियति का द्योतन करेगा। वह मूल की एक-एक पंक्तियों और शब्दों को संक्षेपण करने से पूर्व माला के मनका की तरह जपेगा, स्वयं संक्षेपण करने की तपस्या की अगिन में पिघलेगा, तभी उसका संक्षेपण कुन्दन बनकर पाठकों के मन रूपी खराद पर सुन्दर और अनाविल बनेगा।

उक्त गुणों और योग्यताओं से लैस जो संक्षेपक संक्षेपण करेगा उसका रंग टिकाऊ, ठोस और परिपक्व, टटका और सुन्दर शक्ल अख्तियार करेगा, ऐसा मेरा विश्वास है।

(8) संक्षेपण शैली

शैली विचारों की पैरहन और वस्त्र मानी जाती है। वह कथ्य की प्रस्तुति का सलीका होती है, अभिव्यक्ति का शऊर होती है, सुन्दर शैली के आवरण में प्रस्तुत थुलथुल और लद्धड़ जुमले तथा अल्फाज़ भी आफ़ताब की तरह प्रकाशित और स्पंदित हो उठते हैं। अतः ऐसी स्थिति में स्वतः स्पष्ट है कि संक्षेपण-संपादन के लिए शैली का कितना महत्त्व है। संक्षेपण यदि सुन्दर शैली में परोसा गया है तो वह असरकारक होता है, पाठकीयता के प्रति रुचि और जिज्ञासा पैदा करता है। एतदर्थ, सुन्दर शैली में संक्षेपण की प्रस्तुति के लिए हमें कुछ प्रमुख तथ्यों पर गौर करना चाहिए—

(क) संक्षेपण की भाषा सरल-सजीव होनी चाहिए। चूँकि भाषा कथ्य को सीधे प्रभावित करती है, इसलिए शाब्दिक फिजूलखर्ची से बचते हुए, आलंकारिता को परे खिसका कम-से-कम शब्दों और सादे अंदाज में कथ्य की प्रस्तुति होनी चाहिए। भाषिक लटके-झटकेबाजी और कोश शब्दाडंबर संक्षेपण में भदेसपन पैदा करता है। संक्षेपण में उपमा, अनुप्रास, यमक, उत्प्रेक्षा, रूपक या दृष्टान्त आदि अलंकारों का प्रयोग लगभग निषिद्ध होता है, अतः इनके अनावश्यक प्रयोग से हमें परहेज करना चाहिए, यथा—

प्रात नभ था—बहुत नीला, शंख जैसे,
भोर का नभ,
राख से लीपा हुआ चौका,
अभी गीला पड़ा है।

यदि हम चाहें तो उक्त कवित्त्वपूर्ण वाक्यों को सीधी भाषा में एक छोटे से संक्षिप्त वाक्य में इस प्रकार कह सकते हैं—''शंख के समान प्रातःकालीन आकाश गहरा नीला था''। प्रस्तुति की यह शैली संक्षेपण को लजीज बनाएगी।

(ख) अगली बात फिर भाषा से ही संबंधित है। संक्षेपण में लघु शब्दावली का तो प्रयोग होना ही चाहिए, अस्पष्ट प्रतीक तथा छंदों के बेजा इस्तेमाल से भी बचना चाहिए। इससे शैली में प्रवाह बना रहता है। लाक्षणिकता और व्यंजना का धुंध पैदा करने वाले शब्दों का भी प्रयोग नहीं होना चाहिए।

(ग) लेकिन इसका अर्थ यह भी नहीं कि शब्दों के किफायती प्रयोग के नाम पर हम संक्षेपण के लिए 'तार' (Telegraph) या ई-मेल (WWW Dot Com) वाली शैली का प्रयोग करें। दरअसल, तार और ई-मेल की भाषा सांकेतिक होती है। वह अपूर्ण होती है, उसे समझने में मेहनत करनी पड़ती है। अत: यदि संक्षेपण के लिए कूट शैली का प्रयोग होगा तो वह भ्रम और उलझाव पैदा करेगी।

(घ) संक्षेपण की शैली आडम्बर और तड़क-भड़क से दूर होनी चाहिए। सड़क छाप तार्किक मुहावरों का प्रयोग उसे बचकाना और लचर बनाएगा। शैली में खटास आएगी। वस्तुत: संक्षेपण की शैली तो ऐसी सुन्दर और मोहक होनी चाहिए कि पाठक इसके माध्यम से कथ्य के रोए-रेशे को बहुत तीक्ष्णता से पकड़-समझ ले। वह उबाऊ और थकान पैदा करने वाली न हो।

(ङ) संक्षेपण में बड़े-बड़े वाक्यों को तोड़कर भरसक एक शब्द का प्रयोग होना चाहिए, यथा—

जो ईश्वर में आस्था रखता है	—	आस्तिक
जो ईश्वर में आस्था नहीं रखता है	—	नास्तिक
वह बालक जिसके माँ-बाप न हों	—	अनाथ
बाद में पैदा होने वाला	—	अनुज

अंत में कुल मिलाकर यह कि संक्षेपण को चटक-पटक बनाने और सुन्दर शैली में ढालने के लिए हमें—प्रत्यक्ष कथन (Direct Narration), अन्योक्ति, अतिशयोक्ति आदि अलंकारों, अनावश्यक व्याकरणिक चिन्हों, विदेशी शब्दों, वर्ण संबंधी त्रुटियों, संस्कृत भाषा के क्लिष्ट शब्दों, वाणभट्ट वाली लम्बी वाक्य-रचना, विचारों के दुहराव, लोकोक्तियों और मुहावरों के प्रयोग तथा तार भेजने वाली शैली का त्याग करना पड़ेगा तभी संक्षेपण की शैली में रवानगी बनी रहेगी, अन्यथा फूहड़ और जड़ शैली में सारा श्रम 'ढाक के तीन पात' हो जाएगा।

(9) कार्यालयों में संक्षेपण लेखन

संक्षेपण का महत्त्व हमारे जीवन में पग-पग और पोर-पोर में है। खासकर बकौल डॉ॰ चन्द्रभान, आज व्यस्ततापूर्ण मशीनी युग में मनुष्य को कम प्रयत्न और अल्पतम समय में अधिकतम परिणाम की अपेक्षा रहती है। इसलिए वर्तमान युग में संक्षेपण का क्षेत्र अपेक्षाकृत विस्तृत हो गया है। संक्षेपण दैनिक समाचार पत्रों से लेकर हमारे जीवन की विभिन्न गतिविधियों में प्रत्यक्ष-अप्रत्यक्ष रूप से संपृक्त है। प्रशासनिक भाषा की दृष्टि से दैनिक पत्राचार, विभिन्न प्रकार की रिपोर्टें, बैठकों और सम्मेलनों के कार्यवृत्त, पत्रिकाओं में प्रकाशित होने वाले लेख और सूचनाएँ सभी कार्यविधियों में संक्षेपण-विधि का सहारा लेने की आवश्यकता रहती है। इसलिए सरकारी कर्मचारी को संक्षेपण का अभ्यास सुविधाजनक और कार्य उपयोगी सिद्ध होता है। इस प्रकार कार्यालयीन कार्यों को अपेक्षानुसार निष्पादित करने के

लिए संक्षेपण विशेष कारगर प्रविधि है। इसके माध्यम से पत्राचार संबंधी सभी कार्यों को सरलतापूर्वक निपटाया जा सकता है।

दरअसल, कार्यालयीय अधिकारियों, विभागीय अध्यक्षों, आयुक्तों, मंत्रियों, सचिवों के पास काम की अधिकता, समय की कमी, हर काम एक निश्चित समय में पूरा करने की हड़बड़ी, उस पर कार्यालयों में फाइलों का अंबार—अत: ऐसी स्थिति में कार्यों की संक्षिप्त प्रस्तुति की जगह यदि उन्हें 'गरुड़ पुराण' के रूप में प्रस्तुत किया जाएगा—तो जाहिर है—काम बाधित होगा, होगा तो अपूर्ण होगा। अत: ऐसी स्थिति में कार्यालयों में संक्षेपण का महत्त्व स्वत: सिद्ध है। कार्यालयों में उपयोगी संक्षेपण के लिए हमें मूल सार का तथ्य (Facts) और संपूर्ण तथ्यों (All aspects) का समावेश कर लेना चाहिए। भाषा में द्विअर्थी शब्द न रहें, संक्षेपण मूल का एक तिहाई हो, अर्थ की दृष्टि से पूर्ण हो, तर्कों, तथ्यों का सिलसिला मूल का ही रहे, भाषा खुद की मौलिक हो, फालतू भावों की फौज न भरी जाय, केन्द्रीय कथ्य न छूटे—यदि इन बातों पर ध्यान दिया जाय तो कार्यालयीय संक्षेपण कार्यों की सम्पन्नता-संपादन में सहायता सिद्ध होंगे।

(10) संक्षेपण के समानार्थी शब्द या संक्षेपण के अन्य रचना प्रकार

संक्षेपण 'प्रेसी' (Precis) का हिन्दी रूपान्तर शब्द है। यद्यपि संक्षेपीकरण, संक्षिप्त लेख तथा संक्षिप्ति आदि शब्द भी इसके लिए प्रचलित हैं तथापि संक्षेपण शब्द ही व्यावहारिक, सार्थक, भाव व्यंजक और सर्वस्वीकृत बन गया है। 'प्रेसी' के समानार्थी अनेक शब्द Summary (सारांश), Substance (भावार्थ), Paraphrasing (अन्वय), Gist (मुख्यार्थ), Purpose (आशय), Synopsis (रूपरेखा) आदि प्रचलित हैं, जिनका अर्थ होता है—किसी बात को थोड़े शब्दों में व्यक्त करना। फिर प्रश्न उठता है कि जब अंग्रेजी में इस आशय के अनेक शब्द हैं तो फ्रेंच भाषा के 'प्रेसी' शब्द को ही क्यों ग्रहण किया गया? दरअसल, इसका मुख्य कारण यह है कि अंग्रेजी और फ्रेंच भाषाएँ परस्पर इतनी निकट हैं कि उनमें शब्दों का आदान-प्रदान चलता रहता है। इसके अतिरिक्त 'प्रेसी' ऐसे भावों का द्योतक है, जिसकी पूर्ति अंग्रेजी के अन्य शब्दों द्वारा नहीं हो पाती है।[1] अत: इन समानार्थी शब्दों के विशिष्ट अन्तर को नीचे इस प्रकार देखा जा सकता है—

(क) संक्षेपण और रूपरेखा (Precis and Synopsis)—संक्षेपण और रूपरेखा में कुछ मूलभूत अंतर होता है। रूपरेखा एक ऐसा प्रारूप होता है, जिसकी टटोल पर तथ्यों से भलीभाँति परिचित नहीं हुआ जा सकता। यह, वस्तुत: एक किसिम का अलिखित लेख या वक्तव्य होता है। अगली बात यह कि यहाँ भावों का कोई स्पष्ट न तो सिलसिला मिलता है और न समंजन-सन्तुलन ही। इसके ठीक विपरीत संक्षेपण की मूल बुनियाद ही संतुलन, क्रमबद्धता और स्पष्टता पर टिकी होती है।

(ख) संक्षेपण और मुख्यार्थ (Precis and Purpose)—मुख्यार्थ और संक्षेपण—इन दोनों में यद्यपि एक समानता है और वह है—इन दोनों में मूल भाव पर बल देना, लेकिन एक अंतर यह है कि मुख्यार्थ में जहाँ मूल भाव बहुत स्पष्ट और क्रमबद्ध नहीं होता, वहीं संक्षेपण इस दोष से बचा रहता है।

---

1. **हिन्दी भाषा—सर्वेक्षण—सं० डॉ० मुंशीराम शर्मा, पृष्ठ 4**

(ग) संक्षेपण और सारांश (Precis and Summary)—सारांश संक्षेपण का लघु रूप होता है। यहाँ केन्द्रीय तथ्य बहुत संक्षेप में लिखा जाता है। साफ शब्दों में कुछ लोग इसे संक्षेपण का संक्षेपण मानते हैं। सारांश मूल के तृतीयांश से भी कम होता है। सारांश में आसक्ति मूल अवतरण के 'भाव' को जानने में लगी रहती है, जब संक्षेपण में लेखक की दृष्टि मूल अंश के समस्त महत्त्वपूर्ण तथ्यों को ठोस रूप में प्रस्तुत करने की ओर टिकी रहती है।[1]

(घ) संक्षेपण और भावार्थ (Precis and Substance)—दोनों में समानता यह है कि दोनों में भावों, विचारों की संक्षिप्तता रहती है। भावार्थ में आकार और शैली का कोई बंधन नहीं है। संक्षेपण का आकार अनिवार्यतः छोटा—एक तिहाई होना चाहिए। उसमें शैली का विशेष महत्त्व नहीं है। भावार्थ में कभी-कभी प्रत्यक्ष कथन चल सकता है, पर संक्षेपण में प्रत्यक्ष कथन वर्जित है। भावार्थ में शब्द गिनने की आवश्यकता नहीं है, पर संक्षेपण में शब्द गिनने ही पड़ते हैं।[2]

(ङ) संक्षेपण और अन्वय (Precis and Paraphrasing)—संक्षेपण में जहाँ मूल भाव सुरक्षित रहता है, वहीं अन्वय में भावार्थ की तरह मुख्य और गौण बातों के लिए गुंजाइश बनी रहती है। अन्वय अधिकांशतया कविताओं का ही किया जाता है, कहीं-कहीं अलंकारपूर्ण गद्यों का भी अन्वय करना पड़ता है, लेकिन संक्षेपण की प्रकृति इन सबसे अलग होती है।

(च) संक्षेपण और आशय (Precis and Synopsis)—संक्षेपण में जहाँ किसी भाव या विचार का स्पष्टीकरण नहीं किया जाता, वहीं आशय में गूढ़ या उलझे भावों का स्पष्टीकरण किया जाता है। संक्षेपण में जहाँ संक्षिप्तता पर ही ध्यान दिया जाता है, वहीं आशय की आकार-सीमा तय नहीं होती। आशय की तुलना में संक्षेपण नियंत्रित और संतुलित होता है।

(छ) संक्षेपण और पल्लवन या विस्तारण (Precis and Expansion)—संक्षेपण में किसी अनुच्छेद में अभिव्यक्त विचारों का सार या संक्षिप्त रूप रहता है और पल्लवन में किसी विचार का स्पष्टीकरण या विशदीकरण रहता है। संक्षेपण अनिवार्यतः छोटा होता है और पल्लवन अनिवार्यतः बड़ा होता है।[3]

(11) संक्षेपण का उदाहरण—प्रत्येक कार्य का अपना एक समय होता है। समय निकल जाने के बाद कार्य की न कोई शोभा ही शेष रह जाती है और न उसकी उपयोगिता एक बार फसल सूख जाने पर फिर चाहे कितनी ही वर्षा क्यों न हो, उसे हरी-भरी बनाए रखना कठिन होता है। समय पर रोगी को मामूली उपचार स्वस्थ बना सकता है, किन्तु उचित समय गवाँ देने के बाद अच्छी से अच्छी औषधि भी निरर्थक होती है।

संक्षेपण-शीर्षक-समय की महिमा या महत्त्व—उचित समय पर कार्य करने से ही लाभ होता है। फसल को पानी और रोगी को औषधि समय पर मिलने से लाभ होता है, वरन् ये निरर्थक हो जाते हैं।

---

1. **हिन्दी भाषा का प्रयोजनमूलक स्वरूप—डॉ० कैलाश चन्द्र भाटिया, पृष्ठ 96**
2. **हिन्दी रूप रचना—सं० आचार्य जयेन्द्र त्रिवेदी, पृष्ठ 242**
3. **हिन्दी रूप रचना—सं० आचार्य जयेन्द्र त्रिवेदी, पृष्ठ 242**

(ब) विस्तारण या पल्लवन (Expansion)

(1) विस्तारण या पल्लवन : स्वरूप, अर्थ तथा परिभाषा

विस्तारण के लिए हिन्दी में 'पल्लवन' शब्द का इस्तेमाल तो होता ही है, 'अभिवर्द्धन', 'गवेषण' तथा 'विश्लेषण' शब्द भी समय-समय पर व्यवहृत होते हैं। अंग्रेजी में 'इक्सपेन्सन' (Expansion) के साथ इसे 'एम्प्लीफिकेशन' (Amplification) भी कहा जाता है। पल्लवन सकर्मक क्रिया से अनुस्यूत है, जिसका आशय होता है, फैलाव या विस्तार। विस्तारण शब्द संक्षेपण का ठीक बरक्स अर्थात् उल्टा अर्थ देता है। संक्षेपण में जहाँ किसी वक्तव्य, भाषण, वार्ता, बहस का निचोड़, तलछट या गाद रूप में प्रस्तुत करते हैं, विस्तारण में वही कथ्य अपना लघु आकार छोड़ विस्तार-आकर प्राप्त करता है। साफ शब्दों में, संक्षेपण की तुलना में यहाँ वही तथ्य पसरता है, जबकि संक्षेपण में सिकुड़ता है।

अब यहाँ कुछ सवाल सिर उठा सकते हैं कि आखिर विस्तारण और संक्षेपण में श्रेष्ठ कौन है? व्यक्ति के जीवन में महत्त्वपूर्ण कौन है? अपनी बात की अभिव्यक्ति के लिए व्यक्ति उन दोनों में से वरण किसका करे? क्या दोनों उपयोगी और प्रसंगिक हैं? बहरहाल, इन सवालों का उत्तर पलक झपकते नहीं दिया जा सकता, क्योंकि व्यावहारिक धरातल पर व्यक्ति के जीवन में समय-समय पर इन दोनों का महत्त्व है। दरअसल, कुछ लोग अपनी बात को 'व्यास' शैली में कहने के आदी-अभ्यासी होते हैं, जबकि उसी तथ्य को कुछ लोग 'समास' शैली यानी संक्षेप में, नपी-तुली शब्दावली में कहते हैं। बिहारी जिस बात को महज़ दो पंक्तियों में कहने के लिए ख्यातिलब्ध हैं—

सतसय्या के दोहरे, औ नावक के तीर।
देखन में छोटन लगे, घाव करै गंभीर॥

उसी बात को उन्हीं के समकालीन कवि दो से भी अधिक पंक्तियों में मुकम्मल रूप में कह नहीं पाते। थोड़ा और ऊपर संस्कृत वाङ्मय में प्रवेश कीजिए तो भीमकाय वक्तव्य चुटकी रूप में, सूत्र रूप में कहे जा रहे हैं, जिनकी स्पष्ट समझ के लिए कालान्तर में टीकाओं और भाष्यों का जनम होता है। कुल मिलाकर यह कि विस्तारण और संक्षेपण—गरज और जरूरत के अनुसार उपयोगी होते हैं। दोनों महत्त्वपूर्ण हैं। इनमें से कौन हीन और श्रेष्ठ है—इसका उत्तर देना अपने को चिढ़ाना है। अब आइए, विस्तारण-पल्लवन संबंधी विद्वानों की कुछ परिभाषाओं को देख लिया जाय—

(क) **एस० टी० इमाम** के अनुसार, अंग्रेजी विद्वान् एस० टी० इमाम विस्तारण को रेखांकित करते हुए कहते हैं—"Amplification is an act of expansion or a enlargement of thought, process by manner of representation. It is a diffusive discussion. It is dilating upon all the particulars of a subject by way of illustration and various examples and process." अर्थात् विस्तारीकरण विचारों के विस्तारण अथवा संविकाशन की एक क्रिया है अथवा अभिव्यक्ति की एक प्रक्रिया है। यह विचारों का विस्तारण है। यह दृष्टान्तों, विभिन्न उद्धरणों और प्रमाणों की सहायता से सम्बन्धित सभी विवरणों को पल्लवित करता है।[1]

---

1. **An A.B.C. of General English—S. T. Emam, P. 201**

(ख) **बेकन** के विचार से, विस्तारण किसी एक विचार को एक अनुच्छेद में विस्तृत करना है। उसका उद्देश्य नियंत्रित होता है तथा इसमें मूल विचार को विकृत करने तथा अवांछनीय सामग्री देने का निषेध होता है।

(ग) **डॉ० मुंशीराम शर्मा** कहते हैं कि, वस्तुत: किसी सूत्रबद्ध अथवा संगुंफित विचार या भाव के संविकासन को विस्तारण कहते हैं।[1]

(घ) **डॉ० चन्द्रपाल** के अनुसार, विस्तारण भाषा अभिव्यक्ति की ऐसी प्रविधि है, जिसमें मूल कथन अथवा सूक्ति का व्याख्यापरक अर्थ समभावी रचनाओं और उदाहरणों से व्यक्त किया जाता है। विस्तारण में सामान्यत: विषय शीर्षक अथवा लघु-अनुच्छेद को व्याख्यात्मक ढंग से विस्तारपूर्वक लिखने की अपेक्षा होती है।[2]

(ङ) **डॉ० विजयपाल सिंह** लिखते हैं कि, विस्तारण में लेखक अपने भावों को व्यक्त करने के लिए अलंकृत भाषा का प्रयोग करता है तथा समास शैली के स्थान पर व्यास शैली को अपनाता है। पल्लवन शब्द में विस्तार का भाव निहित है, किन्तु यह विस्तार सीमातीत नहीं है।[3]

(च) **डॉ० मधुबाला नयाल** के विचार से, पल्लवन से तात्पर्य है किसी संक्षिप्त एवं संश्लिष्ट कथन का ऐसा विस्तार करना, जिससे वक्ता/लेखक की अभिव्यक्ति सामान्य व्यक्ति के लिए बोधगम्य हो सके। सामान्य शब्दों में पल्लवन वह विधा है, जिसमें किसी कथन या सूक्ति का अभिवर्द्धन तथा विकास नए-नए शब्दों, रचनाओं, उदाहरणों से उस सूक्ति को युक्त करके किया जाता है।[4]

(2) विस्तारण की विधि या प्रक्रिया

पल्लवन की प्रक्रिया संक्षेपण प्रक्रिया के ठीक विपरीत है। संक्षेपण में मूल सामग्री का सार लेख प्रस्तुत किया जाता है, जबकि पल्लवन में मूल कथन या सूक्ति का विस्तार। पल्लवन में कथन के खंडन-मंडन की स्वतंत्रता नहीं होती। भावपूर्ण कथन पल्लवन द्वारा संक्षिप्त निबंध का रूप ले लेता है, किन्तु पल्लवन निबंध नहीं है।[5] पल्लवन-विधि में हमें यह ध्यान रखना चाहिए कि विस्तारण में विषय से संबंधित तथ्यों का उल्लेख अवश्य किया जाय, परन्तु अनावश्यक वृद्धि और अनपेक्षित शब्दों का प्रयोग वर्जित होना चाहिए। बहरहाल, किसी विषय, सूक्ति, मुहावरा, कहावत, कथन, लोकोक्ति आदि के पल्लवन और विस्तारण के लिए हमें उस विषय को कई बार चबा-चबाकर पढ़ने के अलावा उसकी रूपरेखा, लिखित रूप देने तथा लिखित रूप देने के अलावा उसका पुनरीक्षण आदि प्रक्रिया करनी चाहिए। उसके साथ ही—

1. मूल कथन के विस्तारण के समय हमें अपने कथन के साक्ष्य और प्रमाण के लिए कुछ उद्धरण और उदाहरण देना चाहिए,

---

1. हिन्दी भाषा—सर्वेक्षण—सं० डॉ० मुंशीराम शर्मा, पृष्ठ 4
2. प्रशासनिक हिन्दी—डॉ० चन्द्रपाल, पृष्ठ 34
3. कार्यालयीय हिन्दी—डॉ० विजयपाल सिंह, 32
4. प्रयोजनमूलक हिन्दी—डॉ० मधुबाला नयाल, पृष्ठ 102
5. प्रयोजनमूलक हिन्दी—डॉ० मधुबाला नयाल, पृष्ठ 102

2. यदि पल्लवनकर्त्ता किसी विचार या कथन से सहमत नहीं है तो उसे असहमति व्यक्त करने का अधिकार नहीं है,
3. चूँकि पल्लवन या विस्तारण की आवश्यकता अधिकांशतया वरिष्ठ अधिकारियों, सलाहकारों, मंत्रियों या कार्यपालकों तथा विद्यालयों में विद्यार्थियों को ही होती है, इसलिए इसकी भाषा पर हमें ध्यान देना चाहिए,
4. अत: चमत्कार या चमत्कृत करने वाली भाषा के प्रयोग से पल्लवन की प्रक्रिया में बचना चाहिए, भाषा विषयानुकूल, सरल, सुबोध एवं शुद्ध होनी चाहिए। कुल मिलाकर भाषा विषय और भाव के अनुकूल होनी चाहिए,
5. मूल भाव का विस्तारण अन्य पुरुष में होना चाहिए,
6. विस्तारण की प्रक्रिया मूल के अनुसार क्रमबद्ध होनी चाहिए, कहीं से अटपटेपन की गंध न उठे,
7. पल्लवन की प्रक्रिया में हमारा प्रयास होना चाहिए कि मूल स्थल की केन्द्रीय आत्मा पल्लवन में आ जाय,
8. विद्यार्थियों को चाहिए कि यदि पल्लवन की प्रक्रिया पहले से कुछ तयशुदा शब्दों में करने का आदेश है, तो वे इस आदेश का कत्तई उल्लंघन न करें,
9. भाव-विस्तारण बोझिल न हो, अनावश्यक तथ्यों को बेमुरौव्वत निकाल, पल्लवन को अर्थपूर्ण बनाना चाहिए,
10. व्यास शैली का प्रयोग कर पल्लवन की प्रक्रिया पूरी होनी चाहिए और अंत में पल्लवित स्थल को ध्यान से पढ़कर यह देख लेना चाहिए कि कहीं फिजूल के तथ्यों की भर्ती न हो गई हो, कहीं व्याकरणिक अशुद्धियाँ तो नहीं रह गयी हैं, विरामादि चिन्ह उपयुक्त जगह प्रयुक्त हुए हैं या नहीं।

(3) पल्लवन या विस्तारण के तत्त्व

पल्लवन या विस्तारण के लिए कुछ बहुत जरूरी 'तत्त्व' या अनुशासन हिन्दी में तय किए गए हैं। किसी भी पल्लवन करने वाले के लिए इनका पालन बहुत जरूरी होता है। यदि इन बिन्दुओं या तत्त्वों पर ध्यान नहीं दिया गया तो पल्लवन के स्खलित या खंडित हो जाने का खतरा निरन्तर बना रहता है—

(क) भाषा सरल और सीधी हो—पल्लवन की भाषा कठिन न हो, सामान्य पाठक उसे हृदयंगम कर सके। वह चमत्कारिकता के मोह से मुक्त होनी चाहिए। कहीं किसी भाषिक फंतासी और कुहासा की छुअन दूर-दूर तक न हो। शिल्प गठा और संप्रेषणीय हो। कुल मिलाकर भाषा पारदर्शी होनी चाहिए।

(ख) सुन्दर और श्रेष्ठ शब्द चित्र—श्रेष्ठ शब्द चित्र किसी भी रचना के पाठकीय आस्वाद को बढ़ाते हैं। अत: हमें पल्लवन करते समय हमेशा इस बात का ख्याल रखना पड़ेगा कि इन शब्द चित्रों में किसी तरह की दुरूहता-कठिनता, समझ का धुँधलापन और अस्पष्टता न आने पाए।

(ग) वस्तुगत गहराई—पल्लवन में कलात्मक प्रौढ़ता और वस्तुगत गहराई का ध्यान रखना चाहिए। हमें यह सदैव ध्यान रखना होगा कि पल्लवन करते समय जीवन के उपेक्षित

और साधारण अनुभवों का अंकन छूटने न पाए, क्योंकि ये अनुभव मामूली दिखने के बावजूद जिन्दगी के नाजुक पहलुओं से हमारा अनुभव कराते हैं। छोटी सी दिखने वाली बात भी कभी-कभी दैनिक जीवन में बड़े हर्ष या विवाद का कारण बन जाती हैं। अतः ऐसी स्थिति में अनुभूत सत्य के करीब तथ्यों का पल्लवन में उल्लेख अवश्य होना चाहिए।

(घ) संतुलित कलेवर—पल्लवन का दायरा निश्चित जद और कलेवर में होना चाहिए। पल्लवनकर्त्ता को चाहिए कि पल्लवन का शिल्प और गठन उसे सुन्दर 'कैरीकेचर' दे। पल्लवन को लोक शैली और लोक भाषा के लुभावने बाने में ढालने में सक्षम हो।

(ङ) आश्वस्तकारी हो—पल्लवन नए विन्यास में तो प्रस्तुत होना ही चाहिए, वह आश्वस्तकारी तथा विचारोत्तेजक भी होना चाहिए। प्रत्येक वाक्य क्रमबद्ध हों। कहीं किसी तरह की शिथिलता और विखरापन न हो। पल्लवन करने से पूर्व उस स्थल का मनोयोगपूर्वक गहरा अध्ययन कर लेना चाहिए।

(4) विस्तारण के समानार्थी शब्द

हिन्दी में पल्लवन के लिए विस्तारण , विश्लेषण तथा गवेषण शब्दों का इस्तेमाल तो होता ही है, व्याख्या, भावार्थ, टीका, भाष्य, निबंध आदि शब्द भी इसी अर्थ में प्रयोग किए जाते हैं, लेकिन यदि इन शब्दों पर सूक्ष्मता से ध्यान दिया जाय तो हम पाएँगे कि विस्तारण के पर्यायवाची लगने वाले ये शब्द विस्तारण से कुछ-न-कुछ भिन्न अर्थ रखते हैं। इन्हें अति-संक्षेप में नीचे इस प्रकार देख सकते हैं—

(क) विस्तारण और निबंध—सभी जानते हैं, निबंध हिन्दी की एक स्वतंत्र विधा है ! इसकी आकृति-आकार काफी फैली होती है। साफ शब्दों में, इसमें कोई भी स्वतंत्र भाव अंकुरित होने से लेकर बड़ा दरख्त बनने तक स्वतंत्र ही होता है, जबकि पल्लवन में ऐसा नहीं है। पल्लवन स्वतंत्र और मुक्त नहीं होता। यह किसी वाक्य विशेष को बड़ा आकार देता है, जिस स्थल-विशेष को यह बड़ा फलक देता है, उसका मूल अनुगामी होता है, पर दुर्भाग्य से कुछ लोग दोनों को एक ही मान बैठते हैं।

(ख) विस्तारण और व्याख्या—विस्तारण और व्याख्या शब्द देखने में समानार्थी जरूर लगते हैं, लेकिन इन दोनों में कुछ बुनियादी फासला और फाँक है। विस्तारण में हम बाध्य होते हैं कि मूल भाव का ही हमें अनुसरण करना होता है, जबकि व्याख्या में इसके ठीक उलट होता है। व्याख्या में स्वतंत्र भाषा और मुहावरों का प्रयोग सुन्दर बिम्बों के साथ किया जा सकता है। विस्तारण में हम मूल भाव से छेड़छाड़ और हस्तक्षेप नहीं कर सकते, लेकिन व्याख्या में स्रोत कथ्य को तराशा जा सकता है।

(ग) विस्तारण और टीका—विस्तारण और टीका दोनों ऊपरी तौर पर समानार्थी लगते हैं, लेकिन इनमें भी कुछ मौलिक अंतर है। विस्तारण यदि निश्चित या पूर्व तयशुदा कोल्हू का बैल है, तो टीका का 'रेंज' व्यापक और बहुत हद तक मुक्त है। यहाँ सरल भाषा में विचार-विमर्श, टीका-टिप्पणी कर सकते हैं। इस तरह से विस्तारण की तुलना में टीका स्वायत्त होती है, लेकिन यह टीका 'कबीर के बेहद्दी मैदान' की तरह स्वतंत्र नहीं होनी चाहिए।

(घ) विस्तारण और भावार्थ—कुछ लोग विस्तारण का विकल्प 'भावार्थ' मानते हैं। दरअसल, विस्तारण में जहाँ मूल भाव का फैलाव होता है, वहीं भावार्थ में वह प्रक्रिया तो

होती ही है, यहाँ केन्द्रीय कथ्य पर विशेष बल रहता है। कुल मिलाकर भावार्थ में सजग-सतर्क दृष्टि का परिचय देते हुए कथ्य या वस्तु के मूल चरित्र पर बल दिया जाता है।

(ङ) विस्तारण और भाष्य—विस्तारण और भाष्य में भी अंतर है। विस्तारण में जहाँ मूल भाव विस्तृत होता है, वहीं भाष्य में भाष्यकर्त्ता मूल भाव को बड़ा आकार देते हुए अपने सुदीर्घ-सुचिन्तन, बौद्धिक और तार्किक शक्ति का प्रयोग करते हुए गूढ़ और अनगढ़ तथ्यों का निरूपण करता है। कुल मिलाकर विस्तारण में जहाँ घेरेबन्दी है, भाष्य में इस तरह की कोई हदबंदी नहीं है।

(5) विस्तारण: महत्त्व एवं उपयोगिता

विस्तारण या पल्लवन कठिन बौद्धिक वर्जिश है। इसका महत्त्व बहुविध है। विद्यालयों से लेकर कार्यालयों तक इसके महत्त्व को झुठलाया और नकारा नहीं जा सकता। आज के ग्लोबल समाज में इसका महत्त्व और बढ़ा है। जीवन के छोटे-छोटे ब्यौरे पल्लवन की प्रक्रिया में वैचारिक प्रौढ़ता को प्राप्त करते हैं। कार्यालयों के सामान्य बाबू से लेकर अधिकारियों तक संक्षिप्त भाषा में टाँके गए नियमों को स्थूल और वृहद आकार देकर, उन्हें सहज भाषा में विन्यस्त कर बोधगम्य बनाते हैं। सूक्ष्म और सूत्र शैली में वर्णित बातें फैलती हैं, कुछ अल्प और अनभ्यासी लोग उससे लाभान्वित होते हैं, क्योंकि पल्लवन में सारी बातें दर्पण की तरह साफ और प्रभाषित होती हैं। पल्लवन से अबूझ और गहन अर्थ दरवाजे की तरह खुलता है। कार्यालयों में मसौदा या प्रारूपण (Drafting) तैयार करने में इस पल्लवन या विस्तारण विधि का ही सहयोग लिया जाता है। सूक्तिपरक तथ्य विस्तारण विधि के माध्यम से ही सरकारी पत्र का दर्जा हासिल करते हैं।

अगली बात यह कि विस्तारण प्रविधि के माध्यम से प्रशासनिक नियमों को बोधगम्य ढंग से प्रचारित करके अनावश्यक विवादों और आशंकाओं से बचा जा सकता है। मसौदा लेखन में विस्तारण प्रक्रिया फलस्वरूप प्रौढ़ता लाई जा सकती है। कार्यालयीय स्वत: पूर्ण टिप्पणियों में विस्तारण के प्रयोग से पुनः स्पष्टीकरण आदि पूछने की गुंजाइश न होने के कारण तत्काल अपेक्षानुसार निर्णय लेने में सुविधा रहती है। कार्यालयीन कार्य को यथाशीघ्र करने में विस्तारण प्रक्रिया का विशेष महत्त्व है, क्योंकि विस्तारण से पत्रों और सूचनाओं में बोधगम्यता और कार्यकुशलता रहने से परस्पर आत्मविश्वास और निष्ठा का वातावरण सृजित होता है, जिसके परिणामस्वरूप प्रशासनिक कार्यों में प्रगतिशीलता बनी रहती है।[1] इस प्रकार विस्तारण की उपयोगिता, प्रासंगिकता और महत्त्व असंदिग्ध तथा बिलासुबह है।

(6) विस्तारण का उदाहरण

"**आत्म दृष्टिं विश्व बन्धुत्व की आधारशिला है।**"[2] आचार्य शंकर के अनुसार इस लोक में तीन प्रकार की दृष्टियाँ होती हैं—देह दृष्टि, देव दृष्टि एवं आत्म दृष्टि! संसार के साधारण मनुष्य पारस्परिक देह संबंध को महत्त्व देकर, पिता-पुत्र, माता-पिता, पति-पत्नी, गुरु-शिष्य, भाई-बहन, मित्र एवं शत्रु की स्थिति स्वीकार कर लेते हैं एवं सुख-दुख का अनुभव करते हैं, इनसे ऊपर वे लोग हैं, जो किसी पूज्य के प्रति श्रद्धालु होकर आराध्य और

---

1. **प्रशासनिक हिन्दी—डॉ० चन्द्रपाल, पृष्ठ 35**
2. **हिन्दी भाषा—सर्वेक्षण—सं० डॉ० मुंशीराम शर्मा, पृष्ठ 21**

आराधक भाव से देवत्व की स्थिति स्वीकार कर लेते हैं तथा ''मातृ देवो भव, पितृ देवो भव, गुरुर्देवो भव'' में ही पुण्य की इतिश्री समझ लेते हैं। इन दोनों के ऊपर के धरातल के लोग आध्यात्मिक होते हैं, उनकी दृष्टि में देह एवं दैहिक सम्बन्ध नश्वर है, देव एवं देवत्व कर्माधीन होने के कारण क्षणिक हैं, केवल आत्मा ही शाश्वत, अनन्त एवं अभेद्य है। इस आत्मिक धरातल पर 'मैं', 'तुम' और 'वह' की सत्ताविलीन हो जाती है, क्योंकि ये शब्द उसी आत्मा के विभिन्न सर्वनाम हैं! ऐसी बोधात्मक स्थिति में आध्यात्मिक मनुष्य सम्पूर्ण विश्व को एक परिवार मान लेता है एवं निःस्वार्थ भाव से विश्वबन्धुत्व का प्रचार-प्रसार करता है, इस आत्म दृष्टि में गोरे और काले, अमीर और गरीब, हिन्दू और मुसलमान का भेद नहीं होता। 'बसुधैव कुटुम्बकम्' के मानने वाले लोग इसी आत्म दृष्टि से अनुप्राणित होते हैं।

(स) टिप्पणी (Note) और टिप्पण (Noting)

(1) स्वरूप, अर्थ और परिभाषा[1]

'टीप' टिप्पणी का संक्षिप्त रूप है। हिन्दी साहित्य कोश[2] में टिप्पणी की व्युत्पत्ति और अर्थ पर प्रकाश डालते हुए बताया गया है—टिप्+क्विप् = टिपा, ''सा पण्यते स्तूयते इति टिप्पणी'' = टिपा पण्+अच्।

(क) (1) संक्षिप्त टीका, विषम स्थलों का व्याख्यान, (2) टीका की टीका, जैसे—महाभाष्य की कैयटकृत प्रदीप टीका की नागेश कृत 'उद्योत टिप्पणी'।

(ख) हिन्दी में 'टिप्पणी' शब्द प्रायः अंग्रेजी के 'नोट' (Note) शब्द का अर्थ देता है। 'टीक', 'टीका' के साथ समास (टीका-टिप्पणी) के रूप में प्रयुक्त होने पर आलोचना, दोष-प्रदर्शन, छिद्रान्वेषण या नुक्ताचीनी का अर्थ देता है।

(ग) उसके पर्याय, टीका, विवृत्ति, व्याख्या इत्यादि शब्द हैं। व्याख्या विस्तृत होती है, टीका भी टिप्पणी की अपेक्षा विस्तृत ही कही जाएगी। टिप्पणी तो टीका की टीका है, उसके दुरुह या अस्पष्ट स्थल को सरल और स्पष्ट करती है।

राजभाषा के संदर्भ में टिप्पणी का अर्थ होता है—स्मरण रखने के लिए कोई बात टीपने या संक्षिप्त प्रारूप में लिख रखने की क्रिया। इसका एक अलहदा अर्थ होता है—किसी संबंध में प्रकट किया जाने वाला संक्षिप्त विचार।[3] टिप्पणी के पर्याय के रूप में टीका, विवृत्ति और व्याख्या शब्द तो चलते ही हैं, आख्या, अभ्युक्ति और विवरण शब्द भी व्यवहृत होते हैं। कहीं-कहीं सूचना तथा आलोचना शब्द भी प्रयोग किए जाते हैं। अंग्रेजी के Noting, Note, Comment तथा Remark शब्द अलग-अलग अर्थ देते हुए भी बहुधा टिप्पणी का ही भाव दे देते हैं। अब आइए, टिप्पणी की कुछ प्रमुख परिभाषाओं को देखा जाय—

---

1. कुछ लोग संभवतः भूल से 'टिप्पणी' और 'टिप्पण' को एक ही मान लेते हैं, जबकि इन दोनों में बहुत अंतर है। विस्तृत जानकारी के लिए कुछ सफा बाद ''टिप्पणी और टिप्पण अंतर'' शीर्षक को देखिए।
2. हिन्दी साहित्य कोश (पारिभाषिक शब्दावली) भाग-1, ज्ञानमंडल लिमिटेड, वाराणसी, पृष्ठ 265, सन् 1985 ई०
3. राजभाषा विविधा—डॉ० माणिक मृगेश, पृष्ठ 74

(1) डॉ० कैलाश चन्द्र भाटिया के अनुसार, ''शास्त्रीय रूप में 'टिप्पण' से आशय किसी पत्र/प्रकरण के निपटान को सुविधाजनक और सुकर बनाने के उद्देश्य से उस पर की गई 'लिखत' से होता है।''[1]

(2) डॉ० ईश्वर दत्त शील लिखते हैं कि ''कार्यालय में आए हुए किसी विचाराधीन पत्र के निस्तारण को सुगम और सरल बनाने के लिए सहायक अथवा अधिकारियों द्वारा पूर्व संदर्भ, वर्तमान तथ्य तथा कार्यवाही के सुझाव सहित जो अभ्युक्तियाँ (Remarks) या आख्याएँ लिखी जाती हैं, उन्हें टिप्पणी कहते हैं।''[2]

(3) केन्द्रीय सचिवालय के विधिक नियमावली के अनुसार, "Notes are written remarks recorded on a paper under consideration to facilitate its disposal" अर्थात् टिप्पणी वे अभ्युक्तियाँ, संस्तुतियाँ हैं, जो किसी विभागाधीन कागज के संबंध में लिखी जाती हैं, जिससे उनके निस्तारण में सरलता हो सके।[3]

(4) डॉ० महेन्द्र चतुर्वेदी के अनुसार, ''हर चरण में लिखकर जो सुझाव, संकेत, निर्देश आदि दिए जाते हैं अथवा जो तथ्य, सूचनाएँ रखी जाती हैं, उन्हें टिप्पणी कहते हैं।''[4]

(5) डॉ० ओम प्रकाश लिखते हैं कि, ''किसी भी पत्र को निपटाने के लिए उस पर लिपिक से लेकर सचिव तक जो संक्षिप्त या विस्तृत मंतव्य लिखा जाता है, उसे 'टिप्पणी' कहा जाता है।''[5]

(6) उत्तर प्रदेश सरकार की हिन्दी निर्देशिका में टिप्पणी पर प्रकाश डालते हुए लिखा गया है कि ''टिप्पणी का उद्देश्य उन बातों को, जिन पर निर्णय करना होता है, स्पष्ट रूप से तर्क के अनुसार प्रस्तुत करना है, साथ ही वह उन बातों की ओर भी संकेत करता है, जिनके आधार पर उसका निर्णय संभवत: लिया जा सकता है।''[6]

(7) बिहार सरकार की हिन्दी प्रशिक्षण पुस्तिका में टिप्पणी के विशय में लिखा गया है कि ''पत्र के सार को बतलाते हुए उसके निर्णय के लिए अपना सुझाव देना ही टिप्पणी है।''[7]

कुल मिलाकर टिप्पणी वह अभ्युक्ति होती है, जो विचाराधीन पत्रों को निपटाने के लिए लिखी जाती है, या किसी विचाराधीन पत्र के निस्तारण के लिए लिखी गई अभ्युक्ति को टिप्पणी कहते हैं। टिप्पणी का एक स्वरूप यह भी हो सकता है कि, ''टिप्पणी वह लेखन प्रक्रिया है, जो किसी सरकारी कार्यालय में आए हुए पत्र के निस्तारण के लिए लिपिक अथवा सहायक अधिकारी द्वारा लिखी जाती है।''[8] दरअसल, टिप्पणी का चलन कार्यालयीय कार्यों को सरल बनाने, उनका यथाशीघ्र निस्तारण (Disposal) के लिए ही हुआ। ये टिप्पणियाँ

---

1. हिन्दी भाषा का प्रयोजनमूलक स्वरूप—डॉ० कैलाश चन्द्र भाटिया, पृष्ठ 38
2. हिन्दी भाषा—डॉ० ईश्वर दत्त शील, भाग-2, पृष्ठ 6
3. केन्द्रीय सचिवालय की विधिक नियमावली, भाग-1, पृष्ठ 73
4. व्यावसायिक हिन्दी—डॉ० महेन्द्र चतुर्वेदी, पृष्ठ 43
5. हिन्दी आलेखन एवं टिप्पणी—डॉ० ओमप्रकाश, पृष्ठ 109
6. उत्तर प्रदेश सरकार की हिन्दी निर्देशिका, पृष्ठ 18
7. बिहार सरकार की हिन्दी प्रशिक्षण पुस्तिका, अनुभाग-4
8. व्यावहारिक एवं प्रयोजनमूलक हिन्दी तथा साहित्य शास्त्र—डॉ० फूलबदन सिंह, पृष्ठ 123

विचाराधीन पत्र पर लिखित मंतव्य के रूप में होती हैं। इस तरह हम देखते हैं कि संक्षेप में मुख्य बातों का उल्लेख करना ही टिप्पणी है। इनका प्रयोग सुझाव, विवरण और विचारों की सूक्ष्म भाषा में अभिव्यक्ति के लिए किया जाता है।

(2) टिप्पणी का क्षेत्र

'टिप्पणी का क्षेत्र' से आशय है—टिप्पणी के प्रयोग क्षेत्र से अर्थात् टिप्पणी का प्रयोग कहाँ-कहाँ होता है। दरअसल, टिप्पणी का प्रयोग अधिकांशतया सरकारी कार्यालयों में ही होता है। सरकारी कार्यालयों में जिन कामों को संपादित करने में महीनों लग जाते हैं, टिप्पणी के द्वारा उन्हें कुछ ही दिनों में कर लिया जाता है। अर्द्ध सरकारी और व्यापारिक संस्थाओं के कार्यालयों में भी टिप्पणी का प्रयोग होता है, लेकिन बराए-नाम, खास कर व्यापारिक कार्यालय तो टिप्पणी-प्रयोग शून्य होते हैं। लोक सेवा आयोग, सचिवालय आदि के कार्यालयों में टिप्पणी का बहुधा प्रयोग होता है। यहाँ टिप्पणी के अन्तर्गत् पहले प्राप्त किए गए पत्र अथवा पत्रों का सारांश निर्णय के लिए तैयार किए गए प्रश्नों के विवरण तथा सुझावों को रखा जाता है। सभी प्रकार की टिप्पणियाँ संबंधित कर्मचारी या अधिकारियों द्वारा विचाराधीन मामले के कागज पर लिखी जाती हैं। सामान्य श्रेणी में आने वाली टिप्पणी वरिष्ठ लिपिक अथवा सहायक (Assistant) के स्तर से आरम्भ होती हैं, किन्तु अत्यधिक महत्त्व, गोपनीय एवं न्यायालयी प्रक्रिया से संबंधित टिप्पणियाँ अनुभाग अधिकारी अथवा अवर सचिव के स्तर से ही आरम्भ होती हैं। मंत्री, प्रधानमंत्री अथवा देश के शासनाध्यक्षों द्वारा लिखी गई टिप्पणियों को 'मिनट' (Minute) भी कहा जाता है।[1] टिप्पणी के प्रयोग क्षेत्र की ओर इशारा करते हुए **डॉ० कैलाश चन्द्र भाटिया**[2] कहते हैं कि केन्द्रीय सरकार का पत्र व्यवहार व्यक्ति से हो या संस्था/संस्थान/निकाय/निगम से, सरकार के स्वामित्व/नियंत्रण या स्वामित्व और नियंत्रण के अधीन संस्था से हो या स्वायत्तशासी संस्था से सम्बद्ध और अधीनस्थ कार्यालयों से या केन्द्रीय मंत्रालय/विभाग/कार्यालय से, भारत के महान्यायवादी से हो या भारत के नियंत्रक और महालेखा परीक्षक से, निर्वाचन आयोग से हो या रिजर्व बैंक से, संघ लोक सेवा आयोग से हो या संघ शासित क्षेत्रों के प्रशासकों से, राज्य सरकारों से हो या लोकसभा-राज्यसभा से, (सचिवालयों से) संसद सदस्यों से हो या मंत्रियों से विदेशी सरकारों से हो या अन्तर्राष्ट्रीय संगठनों से-टिप्पण और आलेखन की बैसाखियों के सहारे होता है।

(3) टिप्पणी के प्रकार या भेद

टिप्पणी लेखन किसी भी सरकारी कार्यालय के दैनिक कामकाज का अविभाज्य हिस्सा है। ये टिप्पणियाँ कार्यालय के उच्चाधिकारी और उसके अधीनस्थ सहायक—दोनों द्वारा लिखी जाती हैं। उच्चाधिकारी द्वारा की गई टिप्पणी की भाषा 'आदेशपरक' होती है, जबकि सहायक द्वारा की गई टिप्पणी सूचनापरक, सुझावपरक और व्याख्यापरक होती है। आवश्यकता और जरूरत के अनुसार इन टिप्पणियों के कई भेद होते हैं। कुछ लोग इनकी संख्या आकृति और संरचना की दृष्टि से तीन तो कुछ लोग पाँच मानते हैं, जिन्हें क्रमशः इस प्रकार देखा जा सकता है—

---

1. **प्रयोजनमूलक हिन्दी—सं० डॉ० बालेन्दु शेखर तिवारी (में डॉ० गुलाम मोइनुद्दीन खान का लेख), पृष्ठ 86**
2. **हिन्दी भाषा का प्रयोजनमूलक स्वरूप—डॉ० कैलाश चन्द्र भाटिया, पृष्ठ 37**

(1) नेमी टिप्पणी—इस टिप्पणी का दूसरा नाम 'आदेशात्मक टिप्पणी' भी है। नेमी या नियमति या रोजाना जिस टिप्पणी का प्रयोग कार्यालयी कामकाज के लिए किया जाय उसे नेमी टिप्पणी कहते हैं। इसकी सकल बहुत छोटी और लघु होती है। ये टिप्पणियाँ आदेशात्मक होने के साथ व्याख्यात्मक भी होती हैं। कुल मिलाकर यह कि नेमी टिप्पणियों में ''कहा जाए'', ''चर्चा करें'', ''फाइल कर दीजिये'' तथा ''देख लिया''—वाक्यांशों का प्रयोग बहुत अधिक होता है। सूचनापरकता संबंधी प्रकरण यहाँ दो वाक्यों या वाक्यांशों तक सीमित रहते हैं।

(2) सम्पूर्ण टिप्पणी—इस टिप्पणी का एक नाम 'विस्तृत टिप्पण' भी है। जिन टिप्पणी में मामलों को पूर्ण रूप से उनके पूरे इतिवृत्त, प्रसंग और तर्क-वितर्क के साथ रखकर कोई निर्णय या समाधान प्रस्तुत किया जाता है, उसे संपूर्ण टिप्पणी कहते हैं। इस टिप्पणी का आकार सामान्य टिप्पणी की अपेक्षा काफी विस्तृत हो सकता है। इस तरह की टिप्पणी में किसी भी मामले के पूर्ववर्ती प्रसंगों, फाइलों के संदर्भों तथा पुराने निर्णय उपलब्ध हों तो उनका भी हवाला देना होता है। वास्तव में संपूर्ण टिप्पणी किसी भी मामले का पूर्ण रूपेण अध्ययन, विश्लेषण एवं समाधान प्रस्तुत करती है।[1]

(3) सामान्य टिप्पणी—जब किसी कार्यालय में कोई पत्र पहली बार प्रवेश करता है, तो उसके स्वागतार्थ जो टिप्पणी कार्य निष्पादन के संदर्भ में उस पर की जाती है, उसे सामान्य टिप्पणी कहा जाता है। चूँकि यह टिप्पणी उस पत्र पर पहली बार की जा रही है, इसलिए जाहिर है, उस पर किसी पूर्ववर्ती प्रसंग, संदर्भ की चर्चा नहीं होगी।

(4) स्वत: पूर्ण टिप्पणी—इस टिप्पणी को 'Self contend Note' कहा जाता है। इस टिप्पणी का प्रयोग कार्यालय का अधिकारी और उसका सहायक—दोनों करते हैं। स्वत: पूर्ण टिप्पणी में निहित सूचना अपने आप में पूर्ण होती है। स्वत: पूर्ण टिप्पणी में क्रम संख्या (पावती), पृष्ठ...पत्राचार लिखना आवश्यक नहीं होता, क्योंकि यह किसी आवती पर आधारित न होकर परिस्थिति तथा आवश्यकता से उत्पन्न समस्या को हल करने के लिए भी हो सकती है।

(5) आवती पर आधारित टिप्पणी—इस टिप्पणी को 'अनौपचारिक टिप्पणी' भी कहते हैं। जब एक अधिकारी अपने ऊपर के अधिकारी को टिप्पणी प्रस्तुत करता है, तब उसका स्वरूप सहायक स्तर की टिप्पणी से मिलता-जुलता है, क्योंकि वह अधिकारी अपने स्तर पर अपने सुझाव व विषय का विवरण ऊपर के अधिकारी के समक्ष प्रस्तुत करता है। टिप्पणी का यह स्वरूप स्वतंत्र टिप्पणी के रूप में होता है। यह वह रूप है, जब टिप्पणी किसी आवती पर आधारित न होकर परिस्थिति या आवश्यकता के लिए प्रस्ताव होता है, जैसे काम अधिक बढ़ जाने पर पदों के सृजन से संबंधित टिप्पणी होती है।

(4) टिप्पणी के सामान्य सिद्धान्त या नियम

अथवा

टिप्पणी लेखन के आवश्यक गुण या विशेषताएँ

टिप्पणियाँ कार्यालयीय कार्यों को सुविधाजनक बनाती हैं। टिप्पणियाँ कार्यालयों की आधारशिला कही जाती हैं। जो कर्मचारी टिप्पणी लेखन में जितना प्रवीण और दक्ष होता है,

---

1. **प्रयोजनमूलक हिन्दी—सं० बालेन्दु शेखर तिवारी, पृष्ठ 88**

कार्यसंपादन की गति को उतना ही बल मिलता है। कार्यों में टिप्पणी के रूप में त्वरा और क्षिप्रता आ जाती है। अत: टिप्पणी लेखन के बाद कुछ निश्चित मानदण्ड, सिद्धान्त या आवश्यक गुण तथा विशेषताएँ होती हैं, जिसके पालन से कार्यों की गुणवत्ता तो बढ़ती ही है, अनावश्यक माथा-पच्ची तथा बेजाँ समय के जाया होने से बचा जा सकता है। अत: इस संबंध में—

(1) डॉ० विजय पाल सिंह[1] कहते हैं कि टिप्पणियाँ संक्षिप्त, विषयानुरूप तथा अनावश्यक पुनरावृत्ति रहित होनी चाहिए। टिप्पणी विचाराधीन कागज-पत्र (आवती) को न अक्षरश: उतारें और न वाक्यों का सार दें। टिप्पणी तथा आदेश सामान्यत: नोट शीटों पर लिखें जाते हैं। यदि टिप्पणी उसी फाइल पर लिखी गयी है, जिसमें तथ्यों का क्रमांक सार पहले से ही विद्यमान है, तो ऐसी स्थिति में सार की पुनरावृत्ति न कर केवल क्रमिक सार के सन्दर्भ का उल्लेख करें। अधिकारी को आदेश या सुझाव देते समय अपनी टिप्पणी में उन बातों पर बल नहीं देना चाहिए जो बातें पिछली टिप्पणियों में पहले से ही हैं, बल्कि उन वास्तविक मुद्दों तक सीमित रहना चाहिए, जिनको वह प्रस्तुत करना चाहता है।

(2) टिप्पणी में पृष्ठ संख्या का उल्लेख होना चाहिए, टिप्पणी को परिच्छेदों में विभाजित करना चाहिए और पहले परिच्छेद को छोड़कर अन्य परिच्छेदों की संख्या डालनी चाहिए।[2]

(3) डॉ० विनोद गोदरे[3] का विचार है कि टिप्पणीकार को भाषा-प्रयोग के सम्बन्ध में अत्यधिक सावधान रहना चाहिए। उसे ऐसी भाषा का प्रयोग नहीं करना चाहिए, जिससे किसी प्रकार की असंगति अथवा भ्रांति पैदा होने की संभावना हो। भाषा इतनी साफ-सुथरी और अभिप्राय इतना स्पष्ट होना चाहिए कि अधिकारी टिप्पणीकार की नीयत पर किसी तरह का कोई संदेह न करे। अलंकृत, सांकेतिक, जटिल भाषा एवं कहावतों-मुहावरों की लाक्षणिक व्यंजनामयी अभिव्यक्तियों का उपयोग टिप्पणीक को नहीं करना चाहिए। इनसे अर्थभेद होने का खतरा हो जाता है।

(4) डॉ० चन्द्रभान[4] अच्छी टिप्पणी के लक्षणों पर प्रकाश डालते कहते हैं कि यदि आवश्यकता न हो तो फाइल के साथ टिप्पणी न भेजी जाय, साथ ही किसी मामले के निपटान हेतु उच्च अधिकारी के पास कोई ऐसा पत्रादि न भेजा जाय, जिससे अधिकारी का ध्यान बँटने की संभावना हों। अधिकारी को भेजी जाने वाली टिप्पणी में किसी भी नीतिपरक प्रश्न अथवा किसी अधिकारी या कर्मचारी की आचरण संबंधी आलोचना नहीं की जानी चाहिए।

(5) किसी उत्तम टिप्पणी के लिए अनुपालनीय तथ्य यह है कि कर्मचारी द्वारा प्रस्तुत टिप्पणी के नीचे बाईं ओर और अधिकारी द्वारा प्रस्तुत टिप्पणी के दाईं ओर पूरे हस्ताक्षर, दिनांक सहित अंकित करने चाहिए।

(6) भाषिक सजगता के साथ-साथ टिप्पणियों में कुछ व्याकरणिक अनुशासनों का पालन भी अपरिहार्य होता है, यथा—उत्तम तथा मध्यम पुरुष में टिप्पणी लेखन कत्तई नहीं

---

1. **कार्यालयीय हिन्दी—डॉ० विजयपाल सिंह, पृष्ठ 45**
2. **व्यावहारिक हिन्दी निर्देशिका—डॉ० गोपीनाथ श्रीवास्तव**
3. **प्रयोजनमूलक हिन्दी—डॉ० विनोद गोदरे, पृष्ठ 163**
4. **प्रशासनिक हिन्दी—डॉ० चन्द्रभान, पृष्ठ 116**

करना चाहिए, साफ शब्दों में, टिप्पणी में 'तुमने', 'मैंने' या 'आपने' जैसे शब्दों का इस्तेमाल न होना चाहिए। कुल मिलाकर टिप्पणी अन्य पुरुष में हो।

(5) टिप्पणी के सम्बन्ध में कुछ सुझाव-सावधानियाँ

अथवा

टिप्पणी के सामान्य दोष और उनसे बचाव

(1) टिप्पणी में यथार्थपरक तथ्यों का ही उल्लेख होना चाहिए। अतिशयोक्ति का प्रयोग हर्गिज न हों, क्योंकि इससे टिप्पणी और टिप्पणीक तथा उसके कार्यालय पर विश्वसनीयता का संकट पैदा हो सकता है। टिप्पणी भरसक संक्षिप्त, सरल भाषा में की जानी चाहिए, इससे संबंधित अधिकारी को कार्य-निपटान में सुविधा होती है।

(2) टिप्पणी की भाषा संयत, अनुशासित और विनम्र होनी चाहिए। इस भाषिक विनम्रता का पालन तो व्यावहारिक धरातल पर यहाँ तक होना चाहिए कि पत्र में किसी तथ्य का खंडन व्यक्तिगत या निजी स्तर पर नहीं करना चाहिए।

(3) मूल पत्र (Original letter) पर कभी भी भूलकर टिप्पणी नहीं की जानी चाहिए। टिप्पणी के लिए अलग से पन्ने का प्रयोग करना चाहिए।

(4) द्विअर्थक या भ्रमोत्पादक शब्दों का प्रयोग टिप्पणी को हल्का बना देता है। अतः स्पष्ट तथ्यों और सूचनाओं या आदेशों वाली टिप्पणी का ही व्यवहार होना चाहिए।

(5) टिप्पणी में तथ्यों का प्रवहमान संकेत (Running Summary of Facts) भर होना चाहिए और तथ्यों की पुनरावृत्ति नहीं होनी चाहिए।

(6) जहाँ तक हो सके, टिप्पणी में कंडिकाओं (अनुच्छेदों) का प्रयोग टालना चाहिए, किन्तु यदि यह संभव न हो पाए तो प्रथम अनुच्छेद के बाद से 2, 3, 4 क्रमानुसार संख्या देनी चाहिए।[1]

(7) टिप्पणी लेखन में शैली की अपनी स्वतंत्र सत्ता और महत्ता होती है। वैसे, प्रत्येक व्यक्ति की लेखन की अपनी एक विशिष्ट शैली होती है, किन्तु इसके बावजूद, शैली के बारे में कुछ सामान्य एवं सर्वमान्य बातों की ओर ध्यान दिया जाना चाहिए। एक बात विशेष ध्यान में रखी जानी चाहिए कि हिन्दी लेखन की शैली अंग्रेजी लेखन शैली से भिन्न होती है। अतः हिन्दी में सोचकर हिन्दी में अनुवाद के रूप में टिप्पण नहीं करना चाहिए, जैसे—Necessary action may kindly be taken at the earliest—इसे हिन्दी में लिखते समय ''कृपया तुरन्त आवश्यक कार्रवाई करें'' लिखा जाना चाहिए।[2]

(8) अंत में सारांश के रूप में किसी भी टिप्पणी को सुष्ठु-श्रेष्ठ बनने के लिए सावधानी के तौर पर भी ध्यान देना चाहिए कि उसमें ये अग्रलिखित सजगताएँ हैं कि नहीं, यथा—संयत भाषा का प्रयोग, समस्या का समाधान प्रस्तुत करना, वैचारिक धरातल पर पूर्वापर क्रम से मुक्त होना, व्यक्तिगत आक्षेपों से मुक्त, पुनरुक्ति का अभाव, संक्षिप्तता। एक अच्छी टिप्पणी में यह भी होना चाहिए—पत्राचार का विवरण एवं संकेत देना, प्रथम पुरुष का प्रयोग 'न' करना,

---

1. प्रयोजनमूलक हिन्दी—डॉ० विनोद गोदरे, पृष्ठ 164
2. प्रयोजनमूलक हिन्दी—सिद्धान्त और प्रयोग—डॉ० दंगल झाल्टे, पृष्ठ 173

'मैं', 'मैंने' का प्रयोग नहीं करना चाहिए, विषय का उप विभाजन करना, समस्या का आरम्भ में उल्लेख करना, पूर्व विवरण देना, अनुच्छेदों को संख्याबद्ध करना तथा अद्याक्षर लिखना।[1] एक अच्छा टिप्पणीक उक्त दोषों से सावधान, सजग-सतर्क होकर टिप्पणी लिखेगा, तो जाहिर है उसकी टिप्पणी सुन्दर, सुपाठ्य और ललित होगी।

(6) टिप्पणी लेखन की प्रक्रिया
या
टिप्पणी-निर्माण की विधि

किसी भी टिप्पणी-निर्माण की प्रक्रिया कार्यालय के लिपिक से प्रथमत: शुरू होती है। यदि लिपिक उपलब्ध नहीं है, तो उसका सहायक यह कार्य कर सकता है। कभी-कभी बहुत आवश्यक और गंभीर मामलों में अनुभाग अधिकारी (Section Officer) या अवर सचिव तक टिप्पणी—लेखन का कार्य करते हैं। हाँ, इतना जरूर है कि टिप्पणी लेखक निष्पक्ष हो, कुशाग्र बुद्धि वाला हो, तार्किक हो, भाषा पर उसका नियंत्रण हो, उसे आदेश, निर्देश, नियम-उपनियम कुल मिलाकर टिप्पणी लेखन की परम्परा का सम्यक् ज्ञान हो, क्योंकि टिप्पणी निर्माण में यह अनुभव काम आता है। इसके अतिरिक्त टिप्पणी निर्माण में उसे **डॉ० विजयपाल सिंह**[2] के अनुसार निम्न बिन्दुओं का भी बिन्दु-बिन्दु उल्लेख करना चाहिए, यथा—(1) विचाराधीन पत्र में दिए गए तथ्यों की सत्यता, (2) यदि विचाराधीन पत्र में गलत या असंगत बात है, तो उसका उल्लेख करें, (3) विचाराधीन पत्र के संबंध में किसी नियम का सन्दर्भ देना आवश्यक हो तो नियम का उल्लेख करें, (4) ऐसे मामलों में पहले कोई निर्णय या आदेश दिए हों तो उनका भी उल्लेख करें, (5) अंत में विचाराधीन पत्र पर आवश्यक कार्यवाही का सुझाव दें।

दूसरे शब्दों में, उपर्युक्त पाँचों बिन्दुओं को टिप्पणी के पाँच चरण भी कहते हैं। इन पाँचों चरणों को संक्षेप में इस प्रकार समझ सकते हैं—(1) आवती का विषय, (2) कारण, (3) नियम, (4) कार्यालय की स्थिति तथा (5) सुझाव। पहले चरण में बताते हैं कि प्रेषक ने क्या माँग की है, दूसरे चरण में माँग का कारण बताते हैं, तीसरे चरण में उसके संबंध में नियमों की स्थिति बताते हैं और चौथे चरण में कार्यालय के कामकाज को देखते हुए उसकी माँग के औचित्य पर प्रकाश डालते हैं। अंतिम पंचम चरण में टिप्पणी प्रस्तुतकर्ता अपना सुझाव देते हुए टिप्पणी अधिकारी के समक्ष अनुमोदन के लिए प्रस्तुत कर देता है। यदि टिप्पणी-प्रस्तुतकर्ता को अधिकारी के अनुमोदन का पूर्ण विश्वास होता है तो उसके साथ ही उत्तर का मसौदा भी अनुमोदन के लिए प्रस्तुत कर दिया जाता है। **डॉ० दंगल झाल्टे**[3] के अनुसार कार्यालय का अधीक्षक अथवा अनुभाग अधिकारी टिप्पणी को पढ़कर उस पर हस्ताक्षर करता है। सहायक द्वारा लिखी गयी पूर्ववर्ती टिप्पणी पर अपना मत या विचार व्यक्त करना चाहे तो अपनी टिप्पणी के साथ अवर सचिव को प्रस्तुत करता है। पूर्व प्रक्रिया के अनुसार अवर सचिव (Under Secretary) को अपने विचारों के टिप्पणी के अनुसार उसे उपसचिव के पास

---

1. **कार्यालयीय हिन्दी—डॉ० विजयपाल सिंह, पृष्ठ 46**
2. **कार्यालयीय हिन्दी—डॉ० विजयपाल सिंह, पृष्ठ 46**
3. **प्रयोजनमूलक हिन्दी—सिद्धान्त और प्रयोग—डॉ० दंगल झाल्टे, पृष्ठ 172**

प्रस्तुत करता है। यदि विचाराधीन मामला उपसचिव (Deputy Secretary) के स्तर पर निपटाया जा सकता है तो वह आवश्यक आदेश देकर उस पर हस्ताक्षर करता है और इस प्रकार मामले का निपटान हो जाता है। यदि मामला अधिक महत्त्वपूर्ण और गंभीर है तो उपसचिव उस पर अपनी टिप्पणी देकर उसे आवश्यक कार्यवाही हेतु संयुक्त सचिव (Joint Secretary) या अपर सचिव को भेज देता है और अंत में **डॉ० गुलाम मोइनुद्दीन खान**[1] कहते हैं कि यदि मामला बहुत ही संवेदनशील है या न्यायालय के निर्णय आदि के लागू करने से संबंधित है तो टिप्पणी पर अपने मतामत के साथ सचिव फाइल को संबंधित मंत्री, मुख्यमंत्री अथवा प्रधानमंत्री को भेज देते हैं और इस तरह साधारण से लेकर अति संवेदनशील मामलों का अंतिम निपटान हो जाता है।

(7) टिप्पणी के अंग-अवयव या भाग

डॉ० माणिक मृगेश[2] के विचार से किसी भी टिप्पणी (Note) के निम्न भाग हो सकते हैं—(1) तारीख, (2) विभाग, (3) विषय, (4) पृष्ठभूमि, (5) मुख्य बात के बारे में विवरण (यदि एक ही नोट में तीन-चार मुद्दों के लिए अनुमति देनी है तो पैरा वाइज प्रस्तुतीकरण), (6) उपसंहार, (7) प्रस्तुतकर्त्ता तथा (8) अनुमोदन कर्त्ता। इधर, एक अन्य विद्वान् **डॉ० विनोद गोदरे**[3] टिप्पणी के महज पाँच अवयव मानते हैं—(1) आवती का विषय, (2) कारण, (3) नियम, (4) कार्यालय में कार्य की स्थिति, (5) सुझाव। इसे फोड़-फोड़कर समझते हुए वे कहते हैं कि पहले दो चरणों में 'आवेदन किया है', 'बताया गया है'—वाक्य-साँचों का प्रयोग अधिकता से किया जाता है। तीसरे चरण में 'नियम हैं', 'किया जा सकता है'—वाक्य-साँचों का प्रयोग होता है। चौथे चरण में 'है' या 'नहीं है' एवं पाँचों में 'किया जा सकता है' वाक्यांशों का प्रयोग बाहुल्य होता है।

डॉ० गोपीनाथ श्रीवास्तव[4] इस पर सोदाहरण प्रकाश डालते लिखते हैं—

1. टिप्पणी प्रारंभ—टिप्पणी प्रारंभ करने से पूर्व टिप्पणी फलक पर सर्वप्रथम विचाराधीन पत्र की क्रम संख्या, दिनांक, निर्देश आदि देना आवश्यक है, जैसे—वि० प० : **मुख्यमंत्री, उत्तर प्रदेश शासन को संबोधित मुख्यमंत्री, बिहार सरकार का अर्द्ध शासकीय पत्र संख्या ....दिनांक।**

2. वाद प्रश्न—टिप्पणी का मुख्यतया संबंध, किस प्रश्न विशेष से है, उसे टिप्पणी के प्रारम्भ में ही देने से टिप्पणी को समझने में सरलता होती है, जैसे—विचाराधीन पत्र में यह सुझाव दिया गया है कि ....दिवस के उपलक्ष्य में सार्वजनिक छुट्टी मनाई जाय।

3. प्रकरण—इसमें उस प्रश्न का इतिहास दिया जाता है, विभिन्न दृष्टिकोण से उस प्रश्न पर विचार किया जाता है, प्रकरण संबंधी पूर्व दृष्टान्त, यदि कोई हो, दिए जाते हैं।

4. निष्कर्ष अथवा समाप्ति—इसमें प्रकरण का संक्षेप किया जाता है, प्रस्तुत सुझावों की ओर ध्यान आकृष्ट करते हुए उस वाक्य से प्रकरण समाप्त करना, कि यह आवश्यक प्रतीत

---

1. **प्रयोजनमूलक हिन्दी—सं० बालेन्दु शेखर तिवारी, पृष्ठ 88**
2. **राजभाषा विविधा—डॉ० माणिक मृगेश, पृष्ठ 72**
3. **प्रयोजनमूलक हिन्दी—डॉ० विनोद गोदरे, पृष्ठ 165**
4. **व्यावहारिक हिन्दी निर्देशिका—डॉ० गोपीनाथ श्रीवास्तव, पृष्ठ 138**

होता है कि श्री गुरु गोविन्द सिंह के जन्मदिवस के उपलक्ष्य में सार्वजनिक छुट्टी मनाई जाय और एतद्विषयक विज्ञप्ति जारी की जाय।

अनुमोदनार्थ प्रालेख

5. टिप्पणीक का नाम पदनाम—टिप्पणीक का नाम पदनाम, यदि टिप्पणीक अराजपत्रित कर्मचारी है तो बाईं ओर लिखा जाना चाहिए और यदि वह राजपत्रित अधिकारी है तो दाहिनी ओर लिखा जाना चाहिए।

(8) टिप्पणी और टिप्पण में अंतर

यह लिखते हुए किंचित मुझे संकोच हो रहा है कि हिन्दी के नामजद विद्वान् भी टिप्पणी और टिप्पण को एक ही अर्थ में स्वीकार करते हैं, जबकि इन दोनों में अंतर होता है। दरअसल, टिप्पण तो टिप्पणी लिखने की प्रक्रिया का नाम है। इसे कुछ फैलाते हुए मैं बता रहा हूँ कि सरकारी पत्राचार के विविध रूपों का प्रयोग एक कार्यालय से दूसरे कार्यालय के साथ किया जाता है, परन्तु जब किसी कार्यालय में बाहर से आए हुए किसी पत्र आदि पर कार्यवाही करनी होती है तो कार्यवाही करने वाले कार्यालय में एक या एक से अधिक अधिकारियों तथा सहायकों को आपस में वस्तुस्थिति को समझने व संक्षेप में प्रस्तुत करने की आवश्यकता होती है। संबोधित कर्मचारी को उस आवती की महत्त्वपूर्ण बातें संक्षेप में अधिकारी के समक्ष प्रस्तुत करने की आवश्यकता होती है। संबोधित कर्मचारियों को उस आवती की महत्त्वपूर्ण बातें संक्षेप में अधिकारी के समक्ष प्रस्तुत करनी पड़ती है। यदि उस प्रस्तुतीकरण में अस्पष्टता रह जाती है या अधिकारी के मन में कोई शंका उठती है तो वह अपने अधीनस्थ कर्मचारियों (सहायकों) से उसके समाधान के लिए पूछताछ करता है। कार्यालय में इन सब कामों को करने, कराने के लिए फाइलों आदि पर लिखित रूप में जो **टिप्पणी** आदि प्रस्तुत की जाती है, उसे **टिप्पण लेखन** कहा जाता है।

कुल मिलाकर टिप्पणी लिखने की कला या विधि ही 'टिप्पण' है। **डॉ० ईश्वर दत्त शील**[1] इन दोनों के बीच के अंतर को इस प्रकार स्पष्ट करते हैं—"जिस प्रकार संक्षेप करने की कला संक्षेपण, विस्तार करने की कला विस्तारण कहलाती है, उसी प्रकार टिप्पणी-लेखन की कला टिप्पण है। इसे यों भी कहा जा सकता है कि टिप्पण 'प्रक्रिया' है, 'टिप्पणी' उसका प्रतिफलित रूप।[2] **प्रो० विराज**[3] कहते हैं कि अंग्रेजी भाषा में 'टिप्पण' के लिए 'Noting' शब्द का प्रयोग होता है। 'टिप्पण' का अर्थ है—'टिप्पणी लिखने का कार्य'। एक अन्य विद्वान् **डॉ० महेन्द्र चतुर्वेदी**[4] का विचार है कि "प्राप्त पत्रादि, डाक के बारे में, उसके अंतिम निपटारे तक जो लिखित या मौखिक कार्यवाही होती है, वह 'टिप्पण' या 'टिप्पण-कार्य' कहलाती है।" **डॉ० फूलबदन सिंह**[5] अपना निष्कर्ष देते कहते हैं कि किसी भी विचाराधीन डाक

---

1. हिन्दी भाषा—डॉ० ईश्वर दत्त शील, पृष्ठ 6, भाग-दो
2. व्यावहारिक एवं प्रयोजनमूलक हिन्दी तथा साहित्यशास्त्र—डॉ० फूलबदन सिंह, पृष्ठ 126
3. प्रामाणिक आलेखन और टिप्पण—प्रो० विराज, पृष्ठ 102
4. व्यावहारिक एवं प्रयोजनमूलक हिन्दी तथा साहित्यशास्त्र—डॉ० फूलबदन सिंह, पृष्ठ 126
5. व्यावसायिक हिन्दी—डॉ० महेन्द्र चतुर्वेदी, पृष्ठ 43

(पत्र) के निस्तारण को सुगम और सरल बनाने के लिए जो टिप्पणी लिखी जाती है, उसी को 'टिप्पण' कहते हैं। अत: संक्षेप में महत्त्वपूर्ण बातों को लिखित रूप में प्रस्तुत करने की प्रक्रिया ही टिप्पण है। इस टिप्पण का उद्देश्य उन तथ्यों, अथवा प्रश्नों को, जिन पर निर्णय लेना होता है, तटस्थ, संक्षिप्त किन्तु स्पष्ट, क्रमबद्ध और तर्कसंगत टिप्पणी प्रस्तुत करना है।

(9) टिप्पणी लेखन के उद्देश्य

सभ्यता के विकास के साथ-साथ मानव जीवन की व्यस्तता दिनानुदिन बढ़ती जा रही है। समयाभाव की समस्या सबके सामने होती है। जीवन के प्रत्येक क्षेत्र में पत्र-व्यवहार अपरिहार्य हो गया है। सरकारी कार्यालयों में विशेष रूप से असंख्य पत्रों का आदान-प्रदान होता है। उन्हीं पत्रों को कम समय और सरल विधि से निपटाने के लिए टिप्पणी की आवश्यकता होती है। पत्र में वर्णित विषय से संबंधित प्रश्नों, समस्याओं का विश्लेषण, तत्संबंधित पूर्व निर्णयों तथा आवश्यक सुझावों आदि का उल्लेख टिप्पणी में किया जाता है, जिससे कम-से-कम समय में अधिक-से-अधिक पत्रों को निस्तारित किया जा सके।[1] अगली बात यह कि टिप्पणी लेखन से कार्यालयों में विचाराधीन विषय, कार्य, पत्रादि संबंधी मामलात को हल करने, उन्हें सरलता से निपटाने में सहायता मिलती है। वस्तुत: टिप्पणी पत्र की केन्द्रीय आत्मा होती है। टिप्पणी पूरे पत्र में विस्तृत तथ्यों को सूत्र शैली में समझाने में सहायक होती है। टिप्पणी के माध्यम से टिप्पणीक कई प्रकार के रचनात्मक सुझाव, आवश्यक जानकारी, संशोधन-परिवर्धन, संबंधी राय-मशविरा तो देता ही है, बल्कि आगत पत्र अर्थात् प्राप्ति पत्र पर या स्वतंत्र रूप से तर्कों, आँकड़ों, साक्ष्यों को देकर अपने द्वारा की गई टिप्पणी को पुष्ट भी करता है, जिससे ऊपर के अधिकारी को निर्णय लेने में सुविधा होती है।

(10) फाइलों पर टिप्पणी में काम आने वाले कुछ वाक्यांश
(Standard Phrases used in Notings on files)

(1) संबंधित फाइल नीचे रखी है—The file in question is placed below

(2) आवेदन अस्वीकार कर दिए जाए—Application may be rejected

(3) फाइल को लौटाने में हुई देर के लिए खेद है—Delay in returning the file is regretted

(4) कृपया पिछली टिप्पणी देख लें—Please see the preceding notes

(5) सूचना के लिए प्रस्तुत है/हाजिर है—Submitted for information

(6) जरूरी कार्यवाही कर दी गई है—Needful has been done

(7) स्वीकृत, अस्वीकृत—Sanctioned, Rejected

(8) मैं सहमत हूँ—I agree

(9) देख लिया—Seen

(10) भुगतान कर दिया—Paid

---

1. **हिन्दी भाषा सर्वेक्षण—सं० डॉ० मुंशीराम शर्मा, पृष्ठ 21**

(11) स्पष्टीकरण माँगा जाय—Explanation may be called for

(12) मसौदा तैयार नहीं है—Draft is not ready

(11) टिप्पणी-लेखन का उदाहरण

सेवा में,

स्नातकोत्तर महाविद्यालय,

मलिकपूरा, ग़ाज़ीपुर

सूचना

7.3.2005

महाविद्यालय के समस्त प्राध्यापकों, लिपिकों और चतुर्थ श्रेणी के कर्मचारियों को हर्ष के साथ सूचित किया जाता है कि होलिका दहन से एक दिन पूर्व 24.3.2005 को आदरास्पद गौतम जी, कुलपति, पूर्वांचल विश्वविद्यालय, जौनपुर (उ० प्र०) महाविद्यालय में पधार रहे हैं। इस बीच वे महाविद्यालय के निरीक्षण के साथ सभी अध्यापकों और गैर शिक्षण कर्मचारियों से बात कर उनकी समस्याओं का समाधान प्रस्तुत करेंगे।

अतः महाविद्यालय के सभी कर्मचारी इस दिन उपस्थित रहेंगे। महाविद्यालय का शिक्षण कार्य इस दिन अर्थात् 24.3.2005 को स्थगित रहेगा।

हस्ताक्षर

प्राचार्य

(क) प्राध्यापक की टिप्पणी—

खेद है, कि मुझे उस दिन गोरखपुर विश्वविद्यालय में एक महत्त्वपूर्ण शोध पत्र पढ़ना है। चूँकि यह तिथि बहुत पहले से ही तय हो चुकी है, अतः उस दिन में महाविद्यालय में उपस्थित नहीं हो सकूँगा। कष्ट के साथ—

त्रिपुरारी त्रिवेदी

प्राध्यापक

(ख) लिपिक की टिप्पणी—

महोदय, उक्त प्राध्यापक आए दिन इस प्रकार की बहानेबाजी कर महाविद्यालय से पलायित हो जाते हैं। अतः सूचनार्थ प्रेषित है।

रामस्वरूप

प्रधान लिपिक

(द) आलेखन या प्रालेखन या मसौदा या मसविदा या प्रारूप या प्रारूपण (Drafting)

आलेखन, प्रालेखन, मसौदा, मसविदा, प्रारूप या प्रारूपण—ये सभी शब्द एक ही अर्थ का द्योतन करते हैं। विभिन्न पुस्तकों में इनके उक्त भिन्न-भिन्न नामों का इस्तेमाल किया जाता है। बहरहाल, अब सवाल है, आखिर आलेखन का अर्थ क्या है? इसका क्षेत्र क्या है? यह

कितने प्रकार का होता है? इसकी रूपरेखा क्या होती है? इसकी विशेषताएँ क्या होती हैं? इन सवालों के उत्तर के लिए अधोलिखित छोटे-बड़े शीर्षकों को देखना होगा।

(1) अर्थ-स्वरूप तथा परिभाषा

विद्वान् विभिन्न प्रकार के पत्रों के लेखन को ही आलेखन कहते हैं। सामान्यत: आलेखन का अभिप्राय उन पत्रों, परिपत्रों, सूचनाओं आदि के आलेख तैयार करने से है, जिनका उपयोग सरकारी दफ्तरों या व्यावसायिक संस्थाओं में प्रतिदिन किया जाता है। 'आलेख' का अर्थ है—जो लिखना है, उसका प्रारूप (ढाँचा) तैयार करना।[1] दरअसल, आ+लिख्+ल्युट् = से बने '**आलेखन**' का अर्थ होता है—लिखना, उर्दू में 'तहरीर करना' भी कहते हैं। **डॉ० कैलाश चन्द्र भाटिया**[2] मेरी उक्त बात को और अधिक प्रामाणिक तथा ठोस सकल अख्तियार कराते कहते हैं कि आलेखन का सीधा संबंध 'आलेखनम्' [आ+लिख्+ल्युट्] संस्कृत शब्द से है, जिसका अर्थ है—लिखना, चित्रण करना। आलेखन के लिए उर्दू शब्द तहरीर (तहीर) है, जिसका अर्थ है—हाथ की लिखावट, लेखपत्र, लिखत, दस्तावेज। इसके लिए प्रयुक्त अंग्रेजी शब्द 'Drafting' है, जिसके अन्य अर्थों के अतिरिक्त प्रशासन से संबंधित अर्थ निम्नलिखित हैं—

1. A rough sketch of writing,
2. A plan or drawing of a work to be done,
3. A written order from a person to another.

इधर, आलेखन का ही समानार्थी शब्द **प्रारूप** (Draft) का आशय होता है—किसी प्रस्ताव, योजना, विधेयक आदि का वह प्राथमिक रूप, जो शीघ्रता में तैयार कर लिया जाता है, किन्तु जिसमें बाद में कुछ काट-छाँट या संशोधन की आवश्यकता पड़ती है। इसे **मसौदा** या **प्रालेख** (प्रीकर्सर = (Precursour) तथा **खर्रा** नाम से भी जाना जाता है। इसी प्रारूप से **प्रारूपण** शब्द बना है। प्रारूपण के लिए अंग्रेजी में 'ड्राफ्टिंग' (Drafting) शब्द का प्रयोग किया जाता है। हिन्दी में उसे 'आलेखन', 'प्रालेखन', 'प्रारूप-लेखन' और 'मसौदा-लेखन' भी कहते हैं। 'प्रारूपण' से तात्पर्य उस पत्र-लेखन से है जिसमें आदेश, निर्देश, विज्ञापन अथवा अन्य किसी प्रकार की सामग्री के आधार पर पत्र-लेखन की सभी बातों को पूरा करते हुए लिखा जाता है अर्थात् टिप्पणी-लेखन के पश्चात् और पत्र-प्रेषण के पूर्व होने वाली कार्यालयीय कार्यवाही को 'प्रारूपण' कहा जाता है। व्यावहारिक दृष्टि से देखा जाय तो सभी सरकारी गैर सरकारी कार्यालयों में जो ड्राफ्टिंग की जाती है, उसे 'प्रारूपण' ही कहा जाता है। 'प्रारूप', 'प्रालेख' या 'प्राख्य' (Draft) जारी करने से पूर्व सम्बद्ध अधिकारी की स्वीकृति (अनुमोदन) आवश्यक होती है। केन्द्रीय शिक्षा मंत्रालय के पारिभाषिक शब्दावली आयोग ने 'Draft' के लिए 'प्रारूप' और 'Drafting' के लिए 'प्रारूपण' समानक शब्द निर्धारित किए हैं और ये शब्द नए होने के बावजूद अर्थव्यंजना में पूर्ण समर्थ हैं।[3] हाँ, कार्यालयों में 'प्रारूप लेखन' और 'मसौदा-लेखन' शब्द ही प्रचलित हैं।

---

1. हिन्दी रूप-रचना—सं० जयेन्द्र त्रिवेदी, पृष्ठ 214
2. हिन्दी भाषा का प्रयोजनमूलक स्वरूप—डॉ० कैलाश चन्द्र भाटिया, पृष्ठ 43
3. व्यावहारिक एवं प्रयोजनमूलक हिन्दी तथा साहित्य शास्त्र—डॉ० फूलबदन सिंह, पृष्ठ 136

प्रारूप या आलेखन की परिभाषा—

(क) डॉ० विनोद गोदरे लिखते हैं कि "प्राप्ति पर टिप्पणी कार्य खत्म होने के पश्चात् उसके आधार पर पत्रोत्तर का जो प्रारूप तैयार किया जाता है, वह आलेखन कहलाता है"[1]

(ख) विजयपाल सिंह के अनुसार, "आलेखन का अर्थ होता है किसी विषय पर उच्च अधिकारी के आदेश अथवा संबंधित पत्रों या उनके सारांश के आधार पर किसी आदेश, सूचना, स्मृति पत्र, प्रस्ताव आदि का प्रारूप मसविदा तैयार करना।"[2]

(ग) डॉ० महेन्द्र चतुर्वेदी का विचार है कि 'प्रारूप', वस्तुत: प्राक्रूप' होता है अर्थात् पत्र का कच्चा, अंतिम रूप और इसे तैयार करने का कार्य 'प्रारूपण' कहलाता है।"[3]

(घ) डॉ० गुलाम मोइनुद्दीन खान मसौदा पर प्रकाश डालते लिखते हैं कि "दफ्तरों में आवती पर टिप्पणी कार्य समाप्त होने के पश्चात् जो पत्रोत्तर का प्रालेख तैयार किया जाता है, उसे मसौदा लेखन कहते हैं। दूसरे शब्दों में, कहें तो मसौदा लेखन टिप्पणी कार्य का अंतिम सोपान हैं।"[4]

(ङ) डॉ० रामचन्द्र सिंह सागर का कहना है कि "आवती पर टिप्पणी कार्य समाप्त होने के बाद टिप्पणी के आधार पर आवती का उत्तर देने के लिए जो प्रारूप तैयार किया जाता है, उसी को आलेखन या मसौदा या प्रारूप तैयार करना कहते हैं।"[5]

(च) डॉ० ईश्वर दत्त शील इसे बहुत अधिक स्पष्ट करते हुए कहते हैं कि "सरकार या निजी संस्थाओं में आए हुए पत्रों के उत्तर देने के लिए और सरकार की नीति-निर्धारण-संबंधी सूचनाओं, स्मारकों, ज्ञापनों और परिपत्रों आदि के प्रेषण के लिए टिप्पण की यथोचित कार्यवाही के बाद अधिकारियों के आदेश पर अन्य सहायक कर्मचारियों द्वारा प्रालेख (प्राख्य—Draft) तैयार किया जाना प्रालेखन कहलाता है।"[6]

(2) आलेखन : क्षेत्र और प्रकार

टिप्पणी की तरह आलेखन या मसौदा का प्रयोग क्षेत्र कार्यालय ही होता है। किसी भी तरह का कार्यालय, यथा—सरकारी, अर्द्ध सरकारी, व्यापारिक, सामाजिक या निजी कार्यालयों में पत्र-व्यवहार के नाम पर आई टिप्पणी के कार्यान्वयन के लिए उस कार्यालय का अधिकारी आलेखन का आदेश करता है। इस तरह से स्पष्ट है कि आलेखन का रिश्ता कार्यालयों से ही होता है। कार्यालयों में बाहर से आए पत्रों पर टिप्पणियाँ और टिप्पणियों के बाद उन पर आलेख या आलेखन का क्रम बना रहता है। इस प्रकार सरकारी कार्यालयों से प्राप्त पत्रों एवं अन्य कार्यालयों से प्राप्त पत्रों के आधार पर प्रालेख/आलेख के अधोलिखित आधार हो सकते हैं,[7]—(1) केन्द्रीय शासनादेश प्रालेखन, (2) प्रादेशिक शासनादेश—प्रालेखन, (3) स्थानीय शासनादेश—प्रालेखन, (4) परिपत्रात्मक शासनादेश-प्रालेखन,

---

1. **प्रयोजनमूलक हिन्दी—डॉ० विनोद गोदरे, पृष्ठ 164**
2. **प्रयोजनमूलक हिन्दी—डॉ० विजयपाल सिंह, पृष्ठ 53**
3. **व्यावसायिक हिन्दी—डॉ० महेन्द्र चतुर्वेदी, पृष्ठ 54**
4. **प्रयोजनमूलक हिन्दी—सं० डॉ० बालेन्दु शेखर तिवारी, पृष्ठ 90**
5. **कार्यालय कार्यविधि—डॉ० रामचन्द्र सिंह 'सागर', पृष्ठ 125**
6. **हिन्दी भाषा—डॉ० ईश्वर दत्त शील, भाग-दो, पृष्ठ 19**
7. **हिन्दी भाषा सर्वेक्षण—सं० डॉ० मुंशीराम शर्मा, पृष्ठ 28**

(5) पत्रात्मक-प्रालेखन, (6) द्रुतगामी पत्र-प्रालेखन, (7) पृष्ठांकन-प्रालेखन, (8) तार-प्रालेखन, (9) कूट संदेश-प्रालेखन, (10) रेडियो ग्राम प्रालेखन, (11) टेलीफोन संदेश-प्रालेखन, (12) अर्द्ध सरकारी पत्र-प्रालेखन, (13) विज्ञप्ति-प्रालेखन—

(अ) नियम, अधिनियम, विनियम संबंधी विज्ञप्ति।

(ब) नियुक्ति, पदच्युति, स्थानान्तरण, पदोन्नति संबंधी विज्ञप्ति।

(स) भूमि, आवास, सम्पत्ति प्राप्ति संबंधी विज्ञप्ति।

(द) विविध विज्ञप्ति।

(14) उद्घोषणा-प्रालेखन, (15) संकल्प-प्रालेखन, (16) प्रेस-विज्ञप्ति-प्रालेखन, (17) कार्यालयीय ज्ञापन या आदेश-प्रालेखन, (18) अनुस्मारक-प्रालेखन, (19) प्राप्ति स्वीकृति-प्रालेखन तथा (20) असरकारी पत्र-प्रालेखन।

निवेदन—प्रालेखन-आलेखन के उक्त रूपों के विस्तृत अध्ययन के लिए इस पुस्तक का अध्याय-9 देखिए।

(3) आलेखन के अंग-अवयव या भाग
अथवा
आलेखन की रूपरेखा या प्रस्तुति
अथवा
आलेखन की संरचना
(Preparation of Draft Report)

कार्यालयीय आलेखन की वैज्ञानिक और आदर्श प्रस्तुति के लिए हमें सबसे पहले आलेखन की रूपरेखा और उसके विभिन्न अवयवों पर गौर करना चाहिए। आलेखन को प्रस्तुत करते समय यदि हम इन अंगों पर क्रमबद्ध ध्यान नहीं देंगे आलेखन की संरचना के अस्त-व्यस्त और बेतरतीब हो जाने का खतरा बना रहता है। इस दिशा में हमें सबसे पहले जिस विषय के संबंध में आलेखन प्रस्तुत करना है, उसे विधिवत समझ लेना चाहिए। इससे आलेखन तैयार करने में एक तो सुविधा होती है, दूसरे, जिसके पास आलेखन प्रस्तुत करना होता है, उसे भी क्रमबद्ध पढ़ने में सुविधा होती है। बहरहाल, आलेखन के प्रमुख अंगों में संदर्भ या विषय का निर्देश, शीर्षनाम, प्रेषक और प्रेषिती के नाम तथा पदनाम, संख्या तथा दिनांक, संबोधन, विषय वस्तु या प्रकरण से संबंधित वक्तव्य, अनुच्छेद, निष्कर्षात्मक परिच्छेद या समापन—मुख्य हैं। किसी भी श्रेष्ठ और उत्तम आलेखन की संरचना में इनका अनुपालन आवश्यक होता है। इन्हें क्रमशः इस प्रकार देखा जा सकता है—

(1) कार्यालयीय आलेखन के विषय अलग-अलग जरूरतों के अनुसार अलग-अलग स्वरूप के हो सकते हैं। अतः जिस तरह के मसौदे/आलेखन यथा-बहुत गंभीर या हल्के मामलों से संबंधित होंगे, उस तरह के अलग-अलग मसौदे तैयार किए जाएँगे। इन मसौदों के निर्माण में तत्संबंधी कार्यालय तथा वहाँ प्रयुक्त की जाने वाली शब्दावली का भी बड़ा सहयोग होता है। साफ शब्दों में, शिक्षा विभाग के मसौदे और रेल विभाग या जीवन बीमा निगम के मसौदों की भाषा-शैली परस्पर भिन्न होगी।

(2) अगली बात आलेखन की रूपरेखा निर्देश से संबंधित होती है। जिस मसौदे को तैयार किया जा रहा है, यदि उसका संबंध पूर्व के किसी मामले या पत्र से है, तो उसका उल्लेख जिक्र या निर्देश कर देना चाहिए। इससे आलेखन प्राप्त करने वाले को पढ़ने में सुविधा होती है।

(3) अगली बात आलेखन तैयार करने में शीर्षनाम का क्रम आता है। साफ शब्दों में जिस विभाग से प्रालेख निर्गत हो रहा हो, उसका नाम आना चाहिए। कुल मिलाकर यह कि प्रारूप के ऊपर पत्र-प्रेक्षक कार्यालय का नाम, पता, प्रारूप संख्या तथा दिनांक लिखना चाहिए। इसके बाद प्रेषिती का नाम, पता एवं प्रारूप का मुख्य कलेवर उल्लिखित होता है। अंत में प्रेषक का नाम और पदनाम लिखा जाता है।

(4) सामान्यतया विषय के बाद और कभी-कभार विषय के पूर्व संबोधन सूचक शब्दों का प्रयोग करते हैं। यह संबोधन प्रारूप के बायीं ओर लिखना चाहिए। यह संबोधन संदर्भ के अनुसार जैसे—महोदय/महोदया, महानुभाव या प्रिय महोदय (अर्द्ध सरकारी पत्र की दशा में) या प्रिय आदि में कुछ भी हो सकता है।

(5) संबोधन के बाद मूल पत्र सामग्री या प्रकरण संबंधी वक्तव्य दिया जाता है। यहाँ जिस पत्र का उत्तर दिया जा रहा है, उसका संदर्भ, निर्देश या प्रस्तावना का उल्लेख करते हैं।

(6) छोटे मसौदे में अनुच्छेद या उप विभाग की बहुत आवश्यकता तो नहीं होती, किन्तु यदि मसौदा दो-तीन पृष्ठों से ज्यादा का है तो प्रकरण या विषयवस्तु की समझ की सुविधा के लिए अनुच्छेदों का होना आवश्यक हो जाता है। हर संदर्भ यदि अलग अनुच्छेद में लिखा जाय तो और भी बढ़िया होगा, यथा-अनुच्छेद संख्या 2, 3, 41 यह अनुच्छेद क्रमबद्ध होना चाहिए।

(7) पत्र का निष्कर्षात्मक परिच्छेद या समापन भी बहुत महत्त्वपूर्ण होता है। इस समापन भाग में पूरे मसौदे का निचोड़ आता है। यह मसौदा-पाठन में सहायक होता है। स्वनिर्देश के नीचे अधिकारी अपना हस्ताक्षर करता है। उस हस्ताक्षर के ठीक ऊपर—हस्ताक्षर करने वाला स्त्री हो या पुरुष—'भवदीय' शब्द टाँकता है। यहाँ उसका पूरा नाम, उसका पदनाम तथा कार्यालय का पता लिखा होना बहुत आवश्यक होता है।

(8) पत्रांत में अनुलग्नकों (Attached paper) की संख्या कितनी है, की स्पष्ट चर्चा होनी चाहिए। मसौदे के अंत में एकदम बाएँ कोने पर अनुलग्नकों का उल्लेख करना चाहिए।

(9) पत्र की भाषा में केवल 'मुझे कहना/निवेदन करना है' का ही प्रयोग होना चाहिए। हिन्दी के प्रारूप निर्माण में अंग्रेजी के इस वाक्य "I am directed to" का हिन्दी अनुवाद ''मुझे निर्देश हुआ है कि मैं यह कहूँ या मुझे यह कहने का निर्देश हुआ''—का प्रयोग नितांत असंगत है। अत: इससे बचना चाहिए।

अत: मसौदा की रूपरेखा या प्रस्तुति के समय मसौदे के उक्त अंगों या भागों पर ध्यान दिया जाय तो वह मसौदा कलेवर में सुन्दर, प्रौढ़, ललित-चारु और पठनीय तो होगा ही, मसौदे का श्रेष्ठ 'मॉडल' भी सिद्ध होगा।

(4) सरकारी कार्यालयों में आलेखन-विधि
या
मसौदा तैयार करने के लिए कुछ महत्त्वपूर्ण—नियम

सरकारी कार्यालयों में मसौदा तैयार करने के लिए कुछ निश्चित मानदण्ड, विधि-विधान तथा नियम होते हैं। प्रारूपण तैयार करने वाले के लिए इनका अनुपालन अवश्य करना चाहिए। श्रेष्ठ-मसौदा निर्माण, उसकी उपयोगी प्रस्तुति-निर्मिति तथा निरन्तर प्रासंगिक बने रहने के लिए इन बिन्दुओं पर ध्यान देना चाहिए अन्यथा वह मसौदा बेमेल और बेतरतीब तो होगा ही मसौदा निर्माण का सारा श्रम और समय भी जाया चला जाएगा। दरअसल, किसी भी कार्यालय में मसौदा दो स्तरों पर तैयार होता है। यदि मसौदे की विषयवस्तु सरल-सहज, हल्की-फुल्की साफ शब्दों में अगंभीर है तो वह तत्संबंधी कार्यालय के पर्यवेक्षक या वरिष्ठ लिपिक स्तर पर ही तैयार करा ली जाती है, किन्तु इसके विपरीत यदि विषयवस्तु गोपनीय, संवेदनशील, झंझटी, विवादास्पद या कानूनी दाँव-पेंच से संबंधित है तो इसका निर्माण अनुभाग अधिकारी (Section Officer) या अवर सचिव (Under Secretary) द्वारा होता है। मसौदा-निर्माता को यह बराबर ध्यान रखना चाहिए कि टिप्पणी में उल्लिखित बिन्दुओं में कोई भी छूटने न पाएँ। उसके बाद जब मसौदा तैयार हो जाय तो "अनुमोदन के लिए मसौदा" या "अनुमोदनार्थ मसौदा" (Draft for approval यानी DFA) मसौदे के ऊपर दाहिनी ओर लिखकर या चिट लगाकर उचित अधिकारी के पास भेजना चाहिए। अधिकारी यदि उस मसौदे को उपयुक्त समझता है तब तो ठीक अन्यथा कुछ संशोधन-सुझाव के साथ उसे वापस विभाग में लौटा देता है। इन सबके अतिरिक्त मसौदा लेखक को निम्न नियमों पर भी ध्यान देना चाहिए—(1) किसी भी मसौदा लेखक को विषय की पूर्ण और विधिवत जानकारी होनी चाहिए। मसौदा लिखने से पहले उस विषय की रूपरेखा, प्रस्तुति का स्वरूप, क्रम आदि पर तर्क-वितर्क और चिन्तन-मनन कर लेना चाहिए, (2) तैयार होने वाला आलेखन यदि पूर्व के किसी पत्र से संबंधित है, तो उसका हवाला या संदर्भ (Reference) यहाँ जरूर होना चाहिए, (3) प्रारूप में अनुच्छेद का उपशीर्षक तथा क्रम संख्या (Heading and numbering of paragraph) अवश्य डालना चाहिए। यदि पत्र लम्बा है, तो क्रम संख्या का बयान होना चाहिए साथ ही उपशीर्षक का भी जिकर करना जरूरी होता है, (4) पहले परिच्छेद को छोड़कर शेष अन्य परिच्छेदों पर संख्या पड़नी चाहिए, यथा—2, 3, 4 या 2(1), 2(2), 2(3) आदि। पत्र का उत्तर देने में निर्देश करने में सुगमता होती है (5) प्रालेख की भाषा स्वच्छ, साफ, सरल, स्पष्ट, सुपाठ्य होनी चाहिए, जिससे प्रारूप का अर्थ या भाव प्रेषिती सरलता से समझ सके। साफ शब्दों में भाषा मीठास की चाशनी में पगी होनी चाहिए। प्रारूप में किसी की आलोचना, शिकायत करने का नियम नहीं है, (6) प्रारूप लेखन की शैली कार्यालयीय होनी चाहिए। वस्तुतः यह पत्र निजी पत्र से हटकर अलग किस्म की शैली में लिखा जाता है, सो यहाँ पत्र का शीर्षक तिथि की चर्चा, संबोधन, वस्तु या विषय का उल्लेख तथा समापन या उपसंहार करने के परंपरागत नियम या विधियाँ तय हैं, अतः इसमें किसी तरह के बदलाव की गुंजाइश यहाँ नहीं होती, (7) प्रारूप लेखन का आधार यदि कोई गैर सरकारी सूचना हो तो 'ऐसा समझा जाता है', 'ऐसी सूचना मिली है' जैसे वाक्यों का प्रयोग होना चाहिए, (8) कभी-कभी एक ही विषय या समस्या से संबंधित पत्र कई लोगों के पास भेजा जाता है। अतः ऐसी स्थिति में इन प्रतिलिपियों (Copies forwarded) पर यह उल्लेख

कर देना चाहिए कि इन्हें किनके-किनके पास भेजा गया है, (9) अधिकारी के यहाँ मसौदे की प्रस्तुति नंगे रूप में नहीं, बल्कि उसे फाइल के भीतर रखकर करना चाहिए। गंभीर मसले से संबंधित फाइल पर 'गोपनीय' या 'अति गोपनीय' लिखा होना चाहिए तथा (10) अंतिम बात यह कि प्रारूप की प्रस्तुति सुन्दर और मोहक अक्षरों में या टाइप या 'कम्प्यूटराइज्ड' करके ही अधिकारी के मेज पर होनी चाहिए। यदि मसौदे में संलग्नक (Enclosures) संलग्न हैं, तो उनका उल्लेख पत्र के नीचे बाएँ कोने में करना चाहिए।

(5) आलेखन या प्रारूप की विशेषताएँ या गुण

(क) भाषागत सजगता—किसी भी कार्यालय की प्रतिष्ठा अच्छी भाषा में लिखे गए प्रारूपण से जुड़ी होती है, इसलिए प्रारूपण में भाषा और व्याकरण का विशेष ध्यान रखा जाता है। साफ शब्दों में भाषा व्याकरण सम्मत हो, स्पष्ट हो, संक्षिप्त, संयत और विनम्र हो। प्रारूपण का कार्य चूँकि नपी-तुली भाषा में किया जाता है, अतः यहाँ कवित्वपूर्ण भाषा का प्रयोग वांछनीय नहीं है। निरर्थक, अतिशयोक्तिपूर्ण शब्दावली, कूट भाषा-प्रारूप के स्वरूप को ठेस पहुँचाती हैं। भाषा ऐसी हो, जिससे प्रारूप में व्यक्त विचार आसानी से समझे जा सकें। कुल मिलाकर पद-विन्यास, वाक्य-विन्यास तथा भावों-विचारों का एक-दूसरे से ऐसा संगुफन हो कि प्रारूप पाठक या प्रेषिती के ऊपर अपना असर दिखाए।

(ख) शैली और शिल्प—जिस प्रकार प्रारूपण की भाषा में भ्रमपूर्ण, द्विअर्थक, विवादास्पद तथा लोकोक्तियों, कहावतों, मुहावरों का प्रयोग निषिद्ध है, ठीक उसी तरह से असंगत और अशिष्ट शैली का प्रयोग भी यहाँ वर्जित है। शैली प्रभावोत्पादक हो, लचरता उसमें न हो। छोटे-छोटे और टुकड़ों में बँटे वाक्यों में विशिष्ट शब्दावली-शैली में लिपटा प्रारूप सुन्दर माना जाता है। संस्कृत के वाणभट्ट या निराला की 'राम की शक्ति पूजा' वाली शैली में निर्मित प्रारूप सभी के लिए दुर्बोध सिद्ध होगा।

(ग) विषयगत सजगता—आलेखन की निर्मिति में मूल विषय पर गंभीरता से विचार होना चाहिए, कहीं ऐसा न हो कि मूल विषय की जगह कोई अन्य गौण विषय प्रारूपण में स्थान पा जाय, इससे एक नया संकट आ सकता है, और यदि मूल विषय पर ध्यान भी है तो कहीं कोई मूल बिन्दु ही न छूट जाय।

(घ) अनावश्यक विस्तार का ध्यान—प्रारूप का निर्माण एक निश्चित 'फ्रेम' के भीतर होना चाहिए। बेजाँ और अनावश्यक विस्तार प्रारूप को बोझिल और दुर्बोध बनाता है। चूँकि हर कार्यालय बड़ी-बड़ी फाइलों के हिमालय पर बैठे हैं वहाँ काम की अधिकता है, पहले से ही बहुत से काम लम्बित हैं, अतः अनावश्यक विस्तार भार से लदी-हाँफती यदि कोई नयी फाइल किसी अधिकारी के पास जाएगी तो वह उसे तनाव ही पैदा करेगी, इसलिए मूल कथ्य को संक्षिप्त रूप में लिखना चाहिए, लेकिन संक्षिप्तीकरण का यह अर्थ नहीं है कि कोई जरूरी मुद्दा ही प्रारूप में जाने से छूट जाय।

(ङ) अनुच्छेदों की संख्या और उनका लघु उप शीर्षक—यदि प्रारूप छोटा है, तब वहाँ अनुच्छेदों का टुकड़ियाव बहुत जरूरी नहीं है, किन्तु बड़े प्रारूप में विषय, नई बात, नए-सवाल और समाधान की दृष्टि से अनुच्छेदों को टुकड़ों में बाँटना आवश्यक होता है। दरअसल, अधिकारी को अनुच्छेदों में बँटा प्रारूप पढ़ने में सहज लगता है, उसे निर्णय करने में सुविधा होती है। यदि प्रारूप बनाने वाला चाहे तो अपनी और प्रेषिती की सुविधा के लिए

हर अनुच्छेद को संदर्भानुसार लघु उपशीर्षक दे सकता है। इसके बाद अगली सावधानी यह कि पहले अनुच्छेद पर संख्या नहीं डाली जाती। बाद के अनुच्छेदों को सुविधा की दृष्टि से 2, 3, 4 या A B C या क ख ग संख्या में क्रमबद्ध किया जा सकता है, लेकिन अनुच्छेदों और उनमें व्यक्त भावों का क्रम कभी टूटना नहीं चाहिए।

(च) पदनाम तथा कार्यालय का नाम—अच्छे प्रारूप की प्रस्तुति में कई तरह की औपचारिकताएँ और टोने-टोटके करने पड़ते हैं। इनके प्रयोग में लापरवाही से प्रारूप का चेहरा खंडित हो सकता है, अतः प्रारूप बनाते समय संख्या, कार्यालय का नाम, पता, प्रेषण की तिथि, विषय, संबोधन, स्वनिर्देश, भेजते वाले के हस्ताक्षर, नाम, पदनाम, पता, अनुलग्नक तथा पृष्ठांकन आदि का क्रमबद्ध उल्लेख करना आवश्यक होता है। अर्द्ध सरकारी पत्र के अलावा कोई भी सरकारी पत्र अधिकारी के नाम से नहीं भेजना चाहिए। इस तरह के पत्र सदैव पदनाम और कार्यालय के नाम से ही भेजे जाते हैं।

(6) प्रारूप लेखन के दोष तथा उनसे बचाव-सुझाव

(1) प्रारूप लेखन में गूढ़ोक्ति, अतिशयोक्ति, ठेठ देसज शब्दावली, कहावतों-मुहावरों का प्रयोग दोष माना जाता है, अतः इन प्रयोगों से बचना चाहिए। ये किसी भी अच्छे प्रारूप के चहरे पर खरोंच तो पैदा करेंगे ही, उसे बौना बनाएँगे, (2) प्रारूप लेखन में अपभ्रंश की शब्दावली, पुनरुक्ति, अतिरेक पैदा करने वाली भाषा, वक्रोक्तियों-अत्युक्तियों का प्रयोग खामी पैदा करता है। अतः इनकी जगह शुद्ध, सुबोध, सरल और स्पष्ट भाषा का प्रयोग होना चाहिए, (3) प्रारूप लेखन में अक्रमत्व, क्लिष्टत्व, अविवच्छा आदि वाक्य दोषों से बचते हुए सरल वाक्यों का प्रयोग होना चाहिए, (4) इसी तरह से अलंकारों और विशेषज्ञों का बेमतलब प्रयोग उसमें नया दोष पैदा करता है, अतः 'अत्यन्त वांछनीय है' या 'अत्यन्त खेदजनक है' शब्दों की जगह 'यह वांछनीय है' वाक्यों का प्रयोग होना चाहिए, (5) प्रारूप निर्माण में एक ही बात बार-बार न दुहराई जाय, यह भी एक दोष है, (6) प्रालेख के पार्श्व में यदि हाशिया नहीं छोड़ा गया है, तो यहभी एक दोष है, अतः संदर्भ के उल्लेख के लिए हाशिये को छोड़ा जाना आवश्यक है, (7) प्रारूप में आवश्यक सहपत्र यदि संलग्न नहीं हैं, तो यह भी एक दोष या कमी है, अतः उसे साथ में जरूर भेजना चाहिए। पत्र का निर्देश प्रालेख के पार्श्व में खड़ी रेखा से और स्वच्छ प्रति में बड़ी रेखा से किया जाता है और अंत में, (8) अनुमोदनार्थ या स्वीकृत्यर्थ प्रारूप किसी अधिकारी के समक्ष प्रस्तुत किया गया है, उसमें यदि 'अनुमोदनार्थ प्रालेख' की पर्ची नहीं लगी है, तो यह भी एक दोष माना जाएगा। इसी प्रकार स्वच्छ प्रति पर 'हस्ताक्षरार्थ' की पर्ची लगा देनी चाहिए।

(7) आलेखन का उदाहरण

(सरकारी कार्यालयों की आलेखन विधि)

(1) विभाग का नाम (भारत सरकार वित्त मंत्रालय)

(2) पत्र संख्या 426/31

प्रेषक,

श्री किसलय चतुर्वेदी, आई० ए० एस०

उपसचिव, भारत सरकार

सेवा में,

मुख्य सचिव

उत्तर प्रदेश शासन

लखनऊ

स्थान-दिनांक

नई दिल्ली, 1 जनवरी, 2005

विषय का संदर्भ—राज्यों की शिक्षा

संबोधन-महोदय,

संदर्भ—आपके 2025/अ/60 दिनांक 21 फरवरी, 2005 के उत्तर में मुझे यह सूचित करने का निर्देश हुआ है कि ....

स्वनिर्देश आपका विश्वासपात्र

हस्ताक्षर—शिवशंकर

संलग्न—प्रपत्र-2

पृष्ठांकन

पत्र की प्रतिलिपियाँ निम्न सज्जनों को प्रेषित की गई हैं—

(1)

(2)

(3)

परिशिष्ट

सहायक ग्रंथ सूची

संस्कृत-ग्रंथ

उपनिषद, ऐतरेय ब्राह्मण, काशिका, जैमिनीय न्यायमाला, निरुक्त, पाणिनीय शिक्षा श्लोक, मेघदूत, ऋग्वेद, अष्टाध्यायी, परमलघु मंजूषा, वाक्यपदीय, कुमार संभव।

हिन्दी-ग्रंथ

अभिनव हिन्दी व्याकरण—प्रो० ना० नागप्पा

अनुवाद-विज्ञान—डॉ० भोलानाथ तिवारी

अनुवाद : स्वरूप और क्षेत्र—डॉ० गोपाल राय

अनुवाद कला—डॉ० एन० ई० विश्वनाथ अय्यर

अनुवाद : एक परिचय—डॉ० शर्वेश पाण्डेय

अनुवाद : सिद्धान्त और प्रयोग—डॉ० जी० गोपीनाथन्

अनुवाद का जोखिम—डॉ० उमा शुक्ल

अनुवाद कला : कुछ विचार—जैनेन्द्र कुमार

अनुवाद प्रक्रिया—डॉ० रीतारानी पालीवाल

अनुवाद और शैली—डॉ० आनंद खेमानी

अनुवाद की समस्या—डॉ० ओम प्रकाश गाबा

आधुनिक हिन्दी साहित्य का इतिहास—डॉ० श्री कृष्ण लाल

आधुनिक सामाजिक मनोविज्ञान—डॉ० रामजी श्रीवास्तव

आइने अकबरी—ब्लाकमैन

आत्म-निरीक्षण—सेठ गोविन्ददास

आधुनिक पत्रकारिता—डॉ० अर्जुन तिवारी

इलेक्ट्रॉनिक दृश्य माध्यम और हिन्दी—डॉ० हरिकृष्ण निगम

उत्तर आधुनिक मीडिया तकनीक—डॉ० हर्षदेव

एक आलोचक का नोटबुक—डॉ० शरद देवड़ा

कच्चायन व्याकरण—डॉ० उदयनारायण तिवारी

कार्यालयीय हिन्दी—डॉ० विजयपाल सिंह

कार्यालयीय कार्यविधि—डॉ० रामचन्द्र सिंह 'सागर'

कार्यालयीय हिन्दी—डॉ० केशरी लाल वर्मा

काव्यानुवाद : समस्या और समाधान—डॉ० सियाराम तिवारी

गुप्त निबंधावली—बालमुकुन्द गुप्त

जनसंचार—सं० डॉ० राधेश्याम शर्मा

जनसंचार—डॉ० राजेन्द्र

जन माध्यम—डॉ० प्रवीण दीक्षित

जनसंपर्क : सिद्धान्त और प्रयोग—डॉ० सुशील त्रिवेदी, शशिकान्त शुक्ल

जनसंचार माध्यमों में हिन्दी—डॉ० चन्द्रकुमार

जनसंचार : तकनीक तथा शैलियाँ—डॉ० सोहन लाल शर्मा

जनसंचार : विविध आयाम—डॉ० वृजमोहन गुप्त

जनसंचार द्वारा सामाजिक परिवर्तन—डॉ० रमेश नैय्यर

तारीखे फरिश्ता—फरिश्ता

तारीखे फरोजशाही—जियाउद्दीन बर्नी

दक्खिनी हिन्दी—डॉ० बाबू राम सक्सेना

दशद्वार से सोपान तक—हरिवंश राय बच्चन

दूरदर्शन एवं सामाजिक विकास—डॉ० जयमोहन झा

दूरदर्शन : हिन्दी के प्रयोजनमूलक विविध प्रयोग—डॉ० कृष्ण कुमार रत्तू

दृश्य—श्रव्य संप्रेषण और पत्रकारिता—डॉ० जेम्स एस० मूर्ति

नवीन गद्य चयनिका—डॉ० सरोज सिंह

नाट्यानुवाद की समस्याएँ—डॉ० वसंत देव

पंडित बालकृष्ण भट्ट—डॉ० शर्मा

पत्रकारिता जगत—डॉ० अशोक प्रियदर्शी

पत्रकारिता के सिद्धान्त—डॉ० गुरुशरण लाल

पत्रकारिता : परिचय और विश्लेषण—डॉ० प्रीता व्यास

पत्रकारिता और पत्रकारिता—डॉ० अरुण जैन

पत्रकारिता के मूल तत्त्व—डॉ० ए० आर० डंगवाल

पत्रकारिता के समक्ष खतरे और चुनौतियाँ—प्रभाकर माचवे

पत्रकारिता का इतिहास एवं जनसंचार माध्यम—डॉ० संजीव भानावत

पत्र और पत्रकार—डॉ० कमलापति त्रिपाठी

परिनिष्ठित हिन्दी का रूपग्रामिक अध्ययन—डॉ० महेश गर्ग

प्रगति और परम्परा—डॉ० रामविलास शर्मा

प्रशासनिक हिन्दी : टिप्पण और प्रारूपण—डॉ० चन्द्रपाल

प्रयोजनमूलक हिन्दी—डॉ० रवीन्द्र नाथ श्रीवास्तव
प्रयोजनमूलक हिन्दी—डॉ० विनोद गोदरे
प्रयोजनमूलक हिन्दी—डॉ० शरद भटनागर
प्रयोजनमूलक हिन्दी—डॉ० बालेन्दु शेखर तिवारी
प्रयोजनमूलक हिन्दी—डॉ० रघुवीर सहाय
प्रयोजनमूलक हिन्दी—डॉ० विजयपाल सिंह
प्रयोजनमूलक हिन्दी—डॉ० माधव सोनटक्के
प्रयोजनमूलक हिन्दी—डॉ० भारती शर्मा
प्रयोजनमूलक हिन्दी : सिद्धान्त और प्रयोग—डॉ० दंगल झाल्टे
प्रयोजनमूलक हिन्दी : पाठ्यचर्चा की प्रासंगिकता—डॉ० कामेश्वर शरण सहाय
प्रयोजनमूलक हिन्दी और शिक्षण सामग्री की समस्याएँ—डॉ० न० वी० राजगोपालन
प्रेस, कानून और पत्रकारिता—डॉ० संजीव भानावत
बैंकों में अनुवाद—डॉ० रेखारानी सिंह
बारहवीं सदी से राजकाज में हिन्दी—डॉ० रामबाबू सक्सेना
भाषा भूगोल—डॉ० कैलाश चन्द्र भाटिया
भाषा रहस्य—डॉ० श्यामसुन्दर दास
भाषा-चिन्तन—डॉ० भोलानाथ तिवारी
भाषा विज्ञान की भारतीय परम्परा और पाणिनि—डॉ० रामदेव त्रिपाठी
भाषाशास्त्र तथा हिन्दी भाषा की रूपरेखा—डॉ० देवेन्द्र कुमार शास्त्री
भाषा तत्त्व और वाक्यपदीय—डॉ० सत्यकाम वर्मा
भारतीय राष्ट्रभाषा : सीमाएँ तथा समस्याएँ—डॉ० सत्यव्रत
भाषा-विज्ञान का इतिहास—डॉ० महेश प्रसाद जायसवाल
भारतेन्दुयुगीन हिन्दी नाट्य साहित्य—डॉ० भानुदेव शुक्ल
भाषा और प्रौद्योगिकी—सं० डॉ० गिरिराज किशोर
भाषा-विज्ञान और मानक हिन्दी—डॉ० रत्नचन्द्र गुप्त
भारतेन्दु युग और हिन्दी भाषा की विकास परम्परा—डॉ० रामविलास शर्मा
भारत के प्राचीन भाषा परिवार और हिन्दी—डॉ० रामविलास शर्मा
मुद्रण के तकनीकी सिद्धान्त—डॉ० नवीन चन्द्र गुप्त
राष्ट्रभाषा हिन्दी : समस्याएँ और समाधान—डॉ० देवेन्द्र नाथ शर्मा
राष्ट्रभाषा की कुछ समस्याएँ—आचार्य नन्द दुलारे वाजपेयी
राजभाषा समस्या : व्यावहारिक समाधान—डॉ० कन्हैयालाल गांधी
राजभाषा विविधा—डॉ० माणिक मृगेश

राजभाषा सहायिका—डॉ० अवधेश मोहन गुप्त

राष्ट्रभाषा का सवाल—पं० जवाहर लाल नेहरू

रेडियो लेखन—डॉ० मधुकर गंगाधर

वैज्ञानिक तथा तकनीकी शब्दावली आयोग : प्रगति और उपलब्धियाँ—मानव संसाधन विकास मंत्रालय

विज्ञापन—डॉ० अशोक महाजन

विज्ञापन : सिद्धान्त और प्रयोग—डॉ० विजय कुलश्रेष्ठ

व्यावहारिक हिन्दी व्याकरण—डॉ० हरदेव बाहरी

व्याकरण की दार्शनिक भूमिका—डॉ० सत्यकाम वर्मा

व्यावहारिक हिन्दी—डॉ० रामकिशोर शर्मा

व्यावहारिक हिन्दी निर्देशिका—डॉ० गोपीनाथ श्रीवास्तव

व्याकरणिक कोटियों का विश्लेषणात्मक अध्ययन—डॉ० दीप्ति शर्मा

व्यावसायिक हिन्दी—डॉ० महेन्द्र चतुर्वेदी

व्यावहारिक एवं प्रयोजनमूलक हिन्दी तथा समाजशास्त्र—डॉ० वशिष्ठ द्विवेदी 'अनूप'

व्यावहारिक एवं प्रयोजनमूलक हिन्दी तथा समाजशास्त्र—डॉ० फूलबदन सिंह

सम्पर्क भाषा हिन्दी—डॉ० भोलानाथ तिवारी

संस्कृत व्याकरण दर्शन—डॉ० रामसुरेश त्रिपाठी

संस्कृत व्याकरण शास्त्र का इतिहास—डॉ० युधिष्ठिर मीमांसक

संस्कृत भाषा-विज्ञान—डॉ० राजकिशोर सिंह

संस्कृत का भाषा शास्त्रीय अध्ययन—डॉ० भोलाशंकर व्यास

संस्कृत नाटकों के हिन्दी अनुवाद—डॉ० देवेन्द्र कुमार

संचार क्रांति और हिन्दी पत्रकारिता—डॉ० अशोक कुमार शर्मा

संचार क्रांति और विश्व जनमाध्यम—डॉ० प्रेमचन्द पातंजलि तथा अनिल अंकित

संचार का बदलता स्वरूप—डॉ० ऊषा अरोड़ा

संवाद और संवाददाता—डॉ० राजेन्द्र

संपादन कला—डॉ० के० पी० नारायण

संपादन कला एंव प्रूफ पठन—डॉ० हरिमोहन

समाचार पत्र कला—अंबिका प्रसाद वाजपेयी

समाचार पत्र—एम० चेलापति राव

समाचार संकलन एवं लेखन—डॉ० नन्दकिशोर त्रिखा

समाचार लेखन के सिद्धान्त और तकनीक—डॉ० संजीव भानावत

सपनों का बाजार—डॉ० प्रभात पाण्डेय

साहित्यिक पत्रकारिता—डॉ० राममोहन पाठक

सामान्य भाषा-विज्ञान—डॉ० बाबूराम सक्सेना

सामाजिक विज्ञानों की पारिभाषिक शब्दावली का समीक्षात्मक अध्ययन—डॉ० गोपाल शर्मा

हिन्दी भाषा—डॉ० भोलानाथ तिवारी

हिन्दी भाषा—डॉ० ईश्वरदत्त शील

हिन्दी भाषा—डॉ० कैलाश चन्द्र भाटिया

हिन्दी भाषा का परिचय—डॉ० विन्दुमाधव मिश्र

हिन्दी भाषा का समाजशास्त्र—डॉ० रवीन्द्रनाथ श्रीवास्तव

हिन्दी भाषा, साहित्य एवं पत्रकारिता का इतिहास—डॉ० वशिष्ठ द्विवेदी 'अनूप'

हिन्दी भाषा के सामयिक पत्रों का इतिहास—डॉ० राधाकृष्ण दास

हिन्दी भाषा की आर्थी संरचना—डॉ० भोलानाथ तिवारी

हिन्दी भाषा पर फारसी का प्रभाव—डॉ० मोहन लाल तिवारी

हिन्दी भाषा का मानकीकरण : समस्या और समाधान—डॉ० भगवान देव पाण्डेय

हिन्दी भाषा का प्रयोजनमूलक स्वरूप—डॉ० कैलाश चन्द्र भाटिया

हिन्दी भाषा और लिपि का ऐतिहासिक विकास—डॉ० सत्यनारायण त्रिपाठी

हिन्दी भाषा का स्वरूप विकास—डॉ० अवधेश्वर अरुण

हिन्दी भाषा का इतिहास—डॉ० धीरेन्द्र वर्मा

हिन्दी भाषा का उद्‌गम और विकास—डॉ० उदय नारायण तिवारी

हिन्दी भाषा का विकास—डॉ० देवेन्द्र नाथ शर्मा

हिन्दी भाषा का इतिहास—डॉ० राकेश

हिन्दी भाषा सर्वेक्षण—डॉ० मुंशी राम शर्मा

हिन्दी का भाषा—वैज्ञानिक व्याकरण—डॉ० न० वी० राजगोपालन

हिन्दी साहित्य का इतिहास—डॉ० नगेन्द्र

हिन्दी साहित्य का वृहत् इतिहास—काशी नागरी प्रचारिणी सभा

हिन्दी साहित्य की प्रवृत्तियाँ—डॉ० जयकिशन प्रसाद खंडेलवाल

हिन्दी व्याकरण—कामता प्रसाद गुरु

हिन्दी व्याकरण : नव मूल्यांकन—डॉ० ओम प्रकाश

हिन्दी शब्दानुशासन—आचार्य किशोरी दास वाजपेयी

हिन्दी क्रिया : स्वरूप और विश्लेषण—डॉ० बालमुकुन्द

हिन्दी का मौलिक व्याकरण—डॉ० निगमानंद परमहंस

हिन्दी शब्द रचना—डॉ० माईदयाल जैन

हिन्दी के विकास में अपभ्रंश का योग—नामवर सिंह

हिन्दी : अस्तित्व की तलाश—डॉ सुधाकर द्विवेदी
हिन्दी : समस्या और समाधान—डॉ० बलराज सिरोही
हिन्दी, उर्दू, हिन्दुस्तानी—पद्मसिंह शर्मा
हिन्दी रूप रचना—सं० आचार्य, जयेन्द्र त्रिवेदी
हिन्दी आलेखन एवं टिप्पणी—डॉ० ओम प्रकाश
हिन्दी गद्य-विधाएँ—डॉ० कन्हैयालाल मिश्र प्रभाकर
हिन्दी का गद्य साहित्य—डॉ० रामचन्द्र तिवारी
हिन्दी पत्रकारिता—डॉ० कृष्ण बिहारी मिश्र
हिन्दी पत्रकारिता : सिद्धान्त और स्वरूप—डॉ० सावित्री चड्ढा
हिन्दी पत्रकारिता का विकास—डॉ० एन० सी० पंत
हिन्दी पत्रकारिता : विविध आयाम—सं० डॉ० वेद प्रताप वैदिक
हिन्दी पत्रकारिता की रूपरेखा—डॉ० एन० सी० पंत एवं मनोज कुमार
हिन्दी समाचार पत्रों की आरम्भिक कथा—वृजेन्द्र नाथ उपाध्याय

हिन्दी की पत्र-पत्रिकाएँ तथा कोश

(1) अनुवाद (त्रैमासिक पत्रिका), (2) काशी नागरी प्रचारिणी पत्रिका (वाराणसी), (3) राजभाषा भारती (गृह मंत्रालय-दिल्ली), (4) भाषा (केन्द्रीय हिन्दी निदेशालय-दिल्ली), (5) हरिजन सेवक-1947, (6) वीणा-इन्दौर, (7) अक्षर पर्व (मासिक), (8) गवेषणा, मार्च 1969, (9) जागरण वार्षिकी-2005, (10) स्वर्ण जयन्ती समारोह स्मारिका, मैसूर-1995, (11) समकालीन साहित्य समाचार-दिल्ली-1997, (12) क्रानिकल इयर बुक-2005, (13) भारतीय वाडमय-विश्वविद्यालय, प्रकाशन वाराणसी, (14) हिन्दुस्तान दिल्ली संस्करण, (15) हिन्दी अनुशीलन-भारतीय भाषा परिषद्-इलाहाबाद, (16) संभवा, अप्रैल-99, (17) अनभै दादर, मुम्बई-2003, (18) मैसूर हिन्दी प्रचारिणी परिषद्-बंगलौर, (19) विदुरा (Vidura) दिल्ली-1980, (20) साप्ताहिक हिन्दुस्तान-1976, (21) उदन्त मार्तण्ड-1930, कोलकाता, (22) जनसत्ता, कोलकाता संस्करण-2004, (23) हस्तक्षेप, राष्ट्रीय सहारा, (24) हिन्दी अन्तर्राष्ट्रीय, कबीर नगर वाराणसी-2004 (25) प्रतियोगिता दर्पण-1990।

कोश

(1) अंग्रेजी-हिन्दी कोश—सं० फादर कामिल बुल्के, (2) संक्षिप्त हिन्दी शब्द सागर—सं० श्री रामचन्द्र वर्मा, (3) भाषा शास्त्र का पारिभाषिक शब्दकोश—सं० डॉ० राजेन्द्र द्विवेदी, (4) भाषा-विज्ञान कोश—डॉ० भोलानाथ तिवारी, (5) वृहत् हिन्दी कोश—सं० डॉ० कालिका प्रसाद, (6) अभिनव हिन्दी अंग्रेजी कोश—डॉ० छैल बिहारी मिश्र, (7) हिन्दी विश्व कोश—सं० डॉ० मोहन लाल तिवारी, नागरी प्रचारिणी सभा, काशी, (8) वृहत् हिन्दी पारिभाषिक कोश—पुरुषोत्तमदास टण्डन, (9) वैज्ञानिक शब्द संग्रह—सं० डॉ० राजेन्द्र प्रसाद, (10) संस्कृत हिन्दी कोश—वामन शिवराम आप्टे।

अंग्रेजी-ग्रंथ

A Comparative Grammar of the Gaudian Languages—Horneley

A Comparative Grammar of the Aryan Languages in India—John

A Vedic Grammar for Studies—A. Macdonell

A History of Persian Languages and Literature of the Mughal Court—M. A. Gani

Aspects of the Translation—A. H. Smith

A History of the Press in India—S. Natrajan

An Introduction to Machine Translation—Eelamenouy

An Essay on the Principles of Translation—Titlelar

An A.B.C. of General English—S. T. Emam

An Enquiry into Meaning and Truth—B. Russel

Annals and Antiquities of Rajasthan—Col. James Todd

Basic Journalism—Ranga Swami Partha Sarathi

Communication Media—Yesterday, To-day and Tomorrow—P. N. Malhan

Coins of Medieval India—Sir A. Cunnirgham

Cambridge History of India—Sir John Marshall

Computers and Languages—D. S. Kushwaha

Diwan of Zebunnisa—Magan Lal

Evil Wrought by a English Medium—M. K. Gandhi

Homrick Translation in Theory and Practice—Mathew Arnold

Historians of Medieval India—P. Hardy

History of Indian Education—D. L. Rawat

Institute of Public Relations—United Kingdom

Indian Languages Crisis—S. Mohan K. Mangalam

Journalism in India—Ranga Swami Partha Sarathy

Journalism—David Wain

Language—Leonard Bloom Held

Language Structure and Translation—E. A. Nida

Language Conflict and National Development—Jyoti Rindro Das

La Machine traduire—G. Momine

Linguistic Theory of Translation—J. C. Catford

Machine Translation of Languages—W. N. Lock

Modern Linguistics—Simon Potter

Mass Communication in India—James D. Harless

Muslim Rule in India—Dr. V. D. Mahajan

Multimedia Magic—S. Gokul

On the Problem of Compound Verbs in the Hindi Language—Prof. A. Barranikoff

Persion Influence on Hindi—Dr. Hardeo Bahari

Philosophy of Grammar—Jespersen

Problems of Meaning in Indian Philosophy—R. C. Pandey

Programming in BASIC—E. Balaguru Swami

Practical Journalism—Show Man

Promotion of Learning in India—M. N. Lal

Planned Public Relations—Frank Jefkins

Press, Public opinion, Government in India—Sushila Aggarwal

Professional Journalism—M. V. Kamath

Reporting—Haimann

Sanskrit Language—T. Buro

Survey of Broadcast Journalism—Grosset and Dunlop

Translation in Thomas—E. Nida

Translation—Fitzerald

Translation of Buddhist Texts into Chinese—Foreign

Truth, Images and Distortions—Sunny Thomas

To-day] Zee T. V. and Language—John Reed

The Theory of Translation—Forester

The Theory and Practice of Translation—Nida

The Problem of Official Language in India—Dr. K. L. Gandhi

The Grammar of Hindi Language—S. H. Kellog

The Art of Translation—Theodre Savory

The Art of Translation—Driden

The Science of Language—Prof. Sayce

The Linguistic Speculation of Hindus—P. C. Chakravarti

The Karaka Theory and Case of Grammar—H. S. Ananth Narain

The Mass Media and Modern Society—Jonson

The Story of Journalism—Charless Steem Burg

The Rise and Growth of Hindi Journalism—Dr. Ram Ratan Bhatnagar

The Complete Journalism—Anonymous

The Internet : Complete Reference—Harley Hahu

The Newspaper in India—Hemendra Prasad Ghose

Words and their use—Stephen Ulman

अंग्रेजी पत्र-पत्रिकाएँ तथा कोश

(1) Nepali Dictionary—R. L. Turner, 1931,

(2) Dictionary of Linguistics—Mario Pei,

(3) Sanskrit-English Dictionary—Monier Williams,

(4) Comprehensive Dictionary of English-Hindi—Dr. Raghuveer,

(5) The Encyclopaedia Britanica,

(6) Advertising Age-American Journal,

(7) Chambers, Technical Dictionary,

(8) Dictionary of Linguistics,

(9) Centre for Media Studies,

(10) Registrar of News Papers—1976,

(11) The Indian Reporter's Guide,

(12) The Hindustan Times1947, Delhi
